VOLKER PRESS

Kriege und Krisen

Deutschland 1600–1715

VERLAG C.H.BECK MÜNCHEN

Umschlagentwurf: Bruno Schachtner, Dachau
Umschlagbild: Wappenrock des kaiserlichen Herolds, um 1613
(Wien, Schatzkammer, mit Genehmigung des Kunsthistorischen Museums Wien)

Der Wappenrock diente dem Herold des römischen Kaisers Matthias (1612–1619) in dessen Eigenschaft als Reichsoberhaupt und entstand um 1613 (vielleicht in Prag). Bei einer Restauration 1894/95 fand man in den Köpfen des Doppeladlers die Signaturen der Gesellen Matthias Helm und Christoph Rauch, die den Wappenrock und sein gleichfalls in der Schatzkammer der Wiener Hofburg erhaltenes Gegenstück gefertigt hatten. Beide Stücke sind die letzten vorhandenen Teile der Ornate, die Kaiser Matthias und sein Gefolge anläßlich der Erhebung Ferdinands II. zum König von Böhmen (29. Juni 1617) trugen. Der Heroldsrock wurde auch bei späteren Kaiserkrönungen verwendet; deshalb wurde 1790 das Wappen des Matthias durch das Kaiser Leopolds II. ersetzt, das mit dem Maria-Theresien-Orden behängt ist. Der Wappenrock ist aus Goldstoff mit schwarzer Seide gefertigt und farbig überstickt; er zeigt den schwarzen kaiserlichen Doppeladler auf goldenem Feld, die zwei Köpfe mit aufgesperrten goldenen Schnäbeln und herausgeschlagenen roten Zungen sowie goldenen Zirkelbögen. Auf der Brust des Doppeladlers das kaiserliche Wappen; der Hauptschild ist – wie ursprünglich – von der großen Ordenskette (Kollane) des Goldenen Vlieses umgeben, das in Gestalt eines goldfarbigen Schaffells dargestellt ist.

Die Deutsche Bibliothek – CIP-Einheitsaufnahme

Neue deutsche Geschichte / hrsg. von Peter Moraw ... –
München: Beck
NE: Moraw, Peter [Hrsg.]
Bd. 5. Press, Volker: Kriege und Krisen, Deutschland 1600–1715. – 1991

Press, Volker:
Kriege und Krisen, Deutschland 1600–1715 / Volker Press. –
München: Beck, 1991
(Neue deutsche Geschichte; Bd. 5)
ISBN 3-406-30817-1

Mit zwei Karten

ISBN 3 406 30817 1

Satz: Fotosatz Otto Gutfreund, Darmstadt
Druck und Bindung: Hieronymus Mühlberger GmbH, Augsburg
Gedruckt auf alterungsbeständigem (säurefreiem) Papier
gemäß der ANSI-Norm für Bibliotheken
Printed in Germany

Vorwort

Der Abschluß des vorliegenden Buches hat länger gedauert als geplant. Ohne die Geduld und die steten Ermunterungen von Herrn Dr. Ernst-Peter Wieckenberg vom Verlag C. H. Beck wäre sein Entstehen nicht denkbar.

Ein Glücksfall und eine Bereicherung war das ständige Gespräch mit meinen früheren und jetzigen Mitarbeitern, Herrn Privatdozent Dr. Georg Schmidt, Herrn Privatdozent Dr. Dieter Stievermann, Herrn Dr. Horst Carl und Frau Dr. Gabriele Haug-Moritz (alle Tübingen), die den Text mitlasen und kritisch kommentierten. Ihnen habe ich viele Anregungen zu danken. Die Herren Carl, Schmidt und Stievermann waren mir auch bei der Erstellung der Bibliographie behilflich. Auch dafür sei ihnen allen herzlich gedankt.

Mein vielfältiger Dank gilt auch den wissenschaftlichen Hilfskräften Franz Brendle, Petra Garski, Alfred Lutz und Beate Schleicher für die formale Überprüfung des Manuskripts; Frau Garski und Frau Schleicher zudem für ihre Arbeit am Computer. Die Last der Schreibarbeiten haben Frau Marcella Engelfried und Frau Edda Wiede mit Geduld und Umsicht getragen. Auch ihnen sei dafür herzlich gedankt.

Ich widme das Buch Herrn Staatsminister a. D. Prof. Dr. Hans Maier (München) in alter herzlicher Verbundenheit seit jenen fernen Tagen, in denen er mein Vertrauensdozent bei der Studienstiftung des Deutschen Volkes war.

Tübingen, im Sommer 1991

Inhalt

Einleitung

Das 17. ist das am wenigsten erforschte der drei frühneuzeitlichen Jahrhunderte. Das hängt zusammen mit traditionellen Perspektiven der deutschen Geschichte, insbesondere mit ihrer kleindeutsch-protestantischen Interpretation: Das 16. Jahrhundert sah den Durchbruch der Reformation und das 18. den Aufstieg Brandenburg-Preußens. Dagegen war das 17. Jahrhundert bestimmt durch die Wiederkonsolidierung der Alten Kirche, den Wiederaufstieg des Kaisertums und das Heraufkommen des Absolutismus. Auch war es ein aristokratisches Säkulum gegenüber den „bürgerlich" erscheinenden Jahrhunderten davor und danach, gekennzeichnet durch eine Abfolge von Kriegen, wirtschaftliche Krisenerscheinungen, durch den massiven Einbruch der Bevölkerungszahl – alles noch verschärft durch den Dreißigjährigen Krieg, der bis zu den Schrecken des 20. Jahrhunderts das Trauma der deutschen Geschichte blieb.

Dies alles trug dazu bei, daß das 17. Jahrhundert zum „dunklen Jahrhundert" der neueren deutschen Geschichte wurde. Das hängt auch mit der Epochenzäsur zusammen, die die meisten Darstellungen kennzeichnet, dem Jahr 1648 – es machte die erste Jahrhunderthälfte zur Nachgeschichte des 16., die zweite zur Vorgeschichte des 18. Jahrhunderts. Schon das Gesagte deutet an, daß es gute Gründe dafür gibt, das Jahrhundert als eine Einheit zu sehen, nicht nur die Zufälligkeit der christlichen Zeitrechnung; auch eine deutliche politische Destabilisierung kennzeichnet um 1600 die Situation für Mitteleuropa, zu der der wirtschaftliche Konjunkturverfall trat. Die Menschen sahen das Unheil kommen und redeten es auch herbei. Der Kompromiß von 1555 im Verhältnis der Konfessionen verlor seine Tragfähigkeit. Die Kontrahenten suchten Verbindungen nach außen, die Protestanten vor allem, weil ihnen die katholisch-habsburgische Achse Österreich-Spanien unüberwindbar erschien. Das neue Jahrhundert zerbrach sie, und die Hegemonie Frankreichs begann seit den 1630er Jahren auf dem Reichsverband zu lasten. Erst mit dem Spanischen Erbfolgekrieg (1700–1713/15) konnte das werdende europäische Mächtesystem diese Hegemonie wieder auflösen – daher schließt das Buch mit dem Ende des Spanischen Erbfolgekriegs, bezieht aber noch den Ausgang des ersten Türkenkriegs Kaiser Karls VI. 1718 und das Ende des Nordischen Kriegs 1720/21 mit ein. Zu Beginn des 18. Jahrhunderts ließ nicht nur der kriegerische Druck nach, auch die wirtschaftliche Situation begann sich zu bessern. Ein „Eisernes Jahrhundert" (Henry Kamen) war zu Ende gegangen.

Der Leser wird bemerken, daß das Jahr 1648 als Zäsur wichtig bleibt, aber zugleich wird auch deutlich, daß ein Verschieben der Epochengrenzen die Perspektiven und damit auch die Erkenntnisse verändert. Neben den klassischen Fragen der politischen und Verfassungsgeschichte soll auch die Geschichte von Gesellschaft und täglichem Leben, von Kirche und Wissenschaft nicht zu kurz kommen. Vernachlässigt wurden Kunst und Literatur angesichts einer reichen Spezialforschung. Bei dem notgedrungen rationalen Zugriff des Historikers sollte nicht vergessen werden, daß die Menschen jener Zeit in einer stark religiös – und dies nicht nur im engeren christlichen Sinne – bestimmten Welt lebten und überdies der Macht der Natur noch hilflos ausgeliefert waren.

Den geographischen Rahmen der Darstellung kann nur das Heilige Römische Reich, nicht das heutige Deutschland abgeben. Das bedeutet, daß der Blick besonders auf den Wiener bzw. Prager Kaiser als den Hauptakteur des Reichsverbandes fallen muß. Dem schon weitgezogenen Ablösungsprozeß der Schweiz und vor allem der Republik der Vereinigten Niederlande wurde in der Darstellung Rechnung getragen.

Auch wurde der Versuch gemacht, eine allzu nationale Sicht zu relativieren, also die Geschichte der Nachbarn, auch der östlichen, einzubeziehen – die Wechselwirkungen waren stark und gewannen zunehmend an Bedeutung. Der säkulare „Verdichtungsprozeß" (Peter Moraw) umfaßte ganz Europa und ließ es gerade im 17. Jahrhundert enger zusammenwachsen. Auf der anderen Seite wurde der Versuch unternommen, die territoriale Struktur des Reiches herauszuarbeiten und seine regionalen Systeme deutlich zu machen.

Dieses Buch folgt den Spuren, die im Vorgängerband von Horst Rabe gelegt wurden. Zunächst wurden die Strukturen in der ersten Jahrhunderthälfte behandelt, dann die Ereignisgeschichte bis zum Westfälischen Frieden. Der Rückgriff auf die Zeit vor 1650 ließ dann das zweite strukturelle Kapitel deutlich kürzer werden, dem wiederum die Ereignisgeschichte bis zum Ende des Spanischen Erbfolgekriegs folgt. So zeigt sich, daß das Jahr 1648 Zäsur und Brücke zugleich war, nicht nur Endpunkt und Neuanfang, sondern auch in hohem Maße Symbol historischer Kontinuität – also daß auch aus dieser Perspektive sich das Jahrhundert als Einheit darstellt.

Hinzuzufügen ist, daß die Daten dem neuen, gregorianischen Kalender folgen; zur besseren Orientierung wurden einzelnen Personen Jahreszahlen beigefügt – der Autor entschied sich bei geistlichen und weltlichen Herrschern für die Regierungsdaten, bei anderen für die Lebensdaten, vielleicht nicht konsequent, aber praktisch.

I. Deutschland um 1600

1. Das Reich und seine Nachbarn

a) Deutschland im Herzen Europas

Das 17. Jahrhundert sollte zu einem Jahrhundert werden, in dem sich die deutsche Politik internationalisierte. Davon waren um 1600 bereits die ersten Spuren zu bemerken. Aber noch schien Deutschland seiner eigenen Wege zu gehen, ohne daß sich die Nachbarn besonders darum kümmerten. Die politische Organisation Mitteleuropas, das Reich, hatte im 16. Jahrhundert eine beträchtliche Verfestigung erfahren. Aber es wohnten weder alle Deutschsprechenden auf dem Boden des Reiches, noch waren es nur Deutsche, die vom Reichsverband umschlossen wurden.

Natürlich strahlten Sprache und Kultur auch über die Reichsgrenzen hinaus, aber die deutschsprachigen Untertanen des Königs von Polen, des Königs von Ungarn oder des Fürsten von Siebenbürgen sahen hierin keine Loyalitätskollisionen. Zwar gab es durchaus Ansätze zu einem nationalen Empfinden, aber dieses war noch nicht nationalstaatlich geprägt. Man wußte jedoch, und man war stolz darauf, daß die Deutschen der Kern des übernationalen Reichsverbandes waren, der ja seit dem Ende des 15. Jahrhunderts als „Heiliges Römisches Reich Deutscher Nation" bezeichnet wurde.

In dessen Grenzen sprach man aber auch Ladinisch und Rätoromanisch, Italienisch in den Alpenländern, Französisch im Westen, Niederländisch (das Niederdeutsche als eigene Sprache war weitgehend verdrängt worden durch das Hochdeutsche, dank Martin Luthers Bibelübersetzung), Friesisch, etliche slawische Dialekte (Sorbisch, Wendisch), Tschechisch und Slowenisch. Deutsch wurde außerhalb der Reichsgrenzen vor allem im Bereich der deutschen Ostsiedlung, also in Ostmitteleuropa, gesprochen – dies bedeutete vielfältige kulturelle Kontakte, die auch die Handelsbeziehungen zu den deutschen Kaufleuten in den Städten Estlands, Livlands, Polens, Litauens, Ungarns und Siebenbürgens begleiteten.

Die Verfestigung des Reichsverbands im Lauf des 16. Jahrhunderts markierte auch eine Verfestigung der Grenzen. Nicht zu haltende Ansprüche wurden abgestoßen – es war den Kaisern vielfach schwierig, entlegene Besitztitel zu verteidigen, die oft nur bloße Rechtsansprüche darstellten. Zuweilen wurde der Reichsverband auch überlagert durch stärkere, später ausgebildete Beziehungen oder Herrschaftsbildungen. Der Preis für die klaren Grenzlinien war die Klärung von Zweideutigkeiten, die dann später von der nationalstaatlichen Geschichtsschreibung gern in einem „deutschen" Sinne einseitig interpretiert wurden.

Gleichwohl war die Frage nach der Reichszugehörigkeit in vielen Fällen immer noch nicht eindeutig geklärt, hat der Kaiser seine Oberhoheit auf unterschiedliche Weise ausgeübt. So könnte man am einfachsten die Vertretung auf dem Reichstag in Betracht ziehen, aber auch hier gab es nicht immer klare Verhältnisse. Manche Herren waren Vasallen zweier Herrscher, des deutschen Königs und eines fremden Herrn. Dies war wichtig, denn das Reich stellte immer noch einen Lehensverband dar, und dessen Bedeutung ist auch in der Neuzeit nicht zu unterschätzen, aber die endgültige Verfestigung des Reichstags am Ende des 15. Jahrhunderts hat doch ein weiteres Kriterium geschaffen. Dies bedeutete, daß die ältere Schicht von Reichslehensrechten in Italien deutlich von geringerer Qualität war als die Reichsstandschaft, also Sitz und Stimme auf dem Reichstag. Andere Ansprüche des mittelalterlichen Reiches, etwa in Burgund, spielten zwar im Titel des Kurfürsten von Trier als Kurerzkanzler für Gallien eine Rolle, aber in der Praxis nicht mehr. Es zeigte sich, daß die alten Außenpositionen gegen Frankreich nicht behauptet worden waren, dagegen konnten die Reichslehen in Italien überleben und spielten eine bis zu den Forschungen Karl Otmar von Aretins weithin unterschätzte Rolle. Insgesamt erwies sich, daß der Reichsverband nur begrenzt in der Lage war, auswärtige Reichsrechte zu verteidigen. Die habsburgischen Kaiser waren überdies in ihrer Nachbarschaft im Südosten so stark engagiert, daß ihre Energie im Westen nur reduziert zum Tragen kam.

b) Die Grenzen des Reichs

Man kann dennoch die Grenzen des Reichsverbandes skizzieren. Gegen Süden endete er mit der Südgrenze der habsburgischen Lande, also des Herzogtums Krain, das an die Adria reichte, der Grafschaft Görz und der gefürsteten Grafschaft Tirol nebst den Bistümern Brixen und Trient. Darüber hinaus gab es noch die Reichslehen in Italien, die große Teile der Toskana umfaßten – ihretwegen hatte noch Kaiser Maximilian II. mit dem Papst und dem von ihm zum Großherzog erhobenen Cosimo I. Medici von Toskana (†1574) einen Strauß ausgefochten und die kaiserlichen Lehensrechte behauptet; Savoyen wurde 1512 dem Oberrheinischen Kreis zugeschlagen; es gab auch noch andere Reichslehen in Italien. Darüber aber legte sich die spanische Herrschaftsbildung in Mailand und Oberitalien, die zunehmend die Reichslehensrechte obsolet zu machen schien, obgleich diese von den Kaisern auch gegen die spanischen Vettern festgehalten wurden. Auf dem Reichstag erschien jedoch keiner der italienischen Herren. Venedig hatte die Reichsrechte aus seinem Bereich bereits gegen Ende des 15. Jahrhunderts verdrängt. Aber als im Dreißigjährigen Krieg die Großmachtstellung Spaniens die ersten Risse zeigte, besann sich Kaiser

Ferdinand II. prompt auf die Reichslehen in Italien, sobald der französische Herzog von Nevers 1627 Mantua und Montferrat beanspruchte. Fortan blieben die Reichslehen in Italien eine nicht zu unterschätzende Größe in der habsburgischen Italienpolitik.

Die Zugehörigkeit der Schweizer Eidgenossenschaft zum Reich war formal nicht in Frage gestellt. Aber dieser Bund städtischer und ländlicher Orte (seit dem 17. Jahrhundert Kantone genannt) hatte im Reichstag, der aus dem vom hohen Adel geprägten königlichen Hoftag erwachsen war, keinen Platz gefunden, zahlte keine Reichssteuern und war von der Jurisdiktion des Reichskammergerichts ausgenommen. Gleichwohl berief man sich gern auf die Privilegien von Kaisern und Königen, stellte häufig den Reichsadler dar; die besondere privilegierte Freiheit der Eidgenossen wurde die Grundlage ihrer Lösung aus dem Reichsverband. Dies wurde bestärkt durch die alten Spannungen mit Habsburg, von dem man sich deutlich absetzte. Der Kaiser schickte jedoch seine Gesandten auf die Tagsatzung in Baden, doch keine Seite rührte an dem seit 1499 festgezurrten Status quo.

Die Eidgenossen waren konfessionell gespalten, was ihre Stoßkraft nach außen bremste. Evangelisch waren das mächtige Bern und das reiche Zürich, aber die Urkantone hielten am alten Glauben fest und wachten darüber, daß das Gleichgewicht innerhalb der Eidgenossenschaft nicht umgestürzt wurde. Ein Gegengewicht gegen das Reich bedeutete die Anlehnung der Urkantone an Frankreich, vor allem verkörpert durch den Luzerner Ludwig Pfyffer. Dies war politisch wichtig wegen der Nachschubwege der Spanier über die Alpenpässe in die Niederlande. Die geographische Lage war es aber auch, die die Eidgenossenschaft vor fremden Interventionen sicherstellte. Einig waren sich die Eidgenossen jedoch keineswegs – die Tagsatzung war beherrscht von kleineren und größeren Konflikten.

Unstrittig zum Reichsverband gehörte die Freigrafschaft Burgund (Franche Comté) um Besançon und Dôle, aber Karl V. hatte sie mit den Niederlanden zu einem Land der Krone Spanien gemacht. Sie lag abseits der großen Ereignisse, mit einer sehr starken Rolle der Landstände. Man wehrte sich 1636 kräftig gegen den französischen Zugriff, wohl eher um der eigenen Autonomie willen als wegen der Zugehörigkeit zum Reich. 1646 verzichtete Frankreich in einem Waffenstillstand auf die Unterwerfung der Franche Comté. Unstrittiger Reichsboden war das angrenzende, vom habsburgischen Territorium dominierte Elsaß, in dem Straßburg und die zehn oberelsässischen Reichsstädte zwischen den Territorien weltlicher Herren verstreut waren.

Der Herzog von Lothringen war Lehensmann des Reiches und für Bar auch der Krone Frankreich und lavierte zwischen beiden. 1542 war ihm der Schutz des Reiches bei gleichzeitiger Reduktion der Reichssteuern garantiert worden. Eine Seitenlinie, die Herzöge von Guise, sollten in den französischen Religionskriegen eine gewichtige Rolle spielen; sie waren die Exponenten der entschieden katholischen Partei. Nach dem Sieg Heinrichs IV. in Frankreich lehnte sich Herzog Karl III. (II.) verstärkt an den Kaiser an und trieb auch im Reich eine ausgedehnte Erwerbspolitik. Nach dem Gewinn der Herrschaft Nomény ließ Herzog Heinrich II. diese in die Reichsmatrikel aufnehmen. Deutlich gegen Frankreich gerichtet war die nachfolgende Anlehnung an Österreich und Spanien durch Karl IV. (III.) im Dreißigjährigen Krieg – dies sollte dann zur Besetzung Lothringens durch die Krone Frankreich führen (1633). Auch danach sollte Lothringen ein Problem zwischen dem Reich und Frankreich bleiben. Heinrich II. von Frankreich hatte 1552 die Bistümer und Reichsstädte Metz, Toul und Verdun unter dem Titel eines Reichsvikars in Besitz genommen – dies führte schließlich zu einer nachhaltigen Entfremdung, zum Verschwinden aus dem Reichstag, wenn auch Frankreich die nominelle Zugehörigkeit zum Reichsverband noch nicht antastete. Erst nach dem Eintritt Frankreichs in den Dreißigjährigen Krieg 1635 wurden in Toul die Reichsadler abgeschlagen.

Die Niederlande – das heißt die 13 Provinzen – hatten seit langem ein Eigenleben geführt. Sie waren miteinander in den Burgunderstaat einverleibt worden – in seinem Rahmen wurden die 13 Provinzialstände zu Generalständen (Generalstaaten) vereinigt. Mit dem burgundischen Erbe gelangten sie über Maria von Burgund und ihren Gemahl Maximilian I. an Karl V., der sie zu seinen eigentlichen Erblanden machte und einem staatlichen Intensivierungsprozeß unterwarf. Aber auch ihre Situation war ambivalent. Maximilian I. hatte sie 1512 gemeinsam mit der Franche Comté als „Burgundischen Reichskreis" in die Kreisorganisation einzubeziehen getrachtet, da doch ein großer Teil dieser Provinzen Reichslehen war. Doch einige von ihnen waren auch französische Lehen, und 1548 suchte Karl V. im „Burgundischen Vertrag" ganz bewußt die Eigenständigkeit der Niederlande zu fördern – mit vielen Rechten und wenig Pflichten gegen das Reich. Auch hatten sich die Niederlande niemals richtig in den Reichsverband einpassen lassen – die Vereinigung in den Generalstaaten hatte wohl auch die Integration in den Reichstag erschwert.

Durch Karl V. kamen die Niederlande, eine der florierendsten Zonen Europas, an Spanien, das ihre Eigenständigkeit immer mehr förderte und eine staatliche Modernisierung ansteuerte. 1568 kam es dann zum niederländischen Aufstand gegen die spanische Herrschaft, der den „Achtzigjährigen Krieg" einleitete. Daraus folgte schließlich die Teilung, da die Spanier sich mit Hilfe der gemäßigten Kräfte im Süden behaupten konnten und demgegenüber die seit 1579 in der Union von Utrecht vereinigten Provinzen, nämlich Holland, Seeland, Utrecht, Geldern, Groningen, Overijssel-Drenthe und Teile von Brabant und Flandern sich 1581 für unabhängig erklärten. Ihr Versuch, das Reich zu ihren Gunsten zu mobilisieren, mißlang, was die Eigenständigkeitstendenzen förderte – vor allem aber stiegen die Vereinigten Niederlande rasch zu einer der führenden Mächte

Nordwesteuropas empor, da sie sich auf eine blühende Wirtschaft stützen konnten. Spanien mußte 1609 einen Waffenstillstand gewähren, der bis 1621 dauerte. Diesen benützte es zur Konsolidierung der eigenen Position in den südlichen Provinzen. Die Spanischen Niederlande verharrten in der bisherigen lockeren Bindung an den Reichsverband, beschickten das Reichskammergericht und bildeten den verkleinerten „Burgundischen Kreis", während für die unabhängig gewordene Republik diese Verbindungen erloschen, ohne daß es zu einem förmlichen Ausscheiden aus dem Reichsverband kam. Die ausgedehnten kriegerischen Auseinandersetzungen zwischen Spanien und der Republik der Vereinigten Niederlande haben ganz Nordwestdeutschland in Mitleidenschaft gezogen, und beide Seiten trachteten das Hinterland unter ihren Einfluß zu bringen.

Im Norden zählte das Herzogtum Holstein zum Reich, während das Herzogtum Schleswig dänisches Lehen war. Beide Herzogtümer aber waren im Ripener Vertrag von 1460 auf Dauer verbunden worden, als König Christian I. von Dänemark die Nachfolge der Schaumburger antrat. Dennoch teilte man 1580 die Herzogtümer in einen königlichen (dänischen) und einen herzoglichen Anteil, wobei man darauf achtete, daß die Gebiete miteinander verschränkt blieben. Jedoch gelangte nur die Gottorfer Linie des Hauses Oldenburg zur Landeshoheit, während die anderen Linien bloß als apanagiert galten. Die Reichsgrenze war hier klar, aber durch die schleswig-holsteinische Personalunion gehörte der dänische König zu den niedersächsischen Kreisständen.

Im Osten waren Pommern, Brandenburg und Schlesien eindeutig Bestandteile des Reichsverbandes. Östlich davon hatten sich die Deutsch-Ordens-Gebiete (Ost-)Preußen und Livland vom Reichsverband gelöst; bereits 1466 war Westpreußen Teil der Krone Polen geworden. 1525 hatte der letzte Hochmeister in Preußen, Albrecht von Brandenburg, den Deutsch-Ordens-Staat in ein polnisches Lehen und weltliches Herzogtum verwandelt, was Polen ein beträchtliches Mitspracherecht im herzoglichen Preußen sicherte. Doch durch den hohenzollerischen letzten Hochmeister und ersten Herzog war jetzt eine deutsche Fürstendynastie in Preußen etabliert worden; für die Ansprüche der Zollern trat als Administrator Georg Friedrich von Brandenburg-Ansbach ganz entschieden ein, der die Vormundschaft für den unzurechnungsfähigen Sohn des ersten Herzogs Albrecht führte. Anders verlief die Entwicklung in Livland. Von Karl V. war unter dem Eindruck von Albrechts Abfall in Preußen der Landmeister des Ordens zum Reichsfürsten erhoben und mit den Regalien belehnt worden. Aber unter russischem Druck und nach erheblichen Gebietsverlusten an die Nachbarn folgte auch der livländische Landmeister Gotthard Kettler, aus westfälischem Geschlecht, dem Beispiel Albrechts von Brandenburg und verwandelte Livland in ein weltliches Herzogtum (1561), das fortan nicht im Reich, sondern im Kräftespiel der Ostseemächte eine bescheidene Rolle spielte.

Schlesien war mit Böhmen, Mähren und den Lausitzen unter der Sankt-Wenzels-Krone vereinigt. Die vier Landesteile hatten unterschiedliche historische Wurzeln. Das Königreich Böhmen war zwar Reichslehen, gewann jedoch eine sehr eigenständige Stellung – unter Karl IV. war der König endgültig Kurfürst des Reiches geworden. Das Königtum der Habsburger (seit 1526), das heißt praktisch die Personalunion mit der Kaiserwürde seit 1556, brachte eine verstärkte Annäherung, obgleich Böhmen seit dem Spätmittelalter die Kurstimme auf dem Reichstag nicht mehr ausgeübt hatte, wohl aber bei Königswahlen mitwirkte. Mähren war sozusagen ständiger Juniorpartner Böhmens, während Schlesien aus dem Erbe der polnischen Piasten entstanden war und im Mittelalter in zahlreiche kleinere Herzogtümer zerfiel; 1327 hatte König Johann von Böhmen die Lehenshuldigung aller schlesischen Herzöge erreicht und so eine Oberherrschaft errichten können. Die Lausitzen (Ober- und Niederlausitz) waren unter Karl IV. ebenfalls der Krone Böhmen inkorporiert worden. Man kann insgesamt die Länder der Sankt-Wenzels-Krone als Teile des Reichsverbandes mit einer gewissen Selbständigkeit ansehen.

Die Grenzen Österreichs gegen Ungarn entsprachen etwa denen des heutigen Niederösterreich zum Burgenland. Von den Südgrenzen war schon die Rede. Österreich hatte – vor allem wegen der Kaiserrolle des Erzhauses – zwar eine Sonderstellung innerhalb des Reichsverbandes errungen, aber seine Reichszugehörigkeit war unstrittig.

c) *Die europäischen Verflechtungen des Hauses Österreich und der deutschen Fürsten*

Dynastiegeschichte ist eine der bestimmenden Kräfte des alteuropäischen Zeitalters – nicht nur das personale Regiment der Fürsten, sondern auch ihre Verflechtungen untereinander waren beherrschende Faktoren der politischen Entwicklung. Die verschiedenen Schichten des europäischen Hochadels bildeten Netzwerke, die im Grunde auf eine sehr archaische Weise durch familiäre Verbindungen politische Kombinationen festlegten. Politik spielte sich somit im Familienverband ab; Rang und Bedeutung eines Hauses waren genau bekannt und wurden auch eifersüchtig hochgehalten. Die fürstliche „Reputation" war ein wichtiges politisches Instrument jenes Zeitalters. Es wurde auch deutlich, wie stark dynastische Momente die Grenzfragen beeinflußten. In besonderer Weise galt dies für das Haus Österreich. So hat Karl V. stets versucht, die Einheit der Casa de Austria festzuhalten, wobei er auch die Vorteile seiner eigenen Nachfahren im Auge hatte. Das sollte sich im wesentlichen fortsetzen, auch wenn es immer wieder Verwicklungen zwischen den spanischen und den deutschen Habsburgern gab, die meist zu Lasten der letzteren gingen, vor allem in Italien und in den Niederlanden. Man hat den natürlichen zentrifugalen Tendenzen zur Trennung der beiden Häuser entgegenzuwirken getrachtet durch wiederholte Heiratsverbindungen, die so weit gingen, daß Philipp II. und Philipp III. jeweils Geschwisterkinder heirateten. Dies hat vor allem die Entwicklung der spanischen Habsburger biologisch aufs schwerste belastet.

Politisch bedeutete dieses Beziehungsgeflecht eine Konstante der europäischen Politik, die Einheit des Hauses Österreich, das trotz allen Gegensätzen in Einzelfragen stets eine gemeinsame Position zu wahren wußte. Dabei übernahm Spanien jene Führungsrolle, die ihm dank seiner europäischen Hegemonialstellung zukam. Als Herrin eines amerikanisch-fernöstlichen Kolonialreichs hatte Spanien 1580 sich auch noch Portugal nebst dessen Überseebesitzungen einverleiben können. Aus dem Erbe Karls V. besaß es in Italien Neapel-Sizilien, Sardinien und auch Mailand und damit die Vorherrschaft der Halbinsel, deren Sog sich das Papsttum nur mühsam zu entziehen vermochte.

Hinzu kam die niederländische Position des Hauses Spanien, die allerdings durch den niederländischen Aufstand und die 1581 erfolgte Unabhängigkeitserklärung der nördlichen Provinzen in Frage gestellt war. Aber es zeichnete sich doch die Konsolidierung der südlichen Provinzen ab – deren Behauptung 1609 im zwölfjährigen Waffenstillstand bestätigt wurde. Gegen das katholische Spanien hatte sich auch demonstrativ das Bekenntnis der Führungsgruppen der nördlichen Provinzen zum Calvinismus gerichtet; der „Katholische König“ war ja bereits eindeutig definiert. Gleichwohl brachten die staatskirchlichen Tendenzen Spaniens wie seine Hegemonialstellung in Italien immer wieder Friktionen mit der römischen Kurie, die freilich an der prinzipiellen altkirchlichen Rechtgläubigkeit des iberischen Königreichs nichts änderten.

Mit dem niederländischen Aufstand aber hatten sich auch immer wieder Auseinandersetzungen mit Frankreich und England verbunden, die nicht gewillt waren, eine spanische Hegemonie zu akzeptieren, und fortgesetzt, zusammen mit den Niederländern, Spanien attackierten, nicht zuletzt seine überseeischen Verbindungen und Besitzungen. Dabei wurden Phasen des offenen Konflikts immer wieder durch Ausgleichsbemühungen abgelöst. Nicht nur der Waffenstillstand von 1609 hatte die strukturelle Schwäche Spaniens erneut offenbart, die schon unter Philipp II. deutlich zutage getreten war – wichtiger als offensichtliche innere Schwierigkeiten (etwa mit den Moriscos, den konvertierten Moslems, erwachsen aus der spanischen Politik der ausschließlichen Katholizität) waren die zunehmenden wirtschaftlichen Krisenerscheinungen. Die spanische Wirtschaft baute allzusehr auf die koloniale Ausbeute und vernachlässigte die Binnenstruktur des Landes. Die immensen Edelmetallimporte aus den Gruben Südamerikas überdeckten immer wieder die wachsende finanzielle Schwäche Spaniens; die Großmachtpolitik mußte auf Dauer das Land überfordern.

In der Partnerschaft mit Spanien war Österreich gewiß der schwächere Teil, zumal seine Kräfte in hohem Maße durch die Türkengefahr gebunden waren. Allerdings beruhte seine Stellung im Reich auch auf der spanischen Rückendeckung. Die Spanier indessen mußten versuchen, Störungen auf ihren Nachschublinien in die Niederlande zu vermeiden, besonders auf der berühmten „Spanischen Straße", die über den Hafen Genua die kämpfenden Armeen in Flandern versorgte und die über die westlichen Teile des Reiches führte – eine Lebenslinie der Spanier, da die Durchfahrt durch den Ärmelkanal spätestens seit der Niederlage der Armada 1588 unsicher geworden war.

Die österreichische Politik hatte also auf Spanien Rücksicht zu nehmen. Dies war auch eine Komponente der Ostorientierung Österreichs. Durch seine europäischen Verbindungen war das Haus Österreich aber auch entschieden auf die Alte Kirche angewiesen, was Kaiser Maximilian II. bei seinen evangelischen Neigungen schmerzhaft hatte erfahren müssen. Die Aktivitäten Spaniens zogen bei nachlassendem eigenem Gewicht Österreich zunehmend in die westeuropäischen Angelegenheiten und Konflikte hinein. Die Statthalterschaft des erzherzoglichen Paares Albrecht (VII.) von Österreich (1559–1621) und seiner Frau, der Infantin Isabella Clara Eugenia (1566–1633), der Lieblingstochter Philipps II., in den Spanischen Niederlanden war Symbol und Garant dieses Zusammenspiels. Der Kaiser indessen geriet immer wieder in Verlegenheit, wenn spanische Truppen das Reich bedrohten.

Die Einheit der Casa de Austria mit ihrer Verankerung im Reich, in Italien und in den Niederlanden wurde vor allem von Frankreich als existenzielle Gefahr empfunden; dies machte den spanisch-französischen Gegensatz automatisch auch zu einem österreichisch-französischen. Eine solche Konstellation sollte dann zur Europäisierung und damit zur Verlängerung des Dreißigjährigen Krieges wesentlich beitragen.

Deutlich wird hier nicht nur, daß der habsburgische Kaiser neben seinem üblichen Rollenkonflikt zwischen den Erblanden und dem Reich einen weiteren bewältigen mußte: den zwischen den Reichs- und erbländischen Interessen einerseits, den dynastischen andererseits. Zugleich erwies sich, daß die Dynastie eine zentrale Rolle für alle politischen Kalkulationen spielte. Familienverbindungen waren das hauptsächliche Kommunikationselement der europäischen Häuser; dadurch wurden Erbfragen zu Problemen des Mächtesystems. Ansprüche wurden dynastisch begründet, der diplomatische Verkehr spielte sich zwischen den Häusern ab. Gewiß, der Herrscher verkörperte zunehmend das Land, aber dynastische Interessen konnten auch über das Land und seine Interessen hinausgehen, dramatisch und mit katastrophalem Mißerfolg demonstriert von Kurfürst Friedrich V. von der Pfalz mit seinen Plänen, die böhmische Königskrone zu erringen. Hier zeigte sich aber auch die ständige Tendenz des dynastischen Europa zu Rangerhöhung und Machtgewinn.

Da das Reich keine Erbmonarchie war und es von den deutschen Fürsten und ihren Häusern getragen wurde, spielte für die Habsburger nicht nur die dynastische Bindung an Spanien eine Rolle, sondern ebenso der Dualismus zwischen Reich und Erblanden. Der Kaiser war von 1438 bis 1740 stets ein Habsburger, doch man mußte auch immer mit der Thronfolge eines anderen Hauses rechnen. Folglich war die Tendenz zu einer Stärkung der Erblande immer ausgeprägt; der Gewinn der böhmischen und ungarischen Länder 1526 hatte den Habsburgern zugleich die Türkenkriege als Dauerproblem eingetragen. Ungarn jedoch gehörte nicht zum Reich – und doch trat das Reich, im Gefühl einer allgemeinen Bedrohtheit, aber auch der christlichen Solidarität, für seinen Kaiser ein, wenn es an der ungarischen Front gegen die Türken ging.

Die Habsburger demonstrierten gerade in ihrer Heiratspolitik Distanz zum deutschen Fürstenstand; allein die Wittelsbacher galten ihnen als ebenbürtige Heiratspartner und damit als zweite Dynastie des Reiches. Ihre Heiratspolitik führte ebenfalls aus dem Reichsverband hinaus. Das galt aber auch für andere Häuser, vor allem für die übrigen Kurfürsten. Dynastisch bedingt war die Verbindung Dänemarks mit dem Herzogtum Holstein, aber auch die Anbindung des ehemaligen Ordensstaates (Ost-) Preußen an das Reich durch das Haus Hohenzollern.

Wichtig aber war zudem, daß die Konfessionsspaltung im Reich das Konnubium zwischen Fürstenhäusern mit unterschiedlichem Rang erschwerte und gar verhinderte. Zuvor hatte sich der Reichsfürstenstand als eine Art Familienverband präsentiert; nun zerschnitt die Glaubensspaltung diese Verbindungen und unterstrich noch die Teilung in zwei verschiedene Lager – gewiß eine schwere Belastung für die künftige Verständigung und auch eine wichtige Abstützung für die Distanz der Konfessionen.

d) Die Nachbarn

Das übrige Europa schien noch weit entfernt vom Reich; gerade die inneren Krisen mehrerer europäischer Länder entlasteten die Mitte, die ihrerseits mit dem System des Augsburger Religionsfriedens von 1555 eine Phase relativer Ruhe erreicht hatte. Es waren vor allem die europäischen Verwicklungen des Hauses Österreich, die das Reich schließlich doch in die Konfliktfelder des Kontinents einbanden – sie sollten dann auch wesentlich zur Verschärfung der Krisensituation im Inneren des Reiches beitragen. Österreich und das Reich befanden sich, gleichsam als Scharnier, in der Mitte einer europäischen Mächtekonstellation, die – vereinfacht gesagt – gekennzeichnet war durch je vier westliche und östliche Mächte: einerseits Spanien, der Hegemon Europas, Frankreich, England und die aufstrebende Republik der Vereinigten Niederlande, andererseits Schweden, Polen, Rußland und das Osmanische Reich.

Die Mitte Europas, gebildet durch den Reichsverband, schien trotz sich häufender Krisensymptome in einem relativ friedlichen Zustand zu leben. Die deutschen Territorialherren betrachteten die Auswirkungen der europäischen Stellung des Hauses Österreich deshalb eher als lästig – die Durchmärsche spanischer Truppen an den Westgrenzen des Reiches wurden als unzulässige Störungen empfunden, die Tendenz der meisten, den Religionsfrieden nach außen zu sichern, war zunächst sehr stark.

Die Konfiguration der östlichen Mächte war aus der Perspektive des Reichsverbandes um die Ostsee gruppiert. Das Königreich Polen, seit 1386 mit dem Großfürstentum Litauen in einer Union verbunden, erstreckte sich von der Ukraine bis an die Grenzen Pommerns, der Mark Brandenburg und Schlesiens. Polen war seit 1569 eindeutig eine Wahlmonarchie, die immer wieder das Interesse deutscher Fürsten auf sich zog. Aber der Wahlcharakter stärkte die polnischen Stände, den Reichstag, und schwächte zunehmend die königliche Gewalt. Der hohe Adel Polens hatte, anders als der deutsche, keinen Territorialisierungsprozeß vollendet, sondern eher die Teilhabe an der königlichen Macht in den Vordergrund gerückt. Schon 1505 hatte der polnische Reichstag in der Konstitution von Radom die Legislative übernommen und den König auf Exekutive und Kriegführung beschränkt; der Weg Polens zur Adelsrepublik war vorgezeichnet.

Nach wechselnden Herrschern war 1587 mit Siegmund III. (1587–1632) das Haus Wasa an die Regierung gekommen. Da Siegmund 1599 die schwedische Krone verloren hatte, war der Konflikt mit Schweden vorgezeichnet. Der katholische Wasakönig verfocht auch einen entschieden gegenreformatorischen Kurs; die Union von Brest 1596 verband den Großteil der orthodoxen Kirche Polen-Litauens mit Rom, was wiederum die Spannungen mit Moskau anheizte, gegen das Polen zeitweilig infolge der inneren Wirren Rußlands erhebliche Gebietsgewinne erzielte. Auch unter den Wasakönigen erhielt sich in Polen noch relativ lange eine religiöse Toleranz, die bis weit ins 17. Jahrhundert andauerte. Aber die Schwäche der letzten Wasaherrscher verstärkte die Position des Adels, was die außenpolitische Handlungsfähigkeit Polens erheblich einengte. Seit 1652 setzte sich dann auf dem Reichstag das Liberum veto durch, also der Zwang zur Einstimmigkeit von Reichstagsbeschlüssen, der alle notwendigen Reformen verhinderte. Zunehmend wurde Polen durch die geringe Handlungsfähigkeit der Krone belastet, obgleich eine existentielle Krise erst nach dem Dreißigjährigen Krieg einsetzte. Polen übte keinen Druck auf den Reichsverband aus. Allerdings ergab die Lehensverbindung mit dem Herzogtum Preußen, das 1618 brandenburgisch wurde, immer wieder starke Berührungspunkte. Eine wirtschaftliche Macht war Polen durch seine Holz-, Vieh- und vor allem Getreideexporte, die erhebliche Beträge ins Land führten, welche jedoch eher dem Adel als der Krone zugute kamen.

Schweden war, zusammen mit seinem Nebenland Finnland, seit 1527 ein lutherisches Königreich unter dem Hause Wasa. Ansätze zu einem Ausgleich mit der Alten Kirche waren gescheitert. So konnte sich der katholische König Siegmund III. nicht behaupten und wurde von seinem evangelischen Onkel Herzog Karl von Södermanland 1599 verdrängt; dieser bestieg nach Sigmunds Absetzung durch den schwedischen Reichstag als Karl IX. den schwedischen Thron. Die Kupfer- und Holzexporte Schwedens ermöglichten ihm eine zunehmende politische Rolle, die dann im Dreißigjährigen Krieg, freilich unter Ausbeutung und Überdehnung aller Kräfte, sogar zu einer kurzfristigen europäischen Großmachtstellung führte, welche durch König Gustav II. Adolf (1611–1632) und seinen Reichskanzler Axel Oxenstjerna begründet wurde.

Schon seit 1561 hatte Schweden in Estland Fuß gefaßt und 1570/83 und 1590/95 in Kriegen mit Rußland diese Position ausgebaut. Im Frieden von Stolbowo 1617 konnte es die innere Krise Rußlands ausnützen und dieses von der Ostsee abdrängen. Die ausgeprägte ständische Verfassung – sogar die Bauern waren neben Adel, Geistlichkeit und Städten auf dem Reichstag vertreten – hinderte Schweden ebenso wie die Niederlage im Kalmarkrieg 1611 – 1613 zunächst an einer kraftvollen Außenpolitik. Der Kalmarkrieg führte Gustav Adolf und seinen Reichskanzler, die auch eine innere Modernisierung Schwedens durchführten, verstärkt in das europäische Mächtesystem. Der dynastisch bedingte Gegensatz Gustav Adolfs zu Siegmund III. von Polen lenkte die schwedischen Kräfte zunächst in den östlichen Bereich der Ostsee. Erst der Vorstoß der kaiserlichen Macht an dieses Meer führte dann den Konflikt mit Schweden herbei, das sich zwar mit den evangelischen Reichsständen Kurpfalz und Kurbrandenburg dynastisch verbunden, sich selbst aber vom Reich bislang ferngehalten hatte.

Der König von Dänemark war dagegen als Herzog von Holstein Reichsstand. Dänemark hatte sich im 16. Jahrhundert der Reformation angeschlossen und seine staatliche Konsolidierung erfahren; die Sundzölle erbrachten erhebliche Staatseinkünfte. Auch Dänemark hatte nach dem Baltikum gegriffen und sich dort 1611/13 im Kalmarkrieg durchgesetzt. Mit König Christian IV. (1588–1648) wurde Dänemark von einem überaus fähigen und ehrgeizigen Herrscher regiert, der die Modernisierung der ständisch verfaßten Monarchie fortführte und gleichfalls nach einer Hegemonie im Ostseeraum strebte. Im Kalmarkrieg schien Dänemark noch ein gleichwertiger Konkurrent Schwedens zu sein, was die Bereitschaft des entschieden evangelischen Christian IV. gesteigert haben dürfte, auf die Macht Dänemarks zu vertrauen und sich im Dreißigjährigen Krieg dem Siegeslauf der katholischen Waffen entgegenzustellen.

Rußland hatte unter Iwan IV. dem Schrecklichen (1533–1584) ebenfalls eine Erwerbs- und Expansionspolitik begonnen; letztere richtete sich nicht nur gegen die untere Wolga und die Krim, sondern seit 1558 auch gegen die baltischen Länder. Aber noch konnte Rußland nicht an der Ostsee Fuß fassen; nach dem Ende der Rurikiden 1598 und dem Tod des starken Zaren Boris Godunow wurde Rußland in eine „Zeit der Wirren" gestürzt (1605–1613); es kam zu polnischen und schwedischen Interventionen und

1610 sogar zur polnischen Besetzung Moskaus. Dem ersten Romanow Michael Fjodorowitsch gelang eine Konsolidierung, aber Schweden und Polen behaupteten ihre starke Position gegenüber Rußland. Erst in der zweiten Hälfte des 17. Jahrhunderts setzte ein Wiedererstarken und gleichzeitig der Vorstoß in die bis dahin polnische Ukraine unter Bogdan Chmelnitzki (1654) ein. Die Moskauer Politik sah jedoch sehr viel mehr auf das Geschehen im Ostseeraum als auf die Probleme des Reiches. Doch als Rußland zu Beginn des 18. Jahrhunderts zur europäischen Großmacht aufstieg, Schweden und Polen überflügelte, begann sein Schatten immer stärker über den Reichsverband zu fallen.

Unmittelbar wirkte dagegen das Osmanische Reich auf Mitteleuropa ein, ein relativ zentralisiertes Staatsgebilde ohne Adel. Damit aber ist auch seine Schwäche angesprochen. Nach den Reformen Suleimans II. (1520–1566) gewann die ursprünglich aus Christenkindern rekrutierte Elitetruppe der Janitscharen die Rolle einer Prätorianergarde, die auch Sultane stürzte. Entschieden sunnitisch-islamisch, haben die Osmanen aber – gegen entsprechende Steuerzahlung – eine relative Toleranz geübt und Griechen und Armeniern nicht nur den Handel, sondern auch Teile der Verwaltung überlassen. Mit der Eroberung des Balkans einschließlich eines Großteils von Ungarn wurden die Osmanen zu Nachbarn und Gegnern der Habsburger. Seit 1541 kontrollierten sie auch das ihnen tributpflichtige Fürstentum Siebenbürgen. Von 1593 bis 1605 führte Rudolf II. seinen „Langen Türkenkrieg“, der erhebliche Konsequenzen für den Reichsverband hatte.

Gleichzeitig jedoch hatten die Türken nicht nur zu Frankreich, sondern auch zu England und den Niederlanden Beziehungen aufgenommen, die dem Handel dienten, aber auch ihre Bedeutung als Mitspieler der europäischen Politik befestigten. Dies stand in deutlichem Kontrast zu ihrer Rolle als „Erbfeinde christlichen Namens“, zu denen sie die christliche, vor allem die kaiserliche und katholische Propaganda stilisierte. Gleichwohl hat auch für Wien das Osmanische Reich eine beträchtliche Rolle gespielt, nicht nur wegen der trotz des türkischen Waffenstillstands von 1605 fortgesetzten Türkeneinfälle; die österreichische Gesandtschaft in Konstantinopel besaß für Wien stets eine hohe Bedeutung. Der kaiserlichen Politik kam zugute, daß sich seit 1577 die Konflikte zwischen Türken und Persern verschärften; letztere brachten es 1590 sogar zu erheblichen Geländegewinnen, welche die Österreicher entlasteten, auch wenn ein österreichisch-persisches Bündnis nicht zustande kam. Andererseits pflegten die Osmanen besonders enge Beziehungen zu Frankreich, das als Schutzmacht der Christen im türkischen Reich auftrat. Entlastet wurde der Kaiser durch die Krisensymptome des osmanischen Herrschaftssystems in der ersten Hälfte des 17. Jahrhunderts: vor allem durch die Aufstände unter Murad IV. (1623–1640) und die Verschwendungssucht Ibrahims (1640–1648). Hinzu kamen zunehmende Auseinandersetzungen der Osmanen mit dem Königreich Polen.

Es bleibt die Frage, ob das Osmanische Reich, nachdem es die Kontrolle des Balkans gewonnen hatte, wirklich noch die expansive Kraft besaß, seine Grenzen weiter nach Mitteleuropa vorzuschieben. Allerdings war auch der Kaiser noch nicht in der Lage, die österreichische Position in Ungarn zu verbessern, dessen Königskrone er trug. Die Bedeutung der Türkengefahr, auch durch ihre ideologisch-propagandistische Überhöhung, kann für den Reichsverband nicht hoch genug eingeschätzt werden: als Instrument der Solidarisierung, aber auch vor allem als Katalysator politischer Konstellationen und verfassungsrechtlicher Entwicklungen. Daß die Türken gezwungen waren, während des Dreißigjährigen Krieges ruhig zu bleiben, war ohne Zweifel eine wichtige Voraussetzung der mitteleuropäischen Entwicklungen. Bald danach sollte das neuerliche Erstarken der Osmanen im Reich das Gefühl einer schweren Bedrohung hervorrufen.

Die Türken standen in Ungarn im Kampf mit Österreich, im Mittelmeer vor allem mit Spanien. Somit hatten sie den Gegensatz zur Casa de Austria vor allem mit Frankreich gemeinsam. Dieses hatte drei Jahrzehnte, 1559–1589, im Schatten schwerer konfessioneller Auseinandersetzungen gestanden, die 1589 mit der Thronbesteigung des bisherigen Hugenottenführers, König Heinrichs IV., abgeschlossen wurden; sie hatten schließlich mit dem Sieg eines relativ starken Königtums über konfessionelle Gruppierungen und Adelsparteiungen geendet. Es gelang Heinrich IV., die von den Religionskriegen zerrüttete Wirtschaft, Staatsorganisation und Staatsfinanzen zu konsolidieren und die schweren Schäden auszugleichen. Die Hausgüter des bisherigen Königs von Navarra stärkten das Krongut; 1598 befriedete der König, 1593 selbst katholisch geworden, die reformierten Hugenotten durch das Edikt von Nantes, im selben Jahr konnte er im Frieden von Vervins die gefährliche spanische Intervention in die französische Innenpolitik beenden, ohne daß die Gegensätze aufhörten.

Schon Heinrich IV. begann die spanische Hegemonie in Europa in Frage zu stellen, nun mit Hilfe der erheblichen Ressourcen eines befriedeten Frankreich, das dann im Laufe des 17. Jahrhunderts zur erfolgreichsten Nation Europas aufsteigen sollte. Die antispanisch-antiösterreichische Grundlinie seiner Politik machte den französischen Königshof zu einem Anlaufpunkt der deutschen Protestanten, wobei die alten Verbindungen zum einstigen hugenottischen Parteiführer Heinrich IV. eine beträchtliche Rolle spielten. Schon 1610 schien dann der französische König die Jülicher Erbfolgekrise zu einer entscheidenden Auseinandersetzung benützen zu wollen, die der Exhugenotte vermutlich mit weniger Rücksicht auf konfessionelle Konstellationen durchgefochten hätte als seine Nachfolger. Die Ermordung Heinrichs IV. durch einen fanatischen Katholiken, François Ravaillac, am 14. Mai 1610 machte nicht nur der schon anlaufenden Interventionspolitik, sondern auch den großen Plänen des Königs ein Ende.

Die Witwe und Regentin Maria von Medici geriet schnell unter den Druck rivalisierender Adelsparteien, für die auch der minderjährige König ein Spielball war. Seit 1619 trat ein Schützling der Königin, Armand Jean du Plessis, Graf, später Herzog von Richelieu, in die Regierung ein, der seit 1624 zum Lenker der französischen Politik unter Ludwig XIII. wurde und die absolutistische Königsmacht ausbaute. Unter seiner Regie folgte, gleichermaßen im Sinne von Katholizismus und Absolutismus, die Zerschlagung der immer noch starken hugenottischen Stellung als „Staat im Staat". 1628 fiel die hugenottische Seefestung La Rochelle, und 1629 wurden die hugenottischen Sicherheitsplätze beseitigt, allerdings die Rechte der Reformierten als religiöse Sondergruppe bestätigt. Kardinal Richelieu konnte dann 1630 bis 1632 auch die Adelsopposition niederringen. Mit königlichen Intendanten stärkte Richelieu die Kontrolle der Provinzen; die Generalstände aus Geistlichkeit, Adel und Bürgertum wurden seit 1614 nicht mehr einberufen; auch die Rechte des Pariser Parlaments wurden reduziert. Die Reformmaßnahmen erfolgten unter dem Druck eines hohen Defizits, einer ausgeprägten Wirtschaftskrise, zu der offenbar auch die klimatischen Verschlechterungen beitrugen. Mehrere agrarische und städtische Revolten in den 1630er Jahren waren die Folge. Gleichwohl griff Richelieu seit den 1620er Jahren die aktive Außenpolitik gegen Spanien-Österreich wieder auf; der Kardinal wartete nicht zuletzt wegen der inneren Labilität Frankreichs bis in die 1630er Jahre mit einer Intervention in den deutschen Krieg. Seine Hauptstoßkraft richtete sich zunächst gegen Spanien, doch die spanisch-österreichische Verbindung sollte dann Richelieu auch in die deutschen Auseinandersetzungen hineinziehen.

Italien spielte im europäischen Kräftespiel eine eher passive Rolle; es war beherrscht von einer Hegemonialstellung Spaniens, die durch die Herrschaft über Mailand und Neapel-Sizilien abgesichert war und der sich die übrigen Staaten Italiens nur mit Mühe entziehen konnten. Dies galt auch für den Papst als Herrn des Kirchenstaats. Frankreich war durch den Frieden von Cateau-Cambrésis 1559 aus Italien ausgeschieden. Während das Großherzogtum Toskana unter den späten Medici eine eher passive Rolle spielte, konnte die Republik Venedig dank ihrer traditionellen Seestellung noch eine gewisse Macht ausüben – sie besaß noch Inseln im östlichen Mittelmeer, u. a. Kreta.

Gegenüber den Protestanten trieb die Signoria eine etwas offenere Politik als die übrigen italienischen Staaten. So verlangte ihre Universität nicht den Eid auf das Tridentinum, so daß Padua eines der Hauptziele deutscher evangelischer Studenten in Italien war. Die Spannungen zum Papst steigerten sich, als der Servitenmönch Paolo Sarpi (1552–1623) sich zum Anwalt staatskirchlicher Tendenzen Venedigs gegen die päpstlichen Ansprüche machte und sogar Kontakte zu den leitenden evangelischen Politikern knüpfte, deren Hoffnungen auf ein Zusammenspiel mit Venedig allerdings illusionär blieben. Venedig stand jedoch in alten Konflikten mit den Habsburgern. 1612 kam es wegen der Uskoken, serbischer und albanischer Flüchtlinge, die um Senj (Zengg) ein Freibeuterdasein führten und zunehmend ihre Aktivitäten nicht gegen die Türken, sondern gegen die Venezianer richteten, zum Krieg zwischen der Republik und dem innerösterreichischen Erzherzog. Savoyen, mit Piemont verbunden, war formal Mitglied des Oberrheinischen Kreises, aber es spielte vor allem eine Pufferrolle zwischen Spanien und Frankreich; aus dieser Position sollte es Beziehungen zu den deutschen Protestanten aufnehmen. Wie die meisten anderen italienischen Staaten machte auch Savoyen-Piemont eine Bewegung zum Absolutismus durch.

Von Spanien und den Niederlanden war schon die Rede im Zusammenhang mit dem Hause Österreich. England gehörte ebenfalls zu den Gegenspielern der spanischen Hegemonie; so pflegte das Königreich mit seinem anglikanischen Staatskirchentum beste Beziehungen zu den deutschen Protestanten. England hatte in der langen Regierungszeit Elisabeths I. (1558–1603) nicht nur eine politische und konfessionelle Stabilisierung erfahren, sondern auch wesentlichen Anteil an der überseeischen Expansion gewonnen. Freibeuterzüge und erste eigene Kolonialerwerbungen, dazu die Aktivitäten der englisch-ostindischen Kompanie (seit 1600) machten das Inselreich zu einem ernst zu nehmenden Rivalen Spaniens. Die Nachfolge Jakobs VI. von Schottland (des Sohnes der 1587 hingerichteten Maria Stuart) 1603 auch in England führte zu einer Personalunion, die jedoch noch distanziert blieb, da in Schottland überwiegend das reformierte Bekenntnis herrschte. Elisabeth I. hatte in einem geschickten Zusammenspiel mit dem Parlament, vor allem mit dem schon jetzt einflußreicheren Unterhaus aus niederem Adel und Städtevertretern regiert. Unter den Stuartkönigen steigerte sich die Spannung zwischen wachsenden Tendenzen zum Absolutismus einerseits und der Macht des Parlaments andererseits, welche durch den gesteigerten Finanzbedarf der Krone zunahm. Jakob I. selbst formulierte die Prärogativen der Krone und geriet in Gegensatz zum Unterhaus, aber auch zunehmend zu den in Opposition zur anglikanischen Kirche stehenden entschieden reformierten Puritanern. Hierdurch wurde eine puritanische Emigration nach Nordamerika angeregt, welche die neue Welt nachhaltig prägen sollte. Prinzipiell hielt sich England auf der Seite des europäischen Protestantismus.

Die finanzielle Schwäche der Krone steigerte sich unter Karl I., zumal sich nun auch die schottischen Reformierten (Presbyterianer) gegen die anglikanische Kirche wehrten. Der Krieg mit Schottland aber führte den König in eine unmittelbare Auseinandersetzung mit dem englischen Parlament, das die absolutistischen Tendenzen der Krone ebenso mißbilligte wie die Versuche Karls I., mit den katholischen Monarchen anzuknüpfen. Bekanntlich ist dieser Konflikt zu einer dramatischen Auseinandersetzung eskaliert, der weit über traditionelle Ständekämpfe hinausführte und schließlich in die puritanische Revolution gegen die Krone einmündete.

Der König konnte sich dabei auf den Norden und Westen, das Parlament auf den Süden und Osten stützen, insbesondere jedoch auf die Handelsmetropole London; dabei bündelten sich mehrere Gegensätze, vor allem der politische mit dem kirchlichen. Im englischen Bürgerkrieg von 1642 bis 1646 siegte die puritanisch-parlamentarische Partei; 1649 kam es sogar zur Hinrichtung des Königs. Der Weg führte nicht in eine Parlamentsherrschaft, sondern in die Diktatur der siegreichen Armee bzw. ihres Generals Oliver Cromwell, der 1653 – 1658 als Lord Protector von England quasikönigliche und absolutistische Züge annahm. Das überwiegend monarchische Europa betrachtete die englischen Ereignisse mit großer Skepsis.

Für Deutschland gewannen sie insofern Bedeutung, als die Krone durch ihre inneren Probleme von einem stärkeren Eingreifen in die europäische Politik und damit auch von einer intensiveren Teilnahme am Dreißigjährigen Krieg abgehalten war. Andererseits hinderte der Krieg aber auch die kontinentalen Mächte, in den englischen Bürgerkrieg zu intervenieren. Immerhin hatte Kaiser Ferdinand III. 1644 seinen General Ottavio Piccolomini zur Truppenwerbung nach England geschickt. Die Royalisten forderten die Solidarität der Monarchen ein, die der bedrängte Kaiser wohl schwer hätte realisieren können.

Um die Mitte des 17. Jahrhunderts war also Europa stärker zusammengewachsen. Das hatte sich bereits um die Jahrhundertwende angebahnt. Die Konsolidierung Frankreichs, der Aufstieg der Republik der Vereinigten Niederlande, die verstärkten Aktivitäten Englands schufen für die Hegemonialmacht Spanien Konkurrenten, die das zentrale Europa nicht unberührt lassen konnten. Dahinter stand im Westen auch eine Konsolidierung der Staatsgewalten, die sowohl die Mitte als auch den Osten Europas hinter sich ließ. Das Reich, Polen und auch Rußland stagnierten eher. Allein in Schweden setzte ein starker Konsolidierungsprozeß ein, der das Dreikronenreich bald die Hegemonie an der Ostsee gewinnen und zur europäischen Großmacht aufsteigen ließ. Insgesamt aber zeichnete sich ein verstärkter Vorsprung des westlichen Europa ab, der gleichfalls nicht ohne Rückwirkung auf das Reichsgefüge bleiben konnte. Er korrespondierte mit dem wirtschaftlichen Aufschwung der atlantischen Seite Europas, eine Folge der überseeischen Entdeckungen, die in der zweiten Hälfte des 16. Jahrhunderts voll zum Tragen gekommen waren und die Mittelmeerwelt zurücktreten ließen. Dabei gingen auch Einflüsse von West nach Ost, vor allem der Getreide- und Holzexport des Ostens interessierte die Westeuropäer, Holländer und Engländer zumal, und führte westliche Waren nach Ostmitteleuropa.

Das europäische Mächtesystem um 1600 war sehr stark bestimmt durch konfessionelle Beziehungen, durch das erstarkende Papsttum und das aufkommende reformierte Bekenntnis. Hier ergaben sich Koalitionen und Gegnerschaften, die wiederum auf den Reichsverband zurückwirken mußten. Sie überlagerten sich indessen mit traditionellen Grundlinien der europäischen Politik, für die im Westen nach wie vor die Eindämmung der Hegemonialmacht Spanien wichtig blieb – das spanische Übergewicht in Süd- und Westeuropa bestimmte stark die Haltung der übrigen Mächte. Selbst Österreich, bzw. der Kaiser, sahen die spanische Machtentfaltung durchaus als problematisch; aber letztlich überwog doch die dynastische Solidarität, selbst wenn man in Wien bzw. Prag alles andere als glücklich war über die Versuche der Krone Spanien, Reichslehensrechte in Italien aufzusaugen.

Die von den Interessen her eigentlich gegebene Partnerschaft Spaniens mit England wurde durch dessen konfessionelle Option und durch eine wachsende Rivalität in Übersee und auf den Weltmeeren zerstört. Andererseits wurde das katholisch gebliebene Frankreich durch den neu erwachenden Willen, eine Rolle im Staatensystem Westeuropas zu spielen, sehr stark auf den Gegensatz zu Spanien verwiesen, so daß der konfessionelle Gleichklang nur eine sekundäre Rolle spielte. Mit England und Frankreich waren ernste Rivalen der spanischen Position hervorgetreten, die sich zudem mit den aufständischen Niederlanden verbanden. Selbst der Papst mißtraute dem Übergewicht Spaniens, das ihn als italienischen Territorialherrn zum Satelliten zu machen drohte. Ähnlich handelten Venedig und zuweilen auch Savoyen. Innerhalb der antispanischen Konstellationen besaß Frankreich deshalb den größten Handlungsspielraum, weil es als katholische Macht zusätzlich die Option altkirchlicher Solidarität besaß, die immer wieder den Ausgleich mit Spanien ermöglichte. Für die deutschen Fürsten bot das sich abzeichnende europäische Mächtespiel zahlreiche Anknüpfungspunkte, vor allem mit dem Frankreich Heinrichs IV.

2. Bevölkerung und Wirtschaft

a) Klimatischer und geographischer Rahmen

Der Reichsverband war in den mitteleuropäischen Raum eingebettet. Er reicht vom Hochgebirge bis zur See, von den Gebirgspässen der Vogesen und der Ardennen bis zu der großen Flußebene der Oder, schließt zahlreiche Mittelgebirgslandschaften ein. Eine gleichmäßige Zone bildet die große Tiefebene, die sich von den Niederlanden bis weit in den Osten erstreckt. Eine besondere Rolle spielt das zum Reichsverband gehörende Böhmen, das durch seine Randgebirge in seiner Sonderexistenz gestützt wurde und von der ungeheuer wirksamen Zentralität Prags geprägt war. Auch Österreich war durch den böhmischen Kessel in eine besondere Lage zum Reich gerückt.

Die Landschaft Mitteleuropas war durch menschliche Hand bereits vielfältig umgestaltet, auch wenn der Mensch der Natur noch in hohem Maße ausgeliefert blieb, immer wieder von Naturkatastrophen unmittelbar oder mittelbar – etwa durch Hungersnöte – überwältigt wurde. Sowohl mit der kulturellen Ausgestaltung wie mit den Krisenentwicklungen hatte die Bevölkerungsentwicklung direkt zu tun.

Nach dem tiefen demographischen Einbruch, den die Pest Mitte des 14. Jahrhunderts gebracht hatte, waren das 15. und vor allem das „lange 16. Jahrhundert" bestimmt durch einen beträchtlichen Bevölkerungsanstieg. Er hatte zur Besiedlung weniger ertragreicher Flächen geführt, oft solcher, die nach dem Bevölkerungsschwund des Spätmittelalters aufgegeben worden waren. Man hatte abermals Sümpfe trockengelegt, Flüsse und das Meer zurückgedämmt, den Wald gerodet. Dies alles hatte Eingriffe in das natürliche Gleichgewicht bedeutet. Landesfürsten und Adel hatten dem Einhalt zu gebieten versucht, wenn auch eher aus standesspezifischen Gründen, zum Beispiel mit dem Ziel der Erhaltung von Jagd und Wald, wobei neben nacktem Egoismus allerdings durchaus Einblicke in die Gefahren einer Schädigung des Kreislaufs der Natur standen.

Die Zunahme der Bevölkerung haben die Menschen jener Zeit stark gespürt; es galt immer mehr überzählige Kinder zu versorgen, für die immer weniger Platz war – mit beträchtlichen Konsequenzen für die Gesellschaft. Aber man war weit entfernt von einer wissenschaftlichen Erfassung des Phänomens. Statistiken kannte man nicht – und dies schafft auch für die späteren Historiker Probleme. Die Quellen, auf die sie sich stützen, Steuerlisten, Verzeichnisse guts- oder grundherrschaftlicher Gefälle, Kommunikantenlisten waren zu ganz anderen Zwecken verfaßt, so daß ihre Interpretation noch heute nicht unproblematisch ist. Zumeist wurden die Familienväter erfaßt, so daß die Zahl von Kindern geschätzt werden muß – aber die statistische Annahme einer Kinderzahl bereitet durchaus Schwierigkeiten, auch angesichts der enormen Kindersterblichkeit. So gewinnen die Kirchenbücher, in denen man zuerst Taufen und Eheschließungen, später auch Sterbefälle registrierte, größte Bedeutung. Sie wurden allerdings nicht aus statistischen Gründen angelegt, sondern vor allem um Ehehindernisse aus zu naher Verwandtschaft, auch die Zugehörigkeit zur Kirche durch den Taufakt nachzuweisen. Kirchenbücher kamen zunächst im besser organisierten evangelischen Bereich in Gebrauch, später, eingeschärft durch das Konzil von Trient, im katholischen. Statistische Relevanz erhielten sie freilich oft erst in der zweiten Hälfte des 17. Jahrhunderts. Mit diesen Hilfsmitteln läßt sich ein ungefährer Überblick gewinnen.

Die Bevölkerungsentwicklung war in Deutschland gegen Ende des 16. Jahrhunderts an ihre Grenzen gestoßen. Das sehr schnelle Wachstum der vorhergehenden Jahre überforderte zunehmend die Möglichkeiten der Versorgung. Zwar haben Landwirtschaft und Handel durchaus auf die Herausforderung reagiert – so verzeichnet man einen starken Rückgang des Fleischkonsums zugunsten von Getreideprodukten sowie von Hülsenfrüchten. Aber es gab keine Verbesserung der landwirtschaftlichen Produktion im Sinne einer echten Innovation – Extensivierung und nicht Intensivierung war die Antwort, verbunden mit dem Steigen der Getreidepreise und erhöhter Bedeutung der Kornexporte des östlichen Ostseeraums. Die noch zu beschreibende Starrheit der Produktion setzte dem Anbau Grenzen.

Man wird indessen das Reichsgebiet nicht einheitlich sehen können, denn die Bevölkerungsdichte nahm von West nach Ost ab. Sie erreichte vor allem in den Rheingebieten eine beträchtliche Höhe, die sich der größten Bevölkerungsdichte Europas in den Niederlanden und in Oberitalien annäherte. Doch auch im Osten stieg die Bevölkerungszahl, nahmen die Landreserven ab. Die Mobilisierung der schlechteren Böden trieb zudem die Kosten der Landwirtschaft nach oben.

Diese Situation wurde noch verschärft durch eine Klimaverschlechterung, die sogenannte „kleine Eiszeit", die nicht nur das Reich und Europa, sondern offenbar die gesamte nördliche Hemisphäre erfaßte. Nachdem der Bevölkerungsanstieg durch eine relativ warme erste Hälfte des 16. Jahrhunderts begünstigt worden war, gab es um die Mitte des Jahrhunderts einen „ungewöhnlich radikalen Klimaumschwung"[1]. Schneehäufigkeit und Länge der Winter nahmen zu, die Sommer wurden feuchter; in Baden ging nach 1550 die Zahl der guten Weinjahre drastisch zurück; die Gletscher in den Alpen drangen vor, die Vegetationsgrenze wich zurück. Es gab nur kurze Erholungsphasen wie die Jahre vor 1620. Das kältere Klima führte auch zu einer erhöhten Sturmtätigkeit mit allen Konsequenzen für die Bewohner von Küste und Binnenland. Einen Höhepunkt markierte die große Sturmflut vom 21. Oktober 1634 an der Nordsee, in der die bewohnte Insel Nordstrand vor der holsteinischen Küste unterging, von der heute nur noch Halligen übriggeblieben sind. Die Grundtendenz wurde allerdings von erheblichen jährlichen Schwankungen überlagert. Die Wetterverschlechterung bedeutete vermehrte Not für die Menschen und hemmte ihre Vermehrung.

Unter diesen Umständen erstaunt es nicht, daß die Bevölkerungszunahme in Deutschland abflachte – sie betrug gegen Ende des 16. Jahrhunderts nur noch 0,33 %. Die deutsche Bevölkerung hatte erst um 1560 wieder den Höchststand vor der Großen Pest Mitte des 13. Jahrhunderts erreicht und kam am Vorabend des Dreißigjährigen Krieges auf etwa 16 bis 17 Millionen Einwohner, unter Einschluß der Niederlande auf etwa 20 Millionen. Damit waren die Deutschen neben den Franzosen das zahlreichste Volk in Europa. Die einsetzende demographische Krise indessen betraf nicht nur die Deutschen, sie war ein europäisches Phänomen mit nachhaltigen wirtschaftlichen und sozialen Folgen. Aber die Entwicklungen in den einzelnen Teilen Europas verliefen doch unterschiedlich – hier zeigten sich vor allem die Besonderheiten, die die Einwirkungen des Dreißigjährigen Krieges auf Deutschland hervorriefen. Er sollte die krisenhafte Entwicklung noch verschärfen und ihr für Deutschland sehr spezifische Akzente verleihen.

Die Bevölkerungsentwicklung vollzog sich unter den Bedingungen höherer Geburts- und Todesraten. Gerade hier wurde das fortbestehende Ausgeliefertsein des Menschen an die Natur deutlich – die Medizin wußte nur wenig taugliche Hilfsmittel.

Das Verhältnis zwischen Aussaat und Ernte war mit normalerweise 1:4 bzw. 1:5 so knapp, daß bereits zwei aufeinander folgende Mißernten zur Katastrophe führten. Die Städte konnten diese Krise besser überstehen, weil sie durch Speicher und Vorräte ein wenig geschützt waren. Bauern, die die eigenen Reserven aufgebraucht hatten, eilten deshalb häufig in die Stadt mit ihren hygienisch ungünstigeren Bedingungen. Dort verschärften sie als Bettler die Situation weiter, ohne erhöhte Überlebenschancen zu gewinnen, denn im Gegensatz zum Dorf lebten nahezu alle Städte im demographischen Defizit, d. h. die Todes- überstieg die Geburtsrate. Die Räte versuchten häufig die Menschen von den Mauern ihrer Städte fernzuhalten.

Die Ernährungskrisen im Gefolge von Mißernten führten rasch zu Epidemien, welche dann auch die Wohlhabenderen ergriffen, die zunächst durch bessere Vorratshaltung dem Hunger weniger ausgesetzt waren. Es waren die „apokalyptischen" Reiter des 17. Jahrhunderts, die die Menschen bedrohten – rote Ruhr, Pocken, Typhus, Grippen. Vor allem die Pest war gefürchtet, gefördert durch mangelnde Hygiene und Holzbauten – und nicht zuletzt auch durch die sehr verbreitete Hausratte, die sie mit Hilfe des Rattenflohs auf den Menschen übertrug. Erst ein wachsendes Hygienebewußtsein, ein verstärkter Übergang zu Steinbauten – aber auch, vor allem im 18. Jahrhundert, die vom Menschen nicht gesteuerte Verdrängung der Haus- durch die Landratte entzogen der Pest ihre Grundlagen. Alle Versuche mit Quarantänen halfen wenig; Kinder waren in der Regel stärker betroffen als Erwachsene. Die Reichen flüchteten während der Pestepidemien aus der hygienisch schlechter gestellten Stadt auf das Land, so daß Geldgeschäfte und offizielle Funktionen zum Erliegen kamen. Im 17. Jahrhundert eskalierten die Pestwellen dramatisch. Auch die verheerende Kraft der Syphilis war keineswegs gebrochen.

Die geringe Lebenserwartung der Menschen wurde verschärft durch eine hohe Kindersterblichkeit. Ein Viertel bis ein Drittel der Neugeborenen erreichte das erste Lebensjahr nicht, nur etwa die Hälfte das zwanzigste. Männer über 40 Jahre galten schon als Greise; allerdings gab es auch sehr alte Menschen. Dank ihrer größeren biologischen Resistenz überlebten die Frauen in höherer Zahl, so daß ein Problem unverheirateter Frauen weiterbestand – auch wenn der Tod im Wochenbett nicht ganz selten war. Die Reichen hatten die Chance, gegenüber den Armen ein paar Lebensjahre hinzuzugewinnen.

Einer hohen Sterblichkeit stand aber auch eine hohe Geburtenrate gegenüber – mit etwa sechs Geburten im Durchschnitt einer Ehe. Die europäische Praxis einer relativ späten Verheiratung der Frau sowie der häufige vorzeitige Tod des Partners schränkten die Geburtszahlen ein.

Deutlich suchte man sich auch in Deutschland gegen die drohende Überbevölkerung zu wehren, wobei Geburtenkontrolle eine nicht zu unterschätzende Rolle gespielt haben dürfte – neuere demographische Studien machen dies sehr deutlich. Die begrenzte Kinderzahl läßt auch die alte Legende von der „Großfamilie" verblassen, da es wohl den oft zitierten Mehrgenerationenhaushalt nicht gab. Heiratsbegrenzung erfolgte in der Regel durch Heraufsetzung des Heiratsalters. Zudem griff die Obrigkeit mit Heiratsbeschränkungen steuernd ein; auch berufliche Positionen waren besetzt, und man mußte mit dem Ehestand abwarten, bis solche frei wurden. Der erzwungene Zölibat war ein recht häufiges Phänomen. Andererseits schufen neue Berufszweige neue Möglichkeiten. Aber der massenhafte Tod der Menschen durch Seuchen oder Krieg eröffnete anderen Chancen, nicht nur zur Familiengründung, sondern auch zum sozialen Aufstieg.

Die Ernährung der meisten Menschen war bescheiden – die in Literatur und Kunst dargestellten Gelage der Oberschichten bildeten die Ausnahme. Vor dem Hintergrund der angespannten Situation sind auch die wiederholten Appelle zur Mäßigkeit zu sehen gegenüber Völlerei und Alkoholexzessen, die allerdings im 17. Jahrhundert gegenüber dem 16. etwas zurückgegangen zu sein scheinen. Die Bevölkerungsvermehrung des 16. Jahrhunderts hatte zur Reduzierung des bislang sehr ausgeprägten Fleischkonsums geführt. Deshalb gewannen die Getreidearten eine noch größere Rolle, vor allem Roggen und Weizen; daneben aß man Dinkel, Gerste, Hafer und Hirse. Gerste und Hafer dienten auch als Pferdenahrung. Der Reis spielte als Importware aus Italien nur eine relativ periphere Rolle. Als Getreideersatz konnten Buchweizen, Linsen, Bohnen und unterschiedliche Erbsenarten dienen. Die Verwendung von Bucheckern zur Schweinemast, sei es durch Beweiden der Wälder, sei es durch Einsammeln, führte oft zu erheblichen Waldschäden.

Der Anbau von Roggen und Weizen hatte die Konsequenz, daß man diese nur über zwei Jahre auf dem gleichen Feld ansäen konnte, wenn nicht der Boden ausgelaugt werden sollte. Dagegen behalf man sich mit der sogenannten Dreifelderwirtschaft, also drei Schlägen in der Reihenfolge: Wintergetreide, zum Frühjahr spätes Sommergetreide und dann Brache. Dies erforderte eine relativ aufwendige Organisation, welche zumeist die Dorfgemeinden übernahmen. Im Brachenjahr wurde der Boden gedüngt und mehrfach gepflügt, damit er sich erholen konnte. Dies war so wichtig, daß Grundherren und Gemeinden darauf achteten, daß die Böden durch den Gesamtanbau nicht ausgelaugt wurden. Die Brache wurde zur Weide verwendet. Problematisch für das Zusammenleben war die Zurückdrängung der Viehversorgung, zu der man neuerlich den Gemeindebesitz und den Wald heranzog. Die Überbevölkerungsprobleme und der damit verknüpfte Landverbrauch äußerten sich in zahlreichen Streitigkeiten um die Viehweide („Viehdrift").

Die Anfälligkeit der Getreideproduktion ergab sich aus der sehr ungünstigen Relation zwischen Aussaat und Ernte (etwa 1 : 5), nach der nur vier Körner auf jedes Saatkorn in den Konsum gingen; die Zahlen schwankten jedoch nach Bodenqualität, Witterungseinflüssen und Düngungsintensität. Es war schon die Rede davon, daß hier Neulandgewinnung nötig wurde, die aber meist eine noch ungünstigere Aussaat-Ernterelation brachte, so daß sich die oft beträchtlichen Anstrengungen wenig lohnten. Die Abhängigkeit vom Getreide war ein zentrales Problem. Daraus erwuchs die große Bedeutung von Getreideanbau, Getreideexport und Getreidepreisen.

Als Hauptnahrungsmittel trat neben das Brot für die einfachen Menschen der Brei, öfter aus Hafer als aus Hirse, auch aus Buchweizen. Die Kartoffel war bereits bekannt, diente aber zunächst als Zierpflanze. Erst gegen Ende des 17. Jahrhunderts trat sie ihren Siegeszug durch Mitteleuropa an, um dann entscheidend zur Entlastung der angespannten Ernährungssituation beizutragen. Die große Rolle des Brotes für das tägliche Leben zeigte sich in Sagen und Märchen, aber seine Qualität sollte nicht überschätzt werden; sie ist wahrscheinlich sozial und regional erheblich zu differenzieren, häufig war Kleie beigemischt. Doch das Brot stand im Ansehen über dem Brei. Es gab schon eine recht entwickelte Backkunst, vor allem in den Städten. Auf dem Lande backte man sein Brot selber. Ein besonderes Problem stellten die Müller dar, die häufig ein herrschaftlich festgelegtes Monopol besaßen, das sie weidlich ausnützten. Ihnen wurde immer wieder nachgesagt, daß sie die Bauern betrogen, sowohl beim Abwiegen wie bei der Bezahlung, kurzum, daß sie ihre Monopolstellung schamlos ausnützten.

Der Tisch der einfachen Leute wurde ergänzt durch verschiedene Fladen, durch Käse, durch Pflanzen oder Früchte aus Wald und Feld, u. a. Brennesseln, Hederich, Ackersenf, die oft durch Kinder eingesammelt wurden. Aber auch der Fischkonsum hatte seine Bedeutung. Gepökelter Hering, ins Binnenland importiert, spielte eine gewisse Rolle, dazu kamen Fische aus der Teichwirtschaft, für die Südböhmen ein berühmtes Zentrum war. Die Herren von Rosenberg um Wittingau und Krumau nannten sogar ein ausgeklügeltes und ausgedehntes Bewässerungssystem ihr eigen. Die Teichwirtschaft zog sich bis nach Schwaben; es wurden vor allem Hechte und Karpfen gezüchtet, die von den Armen verzehrt wurden. In katholischen Gegenden spielte für den Fischkonsum auch die Fastenzeit eine Rolle.

Vom dramatischen Rückgang des Fleischkonsums war schon die Rede. Sogar bei den Reichen beschwor man in dieser Hinsicht gegen Ende des 16. Jahrhunderts die goldene Vergangenheit. Selbst die Bergleute im Mansfeldischen konnten sich um 1600 kein Fleisch mehr leisten, und auch die Werkmeister in Nürnberg sahen sich außerstande, ihren Gesellen das diesen zustehende Fleisch zu servieren – und dabei war der Niedergang des Fleischkonsums in Deutschland weniger dramatisch als anderswo. Man profitierte von der Fleischzufuhr aus den Weidegebieten Osteuropas und Ostmitteleuropas (Polen, Ungarn, Donaufürstentümer Moldau und Walachei), vom Export großer „Ochsenherden", in denen oft mehr als 10000 halbwilder Tiere zu den großen Marktzentren von Nürnberg, Buttenstädt bei Weimar oder Breslau zogen. Zugleich vollzog sich ein Übergang von Frischfleisch zum Räucher- oder Pökelfleisch. Der Dreißigjährige Krieg brachte dann durch seine Konsequenzen für die Landwirtschaft eine vorübergehende Vermehrung der Fleischversorgung.

Die Bevorzugung von Pökelfleisch hatte die Hygiene nicht verbessert – es war oft übelriechend und wimmelte von Maden; ebenso wird geschildert, daß Butter zuweilen voller toter Fliegen war. Von hier wird deutlich, weshalb die adeligen Herren ihr Wildbret so sehr schätzten; die adeligen Jagdexzesse gegen die Interessen der untertänigen Bauern gingen allerdings häufig über den Eigenbedarf der Haushalte hinaus. Die starke Neigung zum Fleischkonsum, vor allem von den Soldaten als Privileg betrachtet, und ihr überreichlicher Alkoholkonsum hat während der Türkenkriege oder des Dreißigjährigen Krieges die Zahl der Ausfälle in den Heeren erheblich gesteigert.

An den Erträgen der Salzsteuer kann man sehen, daß die Obrigkeit mit Recht dem Salz eine hohe Bedeutung für den Konsum beimaß – Bayern, Tirol, das Erzstift Salzburg und das Stift Berchtesgaden profitierten davon ebenso wie die alten Produktionsstätten Schwäbisch Hall oder Lüneburg; man brauchte das Salz zum Pökeln oder zum Räuchern. Ebenso wichtig für die Verbesserung von fadem oder üblem Geschmack waren die Gewürze. Neben den importierten wie Pfeffer, Zimt, Nelken, Muskat standen auch einheimische wie Thymian, Majoran, Koriander und Knoblauch. Deutschland war ein wichtiger Gewürzkonsument – im Lauf des 17. Jahrhunderts sank jedoch die Tendenz zum Würzen. Psychologisch interessant ist, daß mit den sinkenden Preisen auch das Sozialprestige der Gewürze abnahm und deshalb die Nachfrage zurückging. Statt dessen kam im 17. Jahrhundert, von Frankreich ausgehend, eine Vorliebe für das Parfum auf. Mit Rosen- und Orangenblütenduft versah man nicht nur Gebäck oder Liköre, sondern auch Ragout oder Eier. Allerdings war dies eher ein Brauch der Oberschicht. Zu Ende des 17. Jahrhunderts nahm der Rohrzucker seinen Siegeszug durch Europa und vergrößerte die Möglichkeiten des Süßens beträchtlich.

Der Milchkonsum scheint vor allem in den Städten groß gewesen zu sein; auch Käse war verbreitet. Butter und Eier wurden eher als Luxuswaren empfunden. Bei den großen Städten gab es besondere „Schweighöfe", die deren Produktion gewidmet waren und auch dem Gemüseanbau dienten, welcher in den norddeutschen Marschengegenden einen Schwerpunkt besaß.

Bei den Getränken spielte natürlich das Wasser eine besondere Rolle, aber es war keineswegs problemlos, nicht nur für die Seeschiffe, deren

Frischwasserversorgung immer wieder Schwierigkeiten machte. In Deutschland wurde das Trinkwasser meist den Flüssen und Seen entnommen, und von dort floß es durch Holz- und Bleirohre, bis es in den städtischen Brunnen in Bottiche oder Krüge abgefüllt wurde. Die Industrie- und Hausabwässer ergossen sich jedoch ungeklärt in die Flüsse, während das Grundwasser durch Sickergruben verunreinigt wurde. Dies erklärt die Beliebtheit der Brunnenquellen und ihre oft künstlerisch wertvolle Gestaltung, die auf eine große Bedeutung hinwies – die Brunnen waren auch soziale Mittelpunkte, vor allem für die Frauen. Daß die Wasserversorgung der Dörfer hygienischer war als die der Städte, hatte unmittelbare Auswirkungen auf die Lebenserwartung.

Die verbreitete Unreinheit des Wassers macht deutlich, warum man in so starkem Maße alkoholische Getränke konsumierte. An erster Stelle stand zunächst der Wein, der allerdings oft recht sauer war. Er wurde bis weit in den Norden und auch in Gegenden gebaut, wo dies heute nicht mehr üblich ist. Man kannte die Unterschiede gut. Der kurpfälzische Statthalter der Oberpfalz, Fürst Christian von Anhalt, erhielt in seiner Bestallung 1595 jährlich 26 Fuder Wein zugesagt, davon allerdings nur zwei von besserer Qualität aus dem Iphöfener Weingut der Pfälzer Kurfürsten, d.h. für den Eigenbedarf – der Rest war saurer bayerischer (Oberpfälzer) Wein, der ausdrücklich für das Gesinde bestimmt war. Auch der Wein wurde durch Gewürze geschönt. Der Weinkonsum war berüchtigt. „Belustigt blickt der Süden auf die Säufer des Nordens, die nichts vom Trinken verstehen und ihr Glas in einem Zug leeren."[2] Vor allem italienischer Wein wurde über die Alpenpässe nach Deutschland exportiert. Die Qualität des Weins, der aus Fässern auf Flaschen gezogen wurde, war schlecht, da ein Korkverschluß unbekannt war.

Das Bier, gebraut aus verschiedenen Getreidesorten und dem bitter schmeckenden Hopfen, war vor allem nördlich der Maingrenze verbreitet. Dies bedeutete, daß die „kleine Eiszeit" des 17. Jahrhunderts den Vormarsch des Bieres gegen den Wein begünstigte. Gegenüber dem sauren Wein, der durch die sich verschlechternden klimatischen Bedingungen gewiß nicht besser wurde, hatte das Bier eine leichte Siegeschance. Es drang vom Norden nach dem Süden vor – das starke Bockbier erinnert noch heute an die Bierexporte aus dem niedersächsischen Einbeck, dessen verballhornter Ortsname hier weiterlebt. Auch das aus Böhmen kommende Weizenbier drang nach Bayern vor. Im Bierbrauen konkurrierte der Adel mit Klöstern und Städten – Ende des 17. Jahrhunderts exportierten norddeutsche Städte wie Braunschweig und Bremen Bier bis nach Indien. Es war eine wichtige Exportware. Der Bierkonsum wurde obrigkeitlich reguliert, war er doch stark besteuert und dadurch eine wichtige Quelle obrigkeitlicher Einkünfte.

Aber auch die Sauflust ging weiter – nicht umsonst hieß Sachsens Kurfürst Johann Georg I. (1611–1656) „Bierjörgli". Die Exzesse bei den

Gelagen der Oberschicht scheinen zwar im 17. Jahrhundert nicht mehr ganz die Ausmaße des 16. erreicht zu haben, doch das „Laster der Trunkenheit" blieb ein großes Problem, auch bei den verarmten Unterschichten. Dies galt besonders für den Konsum von Spirituosen, die im 17. Jahrhundert stark an Boden gewannen. Ihr Spitzenreiter war der Branntwein, der als Arznei galt, sogar gegen die gefürchtete Pest. Die steigende Produktion ließ die Preise fallen und machte den Branntwein recht erschwinglich. Man erkannte bald, daß es ein Vorteil war, den Soldaten vor der Schlacht Schnaps zuzugestehen. Über Frankreich kamen die süßen Spirituosen, die Liköre, ins Land. Der Alkohol diente als Anregungsmittel und als Spender billiger Kalorien, beides wichtig in einem Jahrhundert, das von Kriegen, Hungersnöten und Ängsten beherrscht war. Das Laster reichte von ganz oben bis ganz unten – die Folgen waren sehr deutlich. Der „Saufteufel" des 16. Jahrhunderts war noch lange nicht tot.

Die neuen Genußmittel Schokolade (Kakao), Tee und Kaffee, mit gekochtem Wasser sehr hygienisch zubereitet, die dann die Bedeutung des Alkohols relativieren sollten, spielten in Deutschland noch keine große Rolle. Der Kaffee kam gegen Ende des 17. Jahrhunderts auf, womit sich die Legende verband, der Spion und Dolmetscher Georg Kolbielsky habe ihn anläßlich der Türkenbelagerung Wiens 1683 eingeführt. Der Kaffee wurde immer noch aus den arabischen Ländern importiert. Viel früher war der Tabak nach Deutschland gekommen – wie überall zunächst als botanische Kuriosität und als Medizin. Seit Anfang des 17. Jahrhunderts begann er seinen Siegeszug als Schnupf-, als Rauch- und als Kautabak; geraucht wurde er in der Pfeife. Als 1619 Kurfürst Friedrich V. von der Pfalz zum König von Böhmen gewählt wurde, haben ihm die Heidelberger Räte bedeutet, daß das Übel des „Tabaksaufens" einer königlichen Majestät nicht würdig sei. Fürsten wie der Kurfürst von Köln (1649) oder der Herzog von Württemberg (1651) verboten den Tabak, ohne damit Erfolg zu haben.

Die Eßsitten waren sozial sehr differenziert. Auch im 17. Jahrhundert gab es beträchtliche Tafelfreuden, opulente Mahlzeiten – als Ausdruck einer verfeinerten Eßkultur, die aber rasch in Unmäßigkeit ausarten konnte. Dies galt für Feste der oberen wie der unteren Schichten, im Familienkreis, in den Zünften, in den Räten der Stadt, wo man sich mit Tafelgeschirr und Tafelaufsätzen zu übertreffen suchte. Die einfachen Leute auf dem Lande saßen bei den Mahlzeiten noch mit dem Gesinde zusammen rund um den Tisch und aßen aus einer gemeinsamen Schüssel, häufig genug noch mit den Händen. Bei den Handwerkern wurde beklagt, daß die Gesellen zu kurz kamen, da sich der Meister zu gut bediente.

Der Wohnstil war natürlich nach Vermögen stark differenziert. Die Reichen überboten sich in verfeinerter Kostspieligkeit; durch alle Schichten aber zog sich der Wunsch, sich besser einzurichten. Die deutsche Renaissance paßte sich recht gut in die spätgotischen Stadtbilder ein;

immer noch wurde in weiten Teilen Deutschlands vornehmlich in Fachwerkbauten gewohnt. Die städtischen Häuser hatten in der Regel zwei Stockwerke und kombinierten Wohn-, Arbeits- und Vorratsräume. Allerdings konnten wohlhabende Bürger auch beachtlichere Häuser errichten, vom Adel ganz zu schweigen; dabei drang der neue Stil verstärkt vor, wie die reichen Renaissancehäuser in manchen Städten wie Augsburg, Nürnberg, Lübeck noch heute bezeugen. Die Schlafzimmer waren einfach. Die Reichen bevorzugten immer noch – zum Schutz gegen Ungeziefer – das Himmelbett. Übrigens kam damals auch die Praxis des Nachtgewandes auf. Die Öfen waren längst zu Prunkstücken geworden, teils aus Gußeisen, teils aus kunstvollen Kacheln. Allerdings fehlten zumeist Wascheinrichtungen; die hygienischen Probleme waren durchgängig, nicht nur bei den armen Leuten.

Die Bekleidung sollte Stand und Beruf anzeigen; die Tendenz, sich zu prachtvoll, nach den Vorstellungen der Obrigkeit, auszustaffieren, war verbreitet – davon zeugten zahllose Kleider- und Luxusmandate. Auch neigte man dazu, viele Preziosen zu tragen. Dem stand eine schlichtere Kleidung für die tägliche Arbeit gegenüber. Die Tendenz, sich über Stand herauszuputzen, provozierte nicht nur vergebliche Gegenmaßnahmen der Obrigkeit, sondern immer noch zahlreiche satirische Darstellungen – in der Tat scheint die Neigung zu Kleiderpracht für manchen ruinös gewesen zu sein. Luxus pflegte man übrigens auch bei Taufen, Hochzeiten und Beerdigungen, so daß hier die Obrigkeit reglementierend eingreifen mußte.

Die Wegeverhältnisse waren zumeist miserabel, was die Wasserstraßen sehr begehrenswert machte und gerade dort die landesfürstlichen Zöllner auf den Plan rief, die die Kosten der Flußwege so hochtrieben, daß ihre Bedeutung sank. Das galt vor allem für den Rhein, der das Alpengebiet mit den Niederlanden verband, und für die Donau, den großen Wasserweg von Oberdeutschland nach Südosteuropa. Aber auch die Elbe hatte ihre Bedeutung als Verbindung von Böhmen zur Nordsee. Oder und Weichsel dienten dem wichtigen Getreideexport. Zu Land reiste man zu Fuß, zu Pferde oder zu Wagen. Natürlich war die Reise zu Pferd die schnellste. Neben den Reisewagen spielten die Fuhrwerke eine sehr wichtige Rolle – der Fuhrmann wurde wegen Grobheit und Trinkfestigkeit geradezu sprichwörtlich. Die Fußgänger taten sich häufig zusammen, was angesichts der Unsicherheit der Straßen durchaus nützlich war. Sehr häufig reiste man wegen der Ausbildung – so entwickelte sich im 17. Jahrhundert die Kavalierstour des Adels, aber auch die Pilgerreise blieb weiterhin wichtig. Verwandtenbesuche waren dagegen relativ selten – sehr viel häufiger die Flucht: vor Hungersnöten, konfessioneller Verfolgung und vor dem Krieg. Es wird immer deutlicher, daß die Menschen des 17. Jahrhunderts ziemlich mobil waren.

Das Reisetempo war ungemein langsam – das ist auch zu veranschlagen, wenn man über politische Kommunikation diskutiert. Immerhin legte man zu Fuß am Tage etwa 40 Kilometer zurück – und das ließ sich mit einem Pferd beträchtlich steigern. Offenbar hatten die Herbergen im Reich einen guten Ruf – allerdings wird auch berichtet, daß bei Großereignissen, etwa bei Reichstagen, eine drangvolle Enge entstand und die Gäste sogar die Betten teilen mußten. Wichtig waren Geleitsbriefe, die landesherrlichen Schutz versprachen und daher in der Regel nur hochgestellten Persönlichkeiten ausgestellt wurden. Das Risiko einer Reise war nämlich sehr hoch, auch dies ein Grund, daß man sie lieber vermied. Gerade die Seltenheit des Reisens aber führte bei vielen dazu, daß man wichtige Beobachtungen und interessante Vorgänge aufzeichnete – dabei war jedoch insgesamt der Eindruck der Kulturlandschaft wichtiger als derjenige der Natur.

Schon seit dem späten Mittelalter hatte es ein regelmäßiges Nachrichtensystem gegeben: des Kaisers, der Fürsten, der Städte der großen Handelshäuser. So waren regelmäßige Botenlinien entstanden; die Boten selbst waren durch eine Amtstracht (Livree) gekennzeichnet. Unter Kaiser Maximilian I. wurde 1490 mit der Organisation eines Reichspostwesens begonnen, da er auf eine stetige Verbindung seiner Zentren Wien und Brüssel angewiesen war. Das kaiserliche Postwesen kam in die Regie des Hauses Taxis, seit 1649/50 Thurn und Taxis, das bis zur Reichsfürstenwürde emporsteigen sollte und 1615 die Reichspostmeisterwürde als erbliches Mannlehen verliehen bekam. Allerdings gelang es der kaiserlichen Post nicht, ihr Monopol im ganzen Reich durchzusetzen – denn die Landesherren begannen ihre eigenen Posten zu etablieren. Seit 1617 kam zur Briefbeförderung auch noch die Personenbeförderung durch Kutschen.

Die Nachrichtenübermittlung war eine wichtige Aufgabe der Posten. Ein regelmäßiges Gesandtschaftswesen lag in der ersten Hälfte des 17. Jahrhunderts noch in den Anfängen, so daß vielfach Korrespondenten oder Agenten wirken mußten, vor allem am Prager bzw. Wiener Kaiserhof, die ein breites Spektrum an Informationen über die eigentlich politischen Angelegenheiten hinaus übermittelten. Ebenso wie die Berichte der päpstlichen Nuntien waren sie immer noch recht ungenau und enthielten zahllose haltlose Gerüchte. Zuweilen schien es wichtiger, sich interessant zu machen, als den Auftraggeber korrekt zu informieren. Noch problematischer waren die Flugblätter, gedruckte Nachrichten, kopierte Privatbriefe, die sonst die politischen Ereignisse referierten. Von Mund zu Mund umlaufende Gerüchte hatten hier eine leichte Chance. Dies aber bedeutete, daß Informationen desto stärker verzerrt wurden, je weiter sie vom Ort des Geschehens berichtet wurden. Die traditionellen Knotenpunkte im Reich hatten also wesentlich bessere Informationen als abgelegene Gebiete, wo diese noch dazu verspätet ankamen. Dies ist wichtig für die Beurteilung des politischen Geschehens, aber auch für die sich verbreitende allgemeine große Unsicherheit. Flugblätter waren auf Sensationswirkung aufgemacht, wobei das Auftreten seltsamer Himmelszeichen und mißgestalteter Lebewesen keine geringe Bedeutung hatte. Und doch lagen hier die ersten

Ansätze zu einem Zeitungswesen, für das die Korrespondentenberichte des Hauses Fugger wegweisend waren. Auch die Taxis-Post brachte wöchentlich eine „Ordinari-Zeitung“ heraus, die auf den Informationen der einzelnen Postmeister beruhte.

Raum und Zeit hatten also eine andere Dimension als heute. In der Zeitrechnung begann die Zählung nach Tagen und Monaten das Kirchenjahr und die Heiligenfeste zu verdrängen – erst allmählich, denn vielfach hingen mit dem Kirchenjahr Märkte, Messen oder gar Fälligkeiten von Schulden zusammen. Selbst die reformierte Kurpfalz ließ lange ihr Rechnungsjahr mit Petri Stuhlfeier (22. Februar) beginnen und nahm erst Anfang des 17. Jahrhunderts die Umstellung auf das Kalenderjahr vor. Problematischer war die Spaltung des Reiches in zwei Kalenderzonen. In einer Zeit, in der die Feiertage sehr zahlreich waren, vor allem in katholischen Territorien, die jeden halbwegs wichtigen Heiligen gefeiert wissen wollten, gab es vielerlei Anlässe zu Konflikten. Papst Gregor XIII. leitete eine bis heute wirksame Kalenderreform ein. Er ließ auf den 4. Oktober 1582 gleich den 15. folgen und ersetzte den alten Julianischen Kalender durch den nach ihm benannten neuen Gregorianischen – dies akzeptierten die Protestanten nicht, die hier ein Bubenstück des Papstes sahen, der mit dem neuen Kalender wegen des Tages des Jüngsten Gerichts die Christenheit verwirren wollte. Evangelische Mathematiker und Astronomen suchten den Gregorianischen Kalender zu widerlegen; im gemischt-konfessionellen Augsburg kam es zu schweren Kalenderunruhen. Die Angleichung sollte erst 1700 folgen. Die Spaltung aber trug den Glaubenskonflikt in den Alltag und gab beiden Konfessionen Anlaß zu allerlei Schabernack. Gerade hier hatte das konfessionelle Gegeneinander einen für jedermann sichtbaren Akzent bekommen.

b) Die wirtschaftliche Entwicklung

Die wirtschaftliche Entwicklung war um 1600 an einen Krisenpunkt gelangt. Die demographische Expansion des 16. Jahrhunderts führte zu unmittelbaren Konsequenzen für die Ökonomie, und die Entdeckung Amerikas, die Erschließung der neuen Welt, gelangte nun zur vollen Wirkung und lenkte die traditionellen Handelsströme um; die überkommene mediterrane Ausrichtung wurde abgelöst durch eine atlantische. Beides hat die wirtschaftliche Situation Deutschlands erheblich verändert.

Die Bevölkerungsvermehrung hatte sich durch das ganze 16. Jahrhundert als ein starker konjunktureller Motor herausgestellt; gegen Ende stieß die Konjunktur allenthalben auf Grenzen. Die Situation wurde weiter verschlechtert durch die negativen Klimaveränderungen, die die Vegetation ungünstig beeinflußten. Die wachsende Problematik der Versorgung hatte zur Neulanderschließung durch Rodung, Bebauung von Weiden und Landgewinnung geführt. Der Export aus den großen Getreideproduktions- und Viehweidegebieten Ostmitteleuropas gewann zunehmende Bedeutung; er begünstigte auch den Ausbau der Gutswirtschaft. Aber es zeigte sich um 1600, daß die Landwirtschaft in eine Anpassungskrise geraten war.

Der Anbau von Nahrungsmitteln war recht vielfältig. Es gab Rüben, Möhren, Kohl, Rettich, Radieschen; dazu kamen Leinen und Hanf, Raps und Mohn, Linsen, Bohnen, Wicken und Erbsen, welche in Zeiten der Getreideknappheit eine zunehmende Rolle spielten. Dabei stellten sich die Fragen der Aussaat-Ernte-Relation wie der Fruchtfolge, wobei man die alte Dreifelderwirtschaft mancherorts differenziert hatte. Das Düngen wurde angesichts der intensiven Bodennutzung zu einem steigenden Problem; die Gefahr des „Ausmergelns" wurde deutlich gesehen. Für den Getreidepreis spielte auch die Verkehrslage eine bedeutende Rolle; gerade an ihr läßt sich wiederum die eminente Bedeutung der Wasserwege erkennen, welche den Transport verbilligten. In der Nähe der dicht besiedelten Nordwestecke Europas, vor allem der Niederlande, breitete sich intensive Landwirtschaft aus mit Gemüseanbau und Milchwirtschaft. Die menschenreichen Gegenden des Westens zogen die Getreide- und die Viehproduktion des Ostens an, eine Situation, die den Handel steigern mußte. Ein zentraler Umschlagplatz wurde dabei das deutschsprachige Danzig im Königreich Polen, aber auch Stettin hatte für die brandenburgischen Getreideexporte eine hohe Bedeutung. Auf dem Landweg bewegten sich die Rinderherden Ostmitteleuropas auf die Märkte.

Die zentrale Bedeutung kam aber doch der Getreideversorgung zu, deren Wirkungen auf die Konjunktur Wilhelm Abel mit der Annahme einer engen Verbindung zwischen Weizenpreis und Lohnentwicklung nachgegangen ist. Nach einer Hungerkrise in den 1570er Jahren folgten 1584 und 1586 zwei weitere Teuerungswellen. 1584 war ein Jahr der Getreidebaisse, auch 1586, nach einem kalten und verregneten Sommer, während 1590 eine Hausse einsetzte. 1597 erfolgte ein sprunghafter Anstieg der Getreidepreise, was zwar den Export aus den Ostseehäfen förderte, aber zu erheblichen Kaufkraftverlusten in den Städten des Westens führte. Die späten 1590er Jahre erwiesen sich als eine ausgeprägte Krisenphase – der Wandel kündigte sich an. Gerade in letzter Zeit hat man die krisenhafte Entwicklung der 1590er Jahre in ihrer vollen Bedeutung erkannt. Die hohen Nahrungskosten verschlangen die Einkommen und ließen den Absatz in anderen Branchen stagnieren – Knechte und Mägde fanden keine Arbeit mehr, was das Unruhepotential steigerte. Gewinne hatten die Produzenten und Händler, wobei die Anteile je nach Agrarverfassung unterschiedlich verteilt sein konnten. Es bildete sich eine relativ potente Gruppe getreideproduzierender Guts- und Grundherren im Osten heraus, die zum Teil die Defizite der Mißernten auf die Städte und Bauern abwälzten. Bei steigender Nachfrage erweiterten die ostmitteleuropäischen Gutsherren die Anbaufläche, erwarben sie neuen Besitz hinzu – nicht zuletzt durch Verdrängung der Bauern. Vielfach kaufte man mit den Gewinnen Waren des Orients, auch Wein, Gewürze, Salz, Waffen und Textilien, was sich an den berühmten Sundzollregistern ablesen läßt; durch den Engpaß des dänischen Sunds mußten sich die Warenströme zwischen Ost und West bewegen.

Die Krise machte deutlich, daß 1600 der Ernährungsspielraum sichtbar enger geworden war. Die einfachen Leute mußten sich auf die billigsten Nahrungsmittel konzentrieren. „Fleisch und Butter verschwanden vom Alltagstisch des einfachen Volkes; an Kleidung und Behausung wurde gespart. Die Güter des gehobenen Bedarfs blieben den Wenigen vorbehalten, die aus der Preissteigerung Nutzen zogen oder aus anderen Gründen (Vermögen, Herrschaftstitel) zur Einschränkung ihrer Lebenshaltung keinen Anlaß hatten."[3] Es half wenig, daß man sich neue Nahrungsmittel zu erschließen trachtete. Die Versorgung war prekär geworden, eine Stokkungsphase trat ein, der Getreideabsatz begann zu stagnieren. Um 1605/6 riß eine letzte Kette „guter Jahre" ab – 1607/8 gab es einen grimmigen Winter, in dem der Löwe im Heidelberger Schloßgraben, Symbol der Pfälzer Dynastie, erfror, „obgleich er einen schönen Pelz" gehabt habe – Vorbote schlechter Zeiten. 1610 ging der Getreideanbau preußischer Domänen zurück; es setzte ein massiver Verfall der Getreidepreise ein, der andere Waren mit sich riß. Zwar haben immer wieder obrigkeitliche Maßnahmen die Preise nach oben gedrückt – doch mußten Nürnberg und München mit dem Problem hungernder Bürger fertig werden. Die Zollstellen bei Schleswig und in Rendsburg, durch die dänische Rinder nach Süden getrieben wurden, verzeichneten eine Höchstzahl – aber nicht überall konnte man auf die Viehzucht ausweichen. Die Teichwirtschaft, die noch vor kurzem einen großen Aufschwung erlebt hatte, stagnierte. Die Konkurse im Ostseeraum nahmen zu, aber auch in den Kernbereichen des Reiches häufte sich der Besitzwechsel adeliger Güter. Die Adeligen hatten vielfach mit einem spekulativen Besitzerwerb auf Geldentwertung gesetzt – ein Verhalten, aus dem es vor allem nach 1648 ein böses Erwachen geben sollte.

Der agrarische Teil der Gesellschaft war es vor allem, der mit seinen Abgaben staatliche und gesellschaftliche Entwicklungen trug. Um sie kämpften Landesherr, Grundherr und Kirchen. Der Anteil der Abgaben an der Agrarrendite war relativ hoch, er konnte ein Drittel der bäuerlichen Einkünfte übersteigen. Deshalb waren die sich häufenden Krisenerscheinungen in der Landwirtschaft von beträchtlicher gesamtgesellschaftlicher Konsequenz. Das wurde auch von den Menschen so empfunden. Die Teuerungsphase hatte „zur Folge, daß der Absatz gewerblicher Erzeugnisse stockte, Arbeitslosigkeit sich ausbreitete und die Löhne auch von dieser Seite her unter Druck gerieten, kurzum: eine totale Krisis sich einstellte, die Handel, Handwerk und Dienstleistungsgewerbe traf"[4]. Die Zeitgenossen sahen in dem Geschehen das Wirken von „Wucherern". Die

Gewinne des Landes bedeuteten die Not der Städte, was Abel den „Januskopf der Zeit" nannte. Die krisenhafte Entwicklung der Städte flachte vor dem Dreißigjährigen Krieg ab – sie war zur Normalität geworden.

Profitiert hatten vor allem Landwirte mit einem bequemen Zugang zum Markt: neben Adeligen und großen Bauern nicht zuletzt Landesfürsten. Der Anstieg der Grundrente wurde allerdings bei allen oft von einer vergrößerten Familienzahl wieder eingeholt. Ebenso hatten Bauten Hochkonjunktur, wie zahlreiche Schlösser der deutschen Renaissance noch heute zeigen. Vielfach traten die ostelbischen Adeligen auch als Handelsunternehmer auf, wobei Getreide und Vieh im Mittelpunkt standen.

Gewerbe. Der Gewerbereichtum Deutschlands um 1600 war beachtlich. Das Reich bot hier zahlreiche Möglichkeiten, gerade durch seine geographische Vielgliederung. Die älteren Schwerpunkte hatten allerdings einen gewissen Rückgang erfahren, selbst innerhalb der reichen Niederlande, die nur noch formal zum Reichsverband gehörten. Die nördlichen Provinzen drängten die früher bedeutsameren südlichen zurück, die durch Emigration aus Glaubensgründen einen schweren Aderlaß hatten hinnehmen müssen.

Ein wichtiger gewerblicher Schwerpunkt des Reichsverbandes war der Metallbergbau, nebst Verhüttung und späterer Verarbeitung. Der Edelmetallabbau verlor an Bedeutung, nachdem er um 1500 einen so glanzvollen Aufschwung genommen hatte, zumal das Reich auch von dem Edelmetallreichtum Ungarns und Böhmens durch das dortige Eindringen oberdeutschen Handelskapitals profitiert hatte. Die Goldgewinnung rentierte sich nicht mehr, und beim Silber wurde der Abbau kostspieliger, und zugleich machten sich die gewaltigen Silberimporte der Spanier, vor allem aus den Andenbergwerken bei Potosí, bemerkbar, die die Gold-Silber-Relation beachtlich zugunsten des Goldes verschoben. Seine Bedeutung behielt der oft zum Silber parallel betriebene Kupferabbau: Man benötigte Kupfer wie Silber zum Münzen, dann aber auch für Draht und Pfannen, man legierte es mit Zinn zu Bronze, aus dem man Glocken und Geschütze herstellte, mit Zink zu Messing. Das berühmte Aachener Kupfergewerbe, belastet durch Zunftzwänge und Religionskämpfe, wich in das benachbarte Stolberg aus, das nicht nur für das Kupfergewerbe beträchtliche Bedeutung gewann, sondern auch in dessen Organisation zu sehr modernen Formen fand.

Die Edelmetallproduktion wurde in ihrer Bedeutung mehr und mehr übertroffen durch den Eisenerzabbau. Die Entwicklung der Hochöfen machte die Produktion rentabler. Der Eisenguß war nicht nur für Gefäße und Ofenplatten, sondern auch für die Waffenherstellung wichtig. Daneben war bedeutend das Hämmern von Stahl und Drähten, die zu den Schmieden wanderten. Die Eisenherstellung konzentrierte sich vor allem auf die Mittelgebirge, dort gewann um 1600 das Siegerland eine führende

Rolle. Aber auch andere Territorien der reformierten Wetterauischen Grafen nannten eine beachtliche Eisenproduktion ihr eigen: Solms-Braunfels, Nassau-Weilburg, Wittgenstein. Weitere Schwerpunkte lagen in der Grafschaft Mark, um Schmalkalden und Suhl, im Harz, im Erzgebirge und im Fürstentum Sagan. Eine besondere Bedeutung besaß auch die Oberpfalz, wo der Bergbau in größere Tiefen vorstieß und die über nicht weniger als 180 Eisenhämmer verfügte. Das Eisengewerbe verflocht die Eisenverarbeitung von Amberg und Sulzbach mit Regensburger und vor allem Nürnberger Familienunternehmen. Einen beachtlichen Eisenbergbau nannten auch die österreichischen Erblande ihr eigen. Mit dem Bergbau korrespondierte im Reich ein verbreitetes und recht differenziertes Eisengewerbe. Bei dem qualitativ sehr bedeutenden Eisenbergbau spielte die Standortfrage eine große Rolle. Für die Verhüttung brauchte man Holz. Dies wurde zu einer schweren Belastung für die umliegenden Wälder, bis die Verkokung an Bedeutung gewann. Für die Hammerwerke war die Wasserkraft wichtig. Dies erklärt die günstige Entwicklung in der Oberpfalz und im Siegerland. Im europäischen Rahmen spielte die deutsche Eisenproduktion die führende Rolle, noch vor Schweden, England und Spanien. Die Landesfürsten begriffen sehr wohl die Bedeutung des Bergbaus und engagierten sich dafür. In dem Sachsen Georg Agricola (1494–1555), Bürgermeister von Chemnitz, hatte der deutsche Bergbau auch einen bedeutenden Theoretiker gefunden, dessen Werke weit ins 17. Jahrhundert hineinwirkten.

Kobalt verwendete man zur Blauschmelze, man exportierte es u. a. nach Holland, wo es die Entwicklung der berühmten Delfter Kacheln förderte, die zum Teil nach Deutschland zurückkehrten. Glasbläsereien waren an Holz und Quarzvorkommen gebunden, so daß auch dieses Gewerbe recht verbreitet war, besonders im Erzgebirge, aus dem das berühmte böhmische Glas stammte. Das sächsische Arsen wurde für die von Venedig beeinflußte Nürnberger Spiegelproduktion verwendet. Ein Montanprodukt war auch das Salz, das allerdings zugleich aus dem Meer gewonnen wurde, und westeuropäisches Meersalz war billig und kam vor allem im Reich, über die Wasserwege heraufgeführt, aus Norddeutschland. Neben der Schwäbisch Haller Saline spielten die Vorkommen in den Alpen eine bedeutende Rolle. Es sei hier auf die Salzproduktion Bayerns (Reichenhall, seit 1619 auch Traunstein), Berchtesgadens, Salzburgs (Hallein) und Tirols verwiesen. Der Kampf um den Salzmarkt führte zu erheblichen politischen Spannungen und Auseinandersetzungen. Vor allem Österreich und Bayern übten Druck auf die kleineren Territorien aus, der sich gelegentlich in gewaltsamen Aktionen entladen konnte.

Die zweite Säule der Gewerbeproduktion im Reich war das Textilgewerbe. Die ältere Tradition der Produktion von Wolle und Loden ergänzte man durch die Herstellung feiner Stoffe, „Zeug“ genannt. Der Import verbesserter Produktionstechniken wurde gefördert durch westeuropäische Religionsflüchtlinge, die auch die Herstellung von Borten (Posamentiererei), Spitze, Teppichen und auch Strumpfwirken und Seidenarbeiten mitbrachten. Sie waren meist verbunden mit Zentren der westeuropäischen Emigration wie Wesel, Hamburg, Frankfurt oder Frankenthal. Berühmt wurde die Calwer Zeughandelskompanie, die von Färbern begründet wurde, welche die Chance erkannten, die auch die Schwäbische Alb durch ihre Schafzucht bot: Anfang des 17. Jahrhunderts hatte man einen Verlag mit über 500 Zeugmachern gegründet, 1622 kam es zum Zusammenschluß von 15 Unternehmen zu einer Kompanie, die dann durch den Krieg ruiniert wurde, aber danach wieder auflebte. In Westfalen, Niedersachsen, Schwaben und im östlichen Mitteldeutschland verarbeitete man Flachs, an der Küste mehr Hanf.

Eine erhebliche Bedeutung hatte die Leinenproduktion. Sie besaß eine alte Tradition im Schwäbischen, zwischen Bodensee, Schwäbischer Alb, Donau und Lech, auch wenn sich die Schwerpunkte verlagerten. Aber die oberschwäbischen Reichsstädte blieben wichtig. Der Barchent ging gegenüber dem Leinen wieder an Bedeutung zurück. Die Reichsstadt Ulm benützte ihr relativ großes Territorium zu einer ausgesprochenen Verlagsproduktion von Leinen – die Ulmer Bleiche zog die Leinwand weit über dieses Einzugsgebiet hinaus an. Die Reichsstädte erhielten jedoch eine territoriale Konkurrenz. Zwar verlor die fuggerische Barchentproduktion um Weißenhorn an Bedeutung, aber mit Herzog Friedrich I. von Württemberg trat nun der planende Territorialstaat als Förderer auf; Friedrich suchte Urach zu einem Zentrum der Leinenproduktion zu machen, gründete dort eine Webervorstadt und gab der Bleiche ein Monopol für sein Land; die Uracher Leinenkompanie erlitt allerdings im Krieg erhebliche Rückschläge. Aber auch die sächsische und schlesische Tuchmacherei behaupteten ihre Bedeutung, vor allem durch den Export in den Osten. Längst gingen östliche Leinenprodukte zur Färbung und Veredelung nach Oberdeutschland, wobei die Zusammenarbeit von Leipziger und Nürnberger Händlern eine Schlüsselrolle spielte. Beide Städte waren wichtig für den Textilverlag – teils in Zusammenarbeit mit Zünften, immer stärker aber auch mit Dorfwebern. Die Ausbreitung des Nürnberger Kapitals war beträchtlich. Aber schon kam die englische und niederländische Konkurrenz auf, erstere bei den Tuchen, letztere beim Garn. Durch den Krieg wurde diese Konkurrenz dann übermächtig.

Eine beträchtliche wirtschaftliche Bedeutung gewann das Bier, mit dem der ostelbische Adel die städtische Konkurrenz ruinierte. Die norddeutschen Städte wie Hamburg, Hannover, Osnabrück, Einbeck oder auch Rostock behaupteten sich besser, dort zeugen noch heute prachtvolle Häuser von einer fortwirkenden Bedeutung. Mindener, Paderborner und westfälisches Bier hatten einen guten Ruf. Noch nicht die Bedeutung der späteren Zeit hatte das bayerische Bier gewonnen, obgleich das Münchner Hofbräuhaus bereits zu den wichtigsten Einnahmequellen des Landesfürsten zählte.

Der Fischfang war in seiner Bedeutung als Fastenspeise durch die Reformation relativiert worden. Aber die allgemeine Versorgungsproblematik erhielt doch die Rentabilität des Fischfangs aufrecht. Die Küstenländer hatten trotz des Niedergangs der Hanse eine umfangreiche Schiffahrt fortgeführt: Städte wie Emden, Bremen oder Hamburg betrieben Heringsfang bis in die isländischen Gewässer. Im 17. Jahrhundert nahm auch der Walfang seinen Aufschwung, ein prestige- und gewinnträchtiges Unternehmen, bei dem allerdings bei den deutschen Walfängern der Schutz fehlte, den die mächtigen westeuropäischen Staaten ihren Fischern gegen die Monopolansprüche der dänischen Krone gewährten. Nach der Sturmflut von 1634 waren die Nordfriesen gezwungen, sich verstärkt dem Walfang zuzuwenden.

Einen Motor der Gewerbeentwicklung bildete auch die Buchdruckkunst und die anhaltende Nachfrage nach Büchern. Der Buchdruck bedurfte einer hohen technischen Qualifikation. Er beschäftigte auch Holzschneider und Kupferstecher. Mittelpunkte waren Nürnberg, Köln und Frankfurt. Nicht zuletzt trug der Buchdruck zum Aufschwung der Papierproduktion bei. Das alte Zentrum Ravensburg bekam Konkurrenz durch zahlreiche Papiermühlen in ganz Deutschland – man brauchte dazu viel Wasser. Meist wurde im Verlag gearbeitet.

Nürnberg war noch immer ein Mittelpunkt des Feingewerbes und einer sehr differenzierten Produktion. Nürnberger Puppen wurden weit exportiert. Sie fanden sich selbst in den Schatzkammern indonesischer Potentaten. Das Nürnberger Kunsthandwerk belieferte einen weiten Umkreis; neben einer ausgeprägten Gold- und Silberschmiedekunst gab es bekannte Feinmechaniker. Ähnlich stand es mit Augsburg, einem anderen Zentrum der Edelmetallverarbeitung und der kunstvollen Waffenproduktion. Beide Städte waren auch wichtig für die Entwicklung der bildenden Künste.

Noch heute deutlich sichtbar ist der Aufschwung des Baugewerbes, der sich mit dem Übergang vom Holz- zum Steinbau in Europa verband. Die prachtvollen Schlösser und Bürgerhäuser der Renaissance und des frühen Barock sprechen eine eindrucksvolle Sprache. Adel und Städte trachteten danach, sich ein repräsentatives Zentrum zu geben. In den städtischen Rathäusern mischte sich die Beschwörung des republikanischen Rom mit der Verehrung für Kaiser oder Landesfürst. Einen bedeutenden Aufschwung nahm auch die Festungskunst, in stetem Wettlauf mit der Verbesserung der Artillerie. Allmählich hatte man erkannt, daß aus Ziegeln gebaute Mauern elastischer und daher widerstandsfähiger waren als solche aus Naturstein. So entstanden große Festungsbauten, die häufig durch Italiener geplant waren. Am Hofe der Oranier vollzog sich die Laufbahn des großen niederländischen Mathematikers und Festungsbaumeisters Simon Stevin. In Deutschland gab es eine ganze Reihe von Gründungsstädten, bei denen sich die Ansiedlung von Gewerben, oft von Emigranten getragen, verband mit der Idee einer Festungsanlage – Städte wie Mannheim (1607), Freudenstadt (1599), Neu-Hanau (1597) oder Glückstadt (1616/7). Dahinter standen immense Anstrengungen der Landesfürsten, wichtige Arbeitsbeschaffungen, allerdings auch oft mit Umständen verbunden, die viele Opfer kosteten. Überdies sollten diese Orte dann sehr schnell den Krieg auf sich ziehen.

Handel. Ein Vorteil des Reiches als Wirtschaftsraum war seine Vielgestaltigkeit, die eine vorzügliche Arbeitsteilung ermöglichte. Dem standen allerdings der Egoismus der Landesherren und die Kleinräumigkeit ihres Denkens gegenüber, die sich in der Zersplitterung von Recht, Währung, Maß und Gewicht, in zahlreichen Zollstationen oder Geleitsrechten äußerte. Die Ströme Rhein, Ems, Weser, Elbe und Oder erschlossen den Seehäfen ein weites Hinterland. Durch das Oberlaufgebiet des Rhein-Main-Neckar-Bereichs war Oberdeutschland mit der Nordsee, durch die Donau mit Südosteuropa verbunden. Hinzu kamen zahlreiche Straßen.

Ein weiterer Vorteil des Reiches war seine zentrale Lage. Es besaß ebenso Nord- und Ostseehäfen wie Verbindungen an das Adriatische und an das Ligurische Meer. Die Fernkaufleute hatten diese Gunst der Lage seit langem genützt. So waren die Verbindungen zwischen den einzelnen Zentren ausgeprägt. Davon hatte die Hanse profitiert, aber auch die Städte in Ober-, Mittel- und Ostdeutschland. Doch dieses traditionelle System geriet immer mehr unter den Druck der Schwerpunktverlagerung vom Mittelmeer zum Atlantik. Freilich, zur Wirkung kamen nicht nur die Silberflotten Spaniens, die in Sevilla landeten, sondern auch der rapide ansteigende Ostseehandel vor allem mit Getreide. Dies machte die Nordwestecke Europas zu einem handelspolitischen Schnittpunkt und bestärkte den Aufstieg Frankreichs, der Republik der Vereinigten Niederlande und Englands. Eine Modernisierung der Schiffahrtstechnik ermöglichte auch größere Transporte. Die erstarkenden Staaten, Teilhaber am Geschäft, vermochten ihre Untertanen viel besser zu unterstützen als Kaiser und Reich und seine im Binnenland gelegenen Territorien. Die Bewegung wurde noch verstärkt durch die osmanische Herrschaft im östlichen Mittelmeer, die die alten Handelsströme nach Asien und Afrika drosselte. Das stolze Venedig wurde davon tief getroffen, ohne jedoch seine Bedeutung ganz zu verlieren.

Der Mittelmeerhandel hörte gewiß nicht auf, aber sehr deutlich wurde er von der neuen Ost-West-Linie übertroffen. Antwerpen war zunächst zum Exponenten der neuen Ordnung geworden, an der auch oberdeutsche Städte teilhatten. Die alten Zentren am Main und Rhein profitierten: Aachen, Köln und die Messestadt Frankfurt. Doch langfristig ruinierte der Niederländische Aufstand Antwerpen – eine niederländische Emigration ergoß sich ins protestantische Norddeutschland und verband die evangelischen Städte mit Amsterdam, das rasch den Platz Antwerpens einzunehmen begann, und auch London. Emden, Bremen und Hamburg zogen daraus reichen Gewinn. Hamburg nahm dazu noch sephardische Juden aus Spanien und Portugal auf. Frankfurts Messe florierte; die Stadt wurde zu einem deutschen Bankenzentrum; die neuen Geldleute überflügelten an wirtschaftlicher Bedeutung das traditionelle Patriziat, das nur noch seine Renten verzehrte. Die Emigranten haben nicht nur die Bedeutung Frankfurts als Bankplatz gehoben; sie intensivierten auch die Arbeitsorganisation und importierten neue gewerbliche Produktionsmethoden, was auf die erbitterte Opposition der Zünfte stieß.

Die neue Konstellation setzte Oberdeutschland unter Druck; die reichen Vermögen Augsburgs gingen beträchtlich zurück, ohne daß die Stadt ihre große Bedeutung, auch als außerterritorialer Mittelpunkt der vorderösterreichischen Besitzungen, verlor. Allerdings machten 1614 die Welser und neben ihnen andere ruhmreiche traditionelle Häuser bankrott. Freilich hat Italien nie seine Bedeutung ganz eingebüßt, und eine ganze Reihe oberdeutscher Orte profitierte daran weiterhin.

Doch auch im Norden zeigte sich drückende Konkurrenz. Niederländer und Engländer drangen in die Ostsee vor; an der unteren Elbe erschienen 1567, zunächst durch die Stadt Hamburg begünstigt, die Merchant Adventurers, gegen die das kaiserliche Ausweisungsdekret wirkungslos war, während England die Hanse aus ihrer privilegierten Stellung verdrängte. Der polnische Export erfolgte verstärkt über niederländische Schiffe, auch wenn Hamburg und Lübeck ihren Einfluß behielten. Zu Lande lief ein Großteil der polnischen Exporte über den Messeplatz Leipzig. Allerdings hatten die deutschen Häfen durchaus den Kontakt mit den Zentren Westeuropas gesucht; dies zeigte sich am Aufstieg Hamburgs und Bremens und am Zurückfallen Lübecks. Hamburg hatte neben seiner günstigen Seelage durch die Elbe vorzügliche Wasserverbindungen ins Binnenland und wurde der Geldplatz des Nordens – der Dreißigjährige Krieg steigerte dann den Aufschwung nur noch. Lübeck verlor seine Bedeutung nicht ganz, aber es vermochte sich eben nicht wie Hamburg zu einer geschickten Ansiedlungspolitik gegenüber Fremden durchzuringen. Emden profitierte ebenfalls von den niederländischen Unruhen; andere konnten davon durch Geschäfte mit Spanien und Portugal direkt und indirekt Vorteile ziehen; der Krieg mit Spanien bremste die Expansionskraft der niederländischen Wirtschaft bis 1609 und wieder seit 1621, was den deutschen Häfen nützte.

Als Messestadt hatte neben Frankfurt Leipzig den zweiten Platz gewonnen, eine günstige Verkehrslage ausnützend; neben den Straßenverbindungen nach Ostmitteleuropa und Oberdeutschland konnte Leipzig auch von der Elbanbindung an den Seehafen Hamburg profitieren und die Zentren in der Nachbarschaft überflügeln. Daß landesfürstliche Orte, vor allem die Residenzen, eine erhöhte Bedeutung gewannen, zeigte abermals den verstärkten Druck des Landesstaates an.

Die Zeit um 1600 war von tiefgreifenden Veränderungen gekennzeichnet, die eine Gesamtbeurteilung äußerst schwer machen. Die Verlagerung der Handelszentren hat sich keineswegs nur negativ ausgewirkt, da es weiter einen bedeutenden Export und einen verbreiteten aktiven Handelsstand gab. Oft haben kleinere, dann meist landesfürstliche Städte einen eigenen Anteil von den alten Metropolen übernommen. Auch hat vielfach die Zeit des frühen 17. Jahrhunderts glanzvolle Spuren in den alten Städten hinterlassen, so daß es nicht allein der Handel gewesen sein kann, der eine Krise verursachte – Unsicherheiten über die künftigen Entwicklungen haben belastend gewirkt.

Unternehmertum, Territorialstaat und Geldgeschäft. Nach wie vor spielten Unternehmer und Handelskorporationen, Gewerbe und Handel eine beträchtliche Rolle. Zwar ging die Zeit der im 16. Jahrhundert dominierenden Häuser zu Ende; die Fugger etwa wurden zu hochadeligen Grundbesitzern und Rentenbeziehern. Aber es kamen neue Namen und neue Schwerpunkte: So traten Leipziger Kaufleute, niederländische Exulanten auf, etwa die ursprünglich Thorner Familie Bodeck in Frankfurt und Hamburg. Sie war aus Antwerpen über Lübeck eingewandert und griff bis zum Kupferbergbau in Mansfeld und im böhmischen Erzgebirge aus. Die Bodeck waren eng verbunden mit dem Antwerpener Haus van Uffeln, das sich in Hamburg niederließ. Immer noch spielten die nachgeborenen Söhne in ausländischen Unternehmungen eine Rolle.

Zunehmend traten aber auch Fürsten als Unternehmer auf. Sie waren gedrängt vom ständigen Geldbedürfnis, diktiert vom Ausbau von Hof, Beamtenschaft und Armee. Von Oldenburg bis Pommern und Preußen trieben die Fürsten an der Küste selbst Handel. Bei den Fürsten engagierten sich im Bergbau in besonderem Maße die Wettiner; sie förderten, wie Herzog Friedrich I. von Württemberg, das Textilgewerbe. Im Getreideexport taten sich adelige Unternehmer an der Ostsee zusammen. Nicht zu unterschätzen ist auch das Kriegsunternehmertum von Fürsten, häufig nachgeborenen Söhnen, und Adeligen, ein Gewerbe, das bei einem hohen Risiko für Leib und Leben auch hohe Gewinne versprach.

Der Finanzbedarf der Territorialstaaten war keine geringe Komponente in der Wirtschaftsentwicklung. Die Einkünfte reichten bei weitem nicht aus – es sei denn, es gab eine besonders günstige Konstellation wie den Bergreichtum Sachsens oder die Rheinzölle oder auch die Abwesenheit eines kostspieligen Hofes, etwa wenn der Herr selbst in fremden Diensten stand. Hinzu kam die erstaunliche Unfähigkeit der fürstlichen Räte in Finanzangelegenheiten, die wohl mit ihrer allein juristisch geprägten Ausbildung zu tun hatte. Kurzum, der Landesstaat brauchte Geld – und dieses Bedürfnis steigerte sich eher noch. Er nahm immer neue Anleihen auf von Unternehmern, Financiers, Juden, Adeligen, Untertanen. Wahrscheinlich hat hier sehr viel erwirtschaftetes Geld seine Anlage gefunden – aber es blieb in der Regel unproduktiv, da Festanleihen keine wirkungsvollen Investitionen bedeuteten. Die heraufziehende Kriegsgefahr seit dem Beginn des 17. Jahrhunderts steigerte, auch im Zusammenhang mit Rüstungsmaßnahmen, noch die Anleihefreudigkeit und überforderte mit einem aufwendigen Zinsendienst die landesherrlichen Kassen weiter; es gab also ein sehr starkes Vermögen an Buchgeld, das jedoch in das bodenlose Faß der fortgesetzt defizitär wirtschaftenden fürstlichen Kassen floß. Das Schicksal der Kapitalien war problematisch, auch wenn die echten Bankrotte und erzwungenen Umschuldungen seltener waren. Die oberbadische Okkupation des Markgrafen Ernst Friedrich war nichts anderes als die Besetzung des ruinös verschuldeten Fürstentums Baden-Baden durch die ältere Linie Baden-Durlach; wenn nicht beide unterschiedlicher Konfession gewesen wären, hätte man dafür vermutlich mehr Verständnis gehabt.

Eine verbreitete, jedoch höchst problematische Maßnahme zur Geldbeschaffung war die Münzverschlechterung. Es gab diese Praktiken schon lange, aber nun beschleunigten sie ihr Tempo; sie wurden begünstigt durch die Münzzersplitterung, die man durch Reichsordnungen und die Tätigkeit der Kreise zu beheben versuchte – mit begrenztem Erfolg, da sich die einzelnen Münzherren ihre Verdienstmöglichkeiten nicht so einfach aus der Hand nehmen lassen wollten. Weiter herrschte Mangel an Kleingeld, da man darauf bestand, daß dieses aus Edelmetall geprägt sein sollte. Bis ins zweite Jahrzehnt hielten sich die Münzverschlechterungen noch im üblichen Rahmen, aber seit 1620 nahmen sie dramatisch zu; zunächst schienen jedoch die Vorteile zu überwiegen – es kam zu Schuldentilgungen, zu Konsumsteigerungen, zur Steigerung der Exporte.

Ein weiterer Effekt war jedoch, daß nach dem Gesetz des englischen Finanzpolitikers Thomas Gresham (1570) „das schlechte Geld das gute verdrängte"; die Münzherren zogen gute Münzen ein und schmolzen sie mit reichlichem Gewinn in schlechte um. Daraus entstanden höchst problematische Wechselpraktiken. Die Preise wurden nach oben getrieben; dies wiederum verstärkte den Effekt der Geldentwertung – nun aber liefen die Preise den Löhnen davon. Die Klagen der Untertanen steigerten sich – man sprach von „Kippern und Wippern", solchen, die das Geld beschnitten, und solchen, die beim Edelmetallgehalt und beim Wechseln manipulierten. Folglich mußten die Landesherren wieder stark in den Geldumlauf, aber auch in die Preisfestsetzungen und in den Warenverkehr eingreifen.

Der Großhandel schuf sich damals seine Banken; seit 1619 entstand nach dem Muster der Amsterdamer Bank von 1608 die Hamburger Bank. Erstere hatte wiederum ein venezianisches Vorbild. Ganz deutlich richtete sich die Politik der Bank gegen Manipulationen der Kipper und Wipper. Die Bank lieh gegen Pfänder aus. 1621 entstand der „Banco publico" in Nürnberg, ohne indessen die Bedeutung der Hamburger Bank zu erreichen. Börsen hatten sich schon früher nach Antwerpener Vorbild in Köln (1533), Hamburg (1558) und Frankfurt (1585) gebildet, ohne daß sie der überragenden Stellung der Amsterdamer Börse gleichkamen. Sehr deutlich zeigte sich hier der wirtschaftspolitische Vorrang der Niederlande. Aber auch die Handwerker und Bauern nahmen das schlechte Geld der Kipper und Wipper nicht mehr an – letztere hatten wegen der herrschenden Nahrungsmittelknappheit eine starke Position. Die Kipper-und-Wipper-Zeit provozierte verstärkt die Unruhen in Stadt und Land.

Die Inflation blieb nicht ohne soziale Folgen. Die Bezieher von festen Geldern waren betroffen, auch wurden in gutem Geld gewährte Anleihen in schlechtem zurückgezahlt; dies führte zu einer Flut von Prozessen. Die schweren Verluste bei Exporten leiteten eine Baisse im Handel ein. Zwischen 1622 und 1624 sanierten die Regierungen die Währungen wieder und werteten die umlaufenden Münzen drastisch ab; aber insgesamt hatte die Kipper-und-Wipper-Zeit den negativen Umschwung verstärkt, die Angst der Menschen vermehrt. Vielfach hatten Münzverschlechterung und erhöhte Anleihen jedoch bereits der Kriegsvorbereitung gedient.

3. Die ständische Gesellschaft

a) Die Rahmenbedingungen

Durch die gesamte frühe Neuzeit blieben die Strukturen der ständischen Gesellschaft bestehen; auch die Erschütterungen des 17. Jahrhunderts vermochten hier keine entscheidenden Umstürze herbeizuführen. Die Verfestigung der obrigkeitlichen Gewalten, insbesondere angesichts der sozialen Krisen der Reformationszeit, vornehmlich des Bauernkriegs und der Münsterer Täuferunruhen, trugen ebenso wie Land- und Religionsfrieden dazu bei, daß die Gesellschaft stabil blieb.

Allerdings geriet sie ganz erheblich in die Zange zwischen Bevölkerungsvermehrung und langsamer Erschöpfung der Ressourcen. So verschärfte sich das Problem der Erbteilungen, so wuchs die Zahl jener an, die nur noch schwer ihren Platz in der Gesellschaft fanden. Die Migration vom Land in die Stadt wurde verstärkt und beschleunigt, die Zahl der Lohnarbeiter stieg an. Gleichzeitig wuchs die Bereitschaft der Privilegierten, ihre Privilegien zu verteidigen. Der gesellschaftliche Rahmen bestimmte aber auch die demographische Entwicklung mit, so etwa die Praxis der obrigkeitlichen Heiratserlaubnisse. Auch zeigte sich, daß in Gebieten mit Anerbenrecht und Unteilbarkeit der Höfe die Bevölkerungszunahme nicht so groß war wie in Gebieten mit Realteilung, wo die Neigung zu einer stärkeren Vermehrung größer war. Ganz offensichtlich spielte Familienplanung bereits eine Rolle.

Weitere Verwerfungen brachte die Konfessionsspaltung. Sie zerschnitt vielfach traditionelle Bande, weil sie das Konnubium über die Glaubensgrenzen hinweg verhinderte. Sie veränderte auch die Möglichkeiten, vor allem des Adels, für dessen evangelischen Teil der schließliche Verlust der Stiftspfründen angesichts des demographischen Drucks überaus schmerzlich war.

Andererseits haben die großen Krisen des 17. Jahrhunderts, insbesondere der Dreißigjährige Krieg, die soziale Mobilität erheblich gefördert. Der Tod machte Positionen frei, die eigentlich in der ständischen Gesellschaft besetzt waren. Von den Hofstellen und ihrer Größe im Dorf über die Zahl der Handwerker und ihrer Gesellen war nahezu alles festgelegt – nun konnte der eine oder andere nachrücken. So gab es zu Beginn des Dreißigjährigen Krieges durch die Konfiskation von Gütern des evangelischen Adels, der hingerichtet wurde oder emigriert war, eine beträchtliche Mobilität in der Habsburger Monarchie. Kriegsdienste konnten, wenn man sie überlebte, Ansatz zum Erwerb von Reichtum oder ein Vehikel des Aufstiegs sein. Mancher Knecht oder Geselle erhaschte durch den Tod anderer, durch Krieg und Seuchen eine Stelle.

Aber diese Mobilität im einzelnen veränderte doch nicht die Konstanten einer Gesellschaft, die durch korporative Privilegien zusammengehalten wurde. Damit war der Rahmen abgesteckt. Es erstaunt immer wieder, daß etwa in den entvölkerten Dörfern des Kraichgaus nach 1648 die Neuansiedler die gleichen Privilegien übernahmen und folglich die gleichen Konflikte ausfochten wie ihre Vorgänger. Die Gesellschaft blieb bestimmt von abgestuften Rechten und Freiheiten – innerhalb dieses Gefüges gab es zweifellos Verschiebungen, etwa die Fortsetzung des Weges zur Gutswirtschaft in den Gebieten östlich der Elbe unter Zurückdrängung der bäuerlichen Rechte.

Auf den ersten Blick erscheint die Gliederung der Gesellschaft klar, aber dies war sie nicht, selbst nicht beim Adel, der noch relativ eindeutig strukturiert war. So hatte die wetterauische Grafenfamilie der Solms bei einem Heiratsantrag eines Mitgliedes der ostpreußischen Herrenfamilie Dohna 1618 erhebliche Mühe, die soziale Qualität des Bewerbers einzuschätzen. Noch komplizierter war es beim Bürgertum, wo die sozialen Unterschiede noch regional differenziert wurden. Man muß sich dort mühsam durch Kleiderordnungen und Rangordnungen in das gesellschaftliche Gefüge hineintasten – so könnten die von Sigrid Jahns[5] ausgewerteten Einschätzungen bei der Aufnahme des Reichskammergerichtspersonals wichtige Anhaltspunkte geben. Diese Unsicherheit ist um so erstaunlicher, als man äußerlich die Hierarchie einer gottgewollten Ständegesellschaft durch eine Hierarchie der Kleidung unterstrich: Die Kleiderordnungen der Städte und Landesfürsten bekämpften immer wieder den Luxus, d. h. die über den eigenen Stand hinausweisende Garderobe. Noch vielfältiger wird das Bild, wenn man den Vergleich zum übrigen Europa einbezieht, vor allem beim Adel.

Immerhin war man sich relativ einig über eine grobe Gliederung der Stände in Adel, Bürgertum und Bauerntum, „aber sie alle konnten doch auch wieder als ein Glied – nämlich: als weltlicher Stand – dem Klerus gegenübergestellt werden“[6], der durch seine größere Nähe zu den jenseitigen Dingen die größte Vornehmheit beanspruchen durfte.

Vollends kompliziert wird die Angelegenheit durch die gleichzeitige Anwendung des Terminus „Stände" für die Landtage bzw. ihre Mitglieder. Da gab es den klassischen Typ des Dreikurienlandtags mit der Reihenfolge 1. Klerus, 2. Adel, 3. Städte bzw. Bürgertum. Aber der Adel konnte auch in Herren- und Ritterstand auseinandertreten, ebenso konnten gelegentlich die sonst nicht repräsentierten Bauern der dritten Kurie eines Landtages angehören oder eine eigene vierte Kurie bilden. Gleichwohl erscheint im weltlichen Bereich die Dreiteilung Adel – Bürgertum – Bauern als naheliegend, wobei die ersteren und die letzteren dem ländlichen, die zweite Gruppe dem städtischen Bereich zuzuordnen sind. Der Klerus – der katholische – spielte schließlich eine Sonderrolle. Alle vier Gruppen gehörten relativ geschlossenen Rechtsbereichen zu.

Es war für die Stabilität der ständischen Gesellschaft wichtig, daß sie auch die Stabilität ihrer einzelnen Gruppen wollte. Doch hier gab es durchaus Durchbrechungen – durch die Tendenz zum sozialen Aufstieg. Allerdings bestand eine ziemlich unübersteigbare Barriere zwischen den Bauern und dem Adel, auch wenn es selbst hier – meist durch den Kriegsdienst bedingte – Ausnahmen gab. Am wichtigsten war jedoch die Mobilität zwischen Stadt und Land, die in Deutschland – anders als in Italien – rechtlich streng geschieden waren. Das festgefügte soziale System des flachen Landes gab Menschen an die Stadt ab, wo man offenbar größere Chancen sah – meist führte dort der Weg in die unteren Schichten und in die Randgruppen der städtischen Gesellschaft. Wirtschaftliche Neuerungen schufen jedoch zusätzliche Positionen. Vor allem aber stellten die Städte einen Bereich dar, in dem ein demographisches Defizit bestand, d.h. angesichts der relativ schlechten hygienischen Bedingungen überwog die Todes- die Geburtsrate. Daß viele Städte dennoch wuchsen, verdeutlicht ihren Sog auf die Landbevölkerung. Allerdings war vom Zuzug in der Stadt bis zum Erwerb des Bürgerrechts noch ein weiter Weg, wobei das Einrücken in eine bestimmte Position sehr wichtig war.

Die adeligen Herren suchten in der Regel die Landflucht zu bremsen – in den relativ städtearmen Gebieten östlich der Elbe mit beträchtlichem, im Westen mit weit geringerem Erfolg. Nach der Krise des Dreißigjährigen Krieges, als sich in der Stadt erhebliche Aussichten auf das Einrücken in vakante Positionen boten, sollte sich der Mobilitätsdruck noch einmal verstärken, da die Menschen gleichsam seltener geworden waren. Aber gleichzeitig suchten die Herren die Abwehrkräfte zu vermehren.

Auch die Mobilität zwischen Bürgertum und Adel war nicht unbeträchtlich. War das 16. Jahrhundert ein „bürgerliches" Jahrhundert gewesen, so sah man nun eine Renaissance des Adels, die marxistische Forscher geradezu von einer „Refeudalisierung" sprechen ließ. Viele der bürgerlichen Aufsteiger des 16. Jahrhunderts suchten ihre Position zu konsolidieren, indem sie sich adeligen Besitz und adelige Titel zulegten. Gleichwohl blieben die Grenzen noch fließend zwischen Bürgertum und Adel, für den immer noch die adelige Muße ein zentrales Merkmal war – nach dem Prinzip, daß man sich nicht mit seiner Hände Arbeit oder durch Handel ernährte. In Ostelbien haben jedoch viele Adelige den Vertrieb ihrer Produkte selbst in die Hand genommen und damit den Ruin der Städte gefördert. In vielen kleinen Städten ging die Mehrzahl der Bürger landwirtschaftlicher Tätigkeit nach, so daß sich das äußere Bild dem Dorf näherte. Aber die Rechtsqualität der Stadt war doch deutlich hervorgehoben – so spricht man besser von „Minderstädten", die auch Gewerbestädte sein konnten, als von „Ackerbürgerstädten". Eine zunehmende Bedeutung gewann jedoch die Gewerbetätigkeit auf dem Lande.

Natürlich waren alle Schichten der Gesellschaft im wesentlichen von den Männern bestimmt, äußerlich und rechtlich vielleicht stärker als in der Alltagswirklichkeit. Die Männer stellten den politisch und rechtlich handlungsfähigen Teil der Bevölkerung dar. Besser spricht man von den Hausvätern, womit auch das Haus als kleinste politische Einheit hervorgehoben wird. Die Frau unterstand der „Schutzherrschaft" („Munt") des Mannes, hatte aber ein regional differenziertes Mitspracherecht über Liegenschaften. Dagegen haben vielfach Witwen und zuweilen auch unverheiratete Frauen volle Handlungsfreiheit ausüben können, ihrerseits „Munt" über minderjährige Kinder ausgeübt, wie die Kasseler Landgräfin, die streitbare Amelie Elisabeth (1602–1651), Enkelin Wilhelms von Oranien und „neue Penthesilea", und ihre Schwiegertochter Hedwig Sophie (1623–1683), Schwester des Großen Kurfürsten von Brandenburg. Eine bedeutende Regentin war auch Elisabeth Christine (1691–1750), Frau Kaiser Karls VI. und Mutter Maria Theresias, die die spanische Königsposition ihres Gatten energisch verteidigte – und dann von ihrem Mann konsequent von den Regierungsgeschäften ferngehalten wurde.

Aber dies waren doch Ausnahmen. Der Frau gehörte jedoch das Haus, in dessen Angelegenheiten sie selbständig handeln konnte. Vielfach wird heute der Zweckcharakter der Ehe betont, wo gleiche ständische Qualität ausschlaggebend war – aber es gab in dieser Zeit durchaus Beispiele großer Zuneigung, auch wenn die Verbreitung der Neigungsehe erst ein Thema des 18. Jahrhunderts gewesen sein mag. Eine arbeitsteilige Partnerschaft war beim Adeligen, beim Kaufmann, beim Handwerker, beim Bauern von der sozialen Rollenteilung oft ausdrücklich vorgesehen und zum Überleben notwendig: etwa der Verkauf im Laden oder auf dem Markt, die Rolle bei der Kindererziehung. Gerade in Notzeiten war oft die Eigeninitiative der Frau gefragt, was Grimmelshausen mit seiner „Landstörzerin Courage" literarisch verewigt hat. Manche Berufe waren in weiblicher Hand. Auch scheint es Ansätze zu Versammlungen der Frauen gegeben zu haben, so wurde etwa die Hebammenwahl in südwestdeutschen Städten den Bürgermeisterwahlen nachgestaltet. Das Übergewicht der Männer war jedoch unumstritten.

Der Druck zur Eheschließung war stark, weil vielerlei gesellschaftliche

Funktionen auf dem Zusammenwirken von Mann und Frau beruhten. So stellte man heiratsunwilligen Witwen in manchen Gegenden Süddeutschlands in drastischer Symbolik den Gemeindestier auf den Hof, den die physisch schwächere Frau nicht zu bändigen vermochte. Der überlebende Teil einer Ehe verfügte stets über das Gesamtvermögen, was die Notwendigkeit einer Wiederverbindung verstärkte. Dies ergab nicht nur vielerlei Probleme, die aus wenig passenden Altersverhältnissen folgten; in der Regel wirkten im Gegensatz zum Adel bei Bürgern und Bauern die Mechanismen zugunsten der Kinder aus der späten gegen die Kinder aus der frühen Verbindung, ein Phänomen, das noch heute in der Märchengestalt der bösen Stiefmutter nachwirkt. Die geringe Lebenserwartung, der nicht seltene, nach neueren Erkenntnissen jedoch überschätzte Tod der Frau im Kindbett förderte diese Entwicklungen.

Nach den Spielregeln der ständischen Gesellschaft vollzog sich das Leben in klar gegliederten Einheiten, zunächst in der Familie, die freilich zumeist nicht die vielzitierte Großfamilie war, aber immerhin eine wichtige Basis sozialer Verbindungen bildete. Verwandtschaft, „Freundschaft", wie man damals sagte, war die nächste bedeutende Grundlage des gesellschaftlichen Netzes. Die Praxis der Heirat auf gleicher sozialer Grundlage beruhte auf diesem Beziehungsnetz, das stabil war. Je höher der soziale Rang, je größer der Reichtum, desto weiter spannten sich die Beziehungen. Das bedeutete, daß familiäre Feste ein wichtiger Ort der Kommunikation waren, bis hinauf zum Fürstenstand – bei schlechten Wegen und Verkehrsverbindungen, immensen Kosten und Risiken des Reisens, einem ausgesprochenen Regionalismus und Lokalpatriotismus waren familiäre Verknüpfungen oft die Grundlage der überörtlichen und überregionalen Verbindungen. Wenn aber diese Beziehungen eine so zentrale Bedeutung hatten, so war die Kehrseite des Modells die Oligarchisierung, also das Bestreben, wichtige Positionen im Familienverbund zu halten, der sich überdies nach außen abzuschließen trachtete. Diese Tendenz galt für Ritterkantone, städtische Räte, Zünfte, ja sogar Dorfobrigkeiten gleichermaßen. Das 17. Jahrhundert neigte nach den Bewegungen des 16. verstärkt zur Oligarchisierung, obgleich hier der Dreißigjährige Krieg eine neue Dynamik in erstarrende Positionen brachte; der Preis für diese neue Offenheit waren Not, Exil und Tod. Aber gleich nach dem Krieg entstand die Tendenz zur Oligarchisierung aufs neue. Natürlich gab es Gegenkräfte, suchte man einer allzu starken Oligarchisierung entgegenzusteuern – aber die Tendenz dazu war doch sehr umfassend.

Ein weiteres Grundelement der Gesellschaft waren Patronat und Klientel, die sich einer allzu modernen Interpretation des altständischen Gesellschaftsgefüges entziehen. Patronage spielte in den Familienverbänden eine Rolle, aber weit darüber hinaus gab es Tendenzen zur zweckbestimmten Förderung und damit zur Schaffung von Klientel; das war ein Phänomen, das sich ebenfalls vielerorts fand – an den Höfen, in den Heeren, in den

Behörden, in den Kirchen, in den Städten, wohl auch in den Dörfern, wie sich bei den Agrarkonflikten zeigen sollte. Die mächtigen Oligarchen verfügten in der Regel über einen Klientelverband, für den sie als Patron, Arbeitgeber, Förderer oder auch Taufpate und Trauzeuge wirkten.

Die Kleinstrukturierung der altständischen Gesellschaft war durchweg bestimmt durch die Zugehörigkeit zu Korporationen oder Klientelen, zur Pfarrgemeinde, zur Zunft, zu geistlichen Bruderschaften, als die in katholischen Gegenden die Zünfte oft organisiert waren. In einem grundherrlich gespaltenen Dorf konnte die Zugehörigkeit zu einem bestimmten Grundherrn eine große Bedeutung gewinnen. Daneben haben einfache Nachbarschaften unter den schwierigen Bedingungen der alten Gesellschaft eine relativ wichtige Rolle gespielt. Auch der Adel gehörte zu Korporationen, die sich allerdings zu erheblicher politischer Relevanz verfestigt haben.

Die starke Einbindung in ein politisch festgelegtes soziales Gefüge hinderte die individuelle Entfaltung nicht, hielt sie aber doch in Grenzen. Die noch zu erörternde Verfestigung des Reichsverbandes als Rechtssystem stützte diese gewachsene, oft durch Privilegien oder Ordnungen, aber auch durch familiäre und oligarchische Strukturen abgesicherten Gebilde. Bezeichnenderweise haben sie den Dreißigjährigen Krieg überstanden, dessen gewaltige Erschütterungen das Sozialgefüge Deutschlands am Ende eher befestigten als umstürzten. Inzwischen wird immer deutlicher, daß die dramatischen Menschenverluste die durch den Bevölkerungsdruck entstandene angespannte Situation entschärft haben.

b) Der Adel

Der deutsche Adel war trotz aller Überlappungen mit dem Bürgertum eine ziemlich ausgeprägte Gruppe mit klaren Konturen, auch wenn es regionale Unterschiede gab. Sehr deutlich demonstrierte er sein Zusammengehörigkeitsgefühl durch standesspezifische Attitüden, die vom Fürsten bis zum Ritter gleich sein sollten. Insgesamt galt die alte Dreiteilung des Adels, die durch die Lehenspyramide vorgegeben war:

1. Fürsten
2. Grafen und Herren
3. Ritter

Dabei war entscheidend, daß dem Fürstenstand der Aufstieg zur Landesherrschaft gelang, die durch die Rechtsordnung des Reiches abgesichert wurde. Dies schafften auch die Reichsgrafen und einzelne Herren, wenn auch nur in Grenzen. Damit wurde die gemeinsame Zugehörigkeit von Fürsten, Grafen und Herren zum Hochadel unterstrichen, die außerdem durch wechselseitiges Konnubium betont wurde. Dagegen gab es eine deutliche Barriere zum Ritterstand, der einen eigenen Heiratskreis bildete.

Um 1600 war der alte Kampf des landsässigen Adels um seine Autonomie vom Fürstenstaat entschieden – die Niederlage der evangelisch-österreichisch-böhmischen Ständeopposition gegen die katholischen Habsburger markierte den Abschluß dieses Domestizierungsprozesses. Nahezu überall mußte der niedere Adel im Reich den Territorialisierungsprozeß anerkennen, einschließlich des landesfürstlichen Religionsbannes. Daß dieser von bürgerlichen Juristen und Klerikern exekutiert wurde, wirkte für den Adel ausgesprochen schmerzlich. Nur in wenigen Fällen konnte der territoriale Adel seine konfessionelle Eigenständigkeit bis zu den schützenden Bestimmungen des Westfälischen Friedens retten. Die Zeiten von Fehde und Opposition waren vorbei. Im Norden, östlich der Elbe und in den österreichisch-böhmischen Ländern wurden auch Herrenfamilien in die Untertänigkeit der Landesfürsten gebracht.

Wie stark allerdings der Traum des Adels von einer unabhängigen Existenz war, zeigt das hohe Prestige jenes Teils des niederen Adels, der sich eine reichsunmittelbare Stellung erringen konnte: der Reichsritterschaft. Ihr unausgesprochener Vorbildcharakter für den übrigen niederen Adel war sehr ausgeprägt, obgleich sich gerade im 17. Jahrhundert die Schattenseiten der eben errungenen reichsunmittelbaren Existenzen durchaus zeigten. Aus einer um 1500 noch unentschiedenen Situation heraus hatten sich die Ritter in Schwaben und Franken, im Elsaß und am mittleren Rheinstrom (ohne den Breisgau) ihre Reichsunmittelbarkeit sichern können – seit den Türkensteuern von 1542 immer mehr durch kaiserliche Privilegien abgesichert. Die Unmittelbarkeit der Reichsritterschaft forderte keinen geringen Preis. Sie mußte sich quasi-territorial organisieren und sich deshalb auch administrative Kosten auferlegen, die sonst der Landesfürst trug. Auch war die Autonomie alles andere als vollkommen; der Einfluß von Bezugshöfen und Domkapiteln wirkte stark, nicht zuletzt für die Konfessionsentscheidung, in der man jenem Hof folgte, zu dem man seine Lehens- und sonstigen traditionellen Bindungen besaß.

Die Situation des Adels im Territorialstaat aber hatte sich ebenfalls entspannt. Man mußte zwar der Konfession des Landesherrn folgen, mußte einen verstärkten Zugriff desselben auf die eigenen Untertanen hinnehmen, aber zugleich konnte der Adel wieder vermehrt traditionelle Positionen besetzen: Die Höfe der Fürsten blühten wieder auf, die Konkurrenz der bürgerlichen Juristen wurde entdramatisiert, ja der Landesherr erwies sich – vor allem in der Situation des Krieges – als Garant adeliger Privilegien. Die aus dem Bürgertum kommende, durch die Universitäten geschulte Konkurrenz wurde entweder aufgesogen oder niedergehalten. Der Adel hatte diese Entwicklung auch durchaus nötig. Der Bevölkerungsdruck hatte vor ihm nicht halt gemacht – die Teilung adeliger Güter stieß an ihre Grenzen; damit war das Problem der Versorgung des Nachwuchses erheblich verschärft. Hinzu kam, daß der Augsburger Religionsfriede von 1555 die Ansprüche auf geistliche Pfründen für Evangelische weitgehend beseitigte, so daß sich hier die Situation besonders zuspitzte. Im Zeichen wachsender Spannungen boten wohl Kriegsdienste einen zeitweiligen Ersatz. In jedem Fall wuchs das Konfliktpotential in den adeligen Familien, wuchs die Rücksichtnahme auf den Fürsten und seine Dienste.

Aber auch seitens der Fürsten sah sich der Adel einem verstärkten Druck ausgesetzt, im Zeichen wachsender Agrarkonflikte. Andererseits war die Tendenz zum adeligen Unternehmertum vor allem im Osten durchaus gegeben, wo man die Getreide- und Bierproduktion vermarktete; Agnes Varkonyi hat festgestellt, daß die ungarische Magnaten-Opposition gegen Kaiser Leopold I. auch ein Ochsenhändlerkartell darstellte. Das Bergunternehmertum hatte gleichfalls adelige Exponenten.

Der deutsche Adel war – im Gegensatz zum italienischen – ein ländlicher Adel. Seine hauptsächlichen Einkünfte kamen aus der Grundrente. Hier aber spielte sich ein wichtiger Differenzierungsprozeß ab, den die Ereignisse des Krieges noch verstärkten. Östlich der Elbe und in den böhmischen Ländern herrschte die Gutswirtschaft, westlich – in unterschiedlichen Ausprägungen – die Grundherrschaft. Dazwischen gab es Übergangszonen, wie die der österreichischen Grundherrschaft, die durchaus Tendenzen zur Gutswirtschaft aufwies. Die Grundherrschaft bedeutete adeliges Obereigentum über bäuerlichen Besitz gegen Abgaben und Leistungen. Daneben aber übte der Herr Polizei, Kirchenpatronat, Gerichtsherrschaft aus. Allerdings konnten sich auch Gerichts- und Grundherrschaft differenzieren, wobei es nicht selten war, daß der adelige Inhaber der jüngeren Gerichtsherrschaft seine Rechte gegenüber der älteren Grundherrschaft zu expandieren trachtete. Auch konnten mehrere Grundherren in der Gemeinde erscheinen, was den Freiraum der bäuerlichen Gemeinde erhöhte, da sie die Herren gegeneinander ausspielen konnte. In Teilen Deutschlands, vor allem im Osten, unter anderen Voraussetzungen im Südwesten, gab es auch noch die Leibeigenschaft, gekennzeichnet durch ihre an der Person haftenden Abgaben; sie hatte bei der südwestdeutschen Territorialentwicklung einst eine wichtige Rolle gespielt, aber nun ihre Bedeutung verloren, und wurde von den Untertanen als eine nicht mehr verständliche, zwar oft nicht drückende, aber doch diskriminierende Last empfunden.

Die Fixierung von Geldabgaben wirkte wegen der Geldentwertung gegen den Adel – die Tendenz der unter Druck geratenen Ritter, die Einkünfte zu steigern, führte häufig zu Agrarkonflikten –, die Adeligen griffen in traditionelle bäuerliche Rechte ein, suchten die Kontrolle über Gerichtswesen und Gemeinde an sich zu ziehen. Die Untertanen hatten oft Rückhalt am Landesherrn, der die Steuerkraft der Adelsuntertanen noch vor dem Adel für sich sichern wollte. Die Grundherrschaft machte den Adel insgesamt zum Rentenbezieher – bei festgelegten Rechtstiteln, die in Weistümern oder Dorfordnungen niedergelegt waren. Es gab zahlreiche Versuche der Adeligen zur Beschneidung bäuerlicher Rechte, aber das Rechtssystem des Reiches und der Territorien begünstigte die sich auf das ältere Recht berufenden Teile, also nicht selten auch die Bauern. Der Spielraum des Adels, seine Position auszubauen, war nicht sehr groß.

Demgegenüber entwickelte die ostelbische Gutswirtschaft eine stärkere Dynamik. Ihre Herausbildung reichte schon in das späte Mittelalter zurück; über die Landstände sicherten sich die Junker den landesfürstlichen Konsens. Die Gutswirtschaft erlebte einen beträchtlichen Aufschwung durch den Getreidebedarf des westlichen Europa und nützte diese Chance auch voll. Das bäuerliche Land wurde zugunsten der Gutswirtschaft immer mehr zurückgedrängt („Bauernlegen"), die bäuerlichen Besitztitel wurden eingeschränkt, der Spielraum der Dorfgemeinschaft reduziert. Außerdem gelang den Herren die Steigerung bäuerlicher Dienstpflichten: Fronen (Robot), Hand- und Spanndienste. Als man die Bauern zu Landarbeitern und Kossäten zu degradieren trachtete, suchten sich diese dem Druck durch Abwanderung zu entziehen. Der Adel antwortete mit dem Schollenzwang; die Untertanen wurden Bestandteil des Guts. Dieser Prozeß wurde im 17. Jahrhundert weiter fortgesetzt; die marxistische Forschung sprach von einer „zweiten Leibeigenschaft". Der Adel im Westen sah diese Entwicklung mit Neid, nannte Ende des 17. Jahrhunderts Böhmen mit seiner Gutswirtschaft ein „Paradies des Adels"; einzelne, wie etwa Graf Wilhelm I. von Solms-Greifenstein (1602–1635), der die Mark Brandenburg und Ostpreußen kannte, suchten die ostelbischen Praktiken in den Westen zu importieren, provozierten Bauernunruhen und scheiterten an den Rechtsregeln des Reiches.

Die östliche Gutswirtschaft gab dem Junker eine beträchtliche Herrschaftsfülle in die Hand. Aber auch sie wurde in der Regel nicht gegen den Landesherrn durchgesetzt. Vielmehr zeichnete sich hier ein Interessenausgleich ab, der dann fortgeschrieben wurde, denn die Ereignisse des Dreißigjährigen Krieges beschleunigten den Prozeß eher. Schon jetzt wurden jene Spaltungslinien vertieft, die das östliche vom westlichen Europa schieden; auch die Möglichkeiten der Städte wurden durch den Adel eingeschränkt, zumal wenn dieser, gestützt auf seine gutswirtschaftlichen Funktionen, genuin städtische Aufgaben an sich zog – nicht nur den Handel, sondern auch die Bierbrauerei, die weit verbreitet war, oder die Ansiedlung von Landhandwerkern.

Die neuerliche Einbindung in landesfürstliche Dienste war für den grundherrlichen Adel des Westens wichtiger als für den gutswirtschaftlichen des Ostens. Dabei zeigte sich auch ein Funktionswandel. Die bloßen kriegerischen Fähigkeiten hatten sich überlebt. Zwar wurde mancherorts das Lehensaufgebot noch 1619/20, in der Kurpfalz sogar noch nach dem Dreißigjährigen Krieg mobilisiert, aber seine militärische Wertlosigkeit erwies sich rasch. Doch der Adel hatte begriffen, daß er mit den Bürgern konkurrieren und sich, wollte er leitende Ämter im Rat und in der Lokalverwaltung der Landesfürsten behaupten, auch eine juristische Ausbildung aneignen mußte.

Dies war allerdings immer nur ein Teil des Adels, auch wenn juristische Kenntnisse für Grund- und Gutswirtschaft ebenfalls nützlich waren. Es setzte sich durch, daß der akademische Grad durch die adelige Geburt kompensiert wurde, man diesen also nicht erwarb, wohl aber das nötige Rechtsstudium absolvierte und die erforderlichen Kenntnisse nachwies. Als der Adel seine Konkurrenzfähigkeit demonstriert hatte, schien dies weniger strikt gehandhabt worden zu sein. Die steigende Bedeutung der Fürstenhöfe half ihm auch wieder, lästige Qualifikationen zu vermeiden. Um einen blamablen, die Spielregeln der ständischen Gesellschaft erschütternden Wettlauf mit den bürgerlichen Konkurrenten kam man ohnehin herum. Aber die Jahre um 1600 bedeuteten doch einen Höhepunkt adeliger Bildung; viele Ritter und Herren haben sich den Bildungskanon des Späthumanismus angeeignet. Dafür wurde auch gesorgt mit den Kavalierstouren der Adeligen, die seit dem späten 16. Jahrhundert einen beträchtlichen Aufschwung nahmen: Reisen in die Niederlande, Frankreich und Italien, seltener nach Spanien, bei Protestanten nach England ergänzten die Ausbildung und verbesserten die Sprachkenntnisse; die Universitäten mußten darauf achten, durch ergänzende Ausbildung in spezifisch „adeligen" Fähigkeiten konkurrenzfähig bleiben zu können; so entstanden eigene Collegia illustria. Spezielle Ritterakademien sorgten ebenfalls für eine adelige Ausbildung, die auf Beamtenkarriere und Hofleben vorbereitete. Man suchte auch auswärtige Ritterakademien auf, die Protestanten vor dem Dreißigjährigen Krieg die hugenottische des Herzogs von Bouillon in Sedan, dann auch beide Konfessionen die savoyische in Turin. Dies bedeutete, daß der Adel in dem Augenblick, als er die „bürgerliche" Bildung durch Humanismus und römisches Recht aufgriff, zugleich sicherstellte, daß er mit seiner Qualifikation erneut abgehoben war.

Der Fürstendienst war nicht nur wichtig für Versorgung und finanziellen Zuerwerb. Er bot auch die Möglichkeit zur Vertretung eigener lokaler Interessen, der die Fürsten jedoch zunehmend distanziert gegenüber standen, indem sie den Adeligen in andere Regionen versetzten. Der Fürstendienst gab viel Gelegenheit zur Patronage, zum Einrücken in die Klientel eines Mächtigeren, zur Erschließung von Verbindungen. So war es für den Adel wichtig, daß sich sein Anteil auch dort erhöhte. Allerdings hatte das Wirken des Ritters im fürstlichen Dienst erheblich von seiner älteren Autonomie eingebüßt – er war zum Beamten geworden.

Die gegenläufige Tendenz aber wurde durch den Ausbau der Höfe befördert, der schon vor Beginn des 17. Jahrhunderts einsetzte und nach 1648 einen weiteren Aufschwung nahm. Viele der Ämter auf dem Land wurden als Teile des Hofes aufgefaßt und danach für den abwesenden Adeligen von einem bürgerlichen Verwalter versehen, der dann nicht selten in den Adel aufstieg. Günstig war, daß nicht nur die höfischen Funktionen, sondern auch die Spitzenstellungen der lokalen Verwaltung traditionell mit Adeligen besetzt waren, was den Weg zur Patronagepolitik vor Ort erleichterte. Der Fürstenhof war insgesamt ein wichtiger Rückhalt für die adelige Position. Aber andererseits war im lokalen Bereich die Autorität des Adeligen für den

Fürsten wichtig, der wegen der immer noch schwierigen Kommunikationswege auf die Präsenz einer durchsetzungsfähigen Figur angewiesen war.

Auch der Wandel des Militärwesens schlug sich nieder; die Kavaliersausbildung hatte durchaus militärisch relevante Teile. Daneben zogen junge Adelige auf die Schlachtfelder der Niederlande, des schwedisch-polnischen Krieges, der Türkenkriege, um sich militärische Qualifikationen zu erwerben. Die Ritterorden, der Deutsche Orden und der im Reich weniger bedeutende Johanniterorden, verpflichteten ihre Mitglieder geradezu zu Kriegsdiensten. Nachdem der Dreißigjährige Krieg dazu überreichlich Gelegenheit geboten hatte, suchte man in den Türkenkriegen, auf den Schlachtfeldern Westeuropas, in den Kriegsdiensten der venezianischen Republik oder gar den Kolonialkriegen der Niederlande, Englands und Frankreichs militärische Erprobung.

Die Kriegsdienste waren allerdings für den Adeligen sozusagen ein Lotteriespiel. Einer erhöhten Mortalität stand die Chance gegenüber, ein erhebliches Vermögen zu gewinnen. Der Adelige diente sich empor, wobei seine Startchancen wesentlich besser waren als die eines Bürgerlichen. Schließlich konnte er als Oberst und Regimentsinhaber zum kleinen Kriegsunternehmer werden, der relativ selbständig seine Einheit anwarb. Auch hier hat es der Adel verstanden, sich einer gewandelten Situation, den Söldnerheeren, anzupassen. Stärker als in Verwaltungsdiensten wog hier die angeborene Autorität des Adeligen. Allerdings bot auch der Kriegsdienst Aufstiegschancen wie kein anderer; der österreichische Schneidergeselle Derfflinger in brandenburgischen, der westfälische Bauernsohn und spätere Graf Sporck in kaiserlichen, der Luxemburger Johann Aldringer in bayerischen und dann in kaiserlichen Diensten konnten ihren militärischen Aufstieg mit dem sozialen verbinden.

Wenn von adeligen Positionen die Rede ist, so darf die Adelskirche nicht fehlen, die zahlreiche Versorgungsmöglichkeiten bot. Dies galt natürlich vor allem für den katholischen Teil. Aber auch der evangelisch gewordene Adel hatte begriffen, wie wichtig die Möglichkeit der Existenzsicherung für nachgeborene Kinder war. Angesichts der zusätzlichen Chancen der Männer in Verwaltungs- und Militärdiensten blieb die Tatsache, daß es für Frauen zur Kirche keine Alternative gab. Nicht umsonst bemühte sich der evangelische Adel um den Erhalt der adeligen Damenstifte, die wie Gandersheim oder Quedlinburg in der neueren Zeit eine wichtige Funktion bewahren konnten. Insgesamt aber überwog doch der Vorteil für die Katholiken. Vor allem in den Kerngebieten des Reiches bildeten die Hochstifte bedeutende Versorgungsstätten, die übrigens zudem eine Fülle von Chancen zur Protektion boten, denn sie benötigten ja auch weltliche Beamte – so gab es innerhalb der Reichskirche einen ausgeprägten „Nepotismus", gegen den sich durchaus Stimmen auch von Adeligen, vornehmlich von benachteiligten Familien oder Familienverbänden, erhoben. Das Reformpapsttum, das, wie Wolfgang Reinhard gezeigt hat, nicht zuletzt auf den Mechanismen des Familienverbandes beruhte, hatte durchaus Verständnis für diese Situation im Reich und sicherte mit gutem Grund die Anwartschaften des traditionellen Stiftsadels gegen die Ansprüche von Gruppen, wie etwa dem westfälischen Adel, die sich früher und stärker für die Alte Kirche profiliert hatten. Man wollte nicht wegen Unterschieden in der Rechtgläubigkeit den Besitz der Stifter opfern.

Damit aber ist bereits angedeutet, daß sich ein Domherr der Reichskirche vor allem als Adeliger fühlte, der sich durchaus bewußt war, daß seine Stellung zur Vermögenssicherung der Familie beitrug – gegen so viel adeliges Selbstgefühl hatten es die kirchlichen Reformkräfte nicht leicht. Aber sie setzten sich durch. Das 1552 in Rom errichtete Collegium Germanicum diente nicht nur der Sicherung der Rechtgläubigkeit im Reich, sondern auch der Gewinnung der deutschen Adelskirche für die katholische Erneuerung im Geiste des Tridentinums. Daneben war weniger spektakulär, gleichwohl wichtig die Rolle der Frauen in den Stiften, die ein weit zurückgezogeneres Leben führten. Immerhin gab es eine Reihe von Damenstiften, bei denen die Versorgungsrolle durch das Fehlen der ewigen Gelübde sehr deutlich war. Buchau, Lindau und Essen waren sogar Fürststifte des Heiligen Römischen Reiches. Sonderrollen spielten auch der Deutsche Orden und in kleinerem Maße der Johanniterorden, die über weite Teile des Reiches ein Netz von Kommenden zogen und einen wichtigen Rückhalt für den Adel boten – der Deutsche Orden nahm lieber den Übergang einzelner Kommenden zum lutherischen und sogar zum reformierten Bekenntnis in Kauf, als sie ganz zu verlieren.

Die Reichskirche schuf nicht nur Gelegenheit zur Versorgung und Protektion. Hier konnte der Ritter oder Graf – Köln und Straßburg hatten gräfliche Kapitel – zu reichsfürstlicher Würde aufsteigen und eine entsprechende politische Rolle spielen. Seit dem 16. Jahrhundert entstand auch durch Mehrfachkanonikate ein Netz zwischen den einzelnen Bistümern. Die Attraktion der Reichskirche hat gewiß, neben offenkundigen spirituellen Wurzeln, die Neigung zur Konversion oder auch nur zu einem öffentlich demonstrierten Katholizismus beim deutschen Adel befördert, die schon um 1600 einsetzte und nach 1648 einen Höhepunkt erreichte. Andererseits suchten die Adeligen ihre Positionen gegen den Zugriff der höheren Stände zu verteidigen, vor allem gegen die landesfürstlichen Dynastien, die hier verstärkte Einflußmöglichkeiten witterten.

Die Lage des niederen Adels hat sich im Laufe des 17. Jahrhunderts offenbar verschlechtert. Eine Mehrzahl von Personen mußte aus einer gleichbleibenden Masse versorgt werden. Hinzu kam bisweilen eine Tendenz der Erwerbs- und Schuldenpolitik, die auf die langsame Geldentwertung des 16. und 17. Jahrhunderts spekulierte. Oft konnte man die nachfolgende Belastung unter den Bedingungen von Krieg und Militärdurchzügen nicht mehr tragen. Dies war während des Dreißigjährigen Krieges nicht so dramatisch, weil die Zinsendienste ebenso wie die Einkünfte aus der

Agrarrente eingestellt wurden – aber danach leiteten die Belastungen in eine eklatante Schuldenkrise des deutschen Adels über.

Die Distanzierung vom Bürgertum, ausgeprägt auch im Bereich des Hofes, war eine typische Haltung des Adels. Gleichwohl zeigte sich eine starke Bewegung der Spitzen des Bürgertums in den Adel hinein – das hing mit dessen besonderem Sozialprestige, aber auch mit dem Bewußtsein zusammen, daß der Erwerb von Grundbesitz die beste Vermögenssicherung war, auch dies ein Aspekt der „Refeudalisierung". Der Weg in den Adel war überdies eine Krönung der Oligarchisierungstendenzen bei den Spitzen des Bürgertums, vor allem bei den Beamten. So entstand eine Neuadelsschicht, die sich nur langsam an die ältere anschmiegte, ein Briefadel, der zumeist aus dem territorialen Beamtentum kam und seine Identifizierung mit dem Konfessionalisierungsprozeß des jeweiligen Territoriums gefunden hatte. Die Gruppe hat insgesamt die Identifikation des Adels mit der Konfession des Landesherrn verstärkt, sie stellte aber auch eine Bedrohung des alten Adels dar.

So gab es bei ihm eine deutliche Abwehrhaltung, zumal man in den Kategorien einer strikten Rangfolge dachte, die sogar für die Familien der gleichen Adelsgruppe galt. Mesalliancen mit Bürgerlichen waren verpönt; sie führten zum Abstieg der Kinder in einen minderen Stand; dies galt auch für Verbindungen zwischen Fürsten- und Ritterstand, es sei denn, der Kaiser gestattete mit einem Privileg den Aufstieg. Die Reichsritterschaft schuf Mechanismen zur Abwehr von Neuaufsteigern – und verwandte doch große Mühe auf deren Kooptation. So machte sie immer wieder Ausnahmen, wenn es um mächtige Leute ging. Aber dem übrigen Adel imponierte diese Sonderstellung weiterhin, da er sich selbst den Eingriffsmöglichkeiten des Landesfürsten unterworfen fühlte.

Allerdings hatte der landsässige Adel auch gegenüber der Reichsritterschaft seine unverkennbaren Vorteile, denn die Eingriffe des Landesherren wirkten doch auflockernd. Dies zeigte sich in der Krisensituation des Adels, die sich nach dem Dreißigjährigen Krieg dramatisch zuspitzte. Hinzu kam, daß der Krieg auch die problematische Situation einer Adelskorporation deutlich machte, die ohne Rückhalt bei einem Landesherrn war und der der ferne Kaiser nur wenig helfen konnte.

Eine Sonderrolle spielte immer noch der österreichisch-böhmische Adel, der ebenfalls eine gleichsam unmittelbare Stellung unter dem Reichsoberhaupt – allerdings in dessen Rolle als österreichischer Landesherr – hatte. Er konnte eine beträchtliche Autonomie, ja anfangs sogar ein eigenes evangelisches Kirchenwesen, behaupten. Dieses stieß jedoch immer stärker mit dem religiösen Anspruch des Landesherrn zusammen; der Konfessionalisierungsprozeß in den Erblanden führte in den Dreißigjährigen Krieg und endete mit einer katastrophalen Niederlage des opponierenden Adels.

Zum Adel gehörten weiter die Fürsten und Grafen. Viele Verhaltensweisen teilten sie mit dem niederen und dem landsässigen Adel. Auch sie stellten einen Familienverband dar und unterlagen dessen Spielregeln – eine für die Beurteilung wichtige Komponente, die bloß staatliche Interpretationsmuster gewöhnlich zu kurz kommen lassen. Ein ausgeprägtes Denken in den Interessen des Familienverbandes reichte von den Fürsten über die Grafen und Herren bis zum niederen Adel. Dabei zeichnete sich unter dem Druck der Bevölkerungsvermehrung und der Gefahr, die in den Teilungen lag, eine verstärkte Tendenz zur Besitzsicherung, aber auch zum Erhalt der familiären Position ab. Dies führte zu zahlreichen Primogeniturregelungen, wie sie sich im Laufe des 16. Jahrhunderts nach dem Vorbild der Kurfürsten auch im Reichsfürstenstand durchsetzten; aber immer mehr lag die Tendenz zur Versorgung der Nachgeborenen damit im Widerstreit, weil man natürlich ein Minimum für den Erhalt der standesgemäßen Existenz aller Familienmitglieder bereitstellen wollte. Mit Primogeniturregelungen – „Majorat" beim Adel – konnte, mußte aber nicht die Einrichtung eines Fideikommiß verbunden werden, d. h. die Bildung eines untrennbaren und unveräußerlichen Familienvermögens, das nur mit Zustimmung aller Agnaten verändert werden konnte; es sollte der Mißwirtschaft und Verschwendung eine Barriere entgegensetzen. Grafen- und Herrenfamilien im Reich wie die Fürstenberg 1576, die Solms 1579 oder auch die mährisch-österreichischen Liechtenstein 1606 haben sich solche Statuten gegeben – letztere zogen sogar die Juristen des Kaiserhofs zu einem ausgeklügelten Paragraphenwerk heran. Der Sicherung stand allerdings eine verminderte Elastizität herrschaftlichen Handelns gegenüber; auch hier zeichnete sich ein deutliches Krisenbewußtsein des Adels ab.

Schließlich ist noch hinzuweisen auf Tendenzen zur Standeserhöhung, mit wenigen Ausnahmen ein Reservatrecht des Kaisers. Sie setzten gegen Ende des 16. Jahrhunderts vermehrt ein und begünstigten selbstverständlich die Katholiken mehr als die Protestanten, kamen vor allem dem erbländischen Adel zugute, Ausdruck des politischen Willens am Kaiserhof: Im Laufe des 17. Jahrhunderts verstärkte sich diese Tendenz immer mehr und rief auch Opposition hervor. Folglich machten die politischen Korporationen die Rezeption, die eigentlich aus einer Standeserhöhung hätte folgen müssen, von ihrem Konsens abhängig, vor allem beim Reichsfürsten- und Reichsgrafenstand. Hier suchte man, insbesondere auf dem Reichstag, die Hürden höher zu legen – es mehrte sich seit dem 17. Jahrhundert die Zahl der Adeligen, deren Titel höher war als ihre tatsächliche Stellung, Grafen mit Fürstentiteln, Ritter mit Grafen- und Freiherrentiteln. Die Inflation der Freiherrentitel machte die einst hochadelige Würde fortan praktisch zu einer niederadeligen. Die Tendenz zur Titelmehrung verstärkte sich in der zweiten Jahrhunderthälfte.

Die hohe Bedeutung der Standeserhöhungen erklärt sich aus ihrer Wirkung auf die Rangfolge unter dem Adel, die ein ganzes, traditionell strukturiertes Gefüge in seinem Selbstbewußtsein traf. Unter Rudolf II. etwa hatte das Haus Liechtenstein eine Spitzenposition unter dem erbländischen Adel errungen, 1608 wurde dies durch die Fürstenwürde, die sogenannte „erbländische", des Königs Matthias unterstrichen. Dieser Rang war durch die Reichsfürstenerhebungen der Piccolomini, Auersperg und Lobkowicz in Frage gestellt, die 1654 in den Reichstag aufgenommen wurden. Das Haus Liechtenstein suchte das Defizit fortan zu kompensieren durch ein emsiges Streben nach einem reichsunmittelbaren Territorium, das die Fürstenwürde durch Sitz und Stimme auf dem Reichstag absicherte. Es dauerte bis 1719, daß dieses Ziel erreicht wurde. Die Kehrseite der Medaille aber war es, daß Standeserhöhungen einen erheblichen Repräsentationsaufwand erforderlich machten, der bei den neuen Fürsten nicht selten den Ruin beschleunigte.

Im Gesamtgefüge des europäischen Adels zeigte jener des Reiches eine beträchtliche Konsistenz; während der französische und der englische Hochadel in den großen Auseinandersetzungen mit der Krone weitgehend dezimiert und ausgerottet wurde, blieben im Reich zahlreiche alte Familien bestehen, waren die Aufsteiger vom Grafen- in den Fürstenstand, wie die Fugger, relativ selten. Auch der niedere Adel erwies sich als relativ beständig – trotz der größeren Offenheit für Aufsteiger. Einen zahlreichen Kleinadel, wie in Ungarn, Polen und Kastilien, gab es in Deutschland nicht, so daß allenfalls 1 % der Bevölkerung adelig war.

c) Die Bauern

Die Bauern bildeten gleichsam das Gegenstück des Adels. Sie waren seine Untertanen. Beide lebten in enger Symbiose miteinander. Auch das Dorf war eine rechtlich fixierte Einheit; Hofzahl und Hofgrößen waren in den Gebieten des Anerbenrechts weitgehend festgelegt, ebenso wie die Positionen im Dorfhandwerk. Landes- und Grundherren suchten sogar die Anzahl des Viehs auf dem einzelnen Hof zu regulieren. Etwas anders sah es in Gebieten mit Realteilung aus, auch wenn hier durchaus Tendenzen der Herren zu beobachten waren, in den Erbgang einzugreifen – eine Atomisierung des bäuerlichen Besitzes konnten gerade sie nicht wollen.

Die freien Bauern waren im Reich die Ausnahme: In Rodungs- und Neulandsgebieten gab es sie, also an der Nordsee, in Teilbereichen des Schwarzwaldes, in der Schweiz, Südbayern und Tirol. In Schwaben war dagegen die Leibeigenschaft, also die nicht nur dingliche, sondern auch persönliche Abhängigkeit verbreitet. Dennoch konnten auch hier die größeren Bauern eine wichtige Rolle spielen. Dies galt allgemein für Landschaften mit bedeutenden Höfen – die Stellung der altbayerischen „Bauernkönige" war sprichwörtlich; der Altmannbauer in Hammersdorf im Landgericht Erding, Zentrum des regionalen Grundherrschaftsverbandes des Klosters Tegernsee, schickte im 16. und 17. Jahrhundert Töchter in das sonst dem Münchner Patriziat vorbehaltene Püttrichsche Regelhaus in München und erwarb sogar einen Wappenbrief von einem päpstlichen

Hofpfalzgrafen. Der Reichtum der Dithmarscher Bauern war berühmt; sie stellten sich sogar zuweilen in Nachahmung des Adels Kanonen vor die Höfe. Auch läßt sich zeigen, daß in Bayern grunduntertänige Bauern selbst zu Grundherren über andere Bauern werden konnten. Die Position der grundherrlichen Bauern – Lütge hat hier fünf Zonen herausgearbeitet[7] – war trotz vieler Lasten in der Regel erheblich besser als die der gutsherrlichen. Natural- und Geldabgaben, letztere im Zeichen der Inflation günstiger als erstere, waren zu entrichten – auch mußten Hand- und Spanndienste geleistet werden. Vielfach waren die Leistungen fixiert worden, vor allem nach dem Bauernkrieg, als es darum ging, die Konflikte zu verrechtlichen. Insgesamt waren die Jahrzehnte nach dem Bauernkrieg ruhig – erst Ende des Jahrhunderts flammten die Auseinandersetzungen zwischen Herren und Untertanen wieder auf. Dies weist darauf hin, daß der Adel, oft genug selbst sozial unter Druck geraten, versuchte, seine Position auf Kosten der Bauern zu verbessern.

Dabei benützte man gern rechtliche Möglichkeiten, die nicht fixiert waren, etwa den Besitzwechsel. Auch trachtete der Adel, die jüngeren Gerichtsrechte auszubauen. Wenn die Rechtstitel nicht in der gleichen Hand waren, so haben dabei nicht selten die Grundherren die Bauern gegen einen expandierenden Gerichtsherren unterstützt, ebenso wie die Landesherren eine Bauernschutzpolitik betrieben, um sich ihren Anteil an den bäuerlichen Abgaben zu sichern. Andererseits hatten die Bauern wenig Möglichkeiten, wenn Grund- und Landesherrschaft in einer Hand waren – es sei denn, die Position der Herren selbst war schwach.

Generell verschlechterte sich jedoch die Rechtsstellung der Bauern im Bereich der Gutswirtschaft; die Schere zwischen Grund- und Gutsherrschaft vergrößerte sich. Der Verfestigung der bäuerlichen Position im Westen stand also eine Schwächung im Osten gegenüber; naturgemäß gehörte zum Ausbau der gutsherrlichen Position eine starke Reduktion der bäuerlichen Rechte, vor allem die Beseitigung aller Ansätze zur Erblichkeit – die Unerblichkeit des Besitzes nannte man „lassitisch". Die Aushebelung bäuerlicher Eigenständigkeit war eine wichtige Voraussetzung der Handlungsfreiheit und Expansionskraft der Gutswirtschaft. Auch wenn sie nicht ganz die Intensität jener erreichte, die das östliche Europa kennzeichnete, so hat sie doch das bäuerliche Eigentum weit zurückgedrängt und das Ideal eines geschlossenen Wirtschafts- und Herrschaftsverbandes angestrebt. Es gab allerdings auch Verpflichtungen des Herrn zu Hilfe in Notfällen, aber das Nebeneinander von adeliger Herrschaft und Dorfgemeinde wurde hier durch ein streng patriarchalisches gutsherrliches Regiment ersetzt, das den bäuerlichen Spielraum erheblich einengte und dem Herrn große wirtschaftliche Möglichkeiten eröffnete – ein Vorgang, der vielen Adeligen im Reich durchaus vorbildhaft erschien.

Die Leibherrschaft spielte nur eine regionale Rolle, nachdem sie häufig im Spätmittelalter verschwunden war, aber sie galt als sozial stark diskriminierend. Vor allem in Oberschwaben und am Oberrhein hatte sie geholfen, Landesherrschaft auszubauen. Sie hatte typische Kennzeichen: den „Todfall", das sog. „Besthaupt", also das beste Stück Vieh beim Tod des Herrn oder des Leibeigenen, dazu weitere Abgaben. Bei der Heirat eines Leibeigenen mit einem persönlich freien Teil galt für die Kinder der juristisch schlechtere Status. Vielfach konnten die Grundherren auch auf den Zehnten (Zehent) zurückgreifen, der eigentlich zum Erhalt der Kirchen dienen sollte: Der große Zehent wurde vom Getreide, der kleine von Kleinvieh und Früchten entrichtet. Das Abgabenwesen entwickelte sich vollends zum Verteilungskampf der Herren, als sich im Lauf des 16. Jahrhunderts die Reichs- und Landessteuern ganz erheblich gesteigert hatten. Eine klare Aussage über die Gesamtrechnung ist bis heute nicht möglich; diese dürfte auch regional sehr differenziert ausfallen, war doch die Agrarrente Gegenstand von Auseinandersetzungen der Nutznießer. Man nimmt bei den Gesamtabgaben Schwankungen von mehr als der Hälfte bis etwa ein Viertel der bäuerlichen Einkünfte an; ein Drittel könnte der Durchschnitt gewesen sein.

Die Schwierigkeit war, daß die Reserven der Bauern schon angesichts der Aussaat-Ernte-Relation nur gering waren, eine Tendenz, die sich im Bereich der Realteilung verstärkte. Die größeren Höfe erwiesen sich in der Regel als resistenter gegen Krisen, die ja in Gestalt von Mißernten und Kriegsereignissen immer wieder kamen; insgesamt war angesichts eines starren, relativ personenbezogenen Abgabensystems die Besteuerung der kleinen Anwesen drückender, was wiederum die Position der größeren Bauern im Dorf zu stärken vermochte. Die kleineren gerieten schneller in existentielle Probleme, wobei sich allerdings ein erstaunlich marktgerechtes Verhalten beobachten läßt, etwa, daß man selbst in Zeiten von Hungerkrisen Marktanteile nicht preiszugeben gedachte.

Im Zeichen der Bevölkerungsvermehrung konnten die „Gemeinheiten", die „Allmenden", also die gemeinsam benützten Gebiete von Wald, Weide, Seen und Bächen, den wachsenden Druck nicht mehr ausbalancieren. Hier bemühte sich der Grundherr ebenfalls, die bäuerlichen Rechte einzuschränken – im Interesse seiner Jagd und Fischerei, aber auch im Sinne einer Sicherung des Waldes, wo schließlich durch allzu extensive Nutzung schwere Schäden drohten. Davon sprechen die Forstordnungen des 16. Jahrhunderts eine deutliche Sprache – aber betroffen waren vor allem die werdenden unterbäuerlichen Schichten. Auch versuchten häufig die Grundherren, den Verkauf von Holz oder Stroh zu monopolisieren.

Hier zeigte sich ebenfalls die Problematik der Bevölkerungsvermehrung, vor allem in den dichter besiedelten Gebieten des Westens. Bei Realteilung entstand zwar eine größere Zahl von Bauernstellen, die aber immer kleinere Ausmaße hatten; nicht nur in den Gebieten des Anerbenrechts entstanden schnell anwachsende unterbäuerliche Gruppen, deren Beschäftigungsmöglichkeiten Grenzen gesetzt waren. Für all diese Menschen aber wurde die Nutzung der Allmende lebenswichtig – hier aber stießen sie nicht nur mit den Adeligen, sondern auch mit den größeren Bauern zusammen, die ihre Interessen zu wahren suchten und die Nutzung nach der Hofgröße zu regulieren gedachten. Damit rückten die unterbäuerlichen Schichten schnell an den Rand des Existenzminimums.

Der einzige Ausweg, der schon vor 1618 da und dort beschritten wurde, war der Ausbau des Landhandwerks, die Ansiedlung von neuen Gewerben, meist durch die adeligen Herren, die die Chance der Produktion für den Markt schufen, mit der man wieder Lebensmittel erwerben konnte. Hiervon ging in der Tat langfristig eine Entwicklung aus, die man als „Protoindustrialisierung" bezeichnet hat. Wo sich diese Chance nicht bot, führte man eine problematische Existenz, glitt in die Randgruppen ab oder zog in die Stadt, die größere Möglichkeiten zu bieten schien.

Das Dorf stellte – auch in Ostelbien – keine amorphe Masse dar; es war als „Gemeinde" verfaßt. Vor allem durch die Forschungen von Peter Blickle und seinen Schülern wurde die Bedeutung der Gemeindeverfassung herausgearbeitet; sie sprechen geradezu von einem „Kommunalismus", der Dorf und Stadt gemeinsam gewesen sei. Die gemeindlichen Strukturen zeigen hier wie dort in der Tat auffallend parallele Elemente – gleichwohl bleibt ein beträchtlicher, nicht zuletzt rechtlicher Unterschied. Vor allem aber erscheint eine Sicht des Kommunalismus als eines Ansatzes zur demokratischen Alternative der deutschen Geschichte zu optimistisch, nicht nur, weil auch die Dorfgemeinschaft den Spielregeln der altständischen Gesellschaft unterlag.

Gewiß ist, daß die gemeindlichen Freiräume in der weniger stark administrativ erfaßten Gesellschaft des Spätmittelalters größer waren; beim beginnenden Wettlauf um die Anteile an einer sich verdichtenden Herrschaft aber setzte sich auf Grund seiner politischen und sozialen Position in der Regel der Adelige stärker durch, vom Gutsherrn ganz zu schweigen. Er hatte als Herrschaftsträger die bessere Ausgangsposition – aber auch in der Zone der Grundherrschaft läßt sich im 16. Jahrhundert durchweg die Tendenz zum Ausbau herrschaftlicher Positionen feststellen, für welche man nicht zuletzt das römische Recht als Waffe verwendete. Man kann sogar eine gewisse Parallele sehen im Domestizierungsprozeß des Adels durch den frühmodernen Staat und der Domestizierung der Gemeinden durch den Adel. Letztere wurden überall dort abgebremst, wo die herrschaftlichen Konstellationen, die Konkurrenz unterschiedlicher Herren, den Bauern einen Freiraum boten, die Gemeinde stärker ausgeprägt war.

Sie sicherte zunächst den Dorffrieden, regulierte die gemeinsamen Aufgaben des Dorfes, übte Gebot und Verbot auf der untersten Ebene, organisierte die Mehrfelderwirtschaft und die Nutzung der Allmende, wählte in seltenen Fällen den Pfarrer, besetzte das Niedergericht. Hinzu kam auch noch der Erhalt der Armen und die Stellung des Landesaufgebots. Dabei konnte die Gesamtgemeinde auftreten, sie agierte aber häufig auch durch ihre Spitzen: mit Schöffen, Vierern, Fünfern, Sechsern, an der Spitze mit Bürgermeistern, Bauernmeistern oder Heimbürgern.

Eine völlige Beseitigung der Dorfgemeinde konnte gar nicht im Interesse der Grundherren liegen – sie versuchten jedoch, sie von sich abhängig zu machen, etwa indem man im 16. Jahrhundert den Instanzenzug vom Dorfgericht zum Rat einer Stadt abschnitt. Es war auch günstig, unpopulärere Aufgaben, wie Steueraufteilungen (Repartition) und Steuereinzug, auch Musterung und Rekrutierung für den Landesfürsten auf die Gemeinde abzuwälzen. Das entlastete den Grundherrn; die Wahrnehmung innerdörflicher Regulationsmaßnahmen hätten ihn vollends überfordert – so gab es auch in Ostelbien eine Dorfgemeinde. Was allerdings die adeligen Herren anstrebten, war eine möglichst ausgeprägte Kontrolle, und diese bot natürlich vielerlei Chancen. Die Gesetzgebung nach dem Bauernkrieg hatte die adelige Position allenthalben befestigt.

Oligarchisierungstendenzen kannte auch das Dorf; die größeren Bauern konnten durchaus eine gehobene Position in den Gemeinden behaupten, wo zumeist die Hofstelleninhaber und Hausväter dominierten und sich gegen die kleineren Bauern, vor allem gegen die unterbäuerlichen Schichten, durchzusetzen suchten. Es gab allerdings auch Ausnahmen. Insgesamt aber vermochte der adelige Herr hier als Schiedsrichter einzugreifen, der überdies mit der Einsetzung des Schultheißen und in der Regel auch des Pfarrers seine besonderen Einwirkungsmöglichkeiten hatte; Landesherren und Grundherren haben oft auch den Oligarchisierungstendenzen im Dorf entgegengewirkt. Allerdings war bei Auseinandersetzungen mit dem Grundherrn in der Regel die Gemeinde die Trägerin des Konflikts. In kleineren Territorien konnte es auch eine bäuerliche Landschaft geben, die allerdings nur die erweiterte Funktion einer Gemeinde hatte – man findet die bäuerlichen Landschaften vor allem in Südwestdeutschland, aber auch an der deutschen Nordseeküste. Dort gab es auch besonders zusammengeschlossene Deichkorporationen – nach Hauptmeyer war Nordwestdeutschland offenkundig eine Zone weiterer über- und außergemeindlicher Zusammenschlüsse.

Schließlich hat nicht nur der Grundherr das innerdörfliche Gefüge maßgeblich beeinflußt, sondern auch der Landesherr hat seinerseits die Bauern zu schützen versucht, zur Sicherung seines Anteils an der bäuerlichen Steuer- und Wehrkraft, aber auch wohl in dem Bewußtsein, dadurch adelige Opposition im Zaum halten zu können. Zudem erkannten die Landesherren die Bedeutung der Gemeinden für das Territorialgefüge und sein Funktionieren, die Bedeutung der bäuerlichen Produktion für die Gesamtwirtschaft, und schließlich gab es Normen, die den Rahmen bäuerlicher Existenz sicherten: In Bayern etwa galt das Prinzip der „Hausnahrung“, also ein angenommenes Existenzminimum, über das hinaus die Herren die Bauern nicht belasten durften.

Die sozialen Konflikte im Dorf wurden vermehrt durch das Zwillingspaar Getreidepreisanstieg und Lohnverfall – dies begünstigte Großgrundbesitzer und größere Bauern und schädigte die ärmeren. Aber warum reagierte die Gesellschaft nicht mit Innovationen? In der zweiten Hälfte des 16. Jahrhunderts war in Deutschland ein bedeutendes landwirtschaftliches Schrifttum, die sog. „Hausväterliteratur", aufgekommen; sie hat schon geraten, besser zu düngen, häufiger das Saatgut zu wechseln und den Pflug tiefer zu führen. Offenkundig gab es im einzelnen auch Ansätze zu Verbesserungen von Ackerbau und Viehzucht, ohne daß aber das System im ganzen verändert wurde. Dem stand die ausgeprägte Fixierung des Dorfgefüges als rechtliche Einheit, der einzelnen Höfe und ihres Verhältnisses zueinander, der herrschaftlichen und gemeindlichen Rechte gegenüber. Das Dorf bildete die relativ starre Basis einer relativ starren Gesellschaft.

d) Stadt und Bürgertum

Die liberale Geschichtsschreibung des 19. Jahrhunderts, die so sehr dazu neigte, die mittelalterliche Stadt zu verherrlichen und in ihr eine Art Vorbild zu sehen, wandte sich von der frühneuzeitlichen Stadt ab, weil diese mit ihren oligarchischen Strukturen dem eigenen Idealbild weit weniger zu entsprechen schien. Heute blickt man auf die städtische Reformationsgeschichte, sieht den angeblich republikanischen Charakter der Reichsstädte – aber seit der zweiten Hälfte des 16. Jahrhunderts finden die Städte weit weniger die Zuneigung der Historiker, denn allzu deutlich waren damals ihr oligarchischer Charakter und die Überlegenheit des Fürstenstaats geworden.

Das Mitteleuropa des 17. Jahrhunderts trug überwiegend agrarische Züge. Es lebten ca. 80% der Bevölkerung in Dörfern, rechnet man die „Minderstädte" mit ihren landwirtschafttreibenden „Ackerbürgern" hinzu, waren es noch mehr. Weit stärker als in neuerer Zeit war jedoch der Stadt-Land-Gegensatz rechtlich fixiert, stellte sich trotz aller Mängel und Schwächen der besondere Charakter der Städte heraus. Das ist festzuhalten, auch gegenüber der neuerdings mit Recht betonten Gemeinsamkeit der Grundverfassungen von Dorf und Stadt. Das Stadtrecht verlieh auch noch im 17. Jahrhundert einen besonderen Status. Feudale Abhängigkeitsverhältnisse fehlten. Der Landesherr und seine Behörden wirkten in der Regel direkt in die Stadt hinein, die städtischen Satzungen hatten eine andere Qualität als die dörflichen – die man nicht zu „Agrarverfassungsverträgen" hochstilisieren sollte. Die Autonomie der landsässigen Stadt war ebenfalls relativ groß, auch wenn sich um 1600 die Rechtsverhältnisse zumeist zugunsten der Landesherren stabilisiert und das Unabhängigkeitsstreben mancher Kommunen ein Ende gefunden hatte oder kurz vor seinem Ende stand.

Die Verfassungen der Städte hatten ihre Ausprägung im Spätmittelalter erfahren. Sie hatten in der Tat eine erstaunliche Ähnlichkeit mit der

Gemeindeverfassung der Dörfer, auf die wohl die Städte gewirkt hatten, und nach wie vor galt, was Willoweit so umschrieben hat: „Die Stadt, ein besonders dynamischer Sektor der Gesellschaft, wird nunmehr von einem politischen Ordnungssystem gesteuert, das sich nicht von der Herrschaft großer Dynasten, sondern von den Herrschaftsunterworfenen selbst herleitet."[8] Stärker als der Adel aber mußte sich die Stadt auf die Autorität des Landesherrn (bzw. die Reichsstadt auf den Kaiser) berufen. Innerstädtisch galt weiterhin das Prinzip einer freiwilligen Unterwerfung unter eine recht weitgehende Kontrolle der städtischen Obrigkeit, formuliert im alljährlich zu leistenden Bürgereid und gesichert durch schwere Sanktionen. Von vornherein wurden Strafen für Rechtsverletzungen festgelegt, Zwänge, die vor einer allzu modernen Interpretation der Stadtgemeinde warnen. „Nicht nur elementarste Regeln des Zusammenlebens, sondern der ganze städtische Alltag mit Steuerpflichten, Marktangelegenheiten, Marktdiensten, Feuerschutz usw. konnte auf diese Weise einer effizienten Gesetzgebung unterzogen werden."[9]

Gemeinsam war den Städten die Ratsverfassung, mit dem Bürgermeister an der Spitze – ihre Ausformungen waren oft Ergebnisse von Verfassungskonflikten. Sie entzündeten sich bereits im Spätmittelalter an den Tendenzen zur Oligarchisierung und suchten dagegen Sicherungen auszubauen. So gab es in der Regel mehrere Bürgermeister, die sich in einem Turnus ablösten; auch entstand neben dem ursprünglichen Rat, nunmehr dem inneren Rat, meist ein größerer oder äußerer, ursprünglich als Ausdruck verstärkter Kontrolle der Stadtgemeinde gegenüber den allzu selbstherrlichen Familien des Rates geschaffen, aber bald seinerseits einbezogen in den Oligarchisierungsprozeß. Man findet weiter zahlreiche städtische Ämter, die Spezialfunktionen von der Spitalpflege bis zur Fleischbeschau übernahmen. Der Rat hatte häufig die Funktion eines niederen Gerichts, in größeren Städten sogar die eines Hochgerichts.

Es erwies sich, daß auch Städte, in denen den Zünften im Spätmittelalter die Zurückdrängung des patrizischen Regiments gelungen war, zur Oligarchisierung neigten, wie ja auch die Zünfte selbst von dieser Bewegung nicht frei waren. Dieser trachtete man durch komplizierte Wahlvorgänge entgegenzuwirken, die aber im Effekt eher die Prinzipien eines oligarchischen Kooptationsverfahrens und die Patronage stützten. Das lag auch an dem Problem der „Abkömmlichkeit" (Max Weber), also der Möglichkeit, auf Grund der sozialen oder auch finanziellen Position Geschäfte der Stadt wahrzunehmen, ohne den eigentlichen Beruf zu vernachlässigen. Die Landesherren in den Landstädten, die Kaiser in den Reichsstädten hatten ebenfalls ein Interesse an der Stabilität der Führungsgruppe – die Bewegungen der Reformation hatten erneut die in den Städten steckende Dynamik aufscheinen lassen, die von einer engagierten Unterschicht ausgehen konnte. Am deutlichsten hatte Kaiser Karl V. seine Einschätzung kundgemacht, als er nach seinem Sieg über die Schmalkaldener nach 1548 die Zunftmeister aus den Regimenten oberdeutscher Städte verdrängte und die „Patrizier"-Herrschaft absicherte.

Man wird freilich die Sozialstruktur der Städte nicht betrachten können, ohne sich klar zu werden, daß es erhebliche Unterschiede unter den Städten gab, die allesamt ein städtisches Privileg hatten. Die Zahl der Städte lag bei etwa 5000 – diese Zahl blieb konstant, sie vermehrte sich um 1600 geringfügig durch eine Anzahl von Neugründungen. Die meisten Städte – fast neun Zehntel – waren Kleinstädte. Nur etwa 40 Städte kamen über 10000 Einwohner; über 25000 Einwohner erreichten im Reich Köln, Prag, Nürnberg, Augsburg, Lübeck; aus den formal noch zum Reich gehörigen Spanischen Niederlanden sind Gent, Brügge, Ypern, Brüssel und Antwerpen dazuzuzählen, die aber schon auf dem Wege des Abstiegs waren infolge der kriegerischen Ereignisse um den Niederländischen Aufstand. Antwerpen, noch Mitte des 16. Jahrhunderts eines der führenden Zentren, war durch die Blockade der Scheldemündung seitens der Republik der Niederlande ins Mark getroffen. Dafür profitierten Städte wie Bremen und vor allem Hamburg von der Verlagerung der Verkehrswege an den Atlantik und von der steigenden Bedeutung des Ostseehandels. Zum deutschen Sprachraum zählte auch die Großstadt Danzig.

Natürlich konnte man die Oberschichten von Städten wie Frankfurt, Nürnberg oder Straßburg, die als adelig galten und mit der umliegenden Reichsritterschaft verbunden waren, auch von Städten wie München, Leipzig oder Rostock, nicht mit den Oberschichten von kleineren Orten vergleichen, selbst nicht mit denjenigen von bescheidenen Reichsstädten wie Buchau, Bopfingen und Buchhorn, wo der Rat von Handwerkern gestellt wurde. Bei den großen Orten sprach man vom „Patriziat", ein Begriff, der in humanistischem Selbstbewußtsein abgeleitet war von Rom als der Stadt schlechthin. Man hat ihn heute relativiert, spricht von „Geschlechtern" und „Familien". Sie schlossen sich zumeist zu besonderen Gesellschaften zusammen, trafen sich in „Herrentrinkstuben" und pflegten die Abschließung im Konnubium oft strikter als der Adel, mit dem man verwandt war und mit dem man die Verbindung suchte.

Die „Familien" haben das Kaufmannsgewerbe ausgeübt, zeigten aber eine besonders starke Tendenz zum Erwerb von Grundbesitz; sie verfügten über den Reichtum – und neigten zur Monopolisierung der Macht, die sie durchaus im eigenen Interesse nutzbar zu machen trachteten. Den Zugriff der Zünfte suchten sie abzuwehren, sie haben sich zum Teil auch selber in Handelszünften oder in Gilden organisiert. Der Lübecker Rat etwa gründete sich auf die Gesellschaften der Schonenfahrer, Bergenfahrer, Nowgorod-, Londonfahrer – also nach den Handels- und Schiffahrtsverbindungen. Die Tendenz zur Exklusivität hatte schon um die Mitte des 16. Jahrhunderts Karl V. angetroffen; sie wurde vor allem in den Reichsstädten ein Problem, weil das demographische Defizit der Stadt auch ihre „Herren" nicht verschonte und die Zahl der Geschlechter und ihrer

Mitglieder dezimierte. Hier war es für einen Landesfürsten leichter, die Abkapselung der „Geschlechter“ zu durchbrechen und ihnen neues Blut zuzuführen, als für den Kaiser.

Die kritischere wirtschaftliche Situation um 1600 hat auch auf die „Familien“ Druck ausgeübt; sie begünstigte vor allem die Tradition, das erworbene Geld in Grund und Boden anzulegen – nach den schlechten Erfahrungen, die viele große Familien mit Geldanleihen an Fürsten gemacht hatten. Dies galt vor allem für die reichen Augsburger Häuser wie die Fugger und Welser, welche durch die spanischen „Staatsbankrotte“ schwer geschädigt wurden. Auch hat wohl die unsicherer gewordene Wirtschaftslage diese Tendenz befördert. So läßt sich nachweisen, wie in Augsburg um 1600 die großen Vermögen verschwunden waren, selbst wenn es noch genug Reiche gab, wie ja auch die kulturelle Hochblüte der Stadt um 1600 nicht zu übersehen ist. Das Beispiel Augsburg zeigt aber auch, daß die Exklusivität der Oberschichten mit aufsteigenden wirtschaftskräftigen Familien zusammenstieß, so daß damals gerade in den Reichsstädten – z.B. in Frankfurt und Nürnberg – eine Diskrepanz zwischen Wirtschaftskraft und politischer Macht auftrat, daß die Inhaber der ersteren zunehmend von der letzteren ausgeschlossen blieben – ein Problem, das viele Städte nicht mehr zu lösen vermochten. Die starke Position der traditionellen patrizischen Oberschichten hing mit der steigenden Tendenz zur Oligarchisierung sowie mit dem Verrechtlichungsprozeß des Reiches zusammen, der stark konservierend wirkte – auch in den Landständen. Hierdurch entstanden Spannungen, die sich in sozialen Konflikten entluden – vor allem als die Städte durch die Wirtschaftskrise unter Druck geraten waren.

Unterhalb der Patrizier standen die Zünfte, die in den kleineren Städten, aber auch in größeren wie Köln oder Aachen, den Rat allein stellten. Auch sie unterlagen den Spielregeln des ständischen Zeitalters der Ungleichheit und tendierten zur Abschließung und Oligarchisierung. Aber es gab auch deutliche Abstufungen unter den Zünften und sogar innerhalb derselben; für das Prestige war die Ausweitung der Tätigkeit über die bloße handwerkliche hinaus sehr wichtig; so hießen im oberpfälzischen Amberg die Kaufleute „ehrenfest“, die Handwerker nur „handfest“. Hier bot sich eine Chance des Aufstiegs, es zeigte sich also eine Schnittstelle der ständischen Gesellschaft. Das Festzurren zünftischer Positionen hing damit eng zusammen und fügt sich in eine Konstellation von festen Rollen, die auch noch durch den Verrechtlichungsprozeß des Reiches fixiert wurde.

So war es häufig ein Problem, die Vertreter eines neuen Gewerbes in den Zünften unterzubringen. Dies hing mit dem zünftischen Prinzip zusammen, die Existenz durch Steuerung der Produktion in Quantität und Qualität und durch die Verteilung des Absatzes abzusichern. Ausschließung der Konkurrenz, aber auch Verhinderung von Innovationen waren damit eng verbunden – zunehmend richteten sich dagegen Interventionen des Landesherrn, wie sie dem Kaiser in den Reichsstädten kaum möglich waren. Das zünftische Prinzip konnte also häufig stark fortschrittshemmend wirken. Aber die so Gesicherten empfanden die Problematik der Situation nicht, zumal sie dazu noch einer wachsenden Konkurrenz des Landhandwerks ausgesetzt waren.

Der Handwerksbetrieb übernahm auch die von den Zünften gesteuerte Ausbildung, mit den Stufen des Lehrlings und des Gesellen, die sich durch formale Proben zu qualifizieren hatten. Aber der Schritt zum Meister stieß gleichfalls auf die Barriere genau festgelegter sozialer Positionen, die wiederum durch die Zünfte sowie durch die städtische Verfassung zementiert waren. Die Gesellen hatten weder hier noch dort eine Mitsprachemöglichkeit. Ein Aufstieg in eine Meisterstelle war nur denkbar, wenn eine Vakanz entstand – dazu bedurfte es meist einer Einheirat mit allen Problemen. Sonst lebte der Geselle in einer minderberechtigten Position im Hause des Meisters, oft ohne die Möglichkeit zu heiraten. Die Alternative war der Abstieg zum bloßen Lohnarbeiter. Das aber löschte die spezifische „Ehre" des Handwerks aus, d.h. das Gefühl der Zugehörigkeit zur zunftmäßig organisierten, traditionellen Gruppe. Manche suchten ihr Glück auch auf der gelegentlichen oder ständigen Wanderschaft. Die Situation der Gesellen verschärfte sich durch die Wandlungsprozesse um 1600 – sie galten als potentiell außerordentlich unruhiges Element; da sie jedoch im städtischen Verfassungsgefüge nur eine passive Rolle spielten, hatten sie keine Chance, ihre Interessen durchzusetzen, es sei denn durch gewaltsame Veränderungen. Die städtischen Regierungen aber waren darauf aus, die Gesellen ruhig zu halten; gegen deren überörtlichen Zusammenschlüsse, die als gefährlich empfunden wurden, hat sogar der Städtetag, die Versammlung aller Reichsstädte, Beschlüsse gefaßt.

Einen noch geringeren Schutz genossen die Lohnarbeiter – die demographische Entwicklung vermehrte ihre Zahl noch. Sie standen außerhalb der Bürgerschaft, aber auch außerhalb des zünftischen Schutzes, und waren daher verstärkt sozialem Druck ausgesetzt, so daß die Einbindung in einen Haushalt oder ein Gewerbe wenigstens ein Minimum an Hilfe bot. Ihr Anwachsen rüttelte am städtischen Gefüge. Dies galt auch für all jene, die noch weiter außerhalb der städtischen Wirtschaft und Gesellschaft standen: Verarmte, Bettler, fahrende Menschen. Eine besondere Rolle spielten die „unehrlichen" Berufe, die im städtischen Gesellschaftsgefüge verachtet wurden, aber gleichwohl ihre Position hatten: Dazu zählten die Henker und Abdecker, aber auch die meist wirtschaftlich starken Müller, die zumeist nicht eingeschlossen waren in die Ehre des Handwerks.

Das heißt, daß die städtische Gesellschaft eine Gesellschaft von ausgeprägten Gegensätzen war, die durch die Bevölkerungsvermehrung noch verstärkt wurden. Dabei zeigte sich noch deutlicher als beim Adel, daß nachgeborene Söhne sozial absanken, selbst aus der Oberschicht, wenn sie keine adäquate Position fanden – das galt noch mehr für die Kinder der

Handwerker. Je stärker der Status sich nach unten veränderte, desto rascher näherte man sich dem Existenzminimum – dies erklärt die große Anfälligkeit der städtischen Gesellschaft für Krisen.

Die Entwicklung verschärfte noch die Gegensätze zwischen Arm und Reich. Es gab vielerorts eine kommunale Armenpflege, die oftmals auf mittelalterliche Wurzeln zurückging – in den evangelischen Städten hatte sie der Rat völlig an sich ziehen können. Er griff auch hier reglementierend ein – er suchte die Berechtigung zum Empfang von Almosen zu steuern, vor allem aber fremde Bettler abzuwehren; auch sollten arbeitsfähige und aus eigener Schuld ins Elend gekommene Bettler abgewiesen werden, was die Zahl der außerhalb der Gesellschaft Stehenden und ihre Situation drastisch verschärfte. Ihre Zahl wird nirgendwo ganz erfaßt, so daß man hier in hohem Maße auf Vermutungen angewiesen ist.

Auf der anderen Seite standen Glanz und Reichtum, die vielfach die Stadtbilder prägten. Die kommunalen Bauten der Jahre um 1600 waren oft beachtlich – sie präsentierten das Selbstbewußtsein des Gemeinwesens, das sich nicht nur als Reichsstadt, sondern auch als Landstadt wie eine Stadtrepublik empfand und auf das klassische Vorbild Rom zurückgriff; so wie sich die Bürgermeister gern als „consules", die Ratsherren als „senatores" titulierten: Selbst kleinere Städte wie Bopfingen oder Buchau sprachen nach dem großen Vorbild von „Senatus populusque Bopfingensis" bzw. „Buchaviensis". Aber daneben stand genauso der Rekurs auf die Autorität von Kaiser oder Landesfürst, die nach wie vor die Quellen der städtischen Privilegien darstellten, was die republikanische Selbstdarstellung wieder stark relativierte.

Die städtischen Oberschichten waren vielfach noch hochgebildet; zumindestens einige ihrer Repräsentanten waren Träger einer humanistischen Gelehrsamkeit. Aber auch hier zeichnete sich ein Wandel ab; vielfach gingen die Söhne in die Dienste des eigenen oder eines fremden Landesherrn und halfen diesem dann, die fürstliche Autorität über die heimatliche Stadt zu befestigen. Heinz Schilling hat dies an norddeutschen Städten, wie Braunschweig oder Lüneburg, gezeigt, wo die Söhne der Städte deren Autonomiestreben brechen halfen. Das bedeutete nicht nur eine starke Abwendung von der ursprünglich kommerziellen und unternehmerischen Tätigkeit, sondern verband sich auch mit der anderen Tendenz zum Erwerb von Grund und Boden und zum Aufstieg in den Adel.

Gegen Ende des Jahrhunderts waren es vor allem die bürgerlichen Beamten, die als gelehrte Juristen, als Diener der Landesfürsten eine entscheidende Rolle spielten – bei der territorialen Zersplitterung Deutschlands gab es genügend Möglichkeiten, den Fürstendienst zu suchen. Auch war dies eine Bewegung, die letztlich die Position des Adels erneut verstärkte, da der soziale Aufstieg in dessen Stand den meisten als höchstes Ziel galt.

e) Randgruppen

Der Bevölkerungsdruck hatte die Randgruppen vermehrt. Sie sind sehr schwer zu fassen. Einige von ihnen hatten feste Positionen in der ständischen Gesellschaft: von den „unehrlichen Leuten", vom Henker bis zum Müller, selbst wenn sie abseits der „normalen" Gesellschaft standen und ihr Heiratskreis eingeengt war. Auch die Pfründner und Spitalinsassen hatten ihren Platz im Gefüge der Stadt, selbst wenn man die mit ansteckendem Aussatz (Lepra) Behafteten, die „Leprosen", außerhalb der Gesellschaft „verstaute". Schließlich suchten Obrigkeit und städtische Autoritäten die Bettler zu kontrollieren. Noch war man nicht so weit, sie zu kasernieren und zur Arbeit anzuhalten.

Um so schlimmer wurde es, wenn jemand aus dem gesellschaftlichen Gefüge herausgeschleudert wurde. Hier konnten Mißernten und Hungersnöte sehr schnell den Tod herbeiführen. Die Berichte von erfrorenen Bettlern und Bettlerinnen in den Kirchenbüchern sind nicht ganz selten. Kritisch war auch die Existenz der „fahrenden Leute", die ebenfalls als unehrlich galten und durchs Land zogen, Spielleute und Gaukler, Handlanger und Höker. Auch mittellose Gesellen oder umherziehende Schüler und Studenten konnten schnell absinken. Hinzu kamen die abgedankten Soldaten, die zur Bandenkriminalität neigten.

Die existenzielle Bedrohung drängte die Menschen nicht selten in die Kriminalität. Andererseits führte Bestrafung häufig zu einer Randexistenz, vor allem die Praxis von Körperstrafen, welche den Menschen lebenslang zeichneten, wie Brandmarken und Auspeitschen, und die Landesverweisung; diese Unglücklichen schlossen sich dem Heer der Außenseiter an. Gewalttätigkeit war häufig bei Massenansammlungen, dabei waren Mord und Totschlag nicht selten; Trinkexzesse spielten eine beträchtliche Rolle; private Racheakte kamen immer wieder vor. Der Krieg sollte die Auswüchse noch erheblich steigern.

Die Rechtsprechung war von beträchtlicher Grausamkeit. Eigentlich war es ein Fortschritt, daß man ein Geständnis suchte, statt sich nur auf Indizien zu verlassen. Trotz der einschränkenden Bestimmungen im berühmten Strafgesetzbuch Kaiser Karls V., der „Carolina", wurde die Folter so exzessiv angewandt, daß man die gewünschten Geständnisse erhielt – man fürchtete den Tod weniger als die Folter. Besonders bei den Hexenprozessen spielte diese Praxis eine furchtbare Rolle. Die Fahndungsergebnisse waren – kein Wunder bei den damaligen Informationsmöglichkeiten – sehr begrenzt, um so drakonischer dann die Urteile. Auch Gefängnisstrafen waren angesichts der zumeist miserablen hygienischen Bedingungen außerordentlich drückend. Allerdings gab es durchaus Abstufungen nach Delikten, aber auch nach Stand und Geschlecht, selbst beim Vollzug der Todesstrafe, die sehr schnell verhängt wurde. Dabei waren der Ermessensspielraum der Gerichte und der Erfindungsreichtum an Grausamkeiten gleich groß. Vielfach gingen dem Tod abgestufte Peinigungen voraus, nicht selten waren Verstümmelungen. Die Strafen wurden öffentlich vollzogen, was zu erheblichen Menschenaufläufen führte. Zuweilen ging man auch noch gegen Tote vor. Harte Strafen gehörten zu den Attributen der Obrigkeit, die Abschreckung und Belehrung erzielen wollte.

Personen höheren Standes konnten allerdings ihrer Strafe leichter entgehen – zuweilen bot die notorische Langsamkeit der Justiz manchem eine Chance. Dennoch exekutierte man immer wieder auch Personen höheren Standes. So ließ 1641 der schwäbische Ritterkanton Kocher den Ritter von Horneck hinrichten, der mit seiner blutjungen Stiefmutter das gemeinsame Kind ermordet hatte; die Frau wurde des Landes verwiesen, was den sicheren sozialen Abstieg bedeutete. Ganz offensichtlich wollte man dem gemeinen Mann gegenüber ein Exempel der Gerechtigkeit statuieren, das zeigen sollte, daß auch Personen höheren Standes nicht ungestraft blieben. Gegenüber Menschen, die außerhalb der ständisch verfaßten Gesellschaft standen, ging man mit besonderer Härte vor. Dies mußten vor allem die „Zigeuner" erleiden, die seit dem 15. Jahrhundert ins Land gekommen waren und vorgegeben hatten, dem ägyptischen Adel zu entstammen und wegen unfreundlicher Behandlung der Heiligen Familie auf Wanderschaft geschickt worden zu sein. Da sie überdies durch ihre umherziehende Lebensweise den Außenseitergruppen sehr nahe gerückt waren, standen sie unter ständigem Verdacht, von der gemeinen Kriminalität bis zur Konspiration mit den Türken. Hinzu kamen Anschuldigungen von zauberischen Praktiken – so ging die Obrigkeit allenthalben mit äußerster Schärfe gegen sie vor. Das Leben eines „Zigeuners" war in den Augen der Gerichte und Behörden wenig wert – wohl nur die relative Begrenzung der damaligen obrigkeitlichen Möglichkeiten und der Lebensstil der „Zigeuner" verhinderte ihre völlige Vernichtung. Die Obrigkeiten erließen häufig einen generellen Landesverweis und erklärten die Zigeuner für vogelfrei – so wurden sie immer wieder Opfer einer im kleinräumigen Denken der Menschen wurzelnden Xenophobie.

f) Die Juden

Die Juden waren die einzige nicht-christliche Gruppe, die eine legale Position im Alten Reich besaß. Ihre Rolle in Geschichte und Heilsplan der christlichen Lehre schützte und bedrohte sie zugleich. Der Jüngste Tag sollte ja zur Bekehrung der Synagoge führen. Im Spätmittelalter waren sie zunehmend diskriminiert worden. Dies eskalierte in Pogromen, vor allem nach dem Schwarzen Tod 1348/49, der für zahlreiche jüdische Menschen Vertreibung und Tod bedeutete. Diese Welle dauerte in Ausläufern bis ins frühe 16. Jahrhundert an. Dann erhielten die Juden dadurch eine gewisse Ruhepause, daß die Reformation die Aggressionen auf die innerkonfessionellen Streitigkeiten der Christen umlenkte.

Die meisten der sich konsolidierenden Landesstaaten praktizierten eine betont anti-jüdische Gesetzgebung; häufig war es der Einfluß der Städte in den Landständen, die aus Konkurrenzfurcht die Juden von ihren Toren fernhielten. So wurden oft kleine reichsgräfliche oder reichsritterliche Territorien ihre Zuflucht, wobei die Nähe zu den größeren Städten in der Wahl des Wohnorts eine Rolle spielte: Familiennamen wie Fürstenberg, Wertheimer oder auch Heinsheimer erinnern noch daran.

In der zweiten Hälfte des 16. Jahrhunderts verschlechterte sich in ganz Europa das Schicksal der Juden wieder. Ein Höhepunkt war die Austreibung der „bekehrten" Juden Spaniens und Portugals (die Glaubenstreuen mußten nach 1492 gehen), der „Marranen", wegen ihres Festhaltens an den jüdischen Traditionen; auch die Peripherie des Reiches wurde von dieser jüdischen Auswanderungswelle erreicht. In besonders großem Stil nahm die Stadt Hamburg zwischen 1601 und 1612 sephardische (spanische) Juden auf. Noch stärker war der Zustrom in die Republik der Vereinigten Niederlande, wo Amsterdam zu einem Zentrum der sephardischen Emigration wurde. Zwar gab es mit dem zunehmenden Biblizismus, vor allem bei den Reformierten, auch ein gesteigertes Interesse für das Judentum, aber dieses stand im Schatten einer unverminderten anti-jüdischen Stimmung.

Der Rückgang der konfessionellen Streitigkeiten ließ auch die anti-jüdischen Aggressionen wieder hochkommen. Im 16. Jahrhundert hatte es eine lockere Kooperation innerhalb der deutschen Judenheit gegeben; Versuche der jüdischen Gemeinden, sich 1603 auf einer Frankfurter Versammlung Statuten zu geben – Frankfurt galt als „Vorort" der deutschen Judenheit –, wurden vom Kölner Kurfürsten als „Rabbinerverschwörung" denunziert, da ein feierlicher Zusammenschluß ohne Wissen der Obrigkeit gegen die gesetzlichen Regelungen im Gefolge des Bauernkriegs verstieß. Der wittelsbachische Kurfürst Ernst von Köln wollte dies zum Anlaß eines groß angelegten Raubzugs gegen die deutsche Judenheit benutzen. Da der kaiserliche Hof die Sache tolerierte, entstand daraus eine schwere Gefährdung der deutschen Judenheit – auch wenn der Plan scheiterte, blieb eine Verunsicherung der jüdischen Gemeinden. Dies führte zur Erhebung der Frankfurter Handwerker mit doppelter Stoßrichtung gegen den Rat und gegen die Judengemeinde unter Führung des Lebkuchenbäckers Vinzenz Fettmilch (Fettmilch-Aufstand), zu den Judenpogromen in Frankfurt (1614) und Worms (1615) mit Vertreibung der beiden prominentesten deutschen Judengemeinden. Allerdings restituierte der Kaiser 1616 die bisherige Ordnung und die Judengemeinden, Fettmilch wurde hingerichtet – das Hinauszögern der Privilegienbestätigung für die Frankfurter und Wormser Juden jedoch hielt diese weiterhin in Furcht und Schrecken.

Bei den Auseinandersetzungen hatte sich die bedeutende Rolle der Prager Judengemeinde gezeigt, die Zugang zum Kaiserhof Rudolfs II. besaß, der sich für jüdische Wissenschaft interessierte. Zur Prager Judengemeinde zählten der bedeutende Kabbalist Rabbi Löw, zu dem Rudolf II. allerdings nur lockere Kontakte hatte, der Finanzier Mordechai Meisl, der ein wichtiger Geldgeber des Kaisers war, später Jakob Bashevi, der Wallenstein finanzierte. 1611, 1645 und 1660 kam es in Wien zu Pogromen; Kaiser Leopold I. verfügte unter dem Einfluß seiner spanischen Gemahlin 1668/70 die Vertreibung sämtlicher Wiener Juden, die er wegen der einschneidenden wirtschaftlichen Nachteile allerdings wieder zurückrufen mußte. In Hamburg erstarkten in den 1630er und 1640er Jahren die Gegner der Juden, in Lübeck kam es 1665 zu einem Überfall auf die im Umkreis der Stadt gesessenen jüdischen Personen. Schließlich trieben die ukrainischen Pogrome des Kosakenführers Bogdan Chmelnitzky (1648) eine Welle armer polnischer Juden in den Westen, auch ins Reich.

Die Juden genossen zwar eine gewisse Autonomie; ihnen waren ihre eigenen Richter und eigene Vorsteher zugesichert. Die weltliche Obrigkeit durfte in ihre religiösen Auseinandersetzungen nicht eingreifen, aber sie schritt häufig zu kleinlichen Schikanen. Auch die besondere Kleidung mit dem Judenstern blieb. Die Situation der Juden im Reich war labil, ihre Zahl oft einem Numerus clausus unterworfen. Man setzte sie für ihren Schutz unter einen massiven Steuerdruck bei Gesamthaftung der Gemeinde. Nach dem Scheitern einer überörtlichen Vereinigung im Gefolge der sog. „Rabbinerverschwörung" kam es zur Organisation in „Landjudenschaften" der einzelnen Territorien, die jüngst Daniel J. Cohen erschlossen hat. Diese ständeähnlichen Gebilde, „Landtage" – „Landjom" genannt –, sind in steigender Zahl seit der zweiten Hälfte des 17. Jahrhunderts nachzuweisen und dienten der Einbindung der Juden in den Territorialstaat, aber auch ihrer besseren Sicherung. 1665 ging eine Woge der Erregung durch die deutsche Judenheit, als sich im Orient Sabbatai Zwi als Messias ausgab und eine Endzeiterwartung auslöste. Zwar ging Zwi 1666 zum Islam über, aber sein Mythos blieb und verband sich mit einer Hinwendung der deutschen Judenheit zur Mystik. Auf die Parallele zur gleichzeitigen apokalyptischen Stimmung der Christen hat zuletzt Hartmut Lehmann hingewiesen. Beide Bewegungen berührten sich insofern, als christlichen Endzeiterwartungen die Hoffnung auf endgültige Bekehrung der Juden beigegeben war, eine Meinung, die noch der Pietist Philipp Jakob Spener teilte.

Die exponierte Rolle der Juden hing auch damit zusammen, daß sie von „bürgerlichen" Verrichtungen weitgehend ausgeschlossen und auf das Geldgeschäft abgedrängt waren. Die Ausnahme vom kanonischen Zinsverbot begründete eine Tradition jüdischer Geldgeschäfte, deren sich zahlreiche Schichten der Bevölkerung bedienten – die Pfandgeschäfte, zuweilen an den Grenzen der Hehlerei, waren jedoch auslösend für eine steigende Abneigung gegen die Juden und für deren Kriminalisierung, die die allzeit latent vorhandene Begehrlichkeit der Menschen weckte: Pogrome waren stets mit Plünderungen verbunden. Jüdische Anleihen waren schnell beschaffbar, verlangten aber hohe Zinsen: Rasche Geldbeschaffung und hohes Eigenrisiko, aber auch obrigkeitliche Bedrückungen haben hier zusammengewirkt. Bei ihren Geldgeschäften kamen den Juden ihre starken familiären Verbindungen zugute, die über die regionalen Voraussetzungen hinaus ein Netz bedeuteten, das oft überaus weitgespannt schien – damit wurden der Zusammenhalt und das Überleben der Juden gesichert, auch die seit dem Spätmittelalter einsetzende „Atomisierung der deutschen Judenheit“ (Daniel J. Cohen) überwunden. Vor allem nach dem Dreißigjährigen Krieg entstand der Typ des jüdischen Finanzmanns, der die Geldgeschäfte des Landes besorgte und für die Bezahlung von Handel und Gewerbe verantwortlich war. Der „Hoffaktor“ kam in der Regel aus den jüdischen Oberschichten und übernahm häufig die Protektion der Landjudenschaft, deren Rabbinat er entweder selbst ausübte oder besetzte. Die familiären Verbindungen befähigten die Hoffaktoren, unkonventionelle Geldtransaktionen durchzuführen, für Kredite und Warengeschäfte zu sorgen. Andererseits war ihre Position labil – vielfach stärkten sie allerdings den relativ schwachen Kredit deutscher Landesfürsten. Ihre exponierte Rolle machte die Hoffaktoren in besonders starkem Maße zum Ziel der Aggressionen der (christlichen) Bevölkerung.

Die Fürsten dagegen wußten durchaus die Bedeutung ihrer Juden zu schätzen – nicht nur, daß sie diese durch Schutzbriefe in ihr Gebiet zu ziehen suchten, vereinzelt wurden sie auch als politische Agenten verwendet. Die Ausbildung der Landjudenschaft ist ein Reflex auf diese veränderte Position – sie hatte sich im 17. Jahrhundert verfestigt.

4. Die politische Organisation

a) Grundstrukturen der Verfassung

Das 16. Jahrhundert hatte dem Reich einen tiefgreifenden Konsolidierungsprozeß gebracht. Man wird dabei vor allem drei Grundzüge herausarbeiten müssen. Zunächst wurde entschieden, daß der Reichsverband weiterhin durch ein Nebeneinander von Kaiser und Territorien geprägt wurde. Zum zweiten verfestigten sich die Territorien. Beides war eingebunden in einen ausgeprägten „Verdichtungsprozeß“ (Peter Moraw). Die Herausforderung des Reichsverbandes durch die Aktivitäten Kaiser Maximilians und durch die abwechselnde Reichsferne und Reichsnähe Kaiser Karls V., begünstigt durch den Katalysator der reformatorischen Entwicklungen, haben zu einer „Verdichtung des Reichsverbandes“ und zu einer Verfestigung seiner Verfassung geführt. Es gelang weder dem Kaiser, starke monarchische Elemente durchzusetzen, noch den Reichsständen, das Reich vollends zu einer Fürstenoligarchie zu machen. Das schon vorher entstandene Patt zwischen Kaiser und Reich wurde fortgeschrieben, die Existenz des Reichsverbandes nicht in Frage gestellt. Vielmehr gelang es sogar, die Konfessionsfrage in die Reichsverfassung einzubinden und sie so zu „entschärfen", ebenso wie der Landfriede, das Problem des spätmittelalterlichen Reichsverbandes, endgültig durchgesetzt wurde.

Im Miteinander und Gegeneinander hatte sich auch die Verfestigung der Territorien vollzogen. Sie konnten nicht nur in der Regel zentrifugale Tendenzen bannen, den Adel domestizieren, auch die großen religiösen Weichenstellungen des 16. Jahrhunderts, der „Konfessionalisierungsprozeß", wurden von ihnen nutzbar gemacht. Dies galt nicht nur für evangelische Landesherren, die Kirchenangelegenheiten an sich zogen, sondern auch für die katholischen, die die defensive Stellung der Alten Kirche zugunsten ihrer landesherrlichen Einflußnahme nützten – beide konnten dabei auf vorreformatorische Wurzeln zurückgreifen. Der territoriale Verdichtungsprozeß war gerade im 16. Jahrhundert weit stärker als jener des Reiches.

Es zeigte sich allerdings auch, daß der gleichzeitige Verrechtlichungsprozeß ein erhebliches Gegengewicht bot: Er schützte die Kleineren vor dem Zugriff der Größeren. Die Ausbildung eines Rechtssystems im Reichsverband honorierte das ältere Recht und gab dem Alten Reich somit einen ausgeprägt sozial-konservativen Charakter, der sich dann als wichtige Barriere gegen die dynamischen Kräfte des 17. Jahrhunderts erwies.

Die Verlagerung der Entscheidungen auf die Gerichte einschließlich des strikten Friedensgebotes erfaßte die politischen Ordnungen bis weit nach unten – sie stützte die ständisch-konservativen Bauelemente der Gesellschaft. Zugleich verband sich damit ein Anpassungs- und Vereinheitlichungsprozeß: Dieser zog sich von oben nach unten durch, erfaßte das Reich ebenso wie die Territorien, ja sogar kleinere Einheiten. Damit aber wuchsen nicht nur die Territorien, sondern auch das Reich zusammen – der Verrechtlichungsprozeß trug stärker zur Ausformung seiner Grenzen bei.

Territorialisierung und Verrechtlichung stützten sich, konnten einander aber auch widersprechen. Territorienbildung hatte einst die Bündelung von unterschiedlichen Rechten bedeutet, darüber warfen die Gelehrten, römisch-rechtlich geschulte Juristen, das Netz frühmoderner Staatlichkeit, die sie als „hohe Obrigkeit" oder „Landeshoheit" definierten – sie wurde in der Regel äußerlich durch Sitz und Stimme auf dem Reichstag gekennzeichnet, auch wenn es eine Fülle von Ausnahmen und Zwischenformen gab. Denn der Verrechtlichungsprozeß konnte in unentschiedenen Positionen auch den Vereinnahmungsprozeß hemmen, indem er angestammte Reservatrechte festschrieb. Je schwächer ein Territorium war, desto geringer war seine Chance, sich durchzusetzen, denn Macht wog vor den Gerichten im Alten Reich durchaus. Daß es den größeren Herren leichter fiel, fremde Herrschaftsträger zu eliminieren, ließ die Unterschiede wachsen – die Kleinen blieben in den Formen der Staatlichkeit zurück. Dies wurde noch dadurch verstärkt, daß staatliche Modernisierung Geld kostete und offenbar die Kleineren hier überproportional zuschießen mußten.

Dennoch war der Verrechtlichungsprozeß – zugleich Vereinheitlichung nach innen – ein wichtiges Attribut der Territorien. Um die Jahrhundertwende hatten die Rechtskodifikationen der Landesstaaten einen Höhepunkt erreicht, zahlreiche Mandate, Edikte, Ordnungen regulierten immer weitere Bereiche. Dies bedurfte des Ausbaus der Verwaltung. Allerdings ist auch für das 17. Jahrhundert davor zu warnen, den durchaus vorhandenen Aspekt moderner Staatlichkeit überzubetonen. Angesichts schlechter Kommunikationsmöglichkeiten setzen sich die älteren, auf Personen ausgerichteten Spielregeln immer wieder durch: Oligarchisierung, Patronage, Familiengeist. Auch hatten die Herrschaftsträger jeglicher Art erhebliche Probleme, ihre Entscheidungen nach unten weiterzutransportieren, so daß sie zweckmäßigerweise die Regierten beteiligten: der Fürst die Stände, die städtischen Räte ihre Bürgerschaft, ja selbst die Grundherren die bäuerlichen Gemeinden, zumal wenn es um so unpopuläre Maßnahmen ging wie Steuereinnahme und Rekrutenaushebung. Auch in der zweiten Hälfte des Jahrhunderts zeigte sich, daß die Autorität der Herrrschaft zwar wuchs, sie sich gleichwohl nicht über die traditionellen Kräfte der Gesellschaft hinwegsetzen konnte. Dies war ein gesamteuropäisches Phänomen, wobei allerdings die Zweiheit von Reich und Territorien die deutsche Besonderheit blieb.

Europäisch war auch die ständische Beschränkung der Monarchie, so unterschiedliche Gebilde die Parlamente in England, Schottland und Irland, die Generalstände Frankreichs oder der Niederlande, die Cortes von Kastilien und Aragon, die Reichstage Dänemarks, Schwedens, Polens und Ungarns auch darstellten. Aber eine deutsche Spezialität war der „Januskopf" der Fürsten und Grafen, die einerseits Reichsstände waren und die Mitglieder des Reichstages bildeten, andererseits aber auch Landtage mit eigenen Ständen besaßen – eine Position, in der sich sehr wohl zum eigenen Vorteil handeln ließ. Andererseits gab es gewiß Wechselwirkungen zwischen dem Reichstag und den Landtagen der Territorien, wobei sich der Reichstag immer wieder als Vorbild erwies.

Die Feststellung bleibt weiterhin berechtigt, daß es die Territorien waren, auf deren Ebene sich moderne Staatlichkeit – gerade auch im 17. Jahrhundert – durchsetzte. Aber diesen „modernen" Territorien einen verfallenden Reichsverband gegenüberzustellen, trifft nur sehr begrenzt zu. Die Wirkung des Reichsganzen auf die Territorien war groß – schon in der Vorgabe vereinheitlichter Normen, gerade weil die Landesfürsten als dominierende Gruppe des Reichstags sehr wohl für ihre Interessen sorgen konnten. Der Reichsverband blieb gewiß eine überstaatliche und überterritoriale Ordnung, aber er hielt die buntscheckige, aus ganz unterschiedlichen Rechtstiteln zur Staatlichkeit ganz verschiedener Qualität geronnene Welt von Herren und Städten zusammen. Der Prozeß der Differenzierung der Reichsstände, das Zurücktreten der Kleineren verstärkte deren Interesse an den schützenden Funktionen des Reiches und vergrößerte damit auch die kaiserliche Klientel. Dies war ein Prozeß, der nahezu zwangsläufig am Ende sprengend wirken mußte – aber so weit war er im 17. Jahrhundert noch lange nicht. Das Reich als politischer Rahmen wurde nicht in Frage gestellt.

Gleichwohl erwiesen sich im allgemeinen Verdichtungsprozeß die Territorien als die größten Sieger, so sehr ihrer expansiven Kraft reichsrechtliche Grenzen gesetzt waren. Dies hing damit zusammen, daß es für Herrschaftsbildungen des 17. Jahrhunderts offenbar optimale Größen gab, die nicht unter-, aber auch nicht überschritten werden sollten. Im Zuge des „Verdichtungsprozesses“ hatte es im 16. Jahrhundert einen Wettlauf zur Eroberung der verbliebenen Freiräume gegeben, der zumeist auf Kosten der Autonomie der nachgeordneten Einheiten ging. Es setzten sich durch: die Fürsten gegen Städte und Adel, die Adeligen gegen die bäuerliche Gemeinde, die städtischen Magistrate gegen die Bürger. Dies war auch eine Bewegung hin zur autoritäreren Staatsgewalt, zum Absolutismus: Man wird aber die deutlich sichtbare Zurückdrängung des Freiraums von Städten und bäuerlichen Gemeinden nicht isoliert sehen dürfen, sondern parallel zur Reduzierung von kirchlichen, adeligen und ständischen Positionen im territorialen Gefüge. Dabei waren der Landesstaat und seine römisch-rechtlich geschulten Juristen in der Regel die Verfechter größerer Rationalität und Effektivität, gestützt auf die landesherrliche Macht und das von ihr gesetzte Recht.

Vielfach haben die Fürsten gegen die korporativen Gewalten, die Herren gegen die ländlichen Gemeinden größere Modernität gezeigt. So können die Landstände nicht kurzschlüssig als Vorkämpfer des Parlamentarismus betrachtet werden, zumal sie oft genug traditionalistische und überholte Privilegien und Oligarchien verteidigten, ebenso wie es andere Korporationen taten. Gleichwohl haben sie die Machtentfaltung des Staates begrenzt und ihn zur Selbstbeschränkung gezwungen: Sie haben, bei allen Grenzen, ein Element der korporativen Freiheit gewahrt, das dann eine Wurzel von moderner Demokratie und modernem Parlamentarismus geworden ist, auch wenn die große englische Revolution von 1642 bis 1660, die zunächst eine Revolte des Parlaments gegen die absolutistischen Neigungen der Krone war, weit davon entfernt gewesen ist, in Deutschland eine Parallele zu haben.

b) Kaiser und Reich

Am Ende des 16. Jahrhunderts präsentierte sich somit das Reich als ein Verband, der sich erheblich gefestigt und auch die Reformation und ihre Folgen verstärkt zu integrieren vermocht hatte. Es konnte sich unstreitig auf seine mittelalterliche Kontinuität berufen. Allerdings hatte sich, auch auf Grund der Verfestigung der Grenzen, der alte universalistische Anspruch endgültig auf ein deutsches Königtum reduziert, das durch den

Kaisertitel überhöht war. Die Reichslehenrechte in Italien bestanden noch fort, führten zu langwierigen Reibereien mit der italienischen Hegemonialmacht Spanien und wurden dann im Laufe des 17. Jahrhunderts im Zusammenhang mit dem Niedergang Spaniens wieder aktiviert. Nach der Kaiserkrönung Karls V. 1530 wurde auch kein Herrscher des Reiches mehr vom Papst gekrönt. Freilich blieb das päpstliche Approbationsrecht, das zwar als Waffe immer stumpfer wurde, aber doch zur fortdauernden Katholizität des Kaisers beitrug. Auch dank seiner Einwirkungsmöglichkeiten über die Reichskirche blieb der Papst, die andere universale Gewalt, ein Mitspieler im Reich.

Das Reich blieb überdies ein Wahlreich – ein entscheidendes Hindernis für eine Ausdehnung der kaiserlichen Rechte. Es wählten die sieben Kurfürsten gemäß der Goldenen Bulle von 1356, also die Erzbischöfe von Mainz (Erzkanzler für Deutschland), Köln (Erzkanzler für Italien) und Trier (Erzkanzler für Gallien), der König von Böhmen (Erzschenk), der Pfalzgraf bei Rhein (Erztruchseß), der Herzog von Sachsen (Erzmarschall) und der Markgraf von Brandenburg (Erzkämmerer). Nach wie vor wurde die böhmische Kur seit 1519 nicht mehr ausgeübt, Ausdruck der Sonderrolle Böhmens. Die Kurfürsten haben ihr Wahlamt benützt, um ihre Privilegien auszubauen, sich Vorrechte zu verschaffen, und erlegten seit 1519 den Königen Wahlkapitulationen auf, die bei nahezu jeder Wahl Ergänzungen und Differenzierungen erfuhren – eine Rolle, die Eifersucht und Kontrollwünsche der Fürsten provozierte. Seit 1521 gab es den Kurverein aller Königswähler, der immer wieder erneuert wurde. In der Krisensituation des Dreißigjährigen Krieges stellte sich die hervorragende Rolle des Kurkollegs erneut heraus, denn als der Reichstag nicht mehr zusammentrat, suchte der Kaiser auf den Kurfürstentagen von 1623, 1628, 1630, 1635 (Wahltag) und 1640 gemeinsam mit dem Kollegium der Kurfürsten das Reich zu steuern.

Die Frage einer evangelischen Mehrheit im Kurkolleg stellte sich 1582 beim Kampf um Köln, 1619 bei der böhmischen Königserhebung des reformierten Friedrich V. von der Pfalz. Sie wurde endgültig verhindert, als Ferdinand II. zwischen 1622 und 1628 schrittweise die Kurwürde des geächteten reformierten Pfalzgrafen auf Maximilian von Bayern übertrug und damit eine alte innerwittelsbachische Rivalität entschied. Dies mußte 1648 im Westfälischen Frieden mit der Schaffung einer achten Kur für die Kurpfalz teilweise korrigiert werden. 1708 führte Kaiser Josef I. das bereits 1692 mit der Kurwürde belehnte Braunschweig-Lüneburg („Kurhannover") in das Kurfürstenkolleg ein, so daß eine Neunzahl erreicht wurde. Daß der Kaiser diese zwar evangelische, aber für ihn günstige Kurwürde sich auch noch durch die „Redintroduktion" Böhmens kompensieren ließ, war ein glänzender politischer Schachzug.

Ein starker Kaiser konnte die „Hauptwaffe" des Kurkollegs, sein Königswahlrecht, unterlaufen, indem er die Nachfolge durch eine Königswahl

„vivente imperatore" (zu seinen Lebzeiten) erreichte und damit eine reibungslose Nachfolge sicherstellte. Der Titel eines „Römischen Königs" galt für den designierten Nachfolger, der dann beim Tode des Vorgängers nachrückte und zum Kaiser gekrönt wurde. Dieser Zugriff begünstigte die Herrscherkontinuität im Hause Österreich, die von 1438 bis zu dessen Erlöschen 1740 ungebrochen blieb, somit für die ganze hier zu behandelnde Epoche galt. Alternativen gab es 1612, 1619 und vor allem 1657/58, während die zweite Jahrhunderthälfte durch die ungewöhnlich lange Regierung Leopolds I. und durch die problemlose Römische Königswahl seines Sohnes Josef I. 1691 bestimmt war.

Nur 1657/58 war die Verbindung der Kaiserwürde mit dem Hause Österreich ernstlich in Frage gestellt, während es 1612 und 1619 zwar eine Opposition unter Pfälzer Führung, aber keinen wirklichen Gegenkandidaten gab. Immerhin kam es in diesen Jahren zu Thronvakanzen, in denen die Reichsvikare die Regierungsgeschäfte übernahmen – Kursachsen für das Gebiet sächsischen Rechts, Kurpfalz für das des Schwabenspiegels. Diese vage Unterteilung sollte erst 1750 vertraglich präzisiert werden. Gerade in der konkreten Situation von 1612 und 1619 gelang es der opponierenden Kurpfalz nicht, die Vikariatsrechte auszuspielen, weil das kaisertreue Kursachsen opponierte. Die Ausübung kaiserlicher Rechte durch die Reichsvikare war zu kurzlebig, als daß sie sich institutionell auswirken konnte, auch kollidierte sie mit der starken Stellung des Kurerzkanzlers Mainz. Nach 1648 kam es im Zusammenhang mit der Übertragung der Pfälzer Kur an Bayern zwischen den beiden Wittelsbacher Linien zu einem heftigen Vikariatsstreit, der erst 1724 bzw. 1752 endgültig beigelegt werden konnte, indem man sich zunächst über eine gemeinsame, dann über eine alternative Führung einigte. Die Reichsvikare konnten zwar kleinere kaiserliche Reservatrechte, vor allem die begehrten Standeserhebungen („Vikariatsgraf"), anwenden, aber kein größeres politisches Kapital herausschlagen.

Darin zeigte sich die faktische Bindung der Kaiserwürde an das Haus Österreich als Charakteristikum der gesamten deutschen frühen Neuzeit. Die Verfestigung dieses Phänomens im 16. Jahrhundert lag darin begründet, daß eine Kandidatur gegen das Haus Österreich stets mit einem hohen politischen Risiko behaftet war. Das Haus Österreich war die mächtigste Dynastie des Reiches, durch mittelalterliches Herrschertum legitimiert und der europäischen Hegemonialmacht Spanien familiär eng verbunden. Seine Lande reichten seit 1526 über das Reichsgebiet hinaus – neben den deutschen Erblanden und den böhmischen Ländern überschritt der Besitz Ungarns und seiner Nebenlande die Reichsgrenzen. Die für den Reichsverband solidarisierende Bedrohung durch die Türken betraf vor allem die Erblande. Das alles bedeutete, daß eine starke Kontinuität für das Haus Österreich entstand – eine alternative Kandidatur hätte überdies das zentrale Problem des spätmittelalterlichen Königtums, die Hausmachtfrage, erneut gestellt. Auch war der einzige denkbare Konkurrent das Haus Wittelsbach, vor allem dessen bayerische Linie – aber ihre Lande lagen in gefährlicher Nähe Österreichs, und Bayern wäre einer Auseinandersetzung kaum gewachsen gewesen. Die Kurpfalz war durch den Übergang zur Reformation behindert. Hinzu kam der innerwittelsbachische bayerisch-pfälzische Gegensatz, der seit dem 16. Jahrhundert zudem konfessionell überlagert war.

In der Tat spielten als Alternativen zu den Habsburgern immer wieder bayerische Kandidaten eine Rolle. Die Frage eines evangelischen Kaisertums wurde zwar seit dem 16. Jahrhundert immer wieder gestellt, gelangte aber nie über Gerüchte und Projekte hinaus, das heißt, daß der Kaiser aus dem Hause Österreich auch stets katholisch war. Die Katholizität des Reichsoberhaupts bedeutete für die Alte Kirche einen erheblichen Vorteil; sie bedeutete auch, daß trotz aller Bemühungen um Parität die Konfessionen nicht wirklich gleichberechtigt waren. Die Evangelischen hatten dies immer wieder auf unterschiedliche Weise zu kompensieren getrachtet. Die europäische dynastische Verankerung des Hauses Österreich ließ auch zu seiner Katholizität keine Alternative aufkommen – allerdings entstanden daraus durchaus schwere Probleme im Reich. Von dem kaiserlichen Einfluß im Reichsverband wird noch zu reden sein, aber auch er war charakterisiert durch die fortwährende Kaiserrolle der Habsburger, die nicht denkbar war ohne die regionale Position des Erzhauses.

Zugleich aber stand der Kaiser in ständigen Rollenkonflikten. Der hauptsächliche war jener zwischen Reich und Erblanden; in diesem hatten in der Regel die erbländischen Interessen Priorität. Die Sache komplizierte sich weiter durch das dynastische Interesse der Casa de Austria, das durchaus mit dem erbländischen kollidieren konnte, etwa in Italien oder im Elsaß. Aber auch die Berücksichtigung der evangelischen Interessen im Reich konnte mit den katholischen Neigungen des Reichsoberhaupts kollidieren, so daß dieses nicht selten vor einer schwierigen Wahl zwischen seinem Gewissen und seiner Loyalität zum Reich stand. Die blutigen Erfahrungen des Dreißigjährigen Krieges ließen es dann aber zu einer erneuerten Balance finden.

Der Kaiser war oberster Lehensherr im Reich. Dies hieß, daß nahezu alle Kurfürsten und Fürsten ihre Herrschaften von ihm zu Lehen nehmen mußten. Daneben standen kleinere Reichslehen – auch wurden die Reichslehen noch flankiert von österreichischen und böhmischen Lehen, die in Südwest- bzw. Mitteldeutschland die Autorität des Hauses Österreich stützten. Die Lehensbeziehung bedeutete, daß beim Tod von Lehensherr oder Lehensmann (Vasall) das Lehen neu „gemutet“ werden mußte, einschließlich der eidlichen Treueverpflichtung. Daraus resultierten Sanktionsmöglichkeiten des Kaisers bei Treuebruch oder sonstigen Verstößen gegen das Lehensrecht („Felonie“), die bis zum Entzug des Lehens gehen konnten, wie es 1623 der geächtete Kurfürst Friedrich V. von der Pfalz nach dem Scheitern seines böhmischen Abenteuers erfahren mußte. Das Lehen bedeutete aber auch Obereigentum des Kaisers am Reichslehen; dies gab ihm eine richterliche Funktion bei Konflikten im Inneren der Reichslehen und ein Konsensrecht bei Veräußerungen – eine bemerkenswerte politische Waffe in der Hand des Kaisers. Mit der Lehensherrschaft eng verbunden war das oberste Richtertum, das der Kaiser im Laufe des 17. Jahrhunderts zu einer wichtigen Bastion ausbauen sollte. Karl V. hatte nach dem Schmalkaldischen Krieg 1546/47 praktisch durchgesetzt, daß bei Rebellionen gegen das Reichsoberhaupt nicht nur der unmittelbare Vasall, sondern auch dessen Vasallen, also die Aftervasallen, zur Verantwortung gezogen wurden, womit er einen praktischen Treuevorbehalt fixieren konnte. Aber die Einziehung vakant gewordener größerer Reichslehen blieb ihm verwehrt, was sich sehr deutlich 1610 beim Streit um Jülich-Kleve-Berg zeigen sollte: Rudolf II. konnte nicht einmal eine kaiserliche Interimsadministration durchsetzen. Einem allzu stark ausgebauten Lehensrecht stand die Hoheit der Landesfürsten gegenüber, die auch lehensrechtliche Beziehungen zunehmend ausfüllte. Dies galt allerdings auch für die Lehenshoheit deutscher Fürsten gegenüber den eigenen fürstlichen, gräflichen oder ritterschaftlichen Vasallen, die jedoch um 1600 noch eine beträchtliche Rolle spielte. Zum Beispiel konnten sie bei Konflikten zwischen ihrem Vasallen und dessen Untertanen kraft Lehensrecht eingreifen. Eine Parallele zur Lehenshoheit bot die kaiserliche Stadtherrschaft über die Reichsstädte, die dem Königsgut entstammten; auch sie gab dem Kaiser immer wieder Interventionsmöglichkeiten.

Die Tendenz, die königliche/kaiserliche Autorität einzuschränken, hatte ihre Wurzel in der sogenannten Reichsreform, also den Auseinandersetzungen zwischen Reichsoberhaupt und Reichsständen. Sie bereitete den Verrechtlichungsprozeß des Reiches vor und hat bekanntlich tiefe Spuren in seiner Verfassung hinterlassen. Die Dynamik des Gegeneinanders zwischen Kaiser und Reich reichte über die Zeit Maximilians I. hinaus, so daß versucht wurde, die Epoche der sogenannten Reichsreform bis 1555 dauern zu lassen – man könnte sie noch weiter führen. Ein Erbe dieser Entwicklung war es, daß man eine Reihe von Institutionen von ihrem „natürlichen Sitz", dem königlichen Hof, getrennt hatte, Entwicklungen, die dann durch die Abwesenheit Kaiser Karls V. verfestigt wurden.

Das „Reichsregiment" – eine Reichsregierung in Abwesenheit des Kaisers – ging 1530 auf immer unter. Von hoher Bedeutung blieben dagegen die zehn Reichskreise, die als regionale Gliederung des Reichsverbandes sich als unentbehrlich erwiesen und einer zunehmenden Verdichtung unterlagen. Das andere wichtige Ergebnis jener Jahre war die Verfestigung und institutionelle Ausformung des Reichstags. Peter Moraw hat nachgewiesen, daß die Tage der Kurfürsten der institutionelle Kern waren und daß sich an diese zunächst Fürsten, Grafen und Herren, dann auch die Reichsstädte ankristallisierten. Um 1600 war dagegen der Reichstag längst ausgeformt. Doch waren die Spuren seiner Entwicklung unverkennbar. Der Reichstag gliederte sich in drei Kurien (Kurfürsten, Fürsten, Städte), die getrennt tagten, aber er stand als Ganzes gemäß ständischer Tradition dem Kaiser gegenüber. Das Verfahren war sehr formalisiert, wobei der Einfluß des römischen Rechts unverkennbar ist. Die vornehmste Kurie war die der Kurfürsten, bis 1708 ohne Böhmen. Die relative Geschlossenheit dieser Gruppe gab den Kurfürsten ein besonderes Gewicht, das durch ihr Königswahlrecht noch unterstrichen wurde. Wichtig war, daß hier seit 1623 stets eine katholische Mehrheit gesichert war. Den Gegenpol bildeten die Freien und Reichsstädte, nun „Freien Reichsstädte". Ihre Bedeutung lag in ihrer Finanzkraft, aber sie waren, gemäß ihrer Herkunft aus dem königlichen Kammergut, deutlich minderen Ranges, ja, ihr Votum galt nur als beratend, als „votum consultativum". Kurfürsten und Fürsten waren sich dann auch einig, die Reichsstädte auf ihrem minderen Status zu halten; diese waren auch gegenüber kaiserlichem Druck empfindlicher; aus beidem rührte eine überproportionale Heranziehung zu den Lasten des Reiches. Die Mehrzahl der Reichsstädte war evangelisch. Die großen Kommunen spielten eine Führungsrolle und übten eine Art Patronage über die kleineren aus.

Diese Abstufungen zeigten sich auch im formalen Verfahren des Reichstags. Der Kaiser hatte das Einberufungsrecht und schrieb daher die Reichstage aus: Mit seiner „Proposition", meist durch einen „Kommissar" vorgetragen, legte er die Tagesordnung fest. Danach verhandelten die drei Kurien getrennt – zunächst sollten Kurfürsten und Fürsten ihre Antwort auf die kaiserliche Proposition vergleichen, auf dem Wege einer „amicabilis compositio"; das Städtecorpus strebte nach einem „votum decisivum", d.h. einem Stichentscheid, falls sich die beiden höheren Kurien nicht einigen konnten – eine Forderung, die zwangsläufig und regelmäßig deren Opposition provozierte. 1648 sprach der Westfälische Friede den Reichsstädten das votum decisivum zu, aber sie konnten den Erfolg nicht ausnützen, weil ihre Position zu schwach blieb. Eine andere strittige Frage war die Mehrheitsentscheidung in den Kurien, die vor allem von der evangelischen radikalen Opposition um die Kurpfalz bestritten wurde. Aber ein Vetorecht, wie es sich in Polen ausbildete, konnte sie nicht durchsetzen – in der Praxis bildete sich doch ein Mehrheitsprinzip aus, wobei man allerdings vor knappen Majorisierungen zurückschreckte.

Die Reichsprälaten und Reichsgrafen waren mit gemeinsamen, sogenannten „Kuriat"stimmen an der Fürstenkurie beteiligt, die Prälaten mit einer, die Grafen mit zwei (Schwäbische und Wetterauische Grafen) – nach längerem Tauziehen wurde die Zahl der Grafenkurien dann auf vier erhöht, da die Fränkischen und Westfälischen Grafen hinzutraten, die der Prälaten auf zwei (schwäbische und rheinische Bank) (1653/54). Nicht auf dem Reichstag waren die Reichsritter vertreten, aus gutem Grund, denn eine Majorisierung durch die Fürsten in diesem Gremium hätte ihre Position noch mehr geschwächt.

Der Reichstag stand sozusagen als Ganzes dem Kaiser gegenüber, der den „Reichsschluß", das verglichene Votum aller Kurien, entgegenzunehmen hatte und dann, meist nach weiteren Verhandlungen, ratifizierte – zuweilen verweigerte er auch die Ratifikation. Der ratifizierte Reichsschluß wurde dann in einen „Reichsabschied" gegossen, eine Urkunde, gesiegelt vom Kaiser und einigen Reichsständen. Eine starke Stellung räumte die Reichstagsverfassung dem Kurerzkanzler ein, dem Kurfürsten von Mainz, der für den formalen Ablauf der Reichstage eine zentrale Rolle spielte, indem er die Dokumente beurkundete und verbreitete – ein Mainzer Kanzleibeamter tat dies als „Reichsdiktator". Für den Vergleich der einzelnen Kurien spielte der Erzkanzler eine zentrale Rolle, die sich auch auf die Tätigkeit des Reichskammergerichts, des Reichshofrats und der Reichskanzlei erstreckte – hinzu kam das 1660 fixierte kurmainzische Ernennungsrecht für den Wiener Reichsvizekanzler, das Haupt der Reichshofkanzlei. Nun zählte der Kurerzkanzler territorial zu den mittleren Reichsständen, war also kaum in der Lage, seine prononcierte Stellung im Verfassungsgefüge des Reiches militärisch durchzusetzen; daher war er in besonderem Maße angewiesen auf das Funktionieren der Reichsverfassung; es war überdies in einem konfessionell gespaltenen Reich für einen geistlichen Fürsten nicht leicht, eine solche Doppelrolle zu spielen. Es erforderte höchstes taktisches Geschick, beide Aufgaben im Zeichen der konfessionellen Spaltung in Übereinstimmung zu bringen: Kurfürst Johann Schweikard von Cronberg (1604–1626) hat dies glänzend geleistet, ebenso wie noch nach dem Kriege Johann Philipp von Schönborn (1647–1673) versuchte, das Reich ohne den Kaiser zu mobilisieren.

Der Reichstag war ein relativ schwerfälliges und – schon nach seiner Verfahrensweise – ein höchst sensibles Gebilde; auch war sein unregelmäßiges Zusammentreten ein Problem. So suchte man eine gewisse Entlastung durch die Einsetzung von „Reichsdeputationen" – seit 1555 gab es eine ständige Deputation, die sich seit 1564 in ein kurfürstliches Kollegium und eine der übrigen Stände aufteilte; hier war der Kaiser durch einen Kommissar vertreten – erst seine Zustimmung machte ein Deputationsgutachten zum „Reichsconclusum". Für die Visitationen des Reichskammergerichts und für andere spezielle Aufgaben gab es außerordentliche Reichsdeputationen. Sie vermochten allerdings den Reichstag nicht zu ersetzen. Dieser hatte zwar im Lauf des 16. Jahrhunderts eine deutliche Stabilisierung erfahren – konkurrierende Institutionen wie Reichsregiment, Reichskreisversammlungen und Bundesräte haben den Reichstag nicht aufheben können und existierten nur eine begrenzte Zeit. Es sollte sich auch zeigen, daß die kaiserlichen Ansätze im Dreißigjährigen Krieg, das Reich gemeinsam mit den Kurfürsten zu regieren, nicht von Erfolg gekrönt wurden.

Aber seine Schwerfälligkeit sollte dem Reichstag doch Grenzen setzen: Als geronnene Ausformung des Nebeneinanders von Kaiser und Reich war er zwar eine wichtige „Clearing-Stelle" für die wechselseitigen Interessen, konnte aber über eine letztlich defensive Rolle nicht hinauskommen, besonders schmerzlich für eine nationalstaatlich geprägte Geschichtsschreibung des 19. Jahrhunderts, die im Reichstag den Vorläufer eines nationalen Parlaments sehen wollte. Immerhin glückten ihm immer wieder wichtige gesetzgeberische Taten, auch wenn diese nicht mehr die Bedeutung der großen Landfriedensgesetze des 16. Jahrhunderts erreichten – sie stießen auch immer wieder auf die gesetzgeberischen Aktivitäten der Territorien, regten diese jedoch auch an.

Das Steuerbewilligungsrecht des Reichstags hatte eine enorme Bedeutung und war wohl seine wichtigste Kompetenz; der Kaiser bedurfte der Reichshilfe in außerordentlichen Situationen, vor allem angesichts der Türkenbedrohung; die Reichssteuern signalisierten auch den Rückhalt des Reiches für den Kaiser nach außen. Hinzu kamen Steuern für die Unterhaltung des Reichsheeres. Durchgehend hatte sich das Prinzip der Matrikularbeiträge, also der Steuerveranlagung der Reichsstände nach einem festen Schlüssel, durchgesetzt, der auf die Romzugsanschläge Kaiser Karls V. aus dem Jahre 1521 zurückging. Die Reichsmatrikel waren immer wieder „modifiziert" worden, wobei man die gröbsten Fehleinschätzungen der Matrikel bereinigte, aber auch politischen Einflüssen Platz gab. Die Reichsstädte wurden weitaus höher veranlagt als die Reichsfürsten. Man bewilligte die Steuern in Form von Multiplikationen für die in der Matrikel veranlagten Summen (Simplum, Duplum, Triplum usw.). Die Ansätze zu einer kombinierten Kopf- und Vermögenssteuer, zu einem „Gemeinen Pfennig", waren verschwunden. Die Praxis der Reichsmatrikel entsprach viel mehr den Gebräuchen des Reichsverbandes, denn sie ließ den Territorien nicht nur die Wahl der Steuerformen offen, sondern sie legitimierte diese auch, Steuern einzuziehen. Die Autorität von Kaiser und Reich verstärkte die Akzeptanz territorialer Steuern bei den Untertanen. Wie Winfried Schulze gezeigt hat, benützten Landesherren nicht selten die Gelegenheit, auf die Reichssteuern noch einiges draufzusatteln, was die eigenen Kassen füllte. Für den Prozeß der „Einbürgerung" von territorialen Steuerzahlungen hatten die Reichssteuern bereits durch das ganze 16. Jahrhundert eine Rolle gespielt, aber ihre Geschichte stand auch im Zeichen strikter Kontrolle des Reichsoberhauptes durch die Reichsstände.

So war das vielbeklagte „Defizit an Reichsbehörden" selbstverständlich. Auch die Reichsheere konnten letztlich nur als Hilfstruppen für die kaiserlichen Armeen zustande kommen und hingen im wesentlichen von der Schlagkraft der mächtigen Territorialfürsten ab; es waren zumeist nur kleinere Kontingente, die nach dem jeweiligen Einsatz wieder aufgelöst wurden. Der Kaiser sollte jedoch den Gedanken nicht aufgeben, das beträchtliche militärische Potential des Reiches, das auch für das Selbstverständnis der Deutschen eine große Rolle spielte, für sich zu mobilisieren. Das Projekt einer Reichsarmee unter kaiserlichem Kommando im Prager Frieden von 1635 zeigte ebenso wie die Maßnahmen des Reiches gegen

Frankreich, welche Rolle eine auswärtige Bedrohung für die Mobilisierung des Reiches spielen konnte. In der zweiten Hälfte des 17. Jahrhunderts sollte man dann tatsächlich einen Schritt weiterkommen, wobei man auch die Reichskreise, die regionalen Untergliederungen des Reichsverbandes, einzubinden vermochte.

Auch das Reichskammergericht war räumlich vom Kaiserhof getrennt, ebenfalls das Produkt der „Reichsreform", geschaffen zur friedlichen Konfliktbereinigung unter den Reichsunmittelbaren und als Appellationsinstanz. Formal allerdings blieb der Kaiser der Gerichtsherr, aber er setzte nur den Gerichtsvorsitzenden, den Kammerrichter, bzw. die Präsidenten der Senate ein. Die Kammerrichter hatten zwar die Entscheidung über Geschäftsverteilung und Zusammensetzung der Senate, aber die Mehrheit der Assessoren wurde in einem komplizierten Verfahren durch die Reichsstände bestimmt, vor allem durch die Kurfürsten und durch die Reichskreise. Damit war ein beherrschender ständischer Einfluß sichergestellt, auch wenn der Kaiser über die österreichische und böhmische Präsentation daran partizipierte. Die Assessoren blieben – obwohl es offiziell strikt verboten war – den entsendenden Höfen häufig eng verbunden, wenn auch das Reichskammergericht mit seiner römisch-rechtlichen Schulung eher selten eine Durchgangsstation für spätere territoriale Karrieren bedeuten konnte.

Die Vielfalt der ständischen Positionen allerdings verhinderte es, daß das Reichskammergericht ein wirklicher Hebel gegen den Kaiser werden konnte. Hinzu kam, daß die Jurisdiktion der mächtigen Reichsstände durch Privilegien de non appellando, also klare Begrenzungen der Appellationsmöglichkeiten, immer weiter nach oben gedrückt wurde und ihrerseits dem Appellationszugang des Reichskammergerichts entzogen wurde. Außer den Appellationen gegen die zivilrechtlichen Urteile der landesherrlichen Gerichte war das Reichskammergericht für Brüche des Landfriedens und anderer Reichsgesetze, finanzielle Forderungen des Reiches und Klagen gegen Reichsunmittelbare zuständig. Es war ein mächtiger Motor für die Rezeption des römischen Rechts, auch wenn dieses nur subsidiär neben dem lokalen Recht wirksam sein sollte. Zwar galt weiterhin die auch für die Territorien normenbildende Regelung von 1495, daß die Assessoren zur Hälfte adelige und zur anderen Hälfte gelehrte Juristen sein sollten – aber auch die von den Adeligen geforderten theoretischen und praktischen Kenntnisse des römischen Rechts wirkten für dessen Verbreitung. Dessen bessere Systematik und größere Rationalität, aber auch seine Einheitlichkeit halfen bei seinem Vordringen. Sehr deutlich spiegelte sich im Reichskammergericht auch die starke Rolle der katholischen Reichsstände. Seit 1527 war es beständig in Speyer ansässig, was eine eigene regional geprägte Rechtskultur begünstigte – auch das Reichskammergerichtspersonal, neben den Assessoren, den Advokaten, Prokuratoren und Kanzleibeamten, unterlag den Gesetzen der Oligarchisierung. Stärker als die Assessoren waren die letzteren im Bürgertum der gastgebenden Stadt Speyer verwurzelt, aber auch untereinander eng verbunden. Wichtig wurde die Ansässigkeit im alten rheinischen Zentrum des Reichsverbandes – dies zeigte sich darin, daß der Kaiser wiederholt Speyerer Bischöfe als Kammerrichter benannte, auch solche, die wie Philipp Christoph von Soetern (1609–1652) den Erzstuhl von Trier innehatten (seit 1623). So war es kein Zufall, daß nach der französischen Zerstörung von Speyer und seinem Umland das Reichskammergericht nach Wetzlar, in den hessisch-kurtriererischen Einflußbereich, in eine auch nach Norden offene Zone verlegt wurde, wo es aufs neue Wurzeln schlug, die wesentlich kleinere Reichsstadt aber sehr viel deutlicher dominierte als das bedeutendere Speyer, ja Wetzlar geradezu mediatisierte.

Auch am Reichskammergericht machte sich die Rolle des Kurerzkanzlers bemerkbar, der mit Erfolg seinen Einfluß durchzusetzen vermochte; 1612 und 1619 sollte er sich gerade hier als eine wichtige Barriere gegen den drohenden Zugriff der Reichsvikare erweisen. Allerdings konnte auch der Kurerzkanzler nur wenig gegen die entscheidende Schwäche des Reichskammergerichts tun, die geringen Möglichkeiten zu einer Exekution der Urteile; hier mußte man die Reichskreise bemühen bzw. deren ausschreibende Fürsten. Auch Untersuchungen und Erhebungen mußten mittels Kommissionen durchgeführt werden, was die Effektivität des Reichskammergerichts nicht gerade erhöhte. Seine Loslösung vom Kaiserhof steigerte zwar seine Unabhängigkeit, aber nicht seine Durchsetzungsfähigkeit. Bitter bekam es seine ungeschützte Stellung auch in den Notzeiten des Dreißigjährigen Krieges und der Franzoseneinfälle zu spüren. Das kaiserliche Hofgericht in Rottweil hatte im 17. Jahrhundert seine Bedeutung nahezu völlig verloren, und seine theoretisch mit dem Reichskammergericht konkurrierende Gerichtshoheit war nur noch eine Kuriosität.

Die konfessionelle Spannung belastete Reichstag wie Reichskammergericht. Zwar hatte der Augsburger Religionsfriede die reichspolitischen Auseinandersetzungen entschärft und die Integration des Religionsfriedens in den Landfrieden erbracht. Dies bedeutete jedoch keine echte Beilegung der Konflikte, schon gar keinen Religionsvergleich, aber die Betonung des reichsrechtlichen Aspekts der Konfessionsfrage unter faktischer Ausklammerung der Glaubensprobleme hatte dem Reich einen langen Frieden beschert. Es gab auch Ansätze, die fortdauernden Spannungen abzufangen: Das Reichskammergericht hat bis ca. 1560 die die Religionsfragen behandelnden Senate paritätisch besetzt. Es gab auf dem Reichstag Sonderversammlungen der evangelischen und katholischen Stände – also kräftige Ansätze zu einer konfessionellen Parität. Die Wahrheitsfrage war zwar ausgeklammert, doch blieb sie präsent und schlug immer wieder in ein formalisiertes Verfahren zurück. Hinzu kam, daß der Ausschluß der Reformierten aus dem Religionsfrieden 1566 zwar theoretisch aufrechterhalten wurde, aber gegen die mächtige Kurpfalz nicht zu exekutieren war.

Hier trat eine gefährliche Lücke auf, in der die Heidelberger Kurfürsten die alte reichspolitische Opposition mit dem reformierten Bekenntnis amalgamierten und so eine sprengende Komponente in die Reichspolitik hineintrugen.

Schließlich war es von entscheidender Bedeutung, daß der Kaiser katholisch geblieben war. Von der Dreifachrolle des Kaisers zwischen Reich, Dynastie und Erblanden war schon die Rede. Die Tatsache, daß das Reich als solches weder Reichsbehörden noch ein Reichsheer auszubilden vermochte, ließ die kaiserliche Hausmacht notwendigerweise zum Träger wichtiger reichspolitischer Funktionen werden. Dies aber bedeutete, daß das Haus Österreich einerseits Macht und Geldmittel, auch seine Institutionen in die Dienste des Reiches stellte, aber auch das Reich in die Dienste seiner erbländischen Interessen, deren Priorität eindeutig war. Die Kontrolle und Schwächung der Reichshilfe für den Kaiser durch die Reichsstände bedeutete eine Schwerpunktverlagerung auf die unkontrollierten Eigenmittel des Reichsoberhaupts – der Kaiser selbst suchte sie zur Mobilisierung des Reichsverbandes in seinem Sinne zu nützen. So klar er zunächst in der Lage war, erbländische und reichische Rechtstitel juristisch zu scheiden, so schwer waren sie in der praktischen Politik auseinanderzuhalten. Die Stände suchten die Möglichkeiten des Kaisers einzuengen, dieser suchte sie zu expandieren.

Dies bedeutete zunächst, daß die kaiserlichen Behörden auch die Reichsgeschäfte betrieben. Der Kaiser residierte seit 1578, endgültig seit 1582 in Prag – was ihn besser über die Geschehnisse im Herzen des Reiches unterrichtete, als dies von Wien aus möglich war. Rudolf II. hatte den Prager Hradschin zum Mittelpunkt des Reiches gemacht; in der durch Kaiser Matthias seit seinem Regierungsantritt 1612 allmählich, endgültig seit 1618 vollzogenen Rückverlegung der Residenz nach Wien spiegelte sich auch eine Schwerpunktverlagerung ins Herz der Erblande, also eine Distanzierung von den Geschehnissen im Reich.

Eine klare Trennung zwischen erbländischen und Reichsbehörden gab es noch nicht. Der kaiserliche Hofrat, kurz Reichshofrat genannt, behandelte Reichs- ebenso wie österreichisch-erbländische Angelegenheiten. Auch der über den Reichshofrat entwickelte Geheime Rat machte keine Unterschiede. Er hatte sich auch deshalb entwickelt, weil der Reichshofrat zunehmend juristische Entscheidungen zu treffen hatte. Daraus formte sich mehr und mehr eine mit dem Reichskammergericht konkurrierende Jurisdiktion, erwachsen eigentlich aus den Suppliken, zugleich aber auch Ausfluß des kaiserlichen Richteramts. Der Reichshofrat behielt jedoch seine Gutachtertätigkeit in politischen Angelegenheiten; außerdem war die Anrufung des Kaisers möglich; dieser ließ ein solches „Votum ad imperatorem“ durch seinen Geheimen Rat behandeln. Der Reichshofrat unterschied sich grundlegend vom Reichskammergericht. Er wurde allein vom Kaiser besetzt, der dafür sorgte, daß auch Reichshofräte aus dem Reich hinzukamen – ständische Besetzungsrechte gab es nicht, und die Katholiken hatten ein klares Übergewicht. Auch war der Reichshofrat nicht nur, wie das Reichskammergericht, für Deutschland, sondern auch für die italienischen Reichslehen zuständig. Der Reichshofrat hatte gegenüber dem Reichskammergericht die größere Einheitlichkeit des Handelns, die stärkere Effizienz und die besseren Exekutionsmöglichkeiten. Mit der seit Rudolf II. galoppierenden Krise des Reichskammergerichts traten seine Vorzüge immer deutlicher hervor – aber die evangelischen Reichsstände sahen im Reichshofrat ein parteiisches Gericht, so daß der unverkennbare Autoritätszuwachs wieder kompensiert wurde durch eine Akzeptanzkrise. Es scheint so, daß der wachsende Einfluß des Reichshofrats, wiewohl von einigen Reichshofräten entschieden betrieben, für die kaiserliche Politik überraschend kam; man hatte allerdings auch erhebliche Schwierigkeiten, Grenzen und Möglichkeiten auszuloten, so daß der Reichshofrat sehr bald wirklich zu einem Instrument der konfessionellen Polarisierung wurde.

Die Expedition der Reichsangelegenheiten besorgte die kaiserliche Hofkanzlei oder kurz Reichshofkanzlei genannt. Hier hatte der Kurerzkanzler ein Mitspracherecht durchgesetzt, das vor allem das Ernennungsrecht für den Reichsvizekanzler und einen Teil des Personals betraf. Eine Trennung in erbländische und Reichssachen war hier noch weniger vollzogen als beim Reichshofrat. Auch die Reichshofkanzlei nahm die italienischen Angelegenheiten wahr, es gab also neben der deutschen auch eine lateinische Expedition. In der Krise der Reichsverfassung bald nach 1600 allerdings rangen der leitende Minister des Kaisers Matthias, Kardinal Melchior Klesl, und der bedeutende Kurerzkanzler, Erzbischof Johann Schweikard von Cronberg, um den beherrschenden Einfluß. Hofkriegsrat und Hofkammer nahmen praktisch die Kriegs- und Finanzangelegenheiten des Reiches mit wahr, obgleich es für die Reichssteuern das Amt des Reichspfennigmeisters gab.

Der Kaiser übte Gnadenrechte wie Standeserhebungen aus, ein Mittel zur Anbindung und Belohnung des Adels. Auch die Universitäten bedurften immer noch der Legitimation durch ein päpstliches oder kaiserliches Privileg – da das päpstliche für die Protestanten nicht zu erlangen war, wurde das kaiserliche um so wichtiger. Der Kaiser konnte gekrönte Dichter oder Doktoren kreieren, auch Hofpfalzgrafen, die ihrerseits Notariatsprivilegien, Adels- und Wappenbriefe erteilen und illegitime Kinder legitimieren konnten. Auf kaiserlichem Privileg beruhte auch die Postorganisation des Hauses Taxis, die 1615 von Kaiser Matthias zum Reichslehen erhoben wurde. Aber der Kaiser behielt sich seinerseits für die Erblande sein Postregal vor, und auch die Landesfürsten sperrten sich häufig gegen die Ansprüche des Hauses Taxis.

Faßt man die kaiserlichen Rechte zusammen, so wird deutlich, daß der kaiserliche Hof insgesamt der Gegenpol zu Reichstag und Reichskammergericht war, die sich einst von ihm gelöst hatten. Er war das Gehäuse, in das auch die Behörden eingebaut waren, hatte den Vorteil geschlossenen und schnellen Handelns, auch der konfessionellen Einheit. Das Spannungsfeld zwischen dem Kaiserhof einerseits, Reichstag und Reichskammergericht andererseits war also keineswegs nur Ausdruck einer Machteinschränkung für den Kaiser. Der Ausbau der kaiserlichen Behörden hat diesem sogar bald einen erheblichen Handlungsvorsprung gegeben – er konnte hierauf rekurrieren, um ein Gegengewicht gegen die restriktive Politik der Reichsstände zu schaffen. Einem konfessionell differenzierten und sehr divergierenden Reichsverband stand die konfessionelle Einheit des Kaiserhofes gegenüber, der die Gegensätze im Reich für sich ausnützen konnte. Auch hier bedurfte es des Augenmaßes, denn ein allzu stark forcierter kaiserlicher Machtanspruch oder gar eine allzu expansive Katholizität konnte das Reich wiederum gegen den Kaiser mobilisieren. Auch hatte die innere Krise der Erblande die kaiserlichen Möglichkeiten beträchtlich eingeschränkt. Um 1600 war der Prager Hof mit einer Doppelkrise von Reich und Erblanden konfrontiert.

c) Reichskreise und regionale Kräfte

Vielleicht das wichtigste Produkt der „Reichsreform" war die Entstehung der zehn Reichskreise. Ursprünglich als Wahlkörper für die Assessoren des Reichskammergerichts begründet, wuchs ihnen zunehmend die Wahrung des Landfriedens zu. Dies wurde in der Reichsexekutionsordnung von 1555 festgeschrieben. Schon 1521 hatte es sich eingebürgert, daß in der Regel jeweils zwei Fürsten, die sogenannten „Kreisausschreibenden", das Recht hatten, einen Kreistag einzuberufen – diese waren in der Regel der vornehmste geistliche und weltliche Fürst; dem letzteren wuchs das Amt des Kreisobersten bzw. Kreishauptmanns und damit das Oberkommando über die Kreistruppen zu.

Auch begann sich eine Verwaltung der Kreise auszubilden, Ausdruck des allgemeinen Verdichtungsprozesses – man baute eine Kanzlei auf und engagierte Syndici, Verwaltungs- und Finanzbeamte, die die Voraussetzungen für die militärischen Aktivitäten schufen. Zunächst wurde die Landfriedensexekution die zentrale Aufgabe, bei der die organisierte Hilfe der Mächtigen für die Mindermächtigen von entscheidender Bedeutung war. Dann aber bildeten sich weitere Funktionen des Kreises aus. Die Angleichung und Regulierung des Münzwesens war eine wichtige Aufgabe in einer Zeit höchst unterschiedlicher Währungen und landesfürstlicher Münzmanipulation. Allmählich erschlossen sich den Kreisen weitere Bereiche, die einer gemeinsamen Regulierung bedurften, vor allem in den vielfältigen Fragen der Wirtschaft und der „Polizei". Hinzu kamen Exekutionsaufgaben für die beiden obersten Reichsgerichte.

Die Einrichtung der Kreise entwickelte sich somit zu einem höchst lebendigen Organismus. Sie waren ihrerseits durch die Reichsexekutionsordnung zur Solidarität angehalten und bildeten ein besonderes Zusammengehörigkeitsgefühl aus. Die Kreise halfen allerdings auch, regionale Hegemonialsysteme zu konservieren – die Rolle eines kreisausschreibenden Fürsten verstärkte gewiß Abhängigkeitsverhältnisse im Umfeld. So war es nicht unwichtig, daß die Kreisverfassung deutlich die Jahresringe ihres Entstehens trug. So hatten sowohl die Habsburger wie die Kurfürsten ihre „eigenen" Kreise, d. h. sie waren, abgesehen von kleineren Ausnahmen, nicht mit anderen Fürsten und Städten in einem Kreis zusammengefaßt. Nicht „eingekreist" waren Böhmen und seine Nebenländer Mähren, Schlesien und die Lausitzen, sowie die Reichsritterschaft. Daß die Republik der Vereinigten Niederlande und die Eidgenossen fehlten, erstaunt ebensowenig wie die Tatsache, daß die Spanischen Niederlande und Lothringen nur locker angeschlossen waren.

Dies war vielleicht weniger für die Kurfürsten wichtig; die vier rheinischen bildeten den Kurrheinischen Reichskreis, die beiden östlichen Kurbrandenburg und Kursachsen den Obersächsischen. Zu letzterem kam allerdings noch eine ganze Reihe weiterer Herrschaften. Die Habsburger hatten es vorgezogen, sich nicht in ihre Angelegenheiten durch einen Kreis hineinregieren zu lassen. So bildeten ihre Territorien den Österreichischen und den Burgundischen Reichskreis. Letzterer umfaßte die niederländischen Gebiete der spanischen Habsburger. Während hier eine klare Grenzziehung möglich war, lagen die Dinge beim Österreichischen Reichskreis komplizierter.

Es zeigte sich nämlich, daß die Kreiseinteilung die kaiserlichen Einflußzonen im Reich tangierte. Auch für die frühe Neuzeit galt, was Peter Moraw für das späte Mittelalter gezeigt hat: Die kaiserlichen Möglichkeiten im Reich waren auch weiterhin nicht gleichmäßig, selbst wenn das 16. Jahrhundert einen starken Verdichtungs- und Vereinheitlichungsschub für den Reichsverband gebracht hatte. Da es außer dem Kaiserhof aber kein wirkliches Zentrum im Reich gab, lohnt es sich, den Zustand des Reichsverbands von 1600 aus dieser Perspektive zu betrachten.

Moraw unterschied – grob gesagt – in seiner Einteilung des Reichsverbandes die Erblande (Hausmacht) des Kaisers, die königsnahen Zonen, die besonders dem Reichsverband verbundenen Territorien der Kurfürsten, die königsfernen Zonen.[10] Dieses vereinfachte Bild entspricht der Neuzeit besser – deutlich aber überlagerte die Kreisorganisation die älteren Zuordnungen. Dennoch reichten Einflüsse weiterhin über die Kreisgrenzen hinaus. Dies zeigte sich darin, daß seit 1564 Tirol und die Vorlande einerseits, die „innerösterreichischen Lande" Steiermark, Kärnten und Krain andererseits vom Hauptbesitz der Habsburger abgetrennt und an die jüngeren Brüder Kaiser Maximilians II. gefallen waren. Zwar erlosch die Tiroler Linie 1595, bereits nach der ersten Generation, aber die Traditionen einer eigenen Dynastie wurden danach fortgeführt zugunsten nachgeborener Habsburger, so daß erst 1665 die Lande des Innsbrucker Zweiges endgültig an den Kaiser zurückfielen, ein kaum zu unterschätzendes Ereignis für den kaiserlichen Einfluß im Reich. Bis dahin hatten die vorländischen Herrscher bei aller grundsätzlichen Loyalität durchaus eine eigene territoriale Politik betrieben, die nicht die Rücksicht nahm, die die Habsburger trotz allem auf die Reichsprobleme zu nehmen gewohnt waren. Eine Sonderrolle spielte die Markgrafschaft Burgau unter dem Markgrafen Karl (1595 – 1618), einem ehelichen, aber nicht ganz ebenbürtigen Sohn des Tiroler Erzherzogs Ferdinand aus seiner Ehe mit Philippine Welser. Die innerösterreichischen Länder wurden durch die Thronfolge Ferdinands II. 1619 wieder mit den habsburgischen Kernlanden vereinigt. Beide Nebenlinien gehörten mit ihren Territorien ebenso dem Österreichischen Kreis an wie die stark unter Tiroler Einfluß stehenden Hochstifte Trient und Brixen.

So blieben als Lande des Kaisers im Reich zu Beginn des 17. Jahrhunderts die beiden Österreich, Böhmen, Mähren, Schlesien und die Lausitzen – Ungarn lag eindeutig außerhalb der Reichsgrenzen. Die reichspolitischen Konsequenzen der Teilungen von 1564 waren nicht zu unterschätzen. Prag, die Residenz Rudolfs II., lag in Böhmen; es war eine reichsorientierte Residenz, die auch zahlreiche deutsche Fürsten anzog – die Rückverlegung der Residenz durch Matthias nach Wien folgte mehr der Gravitation der Erblande. Mit seinem schlesisch-lausitzischen Besitz reichten die Lande des Kaisers bis vor die Tore der brandenburgischen Residenz Berlin, der Kranz der böhmischen Lehen griff weit nach Mitteldeutschland aus. Dies bedeutete eine starke kaiserliche Präsenz auch im Obersächsischen Kreis, in dem das Reichsoberhaupt mit keinem seiner Gebiete vertreten war – vor allem Kursachsen war vielfach mit Böhmen verbunden, nicht zuletzt durch die Wasserstraße der Elbe und andere Handelswege.

Hier lag eine wichtige Konsequenz des Erwerbs der böhmischen Länder durch die Habsburger, denn seit 1564 wurde mit der Überlassung Tirols an die Innsbrucker Linie die kaiserliche Präsenz in Südwestdeutschland, der traditionellsten Einflußzone, stark zurückgenommen. Die dortige Klientel Österreichs, Reichsprälaten, Reichsgrafen, Reichsritter, Reichsstädte, orientierten sich außer auf den Kaiserhof auch auf den Innsbrucker Hof. Dieser war seinen Parteigängern durch eine entschiedene Katholizität verbunden, was indessen die Innsbrucker Regierung nicht hinderte, ihre territorialen Interessen recht hemdsärmelig in Oberdeutschland zu verfechten.

Der doppelte Rückzug der Habsburger aus dem Schwäbischen Reichskreis, der Kaiser aus dem ganzen Südwesten, der Innsbrucker Linie aus der Organisation – überließ den Schwäbischen Kreis einer württembergischen Vormachtstellung, die hier der österreichischen und auch der bayerischen Konkurrenz enthoben war. Beide großen Nachbarn wirkten noch in das katholische Oberschwaben hinein, wobei allerdings Österreich als Patron einer Vielzahl kleinerer Parteigänger stets die Vorhand behielt. Von den geistlichen Staaten lehnte sich das durch die Verluste der Reformationszeit empfindlich geschwächte Konstanz stärker als Augsburg an die Habsburger an. Das gleiche galt für eine Reihe reichsunmittelbarer Grafen und Herren wie die Hohenzollern, Fürstenberg, Waldburg und Königsegg, die ebenso wie die Prälaten am alten Glauben festhielten. Sie standen dennoch in starken territorialen Zwistigkeiten mit Österreich. In Niederschwaben allerdings folgten Oettingen und Hohenlohe zunächst der Reformation unter dem unverkennbaren Einfluß Württembergs und der fränkischen Hohenzollern. Das entschieden lutherische Württemberg war freilich durch die geographische Lage zur Loyalität gegenüber den Bestimmungen des Religionsfriedens gedrängt. Württemberg hatte als Kreisdirektor und kreisausschreibender Fürst gegenüber dem schwachen Konstanz eine beherrschende Rolle im Schwäbischen Kreis, ohne allerdings die Einflüsse der mächtigeren Nachbarn Bayern und Österreich ganz ausgleichen zu können – Bayern war seit 1627 durch das Aussterben der Helfensteiner und den Erwerb ihrer Herrschaft Wiesensteig selbst Kreisstand geworden. Baden war keine ernsthafte Konkurrenz, denn von 1535 bis 1596 zerfiel es in die beiden Landesteile Baden-Durlach und Baden-Baden, beide durch eine doppelte dynastische und konfessionelle Rivalität getrennt. Die Mißwirtschaft des katholischen Markgrafen Eduard Fortunat (1575–1596) von Baden-Baden provozierte die oberbadische Okkupation durch den evangelischen Markgrafen Ernst Friedrich (1577–1604), der am Ende seines Lebens ganz offen mit dem reformierten Bekenntnis sympathisierte. Auch der lutherische Nachfolger Georg Friedrich (1604–1622) hielt an der Besetzung Baden-Badens fest, was ihm zwar erheblichen Ärger mit den katholischen Reichsständen eintrug – gleichzeitig mußte aber das Baden-Baden eng verbundene Bayern feststellen, daß seine Kräfte nicht ausreichten, den Baden-Durlacher zu vertreiben. Der Schwäbische Reichskreis war der städtereichste des Reiches, wobei vor allem Augsburg und Ulm eine herausragende Rolle spielten. Die kleineren Reichsstädte im Norden hatten sich zumeist der Reformation angeschlossen.

Deutlich dominierte das katholische Bayern in dem nach ihm benannten Reichskreis. Das bis 1614 evangelische Fürstentum Neuburg vermochte ebensowenig wie die Oberpfalz ein ernstliches Gegengewicht gegen Bayern zu bilden.

Beide mußten trotz einer entschieden evangelischen Haltung auf den mächtigen Nachbarn außenpolitisch Rücksicht nehmen. Der österreichische Einfluß war aus dem Kreis weitgehend verdrängt, obwohl er im Erzstift Salzburg, dem anderen kreisausschreibenden Fürstentum, mit dem bayerischen rivalisierte. Demgegenüber hatte Bayern einen beherrschenden Einfluß auf die Bistümer Freising und Regensburg – die Münchner Herzöge nannten das erstere „unser Pfarr". Bayern bot auch den reichsunmittelbaren katholischen Stiften im Bereich der Reichsstadt Regensburg, die lutherisch geworden war, einen wichtigen Rückhalt. Grenzen gesetzt wurden ihm jedoch durch die Oberpfalz, die seit 1329 mit der rheinischen Pfalz verbunden war – mit dieser wiederum stand München in einer erbitterten dynastischen Rivalität. Die Pfälzer hatten die Kurwürde errungen und damit einen Vorrang vor den Münchner Vettern, deren Neid sich dagegen wandte. Daß die Oberpfalz mit böhmischen Lehen durchsetzt war, verwies die pfälzische Politik immer wieder auf Prag, am Ende mit verhängnisvollen Folgen. Die unbestrittene Stellung Bayerns im gleichnamigen Reichskreis war Voraussetzung für eine weitreichende Ausstrahlung nicht nur nach Schwaben, sondern auch in das fränkische Bistum Eichstätt, vor allem aber in den deutschen Nordwesten, wo sich Bayern als Beschützer der wankenden Reichskirche profilierte und dafür einen Zugriff auf das Erzstift Köln, zeitweilig auch die Bistümer Lüttich, Münster, Osnabrück, Hildesheim und Paderborn gewann. Das Fundament war eine zunehmende territoriale Stabilität, die mit dem Wirken eines unbestritten bedeutenden Herrschers, des Herzogs Maximilian (1597–1651), zusammenhing, der nicht nur ein entschiedener Katholik, sondern auch ein vorzüglicher Administrator Bayerns war und die vom Vater ererbte Schuldenkrise mit energischer Hand beseitigte. Bayern wurde dadurch wieder in die Lage gesetzt, jene Politik aufleben zu lassen, die es bereits zu Zeiten Karls V. praktiziert hatte: zu optieren zwischen ständischer Libertät gegen den Kaiser und katholischer Solidarität mit dem Reichsoberhaupt. Dieses Konzept erhielt der bayerischen Politik lange Zeit durchaus das Zutrauen evangelischer Reichsstände – aber am Ende sollte sich die Waagschale zugunsten der entschiedenen Katholizität neigen.

Der Fränkische Reichskreis bildete ein relativ geschlossenes Gebilde, das in sich gleichgewichtig war. Die beiden kreisausschreibenden Fürsten, Bamberg und Brandenburg-Ansbach, seit 1603 gemeinsam Brandenburg-Ansbach und Brandenburg-Kulmbach, gewannen keine besonders beherrschende Stellung. Die fränkischen Bistümer, durchweg von Bischöfen reichsritterschaftlichen Geblüts regiert, hatten ihre Katholizität behauptet; unter ihnen war Julius Echter von Mespelbrunn (1573–1617), der in Würzburg das geradezu klassische Beispiel eines entschiedenen Territorialherrn, entschlossenen Gegenreformators und auch katholischen Reformers gab. Seine Pläne, durch Erwerb von Kurmainz und Fulda ein geistliches Großterritorium zu schaffen, mißlangen allerdings. Die fränkische Herzogswürde des Würzburger Bischofs war nicht viel mehr als ein Ehrentitel. Eichstätt trat hinter die beiden anderen Bistümer deutlich zurück. Der Deutsche Orden mit seinen komplizierten Verzweigungen im Reich hatte mit Mergentheim seinen Schwerpunkt in Franken und war auch mit der Ballei Franken aufs engste verknüpft. Den katholischen Ständen standen mit etwa gleichem politischem Gewicht die fränkischen Markgraftümer der Hohenzollern und die Reichsstadt Nürnberg gegenüber.

Die hohenzollerischen Markgraftümer in Franken hatten sich frühzeitig der Reformation zugewandt, und Markgraf Georg Friedrich (gest. 1603), der beide Territorien seit 1557 in seiner Hand vereinigt hatte, hatte sich als einer der wichtigsten deutschen Landesfürsten profiliert. Entschiedener Lutheraner, hatte der kinderlose Fürst als Vormund in Preußen wichtige Weichenstellungen für das Gesamthaus Brandenburg vorgenommen, die die Expansion nach Ost und West einleiten sollten. Nach seinem kinderlosen Tod wurden die beiden Fürstentümer 1603 wieder getrennt: unter zwei nachgeborenen Söhnen des Berliner Kurfürsten, welche die lutherische Tradition fortsetzten. Markgraf Christian in Kulmbach (1603–1655) stand für eine vorsichtigere Reichspolitik, während sein Ansbacher Bruder Joachim Ernst (1603–1625) bald im Gefolge der entschiedenen protestantischen Revisionisten zu finden sein sollte. Er war auch nach innen ein früher ausgeprägter Absolutist. Nahezu alle fränkischen Grafen folgten in der Konfession den Markgraftümern. Die evangelische Reichsstadt Nürnberg, wiewohl von sinkender politischer Bedeutung, gehörte immer noch zu den führenden Ständen Frankens. Unter den zahlreichen Reichsstädten spielte sie eine Führungsrolle. Windsheim und Weißenburg galten sogar als ausgesprochene Satelliten Nürnbergs. Die fränkische Situation war durch zahlreiche Konflikte nicht zuletzt der Landesherren mit dem niederen Adel bestimmt, da vielfach ungeklärte Rechtsverhältnisse die Region kennzeichneten, die oftmals die Ausbildung eines geschlossenen Landesstaats nicht erlaubten – das „territorium non clausum" war ein Charakteristikum dieser Region. Die Nähe des Prager Hofes gab dem Kaiser gewisse Einflußmöglichkeiten; Prag zog auch die protestantischen Kräfte Frankens an, das allmählich die frühere, nach außen abweisende Geschlossenheit einzubüßen begann.

Zu den oberdeutschen Reichskreisen gehörte auch der Oberrheinische, der relativ heterogen war. Durch die Bildung eines eigenen Kurrheinischen Kreises wurden die größeren Territorien dieses Raums dem Oberrheinischen entzogen, obgleich der Kurfürst von der Pfalz durch sein Fürstentum Simmern, das er seit 1598 besaß, sogar neben dem Bischof von Worms kreisausschreibender Fürst war und mit dem Fürstentum Pfalz-Lautern noch über eine weitere Stimme verfügte. Daß die beiden Fürstentümer nach 1611 wieder abgetrennt wurden, hatte zunächst keine besondere Bedeutung, da der junge Pfalzgraf Ludwig Philipp (1610–1655) zunächst unter Vormundschaft und dann unter kurpfälzischer Kontrolle stand. Die Vormundschaft übte anfangs der reformierte Herzog von Pfalz-Zweibrükken, dann Kurfürst Friedrich V. selbst bis zur Volljährigkeit des Bruders aus.

Dieser Reichskreis, der die Westgrenzen deckte, war relativ unorganisch zusammengesetzt. Die Zugehörigkeit der Herzöge von Savoyen und Lothringen blieb theoretisch; mit den hessischen Landgrafschaften bildete sich ein zweiter Schwerpunkt. Das Übergewicht der weltlichen Herren blieb eindeutig, da die Bistümer Worms, Speyer, Straßburg und Basel, die Fürstabtei Fulda und das Gebiet des Johannitermeisters keine besonders großen bzw. geschlossenen Territorien waren. Die Führungsrolle Hessens im Nordwesten war jedoch dadurch beeinträchtigt, daß dieses seit 1567 in vier, seit 1583 in drei Linien geteilt war. Während Landgraf Ludwig IV. von Hessen-Marburg (1567–1604) einer der entschiedensten deutschen lutherischen Fürsten war und Hessen-Darmstadt dabei in sein Schlepptau trat, suchte Landgraf Wilhelm IV. von Hessen-Kassel (1567–1592) sich dem lutherischen Erneuerungsprozeß zu entziehen und verharrte auf einer konfessionsfreien evangelischen Position. Als aber nach 1604 um das Erbe des Landgrafen Ludwig IV. von Hessen-Marburg ein erbitterter Streit ausbrach, der sich schon länger abgezeichnet hatte, beschleunigte sich der Übertritt des intelligenten und gebildeten Landgrafen Moritz von Hessen-Kassel (1604–1627), des Nachfolgers von Wilhelm IV., zum reformierten Bekenntnis. Der Kampf um das Marburger Erbe polarisierte das Haus Hessen bis zu einer erbitterten Feindschaft und zählte dann zu den schwersten Konfliktfällen des Dreißigjährigen Krieges.

Unter dem Einfluß des Engagements für die oranischen Verwandten in den Niederlanden war der größere Teil der Wetterauischen Grafen unter Anführung der Häuser Nassau-Dillenburg, Solms-Braunfels und Sayn-Wittgenstein zum reformierten Bekenntnis übergegangen. Diese Grafen standen jedoch vor dem Dilemma ihrer bescheidenen Möglichkeiten und ihrer Abhängigkeit vom Wohlwollen des Kaisers einerseits und einer konfessionsorientierten aktiven Politik andererseits. Immerhin beherbergte der Oberrheinische Kreis mit den Pfälzer Nebenländern, Hessen-Kassel und den Wetterauischen Grafen die wichtigsten reformierten Reichsstände. Allerdings gab es durchaus ein katholisches Gegengewicht: im Südwesten einen beträchtlichen habsburgischen Einfluß wegen der Stellung Österreichs im Elsaß, wegen der Erzstifte am Rhein, die die alte Kirche stützten. Zwar hatten einige oberelsässische Städte, zusammengefaßt in dem alten Zehn-Städte-Bund (Dekapolis), unter habsburgischem Einfluß bei der alten Kirche verharrt, die anderen waren aber wie Straßburg, Worms, Speyer, Frankfurt evangelisch. Der Oberrheinische Kreis mußte seit 1592 unter dem schweren Konflikt des konfessionell gespaltenen Straßburger Domkapitels leiden, welches zwei konkurrierende Bischöfe erwählt hatte (Straßburger Kapitelstreit), ein Konflikt, der immer wieder zu ernstlichen kriegerischen Ereignissen aufflammte: Ausdruck der labilen Situation in einem Kreis, der aber, anders als der Schwäbische, Bayerische oder Fränkische, keine geschlossene Einheit bildete.

Geschlossener wirkte der Niederrheinisch-Westfälische Kreis mit den ausschreibenden Fürsten Münster und Jülich-Kleve-Berg. Die Herzogtümer, die zusammen mit Kurköln den Niederrhein flankierten, bildeten ein reiches und teilweise sehr entwickeltes Land. Aber ihre Lage als Nachbarn der Spanischen Niederlande, als Glacis für die kriegerischen Auseinandersetzungen zwischen Spanien und der Republik der Vereinigten Niederlande machte die dortige Situation höchst prekär. Das Gegeneinander der

Kräfte hatte die ursprünglichen lutherischen Neigungen des Landesherrn Wilhelm des Reichen (1539–1592) gebremst, so daß hier kein entschiedenes landesherrliches Kirchenregiment sich ausbilden konnte, alle drei Konfessionen des Reiches Fuß faßten und teils sehr autonome Kirchenbildungen hervorbrachten, die sich wiederum auf auswärtige Partner stützten. So wurden die Herzogtümer zunehmend ein Spielball der umliegenden politischen Kräfte, zumal Wilhelm der Reiche seit 1561 gelähmt war und sich sein Sohn Johann Wilhelm (1592–1609) als nicht regierungsfähig erwies. Die widerstrebenden Kräfte suchten Rückhalt von außen, so daß die anstehende Erbfolgefrage das Reich in einen großen Krieg zu stürzen drohte.

Kurköln, der andere natürliche Mittelpunkt des Niederrheinisch-Westfälischen Kreises, gehörte ebenfalls zum Kurrheinischen, aber es sollte einen wichtigen Rückhalt für die katholischen Stifte des Niederrheinisch-Westfälischen Kreises sein, die ebenso wie das Erzbistum einem starken Druck der Reformation ausgesetzt waren. Diese setzte sich in Minden und Verden durch, wo sich der Einfluß des evangelischen Welfenhauses als entscheidend erwies; eine ähnliche Entwicklung schien Osnabrück bevorzustehen, das unter Philipp Siegmund von Braunschweig mit Verden vereinigt war. In Minden hatte der Wittelsbacher Ernst von Köln vergebens versucht, die Entwicklung zu bremsen: Trotz der Wahl des katholischen Grafen Anton von Schaumburg (1587–1599) verhinderte das evangelische Welfenhaus jede Gegenreformation. Bayern kam dagegen zum vollen Erfolg im Bistum Münster, wo die wittelsbachischen Bischöfe Ernst (1585–1612) und Ferdinand (1612–1650) die reformatorischen Kräfte zurückdrängten. Ähnliches galt in dem Französisch sprechenden Stift Lüttich, wo die bayerischen Bemühungen zudem durch die spanische Nachbarschaft sekundiert wurden. Auch in Paderborn hat Bischof Dietrich von Fürstenberg (1585–1618) die Rückkehr zur alten Kirche energisch betrieben – mit beträchtlichem Erfolg, trotz der Gegenaktionen Hessen-Kassels, das seinen alten Einflußbereich zu verteidigen suchte. Die wittelsbachische Position in Köln erwies sich bereits um 1600 als ein Eckpfeiler der Alten Kirche, auf die sich auch eine Reihe von Abteien stützen konnte. Von den Grafschaften des Kreises waren einige, allen voran Nassau-Dillenburg, das zum Wetterauischen Grafenverein zählte, aber auch Wied oder Lippe reformiert – das relativ große Oldenburg dagegen war lutherisch. Neben dem katholischen Köln und dem lutherischen Dortmund war die dritte Reichsstadt Aachen heftig umkämpft; die Stadt wurde von den konfessionellen Auseinandersetzungen geschüttelt, doch der katholische Rat konnte sich schließlich durchsetzen. Die Autorität des Kaisers, aber auch die Macht Spaniens, gaben ihm immer wieder den entscheidenden Rückhalt – der Auszug der Evangelischen ruinierte jedoch die Wirtschaftskraft der Stadt.

Der Niederrheinisch-Westfälische Kreis lag also sichtlich in einem Wetterwinkel der europäischen Politik – die wiederholten Vorstöße spanischer und niederländischer Truppen ins Reich machten dies immer wieder deutlich, eine Entwicklung, die durch das Machtvakuum in Jülich-Kleve-Berg weiter angeheizt wurde. Eindeutig zeigte sich aber auch, daß es sich hier um eine kaiserferne Zone handelte. Die Wiener Politik verfocht zwar immer wieder die katholischen Interessen, aber sie war wenig präsent. Dies glich um so mehr das nahe Spanien aus. Zugleich gewann Bayern, ohne von Österreich gebremst zu werden, eine starke Position und begründete die jahrhundertelange, bis 1761 andauernde Dominanz Wittelsbachs in den nordwestdeutschen Bistümern. Der Niederrheinisch-Westfälische Reichskreis zog aber zur Wende des Jahrhunderts weitere Kräfte an: Schon traditionell wirkten von der Peripherie her die Kurpfalz im Süden, Hessen im Südosten und vor allem die welfischen Fürsten vom Norden her ein. Mit dem Erbanspruch auf die niederrheinischen Herzogtümer kamen dann noch Kurbrandenburg, Kursachsen und die Häuser Pfalz-Neuburg und Pfalz-Zweibrücken hinzu.

Die Situation im Niederrheinisch-Westfälischen Kreis macht sehr deutlich, wie der Verdichtungsprozeß des Reiches auch seine kaiserferneren Zonen erfaßte. Nachdem durch die Abdankung Karls V. der Kaiserhof wieder in den Süden des Landes gewandert war, hatte der Niederrheinisch-Westfälische Kreis seine Bedeutung für ihn verloren. Aber das Zusammenspiel der Casa de Austria verband die kaiserlichen mit den spanischen Interessen. Die konfessionellen Konflikte wurden meist nicht nur mit nackter Gewalt entschieden, sondern die Entscheidung bedurfte der kaiserlichen Legitimation. Der Reichshofrat war durchaus bereit, diese zu geben, wie sich an den Auseinandersetzungen um Kurköln und die Reichsstadt Aachen zeigte. Das heißt, die neuen Konfliktfelder haben das Reich nicht nur gespalten, sondern seine Verdichtung auch gefördert: Um 1600 war deutlich, daß gerade der Niederrhein mit seiner Bedeutung für die europäischen Auseinandersetzungen, mit seinen konfessionellen Konflikten auch eine reichspolitisch wichtige Zone war – bedeutete er doch die wichtigste Verbindung zu den aufsteigenden Seemächten Westeuropas.

Noch kaiserferner war der Niedersächsische Reichskreis, der ebenfalls einer klar dominierenden Macht entbehrte. Eine gewisse Führungsrolle spielte das Welfenhaus, das den Raum zwischen Elbe und Weser kontrollierte. Nach frühen Erfolgen in den Fürstentümern Lüneburg und Grubenhagen kam die Reformation in Braunschweig-Wolfenbüttel nebst Kalenberg und Göttingen unter Herzog Julius (1568–1589), dann unter Heinrich Julius zum Erfolg. Heinrich Julius (1589–1613) konnte den Territorialbestand beträchtlich ausbauen und verstand es, die Gewinne durch gute Beziehungen zu Kaiser Rudolf II. abzusichern. Die Welfen gewannen außerdem die Kontrolle über das Bistum Halberstadt, wo sich die Reformation durchsetzte, zunächst konnten sie auch das kleine Bistum Ratzeburg behaupten.

Keinen ernsthaften Konkurrenten für sie stellte das Haus Sachsen-Lauenburg dar, Erbe der einst starken Askanierdynastie; seine ausgreifenden Bischofspläne, die die Kraft des kleinen Territoriums überstiegen, waren um 1600 bereits gescheitert. Wichtiger waren die gleichfalls evangelischen Herzöge von Mecklenburg. Ihre Kraft wurde jedoch durch wiederholte Landesteilungen geschwächt – der Rückfall von Mecklenburg-Schwerin an Mecklenburg-Güstrow wurde bereits 1621 durch Teilung wieder beendet. Johann Albrecht II. von Mecklenburg-Güstrow (1621–1636) sympathisierte mit dem reformierten Bekenntnis und mit König Christian IV. von Dänemark und öffnete das Land einer ausgreifenden Politik. Aber die autonome Stellung der Stadt Rostock und die Stärke des Adels, gegen den die Herzöge keine wirkliche Landesherrschaft auszuüben vermochten, schwächten diese Position wieder. Die Herzöge konnten auch das Bistum Schwerin mediatisieren.

Die Mitgliedschaft Holsteins machte den dänischen König zum niedersächsischen Kreisstand – der einzige Reichsstand außer dem König von Spanien, der damals zugleich auswärtiger Monarch war. Holstein war seit der Wahl König Christians I. von Dänemark (Ripener Vertrag) auf ewig mit Schleswig verbunden worden, das nicht zum Reich gehörte. Seit 1580 waren in einer komplizierten Teilung, mit der beide Linien zusammengehalten werden sollten, die Herzogtümer in einen königlichen und einen herzoglichen Teil zergliedert worden. Dies stärkte aber vor allem die Stellung des Adels im Lande. Mit dem dänischen König Christian IV. (1588–1648) hatte der Niedersächsische Kreis ein mächtiges und unternehmendes Mitglied, das zugleich begann, seine eigene Bistumspolitik zu treiben. Dies traf vor allem seine holsteinischen Vettern, welche sich das Erzstift Bremen und das Stift Lübeck gesichert hatten.

Das wichtige Erzstift Magdeburg konnte dagegen kein Kreisstand unter seine Botmäßigkeit bringen – zu stark war hier der Druck der Nachbarn Sachsen und Brandenburg. Seit der Wahl des späteren Kardinals Albrecht von Brandenburg 1513 schien sich das Haus Hohenzollern durchzusetzen, obgleich es 1555 eine gemeinsame sächsisch-brandenburgische Schutzherrschaft über Magdeburg hatte anerkennen müssen. Als 1599 auf den zum Kurfürsten von Brandenburg aufgestiegenen Administrator Joachim Friedrich (1567–1598) sein Sohn Christian Wilhelm (1598–1626) folgte, schien Magdeburg auf dem Weg zu einer erblichen Position des Hauses Hohenzollern. Eine gewisse Sonderrolle spielte das bereits stark reduzierte Stift Hildesheim, das 1523 von den Welfen demontiert worden war und in das dann die Reformation einzog. Aber auch hier war bereits 1573 mit Ernst von Bayern, dem späteren Erzbischof von Köln, ein entschiedener Verfechter der Alten Kirche Bischof geworden; ihm gelangen allerdings nur begrenzte Erfolge gegen das Luthertum, das vor allem Rückhalt an den Welfen hatte. Immerhin konnte die Wahl seines Neffen Ferdinand von Köln 1612 die wittelsbachische Kontinuität sichern, ohne daß aber der

Landesherr die evangelischen Kräfte, vor allem in der Stadt Hildesheim, ganz niederhalten konnte. Neben dem immer noch bedeutenden Lübeck gab es im Niedersächsischen Kreis nur noch drei weitere Reichsstädte: Goslar, Mühlhausen, Nordhausen, zu denen später noch Hamburg und Bremen stießen, die die Landesherrschaft Holsteins bzw. des Erzbischofs von Bremen abschütteln konnten – dagegen scheiterte der Versuch einer ganzen Reihe weiterer Städte, sich nach Emanzipation vom Landesherrn reichsstädtischen Charakter zuzulegen.

Der Niedersächsische Reichskreis war gewiß der kaiserfernste, aber eine welfische Hegemonie kam nur begrenzt zum Tragen, weil die Stellung der Herzöge von Mecklenburg und auch zunehmend die des Königs von Dänemark zu stark war. Auch hier gab es Einflüsse von außen, wobei der kurkölnische in Hildesheim dem kursächsischen und kurbrandenburgischen von Magdeburg gegenüberstand – es zeigte sich sehr deutlich eine zunehmende Anbindung des Niedersächsischen Reichskreises an die allgemeine Reichspolitik.

Der Obersächsische Reichskreis schloß zwei Kurfürsten ein, Kursachsen und Kurbrandenburg, die beide auch kreisausschreibende Fürsten waren. Neben Wettinern und Hohenzollern spielten die übrigen Stände eine geringere Rolle. Eine eindeutig dominierende Stellung hatte zunächst Kursachsen inne, das zeitweilig Kurbrandenburg im Schlepptau hatte – auch wenn es wiederholt Auseinandersetzungen gab, z. B. um Magdeburg. Kursachsen war immer noch das führende lutherische Territorium im Reich, der wichtigste Juniorpartner des Kaisers in Norddeutschland – eine politische Linie, die seit Mitte des 16. Jahrhunderts von den bedeutenden Kurfürsten Moritz und August I. eingeschlagen worden war. Die gewaltsame Verdrängung der älteren ernestinischen Linie aus der Kur und die daraus folgende Gefahr eines ernestinischen Revisionismus hielt Kursachsen strikt auf der Seite des Reichsoberhaupts. Natürlicher Reichtum durch den Bergbau und das Textilgewerbe und ein sehr moderner Ausbau von Verwaltung und Wirtschaft setzten Kursachsen instande, seine herausragende Rolle in der Reichspolitik zu spielen. Gemeinsam mit Württemberg war es 1577 bzw. 1582 treibende Kraft bei der Entstehung der Konkordienformel und des Konkordienbuchs, also der bekenntnismäßigen Klammern für das deutsche Luthertum, gewesen.

Die Kombination von Reichstreue und Luthertum war durch den Regierungswechsel von 1587 gefährdet worden. Der neue Kurfürst Christian I. (1586–1591) schlug einen Weg ein, der ihn einer revisionistischen Reichspolitik und dem reformierten Bekenntnis näherte. 1591 war er mit der Kurpfalz das Torgauer Bündnis eingegangen. Die stark vom lutherischen Geist geprägte Kirche nützte jedoch, gestützt von den mächtigen Ständen, die Vormundschaftskrise nach dem frühen Tod des Kurfürsten und kehrte sowohl zum Luthertum wie zur älteren Politik zurück. Christian II. (1591–1611, bis 1601 unter Vormundschaft) blieb nur mit seiner

Neigung zur Trunksucht auf den Spuren des Vaters – Kursachsen setzte sein bedeutendes reichspolitisches Gewicht zugunsten von Kaisertreue und Legalität ein. Mit dem Calvinismus hatte Kursachsen längst gründlich aufgeräumt; 1601 war sein Wortführer, der Kanzler Christians I., Nikolaus Crell, hingerichtet worden. Entsprechend abwehrend war die Haltung Kursachsens gegenüber den Reformierten im Reich.

Die Ernestiner hatten sich vom Verlust der Kur nicht erholt; sie waren auf ihre thüringischen Lande reduziert, die sie 1572 zunächst in die Fürstentümer Coburg, Eisenach und Weimar teilten. Später setzte sich die Neigung zur Teilung weiter fort. So wurde Sachsen-Weimar 1603 erneut geteilt – die Weimarer Hälfte 1605 gar unter acht Söhne. Ein vorbildlicher Landesfürst war unter ihnen Herzog Ernst I. der Fromme von Sachsen-Gotha (1605–1675). Berühmter wurde sein Bruder Bernhard als einer der großen Befehlshaber des Dreißigjährigen Krieges.

Die Fürsten von Anhalt aus dem ehrwürdigen Haus Askanien spielten nur eine nachgeordnete Rolle. Aber nach dem Sturz der sächsischen „Zweiten Reformation" konnten ihre Emigranten in Anhalt Fuß fassen; die jungen anhaltischen Fürsten waren durch das Sachsen Kurfürst Christians I. geprägt. Die Folge war die Hinwendung zum reformierten Bekenntnis und eine enge Verbindung zur Kurpfalz – Fürst Christian I. von Anhalt-Bernburg stieg zum Leiter der kurpfälzischen Politik auf. 1603 wurde das Land nach anfänglicher gemeinsamer Regierung unter den vier Brüdern in die Linien Köthen, Zerbst, Bernburg und Dessau geteilt. Die Kleinheit des Landes verhinderte eine ausgreifendere Politik.

Kurbrandenburg begann zunehmend ein verstärktes Profil zu gewinnen; angesichts der kursächsischen Dominanz löste es sich aus dem Bereich des Obersächsischen Reichskreises. Zwar scheiterten die Ambitionen auf den Bischofsstuhl in Straßburg, doch das Aussterben der fränkischen Zollern eröffnete weitere Perspektiven, die deutlich über die fränkischen Markgraftümer hinausführten – ja, die Berliner Zollern wiesen diesen eine deutlich nachgeordnete Position zu, indem sie sie zu einer Sekundogenitur machten. Sie konzentrierten sich auf die beiden norddeutschen Anwartschaften, auf das jülich-klevische Erbe und auf das außerhalb des Reiches gelegene Herzogtum Preußen. Kurbrandenburg hatte ebenfalls eine Modernisierung von Verwaltung, Wirtschaft und Finanzen durchgeführt, aber es drängte ebenso wenig wie Kursachsen den starken Einfluß der Landstände zurück. Schon beim Straßburger Kapitelstreit hatte sich eine Annäherung an die evangelische Bewegungspartei abgezeichnet, ohne daß Kurbrandenburg daraus zunächst Konsequenzen zog. In den reichspolitischen Auseinandersetzungen nach 1600 aber löste es sich, anders als Kursachsen, aus der Loyalität zum Kaiser und verließ 1608, zusammen mit der Kurpfalz, den Reichstag. Eine entscheidende Folge der Annäherung an die Kurpfalz und an die Generalstaaten war der Übertritt Kurfürst Johann Sigismunds (1608–1619) zum reformierten Bekenntnis 1613; seit 1615 besetzte er seinen Rat mit Reformierten. Dieser Schritt hing mit den Auseinandersetzungen um das Jülicher Erbe zusammen. Doch konnte der Kurfürst das verfestigte lutherische Bekenntnis in seinem Territorium nicht mehr umstoßen – die Stände erzwangen die Garantie der lutherischen Landeskirche und verstärkten dadurch ihre eigene Position. Mit dem Eintreten der Stände für das Luthertum und mit den reichspolitischen Ambitionen des Kurfürsten tat sich auch bereits das Spannungsfeld auf, das dann zur Entscheidung drängte.

Im Schatten Kurbrandenburgs stand Pommern, durch die Kontrolle der Odermündung wichtig für die brandenburgischen Getreideexporte. Es war jedoch seit 1569 in Vorpommern mit Wolgast und Hinterpommern mit Stettin geteilt, die Bogislav XIV. (gest. 1637) 1625 wieder vereinigte. Aber mit ihm stand das Greifenhaus nur noch auf zwei Augen – Kurbrandenburg hatte sich den Anfall dieses lebenswichtigen Territoriums durch Erbvertrag gesichert. Die geistlichen Territorien des Obersächsischen Kreises waren nahezu alle durch die Reformation mediatisiert oder an weltliche Häuser angegliedert worden, eine Entwicklung, deren Wurzeln tief im späten Mittelalter lagen.

Die kleineren Grafschaften in Thüringen und am Harz standen vor allem unter kursächsischem Einfluß. Dagegen suchte man Rückhalt am Kaiserhof, was wiederum durch die zahlreichen böhmischen Lehen in Mitteldeutschland begünstigt wurde, die einen starken Katalysator für die reichspolitische Loyalität Kursachsens gegenüber dem Kaiser bildeten. Ein Teil des Hauses Mansfeld schloß sich eng an diesen an, der die Mansfelder dafür 1594 in den Reichsfürstenstand erhob. Der kaiserliche Einfluß wirkte über Böhmen und Schlesien auf die Nachbarn Sachsen und Brandenburg – so beobachtete man vor allem von Dresden aus die Entwicklungen in Prag und Wien stets auf das genaueste.

War Kursachsen immer noch ein getreuer Partner des Kaisers gewesen, so steigerte sich die Kurpfalz zunehmend in die Rolle des Gegenspielers hinein. Sie war mit den drei geistlichen Kurfürsten Mainz, Köln und Trier im Kurrheinischen Kreis vereinigt, dem sonst nur noch relativ unbedeutende Reichsstände zugehörten. Der Übergang zum reformierten Bekenntnis war 1583 endgültig abgesichert worden; er verstärkte in der Pfalz die Tendenz, auf die ältere Tradition einer „quasi-königlichen" Politik zurückzugreifen, die nunmehr zu einer antikaiserlichen wurde. Dies hing durchaus mit ihrem reformierten Bekenntnis zusammen. Dessen reichsrechtliche Nichtanerkennung blieb gewiß eine ständige Bedrohung, auch wenn sich 1566 die Gefahr einer Ausstoßung aus dem Religionsfrieden nicht bewahrheitet und die Pfalz eine De-facto-Anerkennung erreicht hatte – aber das Damoklesschwert schwebte weiterhin über ihrem Haupt und erleichterte ihr die radikal antihabsburgische Linie. Diese wurde sehr stark durch den Mann bestimmt, der seit 1595 zur leitenden Figur ihrer Politik aufgerückt war: Fürst Christian I. von Anhalt-Bernburg. Aus dieser Haltung erwuchs die Führungsrolle der aktiven protestantischen Partei, um die sich die Oppositionsbewegungen im Reich kristallisierten.

Die labile Stellung der Kurpfalz förderte also einerseits ihre Neigung zu einem riskanten Kurs, ließ ihn auf der anderen Seite gleichwohl höchst problematisch erscheinen. Die territorialen Grundlagen der Pfalz waren durch Unfertigkeit und Zweipoligkeit gekennzeichnet. Am Rhein stellte sie ein „aus der Bahn geworfenes Territorium" dar; aus einem überterritorialen Herrschaftssystem resultierte im Zeichen der Territorialisierung ein unfertiger Landesstaat. Der Ausgleich, die Vorherrschaft über ein Satellitensystem, funktionierte nicht mehr; die Glaubensspaltung hatte zahlreiche Mitglieder entfremdet; die Reichsritter widersetzten sich gleichermaßen den territorialen Ansprüchen wie dem reformierten Bekenntnis der Pfalz. Daß man dagegen in der Oberpfalz ein geschlossenes Territorium besaß, war nur ein geringer Vorteil, denn Adel und Städte in diesem Nebenland verharrten im Luthertum, auch wenn die geschickt einsetzenden Bekehrungsversuche der Regierung, vor allem unter dem Statthalter Fürst Christian von Anhalt, einen gewissen langfristigen Erfolg versprachen. Vor allem gelang es der Kurpfalz in keiner Weise, ihre Finanzen in Ordnung zu bringen, nachdem die einst lukrativen Rheinzölle nicht mehr ausreichten. Der Vergleich mit der Haushaltslage des bayerischen Rivalen mußte für die Kurpfalz verheerend ausfallen – aber davon wußten die Heidelberger Räte wohl nichts. Überzeugt von einer drohenden katholischen Gefahr, suchten sie vielmehr Anschluß an Frankreich, England, die Generalstaaten, um einen auswärtigen Rückhalt zu gewinnen, und trugen damit maßgeblich zur Internationalisierung der deutschen Politik bei.

Das Verhältnis zu den geistlichen Fürsten, mit denen man nicht nur in den Fragen des Münzfußes und der Rheinzölle gemeinsame Interessen hatte, sondern mit denen zusammen man auch den Kurrheinischen Kreis bildete, war entsprechend gespannt. 1598 träumte man in Heidelberg sogar davon, durch Säkularisation von Kurmainz und Kurtrier die desolate Kassenlage aufzubessern. Die territoriale Position von Kurmainz war ähnlich wie jene der Kurpfalz – auch hier ein zergliederter Territorialkern, der sich allein im Oberstift um Aschaffenburg und im Rheingau ballte. Durch seine Besitzungen um Erfurt und im Eichsfeld besaß Kurmainz eine starke Position in Thüringen – auch im engeren Bereich des alten Rivalen Hessen hatte es einigen Besitz. Schon unter Kurfürst Daniel Brendel von Homburg (1555–1582) begann sich die Linie einer erneuerten Katholizität durchzusetzen, die vor allem unter Johann Schweikard von Cronberg (1604–1626) einen ersten Höhepunkt erreichte. Geschickt forderte er die Rechte des Kurerzkanzlers in der Reichsverfassung ein, unterstützte aber auch die Habsburger. Trotz seiner entschiedenen Katholizität blieb das militärisch schwache, aber politisch bedeutende Mainz angewiesen auf das Funktionieren der Reichsverfassung. Durch deren Zerrüttung konnte es nur verlieren. So bremste Johann Schweikard Bayern und die Kurpfalz, obgleich er gewiß dazu neigte, Prioritäten für die katholische Sache zu setzen. Eine bewußte Ausnützung seiner Position kennzeichnete die Politik Johann Schweikards durchaus, aber er verlor nie das Vertrauen der gemäßigten Protestanten. So spielte er im Vorfeld des Dreißigjährigen Krieges eng mit ihnen zusammen und wurde damit einer der bestimmenden Faktoren der Reichspolitik.

In Köln regierte seit 1583 ein wittelsbachischer Kurfürst. Auf Herzog Ernst folgte 1612 sein Neffe Ferdinand – der katholische Sieg am Niederrhein hatte, wie gezeigt, erhebliche Folgen für ganz Norddeutschland; die Wittelsbacher sicherten eine ganze Kette norddeutscher Bistümer und machten sie zu Satelliten Kurkölns. Ihnen gelang die Rekatholisierung des kölnischen Herzogtums Westfalen; das Zusammenspiel mit dem Erzstift Köln verstärkte das Gewicht der bayerischen Politik im Reich weiter – das wittelsbachische Übergewicht bekam selbst Johann Schweikard von Mainz zu spüren.

Auch in Trier hatten die Kurfürsten Alte Kirche und Landesherrschaft gefestigt. Frühzeitig hatte sich Erzbischof Jakob von Eltz (1567–1581) für eine tridentinische Reform engagiert – allerdings war das Erzstift mit einer beträchtlichen Schuldenlast behaftet. Der Einzug des erneuerten Katholizismus setzte sich fort. Philipp Christoph von Soetern, seit 1610 Bischof von Speyer, wurde 1623 auch Erzbischof von Trier und brachte seinen alten Gegensatz zur Kurpfalz mit. Wegen der opponierenden Residenzstadt Bruchsal hatte es erbitterte Auseinandersetzungen gegeben, noch größere wegen der speyerischen Festung Udenheim, die der Bischof kräftig ausbaute (seither nach ihm: Philippsburg) und die 1618 von der Kurpfalz zerstört wurde. Nun trat der politische Zug des erneuerten Katholizismus stark in den Vordergrund. Bei allen internen Gegensätzen der einzelnen Erzbistümer bildeten sie doch einen geschlossenen katholischen Block, der der Kurpfalz gegenüber stand. Diese suchte dagegen die Reformierten im Reich um sich zu scharen.

Wenn man die regionale Gliederung des Reichsverbandes betrachtet, so hatte um 1600 die konfessionelle Durchdringung diesen bereits stark beeinflußt. Die Kreisorganisation hatte regionale Hegemonialstellungen teils begünstigt, teils aber auch abgeschwächt. Nach wie vor behaupteten die Kurfürsten ihre herausgehobene Rolle, wobei allerdings unter den geistlichen Kurmainz eine Vorrangstellung innehatte, aber aus Rücksicht auf die Reichsverfassung vorsichtiger agierte als Kurköln und Kurtrier; in der entschiedenen Katholizität unterschieden sich die drei rheinischen Erzbischöfe jedoch nicht. Die weltlichen Kurfürsten gingen ganz unterschiedliche Wege. Die Kurpfalz als Exponent des Revisionismus gegen den Status quo des Religionsfriedens und Kursachsen als dessen entschiedener Verteidiger, als Verfechter von Luthertum und Reichstreue verkörperten geradezu entgegengesetzte Positionen, Ausdruck der Spaltung des evangelischen Lagers. Eine Zwischenstellung bezog zunächst Kurbrandenburg, das sich von einer Stellung im Schatten Kursachsens auf den Pfad einer aktiven Reichspolitik begab. Regionale Führungsrollen spielten die welfischen und hessischen Lande, letztere durch den schweren konfessionellen und politischen Gegensatz zwischen der Kasseler und Darmstädter Linie belastet. Eine kurfürstenähnliche Stellung aber hatte sich Bayern bewahrt, hauptsächlich als Partner und Gegenspieler der Habsburger – gestützt auf ein geschlossenes Territorium und seit kurzem auf sich konsolidierende Finanzen. Zusammen mit den Landen des Hauses Österreich blieb Bayern das letzte größere weltliche Territorium im Reich, das der Alten Kirche anhing. Es hatte diese Situation zu nützen verstanden und mit seinem entschiedenen Engagement dazu beigetragen, im Nordwesten die bedrohte Reichskirche altgläubig zu halten, während sie in Bremen, Minden und Verden sowie im Nordosten bereits zusammengebrochen war.

Die Glaubensspaltung hatte die Konstellationen im Reich kräftig beeinflußt. Sie hatte ältere Konflikte teils angefacht, teils abgebremst – das Gebot des Reichsabschieds von 1555, Landfrieden und Religionsfrieden gemeinsam zu schützen, beförderte den Verdichtungsprozeß des Reiches erheblich. Dies setzte aber Handlungsfähigkeit der Reichsorgane, vor allem des Kaisers, voraus. Der Kaiser übte Einfluß auf ganz unterschiedliche Weise, der im Süden eindeutig stärker war als im Norden. Aus dem Reich gab es kaum Kräfte, die ihn ernstlich ersetzen konnten. So drängten vor allem im Nordwesten die Randmächte in das Vakuum, zunächst Spanien und die Generalstaaten; dank seiner Verbindungen zum Hause Österreich wurde ersteres vom Kaiser gefördert. Der Versuch der sich unterlegen fühlenden evangelischen Gruppierung, sich ebenfalls Hilfe außerhalb des Reiches zu holen, leitete die Internationalisierung der deutschen Politik ein: Es war die Frage, wie Kaiser und Reich diese Herausforderung bestehen konnten.

d) Die deutschen Landesstaaten

Das 16. Jahrhundert hatte einen erheblichen Schub auch für die Verdichtung der Territorien gebracht. Nahezu allenthalben hatten sich die Landesfürsten durchgesetzt, so wie es im Westen Europas die Monarchen getan hatten. Dabei wurden sie auch begünstigt durch die Gesetzgebung des Reiches, denn der Reichstag war vor allem ein Instrument der Territorien. Diese konnten so Kommunen und Adel zurückdrängen; die Position war gegenüber den Städten oder gar Gemeinden stärker als gegenüber dem Adel, da erstere zum Kammergut des Landesherrn gehörten. Das römische Recht und die gelehrten Juristen waren wichtige Helfer der Fürsten gewesen.

Doch der Verrechtlichungsprozeß des Reiches konnte auch den Schutz für die kleinen und kleinsten Reichsstände bedeuten und ihre Vereinnahmung verhindern, so daß sie sich in reichsunmittelbarer Stellung behaupten konnten. Das galt vor allem für die klassischen Kernlande des Reiches in Schwaben, Franken, am Rheinstrom einschließlich des Elsaß, wo sich sogar der niedere Adel den Territorialherren entziehen und zur Reichsritterschaft aufsteigen konnte. Das bedeutete, daß in diesem Raum selbst größere Territorien keinen landsässigen Adel hatten. Der drastischste Fall war die Kurpfalz, die seit dem Spätmittelalter ihren Anhang in einen weit ausgreifenden Satellitenverband hatte einbeziehen können. Gegenüber dem sich durchsetzenden Prinzip der Territorialisierung des 16. Jahrhunderts erwies er sich als nichtterritorial, und so konnten seine Glieder weitgehend ihre Reichsunmittelbarkeit behaupten.

Daraus wird weiter deutlich, daß die Strukturen der Territorien regional bestimmt waren. Im Norden und Osten gelang den größeren Landesherren wie Kursachsen oder Kurbrandenburg sogar die endgültige Vereinnahmung der Bistümer, dort war auch die Zahl kleinerer Herrschaften geringer. Andererseits hing die Binnenstruktur sehr wohl von der Größe ab – dabei zeigte sich, daß zu große Herrschaftsgebilde wie etwa die österreichischen Erblande nur schwer zu integrieren waren; eine relativ lockere Verwaltung und eine starke Stellung des Adels waren die Folge. Zu kleine Territorien hingegen hatten das Problem, daß der „bürokratische" und höfische Aufwand oftmals die Ressourcen überstieg. Der Verdichtungs- und Verrechtlichungsprozeß, der sich durch das 16. und 17. Jahrhundert fortsetzte, verschärfte die Unterschiede zu den Großen weiter. Die alte Tendenz der Landesfürsten zur Teilung – sie sahen gern das Territorium nicht als Staatsgebilde, sondern als Privateigentum an – hörte bei den größeren auf und ging bei den kleineren weiter, wohl weil letzteren der damit verbundene Machtverlust nicht so deutlich vor Augen stand.

So sehr also die verstärkte administrative Durchdringung zu beachten ist, so sehr wird man sich hüten müssen, allzu moderne Maßstäbe anzulegen. Die Landesfürsten bemühten sich zwar, das Land (oder besser: seine Ressourcen) möglichst lückenlos zu erfassen, aber sie stießen auf die Barriere mangelnder finanzieller Mittel, mangelnder Kommunikationsmöglichkeiten und hergebrachter lokaler Rechte.

So blieben sie auf die Mitwirkung der Landstände angewiesen, die ähnlich wie der Reichstag aus dem Hof der Landesfürsten entstanden waren. Deren Wirksamkeit hatte eine besondere Note erhalten durch den ständigen Finanzbedarf der Landesherren. Die üblichen Einkünfte aus Domänen, Zöllen und Regalien reichten längst nicht mehr für die wachsenden Kosten von Hof, Verwaltung und Militär. Selbst so reiche Territorien wie die Kurpfalz und Kurmainz (Rheinzölle) oder Kursachsen und Tirol (Bergbau) bekamen ihre Grenzen zu spüren. Die Finanznot der Landesherren zog ihren Kredit in Mitleidenschaft.

Hier sprangen die Stände ein; ihr Steuerbewilligungsrecht gehörte zu den zunächst unstrittigen Grundlagen frühneuzeitlicher Herrschaft; Steuern galten als außerordentliche Abgaben, die des Konsenses der Betroffenen oder ihrer Vertreter bedurften. Die Stände hatten immer wieder den Finanzbedarf der Landesherren gestützt und damit und auch durch Bürgschaften ihm ihren überlegenen Kredit zur Verfügung gestellt. Dahinter stand die Vorstellung von einer Haftung des Landes; an den Untertanen vermochte sich ein Gläubiger überdies eher schadlos zu halten als am Landesfürsten selbst, den er schwerlich in den Schuldturm werfen lassen konnte. Andererseits schuf die Beschäftigung mit Steuern – oder gar eine ständische oder halbständische Steuerverwaltung – Tradition und Kontinuität. Auch die Verhandlungen mit den Fürsten wurden mehr und mehr formalisiert.

Den Kern der deutschen Landtage bildete die Versammlung der großen Lehnsträger. Doch im Lauf des späten Mittelalters waren zumeist noch Prälaten und Städte hinzugetreten, so daß sich der klassische Typ des Dreikurienlandtags (Prälaten, Adel, Städte) herausbildete. Gemäß der Herkunft der Landtage spielte der Adel eine dominierende Rolle. Er leitete seine Herrschaftsrechte aus eigener Wurzel her gegenüber Klerus und Städten, bei denen der landesherrliche Einfluß ungleich größer war. Dies verstärkte sich noch nach der Reformation, wenn der Landesherr evangelisch gewordene Prälaten selbst einsetzte und zu seinem verlängerten Arm auf den Landtagen machte.

Es zeigte sich allerdings, daß die Zusammensetzung des Landtags ebenfalls von der Binnenstruktur eines Territoriums abhing. Den klassischen Dreikurien-Landtag gab es in Bayern, Hessen, Kurtrier, Kursachsen, Kurbrandenburg sowie den meisten norddeutschen Territorien. In den östlichen Teilen der Habsburgermonarchie, in Böhmen, Mähren, Ober- und Niederösterreich existierte noch ein landsässiger Herrenstand und formierte eine eigene über den Rittern stehende Kurie (nicht in Kärnten, Steiermark und Krain), während die Herren anderswo reichsunmittelbar waren. In Brandenburg und Sachsen bildeten sie im Gegensatz zu den östlichen Teilen der Erblande keine eigene Organisation aus. Eine Besonderheit stellte der Schlesische Landtag dar, der eher eine Versammlung der schlesischen Fürsten einschließlich des Bistums Breslau war – allerdings hatten die schlesischen Teilfürstentümer jeweils ihre eigenen Landtage.

Auf der anderen Seite standen die Landtage jener Territorien, aus denen der niedere Adel in die Reichsritterschaft ausgebrochen war, ausgekernte Dreikurien-Landtage, bei denen Prälaten und Städte zurückgeblieben waren. Das klassische Beispiel bildete Württemberg, doch gab es Parallelen in den fränkischen Markgraftümern, in den Bistümern Würzburg und Bamberg, in Baden, Kurtrier und Fulda. In der Regel schwächte der Ausfall des Adels die Stände – die große Ausnahme bildete der württembergische Landtag, der sich freilich mit dem Landesherrn einig wußte in einem entschiedenen Luthertum. Getragen war er von einer auch anderswo nicht unüblichen Oligarchie, hier „Ehrbarkeit" genannt. Ansätze zu einer Zurückdrängung der Stände unter Herzog Friedrich I. (1593–1608) führten zu einer ständischen Reaktion, der sogar Friedrichs Kanzler Matthäus Enzlin 1613 zum Opfer fiel.

In den evangelischen Territorien stand das Schicksal der Prälaten zur Disposition. Es erwies sich für die Fürsten als zweckmäßig, daß sie nicht wegfielen – vom Fürsten eingesetzt, wurden die evangelischen Prälaten seine Interessenvertreter. In einigen norddeutschen Stiften besetzte das Domkapitel allein oder mit anderen Prälaten den geistlichen Stand. Dagegen trat in einer Reihe süddeutscher Bistümer und Stifte das Domkapitel überhaupt in die Funktion der Landstände ein: in Regensburg, Freising, Eichstätt, Speyer, Worms und vor allem in Mainz, wo sich einstige landständische Ansätze nicht weiterentwickelt hatten. Die Rolle der Städtekurie war zumeist schwach – oft beschränkte sie sich auf die Präsenz weniger Städte oder gar nur einer Stadt, wie etwa Wien oder Prag auf dem niederösterreichischen bzw. böhmischen Landtag, die dann sogar noch protokollarisch hinter dem letzten Ritter rangierten.

Die Landtage der frühen Neuzeit sollten nicht einfach den modernen Parlamenten gleichgesetzt werden, so unstreitig sie in ihre Ahnengalerie gehören. Die Landstände waren Ausdruck einer ständischen Gesellschaft und von ihren Regeln bestimmt: ohne freies Mandat, nach Kurien geschieden, zusammengesetzt auf Grund von Privilegien. Aus einer parlamentarischen Perspektive hat man in früherer Zeit gern den „Dualismus" zwischen Fürst und Landständen betont, ein Bild, das politischem Denken aus der Zeit des Übergangs zum Parlamentarismus entlehnt ist. Man wird jedoch eher von einem Miteinander als von einem Gegeneinander sprechen müssen. Die Landstände waren eingebunden in das Herrschaftsgefüge des Territoriums – sie konnten sich nicht ohne weiteres den Wünschen des Landesherrn entziehen. Auch die Wurzeln des Landtags im Hof waren unvergessen; so war er mehr die Stätte eines Interessenausgleichs als der Interessengegensätze. Gewiß, der Hof war angesichts der Domestizierung des Adels und des Aufstiegs bürgerlicher Beamter vielfach in eine Krise geraten – aber ganz verschwinden konnte der Landtag nicht, und gegen Ende des 16. Jahrhunderts hatte er sich wieder kräftig erholt. Der institutionelle scheinbare „Dualismus" hob sich vielfach in den Personen wieder auf – die Präsenz von Landschaftsgliedern am Hof verlieh diesen verstärkten Einfluß, dämpfte andererseits die Konflikte. Überdies hatte der Landesfürst in den meisten Landständen institutionalisierte Einwirkungsmöglichkeiten. Die Konflikte wurden allerdings wiederholt verschärft durch den unersättlichen Finanzbedarf des Landesherren, durch sein nicht selten unseriöses Finanzgebaren, dem die Stände einerseits mit Auflagen zu begegnen trachteten, das sie aber auch zum Durchsetzen von Zugeständnissen nützten. Natürlich gab es auf dem Landtag eine Hofpartei, gab es Gruppen, die sich am Hof stets repräsentiert fühlten.

Die Präsenz des Adels bei Hofe war in erster Linie Ausdruck seines Vorranges. Parallele Möglichkeiten gab es bei Prälaten und Städten in weit geringerem Maße, auch wenn offensichtlich die württembergische Ehrbarkeit mit ihren Amtsträgern und ihren Landtagsdeputierten ebenfalls eine Klammer für das Territorium bildete. Damit aber relativiert sich doch die neuerdings sehr hoch eingeschätzte Bedeutung von bürgerlich-bäuerlichen Repräsentanten auf dem Landtag. Der fehlende Zugang zu den herrschaftstragenden Schichten reduzierte ihre Einflußmöglichkeiten erheblich.

Gleichwohl hat man mit Recht in jüngster Zeit als Besonderheit der Landtagsbildung die Entwicklung rein bürgerlicher und bäuerlicher „Landschaften" gewürdigt. Auch hier wirkten vereinzelt ältere Traditionen. Die Landschaften konnten sich aus der Organisation der Landesverteidigung, auch aus dem Steuerbewilligungsrecht der Untertanen, wie es bereits die Reichsabschiede von 1512, 1542 und 1544 vorgesehen hatten, entwickeln. Es zeigte sich, daß auch beim Fehlen eines landsässigen Adels die Heranziehung von Bürgern und Bauern einer Gewährleistung der Herrschaft dienen konnte. Häufig ging die Initiative vom Landesherrn aus: Sehr deutlich war dies bei den Landschaftsgründungen von 1579 in Pfalz-Zweibrücken, 1603 in der Kurpfalz – beide Male war eine Finanzkrise Anlaß zur Formierung einer bürgerlich-bäuerlichen bzw. bäuerlichen Landschaft. Die Grafen von Solms unternahmen 1613 einen ähnlichen Versuch.

Allerdings ist um 1600 bei den Landschaften noch eine relative Instabilität festzustellen. So läßt sich die bäuerliche Landschaft des Stifts Kempten jeweils bei den Konflikten mit den Fürstäbten von 1491/92 und 1525/26 (Bauernkrieg) beobachten, wo sie als Gegenspieler und 1525/26 sogar als Vertragspartner des Landesherrn auftrat, um die Abgaben zu regulieren. Als dies geschehen war, geriet die Landschaft dann in Vergessenheit, um erst bei neuerlichen Konflikten 1666 wieder aufzutauchen. Die Kleinheit der Territorien mit Landschaften läßt allerdings ältere Formen des Miteinander und der Kommunikation, etwa bei der Huldigung, also der förmlichen Gewährleistung der Herrschaft durch die Untertanen, vermuten.

Landschaften finden sich vor allem in den kleingesplitterten Territorien Südwestdeutschlands, aber auch an der Nordseeküste, was wohl mit Problemen der Küstensicherung zu tun hatte: in Hadeln, Wursten sowie Sylt, Osterland-Föhr, Nordstrand, Pellworm, Eiderstedt, Stapelholm, Norder- und Süderdithmarschen, Helgoland und Fehmarn. Die einst stolze Bauernkorporation Dithmarschens wurde offensichtlich nach ihrer Niederlage gegen den dänischen König 1559 auf diese Ebene herabgedrückt. Die große Phase der Stabilisierung der Landschaften liegt jedoch erst nach dem Verrechtlichungsschub von 1648. Die Parallele zu den Landständen mit adeligem Kern hat jedoch deutliche Grenzen, wenn auch die Wirksamkeit einer Landschaft für das Herrschaftsgefüge nicht unbedeutend war. Die Kritik an dem eng begrenzten Geist der kurpfälzischen Landschaft hat 1610 der kurfürstliche Beamte Abraham Kolbinger formuliert: „Ich weis wol, das die Heidelberger commissarii, wie auch der mehrerer teil im rat daselbst, di ich wol kenne, dem hiigen bau spinnefeind seind, derwegen tun sie uns zuwider und hindern, sovil sie immer konnen, und were gleichwol gutt, daß es nur diße idioten teten und nicht beipflichtung von andern hetten. Aber was vermag ich dißelbigen – ich wolte von herzen wunschen, das ich mein leben lang Manheim nicht gesehen hette, ... und hat man noch bedenkens, einem solchen stolzen ufgeblasenen eselskopf wort zuzureden oder ime seine eselsohrn zu zeigen. Ich halt mich – ohne rum zu melden – besser und hoher, als das ich solchen lumpenleuten, welche ir leben lang nicht lernen werden, was mir in Pf. gescheften vergeßen ist, sol zu fus fallen und, so oft ich ein heller von inen beger, spizige und unnuze wort von inen einzunehmen(!).“[11]

Gemeinsam war Landständen und Landschaften die zentrale Bedeutung des Finanzwesens. Ihre Steuer- und Bürgschaftspolitik führte sie oft zu eigenen Kassen und zu Ansätzen einer Kontrolle der Landesherrschaft. Die Ausbildung einer ständischen Verwaltung begünstigte einerseits die Verfestigung und Dauerhaftigkeit der Stände, andererseits aber auch die Tendenz zur Oligarchisierung und Verengung, was sie wiederum für die Fürsten leichter lenkbar machte. Eine ständische Beteiligung am Finanzwesen war weit verbreitet: Bayern und Württemberg hatten ihrer Landschaft einen beträchtlichen Anteil eingeräumt; in der Oberpfalz gab es das landschaftliche „Kommissariat“, das für die Finanzpolitik der Heidelberger Regierung wichtig wurde; in den niederrheinischen Herzogtümern, in Kurköln, Kurtrier, Münster, Ostfriesland, in den welfischen Territorien, in Kursachsen gestalteten die Stände das Finanzwesen mit. Eine besonders ausgeprägte Form ständischer Mitwirkung bildete das 1540 entstandene kurbrandenburgische Kreditwerk. Auch die österreichischen Erblande kannten eine institutionalisierte Mitwirkung der Landstände an den Finanzen.

Die großen Rechtskodifikationen um 1600 waren in der Regel unter Zuziehung der Landstände erfolgt, um die Landesbräuche zur Geltung zu bringen und eine möglichst breite Akzeptanz durch das Land zu erreichen. Die Stände waren auch ein Ventil für die Beschwerden im Lande, was zur Entspannung in Konfliktsituationen beitrug; zuweilen waren sie dabei auch Sprachrohr antijüdischer Stimmungen. Vor allem trachteten sie ihre Privilegien zu wahren, die Interessen des Landes zu verteidigen, Universitäten und Schulen zu fördern. Am Vorabend des Dreißigjährigen Krieges unterstützten sie das Landesdefensionswesen aktiv.

Doch gegenüber dem Beginn des 16. Jahrhunderts hatte sich ihre Position deutlich relativiert. Das hatte innere und äußere Gründe. Fast überall war die Unterwerfung des Adels unter die Territorialherrschaft weitgehend gelungen; dies entlastete den Hof als Kommunikationsstätte und schränkte zugleich die Bedeutung der Landstände ein. Diese hatten nicht die Einheitlichkeit des Handelns für sich wie der landesherrliche Behördenapparat; ihr defensiver Charakter hinderte sie auch an allzu aktivem Eingreifen in die Belange des Landesherrn, der somit in der Regel das Gesetz des Handelns in der Hand behielt. Gerade das finanzpolitische Engagement der Landstände trug zu ihrer Entmachtung bei – sie hatten sich in eine Interessengemeinschaft mit dem Landesherrn begeben, in der Regel ohne die Landesfinanzen wirklich sanieren zu können. Damit aber machten sie sich verstärkt abhängig. Dies verband sich mit Ausschließungstendenzen und Oligarchisierung. Den landesherrlichen Ansprüchen konnten sie nur begrenzt Widerstand leisten. Um 1600 waren sie auch in der Religionsfrage in der Defensive; es wurde schon deutlich, daß sich lutherische Stände gegen einen katholischen Landesherrn auf Dauer schwerlich würden behaupten können – selbst gegen einen reformierten, der sich wegen seiner reichsrechtlich prekären Lage schwerer tat, war das nicht einfach. Aber wieviel zählte die Autonomie von Ständen und Adel, die nicht einmal das eigene Gewissen verteidigen konnten? Die Position der Stände war bereits am Vorabend des Dreißigjährigen Kriegs unter Druck geraten, bevor der Krieg sie dann weiter unterspülte.

Die Waage neigte sich also bereits auf die fürstliche Seite. Hier stand der weitere Ausbau der Verwaltung im Mittelpunkt, gegen den der Verdichtungsprozeß der Stände notgedrungen zurücktreten mußte. Dabei setzten sich bereits früher begonnene Entwicklungen fort. Allerdings darf hier nicht an einen gleichmäßigen eigengesetzlichen Prozeß von Bürokratisierung und Rationalisierung gedacht werden, sondern die Behördenbildung vollzog sich weiter im Gehäuse des Hofes. Der Hof bildete das traditionelle Zentrum europäischen Herrschens, Mittelpunkt der Lehensleute, die um die Haushaltung des Herrn gruppiert waren. Er war also vornehmlich eine Veranstaltung von Fürst und Adel, aber auch fürstlicher Selbstdarstellung und adeliger Kommunikation. Der Hof unterlag eigenen Spielregeln, die auf seinen adeligen Charakter ausgerichtet waren. So gab es die traditionellen Hofämter: Obersthofmeister, Marschall, Stallmeister, Jägermeister, wobei verschiedene Varianten möglich waren – die Stellung bei Hofe regelte vor allem den Zugang zum Fürsten. Andererseits hob es das Prestige eines Fürsten, möglichst viele und prominente Adelige bei Hofe zu haben. Aber diese Präsenz diente auch der Anbindung des Adels an die Zentrale; daraus resultierte ferner, daß immer stärker adelige Amtleute auf dem Lande dem Hof zugehörten und ihre lokale Stelle durch einen Vertreter oder Verweser versehen ließen.

Präsenz bei Hof blieb auch für den Adel bedeutend. Der Hof war ein wichtiger Schlüssel für die Patronage, die man genießen und auch ausüben konnte, zugleich eine Stätte adeliger Ausbildung – ein Ort, wo sich lebenslange Verbindungen und Heiratskontakte knüpfen ließen. Daß man bemüht war, für traditionelle adelige Übungen, für Turniere und Wettkämpfe, etwas zu tun, gehörte auch dazu; wichtig war vieles, was dem Spieltrieb diente, bis hin zu den berüchtigten Trinkgelagen, bei denen mancher Herr Trinkfestigkeit bewies und seinen frühen Tod herbeiführte.

Aber der Hof war auch eine Stätte verfeinerter Kultur, die den Grobianismus zurückdrängte – ein Ort landesfürstlichen Mäzenatentums, der Pflege von Kunst und Musik. Gerade die deutsche Renaissance erreichte vielfach höfische Verfeinerung. Charakteristisch dafür waren die Höfe der verfeindeten Heidelberger und Münchner Vettern, daneben die geistlichen Höfe von Mainz, Würzburg, Bamberg – oder auch der etwas erdenschwerere Dresdner Hof, die Höfe in Stuttgart, Neuburg, Ansbach, Kulmbach, Kassel, Marburg, Celle, Wolfenbüttel, Güstrow und Schwerin, von weiteren geistlichen Höfen ganz zu schweigen. Der Stil war unterschiedlich stark konfessionell eingefärbt, was auch die äußere Präsentation sehr beeinflußte, und doch gab es eine gemeinsame Hofkultur. Daß die Spannungen zwischen Landesherren und Adel nachgelassen hatten, wertete den Hof auf, der schon vor dem Dreißigjährigen Krieg einem neuerlichen Höhepunkt seiner Geschichte zustrebte – Bürgerliche besaßen an ihm nur eine nachgeordnete Stellung, was mancher bitter erfahren mußte. Die fürstliche Haushaltung erforderte ebenfalls eine eigene Organisation; wichtig war, daß man in diesem Bereich strikt auf Rangordnungen achtete.

Nun waren die entstandenen landesfürstlichen Behörden in den Hof eingebaut: Die Inhaber der alten Hofämter, Obersthofmeister oder Marschall, stellten die geborenen Spitzen des fürstlichen Rates dar, wie es andererseits für die adeligen Leiter der lokalen Behörden wichtig war, eine höfische Position zu finden, um einen Zugang zum Fürsten zu behalten. Allerdings war, wie der Hof, auch die Behördenbildung stark von der Größe des Territoriums abhängig. Bei den mächtigeren Territorien hatte sich seit dem 15. Jahrhundert eine klassische Behördenstruktur herausgebildet. Da gab es in der Regel – die Bezeichnungen konnten wechseln – den fürstlichen Rat, die Kanzleien, mit dem Rat durch ihren Vorsteher, den Kanzler (meist einem bürgerlichen Juristen) verbunden, die Rechenkammer oder Hofkammer und das Hofgericht, das oftmals mit dem fürstlichen Rat eng verzahnt war. Diese Behördenbildung verband sich mit einer starken Professionalisierung, die den Adel in die Defensive drängte; im Rat und bei Gericht hatten vielfach die gelehrten Juristen eine unentbehrliche Stellung gewonnen, die den Adel zwang, den Professionalisierungsprozeß seinerseits nachzuholen. Die Räte in Rat und Hofgericht waren meist graduierte Universitätsabsolventen, zuweilen auch die im Bereich der Kanzlei und der Rechenbehörden, dann aber oft nur mit einem kurzen Studium, eher Leute der Praxis. Das 16. Jahrhundert hatte vor allem in den evangelischen Territorien die Behörden für das Kirchenwesen hinzugebracht, die sich um Kirchenregiment und geistliches Vermögen zu kümmern hatten – also einerseits den Kirchenrat oder das Konsistorium, andererseits die geistliche Gefällverwaltung oder Klosterverwaltung. Der Parität zwischen Adeligen und Juristen im Rat, die sich dort im Gefolge des Reichskammergerichts durchgesetzt hatte, entsprach im Kirchenrat oft eine solche zwischen Theologen und Laien.

Diese Entwicklungen wurden fortgesetzt, nun zwar nicht mehr mit einer so deutlichen Stoßrichtung gegen den Adel; aber mit der Zahl der Beamten wurde auch die Zahl der bürgerlichen Gelehrten vermehrt. Dies machte die Regelung der behördlichen Abläufe durch landesfürstliche Verordnungen nötig. Aber die Expansion der Behörden ging weiter. Vor allem erwies es sich, daß die juristischen Aufgaben den Hofrat ständig überforderten. Daraus zog man in den größeren Territorien eine zweifache Konsequenz: einmal die Errichtung von Spezialbehörden. So waren besonders die Kirchenräte entstanden; in Wien hatte sich 1556 ein Hofkriegsrat gebildet, Bayern folgte 1583, weitere Territorien kamen im Laufe des 17. Jahrhunderts hinzu.

Wichtiger aber war die Herauslösung der politisch relevanten Fragen, der „Geheimen Sachen", aus der Alltagsroutine des Hofrats. Oft begnügte sich der Landesherr mit der Auswahl einzelner Räte, denen er besonders vertraute, aber schon im 16. Jahrhundert entstanden die ersten Geheimen Räte oder Kollegien. Diese Entwicklung machte rasch Schule: Nach Österreich, Bayern und der Kurpfalz folgte vor allem Brandenburg 1604. Hier ist ganz deutlich, wie stark die Herausbildung eines solchen Gremiums mit der nun ausgreifenden Reichspolitik des Kurfürsten zu tun hatte. Aber der brandenburgische Geheime Rat konnte sich als das einzige Ratskollegium des Kurfürsten der Alltagsarbeit nicht entziehen. 1629, in der Bedrängnis des für das Territorium höchst gefährlichen Restitutionsedikts, bildete auch Württemberg einen Geheimen Rat. Im einzelnen sind die Entwicklungen vieler Territorien noch nicht verfolgt. Allerdings unterlag auch der Geheime Rat, wie schon vor ihm der Hofrat, dem Problem einer ständigen Vergrößerung und damit einer erhöhten Immobilität, die nach erneuten Reformen rief.

Die Frage des Geheimen Rats ist deshalb so kompliziert, weil sie unmittelbar mit der des fürstlichen Anteils an der Regierung zusammenhängt, der wiederum in ganz hohem Maße aber von Eignung und Neigung von Serenissimus für ein „persönliches Regiment" beeinflußt wurde. Ohne Zweifel darf man die entscheidende Rolle des Landesherrn für die Beschlüsse nicht durch die Brille einer allzu modernen bürokratischen Perspektive sehen – wenn der Fürst sich mit der Entscheidung befaßte, hatte er das letzte Wort, war er die maßgebliche Instanz. Aber war es wirklich so? Gewiß behielten manche Herrscher das Heft in der Hand wie Maximilian I. von Bayern oder auch Georg Friedrich von Brandenburg-Ansbach oder Moritz der Gelehrte von Hessen-Kassel, nicht aber notorische Trunkenbolde wie Kurfürst Friedrich IV. von der Pfalz, der nach eigener Aussage in der Kanzlei schwitzen mußte, oder der Sachse Christian II. Eine ältere Meinung wollte die Geheimen Räte als Abspaltungen der Hofräte erklären. Gerhard Oestreich hat dagegen das persönliche Schreibbüro des Landesherrn, die „Kammerkanzlei", als die Keimzelle der Geheimen Räte entdecken wollen[12] – der Kammersekretär weilte stets in der

Nähe des Fürsten und war seine „Feder". Aber weitere Forschungen haben doch deutlich gemacht, daß die Entstehung der Geheimen Räte ganz unterschiedliche, aus spezifischen Konstellationen erwachsene Ursachen hatte. Gewiß ist, daß dabei dem Engagement des Landesherrn höchste Beachtung zu schenken ist. Deutlich wird aber auch, daß schon um 1600 der Landesfürst seinen Behörden Beschlußfunktionen überlassen mußte, ganz einfach, weil ihm die Zeit, teils wohl auch die Kompetenz fehlte, alle Angelegenheiten selbst zu entscheiden.

Auffällig ist daneben eine starke Tendenz zur Stellenvermehrung. Diese galt auch, wenngleich in bescheidenerem Maße, für die Lokalbehörden – von der Affinität der adeligen Amtleute zum Hofe war schon die Rede. Dies beförderte das Vordringen von Bürgerlichen, die ihre Ausbildung teils in der Juristenfakultät, teils in der Kanzlei genossen hatten – als Vertreter des abwesenden Amtmanns, als lokale Finanz- oder Verwaltungsbeamte mit unterschiedlichen Titeln –, zumeist waren sie aus dem Bürgertum des Landes rekrutiert. Die Lokalverwaltung scheint allerdings auf den ersten Blick noch relativ konventionell, vor allem weil sie sich an die traditionelle Gliederung des Territoriums hielt – die freilich auch die Bausteine markierte, aus welchen dieses einst zusammengesetzt worden war, und deshalb konnten sie auch nicht so einfach verändert werden. In größeren Territorien gab es jeweils eigene Regierungen für einzelne Landesteile bzw. Nebenländer. Der Ausbau von Zentral- und Lokalbehörden begünstigte einen verstärkten Zugriff des Landesherrn, der jedoch bei den relativ schwachen Kommunikationsmöglichkeiten nicht überschätzt werden darf. Immerhin bedeutete die Stellenvermehrung Aufstiegschancen für eine bürgerliche Beamtenschicht, die sich ihrerseits schon bald nach unten abschloß. Sie war stark konfessionell geprägt, was für alle drei im Reiche dominierenden großen Konfessionen galt, und deshalb auch besonders geeignet, den landesherrlichen Konfessionalisierungsdruck nach unten fortzusetzen; sie bildete nach dem Adel die nächst wichtige Klammer für das Territorium, war freilich dem Landesherrn weit bedingungsloser ergeben als jener.

Diese Entwicklung hing zusammen mit einer neuen Professionalisierung der Amtsträgerschaft, die durch ihre Ausbildung in Universität, Rat und Kanzlei gewährleistet war. Der neue Beamte verfügte über kein adeliges Gut, war also stärker auf die Gnade und Gunst des Landesherrn und auf die Besoldung aus seiner Hofkammer angewiesen, nicht selten auch auf die Protektion eines höhergestellten Beamten. Die Besoldung – in der Regel eine Kombination von Geld und Naturalien – war oft nicht gerade hoch, aber sie verlieh in einer Zeit der Hungerkrisen doch eine erhöhte Sicherheit. Dafür sorgte auch die neue Stetigkeit der Behörden, die freilich mit einem beträchtlichen Arbeitspensum zu bezahlen war. Der Behördenapparat beruhte auf dem Prinzip der Kollegialität; für den Ablauf der Beratungen nahm man gerne Anleihen bei dem römisch-rechtlich bestimmten

Gerichtsverfahren: Die wechselseitige Kontrolle sollte Amtsmißbrauch verhindern. Auch die Gerichtsbarkeit, wo sich unter dem Einfluß von Reichskammergericht, territorialer Rechtsvereinheitlichung und zunehmender Professionalisierung der Juristen ein weiteres Eindringen des römischen Rechts zeigte, wurde effektiver. Die Tendenz ging praktisch vom Gerichtsverfahren mit seinem förmlichen komplizierten Verhandlungsgang vor den Hofgerichten zur schnelleren, formal schiedlichen Verhandlung vor Rat und Kanzlei. Das wirkte wieder vereinheitlichend auf die Rechtspraxis der Untergerichte zurück.

Die Zunahme der bürgerlichen Juristen ging allerdings nicht Hand in Hand mit einem steigenden Einfluß. Sehr eindeutig zeigte sich auch hier an der Wende zum 17. Jahrhundert die wieder verstärkte Position des Adels. Er nahm nicht nur die Spitzen der bürgerlichen Aufsteiger auf, sondern er gewann auch neuen Einfluß. Allerdings zahlte er dafür den Preis verstärkter Professionalisierung und eindeutigerer Loyalität gegenüber dem Landesherrn – und verband dies mit einem verfeinerten Lebensstil. Dafür gab ihm die Bastion der höfisch bestimmten Gesellschaft für die Behauptung seiner sozialen Position einen guten Rückhalt.

Sehr deutlich war auch der gesteigerte Zugriff des Landesherrn auf seine Untertanen. Die großen Rechtskodifikationen gaben zwar dem Territorium eine gewisse, wenn auch begrenzte Rechtseinheit und Rechtssicherheit und erlangten deshalb geradezu symbolischen Charakter. Aber noch wichtiger war die staatliche Reglementierung weiter Bereiche des bürgerlichen Lebens durch landesherrliche Polizeiordnungen und Mandate, denen mit einer größeren administrativen Kontrolle, aber auch mit den Mitteln sozialen Drucks Geltung verschafft wurde, so daß man geradezu von einer verstärkten „Sozialdisziplinierung" (Gerhard Oestreich) sprechen kann. Man darf diese allerdings nicht einseitig sehen: Neben der Durchsetzung verstärkter obrigkeitlicher Zentralisierung diente sie vielfach auch zivilisatorischem Fortschritt.

Die fürsorgliche Obrigkeit kümmerte sich um viele Bereiche: Nahrung, Kleidung, Festlichkeiten, Heirat. Sie trat Bettelei und Müßiggang entgegen, die angesichts der Bevölkerungsvermehrung immer problematischer wurden, und begann ihrerseits, zu einer disziplinierenden Armenfürsorge zu schreiten. Dabei waren sich die höheren und die niedrigen Obrigkeiten einig, daß man Fremde von der Fürsorge fernhalten sollte. Schon bei der Armenfürsorge zeigte sich, daß hier den evangelischen Territorien ein weiterer Bereich zugefallen war, den bislang die Alte Kirche gepflegt hatte.

Von grundlegender Bedeutung dafür war der Prozeß der „Konfessionalisierung", d.h. daß der Landesstaat im Gefolge der Glaubensspaltung ein intensiveres konfessionelles Bewußtsein ausbilden konnte, mit Hilfe der Kirche seine obrigkeitlichen Maßnahmen den Untertanen näherbrachte und seinen eigenen Glauben mit den Möglichkeiten der Obrigkeit durchsetzte – Territorialisierung und Konfessionalisierung durchdrangen und ergänzten sich wechselseitig. Zwar war dafür der evangelische Landesstaat mit seinem Landeskirchentum wegweisend, aber auch die katholischen Fürsten und Herren haben sich dieser Möglichkeiten bedient. Die Bedeutung dieser Prozesse hat vor allem Heinz Schilling zusammenfassend analysiert.[13]

Der evangelische Landesstaat hatte – und er bekam dies im Religionsfrieden von 1555 reichsrechtlich bestätigt – die vakant gewordenen Aufgaben der Alten Kirche übernehmen müssen. Dabei bediente er sich der in der vorreformatorischen Zeit bereits erprobten Mittel von Visitation und Reformation. Die Visitationen wurden als Mittel der konfessionellen und landesstaatlichen Durchdringung perfektioniert; sie paßten sehr gut in die allgemeine Entwicklung zum verstärkten innerterritorialen Durchgriff durch die Landesherren, zur Vollendung der Landeshoheit.

Der Ausbau der landeskirchlichen Zentralbehörden wurde begleitet von der Ausbildung eines evangelischen Pfarrerstandes, der gegenüber dem katholischen Säkular- und Ordensklerus zunächst einen Vorsprung an Professionalität gewann, welcher freilich nicht zu früh und nicht zu dramatisch angesetzt werden sollte. Zugleich aber wurde der Pfarrerstand nach dem Modell des sich parallel ausbildenden Beamtenstandes entwikkelt: Ausrichtung auf den Landesherrn und seine Konfession waren ein wichtiges Gebot; der Pfarrerstand bildete neben den adeligen und den bürgerlichen Amtsträgern ein drittes Netz im Territorium – ganz besonders festgelegt auf dessen konfessionelle Durchdringung. Relativ leicht ließ sich die Landeskirche auf die Tendenzen zur Sozialdisziplinierung verpflichten – gab es doch kaum eine bessere Plattform ihrer Verkündung als die Kanzel. „Kirchenzucht und Polizei gehen nahtlos ineinander über und suchen die äußere Lebensordnung so zu gestalten, daß der bestimmungsgemäße Weg des Menschen zum ewigen Heil durchschritten werden kann. In einer Zeit, die noch kaum säkularisierte Vorstellungen und entsprechende Verwaltungsaktivitäten entwickelt, verlangt das Kirchenregiment der Obrigkeit ebenso zweckhaftes wie beständiges administratives Handeln ab."[14] Nach dem Tode Luthers und der Verfestigung der großen Lehrstreitigkeiten im evangelischen Lager gab es auch kein Gegengewicht gegen die Vereinnahmung durch den Landesstaat mehr. Nun war der Austausch gewiß nicht nur einseitig; die Theologen der Landesuniversitäten konnten auch die Konfessionspolitik der Landesherren mitgestalten, wenngleich der Primat des Politischen unverkennbar war. Es gab allerdings auch eine Anzahl von Theologen, die sich dem Druck durch Emigration entzogen. Andererseits haben die weltlichen Behörden durchaus Praktiken aus dem kirchlichen Bereich übernommen: Das Instrument der Visitation ließ sich z. B. gut auf die Kontrolle der Landesfinanzen übertragen.

Daß hier die Reformierten den lutherischen Landesherren trotz mancher Modifikationen folgten, lag bei allen dogmatischen Unterschieden und politischen Gegensätzen nahe; es war übrigens ein erneuertes Luthertum, das im Zusammenhang mit der Konkordienformel von 1577 und dem Konkordienbuch von 1580 einen neuen Impuls zur Konfessionalisierung aufnahm.[15] Schwieriger war die Situation bei den Katholiken. Sie behielten ihre Hierarchie; überdies ließ sich ein zölibatäres Priestertum schwerer nach dem Muster einer landesherrlichen Beamtenschaft formen. Trotzdem benützten die katholisch gebliebenen Landesherren den erneuerten Katholizismus ebenfalls zu verstärkter Durchdringung ihrer Territorien. Bayern bildete einen geistlichen Rat. Für die geistlichen Fürsten war der Zugriff naturgemäß leichter, dennoch zeigte (wie im Falle Bayerns) auch nach 1600 der weltliche katholische Fürst oft die größere Dynamik. Die landesherrliche Aufsicht über den Klerus, das entschiedene konfessionelle Engagement der sich formierenden Beamtenschaft haben dem konfessionellen Landesstaat altgläubiger Prägung gleichfalls die Wege bereitet.

Er sorgte dafür, daß ein entsprechendes Bildungssystem bereitgestellt wurde, das mit den landesfürstlichen Gymnasien und Universitäten sowohl die Bindung an die landesherrliche Konfession wie die Bereitstellung eines aus diesem Geiste erzogenen Beamtennachwuchses sicherte. Die Juristen wiederum gaben der landesfürstlichen Politik mit der Lehre vom jus superioritatis (Landeshoheit) die Überhöhung. Sie bündelte die verschiedensten Rechte, die man einst zusammengetragen hatte, und befestigte sie dadurch; aber dies verschärfte zugleich die älteren Konflikte um Rechtstitel mit Auswärtigen. Die „Irrungen" mit den territorialen Nachbarn um alle möglichen Ansprüche waren im Alten Reich mit seiner oft komplizierten Gemengelage sehr zahlreich; sie beförderten den Bedarf an Juristen und kamen dennoch oder gerade deshalb niemals an ein Ende.

Allerdings blieben besonders hier die kleineren Reichsunmittelbaren am stärksten hinter den größeren zurück – der Abstand wurde verstärkt durch den wachsenden Aufwand an Verwaltung. Gerade bei ihnen war die Fülle der Konflikte mit den Nachbarn indirekt proportional zur Größe. Abhängigkeitsverhältnisse, Klientelbeziehungen wurden verstärkt – schon allein der Besitz einer Landesuniversität oder auch nur einer Landesschule schuf neue Einwirkungsmöglichkeiten auf die kleineren Nachbarn, die nicht nur den Einfluß befestigten, sondern auch dem Export und Import von konfessionellem Denken dienten. Kein Wunder, daß auch viele kleinere Herren sich um ihre eigenen Schulen bemühten.

Aber der Ausbau von Staatlichkeit kostete Geld. Kam noch ein Ausbau des Hofes hinzu, wie ihn sich zahlreiche Fürsten leisteten, so wurde die Finanzdecke oft zu kurz. Die landesfürstlichen Räte hatten überdies sehr häufig ein merkwürdiges Unverhältnis zum Geld und zu finanzpolitischen Operationen. Ihre juristische Ausbildung war dafür nicht geschaffen. Die regelmäßigen Einkünfte reichten nicht aus – mit Hilfe der Stände hat man sich „außerordentliche" Steuern erschlossen, die oft genug zu regelmäßigen wurden. Gerade hier war man allerdings recht erfolgreich. Die Türkenhilfe des Reichstags, mit ihrem hohen Prestige bei den Untertanen, eine

Reichssteuer also, wurde, wie erwähnt, zu kalter Erhöhung der Landessteuern benützt.

Auch suchte man die Erträge von Zöllen, Regalien und vor allem aus den Domänen planmäßig zu steigern. Es gab eine Vielzahl von Bemühungen, denen auch partielle Erfolge beschieden waren. Aber es blieben zumeist fiskalische Einzelunternehmungen, ohne daß die gesamtwirtschaftliche Wirkung im Auge behalten wurde: Die Grafen von Ostfriesland haben Emden, die Herzöge von Jülich Wesel bekämpft – ihre eigenen Landesstädte! Nur wenige haben es geschafft, mit einer Kombination der verschiedensten Methoden eine schwierige finanzielle Lage zu meistern, wie etwa Herzog Maximilian I. von Bayern. Hatte sein Vater Wilhelm V. noch 1597 wegen der katastrophalen Finanzlage abgedankt, so konnte er diese mit harter Hand stabilisieren und mit wohlgefüllten Kassen in den Dreißigjährigen Krieg ziehen.

Maximilian bildete aber eine Ausnahme. Vielfach schleppten die Herrschaften noch ältere Schulden mit sich; dabei spekulierten sie auf die ständige Geldentwertung, wenn sie Länderkäufe tätigten. Eine unkontrollierte Schuldenaufnahme war häufig – sehr deutlich bei der Kurpfalz, wo der Zusammenbruch des ständisch geführten „Kommissariats" der Oberpfalz nach der bayerischen Besitznahme und dem Friedensschluß die geprellten Gläubiger und ihre Nachfahren noch bis ins 18. Jahrhundert hinein beschäftigte. Es zeigte sich, daß die finanzielle Krisenanfälligkeit der Kleinen noch ausgeprägter war. Der deutsche Territorialstaat ging zwar gestärkt, aber keineswegs ganz gefestigt in die schwere Krise des Dreißigjährigen Krieges.

Sehr deutlich aber hatte sich der Landesstaat nach unten durchgesetzt. Dies betraf die Korporationen in seinem Innern – Adel und Kirche vor allem, aber auch die städtischen und dörflichen Gemeinden. Im fortgeschrittenen Verdichtungsprozeß des 16. Jahrhunderts waren allenthalben die Ansprüche aufeinandergestoßen: Die landesfürstlichen hatten sich in der Regel durchgesetzt und Adel und Städte zurückgedrängt; letztere versuchten das gleiche nach unten, also gegen die dörflichen Untertanen und die städtischen Bürger. Die dörflichen Gemeinden waren ebenfalls unter Druck geraten. Dies führte jedoch keineswegs zum Ende ihrer Autonomie, vor allem nicht in den westlichen Teilen des Reichs. War es doch, wie gezeigt, für den Landesstaat günstiger, neuere, meist unpopuläre Aufgaben auf Adel, Städte, Gemeinden abzuwälzen: Steuerumlagen, Rekrutierung oder Einquartierung von Soldaten vor allem. Aber die obrigkeitlichen Kontrollen verstärkten sich doch. Es war weniger ein Unterdrückungs- als ein Vereinnahmungsprozeß – etwas anderes hätte die Kräfte des frühmodernen Staates allzu stark belastet.

e) Die Mindermächtigen: Reichsstädte, Reichsgrafen, Reichsritter

Das Reich war ein Reich der Territorien. Den Reichsstädten blieb daneben eine eher marginale Position, obwohl sie zeitweilig eine erhebliche Rolle hatten spielen können, zuletzt noch in der großen Bewegung der Reformation. Ihre Zahl war um 1600 immer noch mit ca. 60 zu beziffern, davon über 30 im Schwäbischen Kreis, 11 im Elsaß und 5 weitere im Oberrheinischen Kreis, 6 im Fränkischen, 4 im Niedersächsischen, 3 im Niederrheinisch-Westfälischen und eine – Regensburg – im Bayerischen Reichskreis. Sie waren also vor allem im Südwesten des Reiches angesiedelt.

Die Zahl der Reichsstädte blieb schwankend; die Reichsmatrikel schleppte noch eine ganze Reihe mit, die längst von Fürsten „eximiert" (bzw. „ausgezogen"), d. h. ihrer Landeshoheit unterworfen worden waren. Andererseits gab es in Norddeutschland zahlreiche Landesstädte, die eine beträchtliche Emanzipation von ihren Landesherren erreicht hatten, oft Residenzstädte, was die Konflikte noch bitterer machte. Die erstarkenden Landesherren suchten sie zurückzuholen. Die Tendenz zur Reichsstandschaft war nur bei wenigen, wie bei Braunschweig, relativ eindeutig; dabei spielten die alten hansischen Traditionen mit. Die Konflikte vermischten verfassungsrechtliche und konfessionelle Auseinandersetzungen; sie spielten sich ab in Städten wie Erfurt, Münster, Osnabrück, Hildesheim, Braunschweig, Lüneburg, Göttingen, Magdeburg, Rostock, selbst in so kleinen Städten wie im lippischen Lemgo und im waldeckischen Korbach. Aber die Niederlage fast aller dieser Städte war angesichts der verfestigten Reichsverfassung vorgezeichnet; zwar dauerten die Auseinandersetzungen in Erfurt und Münster über den Dreißigjährigen Krieg hinaus, aber auch sie unterlagen schließlich dem Zugriff ihrer Landesherren – die anerkannten Reichsstädte wagten nicht, diese Kommunen zu unterstützen. Es lag u. a. daran, daß auch sie landesherrliche Ansprüche ausübten.

Die Reichsunmittelbarkeit konnten jedoch auf Dauer nur Hamburg und Bremen durchsetzen, nicht ohne Mühe und nicht ohne den Rückenwind eines beträchtlichen wirtschaftlichen Auftriebs. Dafür war die einst so mächtige Hanse in ihrer letzten Phase gleichsam in ihre Agonie gefallen. Längst hatte sie ihre Bedeutung unter dem Druck der erstarkten Monarchien Westeuropas verloren, ihre Privilegien und ihre Niederlassungen eingebüßt. Als sie Wallenstein im Dreißigjährigen Krieg für eine kaiserliche Flotte zu mobilisieren suchte, erwies sich dies als vergebens. Schließlich haben nur noch Lübeck, Hamburg und Bremen das Bündnis aufrecht erhalten – 1669 kam es zu seiner letzten Tagung.

Die Vertreter der Reichsstädte trafen sich außer auf den Versammlungen der Reichstagskurie auch noch auf Städtetagen, um die gemeinsamen Interessen zu besprechen, z. B. Zoll- und Handelsfragen, den Druck der übermächtigen Territorialstaaten oder Gesellenunruhen, die über den lokalen Rahmen hinausgingen. Sehr deutlich zeichnete sich die Konkurrenz der benachbarten Landesstädte ab, die von ihren Fürsten gegen die isolierten Reichsstädte gefördert wurden. Der Rückgang ihrer reichspolitischen Bedeutung wurde für die Städte unübersehbar.

Die Verfassung der Reichsstädte hatte im 16. Jahrhundert eine deutliche Stärkung der städtischen Räte erlebt; Karl V. hatte nach seinem Sieg über den Schmalkaldischen Bund vielerorts das Zunftregiment beseitigt, auch in katholischen Städten, nachdem die Zünfte im Spätmittelalter vielfach ihre Partizipation erkämpft hatten. Der Kaiser glaubte, nach den Erfahrungen der Reformationszeit, die Städte in seinem Sinne sicherer und kalkulierbarer zu machen, wenn er ihre Räte dem Zugriff der unruhigen Handwerker entzog. Hinzu kam, daß sich unter diesen Umständen die führenden Familien, die „Patrizier", weiter abschlossen – der Kreis war oft so eng, daß man in kleineren Reichsstädten bereits im 17. Jahrhundert Schwierigkeiten hatte, allzu starke verwandtschaftliche Verbindungen der Amtsträger zu vermeiden. In manchen Städten wurde eine ausdrückliche Ergänzung des Patriziats aus den führenden Kaufmannsfamilien notwendig. Daß zugleich in den größeren Städten das Bürgerrecht restriktiver vergeben wurde, weist in die gleiche Richtung. Die sich verfestigenden Oligarchien suchten die Herrschaft in der Stadt abzusichern – dazu benützten sie das Prinzip der Kooptation; vielerorts wurden die Wahlen zu bloß formalen Akten. Allerdings gab es auch ein institutionalisiertes Mißtrauen innerhalb der Oligarchien, das sich in der starken Rotation der meisten Ämter ausdrückte. Doch konnte dies die oligarchische Struktur nicht brechen.

Dabei waren die Stadtverfassungen in ihrer äußeren Gestalt zumeist erhalten geblieben; das Nebeneinander von innerem und dem zumeist zur besseren Repräsentation der Bürger geschaffenen äußeren Rat blieb erhalten, ebenso wie die Satzungen, die oft Produkte vergangener Konflikte zwischen Rat und Bürgerschaft waren. Auf der anderen Seite trachtete nun in großen Reichsstädten der Rat ein jus superioritatis, die Obrigkeit über seine Bürger, in die Hand zu bekommen und so der Verfestigung der landesfürstlichen Herrschaft in den Territorien nachzufolgen. Hier freilich erhob sich Opposition in der Bürgerschaft. Sie begriffen die Widersprüchlichkeit reichsstädtischen Selbstverständnisses, da man sich schon äußerlich gern als Republiken im Gefolge des antiken Rom feierte, zugleich aber auch den aristokratischen Charakter betonte. Schon vor 1600 setzte deshalb da und dort Opposition gegen die allzu autoritäre Politik eines Rates ein. Man bediente sich des Mittels der Bürgerausschüsse, die gegen den überzogenen Anspruch der Oligarchen, vor allem in Finanzangelegenheiten und bei Ämtermißbrauch, auftraten und die Konflikte durchfochten. So setzte eine neue Welle von Auseinandersetzungen ein, die ihren Höhepunkt allerdings erst in der zweiten Jahrhunderthälfte erreichte. Städte traten auch als Territorialherren auf, so vor allem Nürnberg, Ulm, Rothenburg, Frankfurt, Schwäbisch Hall, Lindau, Ravensburg, Biberach, wo das Spital der praktische Landesherr war. Sie verfügten über ein beachtliches

Landgebiet und Untertanen, über die sie ein strafferes Regiment führten als mancher Territorialherr: Bürgerliche Rationalität wußte die Instrumente feudaler Herrschaft gut zu handhaben.

Die Bedingungen des Augsburger Religionsfriedens schrieben die konfessionellen Entscheidungen fest – nur sehr langsam hatten viele Städte das kaiserliche Interim beseitigt, aus Respekt vor dem kaiserlichen Stadtherrn. Zugleich formten sich nun klare Konfessionsentscheidungen aus, wobei kleinere Städte erst relativ spät optierten. Etwa 35 Reichsstädte waren eindeutig evangelisch, etwa 20 katholisch. Die letzteren lagen zumeist im Einflußbereich Österreichs, Köln und Aachen in jenem der Spanischen Niederlande. Dank des Augsburger Religionsfriedens behaupteten sich in mehreren evangelischen Reichsstädten katholische Institutionen, die den ersten Ansturm der Reformation überlebt hatten. In Städten wie Augsburg, Ravensburg, Biberach, Dinkelsbühl, Dortmund lebten innerhalb der Mauern Protestanten und Katholiken in einem labilen Nebeneinander, das von komplizierten Verhältnissen zwischen Rat und Bürgerschaft überlagert war – die Positionen waren oft nicht klar definiert, so daß sich zahlreiche Anlässe zu Konflikten boten. Ein solcher löste dann in Donauwörth 1607 eine allgemeine Krise im Reich aus.

Die evangelischen Städte wandten sich nahezu alle dem Luthertum zu. Dabei prägten sich evangelische Formen reichsstädtischen Kirchenwesens aus – es war zumeist durch die Orthodoxie bestimmt. Allerdings war eine Stadt wie Nürnberg eine Hochburg des Philippismus. Reformiert wurde nur das den Niederlanden nahegelegene Bremen. Immerhin etablierten sich in mehreren Reichsstädten, vor allem in Frankfurt und Hamburg, reformierte Flüchtlingsgemeinden, was zu erheblichen Konflikten Anlaß gab. Auch die Städte setzten auf eine Konfessionalisierung, wobei die kleineren teils von den größeren Städten, teils aber auch von den nahegelegenen Territorien in ihren Konfessionsentscheidungen abhängig waren, wie z. B. verschiedene niederschwäbische Städte von Württemberg. Das reichsstädtische evangelische Kirchenregiment eröffnete den Magistraten weitere Bereiche des Zugriffs; in der Enge der städtischen Mauern konnten die Mechanismen sozialer Kontrolle noch stärker greifen als im Territorialstaat. Allerdings wurde neuerdings deutlich, daß die führenden Theologen einer Reichsstadt wie Esslingen es durchaus verstanden, neben dem Magistrat eine eigenständige Rolle zu spielen[16] – in Ulm scheint es ähnliche Ansätze gegeben zu haben.

Die Autonomie der katholischen Kirche blieb stärker. Der Konfessionalisierungsprozeß setzte hier später ein; nach 1555 hatte wohl die reichsstädtische Solidarität länger eine militante Haltung verhindert als in den Territorien, wie etwa an dem katholischen Überlingen deutlich wird. Um die Jahrhundertwende aber begann auch in den Reichsstädten ein massiver Konfessionalisierungsdruck. Dies zeigte sich an der Härte der Auseinandersetzungen um die konfessionelle Ausrichtung in der Reichsstadt Aachen, die mit einem Sieg der katholischen Seite endete. Insgesamt verstärkte die Konfessionalisierung die Stellung der städtischen Magistrate.

Daß sich die meisten evangelischen Reichsstädte der lutherischen Orthodoxie zuwandten (obgleich es in Oberdeutschland einst starke Schweizer Einflüsse gegeben hatte), lag an der fortwirkenden Autorität des kaiserlichen Stadtherrn, dessen Verehrung doch ein wenig mit dem sonst präsentierten republikanischen Selbstverständnis kontrastierte. Der Respekt vor dem Kaiser aber verlangte die Distanzierung von dem reichsrechtlich problematischen reformierten Bekenntnis. Der Religionsfriede hatte es auch den evangelischen Städten wieder ermöglicht, sich in die kaiserliche Klientel einzureihen, wobei die Ferne des Reichsoberhaupts entlastend wirkte, aber auch jene Möglichkeiten der Regulation praktisch verhinderte, die der Landesherr gegenüber seinen Landesstädten besaß. Immerhin sicherte die kaiserliche Autorität die Existenz vielfältiger katholischer Reliktpositionen in den Stiften; freilich war Regensburg mit dem bischöflichen Restterritorium und drei Reichsstiften sowie der von Bayern dominierten Alten Kapelle ein besonderer Fall, aber derartige Probleme gab es vielerorts.

Die Rolle der Reichsstadt war nicht untypisch für kleine Reichsstände, die gegenüber dem Druck der Mächtigen auf den kaiserlichen Schutz angewiesen waren. Dies galt auch für kleinere Fürstentümer, für Reichsprälaten und für Reichsgrafen sowie für die Reichsritter. Größere Stifte wie Kempten oder Fulda waren zu Reichsfürstentümern aufgestiegen, ohne aber zu den Mächtigeren im Reich zu zählen. Die Reichsprälaten, die gemeinsam eine Reichstagsstimme führten, bildeten in Schwaben ein echtes Corpus aus, während die sehr viel kleinere Gruppe der Rheinischen Prälaten ein sehr lockeres Gebilde blieb. Vielfach steckten die Prälaten noch Ende des 16. Jahrhunderts in einer Krise, aber die Normen des Reichsrechts und der Schutz Bayerns oder Österreichs sicherten Autonomie und Katholizität, denen oft erst später die Tridentinische Reform nachfolgte.

Die Reichsgrafen standen ebenfalls unter einem territorialen Druck, da ihre Lehensherren die eigenen Arrondierungswünsche nicht aufgegeben hatten. So führte Bayern mit der kleinen innerhalb seines Territoriums gelegenen, überdies evangelischen Reichsgrafschaft Ortenburg eine langwierige und erbitterte Auseinandersetzung um die Landeshoheit. Die Grafen suchten ihre Defizite an Staatlichkeit durch korporativen Zusammenschluß auszugleichen – so entstanden die Grafenkorporationen in Schwaben, Franken, in der Wetterau und in Westfalen, für die die zunächst zwei, später vier Reichstagsstimmen ein wichtiges Band bildeten.

Der Einfluß der mächtigen Territorialherren der Umgebung war ungewöhnlich groß. Die Schwäbischen Grafen zählten zum Teil zur kaiserlichen, zuweilen auch zur bayerischen Klientel und waren schon aus dieser Bindung heraus entschieden altgläubig. Die Franken dagegen hielten sich an ein württembergisch und fränkisch-brandenburgisch geprägtes Luthertum, das sie nicht hinderte, die Beziehung zum Kaiserhof zu pflegen. Die Westfalen hatten katholische, lutherische und reformierte Mitglieder, während die Wetterauischen Grafen unter niederländischem und kurpfälzischem Einfluß in größerer Zahl dem reformierten Bekenntnis anhingen. Von daher war die reichspolitische Option vorgezeichnet. Aber gerade die Wetterauischen Grafen zeigten das Dilemma dieser Gruppe. Als Mindermächtige waren sie auf den kaiserlichen Schutz und auf das Funktionieren der Reichsverfassung angewiesen – nicht zuletzt gegenüber der Landgrafschaft Hessen. Doch dies kontrastierte mit ihrer engen Verbindung zur Kurpfalz und der evangelischen Bewegungspartei, aber auch zu den Niederlanden und dem Hause Oranien. Als 1618 die Reichsverfassung endgültig zusammenbrach, haben die Wetterauischen Grafen sich eher passiv verhalten. Sie waren durch den Verlust der Stiftspfründen in Köln und Straßburg in Bedrängnis geraten und mußten dann den Dreißigjährigen Krieg mehrerenteils durchleiden – eine Rolle vermochten sie weder innerhalb noch außerhalb der Korporation, sondern nur in Anlehnung an größere Herren zu spielen. Ihre bedeutende Stellung als Vermittler zwischen dem Reich und den aufständischen Niederlanden, als eines der Zentren des deutschen reformierten Bekenntnisses konnte man sich in der Bedrängnis des Dreißigjährigen Krieges nur noch wehmütig ins Gedächtnis rufen.

Waren bei den Grafen Ansätze zu einer staatlichen Entwicklung unverkennbar, so war deren Fehlen ein Kennzeichen der Reichsritterschaft. Sie hatte sich aus einem Schwebezustand zwischen Reichsunmittelbarkeit und Bindung an die Lehensherren herausgewunden und geschickt die reichspolitischen Konstellationen ausgenützt, um ihre Unabhängigkeit durchzusetzen. Seit den 1560er Jahren war überdies klar, daß die Reichsritterschaft sich auch der Kreisorganisation entzog und, sich ganz auf kaiserliche Privilegierung stützend, in ein unmittelbares Verhältnis zum Reichsoberhaupt eintrat; sie wollte auch keine indirekte Mediatisierung durch Majorisierung seitens der Fürsten in den Gremien des Reiches oder der Kreise. Seit Ende des Jahrhunderts hatte sich diese Politik erfolgreich durchgesetzt, obgleich bis zum Dreißigjährigen Krieg die Versuche mancher Herren nicht aufhörten, ihre Lehenshoheit über die Reichsritter zur Landeshoheit auszubauen – das ging bis zur Unterstützung der Untertanen gegen ihre adeligen Herren.

Nachdem man sich erfolgreich dem Zugriff der Lehensherren entzogen hatte, stand man unter dem Zwang, eine eigene, quasi-territoriale Organisation aufzubauen. Die ersten Anstöße waren noch aus der Zeit der adeligen Einungen gekommen, die auf freiwilliger Mitgliedschaft beruhten, während sich seit den 1540er Jahren die Reichsritterschaft als Zwangsverband ausbildete. Die Wortführer der Organisation mußten nun oft den gleichen Widerstand erleben, der sich bislang gegen die Fürsten gerichtet hatte. Wenn dennoch eine reichsritterschaftliche Organisation zustande kam, so hatte sie immer unter der Passivität vieler Mitglieder zu leiden, denen die einheimische Landwirtschaft oder die Jagd wichtiger war. Manche sahen auch im reichsadeligen Verband eine Institution, die nur für die Steuerzahlungen verantwortlich war.

Die Reichsritterschaft organisierte sich in insgesamt 15 Ritterorten, die seit dem 17. Jahrhundert nach Schweizer Vorbild Kantone genannt wurden. Von ihnen gehörten fünf zum Schwäbischen, sechs zum Fränkischen und drei zum Rheinischen Ritterkreis. Die Niederelsässische Ritterschaft stand abseits, weil sie mit der vorderösterreichischen Position und dem straßburgischen Patriziat zu eng verbunden war; nur in Krisensituationen gab es Ansätze zu einer Integration in die Reichsritterschaft, vor allem unter der drohenden Gefahr der Unterwerfung durch Frankreich. Die wichtigste Einheit waren die Orte, aber auch die Ritterkreise spielten eine wichtige Rolle. Dagegen erwies sich die seit 1577 bestehende Praxis von Gesamtzusammenkünften der Reichsritterschaft, von „Generalkorrespondenztagen", als weniger wichtig. Ganz offensichtlich war der Ritterkreis auch aus einer gewissen Parallelität zu den entsprechenden Reichskreisen von weit größerer Bedeutung. Auch hier kam es zur schnellen Ausbildung eines Ausschußwesens, einer ausgeprägten organisatorischen Spitze des Ritterortes. In Schwaben und im Rheinland hatte man in den Ritterorten eine kollegiale Führung. Dagegen blieb in dem archaischer strukturierten Franken die ältere Hauptmannsverfassung länger in Kraft. Während des Dreißigjährigen Kriegs formierte sich jedoch auch in den anderen Orten eine Spitze in Gestalt eines Ritterdirektors, der dann zudem den alten Titel Hauptmann wieder übernahm. Die Vorgänge zeigten sowohl Parallelen zur Herausbildung eines Ausschußwesens bei den Landständen wie eines landesfürstlichen Absolutismus, da manche Ritterdirektoren durchaus absolutistische Allüren zeigten.

Die Reichsritter hatten sich den alten Traum adeliger Autonomie erfüllt, dabei blieb ihre vielbeschworene Bindung an den Kaiser locker. Man zahlte zwar Steuern an ihn – die außerordentlichen Abgaben waren übrigens informell an die Steuerbeschlüsse des Reichstags gekoppelt. Diese Praxis hatte durchaus Parallelen im Ständewesen der Territorien, wo die Landstände von Nebenländern dem Steuerbeschluß des Hauptlandes nachfolgten. Im Gegenzug zu ihren Steuerbewilligungen gewannen die Reichsritter kaiserliche Privilegien und suchten den kaiserlichen Schutz. Aber so gerne die Ritter ihre Reichsunmittelbarkeit betonten, so stark blieben doch die Beziehungen zu den Lehensherren. Daraus folgte, daß man zwar den Religionsbann, d. h. die freie Religionswahl hatte, daß man aber doch in der Regel der Konfession des Bezugshofes folgte; kein Zufall also, daß die oberschwäbischen Ritter, d. h. die Kantone Donau (der ständige Direktor des schwäbischen Ritterkreises) und Hegau-Allgäu-Bodensee, die Habsburg bzw. Vorderösterreich besonders eng verbunden und entschieden katholisch waren, nicht nur in Schwaben besonderen Einfluß ausübten, sie vermochten das Band zum Kaiser besonders eng zu knüpfen. Andererseits zeigte sich die Abhängigkeit der Reichsritterschaft, wie so vieler Mindermächtiger, von der Ruhe im Reichsverband. Die Krise des Reiches am Vorabend des Dreißigjährigen Kriegs zerstörte auch bei den Rittern das Vertrauen zum Kaiser so sehr, daß größere Teile des Fränkischen Reichsadels bereit waren, sich auf die Seite der Evangelischen Union zu schlagen.

Deutlich wird an der Reichsritterschaft aber auch die Ambivalenz der reichsunmittelbaren Stellung. Sie zwang zu kostspieligen Organisationen, die nie ganz ihren Zweck erfüllten. Die verwickelten territorialen Verhältnisse provozierten immer wieder langjährige Konflikte mit den Nachbarn, vor allem mit den mächtigen Landesherren, die bei Lehensheimfall immer wieder reichsritterschaftlichen Besitz an sich zogen – obwohl sich die Reichsritterschaft mit dem „jus retractus" ein Vorkaufsrecht gesichert hatte. Diese Auseinandersetzungen zwangen im 17. Jahrhundert zu einem zunehmenden Ausbau der Kantonsbürokratie. Auf der anderen Seite aber erwies sich immer wieder die Unfähigkeit zu einer Reform aus eigener Kraft. Dennoch gab die Reichsunmittelbarkeit einen großen Spielraum; das begann mit der Freiheit der Konfessionswahl und endete mit der zunehmenden Reduktion der lehensherrlichen Interventionsmöglichkeiten zugunsten der reichsritterschaftlichen Untertanen. Von hoher Bedeutung war die enge Kombination mit der den Katholiken verbliebenen Reichskirche, in der die Reichsritterschaft eine ganze Anzahl von Domkapiteln besetzte und in der die Reichsritter zur Bischofs- und Fürstenwürde aufsteigen konnten; die Reichskirche schützte ihrerseits wieder die Autonomie der Reichsritterschaft. Hinzu kam eine starke Stellung in den weit verzweigten Ritterorden, vor allem im Deutschen Orden und dem im Reich minder mächtigen Johanniterorden. Dadurch aber wuchs die Bedeutung der Reichsritterschaft über ihren niederadeligen Rang hinaus – und diese Positionen nützte sie auch aus. Es war nicht selten, daß am Rande von Reichstagen die auf Kosten ihrer Fürsten angereisten Räte nebenbei die reichsritterschaftlichen Interessen verfolgten.

f) Ländliche und städtische Unruhen

Gegen Ende des 16. Jahrhunderts – in erstaunlicher chronologischer Parallelität zur Verschlechterung der klimatischen und wirtschaftlichen Bedingungen – verschärften sich in Stadt und Land die Konflikte zwischen Obrigkeit und Untertanen. Nach dem Bauernkrieg von 1525 hat die Gesetzgebung von Reich und Territorien verstärkt die Neutralisierung von Untertanenbewegungen zum Ziel gehabt. Der Territorialstaat konnte ein erhöhtes Machtpotential einsetzen, bot aber auch verbesserte Rechtsmittel an; die Verbindung zur Landfriedensgesetzgebung des Reiches ist auffällig: Auf sie gestützt, setzte eine kräftige Kriminalisierung der Gewaltanwendung von Untertanen ein und – eng damit zusammenhängend – eine Verrechtlichung der Konflikte. Dies bedeutete einen beträchtlichen Machtzuwachs des Landesstaates, der als Schiedsrichter auftreten und – nicht ohne eigenes Interesse an den Abgaben der Untertanen – in die städtische oder ländliche agrarische Situation eingreifen konnte. Andererseits war es für kleine Herrschaften schwieriger, in bäuerliche und städtische Konflikte regulierend zu intervenieren, da ihnen die Machtmittel fehlten – auch wenn sie als Alleininhaber der gesamten Grundherrschaft selbst den Bauern gegenüberstanden. Dies bedeutete, daß die Binnenstruktur eines Territoriums einerseits, Anlässe, Abläufe und Regulierung von Konflikten andererseits aufs engste zusammenhingen.

Man wird die neuerdings verstärkt in den Blick gekommenen Auseinandersetzungen deshalb stets in den Gesamtrahmen eines Territoriums und seines Verfassungsgefüges stellen müssen. Sie bestimmten die Rolle des Adels oder der Städte im territorialen Umfeld. Andererseits hing der Spielraum der Untertanen eng mit der gesellschaftlichen Gesamtkonstellation zusammen. Eine isolierte Sicht kann hier nur zu verkürzten Ergebnissen führen. Wie kompliziert die Verhältnisse sein konnten, zeigten die nach dem Dreißigjährigen Krieg aufkommenden Untertanenunruhen im Stift Kempten, die ausgelöst wurden durch Auseinandersetzungen des radikal reformwilligen Abtes Roman von Giel mit seinem opponierenden Stiftskapitel – dies ermutigte wiederum die Untertanen, und einer der ersten Adressaten ihrer Beschwerden war der visitierende Luzerner Nuntius. Damit wird deutlich, wie sehr Herrschaftskrisen zu den Wurzeln der Untertanenunruhen gehörten. Aber auch eine zu starke Belastung konnte die Untertanen mobilisieren.

Seit den 1560er Jahren hatten die Konflikte nach der Ruhepause im Gefolge des Bauernkrieges erneut eingesetzt. Die Herrschaftsintensivierung des Adels in den Zonen der Gutswirtschaft führte in Kursachsen und Kurbrandenburg zu zahlreichen Prozessen zwischen Dorfgemeinden und Adeligen vor den landesherrlichen Gerichten. Aber auch in Bayern gab es solche Prozesse, die vor der fürstlichen Justiz geführt wurden, welche die Situation beherrschte. Nur selten kam es in diesem Bereich zum offenen Aufruhr. Die innerterritorialen Auseinandersetzungen sind jedoch weniger untersucht als die weit spektakuläreren Konflikte in reichsunmittelbaren Kleinterritorien, die, vom Bauernkrieg traumatisiert, ohnehin in einer ständigen Aufstandsfurcht lebten.

Nach religiös bedingten Auseinandersetzungen im Erzstift Salzburg, die den Erzbischof sogar zu einem Hilferuf an Bayern veranlaßten, setzten die Unruhen seit den 1580er Jahren verstärkt ein – zunächst gegen reichsritterschaftliche Herren, die sich gerade endgültig vom Landesstaat gelöst hatten und deshalb dessen Machtmittel nicht einsetzen konnten. Aber auch Grafen und Herren wie die Truchsessen von Waldburg in Hohentengen (bis 1608), die Grafen von Königsegg-Rothenfels in Rothenfels und Staufen (1596), die Grafen von Hohenzollern-Haigerloch und Hohenzollern-Hechingen – letztere wegen des landesherrlichen Jagdregals – erlebten

Untertanenrebellionen. Die Reichsherrschaft Justingen, die sich mit den Herren von Freyberg anlegte, hatte eine alte schwenckfeldianische Tradition. Gegen das Stift Augsburg erhoben sich 1605/08, angeregt durch den Konflikt in der benachbarten Grafschaft Königsegg-Rothenfels, der „Tigen" (Amt) Rettenberg, gegen das Stift Speyer die Orte Odenheim und Rohrbach, die 1608 bis 1615 sogar in die Reichsacht fielen. Deutlich zeigten sich die Schwierigkeiten kleinerer Reichsunmittelbarer, mit dem Problem fertig zu werden: Der Ritter von Mentzingen benützte 1620 bei ihm im Quartier liegende Truppen der evangelischen Union, um sein opponierendes Dorf niederzuwerfen, und handelte sich prompt eine Klage wegen Landfriedensbruch vor dem Reichskammergericht ein. In der Regel bildeten die dörflichen Gemeinden den Kern der Opposition, die sich oft zu „coniurationes" zusammenschlossen, „Eidgenossenschaften", wie sie sich selbst nannten, oder „Verschwörungen", wie die Einordnung durch die Obrigkeit lautete. Bei den kleinen Herrschaften war es der Kaiser, der angerufen wurde und die Probleme zu regulieren suchte – oft allerdings auch noch der Lehensherr, der aus seinem Obereigentum den Anspruch auf gerichtliche Klärung herleitete. Die Ursachen konnten ganz unterschiedlicher Art sein: Streitigkeiten über die Religion, über die Abgaben, über die Jagd, Widerstand gegen die Praxis der Landesherren, die Reichssteuern über die wirkliche Pflicht hinaus im eigenen Interesse zu steigern. Die Auseinandersetzungen verliefen noch diffus, zeigten einerseits eine relative Ohnmacht der Obrigkeiten, andererseits die Ferne des Kaisers, aber auch die überlegene Steuerungskraft der größeren Landesherren.

Einen Sonderfall stellten die österreichischen Erblande dar. Hier hatte ja der Landesfürst keine intensive territoriale Durchdringung erreicht wie in den mittleren Territorien des Reiches – dies zeigte sich schon bei der Autonomie des Adels in der Konfessionsfrage. So gab es seit den 1570er Jahren verstärkte Unruhen, vor allem in Österreich ob und unter der Enns (Ober- und Niederösterreich); sie kulminierten 1594 bis 1596 mit Bauernkriegen in beiden Ländern. Hier spiegelte sich durch das ganze 17. Jahrhundert die bekannte „Problematik einer bäuerlichen Bevölkerung, die unter dem dreifachen Druck einer Tendenz zur Ausweitung der grundherrlichen Eigenwirtschaft, einer zuweilen unerbittlich vorgehenden Rekatholisierung durch die katholischen Landesfürsten und einer hohen steuerlichen Belastung stand, die aus den Türkenkriegen der Jahrhundertwende und den Kosten des Dreißigjährigen Krieges resultierte"[17]. Auch auf dieser Seite zeigte sich die Labilität einer ausgedehnten Landesherrschaft. Aber schon die 1590er Jahre machten deutlich, daß der Adel im Zweifelsfall die Standessolidarität mit dem Landesherrn über die konfessionelle Solidarität mit den aufständischen Bauern stellte. Eine erstaunliche Parallele ergibt sich zu dem massiven Einsetzen französischer Volkserhebungen, die nach dem Ende der Religionskriege in den 1590er Jahren wiederaufflammten. Sie hatten jedoch eine weit größere Vehemenz als die Konflikte im Reich und verliefen blutiger, abgesehen von den österreichischen Bauernkriegen: Landfrieden, Verrechtlichung, aber auch die territoriale Parzellierung haben offenbar den Aufruhrgeist der Deutschen gedämpft.

Die städtischen Auseinandersetzungen machten gegenüber den Agrarkonflikten einen stärker rechtlich strukturierten Eindruck. Noch weniger als über die Agrarkonflikte in den Territorien wissen wir von städtischen Auseinandersetzungen im Territorialverband, die offenkundig nicht selten waren. Auch hier war nach 1525 eine gewisse Pause eingetreten; eine Ausnahme machten jene Städte, in denen sich konfessionelle Konflikte mit der Tendenz zur Zurückdrängung des Landesherrn verbanden. Von den gescheiterten Emanzipationstendenzen mehrerer norddeutscher Residenzstädte war schon die Rede. Mit der Verteidigung städtischer Freiheit nach außen verbanden sich in der Regel auch innerstädtische Konflikte. Nach 1580 verstärkten sich die Auseinandersetzungen – in Aachen (1581–1598 und 1606–1614) gewannen sie sogar eine reichsweite Bedeutung. Christopher Friedrichs verzeichnete vor 1619 insgesamt 21 größere „Stadtrevolten", deren Zahl jedoch bei besserer Erforschung vermutlich erheblich zu erweitern wäre, zumal wenn man die kleineren Städte einbeziehen würde. Bei Friedrichs spielten sich elf der Auseinandersetzungen in Landesstädten ab, und zwar in solchen, die in der Regel auch mit dem Landesherrn im Konflikt lagen und eine besondere Selbständigkeit besaßen.[18]

Die Städte wurden von der Verrechtlichung des Reichsverbandes in besonderem Maße erfaßt; sie hatten ihre überkommenen Satzungen, auf die man sich immer berufen konnte, doch um ihre Auslegung gab es Konflikte; überdies waren die Satzungen selbst oft genug aus spätmittelalterlichen Zunftkämpfen erwachsen, und so bedeuteten sie eine permanente Einladung zum Konflikt. Gegen Oligarchie und Mißwirtschaft beriefen sich Bürger und Zünfte auf die städtischen Satzungen, forderten gegenüber der Arkanpolitik des Rates die Öffentlichkeit. Es gab Tumulte und Aufläufe, zahlreiche Drohgebärden, aber nur sehr selten offene Gewalt: Die Niederwerfung der Reichsstadt Donauwörth durch bayerische Exekutionstruppen 1607 machte deutlich, welches Risiko man bei der Überschreitung der Gewaltschwelle einging.

Dies zeigte sich auch wohl beim bedeutendsten Aufstand jener Jahre, dem des Vinzenz Fettmilch in Frankfurt. 1612 löste die kaiserliche Privilegienbestätigung anläßlich des Regierungsantritts von Kaiser Matthias die Forderung der Bürgerschaft nach Offenlegung der Privilegien, d.h. der Stadtverfassung, aus. Zugleich wandte man sich gegen die schlechte Getreideversorgung der Stadt und gegen die Rolle der Frankfurter Juden. Als der Rat die Beschwerden zurückwies, wurde ein Bürgerausschuß gebildet, der in einer Sturmpetition seine Forderungen vortrug, die Kontrolle der Stadt übernahm und den Kaiser anrief. So wurden schnell auch Klagen über die Patrizierherrschaft laut: Die Organisation der Bürgerschaft in Zünften, die Reorganisation des Steuerwesens, die Kontrolle der städtischen Finanzen und ein ständiger Bürgerausschuß wurden gefordert. Die mittlerweile vom Kaiser eingesetzte hochkarätige Kommission, mit der der Kurfürst von Mainz und der Landgraf von Hessen-Darmstadt beauftragt wurden, gab den Forderungen relativ schnell statt – sie erneuerte im Bürgervertrag von 1613 den Rat im Sinne der Opponenten, verlangte die Organisation von Zünften und Gesellschaften als politische Korporationen und begrenzte die Zinsen der Juden. Die Bewegung richtete sich also gleichermaßen gegen den Rat und gegen die von ihm protegierte wichtige Frankfurter Judengemeinde.

Aber die Opponenten drängten weiter – es kam zu zahlreichen kleineren und größeren Auseinandersetzungen und bei der Bürgermeisterwahl von 1614 zu Gewalttätigkeiten, bei denen der Rat gestürzt und ein Pogrom gegen die Juden veranstaltet wurde. Die Judengemeinde stand seit 1603 unter dem Druck einer kaiserlichen Kommission – das Fehlen des kaiserlichen Schutzes mag zum Pogrom ermutigt haben. Die Ereignisse griffen nach Worms und Wetzlar über, wo es ebenfalls zur Austreibung der Judengemeinden kam. Daß die Wetzlarer Unruhen auch die benachbarte Grafschaft Solms-Greifenstein erfaßten, wo Graf Wilhelm die bäuerlichen Rechte nach dem Muster der preußischen Gutswirtschaft zu schmälern trachtete, illustrierte die Brisanz der Lage. Der Kaiser verhängte daraufhin gegen Fettmilch und seine Anhänger die Reichsacht; seine Autorität, maßgeblich für die Existenz der Reichsstadt, genügte schließlich, um den Aufstand völlig zusammenbrechen zu lassen. Am Ende standen – erneut durchgesetzt von Kurmainz und Hessen-Darmstadt – neun Todesurteile, u. a. gegen Fettmilch, zahlreiche Haftstrafen, die Auflösung der Zünfte und die Rückkehr der Juden. Der Bürgervertrag wurde modifiziert, die Position des Rates neuerlich gefestigt und die jüdischen Rechte in der „Stettigkeit“ wieder festgeschrieben. Zur Abschreckung hatte man die Überreste der Hingerichteten auf Brücken und Toren zur Schau gestellt, so daß sie noch der junge Goethe sah.

Die innerstädtischen Auseinandersetzungen verliefen in der Regel, wie etwa in Frankfurts Nachbarstadt Wetzlar, weit sanfter, sie hatten zu tun mit Charivari, Rüpeleien und Provokationen. Es zeigte sich auch, daß Gewalt in Stadt und Land Gegengewalt auslöste, daß die Solidarität der Obrigkeiten, in den Landfriedensordnungen festgeschrieben und organisiert, bald bei der Hand war, und gegen sie hatten die Opponierenden wenig Chancen – zwar kam sie relativ langsam zur Wirkung, aber sie war gleichwohl effektiv. Die Unruhen vor dem Dreißigjährigen Krieg sollten nicht dramatisiert werden – außer in den Erblanden –, aber auch nicht unterschätzt. Die Tendenz zu Konflikten forderte nach neuen Formen der Lösung – deutlich zeichnete sich, so sehr im einzelnen die Auseinandersetzungen in Stadt und Land unterschieden waren, der Weg einer rechtlichen Konfliktaustragung ab, der Weg also zu verstärkter Verrechtlichung. Die Ereignisse zeigten aber auch, wie wichtig für kleine Herrschaften die unterstützende Autorität des Kaisers war und wie sehr die Krisenerscheinungen in Prag und Wien bei ihnen Ängste auslösen mußten. Versagten die Gerichte des Reiches, kamen die kleinen Herren in eine schwierige Zwickmühle zwischen den eigenen Untertanen und den mächtigen Nachbarn, auf deren Hilfe sie dann angewiesen waren – und diese Hilfe barg erhebliche Gefahren. Zweifellos aber hatte die verstärkte Konfliktfreudigkeit von Bürgern und Bauern auch zu tun mit der zunehmend angespannten Situation im Reich, in wirtschaftlicher, sozialer und politischer Hinsicht.

5. Kirche, Kultur, Bildung

a) Allgemeines

Der Augsburger Religionsfriede von 1555 schrieb einen Kompromiß zwischen den Gegnern fest, die die Glaubensspaltung hervorgebracht hatte: zwischen den Anhängern der Alten Kirche und denen der Augsburger Konfession. Dieser Kompromiß bestätigte vielfach bereits vollzogene Entwicklungen, aber man suchte die evangelische Bewegung auf die Augsburger Konfession von 1530, also auf das Luthertum, festzulegen. Damit schloß man die andern evangelischen Gruppierungen aus. Während Täufer und andere spiritualistische, mystische oder sonstige abweichende Gruppierungen marginal blieben, konnten die Reformierten im Reich Fuß fassen und sich behaupten. Damit aber hatte die religiöse Seite der Ordnung von 1555 frühzeitig einen kräftigen Riß bekommen.

Ihr hatte nicht zuletzt die Behauptung christlicher oder besser abendländischer Gemeinsamkeiten zugrunde gelegen. Die altkirchlichen Symbole blieben in Kraft, auch die Grundkonsense der westlichen Kirche – gegen radikale „Ketzer" war man sich allemal einig. Die gemeinsamen europäischen kulturellen Traditionen wurden nicht verlassen; der Humanismus bildete weiterhin eine wichtige Klammer. All dies konnte jedoch nicht verhindern, daß man die bestehenden Unterschiede um so mehr betonte und zum Gegenstand heftigster Polemiken machte: Oft wurden dogmatisch irrelevante Unterschiede und Äußerlichkeiten der Liturgie bewußt hervorgehoben. „Auch und gerade in diesen gegensätzlichen Positionen aber wiesen die einzelnen Konfessionen wiederum sehr bezeichnende strukturelle Übereinstimmungen auf. Diese strukturellen Übereinstimmungen sind es überhaupt, die es allererst erlauben, die Pluralität der frühneuzeitlichen Kirchen in den Begriff der ‚Konfessionen' zusammenzufassen."[19]

Aber der Kampf um die reine Lehre war hart. Die reichsrechtliche Regelung bedingte, daß sich die Obrigkeiten ihrer annahmen, daß sie die Theologen ihrer Landesuniversitäten benötigten, ihnen Spielraum gaben oder auch nicht. Die Gestaltungsfreiheit der Katholiken war sehr viel enger begrenzt als die der Evangelischen, bei denen das Bekenntnis geradezu zu einer territorialen Angelegenheit geworden war. Es kam in vielen Ländern Europas zu territorialbezogenen evangelischen Bekenntnisschriften, auch die deutschen Landesfürsten wurden an der Augsburger Konfession gemessen. Die Katholiken konnten auf die Festlegung ihres Dogmas in Trient und den Rückhalt eines reformierten Papsttums bauen.

Damit wurde bereits die Zeit vor 1600 zu einer Zeit starker Systematisierung theologischen Denkens, so daß man vor allem auf der evangelischen Seite von einem „Zeitalter der Orthodoxie" sprach, das lange unterschätzt, heute aber in seiner gestalterischen und bestimmenden Kraft wieder deutlich wird. Es stand im Zeichen der Abgrenzung, des Anspruches auf die göttliche Wahrheit und war geprägt von der Sorge um das Seelenheil der Menschen, nicht zuletzt um das eigene der Obrigkeiten. Deshalb blühten die Unterscheidungslehren: Sie mußten vereinfacht werden, um sie nicht nur den schlichten Landpfarrern, sondern auch den Untertanen vermitteln zu können. Die Abgrenzung gegen die Andersgläubigen stiftete zusätzlich eigene Identität. Freilich war das theologische Wissen dem einfachen Volk nur begrenzt vermittelbar, im Rahmen unkomplizierter Formeln, in Katechismen, die die Feinheiten theologischer Explikationen weit hinter sich ließen. Gerade dadurch aber gewannen äußere Unterscheidungen eine erhebliche Bedeutung. In der nach wie vor zentralen Rolle des Abendmahlsverständnisses trafen sich jedoch fundamentale theologische Grundsätze und die Anschauungen des einfachen Volkes: Erneut erwies sich die einheitsstiftende Kraft des Abendmahls.

Es fehlte nicht an Bemühungen, die verwickelten theologischen Probleme dem einfachen Mann durch verbesserten Unterricht zu erschließen, was zu einer erheblichen Steigerung der Alphabetisierungsrate beigetragen hat. Aber dem waren Grenzen gesetzt: Vor allem, aber nicht nur in der Alten Kirche lebten vielfältige magische Elemente der „Volksreligion", populäre Vereinfachungen weiter. Allerdings dürfte der einfache Mann die verwickelten Diskussionen der Theologen auch auf seine Weise ausgenützt haben – so bekannten Ende des Jahrhunderts Oberpfälzer den reformierten Visitatoren, sie glaubten an drei Götter, zuweilen auch zusätzlich an eine Göttin.[20] Auch die Katechismuslehre, wie sie vor allem von den in der Regel besonders pädagogisch motivierten Reformierten betrieben wurde, konnte nur begrenzte Wirkungen haben. Indessen haben offensichtlich die durchaus allgemein bekannten Kontroverslehren selbst einfachere Gemüter tatsächlich zum Nachdenken angeregt. So lehnte 1582 der Ritterort Odenwald das Werben Herzog Ludwigs von Württemberg ab, der ihn zum Anschluß an die Konkordienformel bewegen wollte: Es seien gar geschwinde Läufte, und man wisse erst am jüngsten Tage, wem Gott den Zuschlag erteilen werde.

Die Identifikation des Landesherrn mit seiner Konfession wurde eine Signatur des Zeitalters. Dabei hat die Vereinnahmung des kirchlichen

Bereichs die Möglichkeiten des Landesstaates erheblich gesteigert. Die Verbindung von konfessioneller und territorialer Durchdringung hat sich kaum ein Fürst entgehen lassen, weil sie Bereiche erfaßte, die ihm bislang weniger zugänglich waren und die den Durchgriff nach unten, auf den lokalen Bereich, in die Sphäre des einzelnen ermöglichte. Die enge Verbindung der neuen Amtsträgerschichten mit der territorialen Konfession begünstigte diese Entwicklung. Die Konfessionalisierung der Territorien verstärkte die Territorialisierung der Konfessionen – dies verschärfte wieder die Neigung zur Abgrenzung. Zugleich zog sich dadurch ein Riß durch alte Nachbarschafts- und Verwandtschaftsverhältnisse bis hinein in den Reichsfürstenstand. Die Unterschiede der Konfessionen, im früheren 16. Jahrhundert noch einigermaßen fließend, prägten sich nun endgültig aus und begannen Deutschland zu spalten.

Mit der Konfessionalisierung ging eine Vertiefung der Frömmigkeit Hand in Hand, die jedoch ebenfalls der Abgrenzung diente: Nicht nur die Bildung, sondern auch das kirchliche Brauchtum erfuhr einen großen Auftrieb, besonders im katholischen Bereich. Zugleich wirkte sich der Wettbewerb der Kirchen aus. Es war ohne Zweifel auch eine Folge der Polemik, daß man sich gleichsam unter ständigem Reformdruck sah, der wiederum stark nach unten wirkte. Katholische Reform, die von den Reformierten herausgearbeitete, in der Sache auch bei lutherischen Fürsten wie Württemberg oder Hessen-Marburg vorhandene Vorstellung von einer „Zweiten Reformation“, waren wichtige Motoren der Konfessionalisierung – und zugleich dienten sie einer deutlichen Abgrenzungspolitik.

Der konfessionelle Landesstaat wurde in einem besonderen Ausmaß zum Motor des Schul- und Bildungswesens. Die evangelischen Territorien waren schon in der ersten Hälfte des 16. Jahrhunderts mit einem Konzept des Gymnasiums vorangegangen, das vor allem vom Wittenberger Philipp Melanchthon und vom Straßburger Johann Sturm, zwei entschiedenen Humanisten, geprägt war. Unverkennbar Impulse der gegnerischen Seite aufgreifend, haben dann die Jesuiten einen eigenen Typ des katholischen Gymnasiums geschaffen. Man hatte begriffen, was die Gewinnung der Jugend für die konfessionelle Identitätsstiftung beim territorialen Beamtentum und Pfarrerstand bedeutete, wie prägend Ausbildungsstätten wirken konnten. So war die Zeit gekennzeichnet von einer Welle von Universitätsgründungen, nunmehr unter konfessionellen Voraussetzungen.

Die Wissenschaft nahm zum Ende des 16. Jahrhunderts einen bedeutenden Aufschwung. Neben dem eindeutigen Primat der Theologie sollte man nicht den Höhenflug auch der Jurisprudenz übersehen, die unter dem stimulierenden Einfluß des territorialen Integrationsprozesses stand, der Medizin und der philosophischen Fächer. Die Vielfalt von Schulen und Universitäten trug gewiß zur Provinzialisierung bei; aber sie stellte auch ein bedeutendes Potential von Gelehrsamkeit zur Verfügung, das die deutsche Entwicklung stark geprägt hat.

Allerdings hatte der konfessionelle Landesstaat noch andere Probleme zu bewältigen. Er stieß aus seiner Perspektive auf eine Fülle von Distanz, Unwissenheit, hinter denen sich aber nicht selten auch die Anhänglichkeit des einzelnen Menschen an Volkskultur und Volksreligion ausdrückte. Aus diesen Konfrontationen, angefacht von einer politisch, kirchlich und sozial angespannten Situation, sollten auch Hexenwahn und Hexenverfolgung entstehen.

Die Glaubensspaltung und die ihr innewohnenden Tendenzen zur Abgrenzung waren Hindernisse, im Gespräch zwischen den Konfessionen Frieden zu stiften. Das wäre nur möglich gewesen, wenn sich die durchaus vorhandenen irenischen Züge der Theologie durchgesetzt hätten – aber die intellektuelle Polarisierung trug wesentlich dazu bei, wechselseitige Unkenntnis und Furcht zu schaffen, aus denen heraus man der jeweils anderen Seite das Schlimmste zutraute. Der gelehrte Streit um den Religionsfrieden wurde von einer sich allgemein verschlechternden politischen Stimmung angeheizt.

Es gab allerdings auch übergreifende, vermittelnde Kräfte. Die Integrationskraft von Reichsverfassung und Religionsfriede ist nicht zu unterschätzen. Hinzu kam die ständische Solidarität, die oft der konfessionellen vorgezogen wurde und ohne die der Religionsfrieden schwerlich so lange gehalten hätte. Dies zeigte sich im Verhalten des Adels gegenüber den Bauernaufständen in Oberösterreich 1594–1597 und 1626. Auch wurden Nachbarschaftsbeziehungen, Handel und Verkehr nicht einfach abgebrochen – viele Beispiele gibt es von Austausch über die Konfessionsgrenzen hinweg, und die Nachbarn konnten nur miteinander leben, wenn die Gegensätze nicht alle Bereiche erfaßt hatten. Die humanistische Gelehrtenschicht blieb trotz aller konfessionellen Spannungen beständig im wissenschaftlichen Austausch, selbst die Theologen, wenn auch bei ihnen in der Regel die Polemik die Oberhand gewann. Auch gab es unter den Gelehrten manchen, der außerstande war, sich auf die Schlichtheit populärer Kontroverstheologie festzulegen. Der eine oder andere Konvertit war auch empfindsam gegenüber den Wechseln der Zeit – und gewiß waren viele nicht ohne opportunistische Züge. Der große niederländische Denker Justus Lipsius, der Oberpfälzer Latinist Kaspar Schoppe, der Tübinger Jurist Christoph Besold u. a. wechselten von der Reformation zur Alten Kirche – die Grenzzäune zwischen Reformierten und Lutheranern waren bei aller Polemik ohnehin durchlässiger.

Für eine echte Toleranz gab es ebenso wenig Platz wie für Wissenschaftsfreiheit, so gerne die modernen Gelehrten heute nach ihnen suchen. Beides war dem konfessionalisierten Landesstaat zutiefst zuwider, da er sich ja im Besitz der wahren Religion wußte und dies sogar zuweilen – auf katholischer Seite – gegen einen allzu trägen Episkopat ins Feld führte. Der Spielraum der Untertanen blieb gering. Aber es gehört auch zur deutschen Geschichte, daß viele von ihnen mutig zu ihrem Glauben standen, den

Konfessionalisierungsmaßnahmen nicht folgten und deshalb außer Landes gingen – mit dem „ius emigrandi" hatte der Religionsfriede dazu die Voraussetzung geschaffen –, eine Lockerung sowohl der konfessionellen Starrheit wie des landesfürstlichen Zugriffs, die nicht gering zu achten ist. Die innerdeutsche Emigration war sicher nicht so spektakulär wie jene in Westeuropa, doch sollte sie nicht unterschätzt werden. Die Oberpfalz büßte im Dreißigjährigen Krieg große Teile ihrer alten Oberschicht ein, die zunächst den Calvinisierungsversuchen der Heidelberger Kurfürsten widerstanden hatte und sich dann den Katholisierungsplänen des neuen bayerischen Landesherrn entzog. Die Exulanten bildeten im Dreißigjährigen Krieg eine wichtige Gruppe – oft siedelten sie sich nahe der verlorenen Heimat an, um bei ihrer Rückgewinnung dabei zu sein, doch sollte die Sehnsucht nach Rückkehr für sie zumeist vergebens bleiben. Der große böhmische Gelehrte Jan Amos Comenius hat dies symbolhaft durchlitten. Der konfessionelle Landesstaat setzte sich durch.

b) Die Alte Kirche

Die Alte Kirche war vom Stoß der Reformation in Deutschland schwer getroffen. Gewiß, es gab mutige Männer und Frauen, Kleriker wie Laien, die sich der reformatorischen Sturmflut widersetzten; es gab Zeichen imponierender Frömmigkeit. Aber es waren doch vornehmlich deutsche Fürsten, die einen haltbaren Damm gegen die Reformation errichteten, allen voran Bayern und Österreich. Dazu kamen einzelne entschlossene Bischöfe und Prälaten; 1555 sicherte der Augsburger Religionsfriede die Existenz der Reichskirche, die vor allem im Süden und Westen den Ansturm überlebte. Doch damit wurde eine defensive Position festgeschrieben. Die Abwehr der neuen, dynamischen und populären Bewegung der Reformation war deshalb so schwierig gewesen, weil der schnellen evangelischen Bekenntnisbildung wenig entgegenzusetzen war – die Zentralität der katholischen Kirche mit ihrem Mittelpunkt außerhalb des Reiches und die politischen Interessen der Kurie verhinderten eine rasche positive Reaktion. Aber das Konzil von Trient (1545–1563) schuf im Zusammenspiel mit dem Papsttum doch die Grundlage für eine Erneuerung, die vom Konzept der Kurie geprägt und wenig willens war, den deutschen Protestanten entgegenzukommen.

Die Tridentiner Dekrete waren eine Konzeption der Abgrenzung, und in diesem Geiste schufen sie die Grundlage für die Erneuerung des deutschen Katholizismus. Andere Pläne der Kaiser wurden Makulatur; das katholische Deutschland schwenkte schnell auf die Tridentiner Linie ein, die eine erneuerte katholische Dogmatik bot und manches ausgrenzte, was zuvor noch möglich gewesen war. Die Tradition stand neben der Schrift. Gegen Luthers Rechtfertigungslehre stellte man eine katholische Gnadenlehre, die an der Vermittlerrolle von Kirche und Klerus festhielt und damit entschlossen die überkommene Hierarchie behauptete. Auch die Siebenzahl der Sakramente wurde fixiert; die Sakramente selbst wurden gespendet, unabhängig von der Glaubenshaltung des Empfängers. Hinzu kamen: Verbot des Laienkelchs, Festhalten an Ablaß, Fegefeuer, Heiligenkult. Reformerischer Geist nahm sich der Seelsorge an, dekretierte die Residenzpflicht der Bischöfe und Priester, beseitigte damit einen alten Mißstand. Durch die Gründung von Priesterseminaren in jeder Diözese sollten sowohl die Bildung wie das Ethos des Klerus verbessert werden. Auch das von der Reformation erfolgreich benutzte Instrument von Synoden und Visitationen fehlte nicht. Hinzu kam eine Reform der Orden.

Es dauerte seine Zeit, bis die tridentinischen Reformen sich in der deutschen Kirche durchsetzten. Sie war noch in hohem Maße Adelskirche; der Adel besetzte nicht nur die höheren Posten der Hierarchie, sondern auch einen Teil der Stifte. Die Domkapitel blieben Adelskorporationen. Von dieser Seite war eine Reform schwer zu erwarten, andererseits war sie gegen den Adel nicht zu erreichen. So wurde es wichtig, daß ein erneuertes Papsttum sich der deutschen Angelegenheiten annahm. Pius V. (1566–1572) hatte nicht nur den Index der verbotenen Bücher, sondern auch den tridentinischen Katechismus, das erneuerte Römische Brevier (1568) und das Römische Missale (1570) publiziert und damit dem Römischen Ritus den Durchbruch auch in Deutschland gesichert. Deutsche Sonderwünsche, wie Priesterehe und Laienkelch, lehnten die Päpste ab.

Die mittelalterlichen Päpste waren lange wichtige Mitspieler auf der deutschen Bühne gewesen. Schon vor der Reformationszeit hatte dies aufgehört – nun kehrten sie zurück. Die Errichtung von Nuntiaturen diente der Information, der Einflußnahme, der Durchsetzung der päpstlichen Autorität und relativierte Stellung und Jurisdiktion des deutschen Episkopats, der in seiner bedrängten Situation des päpstlichen Rückhalts bedurfte. Neben der schon traditionellen Wiener bzw. Prager Nuntiatur beim Kaiser wurden Nuntiaturen in Luzern (1578 bzw.1581) – diese war auch für Oberdeutschland zuständig – und Köln (1584), zeitweilig auch in München (1585) und Graz (1580–1621) errichtet. Die Gründung der Kongregation de Propaganda fide in Rom gab diesen Aktivitäten Rückhalt.

Allerdings waren die deutsche Adelskirche, der lange relativ ungebildete, vielfach im Konkubinat verharrende Klerus ein schwer zu erneuernder Bereich. Doch waren um 1600 die Bodengewinne eines reformierten Katholizismus bereits beträchtlich. Dabei spielten die katholischen Landesfürsten, allen voran Bayern, Innerösterreich, Vorderösterreich eine entscheidende Rolle, die in ihren Territorien auch den katholischen Konfessionalisierungsprozeß in Gang setzten. Aber mittlerweile waren auch im Reich erste Reformbischöfe aufgetreten, die sich die tridentinischen Forderungen zu eigen machten und sie zumeist mit der Durchsetzung ihrer Landesherrschaft kombinierten. Nun zahlte es sich aus, daß Rom in der Frage der Adelskirche, so wie sie sich in Deutschland ausgebildet hatte, kompromißbereit war. Die Kirche konnte ein „Spital des Adels" bleiben, aber sie mußte ein tridentinisch geprägtes sein. Wie der erste Wittelsbacher in Köln, Kurfürst Ernst, zeigte, ging es nicht einmal um einen besonders vorbildlichen Lebenswandel, aber Bischöfe wie Julius Echter in Würzburg (1574–1617), Daniel Brendel von Homburg in Mainz (1555–1582), Jakob III. von Eltz in Trier (1567–1581) leiteten eine Serie tridentinischer Bischöfe ein. Es blieben allerdings die immensen Verluste vieler Bistümer durch den Übergang der weltlichen Fürsten zur Reformation, die das Diözesangebiet der Bischöfe dezimierten.

Der Typ des katholischen deutschen Reformbischofs war undenkbar ohne das Collegium Germanicum in Rom, 1552 auf Anregung des Ignatius von Loyola gegründet und 1580 mit dem 1578 gegründeten Collegium Hungaricum vereinigt. Hier war eine Ausbildungsstätte, an der eine große Reihe deutscher Adeliger im tridentinischen Geist und in Treue zum Papsttum erzogen wurde, die dann das Profil der deutschen Kirche bestimmen sollten. Das Germanicum lag in den Händen der Jesuiten. Diese, 1534 von dem Spanier Ignatius von Loyola gegründet und 1540 von Papst Paul III. bestätigt, hatten eine straffe Organisation und neben den üblichen Ordensgelübden von Armut, Gehorsam und Keuschheit auch das des unbedingten Gehorsams gegen den Papst auf ihr Banner geschrieben. Der Verzicht auf Ordenstracht, Klausur und Chorgebet sollte eine größere Mobilität sichern. Der Orden verband einen vorzüglichen Ausbildungsstand mit der Fähigkeit zur geschickten Menschenführung und nahm sich neben der Heidenmission auch der Wiedergewinnung der an die Reformation verlorenen Gebiete an. In deutlicher Reaktion auf die erfolgreichen evangelischen Gymnasialgründungen bemühte man sich um Kollegien, durch die vor allem Fürsten und Adelige gewonnen werden sollten. Daneben protegierte man auch bürgerliche Gelehrte, da man um die hohe Bedeutung der Juristen wußte. Die Übernahme humanistischer Gelehrsamkeit führte die Gymnasien der Jesuiten auch auf die Höhe der Bildung und Erziehung. Dabei betonten sie im Gefolge der „Concordia" des spanischen Ordensbruders Luis de Molina den freien Willen, was auch innerkatholisch nicht ohne Widerspruch blieb. Mit Schülertheater, Laienbruderschaften, Predigten und vor allem mit den von Ignatius von Loyola entwickelten Exerzitien schufen die Jesuiten ein Instrumentarium, das erstmals geeignet war, der Dynamik der Reformation ebenbürtige, ja überlegene Kräfte entgegenzusetzen. Daß sie planmäßig Einfluß auf die Fürsten zu nehmen trachteten, verstärkte noch ihre Wirksamkeit.

Sie hatten bereits 1544 in Köln durch den Niederländer Petrus Canisius Fuß gefaßt und sich von da in Deutschland ausgebreitet, das sie mit einem Netz von Kollegien überzogen. Zunächst schuf man 1556 die Kölner (1626 unterteilt in eine nieder- und oberrheinische) und die oberdeutsche Provinz, von der sich 1563 die österreichische (einschließlich Ungarn), 1564 die polnische und 1623 die böhmische Provinz löste. Die Jesuiten erwiesen sich als Meister der Polemik; in enger Verbindung mit tridentinischen Reformfürsten und -bischöfen gelangten sie bald zu bedeutendem Einfluß, nicht zuletzt an den katholischen Universitäten. Sie waren aktive Vorkämpfer einer entschiedenen Katholisierungspolitik; als Berater von Fürsten haben sie eine bedeutende Rolle gespielt. Maximilian I. von Bayern und Ferdinand II. von Innerösterreich, der nachmalige Kaiser, waren ihre Schüler. Die Jesuiten strahlten auch auf die traditionellen Orden aus, in die viele ihrer Zöglinge eintraten, vielleicht nicht ohne Aversion gegen die ehemaligen Lehrer. Auch im katholischen Deutschland waren sie nicht unumstritten, da sie aus dem Diözesanverband heraustraten – bei den Evangelischen wurden die Jesuiten jedoch das Objekt besonderer Abneigung.

In Deutschland waren es neben den Jesuiten vor allem die Kapuziner, ein 1525 gegründeter Reformzweig der Franziskaner, die zu Exponenten der Gegenreformation wurden. Durch volkstümliche Predigten und aufopfernde Krankenfürsorge gewannen sie Bedeutung für die einfachen Menschen. Dem Vorbild der Jesuiten folgend, spielten auch neue Frauenorden eine Rolle für die religiöse Erziehung der Mädchen aus dem Adel und dem gehobenen Bürgertum: Salesianerinnen, Ursulinen und vor allem die Englischen Fräulein, 1609 von der englischen Exulantin Maria Ward in München gegründet, die allerdings entgegen ihren ursprünglichen Intentionen manche Zugeständnisse an das traditionelle Bild der Frauenorden machen mußte – für echte weibliche Jesuiten war die Zeit noch nicht reif. Jedenfalls war zu Beginn des 17. Jahrhunderts die Krise der Orden zu Ende.

Die Reformation hatte Bibelauslegung und Wort betont; demgegenüber griff der erneuerte Katholizismus vielfach ältere Traditionen der Frömmigkeit wieder auf und belebte sie aufs neue – nach Möglichkeit suchte er auch Elemente des Volksglaubens einzubinden. Oft hielt man an Bräuchen fest, die die evangelischen Obrigkeiten verboten – z. B. an der Fastnacht. Gerade die Jesuiten machten sich zu Vorkämpfern populärer Frömmigkeitsformen, wobei ihre „Marianischen Kongregationen" für eine sehr deutlich gegenreformatorisch akzentuierte Marienfrömmigkeit prägend wurden. Bruderschaften wurden für bestimmte soziale Gruppen gebildet wie Eheleute, Schüler, Studenten, Handwerksgesellen. Die 1673 vom Jesuitengeneral empfohlene Bruderschaft „Vom guten Tod" sprach die verbreiteten Ängste der Zeit an. Daß die Landesfürsten den Bruderschaften beitraten, verlieh ihnen eine weitreichende Popularität. Die sehr betonten liturgischen Formen ließen bei den Gläubigen gegenüber der beibehaltenen, den Laien meist unverständlichen lateinischen Sprache keine Distanz entstehen. Das ganze Kirchenvolk wurde eingebaut in die Prozessionen, in Passions- und andere Heiligenspiele. Heiligen- und Reliquienverehrung lebten wieder auf und wurden ebenfalls von den katholischen Landesherren favorisiert. Die Farbenpracht des Gottesdienstes wurde durch die immer glänzendere Ausgestaltung der Gotteshäuser unterstrichen, die

Gott und die Welt den Gläubigen vor Augen führten. Der Kult des barocken Herrschers sollte sich dann prächtig in diesen Rahmen fügen lassen. Auf die volkssprachliche Herausforderung der Reformation antwortete man mit volkssprachlichen katholischen Gebetbüchern.

Die Evangelischen empfanden das Erstarken der alten Kirche mit ihren weitgespannten Beziehungen als bedrohlich. Aus diesem fortwirkenden Empfinden entstand durch Pütter und Ranke der nicht unpolemische Begriff der „Gegenreformation", der den Vorgang einer bloßen Reaktion suggerierte. Deshalb haben katholische Historiker gern vom „konfessionellen Absolutismus" oder auch von „katholischer Reform" gesprochen, der anderen Seite des wiedererstarkenden Katholizismus. Heute freilich wird zunehmend deutlich, daß alle großen Konfessionen des Alten Reiches parallelen Prozessen unterlagen, die Heinz Schilling und Wolfgang Reinhard[21] unter „Konfessionalisierung" zusammenfassen.

Ein deutlicher Unterschied war freilich, daß dem katholisch konfessionalisierten Landesstaat Grenzen gesetzt waren durch die Erhaltung einer von ihm unabhängigen Hierarchie, ja, daß deren Bischöfe sogar Reichsfürsten waren. Auch gewann der zölibatäre Priesterstand gegenüber dem evangelischen Pfarrhaus ein anderes Profil – die Ausbildung von Familienverbänden hatte hier natürliche Grenzen, auch wenn es nicht nur in der Adelskirche Protektion von Verwandtschaft gab („Nepotismus"). Doch war der Katholizismus nicht nur politisch, sondern auch spirituell wieder ein mächtiger Faktor geworden.

c) Die Kirchen der Reformation

Der Augsburger Religionsfrieden von 1555 schien der deutschen, lutherisch geprägten Reformation ihr Monopol im Protestantismus reichsrechtlich beglaubigt zu haben. Sie hatte allerdings ihre ungehinderte Ausbreitung gegen die rechtliche Absicherung eingetauscht und mußte juristische Hemmnisse hinnehmen. Die selbstbewußt geforderte „Freistellung der Religion" ließ sich nicht durchsetzen. Wichtig wurde vor allem, daß die Augsburger Konfession als bekenntnismäßige Grundlage der evangelischen Konfessionen reichsrechtlich festgeschrieben wurde. Damit sollten nicht nur die Täufer, sondern auch die Reformierten ausgeschlossen sein. Aber das Dilemma zeichnete sich bald ab: Nachdem die Reformierten in der Kurpfalz Fuß gefaßt hatten, scheiterte 1566 der Versuch Kaiser Maximilians II. und seiner entschieden lutherischen Verbündeten, sie aus dem Religionsfrieden auszuschließen. Dies bedeutete eine De-facto-Anerkennung, die jedoch von ständiger Unsicherheit begleitet war und die dann die Ausbreitung des reformierten Bekenntnisses nicht hindern konnte.

Dadurch aber war das deutsche Luthertum, scheinbar gesichert, in eine höchst schwierige Situation geraten. Zunächst war man reichsrechtlich in der Lehre festgelegt; zwangsläufig wurde die Augsburger Konfession zum

Ausgangspunkt der dogmatischen Diskussionen, die sich durch die 1550er bis 1570er Jahre zogen. Dabei bestand die Gefahr, daß die katholische Seite mitbestimmen konnte, wer wahrhaft evangelisch war. Zur Abwehr der Katholiken kam auch jene der Reformierten und die Bewältigung heftiger Richtungsstreitigkeiten im eigenen Lager hinzu. Nach dem Tode Luthers gab es seit 1546 keinen Theologen mehr, der dessen Autorität nur annähernd erreichte. Die Konfessionspolitik wurde daher in stärkerem Maße von den landesfürstlichen Räten bestimmt, die offenkundig vor den Theologen das Sagen hatten – und das führte zu einer starken Differenzierung und zur Aufsplitterung der evangelischen Richtungen. Man ist heute weit davon entfernt, darin nur Theologengezänk zu sehen. Gegenüber der neu erwachsenden Geschlossenheit der Alten Kirche mußte dies jedoch so scheinen. Bei aller Problematik der Ausgrenzungen war es doch eine beachtliche Leistung, daß man 1577 eine Konkordienformel und dann 1580 ein Konkordienbuch zustande brachte, eine einheitliche Glaubensgrundlage also, in der sich die lutherische Orthodoxie durchsetzte.

Dabei grenzte man sich vor allem gegen das reformierte Bekenntnis ab, lutherische Rechtgläubigkeit und reichsrechtliche Legalität verbindend. Die Hauptkontroverspunkte waren definiert und von einem Großteil der lutherischen Fürsten und Theologen unterschrieben worden. Aber es zeigte sich, daß auch dadurch das reformierte Bekenntnis im Reich nicht tödlich getroffen wurde, vielmehr wurden ihm die Anhänger Philipp Melanchthons in die Arme getrieben, da man die Philippisten ebenfalls ausgegrenzt hatte. Eine kleinere Zahl von Territorien verharrte sogar auf einer philippistischen Position, einige davon, wie Hessen-Kassel oder Anhalt, bewegten sich von dieser Basis zum reformierten Bekenntnis.

In dieses waren auch die älteren oberdeutsch-schweizerischen Traditionen eingegangen, die sich auf Zwingli und Butzer beriefen. Aber zum theologisch und politisch dominierenden Kopf der Reformierten war der Franzose Johann Calvin (1509–1564) geworden, Jurist und Theologe, der schließlich Genf zum Mittelpunkt seines Wirkens machte. Mit seiner „Institutio christianae religionis“ hatte er seine Lehre in ein System gebracht und zugleich versucht, in Genf seine kirchenpolitischen Vorstellungen zu realisieren: An der Spitze der Kirche standen die Ältesten, Laien und Theologen, das Presbyterium, die die Kirchen- und Sittenzucht mit strenger Hand wahrten und auch auf die städtische Politik entscheidenden Einfluß nahmen. Genf wurde zum Rückhalt der bedrängten Protestanten Westeuropas, bei denen Calvin weithin Luther den Rang abgelaufen hatte. Calvin hatte für seine bedrängten Glaubensbrüder den Geist des Widerstands gegen die verfolgende Obrigkeit und eine ihr gegenüber widerstandsfähige presbyterial-synodale Kirchenverfassung formuliert und ihnen damit ein Durchhalten ermöglicht, wie es die landeskirchlich geprägten deutschen Lutheraner nicht vermochten. So wie die Presbyter die Gemeinde regieren sollten, so schlossen sich Nachbargemeinden zu Synoden zusammen – eine elastische Organisationsform, die sich in ihrer Beziehung zu Gott auf die Bundesvorstellungen des Alten Testaments berufen konnte und auf der anderen Seite den Verfolgungsdruck abzuwehren vermochte. Das Blut der Märtyrer, Beispiel und Lebensstil der westeuropäischen Emigranten verfehlten auch bei den deutschen Evangelischen ihren Eindruck nicht. Hinzu kam die Wirkung der lateinischen Rationalität des Juristen Calvin auf die humanistisch geprägten Intellektuellen.

Die kirchliche Organisation wurde gestützt durch die Föderaltheologie, die Idee vom Bund Gottes mit seinem Volk. Die Lehre von der doppelten Prädestination, also einer unbeeinflußbaren göttlichen Gnadenwahl, ließ Gott zu entrückter, unerreichbarer Größe aufsteigen: Daß Max Weber hier einen Ansatz zum modernen Kapitalismus sehen wollte, da der erkorene Gläubige auch in dieser Welt diese Wahl beweise, hat die Forschung heute weitgehend relativiert – zu differenziert ist bereits das Bild der Reformierten. Die Abendmahlslehre mit ihren stark symbolhaften Zügen bildete einen weiteren Unterschied zum realen Abendmahlsverständnis der Lutheraner, widersprach aber eindeutig der Augsburger Konfession – es war das Schicksal der Reformierten, daß sich gerade in einer zentralen Frage des Gottes- und Gemeindeverständnisses ihre Distanz zum reichsrechtlich festgelegten evangelischen Bekenntnis dokumentierte, daß aber gerade dieses Verständnis gleichzeitig eine hohe Attraktion für die humanistisch Gebildeten hatte. Die synodal-presbyteriale Verwaltung wurde im Reich vor allem am Niederrhein und in Ostfriesland verwirklicht. In den deutschen Territorien, deren Fürsten sich dem reformierten Bekenntnis zuwandten, setzten sich jedoch die Prinzipien eines landesherrlichen Kirchenregiments durch, wenn auch kombiniert mit presbyterial-synodalen Elementen. Die Kurpfalz nahm bei ihrem zweiten Übergang zum reformierten Bekenntnis nach 1583 sogar frühere Abstriche am landesfürstlichen Kirchenregiment zurück. Aber das reformierte Bekenntnis schlug doch viele Brücken nach Westeuropa, nicht nur politische, sondern auch kulturelle. Die gemeinsame Konfession transportierte zahlreiche religiöse, auch wissenschaftliche und literarische Vorstellungen ins Reich. Der höfische Glanz Heidelbergs und Kassels um 1600 hatte durchaus internationale Züge. Andererseits wirkten deutsche und Schweizer Theologen auch 1618/19 an der Synode von Dordrecht mit, die den Gomaristen zum Sieg über die Arminianer verhalf: also der Prädestinationslehre gegen die Lehre vom freien Willen.

Insgesamt trat das reformierte Bekenntnis mit Anstrengungen zu einer Erneuerung, zu einer Reform des Lebens und einer Reform des Glaubens an. Das aber verband sich abermals mit den Konfessionalisierungstendenzen der Landesfürsten. Die Wetterauischen Grafen scheinen hier die Chance gesehen zu haben, ihr sichtbares Defizit an Staatlichkeit auszugleichen. Freilich zeigte sich auch, daß das reformierte Bekenntnis oft auf eine bereits im lutherischen Geist erzogene Bevölkerung stieß, die sich zur

Wehr setzte – nicht selten, weil ihr gerade die die Intellektuellen ansprechende Rationalität reformierter Glaubenspraxis vielfach vertraute populäre Frömmigkeitsformen wegdisputierte.

Interessanterweise war das reformierte Bekenntnis wegen seiner reichsrechtlichen Problematik darauf angewiesen, die Unterschiede zu den Lutheranern möglichst wenig zu betonen – das verwies es im Inneren der Territorien auf komplizierte Bekehrungsmethoden. Auch hat es zwar bedeutende Theologen, wie den Heidelberger Zacharias Ursinus, den Heidelberger, später Herborner Kaspar Olevian, den Bremer Christoph Pezel, aber nicht die große Zahl von Kontroverstheologen wie die lutherische Orthodoxie hervorgebracht. Vielmehr gab es eine ausgeprägte Tradition des konfessionellen Ausgleichs bei den Reformierten, vor allem in Heidelberg – mit der „Pfälzer Irenik" verbinden sich Namen wie David Pareus oder Franciscus Junius. Die Lutheraner fühlten sich allerdings bedroht und setzten sich gegen die Reformierten vehement zur Wehr – sie verspürten durchaus den Druck des reformierten Bekenntnisses. Nun hatten sie neben den Katholiken einen zweiten Gegner erhalten und entdeckten dadurch auch Gemeinsamkeiten mit der alten Kirche, nicht nur in der reichsrechtlichen Zulassung ihres Glaubens. Manche sahen den „inneren" Feind für schlimmer an als den alten Gegner, den Katholizismus. Der kursächsische Hofprediger Matthias Hoë von Hoënegg (1580–1645) hat dem deutlichen Ausdruck verliehen.

Es gibt ein schiefes Bild, wenn man, wie oft geschieht, den „progressiven" Kräften von Gegenreformation und reformiertem Bekenntnis ein erstarrendes Luthertum gegenüberstellt – die Konfessionalisierung hatte ja alle drei großen Bekenntnisse erfaßt. Die Wortführer des Luthertums erkannten, daß es gegenüber der neuen Dynamik der anderen Bekenntnisse zurückzufallen drohte, nachdem es sie mit angestoßen hatte. Konkordienbuch und Konkordienformel haben allerdings für eine relative Einheit einen hohen Preis gefordert – die Distanzierung von den Reformierten und Philippisten. Aber beide haben auch die Kräfte einer allgemeinen lutherischen Erneuerung begünstigt. Vor allem Württemberg, das „lutherische Spanien", Hessen-Marburg, später Hessen-Darmstadt, Brandenburg-Ansbach machten sich zu ihren Vorreitern. In Württemberg waren von Herzog Christoph die Anstöße ausgegangen zu einer Bewegung, die konfessionelle Durchdringung, Erneuerung von Glauben, Lehre und Sitte beinhaltete und über Württembergs Grenzen ausstrahlte. Trotz der bedeutsamen Rolle der Universität Tübingen und des Stuttgarter Kirchenrats behielt die Regierung stets die Kontrolle in der Hand. Es war also nicht nur reichsrechtlicher Legalismus, daß das deutsche Luthertum seinen Platz bewahrte. Die Orthodoxie wirkte weit ins 17. Jahrhundert fort, in dem neben der Bibel zunehmend Luther und die anderen Reformatoren als Autoritäten, als „evangelische Kirchenväter" fungierten; den Erfahrungen des Konfessionalisierungsprozesses entsprach es, daß man neben den dogmatischen auch ethische Fragen behandelte. Hier kam es zu einer Renaissance des Aristoteles, die über den Humanismus eine gewisse Brücke zur katholischen Erneuerung schlug.

Die lutherische Orthodoxie beruhte also auf der Kanonisierung Luthers und anderer Reformatoren in deutlicher Frontstellung gegen Calvin und seine „Institutio". Die Jahre vor dem Dreißigjährigen Krieg zählten noch zur Frühorthodoxie, auch wenn viele Auseinandersetzungen schon zuvor begonnen hatten. Die Wortführer der Orthodoxie waren die Landesfürsten und die theologischen Fakultäten ihrer Landesuniversitäten – das bedeutete, daß die Auseinandersetzungen stark zu Kontroversen zwischen den theologischen Fakultäten wurden, an denen allerdings die Fürsten lebhaften Anteil nahmen. Trotz „katholischer" altkirchlicher Züge, die die engen Verbindungen mit dem Aristotelismus gebracht hatten, sparte die Orthodoxie nicht mit Polemik gegen die Katholiken. Ebenso wie die Frontstellung gegen die Reformierten wurde sie getragen vom Glauben an die eigene Wahrheitserkenntnis, neben der die Meinung des Gegners keinen Bestand hatte. Allerdings haben Theologen wie Leonhard Hutter und Aegidius Hunnius bei aller Abgrenzung auch die Gemeinsamkeiten der evangelischen Konfessionen betont; das sollte dann in der Krisensituation des Dreißigjährigen Krieges zu neuerlichen reformiert-lutherischen Religionsgesprächen führen.

Auch wenn die lutherischen Landesuniversitäten in Wittenberg, Jena, Tübingen, Straßburg, Leipzig, Gießen, Greifswald, Rostock, Helmstedt und Königsberg die Fahne der Orthodoxie hochhielten, hinderte sie dies nicht, erbitterte Auseinandersetzungen untereinander zu führen. Dazu zählt die Fehde, die am Vorabend und am Anfang des Dreißigjährigen Krieges durch die bislang eng verbundenen Universitäten Tübingen und Gießen bzw. ihre Professoren Matthias Hafenreffer und Balthasar Mentzer ausgefochten wurde – es ging um die schwierige Frage des Menschseins Christi; die Kontroverse hatte beträchtliche Nachwirkungen.

Insgesamt hat die lutherische Orthodoxie eine neue Dogmatik geschaffen – aber sie geriet zunehmend in die Gefahr, Bibel und Frömmigkeit zu verdrängen, ja, sogar das zentrale Anliegen Luthers, die Rechtfertigung vor Gott, in langen Gelehrtenexkursen zu ersticken. Doch es bleibt als beträchtliche Leistung die intellektuelle Durchdringung und Systematisierung der lutherischen Lehre, die nicht nur die Basis für Auseinandersetzungen mit den anderen Konfessionen, sondern für neue Erkenntnisse und einen neuerlichen Aufbruch bot.

Allerdings gab es auch andere Strömungen als die Dogmatik der Orthodoxie, Strömungen, die älter und im Grunde nie erloschen waren. Dabei spielte die evangelische Tradition eine beträchtliche Rolle, die der Predigt eine zentrale Stellung im Gottesdienst einräumte. Selbst die Hofprediger konnten ihren Fürsten ihre Lebensweise vorhalten, sächsische Geistliche wie Matthias Hoë von Hoënegg sagten ihren trinkfreudigen Herren recht deutlich die Meinung. Noch wichtiger aber war die verbreitete Erbauungsliteratur, wobei es sehr starke interkonfessionelle Beeinflussungen gab – die spätmittelalterliche Mystik wirkte auch auf die evangelische Literatur weiter. Der Celler Generalsuperintendent Johann Arndt (1555–1621) veröffentlichte „Vier Bücher vom wahren Christentum", die in zahlreiche europäische Sprachen übersetzt wurden. Mystische Elemente aufnehmend, wurde er von der Orthodoxie hart befehdet. Arndt veröffentlichte weitere erbauliche Bücher, die zu Buße und tätiger Liebe anregen sollten; er forderte zur Nachfolge Christi auf – es gelte auf Erden das ewige Leben zu gewinnen; Gott habe aber auch sichtbare Zeichen geschickt. Bedeutender noch war der württembergische Prälat Johann Valentin Andreae (1586–1654), Enkel des Vorkämpfers der deutschen Orthodoxie und des Konkordienbuches, Jakob Andreae – er selbst Hofprediger in Stuttgart und Prälat in Adelberg. Weit gereist und gebildet, suchte er den Weg aus der konfessionellen Enge heraus, förderte er praktisches Christentum und suchte das Idealbild des Pfarrers. Aber mit seiner „Rei publicae Christianae descriptio" zeichnete er auch die Utopie eines christlichen Gemeinwesens. Wollte Andreae wohl mit seiner Schrift über die „Rosenkreuzer" gegen die verbreitete, vielfach mit Aberglauben durchsetzte Alchimie polemisieren, so erreichte er das genaue Gegenteil und wurde der Begründer der Rosenkreuzerliteratur. Auch das Kirchenlied begann einen neuen Aufschwung zu nehmen. Um 1620 zeichneten sich also Strömungen ab, die auf einen neuen Anfang verwiesen, der jedoch vielfältig mit der orthodoxen Tradition verwoben war, über die er schließlich hinausschritt. Gegenüber den spektakuläreren Bewegungen im Katholizismus und im Calvinismus bewahrte das Luthertum seine eigene Position; sie erwies sich als kräftig und richtungweisend. Die praktische Frömmigkeit wurde aber auch hier überlagert von den Ängsten des Alltags, von Zeiten, in denen man einen drohenden Gott, Not und Tod verbreitet sah, und diese chiliastische Weltsicht sollte sich durch den Dreißigjährigen Krieg noch steigern.

Das Täufertum blieb in den Untergrund abgedrängt. Es hatte in den Niederlanden überlebt, von wo es sich als friedliche Bewegung erneut ins Reich ausbreitete, zunächst nach Holstein. Die Anhänger des schlesischen Adeligen Kaspar Schwenckfeld, der eine mystisch-praktische Lehre verfochten hatte und zu den Wegbereitern des Pietismus zählte, hielten sich noch in Schlesien und in den schwäbischen Herrschaften der Freyberg, Justingen und Offingen, – dort unterlagen sie im Dreißigjährigen Krieg der Gegenreformation.

d) Universitäten, Wissenschaft, Gelehrte

Sosehr die Theologen gegeneinander wetterten, so sehr hatten alle Universitäten des konfessionellen Zeitalters weiterhin ein gemeinsames Fundament. Sie waren Dienerinnen des Landesfürsten und Pflegestätten der künftigen Beamten und Pfarrer: Der Territorialausbau hing eng zusammen mit Professionalisierung und Verwissenschaftlichung des Fürstendienstes. Der Besitz einer Universität bedeutete für ein Territorium nicht nur Autonomie in der Ausbildung der eigenen Beamten, sondern auch Einfluß auf das Umfeld, den viele Herren auch zu nutzen trachteten. So formten sich neue Satellitenverhältnisse intellektueller Art, wenn man auf die Universitäten der größeren Nachbarn angewiesen war. Deshalb entstanden neben den 19 Universitäten, die es vor 1550 im Reich gegeben hatte, bis 1650 noch einmal 15 weitere – alle gegründet in konfessioneller Absicht. Zwischen 1650 und 1715 folgten nur noch sechs.

Trotz aller konfessioneller Unterschiede und trotz aller Polemiken ihrer Theologen ähnelten sich die Universitäten. Sie benötigten weiterhin für die Anerkennung ihrer akademischen Grade die Legitimation durch kaiserliches oder päpstliches Privileg; für die Evangelischen kam somit nur ein kaiserliches in Frage, das sich der Kaiserhof auch oft genug politisch honorieren ließ. Bei der 1607 mit einer deutlichen Spitze gegen das reformiert gewordene Marburg gegründeten Universität Gießen sprach es der Reichshofrat ganz klar aus: Das Motiv für das Privileg war neben der Freundschaft für das lutherische Hessen-Darmstadt auch die Aussicht, die Gegnerschaft unter den Ketzern fördern zu können. Wie stark jedoch weiterhin der Sog der europäischen Universitätstradition war, zeigt das Beispiel der 1566 gegründeten Straßburger Akademie („Semiuniversitas"), die 1621 durch kaiserliches Privileg zur Volluniversität erhoben wurde, nachdem man zunächst einen eigenen Weg versucht hatte. Straßburg war neben dem älteren Köln und dem nürnbergischen Altdorf (1622) eine von drei reichsstädtischen Universitäten, wozu noch die alte städtische Erfurter Hochschule kam (1392).

Die Organisation trug weiter das mittelalterliche Gesicht, mit Rektor und Fakultäten. Auch die Studienpläne der Fächer erhielten sich – im reformierten Heidelberg hatte es einiges Kopfzerbrechen bereitet, das (katholische) Kirchenrecht durch Reichsrecht zu ersetzen. Die Zahl der Professoren war deutlich limitiert; sie rangierten sozial hinter den fürstlichen Räten, zählten jedoch zur Beamtenschaft und gehörten deren Familienverbänden zu; allerdings gab es einen ausgeprägten Heiratskreis der Professoren; in evangelischen Territorien schlugen sie die Brücke zwischen fürstlichen Räten und Pfarrerstand. Auch materiell besaß die Universität noch ihr mittelalterliches Fundament, oft einen großen Landbesitz. Sie war von der jeweiligen Stadtgemeinde eximiert, was die Exzesse der Studenten förderte. Diese waren in der Regel noch sehr jung und lebten zumeist in den Bursen oder als Logiergäste bei den Bürgern, nicht selten in einem Professorenhaushalt. Die barbarischen Initiationsriten für Studienanfänger („Pennalismus") hielten sich und verschlimmerten sich noch im Laufe des 17. Jahrhunderts. Die Universität vergab die Grade des Baccalaureus, des Magisters und des Lizenziaten bzw. Doktors. Sie pflegte die Disputationen, die vornehmlich die Eloquenz der künftigen Juristen und Theologen deutlich machen sollten. Studenten verbanden gern ihre Universitätsjahre mit Reisen und dem Besuch fremder Hochschulen – das erforderte Geld. Dabei konnte sich mancher ärmere Student als Präzeptor eines Adeligen eine solche Reise ermöglichen. Ziele waren Italien und Frankreich, dort vor allem Paris. In Italien bevorzugten die evangelischen Studenten das venezianische Padua, da dort kein Eid auf das Tridentinum verlangt wurde, wie dies im päpstlichen Bologna Pflicht geworden war, das gleichwohl seine Bedeutung behielt. Die Kavaliersreisen adeliger Studenten wurden immer stärker zu einer allgemeinen Tradition und verliehen ihnen einen europäischen Horizont.

Die Universitäten waren zumeist relativ klein. Eine Führungsrolle spielte immer noch Wittenberg – danach folgten Leipzig, Helmstedt, Frankfurt/Oder, Ingolstadt und Jena; die anderen waren noch bescheidener. Die evangelischen Hochschulen hatten also einen Vorsprung vor den katholischen. Insgesamt hatte Deutschland zu Beginn des Dreißigjährigen Krieges etwa 8000 Studenten. Diese Zahl wurde im späten 17. und 18. Jahrhundert nicht wieder erreicht. Die Landesherren begannen zunehmend die Universitäten anderer Konfessionen mit Sperren zu belegen – das Studium an einer Universität wurde damit zur konfessionellen Visitenkarte. Reformierte Hochschulen bestanden im Reich in Heidelberg und im kleinen Herborn. Letzteres war 1584 von Graf Johann VI. von Nassau-Dillenburg gegründet worden und 1654 zur Universität aufgestiegen. Auf der anderen Seite haben die Jesuiten zunehmend das Gesicht der katholischen Universitäten geprägt, besonders Neugründungen wie Dillingen (1554) und Graz (1586) galten als Jesuiten-Universitäten. Die Jesuiten übernahmen zumeist die philosophischen und theologischen Lehrstühle – an katholischen Neugründungen, aber auch an alten Universitäten wie Freiburg, Ingolstadt, Köln, Mainz, Trier und Wien. Mit ihrer straffen Organisation und der Praxis rascher Versetzungen der Mitglieder brachten sie allerdings in das Prinzip der akademischen Korporation ein völlig entgegengesetztes Element ein, das häufig zu Konflikten führte – aber die Jesuiten begünstigten auch einen Aufschwung der Wissenschaft.

Auffällig ist die beträchtliche Vermehrung der Buchproduktion, die durch das konfessionelle Zeitalter einen erheblichen Auftrieb erhalten hatte. Nach wie vor dominierte die religiöse Literatur, aber nebenher gab es ein breites und vielfältiges Angebot. Obwohl Bücher relativ teuer waren, existierten prachtvolle Bibliotheken, etwa an den fürstlichen Höfen, aber auch bei städtischen Patriziern. Es gab viele schöne Bücher, vielfach durch Holzschnitte und Kupferstiche illustriert. Vom Einbruch des Dreißigjährigen Krieges allerdings erholte sich der deutsche Büchermarkt lange nicht. Auf der anderen Seite gehört es auch zum Wesen des konfessionellen Landesstaates, daß er eine Bücherzensur entwickelte, zunächst gegenüber kirchlichen, später auch gegenüber politisch mißliebigen Schriften.

Der Buchdruck veränderte auch die Qualität wissenschaftlicher Kommunikation. Er trug wahrscheinlich dazu bei, daß die konfessionellen Grenzen nicht so tief wurden, und hat die Internationalität wissenschaftlichen Austausches gefördert; die Wissenschaftsentwicklung darf nicht als ein nationaler Wettbewerb der Gelehrten gesehen werden, wie es die Historiker späterer Zeiten gern getan haben. Dennoch ist hier der Blick auf den Anteil der Länder des Reiches zu richten.

Der Humanismus war von den konfessionellen Kräften in seinen Dienst genommen worden – sie hatten ihn umgebogen, bis hin zu den Schulkonzepten Melanchthons und Sturms auf der einen, der Jesuiten auf der anderen Seite. Er blieb das Medium der Auseinandersetzungen, aber auch eine mächtige verbindende Kraft – die klassischen Sprachen haben weiterhin die Gelehrten geeint. Zudem wurden bedeutende fremdsprachige Werke ins Deutsche übersetzt. Allerdings waren auch Sprachkenntnisse wegen der auswärtigen Universitätsbesuche nicht selten.

Die Neugründung einer Universität bot gewisse, wenn auch begrenzte Chancen, aus den eingefahrenen Traditionen auszubrechen. Hatte Melanchthon den Aristoteles für das Luthertum vereinnahmt, so verband sich seine Lehre nun ganz eng mit der lutherischen Orthodoxie. Dagegen hatte der Franzose Petrus Ramus (Ramé, 1515–1572), der ein Opfer der Bartholomäusnacht in Paris wurde, die Autorität des Aristoteles bestritten und die Mathematik zum Vorbild der neuen Logik machen wollen. Mit seiner christlich-platonischen Kritik des Aristotelismus gewann der Calvinist vor allem für die Reformierten Bedeutung – in Deutschland hielt er über die reformierten Hochschulen seinen Einzug. Aber auch die lutherischen Universitäten konnten den Ramismus nicht völlig ignorieren. Allerdings behauptete sich der Aristotelismus Melanchthonscher Prägung noch bis 1650.

Doch die Universitäten waren keineswegs die hauptsächlichen Schauplätze wissenschaftlicher Entwicklungen – eine große Rolle spielten die fürstlichen Höfe, daneben die Gymnasien, ganz abgesehen von einigen Köpfen, die abseits der ausgetretenen Wege wirkten. Auch hatten sich die Naturwissenschaften noch nicht aus dem engen Feld allgemeiner Lehrsammlungen gelöst. Bei Männern wie Justus Lipsius und Kaspar Schoppe (1576–1649) zeigte sich die Verstrickung in die konfessionellen Gegensätze. Der Konvertit Schoppe war ein nicht unbedeutender Philologe, aber bekannt wurde er als heftiger konfessioneller Polemiker, so daß es schließlich sogar der Kurie zuviel wurde – daher erschienen seine Schriften in Padua und Amsterdam. Justus Lipsius (1547–1606) entstammte der Tradition des niederländischen Humanismus, war gleichfalls ein exzellenter Philologe und ein Wanderer zwischen deutschen und niederländischen Universitäten der unterschiedlichen Konfessionen, um am Ende wieder im katholischen Lager zu landen. Lipsius gab die Schriften des Tacitus heraus und beeinflußte damit auch die Kriegskunst. Mit seinen Kompendien, die den Geist stoischer Ethik verfechten, die als Fürstenspiegel gedacht waren, erzielte er in einer dafür stark empfänglichen Zeit beträchtliche Wirkungen. Gerhard Oestreich hat seine enormen Anstöße für die sozialdisziplinierenden Tendenzen des modernen Staates dargetan[22] – die erstaunliche Wirkung eines Mannes, der selbst ein ängstlicher Gelehrter war. Zur Wirkung kamen auch viele Übertragungen aus dem Französischen und Lateinischen von Michel de Montaigne bis hin zum spanischen Jesuiten Baltasar Gracián.

Eine ganz erhebliche Bedeutung gewann die Naturphilosophie, die sich sogar am Hofe Rudolfs II. Raum verschaffte, ja dort ein Refugium besaß – Höfe böhmischer Adeliger und deutscher Fürsten zeigten ähnliche Neigungen. Auch die Naturphilosophie hatte ihre humanistischen Wurzeln. Sie griff auf Platon und Pythagoras, aber auch auf die jüdische Kabbala zurück. Es ging darum, die harmonischen Gesetze des Universums zu finden, da sich im Mikrokosmos der einzelnen Lebewesen der Makrokosmos in harmonischer Ordnung spiegelte. Die Sterne waren geeignet, die Welten zu erschließen. Kein Wunder, daß ein grüblerischer und kluger Mensch wie Rudolf II. davon angetan war und sich selbst gern als Hermes trismegistos, als Gott des Geheimen, darstellen ließ. Zugleich aber waren die exakten Naturwissenschaften von diesen Spekulationen noch nicht zu trennen; sie blieben in die Naturphilosophie eingebunden und lösten sich erst nach 1650 aus dieser Vormundschaft.

Die Astrologie mit ihren antiken Wurzeln wurde ebenfalls durch den Humanismus erneuert. Sogar die medizinische Diagnostik bediente sich ihrer. Man suchte Beziehungen zu den Metallen und Edelsteinen; Zahlenspiele sollten den Sinn der Dinge erschließen, wozu auch die Magie half – dabei unterschied man die weiße Magie, die sich guter Geister bediente, von der schwarzen, die den Teufel anrief. Hier spiegelte sich der verbreitete Glaube an Zauberkräfte, der sich nicht nur auf das einfache Volk erstreckte. So hatte die Alchimie eine große Zeit – mit der Herstellung einer festen Grundsubstanz, der fünften, also der „Quintessenz", glaubte man den Stein der Weisen finden zu können, der Menschen zu heilen und zu verjüngen oder auch unedle Metalle in Gold zu verwandeln vermochte. In einer Zeit, in der die allgemeinen Ängste verbreitet waren, war der Zustrom zu solchen Kräften sehr verständlich – und die Goldmacher hatten ohnehin Konjunktur angesichts des notorischen Finanzbedarfs der Fürsten. Aber der Grat zwischen einem luxuriösen Leben und einer drohenden Hinrichtung war schmal, wenn das gesuchte Edelmetall dann doch nicht hergestellt werden konnte. Immerhin öffneten Naturphilosophie, Astrologie und Alchimie die Wege zu Experimenten, die die Wissenschaften weiterbrachten. Bei Kaiser Rudolf II. wird sehr deutlich, wie sich bei diesem zweifellos sehr vielseitigen Geist Philosophie, Naturwissenschaft und Kunst in einem Weltbild vereinigten, das nach Harmonie suchte. Nicht umsonst haben damals die Bücher über den Doktor Faustus, den Magier, ihren Weg in die deutsche Literatur begonnen, oft mit Warnungen vor zauberischen Praktiken und Teufelsglauben. Man darf nicht die Stränge, die zu modernen Wissenschaften führten, aus einem einheitlichen Denken herauspräparieren – und das bedeutet, daß nicht nur die Philosophie mit ihrer Suche nach dem Urgrund aller Dinge im 17. Jahrhundert Konjunktur hatte, sondern auch der Teufels- und Hexenglauben.

Die Querverbindungen zu den sich entwickelnden Naturwissenschaften waren gleichwohl eng – und damals begann deren Siegeszug. Schon konnte Galileo Galilei das Experiment zur Grundlage der Naturwissenschaften machen; etwas später stießen René Descartes und Blaise Pascal in neue Bereiche der Mathematik vor. Auch hatte der Thorner Nikolaus Kopernikus (1473 – 1543), ermländischer Domherr zu Frauenberg, gegen die auch von den Humanisten überlieferte ptolemäisch-aristotelische Tradition, nach der sich die Welt und das All um die Erde drehten, die Sonne zum Mittelpunkt des Planetensystems gemacht und Andreas Vesalius (1514 – 1564) die erste vollständige Anatomie des menschlichen Körpers vorgelegt. Zwar hatte Melanchthon gegen Kopernikus polemisiert – aber totgeschwiegen wurde er nicht. Die nürnbergische Universität Altdorf war ein Zentrum des kopernikanischen Weltbildes, ohne daß dieses freilich den herrschenden Aristotelismus verdrängen konnte. Von den Astronomen Scheiner und vor allem Kepler wird noch die Rede sein.

Der Niederländer Willebrord Sachs (1580–1626) entwickelte aus Beobachtungen Gesetze zur Lichtbrechung. Der Brabanter Edelmann und Arzt Johann von Helmont (1579–1644) kam aus der Tradition der medizinischen Alchimie (Iatrochemie) und gelangte aus naturphilosophischen Spekulationen zur Unterscheidung der Gase in der Luft und brachte auch Medizin und Pharmazie weiter; der Katholik, der pantheistischer Züge nicht entbehrte, hatte eine beträchtliche Wirkung auf Deutschland. Daneben gab es zahlreiche technische Verbesserungen, die auf praktischer Auswertung der neuen Erkenntnisse beruhten. Allerdings war es besonders der Erfindungsgeist von Handwerkern, der hier wirkte.

Die Militärtechnik erreichte eine hohe Blüte. Sie war eingebettet in ein weites Spektrum. Der Niederländer Simon Stevin stellte erstmals das Rechnen mit Dezimalbrüchen dar und fand die heutige Bezeichnung der mathematischen Potenzen. Aber er war auch ein bedeutender Mechaniker. Auf dem Gebiet der Hydrostatik, der Gleichgewichtsverhältnisse von Körpern auf einer schiefen Ebene, leistete er Bedeutendes und näherte sich der Vorstellung vom Kräfteparallelogramm an; er konnte aber auch Schleusen konstruieren und baute Festungen – nicht nur für die Oranier. An der Gründung von Mannheim war er beteiligt. Der Polyhistor und Jesuit Athanasius Kircher (1602–1680) – auch ein beachtlicher Theologe – experimentierte in vielen Bereichen, selbst in dem der Hypnotik, und entdeckte die Notwendigkeit eines Mediums für Schallausbreitung. Für ihn war die Mathematik die Grundlage aller Wissenschaft – seine Forschungen waren begleitet von der Vorstellung der Vollkommenheit des Kosmos. Die Geographie machte, auch dank der Entdeckungen und der zunehmenden Seereisen, bedeutende Fortschritte und verband sich mehr und mehr mit der Mathematik, da man für die Schiffahrt zuverlässige Land- und Seekarten benötigte. Aber auch hier kam es zu einer Diskussion mit der Theologie, die in der Gestalt der Erde eine göttliche Providenz sah – und der die Geographie durch die Betrachtung des Heiligen Landes als Hilfswissenschaft gedient hatte.

Die neuen Einsichten in die Natur fanden auch ihren Niederschlag im Lehrplan der Universitäten, die sich zunehmend um Mathematik, Physik, Chemie und Botanik zu kümmern begannen – manche bedeutende Gelehrte legten davon Zeugnis ab. Dominant blieb freilich die humanistische Tradition: die Erziehung in den alten Sprachen, die Schulung in Rhetorik und Logik, die dann in die drei hohen Fakultäten für Theologie, Jura und Medizin führten. Aber die Artistenfakultät gewann eine selbständigere Bedeutung – auch dies bereitete den Aufstieg der Naturwissenschaften vor. Man sollte bei der Betrachtung dieser Modernisierungen nicht die prägende Kraft des konfessionell eingefärbten Landesstaates übersehen, der die Universitäten als Dienerinnen betrachtete und alles andere als ein Vorreiter der Wissenschaftsfreiheit war.

e) „Volkskultur" und Hexenwahn

So wie der Territorialisierungsprozeß im Zuge einer allgemeinen Herrschaftsverdichtung entgegenstehende Kräfte wie Adel, Städte, Gemeinden, Korporationen zurückdrängte, so bedeutete er für die einfachen Leute eine verstärkte Konfrontation mit Konfessionalisierungstendenzen, aber zugleich mit Befriedung, obrigkeitlicher Regelung der Lebensprobleme und auch mit der Alphabetisierung. Die Menschen gerieten so in den Sog einer Bewegung, die zugleich vereinheitlichend und nivellierend wirkte und ganz langsam eigenständige Traditionen und Freiheiten zurückdrängte. Es handelte sich oft um Freiräume, die archaisch wirkten, um Rituale, die dem Wertsystem der Eliten widersprachen, um magische Praktiken, die einer fernen Welt anzugehören schienen und mit dem Christentum wenig gemein hatten. Was sich die Menschen in der Stadt oder auf dem Dorf, in der Nachbarschaft als ihre eigene religiöse Welt geformt hatten, das suchte der konfessionelle Landesstaat nun zu steuern und zu überformen – gewiß ein tiefer Einschnitt in die Lebensverhältnisse dieser Menschen. Die Randgruppen der Gesellschaft, etwa Spielleute, Gaukler, auch Narren, oft wichtig für das tägliche Leben, wurden noch mehr marginalisiert – der werdende Staat suchte seine Untertanen seinem Konzept der „Sozialdisziplinierung" zu unterwerfen.

Man hat darin eine Zurückdrängung einer „Volkskultur" durch eine Elitenkultur sehen wollen (Muchembled), eine Deutung, die den älteren

Erklärungsmustern der Volkskunde von den statischen, archaischen, viele Jahrhunderte überdauernden Elementen der Volkskultur recht nahe kommt. Aber eine solche Sicht erscheint ebenso problematisch wie die isolierte Betrachtung der Bauern oder der Unterschichten ohne die Einbeziehung der gesellschaftlichen Gesamtkonfiguration. Denn auch die einfachen Leute, deren Denken und Handeln zumeist nur indirekt zu erschließen ist, standen nicht außerhalb der Gesellschaft und haben auch in ihren Bräuchen immer wieder Anregungen erfahren. So ist die Fastnacht mit ihren Rügetraditionen und den Tendenzen zum Sich-Ausleben nicht denkbar ohne das christliche Kirchenjahr, mögen auch zahlreiche heidnische Praktiken eingeflossen sein.

Auf der anderen Seite haben die Kirchen, am stärksten die katholische, am wenigstens die Reformierten, immer wieder versucht, Elemente dieses „Volksglaubens" aufzugreifen und zu integrieren, soweit sie es ohne Aufgabe substantieller Elemente ihrer Lehren tun konnten. Die erneuerte katholische Frömmigkeit hat in besonderem Maße die Integration volkstümlicher Traditionen geleistet; aber auch die Lutheraner behielten manche Praktiken nichtchristlicher Herkunft bei; die Reformierten dagegen stießen mit ihren Tendenzen zu einer Rationalisierung des Glaubens auf hartnäckige Widerstände. Deutlich wird jedoch insgesamt, daß der Konfessionalisierungsprozeß auch einen zunehmenden Christianisierungsprozeß bedeutete, für den die überlebenden nichtchristlichen, paganen oder sonstigen Traditionen zu einem Problem wurden.

Dennoch waren die Vereinheitlichungsversuche der Kirchen kein Zufall, denn ihre Gebote stießen immer wieder auf die gleiche „bauernschlaue" Resistenz wie die Disziplinierungsmaßnahmen der Landes- oder Grundherrschaft. Angesichts der Lebensverhältnisse war die Abwehr auch nicht besonders schwierig. Offenbar fing man auf den breiten Feldern des täglichen Lebens die landesherrlichen und landeskirchlichen Disziplinierungsmaßnahmen wieder ab, wie die zahlreichen Dekrete bescheinigen, welche längst verfügte Auflagen immer wieder aufs neue einschärfen mußten. Man wird deshalb der Zäsur des Dreißigjährigen Krieges mit ihren dramatischen Kontinuitätsbrüchen für die verstärkte Durchsetzung disziplinierender Maßnahmen keine geringe Bedeutung beimessen dürfen. Aber auch danach haben die einfachen Leute es verstanden, die fremden Vorstöße in ihre kleine Welt einzudämmen.

Die Lebenswelt des einfachen Mannes in seinem dörflichen Rahmen, in den Nachbarschaften, mit den spezifischen Traditionen des Feierns, zeigte eine unübersehbare Distanz zu der Elitenkultur. Aber man wird auch anmerken müssen, daß eine einfache Zweiteilung viel zu simpel erscheint, daß es auch in der „Volkskultur" Differenzierungen gab, daß es fraglich wäre, etwa einen reichen Dithmarscher Bauern mit den Randgruppen gleichzusetzen und beide der Elitenkultur gegenüberzustellen. Man wird also „vielerlei Volkskulturen" betrachten und dabei zugleich im Auge behalten müssen, daß diese in einem ständigen Austausch mit der Elitekultur, besser den Elitenkulturen gestanden sind.

Sehr deutlich zeichnet sich ein Christianisierungsprozeß ab, der von einem Alphabetisierungsprozeß begleitet wurde – beide waren Instrumente zur Zurückdrängung der „Volkskultur". Aber diese Entwicklung bedeutete ebenfalls einen Verlust an Freiraum, ein Stück Uniformierung der Menschen. Oftmals gingen allerdings Sozialdisziplinierung und zivilisatorischer Fortschritt Hand in Hand, der unumgänglich war für jegliche Modernisierung. Die Friedensgebote, die Angleichung des Rechts lagen im Prozeß der Zivilisation – und die spezifischen Formen dörflichen Lebens dürfen in ihrer Vielfalt nicht darüber hinwegtäuschen, daß damit oft kleinräumiges Denken und massiver Fremdenhaß verbunden war.

Die Situation wurde dadurch weiter kompliziert, daß sich der konfessionelle Landesstaat in besonderem Maße mit den Elementen anderer Konfessionen konfrontiert sah, sei es auf der einen Seite mit altkirchlichen Relikten, sei es mit mehr oder minder starken Spuren der Reformation, aber auch mit „Aberglauben" und magischen Praktiken, die überdies, wie gezeigt, tief in den höfischen und universitären Bereich hineinreichten. Diese Frage ist belastet durch den aufkommenden Hexenwahn; ja, man wollte die Hexenverfolgungen sogar als eine Auseinandersetzung des Volksglaubens mit dem aufkommenden Landesstaat und seinen Sozialdisziplinierungsmaßnahmen sehen. Dies ist nur eine Seite der Entwicklung. Die Hexenverfolgungen waren ein recht komplexes sozial- und geistesgeschichtliches Phänomen, das grell beleuchtete, zu welcher Grausamkeit jene Gesellschaft fähig war. Die Diskrepanz zwischen der offiziell verkündeten Religion des konfessionellen Zeitalters und dem Volksglauben, in dem archaische Elemente weiterwirkten, war ein wichtiger Quellgrund der Verfolgungen.

In die Hexenprozesse sind zweifellos vielfache magische Praktiken, Zaubereien, abergläubische „Volksbräuche", die auf älteren vorchristlichen Traditionen beruhten, eingeflossen – daß die germanische Göttermythologie im Aberglauben lebendig geblieben war, ist deutlich. Der Versuch der Kirche des späten Mittelalters, solche Praktiken zu integrieren, stieß auf ein verändertes Frömmigkeitsbedürfnis, auch auf die rationaleren Kräfte des Humanismus, die hier erneut Anstoß nahmen. Man begann magische Praktiken aus der Perspektive der Ketzerei zu sehen – das Bild der „Hexe" formte sich aus und wurde rechtlich fixiert durch deutliche Unterscheidungen von der bloßen Zauberei.

Die Hexenverfolgungen begannen sich über Europa auszubreiten. Seit Mitte des 15. Jahrhunderts hatten sie sich in der Eidgenossenschaft zugespitzt – bald darauf weiteten sie sich allenthalben im Reich aus. 1487 kam es zu einer Kompilation des Hexenrechts durch die Dominikaner Heinrich Institoris und Jakob Sprenger im sogenannten „Hexenhammer", der von den Päpsten autorisiert wurde. Trotz einzelner Exzesse hielten sich im

Reich die Verfolgungen in der Reformationszeit in Grenzen. Erst seit den 1560er Jahren begann sich die Situation zu verschärfen; die 1590er Jahre sahen dann die erste große Verfolgungswelle. Es entsprach dem Integrationsprozeß der Landesstaaten, daß die Juristen nun die Bestimmungen der Hexenverfolgung in Paragraphen gossen. Sehr deutlich wird der Zusammenhang mit der sich verschlechternden sozialen und wirtschaftlichen Situation: Behringer macht deutlich, daß die Parallelen zu Erntekrisen auffällig sind. Die wachsenden Ängste heizten offenbar die Neigung zu Hexenprozessen an. Man begann, „nach Hexen zu suchen“[23]. 1626/30 erreichten die Hexenjagden mit einem Schwerpunkt in den fränkischen Bistümern Würzburg und Bamberg ihren grausigen Höhepunkt.

Natürlich waren die typischen Hexenvergehen wie Hexenflug, Teufelsbuhlschaft oder Tierverzauberung nicht ohne Geständnis der Hexen nachweisbar. So gehörte zur Hexenverfolgung auch die massive Anwendung der Folter, über das hinaus, was die Juristen bislang gelten ließen. Der Hexenhammer, bezeichnenderweise nach fast sechzigjähriger Pause 1574 neu verlegt, leistete dem bereits Vorschub. Die Verbindung mit der Frage nach den anderen „Teufelsgespielen“ öffnete einem unausweichlichen Mechanismus Tür und Tor. Die fortgesetzte Folter, bei anderen Delikten nicht üblich, brach den Willen fast aller; nachweislich war schließlich die Furcht vor der Folter bei vielen stärker als jene vor dem Tod.

Die Thesen von der planmäßigen Ausrottung bestimmter Gruppen oder einer gezielten Frauenfeindlichkeit trifft nicht zu. Zentrale Bedeutung erhielt in der Tat eine subjektive Furcht vor Verhexung – manche Herrscher wie Kaiser Rudolf II. oder Kurfürst Maximilian I. von Bayern waren davon befallen. Wohl dürften auch magische Praktiken der einfachen Leute hinzugekommen sein, wobei der subjektive Willen zum Schadenszauber, als Waffe, dem Nachbarn, zuweilen auch der Obrigkeit beizukommen, durchaus eine Rolle gespielt hat. Zu unterschätzen sind allerdings auch nicht der staatliche Disziplinierungsprozeß, der bisherige Praktiken des täglichen Lebens ausgrenzte und mit stärkeren Sanktionen ahndete – dies betraf nicht nur vorchristliche Formen des Volksglaubens, sondern auch lockerere Sitten. Der nicht seltene außereheliche Geschlechtsverkehr von Frauen mit durchziehenden Soldaten, danach fehlende Beichte und Buße, schließlich Furcht vor der Hölle gehörten im Dreißigjährigen Krieg mancherorts zu den Begleitumständen der Hexenverfolgung. Zuspitzend wirkte wohl auch der angestiegene konfessionelle Gegensatz: die Eskalation religiös begründeter Haßgefühle, das Bestreben, sich von der anderen Seite nichts „nachsagen“ zu lassen – im Zeichen häufiger Äußerungen, die andere Konfessionen seien „Teufelswerk“. Die geistliche und die weltliche Inquisition steuerten den Prozeß sehr oft sicher bis zum tödlichen Ausgang.

Das Reich, damals die unruhigste Zone Europas, wurde von den Hexenprozessen relativ spät heimgesucht – sie erreichten dann dort die größte

Intensität. Auch in der Eidgenossenschaft gab es massive Verfolgungen – mit 3371 Hinrichtungen fanden im Kanton Waadt ca. 60% aller Schweizer Exekutionen statt. Regionale Differenzierung kennzeichnete allerdings auch die Entwicklung im Reich. Die großen Flächenstaaten, auch die mächtigeren Reichsstädte waren durchweg weniger betroffen als die kleinen Territorien. Zonen sehr intensiver Verfolgungen waren Lothringen, das Elsaß, die kleingesplitterten Gebiete Süddeutschlands, die katholischen Fürstentümer sowie die geistlichen Staaten Mainz und Trier, aber auch Westfalen. Behringer schätzt insgesamt 15000 bis 20000 Hinrichtungen in Deutschland, damit eine oft äußerst spekulative Literatur korrigierend. „Entgegen einer verbreiteten Ansicht führte nur eine geringe Zahl von Hexereibeschuldigungen schließlich zu Hexenprozessen, bei denen am Ende eine Person als Hexe verbrannt wurde.“[24] „Alle deutschen Regierungen und alle Universitäten waren zwischen 1560 und 1660 unaufhörlich mit der Hexenproblematik beschäftigt.“[25] Von Anfang an hat es aber auch starke Kräfte gegeben, die die Problematik sahen, auch wenn zunächst überwiegend das Phänomen „Hexe“ nicht in Frage gestellt wurde. So ergaben sich ganz unterschiedliche Entwicklungen, wobei sich die Oberschicht gegen den Zugriff des Hexenrichters besser zu schützen vermochte als die Armen. Zunächst waren die meisten Opfer Frauen, häufig arm, alt, häßlich und auch eigenartig. Erst bei den großen Verfolgungswellen griff in Würzburg, Bamberg und Kurtrier der Hexentod auch nach den Oberschichten.

Namhafte Gelehrte begünstigten die Verfolgungen. Der große Staatstheoretiker Jean Bodin verfaßte 1581 eine „Daemonomania“, die der Satiriker Johann Fischart 1591 ins Deutsche übertrug. Auch die „Daemolacria“ des berüchtigten lothringischen Hexenrichters Nicolas Remy wurde im Reich verbreitet. Die zahlreichen Hexenpredigten bis zum letzten Viertel des 17. Jahrhunderts belegen, daß auch das deutsche Luthertum keineswegs resistent war. Noch 1690 verteidigte der Pastor Peter Goldschmid energisch die Hexenprozesse gegen ihren Kritiker Christian Thomasius. Insgesamt dürfte jedoch der Katholizismus anfälliger gewesen sein, da die päpstliche und andere Lehrautoritäten hinter der Verfolgung standen. Der Jesuitenorden engagierte sich zunächst dafür. Die deutsche lutherische Tradition stand der Verfolgung näher als diejenige der Reformierten, obgleich auch der Calvinismus vom Hexenwahn keineswegs frei war – vor allem in den Stürmen des Dreißigjährigen Krieges scheint er sich dort ausgebreitet zu haben. Daß die reformierte Kurpfalz – ebenso wie Kurbrandenburg – gegen den Hexenwahn verhältnismäßig immun war, könnte damit zusammenhängen, daß die Söhne des engagierten Gegners der Hexenverfolgung, des Düsseldorfer Hofarztes Johann Weyer (1516–1588), zeitweilig Räte der Kurpfalz waren. Aber Weyer blieb keine Einzelperson. Die Kritik an den Hexenverfolgungen sollte sich doch relativ schnell ausbreiten, nicht zuletzt unter dem Eindruck der Greuel. Zwar wirkte bei den Katholiken die Rücksicht auf autoritative Äußerungen bremsend, aber gerade aus dem Jesuitenorden selbst kamen auch Stimmen der Menschlichkeit; dabei gab es heftige Debatten innerhalb des Ordens. Eine große Rolle spielten dabei die persönlichen Erfahrungen anläßlich von Prozessen. So erhob der Münchner Jesuit Adam Tanner (1572–1632) warnend seine Stimme und beeinflußte den Trierer Jesuiten Friedrich von Spee (1591–1635), dessen Schrift „Cautio criminalis" – bezeichnenderweise zunächst anonym publiziert – entschieden gegen die Hexenprozesse Stellung nahm; sie erschien in Rinteln, dessen juristische Fakultät für ihre scharfen Gutachten in Hexenprozessen bekannt war. Die „Cautio criminalis" stellte mit geschliffener Begründung die Praxis der Hexenprozesse in Frage und beeinflußte den lutherischen Theologen Johann Matthäus Meyfart (1590–1642), der sich in heftiger Polemik gegen die Prozesse wandte. Am Ende des Jahrhunderts hat Christian Thomasius (1655–1728), Professor in Halle, mit entschiedenen Stellungnahmen gegen die Hexenprozesse dem endgültigen Umschwung den Weg bereitet.

Nach dem Dreißigjährigen Krieg kam die Hexenverfolgung noch einmal auf – allerdings in stark abgeschwächter Form und in Gegenden, die offenkundig rückständig waren, in Mecklenburg, Anhalt, allerdings auch in der Reichsstadt Esslingen. Auch die vorderösterreichischen Lande waren nicht verschont. Eine fürchterliche Hexenverfolgung erlebt die Grafschaft Vaduz in den Jahren 1648 – 1651, die etwa ein Zehntel der Einwohner das Leben kostete und vom verschuldeten Grafen Ferdinand Karl von Hohenems inszeniert worden war, um mit den Konfiskationen seine Schulden bezahlen zu können. Auch danach wurden die Hexenverfolgungen nicht aufgegeben, aber sie gingen immer stärker zurück. Waren die Opfer zunächst alte Frauen, so waren es am Ende meist Jugendliche, die sich in der Masche der Hexenverfolgung fingen. Die katholischen Gebiete überwogen weiterhin. 1775 wurden im katholischen Kempten, 1782 in reformierten Glarus jeweils noch einzelne Hexen hingerichtet.

Seit 1630 war der Höhepunkt der Welle gebrochen – es mag sein, daß der Krieg selbst und seine Schrecken dazu beigetragen haben. Zweifellos hat er zunächst die Neurosen, die den Hexenwahn begünstigten, gefördert – aber es ist nicht undenkbar, daß die tiefen Einbrüche, die er für das tägliche Leben mit sich brachte, dem Hexenwahn schließlich die Grundlage entzogen haben. Auch machte die Eskalation die Folgen deutlich. In Spees „Cautio criminalis" wirkten die verheerenden Konsequenzen der Hexenverfolgungen für die Seelsorge nach; sein Werk bewegte den Kurfürsten Johann Philipp von Schönborn, Bischof von Würzburg, zur Einstellung der Hexenprozesse. Die fürchterliche Hexenwelle zwischen 1626 und 1631 hatte schließlich vor Augen geführt, daß der Feuertod auch nach den Oberschichten greifen konnte – die Gefährdung aller war ein existenzieller Grund, die Verfolgungen einzustellen. Spee meinte, daß man dem Gericht Gottes selbst bei den Hexen nicht vorgreifen sollte – die Bekehrung der Hexen sei besser als ihre Verfolgung.

Gerade die größeren Landesherren hatten sich frühzeitig um ein geordnetes Verfahren auch bei den Hexenprozessen bemüht – die Erfahrung des Krieges führte zu einer veränderten Mentalität bei Herrschern und Beherrschten. Weitergehende Hexenverfolgungen waren offensichtlich ein Zeichen der Rückständigkeit. Aber zugleich zeigte sich auch – nicht zuletzt im katholischen Deutschland –, daß sich das Verhältnis zur Volksreligion entspannte. Die religiöse Praxis hat zahlreiche „heidnische" Elemente integriert. Dies war eine Bewegung, die bereits vor dem Dreißigjährigen Krieg unter maßgeblicher Beteiligung der Jesuiten eingeleitet worden war. Der Druck in Richtung auf Hexenverfolgungen ließ hier deutlich nach, gerade in Bayern und Österreich – der Weg zu den bunten Formen der barocken Frömmigkeit vermochte manche Züge der „populären" Kultur zu integrieren. Damit wurden aber zugleich die paganeren Züge abgestoßen, gewiß eine Voraussetzung für das Zurückgehen des Hexenwahns. In den evangelischen Territorien waren diese Bewegungen weit weniger ausgeprägt; hier hat offensichtlich ein stärkerer Rationalisierungsprozeß Platz gegriffen, der freilich die gleichen Effekte erzeugte.

Die Hexenprozesse blieben ein Menetekel. Sie sind nicht monokausal zu erklären. Die Konfrontation der „Elitenkultur" mit der „Volkskultur", der konfessionalisierten Landeskirchen mit dem Glauben des Volkes, des Landesstaates mit den Gebräuchen des einfachen Menschen kam offensichtlich dem Bestreben einzelner weit entgegen, diese Situation auszunützen. Die Hexenverfolgungen spielten sich ab im freien Feld zwischen Anspruch und Wirklichkeit des konfessionellen Staats. Wo er seine Normen sichtbar nicht durchsetzen konnte, gab es Freiräume, die jedoch seine Gewalten zu größter Härte provozierten. Dabei konnten die Gegensätze der Konfessionen gewiß verschärfend wirken. Die Bereitschaft, an Magie und Zauber zu glauben, verband Verfolger und Verfolgte. Erste Beobachtungen machen jedoch deutlich, daß überall dort, wo Territorialstaat und Kirchen die Sittenzucht fest in der Hand hielten, die Chance für ein Aufkommen des Hexenwahns deutlich geringer war.

Hinzu kam aber auch ein allgemeines Gefühl der Angst und Unsicherheit, das die Zeit durchzog. Man spürte sie allenthalben – in den Korrespondenzen, die immer wieder von wilden Gerüchten beherrscht waren, vom Haß der Konfessionen, einem gesteigerten Mißtrauen, von Kriegsrüstungen. So war man geneigt, Zeichen des Himmels in apokalyptischem Sinne zu deuten. Kometenerscheinungen und astrologische Voraussagen bewegten die Gemüter. Die Angst drang verstärkt in die reliösen Übungen, in die Formen der Frömmigkeit ein. Das Bewußtsein war verbreitet, daß die Friedenszeit zu Ende gehen würde, zumal man der anderen Konfession alles Böse zutraute. Die starken Wandlungsprozesse waren nicht geeignet, Vertrauen zu erzeugen. Die politischen Ereignisse trafen auf eine Gesellschaft, die den Krieg zutiefst fürchtete und aus dieser Furcht heraus alles tat, um sein Herannahen zu begünstigen.

II. Krise des Reiches und Dreißigjähriger Krieg

1. Der Weg in den Krieg

a) Der Verfall der Reichsverfassung

Es bestand kein Zweifel, daß um 1600 das System des Religionsfriedens in eine schwere Krise geraten war. Der Kompromiß von 1555, der Augsburger Religionsfriede, der dem Reich für ein Menschenalter den Frieden erhalten hatte, war bereits um 1580 zunehmend in die kontroverse Diskussion der Konfessionsparteien geraten. Der erneuerte Katholizismus pochte mit gestärktem Selbstbewußtsein auf seine Rechte; die Reformierten, in einer prekären Situation, wurden unter Führung der Kurpfalz zur Speerspitze einer Revisionspolitik gegen den Religionsfrieden. Gewiß, die Juristen hatten um 1555 zahlreiche unüberbrückbare Probleme mit vielfältig interpretierbaren Kompromißformeln zugedeckt – aber die immer sichtbarer werdenden Kräfteverschiebungen forderten eine engere konfessionell-katholische Auslegung einerseits und die reformierte Revisionspolitik andererseits sichtbar heraus, eine Entwicklung, die schließlich das System des Religionsfriedens zerstören mußte. Der Prozeß der Konfessionalisierung war 1555 ausdrücklich anerkannt, aber seine sprengende Wirkung auf die Reichsverfassung konnte nicht neutralisiert werden.

Eine gewisse Solidarität hatte noch der fortdauernde Türkenkrieg Kaiser Rudolfs II. erzwungen, aber das Reichsoberhaupt war nicht fähig oder willens, auf die Bereitschaft des Reiches, den Türkenkrieg wenigstens teilweise mitzufinanzieren, seinerseits mit dem Versuch zu reagieren, die sich immer massiver aufdrängenden Probleme zu lösen. Allerdings wirkte das Gefühl der Bedrohung durch den Islam immer noch so stark, daß die Steuermoral des Reichsverbandes sehr hoch blieb. Die kaiserliche Propaganda tat das ihre, die Türken weiter zu verteufeln. Hinzu kam der bekannte Versuch, mit dem überhöhten Einzug von Reichssteuern die Einkünfte der Landesherren stillschweigend zu steigern. Auf die Dauer aber legte der konfessionelle Gegensatz die Organe des Reiches mehr und mehr lahm. Bezeichnenderweise pochte die selbstbewußter gewordene katholische Seite auf den Buchstaben des Religionsfriedens, als sie den „Geistlichen Vorbehalt" einforderte, also die fortbestehende Katholizität der geistlichen Staaten. Dieses Prinzip war jedoch in Norddeutschland de facto längst durchbrochen – mit Hilfe eines kaiserlichen „Lehensindults", also einer vorläufigen Belehnung, die bis zur nie eingeholten päpstlichen Bestätigung in Kraft sein sollte. So war eine ganze Reihe norddeutscher

Bistümer einschließlich der Erzstifte Magdeburg und Bremen in evangelische Hand gelangt. Nun begann der Kaiser die Indulte zu verweigern und stellte damit Sitz und Stimme der evangelischen Administratoren auf dem Reichstag in Frage. Die katholische Seite pochte auf ihr Recht und war damit zunächst erfolgreich, denn Kursachsen und die meisten evangelischen Stände wollten die Administratoren auf dem Reichstag nicht stützen; nach dem Ende des calvinischen Zwischenspiels (1586–1591) war das lutherische Kursachsen wieder zur alten Kaiser- und Reichstreue zurückgekehrt. Aber 1588 sollte die Visitationskommission für das Reichskammergericht zusammentreten – da ihr der evangelische Administrator von Magdeburg angehörte, ließ sie der Kaiser aussetzen. Das führte dazu, daß die Revisionsakten des Reichskammergerichts nicht mehr bearbeitet wurden – und eine ganze Reihe von Reichsständen nutzte die Situation auch bewußt dazu aus, ein rechtskräftiges Urteil zu verhindern. Erneut suchte man 1594 einen Ausweg, indem man die Reichskammergerichtsvisitation einer Reichsdeputation übertrug, wo das Problem der Administratoren nicht anstand. Die Rechtmäßigkeit dieses Vorgehens war kontrovers – aber der Reichstag erteilte 1597/98 den Auftrag zur Visitation.

Inzwischen hatte jedoch die konfessionelle Krise auch das Reichskammergericht erreicht. Erneut stand eine zentrale Frage des Religionsfriedens zur Diskussion: Der Einzug von geistlichen Gütern durch evangelische Fürsten nach dem Stichjahr 1552 war verboten. Dies aber widersprach dem ebenso ausdrücklich festgelegten Religionsbann der evangelischen Obrigkeiten. Das Reichskammergericht entschied nun in vier Fällen von Klöstern – deshalb „Vierklosterstreit"- im katholischen Sinn. Dahinter stand wahrscheinlich nicht die Absicht, einen Präzedenzfall zu schaffen – doch genau diesen sah die Kurpfalz, die unannehmbare Konsequenzen für den Zugriff der Landesherren auf das geistliche Gut fürchtete. Der Deputationstag bestätigte die Urteile des Reichskammergerichts gegen die Landesherren, aber die Kurpfalz, gefolgt von Kurbrandenburg und Braunschweig-Wolfenbüttel, sprengte den Deputationstag. Damit war die Reichsjustiz lahmgelegt, da es keine Möglichkeiten mehr gab, Revisionsfälle zu erledigen.

Dies aber mußte zu einer fatalen Entwicklung führen, da das Reichskammergericht das entscheidende Korrektiv war, das die Landfriedensordnung des Reiches bei Streitfällen vorsah. Diese wuchsen damit notgedrungen an. Die paradoxe Folge war, daß dadurch die konkurrierende Jurisdiktion des dem Kaiser eng verbundenen Reichshofrats weiter gestärkt wurde, die gerade von der opponierenden Gruppe entschieden abgelehnt wurde. Denn sie unterstellte – nicht zu Unrecht – eine katholische Parteilichkeit des Reichshofrats und bekämpfte seine Kompetenzen entschieden. Aber auch der Kaiser war außerstande, den Reichshofrat als ein mehr schiedsrichterliches Gremium ins Spiel zu bringen und ihm sein Odium zu nehmen. Hier zeigte sich in der aufkommenden Krise ein entscheidendes

Problem. Aufgabe des Kaisers wäre es gewesen, die aufwogenden Gegensätze zu befrieden, so wie es sein Vater Maximilian II., der eigentliche Kaiser des Religionsfriedens, versucht hatte. Aber dazu war Rudolf II. nicht imstande. Gewiß, dies lag auch an seiner problematischen Persönlichkeit, an seiner Neigung zu Depressionen und Entschlußlosigkeit, doch das grundsätzliche Problem ging tiefer. Der Kaiser wäre aufgerufen gewesen, die reichspolitischen Auswirkungen der Konfessionalisierung zu befrieden – er konnte dies nicht, weil sein Hof, trotz aller Zögerlichkeiten des Reichsoberhauptes im Landesinneren, selbst einem entschiedenen Konfessionalisierungsprozeß unterlag und der Kaiser die Katholizität als seine eigene Sache ansah. So saßen im Reichshofrat die Verfechter einer entschieden katholischen Politik, und sie hatten auch für das Reich das Sagen. Der Streit um die Reichsjustiz bewies, daß der konfessionelle Konflikt zu einem Selbstläufer geworden war und daß sich niemand zeigte, der ihn in einer schiedsrichterlichen Rolle beilegen konnte.

Die Kurpfalz erwies sich immer stärker als Exponent des evangelischen Revisionismus gegen den Religionsfrieden. Als ein aus der Bahn geworfenes Territorium, ehemals Mittelpunkt eines von der Konfessionsentwicklung durchschnittenen Satellitensystems, als reformierter Reichsstand in einer prekären reichsrechtlichen Situation, fand der erste weltliche Kurfürst zu seiner alten antihabsburgischen Opposition zurück, die das Spätmittelalter gekennzeichnet hatte. Zwar hatte die Behauptung gegen die antireformierten Bestimmungen des Religionsfriedens das Pfälzer Selbstbewußtsein gezeigt, doch die finanzielle Schwäche des Kurfürstentums ließ eine gefährliche Diskrepanz zwischen Macht und Anspruch auftreten – die durch die manische, aus dem Geist der Konfessionalisierung und der Krise der Reichsverfassung erwachsene Furcht vor der katholischen Bedrohung nicht besser wurde. Die Zweipoligkeit des Territoriums der Kurpfalz, einerseits die unterpfälzischen Gebiete um Heidelberg, Neustadt und Alzey, andererseits die Oberpfalz, gaben ihr Einflußmöglichkeiten in mehreren Teilen des Reiches. Seit den 1580er Jahren stand die Kurpfalz im Mittelpunkt aller evangelischen Bündnispolitik, wenngleich mit begrenzten Erfolgen. Sie hatte Verbindungen zu den antihabsburgischen Staaten Westeuropas: zu England, zu den Generalstaaten, auch zu Frankreich. Daß 1592 das reformierte Bekenntnis in der Pfalz durch das Eingreifen der reformierten wetterauischen Grafen Johann VI. von Nassau-Dillenburg und Ludwig von Sayn-Wittgenstein gerettet worden war, machte die allgemeine Furcht nicht geringer. Daß diese Verwandte des Hauses Oranien und des Generalstatthalters der Niederlande waren, führte zur Verheiratung Kurfürst Friedrichs IV. mit Luise Juliane von Oranien, der Tochter Wilhelms des Schweigers (1593). Kurfürst Friedrich IV. war ein kränkelnder Herr, der durch seine Trunksucht seine Gesundheit weiter untergrub, so daß nach einem Schlaganfall 1602 das Gespenst einer lutherischen Vormundschaft erneut auftauchte.

Die Geschäfte führten reformierte, oft landfremde Räte, von denen einzelne eine riskante Politik befürworteten. Eine besondere Rolle spielte der Statthalter der Oberpfalz (seit 1595) Fürst Christian I. von Anhalt-Bernburg – hochgebildet und von hinreißenden Fähigkeiten im Umgang mit Menschen. Obwohl er sogar Rudolfs II. Sympathien gewann, war Christian doch besessen von der Vorstellung, daß es zu spät werden könnte, der immer stärker werdenden katholischen Gefahr zu begegnen. So hat der Fürst von Anhalt mit unermüdlichem Eifer, mit überdrehender Hektik die deutschen Dinge mit der westeuropäischen Politik zu verbinden getrachtet; in ihm verkörperte sich die zusammengebrochene Hoffnung, daß man über die Reichsverfassung etwas würde bewirken können. So dachte Christian von Anhalt, ebenso wie seine Gesinnungsgenossen im Heidelberger Rat, aus dem Gefühl des Bedrängtseins unentwegt an eine Verschiebung der Konstellationen im Reich.

Der Pfälzer Aktionismus kollidierte mit dem traditionellen reichspolitischen Legalismus Kursachsens, das immer noch die Mehrzahl der evangelischen Stände, vor allem in Norddeutschland, hinter sich wußte, wenngleich die konfessionelle Polarisierung auch seine vermittelnde Position abbröckeln ließ. In der sich auflösenden Ordnung des Reichsverbandes aber wuchs auch die Bedeutung des katholischen Bayern, das nach der inneren Konsolidierung unter dem energischen und fähigen Herzog Maximilian I. (1597–1651) wieder die alte reichspolitische Schlüsselrolle zwischen dem katholischen Kaiser und den teilweise evangelischen Reichsständen ansteuerte. Maximilian war ein Mann, der vom konfessionellen Herrschertum geprägt war – vielleicht der erste Absolutist im Reich, und es war auch deutlich, daß er sein Gewicht entschieden zugunsten der katholischen Sache einzusetzen gewillt war, auch wenn er gemäß bayerischer Tradition nicht versäumte, zugleich den Protestanten gegenüber die reichsständische Solidarität zu betonen. Jedenfalls konnten Bayern und Sachsen über weite Strecken gut zusammenarbeiten, eine Koalition, der sich auch der neue Erzbischof von Mainz, Johann Schweikard von Cronberg (1604–1626), anschloß. Auf der anderen Seite bestanden die immer weiter ausgreifenden auswärtigen Beziehungen der „Korrespondierenden", also der evangelischen Opposition.

Der Regensburger Reichstag von 1603, der dritte Türkenreichstag Rudolfs II., schien eine Gelegenheit zu neuerlichem Ausgleich zu bieten. Die Chancen dazu schienen nicht schlecht zu stehen, denn selbst die Kurpfalz mußte sich die Gunst des Kaisers erhalten, weil das Testament des erkrankten Kurfürsten die kaiserliche Bestätigung benötigte, und dieses Testament sollte das reformierte Bekenntnis des Landes gegen den Zugriff des lutherischen Hauses Pfalz-Neuburg sichern. Nach einer hohen Türkensteuer-Bewilligung, der sich die in der Abstimmung unterlegenen Stände fügten, kam der gesprengte Deputationstag im Rahmen der Justizsachen zur Sprache: Gegen eine Bestätigung der Urteile im Vierklosterstreit wandten sich die Kurpfalz und ihr Anhang. Sie wollten der gerade 1601 auf dem Deputationstag verhinderten Entscheidung nicht doch noch zustimmen, und drohten nun auch den Reichstag zu sprengen. Rudolf II. rettete ihn, indem er die kontroversen Punkte der Justizfragen verschieben ließ; der Abschied kam zustande, weil der Kaiser um der Reichssteuern willen die zentrale Frage der Reichsjustiz einfach ausklammerte. Aber der Streit um die Auslegung des Religionsfriedens, vor allem um das eingezogene Kirchengut, war damit nicht beigelegt – verbittert und kompromißlos hatte Maximilian von Bayern die katholische Position betont: Das seit 1552 eingezogene Kirchengut müsse zurückgegeben werden. In dieser Frage sollte noch eine erhebliche Sprengkraft liegen, denn der nicht unbegründete katholische Rechtsstandpunkt tangierte nicht nur den Religionsbann der evangelischen Fürsten, sondern auch die finanziellen Grundlagen ihrer Territorien, für die das Kirchengut eine wesentliche Komponente darstellte.

Der fortdauernde Türkenkrieg, die Revolte des ungarischen Magnaten Stefan Bocskai, die Krise Rudolfs II. auf der einen, das Ausgreifen der evangelischen Bewegungspartei im Reich nach Westeuropa auf der anderen Seite, aus dem sich vorerst allerdings wenig reichspolitisches Kapital schlagen ließ, beherrschten die Szene. Doch als 1606 das Haus Österreich den Wiener Frieden mit Bocskai und den Waffenstillstand von Zsitvatorok mit den Türken schloß, war ein wichtiger solidarisierender Außendruck weggefallen, der das Reich noch zusammengehalten hatte.

Die Krise des Reichsverbandes entzündete sich erneut an der Auslegung des Religionsfriedens. In der Reichsstadt Donauwörth hatten die Protestanten eine erdrückende Mehrheit und suchten sie zur Alleinherrschaft auszubauen; das Donauwörther Heilig-Kreuz-Kloster pochte jedoch im Sinne des Religionsfriedens auf sein Recht, eine Prozession zu halten, welche die Stadt 1605 unterband. Ähnliche Streitpunkte gab es auch in Dortmund, Biberach, Weil der Stadt und Kaufbeuren; aber der Donauwörther Konflikt eskalierte zum Fanal, weil der angerufene Reichshofrat sich auf die Seite der Katholiken stellte. Mit einem Gewaltakt gegen die Prozession von 1606 mißachtete der evangelische Rat jedoch die Verfügung. Der Kaiser erklärte nun Donauwörth in die Reichsacht und übertrug dem entschieden katholischen Maximilian von Bayern die Exekution. Er hatte sich zwar bisher als energischer Verfechter der Alten Kirche profiliert, aber keine extremen Aktionen unternommen. In Donauwörth jedoch standen alte bayerische Interessen auf dem Spiel; hatte man doch schon früher die Reichsstadt vereinnahmen wollen. Vergebens machten die evangelischen Reichsstände Südwestdeutschlands deutlich, daß Donauwörth im Schwäbischen Reichskreis lag und daher der evangelische Herzog von Württemberg die Exekution auszuführen hatte. Die bayerischen Truppen, die Donauwörth besetzten, verließen die Stadt – unter dem Vorwand des Ersatzes der Exekutionskosten – nicht mehr und machten sich an die Katholisierung. Das war nun ein eindeutiger Bruch des Reichsrechts.

Die Folgen des Zugriffs auf Donauwörth kann man sich leicht vorstellen. Die Übertragung der Acht an Bayern machte das Reichsoberhaupt selbst zur Konfessionspartei und erschütterte das letzte Vertrauen, das man auf evangelischer Seite noch in den Kaiser hatte. Die Kleinen im Reich, wichtige Stützen der kaiserlichen Autorität und geborene Parteigänger des Reichsoberhaupts, sahen sich im Stich gelassen. Vor allem verschärfte sich bei den Evangelischen das Gefühl der Bedrohung.

So begann im Juni 1608 der neue Regensburger Reichstag unter schweren Belastungen. Überdies fehlte diesmal das entscheidende Motiv der Türkengefahr, auch wenn die kaiserliche Proposition sie noch einmal an die Wand malte. Hinzu kam die Krise in den Erblanden. Die protestantische Opposition war sich einig – zunächst schien sich sogar Kursachsen anzuschließen. Da unter bayerischer Führung die Katholiken eine Gegenposition bezogen, schlug der Streit um den Religionsfrieden abermals hohe Wellen, und die Kirchenfrage beherrschte den Reichstag. Ein Vermittlungsvorschlag des kaiserlichen Commissarius konnte nur noch Kursachsen gewinnen, und die mühsam gekitteten Spannungen zwischen der sächsischen und der pfälzischen Partei im evangelischen Lager brachen wieder auf. Unversöhnlich verließen die Vertreter der protestantischen Bewegungspartei den Reichstag; neben Kurpfalz stand diesmal auch Kurbrandenburg an ihrer Spitze. Es waren jene, die bereits 1598 protestiert hatten. Ein Reichsabschied kam nicht mehr zustande, der Reichstag war gesprengt – nun war auch das wichtigste Ausgleichsorgan der Reichsverfassung lahmgelegt, was selbst in den schlimmsten Auseinandersetzungen der Reformationszeit nicht geschehen war.

Kriegsfurcht, wechselseitiges Mißtrauen breiteten sich aus. Der Kaiser wäre jetzt gefordert gewesen, aktiv zu werden und die aufbrechenden Zwistigkeiten zu überbrücken. Aber Rudolf stand selbst unter dem Druck der innerösterreichischen Auseinandersetzungen, die ihn ebenso wie seine passive Mentalität vom Reichsgeschehen fernhielten.

Daher suchte man im Reich nach anderen Lösungen. Die Pfälzer hatten schon länger im Mittelpunkt evangelischer Bündnispläne und Absprachen („Korrespondenz") gestanden, die jedoch in der Regel an den Reserven Kursachsens gescheitert waren, als dort nach dem reformierten Experiment Kurfürst Christians I. 1591 die typische Kombination von Luthertum und Reichstreue zurückgekehrt war. Es gelang der Kurpfalz, neben Hessen-Kassel und Brandenburg-Ansbach auch gemäßigte Kräfte wie Württemberg, Baden-Durlach, Brandenburg-Kulmbach zuzuziehen, als am 14. Mai 1608 unter pfälzischem Direktorium in Auhausen bei Nördlingen die evangelische Union als konfessionelles Bündnis gegründet wurde. Daß sich auch die traditionell kaisertreuen Reichsstädte Nürnberg, Ulm und Straßburg anschlossen, zeigte, wie sehr das herkömmliche Gefüge des Reichsverbandes wankte. Kursachsen jedoch verweigerte sich und setzte auf seine bisherige Politik. Damit fiel das Direktorium unstreitig an die Kurpfalz –

der führende Kopf der Union aber wurde der agile Fürst Christian I. von Anhalt-Bernburg, der als Generalleutnant fungierte. Schließlich wuchs die Union auf 9 Fürsten und 17 Städte an. Sie wandte sich gegen die katholische Auslegung der Reichsverfassung, war also an sich prinzipiell defensiv organisiert. Gleichwohl widersprach das konfessionelle Bündnis dem Geist der Reichsverfassung; die entschiedene Opposition gegen die Prozesse des Reichshofrats richtete ihre Spitze auch gegen das Reichsoberhaupt.

Die katholische Seite blieb nicht untätig. An ihre Spitze trat – angesichts der Paralysierung der kaiserlichen Politik – Bayern, das nun den Preis der Stabilisierungspolitik Herzog Maximilians I. erntete. Auf ihn ging die am 10. Juli 1609 in München gegründete Liga zurück. Ihre Kasse war eng mit der bayerischen Kammer verknüpft und stand auf soliderer Grundlage als jene der Union. Hier waren Bayern und die Liga der Kurpfalz und der Union von Anfang an deutlich überlegen. Bayern dominierte auch stärker über das Bündnis, als es die Kurpfalz tat. Die Liga bestand zunächst vor allem aus süddeutschen Prälaten. 1610 traten dann noch weitere mit Kurmainz, Kurköln und Kurtrier an der Spitze bei – es folgten die Habsburger Erzherzöge Maximilian der Deutschmeister und Ferdinand II. von Innerösterreich, der Burgundische Reichskreis, so daß die Liga 1610 ihr Netz über ganz Deutschland geworfen hatte.

Die Bündnisse waren die Konsequenz aus dem Verfall der Reichsverfassung und der Schwäche des Kaisers; sie verstärkten beide weiter. Die gemeinsame Katholizität von Liga und Kaiser aber gab der ersteren ein größeres Gewicht, was die alten Neigungen der Kurpfalz und auch von Teilen der Union zur Anbindung an das habsburgfeindliche Westeuropa deutlich steigerte. Durch die konfessionellen Bündnisse war die Situation im Reich unzweifelhaft gefährlicher geworden.

b) Kaiser Rudolf II. und der Bruderzwist im Hause Habsburg

Immer wieder erwies sich die passive Rolle des Kaisers als verschärfend für den Verfall der Reichsverfassung. Er war jedoch auch in seiner erbländischen Position in Bedrängnis geraten. 1564 wurden auf Grund des Testaments von Ferdinand I. dessen Lande geteilt; Maximilian II., Rudolfs II. Vater, hatte neben Ober- und Niederösterreich auch die ungarischen und die böhmischen Länder erhalten, Ferdinand Tirol und die Vorlande, Karl Innerösterreich, d. h. Steiermark, Kärnten und Krain. Dies bedeutete, daß sich einerseits für den Kaiser das Gewicht der nicht-österreichischen Lande, auch des nicht zum Reich gehörenden Ungarn verstärkte, daß andererseits die jüngeren Brüder Ferdinand und Karl zu echten Territorialherren ohne die kaiserlichen Verpflichtungen geworden waren, allerdings auch ohne daß sie eine Reichstagsstimme erlangt hätten. Die entschieden katholische Rolle Ferdinands war nie in Frage gestellt; seine Lande waren eine Bastion der alten Kirche.

Dagegen war Innerösterreich ein Stück weit den anderen Weg der Donauländer mitgegangen; aber mit Erzherzog Ferdinand II. bekam es einen entschieden katholischen Herrscher. Der zunächst nach dem frühen Tod seines Vaters unter Vormundschaft stehende Erzherzog hatte an der bayerischen Universität Ingolstadt unter Leitung der Jesuiten seine Ausbildung erfahren. Er war entschlossen, sein von einem weitgehend evangelischen Adel dominiertes Land wieder zur alten Kirche zurückzuführen. Gleichzeitig machten unverkennbare absolutistische Züge Ferdinand zum engagierten Gegner seiner evangelischen Stände. Die Jesuiten und ihre Universität Graz (seit 1586) wurden nachhaltig gefördert; „Gewissensräten" aus den Reihen der Jesuiten vertraute der persönlich liebenswürdige Herrscher in hohem Maße. Dadurch wurde seine Bereitschaft zu einer Konfessionalisierungspolitik im katholischen Sinne bestärkt. Mit großer Geschwindigkeit gelang ihm zwischen 1598 und 1602 die „Bekehrung" der Städte in Kärnten, Steiermark und Krain; der Adel verlor seine evangelischen Prediger. Es kam zu einer starken Emigrationswelle, ohne daß die Stände nennenswerten Widerstand leisteten – die überlegenen Möglichkeiten des konfessionellen Landesstaats wurden deutlich. Für die Evangelischen im Reich aber waren die Geschehnisse in Innerösterreich ein Symbol katholischer Expansionsgelüste.

Kaiser Rudolf II. hatte alle Lande seines Vaters geerbt; seine erzherzoglichen Brüder waren nur apanagiert; allerdings konnten mit Erzherzog Ernst (1553 – 1595) und dann mit Erzherzog Albrecht (1559 – 1621) zwei als Generalstatthalter der Niederlande eine herrscherähnliche Existenz führen und damit zugleich die Einheit des Hauses Österreich symbolisieren. Maximilian stand seit 1587 als Hoch- und Deutschmeister an der Spitze des weit verzweigten und einflußreichen Deutschen Ordens und erhielt 1602, nach dem Tode des Tiroler Erzherzogs Ferdinand (1595) ohne sukzessionsfähige Erben, die Statthalterschaft von Tirol und den Vorlanden. Er war ein getreuer Verfechter der Einheit der Dynastie und ihrer katholischen Tradition. Erzherzog Matthias, der sich mit der Rolle eines apanagierten Prinzen nicht abfinden wollte, konnte nach dem blamablen Scheitern seiner niederländischen Statthalterschaft nach einer Berufung durch die rebellierenden Stände (1581) 1593 die Nachfolge Ernsts als Statthalter in Österreich antreten. Sein Ehrgeiz, dem freilich nicht seine herrscherliche Bedeutung entsprach, mußte den Konflikt mit dem passiven und mißtrauischen Kaiser programmieren.

Rudolf II. (1576–1612) war durch seine Jugendjahre in Spanien geprägt (1566–1572) – Steifheit und zeremonielles Denken überdeckten jedoch stark depressive Züge, die sich in immer neuen Krankheitsschüben verstärkten. Rudolf war sprachgewandt, sehr gebildet und vielseitig interessiert – als ein engagierter Kunstsammler ist er berühmt geworden; er sah in den Künstlern Ausdeuter einer verborgenen Welt. Um diese zu erkunden, kümmerte er sich stark um die Geheimwissenschaften und die Alchimie, aber auch um die Naturwissenschaften. Der herrscherstolze Kaiser auf dem Prager Hradschin fühlte sich als der erste Herrscher der Welt, aber er trug für viele auch geheimnisvolle Züge an sich. Sein Hof war eine Attraktion; er beeinflußte Interessen und Neigungen des böhmischen Adels.

Neben den erbländischen Stellen war auch ein Großteil der Reichsbehörden in der Hauptstadt Böhmens ansässig; sie behandelten ohnehin zumeist noch erbländische und Reichsangelegenheiten gemeinsam. Aber es hemmte ihren Geschäftsgang, daß der Kaiser sich oft wochenlang nicht um die Staatsgeschäfte kümmerte und die Akten liegen ließ. Hinzu kamen sein grenzenloses Mißtrauen und seine Neigung zur Günstlingswirtschaft, die oft mit jäher Ungnade endete: So stürzten 1600 sein Faktotum Wolfgang Rumpf und der Obersthofmarschall Trautson. Bedeutende Adelige, wie Karl von Liechtenstein, zogen sich bewußt aus der unsicheren Umgebung des schwankenden Herrschers zurück. Nach 1600 folgte die Bevorzugung von Dienern niederen Ranges, das sogenannte „Kammerdienerregiment", das noch weniger kalkulierbar war. Trotz einer entschieden katholisch-spanischen Prägung hat Rudolf zwar Ansätze einer Konfessionalisierungspolitik unterstützt, aber nicht mit besonderem Nachdruck betrieben; dem stand nicht nur sein Charakter, sondern auch die Rücksicht auf die Situation im Reich entgegen.

Dies bedeutete, daß sich trotz mancher landesherrlicher Mandate der vor allem auf den landständischen Adel gestützte Protestantismus in den österreichischen und böhmischen Ländern behaupten konnte, wenngleich zunehmend gepeinigt von der Furcht vor der wachsenden Katholisierung, die sich in den benachbarten innerösterreichischen Landen bereits deutlich durchgesetzt hatte. Auch bevorzugte der Kaiser am Hof und in seiner sonstigen Protektionspolitik unverkennbar die Katholiken, wenngleich es nicht an Protestanten fehlte, die das Ohr des Kaisers hatten, wie etwa Herzog Heinrich Julius von Braunschweig-Wolfenbüttel und sogar Fürst Christian I. von Anhalt-Bernburg, das Haupt der evangelischen Bewegungspartei. Insgesamt zeigte sich auch hier die Tendenz zu Halbheiten. Dagegen schlug der entschieden katholische Reichshofrat eine klare prokatholische Linie ein, wofür die Räte Andreas Hannewald und Johann Ludwig von Ulm standen. Damit geriet der Kaiser jedoch reichspolitisch in den Verdacht der Parteilichkeit, was neben seiner Passivität die dringend geforderte aktive Rolle im Reich weiter belastete.

Den habsburgischen Verwandten bereitete die Situation zunehmend Sorge. Das weitgespannte Territorium war weniger stark integriert als die meisten Fürstentümer im Reich; die Stände waren mächtig, der Adel zu großen Teilen evangelisch. Rudolf II. aber lebte nicht nur abgeschieden und unerreichbar, er hatte auch keine Nachkommen – der Sonderling auf dem Prager Hradschin war mit der Lieblingstochter Philipps II. von Spanien, der Infantin Isabella Clara Eugenia, verlobt. Nach 18 Jahren unentschlossenen Brautstandes quittierte er deren schließliche Heirat mit seinem Bruder Albrecht durch einen Wutanfall – zu einer eigenen Heirat konnte er sich dennoch nicht entschließen. So stellte sich die Nachfolgefrage für die Agnaten mit aller Schärfe, zumal auch sie von seinem Mißtrauen betroffen waren, insbesondere Rudolfs Bruder Matthias als Statthalter von Österreich.

Matthias, dem das Leben eines nachgeborenen Prinzen wenig gefiel, war nach dem Tode seines Bruders Ernst der älteste Agnat. Er konnte gut mit Menschen umgehen und verstand es, seine Würde zu betonen. Zunächst ein laxer Katholik, in dessen Umgebung Protestanten eine bedeutende Rolle spielten, machte er dann immer stärker gegen diese Front, zumal als 1598/99 der Kleriker Melchior Klesl (Khlesl) (1552–1630) beherrschenden Einfluß auf ihn gewann, der psychologisch geschickt an sein Herrscherbewußtsein appellierte und Matthias auf den Weg eines entschiedenen Katholizismus lenkte. Der konvertierte, ursprünglich evangelische Bäckersohn aus Wien, durch Protektion der Wiener Jesuiten in eine Karriere in Kirche und Universität getragen, war bereits Rudolf II. aufgefallen – als kompromißloser Reformkatholik, als Offizial des Bistums Passau, der gegen die landeskirchlichen Ansprüche der Habsburger kämpfte. Beauftragt mit der Durchsetzung der Religionsmandate in Städten und Märkten, war er auch gegen den Adel vorgegangen. 1588 wurde er Bistumsadministrator in Wiener Neustadt, 1598/1602 auch in Wien. Als er sich vom unkalkulierbaren Rudolf abwandte, begann Klesl seine Rolle bei Matthias zu spielen. Der hochintelligente Prälat, von Selbstbewußtsein durchdrungen, war ein Meister der Taktik und des „Dissimulierens". Daß ihm lange vor Ende seiner glänzenden Karriere niemand mehr traute, sollte ihm schließlich zum Verhängnis werden.

Zunächst aber trug er dazu bei, das Interesse der Dynastie an der Nachfolgefrage anzufachen – als ältester Agnat wurde Matthias zur Schlüsselfigur. Das spürbare Vordrängen des jungen Bruders löste schließlich beim Kaiser einen unüberwindlichen Haß aus. Erst Anfang des Jahrhunderts gab es Überlegungen, Rudolf zu stürzen, kam es im November 1600 zum Vertrag von Schottwien, der Matthias, den Deutschmeister Maximilian und den innerösterreichischen Landesherrn Erzherzog Ferdinand verband. Aber man fand nicht den Mut, gegen Rudolf vorzugehen, dessen Abneigung gegen Matthias gleichwohl wuchs. Die Situation verschärfte sich – parallel zu jener im Reich – auch in den Erblanden. Die finanziellen Belastungen durch den immer noch anhaltenden Türkenkrieg waren unerträglich geworden, stärkten die Landstände und damit die Protestanten, und doch drohte das unbezahlte kaiserliche Heer zu meutern.

1604 eskalierte die Krise weiter, als der bislang kaisertreue ungarische Magnat Stefan Bocskai, den Rudolf unnötigerweise schwer gekränkt hatte, sich erhob und sich auf einem Reichstag durch seine Anhänger zum Fürsten von Ungarn und Siebenbürgen wählen ließ. Bocskai hatte die

Verteidigung der alten ungarischen Verfassung, d.h. die Freiheit und das Wahlrecht der Stände sowie die Opposition gegen die Eingriffe des Kaisers, auf seine Fahnen geschrieben; hinzu kamen die schweren Belastungen, die die Türkenkriege für Land und Volk brachten. Vor allem aber provozierten die Tendenzen Rudolfs zur Gegenreformation die ungarische Opposition, nachdem Luthertum und reformiertes Bekenntnis in Ungarn zahlreiche Anhänger gefunden hatten. Die Erhebung ging von Siebenbürgen aus, vor dessen Erwerb der Kaiser nach dem Verzicht Sigmund Báthoris zu stehen schien – mit Privilegien gewann Bocskai die ungarischen Wehrbauern, die Haiduken; es gelang ihm ein Siegeszug durch Oberungarn, die heutige Slowakei. Die Verbindung Bocskais mit dem Sultan, mit dem der Kaiser seit 1593 im Krieg lag, die dramatische Zuspitzung der Landtage, die natürlich die Opposition auch in den österreichischen Landen ermutigte, zwangen zum Handeln. In aller Deutlichkeit trat in dieser Situation die Handlungsunfähigkeit Rudolfs hervor, die sowohl in seinen Landen wie in seiner Armee einen sichtbaren Autoritätsverfall provozierte. Der Prager Hof zeigte deutliche Verfallserscheinungen – viele Adelige wandten sich an Matthias, die Finanzkrise Rudolfs eskalierte.

Nun sahen sich die Erzherzöge zum Handeln veranlaßt. Es war psychologisch unglücklich, daß sie sich in Linz verständigten, ausgerechnet den verhaßten Matthias zu Verhandlungen nach Prag zu entsenden, die Rudolf schließlich ablehnte. Am 25. April 1606 entschlossen sich die Erzherzöge unter Klesls Einfluß, den Frieden mit Türken und Ungarn zu erzwingen – eine politisch vernünftige Überlegung. Aber zugleich verständigten sie sich darauf, Matthias zum Oberhaupt der Familie zu erklären und die Absetzung Rudolfs zu betreiben. Der Kaiser wollte mit aller Macht den Krieg fortsetzen, aber die Erzherzöge rangen ihm schließlich die Bevollmächtigung des Matthias ab. Dieser schloß am 23. Juni 1606 den Frieden von Wien mit den Ungarn und akzeptierte ihre Forderungen: Religionsfreiheit für Lutheraner und Reformierte, Unabhängigkeit der ungarischen Finanzen, Wahl eines königlichen Stellvertreters (Palatin) durch die Stände, Verleihung der Ämter an Einheimische, d.h. Fernhaltung der Deutschen. Bocskai behielt das Fürstentum Siebenbürgen zusammen mit den von ihm beherrschten ungarischen Gebieten. Unter dem Druck Bocskais kam es am 11. November 1606 in Zsitvatorok auch zu einem zwanzigjährigen Waffenstillstand mit den Türken, die alle Eroberungen behielten, sich aber dafür statt eines Jahrestributs mit einer einmaligen Zahlung begnügten. Für Matthias waren die Friedensschlüsse ein Erfolg, weil sie eine prekäre Situation entschärften. Der Erzherzog gewann damals das Vertrauen der Ungarn, zog sich aber endgültig den unversöhnlichen Haß des Kaisers zu, der alles daransetzte, den Türkenkrieg wieder zu beleben, obgleich er die Verhandlungsergebnisse ratifiziert hatte.

Der Gegensatz zu seinem präsumtiven Nachfolger Matthias wurde fortan eine Konstante in der Politik Rudolfs. Klesl erkannte, daß die

Verteidigung der Verträge und die Abwehr von Rudolfs Umtrieben fast notgedrungen Matthias in eine Koalition mit den Ständen treiben mußte. Die Alternative war die Solidarität der Erzherzöge, aber sie war brüchig. Als sich 1607 in Ungarn nach dem Tode Bocskais die Haiduken gegen den Kaiser erhoben, sah sich Matthias gezwungen, tatsächlich Rückhalt bei den Ständen zu suchen. Am 1. Februar 1608 verband er sich, als Regent Ungarns, auf dem Preßburger Reichstag mit den ungarischen Ständen und den Vertretern der Stände Ober- und Niederösterreichs zur Verteidigung der beiden Friedensschlüsse gegen alle Widersacher, d.h. vornehmlich gegen den Kaiser. Das ständische Bündnis sollte auf alle österreichischen Lande ausgedehnt werden – allerdings gelang schließlich nur der Anschluß Mährens. Einer der führenden Köpfe der ständischen Bewegung war der oberösterreichische Calviner Georg Erasmus Tschernembl, unter Einfluß der westeuropäischen „Monarchomachen" ein entschiedener Verfechter des ständischen Widerstandsrechts. Durch das Bündnis mit Matthias aber hatte die ständische Opposition eine dynastische Legitimation erhalten.

Als der Kaiser dagegen vorging, entschloß sich Matthias zum Handeln und griff Rudolf im Frühjahr 1608 mit Waffengewalt an, um seinem Ziel, der Herrschaft, näherzukommen – dabei stützte er sich auf die protestantischen Stände. Klesl zog sich deshalb auf die geistlichen Geschäfte zurück, wohl um den Ausgang abzuwarten, was wiederum den protestantischen Einfluß erhöhte. Matthias suchte nun auch noch die Stände der drei anderen böhmischen Länder zu sich herüberzuziehen. Die Pfälzer, zumal Fürst Christian von Anhalt, beobachteten die österreichische Entwicklung sehr genau und hielten Kontakt zu den Ständen. Aber überraschend erklärten sich dann die in Czaslau tagenden Stände Böhmens, Schlesiens und der Lausitz für Rudolf, für den sich die Tatsache auswirkte, daß er im Land residierte; auch stützte Rudolf die starke katholische Partei im Kernland Böhmen. Schließlich hoffte man, bei Rudolf die eigenen Interessen am besten durchsetzen zu können.

Der Kaiser gab in der Tat den Forderungen seiner treugebliebenen Stände nach, akzeptierte die Friedensschlüsse, und aus dieser verstärkten Stellung kam es zwischen ihm und dem langsam vorrückenden Matthias doch noch zu einem Kompromiß. Rudolf überließ im Vertrag von Lieben bei Prag am 25. Juni 1608 Matthias die österreichischen Lande, Ungarn und Mähren, während ihm Böhmen, Schlesien und die Lausitzen bleiben sollten; die böhmischen Stände wählten Matthias zum designierten König. Der Kaiser aber trachtete stets, den Vertrag wieder umzustürzen, und gedachte den böhmischen Ständen die Zusagen zu verweigern, die er für ihre Unterstützung gewährt hatte. Doch das Selbstbewußtsein der Böhmen, teilweise noch getragen von einem aus hussitischer Tradition erwachsenen Protestantismus, war stark; die Schwäche der alten Kirche zeigte sich in der utraquistischen Stellung der Prager Universität – und die böhmischen Stände begehrten gegen den Starrsinn des Kaisers auf; sie beriefen sogar das Landesaufgebot ein. Nun mußte Rudolf II. den ständischen Entwurf als Ganzes akzeptieren. Im „Majestätsbrief" vom 9. Juli 1609 sah sich Rudolf gezwungen, den Böhmen Religionsfreiheit zu gewähren; Herren, Ritter und königliche Städte durften Kirchen und Schulen einrichten, das alte utraquistische Kirchenwesen wurde wiederhergestellt und die Prager Universität endgültig den Protestanten überlassen. Zum Schutze der ständischen Rechte wurden später sogenannte „Defensoren" berufen. Auch das Recht des Kirchenbaus auf königlichen Gütern wurde den evangelischen Untertanen zugesagt. Dies war deutlich mehr als das, was die österreichischen Stände erreicht hatten. Aber die siegreiche Ständepartei war alles andere als homogen – nicht einmal Lutheraner und mährische Brüder hatten sich einigen können, zumal die Brüder zunehmend zur reformierten Abendmahlslehre zu tendieren begannen. Auch hatte die katholische Adelspartei bedeutende Köpfe, wie den Oberstkanzler Zdenko von Lobkowicz, und dazu die intellektuelle Unterstützung des Prager Jesuitenkollegiums. Das überwiegend evangelische Schlesien hatte gleichfalls seinen Majestätsbrief vom 20. August 1609 mit ähnlichen Forderungen durchgesetzt. Schon am 25. Juni hatten sich die böhmischen und die schlesischen Stände zu einem Bündnis zusammengeschlossen.

Aber auch Erzherzog Matthias, nunmehr König von Ungarn, kam um Konzessionen an seine Verbündeten, die Stände, nicht herum – seine bisherigen Partner, vor allem die Stände Nieder- und Oberösterreichs, präsentierten unter Führung des Georg Erasmus Tschernembl ihre weitgehenden Forderungen und machten die Huldigung, also den herrschaftsstiftenden Akt am Anfang seiner Regierung, davon abhängig. Am 3. Oktober 1609 hatten Adelige der beiden Länder sogar eine Konföderation abgeschlossen, ein Adelsbündnis nach osteuropäischem, vor allem polnischem Vorbild. Aber die Stände hatten einen gefährlichen Gegenspieler bekommen: Melchior Klesl, der das Zusammengehen mit den Ständen verabscheute und sich zeitweilig aus den Geschäften zurückgezogen hatte. Beide Seiten begannen Rückhalt bei den Religionsparteien im Reich zu suchen – Christian von Anhalt träumte von einer Schlüsselrolle der deutschen Protestanten und einer auf die Erblande ausgreifenden Unionspolitik. Schließlich aber kam es doch noch zu einem Ausgleich zwischen Matthias und den Ständen: Matthias gewährte am 19. März 1609 die gewünschten konfessionellen Zugeständnisse – nach dem Muster des Religionsfriedens von 1555 nicht ohne Fallstricke und Zweideutigkeiten. Dennoch war nun eine Ständerevolte vermieden.

Doch Klesl, der sich zurückgezogen hatte, drängte bei Matthias auf eine Revision der Konzessionen. Legitimiert durch seine Herrschaft und die Stephanskrone, hatte Matthias eine eigene Position errungen – er vermochte Standeserhöhungen zu verteilen und zog den katholischen Adel an. Aber seine und Klesls wiederholte Versuche, auch noch durch eine römische Königswahl die Nachfolge im Reich zu sichern, scheiterten am hartnäckigen Widerstand Rudolfs. Der verbitterte alte Kaiser tat alles, um die Nachfolge des Matthias zu verhindern. Er band seinen jungen Neffen Erzherzog Leopold von Innerösterreich, Bischof von Passau, an sich und plante, die von Leopold für den Jülicher Krieg geworbenen Truppen gegen Matthias einzusetzen, aber auch gegen die böhmischen Stände, denen er ihre erlangten Konzessionen wieder nehmen wollte. Rudolf setzte zudem darauf, daß die Stände mit den Vereinbarungen mit Matthias nicht zufrieden sein würden. Schließlich berief er einen deutschen Fürstentag nach Prag ein, aber dieser schreckte bei allen Ressentiments gegen das Vorgehen des Matthias vor dem drohenden Krieg zurück und ging schließlich ergebnislos auseinander.

Andererseits konnte König Matthias gegen die kriegerischen Pläne des Kaisers seine Stände noch einmal mobilisieren. Auch die böhmischen Stände rüsteten. Als die Truppen des Erzherzogs Leopold in ihrem Wartestand kaum noch Sold und Verpflegung bekamen und zu meutern drohten, fielen sie schließlich wegen innerer Querelen von Passau aus in Oberösterreich, dann in Böhmen ein. Rudolf suchte diese Situation auszunützen, doch mit den versammelten böhmischen Ständen bildete sich eine Art „Gegenregierung" – die Stadt Prag leistete dem „Passauer" Widerstand. Nun riefen die böhmischen Stände Matthias zu Hilfe, der für den Marsch auf Prag auch die Hilfe seiner Stände fand. Doch schon zuvor waren die Passauer abgezogen, hatten Rudolf und Leopold nachgegeben – die böhmischen Stände waren Herren der Lage und boten nun Matthias den Königstitel an. Am 23. Mai 1611 wurde Matthias nach der Abdankung Rudolfs, der nur noch die Kaiserwürde behielt, zum König von Böhmen gekrönt. Aber der vereinsamte Rudolf wehrte sich noch immer erbittert gegen eine römische Königswahl des Matthias; vor dieser schreckten denn auch die Kurfürsten zurück – am 20. Januar 1612 starb der Kaiser auf dem Hradschin, isoliert und verbittert.

Der Bruderzwist im Hause Österreich hatte die Schwäche des Reichsoberhaupts zu völliger Handlungsunfähigkeit gesteigert. Dies bedeutete einen gewaltigen Prestigeverlust für das Herrscherhaus und einen mächtigen Auftrieb der Stände und ihrer „Konföderationen". Vergleiche mit den aufständischen Niederlanden wurden gezogen, wo ja auch eine Ständeopposition den Herrscher abgesetzt hatte – eine gewaltige Überschätzung der ständischen Möglichkeiten in den Erblanden. Vor allem aber verschärften die österreichischen Auseinandersetzungen die Polarisierung im Reich weiter.

c) Die Krise am Niederrhein

Es zeichnete sich schon länger ab, daß die zu erwartende Erbfolgefrage in den niederrheinischen Herzogtümern Jülich, Kleve und Berg samt den Grafschaften Mark und Ravensberg die Verhältnisse im Reich erschüttern konnte. Auch hier wäre die Schiedsrichterrolle des Kaisers gefragt gewesen. Die Herzogtümer zählten nicht nur zu den wohlhabendsten Territorien des Reiches, sondern sie lagen auch in einer Wetterecke der europäischen Politik. Im benachbarten Kurköln war 1583/85 mühevoll die Alte Kirche verteidigt worden; an Kurköln hing zudem die Stabilität der Bistümer Nordwestdeutschlands. Die Nähe der Niederlande machte die Herzogtümer zu einem Faktor der europäischen Politik, lagen sie doch im Glacis der Operationen von Spaniern und Niederländern. Zugleich war die konfessionelle Situation sehr kompliziert, da die letzten Herzöge keine Konfessionalisierungspolitik betrieben hatten, sondern aus einer halb lutherischen, halb erasmianischen Tradition einerseits, einer vertraglichen Bindung an die alte Kirche andererseits es nicht hatten wagen können, sich der Reformation zuzuwenden. Die Zahl der Prätendenten auf das Jülicher Erbe aber machte die Herzogtümer zu einem vorrangigen Streitobjekt der deutschen Politik, deren Kräfte durch die künftigen Entscheidungen am Niederrhein neu gemischt werden mußten.

Die Lage der Erbansprüche war in der Tat verwirrend. Kursachsen konnte auf ein altes Privileg Kaiser Maximilians I. verweisen, das ihm die Nachfolge in Jülich sichern sollte. Aber es war von den Kaisern selbst immer wieder verwässert worden. 1546 hatte Karl V. die weibliche Erbfolge in den Herzogtümern durch Privileg anerkannt. Falls männliche Erben fehlten, sollte die Sukzession an die Söhne der Töchter fallen. Herzog Wilhelm V. von Jülich (1539–1592) suchte an sich das Erbe zugunsten seiner ältesten Tochter Maria Eleonora, Herzogin von Preußen, zu regeln. Die Bestimmungen waren so vage gehalten, daß auch die Ehemänner der drei nächsten Töchter Ansprüche erheben sollten, zunächst die Herzöge von Pfalz-Neuburg und Pfalz-Zweibrücken, dann aber auch der Markgraf Karl von Burgau, der nicht ganz ebenbürtige Sohn Erzherzog Ferdinands von Tirol aus einer Verbindung mit Philippine Welser. Zugleich war deutlich, daß der einzige Sohn Herzog Wilhelms, der geistesschwache Johann Wilhelm, keine Kinder haben würde.

Vollends kompliziert wurde die Situation, als Maria Eleonore, ihrerseits mit dem geistesgestörten Herzog von Preußen verheiratet, nur Töchter hatte. Dieses Defizit aber glich sie dadurch aus, daß sie die dynastische Solidarität des Hauses Hohenzollern anrief. Für den Gatten hatte die Vormundschaft Markgraf Georg Friedrich geführt, Landesherr von Brandenburg-Ansbach (1556–1603), aber auch Herzog des schlesischen Jägerndorf, einer der großen deutschen lutherischen Landesfürsten des ausgehenden 16. Jahrhunderts. Selbst kinderlos, wurde Georg Friedrich der Architekt der ausgreifenden Politik seiner kurbrandenburgischen Verwandten. Er sicherte dem Kurhaus zunächst das Erbrecht in Preußen, fand dann seine Neffen, die nachgeborenen Kurfürstensöhne, mit den fränkischen Markgraftümern als seine Erben ab – und konzentrierte damit die Energie des Hauses auf Norddeutschland. Damit verband sich die preußische Frage mit der Jülicher. Georg Friedrich brachte nämlich im Zusammenspiel mit dem brandenburgischen Kurfürsten Joachim Friedrich die Verbindung von dessen ältestem Sohn Johann Sigismund mit der Erbin Preußens zustande, die gleichzeitig die Ansprüche auf Jülich verkörperte. Damit waren die Voraussetzungen für das Spiel geschaffen, das den Aufstieg Kurbrandenburgs zur norddeutschen Vormacht einleiten sollte.

Zunächst aber hatte der Kaiser seine Hand auf Jülich gelegt und das Regiment der katholischen Vormundschaftsräte unterstützt – Kleve-Mark und Jülich-Berg wurden getrennt regiert. Die kaiserliche Politik deckte sich mit den Interessen Spaniens, welches sein niederländisches Vorfeld sichern wollte. Aber auch die Landstände der Herzogtümer hatten ihr Mitspracherecht angesichts der Herrschaftsschwäche verankert. Sie wiederum unterstützten die Ansprüche der evangelischen Herzogin Jakobe, einer badischen Prinzessin, die den Protestanten einen Rückhalt zu bieten schienen.

Unter diesen Umständen war die Verbindung der Jülicher Erbfolge mit den deutschen Religionsparteien und der europäischen Politik deutlich. Die ursprünglichen Prätendenten: Kursachsen, Kurbrandenburg, Pfalz-Neuburg und Pfalz-Zweibrücken waren allesamt evangelisch – dagegen konnten die katholischen, prospanischen Räte zunächst die Regentschaft behaupten, vor allem nachdem die protestantische Herzogin Jakobe 1597 durch ihren – vermutlich gewaltsamen – Tod als Kontrahentin ausgeschieden war. Sie wollten die Protestanten fernhalten, bis der Reichshofrat entschieden hatte, der wohl den katholischen und den spanischen Interessen Raum gegeben hätte. Deshalb strebten die drei Prätendenten Kurbrandenburg, Pfalz-Neuburg und Pfalz-Zweibrücken eine baldige gemeinsame Regierungsübernahme an. Die katholische Partei am Düsseldorfer Hof gewann jedoch ein Übergewicht, zumal die spanische Sache in den Niederlanden militärische Fortschritte machte.

1598 war König Philipp II. von Spanien gestorben. „Staatsbankrotte" und die Bedrohung des Kolonialreichs durch die Seemächte hatten gezeigt, daß die europäische Hegemonialstellung die Kräfte des Landes anspannte, ja überforderte. So galt es, den gleichzeitigen Konflikt mit drei europäischen Mächten – Frankreich, England und den neu aufsteigenden Niederländern – zu entflechten. Noch Philipp II. hatte deshalb 1598 in Vervins seinen Frieden mit Frankreich geschlossen, aber der Versuch eines Kompromisses mit den Niederlanden mißlang. Der Herzog von Lerma, der maßgebliche Staatsmann Philipps III., schloß dann 1604 auch einen Frieden mit England und versuchte sogar, freundschaftliche Beziehungen mit dem Inselreich einzuleiten.

Aber dafür wurde der Krieg gegen die Generalstaaten mit aller Energie fortgesetzt. Der spanische Einfall ins Reich hatte 1598 vor allem die Jülicher Lande betroffen und ihre strategische Bedeutung dargetan. Die Generalstaaten wollten damals gemeinsam mit den drei evangelischen

Prätendenten die Spanier vertreiben, deren Verhalten alle protestantischen Ressentiments kräftig gefördert hatte. Zwar hatte Moritz von Oranien an der Spitze der Truppen der Generalstaaten die Spanier aus den Gebieten nördlich des Rheins verdrängt, doch die Einsetzung Erzherzog Albrechts, eines Bruders von Rudolf II., mit seiner Gemahlin, Philipps II. Lieblingstochter Isabella Clara Eugenia, zu erblichen Regenten der Niederlande 1599 sollte die Situation für die Spanier entschärfen. Sie bedeutete eine staatsrechtliche Trennung der Niederlande von Spanien, die aber theoretisch blieb. Der Brüsseler Statthalterhof wurde für den Adel der spanischen Niederlande zu einem Mittelpunkt; er war auch ein Zentrum der kirchlichen Erneuerung, die geschickt und engagiert durch das Statthalterpaar gefördert wurde. Nach der Eroberung Ostendes 1606 konnte Spanien, das in dem Genuesen Ambrogio de Spinola über einen bedeutenden Feldherren verfügte, die Niederlande in die Defensive drängen und auch im Niederrheinisch-Westfälischen und im Niedersächsischen Kreis Fuß fassen; die von Moritz beanspruchte Grafschaft Lingen wurde von den Spaniern besetzt. Dies bedeutete einen verstärkten spanischen Druck auf das Reich, insbesondere auf die Jülicher Erbfolgefrage.

Durch die Kontrolle der „Spanischen Straße“, der Nachschublinie der Spanier, übten Madrid und Brüssel auch Druck auf die fortschwelenden Auseinandersetzungen im Straßburger Kapitelstreit aus, wo die evangelischen Parteigänger längst von den katholischen Konkurrenten in die Defensive gedrängt worden waren. Auch der Sieg des Aachener Rats über die protestantischen Kräfte in der Stadt wurde durch die spanische Machtentfaltung begünstigt. Man begriff nicht, daß Spanien erhebliche innere Schwierigkeiten zu bewältigen hatte; deshalb erhob sich das alte Gespenst der spanischen „Universalmonarchie“, genährt durch die Unterstützung der deutschen Habsburger für den spanischen Vetter.

Diese Furcht teilte aber auch das wiedererstarkende Frankreich. Der neue König Heinrich IV. hatte zwar seinen Frieden mit Spanien geschlossen – und die Zeit für die Konsolidierung Frankreichs genutzt –, aber er suchte eine große Koalition zu organisieren gegen die übermächtige spanisch-österreichische Kombination, von der er sich nach wie vor bedroht fühlte. Der einstige Hugenottenführer hatte die Irritationen überwunden, die aus seinem Konflikt mit dem evangelischen Herzog von Bouillon in Sedan bei den deutschen Protestanten entstanden waren, als sich der Herzog 1606 unterworfen hatte. Nun suchte der König das Bündnis mit den deutschen Protestanten. Dies mobilisierte den Fürsten Christian von Anhalt, der über alte Beziehungen zu Heinrich verfügte. Er suchte seit langem Rückhalt an außerdeutschen Mächten, da er der Sicherheit der Reichsverfassung mißtraute und geradezu manisch einen Angriff der Katholiken im Reich fürchtete, der die evangelische Sache aus seiner Sicht immer weniger gewachsen sei. Der französische König allerdings plante, in der Koalition die Führungsrolle zu übernehmen und zugleich die Generalstaaten im Kampf gegen Spanien zu verwenden. Bei allen Spekulationen über seine Pläne bleibt festzuhalten, daß er immer bestrebt war, die Entscheidungsfreiheit Frankreichs nicht zu gefährden, und daß seine deutschen Partner nicht viel mehr waren als Schachfiguren eines von den Franzosen überlegen geführten Spiels. Doch die deutschen Protestanten zögerten, sich diesem starken Partner anzuvertrauen.

Die drohende französische Gefahr machte nun die Spanier zum Kompromiß mit den Generalstaaten geneigter; aber auch letztere erkannten, daß Heinrich IV. sie nicht ohne einen hohen Preis unterstützen würde. So kam es zu Verhandlungen, die alle westeuropäischen Mächte tangierten. Heinrich bewertete die Ereignisse aus der europäischen Perspektive einer mächtigen antispanischen Koalition, vor der wiederum viele Politiker der mittlerweile gebildeten evangelischen Union zurückschreckten, da sie in der Mehrzahl ihr Bündnis defensiv sahen. Aber im gleichen Jahr 1609, als sich im Ringen um die österreichischen Erblande die Waage zugunsten der Stände und der Behauptung der Protestanten zu neigen schien, erreichten die Generalstaaten der aufständischen Niederlande vom König von Spanien zwar keinen Frieden, aber doch einen Waffenstillstand von 12 Jahren, so wie ihn der Kaiser mit dem Sultan zu schließen pflegte. Philipp III. von Spanien und Erzherzog Albrecht erkannten die Souveränität der Generalstaaten, den niederländischen Überseehandel außer mit den spanischen Gebieten und die niederländische Kirchenverfassung für die Vertragsdauer an. Heinrich IV., der die Waffenstillstandsverhandlungen diplomatisch flankiert hatte, gelang dann auch am 17. Juli 1609 ein Bündnis mit den Generalstaaten und mit England in Erneuerung des Vertrages von 1596, ein Bündnis, das sein Gewicht gegen Spanien und für die junge Republik einsetzen sollte.

Damit aber zeichnete sich eine Kräfteverschiebung im Nordwesten des Reiches ab, wo der spanische Einfluß die alte Kirche gestützt hatte. In Ostfriesland zeigte sich die Rivalität beim Ringen der lutherischen Grafen Edzard II. und Enno II. mit ihren Ständen, vor allem mit der Stadt Emden, die ihrerseits Rückhalt an den Generalstaaten suchte. Diese griffen auch zugunsten Emdens ein und erzwangen am 15. Juli 1595 den Vertrag von Delfzijl, der die Stellung der Stadt und ihr reformiertes Bekenntnis stützte; 1599 setzten die Niederlande den neuen Grafen Enno II. unter Druck, der die Frage, ob reformiert oder lutherisch, in die Hände der Gemeinden oder der Patronatsherren legte. Die Generalstaaten hatten ein Territorium des Reiches praktisch unter ihre Kontrolle gebracht. Dramatischer war die Situation in Jülich, wo die Generalstaaten auf die evangelischen Bewerber setzten. Dagegen suchte die spanische Politik ihren Zugriff mit Hilfe der kaiserlichen Richterstellung zu sichern – es kam allerdings zu keinen konkreten Aktionen, weil auch das Haus Österreich das hohe Risiko sah. Unter den Bewerbern hatte Kursachsen einen Ausgleich mit dem Kaiser angestrebt. Andererseits trat nun Markgraf Karl von Burgau, der nicht ganz ebenbürtige Sohn Erzherzog Ferdinands von Tirol, Gemahl der jüngsten Tochter Herzog Wilhelms des Reichen, als Mitbewerber auf den Plan, um das Spiel vollends zu verwirren. Auf der anderen Seite erwies sich Kurbrandenburg unter den evangelischen Prätendenten als der stärkste und agilste. Längst hatte sich eine Annäherung an die evangelische Bewegungspartei im Reich und auch an die Generalstaaten vollzogen. Christian von Anhalt bemühte sich, Heinrich IV. für die brandenburgischen Ansprüche zu gewinnen. Daß diese jedoch auf einer doppelten weiblichen Sukzession beruhten, machte Pfalzgraf Philipp Ludwig von Neuburg immer wieder zugunsten seines Sohnes Wolfgang Wilhelm geltend; während aber der Vater bei den evangelischen Ständen warb, tat dies der Sohn bei den Katholiken. In Paris stießen die neuburgischen Werbungen auf die brandenburgischen. Es hatte sich gezeigt, daß das dynastische Erbfolgeprinzip angesichts der Wichtigkeit der niederrheinischen Herzogtümer ein verworrenes Geflecht mit der großen europäischen Politik einging. Dynastisch legitimierte Ansprüche wurden einmal mehr zur Achse politischer Entscheidungen.

Heinrich IV., katholisch und antispanisch, stand erneut im Schnittpunkt der Interessen. Wie er wollte jedoch auch die evangelische Union nicht in die Zwistigkeiten gezogen werden. 1608 war der Prätendent Johann Sigismund Kurfürst von Brandenburg geworden, und 1609 starb endlich der unglückliche Herzog Johann Wilhelm von Jülich. Damit aber wurde der Erbstreit virulent – und reichsrechtlich korrekt suchte Rudolf II. das bisherige Regiment zu bestätigen, bis der Reichshofrat den Streit entschied. Aber sowohl Kurbrandenburg als auch Pfalz-Neuburg mißachteten die kaiserlichen Mandate und suchten vom Land Besitz zu ergreifen. Doch die Stände sowohl in Kleve-Mark wie in Jülich-Berg lehnten es ab, sich einem der Bewerber anzuschließen. Rasch zeigte sich deren Schwäche, denn Kurbrandenburg mußte sich auch um die vormundschaftliche Regierung in Preußen bemühen; die Kräfte reichten nicht zu einer militärischen Intervention am Niederrhein, und unter Überschreitung seiner Vollmacht schloß der kurbrandenburgische Gesandte am 10. Juni 1609 den Dortmunder Rezeß: Man einigte sich auf eine provisorische gemeinsame Regierungsübernahme. Danach sollte ein gütlicher Ausgleich entscheiden. Der Kompromiß gab den beiden Prätendenten ein Übergewicht im Lande, die Landstände huldigten und bekamen ihre Rechte bestätigt. Der Herzog von Zweibrücken akzeptierte den Vergleich.

Doch Kaiser Rudolf II. trat dieser Gehorsamsverweigerung entgegen und drängte damit die beiden „possedierenden“ Fürsten in den offenen Aufruhr. Sie erklärten die Reichshofratsprozesse für nicht rechtens. Demgegenüber erwirkte Erzherzog Leopold, Bischof von Passau und Straßburg, für sich eine kaiserliche Vollmacht, um der Autorität Rudolfs am Niederrhein Respekt zu verschaffen; zugleich wollte sich der ehrgeizige junge Mann für die Nachfolge des Kaisers qualifizieren. Leopolds Erscheinen mobilisierte die Widerstandskräfte im Land gegen die Possedierenden. Während aber Kurbrandenburg für offene Opposition gegen den Kaiser eintrat, empfahl Wolfgang Wilhelm von Neuburg ein vorsichtiges Lavieren. Ersterer setzte nun auf die Reformierten, letzterer auf Lutheraner und sogar auf die Katholiken. Dagegen zerschlugen sich Erzherzog Leopolds Hoffnungen auf spanische Unterstützung, da sein Vetter Albrecht in Brüssel eine Ausweitung des Konflikts befürchtete.

So schien sich das Patt des Erbfolgestreits zu befestigen, als König Heinrich IV. auf den Plan trat, gewillt, die neu gewonnene Position Frankreichs in die Waagschale zu werfen, nachdem er sein Reich neu organisiert und dem Zugriff der zentralisierten Königsmacht unterworfen hatte. Nun wollte er die drohende Klammer der Casa de Austria sprengen, die Hegemonierolle Spaniens reduzieren. Er hatte zugleich in Italien angesetzt, in dessen Norden es immer noch zahlreiche Reichslehen gab, und im ehrgeizigen Herzog Karl Emanuel von Savoyen einen Partner gefunden, einen späten italienischen Renaissancefürsten, der glaubte, Spanien und Frankreich gegeneinander ausspielen zu können. Mit dem savoyischen Bündnis aber drohte eine französische Offensive gegen das spanische Mailand.

Immer stärker jedoch rückte die Jülicher Frage in die Überlegungen des königlichen Taktikers; er erkannte die zentrale Bedeutung der dortigen Krise. Die Aktionen des Erzherzogs Leopold trieben Heinrich IV. zum Handeln; selbst ein bedeutender Feldherr, leitete er erste Kriegsvorbereitungen ein und offerierte zugleich der evangelischen Union seine Hilfe. Aber diese war belastet durch die Spannungen der evangelischen Fürsten Kurbrandenburg und Pfalz-Neuburg; sie suchte, ihrem defensiven Charakter entsprechend, zunächst durch eine Gesandtschaft Christians I. von Anhalt an Rudolf II. ihre Religionsbeschwerden abzustellen. Schließlich aber wurde Kurbrandenburg aktiv, und die Union kam in Bewegung – der der Brandenburger bald beitreten sollte. Christian dachte daran, die Verbindung mit der protestantischen Ständeopposition in Österreich und den Zugriff auf Jülich zu kombinieren. Am 11. Oktober 1609 trugen die Possedierenden Christian den Oberbefehl an – dieser drängte auf ein Zusammengehen mit Frankreich, das rasch Realität wurde. Ende November 1609 stimmte die Union zu – eine heftige Reisediplomatie Anhalts begann, der damit immer mehr ein Werkzeug des kühl taktierenden französischen Königs wurde.

Heinrich IV. akzeptierte das Bündnis, verstand es aber zugleich, die Union in die europäischen Verwicklungen Frankreichs zu ziehen. Der französische König streckte seine Fühler nach England und den Generalstaaten aus. Aber auch die Union erweiterte sich durch den Beitritt von Kurbrandenburg und Hessen-Kassel sowie von nicht weniger als 13 evangelischen Reichsstädten. Die Lage Erzherzog Leopolds am Niederrhein wurde zusehends prekär, doch der Kaiser suchte ihm mit der Androhung der Reichsacht gegen die possedierenden Fürsten beizustehen – deshalb entschied sich am 30. Januar 1610 die Union zur Unterstützung der Possedierenden; auch Frankreich kündigte seine Hilfe an. Die europäischen Dimensionen traten immer deutlicher hervor. Christian von Anhalt träumte von einem großen Schlag der verbündeten Kräfte Frankreichs, der Generalstaaten und der Union gegen Spaniens Position im Nordwesten des Reiches. Mit Hilfe Savoyens wollte der französische König gleichzeitig Mailand angreifen. Anfang Mai begann er seine Truppen zu versammeln.

Nun forcierte auch Spanien die Rüstungen; Rudolf II. ermächtigte Erzherzog Leopold, Truppen zu werben; die geistlichen Fürsten traten im August 1610 der Katholischen Liga bei. Man trennte sie organisatorisch nun doch in ein oberes und ein niederes Bundesgebiet, doch Bayern behielt sein Übergewicht. Die Liga setzte auf die Unterstützung Spaniens, des Erzherzogs Albrecht und Lothringens. Die Jülicher Frage hatte also eine rasche Verfestigung der konfessionellen Bündnissysteme im Reich hervorgebracht und sie zugleich mit den großen westeuropäischen Konflikten verknüpft. Eine Versammlung kaisertreuer Fürsten in Prag, gleichsam eine dritte Partei, brachte nichts ein, außer verstärktem Mißtrauen in der Union. Gewaltaktionen kennzeichneten die Situation. Der Schlüssel für die weitere Entwicklung aber lag bei König Heinrich IV. von Frankreich. Doch wurde dieser am 14. Mai 1610 von dem katholischen Fanatiker Ravaillac ermordet, gerade, als er zur Armee abreisen wollte. Die Königinwitwe und Regentin für den minderjährigen Ludwig XIII., Maria von Medici, sah sich veranlaßt, die Pläne Heinrichs aufzugeben und sich auf die Konsolidierung ihrer Herrschaft nach innen zu konzentrieren, für die ein Krieg mit Spanien gefährlich gewesen wäre. Allerdings blieb noch eine bedeutende Hilfe Frankreichs für die Jülicher Possedierenden – auch die Generalstaaten und England schickten Truppen, die Moritz von Oranien persönlich kommandierte, während sich Erzherzog Albrecht in Brüssel zurückhielt. Die Position Erzherzog Leopolds brach nun zusammen; er begab sich nach Böhmen, um dort seine unrühmliche Rolle in der Schlußphase Rudolfs II. zu spielen.

Allerdings hatte er im Stift Straßburg durch Truppenwerbung die evangelischen Gegner auf sich gezogen – die Unionstruppen stießen nun auch gegen sein Stift vor und verbreiteten im Elsaß Angst und Schrecken. Da die Liga außerstande war einzugreifen, bot sich die Chance eines neuerlichen reichsrechtlichen Lösungsversuches, für den auch Kurfürst Johann Schweikard von Mainz optierte; die in Prag versammelten kaisertreuen Fürsten stellten sich gegen das gewaltsame landfriedensbrüchige Vorgehen der Union im Elsaß. Aber das Regiment des späten Rudolf II. war völlig außerstande, hier energisch einzugreifen, etwa den Herzog von Bayern mit der Exekution zu beauftragen, der als einziger katholischer Fürst zu einer Aktion fähig gewesen wäre – zu stark war das Donauwörther Trauma. Jedoch hatte Maximilian Truppen geworben, und es stellte sich nun heraus, daß die Union ihr finanzielles Stehvermögen erheblich überschätzt hatte. Vor allem die Städte, aber auch gemäßigtere Fürsten wie Württemberg und Brandenburg-Kulmbach drängten auf einen Ausgleich. So zog sich die Union wieder aus dem Elsaß zurück. Auch am Niederrhein schlief nun der Krieg ein, nachdem die Festung Jülich in die Hände der Possedierenden gefallen war. Schließlich kam es zu einem Vergleich zwischen Union und Liga. Die Possedierenden hatten sich am Niederrhein behauptet – ein erheblicher Erfolg für die evangelische Sache. Der Jülicher Krieg hatte die Konfliktbereitschaft, aber auch die Kriegsunfähigkeit der Kontrahenten demonstriert. Doch hatte er zugleich verdeutlicht, was die vor allem von der Kurpfalz betriebene Anlehnung an die westeuropäischen Mächte an Sprengkraft in den Reichsverband hineintrug. Die Pläne Heinrichs IV. hätten 1610 den großen Krieg bringen können, auch wenn die letzten Absichten des gewiegten Taktikers verborgen bleiben müssen – die niederrheinischen Herzogtümer wären dabei nur der Anlaß für die antispanischen Aktionen gewesen. Die Koalition der evangelischen Union mit den drei europäischen Hauptkontrahenten Spaniens traf auf eine ungünstige Situation für die spanisch-katholische Sache. Fürst Christian I. hatte mit seiner Analyse recht gehabt, daß den Evangelischen die Zeit davonlaufe, wenn je Kriege ein Mittel zur politischen Lösung gewesen wären – als der Krieg dann 1618 tatsächlich ausbrach, bestritt ihn die evangelische Bewegungspartei mit Kurpfalz an der Spitze unter sehr viel ungünstigeren Voraussetzungen.

Der Streit um Jülich schwelte freilich weiter. Zwischen den Possedierenden einerseits, den Ständen und den alten Räten andererseits gab es erhebliche Spannungen, aber auch die ersteren vertrugen sich nicht. Die Possedierenden hatten eine komplizierte konfessionelle Situation vorgefunden, mit Katholiken, Lutheranern und Reformierten, mit Kirchenbildungen aus eigener Wurzel, angesichts eines schwachen Landesherrn, der keinen eigenen Konfessionalisierungsprozeß hatte durchsetzen können. Kurfürst Johann Sigismund von Brandenburg hatte sich im stillen dem reformierten Bekenntnis zugewandt; sein Statthalter am Niederrhein begünstigte dieses seit 1610 offen gegenüber den schwächeren Lutheranern, die der Neuburger Pfalzgraf Wolfgang Wilhelm förderte. Für die Reformierten wurde es nun möglich, sich eine festgefügte Kirchenorganisation synodal-presbyterianischer Prägung zu geben; die Annäherung Kurbrandenburgs an die Kurpfalz war unübersehbar. Mit deutlicher Spitze gegen diese Tendenzen förderte der Neuburger seinerseits die entschieden lutherischen Kirchengemeinden. Hinzu kamen die fortschwelenden Konflikte mit den Katholiken. Als alle Vermittlungsversuche unter den Possedierenden scheiterten, nahm Rudolf II. das Achtverfahren wieder auf – Sachsen sollte der Nutznießer sein; der Kaiserhof suchte es dadurch ins Lager der Liga zu führen, was wiederum deren Haupt, Maximilian von Bayern, ablehnte.

Unterdessen trieb die Entfremdung unter den Possedierenden weiter – Kurfürst Johann Sigismund von Brandenburg besaß zwar einen 1604 gerade wegen der politischen Probleme geschaffenen „Oberrat“, eine geheime Ratsbehörde, aber von einer straffen Führung der Jülicher Angelegenheit war keine Rede. Die reformierten Neigungen des Kurfürsten traten immer offener zutage, gegen die entschieden lutherische Kurfürstin Anna, die Erbin Ostpreußens und Jülichs. Sehr viel agiler als Johann Sigismund war sein Kontrahent Wolfgang Wilhelm, Pfalzgraf von Neuburg, der seine Ziele mit Hartnäckigkeit zu verfolgen verstand – aber er mußte nun auch die weit bessere Position Brandenburgs sehen. So suchte er schließlich Rückhalt an München, wo er Margarethe, die Schwester Herzog Maximilians, heiratete; die Diskussionen um die Eheschließung leiteten einen Prozeß ein, der schließlich zur Konversion des Pfalzgrafen führte (1613), zur Verzweiflung seines greisen Vaters Philipp Ludwig, der einer der großen deutschen lutherischen Landesfürsten gewesen war. Philipp Ludwig erfuhr spät und unvermutet von der Konversion, gegen die er nichts mehr zu unternehmen vermochte.

Gleichzeitig vollzog auch Kurfürst Johann Sigismund am 13. Dezember 1613 den Übergang zum reformierten Bekenntnis. Zwar waren bereits einige seiner Räte, an der Spitze sein Statthalter und Bruder, Johann Georg Herzog von Jägerndorf, entschiedene Reformierte, aber es war nun nicht mehr möglich, das Land einfach konfessionell umzupolen – die Identifikation mit dem Luthertum, getragen von Ständen und Geistlichkeit, ging zu tief. 1615 mußte deshalb der Kurfürst einen Revers zugestehen, auf jeden Zwang bei der Durchsetzung des reformierten Bekenntnisses zu verzichten und den einzelnen Gemeinden die Entscheidung zu überlassen. In Preußen hatte Johann Sigismund 1611 dem polnischen Lehensherrn Garantien für die katholischen Restpositionen geben müssen; den Ständen mußte er die ausschließliche Herrschaft des Luthertums in Preußen zugestehen.

Die Präsenz Brandenburgs am Niederrhein ermutigte den evangelischen Teil der Aachener Bürgerschaft, sich zu erheben und freie Religionsübung sowie den Zugang zu allen Ämtern zu fordern. Es kam zur Wahl eines überwiegend evangelischen Rats, die Kaiser Matthias zu unterbinden trachtete. Als Wolfgang Wilhelm 1614 mit seiner bayerischen Gemahlin in Düsseldorf eintraf, standen die Zeichen erneut auf Sturm. Beide Seiten konnten ihre Partner mobilisieren, Neuburg nun auch den König von Spanien, der bereit war, zugunsten seines Schützlings zu intervenieren. Dafür unterstützten die Niederlande den Brandenburger. So wagte der brandenburgische Kurprinz Georg Wilhelm einen Handstreich auf Düsseldorf, der jedoch scheiterte. Ein spanisches Heer unter Ambrogio Spinola eilte dem Neuburger zur Hilfe, restituierte dabei den Aachener Rat, was zu einer evangelischen Emigrationswelle in das Innere Deutschlands führte. Bald standen sich auf Jülicher Boden spanische und niederländische Truppen gegenüber; die beiden Kontrahenten, Georg Wilhelm von Brandenburg und Wolfgang Wilhelm von Pfalz-Neuburg, waren ins Abseits geraten. Aber die beiden Mächte wollten nicht so weit gehen, den Waffenstillstand von 1609 zu sprengen. So kam als Kompromiß der Xantener Vertrag vom 12. November 1614 zustande. Er trennte die Verwaltung der Herzogtümer: Kurbrandenburg wurde Kleve-Mark mit dem Mittelpunkt Kleve, Pfalz-Neuburg Jülich-Berg mit dem Mittelpunkt Düsseldorf zugesprochen. Zugleich aber sollte die Landesregierung gemeinsam bleiben; die fremden Truppen sollten abziehen.

Das taten jedoch beide nicht. Es zeigte sich wiederum, wie wichtig die Fürstentümer als Glacis für die eigene Position in den Niederlanden auch weiterhin waren. Kurbrandenburg und Pfalz-Neuburg trennten daraufhin ihre Anteile doch – aus dem Provisorium sollte eine Dauerlösung werden, die Mitbewerber Pfalz-Zweibrücken, Burgau und auch Kursachsen sollten leer ausgehen. Der Streit am Niederrhein hatte erneut mit einem Patt zwischen den Konfessionsparteien geendet – aber der Glaubenswechsel der beiden Prätendenten zum reformierten bzw. katholischen Bekenntnis verdeutlichte die starke Polarisierung im Reich. Immerhin hatte der Tod Heinrichs IV. von Frankreich verhindert, daß am Niederrhein ein europäischer Krieg ausbrach – lokal begrenzt konnte der Konflikt beigelegt werden.

Aber kritisch blieb die Situation dennoch. Nach wie vor hatte die Republik der Niederlande das Sagen in der Grafschaft Ostfriesland. Da der dänisch-schwedische Kampf um die Ostseeherrschaft auch die deutschen Küstenstädte in Mitleidenschaft zog, suchte vor allem Lübeck sich durch ein Bündnis mit der aufstrebenden Macht der Niederlande zu sichern. Als auch noch 1615 Herzog Friedrich Ulrich von Braunschweig die längst verkündete Reichsacht gegen die nach Unabhängigkeit strebende gleichnamige Stadt exekutierte und dabei von Dänemark unterstützt wurde, bemühten sich die Hansestädte, die Schwesterstadt zu unterstützen. Sie mobilisierten ein Hilfsheer der Generalstaaten unter Führung des Prinzen Friedrich Heinrich von Oranien, Moritz' Bruder, der einen Kompromiß erzwang. Die Folge war ein Bündnis zwischen sechs der Hansestädten sowie Wismar, Rostock, Stralsund und Greifswald. Die junge Republik der vereinigten Niederlande war zu einem Machtfaktor in Nordwestdeutschland geworden.

d) Das Kaisertum des Matthias

Die acht Jahre zwischen dem Jülicher und dem Dreißigjährigen Krieg waren eine Zeit der Unsicherheit und der kleinen Auseinandersetzungen, nachdem die Konflikte im Haus Österreich und der Streit um die niederrheinischen Herzogtümer vorläufig beigelegt worden waren. Allerdings war der Riß in der Reichsverfassung noch breiter geworden, hatte sich die Anfälligkeit des Reiches gezeigt. Zwischen 1610 und 1612 waren drei wichtige Kurfürsten gestorben: Die Sukzession Friedrichs V. von der Pfalz, zunächst unter Vormundschaft (1610), Johann Georgs I. in Sachsen (1611) und Ferdinands von Bayern als Erzbischof von Köln (1612), der mit Lüttich, Münster und Hildesheim auch das übrige nordwestdeutsche Bischofsreich der Wittelsbacher gewann, vollzog sich reibungslos.

Auch Matthias wurde – der Bruder war ja gestorben – am 13. Juli 1612 einhellig zum Kaiser gewählt, obgleich erst das Mißtrauen der geistlichen Kurfürsten überwunden werden mußte, die Matthias sein Zusammengehen mit den evangelischen Landständen verargten und lieber den Brüsseler Regenten, Erzherzog Albrecht, vorgezogen hätten. Doch schon im Dezember 1611 hatten sich alle Habsburger außer Rudolf auf eine Nachfolge des Matthias geeinigt, weil man sonst ein Zusammengehen mit den Protestanten im Reich befürchtete; auch war der Schwiegersohn Philipps II. von Spanien, Erzherzog Albrecht, für die Evangelischen kaum akzeptabel. Zwar blockierte der Zwist der Kurfürsten eine umfangreiche Wahlkapitulation, die den Kaiser einengte, aber Matthias mußte zugestehen, daß die Kurfürsten notfalls auch ohne Konsens des Kaisers zur Wahl eines Nachfolgers schritten; der Reichshofrat sollte nach dem Gutachten der Kurfürsten eine Ordnung erhalten; der Kaiser sollte ihn in kurzen Abständen gemeinsam mit dem Kurerzkanzler visitieren.

Die Aufgabe, die vor Matthias lag, war außerordentlich schwierig. Sein Lavieren im Bruderzwist zwischen gegenreformatorischer Katholizität und Zusammengehen mit den meist evangelischen Landständen hatte ihn auf beiden Seiten Sympathien gekostet – und auch Melchior Klesl, der Exponent der katholischen Konfessionalisierung in den Erblanden, genoß außerordentlich wenig Vertrauen. Der Kaiser selbst, der in vergeblicher Hoffnung auf Nachkommen 1611 noch eine späte Ehe mit der jungen Anna von Tirol eingegangen war, kümmerte sich wenig um die Regierungsgeschäfte, was die Stellung Klesls weiter befestigte, der nun auch alle Reichsangelegenheiten an sich zog. Der machtbewußte Bischof, seit 1615 auch Kardinal der römischen Kirche, wurde zum Objekt von Neid und Eifersucht unter den kaiserlichen Räten. Ein starker Gegenspieler war der Reichsvizekanzler Johann Ludwig von Ulm, ein oberschwäbischer Ritter von entschiedener Katholizität. Grundlegend wurde auch, daß Matthias die Residenz nach und nach von Prag nach Wien verlegte, wo sie seither verblieb. Es war nicht nur eine Verlegung in den Kern der Erblande, sondern auch eine Verschiebung weg von den Geschehnissen im Reich, eine Verstärkung des Charakters eines erbländischen Hofes, die durch den eigenen Hof des Erzherzogs und Königs Matthias bereits vorgeformt war. Vor allem aber zeigte sich, daß der Entzug des Hofes im adelsstolzen, selbstbewußten und konfessionell kontroversen Böhmen schwerwiegende Probleme schuf.

Die Situation im Reich schien gekennzeichnet durch eine allgemeine Erschöpfung. Der Jülicher Krieg hatte für Union und Liga erhebliche

Probleme gebracht und sie vor dem großen Konflikt schließlich doch zurückschrecken lassen. Aber er hatte die Spannungen im Reich weiter verstärkt – und nach wie vor war die Reichsverfassung, die sie regulieren hätte sollen und können, weitgehend lahmgelegt. Auch hatte sich der ausländische Einfluß erheblich verstärkt.

Trotzdem machte Kaiser Matthias einen halbherzigen Befriedungsversuch, dessen treibende Kraft Melchior Klesl war. Wie aber konnte aus dem entschiedenen Gegenreformator ein Befrieder werden? Der Bischof hatte die Gefahr gesehen, die von der Krise im Reich für das Erzhaus ausging; die Erblande waren auch noch beim Regierungsantritt des Matthias alles andere als stabil; die katholische Konfessionalisierung drohte zum Stehen zu kommen, die Finanzen waren zerrüttet, die Landstände weiterhin stark. Klesl zielte auf eine Beruhigung der Situation, nicht, daß er seine alten Absichten aufgegeben hätte. Aber er hatte richtig erkannt, daß die Ruhe im Reich Voraussetzung einer Restitution der kaiserlichen Autorität war, diese jedoch Voraussetzung einer Stabilisierung der Erblande. Auch begriff Klesl, daß die Wiederherstellung der Reichsjustiz Bedingung einer Entspannung war. Schließlich sah der Bischof, daß die gemeinsame Gegnerschaft gegen die Türken das Reich erneut solidarisieren könnte. Eine Mobilisierung des Reichsverbandes aber konnte der österreichischen Position des Erzhauses nützen. Außerdem war es in Siebenbürgen zur Erhebung des Gabriel Bethlen (Bethlen Gabor) gegen den Regenten Gabriel Báthori gekommen, die der kaiserlichen Politik Interventionschancen zu geben schien. Mit dieser Konzeption gedachte Klesl auf den neuen Reichstag zu gehen, der als der erste des Kaisers Matthias günstige Möglichkeiten zu bieten versprach.

Da auch die evangelische Union kompromißbereit schien, wandte sich Klesl an Bayern und an die geistlichen Kurfürsten, um das Problem der evangelischen Bistumsadministratoren zu entschärfen. Der Bischof wollte hier zeitweilige Konzessionen machen, allerdings unter erheblichen Einschränkungen, ohne Preisgabe der katholischen Grundsätze. Klesl stieß jedoch auf die Opposition nicht nur der geistlichen Fürsten, sondern auch des Papstes und Spaniens: Die Verteidigung des geistlichen Vorbehalts war eine Grundsatzfrage für die Katholiken. Sie fanden überdies einen Rückhalt im kaiserlichen Geheimen Rat unter Anführung des Reichsvizekanzlers Johann Ludwig von Ulm, der dem Kurerzkanzler Johann Schweikard von Mainz eng verbunden war. Gefährlich wurde, daß Klesl nun auch ein verstärktes Mißtrauen der katholischen Reichsstände auf sich zog, die entschieden gegen seine „Kompositionspolitik" opponierten. Der Frankfurter Liga-Abschied vom 11. März 1613 bezog direkte Stellung gegen alle Kompromisse. Die Union akzeptierte zwar grundsätzlich den Ausgleich, stellte aber unerfüllbare Forderungen, die Matthias praktisch zur Kapitulation gezwungen hätten. Sie konnte überdies nicht Sachsen und die gemäßigten Lutheraner gewinnen. Ferner lehnte es die Opposition ab, sich der

Mehrheitsentscheidung auf dem Regensburger Reichstag zu beugen, die den Reichsabschied formuliert hatte. Die „Korrespondierenden" protestierten und verwarfen den Abschied; der Reichstag war faktisch erneut gescheitert und wurde auf 1614 vertagt. Er sollte dann erst wieder 1640 zusammentreten.

Klesl hatte wohl geglaubt, mit Hilfe der Reichstagsbeschlüsse auch die Landstände der Erblande mitreißen zu können. Der Kaiser hatte ihnen ihre Errungenschaft aus dem Bruderzwist bestätigen müssen; die Böhmen wollten jedoch die ständischen ungarisch-österreichisch-mährischen und böhmisch-schlesischen Bündnisse zusammenfügen und zugleich eine ständische Kriegsorganisation einführen. Dies suchten der Kaiser und Klesl natürlich – mit Erfolg – zu vereiteln und die Energie der Stände auf die Türken abzulenken, als sie 1614 einen Tag aller ständischen Ausschüsse der Erblande nach Linz einberiefen. Weiter ging es um die Sicherung der Grenze. Daß der ungarische Calvinist Gabriel Bethlen soeben Siebenbürgen mit türkischer Hilfe an sich gerissen hatte, wobei sein Rivale Gabriel Báthori ermordet worden war, setzte dramatische Akzente – es war eine, vor allem durch die Rückwirkungen auf das habsburgische Ungarn, gefährliche Entwicklung. Aber Bethlen vermochte durch eine geschickte Schaukelpolitik zwischen Sultan und Kaiser eine unabhängige Position zu erringen. Ein Angriff auf Bethlen hätte also den Krieg mit den Türken bedeutet, und diesen scheute der Wiener Hof. So erkannte Matthias am 16. Mai 1615 im Vertrag von Tyrnau Gabriel Bethlen als Fürsten von Siebenbürgen an. 1615 wurde auch der Waffenstillstand mit den Türken um 20 Jahre verlängert. Aber nun sah sich der Kaiser auf einem Prager Generallandtag aller seiner Länder mit deren alten Forderungen konfrontiert. Erneut konkurrierten die kaiserliche und die ständische Konzeption von Ständebündnis und Kriegsrüstung. Das Beispiel der Niederlande stand deutlich vor Augen, aber damit überschätzte man durchaus die Möglichkeiten der ständischen Opposition, die konfessionell nicht einheitlich war, wobei sich die katholische Position verstärkte, und zudem auch den unterschiedlichen Landesinteressen verpflichtet war. Die ungarischen Stände waren mit ihrer durch den Wiener Frieden erreichten Sonderstellung zufrieden und suchten sie zu halten. Sie reisten nicht einmal nach Prag. Bei den übrigen zeigte sich, daß eine Konföderation nicht zu erreichen war. Zwar endete das Tauziehen abermals mit einem Patt zwischen dem Landesherrn und den Ständen – aber es war auch deutlich geworden, daß die Zeit für den Landesherrn und seine territorial- und konfessionspolitischen Ziele arbeitete.

Die Gravitation des Hofes und die planmäßige Förderung des katholischen Adels mußten sich auswirken. Dies steigerte die Furcht bei den entschiedenen Protestanten. Die Katholiken traten selbstbewußter auf: Am 1. Februar 1610 hatten sich 63 österreichische Prälaten, Herren und Ritter zu einer Konföderation zusammengetan, die vom Kaiser in aller

Form bestätigt wurde. Vor allem aber verstärkte sich nun der Druck auf die Städte nach dem Vorbild des innerösterreichischen Vorgehens: Man suchte zugleich die Evangelischen aus den Schlüsselpositionen zu drängen, ihre Gottesdienste zu unterbinden, aber auch den evangelischen erbländischen Adel wollte man aus den wichtigen fürstlichen und ständischen Stellungen fernhalten. In Böhmen erhöhte man ebenfalls den Druck, hier vor allem in den Kammergütern der Krone und der Prälaten. Der Erzbischof von Prag betrieb die Ersetzung evangelischer Geistlicher durch katholische. Die Auseinandersetzungen um die evangelischen Kirchenbauten in den nordböhmischen Städten Braunau und Klostergrab, auf dem Boden geistlicher Herrschaften, wurden zu einer Feuerprobe für die Interpretation des Majestätsbriefs – die 1611 eingesetzten Defensoren wurden aktiv. Es gingen Pläne um, nach dem Tode des Kaisers einen Nicht-Habsburger zum Landesfürsten und König von Böhmen zu wählen.

Die Kompositionspolitik des Kardinals Klesl war in eine Sackgasse geraten, aber auch die konfessionellen Bündnisse befanden sich in einem Zustand merkwürdiger Instabilität. Die evangelische Union zeigte deutliche finanzielle Schwächen und hatte die Schulden des Jülicher Krieges noch nicht abgetragen. Ihr Erscheinungsbild war nicht sehr eindrucksvoll, obwohl Bündnisse 1612 mit England und 1613 mit den Generalstaaten zustande kamen. Kursachsen widersetzte sich weiterhin der Sonderungspolitik und trat den Werbungen der Unierten bei den norddeutschen Protestanten entgegen, ohne sie ganz behindern zu können. Die Städte der Union vor allem waren gegen jede riskante, die Gefahr eines Krieges heraufbeschwörende Politik, wie sie Fürst Christian von Anhalt betrieben hatte. Da Kurbrandenburg deshalb die Union für seine Ziele am Niederrhein nicht mobilisieren konnte, trat es schließlich aus; 1617 setzten die Städte gegen den Vorschlag der Fürsten eine nur vierjährige Verlängerung durch. Die Union stand praktisch vor dem Verfall. Aber auch die Situation der katholischen Liga war schlecht. Mainz wollte gegen den Willen Bayerns die gemäßigten Evangelischen aufnehmen, eine engere Bindung an den Kaiser ansteuern und deshalb dem Hause Österreich eine starke Position einräumen. All dies aber hätte die bayerischen Interessen beeinträchtigt. Klesl erkannte zwar klar, daß die Konfessionsparteien der Autorität von Kaiser und Reich äußerst abträglich waren, aber wenn man sie schon nicht verhindern konnte, war es doch besser, ihnen beizutreten. Mit Hilfe der beiden anderen geistlichen Kurfürsten, auch des Wittelsbachers in Köln, setzte sich Johann Schweikard von Mainz mit seinen Ideen durch. Im Anschluß an den Regensburger Reichstag von 1613 beschloß man die Aufnahme des Landesherrn von Tirol und Vorderösterreich, des Deutschmeisters Erzherzog Maximilian. Es wurde ein Dreierdirektorium mit drei Bezirken gegründet, in dem dem Deutschmeister der Schwäbische Kreis und die vorderösterreichischen Lande zufielen; Bayern verlor nun das alleinige militärische Kommando. Die neue Konstruktion widersprach den bayerischen Interessen, während Mainz vor allem die Kompatibilität der Liga mit der Reichsverfassung angestrebt hatte. Maximilian von Bayern aber war ein Meister der Taktik und band die süddeutschen katholischen Stände auf Grund der alten Bundesverfassung an sich, was zu erbitterten Auseinandersetzungen mit Erzherzog Maximilian führte. 1616 distanzierte sich der Bayernherzog von dem Oberbefehl über die gesamte Liga und schloß 1617 ein bescheidenes Bündnis mit den fränkischen Bischöfen und dem Fürststift Ellwangen.

Die Krise der konfessionellen Bündnisse ermutigte Klesl, seine Ausgleichspolitik wieder aufzunehmen. Dies aber verband sich mit den anderen Bestrebungen, für den alternden und passiven, vor allem aber kinderlosen Kaiser die Nachfolge festzulegen. Den reichspolitischen Prioritäten Klesls stellte vor allem der Deutschmeister Erzherzog Maximilian dynastische gegenüber und betrieb die Sukzession des Erzherzogs Ferdinand von Innerösterreich als eines jüngeren Agnaten, dessen Person nicht schon wieder eine baldige Nachfolgekrise heraufbeschworen hätte. Aber Ferdinand war als ein Exponent der Gegenreformation den Protestanten verhaßt. Galten zunächst die Brüder des Matthias als konkurrierende Kandidaten, so meldete nun auch König Philipp III. von Spanien als Enkel Kaiser Maximilians II. seine Ansprüche an und forderte zumindest eine Abfindung. Die Angelegenheit war prekär, denn damit stand die Einheit des Hauses Österreich auf dem Spiel – ein Spiel, in dem Spanien der stärkere Partner war. Philipp III. aber war an der Sicherung der Spanischen Straße und vor allem der südlichen Niederlande interessiert. Er richtete also den Blick auf Tirol, die Vorlande und das Elsaß. Dies war gewiß eine komplizierte Ausgangslage, da nicht damit zu rechnen war, daß die evangelischen Kurfürsten von der Pfalz und von Brandenburg, die gerade die Reichsverfassung lahmgelegt hatten, eine rasche Kaiserwahl ohne weiteres akzeptieren würden.

Damit aber fiel dem Deutschmeister Erzherzog Maximilian eine Schlüsselrolle zu, der stets ein uneigennütziger Sachwalter für den Erhalt des Hauses Österreich war; obgleich ein entschiedener und, wie wir heute wissen, kompromißloser Katholik, besaß er doch im Kreis des Reichsfürstenstandes großes Prestige; er nahm die Probleme in die Hand und bewährte sich als Vermittler. Zunächst gewann er über Kurmainz den Kurfürsten von Sachsen. Am 29. Juli 1617 kam der Vertrag Erzherzog Ferdinands mit Philipp III. von Spanien zustande, der den Namen des spanischen Gesandten Oñate trägt. König Philipp III. wurde für seinen Verzicht im Falle einer Wahl Ferdinands die Belehnung mit Finale und Piombino zugesagt, die Spanien bereits besetzt hatte; überdies wurden ihm die österreichischen Rechte im Elsaß und in der Ortenau als Entschädigung in Aussicht gestellt; letztere sollten der Sicherung der Spanischen Straße dienen. Auch ein Verzicht der Agnaten wurde erreicht. Nun aber favorisierten die geistlichen Kurfürsten einen schnellen Vollzug der Wahl.

Doch Klesl wollte 1617 den Reichstag wieder in Gang bringen und hielt eine Wahl ohne vorherigen Kompromiß zwischen den Religionsparteien für kaum durchsetzbar. Es zeigte sich ferner, daß er weiterhin gewisse Hoffnungen auf eine „Komposition" hegte. Schnell aber erwies sich, daß die Kurpfalz nicht bereit war, eine ihr entgegengesetzte Stimmenmehrheit hinzunehmen. Während Kurmainz um der Wiederherstellung der kaiserlichen Autorität willen zum Entgegenkommen bereit war, blieben die beiden katholischen wittelsbachischen Kurfürsten, die Brüder Maximilian von Bayern und Ferdinand von Köln, Verfechter eines harten Kurses und waren vor allem in der Frage der aufgehobenen Stifte zu keinem Kompromiß bereit. Klesls Vergleichspolitik hatte eine Situation herbeigeführt, die die Nachfolgepläne schwer belastete.

So lag es nahe, in Klesl den Sündenbock zu finden, und Erzherzog Maximilian, der dem hochfahrenden und oft derben Prälaten schon lange grollte, war nur allzu bereit, im Verein mit der intransigenten Partei am Hof Melchior Klesl der Sabotage an der Nachfolgeregelung zu bezichtigen. Klesl selbst hatte mit allzu schlauer Taktik das Seine dazu beigetragen, daß seine Glaubwürdigkeit völlig untergraben war. Unter diesen Umständen und in seiner Bedrängnis suchte der Prälat mächtigen Rückhalt und erwirkte am päpstlichen Hof die Publikation seiner Kardinalspromotion, von der er sich verstärkten Schutz versprach. Im Gegensatz zu dem gescheiterten Vermittler präferierte der Deutschmeister nun eine Königswahl auf Biegen und Brechen, wobei Kurpfalz und Kurbrandenburg notfalls überstimmt werden sollten, und brachte dies mit seinen Plänen vermehrter Rüstungen der katholischen Partei in Verbindung. Die Absichten, die Maximilian dem kaiserlichen Bruder vortrug, waren ein deutliches Zeichen der vergifteten Situation im Reich.

Immerhin gewannen die Königswahlpläne an Hektik. Schlau überlegt waren Überlegungen am Pfälzer Hof, Herzog Maximilian von Bayern zu präsentieren und so einen Keil ins katholische Lager zu treiben. Allerdings gelang die Nachfolgesicherung für Ferdinand in Ungarn und Böhmen, die Erzherzog Maximilian ebenfalls energisch betrieben und auch gegen alle Befürchtungen durchgesetzt hatte. Es zeigte sich, daß sich weder die böhmischen noch die ungarischen Stände einer Annahme Ferdinands als künftigen König widersetzten (1617), obgleich dieser bei den Protestanten einen miserablen Ruf als Vorkämpfer der Gegenreformation hatte; die böhmische Opposition hatte sich als ziemlich schwach erwiesen. Mit diesem Erfolg im Rücken erwirkten der Kaiser und Klesl bei einem Besuch in Dresden die Zustimmung Kursachsens zu einem Kurfürstentag, der sowohl der Königswahl Ferdinands wie dem Ausgleich der Konfessionsgegensätze dienen sollte – ein nochmaliger Sieg Klesls über Erzherzog Maximilian.

Aber nicht nur dessen Position, sondern auch jene der Kurpfalz war damit entschieden verschlechtert – hatten die Gemäßigten noch einmal eine

Chance? Schon bei den Bündnisverhandlungen der Union mit England hatte man die Heirat des jungen Pfälzer Kurfürsten Friedrich V. mit Elisabeth Stuart, der bedeutenden und gebildeten Tochter König Jakobs I. von England, ins Auge gefaßt, die 1613 auch realisiert wurde. 1614 übernahm der nunmehr volljährige junge Kurfürst die Regierung vom bisherigen Administrator Pfalzgraf Johann II. von Zweibrücken – Friedrich V. war ein gutwilliger, aber etwas behäbiger und passiver Herr. Friedrich V. beließ der alten Regierungsmannschaft unter der praktischen Führung des oberpfälzischen Statthalters Fürst Christian von Anhalt ihren Einfluß – es dominierte weiterhin das Gefühl einer wachsenden Bedrohung durch die katholische Seite, der man bald zuvorkommen müßte. Aber die Union war geschwächt, Frankreich als Partner ausgefallen, England und die Generalstaaten fern und offenkundig auch wenig willens, sich in die Affären des Reiches ziehen zu lassen. Dies bestärkte die Mehrheit der Union in ihrer defensiven Haltung. Logischerweise suchte die anti-österreichische Minderheit der Union erneut ihr Heil in einer Anbindung der deutschen an die europäischen Auseinandersetzungen, in einer breiten Koalition gegen die Casa de Austria – ein Denken, das nur erklärbar war aus dem traumatischen Empfinden des existentiellen Bedrohtseins, das bloß die Wahl zu lassen schien zwischen einem Verzweiflungsakt und einem sicheren Untergang. Dies war gewiß nicht die Position aller Pfälzer Räte und auch nur die einer Minderheit der Unionsfürsten.

So suchte man in ganz Europa nach Verbündeten; man verhandelte mit Schweden, dessen König Gustav Adolf seinerseits hinter dem Vetter und Rivalen um die schwedische Krone, dem katholischen Polenkönig Siegmund Wasa, eine europäische katholische Koalition witterte. Man streckte die Fühler aus zu Herzog Karl Emanuel von Savoyen, der 1610 durch den Tod König Heinrich IV. isoliert worden und der 1614 erneut mit Spanien in Konflikt geraten war. Gleichzeitig war zwischen der Grazer Regierung und der Republik Venedig ein förmlicher Krieg ausgebrochen – erwachsen aus vielfältigen Handelspressionen der Venezianer auf der einen, der Freibeuterei der Uskokken auf der anderen Seite, einer halbkriminellen Seefahrertruppe in Zengg an der Adria, zusammengesetzt aus serbischen und albanischen Flüchtlingen, die sich ursprünglich gegen die Türken, zuletzt aber gegen die Republik Venedig gewandt hatte. 1617/18 wurden die beiden Auseinandersetzungen friedlich beendet, bevor sich der Brand ausbreiten konnte. Savoyen und Venedig aber wurden fortan begehrte Partner der evangelischen Union, ohne daß sich die Pläne konkretisierten.

Die Situation im Reich erschien also 1618 als völlig verfahren, jedoch nicht ohne fortbestehende Hoffnung auf Frieden. Die Herrschaft der Habsburger in den Erblanden schien sich halbwegs konsolidiert zu haben, da die Nachfolge Erzherzog Ferdinands gesichert war. Nun aber wurde Böhmen zum Ausgangspunkt der nächsten, nunmehr verheerenden Krise. Immer noch schwelten die grundsätzlichen Auseinandersetzungen um den

Braunauer und den Klostergraber Kirchenbau, die längst zur Feuerprobe königlicher Prärogativen und ständischer Rechte geworden waren. In Klostergrab setzte die Regierung den Kirchenabriß durch; deutlich wurde, daß die Katholiken an vielen Stellen zur Offensive übergegangen waren; die Verteidigung des Majestätsbriefes von 1609 schien somit für die andere Seite dringender geboten als je zuvor. Der wachsende Druck in Böhmen entsprach durchaus der Politik Klesls, der sich dafür im Reich die Hände freimachen wollte – offensichtlich sollten Konzessionen im Reich die erbländische Gegenreformation begünstigen.

Das Bemerkenswerteste aber war, daß die Aktivisten der protestantischen Gegenbewegung, die sich bei der Königswahl Erzherzog Ferdinands II. 1617 so leicht hatten überspielen lassen, ganz ähnlich empfanden wie die Aktivisten in der Union: Aus einer als verzweifelt defensiv empfundenen Position heraus sahen sie ihr Heil im Anschluß an die großen Gegensätze im Reichsverband. Dies aber traf sich mit den Träumen des Fürsten Christian von Anhalt, mit der ständischen Opposition in der Habsburger Monarchie zu koalieren. Er hatte alte Beziehungen mit den ober- und niederösterreichischen Ständen, aber auch mit der böhmisch-mährischen Opposition gepflegt. Die böhmischen Defensoren protestierten zunächst gegen den Druck der Gegenreformation; der selbstbewußter gewordene Wiener Hof aber nahm die Herausforderung an, gestützt auf eine entschieden katholische Gruppierung in Prag um den Oberstkanzler Zdenko Lobkowicz, dessen Gemahlin Polyxena, Witwe Wilhelms von Rosenberg, sich immer mehr als die Muse der Rekatholisierung profilierte.

Die selbstbewußte Reaktion der Regierung auf die Bewegungen der ständischen Opposition provozierte diese zu weiteren Aktionen, nachdem sie bei der böhmischen Königsannahme Erzherzog Ferdinands 1617 ihre Inkompetenz bereits hinreichend dokumentiert hatte. Am 23. Mai 1618 zogen die Opponenten mit einer Sturmpetition auf das Prager Schloß, den Hradschin – eine radikale Minderheit mit dem Grafen Heinrich Matthias Thurn an der Spitze hatte sich entschieden, hier den offenen Aufstand zu riskieren. Sie glaubte, nichts mehr zu verlieren zu haben. Ihr Haß richtete sich gegen die Exponenten einer kaisertreuen, d. h. einer territorialisierenden und konfessionalisierenden Politik, gegen die Statthalter Wilhelm von Slawata und Jaroslaw Martinitz. Nach heftigen Auseinandersetzungen stürzten sie diese nebst dem Sekretär Fabricius aus dem Fenster; das symbolhaft-historische Bewußtsein jener Zeiten erinnerte sich noch sehr gut an jene „Defenestration", die einst die Hussiten im Neustädter Rathaus zu Prag praktiziert hatten (1419). Die Hinausgeworfenen stürzten jedoch relativ weich und konnten mit Hilfe der Familie Lobkowicz entkommen – Slawata ließ ein Ex-Voto-Bild malen, auf dem ihn die Engel davontrugen. Fabricius wurde mit dem Prädikat „von Hohenfall" nobilitiert. Die Revolutionäre aber waren nicht entschlossen genug, die Tat zu vollenden – ihre Konsequenzen sollten sie selbst zu tragen haben.

Der „Prager Fenstersturz" war ein böhmisches Ereignis, aber er löste eine Ereigniskette aus, die das Reich in den Dreißigjährigen Krieg führte. Die böhmische Ständerevolte zog die evangelischen Alliierten im Reich an, diese wiederum versuchten, die schnell zutage tretende schwächere Position durch den Appell an die gegen Österreich und Spanien gerichtete europäische Mächtekonstellation zu kompensieren.

Die Revolte in Böhmen fegte auch Melchior Klesl hinweg. In einem Putsch lockten am 20. Juli 1618 die Erzherzöge Maximilian und Ferdinand den Kardinal in einen Hinterhalt und verhafteten ihn. Kaiser Matthias ließ den Günstling nach schwächlichem Protest fallen und dokumentierte damit ein letztes Mal die eigene Insuffizienz. Die Gegner verschleppten den Kardinal nach Tirol, wo er zunächst in Haft saß. 1622 kam Klesl in eine römische Haft, da der Papst einen Kardinal nicht ohne weiteres preisgeben wollte – schließlich erzwang Klesl sogar seine Rehabilitierung und Rückkehr nach Wien, allerdings nur, weil sein Hauptgegner, der nunmehrige Kaiser Ferdinand II., glaubte, den umtriebigen Mann so unter besserer Kontrolle zu haben. Klesl stiftete am Ende seines Lebens das geschickt gewonnene Vermögen frommen Zwecken. Kaiser Matthias, nun ein gebrochener Mann, überlebte den Sturz seines einst übermächtigen Ratgebers nur um weniges – er starb am 20. März 1619.

Bei allen problematischen und unaufrichtigen Zügen war Klesl einer Grundlinie treu geblieben: der territorialen Durchdringung und konfessionellen Vereinheitlichung der Erblande. Dafür war er bereit, reichspolitische Kompromisse zu schließen – ein Talleyrand des 17. Jahrhunderts? Gewiß war der Kardinal mit seinen taktischen Möglichkeiten längst am Ende, aber seine Kombination von Kompromißbereitschaft im Reich und der harten Durchsetzung landesherrlicher Territorial- und Kirchenhoheit in den Erblanden bedeutete wohl doch ein Konzept, den großen Krieg zu verhindern. Damit aber ist Klesl gescheitert. Die Entwicklung nach 1648 bewies indes, daß er die Zeichen der Zeit, die allgemeine Dynamik von Territorialisierungs- und Konfessionalisierungsprozeß durchaus erkannt hatte, daß ihm auch deutlich war, daß man nicht an beiden Fronten, im Reich und in den Erblanden, gleichzeitig erfolgreich sein konnte. Doch gerade dafür war im frühen 17. Jahrhundert das Gespür noch sehr gering – im Hause Österreich, unter den katholischen und evangelischen Ständen. Mit dem Namen Klesls verband sich dennoch die schwache Chance, mit Hilfe einer Vermittlungspolitik, zusammen mit den kompromißfähigen Reichsständen, etwa Kurmainz und dem lutherischen Sachsen, eine tragfähige Alternative zur totalen Polarisierung zu finden. Die Kompositionspolitik des Kardinals war ein letzter ernst zu nehmender Versuch, den Frieden im Reich zu retten.

Gab es wirklich keine Chance mehr, diesen Frieden zu erhalten? Die Politik der Jahre nach 1610 gibt ein diffuses Bild. Die Akteure im Reich schielten weiterhin auf die europäische Bühne, doch diese war nach dem

Tode König Heinrichs IV. von Frankreich seltsam leer – die Situation im Reich wurde von außen nicht mehr verschärft. Die Kurpfalz hatte aus ihrer Schwäche heraus die Europäisierung der Reichspolitik betrieben, war sie nun eher zum Ausgleich bereit?

Die beste Möglichkeit wäre gewesen, in einer Pattsituation die Mechanismen der Reichsverfassung wieder in Gang zu bringen. Dies aber scheiterte an der Furcht der evangelischen Aktivisten vor dem katholischen Übergewicht im Verfassungsgefüge des Reiches und vor einem ständigen Erstarken der Katholiken. Ganz offensichtlich war, daß sich die radikalen Flügel wechselseitig zu überspielen trachteten und dafür auch die Mechanismen der Reichsverfassung in ihr Kalkül einbezogen, die sicherste Methode, sie vollends zu ruinieren. Der Kaiser und sein Reichshofrat waren zu sehr in die Rolle der Parteilichkeit gedrängt, als daß sie ausgleichend hätten wirken können. Hinzu kam, daß die Chance des Religionsfriedens, d.h. die Neutralisierung der Konfessionskonflikte im Reich durch eine Verweisung des Konfessionalisierungsprozesses allein auf die Territorien, nicht genützt wurde. Dies lag vor allem an der Festlegung der geistlichen Territorien auf die Alte Kirche, wie sie der Religionsfriede formuliert hatte. Zu sehr war man beiderseits bestrebt, dem eigenen, wahren Glauben auch auf Reichsebene Vorteile zu verschaffen. Daß die evangelische ständische Opposition in den Erblanden die Hauptmaxime des Religionsfriedens, also den Religionsbann des Landesherrn, nicht akzeptierte, wurzelte im Gefühl einer Parallelordnung zu den Reichsständen, genährt aus der Tradition der gemeinsamen Stellung unter dem Reichsoberhaupt – aber es rüttelte an den Grundlagen des Religionsfriedens. Die Versuchung, durch Unterstützung der konfessionellen Opposition in den Erblanden den katholischen Kaiser zu schwächen, lag nahe und wurde von der Kurpfalz auch genützt. Reichstreue Lutheraner, wie Kursachsen und Württemberg vor allem, hatten ihre Sympathien für die Glaubensgenossen, aber sie zögerten mit einem Eingreifen, weil sie die Gefahr erkannten, wobei vielleicht ihre Nachbarschaft zu Böhmen bzw. Österreich diese Erkenntnis befördert hat.

Der Kern der Konflikte ging um das Schicksal des Kirchenguts, der eingezogenen Bistümer im Norden. Beide Seiten suchten die zwiespältige Formulierung des Religionsfriedens in ihrem Sinne auszulegen – die mühsam geschlossenen Kompromisse führten nun zu kontroversen Interpretationen, die sich nicht mehr schiedlich beilegen ließen. Die konfessionelle Polarisierung hatte auch den Familienverband der Reichsfürsten zweigeteilt; fortwährende Rabulistik und andauerndes Säbelrasseln töteten das Vertrauen ab und erstickten jeden Vermittlungsversuch im Keim. Das Mißtrauen wirkte nicht nur zwischen den Konfessionsparteien, sondern auch zwischen den Radikalen und den Gemäßigten innerhalb der gleichen Konfession. Die fortschreitende Polarisierung setzte immer mehr auch die Maßvolleren unter Solidaritätszwang.

Beide Glaubensgruppierungen unterlagen schweren Krisen, aber das Gewicht der Meinung derer, die an die Unausweichlichkeit des Krieges glaubten, wog stark – und wurde wohl auch genährt durch die allgemeinen Krisenerscheinungen, die aus einem Wandlungsprozeß resultierten. Dabei war man in hohem Maße fixiert auf das Auslaufen des niederländisch-spanischen Waffenstillstands im Jahre 1621. Unter diesen Umständen stolperte die rastlose Diplomatie des Fürsten Christian von Anhalt in einen Konflikt, der dann die Pfalz in den Abgrund riß und einen dreißigjährigen Krieg im Reich auslöste.

Der böhmische Aufstand brach an einer gefährlichen Nahtstelle des Reichsverbandes los. Das Wahlkönigreich hatte eine relativ unabhängige Stellung, die Position der Dynastie war noch labil – Böhmens Verlust aber hätte auf Dauer die Kaiserstellung Österreichs bedroht; seine Behauptung war daher eine Existenzfrage für das Haus Habsburg. Die Rebellen ihrerseits waren schwach; so handelten sie schließlich nicht anders als der radikale Flügel des deutschen Protestantismus – so wie dieser Europa, so suchten sie das übrige Reich in den böhmischen Konflikt hineinzuziehen. Die Imitation der hussitischen Defenestration von 1419 war symbolhaft – ihre Brutalität schnitt dem Haus Österreich nahezu jeden Weg zum Kompromiß ab. Daran änderte auch der unbeabsichtigt sanfte Fall der Hinausgeworfenen nichts mehr. Den Kompromiß zu verhindern war jedoch die Absicht der Rebellen. So war an ein Zurück nicht mehr zu denken wie einst unter Rudolf. Man hatte eine revolutionäre Demonstration vollzogen, die das Haus Österreich ohne schweren Prestigeverlust nicht durchgehen lassen konnte. Diese Demonstration aber stieß auf einen Reichsverband, der zum Ausgleich nicht mehr fähig war – verschätzt aber hatten sich die Prager Rebellen darin, daß ein so eklatanter Vorstoß gegen die fürstlichen Prärogativen auch die Standessolidarität der lutherischen Fürsten tangierte und außer der Loyalität zu Reichsrecht und Reichsoberhaupt diesen ein zusätzliches Argument gegen die radikale Politik ihrer böhmischen Glaubensgenossen lieferte.

2. Der deutsche Krieg

a) Der böhmische Aufstand, der böhmisch-pfälzische und der niedersächsisch-dänische Krieg

Die Wortführer der böhmischen Erhebung konnten angesichts der Radikalität ihres Tuns nicht umhin, sich abzusichern, also einen Landtag einzuberufen, ein ständisches Regiment von dreißig Direktoren zu errichten und militärische Maßnahmen zu ergreifen. Die Erhebung gewann rasch eine solche Dynamik, daß sie zögernde und maßvolle Ständeführer wie den Mährer Karl von Zierotin beiseite schob. Daß es eine beträchtliche Zahl kaisertreuer Adeliger gab – Fürst Karl von Liechtenstein oder Albrecht von Wallenstein, der dem Erzhaus die ständische Kasse Mährens zu sichern trachtete –, machte die Situation für die Rebellen nicht besser. Von Anfang an war klar, daß die Rebellen ihre Ziele aus eigener Kraft schwerlich würden durchsetzen können.

Die überraschten europäischen Mächte sahen die Dramatik der Ereignisse – aber auch unter protestantischen Herrschern überwog die monarchische Solidarität und die Distanzierung vom Vorgehen der Böhmen. Die böhmischen Stände offerierten in dieser Situation die Wenzelskrone in der Folge dem Herzog von Savoyen, Fürst Gabriel Bethlen von Siebenbürgen, dem Kurfürsten Johann Georg von Sachsen und dem Kurfürsten Friedrich V. von der Pfalz, den sie auch um die Aufnahme in die protestantische Union ersuchten – dies war später eine wirksame Waffe der Habsburger, um die böhmische Ständeopposition zu diskreditieren. Im Sommer 1618 folgten die Lausitzen und Schlesien den Böhmen, 1619 Mähren, Ober- und Niederösterreich. Schon im Mai kam es zur Belagerung Wiens durch ein ständisches Heer unter dem Grafen Heinrich Matthias Thurn. Christian von Anhalt suchte den böhmischen Rebellen diplomatische Schützenhilfe zu geben, der Söldnerführer Ernst von Mansfeld, ein illegitimer Sproß des Grafenhauses, eilte ihnen zu Hilfe.

Aber die Wiener Politik erhielt einen entscheidenden Rückhalt am spanischen Vetter, da zwischen 1618 und 1622 der mitteleuropaerfahrene Balthasar Zuñiga in den letzten Jahren seines Lebens die Madrider Politik bestimmte; Spanien schickte Truppen und der Papst Geld. Am 10. Juni 1619 konnte der kaiserliche Oberbefehlshaber Graf Buquoy die Mansfelder bei Sablat in Südböhmen schlagen, schnitt Thurn ab und zwang ihn so, die Belagerung Wiens aufzugeben. Mit der erbeuteten Korrespondenz stellte Wien überdies den Herzog von Savoyen bloß, der aus dem Krieg ausschied, bevor er richtig begonnen hatte. Inzwischen sicherten sich die Stände der böhmischen Krone die Verbindung mit jenen Nieder- und Oberösterreichs durch eine Konföderation, für die wohl das Modell polnischer Adelsbünde Pate gestanden hatte. Die ständische Opposition setzte am 22. August 1619 Ferdinand II. als König von Böhmen ab und wählte Kurfürst Friedrich V. von der Pfalz zu seinem Nachfolger. Daß der Kurfürst von Sachsen und Gabriel Bethlen unterlagen, erstaunt nicht: Der Sachse war für seine traditionelle Kaisertreue bekannt, Bethlen wiederum galt als so exotisch, daß man zeitweilig bei den Generalstaaten an seiner tatsächlichen Existenz zweifelte.

Die verwandtschaftlichen Beziehungen Kurfürst Friedrichs V. zu seinem Schwiegervater Jakob I. von England und Schottland, seinem Onkel Moritz von Oranien, seinem Vetter Gustav Adolf von Schweden und vielen anderen ließen ihn den Böhmen als den Schlüssel erscheinen, der das ganze Geflecht innerprotestantischer Beziehungen für die Böhmen erschließen konnte. Auch war er als Herr der Oberpfalz ein Nachbar; aus dem oberpfälzischen Amberg hatte Fürst Christian von Anhalt sein Spiel der antihabsburgischen Opposition in Europa, im Reich und in den Erblanden getrieben. Aber die territoriale Bedeutung und die finanziellen Ressourcen der Kurpfalz entsprachen nicht ihrem hohen Rang – sie unterlag seit längerem einer latenten Finanzkrise. So gab es ein Tauziehen unter den Heidelberger Räten, ob ihr Kurfürst die Krone annehmen sollte. Anhalt, Ludwig Camerarius und andere entschieden Reformierte sahen in dem Konflikt eine drohende Gefahr für Religionsfreiheit und reichsfürstliche Libertät durch eine aggressive und drohende katholische Politik, deren Sieg gegen die böhmischen Stände nur der Auftakt der Unterwerfung Deutschlands sein werde. Die traumatischen Ängste, die sich herausgebildet hatten, kamen voll zum Tragen. Die radikale Partei setzte sich durch – Friedrich V. nahm die Krone Böhmens an, auch angesichts neuer Erfolge der Böhmen und ihres Verbündeten Gabriel Bethlen, der im November 1619 gemeinsam mit Thurn Wien erneut belagerte. Eine niederländisch-venezianische Allianz richtete ihre Spitze ebenfalls gegen Ferdinand II.

Aber den Habsburgern gelang am 28. August 1619 ein bedeutsamer und, wie sich zeigen sollte, entscheidender Erfolg, denn die Kurfürsten wählten in Frankfurt Ferdinand II. einstimmig zum römischen Kaiser; selbst der Pfälzer Gesandte Graf Johann Albrecht von Solms-Braunfels hatte zustimmen müssen, weil sich keine Alternative abzeichnete. Damit aber hatte der gerade abgesetzte Böhmenkönig die ganze Autorität des Reichsoberhaupts für sich, die zweifellos die protestantische Unterstützung für die böhmischen Rebellen reduzieren mußte. Sogleich nach der Wahl eilte Ferdinand nach München, um sich dort des bayerischen Rückhalts und der katholischen Liga zu versichern. Der spanische Gesandte Oñate bot sofort entscheidende und eindrucksvolle Rückendeckung durch seine Hilfszusage; er war es, der Ferdinand dazu brachte, Maximilian Ersatz für die Kriegsauslagen und Autonomie der Liga, dazu die von der Liga eroberten Gebiete und die Pfälzer Kurwürde zu versprechen. Damit aber war ein altes Ziel der Münchener Politik in greifbare Nähe gerückt, nämlich den Vorrang der Heidelberger Linie zu beenden. Der Spanier Oñate glaubte, daß dies kaum wirklich realisiert werden könne. Der Münchener Vertrag vom 8. Oktober 1619 sollte Maximilian von Bayern zunächst die Schlüsselrolle für den Fortgang der Ereignisse zuspielen und zugleich Spanien vor das schwierige Problem stellen, parallel in den Niederlanden und im Reich aktiv werden zu müssen, eine Gefahr, die der alte Zuñiga in Madrid deutlich erkannte. So mobilisierte die Liga 25000 Mann; 20000 spanische Söldner unter einem bedeutenden Feldherrn, dem Genuesen Ambrogio Spinola, sollten überdies die Kurpfalz angreifen, um den böhmischen Kriegsschauplatz zu entlasten.

Unterdessen mußte sich Bethlen unter dem Druck Polens und einer quälenden Finanznot, die die böhmischen Aufständischen nicht ausgleichen konnten, aus dem Krieg zurückziehen, obgleich ihn der opponierende ungarische Landtag gerade zum Fürsten Ungarns gewählt hatte. Die Generalstaaten, belastet durch die Konflikte zwischen Moritz von Oranien und den Staaten von Holland unter dem Ratspensionär Johann (Jan) van Oldenbarneveldt, waren zwar zu einer begrenzten Geldhilfe für die Konföderierten bereit, aber nicht einmal zu einer Bindung der spanischen Truppen konnten sie sich entschließen. Auch Jakob I. von England war für eine entschiedene Unterstützung des Schwiegersohns nicht zu gewinnen – er strebte vielmehr eine Schiedsrichterrolle an. Sogar die Union versagte sich – allein ihre radikalsten Vertreter schlossen sich der Pfalz an. Dafür gelang es dem Kaiser und den katholischen Kurfürsten nicht nur, auf einem Fürstentag in Mühlhausen (März 1620) Kurbrandenburg und Kursachsen zu neutralisieren. Der Kaiser versprach ihnen, die norddeutschen säkularisierten Kirchengüter nur gegen Entschädigung wieder der alten Kirche zuzustellen, Kursachsen erklärte sich schließlich sogar gegen Verpfändung der Lausitzen für seine Hilfe bereit, den Kaiser militärisch zu unterstützen (20. März 1620).

Immerhin kam es an der Donau zu einem Manöverkrieg zwischen den Truppen der Liga und der Union. Durch französische Vermittlung wurde am 3. Juli 1619 der Waffenstillstand von Ulm geschlossen, der die Truppen Bayerns und der katholischen Liga freimachte für den böhmischen Feldzug, während sich die Union den vordringenden Spaniern unter Spinola entgegenstellte. Sofort besetzte das Ligaheer unter dem Wallonen Johann Tserclaes Graf von Tilly Oberösterreich. Buquoy eroberte Niederösterreich, während die Sachsen vertragsgemäß die Lausitzen besetzten. Damit hatten die Kurpfalz und die böhmischen Rebellen den Krieg bereits militärisch-diplomatisch verloren. Die reformierte Gefolgschaft des neugewählten Böhmenkönigs hatte sich überdies im lutherisch-katholischen Prag alles andere als taktvoll benommen. Am 18. November 1620 stießen die Heere aufeinander, und Tilly und Buquoy erfochten am Weißen Berg vor Prag einen vernichtenden Sieg über das Heer des Königs Friedrich von Böhmen, das von Anhalt, Thurn und Mansfeld kommandiert wurde. Die Königsherrschaft Friedrichs V. brach zusammen, so daß fortan vom „Winterkönig“ die Rede war – für den Spott brauchte der geschlagene Wittelsbacher nicht mehr zu sorgen.

Der Sieg der Liga war vollkommen – er hatte schonungslos die Schwächen der Rebellen und ihrer Pfälzer Verbündeten offengelegt. Von den böhmischen Direktoren war nicht mehr die Rede, aber die katastrophale Niederlage und die schonungslose Härte der Sieger verhinderten auch einen Kompromißfrieden mit Friedrich V.; die böhmischen Lande wurden besetzt. Zugleich hatten Spinolas Spanier die linksrheinische Pfalz fast ganz okkupiert. Die Pfälzer waren überdies politisch weitgehend isoliert – selbst entschieden reformierte Fürsten innerhalb des Reiches waren zu keiner Hilfe mehr bereit. Hinzu kam, daß Johann Georg von Sachsen das evangelische Lager politisch weitgehend neutralisierte. Eine letzte Chance wäre die Mobilisierung der Freunde außerhalb des Reiches gewesen – aber Moritz von Oranien und die Generalstaaten boten dem Winterkönig und seiner Frau nicht viel mehr als ein angenehmes Exil im Haag. Die Generalstaaten waren ihrerseits auf den fast sicher vorhersehbaren Krieg mit Spanien fixiert, der tatsächlich 1621 ausbrach und sich noch einmal zu einer schweren Auseinandersetzung auswachsen sollte.

Die Generalstaaten und der bedeutende dänische König Christian IV. (1588 bzw. 1596–1648) warteten ihrerseits auf die Entscheidung Jakobs I. von England. Im Unterhaus gab es starke Kräfte für eine entschiedene Unterstützung der Pfälzer durch eine Koalition mit den Niederlanden. Jakob dachte jedoch an einen allgemeinen Ausgleich mit Spanien; dadurch und durch einen Verzicht Friedrichs V. auf Böhmen sollte die Pfalz gerettet werden. Aber Friedrich war zu keinem Nachgeben bereit. Dies galt jedoch auch für die Sieger – vom Kaiser und von Bayern gedrängt, steuerte die Infantin Isabella, die in Brüssel regierte, den Kurs einer vollständigen Eroberung der Pfalz. Während Tilly 1621 die Oberpfalz nahezu kampflos erobern konnte, war Mansfeld in die Unterpfalz marschiert, um sich dort gegen die Spanier zu stellen. Er wurde von Friedrich beauftragt, seine Truppen erheblich zu vermehren. Diese Entwicklung verstärkte das Gewicht Bayerns in der Koalition weiter, denn Tilly rückte in die Kurpfalz und erfocht gemeinsam mit dem Spanier Don Gonzalo de Cordoba am 6. Mai 1622 den Sieg bei Wimpfen gegen den Markgrafen Georg Friedrich von Baden, der die Pfalz decken wollte. Am 20. Juni konnte Tilly ein weiteres Heer Friedrichs V. bei Höchst am Main schlagen, das von dem welfischen Administrator Christian von Halberstadt kommandiert worden war. Am 19. September 1622 nahm Tilly Heidelberg, das Zentrum des deutschen reformierten Bekenntnisses, ein, und am 2. November 1622 fiel die Festung Mannheim. Es hatte nichts mehr genützt, daß Friedrich V. nun zu einem Waffenstillstand bereit war – aus den Niederlanden befahl er im März 1623 auch der dritten Landesfestung Frankenthal und ihrer englischen Garnison die Übergabe.

Ende 1622 stand der Kaiser als glänzender Sieger da – aber es war nur ein geborgter Sieg, ermöglicht durch die Hilfe Spaniens und vor allem Bayerns. Beide gedachten jedoch ihre eigenen Ziele zu verfolgen. Den Spaniern ging es um die Sicherung der Nachschubwege für die Flandernarmee in dem gerade wieder ausgebrochenen Krieg mit den Niederlanden; dafür war die Behauptung der linksrheinischen Pfalz wichtig. Rücksichtslos griffen sie daher 1620 auch nach dem Veltlin, um den Weg über die Alpen zu sichern – aber hier drohte ein europäischer Konflikt mit Frankreich. Es zeigte sich jetzt, daß die Spanier in ihrem Kampf um die Niederlande unter Zwängen standen, die ihre militärische und politische Handlungsfähigkeit beträchtlich behinderten.

Dies verstärkte die Rolle Bayerns noch weiter. Schon in der Reformationszeit hatte es die bayerische Politik verstanden, geschickt zwischen einer katholisch-kaiserlichen und einer reichsständischen Position zu lavieren und damit einen erheblichen Spielraum zwischen den Konfessionsparteien zu gewinnen. Herzog Maximilian I., ein Meister der politischen Strategie, verstand es, erneut in diese Position einzurücken, die sich bereits vor dem Krieg abgezeichnet hatte. Er forderte jetzt die Oberpfalz und die Kurwürde vom Kaiser als Preis für seine unumgängliche Unterstützung. Da die kaiserliche Macht von Bayern abhing, hatte Ferdinand II. keine Möglichkeit, sich den Münchner Wünschen zu entziehen, zumal bayerische Truppen in Oberösterreich standen und das „Landl“ als Faustpfand besetzt hielten. Die kaiserlichen Verstrickungen wurden durch erbeutete Briefe bekannt, welche der Pfälzer Rat Camerarius veröffentlichte – nachdem zuvor die Bayern die am Weißen Berg erbeuteten pfälzischen Akten in der „Anhaltischen Kanzlei“ publizierten und die verschlungenen Wege der Heidelberger Politik offenbarten. Auch jetzt entbrannte ein lebhafter publizistischer Krieg, wobei nun die Empörung gegen die katholische Seite hochging. Der Beginn des Dreißigjährigen Krieges wurde zu einer wichtigen Etappenstation für die Praxis der Publikation gegnerischer Akten. Der Griff nach dem Vorrang im Hause Wittelsbach, zu dem Maximilian I. von Bayern angesetzt hatte, sollte zu einem gewichtigen Faktor der Kriegsverlängerung werden.

Weniger sensibel für die prekäre politische Situation war die Kurie, die entschieden für die Übertragung der Pfälzer Kur an Bayern plädierte, während der Kaiser eher zu einer provisorischen Lösung neigte. Auch Spanien zögerte, weil es spätere Kompensationsforderungen fürchtete. Die gleiche Härte zeigte der Papst, als er mit Erfolg den aus dynastischen Gründen zögernden Maximilian zur Schenkung der berühmten Heidelberger Bibliothek drängte. Am Ende konnte sich der Kaiser, auch angesichts der Vorbehalte Kursachsens und Kurbrandenburgs, nur entschließen, auf dem Regensburger Deputationstag am 25. Februar 1623 dem Bayern die Kur auf Lebenszeit zu übertragen.

Nun aber schlugen die Sympathien um – die Reserven, die man gegenüber dem König und den böhmischen Rebellen gezeigt hatte, minderten sich bei vielen protestantischen Fürsten angesichts des neuen Unrechts. Hinzu kamen die militärischen Erfolge der Niederlande gegen die spanische Armee. So plante Friedrich V. einen neuerlichen konzentrierten Angriff auf Böhmen. Tilly kam dem mit einer Offensive in den Norden zuvor – er rieb am 6. August 1623 bei Stadtlohn das Heer Christians von Halberstadt fast völlig auf. 1624 mußte auch der ungeschlagene Mansfeld aus Geldmangel sein Heer auflösen. Norddeutschland stand Tilly völlig offen – es war jedoch nicht der Kaiser, sondern das Ligaheer, das diese große Offensive und damit den „Niedersächsisch-Dänischen Krieg“, die zweite Phase des Dreißigjährigen Krieges, einleitete.

Aber inzwischen war Jakob von England aus seinen spanischen Träumen erwacht – der Prinz von Wales, der nachmalige Karl I., hatte, der hinhaltenden spanischen Verhandlungstaktik müde, eine persönliche Reise nach Madrid unternommen, um Klarheit über das Heiratsprojekt und über die Restitution der Pfalz zu gewinnen. Die Spanier mußten Farbe bekennen und forderten die Konversion Karls und der Pfälzer Prinzen zum Katholizismus. Damit war Jakobs Politik unhaltbar geworden – unter dem Druck des Parlamentes wandte sich der König Überlegungen über eine Allianz mit Frankreich zu.

Friedrich V. allerdings hatte nach weiteren Verbündeten gesucht – sein Rat Camerarius sondierte in Stockholm bei dem schwedischen König Gustav Adolf, der ebenfalls ein katholisches Übergewicht in Europa befürchtete. Zunächst aber sah man in Stockholm eine Priorität im eigenen Konflikt mit Polen, dessen König, der katholische Wasa Siegmund III., seine schwedischen Thronansprüche immer noch nicht aufgegeben hatte. Seit 1617 suchte Schweden durch wiederholte Feldzüge eine Position in Livland zu gewinnen – 1621 eroberte Gustav Adolf Riga. Als 1622 ein Waffenstillstand geschlossen worden war, reiste Camerarius nach Stockholm und träumte von einer großen evangelischen Allianz unter schwedischer Führung, die Gustav Adolf die römische Kaiserwürde eintragen, Friedrich V. aber zurück nach Böhmen führen sollte. Doch wie alle anderen Bündnispläne verrann auch dieser im Sande. Schweden war noch nicht bereit, sich in Deutschland zu engagieren.

Da bekam der Krieg ein neues Gesicht durch das Eingreifen des dänischen Königs Christian IV. Dieser ehrgeizige und bedeutende Herrscher verfügte über die wichtigen Sundzölle – die Meerenge erbrachte nicht nur hohe Einkünfte für die dänischen Staatskassen, sondern auch eine gewichtige Stellung im Mächtespiel um die Ostsee. Christian IV. war selbstbewußt genug, um einen starken Druck auf Schweden auszuüben. Der dänische König war eigentlich relativ stark abhängig von einem von den Ständen bestellten Regimentsrat, in dem der hohe Adel dominierte: Dieser hatte ein Steuerbewilligungsrecht und ein Vetorecht im Kriegsfall. Ihm ging es darum, seinen tatendurstigen König aus einem europäischen Krieg herauszuhalten.

Die geschickte Finanzpolitik Christians IV., zu der die Auseinandersetzungen mit Schweden von 1611 bis 1613 nicht wenig beigetragen hatten, hatten den Dänenkönig aber weitgehend von den Ständen unabhängig gemacht. Er entschied sich für eine Intervention in Deutschland. Als Herzog von Holstein war er die stärkste Macht im Niedersächsischen Reichskreis – sein Ziel war eine Hegemonialstellung, die er durch den Gewinn der säkularisierten und evangelisch gewordenen norddeutschen Stifte Bremen, Verden und Osnabrück zu erreichen trachtete; damit aber hätte er zugleich die Kontrolle der Mündungen von Weser und Elbe gewonnen. 1616 gründete er den Hafen von Glückstadt; 1621 mußte Hamburg seine Oberhoheit anerkennen. Ebenfalls 1621 wurde der dänische Prinz Friedrich tatsächlich Administrator von Bremen. Zugleich schwenkten die Niederlande von der schwedischen auf die dänische Seite – einer dänischen Hegemonie in Norddeutschland schien damit nur noch wenig im Wege zu stehen. Es war die Frage, ob diese Position in Übereinstimmung mit dem Kaiser oder gegen den Kaiser gewonnen werden würde.

Christian IV. zögerte zunächst, unterstützte aber heimlich die deutschen Protestanten – von dem entschieden lutherischen Fürsten war letztlich auch nichts anderes zu erwarten. Aber mit der Reise des Camerarius nach Stockholm mußte der Dänenkönig fürchten, daß Schweden, gestützt auf eine große protestantische Allianz, in den deutschen Krieg eingriff – selbst Jakob I. war nun zur Mithilfe bereit. Hier zeigte sich, wie sehr der Handlungsspielraum Christians von seinem Verhältnis zu den Schweden abhing: Erschien Gustav Adolf an der Spitze einer großen protestantischen Allianz in Norddeutschland, mußten alle dänischen Hoffnungen auf eine norddeutsche Führungsrolle zunichte werden. Aber war Christian bereit, sich seinerseits England und den Niederlanden anzuschließen? Eine Konferenz im Haag sollte die dänisch-schwedischen Spannungen beseitigen und den Kriegseintritt Frankreichs erreichen.

Als der etwa gleichzeitige Tod Jakobs I. und Moritz' von Oranien die Verwirklichung aller Pläne hinausschob, entschloß sich der dänische König zur Intervention, ohne einen Rückhalt an den deutschen Reichsständen zu haben. Ein Erfolg hätte seine Unabhängigkeit weiter vergrößert. Da das Ligaheer an den Grenzen des Niedersächsischen Kreises stand, ließ sich Christian im April 1625 zum Niedersächsischen Kreisobersten, d. h. zum Befehlshaber des Kreisaufgebots, wählen und schwang sich damit zum Schirmherrn des Kreises gegen Kaiser und Liga auf – so gewann er eine reichsrechtliche Legitimation. Bereits im Juni 1625 rückte Christian IV. gegen Westfalen vor.

Inzwischen aber hatte sich auf der anderen Seite ebenfalls ein grundlegender Wandel vollzogen. Die Siege für die kaiserliche Sache waren durchweg allein durch das Ligaheer des kampferprobten bayerischen Generals Tilly erfochten worden. 1625 entschied sich der Kaiser jedoch, ein eigenes Heer aufzubauen. Dafür gewann er den böhmischen Herrn und Katholiken Albrecht von Wallenstein (Waldstein), der sich schon bei der böhmischen Rebellion als Oberst auf die kaiserliche Seite geschlagen hatte. Wallenstein besaß ein geschickt erworbenes riesiges Vermögen aus der Konkursmasse der böhmischen Rebellen. Darauf gestützt, konnte er 30000 Söldner anwerben. Damit aber waren die Kräfteverhältnisse verschoben: Christian IV. sah sich überraschend einer zweiten Armee gegenüber, mit der er rechnen mußte.

Der Rückzug des dänischen Königs war begleitet von einer Verschlechterung der europäischen Konstellation. Der französische Hugenottenaufstand von 1625 unter den Aristokraten Rohan und Soubise führte zu einer Annäherung des neuen leitenden Staatsmannes Richelieu an Spanien und im Gegenzug zur englischen Unterstützung der in der Seefestung La

Rochelle verschanzten Hugenotten, die sich bis 1628 hielten. Zugleich verschlechterte sich die finanzielle Situation Englands. Nur mit der Drohung eines Ausgleichs mit dem Kaiser konnte Christian IV. eine neue niederländisch-englische Unterstützung für sich durchsetzen. Gemeinsam mit dem alten Haudegen Ernst von Mansfeld hegte der Dänenkönig nun neue Offensivpläne gegen die böhmischen Länder, ermutigt durch die Nachrichten über den großen oberösterreichischen Bauernaufstand. Der Fürst von Siebenbürgen, Gabriel Bethlen, sollte die Offensive unterstützen. Aber am 25. April 1626 siegte Wallenstein bei Dessau über Mansfeld, am 27. August 1626 konnte Tilly, verstärkt durch Teile von Wallensteins Armee, bei Lutter am Barenberge einen glänzenden Sieg erringen. Große Teile des niedersächsischen Kreises verweigerten nun seinem Obersten, dem Dänenkönig, die Gefolgschaft und suchten den Anschluß an den Kaiser – damit lag der Norden der kaiserlichen Offensive offen, wenngleich sich die Führer des Ligaheeres und des kaiserlichen Heeres, Tilly und Wallenstein, trotz gemeinsamer Operationen mit wachsendem Mißtrauen beäugten.

Die Waage schien sich auch sonst zuungunsten der Protestanten zu neigen, denn auch Gabriel Bethlen sah sich durch das Scheitern der Osmanen bei der Zurückeroberung Bagdads von den Persern seines Rückhalts beraubt. Durch den Frieden von Preßburg mit Bethlen vom 28. Dezember 1626 hatte Wallenstein seine Hände frei, nach Norden zu marschieren und Mecklenburg, Pommern und Jütland zu besetzen. Schnell zeigte sich, was es bedeutete, daß der Kaiser zum ersten Mal eine eigene Streitmacht zur Verfügung hatte, die es ihm ermöglichte, seinerseits die Friedensbedingungen zu diktieren. Daß dabei schließlich Wallenstein besonders gut bedacht werden sollte, verrät allerdings auch, in welchem Maße das Reichsoberhaupt von seinem Feldherrn abhängig war.

Wallenstein erhielt Mecklenburg, dessen angestammtes evangelisches Herrscherhaus unter fragwürdigen Umständen abgesetzt wurde, für viele protestantische Reichsfürsten ein Fanal drohenden konfessionell-sozialen Umsturzes, bis weit in die Kreise des niederen Adels hinein das Symbol für eine unsichere Zukunft. Christian IV. war nicht in der Lage, der drohenden Gefahr zu begegnen. Die kaiserlichen Truppen besetzten nicht nur seine deutschen Lande, sondern auch Jütland – dort wurde er von den Niederlanden und von England zum Durchhalten ermutigt; selbst Gustav Adolf von Schweden zeigte sich angesichts der heraufziehenden Gefahr bereit zum Ausgleich mit dem alten Rivalen.

Seit Jahrhunderten war der Kaiser in Norddeutschland nicht mehr so mächtig gewesen. Eine ganz neue Situation im Reich zeichnete sich ab, die die europäische Mächtekonstellation, insbesondere das Konfliktfeld um die Ostsee, nicht unberührt lassen konnte – Wallenstein ließ sich zum „General der ozeanischen und baltischen Meere“ ernennen, in der richtigen Erkenntnis, daß sich die neugewonnene kaiserliche Position im Norden nur durch eine starke Flotte halten ließ. Doch das ferne Spanien, das derartige Pläne stark favorisierte und Unterstützung in Aussicht stellte, war kaum in der Lage, seine Versprechungen zu erfüllen.

Konflikte waren an der Tagesordnung. Auch die protestantischen Partner des Kaisers, vor allem Kursachsen, beobachteten den Machtumschwung mit großer Sorge. Zwar hatte Spanien an der niederländischen Front im 1621 wieder aufgenommenen Krieg gegen die Generalstaaten deutlich Vorteile gegen den alternden Moritz von Oranien gewonnen, den Ambrogio Spinola in die Defensive drängte. Aber im Veltlin und in Oberitalien geriet der siegreiche Kaiser bereits in Konflikte mit Frankreich.

b) Der Höhepunkt der kaiserlichen Machtstellung

In einem Jahrzehnt hatte sich die kaiserliche Position von einer existenziellen Bedrohung in ein Übergewicht im Reich verwandelt, wie es nicht einmal Karl V. nach seinem Sieg über die Schmalkaldener hatte erringen können. Die auswärtigen Mächte waren 1629 weitgehend aus Deutschland herausgedrängt oder neutralisiert – es gab im Reich keinen ernsthaften Gegner mehr. Daran vermochte auch Wallensteins Scheitern bei der Belagerung von Stralsund nichts Grundsätzliches zu ändern, obgleich der hartnäckige Widerstand der Seefestung bereits ein Warnsignal war.

Ferdinand II. hatte eine Machtstellung wie kaum ein Kaiser vor ihm – durch die Aufstellung einer eigenen Armee 1625 hatte er die bisherige Abhängigkeit vom Ligaheer und damit von Bayern beseitigt. Gleichwohl hielt der Kaiser an seinen beiden hauptsächlichen Bündnispartnern fest – an Bayern und an Spanien. Nun aber war es an Ferdinand, den Spaniern in Italien und in den Niederlanden zu Hilfe zu eilen. Dieser Schritt schien nicht unproblematisch, denn er zog Ferdinand II. tief in die europäischen Konflikte Spaniens, eine Situation, die seine Position im Reich eigentlich nur verschlechtern konnte. Aber zugleich war auch in Rechnung zu stellen, daß sich die spanische Sukzessionsfrage jederzeit stellen konnte – weder die deutschen noch die spanischen Habsburger waren zahlreich. Diese Tatsache war wie keine andere geeignet, die Solidarität der Casa de Austria zu stärken und das dynastische Einvernehmen über die spezifischen Interessen der einzelnen Linien zu stellen.

Kaiser Ferdinand II. selbst war entschiedener Katholik. Sein Vater Karl von Innerösterreich hatte stets an der Alten Kirche festgehalten; die Mutter Maria, Schwester Wilhelms V. von Bayern, eine energische Dame, hatte mit Erfolg alles getan, um Ferdinand im Geiste des tridentinischen Katholizismus zu erziehen. Die freundliche Umgänglichkeit des Kaisers konnte in Kompromißlosigkeit umschlagen, wenn es um Gewissensfragen ging. Hier trat ein entschiedener persönlicher Glaube zutage, der sich auch im sehr häufigen Besuch der Messe, in Marienverehrung, Wallfahrten und einer allgemeinen Ergebenheit gegenüber der Kirche äußerte. Den Kampf für die katholische Kirche sah Ferdinand II. als wichtigste Herrscherpflicht an. „Gewissensräte", meist Jesuiten wie Wilhelm Lamormaini, spielten in seiner Umgebung eine beträchtliche Rolle. Aber die entschiedene Katholizität verband sich auch mit einem dezidiert absolutistischen Staatsverständnis, so daß Ferdinand II. unter den Habsburgern der erste ausgeprägte Vertreter einer katholischen Konfessionalisierung genannt werden kann: Ketzertum und Rebellion hingen für ihn aufs engste zusammen.

Dies hatte Ferdinand bereits als Landesherr von Innerösterreich in seiner Residenz Graz deutlich werden lassen. Mit einer Wallfahrt nach Loreto, mit einer Audienz bei Papst Clemens VIII. (1598), hatte er sich geistliche Stärkung geholt – Ferdinand war nicht gewillt, die selbstbewußte Opposition der teilweise evangelischen Stände weiter zu dulden, die seinem Vater so starke Probleme gemacht hatten. Als Landesherr Innerösterreichs war Ferdinand dann schnell und entschlossen gegen die Protestanten vorgegangen, die ihren Rückhalt in den Ständen hatten. Von 1599 bis 1602 waren seine Religionskommissionen durch die Lande gezogen und hatten mit intensiven Kontrollen die Katholizität der Untertanen überprüft. Nach der Ausweisung der lutherischen Prädikanten drohte allen, die sich verweigerten, der Zwang zur Emigration.

Ferdinand II. setzte sich auf der ganzen Linie durch, was ihn um so mehr darin bestätigte, daß er Gottes Willen auf seiner Seite hatte. Der Adel war überraschend leicht domestiziert worden, was wiederum den absolutistischen Staatsvorstellungen Ferdinands entsprach: Zum ersten Mal wurde deutlich, daß, obgleich viele Familien ins Ausland gingen, der Mehrheit doch der soziale Status wichtiger war als ein bedingungsloser, im Ergebnis aber kaum abzuschätzender Kampf für den eigenen Glauben. Aus Graz brachte der Kaiser nach 1619 auch den Kern seiner Mitarbeiter nach Wien mit. „Grazer" Methoden sollten in den neuerworbenen Ländern den Sieg der Alten Kirche erneut sicherstellen: die Förderung der Jesuiten, massiver Druck, Werbung mit neuen Formen der Frömmigkeit, die das Volk ansprachen. Die dynastische wie die katholische Solidarität führte Ferdinand II. zu einer engen Anlehnung an Spanien, mit dessen neuem König Philipp IV. teilte er ein starkes Herrscherbewußtsein, in dem für eine ständische Opposition kein Platz war.

Ferdinand II. ließ sich zwar in allen Gewissensfragen durchaus von seinen Jesuiten leiten, aber er begriff doch, daß die Politik eigenen Gesetzen folgte – ein Denken, das bei seinem Vetter Maximilian I. von Bayern noch ausgeprägter war. Unantastbar war sein Majestätsbewußtsein, das einen Kompromiß mit den Rebellen ausschloß. Als Melchior Klesl, der beherrschende politische Berater von Ferdinands Vorgänger Matthias, 1618 den Versuch eines Kompromisses mit den böhmischen Rebellen erwog, wurde er auch im Auftrag Ferdinands verhaftet und aus Wien entfernt. Gegenüber der Kurie konnte dieser Kaiser eine durchaus selbständige Politik betreiben.

Mit seiner Haltung stand Ferdinand II. nicht allein – er holte nach, was deutsche Landesfürsten auf dem Weg der Konfessionalisierung vorgemacht hatten. So erlebte Österreich nach dem erfolgreichen Beginn des Krieges einen Schub zur administrativen Rationalisierung. 1620 wurde die Österreichische Hofkanzlei geschaffen, um die erbländischen Angelegenheiten der vom Mainzer Kurfürsten als Kurerzkanzler mitkontrollierten Reichshofkanzlei zu entziehen. Das war ein weiterer Schritt zur Verselbständigung der Erblande. Die Katholisierung der Beamtenschaft verlieh den Behörden größere Geschlossenheit. Das sollte nicht unterschätzt werden, auch wenn die Spielregeln der altständischen Gesellschaft allzu radikale Veränderungen bremsten – die administrativen Erneuerungen sind nicht zu denken ohne den großen sozialen Wandel innerhalb der Monarchie.

Der Sieg Ferdinands II. in Böhmen bedeutete auch einen kräftigen sozialen Umschwung, der vor allem die Situation der Oberschicht tangierte. Geoffrey Parker hat auf die fortlaufende Münzverschlechterung in Böhmen unter dem Regiment der oppositionellen ständischen Direktoren hingewiesen; doch der kaiserliche Statthalter Böhmens, Fürst Karl von Liechtenstein, schuf nach dem Sieg der kaiserlichen Sache zusammen mit Wallenstein, dessen Financier Hans de Witte und dem Prager Juden Jakob Bassevi ein Konsortium, das eine planmäßige radikale Münzverschlechterung betrieb. Dieses Unternehmen schädigte nicht nur die Untertanen, sondern auch die kaiserliche Hofkammer, denn es förderte die Kaufpolitik der neuen kaisertreuen und katholischen Aristokratie – ein ebenso geniales wie skrupelloses Instrumentarium, um mit entwertetem Geld billig die zahlreich auf den Markt gekommenen Besitzungen der hingerichteten oder emigrierten Rebellen preiswert zu erwerben. Folglich war die andere wichtige Voraussetzung dieser sozialen Verschiebungen die großangelegten Konfiskationen.

Doch die habsburgischen Lande blieben eine „Monarchie von Ständestaaten“. Diese Feststellung mutet erstaunlich an, angesichts der bekannten Tatsache, daß die Macht der Stände in den Erblanden Österreichs und Böhmens nach 1620 gebrochen war. Bekannt ist die „Verneuerte Landesordnung“ in Böhmen von 1627, die als Programm des landesfürstlichen Absolutismus galt und 1628 ihre Parallele in Mähren fand. Den böhmischen Ständen wurde das Königswahlrecht entwunden, und die Erblichkeit der Königswürde im Hause Österreich wurde festgelegt. Die Prärogativen der Krone wurden fixiert – sehr zum Ärger auch kaisertreuer Aristokraten wie des Fürsten Karl von Liechtenstein.

Aber es handelte sich doch nur um eine partielle Entmachtung der Stände, so wirksam der Katholisierungsprozeß auf Dauer auch war. Über die vielgestaltige Monarchie das Netz einer zentralen Verwaltung zu werfen war eben unmöglich. Ferdinand II. hat dies durchaus erkannt. So überließ er zwischen 1623 und 1630 schrittweise Tirol und die Vorlande seinem Bruder Leopold, dem einstigen Herrn des „Passauer Kriegsvolks“, der dafür dem geistlichen Stand entsagte – die neue Dynastie regierte bis 1665 in Innsbruck und trieb, vor allem im benachbarten Südwestdeutschland, eine durchaus eigenständige Politik.

Was sich zu Beginn der 1620er Jahre in den Erblanden durchsetzte, war eher ein Kompromiß zwischen Fürst und Ständen. Letztere gaben Wahl- und Widerstandsrechte auf, verzichteten auf Interventionen in Religions- und Außenpolitik des Hofes, behielten aber die wichtigen finanziellen Aufgaben bei; der prekäre landesherrliche Kredit hätte eine andere Politik auch schwerlich zugelassen. So blieben die alten Länderhauptstädte der Erblande regionale Mittelpunkte – um die Landhäuser der Stände scharten sich die Palais des Adels. Dieser behauptete nicht nur unangefochten den Zugriff auf die Untertanen im Bereich seiner Grund- oder Gutsherrschaft, sondern auch die Vormachtstellung in der lokalen Verwaltung – dafür verzichtete seine Majorität auf Glaubensfreiheit und weitergehende ständische Rechte. Nur eine starke Minderheit des Adels emigrierte. Die regionale Vorherrschaft der Aristokratie in den Ländern blieb ein Kennzeichen der Habsburgermonarchie bis ins 19. Jahrhundert hinein.

Das Pendant dazu aber war die Neuformierung des Wiener Hofes. Schon seit dem 16. Jahrhundert hatte sich die für die Folge typische Vorherrschaft des erbländischen, vor allem des nieder- und oberösterreichischen Adels am Wiener Hof herausgebildet – diese Konstellation hatte sich dann unter Rudolf II. zeitweilig zugunsten der böhmisch-mährischen Aristokratie verschoben. Die Neuformierung des Hochadels – einschließlich dessen Stärkung durch ausgedehnte Herrschaftsbildungen – ermöglichte eine veränderte Konfiguration. Die österreichisch-erbländischen Herren behielten ihre Führungsrolle, aber sie akzeptierten den böhmisch-mährischen Herrenstand als Juniorpartner. Gestreuter Besitz in den unterschiedlichen Ländern, familiäre Querverbindungen haben dann ein Netz geschaffen, das ein relativ kleiner und überschaubarer Kreis von Fürsten und Grafen bildete, loyal zum Kaiser, den Schaltzentralen der Macht nahe, aber diese auch mit den einzelnen Ländern verbindend.

Damit war der Grund gelegt für die spezifische soziale Konfiguration des Wiener Hofes, der zum wohlorganisierten Mittelpunkt der Monarchie werden sollte – ein hocharistokratisches Kräftefeld um den Kaiser; neben den Palais des hohen Adels nahm sich die Wiener Hofburg relativ bescheiden aus. Sie war aber auch eine Anlaufstelle nicht zuletzt für den katholischen Adel aus dem Reich. Der Wiener Hof sollte im Barockzeitalter eine beträchtliche Attraktion gewinnen; unter Ferdinand II. verkörperte er die neugewonnene Stabilität der Monarchie. In sein Gehäuse waren die kaiserlichen Behörden eingebaut, er war der hauptsächliche Träger der neuen katholischen Konfessionalisierung in der Habsburgermonarchie.

Die Rekatholisierungspolitik hatte zunächst die lutherischen Prädikanten betroffen. Der Protest des Kurfürsten von Sachsen hatte 1627 nicht vermocht, ihre Ausweisung aus Böhmen zu verhindern. In allen Erblanden setzte zunächst der Druck auf die Bürger und auf die Bauern der landesfürstlichen Städte und Güter ein – die evangelisch gebliebenen Adeligen hatten noch eine kurze Schonzeit, wovon zunächst auch ihre untertänigen Bauern profitieren konnten. Die Jesuiten errichteten neue Kollegien – nun setzte allenthalben die Sogkraft des erneuerten Katholizismus ein. Die Bevölkerung beugte sich zumeist dem Druck; aber unter den besonderen Bedingungen Oberösterreichs kam es 1626 zum Aufstand.

Schon 1620 hatten die oberösterreichischen Stände für Friedrich V. von der Pfalz, den Winterkönig, Partei ergriffen. Damals ließ Maximilian I. von Bayern das Land ebenso wie die Oberpfalz als Faustpfand für die von ihm aufgewendeten Kriegskosten besetzen. Er konnte in beiden Ländern Steuern einziehen, in Oberösterreich auch im Namen Ferdinands II. als des eigentlichen Landesherrn. Maximilian ging es vor allem um seine Kriegsfinanzen, d. h. um den ungestörten Einzug der Steuern, während Ferdinand II. auch in Oberösterreich Absolutismus und Katholizismus durchsetzen wollte, wobei der bayerischen Besatzungsregierung unter dem Konvertiten Adam von Herberstorff eine entscheidende Rolle zufiel. 1624 kam es zur Ausweisung der lutherischen Prädikanten. Katholische Gläubiger konnten durch Zwangsvollstreckung ihre evangelischen Schuldner zur Preisgabe des Eigentums zwingen, die säkularisierten Kirchengüter sollten restituiert werden. Schließlich sollten sich alle Einwohner außer dem Adel bis Ostern 1626 entscheiden, ob sie emigrieren oder katholisch werden wollten. Die Situation wurde verschärft durch eine Aktion der römischen Congregatio de Propaganda fide, der Institution zur Verbreitung des katholischen Glaubens, die Papst Gregor XV. 1627 angesichts der katholischen Siege im Reich ins Leben gerufen hatte. Sie entsandte italienische Priester auch nach Oberösterreich, wohl nicht so sehr, „,weil sie weniger dem Trunk ergeben' waren als die Deutschen, sondern wegen des Mangels an einheimischen Geistlichen". Der Einsatz der Fremden aber ließ die Opposition im Lande emporflammen.

Der bayerische Statthalter Herberstorff, von Ferdinand II. zum Durchgreifen gedrängt, verdächtigte die lokalen Dorfnotabeln, ließ sie um ihr Leben würfeln und dann 16 von ihnen hinrichten. Daraufhin inszenierte eine Gruppe von Evangelischen den Aufstand, der in dem Bauern Stefan Fadinger einen begabten Führer fand, der – im Gegensatz zu den meisten Bauernrevolten – eine strategische Konzeption entwickelte und die Hauptstadt Linz angriff. Die drückenden Landesbeschwerden verschafften ihm einen regen Zulauf. Im Mai 1626 brachte Fadinger Herberstorff eine schwere Niederlage bei und belagerte Linz. Das Ausbleiben der erhofften Hilfe durch die protestantischen Mächte, vor allem der Tod Fadingers im Juni führten zu schneller Resignation, dennoch mußte ein bayerisches Heer von 12000 Mann in Oberösterreich einmarschieren, das in mehreren Schlachten die Rebellion niederschlug. Es kam zu zahlreichen Hinrichtungen. Der Aufstand aber hatte erneut gezeigt, daß der protestantische Adel zögerte, zusammen mit aufrührerischen Bauern für den gemeinsamen Glauben einzutreten. Oberösterreich war allerdings längst noch nicht zur Ruhe gekommen.

Obgleich die italienischen Geistlichen verschwanden, wirkte der gescheiterte Aufstand auf die übrigen oppositionellen Kräfte in den Erblanden entmutigend. Profitiert haben die siegreichen Bayern: Sie gaben Oberösterreich zurück – ihre Anwesenheit im „Landl" war für das Prestige des Kaisers nur schwer erträglich gewesen. Dafür konnte nun Kurfürst Maximilian I. für 10 Millionen Taler die Oberpfalz erwerben, d.h. für den Verzicht auf Eintreibung der Kriegsschulden des Kaisers. Damit aber wurde die Kurpfalz endgültig ins Abseits gedrängt – Kurfürst Maximilian sollte auf seinen Erfolgen beharren, zeigte sich wenig kompromißbereit gegenüber seinen Pfälzer Vettern und verlängerte damit den Krieg ganz erheblich.

Ferdinand II. hatte die entschiedene Konfessionalisierung zwar in seinen österreichisch-böhmischen Erblanden, nicht aber in Ungarn durchsetzen können. Die Türken waren durch ihre Auseinandersetzungen mit den Persern gebunden, jedoch stark genug, die reformierten Fürsten von Siebenbürgen, Gabriel Bethlen und – nach 1629 – Georg I. Rákóczi, zu stützen. Beide bildeten einen wichtigen Rückhalt für die ungarische Adelsposition gegen die Habsburger. Der Kaiser hatte seinen Rückhalt in der erstarkenden Alten Kirche, der in dem Graner (Esztergomer) Erzbischof Peter Pázmány, einem Jesuiten, ein wort- und schriftgewaltiger Vorkämpfer erwuchs. Pázmány verstand es, auch das Volk anzusprechen. Ferner gab es eine habsburgtreue Adelsgruppe – der Palatin, der institutionelle Mittler zwischen Ständen und König, Nikolaus Esterházy, aus einer sozial aufgestiegenen Familie, setzte ganz auf die Loyalität zur Dynastie. Aber der ungarische Adel war am Hof kaum vertreten, die Stände dem Domestizierungsprozeß nach 1620 nicht unterworfen worden: Der Protestantismus besaß in Ungarn, dessen Grenzen nur wenig vor den Toren Wiens lagen, ein Refugium.

Robert Evans hat darauf hingewiesen, daß bei einem Rückzug der Habsburger aus Deutschland die Unterwerfung und Integration Ungarns denkbar gewesen wäre. Dies aber stand den Herrschervorstellungen Ferdinands II. entgegen. Für ihn war die Kaiserkrone die höchste seiner Würden – dies war auch keine Chimäre; die große Bedeutung seiner Kaiserwahl von 1619 für seine Behauptung in Böhmen war ihm in lebendiger Erinnerung. Der Kaiser übertrug sein katholisches Herrscherverständnis aber auch auf seine kaiserliche Würde – und es war klar, daß vor allem die Frage des säkularisierten Kirchengutes zur Entscheidung stand, die ja eine entscheidende Ursache für den Ausbruch des Krieges gewesen war. Einer konsequenten Auslegung des Augsburger Religionsfriedens im katholischen Sinne bot sich ein beträchtlicher juristischer Spielraum. Die andere Frage, die sich jedoch stellte, war, ob der Kaiser Erfolgschancen hatte, wenn er ein so hochsensibles Gebilde wie den Reichsverband mit gleichzeitigen monarchischen und konfessionellen Forderungen konfrontierte. Eine derartige Politik konnte nicht nur die Loyalität gemäßigter Lutheraner in Frage stellen, die Kaiser Ferdinand II. seine Erfolge ermöglicht hatten – sie rüttelte am Selbstverständnis des gesamten Reichsfürstenstandes.

Maximilian I. von Bayern machte in der Oberpfalz vor, wie man einen Rekatholisierungsprozeß durchführte – er setzte mit bemerkenswerter, aber geduldiger Konsequenz und Härte schrittweise die Katholisierung durch. Zunächst ging er gegen die Reformierten vor, weil ihre Konfession durch den Religionsfrieden nicht gedeckt sei: Sukzessive ersetzte er die alten pfälzischen Beamten durch katholische Bayern. Auch hier waren die Jesuiten die Vorreiter der Katholisierung – 1626 kam es zur Ausweisung der reformierten, 1628 der lutherischen Prädikanten. Die Kombination von administrativem Druck und Werbekraft eines erneuerten Katholizismus hatte eine beträchtliche Ausstrahlung – übrigens verließ damals ein Großteil der alten lutherischen Oberschicht das Land und zog das Exil einer Konversion vor, während bei einer breiten Bevölkerung die Bestrebungen des Herzogs und der Jesuiten schließlich zum Erfolg kamen. Es ist ganz offensichtlich, daß die spezifischen Wirkungen des Konfessionalisierungsprozesses noch differenzierender Untersuchungen bedürfen.

In der rechtsrheinischen Unterpfalz operierten die Bayern ähnlich – hier im Zusammenspiel mit den rheinischen Bischöfen, allen voran dem Speyerer Oberhirten Philipp Christoph von Soetern, seit 1623 auch Erzbischof und Kurfürst von Trier, der vor 1620 unter einem besonders harten Druck der Pfalz gestanden hatte und 1621 sogar von ihr angegriffen worden war. Bayern und Spanier haben 1623/25 die reformierten Prädikanten ausgewiesen. Ähnlich ging Kurmainz in Teilen der Grafschaft Nassau vor. Aber bald zeigten sich die Schwierigkeiten: Die Katholisierung war offenkundig vielfach nur oberflächlich; es fehlte an Pfarrern, auch das starke Engagement der Jesuiten und Kapuziner konnte diesen Mangel nicht ausgleichen. Überdies haben die Kriegsinteressen der Spanier und die staatskirchlichen Tendenzen der Bayern immer wieder zu Kollisionen mit den rheinischen kirchlichen Ordinarien geführt. Maximilians I. Pläne eines Ausbaus Heidelbergs zu einem katholischen Zentrum am Mittelrhein unter jesuitischer Stabführung stieß auf die Opposition der Bischöfe.

Die Politik Ferdinands und Maximilians alarmierte zwar die protestantischen Fürsten, aber diese Politik war, trotz der Beschwichtigungsversuche Kursachsens im Falle Böhmens, doch durch das Reichsrecht, durch den Religionsbann des Landesherrn einigermaßen gedeckt – bewegte sich also grundsätzlich noch auf dem Boden des Augsburger Religionsfriedens. Sachsen – so sehr es der Kurübertragung an Bayern widerstrebte – sah keinen Grund, seine Loyalität zum Reichsoberhaupt in Frage zu stellen; es unterstützte weiterhin die Aktionen des Ligaheeres in Norddeutschland; erneut wurde die traditionelle kursächsische Politik eines Brückenschlages zu den Katholiken demonstriert. Hier zeigte sich aber eine völlige Fehleinschätzung der Absichten Ferdinands II., der seine erbländische und seine Reichspolitik nicht strikt differenzierte, wie es die kaisertreuen lutherischen Reichsstände taten. Für den Habsburger war die Verteidigung des wahren Glaubens im Reich und in den Erblanden eine Einheit, wenngleich es in Wien an warnenden Stimmen nicht fehlte.

Der Kaiser hatte besonderen Auftrieb für seine aktive Reichspolitik durch die Aufstellung einer eigenen kaiserlichen Armee durch Wallenstein 1625 erhalten, einen der großen Gewinner des Umsturzes in Böhmen, der seit dem gleichen Jahr für sein Fürstentum Friedland (seit 1623) den Herzogstitel führte. Zunächst waren es die Wünsche Maximilians I. und der Liga nach Verstärkung in Norddeutschland, die abgewehrte Bedrohung Gabriel Bethlens von Siebenbürgen und schließlich die Bodengewinne der spanischen Truppen im niederländischen Krieg, die Ferdinand II. seine weittragenden Entscheidungen treffen ließen.

1625 hatte der spanische General Spinola überraschend die Festung Breda eingenommen, einen alten oranischen Besitz, und nun die Generalstaaten kräftig unter Druck gesetzt – spanische Truppen rückten in Garnisonen im Vorfeld der niederländischen Grenzen ein; die Großmacht Spanien schien vor einem abermaligen Aufschwung zu stehen. Ihre neue Politik unter dem Conde-Duque Olivares, der den alten Glanz Spaniens erneuern wollte, setzte auch zu einer umfassenden Blockadepolitik an, die den Warenhandel mit den Niederlanden völlig unterbinden sollte. Dafür wurde in Sevilla mit der Almirantezgo (Admiralität) eine neue Behörde geschaffen. Während die kaiserlich-ligistischen Truppen in Norddeutschland vordrangen, kamen für die nordwestdeutschen Stände zu den spanischen Truppendurchzügen noch schwere Schädigungen durch den Wirtschaftskrieg. Nicht nur die Hansestädte, sondern auch die katholischen Bistümer des Kurfürsten von Köln wurden dadurch schwer mitgenommen. Unter den katholischen Ständen begann jedoch nicht nur die Stimmung gegen die Spanier kritischer zu werden, sondern auch gegen den Kaiser, der sie in ihrer Bedrängnis im Stich ließ.

Aber die Wiener Hofburg hatte zu viele Probleme zu lösen. Aus dem Gefühl der Stärke heraus gingen Ferdinand II. und der Wiener Reichshofrat Schritt für Schritt weiter. Im Streit um das Erbe von Hessen-Marburg entschied Wien fast ganz gegen den unruhigen Calvinisten Landgraf Moritz von Hessen-Kassel – sein Gegenspieler, der Lutheraner Ludwig V. von Hessen-Darmstadt, hatte sich planmäßig an den Kaiser und die Liga angelehnt und so den Kasseler ausmanövriert. Noch massiver und willkürlicher war das Vorgehen gegen die Herzöge von Mecklenburg, die man als Parteigänger Christians IV. von Dänemark absetzte. Aber kein konkurrierender Verwandter, wie im Reiche üblich, erhielt das Herzogtum, sondern der kaiserliche Generalissimus Albrecht von Wallenstein als Ersatz für seine Kriegskosten – ein Mann, der mit Mecklenburg noch nie etwas zu tun gehabt hatte, sondern als Fremdling und Katholik in das lutherische Herzogtum kam. Der Friedländer war bemüht, aus dem Provisorium ein Definitivum zu machen, bezog in Güstrow Residenz und begann zugleich mit der Reform des Herzogtums: Im absolutistischen Geiste schuf er modernere Behörden und drängte die mächtigen Stände zurück.

Angesichts der norddeutschen Machtentfaltung des Kaisers war der Anreiz sehr groß, die Säkularisation der norddeutschen Stifte wieder rückgängig zu machen. Zum Vorkämpfer dieser Bewegung wurde der Wittelsbacherspross Franz Wilhelm Graf Wartenberg, seit 1625 Bischof von Osnabrück, der der Alten Kirche und sich selbst die norddeutschen Positionen zurückzuerobern gedachte. Als Hauptziel hatte er sich Magdeburg ausgesucht, Sitz eines protestantisch gewordenen Erzbistums und zugleich eine sehr selbstbewußte Stadt, die ihre Autonomie verteidigte. Wartenberg aber wollte Erzbistum und Stadt gleichermaßen rekatholisieren.

Damit aber stellte sich in aller Schärfe wieder das alte Problem des Schicksals der säkularisierten Kirchengüter.

Auf dem Höhepunkt seines Sieges über Dänemark trat Ferdinand II. aus der Reserve hervor und stellte die konfessionelle Neuordnung Deutschlands und die Restitution der nach katholischer Auffassung widerrechtlich entzogenen Kirchengüter in Aussicht, als er 1627 einen Kurfürstentag nach Mühlhausen berief. Wien begann sich gefährlich weit vorzuwagen, doch wurde sein Vorgehen von der katholischen Seite eingefordert, was den Kaiser zu immer radikaleren Schritten trieb. Im Oktober 1628 war der Entwurf des Gesetzes fertig, das im Kern das spätere „Restitutionsedikt“ enthielt. Alle seit 1552 eingezogenen Kirchengüter sollten zurückgegeben, die geistlichen Fürsten im Reformationsrecht den weltlichen gleichgesetzt werden, womit die ohnehin problematische „Declaratio Ferdinandea“, die Aushilfe von 1555, endgültig obsolet wurde, die den Religionsbann der geistlichen Reichsfürsten eingeschränkt hatte. Man fügte dann auch noch die Acht gegen alle Nicht-Lutheraner – in enger Auslegung des Augsburger Religionsfriedens – hinzu.

Am 6. März 1629 erging aus kaiserlicher Machtvollkommenheit das Restitutionsedikt, das an die Substanz zahlreicher evangelisch gewordener Territorien rührte. Ein besonders krasses Beispiel war das Herzogtum Württemberg, das 14 Mönchs- und 36 Nonnenklöster hätte restituieren müssen. Ähnlich ging es anderen Staaten. Viele fürchteten überdies, daß das Restitutionsedikt nur ein erster Schritt zur Wiederherstellung des gesamten säkularisierten Kirchenguts sein könnte. Entsprechende Forderungen deuteten sich schon im Traktat „Pacis compositio“ des Jesuiten Paul Laymann ab. Die Truppen des Kaisers und der Liga schienen in der Lage, dem Restitutionsedikt Nachdruck zu verleihen.

Allerdings zeigte die Belagerung von Stralsund in diesen Wochen die Grenzen der kaiserlichen Macht. Es gehörte zu jenen Städten, die eine relative Unabhängigkeit vom Landesherrn, hier dem Herzog von Pommern, durchgesetzt hatten – und war nicht gewillt, sich bedingungslos den Ansprüchen Wallensteins zu unterwerfen. Gegen den Befehl ihres Herzogs versperrte die Stadt ihre Mauern dem kaiserlichen Generalissimus und fand Rückhalt an Dänemark und Schweden, die – im Falle Schwedens in einem unerklärten Krieg – seit 1627 die Belagerten stützten. Wallenstein, berühmt für sein politisches Augenmaß und dem Kaiser damals noch durchaus treu, erkannte die Gefahr, die mit einer Überforderung der Protestanten drohte – er sah die Unpopularität seines Heeres in Holstein und fürchtete wohl auch um seine mecklenburgische Position. Nur mit einer beträchtlichen Verstärkung ließ sich die norddeutsche Stellung des Kaisers behaupten; dazu aber war Ferdinand II. nicht imstande – ein schlechtes Omen in einem Augenblick, als der Kaiser mit dem Restitutionsedikt den gesamten Reichsverband herausgefordert hatte.

Zugleich begann die Kontributionspolitik Wallensteins zugunsten seines Heeres, Folge der kaiserlichen Finanzschwäche, Klagen der deutschen Fürsten zu provozieren. Der zweite herausragende Zug des Kurfürstentages zu Mühlhausen 1627 war die massive Kritik an Wallenstein, der nicht nur unqualifizierte Offiziere einstelle, sondern auch das Land aussauge. Man drängte auf eine Verminderung der kaiserlichen Truppen und eine stärkere Beteiligung der territorialen Institutionen an den Kriegskontributionen des Friedländers – der deutsche Territorialstaat meldete sich unüberhörbar gegen die Forderungen des Kaisers und die Ausbeutungspolitik seines Heeres zu Wort. Diese Kritik zielte nicht nur auf eine Bändigung Wallensteins, sondern auch auf eine Reduktion des kaiserlichen Einflusses im Reich. Ferdinand, der diese Forderung ignorierte, übersah die gefährlichen Zeichen. So forderte selbst der Mainzer Erzbischof Anselm Casimir Wambolt von Umstatt, Sohn eines Konvertiten und ein entschiedener Verfechter der Katholisierung, im Dezember 1629 auf einem Ligatag zu Mergentheim die Abberufung Wallensteins und setzte für den Juli 1630 einen Kurfürstentag in Regensburg an, der das Problem diskutieren sollte.

Zugleich aber veränderte sich die europäische Mächtekonstellation wieder zuungunsten der Habsburger. Der neue Papst Urban VIII. aus dem Hause Barberini (seit 1623) hielt Distanz zu Ferdinand II. Der erschöpfte Polenkönig Siegmund III. Wasa schloß 1629 einen sechsjährigen Waffenstillstand mit Schweden; Ludwig XIII. von Frankreich hatte neue Handlungsfreiheit gewonnen. Die Republik der Vereinigten Niederlande konnte 1628 die spanische Silberflotte kapern, und 1629 gelang dem Stiefbruder und Nachfolger des Moritz von Oranien, dem neuen Erbstatthalter und Generalkapitän Friedrich Heinrich, eine Kriegswende in den Niederlanden: Herzogenbusch (Hertogenbosch) wurde gewonnen, und die Niederländer vertrieben die spanischen Truppen aus Nordwestdeutschland, die ihre Positionen dem Ligaheer unter Tilly überlassen mußten. Dies war eine Folge gemeinsamer kaiserlich-spanischer Aktionen in Norddeutschland. Der neue leitende spanische Staatsmann Olivares, der auf seine Reformen setzte, wollte mit Hilfe des Kaisers den Niederländern eine günstige Friedensregelung abzwingen – er war klug genug, an einen vollständigen Sieg nicht mehr zu glauben. Jedenfalls sollte Ferdinand II. in den Niederländischen Krieg verwickelt werden, um die Einheit des Hauses Österreich und die kaiserliche Hilfe zu verbinden. Zur Gewinnung günstiger Häfen sollten die Niederländer aus Ostfriesland vertrieben werden. Nun aber zeigte sich erneut die fortbestehende Abhängigkeit Ferdinands II. von seinem Verbündeten, Kurfürst Maximilian von Bayern, der die Liga keineswegs in einen unkontrollierbaren Krieg im Nordwesten des Reiches und in den Niederlanden verwickelt sehen wollte. Das Konzept, die nordischen Pläne Olivares' mit Hilfe Wallensteins weiter zu verfolgen, scheiterte jedoch 1628 mit der Aufgabe der Belagerung Stralsunds. Die Situation Spaniens begann sich radikal zu verschlechtern.

Als 1627 nach dem Tode des Herzogs Vinzenz II. Gonzaga von Mantua der französische Herzog von Nevers dessen Erbe beanspruchte, wollte Olivares verhindern, daß Frankreich dort einen Stützpunkt gewann, der die spanische Position in Mailand bedrohte. Aber der Angriff des alten Don Gonzalo de Cordoba auf die Schlüsselfestung Casale scheiterte – es kam zu einer langen Belagerung, die den Abzug von Truppen aus den Niederlanden erforderlich machte. Gegen die Mahnungen von Olivares übermittelte man den Generalstaaten ein Waffenstillstandsangebot, um den Krieg in Italien ungehindert fortsetzen zu können. Damit aber wurde nur der Kriegswille der Generalstaaten gesteigert – eine schwere Wirtschaftskrise lähmte die Spanier zusätzlich. 1628 fiel die Hugenottenfestung La Rochelle, was die französische Politik entlastete – schon im Frühherbst 1629 überschritt König Ludwig XIII. die Alpen und zwang Don Gonzalo zur Aufgabe der Belagerung von Casale. Die spanisch-französische Konfrontation war da.

Madrid rief nun Wien um Hilfe an – Wallenstein mußte widerwillig seine norddeutschen Pläne und damit die Ansätze einer maritimen kaiserlichen Politik hintansetzen und Truppen nach Mantua entsenden, um dort eine entscheidende Wende herbeizuführen. Am Ende aber behauptete der Herzog von Nevers Mantua, und Olivares war zutiefst enttäuscht über die Wiener Politik – auch Spanien wurde erfaßt von der heraufziehenden Gezeitenwende des Krieges. Immer stärker erwies sich, daß seine wirtschaftliche Kraft seinen Großmachtansprüchen nicht mehr angemessen war und daß es ihm zunehmend schwerer fiel, den kostspieligen Krieg durchzustehen.

Der Abzug der Truppenteile Wallensteins aus Nordwestdeutschland hatte das Scheitern der dortigen kaiserlichen Machtansprüche deutlich gemacht. Aber Ferdinand II. regierte weiter mit bloßen Dekreten; allenfalls suchte er seine Politik durch den Konsens von Kurfürstentagen zu legitimieren, wo er sich nach der Übertragung der Kurwürde an Bayern einer katholischen Mehrheit sicher wußte. Es schien sich das System einer auf den Kurfürstentag abgestützten kaiserlichen Monarchie herauszubilden. Aber der Kaiser hatte seine Möglichkeiten überschätzt. Seine massiv konfessionell-autokratische Politik mobilisierte die Gegenkräfte.

Schauplatz einer ersten Kraftprobe war Regensburg, wo auf dem von Mainz einberufenen neuerlichen Kurfürstentag die Bedenken des Reiches gegen den Kaiser diskutiert werden sollten. Neben den Kurfürsten waren auch die wichtigsten europäischen Mächte durch Gesandte vertreten. Daß die beiden evangelischen Kurfürsten Sachsen und Brandenburg aus Verärgerung über das Restitutionsedikt nicht persönlich erschienen waren, bedeutete ein schlechtes Omen. Ferdinand II. plante – und hier zeigte sich, daß die Spielregeln einer Wahlmonarchie sein geplantes autokratisches System blockierten – die Thronfolge seines gleichnamigen Sohnes im Reich zu sichern; zugleich wollte er die Unterstützung der Kurfürsten für die Spanier und gegen eine drohende Intervention der Franzosen und Schweden. Die Kurfürsten aber präsentierten im Gegenzug die Forderung nach der Entlassung Wallensteins. Dieser, schon von Krankheit gezeichnet, müde und resigniert, befand sich als Kriegsunternehmer in finanziellen Schwierigkeiten. Er hatte es verstanden, seine Kriegführung, seine Herrschaftsbildung durch ein ausgeprägtes, bereits merkantilistisch eingefärbtes Unternehmertum zunächst erfolgreich zu unterbauen. Als ihn der Kaiser tatsächlich am 13. August 1630 entließ, zog sich Wallenstein ohne Schwierigkeiten in sein Herzogtum Friedland in Nordböhmen zurück, das er zu einem Musterfürstentum ausgebaut hatte. Sein reformierter Financier Hans de Witte jedoch nahm sich das Leben. Tilly, der das Ligaheer befehligte, sollte drei Viertel der kaiserlichen Armee abdanken, der Rest sollte mit Tillys Verbänden vereinigt werden. Aber auch Tilly erhielt nicht die nötigen Mittel dazu, das Werk wurde nicht abgeschlossen, und die Situation spitzte sich weiter zu.

Dem Kaiser nützte sein Entgegenkommen, die Preisgabe Wallensteins, nichts – er bekam nun die Quittung für seine autokratische Reichspolitik und mußte auch sonst nachgeben, erhielt jedoch weder die Wahl seines Sohnes Ferdinand noch die Hilfe der Liga für die bedrängten spanischen Truppen in den Niederlanden. Die Immobilität des Kaisers, der eisern am Wortlaut des Restitutionsedikts festhielt, weil sein Gewissensrat Lamormaini dieses zur Gewissenssache erhoben hatte, verschärfte die Auswirkungen dieser Niederlage. Der zwar entschieden katholische, aber politisch elastischere Maximilian von Bayern hatte zu leichtem Entgegenkommen geraten. Mit seiner Starrheit mobilisierte Ferdinand II. die Protestanten, die bislang die kaiserliche Sache unterstützt hatten und plötzlich Verständnis für die Pfälzer Position zeigten, allen voran die Kurfürsten von Sachsen und Brandenburg. Durch die Entlassung Wallensteins aber hatte sich Ferdinand II. selbst der Machtmittel beraubt, seinen unbeugsamen Standpunkt durchzusetzen. Es zeigte sich in Regensburg, wie labil die kaiserliche Machtstellung letztlich doch war; auch das katholische Bayern war aus seinem reichsständischen Interesse an ihrer Stützung nicht interessiert. Da half auch die Einnahme Mantuas durch die kaiserlichen Truppen und die Gefangennahme des Herzogs von Nevers am 18. Juli nichts mehr. Dem anschließenden Vertrag vom 13. Oktober, der Ludwig XIII. politisch neutralisieren sollte, verweigerte der Pariser Hof die Zustimmung; sogar die Position Richelieus war einen Moment gefährdet. Geoffrey Parker hat darauf hingewiesen, daß der vermeintliche Ausgleich mit Frankreich und seine Rücknahme die kaiserliche Politik geradezu ins Verderben lockte: Unter dem Eindruck des Regensburger Vertrages hatte Ferdinand II. geglaubt, im Reich freie Hand zu haben für eine harte Durchsetzung des Restitutionsedikts, mehr noch, er glaubte das Risiko eingehen zu können, es allein – ohne Abstimmung mit den norddeutschen Kurfürsten – mit den eben in Pommern gelandeten Schweden aufzunehmen.

Das bislang kaisertreue Kursachsen aber war nun doch durch die Entwicklung abgeschreckt – seine Politik hatte sich nicht ausgezahlt; es hatte vielmehr seine Schlüsselposition für Norddeutschland verloren, und es begann die Konsequenzen seiner bisherigen Kaisertreue deutlich zu sehen; auch der reformierte Kurfürst von Brandenburg, der unter der Regie des rheinischen Katholiken Graf Adam von Schwarzenberg aus ursprünglich fränkischer Familie seit 1626 ins kaiserliche Lager geschwenkt war, mußte die Rücksichtslosigkeit der kaiserlichen Heere beklagen. Bereits im April trafen sich der lutherische Kurfürst Johann Georg I. von Sachsen und der Reformierte Georg Wilhelm von Brandenburg, die sich eigentlich wenig schätzten, in Annaberg im Erzgebirge, um ihre Politik aufeinander abzustimmen. Aber noch war Sachsen nicht bereit, sich offen vom Kaiser zu distanzieren. Im September, bei einem weiteren Treffen im Schloß Zabeltitz, war der Sachse gegenüber den brandenburgischen Vorschlägen sehr viel offener – die schwedische Landung schien den beiden evangelischen Kurfürsten eine Schiedsrichterrolle zwischen dem Kaiser und dem nordischen König zuzuweisen. Schon hier zeigte sich ganz deutlich, wie sehr das kaiserliche Übergewicht im Reich geschwächt worden war – ein Freiraum tat sich auf, in dem beide Kurfürsten eine Chance witterten, eine dritte Partei zu bilden.

So kam es im Februar 1631 zum Leipziger Konvent der protestantischen Reichsstände, der recht gut besucht war. Nun erwies sich vollends die verheerende Wirkung des Restitutionsedikts – selbst Matthias Hoë von Hoënegg, der lutherische Hofprediger Johann Georgs von Sachsen, ein notorischer Calvinistenfresser, warb offen für Maßnahmen gegen das Restitutionsedikt. Die kursächsischen und kurbrandenburgischen Theologen, die sich lange bekämpft hatten, fanden sich nun bereit, ihre Gegensätze zu begraben. Kursachsen gab seine letzten Reserven allerdings erst auf, als die Brandenburger auf ein evangelisches Verteidigungsbündnis drängten – man betonte, daß sich die Allianz gegen niemanden, auch nicht gegen den Kaiser, richten sollte. Im Leipziger Manifest proklamierten die

Fürsten am 12. April 1631 den „Leipziger Bund“, der ein Heer von 40000 Söldnern anwerben sollte – dabei berief man sich auf die einzelnen Reichskreise, während unter Federführung des sächsischen Kurfürsten ein Ausschuß die Oberleitung übernehmen sollte. Trotz aller Beteuerungen sprach der Leipziger Bund jedoch eine deutliche antikaiserliche Sprache – zwischen dem drohenden kaiserlichen Übergewicht und der schwedischen Intervention sollte noch einmal der Geist der Reichsverfassung hochgehalten werden.

Aber auch Maximilian von Bayern dachte daran, sich von dem drohenden Übergewicht des Kaisers zu lösen, das für ihn wegen der Lage seines Territoriums besonders drückend war. Mit dem Erwerb der Kurwürde und der Oberpfalz war der Bayer saturiert, ein Fortgang des Krieges konnte nur das Erworbene gefährden, zumal sich die Pfalzfrage immer mehr als ein Haupthindernis auf dem Wege zu einem Frieden erwies und Spanien auch bereit schien, notfalls bayerische Interessen preiszugeben. Maximilian I. war für das Restitutionsedikt, hatte aber geschickt dem Kaiser den „Schwarzen Peter“ zugeschoben. Deshalb suchte Bayern, um seinen Handlungsspielraum zu erhöhen, Anlehnung an Frankreich, das sich jetzt allerdings ebensowenig vor den bayerischen Wagen spannen lassen wollte, wie dies einst Heinrich IV. bei der Union zu tun bereit gewesen war. Zu der drohenden kaiserlichen Suprematie kam nun auch noch die Furcht vor den Schweden; auch angesichts des schwedisch-französischen Vertrages von Bärwalde war eine bayerische Absicherung dringend geboten. Der schlaue Wittelsbacher suchte einerseits die Kurwürde festzuschreiben, sich aber andererseits mit einer Klausel, die Kaiser und Reich vom Bündnis ausnahm, abzusichern. Richelieu gab nach längerem Zögern nach, weil er sich von der Signalwirkung des bayerischen Vertrags auf die katholischen Stände im Reich einiges versprach. Auch er steuerte frühzeitig eine Schiedsrichterrolle im Reichsverband an. Denn für ihn bedeutete der Vertrag von Fontainebleau vom Mai 1631 ein Gegengewicht gegen die schwedische Allianz. Der Kaiser war durch die Verträge in Leipzig und Fontainebleau bereits diplomatisch seiner beherrschenden Position beraubt. Das Restitutionsedikt hatte für die Wiener Politik katastrophale Folgen gehabt – der Kaiser war isoliert, als die schwedische Intervention die deutsche Situation grundlegend veränderte.

Ferdinand II. war also mit seinen monarchischen Plänen im Reich bereits vor dem Vormarsch Gustav Adolfs gescheitert. Er hatte zwar mit dem Aufstieg Wallensteins seine Ansprüche erstaunlich schnell militärisch durchsetzen können, aber selbst auf dem Höhepunkt der kaiserlichen Stellung zeigte sich, daß sich die überkommenen Mechanismen der Reichsverfassung nur schwer außer Kraft setzen ließen. Von seiner territorialen Basis vom Südosten her agierend, hatte Ferdinand II. seine Möglichkeiten im Norden auf das äußerste angespannt – dies galt freilich auch für Bayern und das Ligaheer, die jedoch durch die kaiserliche Politik wieder entlastet wurden. 1630 konnte Bayern noch einmal die hervorragende Stellung ausspielen, die es sich unter Maximilian I. erworben hatte. Sosehr der Bayernherzog die Ausbreitung der katholischen Kirche förderte, so sehr suchte er dabei die Balance im Reich zu wahren. Auch Kursachsen und Kurbrandenburg stellten sich nun gegen eine allzu starke kaiserliche Stellung.

Für Ferdinand II. aber erwies sich seit dem Umschwung des Kriegsgeschehens in den Niederlanden die spanische Partnerschaft zunehmend als schwere Belastung. Er geriet überdies in das Spannungsfeld zwischen Madrid und München. Letzteres präsentierte sich zunehmend als Sprachrohr reichsrechtlicher Libertät, während Spanien immer mehr bereit war, die Kernpunkte der bayerischen Interessen einem Frieden zu opfern. Der Niedergang Spaniens zog auf der einen Seite kaiserliche Kräfte nach außen – doch auf der anderen führte er den Kaiser direkt in eine Konfrontation mit Frankreich. Zwar konnte Ferdinand II. gegenüber dem schwächer werdenden Spanien die ehrwürdigen Reichsrechte in Italien noch einmal mobilisieren, doch die Gegnerschaft Frankreichs war dafür ein hoher Preis. Hatten die raschen Siege der kaiserlich-katholischen Waffen die drohende Europäisierung des deutschen Krieges auf ein Jahrzehnt hinausgeschoben, so wurde sie nun durch die engen Verbindungen der Casa de Austria geradezu herbeigeführt – aber zunächst war es nicht der habsburgisch-bourbonische Gegensatz, sondern der kaiserliche Vorstoß an die Ostsee, der eine auswärtige Macht ins Reich führte.

3. Der europäische Krieg

a) Der schwedische Krieg

Die schwedische Intervention veränderte die Situation im Reich vollständig. Gustav Adolf hatte sie publizistisch vorbereitet, als er im Juli 1630 die Küste Pommerns bei Peenemünde betrat. In einer Deduktion wurden alle antischwedischen Handlungen des Kaisers ausführlich erörtert. Sie gipfelte in dem Vorwurf, der Kaiser habe die Polen gegen Schweden unterstützt und er wolle mit seinen maritimen Plänen eine Ostseeherrschaft aufrichten, die schwedische Interessen zutiefst berührte. Die Unterdrückung der deutschen Protestanten wurde dagegen nur am Rande erwähnt.

Über Gustav Adolfs Pläne ist viel spekuliert worden. In der Tat dürfte der Kern des Unternehmens die Sicherung der Gegenküste vor der bedrohlich starken kaiserlichen Macht gewesen sein – der schwedische Reichskanzler Axel Oxenstjerna hat später allein die Behauptung des Status quo als Motiv genannt, an die sich die Religionsfrage anschloß. In der Tat mußte das Vordringen des Kaisers bzw. Wallensteins und Tillys in die norddeutschen Küstenräume den Anliegern der Ostsee Furcht einflößen und die Gegenkräfte mobilisieren. Der Dänenkönig hatte sich der drohend aufmarschierten Macht nicht gewachsen gezeigt. Demgegenüber hatte sich Wallenstein im Norden festgesetzt – 1629 stellte er sogar Siegmund III. von Polen, dem Todfeind Gustav Adolfs, 12000 Mann zur Verfügung. Die Unterstützung Polens durch den Kaiser mußte eine neue Konstellation heraufbeschwören; nach anfänglichen Erfolgen erlitt denn auch Gustav Adolf von Schweden am 27. Juni 1629 bei Stuhm eine schwere Niederlage.

Unter diesen Umständen war es für den Schwedenkönig günstig, daß der französische Gesandte Hercule de Charnacé einen sechsjährigen Waffenstillstand zwischen Polen und Schweden vermittelte und damit die Intervention Schwedens in den deutschen Krieg ermöglichte. Darauf war Gustav Adolf wohl vorbereitet. Die schwedische Armee, obgleich auf dem Landesdefensionsaufgebot beruhend, d.h. auf der Mobilisierung der Untertanen, war gut gerüstet, die innere Situation im Lande durch die Staatskunst des Königs und seines Kanzlers Oxenstjerna ruhig und stabil. Der schwedische Reichstag war geschickt in das königliche Herrschaftssystem eingebunden und stand hinter Gustav Adolf. Die Holz-, Eisen- und Kupferproduktion hatte durch den Krieg einen ausgesprochenen Boom bekommen. Aber man hatte doch kaum Rückhalt im Reich, abgesehen von dem Brückenkopf Stralsund und einzelnen depossedierten deutschen Fürsten, die zunächst alle ihre Ansprüche ins schwedische Lager trugen.

Dies alles bereitete dem Schwedenkönig erhebliche Schwierigkeiten; hinzu kam die Politik des Leipziger Bündnisses, das geeignet war, ihn aufzuhalten. Dagegen entschloß sich Richelieu unter dem Eindruck des kaiserlichen Erfolges in Mantua, die Schweden mit Subsidien zu unterstützen. Dies wurde am 23. Januar 1631 im Vertrag von Bärwalde festgelegt, in dem sich Schweden seinerseits verpflichtete, die Katholische Liga grundsätzlich als neutral zu betrachten, wenn sie nichts Feindliches gegen ihn unternehme, und die katholische Religion zu tolerieren. Da der König nicht wie erhofft sein Kriegsvolk aus den besetzten Gebieten finanzieren konnte, die bereits von anderen Truppen ausgesogen worden waren, war die französische Hilfe wichtig. Nach einigem Zögern riß Gustav Adolf das Gesetz des Handelns an sich und stieß gegen Brandenburg vor. Dagegen mißlang die Entsetzung der von Tilly belagerten Stadt Magdeburg, die am 20. Mai 1631 fiel. Tillys Truppen plünderten die Stadt, machten große Teile der 20000 Einwohner nieder – weitere starben in einem riesigen Brand, der nach der Eroberung ausbrach. Der Brand von Magdeburg aber war gleichsam eine lebendige Illustration aller Ängste, die die deutschen Protestanten vor dem Restitutionsedikt und vor der kaiserlich-katholischen Politik hatten. Unter dem Eindruck des Ereignisses schloß sich Kurfürst Georg Wilhelm von Brandenburg am 21. Juni 1631 nahezu bedingungslos den Schweden an. Damit geriet Tilly in eine schwierige Lage. Als er nach der Ablehnung des Durchmarschrechts durch Kurfürst Johann Georg von Sachsen dieses gewaltsam erzwang, schloß sich auch der sächsische Kurfürst mit der ganzen Armee des Leipziger Bündnisses den Schweden an. Die zahlenmäßig überlegenen neuen Verbündeten zerschlugen am 17. September 1631 bei Breitenfeld nahe Leipzig die gesamte Armee Tillys. Gustav Adolf siegte dank der besseren Taktik und der größeren Feuerkraft über den bayerischen Feldherrn, der allerdings den Zenit seines Könnens bereits überschritten hatte.

Breitenfeld war eine echte Wende des Krieges. Der Kaiser hatte das Heer Tillys verloren, die erste schwere Niederlage erlitten – nun trug der Schwedenkönig seine Offensive ins Innere des Reiches. Die Dynamik der schwedischen Kriegführung konnte sich entfalten und zugleich eine bemerkenswerte psychologische Wirkung erzielen; der Glaube an die Unbesiegbarkeit der schwedischen Macht stellte bald einen wichtigen Faktor im politischen Spiel des Reiches dar.

Gustav Adolf nützte den gewonnenen Vorteil aus, obgleich er auf den Erfolg nicht vorbereitet war. Er verzichtete auf eine unmittelbare Verfolgung Tillys, die wohl zu der endgültigen Vernichtung von dessen Heer geführt hätte. Der König marschierte vielmehr in ein vom Krieg verschontes Gebiet, in die geistlichen Staaten an Rhein und Main und ihre Umgebung und nahm dort Winterquartiere – auch dies eine bemerkenswerte Demonstration. Bei ihm hielt sich nun auch der exilierte Kurfürst Friedrich V. von der Pfalz auf. Die Sachsen fielen über Schlesien in das ungeschützte Böhmen ein und nahmen am 15. November 1631 Prag – daran wird deutlich, was ein Vorstoß ins Herz der kaiserlichen Macht vermocht hätte. Der Schlag für die kaiserliche Reputation allerdings war schlimm genug – die geistlichen Herren im Herzen des Reiches flüchteten; ein Frankfurter Konvent, einst zum Zusammenschluß von Katholiken und Protestanten geplant, verlief ergebnislos.

Freilich hatte auch Gustav Adolf Probleme, evangelische Reichsstände zu mobilisieren, die nach den Erfahrungen der vergangenen Jahre den Konflikt mit dem Kaiser scheuten. Aber rücksichtslos zwang er sie in die schwedische Koalition, sobald seine Truppen präsent waren – und die Kriegslasten, die er auferlegte, waren nicht gering. Hinzu kamen die eigenmächtigen Erpressungen der schwedischen Truppen. Selbst Georg II. von Hessen-Darmstadt, dessen Vater Ludwig V. einer der treuesten kaiserlichen Parteigänger gewesen war, konnte schließlich nicht umhin, den Schweden Neutralität zuzusagen.

Aber noch standen kaiserliche Truppen in Nordwestdeutschland, die den Nachschublinien des Königs gefährlich werden konnten. Als Tilly die schwedischen Garnisonen aus dem Bistum Bamberg vertrieb, machte er damit für Gustav Adolf die Verpflichtungen des Vertrages von Bärwalde obsolet, die Liga zu schonen – sogleich riß der Schwedenkönig das Gesetz des Handelns an sich und ließ alle Versuche Maximilians von Bayern scheitern, sich durch Neutralitätsverhandlungen aus der großen Gefahr zu winden. Gustav Adolf stieß mit 37000 Mann gegen Bayern vor und erzwang am 15. April 1632 gegen den unterlegenen Tilly bei Rain den Lechübergang. Der Ligafeldherr erlag seinen Wunden. Plündernd rückte die schwedische Armee in Bayern ein – Gustav Adolf und der Winterkönig zogen am 17. Mai 1632 demonstrativ in München ein, wo die Schweden die Sammlungen des Kurfürsten ausraubten. Über den spektakulären Fall der bayerischen Landeshauptstadt konnte auch nicht hinwegtrösten, daß die Landesfestung Ingolstadt unerobert blieb. Maximilian von Bayern schien auf den Trümmern seiner Politik zu stehen – der einst mächtigste Fürst des Reiches konnte für drei Jahre nicht in seine Hauptstadt zurückkehren. Nach der Abdankung der Wallensteinschen Armee war nun das Ligaheer vernichtet. Gleichzeitig drangen die Truppen der Generalstaaten siegreich gegen die Spanier vor, worauf diese ihre Reserven vom mittleren Rhein abziehen mußten – trotzdem gelang den Niederländern am 23. August 1632 die spektakuläre Eroberung von Maastricht, so daß an eine spanische Hilfeleistung für den bedrängten Kaiser nicht zu denken war. Vielmehr drohte der Zusammenbruch der spanischen Stellung auch im Süden. Selbst in Oberösterreich flammte ein neuer Bauernaufstand empor.

Die kaiserlich-katholische Sache war durch den schwedischen Siegeszug so desolat geworden, daß als Rettung nur noch die Rückberufung Wallensteins denkbar schien. Der Herzog von Friedland übernahm erneut das Oberkommando einer kaiserlichen Armee, die in drei Monaten angeworben wurde. Wallenstein konnte, da es sich um das letzte Aufgebot des Reichsoberhaupts handelte, nur vorsichtig manövrieren – eine schwere Niederlage hätte den endgültigen Zusammenbruch bedeutet. In dieser Situation gelang dem kaiserlichen Feldherrn noch einmal eine bedeutende militärische Leistung; er band im nassen Sommer 1632 Gustav Adolf in einem Manöverkrieg zwei Monate vor der Alten Veste bei Nürnberg, während gleichzeitig die Sachsen aus Böhmen und Schlesien herausmanövriert wurden. Auch sonst erwies sich die Strategie Wallensteins als erfolgreich – Gustav Adolf zog ab und überließ Wallenstein das Feld, der nun Sachsen angreifen konnte und am 1. November das wichtige Leipzig eroberte. Vorerst mit seinem Erfolg zufrieden, schickte er große Teile seiner Truppen in die Winterquartiere. Damit „beging Wallenstein den schwersten Fehler seiner Laufbahn“.[26] Denn drei Tage später, am 17. November, wurde seine geschwächte Hauptmacht überraschend von den Schweden angegriffen. In der blutigen Schlacht bei Lützen – unter den Toten war auch der rasch herbeigeeilte kaiserliche Generalleutnant Pappenheim – mußte Wallenstein das Schlachtfeld räumen und den Schweden Troß und Artillerie überlassen. Aber für ihren Sieg hatten die Schweden einen teuren Preis zahlen müssen; im Getümmel war Gustav Adolf gefallen, eine Nachricht, die lange Unglauben erregte. Wallenstein hatte zwar das Schlachtfeld räumen müssen, aber keine schwere Niederlage erlitten, und die schwedische Macht war durch den Tod Gustav Adolfs entscheidend geschwächt. Die Schweden verloren nicht nur ihre größte militärische

Begabung, sondern auch die Einheitlichkeit des politischen Handelns. Denn der politische Erbe Gustav Adolfs, sein Reichskanzler Axel Oxenstjerna, war zwar ein glänzender Politiker, aber er besaß nicht die Autorität eines gekrönten Hauptes. Schon von da war die Situation schwieriger geworden. Ein Gleichgewicht der Kräfte begann sich wieder herzustellen – und in diesem Spiel wuchs dem Retter der kaiserlichen Sache, dem Generalissimus Wallenstein, ein unverhältnismäßiges Gewicht zu.

Noch aber war die schwedische Führung stark. Die Offensive Gustav Adolfs hatte auch die spanische Position in der Unterpfalz geschleift – der Verlust der Pfalz und des Elsaß hatte die spanische Straße unterbrochen, was die bedrängte Lage der Flandernarmee weiter verschärfte. Im Sommer 1633 konnte der Herzog von Feria zwar den Weg durch das Elsaß wieder sichern, doch im Gegenzug ließ Kardinal Richelieu Lothringen durch französische Truppen besetzen – Frankreich war dem Krieg wieder einen Schritt näher getreten.

Das zentrale Problem aber war nun, wie Schweden den Verlust seines Königs ausglich. Wie schwer er wog, zeigte sich darin, daß nun die Eigenmächtigkeiten seiner deutschen Partner stärker hervortraten: Der reformierte Landgraf Wilhelm V. von Hessen-Kassel, dessen Vater Moritz von seinem Vetter, dem lutherischen Landgrafen Ludwig V. von Hessen-Darmstadt, mit Hilfe von Kaiser und Liga im Streit um das hessen-marburgische Erbe erbarmungslos in die Ecke getrieben und auf sein ursprüngliches Territorium reduziert worden war, operierte gegen Paderborn und Fulda und erfocht einen Sieg gegen die kaiserliche Armee. In Stockholm folgte dem toten König seine sechsjährige Tochter Christina; getragen vom Vertrauen des Reichsrats nahm nun der Reichskanzler Axel Oxenstjerna die deutsche Politik in seine Hand – damit aber trat nach dem militärischen Genie der Politiker auf die Bühne.

Der Reichskanzler kannte Deutschland gut, denn der Aristokrat hatte an den Universitäten Rostock, Wittenberg und Jena Recht und Theologie studiert – ein ausgeprägter Intellektueller, den Gustav Adolf 1611 bei seiner Thronbesteigung zum Reichskanzler gemacht hatte. In Polen hatte er als Generalgouverneur in den unterworfenen Gebieten gewirkt. Oxenstjerna war also durchaus auf seine Aufgabe vorbereitet, hatte er doch die Politik Gustav Adolfs mitgestaltet. Dennoch mußte auch eine Begabung wie er von der Vielfalt der Aufgaben überfordert werden: Haupt der schwedischen Regentschaft und Reichskanzler, der mit innerschwedischen Problemen bestürmt wurde, Leiter der aufzubauenden schwedischen Verwaltung im Reich und zudem auch noch verantwortlich für die schwedische Armee. Mit einer immensen Arbeitskraft, die sich in seiner Korrespondenz niederschlug, hat Oxenstjerna versucht, die Fülle der Aufgaben zu lösen.

Die Lage einer Regentschaftsregierung war stets problematisch. Oxenstjerna und Schweden hatten das Glück, daß der „Krieg um Smolensk"

(1632) mit Rußland dem alten Ostseerivalen Schwedens, Polen, die Hände band. Daß das Haupt der schwedischen Regentschaft weiterhin auf deutschem Boden blieb, zeigte andererseits die Prioritäten der schwedischen Politik. Hier, in seiner deutschen Politik, entwickelte Oxenstjerna eine Art Doppelstrategie – Schweden sollte sich in Preußen und Polen behaupten, um die Gegenküste gegen ein neuaufkommendes Polen und gegen etwaige Ambitionen des Kaisers zu sichern. Das Vorfeld sollte mit einer „Konföderation" schwedenfreundlicher Fürsten abgesichert werden, die für den Fall weiterer feindlicher Angriffe als Puffer dienen würde. Deshalb sollte ein Großteil der schwedischen Einheiten nach Pommern gelegt werden. Schweden spannte seine Kräfte also erheblich an. Neuerdings wird allerdings immer deutlicher, daß die Gesellschaft des bevölkerungsarmen Schweden die dauernden blutigen Verluste der königlichen Armee nicht verkraftet hat.

Oxenstjerna verfolgte auch eigene Ambitionen, die ein Licht werfen mögen auf die Perspektiven schwedischer Reichspolitik. Er wollte für sich selbst das Territorium der Kurfürsten von Mainz reservieren, das Territorium des Kurerzkanzlers also für den schwedischen Reichskanzler. Eine von protestantischen Reichsrittern getragene Regierung wurde in Mainz eingesetzt. Der Reichskanzler machte sich sogleich an Reformmaßnahmen auf wirtschaftlichem und kirchlichem Gebiet. „Der eigentliche Eckpfeiler von ‚Schwedisch-Mainz' war ein großes befestigtes Militärlager, die Gustavsburg an der Mündung des Mains in den Rhein mit Brückenköpfen auf den gegenüberliegenden Ufern beider Flüsse im Notfall mit Raum für 17000 Mann. Die Festung, die sich an die wiederaufgebauten Stadtmauern von Mainz anschloß, sollte zum einen die Herrschaft über die Region sichern und zum andern als Notzuflucht dienen – ein militärisches Bollwerk zur Untermauerung der schwedischen Macht in Westdeutschland."[27]

Das neue protestantische Mainz sollte der Mittelpunkt des schwedischen Satellitensystems werden. Dessen Ausbau wurde durch eine schwedische Dotationspolitik abgesichert, die viele katholische Territorien in die Hände von schwedischen Parteigängern brachte – alte territoriale Auseinandersetzungen wurden nun zugunsten der Protestanten entschieden. Diese Politik wurde bereits von Gustav Adolf eingeleitet, jedoch von Oxenstjerna fortgeführt. Das evangelische Baden-Durlach konnte das katholische Baden-Baden sowie den habsburgischen Breisgau erwerben, Württemberg wurde durch katholische Gebiete in Oberschwaben verstärkt, die Grafen Kraft und Georg Friedrich von Hohenlohe, einst Parteigänger Friedrichs V. von der Pfalz, jetzt Schwedens, wurden großzügig ausgestattet, der schwedische Feldmarschall Horn erhielt das Deutschordensgebiet um Mergentheim, und selbst die Reichsstädte konnten das katholische Kirchengut in ihren Mauern einziehen. Daß die Protestanten so zahlreich den Schweden zugeströmt waren, war allerdings nicht nur den Erfolgen ihrer Waffen, sondern dem Restitutionsedikt zuzuschreiben gewesen. Die Annahme der schwedischen Dotationen bedeutete gleichzeitig unversöhnliche Distanzierung vom Kaiser und den katholischen Reichsständen, d. h. eine langfristige starke Bindung an die Krone Schweden.

Dem wollte Oxenstjerna mit einer Bundesorganisation Rechnung tragen, die freilich auch das komplizierte Problem der schwedischen Kriegsfinanzierung lösen helfen sollte, also von vornherein zwei unvereinbare Ziele miteinander zu verbinden suchte. Die Bundesorganisation stand durchaus in den Traditionen älterer Gebilde der deutschen Geschichte, die aus Sonderentwicklungen neben der Reichsverfassung hervorgegangen waren. Dabei wollte Oxenstjerna durch die Einbindung der Reichskreise geschickt Bausteine der bisherigen Reichsverfassung verwenden. Die ersten Anstöße zu einem Bund stammten noch von Gustav Adolf – nach einer Tagung in Ulm 1632 kam es am 23. April 1633 zur Gründung des Heilbronner Bundes, der drei Ziele verfolgte: eine größere Freiheit der deutschen Fürsten, die Errichtung eines allgemeinen Friedens unter schwedischem Protektorat und die Leitung des Bundes durch Oxenstjerna. Der Heilbronner Bund war eine geschickt aufgebaute Alternative zur Reichsverfassung, auf die er sich formal berief – er bewies erneut die staatsmännische Kunst Oxenstjernas. Auf Dauer mußte seine Fortexistenz den Reichsverband sprengen, wie der Reichskanzler gewiß kalkuliert hatte – er bot auch Spielmaterial für künftige Verhandlungen. Die relative Schwäche der deutschen Partner Schwedens aber mußte sie zwangsläufig zu Objekten der künftigen Politik machen.

Eine weitere Diskrepanz der Zielsetzungen enthüllte sich in dem zentralen Problem der Kriegsfinanzierung. Es hatte sich schon 1631/32 erwiesen, als für Schweden „die Ausgaben für den Krieg in Deutschland die normalen Einkünfte des Landes um das zehnfache überstiegen“[28]. Damit war Schweden zwangsläufig darauf angewiesen, den Krieg aus dem Reich zu finanzieren; es zeigte sich bald, daß ausbleibender Sold die Zuverlässigkeit auch der schwedischen Armee erschütterte. Die Dotationen an die Feldherren konnten nur Aushilfen sein. So sollte der Heilbronner Bund seinen Anteil an der Last der schwedischen Armee in Deutschland und den anstehenden Soldzahlungen tragen. Trotz der Zusicherung französischer und niederländischer Subsidien erwies sich dies als Faß ohne Boden, so daß die Bundesglieder bald in heftige Zwistigkeiten gerieten. Als dann im Sommer 1633 die schwedischen Truppen meuterten, konnte Oxenstjerna nicht anders, als die lokalen Kommandeure zur Requisition zu ermächtigen – dies aber schädigte die Steuerkraft der Untertanen und damit die Einkünfte des Bundes; da dieser folglich nicht mehr zahlen konnte, kam es zu brutalen Selbsthilfeaktionen der Armee. Ende 1633 war deutlich, daß der Heilbronner Bund zwar eine glänzende politische Konstruktion war, daß ihn aber die Finanzprobleme schnell ruinierten. Überdies war die Bundespolitik für den Kaiser kompromißunfähig – sie entsprach den Interessen einer fremden Macht, aber sie hat doch keine Chance zum

Ausgleich geboten: in den Konfiskationen und Dotationen durchaus den Folgen des Restitutionsedikts – nun unter umgekehrten Vorzeichen – vergleichbar.

Das Dilemma von Oxenstjernas Deutschlandpolitik wurde weiter offengelegt durch den Fall Pommern. Dort zeichnete sich das Aussterben der Greifenherzöge ab, das 1637 mit dem Tode Bogislaws XIV. eintrat – nach den Erbverträgen war der Kurfürst von Brandenburg der legitime Nachfolger; für dessen Territorium bedeuteten Pommern und die Odermündung den wichtigen Zugang zur Ostsee. Aber 1630 hatte Bogislaw XIV. König Gustav Adolf die gesamte Kontrolle des Territoriums für die Dauer des Krieges zusagen müssen – überdies war der Brückenkopf Pommern für Schweden eines der wichtigsten Kriegsziele. Mit der Abweisung der brandenburgischen Ansprüche verprellte Schweden jedoch nicht nur einen bisher guten Verbündeten, sondern es erschütterte auch seine Glaubwürdigkeit als Partner deutscher Fürsten.

Kurfürst Georg Wilhelm, dessen Lande unter den Einquartierungen furchtbar gelitten hatten, sah sich getäuscht und versuchte zu einer Ausgleichspolitik gegenüber dem Kaiser zurückzulenken – damit wandte er sich an Kurfürst Johann Georg von Sachsen, der sich zunehmend vom Kaiser und von Schweden umworben sah. Da die kaiserlichen Friedensbedingungen von einer Härte waren, die kaum der Realität entsprachen, entschied sich Johann Georg abermals für Schweden. Dieses wollte einen Vorstoß gegen Böhmen – dagegen bevorzugte der Kurfürst Schlesien als Ziel, eine Entscheidung, die mehr diplomatischen Spielraum gewähren konnte.

Die schwedisch-sächsische Allianz war zu einem bloßen Zweckbündnis geworden. Dies begriff Wallenstein recht schnell. Geschickt suchte er die Spannungen zu schüren und machte auch den böhmischen Emigranten am kursächsischen Hof Avancen. Um diese zu beruhigen, mußte Oxenstjerna den Grafen Heinrich Matthias Thurn als Kommandeur der schwedischen Armee in Schlesien akzeptieren – den erfolglosen Feldherrn der einstigen böhmischen Konföderierten. Zweimal gelang es Wallenstein dann in Schlesien, einen separaten Waffenstillstand mit dem sächsischen Kontingent unter dem General Hans Georg von Arnim abzuschließen, um mit ihm Friedenspläne einzuleiten. Nach der zweiten Waffenruhe konnte Wallenstein Anfang Oktober 1633 überraschend das schwedische Kontingent zur Kapitulation zwingen und Thurn gefangennehmen. Dieser, der eine Hinrichtung befürchten mußte, lieferte, um sein Leben zu retten, das von böhmischen Emigranten besetzte Schlesien gegen seine Freilassung aus. Damit war der schwedisch-sächsische Schlesienfeldzug gescheitert, und Wallenstein suchte dies zu Friedensverhandlungen mit Sachsen und Brandenburg auszunützen.

So aber war der Feldherr zu einer politischen Größe eigenen Gewichts emporgestiegen. Das zweite Generalat Wallensteins, mit seiner Mischung aus Zornesausbrüchen, diplomatischen Finessen und depressiver Resignation, gibt bis heute den Historikern viele Rätsel auf. Wallenstein hatte auf Lützen mit rigoroser Härte reagiert – die Hinrichtungen von vermeintlich verräterischen protestantischen Offizieren sollten ihm seine Armee entfremden. Deutlich ist, daß er sich von der kaiserlichen Politik gelöst und einen eigenen Spielraum gewonnen hatte. Daß er 1633 nur bedächtig operiert und Bayern und die Pfalz nicht zurückerobert hatte, erbitterte nicht nur seinen alten Gegner, den Kurfürsten Maximilian. Aber es war doch ein schlagendes Argument, daß Wallenstein nicht die einzige kaiserliche Armee aufs Spiel setzen konnte – und sein Erfolg bei Nürnberg zeigte, daß er die Feldherrenkunst nicht verlernt hatte. Die ausgedehnten Vollmachten Wallensteins und die Monopolstellung seiner Armee nach dem Untergang des Ligaheeres gaben ihm einen Spielraum, der nicht nur für die deutschen katholischen Verbündeten, sondern auch für den Wiener Hof auf Dauer schwer erträglich war – und Wallenstein machte immer stärker auf eigene Faust Politik.

Über Wallensteins Motive ist wiederholt diskutiert worden. Sicher besaß er einen ausgeprägten Friedenswillen – und einen pragmatischen Zug, so daß er sehr oft im Gegensatz zur konfessionellen Einseitigkeit des Kaisers und seiner Umgebung die Realitäten deutlicher sah. So war Wallenstein gegen das Restitutionsedikt, erkannte er den Friedenswillen der Gegner angesichts der schwierigen Konstellation – auch stand er der engen Verbindung des Hauses Österreich mit den Spaniern kritisch gegenüber, die er sich dadurch zu erbitterten Feinden machte. Die Friedenspolitik, der er auch seine Operationen unterordnete, erstaunt bei einem Mann, der wie nur wenige zur Verschärfung des Krieges beigetragen hatte. Aber es war wohl der Wunsch des alternden Feldherrn, seine reichen Erwerbungen abzusichern, der ihn das Ende des Krieges herbeisehnen ließ – Gewinn und Verlust Mecklenburgs hatten ihm die Schwankungen des Kriegsglücks vor Augen geführt. Er hatte dort und auch in seinem Herzogtum Friedland bewiesen, daß er ein vorzüglicher und weitblickender Administrator war. Warum sollte er nicht, von Krankheit offenbar schon schwer gezeichnet, in Ruhe seinen Besitz, seine Schlösser und seine Kunstschätze genießen dürfen? Weitergehende Ambitionen, etwa die böhmische Königswürde, erscheinen bei dem Pragmatiker Wallenstein eher unwahrscheinlich.

Wallenstein hat sich am Ende im wahrsten Sinne des Wortes zu Tode taktiert und durch seine Winkelzüge alles Vertrauen verspielt. Gegenüber seinem ersten Generalat zeigte das zweite trotz nicht abzustreitender Erfolge deutliche Verfallserscheinungen, merkwürdige Marotten, wie die Beseitigung aller Hunde und Katzen in eroberten Städten, da er deren Laute nicht ertragen konnte, schwankende Stimmungen.

Nicht ungewöhnlich scheint seine Neigung zur Astrologie, die vom Wiener Hof durch Bestechung seines Astrologen Seni ausgenützt worden zu sein scheint – sie war durchaus zeitgemäß. Aber der Feldherr hat durch seine Arroganz und seine Extravaganz das Selbstbewußtsein des Kaisers aufs äußerste herausgefordert. Daß er im Januar 1634 mit dem ersten Pilsener Revers seine Offiziere einen Treueid auf seine Person ablegen ließ, war eine schwere Provokation Ferdinands II. Wallenstein wollte wohl nicht mehr, als das Reichsoberhaupt mit Hilfe seiner unabhängigen Stellung und durch eigenmächtige Projekte auf einen Friedenskurs bringen, für den der Wiener Hof noch nicht reif war – damit aber waren die Autorität des Kaisers und sein Selbstbewußtsein zutiefst verletzt.

Als Ferdinand II. im Februar 1634 die Festnahme Wallensteins anordnete, stand er überdies unter dem Druck Spaniens – die Person des Feldherrn war Plänen im Wege, eine starke spanische Armee unter dem Kardinalinfanten Ferdinand mit den kaiserlichen Truppen in Süddeutschland zu vereinigen. Als deren Kommandeur war Wallenstein für das mißtrauische Spanien nicht akzeptabel. Auch die Jesuiten, Exponenten einer rein konfessionell orientierten Politik, plädierten für ein Verschwinden Wallensteins. Als sich die Distanzierung des Wiener Hofes immer mehr abzeichnete, zeigte sich, wie sehr die Autorität des Generalissimus doch auf jener des Kaisers beruhte. Ein Großteil seiner Offiziere verließ Wallenstein, obgleich er ihnen zuvor noch einen persönlichen Treueid (zweiter Pilsener Revers) abgenommen hatte. Der kaiserliche Hof sah gerade diesen Schritt als offenen Verrat an.

Aber Wallensteins Macht war nur eine geborgte Macht: Der gestürzte General zog sich nach Eger zurück. Im Februar 1634 hatte Ferdinand II. einen Geheimbefehl erlassen, der die Verhaftung Wallensteins und seine Überführung nach Wien anordnete – dabei sollte im Notfall der Tod Wallensteins in Kauf genommen werden. Da das Unternehmen in jedem Fall riskant war, bedeutete dies einen Freibrief – der Kaiser nahm den Tod seines allzu mächtig gewordenen Vasallen billigend in Kauf. Wohl in Kenntnis des kaiserlichen Befehls gedachte sich Wallenstein zum sächsischen Heer abzusetzen, aber es blieben Rat- und Entschlußlosigkeit. So wurde er in der Nacht vom 25. auf den 26. Februar 1634 in Eger mit den treu gebliebenen Generälen niedergemacht, obgleich er sich ergeben wollte. Der Kaiser konnte ohne Schwierigkeiten das Heer unter seine Kontrolle bringen – an die Spitze traten mit Ottavio Piccolomini, Matthias Gallas und Johann Aldringen drei ehemalige wallensteinische Offiziere. Der unermeßliche Besitz wurde weitgehend konfisziert und unter die kaiserlichen Parteigänger aufgeteilt.

Noch aber kontrollierten die Schweden Süddeutschland. Es schien, als könnte Oxenstjerna sogar den Heilbronner Bund um Kursachsen, Kurbrandenburg und andere norddeutsche Territorien erweitern – außerdem wollte er auf dem Frankfurter Bundestag die schwedischen Kriegsoperationen festlegen. Der sonst entschlußlose Kurfürst Georg Wilhelm von Brandenburg machte ihm jedoch einen Strich durch die Rechnung, indem er die Übertragung Pommerns für einen Beitritt zur Bedingung machte –

damit aber traf er ins Herz der schwedischen Kriegszielpolitik. Der Brandenburger fand jedoch die Unterstützung des kursächsischen Vertreters. Kursachsen knüpfte sogar Kontakte mit den Kaiserlichen und trat im böhmischen Leitmeritz in Verhandlungen ein.

Im Sommer 1634 schienen die Kriegsoperationen zunächst unentschieden zu stehen. Kursächsische Truppen unter Hans Georg von Arnim stießen gegen Prag vor, die Schweden nahmen Landshut – aber die neue kaiserliche Armee unter dem Thronfolger Erzherzog Ferdinand, König von Ungarn, konnte Regensburg und Donauwörth besetzen und gegen Schwaben vordringen – es kam zur Belagerung der evangelischen Reichsstadt Nördlingen, die eine schwedische Garnison in ihren Mauern hatte. Schnell erwies sich, daß die Entsetzung Nördlingens für die schwedische Führung zu einer Prestigeangelegenheit wurde. Aber als die schwedischen Generäle Horn und Bernhard von Weimar gegen Nördlingen marschierten, hatte sich der König von Ungarn bereits mit den spanischen Truppen des Kardinal-Infanten Ferdinand vereinigt, so wie es geplant gewesen war. Die katholischen Truppen besaßen eine leichte Zahlenüberlegenheit und sehr vorteilhafte Stellungen. Am Ende gab es am 6. September 1634 eine katastrophale Niederlage der schwedischen Armee, die 12000 Tote verlor. Gustav Horn geriet in kaiserliche Kriegsgefangenschaft, Bernhard von Weimar zog sich mit den Resten seines Heeres ins Elsaß zurück; die übrige schwedische Armee mußte hinter den Main zurückgehen.

b) Die Intervention Frankreichs

Mit der Nördlinger Schlacht war der schwedische Mythos zerstört. Die Chancen auf neue Siege schienen zerronnen, wie der scharfsichtige Oxenstjerna auch gleich erkannte. Die Kritik des schwedischen Regentschaftsrats am deutschen Krieg wurde nun deutlich. Hatte Schweden noch 1633 mit Schadenfreude den Angriff Rußlands und der Türken auf Polen betrachten können, so kam es 1634 dort zum Friedensschluß, weil die Perser die Türken bedrohten. Damit aber stand am Horizont ein neuerlicher polnisch-schwedischer Konflikt, zumal der günstige Waffenstillstand von Altmark 1635 auslief.

Auch der Heilbronner Bund zweifelte an den schwedischen Erfolgschancen – er schickte hinter dem Rücken Oxenstjernas eine Gesandtschaft nach Paris und drängte auf eine Kriegserklärung Frankreichs an den Kaiser. Die Schlacht von Nördlingen eröffnete somit eine doppelte Perspektive: entweder einen Kompromißfrieden oder aber – nach der schwedischen Niederlage – die Mobilisierung weiterer Verbündeter für das geschwächte protestantische Lager, und diese Hilfe konnte nur von Frankreich kommen. Das sah auch der reformierte Landgraf Wilhelm V. von Hessen-Kassel, den das Zusammenspiel seines Darmstädter Rivalen mit dem Kaiser und Bayern erneut in eine verzweifelte Situation zu treiben drohte.

Aber es schien die Stunde des Kaisers, nicht die Frankreichs gekommen zu sein. Die Verhandlungen Kursachsens und Hessen-Darmstadts mit den Kaiserlichen waren inzwischen von Leitmeritz nach Pirna verlegt worden. Unter dem Eindruck der Schlacht bei Nördlingen näherte sich Kursachsen der kaiserlichen Position. Überdies schien auch der Kaiserhof entgegenkommend: Das verhaßte Restitutionsedikt wurde auf vierzig Jahre suspendiert, dafür wurde ein Normaljahr mit dem 12. November 1627 in Kraft gesetzt, das die norddeutschen Säkularisationsgewinne für die Protestanten sicherstellte, während die süddeutschen Folgen der kaiserlichen Siege bestehen bleiben sollten – dies bedeutete nichts anderes, als daß der Kaiser Kursachsen die dominierende Rolle in Norddeutschland überließ. Unterstrichen wurde dies auch durch die endgültige Übergabe der Lausitzen, die seit 1620 als Pfand für die Kriegskosten in sächsischer Hand waren. Auch Magdeburg, das Tor nach Norddeutschland, wurde den Sachsen zugesichert – glänzende Aussichten, die freilich erst gegen die Schweden durchgesetzt werden mußten. Die kaiserliche, die bayerische und die sächsische Armee sollten zusammengeschlossen werden und den Kampf gegen alle fremden Mächte auf Reichsboden aufnehmen. Der Kaiser sollte sich also, flankiert vom katholischen Bayern und vom lutherischen Kursachsen als Juniorpartnern, an die Spitze eines geeinten Reiches stellen.

Aber die militärischen Erfolge des Winters 1634/35 ließen die kaiserliche Politik übermütiger werden: Johann Georg von Sachsen mußte den Ausschluß von Kurpfalz, Hessen-Kassel, Württemberg und anderen aus der geplanten Amnestie zugestehen – ein Vorgang, der dem sächsischen Prestige unter den deutschen Protestanten sehr abträglich war. Die sich abzeichnende französische Intervention im Reich aber brachte die kaiserliche Politik zudem unter Zeitdruck. Als Ferdinand seinen Räten den Friedensplan vorlegte, blieb der Jesuit Wilhelm Lamormaini, der Vorreiter einer entschieden katholischen Politik, in der Minderheit – die Konsensbereitschaft war gewachsen, und so konnte am 30. Mai 1635 der Prager Friede verkündet werden, der eine Welle des Reichspatriotismus auslöste. Kurbrandenburg schloß sich Sachsen an, ebenso wie eine ganze Reihe lutherischer Fürsten. Die erstarkte kaiserliche Armee ging mit Macht gegen die in Opposition verharrenden Stände vor, vor allem gegen Landgraf Wilhelm V. von Hessen-Kassel, so daß der Darmstädter Georg II. noch einmal die Oberhand behielt; gerade die Schonungslosigkeit im Falle Hessen aber markierte die Grenzen des Prager Friedens – der Landgraf mußte zwar sein Land verlassen und starb 1637 im Exil, aber seine streitbare Witwe Amelie Elisabeth, die „neue Penthesilea“, setzte den Kampf konsequent fort. Hessen-Kassel bestand fortan vor allem aus seinem Heerlager und sollte so zu einem der wichtigsten Kriegsteilnehmer werden – sehr zum Nachteil für die kaiserliche Politik.

Daß Oxenstjerna die Bistümer Bremen und Verden an Christian IV. von Dänemark überließ, zeigte, wie gründlich die Nördlinger Schlacht und der

Prager Frieden die deutsche Szene verändert hatten. Der Kaiser hatte gelernt, daß das Reich nicht mit einer entschieden katholischen Politik wiederzugewinnen war, so sehr ihm die Rechtslage günstig schien. Der Jesuit Lamormaini trat zurück hinter die Pragmatiker: Graf Maximilian von Trautmannsdorff gewann entscheidenden Einfluß auf die kaiserliche Politik, der einstige Protestant und Konvertit war ein maßvoller Mann. Er traf sich darin mit dem in Madrid dominierenden Conde-Duque Olivares, der im Interesse des bedrängten Spanien darauf hinwirkte, daß die Habsburger das Reich notfalls auch mit Konzessionen befrieden und ihre Kräfte nach außen richten sollten – wobei er auf die Solidarität des Kaisers mit Spanien rechnete. Der Zusammenbruch von Oxenstjernas Politik führte aber weder zur Befriedung im Reich noch zur Entlastung Spaniens – es wurde das Drama Deutschlands, daß er den französischen Kriegseintritt nach sich zog, der allerdings zunächst seine Spitze gegen Philipp IV. von Spanien richtete. Die Solidarität des Hauses Österreich zog erneut die europäischen Konflikte ins Reich.

Frankreich hatte längst militärisch und diplomatisch im Reich Fuß gefaßt. Indirekt hatten die Schweden dies begünstigt, deren Herrschaft die katholischen Gebiete im Westen vom übrigen Reich abspaltete. So trat der entschieden katholische Kurfürst von Trier und Bischof von Speyer, Philipp Christoph von Soetern, unter französischen Schutz. Frankreich, das die Lage im Innern unter der kraftvollen Hand seines nun leitenden Ministers, des Kardinals Richelieu, bereinigt hatte, stand unter dem Eindruck der habsburgischen Koalition: Sein Sicherheitsbedürfnis angesichts der drohenden spanischen Gefahr führte dazu, daß die französische Führung den Krieg als unausweichlich ansah und eine Präventivaktion vorzog, mit der man die Kampfhandlungen auf fremdes, also auf Reichsterritorium tragen konnte.

Frankreich hatte 1624 mit den Generalstaaten und 1631 mit den Schweden Bündnisse geschlossen. Es beschränkte sich zunächst auf Subsidienzahlungen, um die Gegner Habsburgs zu stärken und um die Wiener und Madrider Politik zu paralysieren, ohne daß man mit eigenen Kräften intervenieren mußte. Diese Politik, verbunden mit begrenzten Aktionen, erwies sich als zweischneidig. Als belastend empfand Richelieu die Unterstützung der innerfranzösischen Opposition, namentlich des Königsbruders Herzog Gaston von Orleans, durch die Spanier. Die Nachbarn Savoyen und Lothringen bewegten sich im habsburgischen Schlepptau und waren eine beliebte Zufluchtstätte für flüchtige Gegner der Krone. Richelieu gelang es, nachdem die Welle der Hugenottenaufstände abgeflaut war, zunächst Savoyen in das Fahrwasser Frankreichs zu bringen. Gegenüber Lothringen erhob Frankreich lehensrechtliche Ansprüche, gleichzeitig ging es gegen den letzten Schein der Reichszugehörigkeit von Metz, Toul und Verdun vor, die König Heinrich II. 1552 in Besitz genommen hatte. Herzog Karl IV. (III.) von Lothringen unterstützte Gaston von Orleans und den Kaiser – als Nadelstiche nichts halfen und der Herzog immer wieder entgegen seinen Zusagen auf die kaiserlich-spanische Seite schwenkte, schritt Richelieu zur Tat. 1633 besetzten französische Truppen das Herzogtum und trieben Karl ins Exil – damit bedrohten sie die Spanische Straße, die entscheidende Nachschublinie der Flandernarmee.

Seit 1632 hatte auch Erzbischof Philipp Christoph von Trier gegen die schwedische Gefahr Rückhalt an Frankreich gesucht – der Kurfürst profitierte davon, daß Gustav Adolf gemäß dem Vertrag von Bärwalde die triererische Neutralität anerkennen mußte. Im Frühjahr 1632 erlangte Frankreich die Kontrolle der wichtigen Festung Ehrenbreitstein bei Koblenz – im August 1634 auch von Philippsburg, das eine hohe strategische Bedeutung für die Beherrschung Südwestdeutschlands hatte. Mit der Technik der Schutzverträge, vor allem nach der Nördlinger Schlacht, band Richelieu zahlreiche evangelische Fürsten an sich – und faßte dadurch vor allem im Elsaß Fuß. Damit gewann er Zugang zum Rhein. Dies bedeutete natürlich bei aller taktischen Behutsamkeit eine starke Herausforderung von Kaiser und Reich.

Der Sieg der beiden Ferdinande bei Nördlingen gefährdete jedoch die neugewonnene französische Position auf das äußerste – der Zusammenbruch der schwedischen Stellung in Süddeutschland, wie sie sich nach dem Zerfall des Heilbronner Bundes abzeichnete, mußte die Flanken Frankreichs bedrohen. Aber noch suchte Richelieu einen maximalen Erfolg mit reduzierten Mitteln zu erzielen: Die französische Intervention sollte regional begrenzt sein, denn der Kardinal sah in Spanien, nicht im Kaiser den Hauptgegner – den letzteren galt es von dem familiär bedingten Zusammenspiel mit dem Madrider Vetter abzusprengen. Richelieu wollte zum Nachteil des Reichsoberhaupts die deutsche Libertät, also die Rechte der Fürsten, stärken und über die Konfessionsgrenzen hinweg die Reichsstände vereinigen. Als entschiedener Katholik räumte er in seinen Planungen Bayern einen wichtigen Platz ein. Richelieus reichspolitische Konzeption entsprang den französischen Sicherheitsbedürfnissen – die konfessionelle Konfrontation im Reich sollte für eine französische Schiedsrichterrolle ausgenützt werden. Gerade diese Absichten allerdings durchkreuzte der Kaiser mit dem Prager Frieden von 1635.

Nun hatten sich aber Reste der bei Nördlingen geschlagenen schwedischen Armee unter Bernhard von Weimar im Elsaß festgesetzt und an Frankreich angelehnt. Sehr eifersüchtig sah Richelieu auf die Unabhängigkeit der königlich-französischen Truppen von dem ehrgeizigen lutherischen Herzog, dem man nicht traute – zumal er erneut eigene Herrschaftspläne verfolgte. Nachdem er sein aus den Bistümern Würzburg und Bamberg gebildetes Herzogtum Franken verloren hatte, strebte er eine neue Herrschaft im Elsaß an. Es entsprach allerdings der französischen Politik Richelieus, daß Frankreich seine Truppen nicht auf Deutschland konzentrierte – zunächst agierte der Kardinal dort vorsichtig. Die bedrängten Schweden mußten bis März 1636 warten, bevor das schwedisch-französische Bündnis in Wismar erneuert wurde und Frankreich dem Kaiser endlich den Krieg erklärte.

Frankreich blieb zurückhaltend – es nützte rücksichtslos die kritische Situation der Schweden aus, die sich durch den Prager Frieden weiter verschlechtert hatte. Richelieu sagte zu, den fraglich gewordenen Erwerb Pommerns abzusichern, aber er wollte nun die Führung des Krieges selbst in die Hand bekommen und Schweden ins Schlepptau nehmen – als Oxenstjerna ablehnte, hielt Frankreich die Subsidien zurück. Schweden entsandte keinen Geringeren als den Niederländer Hugo Grotius, den Vater des modernen Völkerrechts, zu Richelieu; als auch dies nichts half, eilte Oxenstjerna 1635 zu einem denkwürdigen Besuch Ludwigs XIII. und Richelieus nach Paris – im Vertrag von Compiègne vom 28. April 1635 vereinbarte man die Unterstützung der deutschen Protestanten ohne besondere Begeisterung Frankreichs. Aber gleichzeitig wurde Herzog Bernhard von Sachsen-Weimar in französischen Sold genommen, was die Schweden sehr verärgerte. Doch angesichts der günstigen Position Frankreichs konnten sie nur gute Miene zum bösen Spiel machen – und mußten bis zum März 1636 auf den französischen Kriegseintritt warten.

Geoffrey Parker hat darauf hingewiesen, daß Frankreich unverbraucht in den Krieg trat und daher in einer Phase, als sich die bisherigen Kontrahenten erschöpft hatten, erhebliche finanzielle Möglichkeiten in die Waagschale zu werfen hatte – darin war es allen anderen Kriegsparteien deutlich voraus. Der späte Kriegseintritt war sein entscheidender Vorteil. Der andere aber war die Rolle als katholische Macht, die die Protestanten unterstützte, aber in ganz anderer Weise als diese mit den deutschen Katholiken unterhandeln konnten. Damit ging die Schlüsselrolle Bayerns in der bisherigen Reichspolitik nun auf Frankreich über, das eine Position zwischen den Parteien gewann. Die hervorragende finanzielle und diplomatische Stellung wurde auch nicht erschüttert, als die ersten Kriegsjahre militärisch wenig erfolgreich waren. 1636 bedrohte der kaiserliche General Gallas sogar Dijon, spanisch-kaiserliche Truppen drangen in Nordfrankreich vor. Zwar konnte Bernhard von Weimar 1638 die wichtige oberrheinische Festung Breisach erobern – aber die Franzosen hatten ihm zugestehen müssen, aus den von ihm mit französischen Geldern im Elsaß eroberten Gebieten ein eigenes Fürstentum zu machen. So war Bernhards Tod im Juli 1639 für die Franzosen von erheblichem Vorteil, da sie nun leichter über seine Armee verfügen konnten. Die Festungen Ehrenbreitstein, Philippsburg und Breisach sollten zu wichtigen Faustpfändern Frankreichs auf Reichsboden werden.

Trotz mangelnder Anfangserfolge hatte die französische Intervention dazu beigetragen, die Intentionen des Prager Friedens zunichte zu machen. Für die neuen deutschen Bündnispartner kam es darauf an, ob sie ihr Programm realisieren konnten, die fremden Mächte aus dem Reich zu vertreiben. Dadurch, daß die katholische Macht Frankreich sich de facto zum Protektor der alten schwedischen Partei aufwarf, hatte sie die ehemaligen konfessionellen Fronten aufgelockert – an der Spitze der französischen Politik stand gar ein Kardinal der römischen Kirche, und sie hatte unzweifelhaft auch die katholischen Interessen im Auge, d. h. die französische Intervention relativierte den überkonfessionellen Ausgleich des Prager Friedens, zumal dieser unvollkommen war, da Frankreich die deutsche Solidarität mit einer internationalen beantwortete. Damit aber wurde nicht nur die Internationalisierung des Krieges, sondern auch jene der ganzen deutschen Politik vollendet.

Aber es hing entscheidend von den Schweden ab, ob der steigende Druck Frankreichs zum Erfolg kommen konnte. Schon der Tod Gustav Adolfs hatte die schwedische Stellung geschwächt, da sie keine königliche Legitimität mehr hatte – einer künftigen Reichspolitik waren damit Grenzen gesetzt, wie Oxenstjerna schmerzhaft erfahren mußte. Der Staatsrat in Stockholm schlug bereits 1632 eine Begrenzung der schwedischen Aktionen auf die Sicherung der erreichten Kriegsziele vor, während Oxenstjerna glaubte, daß die schwedische Macht in Deutschland ausgebaut werden müsse, um zu einem optimalen Frieden gelangen zu können. Mit seiner Politik eines Verbleibens im Reich einerseits, die der Reichskanzler sogar noch durch seine persönliche Präsenz unterstrich, einer Begrenzung des schwedischen Einsatzes andererseits aber begab sich der große Staatsmann auf schwankenden Grund – ein Weg, der auf Dauer geeignet war, sein Prestige zu mindern.

Die blutigen Verluste der schwedischen Armee, welche nach dem Landesdefensionsprinzip aus den Bauern des Landes rekrutiert worden war, begannen an die Substanz des relativ dünn besiedelten Landes zu gehen, wie auch die Bauernvertreter auf dem schwedischen Reichstag deutlich machten. So hatte man bereits 1633 die aus Schweden gezogenen Verbände an die Küste zurückgenommen – der Heilbronner Bund war ein Instrument zur Verlagerung der Kriegskosten auf die deutschen Reichsstände, was seine an sich geschickte Verfassungskonstruktion erheblich belastete. Schweden wollte nur noch „seinen Namen leihen", Oxenstjerna geriet zwischen den Stockholmer Staatsrat und seine Bundesgenossen. Hinzu kam, daß nach der Nördlinger Katastrophe die polnische und die dänische Bedrohung wieder größer wurden.

So hat Oxenstjerna in Stockholm immer wieder betont, daß Schweden möglichst aus dem Krieg ausscheiden müsse. „Alle waren sich jedoch darin einig, daß ein Friedensschluß drei Hauptforderungen Schwedens Rechnung tragen mußte: zum ersten die ‚Abtragung der Dankesschuld', die ihnen nach ihrer Meinung von den protestantischen Ländern zustand, denen sie gegen den Kaiser geholfen hatten, und die sie sich in Form umfangreicher Übertragungen deutscher Gebiete vorstellten; zweitens die schwedische Herrschaft über alle Ostseehäfen, um sich vor feindlichen

Invasionen zu schützen; als drittes schließlich die Verwirklichung eines umfassenderen Sicherheitskonzepts, das zur Voraussetzung hatte, daß alle habsburgischen Ansprüche auf eine Vorherrschaft in Deutschland zunichte gemacht wurden".[29] So blieben die schwedischen Kriegsziele kontinuierlich in der Forderung nach einer Zurückdrängung der habsburgischen Macht und der Wiederherstellung eines „freien Zustands" in Deutschland – Deutschland sollte sich selbst in der Balance halten und kaiserliche Ansprüche im Norden abfedern. Diese Konzeption war durch den Zerfall des Heilbronner Bundes nach der Nördlinger Schlacht und dem Ausgleich Kursachsens und Kurbrandenburgs mit dem Kaiser im Prager Frieden von 1635 in weite Ferne gerückt.

Dies aber bedeutete, daß eine schwedische Deutschlandpolitik nur noch im Zusammenspiel mit Frankreich fortzusetzen war; umgekehrt zu Richelieu gedachte aber Oxenstjerna, Frankreich als Instrument der schwedischen Politik zu benützen. Ihm erschien die neue Konzentration der deutschen Kräfte nach dem Prager Frieden, begleitet von einer Welle des Reichspatriotismus, fast bedrohlicher als selbst das kaiserliche Ausgreifen auf den Norden unter Wallenstein und Tilly. Zu einer Offensive war die schwedische Armee nach Nördlingen nicht mehr fähig; es blieben sogar die Soldzahlungen aus. Im August 1635 wurde Oxenstjerna von meuternden Soldaten vor Magdeburg sogar zeitweise als Geisel festgesetzt – sie erzwangen das Versprechen, daß die Abgeltung ihrer Ansprüche Teil jedes Friedensschlusses sein sollte. Damit stand bereits frühzeitig die sogenannte „schwedische Satisfaktion" auf der Tagesordnung, auf der sie bis zum Friedensschluß bleiben sollte. Immerhin erkaufte sich Schweden mit Nachgiebigkeit im Waffenstillstand von Stuhmsdorf am 20. September 1635 das erneute Stillhalten Polens.

Die Schwächung der schwedischen Position im Reich stärkte die Friedenspartei in Stockholm. Im Herbst 1635 versuchte Oxenstjerna, eine Friedensvermittlung Sachsens zu erreichen, aber Kurfürst Johann Georg forderte selbstbewußt die Unterwerfung unter den Prager Frieden und den kompromißlosen Rückzug der schwedischen Armee, ohne für die künftige Haltung des Kaisers garantieren zu können. Auch hier hat Maßlosigkeit zur Kriegsverlängerung beigetragen – Schweden hätte demütigende Bedingungen eingehen müssen, und so erschien die französische Koalition als das geringere Übel. Aber Oxenstjerna suchte trotz seiner mißlichen Lage weiterhin seinen Handlungsspielraum zu erhalten, gegebenenfalls auch im Interesse der schwedischen Kriegsziele einen Separatfrieden abzuschließen. So wurde der französisch-schwedische Vertrag von Wismar (März 1636) zunächst nicht ratifiziert. Der Friedenswille in Stockholm war sehr stark, auch wenn man dort die Bedingungen für Schweden natürlich möglichst günstig gestalten wollte, zumal man die ersten Rückschläge der französischen Kriegspolitik beobachten konnte. Schweden forderte die Satisfaktion seiner Truppen und die Amnestie für jene Verbündete, die durch den

Prager Frieden ausgeschlossen worden waren. Es ging um die Glaubwürdigkeit der Politik Schwedens und damit auch um seine künftige Stellung gegenüber dem Reich.

Man erkannte aber auch, daß ein bloßer Rückzug auf periphere Positionen im Norden Deutschlands den schwedischen Handlungsspielraum völlig einschränkte – daraus folgte die Überlegung, daß man allein durch eine Offensive die künftige Verhandlungsposition aufbessern könnte. Hinzu kam, daß man darauf angewiesen war, die Truppen aus den neueroberten Gebieten zu ernähren. Im Oktober 1636 konnte der fähigste der schwedischen Generale, Johann Banér, bei Wittstock die Kaiserlichen vernichtend schlagen und Kurbrandenburg neutralisieren; Anfang 1637 schien eine erfolgreiche Offensive die schwedische Politik weiterzubringen, aber Banér mußte nacheinander die Belagerung von Leipzig abbrechen, dann auch Torgau an der Elbe preisgeben und sich schließlich nach Pommern zurückziehen. Schweden war wieder so weit wie vor Beginn der Offensive.

Im März 1638 wurde der Vertrag von Wismar endgültig ratifiziert (Hamburger Vertrag). So war Schweden an Frankreich gebunden und Oxenstjernas Handlungsfreiheit eingeengt, aber Schweden erhielt nun jene Subsidien, die eine erneute Offensive ermöglichten. Oxenstjerna holte dazu noch einmal 14000 Soldaten aus Schweden ins Reich. Die schwedische Politik hatte noch einige Zeit damit geliebäugelt, sich von Frankreich zu trennen, zumal als Richelieu nach dem Tode Bernhards von Weimar dessen ganze Armee in seine Dienste übernommen hatte. Man wollte zwar keinen offenen Vertragsbruch, aber es blieb die Frage, ob man den 1641 auslaufenden Hamburger Vertrag verlängern sollte. Zwar konnte Banér noch einmal die Offensive antreten, aber eine Meuterei der schwedischen Truppen im Mai 1641 nach dem Tode des Feldherrn machte all diesen Überlegungen ein Ende. Schweden verpflichtete sich, bis zum Schluß des Krieges auf der Seite Frankreichs auszuharren. Oxenstjernas eigenständige Deutschlandpolitik war zu Ende gegangen; die Träume großer Territorialerwerbungen in Deutschland über die Behauptung der pommerschen Brückenköpfe hinaus waren ausgeträumt – Amnestie und Satisfaktion traten nun als Schlagworte in den Vordergrund. Der schwedische Reichskanzler erkannte, daß der Kaiser am besten im Reich selbst, also durch eine Stärkung der reichsständischen Libertät, in Schach gehalten werden konnte – selbst dieses Ziel war er notfalls bereit, wegen Pommern zu opfern. Dort aber sollte Oxenstjerna am Ende erfolgreich sein.

Danach hatte es freilich 1635 nicht ausgesehen. Kaiser Ferdinand II. hatte durch Mäßigung seiner konfessionellen Ziele eine Koalition zustande gebracht und die beiden norddeutschen Kurfürsten auf seine Seite gezogen. Der französische Parteigänger Kurfürst Philipp Christoph von Soetern war von den Spaniern festgenommen und dem Kaiser ausgeliefert worden, der ihn bis 1645 in Haft hielt – was Richelieu als neue Herausforderung und als

Beeinträchtigung seines Prestiges empfand. Aber schon bei den ersten ernstlichen Problemen zeigten sich die inneren Widersprüche der Prager Lösung. Als Ferdinand II. unter den veränderten Bedingungen 1636 die 1630 gescheiterte Wahl seines Sohnes Ferdinand (III.), des Siegers von Nördlingen, zum römischen König erneut in Angriff nahm, regten sich abermals Widerstände. Zwar gab es keine Alternative – so hatten die Pläne Frankreichs, den neuen polnischen Wasa, Wladislaw IV., Siegmunds III. Nachfolger, oder Maximilian von Bayern wählen zu lassen, keine Erfolgschance. Aber die Kurfürsten hielten den Kaiser unter Druck, verlangten die Ausweitung der Amnestie und Verhandlungen mit den Gegnern – doch die radikalen Forderungen Bayerns und Brandenburgs auf Vertreibung der Franzosen aus Lothringen und der Schweden aus Pommern blockierten die kurfürstlichen Wünsche. So konnte Ferdinand II. 1636 die Wahl seines Sohnes durchsetzen und einen wichtigen Posten des Prager Friedens einkassieren. Allerdings zeigten die Vorgänge auch die Spannung in der Prager Allianz, die keineswegs das furchterregende Instrument war, um die Feinde vom Reichsboden zu vertreiben.

Dies hatte sich schon beim Siegeszug Banérs an der Jahreswende 1636/37 gezeigt, der Brandenburg unter schwedische Kontrolle brachte, so daß Kurfürst Georg Wilhelm nach Königsberg auswich. Dadurch hatte sich die schwedische Handlungsfreiheit erheblich erhöht. Nun konnte es seine hauptsächlichen Parteigänger im Reich wieder unterstützen. Daß dann seinem Rückzug nach Pommern die Eroberung Breisachs durch Bernhard von Weimar 1638 folgte, ließ die Aktien der Prager Verbündeten nicht mehr steigen – es zeigte sich, wie fragil die Schlagkraft des einst so drohenden Bündnisses gewesen war.

Die Zerstörungen des Krieges, die Erschöpfung der Beteiligten, der Autoritätsverfall der Fürsten wurden immer größer. Unter diesen Umständen unternahm Papst Urban VIII. 1636 einen vergeblichen Friedensvorstoß. Aus französisch-englischen Verhandlungen resultierte die Initiative Richelieus, der sich verpflichtet hatte, keiner Regelung zuzustimmen, die nicht die Restitution Pfalzgraf Friedrichs V., des Schwagers des englischen Königs, festschrieb – aber auch diese Initiative verlief im Sande. Offenkundig hatte sich ein militärisches Patt eingependelt. Angesichts der Verwüstungen und der Erbitterung der geschundenen Untertanen stieg die Neigung der deutschen Fürsten, zu einem friedlichen Ausgleich zu gelangen oder wenigstens durch begrenzte lokale Verträge eine Sicherstellung zu erreichen. So versuchte 1636 – 1639 der Landesherr von Jülich und Berg, Pfalzgraf Wolfgang Wilhelm von Neuburg, eine Neutralitätspolitik auf eigene Faust.

Am 15. Februar 1637 war Kaiser Ferdinand II. gestorben, der so nachhaltig die Sache der herrscherlichen Autorität und der alten Kirche im Reich und in den Erblanden verfochten hatte, eine Linie, die sich wie ein roter Faden durch seine Regierungszeit zog – ein Herrscher, der in seiner

Eigenständigkeit wohl höher zu bewerten ist, als es die ältere Geschichtsschreibung tat. Würde der Herrscherwechsel in Wien eine Wende bringen? Wir wissen bis heute relativ wenig über Kaiser Ferdinand III. Er war schon 1625 böhmischer, 1627 ungarischer König geworden und hatte als Sieger von Nördlingen militärischen Ruhm erworben, auch besaß er die musikalische Begabung der Habsburger ebenso wie ihre entschiedene Katholizität. Ohne Zweifel trachtete er viel stärker nach einem Ausgleich als der Vater – er war sichtlich geprägt von den Schrecken des Krieges. Aber war es nur eine früh einsetzende Kränklichkeit, die ihn am entschlossenen Handeln hinderte, oder sein Naturell oder die Umgebung, die die gleiche geblieben war? Immerhin wurden Ansätze zu einer Kurskorrektur deutlich, die allerdings ihre Wurzeln bereits in der Zeit Ferdinands II. hatte.

1640 hielt Ferdinand III. einen Kurfürstentag in Nürnberg ab. Als sich dieser nicht von der Stelle bewegte, griff der Kaiser auf das überkommene Instrument des Reichstags zurück, an dem alle Stände beteiligt waren und der über die Konfessionsparteien hinweg als Plattform dienen konnte. Ab September 1640 tagte der Reichstag über ein Jahr in Regensburg und machte sich an die Diskussion der Friedensregelungen. Noch aber hatte der Kaiser die militärischen Gegner, die nichtamnestierten deutschen Fürsten und die vom Restitutionsedikt betroffenen evangelischen Administratoren der Stifte ausgeschlossen. Hier zeigte sich ein zentrales Hindernis jeder Regelung, an dem bereits der Prager Friede gescheitert war. Allerdings erwies sich die Autorität des Reichstags als so stark, daß schließlich nur noch Kurpfalz, Braunschweig-Lüneburg und Hessen-Kassel die Unterwerfung unter seine Beschlüsse ablehnten; alle anderen waren zur Versöhnung bereit. Auch das Restitutionsedikt wurde relativiert und der Prager Friede den neuen Entwicklungen angepaßt – alle noch am 1. Januar 1627 entfremdeten und nicht restituierten Kirchengüter sollten in der Hand ihrer Besitzer bleiben. Damit wurde eine wichtige und zukunftweisende Lösung angepeilt, obgleich sich die Kurie entschieden dagegen wandte. Weiterführend war auch die Reaktivierung des Reichstags, der alten „Schiedsstelle“. Sie bot nicht nur eine Plattform des Gesprächs, sondern setzte auch ein wichtiges Signal. Vielerorts machte man sich daran, wieder auf die bereits verfallenen Strukturen der Reichsverfassung zurückzugreifen, vor allem in den Reichskreisen. Es erwies sich in der Perspektive des verheerenden Krieges als segensreich, die halbwegs funktionierenden Formen des Zusammenlebens zu erneuern, deren man sich vor dem Krieg so schnell entledigt hatte.

Dies bedeutete allerdings auch, daß der Kaiser seine monarchischen Ambitionen hintansetzen mußte. Seine Position war prekär geworden – von der Hochstimmung nach dem Prager Frieden nur noch wenig zu spüren. Das Jahr 1638 hatte die Offensiven Bernhards von Weimar und Banérs gesehen. 1640 kam es zu ersten gemeinsamen Operationen schwedischer und französischer Truppen – die hessen-kasselischen und braunschweig-lüneburgischen Verbände schlossen sich den Schweden an. Drohend erschien im Januar 1641 eine schwedische Streitmacht vor Regensburg und beschoß die Reichstagsstadt. Unter diesen Umständen suchte auch Kurbrandenburg einen Ausgleich mit Schweden. Kurfürst Georg Wilhelm saß in depressiver Stimmung in Königsberg, während sein Land verwüstet wurde. Als er am 1. Dezember 1640 starb, steuerte der neue Kurfürst Friedrich Wilhelm sogleich einen Separatfrieden mit Schweden an, um sein Land vor dem Ruin zu retten; im Juni wurde die Beendigung der Kampfhandlungen vereinbart. Da der Kaiser seine Partner nicht mehr schützen, geschweige denn die hochgesteckten Ziele des Prager Friedens erfüllen konnte, schloß der neue Kurfürst mit den Schweden ab – ein Menetekel für die kaiserliche Politik, allerdings auch ein klarer Bruch des Prager Friedens und eine Desavouierung der neugewonnenen Autorität des Kaisers, der bald weitere folgten. Dagegen vereinbarten im Nordwesten die Welfenherzöge mit dem Kaiser im Januar 1642 den Frieden von Goslar; sie gaben das umstrittene Bistum Hildesheim zurück, wollten aber religiöse Garantien für die Lutheraner in der Hauptstadt und im Stiftsland. Damit schien ein Großteil des nördlichen Deutschland befriedet.

Der Tod Banérs und die nachfolgende Meuterei im schwedischen Heer entlasteten den Kaiser für kurze Zeit, aber 1642 kam die neue engere französisch-schwedische Allianz voll zum Tragen. Der schwedische Vormarsch erfolgte an allen Fronten; der neue Oberbefehlshaber Graf Lennart Torstensson rückte über Schlesien und Mähren vor und nahm Olmütz – allerdings lag das unbezwungene Leipzig in seinem Rücken; Torstensson mußte es belagern. Als die Kaiserlichen Leipzig zu entsetzen suchten, kam es zur zweiten Schlacht bei Breitenfeld am 2. November 1642, und der Sieg Torstenssons ließ sich durchaus mit jenem Gustav Adolfs zehn Jahre zuvor vergleichen. 5 000 Tote, 5 000 Gefangene, 46 Geschütze, die Kriegskasse und die Kriegskanzlei waren die Verluste des kaiserlichen Oberbefehlshabers Erzherzog Leopold Wilhelm. Nun mußte auch Leipzig kapitulieren.

Längst hatte die bayerische Politik einen Ausweg gesucht. Bei den Geheimverhandlungen im schweizerischen Einsiedeln glaubte Kurfürst Maximilian allerdings noch, den Franzosen weitgehende Bedingungen stellen zu können. Da waren nicht nur die Forderungen nach Anerkennung der bayerischen Kur und des Erwerbs der Oberpfalz – beides sollten zentrale Themen aller Friedensverhandlungen und damit zugleich Instrumente der Kriegsverlängerung werden. Darüber hinaus wollte Maximilian auch noch das Ende des französisch-schwedischen Bündnisses und sogar den Rückzug der Franzosen aus dem Elsaß. Das war für Richelieu natürlich indiskutabel – zumal Bayern keine Alternative zum schwedischen Bündnis bot. Unter Einbeziehung der Kurfürsten von Mainz und Köln suchte Maximilian von Bayern 1642 neuerdings den Ausgleich mit Frankreich. Auch wenn die Verhandlungen, zu denen Maximilian eine Gesandtschaft nach Paris geschickt hatte, scheiterten, zeichnete sich doch eine zunehmende Isolation des Kaisers ab. Die Kriegsmüdigkeit der deutschen Fürsten, ihr Wille, zu der Reichsverfassung in der Vorkriegsform zurückzukehren, hatte sich noch nicht für den Kaiser nutzbar machen lassen. Der Kriegseintritt Frankreichs begann mehr und mehr die Gewichte zuungunsten des Reichsoberhaupts zu verschieben.

Es war eine paradoxe Situation: Die dynastische Solidarität mit Spanien hatte dem Kaiser die Gegnerschaft Frankreichs eingetragen, diese hatte die konfessionellen Fronten des Kriegs neutralisiert und den Kaiser dadurch isoliert – um so wichtiger wurde die Bundesgenossenschaft Philipps IV., der zunehmend in Italien und in den Niederlanden die kaiserliche Kriegführung entlastet hatte und außerdem Subsidien zahlte. Aber die spanische Situation wurde immer kritischer. Zwar hatte der Statthalter in Brüssel, der Kardinalinfant Ferdinand, 1641 eine Offensive gegen Paris vorgetragen, aber die Seeherrschaft der Niederländer schädigte die spanische Flotte nachhaltig und bedrohte auch die überseeischen Besitzungen Spaniens. Dessen Kräfte wurden zunehmend durch den Krieg überanstrengt. 1640 kam es zu den Erhebungen Kataloniens und dann auch Portugals (das sich schließlich sogar von Spanien löste) gegen die spanische Krone, die von deren Gegnern, allen voran Frankreich, natürlich unterstützt wurden. Nun konnten die Franzosen kräftig vordringen – in den Niederlanden und gegen die Pyrenäen. Im Januar 1640 trat der bedeutende spanische Minister Graf Olivares, Exponent einer Erneuerung der spanischen Großmachtpolitik, zurück, am 19. Mai 1643 folgte die verheerende Niederlage der weltberühmten spanischen Infanterie gegen die Franzosen bei Rocroi – in ihrer militärischen Bedeutung überschätzt, kaum in ihrer psychologischen Wirkung. Zugleich kam die Bedrohung der spanischen Nachschublinien voll zum Tragen: im Kanal durch die Niederländer und an der Spanischen Straße durch die Franzosen. So drangen nun die Gegner Spaniens in den südlichen Niederlanden vor: Nacheinander gingen Arras 1640, Gravelingen 1644 und Dünkirchen 1646 verloren.

Aber auch Frankreich zeigte Anzeichen von Erschöpfung. Die schweren Steuerlasten provozierten eine Reihe von Volksaufständen; diese führten zur Verweigerung des Steuereinzugs durch die Beamten, zu mehreren Verschwörungen gegen Richelieu mit dem Ziel eines Friedensschlusses. Am 4. Dezember 1642 starb der Kardinal, am 14. Mai 1643 auch König Ludwig XIII., so daß jetzt eine Regentschaft unter der Königinwitwe Anna von „Österreich" folgte – mit allen Schwächen einer solchen. Anna war die Schwester König Philipps IV. und des Kardinalinfanten und daher einem Friedensschluß geneigter als ihr Mann. Sie gewährte dem neuen leitenden Minister, dem Kardinal Julius (Jules) Mazarin, den entscheidenden Einfluß. Der gebürtige Italiener (eigentlich Mazzarini) trat jedoch als entschiedener Gegner der Habsburger in die Fußstapfen Richelieus. Er wußte allerdings, daß eine allzu extensive Kriegspolitik immer Unruhen auslösen und seinen Sturz herbeiführen könnte. Auch bei den anderen

Partnern der anti-habsburgischen Mächte kriselte es: In England drohte die Monarchie in den Strudeln der Revolution zu verschwinden, in Schweden wuchs der Unmut immer mehr, ganz zu schweigen von der Erschöpfung und der Friedenssehnsucht im Reich.

Der Regensburger Reichstag hatte einen Schub von Friedensbestrebungen ausgelöst – die deutschen Reichsstände tagten in Frankfurt; die Verhandlungen in Münster und Osnabrück, die zwischen Schweden und Frankreich als Verhandlungsorte benannt worden waren, nahmen einen schleppenden Beginn – immerhin hatte sich der Kaiser zur Aufnahme von Gesprächen bereit erklärt. Er suchte allerdings noch immer die Reste seiner Prärogativen zu wahren und eine Teilnahme der Reichsstände an den Verhandlungen mit den europäischen Mächten zu verhindern – diese Betonung eines kaiserlichen Alleinvertretungsanspruchs für das Reich korrespondierte keineswegs mit der Kriegssituation, auch wenn plötzlich die schwedische Position erschüttert zu werden schien.

1643 war ein dänisch-schwedischer Krieg ausgebrochen. Dänemark hatte sich von seinem mißglückten militärischen Abenteuer im Reich erholt, und Christian IV. suchte die schwedische Position in der Schlußphase des Krieges zu schwächen – er begünstigte emigrierte Gegner der Königin Christine und irritierte die schwedische Flotte mit einer Politik der Nadelstiche. Daraufhin griff Schweden Dänemark und die dänischen Besitzungen im Reich, Bremen und Verden, plötzlich an, mußte aber deshalb die bisherige Bedrohung Böhmens aufgeben. Dafür nahm es Bremen und Verden unter seine Administration – das Seegefecht bei Fehmarn machte Dänemark vollends kriegsmüde. Der Friede von Brömsebro vom 23. August 1645 war für Schweden sehr günstig.

Der Kaiser, bis zum schwedisch-dänischen Krieg in Böhmen bedroht, suchte die Dänen durch einen Vormarsch von Gallas nach Norddeutschland zu unterstützen. Geschickt hatte jedoch die schwedische Diplomatie ein Bündnis mit Georg Rákoczi, dem Nachfolger Gabriel Bethlens als Fürst von Siebenbürgen, geschlossen. Rákoczi erhielt moralische Unterstützung durch den Sultan und Gelder aus Frankreich. Im Februar 1644 griff er das kaiserliche Ungarn an, so daß Ferdinand III. wieder Truppen aus Norddeutschland abziehen mußte, die von Torstensson verfolgt wurden. Torstensson konnte Gallas durch geschicktes Manövrieren so in Bedrängnis bringen, daß dieser fast die gesamte Armee verlor und schließlich entlassen wurde.

Nach der Niederlage Dänemarks entschloß sich Schweden, den Kriegseintritt Siebenbürgens auszunützen und zum konzentrierten Angriff auf die Kernlande Ferdinands III. anzutreten: Damit sollte die Widerstandskraft des Kaisers gebrochen werden. Eine französische Offensive gegen Bayern unterstützte diese Pläne. Diese allerdings wurde mit unzulänglichen Kräften durchgeführt. Nachdem sich die Separatverhandlungen Frankreichs mit Maximilian von Bayern zerschlagen hatten, nahm der

Krieg in Süddeutschland eine überraschende Wende. Die Bayern unter Franz von Mercy brachten im November 1643 bei Tuttlingen den Franzosen eine schwere Schlappe bei, so daß deren Feldherr, Henri de la Tour Vicomte de Turenne, etwa ein Drittel seiner Truppen verlor – die bayerischen Verbände konnten dann 1644/45 ihre Erfolgsserie fortsetzen. Erst die Hilfe durch schwedische Truppen versetzte Turenne wieder in die Lage, zur Offensive überzugehen und am 3. August bei Alerheim, nahe dem alten Nördlinger Schlachtfeld, die bayerische Armee zu vernichten: Mercy fiel.

Mit der Schlacht von Alerheim wurde auch die Entwicklung auf dem östlichen Kriegsschauplatz entschieden. Torstensson drang von Sachsen aus nach Böhmen vor und stieß am 6. März 1645 auf eine etwa gleich starke kaiserliche Armee bei Jankau (Jankov) südöstlich von Prag. Dabei erwies sich die Artillerieüberlegenheit der Schweden als entscheidend. Die kaiserlichen Truppen wurden zusammenkanoniert und erlitten eine vernichtende Niederlage, die Torstensson den Weg nach Süden öffnete. Er bildete einen Brückenkopf über die Donau bei Krems, schnitt damit Wien vom Reich ab und führte in den besetzten Gebieten wieder das lutherische Bekenntnis ein. Die Bauern wurden unruhig, während der Kaiser angesichts einer drohenden Belagerung Wiens mit dem Hof nach Graz floh. Schwedische und siebenbürgische Truppen, so war geplant, sollten gemeinsam Wien belagern.

Aber den Schweden gelang der entscheidende Sieg doch nicht. Die Türken hatten die Venezianer in Kreta angegriffen und mußten deshalb die Unterstützung des siebenbürgischen Fürsten Georg Rákoczi einstellen. Dieser machte das Beste aus der Situation und schloß mit Kaiser Ferdinand III. den Wiener Frieden vom 16. Dezember 1645, dessen Bestimmungen zu einem Grundgesetz für Ungarn werden sollten. Die Habsburger mußten nämlich die ständischen Rechte und religiösen Freiheiten Ungarns akzeptieren, also auf die Durchsetzung von Gegenreformation und Absolutismus verzichten; ferner wurde Rákoczi durch territoriale Zugeständnisse besänftigt. Damit aber war einer gemeinsamen Belagerung Wiens die Grundlage entzogen. Nun wurde klar, daß auch die Schweden den Frieden nicht zu diktieren vermochten. Doch traten sie aus einer sehr guten Position heraus in die Verhandlungen ein.

Erst in jüngster Zeit wurde die Bedeutung der Schlachten von Alerheim und vor allem von Jankau für die Geschichte des Dreißigjährigen Krieges voll gewürdigt – so wie dies schon die Zeitgenossen getan hatten. Der Kaiser hatte seine letzten Reserven mobilisiert und stand nach der Niederlage entblößt da. Ihm waren damit die Waffen aus der Hand geschlagen. Der erste Leidtragende war Kursachsen. Johann Georg, der nach dem Prager Frieden konsequent auf der kaiserlichen Seite verharrt hatte, mußte am 6. September 1645 einen Waffenstillstand in Kötzschenbroda mit den Schweden schließen; die Folge war, daß er – nun zwischen alle Fronten geraten – zu den größten Verlierern des Friedensschlusses zählte. Nur der Gewinn der Lausitzen vom Beginn des Krieges blieb dem Kurfürsten. Aber auch die kaiserliche Position auf dem Friedenskongreß war geschwächt. Die Wiener Politik begann kompromißbereit zu werden, so daß Oxenstjerna den nunmehr entscheidend veränderten Gang der Verhandlungen mit den berühmten Worten kommentierte: „Der Feind beginnt courtois und humaner zu reden." Am 29. November 1645 erschien der kaiserliche Prinzipalgesandte, Graf Maximilian Trautmannsdorff, mit weitgehenden Vollmachten, um die Friedensverhandlungen in Münster und Osnabrück wieder in Gang zu bringen.

c) Die Wirkungen des Krieges

1640 hatte sich ein allgemeiner Erschöpfungszustand bemerkbar gemacht, der die aufgewühlten konfessionellen Feindseligkeiten zu dämpfen begann. Die Menschen unter dreißig Jahren, also eine ganze Generation, hatten keine Erinnerung mehr an den Frieden, der Krieg begann nicht nur an der politischen, sondern auch an der sozialen Ordnung in Reich und Territorien zu nagen. Was die Herren und Staatsmänner auf den Konferenzen in zähem Ringen ausfochten, wurde mehr und mehr eine Last für die Zivilbevölkerung – die Konsequenzen des Mordens machten sich vielfältig bemerkbar.

Im Bewußtsein der Menschen, das sich vor allem in den erzählenden Quellen spiegelte, war die enorme Todesrate deutlich – sie prägte sich als wichtigste Konsequenz des Krieges den Nachfahren ein. Inzwischen geben aber die differenzierten Methoden der Historiker ein komplexeres Bild. Die sehr suggestive These des deutsch-britischen Historikers Steinberg, der sogar die Verlustziffern drastisch zu reduzieren suchte, läßt sich in ihrer Einseitigkeit nicht aufrechterhalten, obgleich sie eine beträchtliche Wirkung hatte – sie hat aber wesentlich dazu beigetragen, daß das Bild von den demographischen Konsequenzen des Krieges deutlicher, aber auch komplexer geworden ist. Doch waren die Bevölkerungsverluste dramatisch. Auf der anderen Seite zeigt sich allerdings, daß einzelne Regionen, die der Krieg verschonte, von ihm sogar profitiert haben. Zugleich wird deutlich, daß sich Tendenzen fortsetzten, die schon in der Vorkriegszeit angelegt waren. Insgesamt ist die traumatische Konsequenz der Kriegsereignisse jedoch nicht hinwegzudiskutieren.

Der Zivilbevölkerung gegenüber steht als Ursache des Leidens und als beherrschende Figur der Soldat. Die Berichte in der Literatur, allen voran Johann Christoph von Grimmelshausens „Simplicissimus", die Bilder der Künstler illustrieren eine wilde, hemmungslose und mörderische Soldateska, die in seltsamem Kontrast steht mit dem Heldenkult der Staatsmänner und Generäle, den vor allem das klassische Frankreich mit seinen führenden Gestalten wie mit Richelieu, Mazarin und Turenne, trieb. Das

Spannungsfeld zwischen den edlen und heroischen Generälen und den verwilderten Armeen war allerdings nur ein scheinbares – sie alle unterlagen dem Moloch des Krieges, der rasch seine Eigengesetzlichkeiten entwickelte, denen doch jeder seinen Tribut zollte. Die Unfähigkeit der Politiker, einen gerechten und dauerhaften Frieden zu finden, tat ein übriges dazu.

In der Schlußphase des Krieges waren die Armeen fast zu selbständigen Faktoren geworden – sie konnten durch drohende Haltungen nicht nur den Krieg, sondern auch die politischen Entwicklungen entscheidend beeinflussen. Zunächst hatte vieles auf eine andere Entwicklung gedeutet. Im Zeichen der allgemeinen Kriegsfurcht hatte es vor 1618 in vielen Territorien des Reiches eine Bewaffnung und eine beschränkte militärische Ausbildung („Drill") der Untertanen gegeben. Dieses „Landesdefensionswesen" beruhte meist auf älteren Traditionen der Selbstverteidigung und des militärischen Aufgebots. Nun erfuhr es eine Erneuerung, wobei die Erfahrungen des niederländischen Aufstands und die Taktiken Moritz' von Oranien eine beträchtliche Rolle gespielt hatten. Nicht umsonst wurden die Wetterauischen Grafen um Johann VII. von Nassau, Vetter von Moritz und Autor eines viel rezipierten Kriegsbuches, zu den führenden Propagandisten der Landesdefension. Der Drill der Untertanen sollte die Verteidigungsfähigkeit – vor allem der kleineren Territorien – erhöhen; im Zusammenhang mit dem allgemeinen Konfessionalisierungsprozeß diente er ebenso der Weckung eines Landespatriotismus, wie er auch die Stimmung gegen den Nachbarn anderer Konfession anheizte. Es erstaunt nicht, daß das Defensionswesen nicht nur bei den reformierten Ständen, sondern auch bei Lutheranern und vor allem bei Katholiken eine Rolle spielte: Maximilian von Bayern etwa hat auf seinen Ausbau beträchtlichen Wert gelegt. Aber es zeigte sich bald, daß die Landesaufgebote im Kampf mit den regulären Kräften nicht gerade Lorbeeren ernteten und daß die Söldner ihre „unzünftigen" Gegner mit Verachtung und Grausamkeit behandelten, was sicher den wechselseitigen Haß zwischen Soldaten und Bauern während des Krieges noch zusätzlich steigerte. Das massenhafte Sterben der württembergischen Bauern und Landesdefensionssoldaten in der Nördlinger Schlacht 1634 blieb lange im Gedächtnis des Landes. Das Defensionswesen, also die Mobilisierung der Untertanen, aber entsprach zwei Tendenzen der Zeit – dem allgemeinen Konfessionalisierungsprozeß und dem Heraufkommen des Absolutismus.

Der Dreißigjährige Krieg wurde also zu einem Krieg der Söldner, die im wahrsten Sinne des Wortes bunt zusammengewürfelt waren – nur langsam und in Ansätzen bildete sich eine Uniformierung heraus. So wurde das Feldzeichen zum wichtigsten Symbol des Zusammenhalts. Aber obgleich man zu einer Standardisierung noch nicht gekommen war, setzten sich die Vorteile einer Massenproduktion von Uniformen und Waffen allmählich durch, die eine raschere Vereinheitlichung der Ausrüstung ermöglichte.

Allerdings führte der schnelle Verschleiß der Uniformen auch unter diesen Umständen bald erneut zu einem Räuberzivil, so daß Fahnen und Feldzeichen als Symbol der Gemeinsamkeit wichtig blieben. Ein Geheimnis der Erfolge von Wallenstein war es, daß der Herzog von Friedland diese Vorteile rasch begriff und in seinem Fürstentum frühzeitig Manufakturen errichtete, die für die Armee arbeiteten.

Die meisten Söldner waren zwar Deutsche, aber daneben strömten Männer aus allen Völkern Europas zu den Fahnen. Eine Ausnahme bildete zunächst die königlich-schwedische Armee – die schwedischen Kirchspiele waren verpflichtet, eine gewisse Zahl von Soldaten zur Konskription zu stellen. Die Verluste waren enorm: Das Dorf Bygdea in Nordschweden entsandte zwischen 1621 und 1639 230 Mann, von denen 215 umkamen und 5 als Krüppel zurückkehrten. Man griff bei den Rekrutierungen aus der zunehmend dezimierten männlichen Bevölkerung im Lauf der Jahre im Alter immer niedriger und im sozialen Niveau immer höher, nachdem anfangs Knechte und Kleinbauern bevorzugt eingezogen worden waren. Die damit verbundenen Probleme von Entvölkerung, Geburtenrückgang und enormem Frauenüberschuß schnitten tief ins soziale Gefüge Schwedens und Finnlands ein, was zu einem beträchtlichen Druck auf die Regierenden führte – die Lasten des Krieges sollten daher auf die Deutschen verlagert werden.

Im Reich stellten zunächst die traditionell infolge einer knappen Ernährungsbasis überforderten Alpengebiete eine hohe Anzahl von Söldnern – dann hatte die städtische Bevölkerung stets Kräfte an die Armeen abgegeben. Schließlich ist leicht erklärlich, daß die vom Krieg überrollten Landschaften ebenfalls zahlreiche Rekruten lieferten. Eine Notlage, wenn auch aus unterschiedlichen Wurzeln erwachsen, war es also, die der Armee die Soldaten zutrieb. Die Armee bot größere Sicherheit, versprach auch höhere Verdienste – man gehörte ihr lieber an, als ihr Opfer zu sein.

Allerdings zählten auch Abenteuerlust und Ruhelosigkeit, dann nicht zuletzt Stolz, unter einem berühmten Oberst zu dienen, zu den Motiven. Aus Schottland zogen ganze Clans in den Krieg. Auch religiöser Enthusiasmus fehlte nicht, obgleich in der Regel die Konfession nicht unbedingt die Heereszugehörigkeit bestimmen mußte. Religiöse und politische Loyalitäten konnten kollidieren, ganz zu schweigen von der gespaltenen Loyalität der Deutschen zwischen Kaiser und Landesfürst. Der sächsische General Hans Georg von Arnim, „der während des Krieges so häufig die Fronten wechselte wie kaum ein anderer, tat dies aus Gewissensgründen, nicht aus materiellen Erwägungen“.[30]

Die Loyalität wurde ein großes Problem für die Armeen, die in der Regel von „Kriegsunternehmern“ aufgestellt worden waren. Die Problematik nahezu aller Fürsten und Herren war es, daß ihre Finanzen in der Regel nicht einmal in Friedenszeiten ausreichten – so mußten die Kriegsunternehmer und ihre Werber gleichsam den Krieg vorfinanzieren. Wallenstein, Ernst von Mansfeld und Bernhard von Weimar zählten zu den erfolgreichsten unter ihnen. Der Loyalitätskonflikt für Söldner und Offiziere zwischen dem fürstlichen Kriegsherrn und dem eigentlichen Geldgeber war deutlich, auch wenn keiner der Kriegsunternehmer sich sozusagen als frei verfügbare Größe zwischen den Fronten betätigte (obwohl es an Ansätzen dazu nicht fehlte) – dazu war die Autorität der deutschen Fürsten und der auswärtigen Mächte zu sehr verfestigt.

Wallenstein hatte mit seinem zweiten Generalat die größte Eigenständigkeit erreicht – so daß man ihn zuweilen mit einem italienischen „Condottiere" der Renaissancezeit verglichen hat –, damit jedoch zugleich sein Ende herbeigeführt. Wallenstein war auch jener Kriegsunternehmer, der aus seinem Gewerbe am meisten Profit schlagen konnte – er organisierte die kaiserliche Armee angesichts leerer kaiserlicher Kassen. Der Generalissimus war also Gläubiger des Kaisers in Millionenhöhe, doch sein Heeresverband wurde nicht zuletzt durch ein Kreditsystem zusammengehalten. Zahlreiche kaiserliche Offiziere gelangten zu beträchtlichem Vermögen – auch zu Herrschaften, die oft ein Ersatz für nicht bezahlten Sold waren. Die kaiserlichen Kassen waren besonders defizitär, zum Teil noch belastet durch die Türkenkriege des 16. und frühen 17. Jahrhunderts, was die ausgreifende Reichspolitik Ferdinands II. noch problematischer erscheinen läßt. Die Konfiskationen der böhmischen Güter allerdings gaben ihr Spielraum, woraus sich auch der soziale Aufstieg zahlreicher kaiserlicher Generale und Obristen erklärt. Aber die anderen Armeen standen vor dem gleichen Problem – die schwedische Dotationspolitik läßt sich durchaus der kaiserlichen parallelisieren, allerdings waren Schenkungen im Gefüge des Reiches schwieriger, wie auch der Kaiser selbst erfahren mußte, der es in seinen Erblanden leichter hatte. Selbst wenn die Nördlinger Schlacht und der restaurative Westfälische Friede viele schwedische Maßnahmen beseitigten, sind doch nicht alle Ergebnisse verschwunden, und mancher Krieger ist in den Adel, selbst in die Reichsritterschaft aufgestiegen.

Doch auch Wallenstein und andere Generale vermochten kein finanzpolitisches „Perpetuum mobile" zu schaffen. Der kaiserlichen Kasse blieb nichts übrig, als den Kredit des Generals zu decken. Ansonsten führte das System zum gleichen Ergebnis, das schon der Niederländische Krieg gebracht hatte – man lebte aus dem eroberten Land. Quartier und Verpflegung wurden gestellt, wenn man sich in eine Landschaft bewegte. Das war auch sehr viel hygienischer als das Feldlager, das man sich als eine stinkende und unhygienische Massenansammlung vorstellen muß. Kontributionen an Geld, aber auch an Dienstleistungen und benötigten Materialien, wie Verpflegung oder Kleidung, ergänzten das System. Dies wurde in der Regel zwischen den einrückenden Truppen und den Gemeindevertretern ausgehandelt, sehr oft an den Regierungen vorbei. Immer wieder beteiligten sich die Stände. Für die Betroffenen war es vorteilhaft, sich um das Wohl der Armee zu kümmern, da sonst Brandschatzung und Mord drohten. Für die Heere wurde deshalb ein lebhafter Handel betrieben, der weit in die vom Krieg nicht betroffenen Gebiete ausgreifen konnte. Die gute Versorgung war wichtig, da nur sie die Zuverlässigkeit eines Heeres garantierte. Deshalb sorgte Wallenstein dafür, daß seine Güter den Bedarf der Armee produzierten. Der Generalissimus war es auch, der ein berüchtigtes Kontributionssystem entwickelte, nach dem Prinzip, daß der Krieg aus den besetzten Ländern finanziert werden sollte oder daß der Krieg den Krieg ernährt. Auch wenn er dabei spanischen Praktiken folgte, die Spinola bereits 1620 in der linksrheinischen Pfalz angewendet hatte, wurde eine solche Politik zur Voraussetzung eines allgemeinen Ruins der besetzten Länder. Allerdings war Wallenstein durchaus bereit, die Kriegskontributionen in Grenzen zu halten und Exzesse der einzelnen Soldaten zu verhindern – er wußte, daß die Tätigkeit von Bauern und Handwerkern die Grundlage auch der Existenz einer Armee waren.

Während des Krieges wuchs die Größe der Heere ständig an. Die Versorgung so zahlreicher Truppen warf erhebliche Probleme auf – die Armeen führten oftmals einen gewaltigen Troß und große Viehherden mit sich. Zu ihnen zählten auch Frauen und Kinder, Gattinnen oder Mätressen der Soldaten. Dies verschärfte die Nachschub- und Versorgungsprobleme noch, die sich im Gefolge ungünstiger militärischer Entwicklungen dramatisch zuspitzen konnten. Deshalb suchten sich die Armeen in der Nähe von Flüssen zu bewegen, die einen leichteren Nachschub garantierten als der Landweg. Oft genug aber mußten die Soldaten Not leiden – dann suchten sie sich auf eigene Faust schadlos zu halten. Die geschundenen Bauern setzten sich zur Wehr, und dies führte zu den schwersten Exzessen des Krieges. Versprengte Soldaten wurden häufig von der Landbevölkerung niedergemacht – die Söldner antworteten mit Greueltaten. Kirchengut regte von Anfang an den Appetit der Soldaten an. Schon 1622 ließ der Söldnerführer Christian von Halberstadt den Domschatz, vor allem den silbernen Schrein des heiligen Liborius, in Paderborn einschmelzen und daraus Münzen mit der Umschrift „Gottes Freund, der Pfaffen Feind" prägen und kommentierte dies mit dem Wort Christi: „Gehet hin in alle Welt!"

Gustav Adolf war bekannt dafür, daß er bei Exzessen gegen die Zivilbevölkerung drakonisch einschritt – Todesstrafen waren da nicht selten. Wallenstein ließ wegen angeblicher Feigheit in der Schlacht bei Lützen 1632 17 Offiziere in Prag hinrichten, was allerdings sein Prestige in der Armee schädigte. Seine Härte führte zu zahlreichen Desertionen und trug dem Generalissimus die Namen „Galgenstein" oder „Henker-Herzog" ein.[31] Hinrichtungen gab es bei ergriffenen Deserteuren und bei Offizieren, die Festungen übergeben hatten – sie waren auch sonst nicht selten. 1641 befahl Ferdinand III., gegen Plünderer hart vorzugehen, die Kühe oder Pferde bei Bauern raubten. Meutereien waren relativ selten (wenn es dazu kam, konnten sie allerdings von beträchtlichen Ausmaßen sein).

Die Verluste bei Kämpfen waren enorm; wurde eine Festung gestürmt, war es Brauch, daß man die Verteidiger niedermachte – häufig kamen Metzeleien auf dem Schlachtfeld vor: Berühmt waren Nördlingen 1634, Rocroi 1643, Jankau 1645. Die Flucht führte meist zu schweren Verlusten, wobei sich die Bauern der jeweiligen Landschaft gern an den Massakern beteiligten. Zum Tod vor dem Feind kam der Tod durch Seuchen: Schuld daran waren die unhygienischen Verhältnisse; vor allem wenn sich während einer Belagerung oder aus anderen Gründen die Truppe sehr lange an einem Ort aufhielt, kam es regelmäßig zu schweren Seuchen, wie Pest, Typhus (Lagerfieber) oder roter Ruhr – der Krieg förderte zweifellos auch die großen Pestwellen von 1632 bis 1634. Gerieten Soldaten in Gefangenschaft, so wurden sie gegen Urfehde entlassen, also gegen eine eidliche Versicherung gegenüber dem Sieger, eine bestimmte Zeit nicht gegen ihn zu kämpfen. Sonst preßte man sie häufig in die eigene Armee; Offiziere wurden freigekauft, was ein glänzendes Geschäft war, oder ausgetauscht. Pech hatte der schwedische Feldmarschall Horn, der nach der Nördlinger Niederlage in kaiserliche Gefangenschaft geraten war und von 1634 bis 1642 festsaß, weil sich die Stockholmer Regierung wenig engagierte, den Schwiegersohn Oxenstjernas auszulösen, und Kurfürst Maximilian I. von Bayern die kostbare Beute nicht ohne weiteres freigab. Erfolgte kein Freikauf, traf die Soldaten ein bitteres Los – die Verwundeten überließ man ohnehin sehr häufig ihrem Schicksal. Die ärztliche Versorgung war miserabel, um so besser allerdings die geistliche bei den Heeren beider Seiten.

Die militärischen Neuerungen des Moritz von Oranien, gewonnen aus dem intensiven Studium der antiken, vor allem der römischen Geschichte, kombiniert mit den modernen Möglichkeiten von Feuerwaffen, prägten den Dreißigjährigen Krieg – Moritz setzte auf kleinere, beweglichere Einheiten. Durch das Prinzip von abgestimmten „Salven" war stärkerer Drill nötig. Bereits vor 1618 hatte man begonnen, das Kriegswesen zu lehren; Kriegsbücher, wie das Johanns VII. von Nassau, wurden Mode – von der Einwirkung der oranischen Schule auf das Landesdefensionswesen war schon die Rede. Gustav Adolf perfektionierte dieses System weiter, wobei den Schweden immer wieder ihre überlegene Feuerkraft zugute kam – von Breitenfeld 1631 bis Jankau 1645.

Es waren bislang nie gesehene Truppenmassen, die sich durch Deutschland bewegten und auf Kosten der Bewohner lebten. Aber die Wirkungen des Krieges auf das Land blieben nicht auf die direkten Aktionen der Soldaten beschränkt. Bezeichnenderweise sind die Dokumente über den Dreißigjährigen Krieg in den Archiven zwar zahlreich, aber häufig weniger gut geordnet als jene aus den Jahren zuvor und danach. Dies war kein Zufall: Die staatliche Organisation drohte zu kollabieren; die Heerhaufen errichteten eine Nebenherrschaft, aber ihre Akten sind häufig beim Kriegszug und in den Schlachten verlorengegangen. Dennoch sind die Berichte über Greueltaten zahllos. Dörfer und Städte wurden niedergebrannt, oft mehrfach. Dies gab Anlaß für vielfache dramatische Schilderungen, schlug sich nieder in Erzählungen, Liedern und Kinderreimen und prägte sich so tief in das Bewußtsein der Deutschen ein.

Allerdings lassen sich auch durchaus konkrete Zahlen beibringen. So wird die Bevölkerungszahl des Herzogtums Württemberg 1618 mit 450000, 1634 mit nur 100000 Einwohnern angegeben; 1645 waren es 120000, und erst 1750 hatte man die Zahl der Vorkriegszeit wieder erreicht. Dieser dramatische Rückgang läßt sich auch andernorts in den Schwerpunktgebieten des Krieges nachweisen. Ähnliche Einbrüche erlebten die Aufmarschgebiete der schwedischen Armee, Pommern, Mecklenburg und das östliche Brandenburg, Thüringen und Teile des westlichen Sachsen sowie die Pfalz, Kurtrier, Württemberg und Würzburg, die ebenfalls mehr als die Hälfte ihrer Bevölkerung einbüßten. Eine breite Zone zwischen Lothringen und dem Elsaß, dem Oberrhein, Oberschwaben, Bayern, Franken, Hessen, dem Stift Magdeburg und Brandenburg verlor ein Drittel bis die Hälfte der Bevölkerung. Unter einem Drittel blieben der Breisgau, die Niederrheinlande, Westfalen, Niedersachsen und der größte Teil Kursachsens, die Stifte Münster und Paderborn sowie die Länder der Krone Böhmen. Weitgehend verschont wurden allein die Alpengebiete, Ostfriesland und das Herzogtum Holstein. Insgesamt kann man davon ausgehen, daß die Bevölkerungsentwicklung für Deutschland katastrophal war.

Günther Franz hat 1979 seine früheren Aussagen gegen die Kritik von Steinberg unterstrichen. Seine Ergebnisse sind inzwischen durch Hippel und Roeck bestätigt worden. Gleichwohl haben die recht suggestiven Ausführungen von Steinberg manche methodische Verfeinerung bewirkt und auf Fehlerquellen hingewiesen, so, daß es nicht angehe, etwa in Hamburg von der Todesrate der unter besonders ungünstigen hygienischen Bedingungen lebenden Hamburger Bäckerzunft (ihre Warenlager waren ein Tummelplatz der pestübertragenden Ratten) auf die ganze Stadt zu schließen. Insgesamt aber bestätigt sich ganz offensichtlich der Eindruck von Franz, daß die Bevölkerungseinbrüche verheerend waren. Das Trauma des Dreißigjährigen Krieges, das noch das Denken nachfolgender Generationen bestimmte, bestand also zu Recht.

Natürlich konnte keine Armee ein Interesse an der Vernichtung der Zivilbevölkerung haben, weil sie sich damit ihre eigene Existenzgrundlage entzog – aber die Greueltaten lassen sich nicht wegdiskutieren. Die Mandate dagegen sind kein Beweis für ihre Verhinderung. Der Druck war erheblich, vor allem wenn eine Truppe längere Zeit an einem Ort weilte – dies galt besonders für die Winterquartiere, in denen häufig genug die Soldateska der Zivilbevölkerung die tägliche Nahrung mit Gewalt entriß. Dabei zeigte sich, daß nicht Übergriffe der Soldaten die Hauptursache der Katastrophe waren, sondern der „permanente Kontributionsdruck"[32]. Auch erwies sich, daß Exzesse des Militärs zumeist Folgen eigener Mangellagen waren – fehlende Bezahlung trieb die Söldner zu Aktionen, welche auf Kosten der Bevölkerung gingen. Die häufig mangelnden Soldzahlungen hatten für das besetzte Land schwere Folgen. Hinzu kamen Übergriffe, die aus einer überraschenden Extremsituation resultierten, offenbar häufiger bei Truppen, welche sich nicht ohne weiteres zu verteidigen vermochten – die angespannte Lage konnte sich dann gelegentlich in Massakern äußern. Andererseits war es für die Heerführer und die Fürsten ein Problem, ihre Truppen ruhig zu halten; dieses stellte sich in starkem Maße bei der königlich-schwedischen Armee ein, deren Befehlshaber immer wieder fürchten mußten, daß sich ihre Soldaten gegen sie wandten. Daraus folgte, daß man den Krieg unbedingt fortsetzen mußte, sofern man nicht in der Lage war, das Heer in angemessener Weise aufzulösen. Dies aber kostete meist mehr Geld, als den Krieg fortzuführen – gewiß kein geringer Grund für die ungewöhnlich lange Dauer der kriegerischen Auseinandersetzungen.

Die meisten Menschen starben jedoch nicht durch unmittelbare Einwirkung des Kriegsvolks – wichtiger war die Aussaugung des Landes, die der Hunger nach sich zog, der durch die Schwächung der Menschen wiederum die Seuchen begünstigte, denen dann Zivilisten wie Soldaten zum Opfer fielen. Interessanterweise wies jedoch das flache Land in der Regel höhere Zahlen an Opfern auf als die ummauerte Stadt. Diese war zwar in Friedenszeiten wegen ihrer schlechteren hygienischen Bedingungen von einer höheren Mortalität geplagt, und der Zustrom größerer Menschenmassen verschlechterte die Verhältnisse noch. Damit aber wird deutlich, daß die Stadt einen weitaus besseren Schutz vor marodierendem Kriegsvolk bot und daß die Furcht der Landleute zu Recht bestand.

Günther Franz, der vor allem die eingangs skizzierten unterschiedlichen Verlustzahlen im Reich zusammenstellte, machte auch deutlich, daß diese mit einer beträchtlichen Wanderbewegung verbunden waren. Man wich zum Überleben in Gebiete aus, die vom Kriege weniger betroffen waren – und die verschonten Gebiete, vor allem die ärmlichen Alpenregionen, sollten dann wesentlich zur Wiederbevölkerung des Landes beitragen.

Deutlich wird ferner, daß sich mit dem Bevölkerungsrückgang eine Wirtschaftskrise verband. Allerdings zeigt sich, daß der Krieg eine ältere Entwicklung verstärkte und umbog. Dabei spielte die Finanzkrise der Territorien eine zentrale Rolle. Am Vorabend des Dreißigjährigen Krieges hatten sie beträchtliche Schulden gemacht – bei der Kurpfalz war dies besonders sichtbar, angesichts der Verbindlichkeiten des landschaftlichen „Kommissariats" der Ober- und Unterpfalz. Weite Teile der begüterten Bevölkerung hatten Zinseinkünfte von den Landesherren – Einkünfte, die bald ins Stocken gerieten. Verschärft wurde die Situation durch das Treiben der Kipper und Wipper um 1620, das eine Senkung des Edelmetallgehalts der Münzen zur Folge hatte. Daran beteiligten sich allerdings auch die Münzherren. Besonders bemerkenswert war dies bei der „Langen Münze" in Böhmen, die den Adeligen einen billigen Gütertransfer ermöglichte.

Alle diese Maßnahmen aber brachten das Lohn-Preis-System durcheinander; man suchte die Löhne in schlechter Münze zu bezahlen; die Verkäufer forderten demgegenüber gute Münze. Damit aber wurde nicht nur das Vertrauen in die Währung, sondern auch die öffentliche Ordnung erschüttert. Die Wirkung ging so weit, daß man sogar in England bemerkte, wie sehr der Tuchexport ins Reich beeinträchtigt war.

War die erste Kriegsteuerung eine „Scheinteuerung" (Kellenbenz), so setzte bald eine echte Teuerung durch Verknappung der Waren ein. Sie begünstigte eine Welle von Hungersnöten, die mit dem Krieg begannen und in der zweite Hälfte der 1630er Jahre einen Höhepunkt erreichten – nicht umsonst folgte danach eine wachsende Friedensbereitschaft. Die geschwächten Menschen erlagen nun leichter den Epidemien, so daß von 1632 bis 1640 eine Pestwelle durch das Reich ging; Hunger und Seuchen schaukelten sich gegenseitig hoch – die Pest raffte die Bauern hinweg, die das Brotgetreide produzierten, und verschärften damit die Hungersnot.

Infolgedessen begannen auch die Preise für Grund und Boden zu fallen. Berühmt waren im hessischen Schlitzer Land die Flurbezeichnungen „Brotwiesen" oder „Kloßäcker", die den bescheidenen Gegenwert markierten, welcher für ein Stück Land zu erzielen war. Mit dem Rückgang der Bevölkerung ging auch der Absatz des Getreides zurück, so daß die Existenzbasis der Bauern in Frage gestellt war. Schon 1632 mißlangen schwedische Pläne, im Zusammenspiel mit Rußland über ein Getreidemonopol den Krieg zu finanzieren, am Verfall der Getreidepreise auf der Amsterdamer Börse. Versuche der Obrigkeiten, wie des Großen Kurfürsten 1645, die Getreidepreise festzulegen, scheiterten am Rückgang und an der Not der Stadtbevölkerung – demographische und ökonomische Entwicklung steuerten sich wechselseitig nach unten.

Die Abschöpfung des Geldes durch die feindlichen Armeen verschärfte die dramatische Wirtschaftslage – Adeligen wie Bauern fehlten die üblichen Einkünfte, die Territorien stellten überdies die Zinsendienste ein. Daraus erwuchs eine Kreditkrise, der freilich die erheblichen Gewinne einzelner Kriegsunternehmer und Militärs gegenüberstanden. Für viele Adelige war die Axt jedoch nicht nur an die Basis der ökonomischen Existenz, sondern auch der politischen Stellung gelegt.

4. Der Westfälische Friede

a) Der Weg zum Frieden

Die Kriegsmüdigkeit war allgemein; es hatte sich zu Beginn der 1640er Jahre verdeutlicht, daß weder die auswärtigen Mächte vom deutschen Boden zu verdrängen waren, noch daß diese dem Reich den Frieden diktieren konnten; auch sie waren durch den Krieg erschöpft und von

Krisen geschüttelt. Der Prager Friede war gescheitert, weil seine Amnestiebestimmungen nicht ausreichend gewesen waren. Die Pfälzer Frage erwies sich durch die dynastischen Verbindungen des Winterkönigs zu den europäischen Mächten einerseits, die relativ starke Stellung des Hauptnutznießers der Pfälzer Niederlage, des Kurfürsten Maximilian von Bayern, andererseits, als ein nahezu unlösbares Problem. Auch war es zu einfach gewesen, sich allein die Vertreibung der fremden Mächte als Ziel zu setzen, zumal sich erwies, daß man nicht in der Lage war, die dazu nötige Solidarität im Reich aufzubringen.

Es hatte sich gezeigt, daß der Kaiser auf dem Weg eines Abschlusses allein mit den Reichsständen keinen Frieden herbeiführen konnte. Als der Kurfürstentag, der im Februar 1640 in Nürnberg stattfand, den gewünschten Erfolg nicht brachte, setzte Ferdinand III. auf die Wiederbelebung des Reichstags. Dies war eine sehr wichtige Entscheidung, denn damit mobilisierte er das Forum des ständisch verfaßten Reiches, nicht nur die bloßen Anhänger des Kaisers. Die Wirkung war beachtlich; man kann von 1640 an eine Wiederbelebung der vielerorts lahmgelegten Reichsinstitutionen, insbesondere der Reichskreise, beobachten. Mehr noch: damit bot sich als günstigstes Lösungsmittel an, an den Status quo ante vor dem Krieg anzuknüpfen, was für den Friedensschluß eine wichtige politische Vorentscheidung werden sollte.

Außerdem hatte sich der Kaiser grundsätzlich bereit erklärt, das Restitutionsedikt in Frage stellen zu lassen. Der Regensburger Reichstag von 1640/41 zeigte sich zwar für die Friedensregelung überfordert, aber er verwies nicht nur grundsätzlich auf eine solche, sondern das kaiserliche Entgegenkommen an sich signalisierte eine Friedenschance. An Weihnachten 1641 vereinbarten der Kaiser, Schweden und Frankreich im Hamburger Präliminarvertrag bereits die Aufnahme von Verhandlungen in Münster und Osnabrück.

1643 trafen sich in Frankfurt auf einem Reichsdeputationstag die Kurfürsten und weitere Reichsstände – sie wollten immer noch zunächst eine interne Lösung der Dinge, um danach gemeinsam den Frieden mit den auswärtigen Mächten auszuhandeln. Deren Vertreter hatten sich mittlerweile in Münster und Osnabrück eingefunden – Frankreich, Spanien und andere katholische Mächte tagten in Münster, die Schweden und ihre Partner im benachbarten Osnabrück. Es gab also drei Orte der Friedenskonferenz. Ferdinand wollte dies auch ausnützen und – unter Ausschaltung der Reichsstände – selbst im Namen des ganzen Reiches mit den auswärtigen Mächten allein verhandeln. Damit aber hätte das Reichsoberhaupt eine Schlüsselrolle für den Frieden gewonnen und zugleich das Reich veranlaßt, die Außenpolitik als eine kaiserliche Prärogative anzuerkennen. Dieses Konzept erhielt zwar die Zustimmung der katholischen Reichsstände, nicht aber die der protestantischen. Die katholische Majorität in Frankfurt schien jedoch zeitweilig der kaiserlichen Position zum Sieg zu verhelfen. Dadurch aber, daß der neue Kurfürst Friedrich Wilhelm von Brandenburg gegen die kaiserliche Linie opponierte, machte er sich rasch zum Wortführer der deutschen Protestanten. Hinzu kam, daß die von der Amnestie Ausgeschlossenen nicht in Frankfurt erscheinen konnten. Die streitbare Landgräfin Amelie Elisabeth von Hessen war nicht gewillt, dies hinzunehmen. Sie lehnte sich wie Brandenburg an die Krone Schweden an und wurde fortan zur entschiedensten Verfechterin eines politischen Programms, das den Kaiser weitgehend entmachten wollte. So hatten Schweden und Frankreich ein leichtes Spiel, als sie gegen den Willen des Kaisers die Reichsstände zum Friedenskongreß einluden. Dem Kaiser blieb schließlich nichts anderes übrig als nachzugeben; auch die Religionsfrage konnte er vom Friedenskongreß nicht fernhalten – damit aber war eine autoritative Entscheidung des Reichsoberhaupts verhindert.

Schweden hatte die Kasseler Argumente begierig aufgegriffen. Sein Gesandter, Johann Adler Salvius, bezichtigte das Reichsoberhaupt, drei Jahrzehnte keinen Reichstag einberufen und dadurch die Majestätsrechte im Reich usurpiert zu haben. „Solches ist der rechte Weg zum absoluten Dominat und der Stände Servitut. Die Kronen werden solches pro posse hindern. Ihre Sekurität besteht in der deutschen Stände Libertät."[33] Der Kaiser wollte hier nicht nachgeben, in der richtigen Erkenntnis, daß damit die künftige Struktur des Reichsverbandes in entscheidender Weise präjudiziert würde – folglich lehnte er die Zulassung der Reichsglieder zum Friedenskongreß ab.

Am 29. August 1645, nach Jankau und Alerheim, gab Ferdinand III. jedoch nach; die Landesfürsten erhielten das Jus belli ac pacis, das Recht zur Selbständigkeit bei Kriegführung und Friedensschluß. Dies bedeutete das Ende des Frankfurter Konvents und die Zulassung der Reichsstände zum Friedenskongreß. Der Friedenskongreß erhielt damit einen Zwittercharakter: ein Kongreß europäischer Mächte und eine Art Reichstag zugleich, in dem sich die Repräsentanten der kriegführenden europäischen Mächte mit den Vertretern der deutschen Territorien trafen – die Beschlüsse hatten den Charakter von Reichsabschieden, ohne daß es sich um einen Reichstag im strengen Sinne des Wortes handelte. Gleichwohl, die ständische Struktur des Reiches war damit durch den Kaiser anerkannt – ein bedeutender Sieg der reichsfürstlichen Libertät, aber auch der auswärtigen Mächte, die diese zu stützen trachteten. Im August 1645 verzichtete der Kaiser auf Sonderrechte für die in protestantischen Territorien lebenden Katholiken – bald folgte die Amnestie für „aufrührerische Stände", so daß diese selbst am Kongreß teilnehmen konnten. Den Abschluß der Entwicklung bedeutete die Entsendung des Grafen Maximilian Trautmannsdorff durch den Kaiser.

Die Ereignisse des Sommers 1645 hatten die erste, die Anlaufphase des Friedenskongresses beendet. Im Januar 1646 kamen die Delegierten der niederländischen Generalstaaten hinzu, die über einen Frieden mit Spanien verhandelten und somit den europäischen Charakter des Friedenskongresses unterstrichen, aber auch den Ablauf weiter komplizierten. Insgesamt stellten 194 europäische Fürsten 176 Bevollmächtigte. Die Gesandtschaften der großen Mächte besaßen einen riesigen Troß – die französische 200 Personen. Die Zahl der Diplomaten veränderte das Leben in den Bischofsstädten Münster und Osnabrück. Es gab komplizierte Unterbringungs- und Versorgungsprobleme, wobei die letzteren leichter gelöst werden konnten – auch auf den Reichstagen war man es gewöhnt, daß zwei Personen in einem Bett schliefen. Allein die Bewältigung der Korrespondenz war ein Problem – brauchte doch ein Brief nach Paris oder Wien 12, nach Stockholm 20, nach Madrid 23 oder gar 30 Tage. Diese Vorgaben bestimmten in hohem Maße den Gang der Verhandlungen. Hinzu kamen ernste protokollarische Probleme, die mit großer Findigkeit gelöst werden mußten.

Zeremonielle Fragen spielten eine erhebliche Rolle auf diesem ersten europäischen Friedenskongreß – verkörperten sie doch Rang und Prestige der handelnden Mächte. Deshalb wurde über Präzedenz und Titel erbittert gerungen. Aber hier spiegelt sich auch die Schaffung eines Regelsystems, das den Umgang der europäischen Mächte miteinander erst ermöglichte. Der Westfälische Friedenskongreß war ein Gesandtenkongreß – nicht nur die Monarchen, sondern auch die meisten leitenden Staatsmänner blieben fern. Das hat die Verhandlungen erleichtert und kompliziert: Zwar mußte stets zurückgefragt werden, aber andererseits hatte man den nötigen Spielraum, schwere Zusammenstöße zu vermeiden. Es gab auch Spannungen innerhalb der Gesandtschaften, die von den Parteiungen der entsendenden Höfe bestimmt waren. So hatte Adler Salvius mehr das Ohr der Königin Christina von Schweden als Johann Oxenstjerna, der ranghöhere Sohn des Kanzlers, eine Situation, die den schwindenden Einfluß des großen Staatsmannes spiegelte. Mit dem Kanzler von Braunschweig-Grubenhagen, Dr. Jakob Lampadius, stand ein bedeutender Reichstheoretiker und Jurist zur Verfügung.

Die Komplexität dieser Ausgangslage wirkte auf den Gang des Kongresses zurück, der noch zusätzlich belastet wurde durch die getrennte Tagung in Münster und Osnabrück. Dabei wurde Münster maßgeblich für die internationalen, Osnabrück für die deutschen Probleme; bezeichnenderweise dominierte in Münster die schriftliche, in Osnabrück die mündliche Verhandlungsform. Ferner hat die Anlehnung an den Modus des Reichstags den Gang der Gespräche weiter kompliziert – vielleicht aber auch dramatische Entwicklungen verhindert. Natürlich war das Trio Kaiser-Frankreich-Schweden von entscheidender Bedeutung, so umständlich und feierlich sich auch die Reichsstände präsentierten. Dies führte zum Eintritt der deutschen Stände in die Klientel Frankreichs oder Schwedens, wenn man gegen den Kaiser etwas erstreiten wollte. Immer noch aber bedeutete das Kriegstheater den gewichtigsten Lieferanten von Argumenten.

Mit dem November 1645, dem Eintreffen des kaiserlichen Prinzipalgesandten Graf Trautmannsdorff, trat der Kongreß in seine entscheidende Phase – der Graf verließ Münster wieder im Juni 1647. Trautmannsdorff gewann eine Schiedsrichterrolle. Der niederösterreichische Aristokrat hatte das Vertrauen des Kaisers und daher eine beträchtliche Handlungsfreiheit – er vermochte sämtliche Register des persönlichen Auftretens und des diplomatischen Spiels zu ziehen und hatte doch den Respekt aller. Er hatte schon entscheidend am Prager Frieden mitgewirkt und war als erfahrener Politiker unter Ferdinand III. zum Präsidenten des kaiserlichen Rates avanciert. Der Konvertit vermochte die politischen Notwendigkeiten gut zu erkennen und so im Interesse des Erzhauses notfalls die konfessionellen Barrieren zu überwinden. Damit wurde er zum Symbol kaiserlicher Kompromißbereitschaft und der Distanzierung vom katholisch konfessionellen Rigorismus, dessen Verfechter in ihm ihren erbitterten Feind sahen. Trautmannsdorff vertrat die Konzeption eines Zusammengehens mit den deutschen Reichsständen gegen die fremden Mächte. Ihm verdankten die evangelischen Stände anfangs beträchtliche Erfolge – aber dies erbitterte die Katholiken, ohne die Protestanten von den Schweden zu trennen. Es wurde deutlich, wieviel Prestige der Kaiser durch den langen Religionskrieg verspielt hatte. Dennoch erreichte Trautmannsdorff den Ausgleich mit Frankreich, das dadurch allerdings seine territorialen Forderungen durchsetzen konnte.

Aber obwohl alle wichtigen Fragen vor 1647 entschieden waren, suchte Frankreich die Entscheidungen zu verschleppen, bis Spanien geschlagen war – was nicht gelang. Das Kriegsgeschehen hatte weiter seine Auswirkungen auf den Gang der Verhandlungen. Der schleppende Ablauf des Friedenskongresses wurde begleitet von Tod und Verderben – Münster und Osnabrück waren allerdings neutralisiert. Der lange Krieg hatte zu viele Probleme aufgeworfen, auch kämpften beide Seiten erbittert um die Früchte des blutigen Ringens. Schweden und Franzosen sahen in den deutschen Problemen die vordringlichen, die man allerdings auch zum Durchsetzen der eigenen Ziele nutzen konnte. Mit der rechtlichen Regelung der deutschen Fragen kam sogleich das alte Problem der Interpretation des Augsburger Religionsfriedens auf, das zu den wesentlichen Ursachen des Krieges gezählt und das die katholische Seite im Restitutionsedikt von 1629 so einseitig zu entscheiden gesucht hatte. Nun zeigte sich, daß allein auf der Grundlage des Religionsfriedens von 1555 ein neuerlicher Kompromiß zu vereinbaren war und daß dieser keineswegs einseitig katholisch ausgelegt werden konnte. Wichtig wurde, daß die katholischen Fürsten in Münster und die protestantischen in Osnabrück separate Beratungen abhielten.

Die Katholiken hatten anfangs die Mehrheit – hinzu kam noch, daß einige von ihnen jeweils über ein ganzes Bündel von Stimmen verfügten. Der Kölner Vertreter, der Kardinal Franz Wilhelm von Wartenberg, führte nicht weniger als 15 Stimmen, zu denen seine fünf eigenen kamen – er war selbst Bischof von Osnabrück und Regensburg. Der Prior des nach 1629 restituierten württembergischen Benediktinerklosters Murrhardt, Adam Adami, übte das Stimmrecht der Schwäbischen Prälaten aus, der Augsburger katholische Gesandte, Johann Leuchselring, das von 16 katholischen schwäbischen Reichsstädten. Alle drei verkörperten einen intransigenten katholischen Standpunkt, sie waren fanatische Anhänger des Kaisers und Spaniens. Der Kurfürst von Trier, der zeitweilig in kaiserlicher Haft gehalten wurde, und andere Gefolgsleute setzten auf die Politik Frankreichs. Damit aber wurden bei aller entschiedenen Verteidigung der katholischen Ansprüche Risse im katholischen Block sichtbar, die durch die zunehmende Kompromißbereitschaft des Wiener Hofes vertieft wurden. Es zeigte sich, daß die „Triumviri" Wartenberg, Adami und Leuchselring am Ende isoliert waren und im Frühjahr 1648 Münster verließen, nachdem auch Maximilian von Bayern eine pragmatische Linie einzuschlagen begonnen hatte.

Die evangelische Gruppe, der Kern des späteren „Corpus Evangelicorum", war ebenfalls nicht geschlossen. Kursachsen, der traditionelle Führer des evangelischen Lagers, war nach seinem Bündnis mit dem Kaiser und dem Waffenstillstand mit Schweden paralysiert, der junge Pfälzer Kurfürst Karl Ludwig ein Prätendent ohne Land, Kurfürst Friedrich Wilhelm von Brandenburg, der sich zunehmend als die stärkste politische Potenz der deutschen Protestanten profilierte, hatte bereits mit den Schweden Frieden geschlossen. Um so stärker wurde die Stimme der Reformierten, vor allem jener Protestanten, die aus der Amnestie im Gefolge des Prager Friedens ausgeschlossen waren – auf ihre starke Armee gestützt, konnte vor allem die streitbare Landgräfin Amelie Elisabeth von Hessen-Kassel eine wichtige Rolle im Sinne einer strikt antikaiserlichen Politik spielen. Allerdings stand dabei auch die alte Rivalität im Vordergrund, die zwischen den Häusern Hessen-Kassel und Hessen-Darmstadt herrschte und die nicht wenig zur Verschärfung des Krieges beigetragen hatte. Die Protestanten vermochten aber die Spannungen besser zu überwinden als die Katholiken – außerdem hatten sie den schwedischen und den niederländischen Rückhalt für sich, während die französischen Zielsetzungen zwar prokatholisch, aber auch proständisch und antikaiserlich waren, was zu einer starken Zersplitterung führte.

Die schwedische Politik verfocht die alten Ziele: Satisfaktion, Sicherheit, Amnestie. Hinzu kam die Stärkung der deutschen „Libertät", worin sich die Schweden mit Frankreich trafen. In der letzten Phase des Krieges konnte Schweden seinen Forderungen wieder entschiedenen Nachdruck verleihen. Dabei wurde die Frage Pommerns immer kritischer, denn der neue brandenburgische Kurfürst Friedrich Wilhelm hatte die Bedeutung dieses Landes erkannt, das die Odermündung kontrollierte, und pochte auf seine legitimen Ansprüche, die Schweden nicht zu erfüllen geneigt war. So setzte er auf Frankreich, das seinerseits dazu tendierte, gegen die drohende Hegemonie Schwedens in Norddeutschland ein Gegengewicht zu schaffen. Hier lag nicht nur der Ansatz für den Aufstieg Brandenburg-Preußens zur norddeutschen Hegemonialmacht, sondern die stets latenten Spannungen zwischen Frankreich und Schweden traten deutlich zutage, die sowohl in den politischen Intentionen wie in den konfessionellen Gegensätzen begründet waren. Die kaiserlichen Gesandten, erst Trautmannsdorff, dann der vorderösterreichische Kanzler Isaak Volmar, verstanden es durchaus, hieraus Vorteile zu ziehen; die drohende Übermacht einer Seite mobilisierte die Gegenkräfte, wie die schwedische Reichspolitik bereits gezeigt hatte – nun konnte der Kaiser im Sinne eines Gleichgewichts gegenüber Schweden agieren.

In ganz Europa begann sich damals das System des Gleichgewichts zu etablieren, geboren aus dem verstärkten politischen Zusammenwachsen des Kontinents. Durch die Europäisierung der deutschen Politik erfaßte dieses Gleichgewichtsdenken auch den Reichsverband – man hatte erkannt, daß ein kaiserliches Übergewicht Europa nicht unberührt lassen konnte. Dies vereinfachte und komplizierte zugleich die Verhandlungen in Osnabrück; während die übrigen europäischen Mächte das Gespenst einer habsburgischen „Universalmonarchie" an die Wand malten, appellierte der Kaiser an den deutschen Patriotismus. Aber die Probleme hatten sich verschoben: In einem erregenden Schauspiel wuchsen die internationalen Friedenstraktate und die innerdeutschen Reichsverhandlungen zusammen: „Der alte deutsche doppelte Dualismus zwischen Kaiser und Reichsständen einerseits und zwischen den Religionsparteien andererseits verschmolz nun mit dem internationalen Gegensatz zwischen dem Kaiser und den fremden Mächten."[34]

Das schwedische Oberkommando suchte den schwedischen Forderungen durch unterstützende Maßnahmen Nachdruck zu verleihen – ihr Ziel war vor allem Maximilian von Bayern. Die Schweden räumten den Brükkenkopf in Krems und zogen sich aus Niederösterreich zurück; der kaiserliche Gegenangriff wurde nach Hessen-Kassel vorgetragen, bewies aber nur, daß die kaiserliche Armee so sehr ihre Substanz verloren hatte, daß sie von einer französisch-schwedischen Armee unter Turenne und Wrangel bis nach Böhmen zurückgetrieben werden konnte. Dafür hielten sich die Schweden und ihre Verbündeten im Rheinland und in Bayern schadlos. Damit waren auch Maximilian I. von Bayern und Ferdinand von Köln (14. März 1647), später auch Kurmainz zum Waffenstillstand bereit und wurden so aus der kaiserlichen Koalition abgesprengt – erneut schien der Kaiser am Ende. Vor allem Bayern strebte nach einer unabhängigeren Stellung und suchte sich als dritte Kraft zu präsentieren. Nun forderte Mazarin für Frankreich reichsfürstlichen Rang, d. h. Sitz und Stimme auf dem Reichstag – schon Richelieu hatte betont, es sei nötig, in den Reichskörper einzudringen, und hatte mit Hilfe Soeterns für sich die Würde eines

Koadjutors, d.h. die Nachfolge im Kurfürstentum Trier, angestrebt. Das aber war für den Kaiser schwer akzeptabel – die zusätzlich günstigen Bedingungen für die Kurpfalz, die Mazarin ebenfalls anmeldete, für Maximilian I. schon gar nicht. Daraufhin schwenkte der Bayer wieder auf die kaiserliche Seite zurück; die neu aufgenommenen Kampfhandlungen konnten jedoch nur noch die Ohnmacht Maximilians dartun. Die letzte kaiserliche Armee wurde am 17. Mai 1648 bei Zusmarshausen vernichtet, Maximilian mußte außer Landes nach Salzburg gehen. Schweden und Frankreich kontrollierten nun weite Teile Bayerns.

Da aber kam es in Frankreich zu einer schweren Staatskrise, die von oppositionellen Adeligen und einem unwillig gewordenen Beamtentum ausgelöst wurde, die sogenannte „Fronde". Auch Mazarin wurde damit friedensbereit – ebenso die Schweden, die sich der Erfüllung ihrer Forderungen immer näher sahen. Am 6. August 1648 kam es zu einem „Vorfrieden" zwischen Schweden und dem Kaiser. Die Schweden belagerten noch einmal Prag – ein letztes Hoffnungslicht für die geschundenen böhmischen Protestanten. Aber hier verweigerte sich der Kardinal Mazarin, so daß allein die Evangelischen Schlesiens gewisse Vergünstigungen erreichen konnten.

Mazarin konzentrierte sich auf das alte Hauptziel der französischen Politik, die Sprengung der Einheit der Casa de Austria, also die Trennung des Kaisers vom König von Spanien. Die Krise Spaniens hatte sich verschärft, als sich nach Katalonien und Portugal 1647 auch noch Neapel unter Masaniello erhob; es begann zudem in Sizilien und Andalusien zu kriseln. Die spanische Politik stand auch nach dem Sturz von Olivares unter einem schweren Druck, zog aber doch einen Ausgleich mit den Niederlanden dem Frieden mit Frankreich vor. Nun war Madrid sogar bereit, die Souveränität der Generalstaaten anzuerkennen, die Sperrung der Schelde zuzugestehen (eine Maßnahme, die der Handelstradition der südlichen Niederlande endgültig den Garaus machen mußte), Zölle der Generalstaaten in den flandrischen Häfen hinzunehmen und so einst blühende Städte zu opfern. 1646 gestand Philipp IV. von Spanien sogar die Anerkennung der niederländischen Gewinne im portugiesischen Bereich zu – gegen den Verzicht auf den Handel mit den spanischen Kolonien. Dieser Kompromiß wurde im Januar 1648 ratifiziert. Damit war einerseits der Weg zum Frieden erleichtert, andererseits aber Frankreich um so mehr gedrängt, den Kaiser von Spanien zu trennen.

Dies zeigte sich sogleich in einer spanischen Offensive gegen Frankreich, das jedoch nach dem Sieg seiner Armee in Süddeutschland die flandrische Front zu verstärken vermochte und so am 20. August 1648 bei Lens einen glänzenden Sieg erfechten konnte. Gleichzeitig spitzte sich die Lage vor Prag zu: Am 26. Juli waren die Kleinseite und der Hradschin gefallen. Erneut drohte der Zusammenbruch der habsburgischen Position. In seinem Quartier auf der Prager Kleinseite erhielt der schwedische General

Königsmarck am Ende dann die Nachricht, daß am 24. Oktober 1648 der Friede von Münster und Osnabrück geschlossen worden war. Der Kaiser hatte angesichts des drohenden Zusammenbruchs erneut nachgeben müssen.

b) Der Friede von Münster und Osnabrück

Es hatte sich gezeigt, daß der Friede im Reich nur durch Beteiligung der fremden Kronen zu erlangen war. So konnte Frankreich die habsburgischen Besitzungen im Elsaß um den Kern des Sundgaus erwerben – hinzu kamen das rechtsrheinische Breisach, das Besatzungsrecht im speyerischen Philippsburg und die Anerkennung des älteren Erwerbs von Metz, Toul und Verdun. Aus der Unklarheit der einschlägigen Formulierungen haben dann später die französischen Juristen Ansprüche konstruiert, die von der französischen Armee exekutiert werden sollten und neuerliche Auseinandersetzungen mit dem Reichsverband bewirkten. Der französische Anspruch legte die österreichischen Besitztitel im Elsaß, die begrenzt waren, sehr weit aus und schlug die daran hängenden Reichs- und Lehensrechte hinzu, was die Basis für die Gewinnung des gesamten Elsaß durch Frankreich bedeuten sollte. Der Streit um die mangelnde Präzision der Formulierungen sollte in den folgenden Jahrzehnten von der stärkeren Macht und deren Generälen entschieden werden. Der Kaiser stimmte der vollen Abtretung des Elsaß zu, weil er fürchtete, daß die französische Reichspolitik größeren Spielraum bekäme, wenn der französische König als Reichsfürst in den Reichstag einzöge und sich dort eine Klientel bilden könnte. Ähnlich sollten die französischen Rechtstitel in Metz, Toul und Verdun ausgelegt werden. Der Herzog von Lothringen, ein entschiedener kaiserlicher Parteigänger, wurde durch den Frieden nicht restituiert, er sollte in der näheren Zukunft dem harten französischen Zugriff ausgesetzt bleiben. Das Vorrücken Frankreichs an den Rhein bedeutete schon 1648 eine wichtige Verschiebung der Kräfteverhältnisse in Süddeutschland – ein bedeutender Effekt war die Unterbrechung der Spanischen Straße, die man auch für den fortdauernden Konflikt mit Spanien unbrauchbar machen wollte.

Noch spektakulärer waren die schwedischen Gewinne. Die Krone Schweden konnte ihre drei zentralen Kriegsziele durchsetzen. Ihr gelang der Griff nach der norddeutschen Gegenküste auf breiter Front: Vorpommern mit Stralsund, Stettin, Rügen und der ganzen Odermündung, der wichtige mecklenburgische Hafen Wismar, die säkularisierten Stifte Bremen und Verden, welche die Kontrolle der Mündungen von Elbe und Weser sicherten. Diese Gebiete blieben jedoch im Verband des Reiches – für sie wurde Schweden Reichsstand und Mitglied des Reichstags.

Hinzu kam die Satisfaktion. Die schwedische Regierung stand selbst unter dem massiven Druck ihrer Armee im Reich, die als Machtfaktor eigener Bedeutung über ganz Deutschland verstreut war. So bedeutete sie eine permanente Belastung – hinter der horrenden Forderung von 20 Millionen Reichstalern stand eine handfeste Macht. Man bewilligte schließlich eine Satisfaktion von 5 Millionen, die auf die Reichskreise verteilt wurde und deren Aufbringung schwer genug blieb.

Schweden war eine norddeutsche Macht geworden – es hatte die im Krieg errungene Großmachtstellung durch sein Eindringen ins Reich scheinbar gefestigt. Dieser Erfolg ging auf Kosten Kurbrandenburgs, das die schwedischen Ansprüche um das halbe pommersche Erbe gebracht hatten. Brandenburg mußte sich mit dem weit weniger wertvollen Hinterpommern ohne einen günstigen Hafen zufriedengeben. Immerhin erhielt es wegen seiner gekränkten Rechte eine beträchtliche Entschädigung mit den Stiften Halberstadt, Cammin und Minden – nach dem Tode des kursächsischen Administrators sollte auch das Erzstift Magdeburg brandenburgisch werden. Der Kaiser mußte wie bei Bremen und Verden in die Säkularisation willigen. Damit aber gewann Brandenburg immerhin weitere Brückenpfeiler zu seinen Westprovinzen Kleve, Mark und Ravensberg. Hier zeigte sich bereits die energische Hand des neuen Kurfürsten Friedrich Wilhelm, der durch den Grafen Johann von Sayn-Wittgenstein auf dem Kongreß vertreten war. Hinzu kam aber auch, daß die französische Diplomatie ein Gegengewicht dagegen schaffen wollte, daß Schweden nach dem Rückzug des Kaisers aus Norddeutschland dort allzu sehr eine Hegemonialstellung errang. Brandenburg gewann dadurch auch einen Vorteil gegen Sachsen, das im Wettbewerb um Magdeburg unterlag und damit von der Norddeutschen Tiefebene territorial abgeriegelt wurde – es begann, den alten Vorsprung gegenüber Brandenburg rasch einzubüßen.

Die Eidgenossenschaft, die sich zu ihrem Vorteil aus dem Dreißigjährigen Krieg hatte heraushalten können, suchte ihre Autonomie zu verstärken. Sie erreichte – entgegen verbreiteter Meinung – ihre Souveränität de jure noch nicht, aber blieb von allen Pflichten und Lasten gegenüber dem Reich befreit, auch dies eine offene Formel, die dennoch der bereits praktisch vollzogenen Ablösung weiter Vorschub leistete. Auch die Abtrennung der nördlichen Niederlande vom Reichsverband war nur indirekt fixiert durch die Anerkennung der Unabhängigkeit im niederländisch-spanischen Vertrag. Die Spanischen Niederlande und die Freigrafschaft Burgund (Franche Comté) blieben im Reichsverband. Die Republik der Vereinigten Niederlande dagegen erreichte den Rang einer europäischen Großmacht und die Blüte seiner schon lange angelegten kulturellen und sprachlichen Eigenständigkeit. Die Lösung vom Reichsverband hatte ihre Wurzeln im Spätmittelalter und war durch die Privilegierungspolitik der Habsburger begünstigt worden – nun war die Entwicklung durch den Sieg gegen Spanien gekrönt.

Spanien selbst blieb vom Frieden ausgeklammert. Obgleich der Burgundische Reichskreis beim Reich geblieben war, mußte sich der Kaiser verpflichten, Spanien nicht mehr zu unterstützen. Dies war ein zentraler Punkt der französischen Kriegsziele gewesen – die Preisgabe Spaniens durch Österreich sollte in der Folge den Sieg Frankreichs und dessen Aufstieg zu hegemonialem Rang in Europa ermöglichen. Für Spanien ging der Krieg weiter, und es geriet zunehmend in eine aussichtslose Position. Das aber bedeutete eine schwere Erschütterung der Einheit der Casa de Austria – ihre Auflösung sollte ein halbes Jahrhundert später zum Konflikt um das spanische Erbe führen. Mit der Isolierung Madrids hatte Frankreich 1648 den Fuß in die spanische Tür gesetzt.

Damit aber hatte der große Architekt der französischen Außenpolitik nach ihrer langen Paralysierung durch die inneren Konflikte, der Kardinal Richelieu, einen posthumen Triumph errungen. Gewiß, der Kardinal dachte – wie die neueren Forschungen gezeigt haben – differenzierter, viel stärker in europäischen Friedensordnungen, als es das Zerrbild eines militanten Nationalismus wahrhaben wollte. Richelieu war ein Meister der politischen Taktik gewesen, der geschickt die Situation des deutschen Krieges zu nützen verstand. Nicht ohne machiavellistische Züge, hatte er gegen das drohende Gespenst einer habsburgischen Universalmonarchie opponiert, die ihm vor allem in einer spanischen Umklammerung manifest zu werden schien. Seine Konzeption maximalen Gewinns für Frankreich durch minimalen Einsatz seiner Mittel hat zweifellos entscheidend zur Verlängerung und damit zur Verschärfung des Krieges beigetragen. Dem französischen Machtkalkül ordnete der Kardinal der römischen Kirche notfalls sogar die Interessen der deutschen Katholiken unter.

Und doch hatte er die Vision einer europäischen Friedensordnung, die die Universalmonarchie ablösen sollte. Bündnissysteme und Garantien sollten den europäischen Frieden sichern – ein System, das ganz Europa umspannte und in einen Universalfrieden einmündete. Dieses Programm war zu utopisch und wurde von Richelieus Nachfolger Mazarin auch den konkreten Erfordernissen der praktischen Politik nachgeordnet. Aus seinem Erbe aber erwuchs die internationale Garantie des Westfälischen Friedens als eines Elements des entstehenden Völkerrechts. Die europäischen Mächte Frankreich und Schweden wurden Garanten des deutschen Friedenswerks.

Das war nicht unproblematisch, denn: „Diese Friedensgarantie des Völkerrechts stand freilich alsbald in Spannung zum internen ‚staatsrechtlichen' Friedens- und Rechtsschutz der Reichsverfassung, der ja dem Kaiser, den Reichsgerichten, die nun wieder funktionierten, und der Reichsexekution in den Reichskreisen oblag und jetzt (nicht ganz zweifelsfrei) vorrangig vorbehalten wurde"[35]. Mit Recht befürchteten die Reichsstände, daß die beiden „fremden Herren" sich hier eine Handhabe zur permanenten Intervention im Reich geschaffen hatten; der Kaiser sah die drohende Koalition der Reichsstände mit ihnen voraus. Beide hatten recht und unrecht zugleich: Die Friedensregelung erwies sich als zu fest, als daß sie die fremden Mächte allzusehr auszunützen vermochten – versucht hat dies die Krone Frankreich gleichwohl.

Die Lösung der Religionsfrage gelang dadurch, daß der Friedenskongreß – wie schon der Augsburger Reichstag von 1555 – auf die Lösung der eigentlichen Religionsfrage, wo es um Glaubenswahrheiten ging, verzichtete und die Entscheidung auf eine säkular-politische Ebene schob. Damit verloren die päpstliche Autorität und das kanonische Recht ihre Bedeutung für das Friedenswerk – der Papst konnte die De-facto-Legitimierung des Protestantismus auf einem europäischen Friedenskongreß nicht akzeptieren, da sie seinen Ansprüchen auf Wahrheit und Autorität den Boden entzog. Dem päpstlichen Nuntius Fabio Chigi, dem späteren Papst Alexander VII., blieb kein anderer Weg, als am 20. November 1648 feierlichen Protest einzulegen. Da sich dies lange abgezeichnet hatte, wurde dem Protest eine „Anti-Protesturkunde" der Vertragschließenden angefügt, der auch die Mehrheit der Katholiken zustimmte. Allein ihre militanten Glaubensgenossen suchten in der Bestärkung der Haltung Chigis die verlorenen Hoffnungen wenigstens formal zu unterstreichen, während sich Trautmannsdorff die Unbedenklichkeit des eingeschlagenen Weges durch die Wiener Theologen attestieren ließ. Doch selbst der Papst hatte begriffen, daß die Rückführung der Protestanten auf absehbare Zeit nicht zu erhoffen war, wie die Nuntiaturberichte Chigis zeigen – das päpstliche Selbstverständnis aber ließ nichts anderes zu, als sich am Ende außerhalb des Religionsfriedens zu stellen.

Der säkulare Charakter des Friedensschlusses war eine entscheidende Voraussetzung für die Lösung der schwierigen deutschen Probleme. Dabei zeigte sich schnell, daß eine modifizierte Rückkehr zum Status quo ante der schmerzloseste, auch rechtlich am leichtesten zu beschreitende Weg war. Unumgänglich war die Amnestie, das „Vergeben und Vergessen" für alle reichsrechtlich problematischen Kriegshandlungen; für diese Konzession suchte der Hauptbetroffene, der Kaiser, durch Trautmannsdorff Modifikationen oder Kompensationen durchzusetzen. Dadurch, daß die Amnestie mit der Restitution in den früheren Besitz verknüpft war, wurde das Problem schwierig genug – es gab 10000 Amnestiefälle. Nicht nur das Restitutionsedikt, sondern auch der Prager Friede waren damit politisch tot.

Dabei gelang sogar die Lösung jenes Problems, dessen Komplexität erheblich zur Kriegsverlängerung beigetragen hatte: der Pfälzer Frage. Der junge Kurfürst Karl Ludwig erhielt allerdings nur die Unterpfalz zurück und bekam dazu eine neugeschaffene achte Kur – Maximilian I. von Bayern konnte dadurch seine wichtigste Kriegsbeute, die Oberpfalz und die fünfte Kur, behaupten. Der alte Kurfürst ging damit als einer der großen territorialen Gewinner aus dem Tauziehen hervor, war allerdings durch die fortschreitende Internationalisierung der deutschen Politik in seiner Bedeutung erheblich relativiert. Herzog Eberhard III. von Württemberg wurde voll restituiert – zahlreiche Mönche und Nonnen mußten die wiederaufgelebten Klöster räumen. Auch der Markgraf von Baden-Durlach konnte zurückkehren. Bedeutend besser entschädigt wurde Hessen-Kassel, das allerdings auch das durchschlagende Argument, eines der größten Heere im Reich, in die Waagschale werfen konnte.

Hinter dem Problem der Amnestie und der Restitution stand bereits die Religionsfrage. „Zum letzten Mal schlugen sich die Religionsparteien ihre gebündelten Gravamina um die Ohren. Aber der Krieg und seine große Not hatte sie weichgemacht, und so wurden jetzt die verhärteten rechtlichen Einzelpositionen eingebracht in eine große Generalkompensation. Das hatte diffuse juristische Sprödigkeit überwunden, welche bisher die Einzelstreitigkeiten wie in eine Falle trieb.“[36] Auch hier griff man auf den Status quo ante zurück – dies hieß: Bestätigung des Augsburger Religionsfriedens von 1555. Gedacht als Übergangsordnung, wurde er nun festgezurrt und gleichsam authentisch interpretiert, nachdem seine kontroversen Interpretationen zu vielen Streitigkeiten Anlaß gegeben hatten. Es blieb dabei, daß die religiöse Frage nicht entschieden werden konnte, aber der Frieden durch politische Formeln der Koexistenz sichergestellt wurde – wobei auch diesmal die Fiktion der späteren Wiedervereinigung der Konfessionen unangetastet, aber doch in weite Ferne verschoben blieb. Damit aber wurde der Anspruch beider Konfessionen domestiziert. Voraussetzung war allerdings ein äußerlich weitgehend abgeschlossener Konfessionalisierungsprozeß, der die Grenzen fest hatte werden lassen. Er ermöglichte die Neutralisierung und Säkularisierung des religiösen Anliegens und Gegensatzes in der Reichsverfassung. Dies aber hieß, daß keine der Konfessionsparteien ihre Normen zum alleinigen Maßstab machen durfte – mit der logischen Konsequenz einer Säkularisierung. Die religiöse oder kirchenrechtliche Begründung wurde unwichtig gegenüber den formalen, reichsrechtlich gesetzten Normen, die von beiden Seiten als politische Waffe verwendet wurden. Aber: das säkularisierte Reichskirchenrecht ermöglichte das Nebeneinander konfessionalisierter Landesstaaten. Es sollte sich freilich zeigen, daß auch dieser Befriedungsprozeß seine Grenzen hatte.

Dabei erwies sich die Fixierung eines „Normaljahres“ als äußerst glückliche Regulierung – wenn auch beide Seiten versuchten, ein ihnen möglichst günstiges Datum zu erreichen. Der 1. Januar 1624 wurde zum Stichtag für den konfessionellen Besitzstand, der damit festgeschrieben wurde. Das Datum war ein Kompromiß – es lag vor der Expansion der kaiserlichen Macht in den Norden, die den Frieden fast unerreichbar gemacht hatte, und war für beide Seiten akzeptabel – nur der nunmehr reduzierten Kurpfalz wurde das Jahr 1618 zugestanden, denn sonst hätte der zurückkehrende reformierte Kurfürst ein formal katholisiertes Land übernehmen müssen. Konsequenterweise fiel damit auch der „geistliche Vorbehalt“ bzw. er wurde säkularisiert, auf die evangelisch gewordenen

Stifte ausgedehnt und strikter gefaßt: Auch die reichsunmittelbaren Bistümer und Prälaten wurden auf den Besitzstand von 1624 festgenagelt. Jeder Konfessionswechsel eines katholischen oder evangelischen Prälaten zog die Entsetzung nach sich. Berühmt wurde als Sonderregelung das „Alternat" im Bistum Osnabrück mit einem konfessionell gemischten Domkapitel, wo abwechselnd ein katholischer Bischof oder ein evangelischer Administrator aus dem Hause Braunschweig-Lüneburg zu regieren hatte. Die evangelischen Kapitulare sollten darüber wachen, daß die katholischen auch ihre Gebetsverrichtungen eifrig versahen. Analog wurde über das beiderseitige Kirchengut verfügt.

Das „jus reformandi" wurde zwar den Reichsständen allgemein zuerkannt, aber es wurde gebrochen durch die Bindung an das „Normaljahr". Konfessionelle Minderheiten, die das Jahr 1624 in gesicherter Existenz überstanden hatten, konnten nun in Ruhe leben. Ein konvertierter Landesherr durfte – wenigstens der Theorie nach – fortan seinem Land die Religion nicht mehr aufzwingen; allerdings vermochte er die eigene Konfession in der Praxis durchaus zu fördern, woraus viele Konflikte erwuchsen.

„Freilich: die neue Freiheit wurde exakt dosiert und abgestuft, wie es dem Denken der Epoche entsprach, die nicht die allgemeine Freiheit (wie seit 1789), sondern nur besondere Privilegien und Standesrechte kannte. Je nach der Vorsehung des Jahres 1624 gab es nun erstens das *exercitium publicum religionis* mit öffentlichem Kult und Rang, d.h. mit Kirchen, Türmen, Glocken, Prozessionen, staatlich autorisierten Pfarrherren und dem offiziellen Staatsbekenntnis, zweitens (daneben) ein *exercitium privatum religionis* der anderen Konfession, jedoch ohne öffentliche Staatsrangpositionen, nur mit Bethaus, Dachreiter, privaten Predigern (mit oder ohne Habit) usw. Und drittens war die *devotio domestica* (‚Hausandacht') für alle jene Anhänger der beiden Religionsparteien verbürgt, denen das Normaljahr kein öffentliches oder privates Religionsexercitium garantierte. Auch ihnen war Toleranz und Gewissensfreiheit (mit dem Recht des auswärtigen Gottesdienstbesuchs und der freien Religionserziehung) zu gewähren, solange sie im Lande lebten."[37]

Dies galt für die anerkannten Konfessionen, zu denen auch die Reformierten traten. Ihre Gleichstellung mit den Lutheranern war ein altes Problem, das von Kurbrandenburg und Hessen-Kassel leidenschaftlich verfochten wurde, wobei diesmal sogar die Schweden opponierten, vom Kaiser ganz zu schweigen. Aber es entsprach der Logik des Kompromißpaketes, daß man den Reformierten die Anerkennung nicht verweigern konnte – auch hier kam es zur Regelung des Normaljahres. Der Konfessionsstatus wurde auf dem Stand von 1624 eingefroren; die Zwangsbekehrung der Untertanen war dem reformierten Landesherrn nicht möglich, obgleich die reformierten Untertanen im Dreißigjährigen Krieg auf Grund ihres zweifelhaften reichsrechtlichen Status in der Regel schlechter gestellt waren als die Lutheraner. Gemäß reformiertem Selbstverständnis, das sich stets in der Berufung auf die Confessio Augustana in der Form der „Variata“ von 1540 geäußert hatte, setzte der Große Kurfürst Friedrich Wilhelm von Brandenburg durch, daß die Reformierten als Anhänger der Augsburger Konfession anerkannt wurden. Natürlich blieben die „Sekten“ in der bisherigen Diskriminierung aus dem Westfälischen Frieden ausgeschlossen.

Eine Sonderregelung galt für die Erblande des Kaisers. Das Normaljahr 1624 hätte bei der verspäteten katholischen Konfessionalisierung Österreichs und Böhmens die Restitution einer beträchtlichen evangelischen Minderheit bedeutet, unter der zahlreiche adelige Offiziere der protestantischen Heere waren. Trautmannsdorff hat dagegen mit allen Mitteln gekämpft. Die Erfahrungen hatten gelehrt, daß die katholische Konfessionalisierung eine entscheidende Voraussetzung für die territoriale Stabilität und damit für die politische Bedeutung Österreichs war – das Balancesystem innerhalb der Erblande war kompliziert genug. Nur in Schlesien garantierte der Friede den Fürstentümern Liegnitz-Brieg-Wohlau und Münsterberg-Oels, auch der Stadt Breslau Religionsfreiheit; dazu erhielten die Evangelischen der niederschlesischen Erbfürstentümer die drei „Friedenskirchen“ vor den Stadttoren von Glogau, Jauer und Schweidnitz – freilich suchte die habsburgische Landesherrschaft danach dennoch den katholischen Konfessionalisierungsprozeß in Schlesien fortzusetzen.

Auch Reichsstädte und Reichsritter wurden den Reichsständen gleichgestellt. Die konfessionellen Verhältnisse wurden sozusagen auf breitester Front eingefroren – das Landeskirchentum war damit endgültig bestätigt worden. Dies bedeutete allerdings auch die Konsequenz, daß am religiösen Status quo im Grunde nicht von Reichs wegen und schon gar nicht durch die bloße Autorität des Kaisers gerüttelt werden konnte, was nicht einen Rattenschwanz von späteren Konflikten verhinderte. Auch eine Majorisierung in einer konfessionellen Frage konnte nicht mehr stattfinden – diese Möglichkeit war bislang von Protestanten erbittert angefochten worden. Dies bedeutete, daß in konfessionell relevanten Fragen nur noch durch Kompromiß, durch gütliche Vereinbarung (Compositio amicabilis), entschieden werden konnte. Eine andere Lösung hätte den Kompromißcharakter des Friedens geradezu in sein Gegenteil verkehrt.

Allmählich bildete sich daraus ein Verfahren, das schon vor 1555 seine Wurzeln hatte – das Auseinandertreten der beiden Konfessionsparteien (itio in partes) in Religionsangelegenheiten, auf Verlangen auch in anderen Sachen, in denen die Religion „einfloß“, eine Lösung, die viel Raum für unterschiedliche Interpretationen und damit für Streitigkeiten bot. Dadurch wurde einerseits das bislang umstrittene Mehrheitsverfahren des Reichstags anerkannt, andererseits aber gleichzeitig entschärft, indem man die Religionsfragen ausschloß. Konfessionalisierung der Territorien und Säkularisierung des Reichsrechts eröffneten zusammen einen Verfahrensweg, der das Zusammenleben von Katholiken und Protestanten im Reich gestalten sollte. Diese Regelungen förderten die Entstehung eines Corpus Catholicorum und eines Corpus Evangelicorum, die gleichwohl die Einheit von Reich und Reichstag wahrten und die Überwindung konfessioneller Konflikte ermöglichten. So wurden die Religionsparteien aus Gruppierungen, die das Reichsgefüge zu sprengen drohten, zu Bestandteilen der Reichsverfassung. Damit wurde die Glaubensspaltung in den Reichsverband endgültig integriert und sogar als Mittel des Zusammenhalts benützt. Die Qualität dieses Kompromisses lag darin, daß seine Regelungen nur selten zur Anwendung kamen und durch ihre bloße Existenz pazifizierend wirkten. Dahinter stand die Vorstellung von der „Parität" der Konfessionen, der Gleichstellung. Allerdings waren die Verhältnisse nicht so ideal, und die „Parität" blieb stets das Wunschziel der Protestanten. Die Regelungen des Religionsfriedens stießen allerdings mit der kaiserlichen Prärogative zusammen – angesichts der gerade nicht paritätischen Rolle des Reichsoberhaupts läßt sich nicht bestreiten, daß die Katholiken immer etwas „gleicher" blieben als die Protestanten. Da die pazifizierende Wirkung des Religionsfriedens im Verlaufe der Jahre nachließ und eine „Rekonfessionalisierung" einsetzte, stießen sich die kaiserlichen Prärogativen mit den Ansprüchen des Corpus Evangelicorum; der Kaiser setzte alles daran, diesem Grenzen zu setzen. Allerdings wurde das Corpus Evangelicorum als Ganzes immer nur zeitweise aktiv (Gabriele Haug-Moritz). Die fortwirkende Stellung der Reichskirche und die Katholizität des Kaisers setzten die schwer zu überschreitenden Grenzen.

Die dauerhafte Reduktion der kaiserlichen Stellung im Reich war ein Kriegsziel sowohl der europäischen Mächte wie vor allem der radikalen Opposition unter den protestantischen Reichsständen gewesen. Das reformierte Hessen-Kassel hat zu den Debatten darüber die radikalsten Parolen beigesteuert. Nach den Ergebnissen des Krieges war klar, daß die Neugestaltung des Reiches eher eine ständische als eine monarchische sein würde. Schon aus den territorialen und religiösen Regelungen folgt, daß das ausgeprägte Rechtssystem des Friedens auch auf die Reichsverfassung ausgedehnt werden sollte. Die Erfahrungen mit der expansiven Politik Ferdinands II. wirkten nach – er hatte keinen Reichstag mehr einberufen, sich nur gelegentlich auf Kurfürstentage gestützt, kurzum, er hatte versucht, monarchisch zu regieren. Entsprechend wurden seit dem Beginn des Jahrhunderts auch die Auseinandersetzungen um das künftige Reichssystem geführt, wobei bezeichnenderweise die junge Universität Gießen des lutherischen und kaisertreuen Landgrafen von Hessen-Darmstadt mit Gottfried Antoni (1571–1618) und Dietrich Reinking die monarchischen Theoretiker stellte, während die großen Verfechter eines ständisch geprägten Reiches wie Friedrich Hortleder (1579–1640), Dominikus Arumaeus (1579–1637), Johannes Limnaeus (1592–1665) oder Bogislaw von Chemnitz (1605–1678) in den Diensten norddeutscher protestantischer Fürsten oder gar Schwedens standen. Die Großmächte Frankreich und Schweden hatten ein gemeinsames Interesse an der ständischen Libertät Deutschlands, also an der Schwächung des Kaisers und an der Stärkung der Reichsstände – schon Richelieu hatte den Wert des reichsständischen Bündnisrechts für die französische Politik erkannt.

Voraussetzung dazu war eine prinzipielle Anerkennung der Territorialhoheit der deutschen Reichsstände über ihre traditionellen Privilegien hinaus. Damit aber wurde auch die Zurückdrängung kaiserlicher Rechte bestätigt. Das Bündnisrecht unterstrich die Handlungsfreiheit der Territorien, auch wenn es durch einen „Gummiparagraphen" insofern eingeschränkt wurde, als es nicht gegen Kaiser und Reich gerichtet sein durfte. Aber Reichsgesetze wurden fortan an Reichstagsbeschlüsse gebunden – ebenso Entscheidungen über Krieg und Frieden, militärische Maßnahmen wie Aushebungen, Einquartierungen und Befestigungen. Die erheblich verstärkte Position des Reichstags, der noch dazu in Konfessionsfragen nicht zu Mehrheitsbeschlüssen gezwungen werden konnte, sollte die kaiserliche Position strikt binden. Es war die klare Tendenz des Westfälischen Friedens, das Reich zu einem Reich der Fürsten zu machen, unter denen der Kaiser inskünftig wenig mehr als ein Primus inter pares war; die von den Städten lang ersehnte Verleihung des Votum decisivum an die Kurie der Reichsstädte blieb ihrem Wesen nach Deklamation und änderte in der Praxis an ihrer minderen Bedeutung gegenüber den beiden höheren Kurien der Kurfürsten und Fürsten kaum etwas.

Es erstaunt, daß Kaiser Ferdinand III. und sein Emissär Trautmannsdorff sich auf solche Regelungen einließen. Schon 1645 hatten sie ihr Einverständnis signalisiert. Aber es blieben zwei Einschränkungen. Mit Recht hatte die Wiener Politik ihre Priorität auf die Vollendung des verspäteten Territorialisierungs- und Konfessionalisierungsprozesses in den Erblanden gelegt. Nur sie ermöglichte die Konsolidierung der angeschlagenen Macht des Hauses Österreich und die Überwindung der Folgen des Dreißigjährigen Krieges – das Scheitern Ferdinands II. mit seinen monarchischen Tendenzen im Reich hatte überdies deutlich gemacht, daß die Prioritäten im alten Rollenkonflikt des Kaisers wegen seiner doppelten Eigenschaften als Reichsoberhaupt und Herr der Erblande geradezu zwangsläufig auf den Erblanden liegen mußten, ohne deren Absicherung eine künftige energische kaiserliche Reichspolitik in keiner Weise denkbar war. Hinzu kam, daß es der kaiserlichen Politik gelang, eine substantielle Begrenzung der kaiserlichen Majestätsrechte zu vermeiden – dazu waren auch zu viele der kleinen Reichsstände an einer weiterhin starken Position des Kaisers interessiert. So erfolgte keine wirkliche Einschränkung der kaiserlichen Gewalt, auch keine restriktive Reform der Königswahl. Die kaiserlichen Gesandten hatten hier für das Reichsoberhaupt einen Spielraum gewonnen, der dann für dieses durchaus nützlich werden sollte – die zweite Hälfte des 17. Jahrhunderts sollte nicht die Zeit eines eingeschränkten Kaisers, sondern die Zeit eines Wiederaufstiegs kaiserlicher Macht werden.

Der Westfälische Friede war das Produkt eines komplizierten Ringens zwischen den europäischen Mächten, dem Kaiser und den Reichsständen. Er war geboren aus den traumatischen Erfahrungen des langen Krieges. Die Kompromisse sollten so fixiert werden, daß fortan der Schießkrieg durch den rechtlichen Krieg ersetzt werden konnte. Die Entwicklung des Reichsverbandes zu einem Rechtssystem war zwar weit älter als der Westfälische Friede, aber sie erhielt nun eine Intensivierung und Verfestigung, die die Schlußphase der Reichsgeschichte entscheidend bestimmte.

Das Hauptprinzip des Westfälischen Friedens war die modifizierte Wiederherstellung des Status quo ante. Das bedeutete eine gut zu handhabende Formel für den Frieden; seine verrechtlichenden Tendenzen aber verbanden sich mit sozial stark konservativen – die Reform des restaurierten Reichsverbandes wurde immer weniger möglich; die kleineren Stände wurden gesichert vor dem Appetit der größeren, aber dies hemmte zugleich eine Erneuerung auch für die Zukunft. Der Friede von Münster und Osnabrück bedeutete eine Magna charta des deutschen Territorialstaats um den Preis seiner gebremsten Expansion – genauso wie die Konfessionen in ihrer Expansion gebremst wurden. Die Verfestigung des Rechtszustands führte zu einem Einfrieren der Bewegungen. Die Petrifizierung des Reichsverbandes setzte sich fort, auch in die unteren Schichten des Gesellschaftsgefüges.

Rechtliche Stabilisierung der bestehenden Verhältnisse und Neutralisierung der Konfessionskonflikte haben die weitere Entwicklung des Reichsverbands wesentlich bestimmt. Daß die großen Territorien auf der Basis des Friedens eine starke Eigendynamik entwickelten, die den Reichsverband aufs äußerste anspannte, die kleineren aber wieder auf ihn zurückverwies, um ihre Existenz zu behaupten – dies zeigte die Widersprüchlichkeit der Entwicklung. Sie äußerte sich auch in der Stellung des Kaisers, dessen Macht von allen Seiten eingeschränkt werden sollte: angefangen mit der Friedensgarantie der Kronen Frankreich und Schweden, fortgesetzt mit der Stellung des Reichstags bis hin zur Festschreibung der religiösen Situation. Aber dem Kaiser blieben doch genügend Rechte und vor allem seine Möglichkeiten als Reichsoberhaupt. Die folgenden Jahrzehnte sollten deutlich machen, daß der Wiener Hof, d.h. Ferdinand III. und seine Ratgeber, richtig gehandelt hatten, als sie alle Einschränkungen in Kauf nahmen, um die territorialen Grundlagen ihrer Macht zu konsolidieren und so eine neue Basis zu gewinnen. Die entscheidende Frage aber blieb, ob auf der Grundlage des Friedensschlusses auch eine Konsolidierung des Reichsverbandes gelingen konnte.

III. Das Reich in der zweiten Hälfte des 17. Jahrhunderts

1. Bevölkerung und Wirtschaft

a) Klimatische und demographische Entwicklung

Der Aderlaß des Dreißigjährigen Krieges an Menschen, Tieren und Sachwerten war beträchtlich, auch wenn es deutliche regionale Unterschiede gab. Die Krisenerscheinungen setzten sich fort mit den zahlreichen Kriegen in der zweiten Hälfte des 17. Jahrhunderts, also den Auseinandersetzungen mit Frankreich, den Türkenkriegen der Habsburger und den Nordischen Kriegen. Die wirtschaftliche Entwicklung hatte allerdings um 1650 einen solchen Tiefpunkt erreicht, daß es danach nur noch aufwärts gehen konnte.

Die kritische Lage wurde dadurch verschärft, daß die „Kleine Eiszeit", die um die Mitte des 16. Jahrhunderts in der ganzen nördlichen Hemisphäre eingesetzt hatte, weiterging: Bei gesteigerten Niederschlagsmengen häuften sich Nässe und Kälte und verschlechterten die äußeren Lebensbedingungen weiter. Die 1690er Jahre bildeten einen klimatischen Tiefpunkt, dem schließlich ein gemäßigter Aufschwung folgte. Besonders gefürchtet waren die nunmehr feuchten Monate März und Juni, die Aussaat und Ernte bedrohten – die Wachstumszeit verkürzte sich. Die Mißernten trafen auf eine geschwächte Subsistenzbasis, so daß sie sich verheerend auswirkten und den sattsam bekannten Zyklus von Hunger und Seuchen in Gang setzten. Ungünstige Böden mußten aufgegeben werden, stark auf Sonnenschein angewiesene Kulturen wie der Weinbau wichen zurück – das Klima und die Kriege verbanden sich auf unheilvolle Weise.

Damit wurden die Existenzbedingungen ganzer Regionen vielfältig verändert; Ausfälle konnten nicht mehr ausgeglichen werden – oft mußte man das Saatgetreide aufbrauchen, starb das Jungvieh. Das demographische Defizit wurde durch die ernährungsbedingte Unfruchtbarkeit (Fertilitätskrise) der Frauen verschärft. Der Bevölkerungsrückgang beeinflußte zudem die Landschaft – bekannt ist das Wiedervordringen des Waldes. Die demographische Entwicklung schob allerdings auch die Krisenerscheinungen in Westeuropa im Gefolge eines extensiven Energieverbrauchs, die bereits deutlich geworden waren, für Deutschland hinaus: Es sollte bis etwa 1690 dauern, daß die Holzpreise wieder das Niveau der Jahre vor dem Dreißigjährigen Krieg erreicht hatten.

Um so erstaunlicher ist es – und diese Beobachtung wird durch die Forschung immer mehr erhärtet –, daß die enormen Menschenverluste während des Krieges in drei Generationen wieder ausgeglichen werden konnten. Auch wenn es immer wieder kriegsbedingte Einbrüche gab, war um 1750 der Bevölkerungsstand von 1600 wieder erreicht. Die Übervölkerungs- und Versorgungsprobleme der Vorkriegszeit tauchten wieder auf, führten nun aber zu neuen Antworten. Insgesamt reiht sich die deutsche Entwicklung sehr gut in die europäischen Tendenzen ein – trotz der Katastrophe des Krieges. Auch in Westeuropa hatten die Bevölkerungszahlen wegen der begrenzten Subsistenzmittel stagniert – selbst die kriegsgeschädigte deutsche Landwirtschaft konnte dagegen die stark reduzierte Bevölkerung besser ernähren als vor dem Krieg. Daß so viele Positionen in der Gesellschaft frei geworden waren, bedeutete nicht nur für viele die Möglichkeit zum sozialen Aufstieg, sondern auch einen Anreiz für steigende Kinderzahlen, da sich für die Nachkommen bessere Chancen eröffneten. In der frühen Neuzeit „war die Wirklichkeit weniger von Wachstum als vom Gleichgewicht gekennzeichnet. Um dieses Gleichgewicht herzustellen und zu halten, bedurfte es aber eines wesentlich höheren Umsatzes an Menschen als heutzutage, denn die hohe Sterblichkeit mußte durch ebenso hohe Geburtenziffern ausgeglichen werden.“[38]

Paradoxerweise eröffnete der Tod also Chancen, schuf Optimismus. Im hessischen Gießen zeigte sich ein schneller Anstieg gleich zu Ende des Dreißigjährigen Krieges. Hinzu kam, daß bei geringerer Bevölkerungszahl sinkende Getreidepreise eine bessere Ernährung sicherten. Allerdings sorgten die Kriege gegen Ludwig XIV. im deutschen Südwesten, nach der Jahrhundertwende der Nordische Krieg in Brandenburg, Pommern und Mecklenburg für neue Rückschläge. Aber es war zugleich ein sich selbst steuernder Prozeß, daß die Geburtenzahlen wieder zurückgingen, nachdem die schlimmsten Defizite des Krieges ausgeglichen waren. Allerdings wirkte der Geburtenanstieg nach 1648 noch lange nach – vor allem, als die starken Jahrgänge ihrerseits wieder ins Heiratsalter kamen. Der Geburtenüberschuß war so bedeutend, daß der klimatische Tiefstand der 1690er Jahre mit seinen Mißernten den Bevölkerungsanstieg nicht unterbrach. Ebenso war die Pestwelle von 1682 verkraftet worden. Demgegenüber hat der kritische Winter von 1709/10, auch vor dem Hintergrund des Nordischen Krieges, vor allem im Nordwesten, in Ostpreußen zu erheblichen Einbrüchen geführt und die Pestwelle von 1709/13 begünstigt. Harte Winter und feuchte Sommer hatten die Getreideernte ruiniert; die Brotpreise explodierten. Dennoch trieb der preußische Staat rücksichtslos die Abgaben ein. Bezeichnenderweise drang aber die Pest nicht ins Innere des Reiches vor. Jedoch verlangsamte sich auch dort das Wachstum. Die wieder kritischer werdende Situation begünstigte die nun einsetzende Auswanderung nach Amerika, verhinderte aber nicht das Bevölkerungswachstum.

Die wichtigsten Theorien zur Bevölkerungsentwicklung Deutschlands zwischen 1600 und 1800

	Deutschland (Grenzen von 1871)									Reich	
	Clark[a)]	Cipolla/ Borchardt[b)]	Abel[c)]	Wehler[d)]	Bosl/ Weis[e)]	Sagarra[f)]	Kellen-benz[g)]	Dipper	WR (%)[i)]	Mitter-auer[h)]	WR (%)[i)]
1600	15	15	16 (1620)	15	16	18	18–20	18–20		21	
									−35/−34		−33
1650	12	–	10	–	10	10–11	11–13	11–13		16	
									30/40		29
1700	15,5	15	–	16	–	–	–	15–17		21	
									16/20		16
1750	18	–	18 (1740)	16–18	18	18	18–20	18–20		23	
									20/27		28
1800	23	24,5	–	23–24	23 (1815)	–	24	23		31	

a) C. Clark, Population Growth and Land Use, London 1969, 64.
b) Europäische Wirtschaftsgeschichte, Hg. C. M. Cipolla u. K. Borchardt, Bd. 2, Stuttgart 1978, 20; Bd. 3, ebd. 1976, 16.
c) W. Abel, Geschichte der deutschen Landwirtschaft, Bd. 3, Stuttgart 1967, 275.
d) H.-U. Wehler, Deutsche Gesellschaftsgeschichte, Bd. 1, München 1987, 69.
e) K. Bosl, E. Weis, Die Gesellschaft in Deutschland, Bd. 1, München 1976, 221 f.
f) E. Sagarra, A Social History of Germany 1648–1914, London 1977, 10.
g) H. Kellenbenz, Deutsche Wirtschaftsgeschichte, Bd. 1, München 1977, 305.
h) M. Mitterauer, „Die Entwicklung der europäischen Bevölkerung im 17. und 18. Jahrhundert"; in: Beiträge zur historischen Sozialkunde 1, 1971, 11.
i) Durchschnittliche geometrische Wachstumsrate pro 50 Jahre (bezieht sich auf Dipper und Mitterauer).

Aus Christoph Dipper, Deutsche Geschichte 1648–1806, Ffm: Suhrkamp 1991, S. 44 – mit freundlicher Genehmigung von Autor und Verlag.

Um 1750 war das Defizit des Krieges voll ausgeglichen; der Bevölkerungsanstieg verlangsamte sich – das Heiratsalter der Frauen stieg an, die Zahl der Kinder ging zurück. Natürlich gab es ganz unterschiedliche regionale Varianten, wobei die jeweiligen Rechtsverhältnisse, d. h. die unterschiedliche Steuerung des Heiratsverhaltens durch die lokalen Erbrechte bzw. durch Guts- und Grundherrn, eine Rolle spielten. Die kritische Lage nach dem Dreißigjährigen Krieg hatte die behördlichen Beschränkungen etwa durch Verbot von Heiraten zurücktreten lassen – nach dem Aufschwung kehrten sie wieder.

b) Die Wirtschaft

Die Zeit nach dem Dreißigjährigen Krieg war gekennzeichnet durch eine allgemeine Depression, wenngleich sich Anzeichen eines Aufschwungs aus tiefer Talsohle bemerkbar machten. Diese hing aufs engste mit der Reduktion der Bevölkerungszahl zusammen und konnte durch die Aufschwungphase der Wirtschaft nicht voll ausgeglichen werden, denn die Zahl der Verbraucher besaß entscheidende Bedeutung für die wirtschaftliche Konjunktur. Daß die Stockungsphase kein rein deutsches Phänomen war, sondern auch das übrige Europa einbezog, hat sie noch verstärkt; dies hat auch die politischen Konflikte angeheizt. Der französische Historiker Roland Mousnier betonte, wie die Diskrepanz zwischen Bevölkerungszunahme und klimatischer Verschlechterung auf der ganzen nördlichen Hemisphäre die Auseinandersetzungen und Krisen verschärfte.[39]

Ein deutlicher Gradmesser der Stagnationsphase waren die von Abel herausgearbeiteten sinkenden Getreideexporte aus den Ostseeländern. Die polnisch-schwedischen Kriege hatten den Getreideexport beeinträchtigt, doch stieg er noch nach 1630 kräftig an, um dann nach dem Ersten Nordischen Krieg (1655/60) stark zu fallen und auch in der Folge weiter zu sinken. Auch der Ochsenhandel aus dem Königreich Dänemark ins Reich ging drastisch zurück, ebenso wie jener aus den osteuropäischen Ländern; die Tendenz wurde verstärkt durch die kriegsbedingte Unsicherheit der Straßen.

Zu dieser Entwicklung paßte der Verfall der Agrarpreise – sie gingen zwischen 1625 und 1725 um rund ein Drittel zurück. Allerdings stiegen die deutschen Getreidepreise früher als anderswo wieder an – dank des geschilderten Bevölkerungszuwachses. Die gewerblichen Preise fielen zwischenzeitlich ebenso wie die Löhne, größtenteils jedoch langsamer als die Agrarpreise – dafür aber blieben oder stiegen die bereits hohen Steuern wegen des gesteigerten Finanzbedarfs der Staaten; der Steuer- und Abgabendruck im agrarischen Bereich erwies sich als eine schwere Belastung – er erhöhte nicht nur die Not, sondern auch die Unfreiheit der Untertanen. Zugleich fielen die Grundstückspreise; dadurch wurden nicht nur die Bauern, sondern auch der Adel geschädigt. Gleichwohl blieben viele Güter wüst. Der dann neuerlich einsetzende Landesausbau gehört einer hier nicht mehr zu behandelnden Epoche an.

Die wirtschaftliche Entwicklung der zweiten Hälfte des 17. Jahrhunderts ist zudem dadurch gekennzeichnet, daß sich der politische und gesellschaftliche Rahmen nicht veränderte. Dies hieß auch, daß die Bedingungen des Wirtschaftens weiterhin sehr stark von den Herrschaftsverhältnissen diktiert wurden. Die Aktivitäten der Herren haben sogar eine zunehmende Bedeutung gewonnen; die Notsituation des Krieges und die anschließende Stagnation veranlaßten zu Eingriffen in die Wirtschaft, die ein wesentlicher Aspekt des aufsteigenden landesherrlichen „Absolutismus" waren.

Merkantilismus und Kameralismus. Der planende Wille der territorialstaatlichen Behörden schlug sich in theoretischen Konzeptionen nieder, die allerdings oft unvollkommen und im Schoße der Kanzleien begraben blieben. Allgemein setzte sich die Vorstellung durch, daß es wirtschaftliche Gesetze gebe, die der Staat beeinflussen konnte. Es überrascht nicht, daß sich die Konzepte differenzierten, je nach den konkreten Bedürfnissen der Staaten. So waren die englischen merkantilistischen Bestrebungen stark von Problemen des Handels bestimmt; hier setzte der Lord Protector Oliver Cromwell mit seiner Navigationsakte von 1651 sehr frühzeitig eine viel beachtete Wegmarke. Auf Deutschland war die Wirkung des französischen Vorbilds stärker, das den absolutistischen Staatsausbau mit einer planmäßigen Wirtschaftspolitik verband, für die der Name Colbert stand: Förderung von Manufakturen wie der Produktion insgesamt, von Straßen- und Kanalbau, Reglementierung der Zünfte, Ausbau der Marine. Die theoretischen Überlegungen gingen bereits auf Jean Bodin (1529 oder 1530 bis 1596) zurück.

Im Mittelpunkt des „Merkantilismus" als der herrschenden Wirtschaftstheorie – der Name stammt von seinem entschiedenen Gegner Adam Smith (1723–1790) – stand die Anhäufung von Edelmetallvorräten durch eine positive Handelsbilanz. Die Vorstellung von einer gleichbleibenden, zu verteilenden Gewinnsumme, um die die Staaten rangen, entsprach gleichermaßen dem mechanistischen Denken der Zeit, den Bedingungen einer schwierigen, durch Subsistenzkrisen zugespitzten ökonomischen Situation und einer sich verschärfenden politischen Rivalität der Staaten. Das Heilmittel sah man in der Ausfuhrförderung von Gewerbeprodukten und einer entsprechenden Einfuhrdrosselung, in der Sicherung billiger Rohstofflieferungen aus dem In- und Ausland, in der Niederhaltung der Agrarpreise zur Stützung einer preisgünstigen Produktion – eine Politik, die die Landwirtschaft schwer belasten mußte, wie sich denn auch bald in Frankreich erwies. Schnell sollten sich die problematischen Konsequenzen planender Wirtschaft zeigen. Ein System von Privilegien und Monopolen entstand, das sich zwar unschwer in die ständische Gesellschaftsordnung einfügen ließ, das aber auch die Eigeninitiative der Unternehmer hemmte und die Bestechlichkeit der Beamten förderte. Die starke Orientierung auf die praktischen Bedürfnisse, die von den jeweils unterschiedlichen Interessen der einzelnen Staaten ihren Ausgang nahmen, hat den Begriff des Merkantilismus bis heute starken Diskussionen unterworfen.

Im Reich spielte sich dies alles auf bescheidenerer Ebene ab. Die bedeutendsten Protagonisten merkantilistischen Denkens begegnen uns in Österreich mit dem Trio Becher, Hörnigk und Schröder. Der vierte Hauptrepräsentant, Veit Ludwig von Seckendorff (1626–1692), gothaischer Kanzler, war der Theoretiker des deutschen Landesstaates. So stand in den deutschen Territorien das Streben nach hohen Staatseinkünften noch unverhüllter im Vordergrund, da die kleineren deutschen Territorien mangels eines ausgedehnten Wirtschaftsraumes keine großangelegte Wirtschaftspolitik treiben konnten. Im Mittelpunkt stand der fürstliche Haushalt, die Rechen- und Hofkammer – daraus entwickelte sich der Begriff des „Kameralismus", der sich dann im 18. Jahrhundert zu einer eigenen Wissenschaft ausformen sollte. Der deutsche Kameralismus war geprägt von den Erfahrungen des Wiederaufbaus nach dem Großen Krieg, aber auch von den nachfolgenden Kriegen – die Wirtschaft sollte die Säckel der Landesherren füllen helfen, um die zusätzlich anfallenden Aufgaben finanzierbar zu machen. Die auf den Außenhandel gerichtete Lehre des klassischen Merkantilismus war im territorial zersplitterten Deutschland wenig sinnvoll. Der Kameralismus hingegen, der seine Wurzeln in der Zeit vor dem Dreißigjährigen Krieg hatte, blieb dem deutschen Absolutismus aufs engste verbunden. Einen „Reichsmerkantilismus" (Ingomar Bog) gab es nicht, wenn man nicht Kriegsmaßnahmen gegen Frankreich dazu hochstilisieren will – zwar haben Reich und Kreise (vor allem in den territorial besonders zersplitterten Regionen) durchaus wirtschaftspolitische Beschlüsse gefaßt, aber die entscheidenden Weichen wirtschaftlicher Planung wurden durch die Territorien gestellt, wobei natürlich die größeren in der Vorhand waren.

Die Landwirtschaft. Nach wie vor spielte die Landwirtschaft die beherrschende Rolle. So ist mit dem Kameralismus auch die „Hausväterliteratur" verbunden, die im späten 17. und 18. Jahrhundert ihren Höhepunkt erreichte. Viele Werke erreichten mehrfache Auflagen, allen voran Johann Colers (gest. 1639) Werk „Oeconomia ruralis et domestica" von 1600. Dabei ging es um Handbücher vor allem für den adeligen Haushalt, der im Idealfall als autark gedacht war; daher wurden alle Probleme von der Kindererziehung über die Beherrschung der untertänigen Bauern, über Ackerbau und Viehzucht bis hin zur Architektur behandelt. Berühmt geworden ist die Schrift des österreichischen Freiherrn Wolf Helmhard von Hohberg „Georgica Curiosa oder adeliges Land- und Feldleben..." von 1682, in dem in besonders eindrucksvoller Weise der als geschlossen verstandene adelige Haushalt im Mittelpunkt steht. Otto Brunner hat dem Werk eine bekannte Studie gewidmet.[40] Daneben gab es eine Fülle von Büchern, die sich mit praktischen Problemen der Landwirtschaft befaßten.

Allerdings dürfte kaum eine dieser Schriften den einfachen Bauern erreicht haben. Sie hatten die adelige Gutswirtschaft im Visier. Dies erstaunt nicht, denn die überwiegende Masse der Bauern unterstand weiterhin einem adeligen Herrn. Gerade hier wirkte der sozial-konservative Charakter des Westfälischen Friedens stabilisierend für die Agrarstruktur. Beginnend mit den berühmten „Verneuerten Landesordnungen" in Böhmen und Mähren von 1627 bzw. 1628 zeichnete sich die bald allgemein üblich werdende Praxis ab, den Adel für den Verzicht auf ständischen Einfluß mit einem verstärkten Zugriff auf die bäuerlichen Untertanen zu entschädigen.

Der demographische Einbruch des Krieges hatte zum Rückgang des bebauten Landes und der Getreideproduktion geführt, der sich im Osten allerdings erst mit erheblicher Phasenverschiebung vollzog. Das Weideland und damit die Rinder- und Schafzucht nahmen zu. Insgesamt gingen die Einkünfte der Grundherren zurück, was die latente Krisensituation des Adels verschärfte. Dieser lebte ja im Westen, in den Zonen der Grundherrschaft, vor allem von den Abgaben der Untertanen, unter denen der Getreidezehent, ursprünglich eine Leistung an die Kirche, der zumeist in die Hand der Grundherren gelangt war, von beträchtlicher Bedeutung war. Nach wie vor spielte die große regionale Differenzierung eine Rolle. Zwar bleibt die Unterscheidung zwischen der Gutswirtschaft im Osten und der Grundherrschaft im Westen weiterhin grundlegend – doch gab es Übergänge, hatten regionale Besonderheiten eine beträchtliche Bedeutung und fanden sich auch erhebliche Verschiebungen.

Am stärksten konnte der Adel seine gutsherrschaftliche Position dort ausbauen, wo er über die Stände den maßgeblichen Einfluß ausübte: in Schleswig-Holstein, Mecklenburg, Pommern – selbst in Ostpreußen war dagegen die Stellung der Bauern nicht ganz schwach. Böhmen galt als ein „Paradies des Adels" mit besonders ausgeprägten Herrschaftsformen, gegen deren drückende Last sich 1680 ein im ganzen Reich beachteter Bauernaufstand richtete. Allerdings konnten auch im Bereich der Grundherrschaft die Lasten beträchtlich gesteigert werden. Für die Gutswirtschaft spielte die Aneignung von wüstem Bauernland, das durch die Kriegsverluste herrenlos geworden war, eine wichtigere Rolle als direktes „Bauernlegen"; solche Vorgänge fehlten aber auch im Bereich der Grundherrschaft, z. B. in Nordwestdeutschland, nicht. Die Vergrößerung des Herrenlandes in den Zonen der Gutswirtschaft vermehrte Abhängigkeit und Dienstpflichten der Bauern, die immer rigoroser in das adelige Großunternehmertum eingebunden und weitgehend der letzten autonomen Rechte beraubt wurden. Die generelle Tendenz zum Gesindezwangsdienst der Bauernkinder wurde noch durch die Maßnahmen von Landes-, Guts- und Grundherren intensiviert.

Der Adel der östlichen Länder verstand es, seine Positionen nach 1648 insgesamt auszubauen. Er beantwortete somit die Gefahr für seine Stellung, die in der entstandenen Menschenarmut lag, mit verstärkten Regulierungsmaßnahmen. Ansätze zur Ausbildung einer bäuerlichen Freiheit wurden vom Adel aufgefangen; mit Hilfe seiner obrigkeitlichen Stellung band er die Bauern wieder in das Herrschaftssystem ein – da wirkte es sich günstig aus, daß der Getreideexport aus dem Osten noch einige Zeit nach dem Krieg florierte.

Insgesamt hat der Rückgang der Menschenzahlen den Absatz der Landwirtschaft verringert und ihr auch keine neuen Herausforderungen und Anstöße gebracht. Zwar verdiente man weniger, doch auch im Dorf waren viel weniger Menschen zu ernähren, und diesen ging es besser, da die vom Bevölkerungswachstum verursachte Versorgungskrise aufgehört hatte. Für den Markt produzierte man allerdings offenkundig in weitaus geringerem Maße als früher. Erst mit den wachsenden Bevölkerungszahlen des 18. Jahrhunderts erhöhte sich der Druck wieder. So liegen die säkularen Veränderungen, mit denen man auf diese Entwicklungen reagierte, außerhalb des Zeitraumes dieser Untersuchung. Die Guts- und Landesherren versuchten, von Fall zu Fall den Problemen der Landwirtschaft mit regulierenden Maßnahmen zu begegnen; sie trachteten, durch Gebote und Verbote Entwicklungen zu steuern, suchten auch ihre bäuerlichen Untertanen zu stützen – bedeutende Neuerungen gab es jedoch im Zeichen des demographischen Rückgangs nicht.

Gewerbe. Der Bevölkerungsrückgang des Dreißigjährigen Krieges nahm auch das Gewerbe stark mit, wobei große regionale Unterschiede zu beobachten sind. Die Überwindung der Talsohle setzte nach dem Krieg relativ früh ein. Für die überraschend schnelle Erholung sorgte das feste politische und soziale Gefüge, in das die handwerkliche und gewerbliche Produktion eingebunden blieb – städtische Magistrate und Zünfte sowie die Herren auf dem Land konnten steuernd eingreifen. Als neue Erscheinungen traten nun Landzünfte oder auch gemischte Stadt- und Landzünfte auf, die dabei mithalfen, daß die Produktion wieder schnell in Gang kam. Hier zeichnete sich auch die Möglichkeit ab, daß die Landesherren ganz bewußt die Krise von Produktion und Absatz nützten, um sich Vorteile und neue Märkte zu verschaffen. Die Beispiele sind zahlreich: etwa der Ausbau des Metallgewerbes in der Eifel und seit 1656 in Stolberg auf Kosten der Stadt Aachen. Die böhmische protestantische Emigration kam dem sächsischen Bergbau zugute; so wurde 1654 das nach dem Kurfürsten benannte Johanngeorgenstadt gegründet. Am bedeutendsten war die Einwanderung der aus Frankreich vertriebenen Hugenotten, vor allem in Brandenburg-Preußen, die Anstöße zu wirtschaftlichen Innovationen mitbrachten; bald stellten sie etwa ein Drittel der Bevölkerung Berlins, was ihre Wirkungsmöglichkeiten beträchtlich über ihren Anteil an der Gesamtbevölkerung Brandenburg-Preußens hinaus steigerte.

Andererseits hatte der Krieg bedeutende Produktionszweige schwer in Mitleidenschaft gezogen, wie den Kupferbergbau im Mansfeldischen oder die Salzsiederei in Halle. Dagegen profitierte der Bergbau in den weitgehend verschonten Alpengebieten von den Krisen in anderen Regionen. So wichtig die Zünfte für die rasche Stabilisierung der Produktion waren, so sehr sperrten sie sich gegen Neuerungen – vor allem gegen Rationalisierungen. So hat der Einsatz von Mühlstühlen bei der Schnurproduktion seit 1678 sogar den Reichstag beschäftigt, der sie schließlich verbot. Nur langsam setzten sich in der Textilbranche Verbesserungen durch. Die zurückgegangene Nachfrage, verschärft durch den Verlust von traditionellen Marktanteilen, wenn der Krieg die Lieferungen verhindert oder reduziert hatte, machte hier die Lage besonders schwierig. Krisenerscheinungen sah man im Nürnberger oder Essener Metallgewerbe, während dieses in Österreich von der Nachfrage des Hofes und der kaiserlichen Armee, aber auch von der habsburgischen Expansion nach Südosten profitierte.

Andererseits nahm das Verlagswesen durch die Kapitalarmut vieler Produzenten nach dem Dreißigjährigen Krieg einen erheblichen Aufschwung und wurde von den Landesfürsten bewußt gefördert; durch kaufmännisches Kapital erhielten ältere Ansätze zur „Heimindustrie" einen neuen Schub. Vor allem die schlesische und die sächsische Leinwandproduktion bekamen Auftrieb. Wichtig war daneben der Übergang zur Manufakturproduktion, in der die Produktion teils wegen der leichteren Materialzufuhr, teils zur Verhinderung von Unterschleifen, wie sie beim Verlagswesen häufig vorkamen, in größeren Betrieben zusammengefaßt war. Sachsen wurde im 17. Jahrhundert geradezu zu einem klassischen Land der Manufaktur. Einerseits wirkte privates Kapital, andererseits aber auch landesfürstlicher Wille. Dabei spielte die Luxusproduktion, nach französischem Vorbild, eine bedeutende Rolle. Aus privater Initiative entstanden um 1660 die Brünner Tuchmanufaktur, 1672 die Wollzeugmanufaktur in Linz, 1676/77 eine Tuchmanufaktur in der Neustadt Ostra vor Dresden und 1678 in Berlin, Seidenmanufakturen waren schon 1669 in München und 1674 in Leipzig gegründet worden. 1661 wurde in Hanau eine Fayencemanufaktur errichtet. Berühmt wurde die schon 1650 in Württemberg wiedergegründete „Calwer Zeughandlungscompagnie", in der sich Färber und Kaufleute zusammentaten und die im Verlag eine wachsende Zahl von Spinnerinnen und Kämmern beschäftigte; an sie schloß sich eine kleine Manufaktur an. 1689 wurde in Augsburg nach indischem Muster eine Kattundruckerei begründet, die ihrerseits wieder zum Vorbild für mehrere andere wurde.

Manche Privatunternehmungen regten die Landesfürsten an; andernorts traten sie, deren Bedeutung als Arbeitgeber für Hof und Militär ohnehin ständig stieg, auch selbst auf den Plan. Die berühmteste landesfürstliche Gründung war die kursächsische Porzellanmanufaktur in Meißen von 1710, der zahlreiche weitere folgen sollten. Sie geht zurück auf den erfolgreichen Versuch von Johann Friedrich Böttger (1682–1719), im Brennofen das weiße Hartporzellan herzustellen, auf das bisher China ein Monopol gehabt hatte. Auch die Herstellung anderer Produkte wie Glas,

Nadeln, Hüte, Gobelins, Tapeten, aber auch Tabak und Bier wurde durch Manufakturen in Angriff genommen. Doch diese Entwicklung reicht weit ins 18. Jahrhundert.

Nicht zu unterschätzen ist die emsige Bautätigkeit der Landesfürsten, die auch in kritischer Zeit ihr erhöhtes Herrschergefühl und den veränderten Geschmack dokumentierten. Parallel dazu sind zahlreiche Kirchen- und Klosterbauten zu nennen. Bereits 1651 nahmen die Kemptener Benediktiner den großzügigen und planvollen Wiederaufbau ihres im Krieg zerstörten Klosters in Angriff. Schon hier zeigte sich die erstaunliche Finanzkraft der Kirche. Weit langsamer vollzog sich allerdings der Wiederaufbau der zerstörten Städte.

Auch das Textilgewerbe behielt seine große Bedeutung, vor allem die weithin verlagsmäßig organisierte Weberei. Beim Leinen spielte Schlesien eine zentrale Rolle – vielfach besaßen die Leinenhändler auch Bleichen. Hinzu kamen Westfalen, der Niederrhein und Hessen-Kassel, während das einst so bedeutende Oberschwaben stark an Boden verlor. Tuchproduktion gab es in weiten Teilen Deutschlands, vor allem um Aachen, in Sachsen, Schlesien, Berlin, Brandenburg, in der Niederlausitz, in Oberösterreich und Böhmen. Allerdings kamen nun leichtere, auch billigere Stoffe in Gebrauch, in Deutschland „Zeug" genannt – durch Emigranten heimisch gemacht, ebenso wie Bortenwirkerei, Spitzenklöppelei, Stickerei, Teppich- und Strumpfwirken sowie Seidenweberei. Die neue Mode war auch eine wichtige Stütze der Calwer Zeughandelscompagnie.

Im Montangewerbe behauptete das Reich noch in der zweiten Hälfte des 17. Jahrhunderts eine führende Position in Europa. Dabei spielte das Eisenhüttenwesen Oberösterreichs und der Steiermark eine hervorragende Rolle, in dem Förderung, Verhüttung und Verarbeitung verbunden waren. Hinzu kam die alte Bergindustrie im Inneren des Reiches. Allerdings bestand weiterhin das Problem der Befeuerung, da es zur Holzkohle mit ihren verheerenden Folgen für die Wälder keine Alternative gab. Sachsen mit seinem Zentrum Freiberg behielt seine hohe Bedeutung für die Silberproduktion, ebenso wie die Grafschaft Mansfeld für das Kupfer. Auch die traditionellen Salinen blieben weiter in Betrieb. Die Kapitalarmut, die schließlich die deutsche Montanproduktion hinter die ausländische zurückfallen ließ, setzte indessen vielen dieser Unternehmen erheblich zu – eine Spätfolge des Krieges und seiner Kapitalvernichtung.

Handel. Die Kleinräumigkeit im Reichsverband förderte das Zollwesen als ein bedeutendes Handelshindernis; gerade kleine Herren erwiesen sich hier oft als sehr erfindungsreich und blockierten so den Warenverkehr. Die oft durch den Krieg weiter verschlechterten Straßenverhältnisse, die Probleme der Schiffahrt, die Umständlichkeit und Zersplitterung des Münzwesens, verschärft durch die Münzverschlechterungen der Landesfürsten – gegen die allerdings die Kreise zunehmend Abhilfe zu schaffen versuchten –, taten ein übriges. Die wachsende Neigung der Landesherren, wirtschaftliche Probleme mit dirigistischen Maßnahmen zu lösen (Konzessionen, Monopole, Handelssperren), behinderten den Handel zudem. Die Attraktion der bedeutenden Wasserstraßen wurde durch die zahlreichen Zölle kleinerer Herren eingeschränkt, vor allem am Rhein. Dadurch verlagerten sich zwar teilweise die Transportwege, doch die Wasserstraßen blieben die wichtigste Anbindung der Produktionsstätten an die großen Märkte. „Eine bedeutende Tat war die brandenburgische Herstellung einer durchgehenden, Leipzigs Vermittlung ausschaltenden Wasserverbindung Breslau–Hamburg über Berlin durch den Bau des Oder-Spree-Kanals 1662 bis 1669."[41]

Insgesamt erholte sich der deutsche Handel relativ rasch. Die schon vor 1618 verbreiteten Formen der Handelsgesellschaft behielten ihre Bedeutung – die großen Handelsmessen von Frankfurt und Leipzig bauten ihren Vorsprung vor den kleineren aus; letztere, wie Naumburg und Linz, gerieten in eine Krise. Zwischen den großen Messen gab es allerdings nach 1700 eine erbitterte Rivalität; bereits 1711 war klar, daß Leipzig ein Übergewicht errungen hatte – die Personalunion Sachsens mit Polen hatte seit 1697 trotz aller Probleme zugunsten Leipzigs gewirkt. Russische und polnische Händler hatten es zu einem Zentrum des Rauchwarenhandels und der Kürschnerei ausgebaut. Beide Städte behielten ihre Bedeutung für den Buchhandel, aber auch hier verschoben sich allmählich die Gewichte zugunsten Leipzigs. Immerhin gab es 1681 die Neugründung einer Messe in Braunschweig, der nach Reichsunmittelbarkeit strebenden, jetzt vom Landesherrn unterworfenen Stadt, durch den Herzog von Braunschweig-Wolfenbüttel. Die Nord- und Ostseehäfen behielten ihre Bedeutung, auch wenn die Niederlande und Schweden die wichtigsten deutschen Strommündungen an Nord- und Ostsee kontrollierten. Allerdings verloren das königlich-schwedische Stettin und das mecklenburgische Rostock an Bedeutung. Deutlich machte sich im Zeichen der Schwerpunktverlagerung an den Atlantik der Aufstieg Amsterdams und Londons bemerkbar; davon profitierten Bremen und vor allem Hamburg.

Der Krieg hatte viel Kapital vernichtet, andererseits aber auch beträchtliche Gewinne ermöglicht, vor allem bei Kriegsunternehmern und Kriegslieferanten, die sich nun um Anlagemöglichkeiten bemühten. Von zwei Seiten allerdings wurde die Seriosität des deutschen Kreditwesens bedroht. Zunächst haben zahlreiche Reichsstände zwischen 1658 und 1680 eine Münzverschlechterung durchgeführt, so daß man von einer „Zweiten Kipper- und Wipperzeit" sprach, die die Bankeinlagen entwertete. Diese Praktiken, bei denen sich vor allem der westfälische Graf Gustav von Sayn-Wittgenstein-Hohenstein (1633–1701) einen berüchtigten Namen machte, gingen auch später weiter.

Kritischer noch war die Zahlungsunfähigkeit eines großen Teils der Territorialherren, die nicht imstande waren, die im Kriege aufgelaufenen Zinsen zu bezahlen, und überdies die Schuldkapitalien reduzierten, wobei die Kurfürstentümer Sachsen und Bayern rühmliche Ausnahmen bildeten. Der von den Landesfürsten beherrschte Reichstag beschloß 1654 eine Art kollektiven Staatsbankrott, als er ein dreijähriges Schuldenmoratorium verordnete, die aufgelaufenen Zinsschulden auf 25 % reduzierte und gleichzeitig den alten Höchstzins von 5 % wieder einführte. Die schwer geschädigte Kurpfalz erreichte sogar die Streichung aller Zinsen, Württemberg verordnete diese Maßnahme auf eigene Faust und reduzierte die Schuldkapitalien. Die Gesetze des Marktes führten zu weiteren Reduktionen, da die Gläubiger oft mit der baren Auszahlung eines Teils ihrer Guthaben zufrieden waren; diese Tendenz war in Süddeutschland stärker als im Norden. Hier erwies sich erneut der sozialkonservative Charakter der Nachkriegsordnung und der Reichsverfassung, die die fürstlichen und adeligen Schuldner gegen die oft bürgerlichen Gläubiger schützten. Bezeichnend war, daß das Bankhaus Fugger 1650 den Betrieb einstellte und die Familie in ihrer Eigenschaft als Landesherren bald mit kaiserlichen Schuldenkommissionen Bekanntschaft machen mußte. Die Unsicherheit der Schulden provozierte erhebliche Zinsen, was wiederum heftige Spekulationen mit Schuldpapieren zur Folge hatte.

Bedeutend waren in der Nachkriegszeit auch Grundstückspekulationen mit zerstörten oder leeren Häusern, die es in größeren und kleineren Städten gab – mit ihnen verband sich oft eine fortschreitende Besitzkonzentration. Einen günstigen Zugriff hatten dabei die landesfürstlichen oder städtischen Bediensteten mit ihren leidlich sicheren Gehältern. Damals entstanden auch die ersten Gebäudeversicherungen: 1676 die Feuerkasse in Hamburg, 1685 in Magdeburg. Insgesamt herrschte eine beträchtliche Geldknappheit, so daß der vom Reichstag verordnete Zinssatz von 5 % immer wieder unterlaufen wurde, obgleich alle Zinsen über 6 % als Wucher galten. Erst um 1675 entspannte sich die Situation.

Mit der Geldknappheit hing auch der Aufstieg jüdischer Hoffaktoren zusammen, die dank ihrer weitgespannten familiären Beziehungen in der Lage waren, beträchtliche Transaktionen schnell vorzunehmen. Sie verbanden oft ihre Bankiersfunktionen mit einer Protektion der Judengemeinden ihrer Landesherren oder traten gar selbst als Rabbiner an deren Spitze. Eine zentrale Rolle spielte Samuel Oppenheimer (1630–1703) in Wien, der als Hoffaktor immer wieder die maroden kaiserlichen Kassen stützte, aber am Ende zunehmend in Bedrängnis geriet, so daß um 1700 Samson Wertheimer (1658–1724) an seine Stelle trat, der erfolgreicher operierte. Bedeutende Transaktionen nahmen auch die geistlichen Orden vor, insbesondere die Jesuiten – die kirchlichen Vermögen hatten den Krieg besser überstanden und erholten sich auch rascher als die adeligen, die weniger elastisch zu reagieren vermochten, weil sie in der Regel stärker verschuldet waren.

Das erfolgreiche Wirken der Banken in Hamburg und Nürnberg, mit eigenen Rechnungseinheiten, ließ sie zu Vorbildern für weitere Gründungen im Reich werden. 1698 entstand in Leipzig eine kurzlebige Depositenbank, 1704 die Württembergische Hofbank in Stuttgart, später auch Girobank, die bis 1738 bestand. 1706 folgte die Girobank des Kurfürsten von der Pfalz in seiner Eigenschaft als Herzog von Jülich-Berg in Köln. Natürlich experimentierte der stets geldbedürftige Kaiserhof ebenfalls mit Banken; auf die kaiserliche Girobank von 1703/05 folgte 1706 der „Wiener Stadtbanco", angeregt vom Hofkammerpräsidenten Graf Gundakar Starhemberg, beraten vom finanzkräftigen „Krösus von Österreich", Fürst Johann Adam I. von Liechtenstein. Der Stadtbanco blieb bis ins 19. Jahrhundert hinein für die österreichischen Staatsfinanzen wichtig. Die Bankgründungen in Berlin vollzogen sich in enger Verbindung mit der gekonnten kurfürstlichen bzw. königlichen Finanzpolitik.

Die Reichsstädte behaupteten wegen ihrer relativen Autonomie ihre Bedeutung als Bankplätze, vor allem Hamburg, Frankfurt und Augsburg, das eine Rolle für die Habsburger Monarchie spielte. In Hamburg ging die Bedeutung der sephardischen Juden zurück, als das bekannte Haus Texeira die Stadt verließ. Der dominierende Einfluß der Territorien zeigte sich darin, daß immer mehr Staatsschulden gehandelt wurden. Eine ganze Reihe von Städten im Reich verfügte über Börsen, allen voran Frankfurt, dann Leipzig, Augsburg, Köln, Nürnberg, Hamburg, Lübeck, dazu außerhalb der Reichsgrenzen Königsberg und Danzig. Für den fürstlichen Kredit behielten die Landstände, soweit ihre Kassen überlebt hatten, ihre Bedeutung. Es floß jedoch auch zunehmend ausländisches Kapital ins Reich. Eine besondere Rolle spielten dabei die Subsidienzusagen der Krone Frankreich an deutsche Fürsten. Daneben hatten niederländische Banken ihren Einflußbereich.

Die Verlegung der Handelsströme an den Atlantik begünstigte die Nordseehäfen und förderte vor allem den Höhenflug Hamburgs, das sogar zwischenzeitlich Amsterdam Konkurrenz machen konnte. Daneben vollzog sich der Aufstieg Bremens, während Lübeck eher stagnierte. Emden war dem niederländischen Handel eng verbunden, Altona und Flensburg dem dänischen, während Kiel, dessen „Umschlag" weiterhin eine bedeutende Finanzstätte blieb, durch die Zugehörigkeit zum kleinen Herzogtum Holstein-Gottorf eher behindert wurde. In den Hansestädten erhielten sich die traditionellen Organisationen des Handels.

Der Fernhandel hatte in Deutschland eine bedeutende Funktion. Wichtigster Handelspartner wurde Frankreich, neben dem aber auch die übrigen Nachbarn und nicht zuletzt England eine beträchtliche Rolle spielten. Aus Frankreich kamen in hohem Maße Luxuswaren ins Land, die der Mode einen neuen Akzent gaben – gegen sie berief man sich auf die deutschen Traditionen. An dem beginnenden Überseehandel und an den Kolonialgründungen konnte sich Deutschland nicht wesentlich beteiligen; dem stand seine territoriale Kleinsplitterung im Wege. Wenn Fürst Johann Moritz von Nassau-Siegen zwischen 1636 und 1644 als Gouverneur von

Brasilien nicht nur die Eroberung, sondern auch die Erforschung des Landes vorantrieb, so tat er dies in den Diensten der Generalstaaten. Der Aufruf des Polyhistors und Merkantilisten Johann Joachim Becher zur Gründung deutscher Überseekolonien in Südamerika 1657 und sein vergeblicher Versuch, das holländische Neu-Amsterdam, das spätere New York, 1675 für Bayern zu gewinnen, blieben ebenso folgenlos wie die zeitweilige Erwerbung der Insel Tobago und von Gebieten in Westafrika durch den Herzog Jakob von Kurland (1642–1682), den Schwager des Großen Kurfürsten. Der einzige halbwegs dauerhafte, aber gleichfalls nur befristete Kolonialversuch war jener des Großen Kurfürsten selbst, der mit der Gründung von „Groß-Friedrichsburg" an der westafrikanischen Küste einen Höhepunkt erreichte, der aber ebenfalls bereits 1721 endete.

Fürstliche Wirtschaftsunternehmungen. Vielleicht eine der wichtigsten Konsequenzen des Krieges, auch verursacht durch die beträchtliche Kapitalvernichtung, war das verstärkte landesfürstliche Engagement in der Wirtschaft. Der verbreitete Ruin der ständischen Finanzen trug ebenfalls dazu bei. In diesen Zusammenhang gehört die Schädigung der schwächeren Nachbarn, etwa der Ausbau der Stolberger Metallindustrie gegen die Reichsstadt Aachen, die Gründung von Karlshafen (1699) durch den Landgrafen Karl von Hessen-Kassel mit dem Ziel, Hannoversch-Münden den Weserumschlag wegzunehmen, oder die Privilegierung Frankfurts an der Oder als Stapelplatz durch den Großen Kurfürsten (1651), mit der er Stettin Konkurrenz machen wollte – eine Planung, die mit dem Erwerb Stettins durch Preußen (1720) und dem ständigen Aufstieg Berlins obsolet wurde.

Für ihre Steuerungsmaßnahmen bauten die Territorien auch ihre Behörden aus – aus der fürsorglichen Pflicht des Landesherrn in Notzeiten wurden dirigistische Maßnahmen: Förderung der Zuwanderung, um die demographischen Lücken zu schließen, die der Dreißigjährige und die nachfolgenden Kriege gerissen hatten. „Peuplierung" hieß das Schlagwort; die Abwanderung wurde erschwert, es gab sogar vereinzelt „Ledigensteuern". Mit Hilfe von Steuernachlässen förderten die Fürsten Zuzug und Neuaufbau; überdies suchten sie Saatgut und Zuchtvieh zu sichern. Immer wieder erhielten auch Andersgläubige religiöse Konzessionen, die allerdings in der Regel den protestantischen Fürsten leichter fielen als den Katholiken. Andererseits haben die Landesherren, im Zusammenspiel mit dem Adel, vielerorts die Mobilität der Untertanen eingeschränkt. Widersprüchlich war auch, daß in manchen Territorien die Bauern den Interessen des Adels preisgegeben waren, daß sich jedoch andere Landesfürsten bemühten, den Bauernschutz nicht aufzugeben, der ihnen den Zugriff auf das bäuerliche Einkommen durch Steuern sichern sollte. Vielfach, etwa im Bergbau, waren die Landesherren angesichts des Kapitalmangels auch gezwungen, das ausfallende Unternehmertum zu ersetzen. Auch die reichsstädtischen Magistrate griffen steuernd in die Wirtschaft ein. Aber die enge Verflechtung der meisten reichsstädtischen Regierungen mit dem Zunftwesen führte dort zu einer traditionelleren Verhaltensweise, etwa bei der Neuzulassung Andersgläubiger. Eine besondere Ausnahme stellte hier Hamburg dar.

2. Die ständische Gesellschaft

a) Der Adel

Der Krieg hatte die Position des Adels wieder in Frage gestellt, die sich nach 1600 verfestigt hatte. Das Kriegsgeschehen hatte dem Adel vielfach seine Ohnmacht vorgeführt. Die sinkende Agrarrente verringerte die Einkünfte; die durchziehenden Kriegsvölker demontierten die Autorität der Herren und verhandelten oft genug über ihre Köpfe hinweg mit den Untertanen. All dies trieb den Adel am Ende noch stärker in die Arme der Landesherren, die ihn über Hof und Armee einzubinden verstanden. Zwar konnten einzelne Adelige, für die symbolhaft der böhmische Herr Albrecht von Wallenstein stand, eine beachtliche Stellung erringen, aber diese ließ sich nicht auf Dauer aufrechterhalten. Daß unter Führung des evangelischen (!) bayerischen Feldmarschalls Georg Friedrich Freiherrn von Holtz (1597–1666) reichsritterschaftliche Generäle gegenüber dem Westfälischen Friedenskongreß herausfordernd die Rechte der Standesgenossen anmahnten, ließ sich nicht mehr wiederholen. Die Folge war jener Herrschaftskompromiß, der die Stellung des Adels gegenüber den Bauern stabilisierte und seine lokale Herrschaft absicherte, während der Adel endgültig darauf verzichtete, dem Fürsten um die Herrschaft im Territorium Konkurrenz zu machen. Auch außerhalb der Zonen der Gutswirtschaft entstanden große adelige Wirtschaftsunternehmungen, etwa in Österreich oder mit den bayerischen Hofmarken.

Stärker als im Osten zeichnete sich im Westen des Reiches eine Finanzkrise des Adels ab, die mit der sinkenden Bevölkerungszahl sowie der schlechten Konjunktur und infolgedessen mit einer zurückgehenden Agrarrente zusammenhing. Die dem Krieg nachfolgende Deflation machte den Zinsendienst für viele unerschwinglich, selbst wenn man die aufgelaufenen Zinsrückstände aus dem Krieg nicht bezahlte. Zwar hatten die finanziellen Kalamitäten des Adels häufig ältere Wurzeln, aber sie verschärften sich nun weiter. Dies hing damit zusammen, daß man vor dem Krieg expandiert und dabei auf einen scheinbar billigen, weil sich entwertenden Kredit spekuliert hatte – nun aber setzte die gegenläufige deflatorische Tendenz ein. Der landsässige Adel war offensichtlich gegenüber dem Druck der Gläubiger ungeschützter als der reichsunmittelbare, wenngleich der letztere durch seine eigenen, „territorialen“ Verwaltungsaufgaben zusätzlich belastet war. Die Schuldenregulierung des Adels wurde zu einem wichtigen Problem: Es war schon die Rede davon, daß die Mechanismen von politischer und gesellschaftlicher Verfassung dazu tendierten, den Adel zu schützen und gegen seine Gläubiger zu verteidigen, also die soziale Situation zu stabilisieren. Dies galt für die Schuldenmoratorien und -reduktionen; auch wirkten meist Standesgenossen als Schuldenkommissarien – und die Dauer einer Schuldenkommission vergrößerte die Überlebenschancen des Adeligen, da sie den schnellen Bankrott verhinderte. Dies galt vor allem für den reichsunmittelbaren Adel, der es mit kaiserlichen Schuldenkommissionen zu tun hatte. Gleichwohl gab es Zwangsversteigerungen, so ist von vielen „Vergantungen" in Bayern die Rede; hier und auch sonst in Oberdeutschland ging Adelsbesitz öfter an die finanzkräftige Kirche über.

Zwar vermochten einzelne Adelige als Kriegsunternehmer beträchtliche Gewinne zu erzielen und rückten bürgerliche Kriegsgewinnler in den Adel ein – die kriegsbedingte Dezimierung der eigenen Zahl und politische Opportunitätsüberlegungen ließen die Widerstandskräfte dagegen erlahmen, jedoch wurde das Eindringen von Aufsteigern, die weiterhin zumeist aus dem territorialen Beamtentum kamen, in den Adel mit großem Mißtrauen betrachtet. Der bayerische Hofkammerpräsident Korbinian (seit 1697) Freiherr von Prielmair (1643–1707), der als Sohn eines Erdinger Schrannenknechts aus niedrigsten Verhältnissen aufgestiegen war, mußte beim Erwerb ehemals altadeliger Güter trotz landesherrlicher Unterstützung mit massivem und handfestem Widerstand kämpfen. Der Aufstieg über landesherrliche Dienste wurde immer wichtiger – während der unmittelbare Übergang von vermögenden Stadtbürgern in den landsässigen Adel seltener wurde.

Die Finanzkrise des Adels verwies diesen verstärkt auf landesherrliche Dienste; die anwachsenden Armeen, für die der Adel die geborenen Offiziere stellte, ließen seine kriegerischen Fähigkeiten wieder wichtiger erscheinen als in den Jahrzehnten vor dem großen Krieg. Die Bedeutung des Rechtsstudiums trat dagegen zurück; auf militärische und höfische Fähigkeiten wurde ein gesteigerter Wert gelegt, was sich im Ausbildungsprogramm der Ritterakademien zeigte. Nach wie vor wichtig blieb die Kavalierstour – der Einfluß von französischer Kultur und Sprache auf den deutschen Adel wurde auf diesem Weg verstärkt.

Der Fürstendienst war eine Notwendigkeit für den verarmten Adeligen, der in der Krisensituation der Kriegs- und Nachkriegszeit den Wert fester Gehälter kennenlernte. Weiterhin bot ein Amt auch die Möglichkeit zur Intervention für die Standesgenossen – hinzu kam die Chance adeliger Selbstdarstellung, die die aristokratisch geprägten Hofgesellschaften für ein wankendes Selbstbewußtsein offerierten.

Die Reichskirche behielt unter diesen Umständen ihre hohe Bedeutung für die Versorgung adeliger Kinder, obgleich sich auch dort die Positionen verfestigten. Dies galt allerdings nur für den katholischen Adel. Der

Westfälische Friede bedeutete für den evangelischen den endgültigen Abschied von Hoffnungen auf kirchliche Positionen. Verbunden mit der erhöhten intellektuellen Attraktion der Alten Kirche in der Barockzeit haben die Chancen auf kirchliche Pfründen die Tendenzen zu Konversionen im evangelischen Adel gefördert, die von den Nebenlinien der sächsischen und thüringischen Wettiner, der Pfälzer Wittelsbacher, der Häuser Hessen-Kassel und Hessen-Darmstadt, von den Welfen bis zum niederen Adel reichten. So mancher Nachfahre Kurfürst Augusts I. von Sachsen und Landgraf Philipps von Hessen sollte noch eine Bischofskarriere im Rahmen der Alten Kirche machen. Neben der standesgemäßen Versorgung stand aber auch die Chance zur Protektion der weltlich gebliebenen und der nachwachsenden geistlichen Verwandten – so warf man dem fünfzig Jahre amtierenden Kemptener Abt Rupert von Bodman (1678–1728) gegen Ende seiner Regierungszeit vor, daß er nun schon die dritte Generation Bodman protegiere. Deutlich wird zugleich, welchen Anreiz die Katholizität des Wiener Kaiserhofes für Konversionen zur Alten Kirche bot. Es war gleichsam nur die „Spitze des Eisbergs“, wenn 1650 fünf der acht Mitglieder des Kurkollegs katholisch waren, 1700 nach der neuen Katholizität der Kurfürsten von Sachsen und der Pfalz bereits sieben.

Die Kehrseite des höfischen Engagements war jedoch ein erheblicher Aufwand an Repräsentation – sei es durch eine eigene Hofhaltung für den Fürsten oder Grafen, sei es durch die Ausgaben für den adeligen Höfling. Für kleinere Fürsten waren die Hofkosten kaum zu tragen, ebenso wie für manchen niederadeligen Höfling. Das traf sich unglücklich mit der Finanzkrise des Adels. Mancher Hofdiener mag aus seiner aussichtslosen Perspektive zum Verschwender geworden sein, ein Phänomen, das an den barocken Fürstenhöfen gar nicht selten war. Aber das sozial-konservative System des Reiches schützte die Stellung des Adels – die Gesellschaftsordnung stabilisierte seine Position, wenngleich eine Lockerung manche Vorteile gebracht hätte. Der Krieg hatte die Rolle des Adels gleichermaßen erschüttert und verfestigt – daß es trotz der unverkennbaren Adelskrise im Reich an entschiedenen Verteidigungsschriften für den Adel fehlte, zeigt nicht Schwäche, sondern ein Gefühl der Sicherheit.

Man beobachtete zwar die Finanzkrise mit großer Sorge, aber die adelige Führungsrolle blieb dennoch unangetastet; die Erschütterungen des Dreißigjährigen Krieges haben keiner radikal veränderten Gesellschaft Bahn gebrochen. So ist es verständlich, daß die Einbettung in die höfische Gesellschaft einerseits, die Verstärkung des Druckes auf die untertänigen Bauern andererseits kennzeichnend für jene Jahre war, in denen der Adel im Bewußtsein von gleichzeitiger Labilität und Stabilität seiner Position seine traditionelle Führungsrolle erfolgreich verteidigte. Dies war leichter in den Zonen der Gutswirtschaft als in jenen der Grundherrschaft. Dabei bildeten sich unterschiedliche Modelle aus. Die preußische Form des Kompromisses mit dem Landesherrn, die Einbindung in Armee und

Bürokratie bei gleichzeitiger Absicherung der lokalen Rolle, stand neben den höfisch-administrativ-militärischen Funktionen der habsburgischen Aristokratie. Dazwischen gab es in den deutschen Territorien viele Möglichkeiten; die adelige Position wurde nirgendwo aufgehoben – dazu trug allerdings auch die Schwäche von Stadt und Bürgertum entscheidend bei. Äußerlich zeigte sich ein formaler Aufstieg des Adels durch Rang- und Titelverleihungen, an denen der Kaiserhof wesentlich beteiligt war – dank ihrer auswärtigen Königswürden konnten die Herrscher Brandenburgs und Sachsens eigene Standeserhöhungen vornehmen. Sonst aber waren sie um so häufiger, je näher man räumlich und persönlich dem Wiener Hof stand.

b) Die Bauern

Die Bauern konnten die Chance, die im Bevölkerungsrückgang durch den Krieg lag, ökonomisch und sozial nur im Dorfverband, nicht aber im Gesamtgefüge der Gesellschaft und schon gar nicht politisch nützen. Die altständische Gesellschaft wurde im Gefolge des Westfälischen Friedens stabilisiert. Dies galt nicht zuletzt für die Agrarstruktur des Alten Reiches und die Unfreiheit der Bauern. Wie gezeigt, ging bei allen regionalen Varianten der Verfestigungsprozeß in den Zonen der Gutswirtschaft im Osten stärker zuungunsten der Bauern aus als in jenen der Grundherrschaft im Westen – wo die rechtlich abgesicherten Positionen bessere Möglichkeiten zum Selbstschutz gaben; die Bauern konnten gegen reichsunmittelbare Herren vor den Reichsgerichten, gegen landsässige vor den territorialen Instanzen klagen. Die Chancen der Bauern waren dort am geringsten, wo der Adel durch die Kontrolle starker Stände eine maßgebliche Mitsprache im Territorium errungen hatte. Die Restitution und Verfestigung der rechtlichen Situation ist um so bemerkenswerter, als in den Zonen schwerer Kriegsschäden die Bevölkerung weitgehend ausgetauscht wurde. Die Einwanderer kamen aus Zonen mit demographischen Überschüssen, die vom Krieg nicht berührt wurden, etwa aus der Schweiz oder aus den österreichischen Alpengebieten, aber sie fügten sich in die überkommene Rechtsordnung, rückten „in die alten Positionen ein, mußten nach alten Privilegien, Rechten und Ordnungen leben – damit aber erbten sie auch die alten Probleme. Sehr schnell verhielten sich die neuen wie ihre ausgewanderten oder ausgerotteten Vorgänger.“[42]

Der Bevölkerungsrückgang hat die Spannungen und Konflikte in den Dörfern vermindert, die es vor allem mit der unterbäuerlichen schlechter situierten Bevölkerung gab; die Aufstiegschancen, die Aussichten auf Einrücken in eine Hofstelle und damit die Perspektiven einer Familiengründung hatten sich rapide verbessert; die Anteile an den Allmenden vergrößerten sich bei geringer werdender Bevölkerungszahl. Damit aber wurden an sich die Möglichkeiten der adeligen Herren reduziert, bei innerdörflichen Konflikten als Schiedsrichter aufzutreten – doch die Bauern konnten diese Chance selten nützen, da die Herren durch Rechtsetzung, zumeist legitimiert durch den Landesherrn, ihre Position erneut festigten. Weit größer als in den Gebieten der Gutswirtschaft waren die Chancen im Bereich territorialer Zersplitterung mit schwachen und wenig durchsetzungsfähigen Landesherren, also vor allem im Südwesten des Reiches. Daß der Bevölkerungsrückgang Freiräume eröffnete, zeigten auch die neuen Spannungen zwischen Reichsrittern und benachbarten Reichsstädten, die lange genug gegenüber den mächtigen Landesherren zusammengehalten hatten und sich nun um das Gesinde streiten mußten – der Weg in die Stadt wurde im Zeichen des Bevölkerungsrückgangs leichter und chancenreicher und damit zu einer Waffe der Untertanen. Aber auch hier griffen die Landesherren ein; sie erließen Reskripte gegen eine allzu große Freizügigkeit und gegen ein allzu starkes Selbstbewußtsein des Gesindes, nicht nur zugunsten der Adeligen, sondern auch zugunsten der Bauern und der Handwerksmeister. Im Gegenzug aber mußten sie wieder regulierende Maßnahmen gegen allzu große Ansprüche von Herren und Hofbauern erlassen; am Ende blieb auch hier der Territorialherr der Schiedsrichter. War dieser mit dem Grundherrn identisch, so gab es keine Regulierungsmöglichkeiten – deshalb gingen die Konflikte aus den Kleinterritorien an Kaiser und Reich.

Zwar blieb das ländliche Leben nach 1648 kärglich, zwar stockte der Absatz der Agrarproduktion, zwar lagen weite Flächen brach – aber augenscheinlich gingen die innerdörflichen Konflikte zurück, weil die Gegensätze nicht mehr so hart aufeinanderstießen. Umfangreicher waren die Konflikte mit den Herrschaften und ihren Ansprüchen; die Träger dieser Auseinandersetzungen waren zumeist die dörflichen Gemeinden. Die Herren dagegen suchten diese intensiver zu kontrollieren, eine Tendenz, die schon vor dem Krieg eingesetzt hatte und nun verstärkt wurde, ohne daß die Existenz der Gemeinde grundsätzlich gefährdet gewesen wäre. Dies hing wiederum mit dem sozial-konservativen Zug des Reiches nach 1648 zusammen, war aber auch mit praktischem Nutzen verbunden – die Beseitigung einer Gemeindeverfassung wäre nicht nur rechtswidrig gewesen, sondern hätte auch die Möglichkeiten einer Herrschaft überfordert. Es war viel besser, die Gemeinde für die administrativen Aufgaben zu instrumentalisieren: zumal für so unpopuläre wie Steuerveranlagung und Rekrutenaushebung. Das war um so leichter, als die allgemeinen Oligarchisierungstendenzen der Zeit schon bald nach dem Friedensschluß auch das Dorf erfaßt zu haben scheinen, das ebenfalls eine Art Notabelngesellschaft darstellte – und hier eröffnete sich den Herren erneut die Rolle des Schiedsrichters. Die Dynamik, die aus den Kriegsgeschehnissen hervorgegangen war, brach sich schließlich an den festen Strukturen des Dorfes und seiner Verfassung – diese konservierten sich und damit die Unfreiheit der Bauern.

c) Stadt und Bürgertum

Mindestens genauso wie die bäuerliche wurde im Krieg die städtische Bevölkerung dezimiert, auch wenn viele Menschen vom Land immer wieder in die scheinbar sicherere Stadt flüchteten. Schon um 1600 hatte sich bei den landsässigen Städten der landesherrliche Zugriff, aber auch ihre oligarchische Struktur verfestigt. Trotz aller demographischen Einbrüche behauptete sich die überkommene Sozialstruktur noch stärker in den Reichsstädten, wo der Krieg die Abschließung der „Patriziate" nicht nur nicht aufbrach, sondern eher noch verfestigte. In einer seit 1648 von Katholiken und Protestanten dem Wortlaut des Westfälischen Friedens nach paritätisch beherrschten Stadt wie Biberach etwa erwies sich die Abschließung des (katholischen) „Patriziats" als unübersteigbares Hindernis für alle sozialen Bewegungen und für alle Ansprüche der protestantischen Mehrheit, die folglich keineswegs die volle Gleichberechtigung erlangen konnte. Anderswo mußte der Kaiser die Ergänzung der arg geschrumpften „Patriziate" erzwingen, da aufgrund ihrer zahlenmäßigen Dezimierung die Stadtverfassungen kaum mehr funktionsfähig waren. Es entsprach dem rechtssichernden Geist der Reichsverfassung, daß man lieber die Patriziate aufstockte als die Verfassungen änderte.

Die Fürsten taten sich mit ihren Interventionen in die landsässigen Städte leichter. Dies hinderte nicht, daß auch hier die Oligarchisierung ein Signum der Zeit blieb – aber sie wurde immer wieder durch Maßnahmen der Landesherren abgemildert. Auch hier galt die Festschreibung der städtischen Verfassungen, wie sie vor 1618 in Kraft waren. Insgesamt setzte sich die Tendenz zur Herrschaftssicherung mit Hilfe der Oberschichten in Reichs- und Landesstädten fort – und provozierte einen verstärkten Druck von unten, der wiederum leichter vom nahen Landesfürsten als vom fernen Kaiser reguliert werden konnte. Die Krisensituation der meisten städtischen Kassen verschärfte die Konflikte. Soziale Aufsteiger, etwa Unternehmer, auch Kriegsgewinnler, rannten gegen die versteinerten Bastionen der Patriziate meist vergeblich an. Die städtischen Obrigkeiten hatten ebenfalls die Notsituation des Krieges zum Machtgewinn genützt; in den evangelischen Städten gilt dies selbst für den Ausbau des Kirchenregiments, wie jüngst exemplarisch an Esslingen gezeigt wurde. Selbst im paritätischen Biberach mußte man nach 1650 feststellen, daß der evangelische Rat seine Kirchengemeinde weit besser im Griff hatte als der katholische, da der Bischof von Konstanz bei den Altgläubigen als Ordinarius das Sagen hatte. Die Zünfte bildeten ebenfalls eine Barriere gegen den Wandel, nachdem die kurze Phase der Dynamik beendet war, die die Ausfälle des Krieges ermöglicht hatten. Da in der Stadt die feudale Einbindung der unteren Schichten fehlte, bemühten sich die städtischen Räte um eine wirksame Kontrolle der rarer gewordenen Lohnarbeiter und Gesellen, was wiederum zu einer Interessenidentität mit den Zünften führte.

Vielerorts waren, auch wegen des Bevölkerungsverlusts, die Zerstörungen des Krieges durch die Städte weniger leicht bewältigt worden als etwa durch die Kirchen – in manchen Orten sollte es noch lange dauern, bis die verwüsteten Gebäude wieder aufgebaut waren. Spekulantentum und Besitzkonzentration blieben nicht aus. Ausdruck der Verarmung war dagegen, daß ganz offensichtlich die Zahl der Studenten zurückging, wie auch die Bücherproduktion in Deutschland einen tiefen Einbruch erlebte. Dies mag allerdings auch damit zusammenhängen, daß die Chancen zum Aufstieg in das landesfürstliche Beamtentum sanken, da die früheren bürgerlichen Aufsteigerfamilien sich oligarchisch abgeschlossen hatten und offenbar besser über den Krieg gekommen waren als die einfachen Leute – mit einer deutlichen Tendenz zum Weg in den Adel. Daß der soziale Aufstieg aus der Stadt in Beamtentum und Adel nicht ganz aufhörte, läßt sich auch noch 1648 belegen; auf den Aufstieg des Korbinian von Prielmair aus der Unterschicht einer bayerischen Landstadt an die Spitze der kurfürstlichen Hofkammer und in den Adelsstand, dank anfänglicher Protektion der Jesuiten, sei nochmals hingewiesen. Eindrucksvoll war auch der Weg der Brüder Danckelmann, die aus dem gehobenen Lingener Bürgertum in die höchsten brandenburgisch-preußischen Staatsämter aufstiegen, oder des Ladenburgers Johann Friedrich Seilern, der über kurpfälzische und kaiserliche Dienste den Weg in den Ritter-, Freiherrn- und Grafenstand und den Anschluß an die Wiener Hocharistokratie fand. Auch Bankierskarrieren eröffneten den Aufstieg in den Adel, wie der Berliner Bankier und Kriegsrat Johann Andreas Kraut (1661–1723) bewies, der 1703 vom preußischen König nobilitiert wurde. Von den steilen Militärkarrieren des Dreißigjährigen Krieges war schon die Rede, erwähnt sei etwa der Aufstieg des ehemaligen protestantischen österreichischen Schneidergesellen Derfflinger zum kurbrandenburgischen Feldmarschall und zum Freiherrn. Allerdings wurden solche Karrieren immer seltener.

Weniger spektakulär, aber weit wichtiger waren die Bewegungen vom Land in die Stadt und innerhalb derselben. Der Tod hatte ja viele Positionen freigemacht – Gesellen konnten eine Zeitlang leichter zum Meister aufsteigen, Kinder aus Randgruppen in die städtische Gesellschaft integriert werden. Vom Krieg vertrieben, fand mancher nachgeborene Bauernsohn in der Stadt seine Aufstiegschance. Auch hier ist die Familie Prielmair typisch – die Karriere begann eigentlich schon mit dem Vater, der als nachgeborener Bauernsohn aus dem Land in die kleine bayerische Stadt Erding einwanderte, aus ihren Randgruppen über die Mesnerstelle einer Kapelle in ein kleines städtisches Amt emporstieg, zwei Positionen, die jeweils nach dem Tod ihrer Vorgänger freigeworden waren. Erstaunlich bleibt jedoch, wie schnell nach einer kurzen Phase der Mobilität der Oligarchisierungsprozeß die Gesellschaft der meisten Städte erstarren ließ.

Insgesamt haben Bevölkerungsrückgang, Zerstörung von Kapital und Produktionsmitteln, Verlust von traditionellen Absatzmärkten bittere

Konsequenzen gebracht und das innere Gefüge vieler Städte schwer belastet – während wenige andere profitierten. Es kam zu Schwerpunktverlagerungen, auch wegen der steigenden Bedeutung des Atlantikhandels. Hinzu traten jedoch auch bewußte landesfürstliche Steuerungsmaßnahmen. Dabei zeigte sich, daß Landesstädte mit einem großen territorialen Hinterland einen Vorteil vor den Reichsstädten gewannen; die ersteren kannten größere soziale und politische Mobilität, dazu die bewußte Förderung durch Serenissimus und seine kameralistische Politik. Die andere Seite war, daß nun bei den letzten jener Städte, die in Mittel- und Norddeutschland sich dem landesfürstlichen Zugriff zu entziehen versucht hatten, für den Traum von einer reichsunmittelbaren Existenz das Totenglöcklein schlug: in Erfurt, Braunschweig, Münster oder Magdeburg. Der Landesherr sollte am Ende auch hier als Sieger dastehen.

Sein Einfluß war in der Regel in den Städten größer als auf dem flachen Land – er konnte dort auch viel leichter ausgeübt werden, da die Stadt überschaubarer war und der Widerstand des Adels fehlte. In Brandenburg-Preußen sollte sich dies mit besonderer Deutlichkeit zeigen. Auch wenn die Landesherren die Mobilität steigerten und Innovationen förderten, so hatten ihre Interventionen doch dirigistische Züge. Man sollte sie jedoch nicht nur vor der Folie einer idealisierten städtischen Freiheit sehen. Für die Landesstädte galt verstärkt, was bereits bei den Dorfgemeinden beobachtet werden konnte: Die Landesfürsten wollten die Autonomie der Städte nicht brechen, weil dies gegen das Rechtsverständnis der Zeit verstieß. Auch war es weit bequemer, die städtischen Magistrate zu instrumentalisieren, als die Stadtgemeinden mit einem bescheidenen landesherrlichen Beamtenapparat unmittelbar beherrschen zu wollen. Diese Praxis fand sich jedoch bei manchen kleineren Residenzstädten, wo die Präsenz des Hofes die städtische Autonomie erstickte. Andererseits aber haben größere Residenzstädte – wie München, Dresden, Hannover, Stuttgart, Mainz, Koblenz – doch ihre Freiräume behaupten können. Allerdings wurde die Autonomie der städtischen Räte in hohem Maße durchlöchert durch die privilegierte Stellung der Hofgesellschaft: In Wien spielten die Exemptionen der adeligen Palais eine große Rolle; allenthalben waren die Angehörigen der Hofgesellschaft bis hin zum kleinsten Diener der städtischen Jurisdiktion entzogen, was die städtische Autonomie ganz erheblich relativierte. Indessen war es in der Regel einträglicher, Residenzstadt zu sein als Reichsstadt.

Der landesherrliche Zugriff konnte die oligarchischen Strukturen lokkern, aber er hob sie nicht auf. Sie bestanden fort, trotz der da und dort einsetzenden wirtschaftlichen Dynamik, trotz der Entstehung von Manufakturen. In den Reichsstädten wirkte sich die strikte Festlegung auf das Herkommen noch stärker aus als in den Landesstädten. Dies galt in besonderem Maße für paritätische Reichsstädte wie Ravensburg, Dinkelsbühl oder Biberach, weniger für das größere und dynamischere Augsburg

– gerade im Zeichen solcher Festlegungen feierte der Proporz fröhliche Urständ und verfestigte die oligarchischen Strukturen. Sie wurden häufig noch zementiert durch die gemeinsamen Interessen von Patriziern und den ebenfalls zur Oligarchie tendierenden Spitzen der Zünfte – in der Abwehr von Ansprüchen der Gesellen, aber auch in der gemeinsamen Beherrschung eines Landgebietes, dessen Ausbeutung die eigene finanzielle Krisensituation abmilderte. Die städtischen Magistrate herrschten in Rottweil, Biberach, Ravensburg, Schwäbisch Gmünd oder Rothenburg mit harter Hand über ihr Landgebiet. Bei größeren Städten wie Nürnberg oder Ulm, die ebenfalls beträchtliche Territorien besaßen, dürfte diese Rolle des Landgebietes weniger ins Gewicht gefallen sein – auch wenn die Verhältnisse vergleichbar waren.

Die rechtskonservierenden Tendenzen der Zeit haben also die überkommenen Stadtverfassungen mit ihren stark hierarchischen Strukturen stabilisiert. Allerdings konnten durch die Interventionsmöglichkeiten der Landesfürsten die Landstädte etwas elastischer reagieren. Insgesamt aber gilt: Schon bald nach dem Dreißigjährigen Krieg setzte die erneute Verfestigung der Oligarchien ein, familiär eng verknüpfter Gesellschaftsformationen, die jedem Wandel abhold waren. So sind die Städte eher Repräsentanten der ständischen Gesellschaft gewesen als ein bürgerliches Gegenbild der adeligen Welt. Selbst über sie fiel der Schatten des Landesstaates, der eigentlich der größte Gewinner des Krieges war.

d) Konflikte in Stadt und Land

Der große Konflikt des Dreißigjährigen Krieges hatte die kleineren Auseinandersetzungen, die vor allem seit den 1580er Jahren vermehrt eingesetzt hatten, weithin niedergehalten. Allerdings war es auch im Krieg zu einem großangelegten Aufstand gekommen, der auf einen Vorläufer zu Ende des 16. Jahrhunderts zurückgreifen konnte. Das Land ob der Enns, also Oberösterreich, war als Pfand für die zugunsten des Kaisers aufgewendeten Kriegskosten von Bayern besetzt worden. Die Kombination von fremder, relativ ausbeuterischer Herrschaft und Rekatholisierung führte zur großen Erhebung der zumeist evangelischen Bauern von 1626, die in Stefan Fadinger, dem „Edelstein der Bauern", einen hochbegabten Führer fanden und die Besatzungstruppe an den Rand einer Niederlage brachten, bis sich am Ende die militärische Überlegenheit der kriegserprobten bayerischen Truppen durchsetzte. Die evangelischen Bauern hatten ihren Glauben hartnäckiger verteidigt als der Adel und bis zu 40000 Mann unter Waffen gebracht; sie blieben nach ihrer Niederlage noch länger unruhig, und die Schweden hofften auf eine neuerliche Erhebung. 1631 folgten weitere starke Unruhen in Oberösterreich. In Bayern selbst gab es 1633 Revolten gegen das katholische Ligaheer. Man kann die österreichischen Erhebungen als letzte große religiös bedingte Aufstände bezeichnen, aber auch als die Spitze des Eisbergs einer Fülle von gewaltsamen Aktionen bedrängter Bauern gegen die Soldateska des Krieges.

Am Ende der Epoche stand eine ähnlich strukturierte Erhebung in Bayern gegen das österreichische Besatzungsregime (1705/06), die sich auf die Legitimität des vertriebenen Kurfürsten Max Emanuel berief, der sich als Verbündeter Frankreichs im niederländischen Exil wenig um den Aufstand kümmerte. Der Volksaufstand – an ihm waren nicht nur Bauern beteiligt – war durch Rekrutenaushebungen und Steuereinziehungen der Österreicher provoziert. An der Spitze standen Teile der territorialen Elite; man bediente sich des überkommenen Landesdefensionswesens, der traditionsreichen bayerischen Selbstverteidigungsorganisation. Offensichtlich wirkte die Bewegung vielerorts stark polarisierend, denn die Mehrzahl der bayerischen Notabeln, Beamte und Landstände, zog die Kooperation mit der Besatzungsmacht vor; aber auch lokale Parteiungen wurden in die Spannungen einbezogen. Sogar eine bäuerliche Vertretung in den Landständen wurde gefordert. Der Volksaufstand endete auch hier mit einer katastrophalen Niederlage gegen die überlegenen Österreicher („Sendlinger Mordweihnacht") vor den Toren Münchens und mit dem Tod von ca. 4000 oberbayerischen Bauern.

Zwischenzeitlich gab es eine Fülle von städtischen und ländlichen Konflikten im Reich, die erst in den letzten Jahren wiederentdeckt worden sind, vor allem von Winfried Schulze, Peter Blickle, Werner Troßbach und Georg Schmidt. Diese Konflikte setzten ältere Auseinandersetzungen fort, wobei die agrarischen Konflikte in deutschen Kleinterritorien zu den spektakulärsten Aktionen führten und inzwischen auch am besten untersucht sind, da man die Kontinuität zum Bauernkrieg suchte und sie wohl daher auch in ihrer Bedeutung ein wenig überschätzte.

Schwerpunkt der agrarischen Konflikte waren die kleingesplitterten Gebiete des Alten Reiches, vor allem der Schwäbische und der Oberrheinische Kreis. Eine Wurzel lag in der relativen Ohnmacht der Herren während des Dreißigjährigen Krieges, als sie sogar die Untertanen bewaffnen mußten – ein Vorgang, der diesen ein neues Selbstbewußtsein verlieh. Sehr deutlich sichtbar wurde dies bei den stift-kemptischen Untertanen, die auf eine ältere Aufstandstradition zurückblicken konnten, die bis ins 15. Jahrhundert zurückreichte und im Bauernkrieg um 1525 ihren Höhepunkt erreicht hatte. Die Herrschaftsschwäche des Stifts während des Dreißigjärigen Krieges und der andauernde Konflikt des fanatisch reformerischen Abtes Roman von Giel, des Wiedererbauers der Stiftskirche, mit seinem Kapitel, also eine Herrschaftskrise, hatte die Untertanen ermutigt. Diese riefen anläßlich einer Visitation sogar den Luzerner Nuntius an und besannen sich schließlich auf die sehr temporäre Aktivität der Kemptener Landschaft 1525/26, die bald wieder eingeschlafen war – die evangelische Reichsstadt Kempten, mit dem Abt verfeindet, hatte das Gedächtnis der Kemptener Bauern durch Aktenvorlage geschärft und gab politischen und juristischen Rückhalt, so daß eine Abfolge von Auseinandersetzungen entstand. Unter dem elastischeren Rupert von Bodman (1678–1728) kam es zu Verträgen zwischen dem Abt und seinen Untertanen – am Ende stand die nunmehr dauerhafte Wiederentstehung der bäuerlichen Landschaft. Anders als die anfangs geschilderten Konflikte in Oberösterreich und Bayern verliefen die übrigen Auseinandersetzungen in der Regel trotz mancher gewalttätiger Ansätze als gerichtliche Prozesse unter den Bedingungen des Reichsrechts – und damit waren sie typisch. Sie setzten eine handlungsfähige Organisation der Untertanen voraus, die in den Gemeinden und zunehmend in ihren bäuerlichen Landschaften bestand. Hier erwies sich die Verrechtlichung der Konflikte und die betonte Kriminalisierung jeder Gewaltanwendung als bezeichnend.

Daraus ergibt sich die Charakteristik der zahlreichen Agrarkonflikte auf Reichsebene, die in der Regel auf Kleinterritorien konzentriert waren. Sie spiegelten den Krisenzustand der Gesellschaft: die Finanzschwäche der Obrigkeiten, die die Lasten (oft auf höchst phantasiereiche Weise) auf die Untertanen abzuwälzen trachteten; diese aber beriefen sich auf ihre überkommenen Rechte, die sie im sozialkonservativen Geist der Reichsverfassung zu verteidigen trachteten. Da die kleineren Obrigkeiten relativ schwach waren, konnten sie aus eigener Kraft die eskalierenden Konflikte nicht niederhalten und bedurften der kaiserlichen Autorität zur Stützung ihrer wankenden Position; damit aber wurden die obersten Gerichte des Reiches, vor allem der Reichshofrat, zu Schiedsrichtern der innerterritorialen Auseinandersetzungen. Daß territoriale Untertanen in Wien vor dem Kaiser erscheinen, denn ihn ganz persönlich sahen sie als ihren Richter an, und als gleichberechtigte Prozeßgegner der Herrschaft auftreten konnten, unterminierte deren Autorität und verstärkte das Gefälle zwischen den größeren und den kleineren Landesherren sowie die Abhängigkeit der letzteren vom Kaiser.

Mit Recht hat Georg Schmidt festgestellt, daß gewaltsame Aktionen, Aufläufe und Krawalle nur dann stattfanden, „wenn 1. der Widerstand bereits demoralisiert war, nachdem alle anderen Möglichkeiten keinen Erfolg gebracht hatten, 2. die beiden Reichsgerichte nicht eingeschaltet werden konnten, 3. sich die Aktionen gegen das Eigentum von Außenseitern, wie Juden, Wucherern oder sonstigen Personen richteten, die der Gemeinde die Solidarität aufgekündigt hatten; und/oder 4. rasche Abhilfe nötig war, der Rechtsweg zu lange dauerte und die Obrigkeiten untätig blieben". Daraus entwickelte sich ein Szenarium, das den Gang der Konflikte bestimmte, bei denen es gewiß an Drohgebärden und kleineren, die Gewalt streifenden Provokationen nicht fehlte, zugleich aber auch ein Ritual, das in der Regel vermied, gegen die Tabuisierung der Gewalt zu verstoßen. Das Gefühl, als Rechtspartei mit der eigenen Herrschaft gleichgestellt zu sein, und die Beobachtung, daß sich das territorialstaatliche Gewaltmonopol auch gegen die Grund- oder Gerichtsherren wenden konnte, machten den Rechtsweg außerordentlich populär und drängten die gewalttätige Entscheidungsfindung in den Hintergrund. „Der Gemeine Mann im Reich blieb auch im Widerstand weithin diszipliniert; da ihm ein institutionalisierter Weg der Konfliktaustragung offenstand, prägten überlegtes und zweckrationales Vorgehen, nicht spontane oder gar gewalttätige Exzesse seinen konfliktrelevanten Erfahrungshorizont. Bauernschlachten und selbst tumultuarische Aufläufe waren ein denkbar ungeeigneter Weg der eigenen Interessenwahrung, weil sie die Herrschenden zum gemeinsamen Handeln, zur Niederschlagung der Unruhen und zur Verteidigung der feudalen Ordnung zwangen. Statt dessen vertraute der Gemeine Mann auf den Rechtsweg und darauf, daß der Kaiser, der Landesherr oder die zuständigen Gerichte ihm das gute alte Recht zurückgeben würden.... Da für die Obrigkeiten diese Art einer weithin öffentlichen Konfliktaustragung mit ihren Untertanen prestige- und kreditgefährdend war, reagierten die paternalistischen Vorstellungen verpflichteten Grafen und Ritter oft einsichtig auf die Klagen ihrer Untertanen und konnten so den offenen Ausbruch von Unruhen vielfach verhindern."[43]

Die Auseinandersetzungen waren also in der Regel systemimmanent und stellten die feudal-ständische Gesellschaftsordnung keineswegs in Frage – damit aber blieb die strikte Distanzierung von jeglicher Gewalt typisch für den Verlauf der Konflikte. Nur einmal noch kam es zur Ermordung eines Landesherrn durch seine Untertanen, als die rebellischen Bauern der kleinen reichsunmittelbaren Klosterherrschaft Kornelimünster bei Aachen ihren Abt Bertram Goswin von Gevertzhagen auf der Aachener Heiltumsfahrt durch einen Aachener Berufsverbrecher erschießen ließen (1699) – der Vorgang kehrte sich prompt gegen die Bauern, deren Wortführer drakonisch bestraft wurden. Ein solches Umschlagen des Prozesses zuungunsten der Bauern beim Auftreten von Gewalt war nicht selten.

Es zeigte sich also, daß die Ereignisse des Dreißigjährigen Krieges mancherorts das Selbstbewußtsein der Untertanen gesteigert hatten. Der Widerstand der Fuggerschen Untertanen in der Herrschaft Babenhausen resultierte daraus, daß der Graf die Mobilisierung der Untertanen über 1648 hinaus durch Kriegsspielereien fortsetzen ließ, in denen sich diese mit Knüppeln traktieren und mit Rüben bewerfen mußten – letzteres, um eine Artillerie zu simulieren. Hier erwies sich an einem skurrilen Fall recht deutlich das Beispiel überzogener Ansprüche kleiner, finanziell in Bedrängnis geratener Herren. So waren kaiserliche Schuldenkommissionen und Prozesse der Untertanen oft miteinander verbunden. Das strikte Festhalten am Gewaltmonopol der Obrigkeit einerseits, die rechtliche Überprüfbarkeit von deren Maßnahmen andererseits dürfte eine wichtige Erfahrung gewesen sein, die die deutsche Mentalität prägen half.

Die Untertanenprozesse in den deutschen Kleinterritorien, die spektakulär vor dem Kaiser und seinem Reichshofrat oder dem Reichskammergericht geführt wurden, bildeten jedoch nur eine Seite des Geschehens. Die Untersuchung vergleichbarer Phänomene und Konfliktlösungen in größeren und mittleren Territorien steht erst noch am Anfang. Unverkennbar aber zeichnet sich dort eine Schiedsrichterrolle der Landesherren und ihrer Gerichte ab, die die Entwicklungen leichter kanalisieren, die bäuerlichen und städtischen Untertanen effektiver vor Machtmißbrauch und Ausbeutung schützen und doch die feudal-ständische Gesellschaftsordnung bewahren konnten – eine Tendenz, die sich auch in Zonen der Gutswirtschaft findet. Damit korrigierten die Landesfürsten teilweise die Preisgabe ihrer bäuerlichen Untertanen an die adeligen Herren, die in den Herrschaftskompromissen nach 1648 stattgefunden hatte. In Böhmen, wo dies nicht gelang, kam es zum dramatischen Bauernaufstand von 1680, der in seinen Ausmaßen an den oberösterreichischen Bauernaufstand von 1626 heranreichte – hier spielten die relative Ferne des Herrschers und der entscheidende Einfluß der adeligen Herren auf die Landesregierung eine zentrale Rolle. Es blieb aber entscheidend, daß das Rechtssystem des Reiches und seiner Territorien die starken Spannungen zu regulieren vermochte – die traumatischen Erfahrungen des Großen Krieges haben dazu beigetragen, um jeden Preis die rechtliche Auseinandersetzung der gewaltsamen vorzuziehen. Hinzu kam im kleingesplitterten Reich das patriarchalisch-fürsorgliche Verhalten vieler Herren, das die Untertanen auch von ihnen erwarteten – sowohl für den Kaiser wie für die größeren Landesherren galt im ländlichen Bereich immer noch das alteuropäische Bild vom fernen gütigen Herrscher, der notfalls seinen Untertanen zu Hilfe kam.

Eng mit den Konflikten hing aber auch die Bewahrung und Festschreibung der überkommenen Verfassungsformen zusammen. Dies zeigte sich in besonderem Maße bei den Reichsstädten, wo die Beibehaltung der traditionellen Stadtverfassung die Positionen der Obrigkeiten restituierte, auch wenn sie längst die wirtschaftlichen Grundlagen ihrer Herrschaft verloren hatten. Damit hingen Oligarchisierung, Machtmißbrauch und Selbstbedienung aus den öffentlichen Finanzen zusammen – sie waren so häufig, daß man sie den regierenden Magistraten gern von vornherein unterstellte, zumal wenn die Konflikte mit wirtschaftlicher Stagnation oder mit wirtschaftlichem Rückgang in der Stadt zusammenfielen. Die Monopolisierung reichsstädtischer Ämter und Einkünfte durch die sich konsolidierenden Oberschichten provozierte vielerorts die Opposition einer konfliktbereiten Bürgerschaft – Bürgerunruhen gab es zwischen 1648 und 1715 in zahlreichen Reichsstädten, die oft ältere Konfliktformen wieder aktivierten. Es kam zum Druck der Bürgergemeinden auf den oligarchischen Rat, zum Protest gegen seine Protektions- und Versorgungspolitik, gegen seine Geheimniskrämerei in dem von ihm zu verantwortenden städtischen Schuldenwesen, über das die Bürgerschaft die Kontrolle übernehmen wollte. Das letzte Drittel des 17. Jahrhunderts sah Bürgerunruhen von beträchtlichen Ausmaßen, wie etwa in Heilbronn, Bremen, später in

Lübeck. In Hamburg zwangen die Oberalten, d.h. die Vertreter der Bürgerschaft, den Bürgermeister zum Rücktritt. Mit der Hinrichtung seiner Wortführer endete der Gülich-Aufstand in Köln 1683/88. Der beste Schutz vor solchen Unruhen war wirtschaftlicher Wohlstand.

Der Druck der benachbarten Territorialherren, die sich gern einmischten, verschärfte oft diese Auseinandersetzungen. Die Starrheit der durch das System des Westfälischen Friedens garantierten reichsstädtischen Verfassungen machte es schwer, den Protest zu kanalisieren – auch haben die Festlegungen durch kaiserliche Kommissionen danach immer wieder die Forderung nach authentischer Interpretation hervorgerufen. So ist die Geschichte der Reichsstadt Frankfurt nach 1648 gekennzeichnet durch die immer weiter fortdauernden Auseinandersetzungen, die kleinste Verästelungen zeitigten und bei denen selbst Entscheidungen von geringer Tragweite dem Wiener Reichshofrat übertragen wurden. Dennoch entwickelten sich auch in den Reichsstädten Konfliktrituale, die die Grenze der Gewalttätigkeiten streiften, sie jedoch nach Möglichkeit vermieden. Es formierten sich Bürgerausschüsse, die, statt der ursprünglich dazu vorgesehenen äußeren Räte, sich bemühten, eine Kontrolle über die Magistrate zu übernehmen; freilich waren auch sie selbst nicht frei von Tendenzen zur Oligarchisierung. Das Prinzip des Syndikats, der aus dem römischen Recht erwachsenen Bevollmächtigung zu Prozessen gegen die Obrigkeit, legitimiert durch zwei Drittel der Bürgerschaft, breitete sich aus und wurde auch bei agrarischen Konflikten übernommen. Die Fülle der reichsstädtischen Prozesse zwischen Rat und Bürgerschaft macht deutlich, daß die Reichsstädte sich nicht gleichsam am eigenen Schopf aus dem wirtschaftlichen und politischen Sumpf zu ziehen vermochten – die Fälle der wirtschaftlich prosperierenden Reichsstädte Frankfurt und Hamburg zeigen freilich, daß Prozesse nicht immer von wirtschaftlichen Notlagen verursacht sein mußten. Die Unfähigkeit, die eigenen Probleme zu regulieren, ließ das Reichskammergericht und vor allem den Reichshofrat zum Mitregierenden in den Reichsstädten werden. Die Präsenz kaiserlicher Kommissionen bis hin nach Lübeck demonstrierte eine Verstärkung der kaiserlichen Autorität.

Für die Landesstädte konnte der Landesherr diese Rolle sehr viel leichter spielen; er vermochte schneller und unmittelbarer einzugreifen als das ferne Reichsoberhaupt. Aber auch hier fehlen noch Einzeluntersuchungen, die erst den Vergleich mit den Reichsstädten ermöglichen würden. Der Fall der Reichsstadt war der spektakulärere, jener der Landesstadt der allgemeinere.

Die Konflikte zwischen Landesherrn und Untertanen bzw. zwischen Rat und Gemeinde waren die auffälligsten im Alten Reich. Es gab aber noch andere Auseinandersetzungen: etwa aus konfessionellen Motiven mit christlichen Minderheiten oder Juden oder um die Schulden von Landesfürsten und Reichsstädten, so daß sich auf der Ebene des Reiches dem

Kaiser eine Fülle von Eingriffsmöglichkeiten bot, die ihrerseits geeignet waren, die Autorität kleinerer Landesfürsten zu relativieren.

Der Reichshofrat befaßte sich auch mit Auseinandersetzungen zwischen Bischöfen und Domkapiteln – den absolutistischen Ansprüchen der Bischöfe standen die reichsrechtlich fixierten Rechte der Domkapitel gegenüber, die sich sogar mit Erfolg über das päpstliche Verbot bischöflicher Wahlkapitulationen hinwegsetzten. Auch Konflikte zwischen Fürsten und Landständen hatten Reichshofrat und Reichskammergericht zu regulieren; gerade hier zeigte sich immer wieder, wie stark der Reichshofrat zum Mitwirkenden in den deutschen Territorien von Mecklenburg bis Württemberg wurde. Die Konversionen ehemals evangelischer Dynasten und ihre nachfolgende Katholisierungspolitik provozierten Klagen der evangelischen Untertanen. Daß der entschieden katholische kaiserliche Hof hier in den Verdacht der Parteilichkeit geriet, war ein gefährlicher Vorgang, denn er untergrub die gerade wieder befestigte Autorität des Reichsoberhauptes und begünstigte die Formierung der evangelischen Reichsstände als „Corpus Evangelicorum“ am Anfang des neuen Jahrhunderts. Die kompliziert geordneten paritätischen Reichsstädte waren ein Dauerproblem. Selbst innerfamiliäre Probleme der Fürstenhäuser riefen den Reichshofrat auf den Plan: Beispielsweise, als um 1700 der katholische Fürst Franz Alexander von Nassau-Hadamar (1679–1711) seine Schwägerin Ernestine von Hessen-Rheinfels, eine Stiftsdame, zu Gast hatte und diese mit einigem Erfolg der Schwester den Gatten auszuspannen versuchte, schickte der kaiserliche Hof die geistlichen Kurfürsten von Mainz und Trier als Kommissarien auf den Plan, um dem Treiben ein Ende zu machen. Die Schuldenkommissionen (Debitkommissionen) des Kaisers waren gerade bei den überforderten kleinen Reichsständen und Reichsrittern ebenso wie bei den Reichsstädten relativ häufige Gäste und haben oft nur mit Mühe deren Kredit und Existenz stabilisieren können.

Die Fülle der Prozesse war Ausdruck einer kritischen Zeit, geboren aus dem Erbe des Dreißigjährigen Krieges, aber auch Folge einer stabilisierten und erstarrenden Rechtsordnung. Sie dienten der Kanalisierung der Konflikte, entschärften Untertanenbewegungen in Stadt und Land – dies kam einerseits der Autorität des Reichsoberhaupts, andererseits aber auch der Stellung der großen Landesfürsten zugute. Konflikte und Konfliktregelungen fügten sich in ein sozial konservatives System – sie halfen den Sinn für Recht und Rechtssicherheit, für den Wert alter Freiheiten zu verbreiten. Das Recht stand nicht immer auf der Seite derer, die politische, soziale, wirtschaftliche oder technische Erneuerungen wollten.

3. Die Kirchen

a) Die evangelischen Kirchen

Die blutigen Erschütterungen des Großen Krieges konnten auch an den christlichen Kirchen nicht spurlos vorübergehen. Schon die große Kriegsfurcht vor 1618 hatte es deutlich gemacht: Der drohende und strafende Gott war für eine weithin christliche Gesellschaft noch sehr gegenwärtig. Aus dem Erlebnis von Krieg und Tod erwuchs aber auch eine Verinnerlichung, die zarte Formen der Frömmigkeit und des Gottvertrauens hervorbrachte. Der Krieg ließ die Menschen immer hoffen, daß der strafende auch ein barmherziger Gott sei.

Weit über seinen Tod hinaus wirkten die Erbauungsbücher des Johannes Arndt; aber auch die praktische Ethik des Württembergers Johann Valentin Andreae blieb über die Kriegsjahre hinaus lebendig. Das Erleben des Krieges beeinflußte das evangelische Kirchenlied, das in seinen Traditionen auf Luther zurückging, wobei immer häufiger der Ton des Volksliedes angeschlagen wurde. Am Ende des 16. Jahrhunderts hatte man einen Tiefpunkt erreicht. Nun aber kam ein neues Gefühl der Ergriffenheit auf, das durch die Not gesteigert wurde. In vielen Liedern des 17. Jahrhunderts ging es um die Erlösung von irdischem Leid und den Eingang in das ewige Leben.

Die evangelische Kirchenmusik wurde durch Heinrich Schütz (1585–1672) auf einen Höhepunkt geführt – für das Kirchenlied verband sich dieser Höhepunkt mit dem Namen von Paul Gerhardt (1607–1676), der neben Luther zum bedeutendsten geistlichen Liederdichter Deutschlands wurde und bis heute gesungen wird. Gerhardt schöpfte aus dem Volkslied und gab seinen Melodien den Ton tiefer Gläubigkeit. Als orthodoxer Lutheraner verweigerte er sich den Versöhnungsmaßnahmen des Großen Kurfürsten, die Lutheraner und Reformierte zusammenführen sollten, und mußte seine Stelle an der Berliner Nikolaikirche verlassen. Er trat 1668 in die Dienste des Herzogs von Sachsen-Merseburg.

Bei Andreae und Gerhardt wirkten unverkennbar die Erfahrungen des Dreißigjährigen Krieges nach. Aber darüber hinaus existierte eine gesamteuropäische chiliastische Grundstimmung, so daß es auch in anderen Teilen des Kontinents verwandte Reaktionen gab. „Daß die großen Kriege des 17. Jahrhunderts zu allgemeiner Not, zu Unsicherheit und Angst führten, ist leicht einzusehen und leicht zu belegen. Auch die Reaktionen, die die schweren Seuchen und die Ernährungssorgen hervorriefen, dürften kaum anders gewesen sein, kaum anders die Haltung, die die großen wirtschaftlichen Schwankungen und die anhaltende Depression bewirkten. Der im 16. Jahrhundert dominierende Glaube an den Fortschritt war im 17. Jahrhundert offensichtlich gebrochen, die Selbstsicherheit der Europäer dahin; jetzt, im neuen Säkulum, dominierten nicht mehr Zuversicht und Hoffnung, sondern Sorge und Angst, jetzt dominierte nicht mehr das Leben, sondern der Tod."[44] Angst und Unsicherheit wirkten auch in das religiöse Leben hinein, besonders natürlich im konfessionell gespaltenen Deutschland. Die christliche Theologie mußte sich an die Überwindung der Angst machen, um ihre Position zu behaupten. Damit erhielten die neben der Orthodoxie wirksamen Frömmigkeitsformen neuen Auftrieb, die sich in erbaulichen Lehrbüchern und in Kirchenliedern äußerten. Die Nachfrage nach erbaulicher Literatur, nach den „alten Tröstern", wie man später sagte, blieb enorm groß. Der spätmittelalterliche Mystiker Thomas von Kempen erreichte mit seiner „Nachfolge Christi" zahlreiche Auflagen und Übersetzungen, auch durch Arndt, und wirkte über alle Konfessionsgrenzen hinweg, wie überhaupt die Erbauungsliteratur konfessionelle Barrieren überwand. Nach Lehmann machten die Erbauungsbücher die Hälfte der theologischen, ein Viertel der gesamten Literaturproduktion aus. Eine besondere Bedeutung gewannen die Leichenpredigten, die oft genug die Ängste der Menschen vor dem Tod ansprachen – sie wurden gelegentlich bis zu zwei Stunden ausgedehnt. Die Leichenpredigt des 17. Jahrhunderts entfernte sich von der Auslegung der Bibel und behandelte das Leben des Verstorbenen als Zeugnis des christlichen Glaubens, galt es doch anzukämpfen gegen den allzu sichtbaren Sieg des Todes.

Im späteren 17. Jahrhundert bekam die Predigt einen ausgeprägt barokken Charakter und bediente sich vielfacher literarischer Formen. Johann Balthasar Schupp(-ius) (1610–1661), zunächst Professor der Geschichte und Rhetorik in Marburg, war dann am Hof des Landgrafen von Hessen-Rheinfels und schließlich bei St. Jakobi in Hamburg tätig. Er verband Gelehrsamkeit mit Eloquenz und beißender Ironie; wegen seiner Neigung zu belehrenden Fabeln nannte man ihn „Fabelhans". Jakob Sackmann (1643–1718) aus der Nähe Hannovers wirkte durch viele kunstvolle Predigten, die nach seinem Tode publiziert wurden.

Auch im 17. Jahrhundert gab es in ganz Europa Kräfte, die überlegten, wie man auch außerhalb der Kirche zur Seligkeit gelangen konnte – im evangelischen Teil des Reiches ging es um die Frage, ob man sich gegen die alles durchdringenden konfessionalisierten Landeskirchen behaupten konnte; die Fülle der Traktatenliteratur verweist auf Tendenzen, sich den Landeskirchen zu entziehen und auf die individuelle Frömmigkeit zu setzen. Die erbauliche Literatur bildete gleichsam eine überörtliche spirituelle Gemeinschaft, eine Gestalt der Kirche, von der man den Ausweg aus der Krisen den Zeit erhoffte.

Die Not des israelitischen Volkes wurde 1633 den kriegsgeplagten Deutschen vom Rostocker Lutheraner Johann Quistorp (1584–1648) vorgeführt, der wie viele andere Schriftsteller des 17. Jahrhunderts die Endzeit erwartete, die der Wiederaufstieg des Papstes und die Türkengefahr ankündigten. Hinzu kam die düstere Wirkung der Kometen auf das ganze 17. Jahrhundert, die jeweils eine Flut von Flugschriften auslösten. Johann

Matthäus Meyfart (1590–1642) sah in den militärischen und epidemischen Ereignissen des Großen Krieges und im Sittenverfall Vorboten des Weltuntergangs – in seinen Schriften stellte er die Freuden des ewigen Lebens den Qualen der Hölle gegenüber. Diese eschatologische Welt beeinflußte auch das poetische Werk von Andreas Gryphius, Friedrich von Logau, Daniel von Czepko und Simon Dach. Vulgär chiliastisches Denken wurde auf Friedrich V. von der Pfalz, den böhmischen Winterkönig, sogar der Weltuntergang auf Gustav Adolf projiziert. Selbst Comenius war von solchen Einflüssen nicht frei. Der spirituelle Chiliasmus sah Christus als Gegner von Papst und Jesuiten. Schon vor dem Krieg trug dieses Denken pansophische oder theosophische Züge, die nach der vollkommenen Harmonie der Dinge strebten – die von Johann Valentin Andreae angeregte Rosenkreuzerbewegung träumte vom „Goldenen Zeitalter".

Auch die Reformierten hatten ihre Chiliasten mit dem Herborner Professor Johannes Piscator (1546–1625) und seinem Schüler Johann Heinrich Alsted (1588–1638), bis 1629 Professor im nassauischen Herborn, dann in Weißenburg in Siebenbürgen; Alsted suchte sogar die Wiederkehr Christi auf 1694 zu datieren, wobei er sich auch auf populäre Visionäre berief. Schüler von Piscator und Alsted war der große Johann Amos Comenius (Komensky), 1616 Prediger der Brüdergemeinde in Böhmen, dann 1632 ihr „Bischof" (Senior). Der Dreißigjährige Krieg führte ihn durch halb Europa, am Ende seines Lebens nach Amsterdam. Auch Comenius war von den pansophischen Zügen am Hofe Rudolfs II. beeinflußt. Seine Pädagogik war zutiefst bestimmt von dem Wunsch nach einer besseren Welt; er hoffte auf ein Reich des Friedens. Die Parallelen zu Tendenzen in der englischen Revolution sind unverkennbar – über Philipp Jakob Spener erreichten seine Vorstellungen auch den Pietismus. Auffällig ist, daß vor allem in den krisengeschüttelten Zonen Europas solche Bewegungen in Gang kamen.

Am Anfang des Pietismus steht der Görlitzer Schuster Jakob Böhme (1575–1624), ein sprachgewandter Grübler und Visionär, der sich mit zahlreichen Schriften von der mittelalterlichen Mystik bis zu Paracelsus und Schwenckfeld auseinandergesetzt hatte; Böhmes Einfluß sollte noch weit in die deutsche Geistesgeschichte ragen. Zum Leben gehörte für ihn Gott ebenso wie das Böse; der Wille des Menschen habe zu entscheiden. Böhme beeinflußte Philipp Jakob Spener (1635–1705) aus Rappoltsweiler im Elsaß. 1666 „Senior" der Geistlichkeit in Frankfurt, hat er zuerst im eigenen Hause, später in Kirchen Versammlungen mit Gemeindegliedern gehalten. Die 1675 erschienene pietistische Reformschrift „Pia desideria" kritisierte den Dogmatismus und die daraus entstandenen Streitigkeiten. Er forderte Bibelstunden und Hausandachten. Es war ein praktisches Christentum, in dessen Geist Spener die Prediger zu allgemein verständlicher Verkündigung aufforderte und das sich auch in der Tat äußerte. Die Berufung Speners zum Oberhofprediger nach Dresden (1686) und zum

Propst nach Berlin (1691) zeigte, daß der „Pietismus“, den Spener propagierte, Hochschätzung erfuhr. Aber sogar Spener, der nicht daran dachte, sich von den Landeskirchen zu trennen, geriet in das Kreuzfeuer der herausgeforderten Orthodoxie.

Der Pietismus wurde, auch durch Speners Weg nach Mittel- und Ostdeutschland, bald zu einer breiten Erweckungsbewegung; ihre praktische Frömmigkeit war eine Antwort auf die konfessionalisierte Landeskirche – freilich ohne, wie verwandte Strömungen in Westeuropa, sich konsequent von der offiziellen Kirche zu lösen, zu „separieren“. Dafür wurzelte auch Spener noch zu stark in der Orthodoxie. Aber die Kräfte des Pietismus mit ihrer starken Betonung des eigenen Glaubenserlebnisses gewannen doch eine selbständige Bedeutung – im Laufe des 18. Jahrhunderts weit über den eigentlich religiösen Bereich hinaus.

Bei der Generation nach Spener verstärkte sich die Distanzierung von den Landeskirchen. Die Wirksamkeit Speners beeinflußte in Leipzig einen Kreis junger Dozenten, zu denen vor allem August Hermann Francke (1663–1727) zählte. Sie veranstalteten seit 1689 „Collegia biblica“, populäre, für ein breites Publikum bestimmte Vorlesungen über das Neue Testament – damals entstand der Parteiname der „Pietisten“, die bald unter den Druck der orthodoxen Leipziger Fakultät gerieten. Nach der Übersiedlung Speners nach Berlin mußten die Dozenten Leipzig verlassen – Francke, der bewußt den Bruch mit der Orthodoxie in Kauf genommen hatte, ging 1691 nach Halle, wo er ein bedeutendes Wirkungsfeld fand und 1694 auch Professor an der neugegründeten Universität wurde. Als solcher vertrat er die biblische Philologie; wichtiger wurde die Begründung des Hallischen Pietismus, der ein werktätiges und frommes Leben mit intensiven Bibelstudien zu verbinden strebte. Auf Francke gehen die „Franckeschen Anstalten“ zurück, begonnen 1695 mit der „Armenschule“, die eine außerordentliche Bedeutung als Wegweiser pietistischer Pädagogik gewannen. Über Halle sollte der Pietismus eine geschichtswirksame Symbiose mit der nüchternen preußischen Staatsidee des gleichfalls pietistisch beeinflußten Königs Friedrich Wilhelm I. eingehen.

Die praktische Frömmigkeit des Pietismus fand auch im evangelischen Adel ein nachhaltiges Echo. Einzelne Heiraten zwischen Grafentöchtern und Bürgerlichen, die mit einem spirituellen Gotteserlebnis begründet wurden, empfand man als drohende Gefahr für die ständische Gesellschaft, so daß unter Kaiser Josef I. der Kemptener Abt Rupert von Bodman, der die pietistischen Neigungen Wetterauischer Grafen als Visitator des Wetzlarer Reichskammergerichts erlebt hatte, für das Verbot des Pietismus mit dem Argument plädierte, dieser entspräche nicht der Augsburgischen Konfession und könnte nicht den Schutz des Religionsfriedens genießen. Gemeint war die soziale Sprengkraft pietistischen Denkens, die der kaisertreue Katholik erkannte und fürchtete, wohl aber auch zu hoch veranschlagte. Selbst wenn die Spannungen zu den Landeskirchen nicht aufhörten, so hat der deutsche Pietismus als Ganzes nie den Bruch, den „Separatismus", gesucht – daß seine subjektive Spiritualität jedoch an den Grundfesten der traditionellen Konfessionalisierung rüttelte, war ebenso deutlich, wie er die harten dogmatischen Grenzziehungen, wichtiges Ergebnis der Orthodoxie, im Namen der Frömmigkeit in Frage stellte. Eine große Bedeutung gewann er für das praktische Leben, das er in asketischem Ernst gestaltet wissen wollte. Das Bekehrungserlebnis spielte für die Pietisten eine zentrale Rolle – die chiliastischen Traditionen, die durch den Dreißigjährigen Krieg neu belebt worden waren, sind ebenfalls in ihn eingegangen. Da der Pietismus jedoch am kirchlichen Lehrbegriff festhielt, konnte er im Gegensatz zum westeuropäischen Separatismus seine Stellung in den Landeskirchen behaupten; in nord- und mitteldeutschen Territorien, aber auch in Württemberg entfaltete er eine bedeutende Wirkungsgeschichte.

Gegenüber dem Pietismus aber wird man nicht die weiterwirkende Rolle der evangelischen Orthodoxie übersehen dürfen; die starke Einbindung in den Territorialstaat blieb bestehen. Allerdings waren auch Züge der Provinzialisierung, landeskirchlicher Enge unverkennbar – auch dagegen wirkte der Pietismus.

Nicht zuletzt wegen der Pfarrerausbildung und der Pfarrstellenbesetzung war die Position der Landeskirchen unangreifbar. Der Dreißigjährige Krieg hatte den Charakter des evangelischen Pfarrerstandes nicht verändert; er behielt seinen beamtenähnlichen Zug und erfuhr seine Qualifikation durch eine Universitätsausbildung. Die Hochschulen aber hatten längst die Dynamik der Reformationszeit hinter sich gelassen und eine starke Territorialisierung erfahren. Der Besitz einer Universität eröffnete jedoch weiterhin Einflußfelder auf kleinere Territorien, wie etwa für Kursachsen die Universitäten in Wittenberg und Leipzig, für Württemberg die Universität Tübingen, neben die jedoch seit 1694 das preußisch-pietistische Halle trat. Das Landeskirchenwesen war festgefügt; auch der Pfarrerstand, der geschlossene Heiratskreise ausgebildet hatte, unterlag dem ehernen Gesetz der Oligarchisierung. Auf das tägliche Leben in den Territorien übten ihre Landeskirchen einen beträchtlichen Einfluß aus, der auch der Sozialdisziplinierung diente.

b) Die katholische Kirche

Voraussetzung der skizzierten Entwicklungen war die Überwindung der konfessionellen Ängste – die Sicherstellung der zugelassenen Religionen, auch der reformierten, durch den Westfälischen Frieden. Die rechtlichen Regulierungen der Religionsfragen trugen wesentlich dazu bei, das allgemeine Gefühl der Bedrohung zu beseitigen, das über Fürsten und Untertanen lag und die Beziehungen der Konfessionen so sehr vergiftet hatte. Diese Furcht hatte bewirkt, daß die deutschen Bischöfe zunehmend den

Schulterschluß mit dem Papsttum gesucht hatten – sehr deutlich zeigte sich, daß die Sicherstellung der überlebenden Reichskirche dieser auch wieder zu größerer Eigenständigkeit verhalf. Zwar vermied sie jegliche augenfällige Distanzierung von Rom, wie sie etwa der französische Gallikanismus mit seinen stark nationalkirchlichen Tendenzen praktizierte – aber es war nur eine Minderheit der Fürstbischöfe, die der Kurie und dem Nuntius Fabio Chigi auf dem Weg des Protestes gegen den Westfälischen Frieden folgten. Die katholische Kirche konnte zwar nicht ihre Triumphe aus den 1620er Jahren behaupten, aber sie ging gefestigt und stabil aus dem Krieg hervor.

Geblieben ist ihr auch über die Bindung an Rom hinaus die größere Internationalität im Vergleich zu den deutschen Protestanten. Die starke Prägung durch die nachtridentinische Dogmatik verlieh größere Geschlossenheit, führte aber auch zu Defiziten in der theologischen Diskussion gegenüber der evangelischen Seite. Der Krieg hatte die mühselig und langsam durchgesetzten tridentinischen Forderungen wieder zurücktreten lassen – auch auf katholischer Seite beklagte man einen Sittenverfall. Doch hatte selbst die Adelskirche durch die Ausbildung am römischen „Germanicum" nicht nur Anbindung an das Papsttum, sondern auch wissenschaftliche Qualität vermittelt bekommen – bezeichnenderweise blieb das kanonische Recht die bevorzugte Disziplin der Prälaten – und seelsorgerlichen Ernst gewonnen. Geblieben ist allerdings das Spannungsfeld zwischen weltlicher Position und geistlicher Aufgabe.

Nach wie vor bildeten die Jesuiten das intellektuelle Rückgrat der Alten Kirche im Reich, dank ihres Einflusses an den Höfen durch ihre Kollegien, durch ihre Stellung an den katholischen Gymnasien und Universitäten. Für die unteren Schichten dominierte weiterhin der Einfluß der Kapuziner. Beide Orden hatten sich im Dreißigjährigen Krieg stark engagiert und die Heere des Kaisers und der Liga begleitet. Durch Lebenswandel und sittlichen Ernst stießen katholische Priester auch beim Gegner auf Respekt, wie z. B. die Kapuziner bei Gustav Adolf und dem schwedischen Heer.

Aber die Jesuiten (mehr noch als die Kapuziner) begannen allmählich ihre Führungsrolle zu verlieren. Sie unterlagen schon in der zweiten Hälfte des 17. Jahrhunderts einem gewissen Erstarrungsprozeß, weil sie an jenen Normen und Techniken festhielten, die im 16. ihre Überlegenheit begründet hatten. Zudem mag ihre oft sehr macht- und prestigebewußte Politik abstoßend gewirkt haben. Trotzdem haben die Jesuitenschulen eine Renaissance der alten „Prälatenorden", wie Benediktiner, Zisterzienser, Augustiner-Chorherren und Prämonstratenser entscheidend begünstigt – als Ordenspriester, Säkularkleriker wie auch als fromme Laien haben ehemalige Jesuitenschüler immer wieder eine entscheidende Rolle gespielt, ja sogar erst in der zweiten Hälfte des 17. Jahrhunderts den Höhepunkt ihres Einflusses erreicht, wobei in ihrem kirchlichen Verhalten sicher eine bewußte Distanzierung zur eigenen jesuitischen Erziehung nicht auszuschließen ist. So stand die Zeit nach 1650 im Zeichen einer Renaissance der Prälatenorden; aber auch alte und neue Bettelorden haben diese Impulse aufgenommen. Auch die Frauenklöster haben eine neue Blüte erlebt. Dies galt ebenfalls für den Weltklerus, der sich stabilisierte und mit einer verbesserten Ausbildung eine neue Autorität gewann. All diese Bewegungen griffen freilich die Ansätze aus der Zeit vor dem Krieg wieder auf.

Auf die volkssprachliche Herausforderung der Reformation antwortete die Alte Kirche mit deutschen Gebetbüchern; dabei drang die Frömmigkeit der Mystik erneut vor, wie beim Kölner Pfarrer Jakob Marlo-Horstius (1597–1644) oder im „Güldenen Tugend-Buch" des Jesuiten Friedrich von Spee (1649). Das „Himmlisch Palmgärtlein" (1660) des rheinischen Jesuiten Wilhelm Nacatenus mit 35 deutschen Liedern wurde bis ins 19. Jahrhundert aufgelegt; der Kapuziner Martin (Linius) von Cochem (1634–1712) hat nicht weniger als 30 Gebetbücher verfaßt. Die Lieder des barocken Katholizismus unterlagen sichtlich romanischen Einflüssen – unter ihnen ragten abermals jene des Jesuiten Friedrich von Spee heraus. Auch eine katholische Erbauungsliteratur fehlte nicht – so vor allem die „Handpostille" des Kölner Prämonstratensers Leonhard Goffiné (1648–1719). Eine große Verbreitung fand das Andachtsbild, oft mit Symbolen und Allegorien ausgestattet.

Auch die katholische Predigt ist nicht zu unterschätzen – die barocke Kanzelberedsamkeit, vor allem von den Ordensgeistlichen zu hoher Kunst entwickelt, kannte viele Varianten vom Aufruf zur Askese bis zur sozialen Kritik und zur groben Polemik. Viele Predigtsammlungen waren geprägt von der Not der Zeit. Der berühmteste Kanzelredner des 17. Jahrhunderts war der schwäbische Gastwirtsohn Johann Ulrich Megerle, besser bekannt als Augustinerpater Abraham a Sancta Clara (1644–1709), der vielerlei Witz und Spott aus allen möglichen Quellen in seine volkstümlichen Predigten einfügte, die ihm an seinem Wirkungsort Wien beträchtliche Popularität nicht nur im Volk, sondern auch am Kaiserhof eintrugen. Auch er stellte sich den Nöten seiner Zeit, die durch die Türkenbelagerung Wiens 1683 noch einmal einen dramatischen Höhepunkt erreichten.

Die enge Verbindung von gegenreformatorischem Katholizismus und Barockkultur, aber auch beider mit dem Wiener Kaiserhof war durchaus attraktiv. Die unterschiedlichen Strömungen, verkörpert z. B. in den Orden, setzten auch unterschiedliche Akzente. Deutlich wurde schon zu Beginn des Jahrhunderts, daß der Katholizismus aus seiner Defensive herausgetreten war. Die Jesuiten, assistiert von den Nuntien in Köln, Wien und Luzern, betrieben eine aktive Bekehrungspolitik; die protestantischen Lehrstreitigkeiten hatten auf manche abschreckend gewirkt; der landeskirchlich fixierte Protestantismus nahm immer defensivere Züge an. Unter diesen Voraussetzungen haben die Jesuiten um den Adel und die bürgerlichen Oberschichten erfolgreich geworben.

Das 17. Jahrhundert wurde zu einem Jahrhundert der Konvertiten. Daß die Pfründen der Kirche für den Adel attraktiv blieben, ist ein wichtiger Hinweis, aber er reicht als Erklärung nicht aus. Der tridentinische Katholizismus zwang den Adel zu einer Entscheidung, die dieser lange mit einer ambivalenten Haltung hatte vermeiden können. Die Siege der katholischen Waffen in der ersten Hälfte des Dreißigjährigen Krieges begünstigten Konversionen, aber diese sollten ihren Höhepunkt erst in der zweiten Jahrhunderthälfte erreichen. Der „Synkretismus" des Protestanten Georg Calixt (1586–1656), von dem noch die Rede sein wird, hat manchen Gebildeten zur alten Kirche geführt; das galt für Johann Christian von Boyneburg, der in Mainzer Dienste trat, konvertierte und dann für 12 Jahre der erste Minister Johann Philipps von Schönborn wurde. Der Hamburger Lukas Holstenius (1596–1661) brachte es nach seiner Konversion zum Leiter der vatikanischen Bibliothek, sein Neffe Peter Lambeck (1628–1680) wurde zum Hofbibliothekar Kaiser Leopolds I. Eine Konversionswelle erfaßte vor allem den Adel, auch den Reichsfürstenstand. Der Kaiser war in Münster und Osnabrück durch mehrere Konvertiten vertreten, mit Maximilian Graf Trautmannsdorff und dem Grafen Johann Ludwig von Nassau-Hadamar (1606–1653) an der Spitze; aber auch Graf Johann VIII. von Nassau-Siegen war vom reformierten Bekenntnis seiner Väter zur katholischen Kirche übergegangen. Die Häuser Pfalz, Württemberg, Hessen, Mecklenburg, Braunschweig kannten Konvertiten, selbst ein Hohenzoller, der einstige Administrator von Magdeburg, Christian Wilhelm, wechselte zur Alten Kirche (1632). Am spektakulärsten blieb die Konversion Kurfürst Friedrich Augusts von Sachsen 1697 – vorangegangen war 1691 jene des Herzogs Christian August von Sachsen-Zeitz, der es bis zum Erzbischof von Gran, Primas von Ungarn und Kardinal brachte. Außer Wien waren Rom und Paris bevorzugte Orte der Konversionen; sie brachten allerdings auch dem Kaiser erhöhten Einfluß im Reich. Daß die Territorien der Konvertiten evangelisch blieben, führte zu mancherlei Spannungen und zur „Rekonfessionalisierung der Reichspolitik" (G. Haug-Moritz) – Konversionen schufen eine größere Nähe zum Kaiser, aber sie heizten auch die Konflikte im Reichsverband auf. Die Konversion des Herzogs Johann Friedrich von Braunschweig-Lüneburg (1651) führte zur allmählichen Entstehung eines Apostolischen Vikariats des Nordens, das zum Mittelpunkt der weiteren katholischen Missionsarbeit wurde.

1648 brachte zudem eine Restabilisierung der Adelskirche. Der Aufstieg einer höfisch-barocken Kultur erfaßte auch die Bistümer; Adelsklöster wie Kempten oder Fulda paßten ihre monastischen Strukturen nach 1650 dem neuen höfischen Stil an. Die geistlichen Staaten bildeten eine Bastion des erneuerten Katholizismus – ihre geistlichen Pfründen und weltlichen Ämter zogen eine große Zahl von adeligen oder auch bürgerlichen Beamten an. Die Protektionssysteme einzelner Bischöfe und Äbte begünstigten zwar die eigene Familie – jedoch wachte der übrige Adel eifersüchtig darüber, daß dies nicht zu ausgeprägte Formen annahm. Dennoch bildete das

Beziehungsgeflecht der adeligen Domkapitulare ein wichtiges soziales Netz. Von den erneuerten geistlichen Institutionen gingen zahlreiche religiöse, gelehrte und künstlerische Impulse aus. Insgesamt erwiesen sich auch die kleineren geistlichen Territorien finanziell ungleich stabiler als die weltlichen Herrschaften von ähnlicher Größe. Von einer Finanzkrise der geistlichen Territorien konnte – im Gegensatz zu den weltlichen – offenbar nur in Ausnahmefällen die Rede sein.

Der Aufstieg zum Prälaten war im katholischen Reich einschließlich der habsburgischen Lande auch für einen Bürgerlichen möglich. Die zölibatäre Existenz des Geistlichen, auch des Prälaten oder Bischofs, ermöglichte soziale Mobilität – den Aufstieg von Bürgern und Bauernsöhnen zu reichsunmittelbaren oder landsässigen Prälaten, von Niederadeligen zu Reichsbischöfen. Dies bedeutete nicht nur Beweglichkeit über eherne Standesgrenzen hinweg, nicht nur den Prestigezuwachs für nachgeordnete Schichten, sondern vor allem für den niederen Adel einen gewaltigen Gewinn an Einfluß- und Protektionsmöglichkeiten. Die Aufstiegsmechanismen der katholischen Kirche, die auch für die Frauenorden galten, wo es ebenfalls den Weg zur Rolle der Fürstin und der Prälatin gab, stellten überdies eine Belohnungsmöglichkeit für den zölibatären Klerus dar, erleichtert durch die Tatsache, daß er zwar durch Protektion, nicht aber durch Vererbung die eigene Familie begünstigen konnte. Die Positionen standen immer wieder für andere Familien zur Disposition. Diese im protestantischen Bereich kaum vorhandenen Aufstiegsmechanismen waren möglicherweise nicht unwichtig für die Akzeptanz der ständischen Gesellschaft durch die Unterschichten; sie machten aber auch einen Teil der nunmehr größeren Attraktivität des Katholizismus aus. Der innere Widerspruch zwischen dem Streben nach einer erneuerten Frömmigkeit und dem fortbestehenden Pfründenklerus sollte deshalb erst in einer späteren Epoche aufbrechen. Insgesamt hatte die katholische Kirche einen kräftigen Erneuerungs- und Verfestigungsprozeß erfahren – ihre Attraktion wuchs in intellektueller wie sozialer Hinsicht.

c) Konfessionelle Außenseiter und religiöse Toleranz

Die Formeln des Westfälischen Friedens hatten die konfessionellen Gegensätze zu bewältigen gesucht; die theologischen und populären Polemiken hörten jedoch nicht auf. Das Auseinandertreten der Konfessionen hatte vielfach alte Nachbarschaften zerschnitten – ein konfessionsübergreifendes Konnubium war nicht möglich. Die konfessionellen Gegensätze wurden überdies unterstrichen durch die populären Formen der Religiosität, die gewiß der Unterscheidung dienten. Der Dreißigjährige Krieg hatte ein Stück Nachdenklichkeit gebracht; ein Johann Philipp von Schönborn hatte erkennen müssen, daß ein um des Glaubens willen geführter Krieg zum Zerfall jeder religiösen Ordnung geführt hatte. Dies erhöhte die Bereitschaft zu einem erneuten Versuch des Miteinanders trotz aller konfessionellen Grenzen.

Aber die Formen der Toleranz, an die man sich nun herantastete, waren nicht bestimmt von wechselseitiger Anerkennung, sondern von Zwängen. Daß die Reformierten an der Abendmahlsgemeinschaft mit den Lutheranern festhielten, daß sie eher zu toleranter Haltung neigten, hing mit ihrer reichsrechtlich defensiven Position zusammen – die Kurpfalz garantierte 1608 nicht ohne propagandistischen Hintersinn den Katholiken freie Bewegungsmöglichkeiten in ihrem Territorium. Die Kriege sahen eine rücksichtslose Durchsetzung der eigenen Konfessionsinteressen; selbst die Schweden förderten die Lutheraner gegen die Reformierten in der Pfalz, die zuvor eine vor allem von Bayern betriebene Katholisierungswelle überlebt hatten.

Spezifische Formen der Toleranz entwickelten sich aus der besonderen Situation Brandenburg-Preußens. Eine reformiert gewordene Dynastie stand überwiegend lutherischen Untertanen gegenüber; dazu kamen die Katholiken und Reformierten in Kleve und Mark. Es war nicht viel mehr als die allgemeine Einschränkung der Kanzelpolemiken, wie man sie schon aus dem 16. Jahrhundert kannte, die Kurfürst Friedrich Wilhelm in seinen „Toleranzedikten" von 1662 und 1664 von lutherischen und reformierten Predigern forderte. Aber die praktischen Bedürfnisse eines konfessionell gemischten Territoriums wurden übermächtig – die Aussicht, fremde Menschen anzusiedeln, ließ Friedrich Wilhelm bisherige Konfessionsgrenzen überschreiten, so sehr er persönlich dem reformierten Bekenntnis anhing. Die Sozinianer, Anhänger des Italieners Fausto Sozzini (1539–1604), die sich in ihren Vorstellungen über Dreifaltigkeit, Erlösung und Sakrament den antitrinitarischen Unitariern angenähert hatten, hatten eine Heimstatt in Polen gefunden, mußten das Land aber infolge des Ausweisungsdekrets des Warschauer Reichstags von 1658 verlassen und konnten sich zeitweilig in Kurbrandenburg niederlassen („Polnische Brüder"). 1670 nahm Friedrich Wilhelm aus Wien vertriebene Juden auf – am spektakulärsten war die Einwanderung der Hugenotten 1685, denen eine Einladung an die in Italien und Savoyen bedrängten Waldenser folgte (1688).

Aber die deutlich sichtbaren ökonomischen Motive reichen keineswegs zur Erklärung aus. Die Ansätze zur Toleranz waren eine logische Weiterentwicklung des Reichsstaatsrechts, das die Probleme der Glaubensspaltung durch Verlagerung auf das weltliche Recht zu lösen suchte. Gerhard Oestreich hat auf Justus Lipsius, den neustoizistischen Theoretiker des Machtstaats, verwiesen, der nur den christlichen Charakter der Obrigkeit wollte, aber jeder konfessionellen Einseitigkeit widerriet. Der Landesherr mußte nach Lipsius nicht unbedingt die Episkopalrechte haben, es genügten die Territorialrechte, d. h. nicht die konfessionelle Identität aller Untertanen mit dem Landesherrn, sondern die Kontrolle des Landes über alle

Konfessionen hinweg war gefragt. Damit aber wandelte sich die Vorstellung vom Landesherrn als dem Verfechter des wahren Glaubens zum Fürsten, der die äußere Gewalt über alle Kirchen übte („Jus circa sacra"). Niederländische Erfahrungen, dazu die Lehren von Dietrich Reinking, Hermann Conring, Samuel Pufendorf dürften auf den Großen Kurfürsten eingewirkt haben. So neigte Friedrich Wilhelm bei aller reformierten Grundüberzeugung zu einer Bewegung, die die Annäherung von Lutheranern und Reformierten förderte. Man konnte sich dabei auf die Gedanken von Georg Calixt (1586–1656) berufen, dem Helmstedter Professor, der unter Rückgriff auf altkirchliche Gemeinsamkeiten die Wiedervereinigung zumindest der evangelischen Kirchen anstrebte. Religionsgespräche im königlich-polnischen Thorn 1645 zwischen Katholiken und Lutheranern, Reformierten und böhmischen Brüdern, in Kassel (1661) und Berlin (1662 und 1663) scheiterten jedoch – der orthodoxe ostpreußische Lutheraner Abraham Calov (1612–1686), Pastor und Gymnasialdirektor in Danzig, dann Professor in Wittenberg, sprach vom „Synkretismus", der unvertretbaren Vermengung unvereinbarer Lehren. In der Folge gab es deshalb eine wütende Auseinandersetzung zwischen der sächsischen Orthodoxie und den Helmstedter Theologen. Vorsichtige Unterstützung der Helmstedter Schule durch Kurfürst Friedrich Wilhelm erregte nur das Mißtrauen der Lutheraner – die Idee einer „Universaluniversität" (1667), auf der sogar Juden und Moslems wirken sollten, erwies sich vollends als utopisch. Aber für die gegenseitige Achtung der Konfessionen setzte sich Kurfürst Friedrich Wilhelm ganz entschieden ein. Der reformierte Landesherr beharrte selbst sehr deutlich auf seinen Ansprüchen gegenüber der eigenen lutherischen Kirche: Friedrich III. gewährte konfessionellen Außenseitern Asyl; 1698 untersagte er die obligatorische Ohrenbeichte vor dem Abendmahl. Nach heftigen Auseinandersetzungen mit der Berliner Orthodoxie begann auch seine Politik den Pietismus zu stützen, was wiederum die Orthodoxen erregte. Auf katholischer Seite nahm ein Spanier, der frühere Franziskanergeneral und spätere Bischof von Wiener Neustadt, Christoph Rojas y Spinola (1625–1695), Unionsverhandlungen auf, die vor allem das Welfenhaus zum Partner hatten. Sie scheiterten nicht zuletzt am Widerstand der Kurie.

Für die Unionsbemühungen zwischen Reformierten und Lutheranern wurde der schottische Pfarrer John Durie (Duräus) wichtig, der Rückhalt in Kassel fand. Als Landesherr der reformierten Universität Marburg und der lutherischen Hochschule in Rinteln veranstaltete Landgraf Wilhelm VI. (1637/50–1663) 1661 das Kasseler Religionsgespräch, das zwar keine Einigung brachte, aber doch den wechselseitigen Verketzerungen von Lutheranern und Reformierten ein Ende machte. Kurfürst Karl Ludwig von der Pfalz suchte den Ausgleich der Konfessionen aus eher weltlichen Motiven, dabei stark von niederländischen und französischen Einflüssen geprägt, ohne tiefere eigene religiöse Verwurzelung. Bei traditionell reformierten

Präferenzen war er für ein Nebeneinander der drei Konfessionen; für die Lutheraner baute er eine eigene Kirche in Heidelberg – die Mannheimer Konkordienkirche sollte sogar die Katholiken einbeziehen.

Sogar die Täufer, im 16. Jahrhundert lange Zeit Opfer oft blutiger Verfolgungen, nach ihrem Reorganisator Menno Simons (1496–1561) Mennoniten genannt, erlangten 1626 in den Niederlanden Religionsfreiheit; sie dehnten sich im 17. Jahrhundert nach Holstein und Danzig aus. Die Notsituation des Krieges hatte mancherorts die Ansiedlung von Menschen begünstigt, die nicht der Konfession des Landesherrn entsprachen. Dies war ohne Zweifel eine wichtige Voraussetzung dafür, daß sich die Schärfen der konfessionellen Gegensätze allmählich abbauten. Dem stand allerdings die Diskrepanz zwischen dem Landesherrn, der die Konfession gewechselt hatte, und den in ihr verharrenden Untertanen gegenüber, die wiederholt zu Krisen der Reichsverfassung führte – die schwachen Ansätze zur Toleranz konnten die konfessionellen Antagonismen wegen ihrer reichspolitischen Verankerung nicht beiseite schieben.

4. Bildung und Wissenschaft

a) Der Elementar- und Sekundarunterricht

Die Reformation hatte zu einem kräftigen Bildungs- und Alphabetisierungsschub geführt – wegen der von ihr verlangten Bibelkenntnisse. Neben Lesen und Schreiben spielte also die Religion in der Schule eine zentrale Rolle, in Württemberg auch das Rechnen. Die Anzahl der Elementarschulen nahm auch auf dem Land stetig zu. Heute wird deutlich, wie erstaunlich hoch der Alphabetisierungsgrad war. Bereits 1619 strebte man in Sachsen-Weimar den Schulzwang für alle Kinder zwischen 6 und 12 Jahren an – unter Herzog Ernst dem Frommen von Sachsen-Gotha (1640–1675) hat der „Schulmethodus" des Andreas Regler nicht nur den Schulzwang wieder aufgegriffen, sondern den Fächerkanon erheblich erweitert, wobei die praktischen Erfordernisse des täglichen Lebens eine große Rolle spielten. Ernst der Fromme hat selbst seine landesfürstlichen Kontrollmöglichkeiten zur Verbesserung der Schulen benützt, aber auch für Schulbauten, bessere Lehrergehälter und -pensionen und Lehrbücher gesorgt. Allerdings hatte allenthalben der Dreißigjährige Krieg einen erheblichen Rückschlag gebracht. In den katholischen Territorien war die Rolle der Schulreformen geringer, doch auch hier förderte der Konfessionalisierungsprozeß den Fortschritt. In der Regel war die Schuldichte in der Stadt höher als auf dem Land.

Stärker noch als das elementare wurde das höhere Schulwesen gefördert, die Stätte der Ausbildung von künftigen Pfarrern und Beamten. Dabei blieben im evangelischen Deutschland die traditionellen Konzepte Philipp

Melanchthons und des Straßburger Schulreformers Johann Sturm nach wie vor maßgebend. Humanistische Gelehrsamkeit hatte sich mit stark formalistischen Zügen verbunden, vor allem, um so ein Auftreten in der Öffentlichkeit vorzubereiten. Die Jesuiten konnten auf die protestantischen Erfahrungen zurückgreifen und sie weiter ausbauen. Auch bei ihnen spielte lange das Training des Gedächtnisses eine zentrale Rolle – sie förderten gute Lateinkenntnisse und körperliche Übungen. Die Jesuitengymnasien verfügten über vorzügliche Lehrer – Körperstrafen wurden reduziert und nicht von den Ordensleuten selbst ausgeführt. Wichtig war die Anleitung zu guten Umgangsformen, die zahlreiche Adelige zu den Jesuiten führte.

Natürlich stand die katholische Konfessionalisierung im Mittelpunkt – die Jesuitenschüler sollten zum bedingungslosen Einsatz für die Alte Kirche erzogen werden. Durch Konkurrenzsituationen wurde der Ehrgeiz angestachelt, wobei man dem einzelnen einen „Aemulus" beigab, einen individuellen Konkurrenten. Die Durchsetzung kirchlicher Autorität wurde großgeschrieben; ihre Qualität machte die Jesuitenschulen auch für Kinder von Protestanten attraktiv und legte damit den Grundstein für manche Konversionen. Wichtig wurde auch ein ausgeklügeltes Protektionssystem, das bis zur Präsentation begabter Schüler in jesuitischen Theateraufführungen reichten, aber auch in die Patronage katholischer Höfe hineinführte. Gewiß gab es Parallelen im evangelischen Lager, doch die Effektivität der Jesuiten war unbestritten. Gerade ihr Erfolg aber führte dazu, daß sie zu einer Modernisierung nicht bereit waren – schon gegen Ende des Jahrhunderts setzte eine Erstarrung ein.

Im Ansatz schon vor, in der Hauptsache nach dem Dreißigjährigen Krieg begann die Blüte der „Ritterakademien", oft in Anlehnung an eine Universität. Sie sollten für eine „adelige" Ausbildung sorgen und dem künftigen adeligen Fürstendiener die nötigen Fertigkeiten wie Fechten, Reiten, Tanzen, aber auch in Mathematik und Architektur, im Festungsbau, in der Genealogie, Geographie und Geschichte sowie im Französischen beibringen. Die adeligen Kavalierstouren, in der Renaissance entstanden, hörten auch nach dem Dreißigjährigen Krieg nicht auf – statt Italien wurden nun Frankreich und die Niederlande bevorzugte Studienorte, die natürlich auf die Schwerpunktsetzungen der künftigen Fürstendiener zurückwirkten.

Die Mädchenbildung stand allerdings im Schatten: Nur selten gab es Elementarschulen – dagegen eröffnete sich für die Töchter vornehmer adeliger und bürgerlicher Familien die Möglichkeit einer Ausbildung bei den Nonnen, bei Salesianerinnen, Ursulinen oder auch bei den 1609/10 in St. Omer von der englischen Emigrantin Maria Ward nach dem Modell der Jesuiten gegründeten „Englischen Fräulein". Der unkonventionelle Frauenorden, dessen Geschichte eng mit Kurbayern verbunden war, hatte erhebliche Schwierigkeiten und verlegte 1700 die Generalleitung von Rom nach München. Der Pietist August Hermann Francke rezipierte zwar 1687

Fénelons Schrift „Sur l'éducation des filles“, aber die 1698 in Halle gegründete Höhere Mädchenschule ging wieder ein. Daß adelige und bürgerliche Damen durchaus in Einzelfällen ein gutes Stück der zeitgenössischen Bildung mitbekommen haben, belegen gelehrte Korrespondenzen mancher Frau im höfischen Umkreis und die eigens für ein weibliches Publikum aufgelegten „Frauenzimmersgesprächsspiele“, deren acht Bände von 1644 bis 1649 erschienen sind. Doch der weiblichen Erziehung blieben durch die soziale Rolle der Frau enge Grenzen gesetzt.

Die formalisierte, stets von Zwang bestimmte Pädagogik erfuhr seit dem Jahrhundertbeginn reformerische Kritik. Man forderte praktisches Wissen, Geschichte und Geographie, Mathematik und Naturlehre, die Förderung der deutschen Sprache und Überwindung der Prügelpädagogik. Mit einem solchen Programm präsentierte sich Wolfgang Ratke (1571–1635) aus Wilster in Holstein 1612 in Frankfurt den zur Kaiserwahl versammelten Fürsten; allerdings war er ein bedeutenderer Theoretiker als Praktiker, denn er scheiterte wegen seiner Unverträglichkeit bereits bei Schulgründungen in Köthen und Magdeburg. Durch Ratke beeinflußt war Johann (Jan) Amos Comenius (1592–1670), aber er übertraf diesen bei weitem. Schon mit dem „Informatorium der Mutterschul“ (1628/31) propagierte dieser bedeutende tschechische Emigrant die kindgemäße Erziehung, erkannte Lebensphasen und die Wichtigkeit der Mutter-Kind-Bindung. Der „Mutterschule“ folgte vom 7. bis 12. Lebensjahr die sechsklassige Muttersprachenschule, dann die sechsklassige Lebensschule, schließlich sechs Jahre der Akademie, wobei Comenius einer gemäßigten Vertretung der Realien das Wort redete. Seine „Janua linguarum reserata“ und das berühmte Bildwerk „Orbis sensualium pictus“ sollten auf anschauliche Weise Wissen vermitteln – dem fügte Comenius noch eine Unterrichtslehre bei, die „Didactica magna“, die erst im 20. Jahrhundert in ihrer vollen Bedeutung gewürdigt wurde.

Die Reformen des Pietisten August Hermann Francke führten diese Überlegungen weiter. Nach seiner Berufung nach Halle 1691 finanzierte er 1695 mit Spenden eine „Armenschule“, die bald einen solchen Ruf hatte, daß Hallenser Bürger gegen Schulgeld ihre Kinder dorthin entsandten. Es folgte eine Waisenschule, die Waisenkinder weiterbildete und sie nicht nur als Arbeitskräfte ausnützte. Das Pädagogium schloß sich 1696 als Höhere Schule an, die bald vorbildhaften Charakter erlangte – ihre lateinische (1702) und griechische (1705) Grammatik wurden berühmt. Praktische Fähigkeiten und Kenntnisse der Realien standen im Zeichen einer intensiven Glaubensunterweisung im Geiste des Pietismus – die pädagogische Ausbildung erhielt einen hohen Stellenwert. Als Erzieher verwendete Francke fast ausschließlich arme Theologiestudenten, die so ihr Studium finanzierten. Die Wirkung der Franckeschen Anstalten war enorm, vor allem auf den preußischen Staat. Ansonsten aber zeigte das Schulwesen des 17. Jahrhunderts vielfach Stagnation.

b) Die Universitäten

Am Ende des 16. Jahrhunderts hatte es noch einmal eine große Welle von Universitätsgründungen gegeben. Dabei spielte die konfessionelle Konkurrenzsituation, auch innerhalb des evangelischen Lagers, keine geringe Rolle. Die Debatten der lutherischen Orthodoxie waren oft Fehden der theologischen Fakultäten – noch wichtiger war die Territorialisierung der Bildung, da jeder größere Landesherr Wert darauf legte, daß an seiner eigenen Landesuniversität studiert wurde. Die Dogmatisierung der Lehre ergriff sowohl die theologischen wie die philosophischen Fakultäten, auch die juristischen und medizinischen erwiesen sich mit einem festgefahrenen Lehrstoff als wenig flexibel. Der konservative Charakter der Hochschulen zeigte sich überdies darin, daß eine Privilegierung durch Kaiser oder Papst für die Legitimierung der akademischen Grade weiterhin unentbehrlich blieb. Daran scheiterte auch der Versuch aus der Tradition des Straßburgers Johann Sturm, aus dem Straßburger Gymnasium einen eigenen Hochschultyp zu entwickeln; die reichsstädtischen Hochschulen oder „Semi-Universitäten" Straßburg und Altdorf mußten sich schließlich doch mit einem kaiserlichen Privileg ihren Status bestätigen lassen (1621 bzw. 1622) (Anton Schindling). Dennoch blieb die Tendenz verbreitet, auf wichtige Gymnasien noch philosophische Kurse aufzustocken. Die Jesuiten haben häufig an ihren Gymnasien auch theologische Kurse durchgeführt. Evangelische Höhere Schulen gab es in vielen wichtigen Städten, wo sie längst traditionsbildend gewirkt hatten.

Die Starrheit der Universitäten erfuhr manche Kritik. Viele nahm der Dreißigjährige Krieg schwer mit; das traditionsreiche, nunmehr reformierte Heidelberg, das kurz vor dem Krieg eine Phase des Glanzes durchlaufen hatte, wurde nach 1622 kurzfristig zur Jesuitenuniversität und nach der schwedischen Offensive ganz geschlossen. Aber auch andere Universitäten schädigte der Krieg schwer. Es etablierten sich sogenannte Ausweichuniversitäten, etwa Frankfurt an der Oder für Heidelberg. Man mußte sich nach dem Krieg bemühen, den verlorenen „Marktanteil" wieder zurückzugewinnen. Auch im Leben der Universitäten bedeutete die Zeit nach dem Westfälischen Frieden eine Wiederherstellung des Status quo; das zeigte sich selbst in der Geschichte der Personen und Familien der Professoren. Allerdings gab es durchaus neue Impulse – nach dem Krieg setzte noch einmal eine Gründungswelle ein.

Neugründungen taten sich leichter mit Innovationen: So erwies sich das 1607 gegründete Gießen als modernere Konkurrenz für Marburg; die reformierte Universität Duisburg (1655) bildete eine wichtige Vermittlerin zu Frankreich und den Niederlanden; die neu eröffnete Universität Heidelberg berief 1661 auf den Lehrstuhl für Naturrecht keinen Geringeren als Samuel Pufendorf. Die 1665 gegründete Universität Kiel öffnete sich modernen Tendenzen der Jurisprudenz. Vielfach wurde es allerdings

Neuerern nicht leicht gemacht, so auch Christian Thomasius, der bis 1688 in Leipzig Kritik an der aristotelischen Philosophie vortrug, die immer noch das Rückgrat des universitären Lehrgebäudes ausmachte. Thomasius und August Hermann Francke wechselten dann 1694 an die von Kurfürst Friedrich III. von Brandenburg, dem späteren König, neugegründete Universität Halle, wo Thomasius als Verfechter des Naturrechts belebend wirkte und Francke als Pietist der religiösen Erbauung zu ihrem Recht verhalf. Andererseits geriet der 1707 nach Halle berufene Christian Wolff als Aufklärer in schwere Konflikte mit dem Pietisten Francke. Immerhin wurde das Beispiel Halles wegweisend.

Die Masse der Universitäten aber verharrte in der Tradition, so daß sie zurückfielen – den neuen Naturwissenschaften boten sie in der Regel keinen Platz. Auch das Studentenleben blieb antiquiert, vor allem in den Lebensformen der adeligen Studenten, von denen bürgerliche Kommilitonen oft als Hofmeister abhängig waren – die Universitäten mußten im Stil der Ritterakademien für die Adeligen standesspezifische Kurse anbieten. Dies begünstigte das sich ausbreitende Duellwesen, das neben den älteren „Pennalismus" trat, ein erstarrtes Ritual der Aufnahme ins akademische Leben, mit Demütigungen der jüngeren durch die älteren Studenten nicht nur während des barbarischen Aufnahmerituals – der „Pennalismus" wirkte sich bis in die Formen der Ausbildung aus. Für die Universitäten problematisch waren der Alkoholismus, aber auch die Raufhändel der Studenten untereinander und mit den Bürgern ihrer Universitätsstadt.

Lange Zeit hat man in den Akademien, die im 17. Jahrhundert aufkamen, eine Konkurrenz zu den Universitäten gesehen. Ihre Vorläufer waren die „Sprachgesellschaften", deren wichtigste die „Fruchtbringende Gesellschaft" (mit der Palme als Symbol) war. Sie wurde 1617 von Fürst Ludwig von Anhalt-Köthen, dem Bruder Christians I. von Anhalt, gegründet und sollte nach italienischem Vorbild für die Reinheit der deutschen Sprache sorgen. Ihre Mitgliederliste stellt aber auch einen interessanten Überblick über die geistige und politische Welt des deutschen Protestantismus dar – die Gesellschaft gab wichtige Anstöße zur Verteidigung der deutschen Sprache gegen fremdländische Einflüsse. Hier ist vor allem Georg Schottel (1612–1676) aus Einbeck zu nennen, der sich in der „Deutschen Sprechkunst" (1641) um die Grammatik bemühte und in seiner „Ausführlichen Arbeit von der deutschen Hauptsprache" (1663) die Urtümlichkeit der deutschen Sprache beweisen wollte.

Die Reaktionen auf die im Dreißigjährigen Krieg wirkenden fremden Sprachen und Kultureinflüsse waren unverkennbar, aber auch der deutsche Patriotismus stand von Anfang an im Kreuzfeuer der Kritik, etwa von den Freunden französischer Literatur. Dennoch war sein Einfluß beträchtlich; am wichtigsten wurde der Nürnberger „Löbliche Hirten- und Blumenorden an der Pegnitz" (1642), begründet von Georg Philipp Harsdörffer (1607–1658) und Johann Klaj (1616–1656). Aus diesem Kreis stammte nicht nur Harsdörffers sprichwörtlicher Nürnberger Trichter („Poetischer Trichter, die teutsche Dicht- und Reimkunst ohne Behelf der lateinischen Sprache in sechs Stunden einzugießen", 1647–1653); im Umfeld der Sprachgesellschaften wurden zunehmend Eindeutschungen vorgenommen, von denen eine ganze Reihe bestehen blieb: etwa Bücherei, Jahrmarkt, Wörterbuch, Mundart.

Die eigentlichen Akademiegründungen begannen Mitte des 17. Jahrhunderts mit der Breslauer „Academia naturae curiosorum"; 1652 entstand in Schweinfurt eine Akademie, später die „Academia Caesarea Leopoldina Carolina", die ihre Sitze wechselte und 1879 endgültig nach Halle verlegt wurde. Leopold I. selbst erhob die Wiener Gelehrtenakademie 1677 zur „Sacri Romani Imperii Caesareo-Leopoldina academia naturae curiosorum". Andere Akademiegründungen wurden nicht ausgeführt oder scheiterten bald.

Zu einem Motor der Akademiegründungen wurde der Universalgelehrte Leibniz. Über die welfische Prinzessin Sophie Charlotte, die Gemahlin König Friedrichs I. in Preußen, konnte er seine Ideen, die sich durch den Kaiser nicht verwirklichen ließen, jetzt zusammen mit dem König realisieren, nachdem die Finanzprobleme gelöst waren. Die am 11. Juli 1700 von Friedrich III. (noch als Kurfürst) gegründete Berliner Akademie wurde mit der Beobachtung des im gleichen Jahr von den Protestanten eingeführten Gregorianischen Kalenders betraut und erhielt als Gegenleistung ein Kalendermonopol; aus dem Vertrieb der Kalender sollte sie finanziert werden. Allerdings erfolgte die Eröffnung der aus Geistes- und Naturwissenschaftlern zusammengesetzten Akademie erst 1711. Zwar ließ der 1713 auf den Thron gekommene Friedrich Wilhelm I. die Akademie wieder verkümmern, aber es bleibt bemerkenswert, daß Preußens erster König die Gründung einer Akademie zu den Attributen seiner neuen Herrscherwürde rechnete. Eine ernsthafte Konkurrenz für die Universitäten boten die Akademien damals und auch später nicht.

Immerhin gab die Schweinfurter Akademie 1670 Deutschlands erste gelehrte Zeitschrift heraus. Nach dem Vorbild des französischen „Journal des Savants" von 1665 publizierte dann Otto Mencke 1682 in Leipzig die „Acta Eruditorum". Beide Blätter sollten dem wissenschaftlichen Austausch dienen. 1688 gründete Thomasius eine eigene Monatsschrift, nunmehr in deutscher Sprache, die deutlich provozierende Züge gegenüber den gelehrten Konventionen trug. Weitere Zeitschriften folgten. Die naturwissenschaftlichen Innovationen waren allerdings erschwert durch den verbreiteten Zug zur Polyhistorie, der „Vielwisserei", die dem barocken Denken entgegenkam und breite Kenntnisse hochschätzte, was wiederum den Spott des Thomasius auslöste.

c) Buchproduktion und Zeitungswesen

Insgesamt zeigte sich im 17. Jahrhundert zunächst noch in Fortführung der Entwicklungen des 16. ein explosives Anwachsen der Buchproduktion, das sich in den Messekatalogen von Frankfurt und Leipzig spiegelte. Auf dem Höhepunkt des Krieges, zwischen 1631 und 1640, fiel sie jedoch auf weniger als die Hälfte zurück. Auch nach dem Krieg stieg die Zahl nur noch langsam an, ohne wieder die Höhe von 1620 zu erreichen. Bereits vor 1700 begannen gegenüber den lateinischen die deutschen Drucke zu überwiegen, bei denen wiederum Offizinen in protestantischen Regionen vorausgingen. Dies begünstigte die Verlagerung des Schwerpunkts nach Leipzig, denn in Frankfurt hatte schon 1569 der Kaiser eine „Bücherkommission" eingesetzt, die die Zensur üben sollte.

Der Dreißigjährige Krieg hatte auf eine Art von Drucken fördernd gewirkt, die seit der Reformation ihre eigene Tradition hatten: die zu bestimmten Themen und Ereignissen publizierte Flugschrift, die von Hand zu Hand gehen sollte. Die Konfessionsparteien bedienten sich ihrer im Krieg in reichem Maße, wobei man vielerlei Stilmittel und nicht zuletzt die Möglichkeit der Abbildungen nützte – der arme Winterkönig war häufig das Ziel des Spottes in Wort und Bild. Auch begann man seit dem Anfang des Dreißigjährigen Krieges erbeutete feindliche Dokumente zu publizieren, um der Gegenseite die Kriegsschuld zuzuweisen. Eine Neubelebung erfuhr die Flugschrift im Zeichen der Auseinandersetzungen des Reiches mit Ludwig XIV. und Frankreich.

Die Vorgänger der Zeitungen im 16. Jahrhundert, vor allem die Fuggerkorrespondenzen, konnten ein gewisses Maß an Information bieten und wurden auch vereinzelt im Druck herausgegeben. 1588 brachte der Österreicher Michael von Aitzing zur Frühjahrs- und Herbstmesse in Frankfurt halbjährliche Relationen zu den Ereignissen des Jahres heraus. Wochenzeitungen gab es seit dem neuen Jahrhundert, aber sie behaupteten sich zumeist nicht lange. 1660 erschien mit der „Leipziger Zeitung" das erste Tagblatt, das die eingehenden Relationen druckte. Bereits 1697 lieferte Karl von Stieler in seiner „Zeitungs Lust" die erste Analyse der neuen Zeitschriften und forderte angesichts der üblichen Tendenzen zur Parteinahme in den Tageskonflikten, die Zeitungen hätten sich eigener Meinungen zu enthalten. Die Zeitung trug zweifellos zur politischen Aufklärung bei, auch wenn bald über die „Biertischpolitiker" gespottet wurde.

d) Entwicklung der Wissenschaften

In den Wissenschaften bestand über den Späthumanismus eine deutliche Kontinuität zum 16. Jahrhundert. Die internationalen Zusammenhänge blieben zunächst unangefochten – das Zusammenwirken der europäischen Gelehrtenrepublik, auch über die Konfessionsgrenzen hinweg, macht es schwer, die deutsche Entwicklung auszugrenzen. Auch haben sich vielfach ältere Traditionen wie Astrologie, Okkultismus, Hermetismus in die Wissenschaften gemischt. Ohne das Fortwirken früherer Autoren, aus der Antike und aus dem 16. Jahrhundert vor allem, ist die Situation des 17. Jahrhunderts nicht zu verstehen – mit der heutigen schnellebigen Wissenschaftsentwicklung kaum zu vergleichen.

Natürlich wurden die Schriften des Aristoteles weiterhin (in Latein) in Deutschland rezipiert, gelegentlich auch ins Deutsche übersetzt. Eine beträchtliche Wirkungsgeschichte entfalteten nicht nur das philosophische und politische Denken, sondern auch die neu aufkommenden Naturwissenschaften – dabei hat die magische Weltsicht eine erhebliche Bedeutung gewonnen. Am Hof Kaiser Rudolfs II. beschäftigte man sich mit Alchimie, Magie, Astrologie – sie behielten durch das ganze 17. Jahrhundert ihren Stellenwert, auch wenn bereits die exakten Naturwissenschaften an die Tür klopften. Man sah den menschlichen Körper und damit auch seine Krankheiten in enger Beziehung zu den Sternen – die immense Bedeutung der Horoskope für die menschliche Existenz erklärte sich daraus. Zugleich boten sich dadurch Hilfsmittel in gutem und bösem Sinne an, ein Denken, das zum Quellgrund eines konkreten Hexen- und Teufelsglaubens zählte.

Die Alchimie, die die edlen Metalle gleichfalls aus ihren engen Beziehungen zu den sechs Planeten erklären wollte, suchte nach dem fünften Grundstoff, der „Quintessenz", die dann zum „Stein der Weisen" führen sollte. Diesem wurden nicht nur wunderbare Heilkräfte zugeschrieben, sondern auch die Fähigkeit, unedle Metalle in Gold zu verwandeln – nicht von ungefähr kam den Goldmachern auch noch an den Höfen des 17. Jahrhunderts eine erhebliche Bedeutung zu; die alchimistischen Schriften spielten daher weiterhin eine große Rolle; wenn allerdings das erhoffte Gold nicht kam, konnte die Situation für den Alchimisten äußerst riskant werden. In diesen Umkreis gehörten die von Johann Valentin Andreae angeregten „Rosenkreuzer" und andere mit der Naturphilosophie befaßte geheime Gesellschaften, die sicher durch die Unruhen der Zeit begünstigt wurden. Alchimie und Magie regten aber naturwissenschaftliche Erkenntnisse an; die Biographie Johann Keplers zeigte, wie wenig die Astrologie von der Astronomie zu trennen war. Auch die „Pansophie" (Allweisheit), die der magischen Naturphilosophie zugrunde lag, ließ auf Dauer doch wissenschaftliche Ergebnisse aus dem Rahmen des Okkultismus heraustreten.

Gegen Ende des 16. Jahrhunderts hatte Galileo Galilei die Mechanik begründet; er gehörte schon in das beginnende Zeitalter der Mathematik. Hier zeigte sich allerdings auch in aller Deutlichkeit die Zwiespältigkeit der Zeit: Es erwies sich, daß ein Aristoteliker und Anhänger des ptolemäischen Systems wie der Jesuit Christoph Scheiner (1575–1650) die astronomischen Kenntnisse erheblich ausweiten konnte. Er wurde bekannt durch die Konstruktion eines weitreichenden Fernrohrs.

Zum bedeutendsten deutschen Astronomen stieg Johann Kepler (1571–1630) auf. Der Schwabe aus Weil der Stadt wurde bereits als Student am Tübinger Stift durch seinen Lehrer Michael Mästlin (1550–1631) mit der kopernikanischen Lehre vertraut gemacht; weil er nicht als orthodox lutherisch genug erschien, erhielt er keine württembergische Pfarrstelle und trat 1594 in den Dienst der evangelischen steierischen Landstände als Landschafts-Mathematicus und Mathematiklehrer am Grazer Gymnasium. Vor der drohenden Gegenreformation folgte er 1600 dem Ruf Tycho Brahes (1546–1601), des dänischen Adeligen und besten astronomischen Beobachters seiner Zeit, nach Prag. Zunächst wurde er dessen Gehilfe, dann 1601 sein Nachfolger als kaiserlicher Mathematiker und Hofastrologe. Nach dem Tode Rudolfs 1612 zog sich Kepler ins immer noch weitgehend lutherische Linz zurück; von dort gelang es ihm mit Mühe, die Mutter in der Heimat aus einem Hexenprozeß zu retten. 1621 wurde er Mathematiker und Hofastronom Ferdinands II., 1628 Astrologe Wallensteins in Sagan. Auf dem Reichstag in Regensburg starb Kepler 1630, als er vergebens versucht hatte, finanzielle Ansprüche gegen den Kaiser geltend zu machen. Auch Kepler stand, konfessionell undogmatisch, in den Traditionen von Naturphilosophie und Astrologie. Aber er suchte den Rätseln mit den Methoden der Mathematik und Physik beizukommen; die gesetzmäßigen Formen des Weltgebäudes, die ihn tief bewegten, führte er auf Gott zurück; sie halfen daher zur Erkenntnis sowohl der Welt wie auch Gottes selbst.

Hatte Kepler in seinem „Mysterium Cosmographicum" (1596) die Harmonie der Himmelskörper zu begründen gesucht, so fand er in seiner „Astronomia nova" 1609 die später so genannten Keplerschen Gesetze über die Bewegung der Planeten und die zentrale Bedeutung der Sonne. Die „Harmonia" (1619) aber wollte die vollkommene Harmonie des Weltalls darlegen; sie stellte die Symphonie der Schöpfung Gottes dar, in deren Zentrum Gott selbst stand und die sich wie eine Musik entfaltete. Kepler hatte bei seinen Berechnungen auf die exakten Beobachtungen Tycho Brahes zurückgreifen können. Daneben stellte der großartige Mathematiker und Astronom auch noch Horoskope. Im Lauf des 17. Jahrhunderts löste man sich von dem pansophisch-theologischen Weltbild, dem Kepler noch gehuldigt hatte, und kam zu einer mehr mechanistisch-naturwissenschaftlichen Betrachtungsweise, die Sir Isaac Newton (1643–1727) entscheidend weiterführte.

Von Kepler stammte der wichtigste Beitrag des deutschen Sprachraums zur Entfaltung der europäischen Naturwissenschaften, deren Schwerpunkte in Westeuropa lagen – von dort wirkten sie nach Deutschland. Otto von Guericke (1602–1686), der Bürgermeister der im Krieg so schwer geschädigten Stadt Magdeburg, erfand die Reibungs-Elektrisierungsmaschine und stellte die Ausdehnung erhitzter Luft fest, zugleich bereits den Einfluß des Luftdrucks auf das Wetter. Seine Erkenntnisse über den

Zusammenhalt des Vakuums und über die Luftpumpen führte Guericke bereits 1654 dem Regensburger Reichstag vor. Zwei Vakuumhalbkugeln konnten selbst durch dreißig Pferde nicht auseinandergerissen werden. 1672 erschienen seine „Experimenta nova (ut vocantur) Magdeburgica de vacuo spatio". Demgegenüber haben die Theorien des Kameralisten Johann Joachim Becher über das „Phlogiston", einen angeblich für Verbrennungen entscheidenden Stoff, heute nur noch geistesgeschichtlichen Wert – es dauerte jedoch bis ins 19. Jahrhundert, daß seine Theorie widerlegt wurde. Im Bereich der Feinmechanik gewann die Uhrenproduktion eine besondere Bedeutung: Tycho Brahe arbeitete mit Quecksilberuhren für astronomische Beobachtungen, Johann Joachim Becher benützte sie als Korrektiv für Wärmeschwankungen (1680). Zwar war der ökonomische Höhepunkt der deutschen Uhrenproduktion im Dreißigjährigen Krieg zu Ende gegangen, aber danach nahm die Schwarzwälder Uhrenherstellung ihren Anfang – in Nürnberg begann man mechanische Automaten herzustellen, die den Spieltrieb ansprachen und Meisterwerke der Feinmechanik darstellten.

Die Geographie nahm einen beträchtlichen Aufschwung durch die zweite Welle der Welterforschung, die den Entdeckungen folgte, so daß sich das geographische Bild ganz erheblich erweiterte. Vielfach erschienen ältere Werke in neuen, ergänzten Auflagen wie Sebastian Münsters vielgelesene „Cosmographey". Da Deutschland an der Kolonialbewegung nur in geringem Maße beteiligt war, erhielt seine Geographie von ihr kaum Impulse, jedoch wirkte die einschlägige westeuropäische Literatur anregend. Deutsche haben allerdings vielfach Kolonialexpeditionen begleitet. Herzog Friedrich III. von Holstein-Gottorf versuchte 1633/38, durch eine Gesandtschaft nach Rußland und Persien den Seidenhandel auszuweiten. Aus Aufzeichnungen des Johann Albrecht von Mandelsloh, der über Indien, Madagaskar und den Kongo zurückkehrte, publizierte Adam Oelschläger, genannt Olearius, die „Beschreibung der moskovitischen und persischen Reise", 1647 und danach in zahlreichen Auflagen erschienen. Im Gefolge der brandenburgischen Kolonialbestrebungen veröffentlichte der Major Otto Friedrich von der Groeben die „Orientalische und Guinesische Reisebeschreibung" (1694). Ein besonderer Zweig war die Missionsliteratur, an der auch Deutsche beteiligt waren und die über die Niederlassungen der Orden im Reich Eingang fand. Dies galt vor allem für die Jesuiten, unter denen Mitte des 17. Jahrhunderts P. Johann Schall aus Köln hohes Prestige am chinesischen Kaiserhof errang.

Das Interesse für die Geographie der Welt blieb auch in Deutschland groß. Philipp Clüver aus Danzig galt mit seiner „Introductio in universam geographiam tam veterem quam novam" (1624, erst 1678 deutsch) als Begründer der historischen Geographie; Bernhard Varen (Varenius) aus Hitzacker an der Elbe leitete die allgemeine Geographie mit seiner „Geographia generalis" (1650) ein. In der ersten Jahrhunderthälfte setzte auch die Tradition der geographischen Landesbeschreibungen mit der „Tiroler Chronik" des Freiherrn Marx Sittich von Wolkenstein-Trostburg ein.

Der Brauch der Kavalierstour eröffnete die Tradition der weltlichen Reiseliteratur, nachdem eine eigene Wallfahrtsliteratur bereits vorausgegangen war. Wegweisend wirkte hier der in Ulm lebende Österreicher Martin Zeiller, der zahlreiche Reisebücher publizierte. Vor allem sein „Fides Achates", der schon praktische Tips mit Routen verband, erreichte mehrere Auflagen. Dabei konnte man auf die Verbesserungen des Kartendrucks zurückgreifen, die auf die Projektionslehre des in Duisburg wirkenden Niederländers Gerhard Kremer, genannt Mercator (1512–1594), zurückgingen. Nach seinem Tod erschien als Hauptwerk seine Kosmologie, für die sich nach dem Träger des Himmels das Wort „Atlas" einbürgerte. Fortan wurde der Landkartenstich ein wichtiger Teil des Druckgewerbes. In der Botanik publizierte Christian Mentzel (1622–1701), der Leibarzt des Großen Kurfürsten von Brandenburg, systematisierende Werke über die Planzenarten und wurde damit zum Vorläufer des großen Linné.

Die Erweiterung des Weltbildes erreichte auch breitere Schichten. Die barocke katholische Frömmigkeit fand Gefallen an der Weltmission – die Geschichte der Missionen des heiligen Franz Xaver, die sich bis nach Ostasien erstreckten, verbreitete vor allem sein Jesuitenorden. Südamerikanische Heilige und Märtyrer vermittelten in Dorfkirchen ein Bild von der Weite der Welt, die so ein Stück zusammengewachsen war. Das 17. Jahrhundert hat auch in den Naturwissenschaften einer moderneren Form den Weg bereitet, auch wenn Magie, Alchimie und Astrologie lange Zeit eng mit ihnen verbunden blieben. Die zahlreichen Kriege der Epoche vermochten nicht, die europäische Welt der Gelehrsamkeit zu zerstören, die im engen Austausch miteinander blieb.

e) *Philosophie, Staatslehre, Recht*

Die aristotelischen Traditionen des Mittelalters wurden über die Konfessionsparteien hinweg bewahrt, vom gegenreformatorischen Katholizismus ebenso wie von der lutherischen Orthodoxie, die hier ausnahmsweise in starkem Maße Melanchthon folgte. Dies bedeutete, daß die Barockzeit eine gemeinsame philosophische Grundlage behielt. Der bedeutende spanische Jesuit Francisco Suarez (1548–1619) wirkte nicht nur auf seinen Orden, der seine „Disputationes metaphysicae" seinen Vorlesungen zugrunde legte, sondern auch auf das evangelische Deutschland. Der Wittenberger Professor Jakob Martini schrieb in seinem Gefolge „Theorematum metaphysicorum exercitationes" (1604); der Gießener Christoph Scheibler (Opus metaphysicum, 1617) galt sogar als protestantischer Suarez. Von den Vertretern der Metaphysik, die den Vorrang unter den philosophischen Disziplinen gewann, wurde die Erkenntnistheorie abgelehnt. Die großen Bewegungen der Philosophie vollzogen sich in Westeuropa: der Rationalismus des René Descartes, die Rückkehr zum Gefühl bei Blaise Pascal, der Pantheismus des Baruch Spinoza, der Skeptizismus des Pierre Bayle und nicht zuletzt das englische Denken von Francis Bacon über Thomas Hobbes zu John Locke, der mit seinem „Essay concerning human understanding“ schon den Weg in die Aufklärung wies. Die westeuropäischen Strömungen wurden jedoch in hohem Maße auch in Deutschland zur Kenntnis genommen.

Den großartigsten Beitrag des Reiches zur Philosophiegeschichte aber lieferte der Leipziger Professorensohn Gottfried Wilhelm Leibniz (1646–1716), der eine juristische Universitätsausbildung in Leipzig, Jena und im nürnbergischen Altdorf mit der umfassenden Bildung des Polyhistors kombinierte. In Nürnberg kam er als Sekretär einer alchimistischen Gesellschaft mit der Naturphilosophie in Berührung. Sein Freund Johann Christian von Boyneburg vermittelte jene publizistische Tätigkeit im Dienste des Kurerzkanzlers, von der noch zu reden sein wird – eine politische Mission brachte ihn 1672 bis 1676 nach Paris, die ihn auch mit dem Denken Westeuropas, mit den Werken von Newton und Spinoza zusammenführte. Nach dem Tode Schönborns trat er in die Dienste des Herzogs Ernst August in Hannover, dessen Bibliothekar, später Hofhistoriograph er wurde. Durch die Tochter Ernst Augusts, die Königin Sophie Charlotte in Preußen, an ihren Gemahl Friedrich I. vermittelt, konnte Leibniz bei der Gründung der Berliner Akademie der Wissenschaften Pate stehen, deren erster Präsident er wurde. Gegen Ende seines Lebens näherte sich Leibniz dem Wiener Kaiserhof – auch wenn die Idee seiner Akademie der Wissenschaften dort nicht realisiert wurde, weilte er doch von 1712 bis 1714 in der Donaustadt und erfuhr die Gunst des Hofes. 1709 ehrte ihn Kaiser Josef I. mit dem Freiherrnstand und 1713 mit der Berufung in den Reichshofrat.

Leibniz war ein selbständiger Geist und suchte sein Wissen zu einem allgemeinen Weltbild zu verknüpfen. In der Rechtswissenschaft trachtete er nach Ausgleich zwischen dem römischen und dem einheimischen Recht, als Historiker pflegte er theoretische Überlegungen über den Einfluß von Klima und Umwelt auf die Geschichte – er glaubte an einen Fortschritt in der Geschichte, der sich allerdings nicht gradlinig, sondern spiralenförmig vollzog. Leibniz meinte, daß der Höhepunkt der Kultur auch einen Höhepunkt der Sprache hervorbringe. Die Auslegung der Universalgeschichte war ihm ein zentrales Anliegen.

In der Philosophie zeigte sich Leibniz als überaus vielseitiger Denker. Deren Kernstück, die „Monadenlehre“, erweist sich als eigenständiger, sehr anspruchsvoller Beitrag zur Geschichte der abendländischen Metaphysik, entwickelt in Auseinandersetzung mit den Theorien Descartes' und Spinozas. Gegen den Pantheismus des letzteren, der nur Varianten einer einzigen Substanz gelten ließ, konzipierte Leibniz seine Monaden als individuelle Substanzen. Diese unteilbaren und abgeschlossenen Einheiten bildeten eine Stufenfolge bis zur göttlichen Zentralmonade; Beziehung und

Verständigung zwischen ihnen suchte er durch seine These von der „prästabilierten Harmonie", in der Gott sie aufeinander abgestimmt habe, zu erklären. Indem die Monaden zugleich körperliche und „vorstellende" Wesen sind, sollte die cartesianische Trennung von Geist und Körper, die für die Genese der modernen Naturwissenschaften grundlegend wurde, revidiert werden. Leibniz' Glauben an diese Welt als die von Gott so geschaffene bestmögliche aller Welten, wie er dies in seiner „Theodizee" (1710) – der „Rechtfertigung" Gottes angesichts der Existenz des Bösen – ausführte, kündigte bereits den Optimismus der Aufklärung an. Mit der Forderung der Willensfreiheit, an der Leibniz festhielt, hatte er in diesem System allerdings seine Probleme – diese rührten auch daher, daß er sich nicht in einem autonom bleibenden System bewegte, sondern an seiner christlichen Grundanschauung festhielt. Dem Konfessionalismus war Leibniz allerdings abhold; deshalb redete er einer kirchlichen Union das Wort.

Der Polyhistor Leibniz behielt stets die Praxis im Auge, etwa in Plänen für das Montangewerbe im Harz, für die Reformen der Reichsverfassung, für den Ausbau des Völkerrechts. Darin war er ein Kind des verrechtlichten Reichsverbandes nach 1648, dessen Existenz er als deutscher Patriot verteidigte. Auch wenn er mit dem französischen Abbé de St. Pierre den Gedanken einer europäischen Friedensordnung gemeinsam hatte, so lehnte Leibniz alle Auflösungspläne für das Reich ab – scharf richtete er seine Feder gegen die Expansionspolitik Ludwigs XIV. von Frankreich. Die Bedeutung des Praxisbezuges erkannte Leibniz nicht nur für die natur-, sondern auch für die geisteswissenschaftlichen Forschungen; dies formulierte er bei der Begründung der Berliner Akademie. In diesen Kontext gehört auch seine umfassende Publikationstätigkeit.

Die Wirkungsgeschichte seiner Philosophie auf die nachfolgende Aufklärung war enorm, auch wenn Leibniz nicht zu einer Gesamtdarstellung seines Systems gelangen sollte, so daß die Vermittlung Christian Wolffs entscheidende Bedeutung erlangte. Zwei große Schriften waren Reaktionen auf andere bedeutende Denker: Die „Theodizee" (1710) richtete sich gegen den Skeptizismus Pierre Bayles, und die „Nouveaux Essais sur l'entendement humain" (1704, erst 1765 veröffentlicht) gegen den radikalen Empirismus in der Erkenntnistheorie John Lockes. So gewann Leibniz eine prononcierte Stellung im europäischen Denken nach dem Großen Krieg.

Die meisten klassischen Studien zur politischen Theorie sind außerhalb des Reichsverbandes formuliert worden. Die Schriften Nicolo Machiavellis mit ihren nüchtern formulierten Leitsätzen von der Autonomie der Politik wirkten nach, wurden aber in der Regel zum Gegenstand einer religiös begründeten Kritik. Das Werk Machiavellis wurde durch die politischen Erfahrungen der westeuropäischen Religionskriege und des Dreißigjährigen Krieges gleichsam in seinen Analysen bestätigt. Es erfuhr auch in

Deutschland wiederholte Neuauflagen. Da Machiavelli 1559 von der Kurie indiziert worden war, war er für die Katholiken als Autorität schwer belastet. Der amerikanische Jesuit Robert Bireley hat gerade gezeigt, wie sich eine Schule des Anti-Machiavellismus entwickelte, die sich eng mit dem katholischen Konfessionalisierungsprozeß verband. Sie nahm ihren Ausgang jedoch von dem Hugenotten Innocent Gentillet (1535–1588), dem Präsidenten des Parlaments von Grenoble, der 1576 einen Contre-Machiavell verfaßt hatte. Er wurde vom Gießener Pfarrer Georg Nigrinus 1695 ins Deutsche übersetzt. 1604 verteidigte der kaiserliche Rat Jakob Bornitz, ein Breslauer, die Traditionen des Aristotelismus gegen Machiavellis Lehre von der Staatsräson.

Die Idee der Staatsräson konnte auch aus dem Reich nicht einfach ferngehalten werden. Die Schrift des Bremer Lutheraners Arnold Clapmarius (1574–1604), Professors in Altdorf, „De arcanis rerum publicarum" (1605) wurde zu einem verbreiteten „Lehrbuch der Staatskunst", aber auch zu einer Verteidigung der Staatsräsonlehre und zu einer Apologie des entstehenden Absolutismus, wenn auch unter der salvatorischen Formel der „Salus publica", die eine äußerliche Distanzierung von Machiavelli ermöglichte. Christoph Besold (1577–1638), zunächst Tübinger, später Ingolstädter Professor, dazwischen zur Alten Kirche konvertiert, folgte in der 1618 publizierten gleichnamigen Schrift seinem Vorbild Clapmarius; formal Aristoteliker, redete er einer Unterordnung der Kirche unter den Staat das Wort und zeigte sich damit als Vorkämpfer des konfessionellen Absolutismus.

Ein anderer Konvertit, der Oberpfälzer Kaspar Schoppe (1576–1649), hielt sich länger in Italien und Spanien auf, näherte sich einerseits der stoischen Philosophie, betrieb andererseits die Rehabilitierung Machiavellis durch die Kurie. Schoppe wurde zu einem der wirkungsvollsten Publizisten der Zeit, der die Berufung auf Tacitus mit einer Hinwendung zum Neustoizismus verband. Der Neustoizismus begriff Macht und Recht als „Schranke des menschlichen Egoismus"[45], die Masse bedürfe der Disziplinierung. Daraus hat Gerhard Oestreich seine These von der „Sozialdisziplinierung" durch den neuzeitlichen Machtstaat entwickelt, für die der Neustoizismus treibende Kraft und Legitimation gewesen sei.

Der wichtigste Verfechter dieser Idee war Justus Lipsius (1547–1606), ein Grenzgänger zwischen den Konfessionen, die er als einstiger Jesuitenschüler aus Brüssel mit den Professuren in Jena, Köln, Leipzig und Löwen mindestens dreimal wechselte. In Leiden publizierte er seine Hauptschriften „De constantia libri duo" (1584) und „De politicorum sive civilis doctrinae libri VI" (1589). Beide Schriften erlebten eine Unzahl von Auflagen, die auf eine enorme Wirkungsgeschichte hindeuten.

Lipsius, der sich als Antimachiavellist deklarierte, aber durchaus machiavellistische Züge hatte, sah in der Machtentfaltung des Staates ein Instrument zur Bändigung der menschlichen Leidenschaften – nur Gehorsam könne den Bürgerkrieg verhindern. Die „Retter“ der Seelen müßten daher die Oberhand gewinnen, der Mensch müßte neues Vertrauen in den Gang der Dinge erlangen. Den Fürsten billigte er innerhalb moralischer Grenzen einen deutlichen Spielraum zu, notfalls auch für Betrug. Selbstdisziplin und die Legitimation zur Herrschaft gehörten zum Fürsten, während das Volk eine solche Selbstdisziplin nicht einbringe. Mit der Forderung, daß es innerhalb des Staates nur eine Konfession geben dürfe, wurde Lipsius zum Apologeten der Konfessionalisierung, die er rein instrumental auffaßte. Deshalb wandte er sich gegen jeden religiösen Fanatismus. Am Ende seines Lebens, in Leiden und Löwen, interessierte sich Lipsius für politische Fragen. Für die Armeen, die aus Landeskindern zu rekrutieren seien, forderte er besondere Selbstdisziplin der Offiziere und Soldaten. Über Moritz von Oranien, der drei Semester bei ihm studierte, hat Lipsius die oranische Heeresreform und damit das frühneuzeitliche Kriegswesen maßgeblich beeinflußt.

Daneben blieb zunächst der Aristotelismus dominierend, der zumeist von der Ethik her argumentierte. Im 17. Jahrhundert änderte sich dies. Die Lehre von der Politik bekam angesichts der komplexen Kräftefelder im Reich ein eigenes Gewicht. So wurde das komplizierte Verhältnis des Kaisers zu den Fürsten wie auch die Entwicklung der Territorialstaaten thematisiert. Dabei gewann die in Westeuropa entwickelte Souveränitätslehre eine besondere Bedeutung für die Definition der deutschen Situation; die Universitätsgelehrten, die über sie nachdachten, hatten häufig zugleich politische Funktionen an den Fürstenhöfen. All dies begünstigte die Tendenz, die komplizierten Verhältnisse des Reichsverbandes theoretisch zu erörtern; die Antworten sind dann auch unterschiedlich ausgefallen.

Die Anwendung der exakten Definitionen westeuropäischer Souveränitätslehren, wie sie Bodin begründet hatte, auf das Heilige Römische Reich provozierte manchen Reichspublizisten. Bodin selbst hatte das Reich zu einer Aristokratie und den Kaiser zu einer bloßen Repräsentationsfigur erklärt. Dieser Linie folgten Publizisten, die zur antikaiserlichen Opposition zählten – das war im habsburgischen Einflußgebiet selbstverständlich schwer möglich. Der in schwedischen Diensten stehende Bogislaw Philipp von Chemnitz (1505–1678) erklärte unter dem Pseudonym Hippolithus à Lapide 1642/43 das Reich zur Aristokratie; das war natürlich ein Programm zur Zurückdrängung der Habsburger zugunsten einer ständischen Verfassung.

Sonst aber wirkten die alten Traditionen weiter, daß das Reich aufgrund der Lehre von der translatio imperii nur eine Monarchie sein könne. Der Helmstedter Professor Henning Arnisaeus (ca. 1575–1636) hat zunächst für den monarchischen Charakter des Reiches plädiert; angesichts der fortschreitenden Krise der Reichsverfassung betonte er später dagegen deren Mischform, die politischen Konsequenzen aus der Ausbildung der Landeshoheit ziehend. Publizisten wie der magdeburgische Rat Konrad von Einsiedel (gest. 1680) oder der Greifswalder Jurist Matthias Stephan (1576–1646) betonten zwar die Landeshoheit, erkannten aber auch die Hoheitsrechte des Kaisers an. Die mit kaiserlichem Privileg 1607 gegründete Universität Gießen des lutherischen und kaisertreuen Landgrafen Ludwig V. von Hessen-Darmstadt war eine Hochburg prokaiserlicher Publizistik, die mit dem Universitätskanzler Gottfried Antoni (1571–1618) begann und mit Dietrich Reinking (1590–1664) ihren Höhepunkt erreichte. Reinking ging so weit, das Reich als eine Monarchie des Kaisers zu bezeichnen, die freilich durch die Reichsgrundgesetze beschränkt sei. Daß man am kaiserlichen Hof in die gleiche Richtung argumentierte, erstaunt nicht.

Dagegen gab es eine ganze Schule, die von gespaltenen Souveränitätsrechten im Reich ausging, von einer Majestas realis und einer Majestas personalis. Schon Johannes Althusius (1557–1638) hatte in seiner „Politica methodice digesta“ (1603) von einer naturrechtlichen Basis aus argumentiert. Aus der Grafschaft Wittgenstein, einem der Kerngebiete der reformierten Grafengruppe des Reiches, stammend, wirkte er zunächst als Professor in Herborn, bis er dann 1604 als Syndikus der Stadt Emden eine einflußreiche Position erlangte und die Ansprüche der lutherischen Landesherren, der Grafen von Ostfriesland, gegen die reformierte Stadt bekämpfte. Von seinen naturrechtlichen Grundlagen aus folgte Althusius noch der reformierten Lehre vom Gnadenbund Gottes mit der erwählten Gemeinde, zu der allerdings auch die Erwählung der Obrigkeit gehörte. Hinzu kam wohl auch die Erfahrung mit korporativen Gebilden: den Schweizer Stadtkantonen, den Niederlanden, aber auch dem Wetterauischen Grafenverein. Seine „Politica“ verfocht ein föderales Konzept, das sowohl gegen den beginnenden Absolutismus der Fürsten wie auch gegen die Herrschaftsansprüche des Kaisers gerichtet war. Entwickelt aus der Lehre des Aristoteles, mit einer strikten, an Petrus Ramus geschulten Begrifflichkeit, bedeutete sie ein eindrucksvolles Werk. Die Souveränität sollte prinzipiell beim Volke bleiben; die Herrschaftsrechte entstammten also der Delegation – sie wurden den Ephoren, die als Reichs- oder Landstände zu deuten seien, und den Herrschern übertragen. Im Reich blieb die Souveränität bei dem Corpus universale – dennoch hielt auch Althusius an seinem monarchischen Charakter fest, trotz aller aristokratischen Züge, denn entscheidend war der Charakter des obersten Magistrats. Althusius wurde wiederholt, etwas anachronistisch, als Vorläufer der modernen Demokratie gefeiert – in Wirklichkeit hat er eine stark ständische Konzeption verfochten. Seine „Politica“ wurde allerdings mit dem Siegeszug des „Absolutismus“ nach 1650 nicht wieder aufgelegt.

Die Unterscheidung von „Majestas realis“ und „Majestas personalis“ blieb für die Reichspublizisten typisch, wobei die Anhänger eines starken Kaisers das Reich als Monarchie einschätzten, die Verfechter der Reichsstände als gemischte Staatsform. In die erste Richtung argumentierten vor allem der Lutheraner Dominikus Arumaeus (1579–1635), Jurist in Jena, und seine Schüler. Der Kaiser sei Monarch, die Reichseinheit sei verkörpert in den auf dem Reichstag gesammelten Reichsständen. Diese Schule hat namentlich vor dem Dreißigjährigen Krieg einen beträchtlichen Einfluß gehabt. Die andere Richtung setzte sich in Gestalten wie dem Helmstedter Professor und braunschweigischen Rat Jakob Lampadius (1593–1649) und dem Sachsen Benedict Carpzov (1595–1666) in der Schlußphase des Krieges fort. Ihr Hauptvertreter wurde Johann Limnaeus (1592–1663), nach Ausbildung in Jena und Altdorf Rat des Markgrafen von Ansbach, der die Majestätsrechte den Reichsständen zuordnete, deren Amtsträger der Kaiser sei – auch Limnaeus sah das Reich als eine gemischte Staatsform, bei der aber das aristokratische Element überwog: Er betonte die Gemeinschaftlichkeit des Handelns von Kaiser und Reichsständen – noch war die Brücke zwischen den von Arumaeus und Limnaeus vertretenen Richtungen nicht zu schmal.

Alle diese Denker standen in der Tradition des Aristotelismus, die mit Hermann Conring (1606–1681) noch einmal einen Höhepunkt erreichte. Er war bezeichnenderweise ein Lutheraner, der in Helmstedt und Leiden studiert hatte, dann Professor der Philosophie und Rhetorik in Helmstedt wurde und dort ein wichtiger Verfechter aristotelischer Gedanken blieb, aus denen heraus er sich mit dem Reichsverband beschäftigte. Geprägt von seinen niederländischen Erfahrungen, blieb er zugleich dem lutherischen Obrigkeitsstaat treu, dem er zahlreiche Abhandlungen widmete. Die politischen Ordnungsaufgaben nach dem Dreißigjährigen Krieg dürften in nicht geringem Maße seine Sicht der Geschichte beeinflußt haben – so wurde er gleichsam zum Begründer der deutschen Rechtsgeschichte. Es war auch eine Konsequenz der Kriegsereignisse, daß der entschiedene Lutheraner Conring, anders als seine kaisertreuen Glaubensgenossen vor dem Krieg, das habsburgische Kaisertum ablehnte und die glaubenstreuen, absolutistischen lutherischen Landesfürsten als ideale Obrigkeiten sah, deren optimales Verhalten er zu beschreiben suchte. Seine Lehre von der Politik hatte einen stark grundsätzlichen Zug – aber er wollte den Fürsten auch praktische Handlungsanweisungen mitgeben, nachdem er, Aristoteles folgend, die Fähigkeiten der Menschen, ihre Stärken und Schwächen als naturgegeben betrachtet hatte. Immerhin gehörte die Verfassungslehre der deutschen Reichspublizistik, mit ihrer Unterscheidung der Majestätsrechte, wie Friedrich Hermann Schubert gezeigt hat, zu den Wurzeln der Gewaltenteilungslehre bei John Locke und Montesquieu.[46]

Demgegenüber wurzelte Samuel Pufendorf (1632–1694) im Naturrecht wie vor ihm Thomas Hobbes. Gewiß setzten auch bei ihm die Erfahrungen des Dreißigjährigen Krieges der selbstverständlichen Akzeptanz der etablierten Ordnung ein Ende. Aber Pufendorf erreichte nicht die Radikalität von Hobbes, mit dem er sich auseinandersetzte, denn er blieb Optimist im Hinblick auf die Qualität des Menschen, der Natur und der Zweckbindung des Staates; somit konnte auch er zum Verfechter des deutschen Fürstenstaates werden. Der Sachse Pufendorf, durch die Fürstenschule von Grimma gegangen, wurde von der in Leipzig dominierenden Orthodoxie abgestoßen und wandte sich in Jena dem Naturrecht zu, dessen wirkungsmächtiger Verfechter er wurde. Im reformierten Heidelberg, wohin er jung berufen wurde, stieß Pufendorf auf Ablehnung; von König Karl XI. von Schweden auf die 1666 neuerrichtete Universität Lund geholt, geriet er in die Kritik der Orthodoxie, die sein naturrechtliches Denken beanstandete. Seither wirkte er als Historiograph in Fürstendiensten, seit 1677 in schwedischen, seit 1688 in kurbrandenburgischen. Er schrieb die schwedische Reichsgeschichte unter Gustav Adolf, Christine und Karl X. Gustav, später die Geschichte des Großen Kurfürsten.

Mit seiner Rechtslehre gelangte Pufendorf zur Verteidigung des absolutistischen Fürstenstaates, der Freiheit und Wohlfahrt der Untertanen, Gleichheit und Rechtssicherheit am besten gewährleisten konnte. Aber im Gegensatz zu Hobbes leitete er diese Einsichten aus der Vernünftigkeit der menschlichen Natur her, der die Verpflichtung gegenüber dem Mitmenschen entsprach. So fanden sich in seinem Denken trotz seiner Affinität zum Fürstenstaat doch die menschlichen Rechte und Freiheiten. Durch Verträge kamen die Verpflichtungen des einzelnen gegenüber der menschlichen Gemeinschaft zustande; da sie aber aus der Natur der Sache folgten, konnten sie auch gegen den Willen der Vertragsschließenden weiter bestehen; damit schlug Pufendorf die Brücke zum Fürstenstaat. Das Volk akzeptierte also durch Vertrag, daß seine natürlichen Rechte durch die Souveränität der Fürsten aufgesogen wurden; dadurch aber gab es allein seine dem Gemeinwohl dienenden Rechte ab. Zwar war deshalb der Herrscher in Anlehnung an Hobbes nur in Grenzen gebunden, wenn er nach der Staatsräson handelte – die ständische Bindung eines Monarchen erkannte Pufendorfs Theorie freilich ohne Schwierigkeiten als Alternative an. Er forderte Toleranz gegenüber den Kirchen, obgleich er die Notwendigkeit einer Staatskirche einsah; der Staat sollte sich jedoch auf das Externe beschränken. Damit spiegelte sich bei Pufendorf die Konfessionalisierung im Reich.

Das Spannungsfeld zwischen zeitbedingten und weiterwirkenden Äußerungen zeigte sich auch in Pufendorfs bedeutender Schrift über die Reichsverfassung „De Statu imperii germanici“ (1667). Er nahm hier ganz entschieden den Standpunkt der reichsständischen Opposition gegen die Habsburger ein und sah den Reichsverband aus der Sicht der Souveränitätslehre Bodins und Hobbes'. Pufendorfs Inspiration durch die antikaiserliche Opposition auf dem Westfälischen Friedenskongreß war unverkennbar; dort hatte diese ihre Vorstellungen einer breiten Öffentlichkeit präsentiert. Er leugnete, daß der Reichsverband in die aristotelische Staatsformenlehre eingeordnet werden könnte, und nannte das Reich aus dieser Perspektive „einen irregulären und einen monsterähnlichen Körper“. Der

Protestant und Heidelberger Professor griff nicht nur die Leitideen der untergegangenen reformierten Opposition vor dem Kriege auf, wenn er die Organisation des Reichsverbandes als Staatenbund forderte – er war nicht mehr und nicht weniger als das Sprachrohr der von Brandenburg, später von Kurmainz formierten antikaiserlichen Opposition, bei der, wie in Pufendorfs Schrift, die größeren Reichsstände eine führende Rolle spielten. Wenig beachtet ist bis heute, daß Pufendorf in seinen späteren Auflagen nach dem Scheitern der reichsständischen Opposition und dem Wiederaufstieg der kaiserlichen Macht diese Vorstellungen wieder zu den Akten legte (G. Haug-Moritz). Der Weg des Reiches verlief anders, als er es sich vorgestellt hatte – dies hat Pufendorf selbst anerkannt, als er gegen Ende seines Lebens den Plan einer Geschichte der kaiserlichen Türkenkriege faßte. Der Reichstraktat Pufendorfs von 1667 spiegelte jene Phase nach dem Westfälischen Frieden, als starke Reichsfürsten dessen ständisches Programm voll auszufüllen gedachten. Damit ist die Schrift zum Reichsrecht zeitgebundener als Pufendorfs Naturrechtslehre, die sowohl eine ständische wie eine wohlfahrtsstaatlich-absolutistische Ausdeutung zuließ.

Gottfried Wilhelm Leibniz hat Pufendorfs Reichsschrift scharf kritisiert; er löste sich wieder von der Staatsformlehre des Aristoteles und kam der Realität des Reiches näher, indem er – die These von der geteilten Majestät aufgreifend – die Autonomie der Fürsten mit der Einheit des Reiches für vereinbar erklärte. Beide, Fürstenstaaten wie Reich, sah Leibniz als ständisch verfaßt an. Damit führte er eine „föderative Gewaltenteilungslehre“[47] ein, die wieder an die älteren Theorien von der Mischverfassung anknüpfte. Auch Leibniz fußte auf dem Naturrecht, das er jedoch in die göttliche Schöpfungsordnung einzuordnen trachtete; die staatliche Verfassung war für ihn nur ein Teil derselben. Damit aber wurde der Staat wieder auf seine christlichen Zwecke zurückgeführt, auf einen christlichen Vernunftsstaat. Leibniz träumte von einem abendländischen Universalismus unter Kaiser und Papst, ein ganz offenkundiger Rückgriff auf mittelalterliche Traditionen. Aber die weitere Entwicklung des Naturrechts, die dann in das 18. Jahrhundert hineinwirkte, ging mit Christian Thomasius und Christian Wolff andere Wege und setzte den Säkularisierungsprozeß fort.

Die intellektuelle Welt des 17. Jahrhunderts hatte auch durchaus Platz für Staatsutopien. Der italienische Dominikaner Thomas Campanella (1568–1639) verfaßte seinen „Sonnenstaat“ („Civitas Solis“, 1602), der die Menschen bis hin zur Fortpflanzung dem Willen des Staates unterordnen sollte, in einem Neapolitaner Gefängnis, wo er wegen seiner sozialreformerischen Vorstellungen saß. Der württembergische Lutheraner Tobias Adami suchte Campanella dort auf und ließ das ihm übergebene Manuskript 1620 in Frankfurt drucken. Adami hatte den „Sonnenstaat“ dem Württemberger Johann Valentin Andreae zum Lesen gegeben, der gegen das heidnische Konzept Campanellas einen christlichen Staat konzipierte (Rei publicae christianopolitanae descriptio, 1619), in dem die zehn Gebote und – typisch württembergisch – ein gut organisiertes Schulwesen eine zentrale Rolle spielten. Auch im „Abenteuerlichen Simplicissimus" Grimmelshausens (1669) kamen utopische Ideen zum Vorschein. Sie tauchten auch in der zweiten Jahrhunderthälfte immer wieder auf, ohne daß sie eine besondere Wirksamkeit entfalteten.

Trotz der durch Conring betonten Trennung von Politik und Jurisprudenz blieben die Grenzen fließend. Der große Rezeptionsprozeß des römischen Rechts im 16. Jahrhundert hatte seinen Eingang in die landesfürstlichen Kodifikationen und in die systematischen Darstellungen gefunden. Es folgten ausgreifende Zusammenfassungen des deutschen Rechts, aber auch des neuen evangelischen Landeskirchenrechts. In beiden hat der gebürtige Wittenberger und Professor in Leipzig Benedikt Carpzov (1595–1666) Bedeutendes geleistet. Er betonte mit den Bezeichnungen „jus evangelicum" und „jus canonicum" die Autonomie des evangelischen Kirchenrechts, das er in seiner „Jurisprudentia ecclesiastica" 1649 abhandelte. Er wurde auch zum ersten Systematiker des Strafrechts („Practica nova Imperialis Saxonica rerum criminalium, 1623). Carpzov, ein orthodoxer Lutheraner, der großen Wert darauf legte, sich auf die Bibel zu berufen, hielt an der ganzen Härte der „Carolina", der Halsgerichtsordnung Kaiser Karls V. von 1532, fest, befürwortete also Folter und Hexenverfolgung. Daneben erschienen zahlreiche Kommentare und Sammlungen, die dem Landesstaat dienten und in der Regel auch Beamte und Professoren als Autoren hatten.

Für die Geschichtsschreibung bedeutete das 17. Jahrhundert eine Zeit des Übergangs. Die evangelischen Magdeburger Centuriatoren und ihr katholischer Kontrahent Kardinal Caesar Baronius wirkten weiter. Die Weltgeschichten von Georg Horn und Johann Hübner waren Produkte barocker Geschichtsauffassung. Die „Historia universalis" (1709) des Sachsen Christoph Cellarius (1638–1707) war ihnen ähnlich, aber sie erlangte besondere Bedeutung, weil sie, ausgehend von der humanistischen Erneuerung des Lateinischen, die Dreigliederung der historischen Epochen in Altertum (bis Konstantin den Großen), Mittelalter (bis zur Eroberung Konstantinopels durch die Türken) und Neuzeit einführte. Damit wurde die biblizistische Auffassung von vier Weltreichen oder sechs Weltaltern verlassen. Die barocke Reichs- und Landesgeschichte wandelte weiter auf den Pfaden des Johann Sleidan (1506–1556), der bereits – zwar lutherisch-parteiisch, aber ohne Aggressionen – auf den Grundlagen von Akten die Geschichte seiner Zeit schrieb. Höhepunkt historiographischer Darstellung waren die Werke von Samuel Pufendorf und Bogislaw von Chemnitz. Hinzu kamen die „Annales Boicae gentis" in drei Bänden (1662/63) des Jesuiten Johann Vervaux (1586–1661), der als kurfürstlich-bayerischer Beichtvater den politischen Entwicklungen nahestand und im Namen des bayerischen Kanzlers Adlzreiter publizierte, um Probleme mit seinem Orden zu vermeiden. Eine erhebliche Bedeutung erlangte das von Johann

Philipp Abele begründete „Theatrum Europaeum", das die Zeit von 1618 bis 1718 umfaßte und Relationen und Dokumente abdruckte. Die Künstlerfamilie Merian, die in Frankfurt wirkte, stattete diese voluminöse Fundgrube mit zahlreichen, vielfach bekannt gewordenen Kupferstichen aus.

5. Das politische Gefüge

a) Der Aufstieg des Absolutismus

Die Notsituation des Dreißigjährigen Krieges hatte dreierlei dargetan. Zum einen kam es häufig darauf an, schnell zu handeln. Überließ man sich dem Spiel der Kräfte, so konnte der Preis hoch sein – schwache Fürsten hatten erhebliche Autoritätsverluste erleiden müssen. Zum anderen war die Bedeutung eines stehenden Heeres deutlich geworden – ein mittleres Territorium wie Hessen-Kassel hatte dank seiner starken Armee auf dem Friedenskongreß eine zentrale Rolle spielen können. Auch hatte drittens die Krise des ständischen Kredits die Einflüsse der Stände erheblich geschwächt.

Nun stellten dies keineswegs nur deutsche Phänomene dar. Auch in Westeuropa wie in Italien war es zur Konsolidierung starker Monarchien gekommen. Das klassische Beispiel war Frankreich, wo aus den Religionskriegen des 16., aus den Adels- und Bauernrevolten des 17. Jahrhunderts ein mächtiges Königtum hervorgegangen war, das in vieler Hinsicht das Modell für die Entwicklung zum Absolutismus in Deutschland abgeben sollte. Frankreich hatte gezeigt, welche Impulse immer noch aus der traditionsreichen königlichen Gewalt erwachsen konnten – die Konfessionsparteien, die zugleich auch Adelsparteien darstellten, konnten demontiert werden; die Monarchie bewies ihre Bedeutung für die staatliche Konsolidierung Frankreichs.

Für die Konzentration der staatlichen Gewalt in der Hand des Fürsten hat sich besonders in Deutschland der Begriff des „Absolutismus" eingebürgert. Der Fürst sollte – so die Vorgaben der absolutistischen Staatstheorie – nicht despotisch regieren. Er war an die Rechtsnormen und Traditionen gebunden, hatte die christliche Staatsidee ebenso zu achten wie Freiheiten und Eigentum des einzelnen. Dabei trat jedoch die Vorstellung von einer „Staatsräson" hervor, die das Handlungsprinzip im Interesse des Staates zu einer ethischen Pflicht erhob. Doch erkannte man durchaus die daraus folgende Gefährdung der älteren Herrschaftsmaximen. Man ist deshalb nicht bedingungslos den Forderungen des Staatsinteresses gefolgt, wie es bei den Machtkämpfen zur Zeit der italienischen Renaissance der Florentiner Stadtschreiber Niccolò Machiavelli (1469–1527) in seinem „Principe" (erschienen 1535) gefordert hatte. Vielmehr wurde der Franzose Jean Bodin (1529/30–1596) mit seinen „Six livres de la république" (1576) zum Theoretiker des absolutistischen Fürstenstaates. Bodin formulierte, daß es Hauptaufgabe „des souveränen Magistrats“ und absolute Notwendigkeit sei, „allen Untertanen ohne deren Zustimmung Gesetze aufzulegen“. Die Beteiligung der Stände oder des Parlaments von Paris sei nur Dekoration. Er entwarf „ein Idealbild der Monarchie von einzigartiger Einprägsamkeit, propagierte die Fürstenherrschaft als vollkommenste unter den Staatsformen“[48]. Bodin hatte sich allerdings auch der radikalsten Variante der Monarchiekritik, den „Monarchomachen“, gegenübergesehen, deren Eintreten für ein radikales ständisches Widerstandsrecht in Bodins Augen für das Verhängnis Frankreichs verantwortlich war.

Aus einer tief skeptischen Auffassung der menschlichen Natur resultierten die Theorien von Thomas Hobbes (1588–1679), der in seinen Schriften „De cive“ (1642) und „Leviathan“ (1651) die Erfahrungen des Verfassungsstreits und des Bürgerkriegs in England verarbeitet hat. Durch die bösartige Natur des Menschen gebe es einen Krieg aller gegen alle, der nur durch eine starke Monarchie gebändigt werden könne, welche Legislative, Exekutive und Gerichtsbarkeit in einer Hand hielt. Zur Legitimation dieses Staatsmodells führte Hobbes die Denkfigur des Vertrages ein. Die wechselseitige Bindung des Individuums zur Sicherung des inneren Friedens geschieht zugunsten des Herrschers, der die Aufgabe hat, das öffentliche Wohl mit allen Mitteln zu sichern. Selbst nicht Vertragspartner, sondern Begünstigter dieses Vertrags, ist der Herrscher als Inhaber der Staatsgewalt damit durch vertragliche Einschränkung nicht gebunden, ist er „absolut“.

Am Ende des Jahrhunderts hatte dann wiederum ein Franzose, Jacques Benigne Bossuet (1627–1704), die Theorie des „Gottesgnadentums“ formuliert. Bossuet war als Bischof und Erzieher am Hofe König Ludwigs XIV. tätig. Dieser französische Monarch, dessen Regierungszeit mit der schweren Adelskrise der Fronde begonnen hatte, wuchs nicht nur zum Hegemon des westlichen Europa, sondern auch zum Prototyp des absolutistischen Herrschers empor, der in Deutschland viele kleinere und größere Nachahmer finden sollte. In ihm erreichte die Renaissance des Hofes im 17. Jahrhundert ihre Vollendung, schien die Domestizierung des französischen Adels gelungen zu sein, schien der Staat mit Erfolg in die lokalen Bereiche hineinzugreifen – die Generalstände Frankreichs wurden seit 1614 nicht mehr einberufen. Mit Ludwig XIV. erreichte der fürstliche Absolutismus, stark unterlegt mit katholisch-konfessionellen und höfischen Zügen, seinen unbestrittenen Höhepunkt. Aber schon bei ihm zeigten sich die Widersprüche – die Ziele des Staatsinteresses konnten sich durchaus von denjenigen des Monarchen lösen.

Der König selbst hatte von seiner Rolle und Stellung eine ungebrochen hohe Meinung. 1671 formulierte er seine „Mémoires“ für den Dauphin, den Thronfolger. Geburt und Erbrecht bestimmten den Herrscher zur Fülle seiner Macht, der er freilich auch durch harte Arbeit gerecht werden müsse. Größe und Ruhm sollten die königliche Würde ausmachen. Man hat daher die Zeit Ludwigs XIV. als den „klassischen" oder „hohen" Absolutismus bezeichnet. Inzwischen wurde selbst dieses Bild relativiert. In der deutschen Geschichtsschreibung hatte man das Modell des „Absolutismus" sehr stark rezipiert. Die Geburtsstunde der modernen Historiographie fiel hierzulande mit einer Phase zusammen, in der die letzten Bastionen des älteren Absolutismus geschleift wurden, in der sich dann die Fürsten nach der Revolution von 1848/49 in einem neuen „Absolutismus" versuchten und in der schließlich der Kult von Macht- und Anstaltstaat zum wichtigen Begleiter der Reichsgründung von 1871 wurde.

Es hat sich gezeigt, daß das Modell des „Absolutismus" geeignet ist, gerade die deutsche Entwicklung zu überzeichnen. Die Verstärkung landesfürstlicher Autorität war ohne Zweifel ein säkularer Prozeß – schon im 16. Jahrhundert war die adelige Autonomie zurückgedrängt, der Ausbau der Behörden kräftig vorangeschritten, griff der Landesfürst immer stärker in die lokalen Bereiche ein; der Fortgang des „Zivilisationsprozesses" begünstigte die fürstliche Autorität. Das Reformationszeitalter eröffnete dem Landesstaat einen verstärkten Zugriff auf den kirchlichen Bereich – auch in den katholisch gebliebenen Territorien. Der Konfessionalisierungsprozeß hatte sich als ein wichtiges Mittel staatlicher Durchdringung erwiesen; gerade der deutsche „Absolutismus" hatte starke konfessionelle Züge. Vor allem das Bayern Kurfürst Maximilians I. (1598–1651) hatte ihn bereits antizipiert: eine entschieden katholische Reformpolitik, eine kompetente und ausgreifende Bürokratie, der Ausbau der Institutionen – der Zugriff eines fähigen und entschlossenen Herrschers auf den lokalen Bereich. Es folgte der Große Krieg, der solche Tendenzen noch begünstigte.

Im Westfälischen Frieden wurde der autonome Fürstenstaat festgeschrieben – er und nicht der Reichsverband sollte zum Träger staatlicher Entwicklungen werden. Aber die deutschen Fürstenstaaten stießen rasch an ihre Grenzen. Sie hatten zwar im Krieg den staatlichen Konzentrations- und Durchdringungsprozeß vielfach verstärken können, hatten die Landesordnungen des 16. zur landesfürstlichen Polizei des 17. Jahrhunderts ausgebaut. Aber: Die größeren Territorien stellten zumeist Konglomerate von unterschiedlichen Landesteilen dar, die, vornehmlich durch die Person des Herrschers zusammengehalten, eifrig über ihre Sonderrechte wachten. Innerhalb der Fürstenstaaten gab es zudem zahlreiche halbautonome Gebilde und Korporationen, geistliche wie weltliche: Städte, Landgemeinden, adelige und kirchliche Herrschaften, Universitäten, die oft ihrerseits wiederum durch Korporationen bestimmt waren, bis hin zu geistlichen Bruderschaften. So sehr der Westfälische Friede einerseits den Fürstenstaat begünstigen wollte, so sehr schützte andererseits sein rechtswahrender Charakter die Ansprüche aller dieser Korporationen. Ihre Positionen waren einklagbar – und so bedeutete die Durchsetzung landesfürstlicher Autorität ihnen gegenüber vielfach einen wichtigen Prozeß der Emanzipation des Landesstaates von der Autorität des Reichsverbandes, der zum

Schutz alter Rechte berufen war. Aber diese Emanzipation war schwer zu bewerkstelligen.

Denn auch die absolutistischen Herrscher tasteten die ständische Gesellschaft nicht an, die das soziale Fundament ihrer Herrschaft bildete. Der Adel war als Elite schlechterdings nicht ersetzbar und durch seine Privilegien geschützt. Überhaupt bedeutete der Schutz von Privilegien viel stärker die Funktion des absolutistischen Fürstenstaats als ihre Überwindung – auch von daher waren dem Absolutismus seine Grenzen eng gesteckt. Das Ideal eines einheitlichen Untertanenverbandes schimmerte zuweilen auf: Der ebenso kluge wie exzentrische Landgraf Moritz von Hessen wollte zu Beginn des Dreißigjährigen Krieges ohne den Adel regieren und schuf sich damit eine permanente Opposition, die ihm schließlich die Basis der Herrschaft entzog.

Die Domestizierung des Adels hatte zwar dessen Freiräume beschränkt, aber der Adel war anpassungsfähig; er gewann in den Territorien wieder an Boden; er hatte um 1600 bereits sehr deutlich die Tendenz gezeigt, die bürgerlichen Beamten des Landesfürsten, ehedem eine gefährliche Konkurrenz, aufzusaugen oder abzuwehren; hinzu kamen eine verbesserte Bildung und Leistungsbereitschaft, geeignet, die Vorteile der bürgerlichen Beamten auszugleichen. Hier lag zugleich eine Voraussetzung für die Renaissance des Hofes, der im 16. Jahrhundert in eine Krise geraten war – Fürsten und Adel gingen eine neue Symbiose ein, die ebenfalls durch den Krieg gefördert wurde. Der Adel begriff den sozialen Rückhalt des stabilisierten Fürstenstaats, die Vorteile des Fürstendienstes in verstärktem Maße – er gab es deshalb auf, den Fürstenstaat zu bekämpfen. Vielmehr behauptete er die führende Position in diesem Staat – an der Spitze von Armee und Bürokratie. Es diente aber auch dem Prestige des Fürsten, einen zahlreichen Adel um sich zu versammeln – auch von daher war er keineswegs durch Bürgerliche ersetzbar.

So scharf die Standesunterschiede auch ausgeprägt waren, in der Distanz zu Bürgern und Bauern sah sich der deutsche Adel im 17. Jahrhundert den Fürsten in gewisser Weise noch durchaus gleichgeordnet. Bei der hierarchischen Gliederung des deutschen Adels waren zwar die einzelnen Gruppen deutlich gestuft, aber selbst die größeren Fürstenhäuser standen über kleinere Nebenlinien in Verbindung zu Grafenfamilien; kleinere Fürsten, wie jene von Hohenzollern-Hechingen oder die Landgrafen von Leuchtenberg, besaßen wenig mehr an Territorium als ein größeres Rittergeschlecht wie die Riedesel in Hessen; auch beim Fürstenstand konnte der Teilungsprozeß zu Niedergang und Finanzkrise führen. Gerade die Differenzierung des deutschen Reichsfürstenstandes hat der Nivellierung des Adels wieder entschieden entgegengewirkt, doch der Anspruch, dem Fürsten vom Stand her näher zu sein als dem Bürgerlichen, war noch beim kleinsten Adeligen unverkennbar. Hinzu kam die starke Verflechtung über die Grenzen des Reiches hinaus. Die Anbindung der katholischen Adeligen an den Wiener Kaiserhof, die auch Teile des landsässigen Adels erfaßte, gab Rückhalt gegen einen allzu harten Zugriff der Landesherren.

Das bürgerliche Beamtentum des 17. Jahrhunderts hatte sich längst nicht als das Instrument erwiesen, das sich beliebig gegen den Adel einsetzen ließ – die Nobilitierung war ein durchgängiges Ziel, die Rezeption adeliger Verhaltensweisen ein sehr häufiges Phänomen. Ferner unterlag auch das Beamtentum dem gleichen Oligarchisierungsprozeß wie die Adelsgesellschaft. Offenbar lag hier eine entscheidende Barriere gegen den Ausbau der Bürokratie mit Hilfe von Bürgerlichen. Aber auch das neugeschaffene, nunmehr öfter nobilitierte Beamtentum schloß sich seinerseits nach unten ab, zeigte oligarchische Tendenzen und wähnte sich als Mitinhaber des Landes. Das führte nicht nur zu Reibereien mit dem alten Adel, dem man sich gleichwohl anschließen wollte, sondern auch zur Lösung von den Staatszielen des Fürsten.

Dies alles wird bei der Bewertung des deutschen Absolutismus zu berücksichtigen sein – den kleineren Territorien des Reichsverbandes waren in seiner Durchsetzung ohnehin enge finanzielle und machtpolitische Grenzen gesetzt. Gerhard Oestreich hat auf einen Prozeß der „Sozialdisziplinierung" hingewiesen, der seine Anstöße aus der Konfessionalisierung bezog. Träger waren nicht die traditionellen Führungsgruppen, sondern aufsteigende Kräfte. Die Disziplinierung der Untertanen stabilisierte die Stellung der Obrigkeit, der Landes-, Grund- und Gutsherren, der städtischen Magistrate. Die Verrechtlichung der Konflikte stützte die landesfürstliche Schiedsrichterrolle, stärkte aber auch die Position der Herren in unvorhergesehenen Krisensituationen. Überdies erfaßte, wie jüngst wieder Helga Schnabel-Schüle gezeigt hat, die gesetzgebende und auch die strafende Tätigkeit des Fürsten und seiner Beamten immer weitere Bereiche des Lebens. Dies begünstigte die Kontrollmechanismen der ständischen Gesellschaft – so findet man neben der von Oestreich geschilderten vertikalen Sozialdisziplinierung, also von oben nach unten, auch eine horizontale innerhalb der Gesellschaft (Schnabel-Schüle), die wiederum deren Abhängigkeit vom Fürsten verstärkte.[49] Die verstärkte Rolle des Landesfürsten ließ zwar die ständische Gesellschaft im Prinzip unangetastet, begann aber doch deren Grundlagen zu verändern und höhlte sie so stark aus, daß mit dem Untergang des Alten Reiches ein morsches Gebilde zusammenbrach, als der äußere Schutz wegfiel.

Natürlich gab es immer noch Freiräume. Im Reich waren die bedeutendsten Gegengewichte gegen den Absolutismus die Beziehungen zum Kaiser und die Querverbindungen der katholischen Kirche – beide trachteten die Landesherren nach Möglichkeit zu beseitigen oder wenigstens zu relativieren. In beiden Fällen erwies sich dies jedoch als außerordentlich schwierig, und der jeweilige Status war ein Gradmesser für die Stärke des einzelnen Landesfürsten.

Auch wenn im 17. Jahrhundert der deutsche Territorialherr die Förderung bürgerlicher Beamter als Alternative zum Adel wieder zurückzunehmen schien, spielten diese immer noch eine beträchtliche Rolle in jenen Bereichen, die traditionell dem Adel verschlossen blieben, etwa in der Finanzverwaltung. Aber nach wie vor drängten sie in den Adel, ob sie sich mit ihm amalgamierten oder aber unter dem alten Adel eine „zweite Gesellschaft" bildeten. Zu einer „Fraktionierung des Adels" (Kunisch) reichte die deutsche Entwicklung in der Regel nicht aus. Erst im 18. Jahrhundert sollte das Bürgertum verstärkt seine Stimme erheben. Vorerst spielte für bürgerliche Aufsteiger nicht nur der Adelsbrief, der im Reich in der Regel nur vom Kaiser verliehen werden konnte, sondern auch die Aufnahme durch die neuen Standesgenossen die entscheidende Rolle. Die weitaus größere Stabilität des Adels in Deutschland (verglichen mit den Ländern Westeuropas) dürfte hier bestimmend gewesen sein.

Diskutiert man den Absolutismus in europäischem Kontext, so gilt als ein zentrales Merkmal die Zurückdrängung der Stände. Es blieb aber selbst in Frankreich doch die starke Stellung von einzelnen Provinzialständen, welche ihre Rolle in der Finanzverwaltung behaupteten oder – wie in der Bretagne – sogar ausbauen konnten. Bei den deutschen Landständen schien die Entwicklung auf den ersten Blick ähnliche Wege zu gehen wie in Frankreich, zumal die Landstände in ihrer ureigensten Domäne, der Finanzverwaltung, durch die Folgen des Dreißigjährigen Krieges oft empfindlich geschwächt worden waren. Die deutschen Fürsten suchten ihre beherrschende Rolle auf dem Reichstag auszunutzen, um mit dessen Legitimierung ihre eigenen Landstände zurückzudrängen. Der „Jüngste Reichsabschied" von 1654 (§ 180) verpflichtete Landstände und Untertanen, zur Finanzierung der Festungen und Garnisonen ihrer Landesfürsten beizutragen, und suspendierte dergestalt partiell das landständische Steuerbewilligungsrecht. 1658 sollte die Wahlkapitulation Leopolds I., in ihrer Rechtswirksamkeit umstrittener als der Reichsabschied, sogar das Versammlungsrecht und die Steuerbewilligung der Landstände einschränken – darüber hinaus die Reichssteuern verpflichtend machen sowie den Rechtsweg bei Konflikten zwischen Landesherren und Ständen ausschalten.

Diese Wahlkapitulation kam nicht voll zur Wirkung, denn die Landstände setzten sich gegebenenfalls über sie hinweg. Der Versuch des Reichstags, den Reichsabschied von 1654 noch zu erweitern und mit einem Reichsschluß das Steuerbewilligungsrecht der Landstände zu beseitigen – der Reichsschluß vom 26. Oktober 1670 – scheiterte jedoch an Kaiser Leopold. Als dieser die Ratifikation verweigerte, schlug der Vorstoß sogar in sein Gegenteil um und wurde eine unfreiwillige Garantie der Landstände, da fortan die antiständischen Tendenzen auf die 1654 bewilligten landesfürstlichen Rechte eingegrenzt wurden. Das Privilegium de non appellando, das Gerichtsprivileg der größeren Landesherren, durch das der Instanzenzug an die obersten Reichsgerichte verhindert wurde, hätte damit zur wichtigsten Waffe werden können, weil man mit seiner Hilfe die kaiserliche Unterstützung der ständischen Rechte unterbinden konnte. Die Rechtspraxis der Jahre nach 1670 zeigt jedoch, daß die Reichsgerichte den Landständen sehr wohl Rückhalt gegen ihren Landesherrn bieten konnten; dies galt allerdings uneingeschränkt nur für die mittleren und kleineren Territorien, so daß gerade durch diese Praxis die Sonderstellung der Mächtigeren unterstrichen wurde. Allerdings konnte andererseits nur Brandenburg-Preußen in vollem Umfang die Reichsgerichte abwehren.

Insgesamt aber waren die antiständischen Tendenzen der Fürsten an ihre Grenzen gestoßen. Die Entspannung des Verhältnisses entsprach dem typischen Kompromiß zwischen Fürst und Adel. Spektakuläre Eingriffe der Stände in die fürstlichen Prärogativen hatten aufgehört – vor allem in die Reichs- und Außenpolitik; es blieben aber in der Regel eine autonome ständische Finanzverwaltung, Einflußnahme auf die Ämterbesetzung und die Behauptung der adeligen Privilegien. Andererseits vollzog sich in den ständischen Finanzverwaltungen auch jener typische Oligarchisierungsprozeß, der durch den Geist des Westfälischen Friedens begünstigt wurde. Die landesfürstliche Macht fand ihre Barriere in der ständisch bestimmten Gesellschaftsformation, und so erhielten sich auch die ständischen Verfassungsformen. In den Jahren nach dem Dreißigjährigen Krieg bildete sich eine Gruppe von Territorien heraus, in denen die Stände ihren Einfluß in hohem Maße in das 18. Jahrhundert retten konnten: die welfischen Lande, Schleswig-Holstein, Jülich-Berg, Kleve-Mark, Hessen-Kassel, Anhalt, Mecklenburg, Württemberg, Ostfriesland, wo die Landtage eine unübersehbare Machtstellung behaupteten. Von beträchtlicher Bedeutung blieben sie aber auch in einer ganzen Reihe geistlicher Fürstentümer, in Kurbayern und in Kursachsen.

Allerdings gab es auch Territorien, wo Stände oder ständeähnliche Gebilde völlig verschwanden: in der Oberpfalz, in der Unterpfalz, in Pfalz-Zweibrücken, in Baden. In den letzteren Fällen hatten die Stände, die sich – außer in der Oberpfalz – ohne Adel formiert hatten, ihre finanzpolitische Rolle nicht mehr spielen können. Andererseits haben gerade in zahlreichen Kleinterritorien Südwestdeutschlands die Landschaften aus Bürgern und Bauern, die einen relativ flüchtigen Charakter besaßen, durch Prozesse oder auch durch ihre Einbindung in die Finanzverwaltung zuweilen ihre Position ausgebaut. In der Fürstabtei Kempten erwachte nach dem Dreißigjährigen Krieg die Landschaft aus dem Dornröschenschlaf, in den sie seit 1526 gefallen war, und gewann ihre alten Funktionen verstärkt zurück. Die Schwäche der bürgerlich-bäuerlichen Landschaften lag darin, daß sie nicht den flankierenden Einfluß bei Hofe besaßen, der die Bedeutung adelig beherrschter Landstände unterstützte.

Man wird somit die Rolle der Stände weder über- noch unterschätzen dürfen; allerdings korrespondiert das Urteil über sie in der Regel mit der Kritik am Absolutismus. Die Position der Stände definierte sich im Kräftefeld zwischen Fürst, Adel und Untertanen – ihre große Rolle im 16. Jahrhundert war entscheidend durch eine Krise des Hofes bestimmt. Sie hatten gegenüber dem staatlichen Konzentrationsprozeß oft die Verteidigung adeliger Privilegien und Interessen wahrgenommen – doch ist ihre Bedeutung für die Staatwerdung nicht abzustreiten. Sie bildeten überdies die Wurzel des modernen Parlamentarismus, auch in Deutschland, aber der Weg dorthin war verschlungen und führte über verschiedene Etappen. Ansätze zu einer hohen Bewertung durch eine deutsche „Whig history" haben deshalb keinen dauerhaften Erfolg gehabt. Ohne Frage haben die Stände jedoch Landesbewußtsein und Landesidentität gefördert, haben Stimmungen an die Regierenden vermittelt, und sie waren ganz im Geiste der ständischen Gesellschaft immer wieder zu Kompromissen fähig – alles Gründe für die Fürsten, sie nicht leichthin zu beseitigen.

Die Auffassung von der Begründung des Absolutismus durch Zurückdrängung der Stände fußt auf der dualistischen Sicht eines scharfen Gegensatzes zwischen Fürst und Ständen, die ebenfalls an der Realität vorbeigeht. Fürstliche und ständische Sphäre überlagerten sich vielfältig – der wichtigste gemeinsame Grund war der Fürstenhof, aus dem ja auch einst im Mittelalter der adelige Kern der Landstände hervorgegangen war. Der Hof war keineswegs, wie gelegentlich betont wird, eine Erfindung der Barockzeit – auch dürfte die glänzende, am Hof von Versailles orientierte Analyse von Norbert Elias die domestizierenden Züge des Hofes für deutsche Verhältnisse zu stark betonen. Die Realität deutscher territorialer Höfe war einfacher und dennoch komplex – der Einfluß von Versailles wurde, vor allem im katholischen Deutschland, deutlich von dem des Wiener Kaiserhofes übertroffen.

Nach dem Desaster des Krieges erlebte der deutsche Fürstenhof eine schnelle Renaissance – dies unterstrich die erfolgreiche Durchsetzung fürstlicher Würde, die Betonung von Gottesgnadentum und Abgehobenheit von den gewöhnlichen Untertanen. Die Herrscher von Gottes Gnaden trieben oft eine sehr intensive Selbstdarstellung mit standesgemäßer Kleidung nebst Allongeperücke, höfischer Architektur, ausgeklügeltem Zeremoniell und Distanz zum gewöhnlichen Volk. Der Hof war eine – oft perfekte – Demonstration; er erhob nicht nur den Herrscher über den Adel, sondern zudem den Adel über das gewöhnliche Volk – Bürgerliche taten sich schwer im höfischen Gefüge; mancher Künstler oder Musiker fühlte sich dort gedemütigt. Der Hof war eine Stätte der Begegnung zwischen Herrscher und Adel, ein Ort des Vergnügens – neben der Apotheose des Herrschers wurde auch dem Spieltrieb des Adels Rechnung getragen. Höfischer Prunk diente der Reputation und konnte sogar den Kredit des Herrschers stärken. Dafür flossen die Mittel des Landes reichlich an die Höfe. Die Höfe waren nicht nur Instrument herrscherlicher Selbstdarstellung, sondern auch Stätte des Ausgleichs zwischen Fürsten und Adel.

Natürlich stand dahinter auch eine Domestizierung des Adels; sicher erleichterte der erneuerte Hof die Einübung von Dienst und Gehorsam, demonstrierte er den einst so oppositionellen Herren die Überlegenheit des Fürsten. Aber er spiegelte auch die traditionellen Strukturen der ständischen Gesellschaft, an der der Herrscher nur partiell zu rütteln vermochte. Der Hof war somit kein bloßes Domestizierungsinstrument, sondern er blieb das traditionelle Zentrum des Regierens, und er war wesentlich durch die Patronage- und Klientelbeziehungen des Adels bestimmt, Stätte adeliger Einflußnahmen, des Ausgleichs zwischen Herrscher und Land, ja sogar zwischen Herrscher und außerterritorialem Umfeld. So blieben die Höfe von Ansbach, Bayreuth, Ludwigsburg oder Darmstadt, aber auch die der geistlichen Staaten im Südwesten für die Reichsritterschaft attraktiv.

Der Hof spiegelte zweifelsohne die neue Akzeptanz des Fürstendienstes für den Adel; dieser war stärker als früher auf Aufstiegschancen und Geldverdienst, d. h. auf Patronage angewiesen. Dies gab den Fürsten eine Chance, ihre eigenen Rangordnungen einzuführen. Der Hof blieb gleichwohl ein Ort adeligen Einflusses, der oft über informelle Kanäle lief. Zugleich war der Hof für den Adel eine Stätte der Unsicherheit – er war abhängig von der Gnade des Herrschers, die häufig schwankend war. Aber selbst wenn gelegentlich Günstlinge, sogar nachgeordnete Personen wie Zofen oder Türsteher eine wichtige Rolle spielten, so konnte der Fürst doch nicht ohne weiteres die traditionelle Rangordnung der Geburt außer Kraft setzen.

Der deutsche Fürstenhof war somit keineswegs funktionslos. Am Ende des 17. oder zu Beginn des 18. Jahrhunderts, in einer besonders krisengeschüttelten Zeit, entstanden die großen Barockschlösser, die bis heute das höfische Zeitalter repräsentieren: Nymphenburg, Ludwigsburg, Rastatt, Karlsruhe, Mannheim, Benrath, Herrenhausen, Ludwigslust, das Stadtschloß in Potsdam, die einen Höhepunkt des höfischen Absolutismus markierten. In ihnen spiegelten sich aber auch bereits die Kosten, die der Hof verursachte: In Wien kostete er ca. 42 % der Ausgaben, die nicht ständisch waren, in Bayern 55 %. Dies war auf Dauer eine gewaltige Belastung der territorialen Kassen. Aber auch zahlreiche Adelige haben sich mit der Nachahmung höfischen Lebens ruiniert; vielleicht ist mancher gerade durch die allgemeine Finanzkrise, die die Zukunftsperspektive aussichtslos erscheinen ließ, zu hemmungsloser Verschwendung verführt worden. So verkehrte das Hofleben zuweilen die realen Chancen, die der Fürstendienst für den Adeligen bot, in ihr gerades Gegenteil. Problematisch war die Situation der kleinen Höfe, deren Repräsentationsaufwand häufig die Finanzkräfte der minderen Territorien bei weitem überstieg. Nebenlinien altfürstlicher Häuser und neugefürstete Dynastien sind auf diese Weise in die Situation geraten, daß die kaiserlichen Debitkommissionen (Kommissionen zur Regulierung der Schulden) Dauergäste waren.

Wie wichtig gleichwohl der Hof als Repräsentationsform war, zeigt sich darin, daß auch die geistlichen Fürstentümer ihr ausgeprägtes höfisches

Leben hatten. Der Fürstabt von Kempten, Rupert von Bodman (1678–1728), führte nach den gescheiterten asketischen Reformen seines Vorvorgängers Roman von Giel (1629–1673) den höfischen Stil selbst für sein Benediktinerkloster ein, mit einer kunstvollen Kombination monastischer und höfischer Formen.

Allenthalben war der Hof auch das Gehäuse des Regierens, in das man die Behördenorganisation einbettete. Eine ältere Forschungstradition, die allein auf die Rationalität des Bürokratisierungsprozesses blickte, hat die enge Verbundenheit des höfischen Gefüges mit der Verwaltungsorganisation übersehen, die zunehmend ins Bild tritt – manche Entwicklungen sind ohne diese Querverbindungen gar nicht verständlich. Man wird auch die Bürokratisierung nicht überschätzen, den Zentralisierungsprozeß nicht überbewerten dürfen. Der Oligarchisierungsprozeß, also die Tendenz, Ämter im Besitz der Familienverbände zu erhalten, hat der bürokratischen Rationalisierung immer wieder Grenzen gesetzt.

Die Verwaltungsentwicklung hatte gegen Ende des 16. Jahrhunderts einen gewissen Höhepunkt erreicht. Der fürstliche Rat hatte sich verfestigt; neben den Adel waren – häufig in paritätischer Besetzung – die gelehrten Juristen getreten. Auch die Hofgerichte hatten sich institutionalisiert. Zentrum des Regierens blieb die Kanzlei – daneben besaß der Fürst in der Regel ein persönliches Schreibbüro, die „Kammerkanzlei". Durch Ausdifferenzierung des Rates oder auch aus der Kammerkanzlei heraus erwuchs der Geheime Rat, der die wichtigsten, dem Fürsten vorbehaltenen Geschäfte zu bearbeiten hatte. Als Finanzbehörde etablierte sich die Rechen- oder Hofkammer, mit in der Regel bürgerlichen Beamten. Aber auch sie vermochten es zunächst nicht, mit dem komplizierten, oft schwach ausgebildeten System der territorialen Einnahmen fertig zu werden; die Buchhaltung war primitiv, die Geldtransaktionen gestalteten sich sehr kostenintensiv. In vielen Territorien existierte überdies eine parallele landständische Finanzverwaltung, hinzu kamen in den protestantischen Ländern die Kirchenbehörden, der Kirchen- oder Konsistorialrat für die geistlichen Angelegenheiten und oft eine eigene Behörde für die in staatliche Regie übergegangenen geistlichen Gefälle. Aber auch das katholische Bayern legte sich seit 1570 einen Geistlichen Rat zu, der die staatskirchlichen Interessen gegenüber den Bischöfen wahrte.

Die Rolle des Herrschers in diesem System ist vielfältig diskutiert worden. Sie läßt sich jedoch nicht unter Absehung von den einzelnen Persönlichkeiten interpretieren: Die Kurpfalz etwa besaß einen Ober- oder Geheimen Rat, aber ein Mann wie Kurfürst Friedrich IV. (1592–1610) wußte damit wenig anzufangen; nun darf dieser unglückselige Alkoholiker nicht den Maßstab abgeben – seinesgleichen gab es allerdings mehrere in den deutschen Fürstenstaaten. Andere wieder arbeiteten fleißig – wenn auch nicht immer effektiv – in der Kanzlei oder im Kammersekretariat oder wohnten den Ratssitzungen bei. Besonders intensive Formen des

Herrschens entwickelte der Herzog und Kurfürst Maximilian I. von Bayern, der Vorreiter absolutistischen Regierens in Deutschland.

Der Dreißigjährige Krieg spannte die territorialen Kräfte zwar aufs äußerste an – zu Innovationen in den Verwaltungen hat er jedoch nur höchst selten geführt. Er hat aber die Tendenz, daß die Fürsten oder ihre maßgeblichen Berater die Geschäfte energischer in die Hand nahmen, erheblich verstärkt. Der Behördenaufbau weist allerdings keine besonderen Unterschiede zur Zeit vor dem Krieg auf. Auch die Fürsten der Kriegsgeneration arbeiteten zum Teil mit großem Ernst an den Geschäften – besonders an den Fragen des Wiederaufbaus. Der Betefürst, vor allem protestantischer Prägung, existierte immer noch neben dem glanzvollen höfischen Absolutisten. Lediglich eine den temporären Bedürfnissen der Nachkriegszeit angepaßte Ressortdifferenzierung ließ sich beobachten. So errichtete Kurfürst Karl Ludwig von der Pfalz (1649–1680) einen eigenen „Regalienrat", als er daranging, in einem territorial höchst verwickelten Umfeld die übergreifenden Rechte der Pfalz wieder einzusammeln, was an die Schwelle von kriegerischen Auseinandersetzungen führte (Wildfangstreit 1664/67). Bayern schaffte dagegen nach dem Dreißigjährigen Krieg (1650) den 1583 nach Wiener Muster errichteten Hofkriegsrat wieder ab.

Die Zwänge des Krieges und noch mehr des Wiederaufbaus hatten zu einem stärkeren Hineinregieren der Zentrale in die lokalen Bereiche geführt. In vielen Territorien, etwa in Bayern oder der Pfalz, war überdies das Amt des Pflegers oder Obervogts oder Oberamtmanns zu einer bloßen Sinekure geworden, ihre Einkünfte bezog ein adeliger Höfling. Diese Entwicklung überließ die praktische Lokalverwaltung den bürgerlichen Beamten, die ihrerseits den Weg in den Adel suchten. Allerdings darf ein bleibender Einfluß der scheinbar nur formalen adeligen Amtsinhaber nicht bestritten werden; vom Hof aus übten sie oft eine wichtige Protektionspolitik zugunsten ihres Amtssprengels.

Erfindungsreicher war man freilich auf Grund der Notzeiten mit Abgaben geworden, wobei allerdings ein oft wenig glückliches Herumexperimentieren auffällt. Die älteren Verbrauchssteuern wurden angehoben; dazu wurden neue Abgaben erfunden, die oft groteske Formen annahmen. Außerdem wurden die Binnenzölle gesteigert – Konflikte mit Untertanen und Nachbarn waren die unausweichliche Folge. Doch die eskalierenden Finanzprobleme ließen sich damit nicht lösen. Nach französischem Muster versuchte sich der eine oder andere Landesherr mit der Verpachtung der Steuern, aber auch sie vermochte die maroden Finanzen in der Regel nicht zu sanieren. Die Reibungsverluste des Steuereinzugs waren beträchtlich, vor allem durch die Versuchung der Beamten, sich zu bereichern.

Dazu kam der Prozeß der „Militarisierung". Der Krieg hatte die außerordentliche Bedeutung der stehenden Heere klargemacht, die seither als ein wichtiges Attribut jedes bedeutenden Fürstenstaates galten. Nun konnte sich aber nur ein Territorium mit hinreichenden finanziellen Ressourcen ein solches Heer leisten, denn es bedeutete eine erhebliche Belastung. So hatten die Stände von ihrem Standpunkt aus mit ihrer Opposition gegen ein solch kostspieliges Instrument nicht unrecht, weniger wohl, weil sie es als Waffe gegen sich selbst fürchten mußten. Andererseits hatte sich die Verpflichtung von Kriegsunternehmern ebenfalls als Ballast für die Integrität eines Territoriums erwiesen, wie selbst der Kaiser an den relativ selbständigen Operationen Wallensteins hatte erfahren müssen. Kurzum, die Verfügung über eine eigene Armee war ein wichtiges Attribut fürstlicher Handlungsfähigkeit. Eine Armee bedurfte der Versorgung mit Geld und Naturalien, aber auch eigener Behörden. Klar war, daß sich nur die größeren Herren im Reich einen „miles perpetuus" leisten konnten – und ihre Zahl war in der zweiten Hälfte des 17. Jahrhunderts begrenzt. Der Aufbau stehender Heere, begünstigt durch den „Jüngsten Reichsabschied" von 1654, schied somit die deutschen Territorien in zwei Klassen.

Überdies hatte der Friedensschluß von 1648 viele Fürsten zu einer raschen Demobilisierung ihrer Armeen bewogen, etwa auch Bayern und Hessen-Kassel. Aber bald zeigte sich, daß die Soldaten ihre Bedeutung behielten. Das vom Westfälischen Frieden den deutschen Fürsten in aller Form bestätigte Recht auf ein stehendes Heer, das „Jus armorum", sollte infolgedessen von manchem Reichsstand ausgeübt werden, der es sich eigentlich gar nicht leisten konnte. Das Vorbild der streitbaren Landgräfin Amelie Elisabeth von Hessen-Kassel und ihre Bedeutung gegen Ende des Krieges wirkten nach. So hat mancher der Kleinen im Reich die seit 1648 verstärkte Internationalisierung der deutschen Politik für die Finanzierung einer solchen Armee ausgenutzt – der kriegerische Bischof von Münster, Christoph Bernhard von Galen (1650–1678), unterhielt zeitweilig seine Truppe mit Hilfe der protestantischen Generalstaaten. Eine weit größere Rolle spielten französische Subsidien. Schließlich kam ein bedeutsamer Anstoß von der im späten 17. Jahrhundert ausgebauten Reichskriegsverfassung.

Nicht ganz erforscht ist die Frage, inwieweit in den Territorien die Offiziersstellen käuflich waren – sie ist jedoch eher zu verneinen. Der Ausbau des Heerwesens in den Territorien des Reiches beendete keineswegs den Vorrang des Adels in den Offiziersstellen – diese bildeten vielmehr ebenso wie der Hof eine verstärkte Attraktion für die Edelleute.

Die Ausbildung der Soldaten wurde weiter verbessert, nachdem der Dreißigjährige Krieg die Weiterentwicklung der oranischen Heeresreformen gebracht hatte. Auch wenn die militärische Erfassung und der Drill der Untertanen, das „Landesdefensionswesen", trotz der eher negativen Erfahrungen des Dreißigjährigen Krieges vielfach fortbestanden, traten diese Milizverbände doch immer mehr hinter die Berufssoldaten, die Söldner, zurück. Diese erlebten eine erhebliche Professionalisierung – die taktischen Überlegungen wurden komplizierter, Infanterie, Kavallerie und Artillerie zu geschlossenen Formationen verbunden. Die Bewährung im entscheidenden Moment stellte also erhöhte Anforderungen nicht nur an Feldherren und Kommandeure, sondern auch an den einfachen Soldaten, der einer komplizierteren Ausbildung unterworfen werden mußte. Die derart geschulten Söldner wurden kostbar, waren aber andererseits in ihrer Loyalität zu ihrem Kriegsherrn nicht immer kalkulierbar. Sie mußten daher verstärkt unter Kontrolle gestellt und mit harten Strafen bedroht werden. Oft genug mußte man auf den Schlachtfeldern des Absolutismus erkennen, wie schnell in einer Niederlage die kostspieligen Investitionen zuschanden wurden. „Um dieses im Getümmel der Schlacht schwer aufrechtzuerhaltende Ineinandergreifen der Aktionen sicherzustellen, bedurfte es nicht nur geistesgegenwärtiger Kommandeure, sondern auch einer ausgebildeten hierarchischen Kontroll- und Befehlsstruktur und einer Disziplin, die die unverzügliche Ausführung der Kommandos gewährleistete. Das funktionierte in reibungsloser Form immer nur in den seltensten Fällen."[50] Dieses Prinzip bestimmte somit zutiefst die Operationen der Armeen. Es erforderte die mehrmalige Erkundung des Schlachtfeldes, der Aufmarsch dauerte eine lange Zeit. Es sollte sich – im Dreißigjährigen Krieg trat dies bereits deutlich hervor – herausstellen, daß die Feldherren des absolutistischen Fürstenstaates eine methodische Kriegführung bevorzugten und die Entscheidungsschlacht eher vermieden, da man sich nicht dem Risiko eines schlagartigen Armeeverlusts aussetzen konnte. Deshalb wurden die Feldzüge stark durch Märsche und Bewegungen der Truppenkörper entschieden (Manövrierkrieg) – den Gegner zum Rückzug zu zwingen, war ein vorrangiges Ziel.

Immerhin erkannte man, daß die Grundlage der Armeeversorgung die Magazine waren, und suchte sie zu verbessern, nachdem ihr Fehlen den Dreißigjährigen Krieg so sehr barbarisiert hatte. Aber das Magazinwesen engte die Mobilität der Heere ein, ebenso wie der Aufschwung des Fortifikationswesens, das durch die großen Festungsbauten Ludwigs XIV. von Frankreich ebenfalls revolutioniert wurde. Kunisch hat darauf hingewiesen, daß die französischen Festungsgürtel Vaubans erheblich dazu beigetragen haben, das ältere Denken in Grenzsäumen zu verdrängen und die Bedeutung scharf festgelegter Grenzlinien zu vertiefen. Die Festungsbaukunst Vaubans wurde nicht nur ein Problem für die Westgrenze des Reiches, sondern sie wirkte auch auf die Festungsbauten innerhalb desselben ein.

Die Heere der meisten deutschen Landesherren entsprachen jedoch kaum dem modernen Modell der Kriegsorganisation; sie waren oft zusammengewürfelte Haufen, nur durch die Subsidien erhalten, da die territoriale Größe häufig nicht ausreichte, ein Heer zu tragen. Immerhin haben deutsche Landesfürsten mit ihren Armeen Politik gemacht, der Große Kurfürst Friedrich Wilhelm von Brandenburg (1640–1688), der kriegerische Bischof von Münster, Christoph Bernhard von Galen (1650–1678), Kurfürst Max Emanuel von Bayern (1679–1725). Es zeigte sich allerdings, daß das Heerwesen und vor allem die mobilisierbaren Ressourcen deutscher Landesfürsten eben doch weit hinter den Errungenschaften französischer Kriegskunst zurückhingen – erst das 18. Jahrhundert sollte hier einen Wandel schaffen.

Zieht man Bilanz, so wird offenkundig, daß dem Absolutismus im Reich sehr deutliche Grenzen gesetzt waren. Dies lag einmal an der Kleinheit der Territorien; die absolutistische Attitüde manches Duodezfürsten wirkte bereits auf die Zeitgenossen lächerlich. Die Nähe kleinerer Fürsten und Grafen im Reich zu den Spitzen des landsässigen Adels – oft wurden sie von Aristokraten der österreichisch-böhmischen Erblande an Macht und Reichtum übertroffen – erwies sich als viel zu groß, als daß sich darauf eine Demonstration absolutistischer Überlegenheit gründen ließ. Dazu kamen als zweite Barriere die Spielregeln der altständischen Gesellschaft, die ein sich absolutistisch gebender Fürst nicht ohne weiteres beseitigen konnte. Sie fanden ihrerseits eine Stütze im sozialkonservativen System des Westfälischen Friedens – und dazu kam noch die Oberherrschaft des Kaisers, die auch nach 1648 aus der deutschen Reichsgeschichte nicht verschwand und fürstlicher Willkür Grenzen setzte.

Es ist bezeichnend, daß, wie Robert Bireley gezeigt hat, der „Antimachiavellismus" zur theoretischen Begründung des Landesfürstentums konfessioneller Prägung wurde. Nicht Staatsdenker wie Jean Bodin oder gar Thomas Hobbes, sondern Justus Lipsius wurde zum Propheten des absolutistisch werdenden deutschen Fürstenstaates. Samuel Pufendorf (1632–1654), der das westeuropäische Souveränitätsdenken aufgegriffen hatte, modifizierte es für das System des Reiches – Pufendorf, in kurpfälzischen, schwedischen und kurbrandenburgischen Diensten, wurde der Verkünder der deutschen Fürstenlibertät und des starken Fürstenstaates. Aber auch Pufendorf mußte seine Konzessionen an die Realität im Reich machen, in der, wie sich bald zeigen sollte, der Kaiser nach wie vor eine starke Rolle spielte.

Gegenüber dem ausgeprägten französischen Absolutismus war jener der deutschen Fürsten, trotz aller Nachahmungssucht, nur ein schwaches Abbild. Er behielt seinen konfessionellen Impuls – aber zugleich wandelte sich der Konfessionalisierungsprozeß. Der Westfälische Friede hatte die religiöse Situation vielfach bereinigt – er hatte manche Reibereien beseitigt und zugleich den Religionsbann der deutschen Fürsten festgeschrieben und begrenzt; der Prozeß der konfessionellen Durchdringung wurde durch die Verrechtlichung des Reichsverbandes abgeschlossen, Konflikte wurden auf den juristischen Weg verwiesen. Die Kräfte konnten sich auf das Innere der Territorien konzentrieren – hier aber zeigte sich eine Paradoxie. Entlassen aus der Angst, die das Gefühl einer ständigen konfessionellen Bedrohung vermittelte, erhielten die Kirchen, insbesondere die katholische, eine gewisse Unabhängigkeit zurück – sie konnten sich auch wieder partiell dem Zugriff der Landesherren entziehen. Erneut erwies sich die Komplexität der Epoche nach dem Dreißigjährigen Krieg. Ihre Bezeichnung als „Absolutismus" markiert einen wesentlichen Zug und dürfte auch unentbehrlich sein – sie sollte aber nicht den Blick auf die anderen, teilweise gegenläufigen Tendenzen des Zeitalters verstellen.

b) Die habsburgischen Erblande

Im Reichsverband nahm der Kaiser auch nach 1648 eine Sonderrolle ein. Seine Stellung im Reich war nicht nur durch die in der Verfassung behauptete Position, sondern auch durch die periphere Lage seiner Erblande bestimmt. Ihr Schwerpunkt hatte sich nach dem Erwerb des jagiellonischen Erbes 1526 endgültig donauabwärts verschoben. Immer häufiger hatten die Herrscher in Wien Residenz genommen; die Mittelpunktsverschiebung Rudolfs II. nach Prag blieb Episode, denn nach 1612 hatte Kaiser Matthias in einem allmählichen Prozeß Residenz, Regierung und Behörden wieder nach Wien zurückverlegt – trotz mancher Schwankungen hielten die Habsburger an der Donaustadt fest. Wien war der natürliche Mittelpunkt des habsburgischen Herrschaftskonglomerats, so wie es sich seit 1526 herausgebildet hatte. Daß Tirol und die Vorlande, welche traditionell die Erblande mit den Kerngebieten des Reiches verklammerten, von 1618 bis 1665 erneut unter einer eigenen Nebenlinie selbständig blieben, kennzeichnete die verstärkte Distanzierung Österreichs vom Reich. Die Innsbrucker Habsburger haben oftmals ihre eigene Politik betrieben, die mit der der Hauptlinie durchaus kollidieren konnte: Während die Innsbrucker Regierung etwa in Schwaben ihre Herrschaft gegenüber den kleineren Vasallen in einer komplexen Territorial- und Rechtslage zu intensivieren suchte, trat ihnen oft genug der Wiener Reichshofrat entgegen, der diese reichsunmittelbar gewordenen Gewalten schützte.

Für die sich entfaltende Habsburgermonarchie war eigentümlich, daß Ungarn mit seinem Nebenland Kroatien außerhalb des Reichsverbandes lag, während die um die St. Wenzelskrone gruppierten Länder Böhmen, Mähren und Schlesien – die Lausitzen waren ja zu Beginn des Dreißigjährigen Krieges an Sachsen verlorengegangen – dazugehörten. Die böhmischen Länder ähnelten in ihren verfassungsrechtlichen Strukturen stark den donau- und innerösterreichischen Territorien, während Ungarn eine Sonderrolle spielte. Gewiß gab es große Gemeinsamkeiten zwischen den ostmitteleuropäischen Königreichen Böhmen, Ungarn und Polen – aber die Ähnlichkeiten der böhmischen zu den österreichischen Ländern überwogen doch die zu den anderen Nachbarn.

Der Sieg des Kaisers über die protestantisch eingefärbte Ständeopposition hatte in den habsburgischen Landen den Prozeß territorialer und konfessioneller Durchdringung mächtig beschleunigt, der bislang im Vergleich zu den innerdeutschen Territorien verzögert worden war. Der protestantische Adel mußte in großer Zahl außer Landes gehen – wobei die

Ausnahmeregelungen für Schlesien mehr oder minder effektiv waren. Die Sonderrechte der österreichischen und böhmischen Stände wurden reduziert, das Wahlkönigtum in Böhmen abgeschafft; die „Verneuerte Landesordnung" von 1627 in Böhmen, 1628 in Mähren schrieb diese Resultate des kaiserlichen Sieges fest. Sie wurden wiederholt als eine „Magna charta" des Absolutismus herausgestellt. Viele der prokaiserlichen katholischen Adeligen, wie der Fürst Karl von Liechtenstein, die den Habsburgern zum Erfolg verholfen hatten, blieben so sehr böhmische und mährische Herren, daß sie die Zurückdrängung der adeligen Rechte mißbilligten. Das Verdikt der tschechischen nationalen Geschichtsschreibung über diese Vorgänge blieb bis zur Gegenwart sehr stark, aber man wird auch hier die Radikalität der Entwicklung nicht überschätzen dürfen.

Sie hatte den Konfessionalisierungsprozeß gefördert, den evangelischen Adel aus seinen Führungspositionen gestoßen, die Intervention der Stände in Außen- und Kriegspolitik des habsburgischen Herrschers beseitigt. Es war zu einer Konfessionalisierung des Wiener Hofs gekommen, die Kaiser Ferdinand II., gestützt auf seine ursprüngliche Grazer Umgebung, entschieden durchgesetzt hatte. Nun wurde es unumgänglich, katholisch zu sein, um in der Umgebung des Kaisers eine Rolle zu spielen – starkes Motiv vieler Konversionen. Die Rekatholisierung verband sich mit der Neuverteilung der konfiszierten Güter der Adelsopposition und einer erheblichen Besitzakkumulation. Jene Wallensteins löste sich zwar wieder auf, aber die großen böhmisch-mährischen Familien aus dem Herrenstand konnten ihre Stellung ausbauen, gestützt auf ausgedehnte Güter und Herrschaften über Land und Leute, die sich mit kleineren Fürstentümern im Reich durchaus vergleichen konnten. Häuser aus den österreichischen Erblanden und aus dem Reich rückten nun ebenfalls in böhmisch-mährische Positionen ein, dazu einige erfolgreiche Kriegsleute aus dem Dreißigjährigen Krieg. Deutlich war allerdings, daß die neue Adelsgesellschaft von der älteren nicht zu sehr abwich; die alte Hocharistokratie gab weiter den Ton an; man spielte weiterhin die beherrschende Rolle in den Ständen; die Herrschaft über Land und Leute blieb unangefochten, ja verstärkte sich noch. Auch die neuen Aufsteiger aus dem Kriegsunternehmertum schlossen sich den alten Familien an – Häuser wie die Aldringen, Collalto, Colloredo, Gallas wuchsen in den neuen katholisch geprägten Hofadel hinein.

So entstand eine österreichisch-böhmisch-mährische Hocharistokratie – regional gesehen ein Kompromiß zwischen dem Herrenstand der österreichischen und jenem der böhmischen Länder, in dem jener die erste, dieser die zweite Geige spielte. Die großen Familien der Monarchie bildeten einen Familienverband, vielfach untereinander verschwägert – sie wurden zu den Trägern des erneuerten Wiener Hofes, der gegen Ende des 17. Jahrhunderts seinen glanzvollen Höhepunkt erreichte. Aus dieser Schicht rekrutierte der Kaiser die Mehrzahl seiner führenden Diener, die

Inhaber der Hofämter. Um den Preis der Katholizität behauptete der hohe Adel seine Position bei Hofe – die Krise zwischen Hof und Land, die 1619/20 so dramatische Formen angenommen hatte, war beigelegt durch eine verstärkte Anbindung der böhmischen Länder an das neue höfische Gefüge in Wien.

Dabei war der Wiener Hofadel keineswegs zu einer bloßen Höflingsschicht degeneriert. Wien nahm zwar nun verstärkt einen Residenzcharakter an, vor allem nach der Türkenabwehr von 1683, als die Bedrohung aus dem Osten endgültig gewichen zu sein schien. Aber Reisenden fiel auf, wie die Paläste des Adels zunehmend die engräumige und düstere Hofburg in ihren Schatten stellten. Hier drückte sich die starke Stellung einer reichen und mächtigen Aristokratie aus, die über den Rückhalt ihrer großen und ertragreichen Güter verfügte – Güter, die es ihr durchaus erlaubten, sich im Falle einer kaiserlichen Ungnade zurückzuziehen, ohne daß die Existenz bedroht war. Die Geschichte von Häusern wie Liechtenstein, Schwarzenberg, Auersperg oder Lobkowicz erweist, daß man immer wieder zwischen Hofnähe und Hofferne schwankte. Eine solche Konfiguration mußte natürlich den Spielraum des habsburgischen Kaisers ganz erheblich einschränken.

Auch die erbländischen Stände verloren ihre Position keineswegs; sie waren zwar so weit zurückgedrängt, daß nun die Exkursionen in die Reichs- und Außenpolitik aufhörten. Aber die Stände behielten doch ihre beherrschende Rolle in den einzelnen Ländern. Die Habsburger vermochten es nicht, in diese regionalen Bereiche verstärkt hineinzuregieren; die ständische Finanzverwaltung blieb notwendigerweise erhalten, aber sie wurde nun weniger eingesetzt zur Durchsetzung ständischer Wünsche gegen die Interessen des Kaisers, sondern der Adel zog es vor, mit diesem einen Kompromiß zu suchen. Der Herren- und Ritterstand des einzelnen Landes behauptete jeweils seine regionale Vorherrschaft – um die Landhäuser in Brünn, Wien, Linz, Graz, Klagenfurt, Laibach oder Innsbruck gruppierten sich die Palais des Landadels. Die stolzeste Stellung nahm immer noch der böhmische Landtag ein, dessen Kredit auch der höchste war. Das ständische Wesen behielt für die einzelnen Erblande seine Bedeutung – die enge Verknüpfung des kaiserlichen mit dem ständischen Kredit bedeutete einen wichtigen Schutz, wie die Verbindung mit dem Landesbewußtsein der Kronländer und die Vertretung der Landesinteressen – ebenso wie die Unfähigkeit des Wiener Hofes, ein so vielfältiges Reich straff zentral zu regieren.

So bewahrte man über alle dramatischen Umbrüche hinweg auch eine breite Kontinuität – selbst die einst evangelischen Landesschulen wurden nun unter jesuitisch-katholischen Vorzeichen fortgeführt. Hier aber zeigt sich der entscheidende Punkt der Veränderungen, die, vom Wiener Hof ausgehend, die gesamten Lande erfaßten. Der Protestantismus wurde – mit der Ausnahme Schlesiens, für das es Sonderregelungen gab – beseitigt, zum

Teil in die Illegalität abgedrängt. Zwar waren viele Adelige bereit, um ihres Glaubens willen außer Landes zu gehen, aber noch mehr hatten der Behauptung ihres Besitzes den Glauben geopfert. Der in abgelegenen Gebieten immer noch fortbestehende heimliche Protestantismus war vornehmlich eine Sache der Bauern.

Die katholische Religion wurde zur wichtigsten Klammer für den erneuerten Hof und für die ganze Monarchie. Dahinter standen vornehmlich die geistlichen Orden, zunächst vor allem die Jesuiten und die Kapuziner, bald aber auch die reformierten Prälatenorden. Die österreichischen Klöster hatten schon vor dem Dreißigjährigen Krieg ihren Wiederaufstieg begonnen und sich ihre wichtige Stellung im geistigen und religiösen Leben des Landes zurückerobert. Die typischen Formen der „Pietas Austriaca" spiegelten die internationalen Verflechtungen der Dynastie; spanische und italienische Einflüsse kamen zur Wirkung. Die erneuerte barocke Frömmigkeit prägte das ganze Land, aber der Hof stellte sich an ihre Spitze. Er war dem Land Vorbild und wies ihm die konfessionelle Richtung. Dynastisches und religiöses Denken verknüpften sich zu einer Einheit; die heilige Maria wurde als Landespatronin verehrt; in den Denkmälern der göttlichen Dreifaltigkeit wurde die Parallele zur Dreiheit der Länder Österreich-Böhmen-Ungarn angedeutet. In Böhmen förderte man den Kult des Hl. Johann von Nepumuk gegen die zurückgedrängte Gestalt des anderen böhmischen Johannes, des ketzerischen Magisters Hus. In Prag waren die Prälaten als Stütze des Herrschers und des alten Glaubens in den Landtag zurückgekehrt, den sie einst unter dem Druck der Hussiten hatten verlassen müssen. Neben der Katholizität bedeutete auch, nicht zuletzt dank der langen Regierungszeit Leopolds I., die von den Habsburgern immer wieder gewonnene Kaiserwürde ein wichtiges Symbol der Einheit der werdenden Monarchie.

Deren Verwaltung war eingebaut in das Gefüge des Hofes – auch sie beruhte auf jenen Fundamenten, die im 16. Jahrhundert gelegt worden waren: dem Geheimen Rat, dem Reichshofrat, der österreichischen Hofkanzlei, die neben der Reichshofkanzlei stand, der Hofkammer sowie dem Hofkriegsrat. Für die ungarischen und böhmischen Länder blieben eigene Hofkanzleien zuständig.

Dieses Behördengefüge konnte durch die Umwälzungen nach 1620 nicht unerschüttert bleiben. Der noch locker gefügte Geheime Rat, mit dem Obersthofmeister an der Spitze, wurde so ausgeweitet, daß er nicht mehr funktionsfähig war. 1669 formierte daraufhin Kaiser Leopold I. die Geheime Konferenz, die die auswärtigen Angelegenheiten behandelte – ihre Zusammensetzung bedeutete zugleich die Rückbindung der Regierung an den Hof. Kaiser Leopold hatte mit Fürst Johann Weikard Auersperg (1615–1677) und Fürst Wenzel Eusebius Lobkowicz (1609–1677) überdies nacheinander zwei Favoriten, die de facto leitende Minister waren, bis er nach dem Sturz von Lobkowicz seit 1674 selbst die Regierungsgeschäfte in die Hand nahm. Josef I. hat die Geheime Konferenz wieder aufgehoben – aber seine Pläne, mit einzelnen Konferenzen wechselnder Zusammensetzung zu regieren, bewährten sich nicht, so daß er wieder zur vorherigen Lösung zurückkehrte.

Nach seiner Rückkehr nach Wien wurde der Reichshofrat als Ausdruck der zunehmenden Selbständigkeit der österreichischen Lande mehr und mehr auf die Reichsangelegenheiten beschränkt. Das führte dazu, daß der österreichischen Hofkanzlei die Zuständigkeit über die erbländischen Sachen übertragen wurde, nachdem sie 1620 von der Reichshofkanzlei gelöst worden war. Dort waren dem Kaiser die Mitspracherechte des Mainzer Kurerzkanzlers zu lästig geworden. Sie führten zu wiederholten Spannungen, aber insgesamt gewann die österreichische Hofkanzlei ein immer stärkeres Gewicht, in dem sich die wachsende Eigenständigkeit der österreichischen Länder spiegelte. Sie wurde zur eigentlichen übergreifenden Regierungsbehörde der Erblande. Die Hofkammer verkörperte auch in Österreich die wiederholten Versuche, mit einer prekären Finanzkrise fertig zu werden. Dazu hatte Kaiser Ferdinand II. den Abt von Kremsmünster und späteren Bischof von Wien, Anton Wolfradt, an ihre Spitze berufen (1623). Die Finanzen Österreichs blieben ein Problem – der Hofkammerpräsident Graf Georg Sinzendorf mußte 1680 wegen beträchtlicher Unterschlagungen den Dienst quittieren, was aber seinen Sohn Philipp Ludwig nicht am Aufstieg zum österreichischen Hofkanzler hinderte.

Der 1556 gegründete Hofkriegsrat blieb weiterhin zuständig für Finanzierung, Rüstung und Verpflegung der kaiserlichen Armee. An seine Spitze rückten mit Graf Raimund Montecuccolli (1602–1680) und Prinz Eugen von Savoyen (1662–1736) zwei bedeutende Feldherrenfiguren, die die Armee und ihr Nachschubwesen enger zusammenführten. Der Hofkriegsrat wurde angesichts der Türkenbedrohung zu einer echten Zentralbehörde der Monarchie, zuständig für Militärverwaltung und Versorgungswesen, aber auch für die gesamten diplomatischen Beziehungen zum Osmanischen Reich, zugleich ein Instrument gegen allzu weit gespannte ständische Ansprüche. Als 1650 aus nicht aufgelösten Regimentern des Dreißigjährigen Krieges der Kern einer neuen kaiserlichen Armee wurde, stärkte dies auch die Kompetenzen des Hofkriegsrats. Damals bildete sich auch ein Generalkriegskommissariat, das das Militärbudget aufstellte und die Finanzen der Truppen kontrollierte – es war sowohl dem Hofkriegsrat wie der Hofkammer unterstellt.

Ebenfalls ein Schritt zur Einheit der Monarchie war die Einführung eines einheitlichen Postwesens durch Kaiser Ferdinand II. (1624): Das Oberste Hof- und Generalerblandpostmeisteramt wurde an Johann Christoph von Paar übertragen. Schon 1666 wurde unter dem Einfluß des Merkantilisten Johann Joachim Becher das Kommerzkollegium begründet, das die Manufakturentwicklung in Österreich forcieren sollte.

In den Ländern verharrte man ebenfalls vielfach auf dem Status des 16. Jahrhunderts. Zwar hatte das stärkere Heranrücken Böhmens an die Zentrale – im Sinne einer strafferen Regierung – zur Verlegung der böhmischen Hofkanzlei nach Wien geführt, wo sie auch gemeinschaftliche Angelegenheiten übernahm. Ihre führenden Männer wurden jedoch nach wie vor aus dem böhmisch-mährischen Adel rekrutiert. Am Ende des 17. Jahrhunderts konnten die Obersten Kanzler Graf Franz Ulrich Kinsky und dann Graf Johann Wenzel Wratislaw besonderen Einfluß gewinnen. Die ursprünglich ständische Kreisverwaltung in Böhmen wurde nach der Schlacht am Weißen Berg unter königliche Kontrolle gestellt, die man 1642 auch auf Mähren ausdehnte. Die Verlegung der Hofkanzlei nach Wien bedeutete insofern einen Gewinn für die böhmischen Stände, als durch die Abwesenheit des Obersten Kanzlers ihr Haupt, der Oberstburggraf von Prag, eine verstärkte Rolle übernahm.

Es erstaunt nicht, daß die Regierung die Maßnahmen zur Gegenreformation zu (begrenzten) Eingriffen in die lokale Verwaltung nützte – hier zeigten sich Ansätze zu einem Kommissariatswesen. Diese Ansätze erschöpften sich zunächst nach dem Sieg der Katholisierung. Unter diesen Voraussetzungen, als die Existenz des Katholizismus nicht mehr in Frage stand, betonte Kaiser Ferdinand III., weit stärker als sein Vater, die staatskirchlichen Rechte: 1641 führte er das herrscherliche Placet für die Veröffentlichung päpstlicher Bullen ein, zugleich suchte er die Einwirkung auswärtiger Bischöfe und Ordensoberer zurückzudrängen und gleichzeitig die Kompetenzen der landesherrlichen Gerichte im geistlichen Bereich auszubauen.

Insgesamt zeigte sich gerade in Österreich hinter der absolutistischen Fassade, die die Habsburger mit soviel Anstrengung errichtet hatten, noch ein traditionelles ständisches Gefüge in den einzelnen Ländern, verkörpert in den fortbestehenden ständischen Finanzverwaltungen und in der Betrauung des regionalen Adels mit den einheimischen Verwaltungspositionen, die oft rechtlich festgelegt war (Indigenat). Damit verbunden war die andauernde Bedeutung der Landeshauptstädte. Daß die österreichischen Stände ebenfalls Tendenzen zu einem Ausschußwesen, den „Verordneten", sowie zur Oligarchisierung zeigten, muß nicht unbedingt als Schwäche ausgelegt werden. Die Stände behaupteten einen eigenen Behördenapparat, der angesichts der Defizite der herrschaftlichen Verwaltung und angesichts der Stärke der adeligen Gutsherrschaft vor allem im Osten der Monarchie eine relative Bedeutung gewann.

Man wird nämlich neben der ständischen Organisation die Eigenständigkeit der Adelsherrschaften nicht unterschätzen dürfen, die sich im österreichisch-böhmischen Kern der Monarchie ausgebildet hatte. Die führenden Familien wurden nach und nach mit dem Fürstentitel ausgezeichnet; wie die Liechtenstein, Schwarzenberg, Auersperg hatten sie ihre eigenen Hofhaltungen und ihren eigenen Behördenapparat unter dem

Dach der Monarchie. So standen sie immer noch dem Range des Herrschers recht nahe, was unterstrichen wurde durch ihre häufige Verschwägerung mit dem katholischen Hochadel des Reiches – wichtiger war jedoch die Zugehörigkeit zum großen Familienverband der Habsburgermonarchie.

Insgesamt bedeutete auch die erneuerte Monarchie nach 1620 ein komplexes Gefüge, aus dem der Einfluß von Hocharistokraten und Ständen nicht verdrängt war; der familiär verknüpfte Verband der großen Adelshäuser blieb so neben der Dynastie eine wichtige Klammer für den Zusammenhalt der Monarchie. Ihre Machtkonzentration auf lokaler Ebene war so stark, daß es dazu auch keine ernstliche Alternative gab – so bedeuteten die Entscheidungen nach 1620 viel mehr einen Herrschaftskompromiß als eine bloße Unterwerfung des Adels, der dafür freilich den Preis der Katholisierung bezahlen mußte. Dieser Herrschaftskompromiß, nicht ein straffer Absolutismus war die Voraussetzung für die Großmachtpolitik des Hauses Österreich. Freilich sollte es sich auch erweisen, daß auf dieser sozialen Grundlage Modernisierungen sehr schwer durchzusetzen waren.

Das Königreich Ungarn in diese Konstellation einzubeziehen war ein dauerndes Bestreben der habsburgischen Herrscher. Die ungarischen Stände hatten sich an der Opposition gegen Rudolf II. beteiligt und dafür 1606 im Wiener Frieden weitgehende Rechte erhalten. Der Dreißigjährige Krieg hinderte die Habsburger, ihre Machtansprüche gegen die Ungarn durchzusetzen. Vielmehr mußten sie 1645 im Linzer Frieden erneut ihre Rechte und Traditionen garantieren, einschließlich der religiösen Freiheit der Protestanten. Die ungarische Gesellschaft war durch eine starke Position des Adels und eine erhebliche Schwäche der Städte gekennzeichnet; aus der ungarischen Adelsopposition gegen die Wahl des Habsburgers Ferdinand I. 1526 war 1542/44 das selbständige Fürstentum Siebenbürgen hervorgegangen – für die ungarischen Magnaten und Adeligen Ausdruck einer Adelsutopie, ein Wahlfürstentum, dessen Haupt aus der Mitte der Magnaten gewählt wurde und das so primus inter pares blieb, ein Land mit ausgeprägten ständischen und religiösen Freiheiten, gleichsam ein beständiges Vorbild für die Opposition gegen die habsburgischen Ansprüche. 1606 war Siebenbürgen im Wiener Frieden durch mehrere Komitate (Grafschaften) um Szátmar und die alte Königsstadt Großwardein vergrößert worden. Neben den Katholiken waren Lutheraner, Reformierte und Unitarier (Antitrinitarier) als offizielle Religionen anerkannt worden, nicht allerdings die Orthodoxie der rumänischen Majorität, die auch als Nation hinter den privilegierten Ungarn, den Széklern (ungarischen Wehrbauern im Karpatenbogen) und den deutschsprachigen Sachsen zurücktreten mußte.

Das Fürstentum Siebenbürgen hatte seine relativ autonome Position durch einen starken Rückhalt bei den Türken behaupten können. Auch war ein Großteil Ungarns türkisch geblieben; die ständige Bedrohung der Grenzen durch den osmanischen Gegner zwang das habsburgische Königtum in Ungarn immer wieder zur Vorsicht und zu Kompromissen – ein Konflikt in Ungarn konnte sich zu einer erheblichen Bedrohung ausweiten. Damit aber bildete das Königreich Ungarn einen kritischen Punkt in dem neu konsolidierten habsburgischen Herrschaftsgefüge. Der ungarische Adel fehlte auch weitgehend in der Konfiguration des Wiener Hofes, so daß dessen Integrationskraft sich in den Ländern der Stephanskrone wenig auswirkte. In den Augen der Habsburger konnte andererseits die religiöse und ständische Freiheit der Ungarn zu einem gefährlichen Anreiz für den domestizierten Adel der österreichischen und böhmischen Erbländer werden. So standen sich die Ansprüche der Dynastie und die ständische Freiheit der Ungarn gegenüber und drohten sich in der zweiten Hälfte des 17. Jahrhunderts immer wieder mit den Fragen der Türkenabwehr zu verbinden.

Der Westfälische Friede hatte den Habsburgern freie Hand zur Territorialisierung und Konfessionalisierung in den Erblanden gegeben – aber ihre kaiserliche Stellung im Reich beschnitten. Nun bedeutete das nichts anderes, als die alte Priorität kaiserlicher Politik fortzuschreiben, die immer die Erblande bevorzugt hatte – diese hatten im Zweifelsfall als Basis österreichischer Machtstellung den Vorrang; ohne die Kontrolle der Erblande war eine aktive Reichspolitik nicht denkbar. Allerdings erwies sich die habsburgische Kaiserstellung nicht nur als eine wichtige Voraussetzung für die Einheit der Erblande, sondern auch als ein bedeutender Rückhalt für die auswärtige Politik des Hauses Österreich. Beide, erbländische und Reichspolitik, waren somit aufs engste verbunden und bedingten einander weiterhin wechselseitig. Dies zeigte sich gerade bei der reduzierten Position des Kaisertums nach dem Westfälischen Frieden; der Rückhalt am Reich blieb für sein Oberhaupt bedeutsam, denn sehr schnell gerieten Österreich und der Reichsverband in eine prekäre Situation zwischen den wiederaufflammenden Konflikten mit den Türken und dem zunehmenden Druck der Franzosen auf die westlichen Reichsgrenzen. Die Priorität der Türkenfrage für Wien ergab sich – zumal nach dem Verlust des Elsaß – daraus, daß die Türken die Erblande unmittelbar bedrohten. Die Folge war, daß im Osten Österreich mit Hilfe des Reiches für seine erbländischen Ziele kämpfen konnte, während es im Westen die Grenzen des Reiches verteidigte – hier waren die eigenen Interessen relativ, denn eine Restitution des Elsaß, dessen Verlust entscheidende Voraussetzung der neuerlichen Bedrohung der Rheinlinie gewesen war, kam niemals ernstlich in Betracht. Österreich konnte sich allerdings seiner Verteidigungspflicht im Westen nicht entledigen, wenn es nicht die Fundamente seines Kaisertums gefährden wollte. Darin erwies sich erneut der enge Zusammenhang zwischen den reichspolitischen und den erbländischen Problemen.

Unter Ferdinand III. war Österreich mit der inneren Konsolidierung, mit dem Abschluß des Katholisierungsprozesses beschäftigt. Ferdinand III., der bald nach dem Friedensschluß zu kränkeln begonnen hatte, blieben zehn Jahre, diese Aufgabe zu Ende zu führen. Er starb schon 1657; nachdem ihm der erstgeborene Sohn Ferdinand IV., 1653 ohne Probleme zum römischen König gewählt, im Tode vorausgegangen war, folgte ihm in den Erblanden der jüngere Sohn Erzherzog Leopold.

Leopold I. (1658–1705) war ursprünglich für den geistlichen Stand, für den Bischofsstuhl von Passau, bestimmt gewesen. Dies bedeutete eine vorzügliche Bildung – der Herrscher sprach Italienisch und Spanisch und nahm dadurch mediterrane Kultureinflüsse in sich auf, die bereits unter den Vorgängern auf den Wiener Hof gewirkt hatten. Leopold hatte auch die musikalische Begabung seiner Vorfahren und war selbst nicht nur ein Liebhaber der Oper, der deutschen und vor allem der italienischen, sondern auch ein respektabler Komponist. Der Kaiser förderte über seinen gelehrten Bibliothekar Lambeck seine Hofbibliothek und gab wichtige künstlerische Impulse. Beherrscht war er durch seine Erziehung von jener ausgeprägten gegenreformatorischen Frömmigkeit, die den ganzen Hof kennzeichnete. Der häßliche, unscheinbare und schüchterne Mann hatte ein zögerliches Temperament, das ihn auf die Wechselfälle der Politik scheinbar gleichmütig reagieren ließ. Sein Charakter paßte jedoch recht gut zum komplizierten Herrschaftssystem Österreichs, für den Reichsverband mit seinen umständlichen traditionellen Regeln und für die taktischen Züge der europäischen Politik. Der weithin unterschätzte Kaiser hinterließ dem staunenden Europa ein beachtliches Werk. Leopold I. war nicht nur der Architekt des Aufstiegs Österreichs zur „Weltmacht des Barock" (O. Redlich). Er war auch der „Kaiser des Westfälischen Friedens" (A. Schindling), gerade weil er sich auf dessen Boden stellte, damit seine eigentlichen Intentionen zunichte machte und daraus eine erneuerte Stellung des Kaisers im Reich zimmerte. Wie schwierig die Situation war, manifestierte sich, als die beiden Günstlinge Leopolds, mit denen er anfangs regierte, die Fürsten Auersperg und Lobkowicz, über das Problem stolperten, zwischen der West- und der Ostpolitik Habsburgs die richtige Balance zu finden, denn beide hatten, durch den Ausgleich mit Frankreich, sich die Hände im Osten und für die heraufziehende Spanische Erbfolgefrage freizuhalten versucht. Als Leopold I. 1674 selbst die Regierungsgeschäfte ergriff, hat der scheinbar so vorsichtige Mann das kühne Wagnis unternommen, beide Probleme gegeneinander auszutarieren.

Dies war eine klare Option für eine erneuerte Stellung des Kaisers im Reich, obgleich die eigentliche Gefahr der werdenden Monarchie aus dem Osten drohte. In Wien hatte man den engen Zusammenhang zwischen ungarischer Autonomie und türkischer Gefahr durchaus begriffen – die scheinbar nächstliegende Lösung, einen Ausgleich mit den ungarischen Ständen zu suchen, war dem konfessionell-absolutistischen Denken des Wiener Hofs jedoch nicht möglich. Ungarn, einschließlich des ihm seit

1091 inkorporierten Königreichs Kroatien, war traditionell ein Vielvölkerstaat: Neben Magyaren und Kroaten gab es Deutsche, Ruthenen (Ukrainer), Serben, Slowaken und Rumänen. Auch die ungarischen Magnaten, mit ihren großen Besitzungen auf dem Land, bildeten untereinander einen Familienverband. Zwar gab es eine Reihe von Häusern, wie die Esterházy, die einen starken Aufstieg genommen hatten, wie die Csáky, Batthyany und Pálffy, die Parteigänger des Hauses Österreich waren. Andere Familien pochten auf ihre ständische und konfessionelle Autonomie. Mit ihren Privatarmeen hatten die Magnaten in der Abwehr der Türken keine geringe Rolle gespielt: Miklos Zrinyi (1620–1664) hatte von seinen kroatischen Gütern aus einen erbitterten Kampf gegen die Osmanen geführt. Die Magnaten kontrollierten als Obergespane die Komitate, die „Grafschaften", in die das Land unterteilt war. Auch sie waren jedoch konfessionell gespalten – einzelne waren dem gegenreformatorischen Katholizismus eng verbunden und oft unbarmherzige Verfolger der Protestanten; sie wirkten am Wiener Hof als Scharfmacher. Nikolaus Esterházy, seit 1625 Palatin (Oberhaupt der Stände) von Ungarn, engagierte sich als Förderer der Jesuiten und überließ diesen 1635 die Universität Tyrnau, deren Gründung er betrieben hatte. Allerdings wurden die wichtigeren kirchlichen Positionen überwiegend von eifrigen Katholiken niederer Herkunft bestimmt – auch hier erwies sich die Gegenreformation als Instrument des Aufstiegs. Ihre Hauptexponenten waren zunächst der Jesuit Peter Pázmány (1570–1637), seit 1616 Erzbischof von Gran, dem die ungarische Sprache wichtige Impulse verdankt, und der kroatische Landadelige Kardinal Leopold Kollonitz (1631–1707), seit 1695 ebenfalls Erzbischof von Gran, der sich der kaiserlichen Verwaltung in Ungarn zur Verfügung stellte.

In dieser Situation gab es auch einen Aufschwung für die katholischen Orden. Die Jesuiten waren die Hauptverfechter der Gegenreformation; hinzu aber kamen noch andere alte Orden, vor allem die Benediktiner des Klosters St. Martinsberg (Pannonhálma). Die Förderung von Heiligen und Wallfahrten zeigte deutlich das Vorbild der österreichischen Gegenreformation – die habsburgische Politik in Ungarn hatte dadurch eine stark antiprotestantische Tendenz. Diese aber stieß auf die Kräfte des Luthertums, vor allem im deutschen Bürgertum der Städte, mehr noch auf das reformierte Bekenntnis bei weiten Teilen des ungarischen Adels. Den Untergang des erbländischen österreichisch-böhmischen Protestantismus vor Augen, war der opponierende ungarische Adel entschlossen, religiöse und ständische Freiheiten gegen den konfessionellen Absolutismus der Habsburger zu verteidigen. Hier, nicht im Reich, lagen die schwersten Probleme für das Haus Österreich.

c) Der Aufstieg Brandenburg-Preußens

Der Weg Brandenburg-Preußens vom zweiten Kurfürstentum Nordostdeutschlands, vom Juniorpartner Kursachsens zur zweiten deutschen Großmacht begann im 17. Jahrhundert – er war jedoch nicht zwangsläufig. Ähnlich wie beim Hause Österreich, doch zeitverschoben, hatte am Anfang eine dynastische Heiratspolitik gestanden, jenes Spiel mit dem Zufall von Geburt und Tod, das die große Lotterie der Dynastien der frühen Neuzeit war. Aber die Entwicklung war nicht denkbar ohne die geographischen Rahmenbedingungen, Machtkonstellationen – und nicht ohne die Persönlichkeiten der Fürsten. „Männer machen Geschichte", hat der Prophet kleindeutschen Nationalbewußtseins, Heinrich von Treitschke, in einem oft verstümmelt zitierten Satz gesagt. Er bezog sich auf Brandenburg-Preußen, während er sonst von dem überwältigenden Druck geographischer Bedingungen sprach.

Am Anfang des Aufstiegs der brandenburgischen Hohenzollern stand ein typischer deutscher Renaissancefürst des späten 16. Jahrhunderts, der nicht einmal in der Mark regierte: Der entschiedene Lutheraner Georg Friedrich von Brandenburg-Ansbach-Kulmbach (1556–1603) vereinigte beide fränkische Markgraftümer in seiner Hand. Daß ihm keine Kinder beschieden waren, wies ihn auf eine gesamtdynastische Politik. Die kurfürstlichen Hohenzollern folgten bereitwillig seinen Spuren. Seit dem 15. Jahrhundert hatte es eine Diskrepanz zwischen der Mark Brandenburg als Wurzel der Kurwürde und den viel stärker im Reich verwurzelten fränkischen Besitzungen gegeben. Auf Betreiben Georg Friedrichs wurde 1599 in der Geraischen Hausunion, bekräftigt durch den Ansbacher Vertrag von 1603, festgelegt, daß die Mark Brandenburg künftig ungeteilt bleiben, die Markgraftümer Ansbach und Kulmbach (Bayreuth) nach Georg Friedrich eine oder mehrere Sekundogenituren bilden sollten.

Wichtiger aber war eine dynastisch konzipierte Heiratspolitik. Albrecht Friedrich (1553–1618), der „blödsinnige" Sohn jenes Albrecht, der 1525 als letzter Hochmeister das Ordensland (Ost-)Preußen unter Duldung des polnischen Königs zu einem weltlichen Herzogtum unter Beibehaltung der polnischen Lehensbindung gemacht hatte, wurde trotz seines Zustandes 1573 mit Maria Eleonore (1550–1608), der ältesten Tochter Wilhelms IV. des Reichen von Jülich-Kleve-Berg (1539–1592), verheiratet. Da deren Bruder Johann Wilhelm gleichfalls nicht voll regierungsfähig war und auch nicht mit Erben rechnen konnte, hatte sich frühzeitig um das Erbe ein reiches Spekulationsfeld aufgetan. Aus der Ehe Albrecht Friedrichs waren jedoch nur Töchter hervorgegangen, so daß der doppelte Anspruch Kurbrandenburgs auf Preußen und auf die niederrheinischen Herzogtümer virulent wurde. Drei der fünf preußischen Prinzessinnen waren mit Zollern verheiratet, die ältere mit dem Kurerben Johann Sigismund, die zweite mit dessen jungem Onkel Christian, dem Markgrafen von Kulmbach, der verwitwete Kurfürst Joachim Friedrich (1598–1608) heiratete dann noch die vierte Tochter.

Eine erfolgreiche dynastische Kombination war angebahnt. Aber würde der bislang unbedeutendste Kurfürst des Reiches die sich abzeichnenden Herausforderungen annehmen? In Preußen gedachte Polen mitzusprechen. Mit Mühe sicherte sich Kurfürst Joachim Friedrich die Vormundschaft in Preußen, als 1603 der energische Wegbereiter des hohenzollerischen Ausgreifens, Markgraf Georg Friedrich, starb. Noch prekärer war die Lage am Niederrhein, da sich im Lauf der letzten Jahrzehnte ganz unterschiedliche Ansprüche angesammelt hatten und die niederrheinischen Lande in einer europäischen Krisenzone lagen.

Nun hatten aber die märkischen Hohenzollernfürsten wenig vom unternehmenden Geist des Markgrafen Georg Friedrich. Man hatte zwar versucht, durch Joachim Friedrichs Bischofskandidatur in Straßburg Fuß zu fassen, zog sich aber dann von dem heikel gewordenen Unternehmen zurück. Protestantischen Bündnisbestrebungen hielt man sich weitgehend fern und folgte der vorsichtigen kursächsischen Politik, die durch Kaisertreue und reichspolitische Loyalität gekennzeichnet war. Daran änderten auch die Spannungen zwischen Joachim Friedrich und dem Thronerben Johann Sigismund nichts.

Johann Sigismund (1608–1620), wenig gebildet, war kein sehr wagemutiger Herr. Der späte Joachim Friedrich ließ sich aber durch die konfessionelle Polarisierung auf die Seite der Kurpfalz treiben, und sein Gesandter beteiligte sich an der Sprengung des Reichstags 1608. Sehr deutlich warfen die bevorstehenden Jülicher Sukzessionsfragen ihre Schatten voraus. Nach einigem Zögern erfolgte sogar 1610 der Beitritt zur evangelischen Union. Inzwischen war nämlich die Jülicher Frage durch den Tod des letzten Herzogs akut geworden und drohte nicht nur zu großen Auseinandersetzungen im Reich, sondern auch zu europäischen Verwicklungen zu führen, als die Konfessionsparteien am Niederrhein aufmarschierten.

Dabei stellte es sich für die brandenburgische Politik als günstig heraus, daß sie schon 1609 mit dem damals noch lutherischen Mitbewerber Pfalzgraf Wolfgang Wilhelm von Neuburg im Düsseldorfer Vertrag eine provisorische Teilung festgelegt hatte. Dieser Vergleich führte, nachdem durch den Tod Heinrichs IV. von Frankreich der europäische Krieg wieder abgeblasen wurde, zum Erfolg: Beide Partner konnten sich im Lande behaupten, aber bald schlug das Kompagnonsgeschäft in eine erbitterte Rivalität um. Das Spiel der europäischen Mächte führte 1614 zum Xantener Provisionalvergleich, der Jülich und Berg dem katholisch gewordenen Pfalzgrafen, Kleve, Mark und Ravensberg dem Brandenburger zusprach. Kurbrandenburg war aus seiner ruhigen Lage an der nordöstlichen Peripherie des Reiches herausgerissen; die bislang eher zurückhaltende Dynastie, mit einem starken ständischen Einfluß auf die Landesregierung, wurde nun zum Handeln gezwungen. Erstes Anzeichen der Veränderungen bildete die Gründung des Geheimen Rates 1604, mit dem ein Organ für die nun geforderte auswärtige Politik geschaffen wurde. Dabei hatten zunächst die Spannungen zwischen den lutherischen, dem Lande entstammenden traditionalistischen Räten und den „Kryptocalvinisten", meist ausländischer Herkunft, eine zentrale Rolle gespielt – der Regierungsantritt Johann Sigismunds verhalf den letzteren schließlich zum Erfolg.

1608 war Johann Sigismund Regent in Preußen geworden. Als er 1613 den Übergang zum reformierten Bekenntnis vollzog – ein reichspolitisches Gegengewicht gegen den katholisch gewordenen Pfalzgrafen markierend –, opponierten nicht nur die preußische Gemahlin Anna, sondern auch die Stände Brandenburgs und Preußens. Exponenten dieser neuen Politik in Berlin und Königsberg waren ehemalige kurpfälzische Beamte reformierten Bekenntnisses, paradoxerweise jedoch untereinander aus ihrer Heidelberger Zeit bitter verfeindet: der Brandenburger Adam von Putlitz und der Preuße Fabian von Dohna, beide aus führenden Häusern ihrer Länder. Aber noch war der Beitritt zum reformierten Bekenntnis reichsrechtlich recht prekär; die reformierten Generalstaaten dachten nicht daran, sich allzu tief in das gefährliche Spiel im Innern des Reiches ziehen zu lassen. Immerhin unterstrich die Heirat des Kurprinzen Georg Wilhelm mit der Pfälzerin Elisabeth Charlotte, der Schwester des späteren Winterkönigs Friedrichs V., wenn auch gegen den Willen des Bruders, die neuen Beziehungen.

Das Reichsrecht war es auch, das Kurfürst Johann Sigismund daran hinderte, das eigene religiöse Bekenntnis seinen Untertanen aufzuzwingen. Die Konversion hatte beträchtliches Aufsehen erregt, nachdem das Land unter Joachim Friedrich – nach der eher zögerlichen Politik von Vater und Großvater – in einem entschieden lutherischen Geist konfessionalisiert worden war. Es gab Proteste von Pfarrerschaft und Ständen, die sich in einer Flut von Flugschriften äußerten. Am Ende stand ein Kompromiß: Johann Sigismund verzichtete darauf, seine Untertanen zum reformierten Bekenntnis zu führen; er behielt jedoch das Kirchenregiment in der Hand mit der Chance, den reformierten Glaubensgenossen manche Vorteile zu verschaffen. Praktisch wurde damit eine Politik der eingeschränkten Toleranz, nicht ohne latente Spannungen, eingeleitet. Der Calvinismus blieb „stets nur eine Hof- und Beamtenreligion"[51]. So war der Kurfürst auf die Unterstützung einer kleinen Gruppe treuer Mitarbeiter angewiesen; wesentliche Teile der Landesverwaltung blieben in den Händern von Lutheranern – jedoch öffnete ihm seine Konfessionsentscheidung nicht nur den erwünschten Anschluß an die evangelische Bewegungspartei im Reich, sondern auch beste Kontakte zu Westeuropa.

Nach dem Xantener Vertrag von 1614 verhielt sich Kurbrandenburg eher ruhig. Johann Sigismund konnte 1618 ohne Probleme die Erbschaft in Preußen antreten, wo sich angesichts der Schwäche des Herrschers eine noch stärkere Position der Stände als in der Mark herausgebildet hatte. Der

Berliner Hof hielt sich wieder von den Händeln im Reich fern. Er suchte die niederrheinischen Gebiete aus den heraufziehenden Kriegsereignissen herauszuhalten und unternahm nichts zugunsten der böhmischen Königspolitik Friedrichs V. von der Pfalz; der Schwager des neuen Kurfürsten Georg Wilhelm (1620–1640) konnte allein als Flüchtling das Land durchqueren. Auch für den Bruder Kurfürst Johann Sigismunds, den Jägerndorfer Markgrafen Johann Georg, rührte man keine Hand, als dieser 1620 als Anhänger des böhmischen Aufstandes und nachdem er vergeblich versucht hatte, nach dem liechtensteinischen Troppau zu greifen, seine schlesische Herrschaft Jägerndorf verloren hatte. Der Anspruch auf den schlesischen Besitz sollte freilich ein Stachel im dynastischen Bewußtsein der Hohenzollern bleiben.

Kurfürst Georg Wilhelm (1620–1640), der behinderte, entscheidungsschwache Nachfolger Johann Sigismunds, der ebenfalls reformiert geworden war, setzte gleichwohl im Dreißigjährigen Krieg jene zum Kaiser loyale Politik fort, mit der er sich im Schatten Kursachsens hielt. Die Heirat seiner Schwester Marie Eleonore mit dem Schwedenkönig Gustav Adolf hätte andere Perspektiven weisen können; sie war gegen den Willen Georg Wilhelms von seiner pfälzischen Frau betrieben worden. Kaisertreue und Zurückhaltung prägten also die Politik des Kurfürsten – dafür stand, daß von 1618 bis 1641 der Katholik Graf Adam von Schwarzenberg (1583–1641), aus einem niederrheinischen Zweig des fränkischen Hauses, die Geschäfte in der Hand hatte, seit 1637 mit nahezu unumschränkter Vollmacht. Er erkannte 1627 die Übertragung der Pfälzer Kur an Bayern an und gestattete kaiserliche Einquartierungen. Dem schwedischen Schwager Gustav Adolf gegenüber verhielt sich Georg Wilhelm relativ zögernd – er ging zwar unter dem Druck der sächsischen Verwandten lustlos ein schwedisches Bündnis ein, aber bereits 1635 schwenkte er gemeinsam mit Kursachsen im Prager Frieden wieder auf die kaiserliche Seite. Dafür rissen die Schweden die faktische Herrschaft in der Mark an sich und verstanden es geschickt, die Stimmung der lutherischen Bevölkerung gegen den reformierten Landesherrn auszunützen. Der Onkel des Kurfürsten, der Magdeburger Administrator Christian Wilhelm (1587–1665), wurde sogar katholisch, ohne sein Erzbistum behaupten zu können, und ging in zweiter und dritter Ehe Verbindungen mit Töchtern des katholischen Wiener Hofadels ein.

Die Politik Georg Wilhelms scheiterte in doppelter Hinsicht. Er konnte mit seiner Haltung nicht die verheerenden Einquartierungen in der Mark verhindern. 1637 blockierten die schwedischen Ansprüche sogar den dritten großen Erwerbungsplan: die reichsrechtlich abgesicherte Sukzession des Hauses Brandenburg in Pommern nach dem Aussterben der Greifenherzöge, die Berlin die lange ersehnte Kontrolle der Odermündung eingebracht hätte. Die Historiker haben deshalb auch vor der Folie des erfolgreichen Sohnes Friedrich Wilhelm den Stab über die Politik Georg Wilhelms und Schwarzenbergs gebrochen. Dennoch wird man ihr eine gewisse Berechtigung nicht absprechen können, denn sie war geprägt von reichspolitischem Legalitätsdenken. Mit dem Gewinn des halben Jülicher und des ganzen preußischen Erbes hatte Kurbrandenburg erhebliche Vorteile erreicht, die es zu stabilisieren galt. Denn es gab die polnische Lehenshoheit über Preußen und gegenläufige Rechtsansprüche, die das Erreichte gefährden konnten. Eine aktive Kriegspolitik gegen den Kaiser barg das Risiko eines Felonieverfahrens, das zum Verlust der Jülicher Stellung hätte führen können, und bis 1630 und erneut für einige Zeit nach 1634 sah vieles nach einem kaiserlichen Erfolg aus. Georg Wilhelm hatte mit seiner zurückhaltenden Politik nicht unbedingt ahnen können, daß der große Krieg die reichspolitischen Spielregeln weitgehend außer Kraft setzen könnte.

Der Thronerbe Kurfürst Friedrich Wilhelm (1640–1688) zog andere Konsequenzen. Er war am Hofe des vorzeitig verbrauchten Vaters und unter dem Eindruck des allmächtigen Schwedenkönigs aufgewachsen – ein jähzorniges, dynamisches Temperament unterstrich noch den wachsenden Gegensatz des hochbefähigten Thronfolgers zum passiven Regiment des Kurfürsten. In Spannung zum Vater verbrachte Friedrich Wilhelm die Zeit vom 14. bis zum 18. Lebensjahr in den Niederlanden. Dabei durchlief er nicht nur im Feldlager des Erbstatthalters Friedrich Heinrich von Oranien eine beachtliche militärische Schule, konnte er nicht nur die Möglichkeiten des niederländischen Handelsreiches kennenlernen, sondern erfuhr darüber hinaus auch noch einen tiefen Eindruck durch die ihrem Höhepunkt zustrebende niederländische Geisteswelt, eine starke Akzentuierung reformierten Konfessionsbewußtseins. Von hoher Begabung für Politik und Krieg, von ausgeprägter reformierter Religiosität, von christlichem Herrschergefühl geprägt, dabei freilich auch zynisch religiöses Denken mit brandenburgischer Staatsraison verbindend, ließ er sehr bald keine Zweifel mehr daran, daß der künftige „Große Kurfürst" die Politik seines Vaters verlassen würde.

Die alten Probleme waren jedoch geblieben. Als Friedrich Wilhelm 1640 die Nachfolge des Vaters antrat, fand er keinerlei Instruktionen über die Lage vor – der persönliche Eindruck war verheerend genug. Friedrich Wilhelm mußte im fernen Königsberg die Regierungsgeschäfte aufnehmen; in wachsendem Gegensatz und in lokaler Distanz zum leitenden Minister Schwarzenberg, der nach wie vor die Politik Brandenburgs bestimmte, ließ sich Friedrich Wilhelm auf die Position der Stände und der Opposition gegen den Minister ein – er entließ die Truppen wohl auch, um dem allmächtigen Schwarzenberg die Machtgrundlagen zu entziehen. Damit aber hatte er die quietistische Politik des Vaters scheinbar noch übertroffen: Friedrich Wilhelm erhielt sogleich die Quittung, Brandenburg wurde mehr und mehr zum Spielball der Politik – kühne Pläne einer Heirat mit der jungen schwedischen Königin Christine scheiterten, die wohl die Konstellationen an der Ostsee gründlich verändert hätte. Immerhin konnte

Friedrich Wilhelm 1641 trotz der prekären Situation, vom Polenkönig unangefochten, die Belehnung mit Preußen erreichen.

Unter dem Einfluß seiner Ratgeber Konrad von Burgsdorff und Kurt Bertram von Pfuel vollzog der junge Kurfürst 1643/44 die entscheidende neuerliche Schwenkung – er ließ in Brandenburg und Preußen erneut ein Heer werben, denn er hatte begriffen, daß Brandenburg ohne ein solches schutzlos den Interessen der fremden Mächte ausgeliefert war. Frühzeitig wurde er so zu einem Verfechter des „miles perpetuus". Dieses Heer aber ließ ihn schnell zu einem der wichtigsten Mitspieler des Westfälischen Friedenskongresses werden.

Dabei hat ebenfalls die pommersche Frage eine zentrale Rolle gespielt, da der Brandenburger auf einen unanfechtbaren Rechtsanspruch pochen konnte. Hinzu kam ein in den Niederlanden erwachsenes starkes politisches und merkantiles Interesse des Kurfürsten. Auf der anderen Seite standen dem Gewinn der Odermündung nach wie vor die Interessen Schwedens entgegen, für das Pommern eines der wichtigsten Kriegsziele war. Pommern war also eng verbunden mit der Frage der „Schwedischen Satisfaktion". Die Opposition Brandenburgs erwies sich als ein Stolperstein des Friedenskongresses, weil die Restitution seiner Rechte genau dessen Geist entsprochen hätte. Die Hartnäckigkeit der brandenburgischen Politik, gestützt durch das energische Auftreten Friedrich Wilhelms, geschickt vertreten durch seinen Gesandten, den Reichsgrafen Johann VIII. von Sayn-Wittgenstein-Hohenstein, blieb nicht ohne Eindruck. Zwar vergaß Friedrich Wilhelm nie, daß er nicht das beanspruchte gesamte Pommern erhielt, sondern nur das relativ wertlose Hinterpommern, während Stralsund, Stettin und die Odermündung schwedisch blieben. Aber ihm kam zusätzlich zugute, daß Frankreich ganz offen seine Ambitionen protegierte, um ein Gegengewicht gegen die bedrohlich stark werdende Ostseemacht Schweden zu schaffen. Mit den Stiften Cammin, Halberstadt und Minden wurde Brandenburgs nordwestdeutsche Stellung ausgebaut, der Anspruch auf das ehemalige Erzstift Magdeburg, das nun in ein weltliches Herzogtum umgewandelt wurde, wurde 1680 eingelöst und verlegte Kursachsen auf Dauer den Weg in die norddeutsche Tiefebene. Da sich gleichzeitig die Dresdener Politik augenscheinlich zwischen alle Stühle manövriert hatte, mußte sie die Stärkung Brandenburgs, das zum norddeutschen Rivalen emporwuchs, hinnehmen.

Die norddeutsche Position Kurbrandenburgs war somit verstärkt worden. Es stellte sich nun die alte Frage, ob man mit einer ruhigen Politik das Erworbene sichern oder aber ob man die gewonnene Position noch ausbauen sollte – Charakter und Temperament wiesen den Großen Kurfürsten auf ein aktives und expansives Handeln. Dabei folgte er deutlich den brandenburgischen Interessen; reichspolitische Loyalitäten spielten in seinem Denken eine relativ geringe Rolle, sein Kompaß waren die Bewegungen des europäischen Mächtesystems und die Mächtekonstellationen an der Ostsee.

Allerdings blieb ein erster Versuch, die Erwerbungen von 1648 noch auszudehnen, ohne Ergebnisse. In den Besitzungen des niederrheinischen Partners und Gegenspielers Pfalz-Neuburg war es zu einer Krise gekommen, da der Westfälische Friede allgemein 1624, ein Abkommen zwischen Pfalz-Neuburg und Brandenburg aber das Jahr 1614 als Normaljahr vorsah. Reichsrechtlich wohl korrekt, benützte der Neuburger die Diskrepanz zur Durchsetzung der Gegenreformation. Friedrich Wilhelm griff sogleich militärisch ein und hoffte auf die Unterstützung der Jülicher Stände. Es kam jedoch zu einer Allianz der Stände aller vier niederrheinischen Hauptlande gegen den Brandenburger. Der Große Kurfürst mußte das Unternehmen erfolglos abbrechen und sich zeitweilig dem Kaiser anschließen, um dessen Interventionsrechte zu neutralisieren. Andererseits hatte der 1651 dem verstorbenen Vater Pfalzgraf Wolfgang Wilhelm nachfolgende Neuburger Herzog Philipp Wilhelm einen entschiedeneren Kurs gegen die Brandenburger eingeschlagen. Über diesen Mißerfolg stürzte Burgsdorff, an dessen Stelle traten der Reichsgraf Georg Friedrich von Waldeck und der Geheime Rat Johann Friedrich Freiherr von Blumenthal.

Beide verkörperten wieder die unterschiedlichen Optionen der kurbrandenburgischen Politik: Blumenthal war für einen kaisertreuen Kurs, aber Waldeck setzte sich gegen ihn durch. Mit der Gruppe der Wetterauischen Grafen, denen auch die Oranier entstammten, eng verbunden, selbst in oranischen Diensten, trat Waldeck 1652 an die Spitze des Geheimen Rats. Nachdem er mit Hilfe des Kaisers als Gegenleistung für die Zustimmung zur Wahl Ferdinands IV. zum römischen König 1653 den Schweden die Herausgabe Hinterpommerns abgetrotzt hatte, brach die kurze Interessenidentität zwischen Berlin und Wien wieder auseinander. Schon 1653 trat Kurbrandenburg auf dem Reichstag an die Spitze der antikaiserlichen Partei – Waldeck hatte sich durchgesetzt und Blumenthal überspielt.

Nun faßte der Reichsgraf eine große Perspektive ins Auge – er suchte eine Hegemonialstellung Brandenburgs nicht nur im Norden, sondern auch unter den deutschen Protestanten anzusteuern. Friedrich Wilhelm sollte an die Spitze einer Union treten, die ihm die Führungsrolle unter den Protestanten an Stelle der Kurpfalz und Kursachsens eintrug. In den Visionen Waldecks sollte das Bündnis auch katholischen Ständen offen sein und die Rückendeckung Frankreichs haben – falls der Reichsverband zerbrach, konnte Brandenburg einen großen Gewinn daraus ziehen. Das Bündnisprojekt spiegelte jedoch eher die Träume brandenburgischer Politik, als daß es bereits eine reale Chance gehabt hätte.

Es wurde überholt durch die kriegerischen Ereignisse an der Ostsee. König Karl X. Gustav von Schweden aus dem Hause Pfalz-Zweibrücken, Nachfolger der 1654 abgedankten Königin Christine, griff das geschwächte und innerlich gespaltene Polen an. Friedrich Wilhelm beteiligte sich – mit rücksichtsloser Wendigkeit – an dem großen Spiel, zog daraus politischen Gewinn und begründete mit seiner Armee „Preußens Gloria“. Die Ereignisse sind im Rahmen der großen Politik zu diskutieren. Als wichtigste Beute erreichte er im Frieden von Oliva (1660), auch wenn er nicht alle temporären Gewinne behaupten konnte, die „Souveränität" seines Herzogtums (Ost-)Preußen, also die Beseitigung der polnischen Lehenshoheit, auch wenn Polen Rechtsvorbehalte behauptete. Ebenso wichtig war der Niedergang der beiden Hauptkontrahenten an der Ostsee, Polen und Schweden, von dem Brandenburg-Preußen profitierte.

Das wirtschaftliche Gewicht des ausgelaugten Preußen hielt sich in Grenzen, aber es wurde von größter Bedeutung, daß der Kurfürst nun einen souveränen Rechtstitel besaß, der ihm eine formale Position innerhalb des europäischen Staatensystems und außerhalb des Reichsverbandes sicherte – und dieser Rechtstitel war erblich. Damit erhielt die angestrebte norddeutsche Hegemonialrolle eine rechtliche Untermauerung; das dynastische Selbstbewußtsein der Hohenzollern wurde erheblich gesteigert. Andere deutsche Fürsten wurden später zu Königen außerhalb des Reiches gewählt, aber außer dem Regierungsantritt des Hauses Hannover in Großbritannien hat keiner die Bedeutung der brandenburgischen Erwerbung erreicht.

Sowohl im Westfälischen Frieden wie in Oliva spürte auch Brandenburg die hegemoniale Rolle Frankreichs, das sehr wohl in der Lage war, Druck auf die brandenburg-preußischen Westprovinzen auszuüben. Nach langer Zurückhaltung unterstützte Kurfürst Friedrich Wilhelm gleichwohl 1672 die Generalstaaten gegen die französische Invasion, um deren Zusammenbruch zu verhindern. Mit der Besetzung Kleves zwang Frankreich im Juni 1673 Brandenburg jedoch zum Ausscheiden aus der niederländischen Allianz. Dennoch schloß sich Friedrich Wilhelm nach der Erklärung des Reichskrieges 1674 erneut der Großen Koalition zugunsten der Niederlande an (Niederlande, Spanien, Österreich).

Nun gelang es der Diplomatie Ludwigs XIV., den alten Juniorpartner Schweden zu mobilisieren. Den schwedischen Einfall in die Mark Brandenburg beantwortete Friedrich Wilhelm mit einem glanzvollen Siegeszug, der mit dem Triumph von Fehrbellin (1676) sein militärisches Prestige weiter erhöhte und den ersehnten Gewinn Pommerns greifbar nahe zu bringen schien. Die Winteroffensive 1678/79 führte den Kurfürsten bis vor die Tore Rigas. Aber die europäische Hegemonialmacht Frankreich, die inzwischen den Frieden von Nimwegen mit dem Kaiser abgeschlossen hatte, ließ seinen Verbündeten nicht fallen und zwang den Brandenburger zum Rückzug. Im Frieden von Saint Germain-en-Laye vom 29. Juni 1679 mußte Friedrich Wilhelm die Bestimmungen des Westfälischen Friedens anerkennen und damit die pommerschen Eroberungen preisgeben. Ihm blieb als Trostpflaster allein ein schmaler Landstrich an der Oder und der Verzicht Schwedens auf die unbedeutenden Seezölle Hinterpommerns.

Friedrich Wilhelm war zutiefst enttäuscht – auf einer Gedenkmünze machte er in aller Öffentlichkeit mit den Worten des Vergil deutlich:

„Exorietur aliquis nostris ex ossibus ultor (Möge aus unseren Gebeinen dereinst ein Rächer erstehen)." Obwohl Brandenburg kaum Gewinne erreichte, wird man die Bedeutung des schwedisch-brandenburgischen Krieges von 1675 bis 1679 nicht unterschätzen dürfen. Die erfolgreichen Feldzüge des Kurfürsten begründeten den Ruf Brandenburgs als Militärmonarchie und werteten es als Verbündeten erheblich auf – zugleich aber war auch deutlich geworden, wie fragil die kurzfristige Großmachtstellung Schwedens war, daß sie nicht nur auf einer günstigen, aber temporären wirtschaftlichen Konjunktur, sondern auch auf der Schwäche seiner Nachbarn beruht hatte. Auch ohne spektakuläre territoriale Gewinne hatte Friedrich Wilhelm damit die Mächtekonstellation an der Ostsee verändert.

Allerdings suchte er aus dem Geschehenen die Konsequenzen zu ziehen, indem er sich wieder verstärkt auf Frankreich stützte, um dessen Wohlwollen zu besitzen, falls Vorpommern noch einmal zur Disposition stehen sollte. Bereits im Oktober 1679 schloß Friedrich Wilhelm einen geheimen Bündnisvertrag mit Ludwig XIV., in dem er französische Kandidaturen für die polnische und für die römisch-deutsche Königskrone zu unterstützen versprach. Dafür bezog der Kurfürst französische Subsidien. Freilich spielte Friedrich Wilhelm in den Vorstellungen des Hofes von Versailles nach wie vor eine mindere Rolle.

Am Ende seines Lebens schwenkte der Kurfürst noch einmal auf eine antifranzösische Linie ein, zunächst durch ein Defensivbündnis mit den Generalstaaten. Aus seiner reformierten Glaubensüberzeugung beantwortete Friedrich Wilhelm die Aufhebung des Ediktes von Nantes 1685 und die damit verbundenen Hugenottenverfolgungen Ludwigs XIV. am 8. November 1685 mit dem Edikt von Potsdam, das die verfolgten Hugenotten zur Einwanderung in die brandenburg-preußischen Staaten einlud. Sie sollten ihre Gewerbetätigkeiten beibehalten und einen privilegierten Status nebst Steuerfreiheit und Niederlassungsrechten erhalten. Ihre religiöse und sprachliche Eigenständigkeit sollte bestehen bleiben. Auch vom Kaiser 1670 aus Wien ausgewiesene Juden nahm der Große Kurfürst auf. Diese Maßnahmen, deren prakische Wirkungen freilich auch nicht überschätzt werden sollten, dienten dem Zweck, die brandenburg-preußische Wirtschaftskraft zu heben.

Die große „Wende" der brandenburgischen Politik wurde durch den Geheimvertrag mit dem Kaiser 1686 abgeschlossen. Friedrich Wilhelm ließ sich darin seine Ansprüche auf Jägerndorf und andere schlesische Herrschaften mit dem Kreis Schwiebus (bei Frankfurt/Oder) abgelten – hinter dem Rücken des Vaters hatte der Thronerbe allerdings bereits die Rückgabe des Kreises nach seinem Regierungsantritt zugesagt. Ausdruck des neuen Einvernehmens mit Wien war die Entsendung eines kurbrandenburgischen Hilfskorps an die türkische Front, das sich 1686 an der Erstürmung von Ofen (Buda) beteiligte. Das Bündnis mit Schweden, das dieses aus seinen französischen Verbindungen lösen sollte, gehörte zu einem System der Absicherung der hohenzollerischen Besitzungen und der Stabilisierung der Gewinne.

Es war Friedrich Wilhelm, der am 9. Mai 1688 starb, nicht nur gelungen, die im Westfälischen Frieden angedeutete und gegen Schweden durchgesetzte Hegemonialstellung in Norddeutschland zu stabilisieren. Diese Entwicklung war vor allem auf Kosten Kursachsens gegangen; der Aufstieg Brandenburg-Preußens hatte Schweden wie Sachsen in ihrer Bedeutung erheblich relativiert. Die Politik des Kurfürsten diente ausschließlich der brandenburgisch-preußischen Staatsräson, unter einer bis dahin kaum bekannten Hintansetzung reichspolitischer Loyalität. Ein Staatswesen, das sich quer über die Norddeutsche Tiefebene von der Memel bis an die niederländische Grenze erstreckte und dessen Territorien durch andere, auch größere Fürstentümer voneinander getrennt waren, war in viele Konflikte verwickelt und schwer zu verteidigen. Daraus folgte eine sehr wechselhafte Politik, die nicht ohne opportunistische Züge ihren Vorteil wahrzunehmen suchte, das „brandenburgische Wechselfieber". Am Ende stand zwar noch nicht der erhoffte Gewinn Vorpommerns, aber doch eine beachtliche Rolle des Kurfürstentums in der deutschen und europäischen Politik.

Wenn Kurfürst Friedrich Wilhelm am Ende seines Lebens eine gewisse Bereinigung mit seinen Partnern und Gegnern im Reich herbeigeführt hatte, so setzte der Sohn und Nachfolger, Friedrich III. (1688–1713), diese Linie fort. Friedrich II., der Große, hat später den Großvater entschieden verurteilt, und ihm ist die Mehrzahl der Historiker gefolgt: wegen seines höfischen Stils und seines unmilitärischen Profils. Dennoch steht Friedrich III. durchaus in der Kontinuität des Großen Kurfürsten. Außenpolitisch verfolgte er eine Konsolidierung des Status quo. Allerdings trat er als Selbstherrscher weniger hervor als der Vater, der nach der Entlassung Waldecks 1658 die Staatsgeschäfte selbst in die Hand genommen hatte – Friedrichs III. leitende Minister, Eberhard Danckelmann (1688–1697) und Johann Kasimir Kolbe von Wartenberg (1697–1710), gewannen einen entscheidenden Einfluß auf die Politik.

Immerhin konnte der neue Kurfürst, trotz des blamablen Verzichts auf Schwiebus, die Unteilbarkeit des Kurstaates durch Nichtanerkennung des väterlichen Testaments durchsetzen; der Große Kurfürst hatte seine Kinder zweiter Ehe bedenken wollen. Friedrich führte die kaiserfreundliche Politik aus den letzten Jahren seines Vaters fort; allerdings ging er beim Frieden von Rijswijk 1697 als Mitglied der Großen Allianz leer aus. In Wien hatte man bereits erkannt, daß in Norddeutschland ein gefährlicher Rivale herangewachsen war, den es zu bremsen galt. Die Folgen waren ständige Forderungen des Hohenzollern an die Adresse des Kaisers; Friedrich suchte durch eine kontinuierliche Unterstützung Österreichs seine Ambitionen zu fördern, allerdings mit wenig Erfolg.

Freilich erreichte Friedrich III. im Krontraktat von 16. November 1700 die Anerkennung der von ihm geplanten preußischen Königswürde durch den Kaiser. Diese Entscheidung war nicht zu unterschätzen. Nicht nur, daß der sächsische Rivale 1697 König von Polen geworden war – die Rangerhöhung des bisherigen Herzogtums Preußen zum Königtum wertete auch die zeremonielle Stellung seines Herrschers in ganz Europa auf. Friedrich bediente sich der Souveränität des Herzogtums Preußen, das zunehmend den zentralen Titel zur Benennung des hohenzollerischen Staatenkonglomerats lieferte. Zwar sollte durch die Bezeichnung „König in Preußen" nicht nur betont werden, daß Westpreußen, das „Königliche Preußen", nach wie vor polnisch war, sondern vor allem, daß die Würde außerhalb des Reichsverbandes radiziert war. Aber der Königstitel wurde doch zur Klammer für die gesamten brandenburg-preußischen Lande. Die Königserhebung von 1701 gab Friedrich erst den Rang, der ihn unter den europäischen Mächten konkurrenzfähig machte. Der „Schwarze Adlerorden", gestiftet am Tage der preußischen Königskrönung, wurde zum Symbol der Staatseinheit. Am 18. Januar 1701 krönte sich Friedrich III. in Königsberg selbst – seither König Friedrich I. in Preußen.

Der erste preußische König erreichte nicht den militärischen Glanz seines Vaters, aber er war ein begehrter Verbündeter – man kann sagen, daß die Königskrone auch dafür ein Symbol war. Er engagierte sich stark im Spanischen Erbfolgekrieg, wo die preußischen Kontingente durchaus in die Waagschale der antifranzösischen Koalition fielen. Friedrich I. war sich seines Wertes bewußt; so blieb er für den Kaiser weiterhin ein höchst unbequemer Partner, der immer wieder seinen Preis einzufordern trachtete und mit Hartnäckigkeit die hohenzollerischen Interessen verfocht. Aber die territorialen Gewinne fielen – nach dem Aussterben des Hauses Oranien mit Wilhelm III. (1702) – mit dem Erwerb des Fürstentums Mörs und der Grafschaft Lingen, des Oberquartiers Geldern und des Fürstentums Neuenburg (Neufchâtel) im Schweizer Jura, relativ bescheiden aus. Das mißtrauische Wien tat weiterhin alles, um eine allzu starke Position des Preußenkönigs zu konterkarieren und um in der kritischen Situation des 1700 ausgebrochenen Nordischen Krieges eine preußische Schiedsrichterrolle zu verhindern.

Der Aufstieg Brandenburg-Preußens hatte sich nicht ohne erhebliche Rückwirkungen auf die Binnenstruktur dieses Herrschaftsgebildes vollziehen können. Nach der Erwerbung von Kleve-Mark und von Ostpreußen ähnelte es sehr stark der Habsburgermonarchie, eine Art norddeutscher „monarchischer Union von Ständestaaten"[52]. Die Politik, die Friedrich Wilhelm, der „Große Kurfürst", eingeleitet und die Friedrich III. stabilisiert hatte, förderte den Ausbau der brandenburg-preußischen Macht nicht nur nach außen, sondern auch nach innen.

Alle drei Haupterritorien: Ostpreußen, die Mark Brandenburg wie Kleve und Mark waren gekennzeichnet durch eine starke Stellung der Stände, die wiederholt die Dynamik der kurfürstlichen Politik gebremst hatte. Die relative Schwäche des Landesfürsten in den rheinischen Herzogtümern wie in Ostpreußen schien sich infolge der Abwesenheit des in Berlin residierenden Herrschers fortzusetzen und die Stellung der Stände weiterhin zu stützen. Auch in Brandenburg war der Adel von einer beträchtlichen Bedeutung. Hier spiegelte sich auch die Ausbildung der Gutswirtschaft östlich der Elbe – die geringe Dichte und die Schwäche der Städte unterstrichen diese Entwicklung noch. Ferner hatte der Ausbau der Kreisverfassung, nach ostmitteleuropäischem Muster, in der Mark Brandenburg die lokale Verwaltung in die Hände des Adels gespielt. Zwar war die rechtliche Position des Adels in Kleve-Mark bei weitem nicht so gefestigt, aber die ständischen Traditionen und die Ferne des Herrschers stützten auch hier seine relative Autonomie.

Die Rüstungspolitik des Großen Kurfürsten kollidierte mit den Interessen und mit der Staatsanschauung der Stände, denen zudem – außer in Kleve und Mark – das reformierte Bekenntnis des Fürsten suspekt blieb. Ein erster Konflikt mit den niederrheinischen Ständen ging nicht gerade zugunsten des Landesherrn aus. Offenbar unter dem Eindruck dieser Erfahrungen suchte der Kurfürst den Ausgleich mit seinen märkischen Ständen – im kurmärkischen Landtagsrezeß von 1653 erreichte Friedrich Wilhelm die Bewilligung von Heeressteuern durch die Stände, was ihren Einfluß zurückdrängte. Aber als Preis dafür garantierte der Landesherr ihre Privilegien, d.h. die unbegrenzte Herrschaft des Adels über seine Untertanen. Dies war ein Abtausch von Interessen: Verzicht der ständischen Einflußnahme auf Armee und Außenpolitik gegen Absicherung der lokalen Herrschaft des Adels.

Der Erfolg im Ersten Nordischen Krieg eröffnete dem Kurfürsten weiteren Handlungsspielraum. 1660/61 gaben auch die Stände von Kleve und Mark nach, ohne daß ihre Position allzu sehr erschüttert wurde. In Ostpreußen bekam der Kurfürst durch die Souveränität freie Hand – eine Appellation der ostpreußischen Stände an den polnischen König als Lehensherrn war nun nicht mehr möglich. Jetzt ging Friedrich Wilhelm gegen die selbstbewußte ostpreußische Ständeopposition vor. Als der Lange Landtag in Königsberg 1661 bis 1663 sich den Forderungen des Kurfürsten, die ebenfalls dem Ausbau der Armee dienten, widersetzte, schritt er zu harten Maßnahmen: Der Königsberger Schöppenmeister Hieronymus Roth wurde zu lebenslänglicher Haft verurteilt und starb als Opfer des aufkommenden Absolutismus im Gefängnis. Der ostpreußische adelige Oberst Christian Ludwig von Kalckstein, der auf den Rückhalt am polnischen König gesetzt hatte, wurde in einer spektakulären Aktion aus Warschau entführt und 1672 hingerichtet. Unter dem Eindruck des rabiaten kurfürstlichen Vorgehens bewilligten auch die ostpreußischen Stände die Heeressteuer. Das Modell blieb das gleiche: Sicherung von Armee und Außenpolitik, Vorbehalt der Behördenbesetzung durch den Kurfürsten; erhalten, ja gestärkt wurde hingegen die soziale und wirtschaftliche Position des Adels – auch dies übrigens eine deutliche Parallele zu Entwicklungen in der Habsburgermonarchie nach 1620.

Der Kurfürst hatte zwar die Landstände spektakulär entmachtet – ihre Position wurde jedoch in weit geringerem Maß reduziert, als eine ältere, auf das Modell des starken Absolutismus orientierte Forschung wahrhaben wollte. Die Landrechtsausschüsse, Landschaftskassen, vor allem das 1549/50 errichtete brandenburgische Kreditwerk und nicht zuletzt die ständische Kreisverwaltung mit dem Landrat an der Spitze stellten den adeligen Einfluß weiterhin sicher.

Indes bekam der Kurfürst nun die Hände frei für eine Neuorganisation seiner Zentralbehörden. Die Mark Brandenburg hatte bislang in ihrer Behördenorganisation keineswegs einen Vorsprung vor vergleichbaren Territorien des Reiches gehabt. Die Gründung eines Konsistoriums 1543 und eines Kirchenrats 1614, auch eines Geheimen Rats 1604, vielgepriesen als Signal einer neuen Politik, hatten anderswo ihre Parallelen. Der Geheime Kriegsrat von 1630 blieb kurzlebig und wurde schon 1636 durch eine „Art Diktatur in Zivil- und Militäraffairen"[53] Schwarzenbergs abgelöst.

Kurfürst Friedrich Wilhelm hatte 1640 ein wirtschaftlich zerrüttetes Land übernommen – er war sogar gezwungen, sich jahrelang ins ferne Königsberg zurückzuziehen. Das Länderkonglomerat besaß keine zentrale Behörde; es war allein durch die Person des Kurfürsten zusammengefaßt. Nach dem Tode Schwarzenbergs 1641 wurde der Geheime Rat reaktiviert, wobei sich die anfänglich ständefreundliche Politik in der Berufung seiner Mitglieder zeigte. Friedrich Wilhelms erster leitender Berater Konrad von Burgsdorff war durch die Fülle der Aufgaben überfordert; die Finanzkrise verschärfte sich weiter. Daraufhin wurden Kriegsrat und Kriegskasse aufgelöst und die Finanzen der Hofkämmerei zugewiesen.

Der Kurfürst veränderte bei einem Aufenthalt in Kleve erneut seinen Beraterkreis. Die Berufung des Grafen Georg Friedrich von Waldeck führte zur Neuorganisation des Geheimen Rats, formuliert in der Geheimen Ratsordnung von 1651. Dabei blieb die persönliche Kontrolle des Kurfürsten über Außenpolitik und Kriegswesen erhalten; ein Kabinettsrat stellte die Verbindung zwischen dem Landesherrn und dem Geheimen Rat her, der nun in neunzehn Departements unterteilt wurde, welche allerdings von einer weit geringeren Zahl von Räten versehen wurden. Der Geheime Rat gewann Zuständigkeit für alle Landesteile. Allerdings wurden Finanzen, Kriegswesen und Außenpolitik ausgegliedert. Damit war das Fundament für die neue brandenburg-preußische Behördenstruktur gelegt. Die neue Behörde scheint jedoch auf Dauer durch die Prozesse und Konflikte überfordert gewesen zu sein, die aus dem Ausgreifen Brandenburgs folgten. Außerdem kam es zu Spannungen zwischen den bürgerlichen und den adeligen Räten – letztere stützten die ständischen Traditionen.

Die permanente Finanzkrise drängte weiter auf eine Reform der Finanzverwaltung, die eine Kommission in Angriff nahm. „Vier Punkte umfaßte das Programm: 1. Kontrolle der kurfürstlichen Schatulle mit allen Einnahmen und Ausgaben; 2. Aufsicht über den an Zahl und Besoldung zu verringernden Hofstaat, damit Kontrolle über Oberhofmarschall und kurmärkische Kammer; 3. Generalvisitation aller fürstlichen Einnahmequellen und der zuständigen Kassen; 4. Reform der Domänen- und Regalienverwaltung."[54] Durch Verpachtung der Domänen suchte man eine Umstellung von der Naturalwirtschaft auf eine besser zu kontrollierende Geldwirtschaft zu erreichen; die Hofrentei wurde zur Kasse ausgebaut. Hofstaat und Amtskammern erhielten neue Ordnungen. Aber der 1651 von Waldeck formulierte Plan einer indirekten Steuer scheiterte an der Opposition der Stände, die um ihr Bewilligungsrecht fürchteten. Doch es gelang eine Verdoppelung der Einnahmen bei Reduktion der Ausgaben – schon im Ersten Nordischen Krieg zeigte sich eine neue finanzielle Unabhängigkeit, die die politischen Aktionen des Kurfürsten erleichterte. Die Berufung des Westfalen Raban von Canstein an die Spitze der Amtskammer brachte eine beachtliche Stabilität – er wurde 1659 Leiter des Commerz- und Industriedepartements, 1660 Oberhofmarschall.

Eine Landaufnahme, die drei Jahrzehnte dauerte, gab einen Überblick über die Finanzkraft der Güter und dokumentierte die tiefen, langfristig wirkenden Schäden des Krieges. Die Verbesserungen des Verkehrs- und Postwesens sollten dem Lande weiter aufhelfen. Das kurbrandenburgische Postwesen, geleitet durch den Oberpostdirektor Michael Mathias, galt bald nicht nur als vorbildlich im Reich, sondern warf auch beträchtliche Erträge ab.

Zwar war es dem Kurfürsten gelungen, den Unterhalt des Heeres durchzusetzen, aber die 1667 in Brandenburg eingeführte Akzise beschränkte sich allein auf die Städte, die zum Kammergut gehörten und daher dem landesherrlichen Zugriff offener lagen. Die Einseitigkeit der Maßnahme dokumentierte zugleich die fortbestehende Sonderstellung des Adels. Mit der revidierten General-Steuer- und Konsumtionsordnung von 1684 wurde die Verwendung dieser Mittel geregelt – sie dienten vor allem der Bezahlung des Heeres. Die Überschüsse wurden den Städten zur Schuldentilgung und für Aufbauleistungen überlassen. Damit aber wurde der landesfürstliche Steuerkommissar zum verlängerten Arm des Kurfürsten in die Städte hinein. Er überwachte nicht nur den lückenlosen Steuereinzug, sondern traf auch flankierende Maßnahmen. Der Verfassungskompromiß zwischen Kurfürst und Adel führte konsequenterweise zu einer Schwächung der Städte.

Der niederländische Einfluß blieb bei Kurfürst Friedrich Wilhelm stets spürbar; in einer späteren Phase haben der Admiral Gijsels van Lier und der Reeder Benjamin Raule (1634–1707) für die kurbrandenburgische Seepolitik eine zentrale Rolle gespielt. Lier gründete 1682 die brandenburgisch-afrikanische Handelskompagnie; die Flotte mußte allerdings mangels eines eigenen Seehafens im ostfriesischen Emden stationiert werden, das nicht kurbrandenburgischer Landeshoheit unterstand. Raule „förderte den Schiffsbau in Brandenburg sowie den Bau billiger Wohnungen für die unteren Bevölkerungsschichten mit öffentlicher Hilfe, Steuersubventionen für Grundnahrungsmittel, gesetzliche Feuerversicherung in den Städten, Aufnahme der Religionsflüchtlinge und Errichtung eines Commerzkollegs“[55]. In Afrika kam es zum Handel mit den „Eingeborenen“ und zur Abwehr holländischer Ansprüche durch den Bau der Festung Groß-Friedrichsburg, die freilich 1721 wegen des Bankrotts der Gesellschaft wieder preisgegeben wurde. Aus dem in der Kommerzpolitik spürbaren Geist der Toleranz und dem reformierten Bekenntnis des Kurfürsten resultierte auch das Toleranzpatent von 1685 für die Hugenotten, das Edikt von Potsdam.

Die starken Belastungen der Mark Brandenburg durch die Truppendurchzüge des Dreißigjährigen Krieges hatten den Anstoß gegeben, daß die Regierung das Kommissariatswesen ausbaute – die kritische Situation forderte außergewöhnliche Aktionen. Die Zentrale strebte nach Möglichkeiten des Durchgriffs in den lokalen Bereich: durch die Steuerkommissarien für die Städte und durch die Land- und Kreiskommissarien für das platte Land. Letztere traten an die Stelle der Amtleute; 1702 wurde ihnen auf Bitten der brandenburgischen Landstände nach pommerschem und magdeburgischem Muster der Titel „Landrat“ verliehen; der Landrat war jedoch, anders als der städtische Steuerkommissar, zugleich ein Repräsentant der (adeligen) Kreisstände – auch hier zeigte sich der Unterschied zwischen Stadt und Land.

Die Reformideen des Grafen Waldeck erfaßten auch das Heerwesen, das zu Ende des Dreißigjährigen Krieges seine Bedeutung nachhaltig unterstrichen hatte. Gemäß den drei Länderkomplexen Preußen, Brandenburg und Kleve-Mark wurden auch drei Militärbezirke geschaffen. Zunächst bildete man für Preußen einerseits und für die übrigen Lande andererseits zwei Generalstäbe und zwei Heeresverwaltungen, an deren Spitze General-Kriegs-Kommissare standen; um sie wuchs eine Behörde mit einer eigenen Kanzlei und einer Kasse. Die Zweiteilung entpuppte sich als unzweckmäßig, so daß man nach dem Nordischen Krieg beide Verwaltungen fusionierte – die administrative und finanzielle Seite des Heerwesens bis hin zur Aufstellung neuer Regimenter gehörte zu ihren Aufgaben.

Als Kurfürst Friedrich Wilhelm nach dem Frieden von Oliva 1660 sein Heer nicht entließ, bekam auch das General-Kriegs-Kommissariat dauerhaften Charakter – wie Otto Hintze gezeigt hatte, wurde auch hier das Kommissariatswesen zum Kern einer neuzeitlichen Behördenbildung.[56] Dadurch, daß das General-Kriegs-Kommissariat sowohl Steuerdirektion wie Militärbehörde war, reklamierte es die entscheidenden Angelegenheiten des werdenden brandenburgischen Staates für sich und erlangte bedeutenden Einfluß auf die gesamte Landesverwaltung. Es setzte seine eigene

Organisation mit Oberkommissaren und Kassenkontrolleuren in den einzelnen Landesteilen fort. 1676 entstand eine General-Kriegs-Kasse mit einem General-Einnehmer an der Spitze, in die alles floß, was der Finanzierung der Armee diente, bis hin zu den Subsidien der auswärtigen Mächte. Der Kurfürst höchst persönlich übte hier die oberste Kontrolle aus. Aber mit der Ausbildung des General-Kriegs-Kommissariats waren nicht nur das Kriegs- und Finanzwesen effektiv verknüpft und der ständische Einfluß weiter eingeschränkt, sondern auch eine neue administrative Klammer um das Gesamtgefüge des brandenburg-preußischen Staates gelegt worden.

Friedrich III., vom Vater zur Beibehaltung der bewährten Mitarbeiter aufgefordert, ließ den neuen Geheimen Etats- und Kriegsrat Eberhard von Danckelmann in die faktische Rolle eines leitenden Ministers hineinwachsen, die nach dem Abgang Waldecks Kurfürst Friedrich Wilhelm selbst ausgefüllt hatte. Danckelmann trug dazu bei, in der Ressortaufteilung des Geheimen Rates das Sachprinzip über das Regionalprinzip zu stellen, was wiederum auf eine verstärkte Einheit des Staates hinwirkte. Er selbst stand seit 1695 als Oberpräsident an der Spitze. Allerdings ließ sich das Prinzip einer kollegialen Spitze des Geheimen Rats wegen der Geschäftsüberlastung der einzelnen Ressortchefs nicht durchhalten und wurde nach Danckelmanns Sturz 1697 wieder aufgegeben.

Die reformierte Finanzverwaltung erwies sich unter dem Großen Kurfürsten als äußerst effektiv. Der Ostfriese Dodo von Knyphausen, 1687 bis 1698 an der Spitze der brandenburg-preußischen Finanzverwaltung, hatte schon 1683 einen Gesamtetat für alle Lande empfohlen; die neugebildete Hofkammer entwickelte sich zur zentralen Finanzbehörde, deren Organisation mit drei Geheimen Kammerräten 1689 ebenfalls auf Knyphausen zurückging. Der allgegenwärtige Danckelmann übernahm allerdings auch hier die Leitung – es entstanden schwere Kompetenzkonflikte, die zwischen 1698 und 1700 zu einer Untersuchungskommission und zum Sturz von Danckelmann, Knyphausen, Raule u. a. führten.

1698 wurde ein Ober-Domänen-Direktorium gegründet, das von dem neuen Favoriten des Kurfürsten, Johann Kasimir Kolbe von Wartenberg, dominiert wurde. Aber die steigenden Ausgaben der Krone führten zu einer erneuten Finanzkrise, der man mit der Einführung des Erbpachtsystems für die Domänen beizukommen trachtete. Gleichzeitig ging man gegen die bisherigen Amtsinhaber vor. 1711 wendete sich erneut das Blatt: Ernst Boguslaw von Kameke (1674–1726) deckte die Schwächen des Erbpachtsystems auf und lenkte an der Spitze der Behörde zum System Knyphausens zurück; Kameke übernahm als Hofkammerpräsident auch das Ober-Domänen-Direktorium.

Bei der Heeresverwaltung behielt man den Stil des Großen Kurfürsten bei, aber sowohl die überkommenen landesfürstlichen wie die noch bestehenden ständischen Einrichtungen setzten sich verstärkt gegen das General-Kriegs-Kommissariat und seine nachgeordneten Behörden zur Wehr, so daß es zu erheblichen Reibungsverlusten kam. 1712 wurde durch den Generalmajor Friedrich Wilhelm von Grumbkow das General-Kriegs-Kommissariat zu einer kollegialen Behörde ausgebildet. Die entscheidende Ausformung und Modernisierung erhielt die brandenburg-preußische Verwaltung jedoch erst nach dem Tode des ersten Königs.

Vor allem unter dem Großen Kurfürsten war eine modernisierte Bürokratie entstanden, wobei das Kommissariatswesen die staatliche Einflußnahme förderte. Der Aufbau eines stehenden Heeres und der damit zusammenhängende Finanzbedarf hatten kräftige Bürokratisierungsschübe hervorgerufen. Eine neue Militär- und Steuerorganisation lagerte sich über die älteren landesfürstlichen und ständischen Behörden. Dies alles trug die Handschrift des Großen Kurfürsten, demonstrierte seine ausgeprägte Neigung zu einem persönlichen Regiment. Das war unter seinem schwächeren Nachfolger anders – seine leitenden Politiker, zuerst Eberhard Danckelmann und Knyphausen, dann aber seine umstrittenen Günstlinge, die drei „W" – Kolbe von Wartenberg, Wittgenstein und Wartensleben – gerieten immer mehr unter Druck. Dennoch wird man bei allen gern betonten Unterschieden zwischen beiden Herrschern doch die Kontinuität nicht vernachlässigen dürfen.

Auch der Große Kurfürst hat trotz aller administrativen und militärischen Maßnahmen einen ausgeprägt höfischen Stil gepflegt und auch versucht, seinen Hof für den evangelischen Hochadel (kleinere Reichsfürsten, Reichsgrafen) attraktiv zu machen, als Voraussetzung für die preußische Hegemonie in Norddeutschland. Dieser Stil wurde von Friedrich III. ausgebaut – die Züge des höfischen Absolutismus entsprachen allerdings auch den zeitgemäßen Erwartungen an einen neuen König, von dessen Prestigebedürfnis wichtige Impulse ausgingen.

So wurde durch die Vereinigung mit der Schwesterstadt Cölln und den Vororten Berlin 1709 zur „Königsstadt", mit wichtigen architektonischen, kulturellen und wirtschaftlichen Impulsen. Die städtebauliche Neugestaltung war schon vom Großen Kurfürsten ausgegangen, verstärkte sich aber noch unter dem neuen König, der 1700 mit Andreas Schlüters Reiterstandbild dem Vater ein Denkmal setzte. Aber auch Kunst und Wissenschaft gehörten zu seiner königlichen Repräsentation. 1694/96 wurde die Akademie der Künste, 1700 die Societät der Wissenschaften gegründet. Sie ging auf Anregungen von Leibniz zurück und hatte auch bald hugenottische Mitglieder. Die Wissenschaft fehlte nicht im barocken Herrscherkult um König Friedrich I. – er zog den Juristen Christian Thomasius, die Philosophen Christian Wolff und Gottfried Wilhelm Leibniz in seinen Umkreis. Berlin schien auf dem besten Wege zu einem höfischen und kulturellen Zentrum, zu einem „norddeutschen Athen". Diese Entwicklungslinie wurde 1713 vom neuen Herrscher sogleich nach seinem Regierungsantritt abrupt abgebrochen – König Friedrich Wilhelm I. (1713–1740) beendete den höfischen Absolutismus in Brandenburg-Preußen und ersetzte ihn durch jene rationale Neubegründung des Absolutismus auf Armee und Bürokratie, die fortan zum Kennzeichen des preußischen Staates werden sollte.

Die reformierte Tradition der Dynastie, die sich unter Kurfürst Friedrich Wilhelm I. in veränderter Form Bahn brach, wirkte auch unter König Friedrich Wilhelm I. fort. Zu den älteren Universitäten Frankfurt und Königsberg sollten die Neugründungen Duisburg (1655) und Halle (1694) ein reformiertes Gegengewicht bilden. Der Kurfürst selbst suchte den konfessionellen Gegensatz der reformierten Dynastie zum lutherischen Land zu überwinden, aber die Berliner Religionsgespräche (1662) scheiterten. Der Widerstand der lutherischen Orthodoxie war zu stark. So ging in Opposition zur Religionspolitik des Kurfürsten der lutherische Liederdichter Paul Gerhardt (1607–1676) außer Landes. Ohne Zweifel war der Große Kurfürst von seinem reformierten Glauben geprägt; er war ein wesentliches Motiv für die Einwanderung der Hugenotten und wurde durch diese wiederum gestärkt.

Mit der Universität Halle verband sich die preußische Variante des Pietismus. Der aus Leipzig vertriebene Philologe und Pädagoge August Hermann Francke (1663–1727) fand hier nicht nur eine neue akademische Wirkungsstätte – seine praktischen Neigungen führten zum Aufbau der musterhaften, vom pietistischen Geist geprägten Hallischen Anstalten: Real- und Bürgerschule, Pädagogium und Waisenhaus wurden hier verbunden. Damit sollten die Vorstellungen des Pietismus in die Lebenswirklichkeit umgesetzt werden. Die praktischen Tätigkeiten, die religiösen Erlebnisgrundlagen des Pietismus konnten mit den konfessionellen Vorstellungen der reformierten Dynastie eine stärkere Verbindung eingehen als das orthodoxe Luthertum. Unter König Friedrich Wilhelm I. sollte pietistischer Geist in eine spezifisch preußische Staatsidee umgegossen werden.

Um 1700 hatte der brandenburg-preußische Staat bereits sein eigenes Profil gewonnen. Als Länderkombination ähnelte er mehr als andere Territorien des Reiches der Habsburgermonarchie – auch in der Zwiespältigkeit von landesfürstlicher Machtposition, Militär- und Außenpolitik, dem Fortbestehen adeligen Einflusses im lokalen Raum unter Weiterwirkung ständischer Institutionen, die freilich nicht gesamtstaatlichen Charakter annahmen. Aber es zeigte sich, daß die größere Kraftanspannung und die anderen geistigen Grundlagen des brandenburg-preußischen Staates schließlich zu einer effektiveren Durchdringung führten, da sich das ärmere preußische Junkertum stärker für administrative und militärische Zielsetzungen des Staates einspannen ließ als die reiche Hocharistokratie des Wiener Hofes. Daß sich Wien und Berlin so radikal auseinanderentwickelten, war unter dem ersten preußischen König Friedrich I. noch nicht deutlich. Erst der für ganz Europa neue Regierungsstil König Friedrich Wilhelms I. hat Preußen auf seinen „spartanischen“ Weg gewiesen.

Brandenburg-Preußen gilt als das am ausgeprägtesten absolutistische Territorium des Reiches. Deshalb sollte seine Entwicklung etwas ausführlicher dargestellt werden. Vielerorts fanden sich ähnliche Ansätze in der Behördenbildung – aber das Singuläre der brandenburg-preußischen Entwicklung trat immer mehr hervor. Die Distanzierung vom höfischen Stil leitete eine neue Epoche der Behördengeschichte ein.

d) Das politische System des Reiches

Die politische Landschaft des Reiches wurde durch den Aufstieg Brandenburg-Preußens wesentlich verändert, auch wenn dieses noch kein zusammenhängendes Territorium war. Aber sein Schatten legte sich stark über Norddeutschland, obwohl das Traumziel kurbrandenburgischer Politik, der Erwerb Vorpommerns und der Odermündung, (noch) nicht erreicht wurde. Nach 1648 zeichnete sich vor allem ab, daß Kursachsen von Brandenburg-Preußen überflügelt wurde.

Sachsen hatte zwar im Dreißigjährigen Krieg die Lausitzen erwerben können, es hatte jedoch den Wettlauf um das wichtige Magdeburg verloren, das zwar noch einmal eine wettinische Interimsregierung sah, 1680 jedoch brandenburgisch wurde. Damit aber hatte der nördliche Nachbar die Wettiner von der Norddeutschen Tiefebene abgeriegelt. Gleichwohl blieb Kursachsen ein starkes und reiches Land, dank seiner Bergschätze, seines Textilgewerbes und seiner Leipziger Messe. Nach einer Serie relativ unbedeutender Fürsten kam mit Friedrich August I. (1694–1733) ein Herrscher auf den Thron, der durchaus gewillt war, Gegengewichte gegen das stetige Ausgreifen der Hohenzollern zu setzen. Er suchte den Anschluß an den Wiener Hof, was durchaus in den Traditionen kursächsischer, lutherisch geprägter Reichstreue lag. Friedrich August wurde 1697 sogar katholisch – und eröffnete sich damit, unter österreichischem Protektorat, den Weg zur polnischen Königskandidatur. Mit diesem Erfolg hatte Friedrich August oder August II. von Polen Kurbrandenburg zwar an Rang wieder überflügelt, doch die polnische Krone zog Kursachsen in die Konflikte des Nordischen Krieges. Das Land hatte ebenfalls eine Hinwendung zum höfischen Absolutismus durchgemacht, die unter August II., dem „Starken“, ihren Höhepunkt erreichte; sein exzessiver Lebensstil korrespondierte mit einer glanzvollen Förderung der Künste. Beides wurde getragen von einer florierenden Wirtschaft, für die die böhmischen Emigranten des Dreißigjährigen Krieges wichtige Impulse gegeben hatten. Trotz der Konversion des Kurfürsten-Königs hielt das Mutterland der Reformation an seinem lutherischen Charakter fest; dessen Eckpfeiler waren die Landesbehörden, die Landstände und der Pfarrerstand; der Geheime Rat wurde auf die lutherische Konfession festgelegt.

Daß die brandenburgisch-preußischen Bäume nicht in den Himmel wuchsen, dafür sorgte weiterhin der Aufstieg des Welfenhauses. Auch hier hatte sich der landesfürstliche Absolutismus frühzeitig durchgesetzt. Herzog Ernst August von Braunschweig-Kalenberg in Hannover (1679–1698) konzentrierte die Territorien der jüngeren welfischen Linien in seiner Hand, erreichte 1692 die Aussicht auf die neunte Kurwürde und band sich zugleich an Habsburg, das dieses Gegengewicht gegen Brandenburg-Preußen gern stützte – erst 1708 kam es zur Zulassung im Kurfürstenrat, ein Meisterstück der habsburgischen Politik. Ernst Augusts Sohn Georg Ludwig konnte 1714 als König Georg I. die Thronfolge in England antreten, Erbe seiner Mutter Sophie, der Tochter des Pfälzer Winterkönigs und dessen englischer Frau Elisabeth Stuart. Der Aufstieg des Hauses Hannover ließ die ältere welfische Linie Wolfenbüttel zurücktreten, trotz deren hartnäckiger Opposition. Für die Wolfenbütteler Herzöge war die schließliche Unterwerfung der so lange Zeit opponierenden Stadt Braunschweig 1671 nur ein schwacher Trost.

Die Trias Brandenburg-Preußen/Kursachsen/Kurhannover dominierte in Norddeutschland; daneben ging die Bedeutung der fremden Mächte Dänemark und Schweden allmählich zurück. In ihren deutschen Besitzungen, vor allem im Herzogtum Pommern, mußte die Krone Schweden den Ständen einen erheblichen Einfluß einräumen. Dieser korrespondierte mit der Situation in Mecklenburg; der stark von Frankreich geprägte und häufig in Paris residierende Herzog Christian Louis (1658–1692), einer der vielen zeitgenössischen Konvertiten zum Katholizismus, konnte die bestimmende Position der Stände nicht zurückdrängen, die über die Landesteilungen hinweg die Einheit des Territoriums wahrten. Das Land wurde auch nach dem Dreißigjährigen Krieg immer wieder von Truppendurchzügen geschädigt. In Schleswig-Holstein ging die durch die Landesteilung von 1564 begründete Rivalität zwischen den dänischen Königen, die etwa zwei Drittel des Landes beherrschten, und den Herzögen von Holstein-Gottorf weiter, die immer wieder Rückhalt bei der Krone Schweden gegen den königlichen Vetter suchten. 1658 mußte Friedrich III. die Unabhängigkeit der Gottorfer anerkennen, aber Christian V. versuchte die Niederlage Schwedens 1675 zur erneuten Unterwerfung zu nützen: Erst 1689 wurde Gottorf im Altonaer Vergleich restituiert. Das Schicksal des Herzogtums blieb ein europäisches Problem; 1700 trugen die Gottorfer Konflikte entscheidend zum Ausbruch des Zweiten Nordischen Krieges bei; die Niederlage Schwedens führte 1720 zum Verlust der schleswigschen Gebiete für das Haus Gottorf.

Weit weniger spektakulär verlief die Entwicklung für die drei in der reduzierten Hanse verbliebenen Städte Lübeck, Hamburg und Bremen. Während nach und nach nahezu alle anderen nach Autonomie strebenden Städte im Norden der Landesherrschaft ihrer Territorialherren unterworfen wurden, konnten nach der Reichsstadt Lübeck Hamburg und Bremen im Laufe des 17. Jahrhunderts endgültig die Reichsunmittelbarkeit erringen. Die wirtschaftliche Bedeutung der letzteren überholte diejenige Lübecks, eine Folge der Schwerpunktverlagerung an den Atlantik. Ein Aufstieg in die Reichsunmittelbarkeit gelang dagegen der Stadt Emden nicht, trotz anhaltender Auseinandersetzungen mit den 1654 bzw. 1662 zu Fürsten aufgestiegenen Grafen von Ostfriesland aus dem Hause Cirksena. Deren Stellung wurde von den starken Ständen eingeschränkt, mit denen es zu wiederholten Konflikten kam, welche ebenso wie die mecklenburgischen den Wiener Reichshofrat beschäftigten. In ihrem Gefolge konnte sich die neue norddeutsche Hegemonialmacht Brandenburg-Preußen, zunächst als Mitglied einer kaiserlichen Kommission (1682), in Emden festsetzen und dieses zur Basis brandenburg-preußischer Kolonialpolitik machen. Mehr noch: Brandenburg-Preußen setzte auch auf die Erbfolge in Ostfriesland, die Fürst Christian Eberhard 1691 den Welfen zubringen wollte – aber der Kaiser erteilte aus einer momentanen politischen Konstellation heraus Kurfürst Friedrich III. von Brandenburg den Zuschlag für die Expektanz auf Ostfriesland.

Diese Vorgänge verdeutlichten die wachsende Bedeutung Kurbrandenburgs in Norddeutschland. Vor allem im Westfälischen Reichskreis wurde es ein wichtiger Mitspieler. In diesen Kreis hinein wirkten auch die Generalstaaten, die ihr Vorfeld zu sichern trachteten und kräftig zu intervenieren verstanden. Die Präsenz Kurbrandenburgs und der Generalstaaten relativierte im Westfälischen Kreis die Stellung der geistlichen Territorien, die sich an Kurköln anlehnten, das dem Kreis nicht angehörte. Dieses blieb seit 1582 eine wittelsbachische Domäne, eine Sekundogenitur Münchens. Mit dem Vorrücken Frankreichs an die Rheingrenze sah sich auch Kurköln einem verstärkten Druck ausgesetzt, der sich allerdings mit der pro-französischen Politik Münchens koordinieren ließ. Der wittelsbachische Kölner Kurfürst Max Heinrich (1650–1688) schloß sich dem Rheinbund an, unterstützte die Politik Ludwigs XIV. und eröffnete den Parteigängern Frankreichs, den Brüdern Franz Egon und Wilhelm Egon von Fürstenberg-Heiligenberg, einen entscheidenden Einfluß. 1688 jedoch scheiterte die Bischofswahl des Wilhelm Egon von Fürstenberg, weil – trotz Stimmenmehrheit – der Papst im Zusammenspiel mit dem Kaiser die nötige Dispens verweigerte. Es folgte mit Josef Clemens von Bayern (1688–1723) abermals ein Prinz aus dem nunmehr dem Kaiser verbundenen Hause Wittelsbach – für Frankreich eine schwere Herausforderung.

Kurköln bildete das Zentrum eines Kranzes von westfälischen Bistümern, die mit ihm zuweilen auch durch Personalunion verbunden waren. Münster löste sich mit der Wahl des Christoph Bernhard von Galen (1650–1678) von Köln und spielte dank seiner forcierten militärischen Stärke eine beträchtliche Rolle im deutschen Nordwesten; vor allem suchte sich Galen gegen den wachsenden niederländischen Einfluß zu stellen. Er brach 1661 die Selbständigkeitsbestrebungen der Stadt Münster – aber die militärischen Aktionen des streitbaren Bischofs gegen die Generalstaaten blieben ohne bleibende Ergebnisse. Sein Nachfolger Friedrich Christian von Plettenberg (1688–1706) vermochte die Bedeutung des Stifts zu behaupten, das zu einem Eckpfeiler der alten Kirche wurde, die sich auch in Paderborn, weniger in Hildesheim (wo es eine starke evangelische Minderheit gab) verfestigte. In Osnabrück wechselten sich gemäß den Bestimmungen des Westfälischen Friedens im sog. „Alternat" ein gewählter katholischer Bischof und ein evangelischer Administrator aus dem Hause Braunschweig-Lüneburg ab. Das Stift Lüttich hing ebenfalls eng mit dem wittelsbachischen Köln zusammen und stand damit immer wieder in einem Spannungsfeld mit den habsburgischen Spanischen Niederlanden.

Als Landesherr war Brandenburg-Preußen über Kleve, Mark und Ravensberg und das Stift Minden im Nordwesten präsent. Es konkurrierte am Niederrhein mit dem Hause Pfalz-Neuburg, das seinen Schwerpunkt von der Donau nach Düsseldorf verlegt hatte. Weiter südlich grenzte Kurköln an die beiden anderen geistlichen Kurfürstentümer. Auch sein Anrainer Kurtrier stand nach der französischen Intervention im Dreißigjährigen Krieg unter dem Druck des westlichen Nachbarn, der von 1673 bis 1675 die Stadt Trier besetzt hielt – dies begünstigte die Schwerpunktverlagerung des Kurstaats nach Koblenz.

Wie in Trier war das Domkapitel in Mainz reichsritterschaftlicher Herkunft; die kurmainzische Situation war jedoch günstiger. Mainz erlangte durch Johann Philipp von Schönborns Aktivitäten eine noch größere Bedeutung in der Reichspolitik. Schönborn suchte zunächst in Frankreich ein Gegengewicht gegen die als bedrohlich empfundene Übermacht des Kaisers – nach dem Holländischen Krieg (1672–1679) schwenkte der Prälat auf den Kaiser zurück; seine Nachfolger spielten in der Folge ebenfalls mit Wien zusammen, auch wenn sie immer wieder eine eigenständige Position zu halten und ein Gegengewicht gegen allzu forsch vorgetragene kaiserliche Ansprüche zu bilden trachteten. Dabei bestätigte sich erneut, daß die besondere Stellung des Kurfürsten von Mainz und Kurerzkanzlers nicht auf militärischer oder politischer Macht, sondern auf seiner Stellung in der Reichsverfassung beruhte, er also auf deren Funktionieren angewiesen war. Kurmainz war immer wieder mit dem benachbarten schwachen Bistum Worms, aber auch zeitweise mit Bamberg und Würzburg in Personalunion verbunden, vor allem durch die Bistumspolitik des Hauses Schönborn, die mit dem Episkopat Johann Philipps eingeleitet worden war.

Das Quartett der rheinischen Kurfürsten wurde vervollständigt durch die Kurpfalz, wo 1649 Kurfürst Karl Ludwig (bis 1680) die Regierung in einem verwüsteten und halbierten Territorium antrat. Neben einem erfolgreichen Wiederaufbau, verbunden mit einer betonten Toleranzpolitik, suchte der Pfalzgraf auch die überkommenen überterritorialen Rechte der Pfalz – in der inzwischen eindeutig territorial bestimmten Ordnung des Reiches ein Anachronismus – wieder herzustellen. Insbesondere aus dem sog. „Wildfangrecht", dem Anspruch auf alle Nichtseßhaften und alle illegitimen Kinder der Region, entstand ein Streit, der diese an den Rand des Krieges führte und erst 1667 durch den Heilbronner Schiedsspruch beigelegt werden konnte. Karl Ludwig mußte noch erfahren, daß die Kurpfalz unter den massiven Druck der französischen Expansionspolitik geriet und 1672/74 im Holländischen Krieg schwer mitgenommen wurde. Die nachfolgende Heirat seiner Schwester Elisabeth Charlotte mit dem Bruder Ludwigs XIV., dem Herzog Philipp von Orleans, gab dem französischen König den Vorwand zum Pfälzer Erbfolgekrieg (1688–1697), mit seinen verheerenden Folgen an Ober- und Mittelrhein. Bereits 1685 war das katholische Haus Pfalz-Neuburg in dem reformierten Territorium nachgefolgt. Damit war für die Kurpfalz mit Jülich-Berg der Verlust der Oberpfalz gleichsam ausgeglichen; allerdings schränkten die französischen Verwüstungen den Gewinn gleich wieder ein. Die Spannungen des katholischen Hauses mit den evangelischen Untertanen traten hinzu, die durch eine 1697 von Frankreich mit Hilfe des Kaisers im Friedensschluß von Rijswijk durchgesetzte Klausel zugunsten der katholischen Gemeinden weiter angeheizt wurden. Damit wurde auch der alte brandenburgisch-neuburgische Gegensatz neuerlich verschärft, da Brandenburg-Preußen in der Folge als Protektor der Pfälzer Protestanten auftrat. Insgesamt läßt sich zeigen, daß der französische Druck die Position der vier rheinischen Kurfürsten schwächte und daß demgegenüber die zwei bzw. drei nord- und ostdeutschen Kollegen vermehrt in den Vordergrund traten.

Die französische Gefahr machte sich auch in hohem Maße für den Oberrheinischen und den Schwäbischen Reichskreis bemerkbar, die zusammen mit dem Kurrheinischen und dem Fränkischen die Vorderen Reichskreise bildeten. Durch das Vorrücken Frankreichs waren neben der Kurpfalz und dem österreichischen Breisgau eine ganze Reihe weiterer Territorien Grenzländer geworden. Da Frankreich mit der Rheinlinie überdies eine günstige strategische Position gewonnen hatte, wurde die daraus resultierende Bedrohung ein ernstes Problem; die Verteidigung belastete in hohem Maße die Vorderen Reichskreise. Durch die Reunionspolitik Frankreichs gerieten linksrheinische Teile von reichsständischen Territorien unter französische Souveränität, die immer größere Teile des Elsaß erfaßte. So zerfiel das Bistum Straßburg in einen reichsunmittelbaren Teil und einen, der französischer Souveränität unterstand. Bezeichnenderweise folgte dort auf den Habsburger Erzherzog Leopold Wilhelm mit Bischof Franz Egon von Fürstenberg-Heiligenberg (1663–1682) ein französischer Parteigänger; die anderen Linien des Hauses Fürstenberg gehörten zur Klientel des Hauses Österreich, zumal sie auch böhmische und österreichische Güter besaßen. Die Zugehörigkeit zur Parteigängerschaft Österreichs vereinigte die Mehrzahl der Neufürsten, Grafen, Prälaten und Ritter Südwestdeutschlands, die sich 1690 anläßlich der Königswahl Josefs I. in Augsburg eindrucksvoll um den Kaiser versammelten. Das Aussterben der vorderösterreichischen Habsburger 1665 und der daraus resultierende Anfall Tirols hatten den Kaiser und seine traditionelle Klientel wieder enger zusammengeführt.

Die badischen Markgrafschaften waren ebenfalls zum Grenzland geworden – geteilt in das evangelische Baden-Durlach und das katholische Baden-Baden, waren sie nach dem Hin und Her des Dreißigjährigen Krieges wieder in ihren alten Grenzen restituiert worden. Baden-Durlach wechselte nach anfänglicher Anlehnung an Schweden in die kaiserliche Parteigängerschaft – Markgraf Friedrich Magnus (1677–1709) reorganisierte sein Territorium und siedelte hugenottische und waldensische Glaubensflüchtlinge an. Doch der Pfälzische Erbfolgekrieg ruinierte auch die badischen Markgrafschaften. Der katholische Markgraf Wilhelm von Baden-Baden (1622–1677) war mit dem Erzhaus eng verbunden und amtierte als kaiserlicher Kammerrichter in Speyer; sein nachgeborener Sohn Hermann, Ritter des Malteserordens, wurde Präsident des Hofkriegsrats in Wien und kaiserlicher Prinzipalgesandter in Regensburg; Hermanns Neffe und Protegé, Wilhelms Enkel und Nachfolger Ludwig Wilhelm (1677–1707), spielte eine ruhmreiche Rolle als kaiserlicher Generalfeldmarschall im Kampf gegen die Franzosen am Oberrhein und gegen die Türken („Türkenlouis"). Durch die Heirat mit der bedeutenden Augusta Sybille von Sachsen-Lauenburg erwarb er auch böhmische Besitzungen; seinem höfisch-absolutistischen Herrschaftsstil setzte er sich mit der Erbauung des Rastatter Schlosses ein bedeutendes Denkmal.

Auch das Herzogtum Württemberg bekam den verstärkten französischen Druck zu spüren. Herzog Eberhard III. (1628/33–1674) hatte das ruinierte Land wieder aufbauen lassen. Trotz kräftiger Ansätze zum Absolutismus blieb er auf die Hilfe seiner Stände angewiesen, deren starke Stellung durch den Krieg nicht beseitigt war. Auch Württemberg wurde Opfer der französischen Kriege. Wegen der Landesverteidigung kam es unter dem Administrator Friedrich Karl (1677–1693) mit den Ständen zu einem Konflikt um die Heeresmittel, der sich nach dessen Volljährigkeit unter Herzog Eberhard Ludwig (1693–1733) verstärkte; letzterer versuchte erneut die Durchsetzung eines landesfürstlichen Absolutismus, den er durch eine glanzvolle Hofhaltung unterstrich. Franzosengefahr und württembergische Führungsrolle im Schwäbischen Kreis verwiesen auf ein Arrangement mit dem Kaiser, der ja selbst als bedeutender Territorialherr in Südwestdeutschland mit den Problemen der Westgrenze konfrontiert war. Die Bistümer des Kreises, Konstanz und das größere Augsburg, waren mit Österreich eng verbunden.

Außer Württemberg bildete auch Kurbayern ein gewisses Gegengewicht gegen die habsburgische Stellung im Südwesten. Der neue Kurstaat hatte mit der Oberpfalz eine erhebliche Ausdehnung erfahren – damit war nicht nur die Kurpfalz aus dem bayerischen Raum verdrängt, sondern auch die Stellung des kleineren Pfalz-Neuburg stark relativiert worden. Bayerns „Großer Kurfürst" Maximilian I. hinterließ zudem eine sehr moderne Verwaltung. Sein Sohn, Ferdinand Maria (1651–1679), beendete die prokaiserliche Linie des Vaters und arrangierte sich unter der Regie seines bedeutenden Vizekanzlers Caspar von Schmid mit Frankreich. Sein Hauptmotiv war, gegen den wachsenden habsburgischen Druck ein Gegengewicht zu finden und Bayern einen Spielraum zu erhalten. Ferdinand Maria und Schmid betrieben auch eine absolutistische Politik nach innen und drängten den Einfluß der Stände weiter zurück. Als Ehemann einer savoyischen Prinzessin öffnete Ferdinand Maria Bayern vermehrt romanischer Kultur.

Sein Sohn Max Emanuel (1679–1726) schwenkte zunächst wieder auf den offensichtlich die Reichspolitik maßgeblich bestimmenden Kaiser Leopold I. zurück und besiegelte die neue Verbindung durch eine Ehe mit der Erzherzogin Maria Antonia, die ihm als Tochter der Infantin Margarethe Theresia Hoffnungen auf die Spanischen Niederlande eröffnete. Der ehrgeizige Kurfürst erntete in kaiserlichen Diensten Ruhm als Türkensieger, wenn auch unter beträchtlichen Opfern von Geld und Menschen. Der letzte spanische Habsburger übertrug 1691 tatsächlich dem Wittelsbacher die Statthalterschaft der Niederlande. Zugleich öffneten sich Hoffnungen auf das Erbe der gesamten spanischen Monarchie für Max Emanuels Sohn Josef Ferdinand, den Urenkel Philipps IV. – nun aber wurde deutlich, daß Österreich die Höhenflüge des unruhigen Nachbarn zu bremsen gewillt war. Der Tod Josef Ferdinands machte 1699 alles zunichte, aber Max Emanuel wandte sich nun von dem ihn enttäuschenden Kaiser ab und kehrte zur französischen Bündnispolitik des Vaters zurück, die auch sein Bruder Josef Clemens von Köln teilte. Sie führte ihn im Spanischen Erbfolgekrieg auf die französische Seite und seit 1704 in ein langes Exil nach Brüssel, wo er weiter als Statthalter wirkte. Bayern kam unter eine kaiserliche Okkupationsregierung, gegen deren harte Rekrutenaushebungen und Steuerleistungen sich 1705/06 eine Volkserhebung richtete. Erst 1714 konnte der Wittelsbacher zurückkehren, auch er ein Repräsentant des höfischen Absolutismus. Ferdinand Maria und Max Emanuel hatten nicht zu verhindern vermocht, daß Bayern in der zweiten Hälfte des 17. Jahrhunderts machtpolitisch immer stärker hinter Österreich zurückfiel. Dieses dominierte über Bayern im Erzbistum Salzburg und im Bistum Passau, während Regensburg und vor allem Freising als wittelsbachische „Hausbistümer" galten. Die Münchner Kurfürsten empfanden den Positionsverlust gegenüber Österreich schmerzlich; demgegenüber bedeutete die fortbestehende Hegemonialrolle im Bayerischen Kreis relativ wenig.

Kurbayern lag in einer politisch relativ ruhigen Zone, ebenso wie der Fränkische Reichskreis, in dem nach wie vor zwischen den beiden katholischen Bistümern Bamberg und Würzburg, den evangelischen hohenzollerischen Markgraftümern und der in ihrer Bedeutung nachlassenden, gleichfalls evangelischen Reichsstadt Nürnberg weiterhin ein relatives Gleichgewicht bestand. Der Fränkische Kreis hat wie der Schwäbische zur Stabilität der Verhältnisse im Reich beigetragen – wie dieser erfuhr er nach 1648 einen bedeutenden administrativen Ausbau. Die Bistümer Bamberg und

Würzburg waren 1675 bis 1683 durch Personalunion verbunden, Würzburg 1647 bis 1673 unter Johann Philipp von Schönborn mit Kurmainz, das unter Johann Philipps Neffen Lothar Franz von Schönborn wiederum 1695 bis 1729 mit Bamberg kombiniert war. Mit der inneren Stabilität des Fränkischen Reichskreises verband sich eine ausgeprägte Kaisertreue, der gegenüber bei den Markgraftümern die hohenzollerische Solidarität immer noch nur eine begrenzte Rolle spielte. Deutliche Ansätze zum Absolutismus zeigten sich in den geistlichen wie in den weltlichen Fürstentümern – auch die Bischöfe bemühten sich, den Einfluß der Domkapitel zurückzudrängen, den diese wiederum in Wahlkapitulationen festzuschreiben trachteten.

Eine ähnliche Situation zeigte sich im hessisch-thüringischen Raum, der zum Oberrheinischen bzw. zum Obersächsischen Reichskreis gehörte. Der scharfe Konflikt zwischen den beiden Landgrafschaften, dem reformierten Hessen-Kassel und dem lutherischen Hessen-Darmstadt, wurde 1648 durch den Einigungsvertrag beendet, ohne daß man sich danach besonders annäherte. In Darmstadt wurden durch die glanzvolle Hofhaltung des Landgrafen Ernst Ludwig (1688–1739) die Fundamente einer Schuldenkatastrophe gelegt, während Hessen-Kassel trotz der schweren Kriegslasten ein schneller Wiederaufstieg gelang. Wilhelm VI. (1652–1663), Sohn der Landgräfin Amelie Elisabeth, und nach ihm seine Gemahlin Hedwig Sophie, die Schwester des Großen Kurfürsten, in Vormundschaft für ihre minderjährigen Söhne Wilhelm VII. und Karl, bauten die landesfürstliche Autorität aus, ohne die Stände zu verdrängen. Vor allem Landgraf Karl (1677–1730) knüpfte mit dem Wiederaufbau des stehenden Heeres an die großen militärischen Traditionen seiner Dynastie an. Anders als im Dreißigjährigen Krieg aber entzog sich auch der Kasseler Landgraf nicht ganz dem Sog des wiedererstarkenden Kaisertums. Dies hinderte ihn nicht, nach 1685 in großem Stil Hugenotten aufzunehmen. Als armierter Reichsstand in der Mitte Deutschlands gehörte der Kasseler Landgraf zu den stärkeren der deutschen Mittelstaaten. Die Nebenlinie Hessen-Rheinfels konvertierte 1652 zur katholischen Kirche, um sich gegen die Hauptlinie das Wohlwollen Wiens zu sichern, und erschloß sich damit die Pfründen der Reichskirche.

Die thüringischen Ernestiner fanden nicht mehr zu einer territorialen Einheit zusammen. Ihre zersplitterten Länder waren gekennzeichnet durch eine starke Stellung der Stände und durch einen lutherisch geprägten patriarchalischen Herrschaftsstil, für den insbesondere die vorzügliche Administration des Herzogs Ernst des Frommen von Sachsen-Gotha (1640–1675) steht, in dessen Territorium eine Fülle von administrativen Modernisierungen auf allen Gebieten stattfand. Bezeichnenderweise war es sein Kanzler, der fränkische Reichsritter Veit Ludwig von Seckendorff (1626–1692), der bald nach dem Dreißigjährigen Krieg ein vielgelesenes Handbuch der Verwaltung, den „Teutschen Fürstenstaat“ (1656), veröffentlichte. Ernst der Fromme unterteilte aus seiner patriarchalischen Auffassung heraus sein Gebiet in mehrere Linien, so daß es nach 1709 nicht weniger als zehn wettinische Territorien in Thüringen gab. Ähnlichen Teilungstendenzen unterlagen die kleineren Häuser Schwarzburg und Reuß, die 1697 bzw. 1763 in den Reichsfürstenstand erhoben wurden, so daß die Kleinsplitterung für Thüringen typisch wurde. Die Sonderrolle von Erfurt, mit seiner quasi-reichsstädtischen Stellung, fand ihr Ende, als der Mainzer Kurfürst Johann Philipp von Schönborn energisch den Erfurter Ansprüchen entgegentrat und 1664 die Stadt mit Hilfe französischer Truppen unterwarf.

Die Reichsgrafen verloren an Bedeutung. Die meist katholischen Schwäbischen und die meist lutherischen Fränkischen Grafen blieben in enger Verbindung zum Kaiser, dem sich auch die katholischen Teile der Westfälischen annäherten. Alle Grafenhäuser erfuhren durch den Westfälischen Frieden eine erhebliche territoriale Stabilisierung. Die meist reformierten Wetterauischen Grafen, vor dem Krieg eine der dynamischen Kräfte der Reichspolitik, gerieten in ruhigeres Fahrwasser – nachdem einige reformierte Grafen während des Dreißigjährigen Krieges als Rebellen ihrer Territorien entsetzt und dann wieder restituiert worden waren. Das wichtigste Haus Nassau verlor in beiden Hauptlinien durch vielfältige Teilungen an Bedeutung, obwohl in den Fürstenstand erhoben – zwei Linien waren sogar katholisch geworden und hatten sich im Krieg dem Kaiser angenähert; daraus resultierten fortgesetzte territoriale und dynastische Spannungen. Die reformierten Linien behielten ihre engen Beziehungen zu den oranischen Verwandten.

Das Schicksal der Reichsgrafen spiegelte das aller Mindermächtigen, die immer mehr hinter die Stärkeren zurückfielen. Nur wenige Häuser konnten auch nach dem Dreißigjährigen Krieg repräsentative Residenzen errichten – dafür strebten sie nach der Reichsfürstenwürde, oft ohne Sitz und Stimme auf dem Reichstag, und versanken in Schulden, um die neue Rolle standesgemäß spielen zu können. Eine bedeutende Stellung gewannen einzelne Grafen in Diensten größerer Fürsten: Adam von Schwarzenberg, Johann VIII. von Sayn-Wittgenstein-Hohenstein oder Georg Friedrich von Waldeck bei Kurbrandenburg – von den zahlreichen Grafen in kaiserlichen Diensten ganz zu schweigen.

Auch die Reichsritter hatten dank des Westfälischen Friedens ihre prekäre territoriale Lage absichern können. Wie die Grafen aber mußten sie die erheblichen Kosten einer reichsunmittelbaren Existenz auf zu schmaler Basis tragen. Auch für die Reichsritter, die konfessionell unterschiedlich orientiert blieben, war die Attraktion der Fürstenhöfe und des Fürstendienstes beträchtlich – viele Familien standen unter einem erheblichen Schuldendruck, der oft aus dem Dreißigjährigen Krieg übernommen war. Nach wie vor war jedoch das Verhältnis zu den mächtigen Landesherren zwiespältig, so daß man auf den alten Rückhalt beim Kaiser angewiesen war. Aber auch hier gab es Irritationen, so daß man immer wieder eine Alternative suchte: eine Anlehnung an die geistlichen Fürsten oder aber Sitz und Stimme auf dem Reichstag, wo freilich gegen das Übergewicht der Fürsten wenig auszurichten gewesen wäre. Der kaiserliche Schutz war durch nichts ersetzbar.

Desgleichen verloren die Reichsstädte an Bedeutung. Sie gerieten unter den Druck der benachbarten Territorialwirtschaften, die für sie bedrohlich ausgebaut wurden: Aus diesen Gründen setzte auch der anhaltende Niedergang Nürnbergs nach dem Dreißigjährigen Krieg ein. Andere Städte behielten oder steigerten ihre Bedeutung: Augsburg, Frankfurt oder Köln als Bankplätze, in geringerem Maße Ulm oder Aachen. Kleinere Städte wie Memmingen oder Schwäbisch Hall konnten einen gewissen Wohlstand durch eine günstige Handelslage oder durch besondere wirtschaftliche Voraussetzungen behaupten. Insgesamt freilich machten sich in vielen Städten schwere Finanzkrisen, zuweilen auch die Diskrepanz zwischen öffentlicher Armut und privatem Reichtum der oligarchisierten Oberschicht bemerkbar, so daß es zu Unruhen kam, die den Städten kostspielige kaiserliche Kommissionen auf den Hals zogen. Die kritische Lage kontrastierte mit dem Anspruch der Magistrate, eine quasi-absolutistische Rolle zu spielen – selbst der Magistrat einer kleinen Stadt wie Weil der Stadt in Schwaben mit nicht einmal 300 Bürgern erhob um 1670 den Anspruch der (mißverstandenen) „Souveränität" gegenüber der Gemeinde.[57] Mit dieser Situation korrespondierte ein weiterer Bedeutungsverlust des reichsstädtischen Corpus in der Reichsverfassung; der Städtetag, die Versammlung aller Reichsstädte, verschwand schon 1671 bzw. 1672, weil er mit dem „Immerwährenden Reichstag" zu Regensburg seine Funktionen eingebüßt hatte.

Ohne Zweifel war der Vorsprung der größeren Reichsstände vor den kleineren durch den Dreißigjährigen Krieg erheblich gesteigert worden: Sie konnten die Krise finanziell besser verkraften, hatten sich als „armierte" Reichsstände ein stehendes Heer zugelegt und damit einen eigenen Handlungsspielraum behauptet. Dies mußte unmittelbare Konsequenzen für das System des Reiches haben.

Eine Barriere gegen die Machtgelüste der Größeren bildete das Rechtssystem des Reiches im Gefolge des Westfälischen Friedens – zu ihrem wirksamen Schutz aber bedurften die Kleineren mangels eigener Möglichkeiten der Institutionen von Kaiser und Reich. Die Entschärfung der konfessionellen Konflikte durch den Westfälischen Frieden erleichterte es nun auch den kleineren evangelischen Reichsständen, sich an das Reichsoberhaupt anzulehnen – obgleich die Katholizität des Wiener Hofes weiterhin mit katholischen Präferenzen korrespondierte. Die kaiserlichen Einflüsse wirkten nirgendwo so stark wie in den zersplitterten Kerngebieten des Reichsverbandes, wo sich die österreichische Klientel seit alters konzentrierte. Das Reichsoberhaupt konnte diesen Einflußbereich noch weiter ausbauen; aber auch das Gesamtgefüge des Reiches hatte sich seit dem Dreißigjährigen Krieg verändert.

Der wachsende Druck der Größeren auf die Kleineren wurde zu einer neuen Konstante; ältere regionale Kräftefelder, für die die Reichskreise den Rahmen abgegeben hatten, veränderten sich dadurch – und mit ihnen auch die politische Landschaft des Reichsverbandes. Dabei war eine wesentliche Folge der schwedischen bzw. französischen Intervention die Beseitigung der kaiserlichen Präsenz im Norden und ein aufkommender französischer Einfluß im Westen.

Aus der Perspektive der kaiserlichen Einflußmöglichkeiten stellen sich mehrere Zonen dar. Norddeutschland sah, bei raschem Rückgang der schwedischen Machtstellung, den Aufstieg Brandenburg-Preußens, das vor allem mit Kursachsen und dem ebenfalls aufkommenden Kurhannover konkurrierte. Hier war der kaiserliche Einfluß relativ schwach. Stärker war er bereits im Westen mit seinen katholischen Territorien, wo sich das Haus Pfalz-Neuburg, seit 1685 im Besitz der Pfälzer Kurwürde, stark an das Kaiserhaus anlehnte, was auch für die geistlichen Territorien galt – außer Kurköln, das immer wieder der bayerischen Politik folgte. Dafür setzte sich unter dem katholischen Hause Neuburg, das durch die Heirat Leopolds I. mit der Neuburgerin Eleonore 1676 dem Reichsoberhaupt auch familiär verbunden war, der alte innerwittelsbachische pfälzisch-bayerische Gegensatz fort.

Der neue französische Einfluß im Reich stützte sich auf die 1648 gewonnene Position, auf die neue Grenze am Rhein. Das bedeutete nicht nur vermehrten Druck auf die Westgebiete, sondern auch verstärkte Einwirkungsmöglichkeiten innerhalb des Reiches – so entstand ein französisch-habsburgisches Kräftefeld in Süddeutschland, das kleineren Territorien einen gewissen Spielraum zwischen Kaiser und Frankreich bot. Die vorzügliche französische Diplomatie, wenngleich nicht ohne Schwächen, vermochte es durchaus, die Intentionen des Reichsoberhauptes zu stören. Eine besondere Rolle spielte dabei Bayern. Andererseits mobilisierte der sich verstärkende französische Druck am Rhein die „Vorderen Reichskreise", deren militärische Aufgaben immer größer wurden. Dagegen bildete das „Innere des Reiches" eine Zone der Ruhe und Stabilität: Franken (das allerdings auch zu den Vorderen Reichskreisen zählte), Hessen, Thüringen, wo der kaiserliche Einfluß vordrang. Die Schwäche des Reichsoberhauptes lag darin, daß sich seine Mitgestaltungsmöglichkeiten im Norden in Grenzen hielten, auch wenn die Ständekonflikte in Ostfriesland oder Mecklenburg immer wieder den Reichshofrat mobilisierten. Gleichwohl konnte das Reichsoberhaupt im Norden nur mittelbar einwirken.

Diese regionalen Gruppierungen wurden überlagert durch den Verrechtlichungsprozeß des Reiches, der zur Vereinheitlichung des Reichsverbandes beitrug, aber auch gegen die eigentlichen Intentionen des Westfälischen

Friedens die kaiserliche Stellung begünstigte. Die Kaiserferne des Nordens, die Distanz zu dessen evangelischen Kurfürsten und zu Schweden und Dänemark wurde noch durch die Katholizität Wiens unterstrichen. Während also Kurbrandenburg und auch Kurhannover zu den Gewinnern zählten, waren in gewisser Weise Kurbayern und Kursachsen die Verlierer, die beide in ihren Entwicklungsmöglichkeiten eingegrenzt blieben. Bayern war eingekeilt zwischen österreichischem Besitz, Sachsen zwischen den habsburgischen Ländern Böhmen und Schlesien einerseits und Kurbrandenburg andererseits.

Der restaurative Charakter des Westfälischen Friedens hatte die traditionellen Strukturen der Reichsverfassung wiederhergestellt und nur geringfügig modifiziert. Ausdrücklich hatte er die Wiederherstellung, die „Redintegration", der Reichskreise vorgesehen – sie wurde vor allem in den vielgestaltigen Kreisen, in Schwaben und Franken, am Oberrhein und in Westfalen, auch in Niedersachsen, entschlossen durchgeführt. Der Bayerische Reichskreis lebte weiter und wurde von Kurbayern beherrscht; der Obersächsische scheint durch die brandenburgisch-sächsische Rivalität zum Erliegen gekommen zu sein, während der Kurrheinische eine Renaissance erfuhr. Der Österreichische Kreis war weitgehend mit den deutschen Erblanden Habsburgs, der Burgundische mit den Spanischen Niederlanden und der Freigrafschaft Burgund identisch. Der Schwäbische, Fränkische und Oberrheinische Kreis, die sog. Vorderen Reichskreise, wurden nicht nur durch den französischen Druck zu militärischen Leistungen genötigt – auch die wachsenden Probleme eines komplizierter werdenden Zusammenlebens beanspruchten vermehrt die Kreise, die die Koordination einer Vielzahl von Territorien übernahmen: Fragen der Polizei, Handel, Münze, Zoll, Gewerbe, Straßenbau wurden gemeinsam geregelt – eine Entwicklung, die sich dann im 18. Jahrhundert noch wesentlich verstärkte. Allerdings war der Ausbau der Kreisorganisationen ganz ungleichmäßig. Der Kaiser war in den Kreisen an sich nicht präsent, als Folge der Ausgliederung der habsburgischen Besitzungen. Es gab allerdings durch spätere Erwerbungen Ausnahmen, die vor allem den Schwäbischen Kreis betrafen. Seit dem späteren 17. Jahrhundert suchten vermehrt kaiserliche Gesandte die einzelnen Kreise auf, auch wenn sich noch kein ständiges Gesandtschaftswesen entwickelte.

Es war schon die Rede davon, daß auch die Institutionen der Reichsverfassung durch den Westfälischen Frieden wiederhergestellt wurden. Der erste Reichstag nach dem Krieg war zugleich der letzte, der mit einem Abschied endete (1653/54), denn der 1663 ebenfalls in Regensburg zusammengetretene Reichstag vertagte sich nicht mehr; er schob die anstehenden Probleme, z. B. das Projekt einer permanenten Wahlkapitulation des Kaisers, hinaus – so kam es zu keinem Abschied mehr. Der Reichstag verharrte in der Reichsstadt Regensburg, wegen ihrer Lage zwischen Wien und den Kerngebieten des Reiches und auch wegen der Versorgung mit

Nahrungsmitteln; die Stadt wurde fortan stark vom Reichstag geprägt. Die überkommenen Beschlußmechanismen behielt man bei; lediglich an die Stelle des Reichsabschieds trat der Reichsschluß. Die Permanenz des Reichstags führte dazu, daß die Entwicklung von einer Versammlung persönlich anwesender Fürsten zu einem Gesandtenkongreß nunmehr abgeschlossen wurde, was übrigens auch dem höfischen Stil und der Überhöhung der Fürsten entsprach. Daraus folgte, daß Stimmführerschaften entstanden, d. h. daß größere Stände die Stimmen kleinerer mitversahen. Noch wichtiger war die Stimmenkumulation der großen Reichsstände durch ihre Nebenlande, ein bislang viel zu wenig beachtetes Phänomen, das vor allem den Protestanten zugute kam (G. Haug-Moritz).[58] In beiden Fällen verstärkten sich ältere Tendenzen.

Der Kaiser war durch seinen Prinzipalkommissar, aber auch durch den österreichischen Gesandten im Fürstenrat, seit 1708 auch durch den böhmischen im Kurfürstenrat vertreten. Wichtig blieb weiterhin das Zusammenspiel mit dem Kurerzkanzler Mainz als dem Herrn der Geschäftsordnung – der Mainzer konnte damit die reichspolitischen Ziele Wiens befördern, aber auch torpedieren. Der Reichstag war ein schwerfälliges Instrument altständischer Konsensfindung, sollte aber keineswegs gering geachtet werden, wie jüngst die Forschungen von Anton Schindling gezeigt haben.[59] Er war eine Stätte des Ausgleichs, des Interessenaustausches, die der kaiserlichen Politik durchaus Spielraum und Möglichkeiten eröffnete. Auch war der Reichstag keineswegs ineffektiv – trotz aller Mängel hatte die Defensionalordnung von 1681, die sog. „Reichskriegsverfassung", vom Kaiser veranlaßt, ihre Bedeutung für die Reichskriege gegen Frankreich, auch wenn sie durch die Selbständigkeit der armierten Stände immer wieder durchlöchert wurde.

Eine besondere Konsequenz hatte die Bestimmung des Westfälischen Friedens, daß in den Fragen, die die Religion berührten, der Reichstag in zwei Teile auseinandertreten sollte, die später als „Corpus Catholicorum" und „Corpus Evangelicorum" bezeichnet wurden. Gabriele Haug-Moritz hat nachgewiesen, daß das Corpus Evangelicorum seinen Ausgangspunkt in der von Kurbrandenburg angeführten Fürstenopposition der 1650er Jahre hatte und erstmals 1697 gegen die „Rijswijker Klausel" als Ganzes hervortrat. Um die Jahrhundertwende trat immer deutlicher zutage, daß die im Westfälischen Frieden den Protestanten zugestandene, allerdings in ihrem Umfang nicht weiter spezifizierte Verfahrensparität, die „Itio in Partes", mit der tradierten Stellung des Kaisers in der Reichsverfassungsordnung und den ihm daraus erwachsenden Machtchancen nicht in Einklang zu bringen war. Die Protestanten mußten danach trachten, ihrer politischen Defensive offensiv zu begegnen und möglichst viele Vorgänge als religiös bedingt zu bezeichnen, auch um ein „gesamtprotestantisches Bewußtsein" zu schaffen, das die Voraussetzung konfessioneller Politik war. Dagegen mußte der Kaiser die Zahl der religiös bedingten Traktanden möglichst niedrig halten. Während das Corpus Evangelicorum die Autonomie seiner Entscheidungsfindung betonte, verfocht der Kaiser – sich auf die Wurzeln dieser ständischen Versammlung berufend – die Einheit des Reichstags.[60]

Hier spiegelte sich ein strukturelles Problem der Reichsverfassung. Zwar hatte der Westfälische Friede die Parität der Konfessionen, also auch die Gleichberechtigung im Reich, festgelegt, aber der Besitz der Kaiserwürde gewährte doch der katholischen Seite entscheidende Vorteile, die immer wieder das Mißtrauen der Protestanten hervorriefen. Dieses galt vor allem der Jurisdiktion des Reichshofrats, der in Konkurrenz zum Reichskammergericht stand: Alle Versuche, im Gefolge des Westfälischen Friedens die Aktivitäten des Reichshofrats einzuschränken und seine Besetzung festzulegen, konterkarierte die Wiener Politik mit gutem Grund, sosehr sie sich sonst auf den Boden des Friedens stellte – die Reichshofratsordnung von 1654 wurde ohne jegliche Mitwirkung der Reichsstände erlassen, aus der bloßen Autorität des Kaisers heraus. Der dem kaiserlichen Hof angehörende Reichshofrat erwies sich als das überlegene der beiden obersten Reichsgerichte, schneller agierend, auch finanziell besser abgesichert. Er drängte das Reichskammergericht in die Defensive, zumal als dieses in Speyer zunehmend unter den Druck der französischen Bedrohung geriet und 1689 im Gefolge des Pfälzer Krieges seinen bisherigen Sitz verlassen und nach Wetzlar verlegt werden mußte, wo es erst 1693 seine Arbeit wieder aufnahm. Das Reichskammergericht wurde von den Reichsständen finanziert; seine Geschäftsordnung wurde wiederholt zur Prozeßverschleppung mißbraucht. Natürlich erfaßten die fortbestehenden konfessionellen Probleme auch die obersten Reichsgerichte – der Reichshofrat war wichtiger für die Katholiken und den Süden, das Reichskammergericht für die Protestanten und den Norden, so daß sich auch hier dessen größere Kaiserferne ausformte. Weitere zentrale Institutionen außerhalb Wiens gab es nicht.

Die Trennung von Reichstag und Reichskammergericht vom kaiserlichen Hof war eine deutsche Spezialität – so wurde der kaiserliche Hof ihr eigentliches Widerlager. So sehr Reichshofrat und Reichshofkanzlei die eigentlichen Organe der kaiserlichen Reichspolitik waren, so sehr hat der Wiener Hof als Ganzes die Reichsangelegenheiten mitbehandelt; die Jurisdiktion des Reichshofrats half mit, um die kaiserliche Einflußnahme in den Territorien sicherzustellen – zumal der Reichshofrat die eigentlich politischen Prozesse mehr und mehr an sich zog: die Konflikte der Landesherren mit ihren Ständen, mit ihren Untertanen, mit Korporationen im Land, innerhalb der Reichsstädte, zwischen den Konfessionen, Schuldenangelegenheiten, Auseinandersetzungen innerhalb der Dynastien. Der Reichshofrat hätte sich selbst mattgesetzt, hätte er eine rein politische Jurisdiktion im Interesse des kaiserlichen Einflusses praktiziert. Aber er war doch ein wichtiges Vehikel kaiserlicher Wirkungsmöglichkeiten. Die Stände ihrerseits unterhielten Agenten in Wien, die nicht nur die Prozesse betrieben – sie schickten zudem immer wieder Gesandte zum Reichsoberhaupt. Die kaiserlichen Rechte wurden von Wien aus wahrgenommen, selbst wenn man sie immer wieder in die Dienste der Erblande stellte. Die kaiserlichen Vorrechte halfen Wien auch, sich gegenüber der relativ gut organisierten und ausgreifenden Diplomatie Ludwigs XIV. zu behaupten. Nur allmählich entwickelte sich zu Ende des 17. Jahrhunderts ein kaiserliches Gesandtschaftswesen, beginnend mit Kontakten zu den auswärtigen Großmächten.

Der Kaiser verfügte überdies weiterhin über Reservatrechte, die allerdings teilweise an die Zustimmung der Kurfürsten gebunden waren: Er konnte Standeserhebungen vornehmen, Privilegien erteilen, Exemtionen bewilligen und anderes mehr. In der höfisch geprägten, barocke Pracht liebenden Adelsgesellschaft des Reiches war gerade das kaiserliche Recht auf Standeserhöhungen sehr wichtig, auch wenn die Aufnahme in den Reichstag an dessen Zustimmung gebunden war; die Schuldenregulierung der kleineren Reichsstände, die der Kaiser durch Moratorien vor ihren Gläubigern schützen konnte, bot in der Zeit der allgemeinen Finanzkrise erhebliche Möglichkeiten der Einflußnahme. Die angebliche Schwäche der kaiserlichen Position nach 1648 erweist sich somit als Legende. Der Westfälische Friede mit seinen weitgehenden ständischen Freiheitsrechten blieb ein Programm, das nur wenige Fürsten ausfüllen konnten – hier fand eine ausgreifende kaiserliche Politik ihren Spielraum.

IV. Das Reich zwischen Türken und Franzosen

1. Im Zeichen der französischen Hegemonie

a) Die Nachbarn des Reiches

Der Westfälische Friede hatte jene Internationalisierung der deutschen Politik untermauert, die der Dreißigjährige Krieg so sehr beschleunigt hatte. Fortan wirkten sich die Wellenschläge der internationalen Ereignisse verstärkt auf den Reichsverband aus, der freilich durch sein lockeres Gefüge auch als Puffer zwischen den west- und den osteuropäischen Mächten wirkte. Der Kaiser war zunächst auf die österreichischen Erblande zurückgedrängt worden, wo schnell die Türkengefahr virulent wurde. Das Reich aber blieb dem verstärkten Druck Frankreichs ausgesetzt, das seit dem Dreißigjährigen Krieg zur wichtigsten Komponente des europäischen Kräftespiels geworden war. Den vielleicht größten Erfolg Kardinal Mazarins im Westfälischen Frieden bedeutete die Sprengung der schon lange brüchigen habsburgischen Einheitsfront. Daß nach 1648 das schwer angeschlagene Spanien den Krieg gegen Frankreich allein weiterführen mußte, führte einerseits zur weitgehenden Zerstörung der alten Einheit der Casa de Austria, jenes Alptraums der französischen Politik. Der fortdauernde französisch-spanische Krieg mußte jedoch andererseits die Westgrenzen des Reiches in Mitleidenschaft ziehen.

Auch nachdem Spanien 1648 mit den Niederländern Frieden geschlossen und deren Unabhängigkeit anerkannt hatte, stand es mit dem Rücken zur Wand. Den Krieg fortzusetzen blieb auch deshalb prekär, weil in Spanien seit 1646 die Dynastie allein von dem Schicksal Philipps IV. abhing. Der Thronfolger Karl II., unglückliches Produkt der andauernden habsburgischen Verwandtenehen, wurde erst 1661 geboren und blieb zudem bei schwacher Gesundheit, so daß gleichsam ganz Europa auf seinen Tod wartete.

Schon gegen Ende des Krieges hatte die Überforderung der spanischen Monarchie zu Aufstandsbewegungen in Katalonien (1640), Portugal (1640), Andalusien (1641) und Neapel (1647) geführt, aus denen der zeitweilige Abfall Kataloniens und die dauernde Unabhängigkeit Portugals folgten. 1643 war der Conde-Duque Olivares gestürzt worden, der letzte Exponent innerer Reformen und erneuerter Großmachtstellung. Die Anstrengungen des weitergehenden Krieges überlagerten sich seit längerem mit den erheblichen wirtschaftlichen Krisenerscheinungen, die durch das überseeische Reich weniger beseitigt als verstärkt wurden. Das transatlantische Imperium lag immer ungeschützter dem Zugriff der protestantischen Seemächte offen: bis 1648 den Niederlanden, nach 1655 England, das auf Frankreichs Seite in den Krieg eintrat. Spaniens Schwäche zeigte sich auch in fortdauernden territorialen Verlusten an Frankreich. Die Randprovinzen gerieten immer stärker außer Kontrolle, wie die Aufstandsbewegungen zeigten. Bedenklich war, daß der wirtschaftliche Aufschwung nach 1648 kaum die Kernprovinz Kastilien betraf.

Auch Frankreich mußte die schwere Krise der Fronde (1648–1653) überwinden, nachdem es seinen Erfolg aus dem Dreißigjährigen Krieg hatte einbringen können. Die Fronde richtete sich gegen Kardinal Jules Mazarin, den Nachfolger Richelieus, und bildete den Abschluß einer ganzen Reihe von Volkserhebungen. Die unterschiedlichsten Kräfte im Land – die Prinzen von Geblüt, der hohe Adel, die hohen Gerichtshöfe („die Parlamente"), die Stadtbürger – fanden sich in der Opposition gegen den werdenden französischen Absolutismus. Es war das große Glück der Monarchie, daß die heterogenen Kräfte auf eine längere Zeit nicht zusammengehalten werden konnten. Das drohende Chaos führte schließlich zur Rückkehr Mazarins und zur Wiederherstellung der Macht der Krone: Frankreich konnte den Spanischen Krieg erfolgreich zu Ende führen.

Der junge König Ludwig XIV. – 1651 volljährig geworden – blieb geprägt von den Eindrücken der Fronde, die ihn bestärkten in der Durchsetzung eines absolutistischen Regierungsstils, für den er in ganz Europa zum Symbol wurde. Nach dem Tode Mazarins 1661 verzichtete Ludwig XIV. auf einen neuen ersten Minister; er machte den Hof zu einer Stätte der Domestizierung des Adels, modernisierte die königliche Finanzverwaltung und trieb in bisher nie gekannter Weise eine planmäßige Wirtschaftspolitik, für die der Name Jean Baptiste Colbert (1619–1683) stand. Der Merkantilismus fand seine früheste und stärkste Anwendung in Frankreich, wo durch die staatliche Förderung Handel und Gewerbe einen beharrlichen Aufstieg nahmen. Auch die darniederliegende Kriegsmarine baute Colbert auf, während Michel Le Tellier (1603–1685) und vor allem sein Sohn, der Marquis de Louvois (1641–1691), die Schöpfer der schlagkräftigsten Armee Europas wurden. Der Festungsbaumeister Sébastien le Piestre de Vauban (1633–1707) sicherte Frankreich zwischen 1678 und 1697 mit einem machtvollen Festungsgürtel, der mit Hüningen, Neubreisach, Landau und Saarlouis auch gegenüber den Reichsgrenzen ausgebaut wurde.

All das bildete das Fundament einer machtvollen Außenpolitik. Hier hat die französische Diplomatie richtungweisend gewirkt, indem sie die Möglichkeiten von Finanzen, Wirtschaft und Armee planmäßig einsetzte, geleitet von einer ganzen Reihe hervorragender Außenminister. Geradezu vorbildhaft wurde das Netz diplomatischer Vertretungen, die auch Wirtschaftspolitik betrieben; die Berichte der Gesandten mit ihrem hohen Maß an politischer Rationalität waren mustergültig; diese bemühten sich auch um ein gut ausgebautes Spionagesystem und eine unermüdliche Propaganda; hinzu kam eine ausgeklügelte Subsidienpolitik gegenüber potentiellen Verbündeten, die sich mit der Bestechung leitender Minister verband: Subsidien haben gleichermaßen der Große Kurfürst, die Kurfürsten von Hannover und Sachsen und nicht zuletzt Max Emanuel von Bayern erhalten. Die französische Diplomatie wirkte stilbildend, auch wenn sie durchaus, wie neuere Forschungen zeigen, ihre Grenzen hatte. Sie stand im Dienste einer expansiven Politik, welche durch juristisch geschickt formulierte Ansprüche und durch harte Gewalt, für die vor allem der Name Louvois stand, geprägt war. Andererseits hat das hohe Niveau französischer Verwaltungskunst die schnelle Integration neugewonnener Provinzen in das Königreich gefördert. Der selbstsichere Ludwig XIV. wurde jedoch durch die Erfolge seiner Politik schließlich dazu verführt, seine Möglichkeiten zu überschätzen – in einer „Epoche der Maßlosigkeit (1679–1696)“[61]. Diese Maßlosigkeit mobilisierte schließlich ebenso den Abwehrgeist der bedrohten Staaten, wie sie zunehmend die Ressourcen Frankreichs überforderte – und sie leitete so den Niedergang ein.

Obwohl die Republik der Vereinigten Niederlande dem „Sonnenkönig“ als der offenkundige Hauptgegner galt, hat der französische Druck auch die Reichspolitik auf das stärkste berührt, nachdem der spanische Einfluß erheblich zurückgegangen war. Neben dem Erwerb der österreichischen Besitzungen im Elsaß, die Frankreich in der Folge mit allen juristischen und politischen Mitteln zu erweitern trachtete, lag Lothringen im Visier der französischen Politik. Herzog Karl IV. (III.) (1624–1675), der sich auf die Seite des Kaisers geschlagen hatte, war schon 1634 von Ludwig XIII. vertrieben worden, trat zuerst in kaiserliche, dann in spanische Dienste und wehrte sich mit aller Kraft gegen den Verlust seines Landes. Ebenfalls kaiserlicher General und schließlich sogar Sieger in der Türkenschlacht vor Wien 1683 wurde sein Neffe und Nachfolger Karl V. (IV.) von Lothringen (1675–1690), der die Restitution seiner Heimat im Frieden von Rijswijk 1697 nicht mehr erlebte. Unverkennbar hatte der französische König seine Hand auf dieses überwiegend französisch-sprachige Territorium des Reiches gelegt, das allerdings dem Reichsverband nur locker verbunden war.

Locker verbunden waren dem Reich auch die Spanischen Niederlande. Die Ernennung des Erzherzogs Leopold Wilhelm zum Generalstatthalter 1646 schien noch einmal die Einheit des Hauses Österreich und die spanische Autorität zu stärken, zumal Frankreich gleichzeitig durch die Fronde geschwächt wurde. Nach ihrem Ende konnte es jedoch die Initiative zurückgewinnen; 1654 markierte die Eroberung von Arras durch Marschall Turenne die Wende des Krieges. Im Pyrenäenfrieden von 1659 büßte Spanien nicht nur die Grafschaft Roussillon in den Pyrenäen, sondern auch das zu den Niederlanden gehörende Artois ein. Die Spanischen Niederlande wurden immer wieder zum Schlachtfeld gegen Frankreich – und es gab fortgesetzt territoriale Verluste.

Seit den 1670er Jahren war die französische Bedrohung für das Reich offenkundig – bis dahin überwog die Furcht vor einem starken Kaiser jene vor Frankreich, das sich im Geist des Westfälischen Friedens zum Anwalt der „deutschen Libertät" gemacht hatte und zugleich erfolgreich seine Diplomatie und sein Geld einsetzte. Seine Zurückdrängung war schließlich eine wichtige Konsequenz des Wiederaufstiegs der kaiserlichen Macht, aber Frankreich blieb bis zum Ende des Jahrhunderts ein bedeutender Mitspieler im Reich, das nur aus der Defensive heraus handeln konnte.

Ein weiterer Tummelplatz der französischen Diplomatie war die Schweizer Eidgenossenschaft; sie hatte sich aus dem Dreißigjährigen Krieg heraushalten können – trotz vielfältiger Spannungen zwischen den katholischen und den evangelischen Kantonen. Der Baseler Bürgermeister Rudolf Wettstein (1594–1666) konnte auf dem Westfälischen Friedenskongreß die faktische Unabhängigkeit der Schweiz vom Reich festschreiben lassen. Die Kantone waren weiter nur locker in der Tagsatzung zusammengefaßt. Nach wie vor bestanden Beziehungen zum Reich – als dessen Fürsten sich die Bischöfe von Chur und Basel sowie der Fürstabt von St. Gallen fühlten. Wiederholte Auseinandersetzungen erschütterten die Republik in den Alpen. Hatte das Land vom Dreißigjährigen Krieg wirtschaftlich stark profitiert, so löste die nachfolgende Krise den Bauernkrieg von 1653 aus, der, von Luzern ausgehend, weite Teile der Eidgenossenschaft ergriff. Diese schwere Herrschaftskrise konnte aber von den verbündeten Obrigkeiten mit harter Hand überwunden werden. Die fortdauernden Konfessionsprobleme führten drei Jahre später, 1656, zum ersten Villmerger Krieg der evangelischen gegen die katholischen Kantone, der mit einem Erfolg der Katholiken endete und ihnen ein halbes Jahrhundert die Vorherrschaft sicherte.

Die äußere Stabilität der Eidgenossenschaft wurde durch einen bewußten Balanceakt zwischen Frankreich und Habsburg abgestützt. 1663 kam es zu einem Bündnis, in dem Frankreich die Werbung der begehrten Schweizer Söldner – sie suchten Kriegsdienste wegen der Überbevölkerung des kärglichen Landes – für sich zu monopolisieren trachtete – das Vorrücken Frankreichs nach Osten hatte auch dessen Stellung in der Eidgenossenschaft verstärkt. Spannungen mit den evangelischen Kantonen gab es erst 1685 nach den Hugenottenausweisungen Ludwigs XIV., nach denen die Eidgenossenschaft ein wichtiges Durchgangsland für die weitere Auswanderung der Vertriebenen wurde. Dies verstärkte die Neigung zur Neutralität. 1707/08 unterstützte Bern mit Erfolg die preußischen Ansprüche auf das Fürstentum Neuenburg. Gegen Ende des Jahrhunderts erlebte die Schweiz einen starken wirtschaftlichen Aufschwung mit einer Tendenz zur Vorindustrialisierung, die allerdings die weitgehend oligarchisch gewordenen Strukturen der Städte und der Landkantone nicht veränderte, auch wenn sich die Verfassungen im einzelnen recht unterschiedlich darstellten. Für Stabilität sorgte in den evangelischen Kantonen die reformierte Orthodoxie. Die latenten konfessionellen Spannungen innerhalb der Eidgenossenschaft, die schon den ersten Villmerger Krieg hervorgerufen hatten, entluden sich zu Ende des Jahrhunderts durch die Rekatholisierungsbestrebungen des Fürstabts von St. Gallen in der zu zwei Drittel evangelischen, ihm untertänigen Grafschaft Toggenburg. Als die Protestanten sich 1699 offen zu widersetzen begannen, schloß der Abt 1702 einen Schutzvertrag mit dem Kaiser. Da das Toggenburg offen vom Fürstabt abfiel, kam es zum Krieg, in dem die evangelische Partei unter Führung von Zürich und Bern durch einen Berner Erfolg in der Schlacht bei Villmergen 1712 siegte (Zweiter Villmerger Krieg). Der Aarauer Friede vom 11. August 1712 ordnete die Verhältnisse neu, mit einer Gewichtsverschiebung zugunsten der Protestanten, ohne daß dabei eine beständige Lösung zustande kam. Bezeichnenderweise hatte der Kaiser, der mit dem Spanischen Erbfolgekrieg beschäftigt war, nicht eingegriffen. Die Schweiz blieb insgesamt ruhig an der Peripherie des europäischen Geschehens.

In dessen Mittelpunkt stand die andere Republik, die sich 1648 die faktisch längst vollzogene Lösung vom Reichsverband hatte festschreiben lassen – die Niederlande. Dies war Ausdruck des Erfolges gegen Spanien, der zugleich mit dem Erwerb der katholisch gebliebenen „Generalitätslande" um Herzogenbusch, Maastricht und Breda gekrönt wurde, die jedoch nicht die Gleichberechtigung erlangten. Mit der Blockade Antwerpens sicherten sich die nördlichen Niederlande ihre fortdauernde wirtschaftliche Prosperität. Ein übriges tat der Ausbau der überseeischen Positionen, getragen von der Ostindischen und der Westindischen Handelskompanie. Allerdings erwuchs daraus eine erbitterte Rivalität mit England. Die wirtschaftliche Blüte war von einem kulturellen Höhepunkt, Hollands „Goldenem Zeitalter", begleitet.

Nach wie vor hielten sich in der Republik der Vereinigten Niederlande ständische und monarchische Elemente die Waage, repräsentiert einerseits vor allem von der Provinz Holland und ihrem Ratspensionär (Landesadvokaten) und andererseits dem Erbstatthalter aus dem Hause Oranien. Schon 1647 war auf Friedrich Heinrich von Oranien sein Sohn Wilhelm II. gefolgt, ein hitziger und machtbewußter Mann, dem absolutistische Neigungen nicht fremd waren und der den Krieg gegen Spanien fortsetzen wollte. 1650 versuchte Wilhelm II. einen Staatsstreich gegen Amsterdam, dessen Patriziat in den Provinzialstellen von Holland und damit in den Generalständen („Generalstaaten") dominierte. Wilhelm II. scheiterte – als der Prinz wenig später starb (sein Sohn Wilhelm III. wurde erst nach seinem Tod geboren), ernannten die Provinzen Holland, Seeland, Utrecht und Overijssel keinen Statthalter mehr. Damit ging die Macht auf die Provinzialstände über, was das Übergewicht der Staaten von Holland unterstrich. Ihr Ratspensionär Johan de Witt wurde seit 1653 zur beherrschenden Figur der niederländischen Innen- und Außenpolitik.

Doch auch die republikanisch gewordenen Niederlande behielten ihren

Einfluß in Nordwestdeutschland, vor allem in den reformierten Territorien und Kirchen – zumal nachdem die Angriffe des Münsteraner Bischofs Christoph Bernhard von Galen auf die Generalstaaten gescheitert waren. Die Niederlande mußten interessiert sein, für ihren Handel den Frieden und die Freiheit der Meere zu wahren. Darum bemühte sich de Witt; vor allem bemühte er sich, das Gleichgewicht an der für den niederländischen Handel lebenswichtigen Ostsee zu stabilisieren. Oliver Cromwells englische Navigationsakte von 1651 aber bedrohte die niederländischen Handelsinteressen und führte zu zwei Kriegen gegen England (1652–1654 und 1665–1667), ohne daß die Niederländer die Navigationsakte beseitigen konnten. Der Kompromißfriede von Breda (1667) stand ganz im Zeichen der drohenden französischen Gefahr, gegen die sich de Witt um eine europäische Koalition bemühte. Er konnte die Annexion des südlichen Festungsgürtels der Spanischen Niederlande durch Frankreich nach dem Devolutionskrieg (1667–1668) verhindern, aber als Ludwig XIV. im Bündnis mit den Stiften Köln und Münster 1672 nach seinem Ausgleich mit England die Niederlande angriff und diese in schwere Bedrängnis gerieten, wurde de Witt gestürzt und ermordet und der junge Wilhelm III. von Oranien in die Statthalterschaft und das Oberkommando zurückgerufen. Dem Oranier gelang die Abwehr des französischen Zugriffs – er wurde fortan der Motor der europäischen Koalitionspläne gegen Frankreich.

Auch die Niederlande hatten einen starken Oligarchisierungsprozeß erlebt. Die Regierung der kleinen, aber wohlhabenden Republik war ein Balancekunststück – zwischen Stadt und Land, auch innerhalb der reformierten Kirche. Wirtschaftliche Rückschläge und der mit der Großmachtpolitik verbundene Steuerdruck schufen zwar immer wieder Probleme, doch die Republik der Vereinigten Niederlande blieb ein wichtiger Faktor im europäischen Konzert.

Machtvoll hatte sich auch England zurückgemeldet. Nach der Hinrichtung Karls I. 1649 hatte sich das neue republikanische Regime unter dem starken Mann, Lord Protector (1653–1658) Oliver Cromwell, stabilisiert. Cromwell verfügte zwar nicht über den königlichen Titel, aber über eine stärkere Machtstellung als die Stuartherrscher und stützte sich auf die Armee und das Großbürgertum der Londoner City. Ihm war auch die Unterwerfung Irlands und Schottlands gelungen, und er trieb eine sehr energische Außenpolitik – nicht nur gegen die Niederlande. Sie verband sich auch mit dem Ausgreifen nach Amerika. Schon Cromwells Regierung hatte die monarchische Restauration vorbereitet, wenn er auch 1657 das Angebot der Königskrone ablehnte – so war es England auf Dauer nicht beschieden, den Kreis der europäischen Republiken zu verstärken. Nach Cromwells Tod und dem kurzen Intermezzo seines unfähigen Sohnes Richard verbanden sich die Royalisten mit der Londoner City und Teilen der Armee, deren gemäßigte Kräfte durch den neuen Machthaber General George Monck zum Erfolg kamen. Monck rief den Thronerben König

Karl II. zurück, der in der Deklaration von Breda vom 4. April 1660 die Stellung des Parlaments sicherte, das sich nun nach Rang und Bedeutung von alteuropäischen Ständen unterschied. Das neue royalistische Parlament bestand wieder aus Ober- und Unterhaus und legitimierte die Rückkehr zur Monarchie.

Der neue König Karl II. (1660–1685) spielte eine beträchtliche Rolle in der europäischen Politik und suchte nach einer Verbindung mit Frankreich; die Opposition des Parlaments trachtete er mittels seiner Geheimdiplomatie zu überspielen, was jedoch dem Ansehen der Krone Abbruch tat. Der König nährte auch die Ängste vor einer Rekatholisierung und vor einem damit verbundenen Absolutismus; diese Ängste richteten sich vor allem gegen den Bruder des Königs, Herzog Jakob von York, der 1672 katholisch geworden war. Jakob konnte zwar gegen heftigen Widerstand seine Thronansprüche behaupten und auch 1685 die Nachfolge Karls II. antreten – aber die Debatten hatten das politische Leben Englands sensibilisiert, und schon drei Jahre nach Regierungsantritt wurde Jakob II. 1688 wegen seiner prokatholischen Haltung in der „Glorious Revolution" gestürzt. Die protestantische Whigpartei rief die Schwester Karls II. und Jakobs II., Maria II., und ihren Gemahl Wilhelm III. von Oranien ins Land. Trotz fortbestehender Interessengegensätze waren damit die beiden protestantischen Seemächte in einer Personalunion verbunden. Der deutschen Politik stand England noch fern, ehe es durch die Thronfolge des Hauses Hannover 1714 in sie hineingezogen wurde; von hoher Bedeutung war jedoch die antifranzösische Koalitionspolitik Wilhelms III., die er als König von England intensivieren konnte.

Ebenso wie die Niederlande war auch England ein Mitspieler im Mächtesystem an der Ostsee. Dort konnte die Großmacht Schweden – anders als Frankreich – ihren im Dreißigjährigen Krieg erkämpften Rang nicht behaupten; nach wie vor bestand die Rivalität zu dem machtpolitisch zurückgefallenen Dänemark fort; außerdem blieben die Ansprüche der (katholischen) polnischen Wasa auf die Krone Schwedens bestehen; hinzu kam der Neuaufstieg Brandenburg-Preußens – eine Konstellation, die vielerlei Kombinationen zuließ.

1654 hatte nach der Abdankung von Gustav Adolfs eigenwilliger Tochter Christine (1632/44–1654) der wittelsbachische Herzog von Pfalz-Zweibrücken-Kleeburg, Besitzer eines winzigen Territoriums im Reich und letzter königlich schwedischer Oberbefehlshaber im Dreißigjährigen Krieg, als Karl X. Gustav (1654–1660) den schwedischen Thron bestiegen. Der kriegerische Fürst riskierte angesichts des russischen Drucks auf die polnische Ostseeposition einen Krieg, der zunächst die schwedische Großmachtrolle zu befestigen und auszubauen schien und die dänischen Besitzungen nördlich des Sunds in schwedische Hand brachte. Auch gegen Polen schien sich ein durchschlagender Erfolg abzuzeichnen, doch formierte sich gegen den expansiven König das entstehende europäische

Mächtesystem und erzwang einen Kompromiß, der nach dem Tode Karls X. Gustav in den Friedensschlüssen von Oliva (1660) und Kopenhagen (1661) festgeschrieben wurde. Hatte es, begünstigt durch den Kurs der Königin Christine und die lange Vormundschaft für den jungen König Karl XI. (1660–1697, mündig 1672), ein starkes Übergewicht des Hochadels und des Reichstags gegeben, so versuchte Karl XI. den Weg in den Absolutismus, den er theokratisch begründete; die Königsmacht blieb jedoch durch ihr Geldbedürfnis relativ stark von den schwedischen Ständen abhängig. Immerhin gelang 1682 eine Heeresreform, die es dann Karl XII. (1697–1718) ermöglichte, die achtzehn Jahre des Zweiten Nordischen Krieges (1700–1720) durchzuhalten.

Karl XI. versuchte auch, seine absolutistischen Herrschaftsformen in die neuen deutschen und baltischen Provinzen zu exportieren; das Reichsrecht setzte ihm jedoch deutliche Grenzen. Die wirtschaftlichen Grundlagen der schwedischen Position beruhten auf der bedeutenden Kupfer-, Eisen- und Holzproduktion, die vor allem niederländisches Kapital ins Land zog. Die Großmachtstellung stand allerdings auf schwachem Fundament, so daß Schweden auf Bündnispartner angewiesen war, unter denen das Frankreich Ludwigs XIV. die wichtigste Rolle spielte – allerdings zeigte sich, daß Frankreich Schweden nur politisch, nicht aber militärisch absichern konnte. Dies führte 1681 zum Ausgleich mit Dänemark und zum Anschluß an die antifranzösische Koalition. Der neuerliche Konflikt Schwedens mit Dänemark gegen Ende des Jahrhunderts löste den Zweiten Nordischen Krieg aus, der eine nochmalige gewaltige Anspannung der schwedischen Kräfte und ihren endgültigen Niedergang sah.

Dänemark, mit Norwegen verbunden, war zweifellos gegenüber Schweden in die Defensive gedrängt. Dabei bedeutete die jüngere Linie, das Haus Holstein-Gottorf, einen Pfahl im Fleische Dänemarks, da dieses ständig mit Schweden koalierte. Immerhin war die dänische Politik, Schweden zu isolieren, zeitweilig recht erfolgreich. Bedeutende Gewinne gelangen freilich nicht. Alle Versuche, 1686 die Reichs- und Hansestadt Hamburg zu unterwerfen, scheiterten am Einspruch des Kaisers und der norddeutschen Fürsten unter Führung Kurbrandenburgs. Erst am Ende des Zweiten Nordischen Krieges suchten Dänemark und Schweden angesichts des russischen Aufstiegs einen Ausgleich. Auch Dänemark hatte unter dem Druck der Kriege den zeitüblichen Weg zur Zurückdrängung der Stände und einer verstärkten Stellung der Krone genommen. Die Stände approbierten sogar 1665 die Lex Regia (Königsgesetz), die den königlichen Absolutismus förderte; auch die nachfolgende Finanzreform gelang. Allerdings wurde dadurch die Vormacht des Adels im Lande nicht entscheidend gebrochen.

Der dritte wichtige Mitspieler an der Ostsee, Polen-Litauen, erlebte in der zweiten Hälfte des 17. Jahrhunderts einen dramatischen Niedergang. Die Jahre des katholischen Wasakönigs Wladislaw IV. (1632–1648) sahen

Polen als Ostseegroßmacht noch in einer günstigen Ausgangslage, aber der große ukrainische Kosakenaufstand unter Bogdan Chmelnizky (1648–1654), aus sozialen und konfessionellen Gegensätzen der orthodoxen Kosaken zur katholischen polnischen Herrenschicht erwachsen, offenbarte die Schwächen des polnischen Reiches. Die Unterstellung der Kosaken unter den russischen Zaren führte zum Krieg (1655–1660) und zu einem einschneidenden polnischen Gebietsverlust. Der gleichzeitige schwedische Angriff brachte Polen an den Rand seiner Existenz; lediglich der rasch aufbrechende schwedisch-russische Gegensatz verhinderte die Katastrophe; der Friede von Oliva 1660 sicherte zwar die Existenz Polens, brach aber seine Vorherrschaftspläne und zugleich die Ansprüche auf den schwedischen Thron.

Trotz des wachsenden Druckes Moskaus blieb Polen ein Faktor im Spiel um die Ostsee. Aber es war mit halbierter Bevölkerungszahl aus dem Ersten Nordischen Krieg hervorgegangen; weite Landstriche, vor allem in Litauen, lagen verödet – eine Katastrophe gigantischen Ausmaßes. Anders als in den meisten Teilen Europas hatte in Polen in der zweiten Hälfte des 17. Jahrhunderts der Adel ein Übergewicht gegenüber der Krone gewonnen. Auf dem Reichstag setzte sich 1652 das „Liberum Veto" jedes einzelnen Adeligen durch; so konnte der Reichstag jederzeit lahmgelegt werden. Auch bildeten sich zunehmend „Konföderationen", Bündnisse des Adels, die die Autorität der Krone immer wieder paralysierten. Konsequenterweise dankte der letzte, schwache polnische Wasa Johann Kasimir (1648–1668, †1672) vorzeitig ab. Nach der kurzen Regierungszeit des bisherigen Kronfeldherrn Michael Korybut Wisniowieckis (1669–1673) konnte der bedeutende König Johann III. Sobieski (1674–1696) die Schwächen der Monarchie nur zeitweilig überdecken. Seit 1668 wurden, wie im späten 16. Jahrhundert, die polnischen Königswahlen wieder Objekt der auswärtigen Mächte, insbesondere Österreichs und Frankreichs, die sich mit den polnischen Adelsgruppierungen verbanden. Österreich hatte 1668 den Pfalzgrafen Philipp Wilhelm von Neuburg, 1673 Herzog Karl V. (IV.) von Lothringen bevorzugt, Frankreich beide Male den Prinzen Ludwig II. von Condé. Sobieski galt als Haupt der französischen Partei. Andererseits zog die enge Zusammenarbeit Michael Wisniowieckis mit Österreich Polen in einen Krieg mit der Pforte (1671–1672), der die türkischen Heere bis vor Lemberg führte. Polen setzte die Auseinandersetzungen fort und entlastete damit die österreichische Position; diese Konstellation lenkte den hochgebildeten und militärisch befähigten Johann III. Sobieski von der französischen auf die kaiserliche Seite. So wurde er 1683 zum Symbol der Verteidigung Wiens. Von den nachfolgenden Offensiven konnte Polen allerdings nur wenig profitieren. Unter Johann Sobieski schien sich nochmals die alte Großmachtrolle abzuzeichnen, aber der polnische König verzichtete darauf, dem aufstrebenden Brandenburg-Preußen entgegenzutreten, das mit seinem Vorgehen gegen die preußischen Stände die Olivaer Verabredungen mit Polen gebrochen hatte.

Der Tod Johanns III. Sobieski 1696 hinterließ Polen in einer problematischen Situation. Der König vermochte sich gegen den Reichstag nicht durchzusetzen, der Staat wurde immer mehr zum Spielball der großen Adelsfaktionen; die Staatsfinanzen waren überfordert. Um die Nachfolge Johann Sobieskis engagierten sich Österreich und Frankreich weniger als zuvor; dafür aber spielte das aufstrebende Rußland eine beträchtliche Rolle. Der von Österreich geförderte Kurfürst Friedrich August I. von Sachsen setzte sich durch, nachdem er 1697 katholisch geworden war – aber das Königreich stand bereits praktisch unter einem russischen Protektorat.

Das Zarenreich hatte in der zweiten Hälfte des 17. Jahrhunderts einen raschen Aufschwung genommen und erreichte dann Anfang des 18. Jahrhunderts unter seinem großen Reformer Peter I. dem Großen eine mächtige Position an der Ostsee. Damit aber hatte sich die Mächtekonstellation gründlich verändert. Nicht nur der Niedergang Polens, sondern auch jener Schwedens und die Stagnation Dänemarks hingen eng zusammen mit der Etablierung der neuen Großmacht Rußland und waren auch Voraussetzung für den Aufstieg Brandenburg-Preußens zu jener norddeutschen Hegemonierolle, die sein Großer Kurfürst Friedrich Wilhelm mit Geschick und Skrupellosigkeit errungen hatte, zur europäischen Großmacht und damit zum deutschen Dualismus im 18. Jahrhundert.

Deutlich hatten sich zu Ende des 17. Jahrhunderts die Gewichte nach Westen verlagert. Konnte man noch um 1650 von zwei Mächtegruppen sprechen: Polen-Schweden-Rußland-Osmanisches Reich im Osten, Niederlande-Frankreich-England-Spanien im Westen, wobei das Reich und die Habsburgermonarchie die Brücke schlugen, so verlagerte sich in der Folge das Gewicht nach Westen, auch eine Konsequenz der erhöhten Bedeutung des Atlantik: die Mächte Niederlande, England und Frankreich, auch der Kaiser überflügelten Polen und Schweden deutlich.

In die Gesamttendenz fügte sich auch das Osmanische Reich, das nach der Jahrhundertmitte noch einmal einen Aufschwung nahm. Sowohl die inneren Krisen der Osmanen wie ihre Kämpfe mit den Persern hatten Mitteleuropa während des Dreißigjährigen Krieges entlastet. Deutlich hatten sich die strukturellen Schwierigkeiten eines Großreichs mit überdehnten Grenzen gezeigt, in das zudem die Stärke des Militärs, vor allem der Janitscharen, ein stetes Element der Unsicherheit trug. Mit Mehmed IV. (1648–1687) kam ein schwacher Sultan ans Ruder, dem die militärischen Erfolge der Venezianer im östlichen Mittelmeer die kritische Situation deutlich vor Augen führten. Sie verhalf 1656 Mehmed Köprülü und nach 1661 seinem Sohn Achmed Köprülü zur Übernahme des Großwesirats; die Köprülü hatten die Erneuerung des Osmanischen Reiches auf ihre Fahnen geschrieben. Dies führte zu einer Aktivierung der türkischen Außenpolitik, die ihre Spitze nicht nur gegen die Venezianer, sondern bald auch gegen den Kaiser in Wien richtete und verstärkt in Siebenbürgen eingriff –

Achmed Köprülü hatte die Schwächen der habsburgischen Herrschaft im königlichen Ungarn erkannt und suchte diese militärisch auszubeuten. Damit aber wurde das Osmanische Reich wieder zu einem Machtfaktor in Mitteleuropa; nach dem ersten Türkenkrieg Kaiser Leopolds I. (1663/64) und dem frühen Tode Achmed Köprülüs (1676) wurde Kara Mustafa in Amt und Konzeption der Erbe der Köprülü. Seine zunächst erfolgreiche Politik endete 1683 mit der Katastrophe von Wien, nach der der Sultan dem einst starken Mann die Seidene Schnur nach Belgrad schickte – die nachfolgende innere Schwäche des Osmanischen Reiches begünstigte die großangelegte Offensive Österreichs, die die türkische Stellung an den Grenzen Mitteleuropas zum Einsturz brachte. Da halfen auch die Absetzung Mehmeds IV. 1687 und die Berufung eines weiteren Köprülü, Mustafa, 1689 nichts mehr. Der verstärkte Druck Rußlands schwächte die Pforte weiter.

Demgegenüber schien Italien in den Windschatten des Geschehens geraten zu sein – Spanien hatte als Herrin der Lombardei und von Neapel-Sizilien nach wie vor ein Übergewicht gegenüber den anderen Hauptmächten der Halbinsel, dem Papst, Venedig und der Toskana. Aber der Niedergang der spanischen Großmachtstellung ließ auch Italien nicht unberührt. Schon im Dreißigjährigen Krieg hatte der habsburgisch-französische Gegensatz im Krieg um Mantua 1628/31 die Hilfe des Kaisers für Spanien nötig gemacht. Die spanische Position in Süditalien wurde durch Aufstände 1647/48 in Neapel, 1646/47 in Palermo und 1675/78 in Messina stark erschüttert; die Aufständischen suchten jeweils den Rückhalt Frankreichs. Frankreich hatte Oberitalien immer als Nebenkriegsschauplatz betrachtet und bis 1659 versucht, die spanischen Verbindungslinien zu stören. Ludwig XIV. übte Druck auf die italienischen Verhältnisse aus und ordnete seine Beziehungen zum Papsttum der politischen Opportunität unter; Venedig war in seinen Auseinandersetzungen mit den Osmanen engagiert. Sonst war Italien stark mit sich selbst beschäftigt – dies galt auch für den Papst. Angesichts der konsolidierten Situation der Konfessionen war sein Rückhalt nicht mehr nötig – die großen tridentinisch-gegenreformatorischen Impulse stießen auf die staatskirchlichen Bestrebungen der katholischen Mächte. Vergebens hatte das Papsttum 1648 gegen den Westfälischen Frieden protestiert; Papst Innozenz XI. (1676–1689) konnte noch einmal für die Türkenkämpfe des ausgehenden Jahrhunderts wichtige Impulse geben. Die Reichslehen in Italien, längst von moderneren Herrschaftsformationen überlagert, blieben bestehen und wurden von Wien zunehmend beachtet, bis Josef I. (1705–1711) im Stil der französischen Réunionspolitik die Reichsrechte energisch zu aktivieren trachtete und danach strebte, auf der Halbinsel des Erbe Spaniens anzutreten.

Hatte der Dreißigjährige Krieg die Internationalisierung der deutschen Politik gebracht, so ordnete sie sich nun in ein verstärktes Zusammenwachsen Europas bei gleichzeitiger Gewichtsverschiebung vom Mittelmeer zum

Atlantik ein. Ein europäisches Mächtesystem war im Entstehen, noch unausgeprägt und unbeständig, überlagert von der Hegemonialrolle Ludwigs XIV. Es bedurfte der großen Auseinandersetzung des Spanischen Erbfolgekriegs (1701–1713/14) und des Zweiten Nordischen Kriegs (1700–1721), bis es seine Gestalt für nahezu zwei Jahrhunderte erhielt.

Seine zentrale Lage und seine Kleingliederung machten das Reich zum Objekt der europäischen Politik, für die sein Oberhaupt zugleich einer der wichtigsten Mitspieler war. Stärker als vor 1618 war daher das Geschehen im Reich nach 1648 von der europäischen Großwetterlage abhängig. Zugleich vollzog sich eine Entkonfessionalisierung, die allerdings in ihren Auswirkungen auf Deutschland nicht überschätzt werden sollte. Die europäischen Konflikte sollten das durch den Dreißigjährigen Krieg schwer mitgenommene Mitteleuropa nicht zur Ruhe kommen lassen, so daß das 17. Jahrhundert vollends ein Jahrhundert der Krisen wurde.

b) Das Reich und die europäischen Mächte nach dem Dreißigjährigen Krieg

Als 1648 sich die langersehnte Friedensbotschaft in Mitteleuropa verbreitete, war das ganze Werk noch lange nicht getan. Innerhalb von acht Wochen sollten die Ratifikationen des Friedens ausgetauscht, die wichtigsten Bedingungen durchgesetzt und das Kriegsvolk abgedankt sein. Um die Ausführung setzte jedoch ein heftiges Tauziehen ein, während die Soldaten weiterhin die Länder aussaugten. Aber auch Schweden und Frankreich, die ihre Ratifikationsurkunden zunächst zurückhielten, um Druck auszuüben, sahen ihrerseits die Vorteile des Friedens und tauschten die Urkunden schließlich am 8. Februar 1649 doch noch aus.

Sehr schnell stellte sich die Frage, wer die Ausführung der Friedensbestimmungen übernehmen sollte. Dem Kaiser mißtrauten die Protestanten; er selbst war skeptisch, ob die Reichsstände in der Lage waren, die Aufgabe anzugehen. Schweden forderte eine Satisfaktion von 5 Millionen Taler für seine Armee und die Durchführung der vereinbarten Restitutionen für die Protestanten – so lange wollte es seine Truppen nicht abdanken. Diese fanden in dem 26jährigen Generalissimus Pfalzgraf Karl Gustav von Zweibrücken-Kleeburg einen energischen Sachwalter. Man löste die Versammlungen in Münster und Osnabrück auf und trat im Mai 1649 nach dem gleichen Modus zum Exekutionstag in Nürnberg zusammen. Die komplizierten Verhandlungen standen unter der Gefahr, daß der Friede noch nachträglich scheitern konnte. Neben dem Druck der französischen Armee gab es die von Wien begünstigten Tendenzen der katholischen Nutznießer des Restitutionsedikts von 1629, die protestantischen Restitutionen zu relativieren. In Verhandlungen zwischen Pfalzgraf Karl Gustav und dem kaiserlichen Feldmarschall Ottavio Piccolomini konnte jedoch noch während des Kongresses durch Interimsabsprachen die Lösung der anstehenden Fragen in Gang gebracht werden. Dafür machten die Franzosen Probleme, weil Spanien die pfälzische Festung Frankenthal weiterhin besetzt hielt. Erst 1652 konnte der Pfälzer Kurfürst Karl Ludwig in den Besitz seiner Landesstadt kommen, nachdem im Gegenzug das Reich auf die allerdings fragliche Reichsunmittelbarkeit der Stadt Besançon verzichtet hatte. In Nürnberg wurde mit der Friedensexekutions-Kapitulation vom 16. Juni 1650 der endgültige Schlußstrich unter den Krieg gezogen. Die schwedische Satisfaktion wurde auf die Reichskreise umgelegt.

Eine Folge des fortdauernden französisch-spanischen Krieges war es, daß die Problematik des vertriebenen Herzogs Karl IV. (III.) von Lothringen nicht gelöst werden konnte, der mit einer eigenen Armee als spanischer Parteigänger gegen Frankreich operierte und dabei die westlichen Grenzgebiete des Reiches verheerte. Die Reibereien zwischen Brandenburg und Schweden um Pommern wurden im wesentlichen zugunsten der Großmacht Schweden entschieden – kaiserlicher Druck verhalf dem Großen Kurfürsten wenigstens zum Erwerb von Hinterpommern.

Ein halbes Jahr nach der Ratifikation des Friedens sollte der Reichstag wieder zusammentreten – er verzögerte sich jedoch bis 1653. Das Mißtrauen gegen den Kaiser war weiterhin stark – man fürchtete den erneuerten Schulterschluß mit dem kriegführenden Spanien ebenso wie das Bestreben des Reichsoberhaupts, die Reduktion seiner Stellung durch den Westfälischen Frieden zu revidieren. Dagegen agierten die fremden Mächte. So kam es bald nach dem Krieg zu kleineren Föderationen von Reichsständen und Reichskreisen; der Gedanke gewann auch Boden, sie auszubauen. Die wichtigste Vereinigung wurde in der Hildesheimer Allianz mehrerer norddeutscher Fürsten vom 14. Februar 1652 geschlossen, die der Sicherung von Ruhe und Frieden dienen sollte.

Es stellte sich heraus, daß ein gewaltsames Vorgehen, wie das des Großen Kurfürsten Friedrich Wilhelm von Brandenburg am Niederrhein gegen den Rivalen und Mitherrscher in den rheinischen Herzogtümern, Pfalzgraf Wolfgang Wilhelm von Neuburg, keine Chance hatte. Der erhoffte niederländische Rückhalt blieb aus, da Friedrich Wilhelms Schwager Wilhelm II. von Oranien gestorben war und die Macht an die Stände überging. Dafür konnte der pfalz-neuburgische Thronfolger Philipp Wilhelm das Heer des landlosen Herzogs Karl IV. (III.) von Lothringen mobilisieren. Die entschiedene Aktion des Kurfürsten gegen die Bestimmungen des so lang ersehnten Westfälischen Friedens, von dem er selbst so sehr profitiert hatte, setzte die Kräfte der Reichsverfassung in Bewegung. So blieb Friedrich Wilhelm nichts anderes übrig, als die kaiserliche Vermittlung anzurufen; es zeigte sich, daß das zurückgedrängte Reichsoberhaupt sehr schnell wieder eine reichspolitische Basis gewinnen konnte.

Der Kaiser hatte den Brandenburger so sehr für sich verpflichten können, daß dieser seine Stimme für die Königswahl Ferdinands (IV.), seines ältesten Sohnes, abgab. Daß die Wahl noch vor dem geplanten

Reichstag über die Bühne ging, war ein beträchtlicher Erfolg der kaiserlichen Politik. Ferdinand III., vor den Jahren gealtert, kränkelte seit längerem – die Wahl des Nachfolgers zu Lebzeiten des Herrschers, die Frankreich und Schweden bei den Friedensverhandlungen hatten grundsätzlich abstellen wollen, mußte die kaiserliche Politik entlasten – die Wahl Ferdinands (IV.) erfolgte am 31. Mai 1653 in Augsburg.

Der Regensburger Reichstag im gleichen Jahr war mit zahlreichen Nachfolgeproblemen des Westfälischen Friedenskongresses belastet, so daß es spöttisch hieß, es ginge nicht um einen „Reichstag", sondern um ein „Reichsjahr". Am einfachsten tat man sich mit einer Geldbewilligung für den exilierten Stuartprätendenten Karl II. von England – aus monarchischer Solidarität und aus Angst vor dem englischen revolutionären Geist.

Die Strategie Ferdinands III. und seiner Räte war sehr geschickt. Man verteidigte die territoriale Integrität der Erblande und die eigene reichsfürstliche Rolle – auf der anderen Seite stellte man sich auf den Boden des Friedensinstruments und suchte es dann im kaiserlichen Sinne auszulegen. So scheiterten die Hilferufe der österreichischen Protestanten an der allgemeinen landesfürstlichen Solidarität. Während die dringliche Reform des Reichskammergerichts wegen der divergierenden Interessen der Reichsstände trotz mancher Ansätze nicht gelang, wehrte Ferdinand III. alle Eingriffsversuche in den Reichshofrat ab, dessen Wichtigkeit für den kaiserlichen Einfluß im Reich er erkannte. Am 16. März 1654 erging die Reichshofratsordnung Ferdinands III. ohne Anhörung des Reichstags. Der Versuch einer Geschäftsordnung für den Reichstag scheiterte, was ebenfalls die Position des Kaisers indirekt stärkte.

Die Fürstenkurie war mit vereinten Kräften bestrebt, das „Votum decisivum" der Reichsstädte zu entschärfen und diese in einer Position minderen Ranges verharren zu lassen. Eine grundsätzliche Auseinandersetzung gab es auch wegen der vom Kaiser kreierten Neufürsten – da ihre bedingungslose Zulassung die kaiserliche Partei auf dem Reichstag auf Dauer erheblich verstärkt hätte, hat der Reichstag einen Riegel vorgeschoben, indem er ihre Aufnahme an seine Zustimmung knüpfte. Aber der Wiener Hof hatte doch einige Parteigänger in den Reichstag introduziert. Aus den Erfahrungen der gescheiterten Reichstage vor dem Dreißigjährigen Krieg suchte der Kaiser durchzusetzen, daß der Reichstag Entscheidungen in Steuerfragen mit Mehrheit treffen konnte – er durfte in der Regel mit der Mehrheit unter den Fürsten rechnen. Deshalb erhob sich die vornehmlich protestantische Opposition, gegen die der Kaiser die taktischen Vorteile seines Amtes einsetzte. Er schien vor einem Erfolg zu stehen, zumal er die Kurfürsten gewonnen hatte.

Der Streit um die sog. „ordentliche Reichsdeputation" sollte den Kaiser ins Unrecht setzen. Sie bestand aus zwei Kurien, den Kurfürsten und einer zusammengesetzten zweiten Kurie. Die katholische Majorität im Kurfürstenrat widersprach dem Postulat des Westfälischen Friedens, daß die

Deputationen künftig paritätisch nach Konfessionen besetzt sein sollten. Deshalb formierte sich die protestantische Opposition, die den massiven Rückhalt der Krone Schweden besaß. Aber auch der Kurfürst von Mainz suchte als Kurerzkanzler die Situation zu nutzen. Die Auseinandersetzungen spalteten Kurfürsten und Fürsten und gaben den kaiserlichen Plänen erhebliche Chancen.

Die Wende kam, als unter der Regie des Grafen Georg Friedrich von Waldeck Kurbrandenburg die bisherige kaisertreue Position plötzlich verließ und sich mit Entschiedenheit auf die Seite der Opposition stellte – Waldeck war von der antihabsburgischen Tradition der Oranier und der diesen verbundenen evangelischen Reichsgrafen geprägt. Die Folge war, daß sich die protestantische Opposition in der Frage der Steuerbewilligung wie der Parität in der Reichsdeputation versteifte – es sollte den drei protestantischen Kurfürsten eine weitere unter ihnen alternierende Stimme gegeben werden. Kurfürst Friedrich Wilhelm hatte sich an die Spitze der überwiegend evangelischen Fürstenopposition gestellt und das Seine dazu beigetragen, die kaiserliche Position zu schwächen. Die Fürstenopposition bildete den Kern des späteren „Corpus Evangelicorum", an dessen Spitze formal Kursachsen trat, eine Rolle, die zunehmend im Widerspruch zu seiner sinkenden Bedeutung stand.

Auf die fürstliche Gewinnseite zu buchen war auch jener Paragraph 180 des Reichsabschieds, der die Beiträge der Untertanen für die Finanzierung von Festungen und Garnisonen obligatorisch machte und damit die Steuerbewilligungsrechte der Landstände für einen weiten Bereich außer Kraft setzte. Nach dieser Wende des Reichstags beeilte sich der Kaiser, ihn zu beenden. Am 17. Mai 1654 wurde der „Jüngste Reichsabschied" verkündet – der jüngste deshalb, weil der neun Jahre später zusammentretende Reichstag nicht mehr auseinanderging. Insgesamt konnte sich die kaiserliche Bilanz sehen lassen. Ferdinand hatte zwar die Folgen der brandenburgischen Schwenkung zu spüren bekommen, aber es war doch offenkundig geworden, daß der Wiener Hof auch von der Rechtsbasis des Westfälischen Friedens aus operieren konnte, daß der Geschäftsgang des Reichstags der kaiserlichen Politik manche Chance bot. Der Oktroy der Reichshofratsordnung von 1654 konnte von den Reichsständen trotz Protest nicht verhindert werden und wurde so eine Demonstration der kaiserlichen Möglichkeiten.

Die kaiserlichen Erfolge bei der Königswahl von 1653 und teilweise auf dem Reichstag von 1653/54 hingen unmittelbar mit der inneren und äußeren Krise Frankreichs zusammen. In den ersten Jahren nach 1648 schien daher Schweden die wichtigere der beiden Großmächte – das zeigte sich beim Konflikt mit Bremen, wo Kaiser und Reich der Stadt nur in begrenztem Maße helfen konnten, als Schweden die alten Rechtstitel der Erzbischöfe, seiner Rechtsvorgänger, geltend zu machen trachtete. Karl IV. (III.) von Lothringen, der zugesagt hatte, Frankenthal und die anderen besetzten Plätze 1653 zu räumen, fiel im Dezember 1651 im Bistum Lüttich ein. Aber nun machten seine spanischen Protektoren dem Spiel ein Ende; sie ließen am 26. Februar 1652 den Herzog verhaften und erst nach Antwerpen und dann nach Spanien bringen. Erst 1659 wurde er entlassen. Damit war die Sonderrolle des Lothringers zu Ende – sein Bruder Franz, der das Kommando nun übernahm, lebte am kaiserlichen Hof, dem er eng verbunden war.

Dennoch schien sich 1654 die Stellung des Kaisers zum Schlechten zu wenden. Das lag nicht nur an den schwedischen Unternehmen; auch Frankreich hatte sich erholt, und bald sollte sich zeigen, daß es auch reichspolitisch seine Hände freibekommen hatte. Vor allem aber starb am 9. Juli 1654 der 21jährige Römische König Ferdinand IV., nach dem Urteil der Zeitgenossen ein hoffnungsvoller junger Mann, an den Pocken. Gerade im Zeichen der neuen, von Waldeck geprägten brandenburgischen Linie, die eine lang andauernde Herrschaft des Hauses Österreich befürchtete, waren alle Erfolge Ferdinands III. zunichte gemacht, die Wiener Politik auf ihren Ausgangspunkt zurückgeworfen.

Waldeck machte Kurbrandenburg immer mehr zum Kristallisationskern einer antikaiserlichen Politik, zum norddeutschen Gegenpol Wiens, eine Rolle, die das Kurfürstentum bislang noch nicht gespielt hatte. Konsequenterweise entwickelte damals Waldeck seinen großen Plan einer Union mit protestantischem Kern, die auch Katholiken offenstehen sollte. Gegen die Macht Habsburgs setzte Waldeck auf eine französische Bundesgenossenschaft. Mit ihrer Hilfe sollten Jülich und Berg dem Hause Neuburg entrissen werden. Aber Waldeck gelangte 1653/54 nicht über erste Ansätze hinaus – zu groß war das Mißtrauen auch gegen Kurbrandenburg, das natürlicherweise vor allem Schweden und der neue Landesherr von Jülich-Berg, Pfalzgraf Philipp Wilhelm von Neuburg, hegten. Der letztere, sich mit Recht bedroht fühlend, brachte am 15. Dezember ein Defensivbündnis mit den katholischen Ständen zusammen – von Waldecks Plänen blieb nur ein Bündnis Kurbrandenburgs mit den welfischen Herzögen (29. Juli 1655).

Brandenburg war gefordert, als erneut Kämpfe an den Küsten der Ostsee ausbrachen, die in jedem Fall seine Stellung berühren mußten. Gegen diese stand der Großmachtanspruch Schwedens. Der neue König Karl X. Gustav, einst Oberbefehlshaber der schwedischen Truppen im Reich, wollte die groß angelegte Politik Gustav Adolfs wieder aufnehmen. 1654 war der alte Reichskanzler Axel Oxenstjerna gestorben, der hätte warnen können. Nicht nur Ehrgeiz, sondern auch die Belastungen für Schweden durch ein stehendes Heer, das sich bislang in „Feindesland" ernährt hatte, trieben den gelernten General und neuen König zur Aktion. Er hatte beim Regierungsantritt eine finanzielle Krisensituation und eine beträchtliche Unruhe in der Bevölkerung vorgefunden; der Vergabe des Kronguts hatte er durch Reduktionen, also durch teilweise Wiedereinziehung von Land, das in Adelshände gekommen war, zu begegnen versucht.

Mit Polen gab es nur einen Waffenstillstand; 1655 erneuerte Karl X. Gustav den Krieg. Die Ansprüche des letzten katholischen Wasakönigs Johann Casimir auf den schwedischen Thron, die Auseinandersetzungen der Adelsparteien in Polen, das weitere Vordringen der Moskowiter nach Westen trieben den Schwedenkönig zu seinem Entschluß, der sehr deutlich die Einheit des Mächtesystems an der Ostsee spiegelte, dessen Gestalt auch die Handelsinteressen Westeuropas tangierte. Der Stuhmsdorfer Waffenstillstand von 1635 hatte überdies die Schweden der reichen Seezölle aus den preußischen Häfen (die an den brandenburgischen Landesherrn zurückfielen) beraubt, deren Rückgewinn im Zeichen der Finanzkrise die Habgier Karls X. Gustav anstachelte. Das alte schwedische Ziel des „Dominium maris Baltici" tauchte wieder auf. Aber dafür war Kurfürst Friedrich Wilhelm von Brandenburg ein nahezu unentbehrlicher Verbündeter.

In Berlin war man entschlossen, aus der Situation Kapital zu schlagen. Es gelang Friedrich Wilhelm, eine norddeutsche Allianz zusammenzubringen, und er bemühte sich, nun Schweden seinerseits unter Druck zu setzen. Die brandenburgischen Kriegsziele waren von Anfang an der Erwerb der Souveränität über Preußen und Landgewinne wie das Bistum Ermland und Teile Großpolens. Karl X. Gustav glaubte an seinen eigenen Erfolg – schon am 9. September 1655 fiel Warschau, am 16. Oktober Krakau, während im Osten die russische Armee vorstieß. König Johann Casimir mußte nach Sachsen ausweichen. Karl X. Gustav dachte an eine Aufteilung Polens, wobei sich wesentliche schwedische Gebietsgewinne von selbst verstanden – dies hätte die schwedische Herrschaft über die Ostsee bedeutet, die wiederum die neugewonnene Stellung Brandenburgs bedrohte. Friedrich Wilhelm verhandelte nach allen Seiten, wobei er seine gerüstete Armee in die Waagschale werfen konnte.

Durch das Vordringen des Schwedenkönigs bis zu den eigenen Grenzen fühlte sich nun auch der Kaiser herausgefordert, der allerdings die finanzielle und wirtschaftliche Erschöpfung seiner Länder und die ungünstige Gesamtlage vor Augen hatte. Die kaiserliche Unentschiedenheit stützte aber indirekt die Bedeutung der brandenburgischen Entscheidung – der Kurfürst führte jetzt seine Truppen nach Ostpreußen und schloß mit den Ständen des königlich-polnischen (West-)Preußen ein Defensivbündnis, wobei sich allerdings die deutschsprachigen Städte Danzig, Elbing und Thorn verweigerten – wichtige Handelsplätze, die mit einem dem reichsstädtischen vergleichbaren Status im schwachen Königreich Polen eine nahezu unabhängige Rolle hatten spielen können. Der brandenburgische Schritt richtete sich gegen den Kern der schwedischen Pläne, eine schwedische Ostseeprovinz Westpreußen – aber mit einem schnellen Feldzug sicherte sich König Karl X. Gustav im Dezember 1655 den Besitz Westpreußens und marschierte gegen Ostpreußen. Der Kurfürst ließ es gegen den Rat Waldecks nicht auf einen Kampf ankommen und schloß den

Vertrag von Königsberg vom 17. Januar 1656. Danach sollte (Ost-)Preußen nun schwedisches statt polnisches Lehen werden. Er mußte eine erhöhte Zahl von Truppen stellen; Kurbrandenburg durfte ohne schwedische Erlaubnis keine Kriegsschiffe in der Ostsee halten. Dafür sollte es das (königlich polnische und katholische) Ermland bekommen.

Der Vertrag war ein Triumph der schwedischen Diplomatie. Der Große Kurfürst suchte sich am 24. Dezember 1656 durch eine Defensivallianz mit Frankreich schadlos zu halten, die ihn zu eigenen Eroberungen in Jülich und Berg befähigte. Aber nun wurde deutlich, daß der schwedische König seine Möglichkeiten überschätzt hatte – die gewaltige Kriegsnot und der militant missionierende Protestantismus des Schweden mobilisierten das katholische polnische Volk. Der schnelle Vormarsch Karl Gustavs – von den Polen als „Sintflut" empfunden – konnte eine wirkliche Beherrschung Polens nicht erreichen, ja, durch die polnische Erhebung drohten die Schweden abgeschnitten zu werden. Um so wichtiger wurde für Karl Gustav die unverbrauchte brandenburgische Armee, aber auch der polnische Hof warb um sie. Auf der anderen Seite erwies es sich für Friedrich Wilhelm als unmöglich, die Armee auf Dauer im Lande zu erhalten oder sie nach Westen zu verschieben. Friedrich Wilhelm entschied sich für Schweden, weil er sich – bei einem hohen Risiko – hier einen großen Gewinn erhoffte. Zwar konnte er im Vertrag von Marienburg (25. Juni 1656) nicht die schwedische Lehenshoheit über Preußen beseitigen, trotz erheblicher Zugeständnisse in Großpolen nicht die Landverbindung von Ostpreußen in die brandenburgische Neumark schlagen, aber die Dispositionsmasse für künftige Verhandlungen war größer geworden.

Allerdings war nun die Situation der Schweden prekär geworden – Rußland griff ihre Ostseeprovinzen an; ein riesiges Heer von 100000 Mann wälzte sich gegen Warschau, um die Stadt zu entsetzen. Nun trat Friedrich Wilhelm in den Krieg ein, zur Erbitterung des Polenkönigs, der erklärte, die Schweden habe er bereits den Tataren zum Frühstück geschenkt und den Kurfürsten wolle er in ein Gewahrsam stecken, wo ihn weder Sonne noch Mond beschienen. Aber im schwedisch-brandenburgischen Heer standen erfahrene Offiziere und Soldaten des Dreißigjährigen Krieges. Am 30. Juli 1656 konnten Karl X. Gustav und Kurfürst Friedrich Wilhelm die dreitägige Schlacht bei Warschau siegreich beenden – ein aufsehenerregender, glänzender Erfolg, eine Demonstration der neuen Qualität der brandenburgischen Truppen, aber keineswegs der Zusammenbruch des abermals geschlagenen Polen. Zu dem russischen Druck auf die schwedischen Ostseeprovinzen kam nun auch die drohende Haltung der Niederlande.

Unter dem Eindruck der Gleichgewichtsverschiebung in Ostmitteleuropa schloß selbst der kriegsmüde Kaiser Ferdinand III. am 1. Dezember 1656 einen österreichisch-polnischen Allianzvertrag ab, mehr die Zusicherung einer wohlwollenden Friedensvermittlung als eine militärische Hilfe. Ihm kam die Verschlechterung der schwedischen Lage zugute. Auch

Friedrich Wilhelm drohte in den Strudel gezogen zu werden; Preußen stand vor einem Aufstand. Am 20. November 1656 konnte Karl X. Gustav im Vertrag von Labiau den Brandenburger gegen Überlassung der Souveränität über Preußen im schwedischen Bündnis halten. Aber auch der Einfall des Fürsten von Siebenbürgen Georg Rákoczi in Südpolen brachte keine Entscheidung. Damals stürzte Waldeck als Leiter der brandenburgischen Politik und wurde ehrenvoll als Statthalter nach Minden abgeschoben.

Am 2. April 1657 starb Kaiser Ferdinand III. – die ungelöste Nachfolgefrage mußte die Geschehnisse im Reich mit der nordischen Kriegsentwicklung verbinden. Sogleich nach dem Tod des kriegsmüden Herrschers setzte die Hofburg auf eine entschlossene Unterstützung Polens – am 27. Mai 1657 kam das österreichisch-polnische Bündnis in Wien zustande; die Intervention der Österreicher stabilisierte sofort die Lage in Südpolen. Der Angriff König Friedrichs III. von Dänemark (Mai 1657) bedrohte nicht nur den schwedischen Besitz im Reich, sondern auch die schwedischen Kernlande selbst. Karl X. verließ die Stätte seiner großen Erfolge und warf sich sogleich auf den neuen Gegner – für den zurückgebliebenen Kurfürsten Friedrich Wilhelm wurde die Situation äußerst kritisch, da sich die Polen nun auf ihn konzentrieren konnten.

Die Politik des Brandenburgers suchte entschlossen, ohne Rücksicht auf den Bündnispartner, den eigenen Vorteil – man begann vom „brandenburgischen Wechselfieber" zu sprechen, eine Diagnose, die lange zutreffen sollte. Schon am 22. August vereinbarte er mit der Preußen bedrohenden polnischen Armee einen Waffenstillstand. Die Verhandlungen zwischen Polen und Brandenburg verliefen dann jedoch zäh – dabei gewann die kaiserliche Vermittlung durch den Gesandten Franz von Lisola eine zentrale Bedeutung. Am 19. September 1657 kam der Vertrag von Wehlau und Bromberg zustande. Gegen Verzicht auf alle Eroberungen des Ersten Nordischen Krieges, also vor allem auf das Bistum Ermland, das polnisch bleiben sollte, erhielt Brandenburg die formale Souveränität über Preußen nun auch von Polen zugestanden. Polen behielt sich allerdings einige Mitspracherechte vor, die es in der Folge niemals zu exekutieren vermochte. Ferner bekam Brandenburg die Ämter Bütow und Lauenburg, alten Deutschordensbesitz, an der Grenze zu Pommern. Daraufhin schwenkte der Große Kurfürst auf die Seite Polens. Durch den Gewinn der Souveränität über Preußen war die sich anbahnende norddeutsche Hegemonialstellung Brandenburg-Preußens deutlich unterstrichen.

Dafür hielt sich Karl X. Gustav gegen Dänemark schadlos. Die Rückeroberung der Herzogtümer Bremen und Verden drohte den Nordwesten des Reiches in Brand zu setzen; zunehmend schien der Nordische Krieg den Weg in eine internationale Auseinandersetzung wie die gerade beendete dreißigjährige zu gehen – durch die beginnenden kräftigen Interventionen der westeuropäischen Mächte. Bei den Verhandlungen forderte

Englands Lord Protector Cromwell das schwedische Herzogtum Bremen, wodurch er ebenfalls auf Reichsboden Fuß gefaßt hätte. Eine Intervention Englands aber hätte den Nordischen mit dem andauernden spanisch-französischen Krieg verbunden, an dem Cromwell als Frankreichs Verbündeter teilnahm.

Karl X. Gustav eroberte inzwischen Jütland. Im Februar 1658 griff er in einem berühmten Feldzug über den gefrorenen Kleinen Belt die dänischen Inseln an, nahm Fünen ein, drang auf Seeland vor und bedrohte Kopenhagen. Unter dem Eindruck einer sich anbahnenden Katastrophe mußte Dänemark seinen ganzen alten Besitz auf der Skandinavischen Halbinsel, dazu zwei norwegische Grenzprovinzen an Schweden abtreten und diesem die freie Durchfahrt durch den Sund zugestehen. Damit waren die Fundamente der dänischen Stellung erschüttert – der Druck Schwedens auf das Reich verstärkte sich wieder.

Der schnelle Zusammenbruch Dänemarks verhinderte nicht nur Pläne des Großen Kurfürsten gegen Schweden, sondern ließ ein neues Gefühl der Bedrohung entstehen. Mit der ihm eigenen Wendigkeit erkannte Friedrich Wilhelm daraufhin die Vorteile eines Zusammengehens mit dem jungen habsburgischen Kaiser Leopold – die Verhandlungen verschleppten sich, da Wien sehr wohl wußte, wie sehr der wetterwendische Brandenburger auf einen Rückhalt angewiesen war. Erst am 15. Februar 1658 wurde die Allianz zwischen Österreich und Brandenburg geschlossen, zu spät, um auf den Frieden von Roeskilde (27. Februar 1658) noch Einfluß zu haben, der den Angriff beider auf Schweden verhinderte.

Die Wiener Politik hatte sich inzwischen aus einer kritischen Situation herausmanövriert. Nach dem Tode Ferdinands IV. hatte sie keine andere Wahl gehabt, als die Blicke der Kurfürsten auf den letzten überlebenden Sohn Ferdinands III. zu lenken, den Erzherzog Leopold Ignatius, der damals 14 Jahre alt war. Österreich war nicht mehr in der günstigen Situation des Jahres 1653. Vielerlei Spekulationen über denkbare Kaiserkandidaten wurden gehandelt: Zur Diskussion standen der Kaiserbruder, Erzherzog Leopold Wilhelm, dem sein Territorium zu eng wurde, der ehrgeizige Pfalzgraf Philipp Wilhelm von Neuburg, der letztere für seinen brandenburgischen Rivalen ein gefährlicher Kaiserkandidat, schließlich und nicht zuletzt der junge bayerische Kurfürst Ferdinand Maria. Auch die alten Spekulationen über ein protestantisches Kaisertum griffen wieder Platz, die sich an Karl X. Gustav von Schweden und an Friedrich Wilhelm von Brandenburg festmachten, obgleich sie jeder Realität entbehrten. Eine Trennung des Kaisertums von der sich gerade stabilisierenden Hausmacht der Habsburger aber hätte das Werk des Westfälischen Friedens vollendet – damit wären in der Tat die im Westfälischen Frieden angelegten Tendenzen, den Kaiser zu entmachten, Realität geworden.

Das wiedererstarkte Frankreich erkannte die Chance. Mazarin dachte zwar an eine Kandidatur Ludwigs XIV., aber auch ein nichthabsburgischer

Kaiser oder wenigstens einer, der nicht über die Hausmacht der habsburgischen Hauptlinie verfügte, war ein natürlicher Verbündeter Frankreichs und öffnete mit seinem Bedürfnis nach Rückhalt einem beträchtlichen französischen Einfluß auf die deutschen Verhältnisse Tür und Tor. War Ludwig XIV. ohne Chancen, so mußten der Pfalzgraf Philipp Wilhelm von Neuburg oder der bayerische Kurfürst die bevorzugten Kandidaten Mazarins sein. Die Bedeutung des Wahlgangs war eine europäische, so daß sich auch Schweden und Spanien stark interessiert zeigten. Die Kandidatur des Erzherzogs Leopold wurde somit nicht nur eine Frage des habsburgischen Einflusses im Reich, sondern auch eine der französischen Möglichkeiten in Europa. Es wurde deutlich, daß eine Niederlage Leopolds die internationale Position des Hauses Österreich erheblich beeinträchtigen würde. Die versteckte, nicht dem Friedensvertrag, wohl aber den dynastischen Interessen Habsburgs gemäße Unterstützung Spaniens durch das Haus Österreich belastete die Wahl zusätzlich.

Schon seit dem Tode Ferdinands IV. suchte Frankreich die habsburgischen Pläne zu durchkreuzen. Unterstützt von Schweden, schien es tatsächlich erhebliche Bodengewinne bei den Kurfürsten zu erreichen. Schwierigkeiten bereitete jedoch das maßvolle Zögern Kurfürst Ferdinand Marias von Bayern, der die Risiken einer Kandidatur durchaus einzuschätzen vermochte, trotz der Ambitionen seiner kunstsinnigen savoyischen Frau Henriette Adelaide. 1657 ließ der Kurfürst in Wien erklären, daß er für eine Kandidatur nicht zur Verfügung stehe. Doch die österreichische Politik sah weiter die großen Gefahren für ihre Pläne, zumal ihr Kandidat noch nicht die erforderlichen 18 Jahre erreicht hatte. Leopold selbst drängte in richtiger Einschätzung der Situation nach der Kaiserwürde; er verwarf Überlegungen, die die Kandidatur seines Onkels Leopold Wilhelm favorisieren wollten.

Doch setzte nach 1657 die diplomatische Offensive Frankreichs verstärkt ein; es wollte erneut auf Kurfürst Ferdinand Maria zurückgreifen und eventuell die Idee, Ludwig XIV. zu präsentieren, wieder aufgreifen. Ein wichtiger Kandidat blieb auch der Neuburger. Dabei überschätzte Mazarin seine Chancen, zumal Kurfürst Friedrich Wilhelm von Brandenburg angesichts der Entwicklung des Nordischen Krieges wieder ins kaiserliche Bündnis zurückgekehrt war.

Eine Schlüsselrolle nahm der Mainzer Kurfürst Johann Philipp von Schönborn ein. Aus Westerwälder Familie, war Schönborn geprägt durch die Erziehung der Jesuiten und das Studium am römischen Germanicum. 1642 Bischof von Würzburg, 1647 Erzbischof von Mainz, hatte er bereits für den Westfälischen Friedenskongreß eine wichtige Rolle gespielt – als Vertreter einer jüngeren Generation, die bei allem entschiedenen Katholizismus durchaus die Bedeutung des konfessionellen Kompromisses für das Funktionieren der Reichsverfassung erkannt hatte.

Schönborn hatte mit Umsicht nach dem Dreißigjährigen Krieg den

Wiederaufbau seiner Lande in Angriff genommen, ein neues Selbstbewußtsein gegenüber der Kurie gezeigt, deren Rückhalt angesichts der neuerlichen rechtlichen Absicherung im Westfälischen Frieden nicht mehr so nötig war. Vor allem sah Schönborn die Chance, die die Würde des Kurerzkanzlers bot, mit seiner entscheidenden Rolle in der Reichsverfassung – wenn diese funktionierte, wenn, wie gerade im Westfälischen Frieden geschehen, die Stellung des Reiches gegenüber dem Kaiser betont wurde. Noch zu Zeiten Ferdinands III. hatte Schönborn in Wien ein enges Zusammenspiel angeboten, das dem Mainzer entscheidenden Einfluß einräumte. Als Ferdinand darauf nicht einging, besann sich Schönborn auf seine eigenständige Rolle – nun suchte auch Frankreich den Erzbischof zu gewinnen.

Johann Philipp von Schönborn war ein Reichspatriot. Er erkannte die schädlichen Folgen der unverhohlenen Verbindung des Kaisers mit Spanien für das Reich – hier sollte der Westfälische Friede zur Geltung kommen, habsburgische dynastische Solidarität, so Schönborns erklärtes Ziel, sollte nicht das Reich für spanische Zwecke in den Krieg führen. Absicht des Kurfürsten war also, ganz im Sinne des Friedensschlusses, eine Kontrolle des Kaisers durch Kurfürsten und Reichstag, wobei Schönborn sich selbst als Kurerzkanzler in einer Schlüsselrolle sah. So favorisierte er zunächst die Kandidatur Erzherzog Leopold Wilhelms, der gewiß auf den Kurerzkanzler angewiesen gewesen wäre. Zugleich suchte Schönborn zum Nutzen des Reiches den Frieden im spanisch-französischen Krieg zu vermitteln.

Daran wollte er schließlich seine Zustimmung an die Wahl Erzherzog Leopolds knüpfen; aber er gewann auch Mazarin für seine Vermittlungspolitik. „Es war ein Versuch, bei dem die persönliche Überschätzung des eigenen Vermögens und die patriotische Überschätzung der Autorität einer waffenlosen Macht gegenüber den großen Kriegsmächten der Welt zusammentrafen.“[62] Die Friedensvermittlung mißlang, aber nun zeichnete sich bei der Wahl immer mehr der Sieg Leopolds ab, zumal sich der bayerische Kurfürst konstant verweigerte. Schönborn und Mazarin trafen sich in dem Ziel, mit Hilfe der Wahlkapitulation die spanisch-österreichische Verbindung endgültig zu demontieren: In § 14 wurde dem Kaiser auferlegt, sich der Einmischung in diesen Krieg zu enthalten. Damit aber war die 1648 eingeleitete Isolierung Spaniens endgültig vollzogen.

Hierin zeigte sich, wie sehr Schönborn, dem Geist dieses mechanistischen Zeitalters gemäß, in Kräften und Gegenkräften dachte. Aber die Wahl Leopolds I. am 18. Juli 1658 war doch ein großer Sieg des Hauses Österreich. Daß der Kaiser 47 Jahre lang die Krone des Reiches tragen sollte, konnte man damals nicht wissen – es ermöglichte eine beachtliche Kontinuität der habsburgischen Politik sowie die teilweise Revision des Westfälischen Friedens durch den Kaiser. Gegen diesen suchte Schönborn seine Politik der Gegengewichte auszubauen, unter Betonung der starken Stellung des Kurerzkanzlers, die freilich die friedlich funktionierende

Reichsverfassung voraussetzte. Der Kurfürst trachtete sein Ziel zu erreichen, indem er den Versuch unternahm, das Reich ohne den Kaiser zu organisieren. Schönborn griff auf die 1654 geschlossene, katholisch geprägte „Rheinische Allianz" zwischen Kurköln, Kurtrier, Münster und Pfalz-Neuburg zurück, der er selbst beitrat. Johann Philipp verdrängte den Kölner Kurfürsten Max Heinrich von der Führung dieses Bundes; maßgeblichen Einfluß auf seine Politik hatte der kurmainzische Minister Johann Christian Freiherr von Boyneburg (1622–1672).

Die Bundespläne Schönborns konnten indessen nur funktionieren, wenn sie möglichst weite Teile des Reiches und natürlich auch evangelische Stände einbezogen – so streckte er seine Fühler zur Hildesheimer Allianz von 1651 aus, dem Relikt der Waldeckschen Bundespläne. Neben Brandenburg sollte aber auch Schweden gewonnen werden. Nun mußte Schönborn erfahren, daß die Widerstände wuchsen, je weiter man den Kreis faßte. So sehr die Verhandlungen zunächst stagnierten, so sehr haben dann die Unsicherheiten des Interregnums und die Rolle Schönborns bei der Kaiserwahl von 1657/58 sein Projekt begünstigt. Eine starke Fürstenunion sollte ein Gegengewicht gegen den künftigen Kaiser bilden. Da Schönborn überdies die relative Schwäche des Bundes erkannte, suchte er sein Gewicht dadurch zu erhöhen, daß er Frankreich einbezog.

Mazarin war zum Mitwirken erst bereit, als sich bei der Wahl der Habsburger durchsetzte. Danach trat Frankreich als Protektor an die Spitze des „Rheinbundes", in dem sich nun die Interessen von Frankreich und Kurmainz trafen, ein starkes Gegengewicht gegen den habsburgischen Kaiser zu bilden. Ähnlich hatte schon Waldeck gedacht. Wenn der Erzbischof aber glaubte, selbst die Balance halten zu können, so hatte er seine Möglichkeiten erheblich überschätzt, vor allem verkannt, wie schnell Frankreich für den Reichsverband ein weitaus größeres Problem werden sollte als der Kaiser. Am 15. August 1658 wurde in Frankfurt die Bundesakte unterzeichnet: Neben den drei geistlichen Kurfürsten wirkten der Bischof von Münster, der Pfalzgraf von Neuburg, die Braunschweig-Lüneburger, der Landgraf von Hessen-Kassel und der König von Schweden als Herzog von Bremen und Verden mit. Das Bündnis hatte deutlich militärischen Charakter; politische Ziele wurden nicht eigens formuliert. Dennoch bildete der Bund den bemerkenswerten Versuch, die Konzeption des Westfälischen Friedens aufzunehmen, eine bündische Lösung der Reichsprobleme zu versuchen, die mit französischer Hilfe den Kaiser in die Defensive drängte. Die Reichsstandschaft Frankreichs, von Wien im Frieden peinlich vermieden, hatte nun einen Ersatz gefunden – die Beteiligung am Rheinbund war ein erheblicher Vorteil für die französische Einflußnahme im Reich. Allerdings glaubte Schönborn an seine Möglichkeiten, Frankreich zu zügeln.

Während sich so Frankreich eine verstärkte Position im Reichsverband sicherte, verschoben sich im Norden die Kräfteverhältnisse zuungunsten

Schwedens. Karl X. Gustav war nach dem triumphalen Friedensschluß mit Dänemark immer mehr der „Gefangene" seiner Armee, die er ohne Unruhen nicht mehr zu demobilisieren vermochte. Zugleich hatte er die Anrainer und Interessenten an der Ostsee gegen sich aufgebracht, nicht zuletzt die Republik der Niederlande, die das angeschlagene Dänemark zu stützen suchte. So verzichtete der Schwedenkönig auf einen ursprünglich geplanten Rachezug gegen den Brandenburger und griff Dänemark ein zweites Mal an – man fürchtete schon eine Union der nordischen Reiche Schweden-Finnland und Dänemark-Norwegen. Aber der Überfall auf Kopenhagen scheiterte am 15. August 1658, der niederländische Sieg in der Seeschlacht im Sund raubte Karl Gustav den maritimen Rückhalt.

Unter Führung des Großen Kurfürsten rückten nun brandenburgische, österreichische und polnische Truppen in Holstein ein, wobei der Kurfürst zum Mittel der reichspatriotischen Propaganda griff. „Bedenke, daß du ein Teutscher bist" schloß eine Flugschrift. Die Pläne des ehemaligen niederländischen Admirals Arnold Gijsels van Lier zu einer Reichsflotte unter brandenburgischer Admiralschaft waren freilich ebenso utopisch wie einst jene Wallensteins. Erfolgreicher war der Vorstoß gegen die schwedischen Truppen in Holstein, Schleswig und Jütland, aber der Mangel einer Flotte behinderte größere Unternehmungen. Doch dachten auch die Holländer in den Figuren des Gleichgewichts – weder Schweden noch Brandenburg sollte eine Dominanz erringen. Dagegen machte ein österreichisch-brandenburgischer Angriff auf Vorpommern die Lage des schwedischen Königs schwierig; das Land fiel bis auf die Häfen in die Hände seiner Gegner. Als Karl Gustav sich gegenüber niederländischen Vermittlungsversuchen immer noch halsstarrig zeigte, festigte sich die Koalition: Niederländische Schiffe ermöglichten den Verbündeten die Landung auf der Insel Fünen und den Sieg über die schwedischen Truppen in der Schlacht bei Nyborg am 24. November 1659.

Gerade damals aber hatte Frankreich durch den Pyrenäenfrieden mit Spanien 1659 freie Hand bekommen. Nun versuchte seine Diplomatie alles, um – wieder im Sinne eines nordischen Gleichgewichts – eine Katastrophe Karls X. Gustav zu vermeiden. Die Pariser Politik erkannte, daß die Stellung Schwedens in Norddeutschland zum System des Westfälischen Friedens gehörte; auch schien ihr die österreichisch-brandenburgische Koalition unheimlich. Mazarin bemühte sich seinerseits um den Kurfürsten und mobilisierte den Rheinbund, um Druck auszuüben. Österreich wiederum war angesichts des Pyrenäenfriedens und der dort vereinbarten spanisch-französischen Heirat mit ihren möglichen Folgen desinteressiert an einer Konfrontation mit Frankreich an der Ostsee – deutlich wurde auch das Mißtrauen gegen den unberechenbaren Brandenburger, das in der Wiener Hofburg Platz zu greifen begann.

Die in Thorn begonnenen Friedensverhandlungen, die in das Kloster Oliva vor Danzig verlegt wurden, standen ganz im Zeichen französischer

Vermittlung. Für Brandenburg war es von Nachteil, daß die dänisch-schwedischen Verhandlungen abgetrennt wurden, die die wichtigsten Gewinne des Friedens von Roeskilde für Schweden sicherten. Unter dem diplomatischen Druck Frankreichs konnten auch die Brandenburger auf keine territorialen Erwerbungen hoffen; die Absicherung der Souveränität über (Ost-)Preußen war immerhin ein wichtiger Zugewinn. Am 3. Mai 1660 wurde der Friede von Oliva geschlossen; am 6. Juli folgte der dänisch-schwedische in Kopenhagen. Bereits am 23. Februar 1660 war Karl X. Gustav noch nicht achtunddreißigjährig gestorben – Schweden war geschwächt durch eine Regentschaft für den vierjährigen Sohn Karl XI.

So wenig die Friedensschlüsse von Oliva und Kopenhagen territorial verändert haben, so ist ihre Bedeutung doch nicht zu gering zu bewerten. Einmal war die Rolle Brandenburgs als einer selbständigen Ostseemacht und seine Position im deutschen Norden anerkannt worden. Zugleich aber hatte sich auch gezeigt, wie leicht das westfälische Friedenssystem unter Druck geraten konnte. Schwedens Position war stark relativiert – es war fast zum französischen Schützling herabgesunken. Frankreich redete auch an der Ostsee mit – dank des Rheinbundes wurde es endgültig zum maßgeblichen auswärtigen Mitspieler im Reich, neben dem Schweden allenfalls noch eine regionale Rolle zukam. Es hatte das Dominium Maris Baltici nicht erringen können – dem wirkten mit Hilfe Westeuropas die Nachbarn Dänemark, Brandenburg, Polen und Rußland entgegen.[63]

c) Türkische Gefahr im Schatten Ludwigs XIV.

1660 hatte sich die europäische Hegemonialstellung Frankreichs konsolidiert, war die relative Schwäche Schwedens überdeutlich geworden. Der Mainzer Kurfürst hatte mit dem Rheinbund den kühnen Versuch gemacht, die Garantiemacht Frankreich und das soeben wieder mit der Kaiserwürde betraute Haus Österreich gegeneinander auszubalancieren, um Ruhe und Sicherheit im Reich zu stabilisieren. Der Rheinbund machte immer größere Fortschritte, zahlreiche Fürsten traten bei – 1665 sogar Kurbrandenburg. Aber Frankreich sah auch, daß Johann Philipp von Schönborn mit dem Bund ganz andere Ziele verfolgte als die französischen – so zog es 1666 einen bilateralen Vertrag mit Kurmainz der bisherigen Stellung gegenüber dem Rheinbund vor.

Der Mainzer hatte den Rheinbund benützt, um seine fehlende militärische Macht zu substituieren. Seit 1655 tagte unter seinem Vorsitz die ordentliche Reichsdeputation in Frankfurt – indem er die Auflösung während der Thronvakanz verhinderte, demonstrierte er eine faktische Mainzer Stellvertreterschaft des Kaisers und die Kontinuität der Reichsinstitutionen. Daß der Bundesrat des Rheinbundes parallel in Frankfurt tagte, verlieh der Mainzer Position Nachdruck. Da wagte der junge Leopold I. eine Machtprobe und befahl 1658 die Verlegung des Deputationstages nach Regensburg, die Schönborn verweigerte, was zu einer Spaltung der Deputation führen mußte. Damit aber wurde die Einberufung eines Reichstags zwingend nötig.

Auch die wiederaufkommende Türkengefahr nötigte den Kaiser, Rückhalt am Reich zu suchen – hinzu kamen zahlreiche unerledigte Punkte aus dem Erbe des Friedenskongresses. Der restituierte Kurfürst Karl Ludwig suchte die letzten Reste der einstigen überregionalen Machtstellung der Kurpfalz zu behaupten. Daraus resultierte ein heftiger Streit mit Kurbayern um die Vertretung des Kaisers bei Thronvakanzen, also um das Reichsvikariat, in dessen Verlauf Karl Ludwig auf dem Reichsdeputationstag den bayerischen Gesandten Oexle sogar mit einem Tintenfaß bewarf. Nicht weniger gefährlich waren die wiederauflebenden überterritorialen Pfälzer Ansprüche im sog. Wildfangstreit.

Doch auch Johann Philipp selbst suchte seine Position mit Gewalt zu stärken. Die kurmainzische Stadt Erfurt hatte seit längerem eine gewisse Autonomie behauptet und war, die kursächsisch-mainzischen Spannungen ausnützend, dem Zugriff des erzbischöflichen Stadtherrn entglitten, hatte eine quasi-reichsstädtische Stellung errungen und sich sogar der Reformation angeschlossen. So wie seine geistlichen Kollegen in Münster, Hildesheim und Osnabrück suchte der Kurerzkanzler seine Stadtherrschaft wieder zu errichten – zunächst mit gütlichen Verhandlungen, als diese scheiterten, setzte er die Machtmittel des Rheinbundes einschließlich französischer Truppenhilfe ein und unterwarf 1664 Erfurt.

Wichtiger war die heraufziehende Türkengefahr im Gefolge der Reformpolitik des Hauses Köprülü; sie ging von der fortdauernden Herrschaft der Osmanen in Ungarn aus, das in vier Paschaliks (Amtssprengeln von Paschas) um das Zentrum Ofen gegliedert war. Die Labilität der österreichischen Herrschaft im kaiserlichen Ungarn wurde durch die Türkengefahr verstärkt. Hinzu kam die Sonderstellung Siebenbürgens, die ein steter Anreiz für den ungarischen Adel war, gleiche Freiheiten zu erringen. Im Stile Gabriel Bethlens, seines großen Vorgängers, hatte Georg II. Rákoczi versucht, im schwedisch-polnischen Krieg eigenständige Politik zu machen. Das provozierte nicht nur den Kaiser, sondern auch den Sultan, dessen Vasall Rákoczi war. Rákoczi trotzte der Absetzung, aber das türkische Herr vernichtete am 22. Mai 1660 bei Szászfenes nahe Klausenburg die Truppen Rákoczis und bemächtigte sich der Festung Großwardein – Rákoczi starb an seinen Wunden. In Siebenbürgen brachen Wirren aus, die Annexion des Fürstentums drohte. Als der Kaiser Truppen entsandte, reagierte die Türkei mit ihrem neuen Selbstbewußtsein sofort – der Großwesir Achmed Köprülü selbst führte nach dem Scheitern der Verhandlungen 1663 100000 Mann zur Offensive gegen die Habsburger.

Es war für Österreich schwierig, Vorkehrungsmaßnahmen zu treffen. Nur 12000 Mann kaiserliche Truppen unter dem fähigen Feldherrn Raimund Graf Montecuccoli und das 15000 Mann starke ungarische

Aufgebot standen anfangs zur Verfügung. Montecuccoli verlegte sich auf eine hinhaltende Verteidigung und konnte die Türken nicht hindern, Tausende von Menschen in die Sklaverei zu verschleppen. Am 27. September 1663 mußte die wichtige Festung Neuhäusl (Novy Zámky) kapitulieren – der Großwesir setzte die Offensive jedoch nicht fort und begab sich in die Winterquartiere.

Die Zeit konnte der Kaiser nützen, um seine Truppen zu verstärken. Dabei kam ihm zugute, daß inzwischen ein neuer Reichstag in Regensburg zusammengetreten war. Die Türkenhilfe wurde seine wichtigste Aufgabe, danach sollte eine Reihe der 1653/54 zurückgestellten Probleme behandelt werden. Der Reichstag erschöpfte sich in alten Diskussionen – vor allem die Behandlung einer ständigen Wahlkapitulation, die der Westfälische Friede gefordert hatte, führte zu schweren Spannungen zwischen Kurfürsten und Fürsten; Pfalzgraf Philipp Wilhelm hatte deshalb schon 1662 eine sog. Fürstenunion zustande gebracht, die sich gegen die „Präeminenz" der Kurfürsten wandte.

Mit der Bitte um eine Türkenhilfe stellte sich aber auch das seit alters leidige Problem der Reichssteuern – und nun war, bestärkt durch das persönliche Erscheinen Kaiser Leopolds I., der Reichstag doch bereit, ein „Triplum", also die Kosten für eine Armee von 30000 Mann, zu gewähren. Das Kommando übernahm der katholische Markgraf Leopold Wilhelm von Baden-Baden, Georg Friedrich von Waldeck wurde sein Generalleutnant. Effektiver noch waren die Hilfeleistungen einzelner „armierter" Reichsstände des Rheinbundes. Das Angebot einer Bundeshilfe erwies sich jedoch für den Kaiser als ausgesprochen problematisch, denn damit erkannte Leopold I. die Sonderstellung des Bundes an. Ihm blieb freilich keine andere Wahl, so daß sich ein um 6000 französische Soldaten verstärktes rheinbündisches Kontingent an die türkische Front in Marsch setzte.

Die Operationen, die hauptsächlich von den kaiserlichen Truppen getragen wurden, verliefen weitgehend erfolgreich. Die Belagerung der Festung Kanizsa schlug allerdings fehl, weil die türkische Hauptarmee unter Köprülü anmarschierte. Sein Gegner Raimund Montecuccoli war ein altgedienter Soldat des Dreißigjährigen Krieges, der schon bei Breitenfeld, Lützen und Nördlingen mitgekämpft hatte. In schwedischer Kriegsgefangenschaft hatte er mit militärischen Studien begonnen, die ihn schließlich zu einem der bedeutendsten Militärtheoretiker seiner Zeit machten. Auch im Ersten Nordischen Krieg hatte er sich mehrfach bewährt. Bei Mogersdorf, nahe der Abtei St. Gotthard an der Raab, an der österreich-ungarischen Grenze, gelang Montecuccoli am 1. August 1664 ein Abwehrsieg gegen den Großwesir, der diesem den Vorstoß in die Erblande verwehrte. Trotz reicher Beute war allerdings Montecuccoli zur Verfolgung des geschlagenen Gegners nicht in der Lage.

Der Sieg verfehlte den Eindruck auf die Türken nicht. So kam es am 10. August 1664 zum Frieden von Eisenburg (Vasvar), der jedoch für den

Kaiser in hohem Maße enttäuschend war. Der vom Sultan ernannte Michael Apafi blieb Fürst von Siebenbürgen – Großwardein und Neuhäusl konnten die Türken behaupten.

Schockiert war man in Ungarn, denn der Adel hielt die kaiserlichen Argumente für den Friedensschluß, Erschöpfung und Finanznot, für zweifelhaft. Damit aber flammte die Kritik an dem als Fremdherrschaft empfundenen Regiment der Habsburger wieder auf; auch fürchtete man, Leopold I. habe den – insbesondere für Ungarn – nachteiligen Frieden geschlossen, um freie Hand gegen die dortige Opposition zu bekommen. Kritik am Frieden und Oppositionsgeist schaukelten sich gegenseitig empor.

Die ungarische Opposition hatte die Situation in der Tat richtig eingeschätzt, da man in Wien um die Gefahren wußte, die für das Reich von der labilen Situation Ungarns im Falle eines weiteren Türkenkriegs ausgingen. Wichtiger aber war die westeuropäische Seite der Angelegenheit. Man erkannte die drohende Hegemonierolle Frankreichs, vor allem im Hinblick auf das Erbe der spanischen Habsburger, da Ludwig XIV. im Pyrenäenfrieden die Hand der ältesten Infantin Maria Theresia verlangt und gewonnen hatte. Dies war eine eindeutige Spekulation auf das zu erwartende Aussterben der spanischen Habsburger. Da der Verzicht der Infantin an eine nie bezahlte Geldsumme als Mitgift geknüpft war, hatte die französische Politik immer einen Hebel, diesen in Frage zu stellen.

Die erstarkte französische Monarchie wirkte weiterhin massiv in den Reichsverband hinein. Die Vorstellung, die Krone Karls des Großen zu tragen, war Ludwig XIV. nicht fremd. Mit seiner Rheinbundpolitik hatte Frankreich unmittelbaren Anteil an der deutschen Entwicklung genommen; die Schönbornsche Konzeption einer Organisation des Reiches ohne den Kaiser war ihm entgegengekommen.

Die vorwärtsdrängende französische Politik hatte sich als Hauptziel ein peripheres Glied des Reichsverbandes erkoren. Ludwig XIV. verhandelte mit seinem Schwiegervater, König Philipp IV. von Spanien, über die Abtretung der Spanischen Niederlande – als dieser ablehnte, auch mit den Generalstaaten über eine Teilung. Die Juristen Ludwig XIV. formulierten aus dem brabantischen Privatrecht einen Erbanspruch: Danach gebührte das ungeteilte Erbe vorzüglich den Kindern erster Ehe; Königin Maria Theresia von Frankreich war aber das einzige Kind aus der ersten Ehe des spanischen Königs. Nach dessen Tod 1665 erhob Ludwig XIV. folglich nach „Devolutionsrecht" Anspruch, begünstigt durch den englisch-niederländischen Krieg.

Im März 1667 begann die Invasion Belgiens – im September war der Feldzug vollendet. Die fähige, mit reichen Mitteln ausgestattete französische Diplomatie war bestrebt, die deutsche Flanke abzusichern, durch bilaterale Verträge mit deutschen Fürsten, vor allem mit Hilfe des Rheinbundes. Aber das erneute Übergreifen Frankreichs auf die Spanischen

Niederlande und damit auf Reichsgebiet führte doch zu großer Aufregung. Franz von Lisola (1613–1674), bewährter kaiserlicher Diplomat, selbst aus der bedrohten Franche Comté stammend, griff die französische Aggression publizistisch an und forderte eine europäische Koalition. In Wien zögerte man – Leopolds Obersthofmeister Fürst Wenzel Eusebius Lobkowicz plädierte für einen Ausgleich mit Frankreich, aber der Kaiser, von gänzlich unmilitärischem Zuschnitt, begann sich nun doch auf den Krieg vorzubereiten.

Frankreich bekam die gewandelte Stimmung im Reich zu spüren, auch wenn der Reichstag nach einigem Zögern für Verhandlungen plädierte. Die französische Politik hatte zwar auch die Rheinbundkonzeption Schönborns empfindlich getroffen, aber der Kurfürst bremste wie andere maßgebliche Reichsstände das einheitliche Vorgehen des Reiches. Schönborn wollte aus seinem Balancedenken heraus zwischen den Fronten vermitteln und streckte seine Fühler nach den Niederlanden aus.

Inzwischen gab es eine ernsthafte Krise in Osteuropa, bei der abermals die französische Diplomatie die Hand im Spiel hatte. Noch zu Lebzeiten des letzten Wasakönigs von Polen, Johann Casimir, wollte die königliche Gemahlin Louise Marie die Königswahl des französischen Prinzen Ludwig von Condé oder seines Sohnes fördern. Der Kaiser, Brandenburg und Schweden waren sich darin einig, daß Frankreich nicht in Polen Fuß fassen sollte. Angesichts der europäischen Konstellation hatte sich Kurfürst Friedrich Wilhelm mit seinem alten Gegenspieler am Niederrhein, Philipp Wilhelm von Neuburg, verständigt und die definitive Teilung der jülich-klevischen Erbmasse vollzogen (Erbvergleich vom 9. September 1666). Damit war der Weg für die brandenburgische Unterstützung der Neuburger Kandidatur in Polen frei, für die der Große Kurfürst schließlich sogar Frankreich gewinnen konnte – gegen die Zusage einer wohlwollenden Neutralität am Rhein. Am Ende kam es jedoch zu einem Kompromiß, zur Wahl des Kronfeldherrn Michael Korybut Wisniowiecki (1669).

Ludwig XIV. war es durch seine Verhandlungen mit Brandenburg zugleich gelungen, das ganze Koalitionsprojekt gegen ihn zu paralysieren. Nun fand sich der dominierende Politiker Leopolds I., Fürst Weikard von Auersperg, ursprünglich ein Anhänger der spanischen Sache, bereit, für einen Ausgleich mit Frankreich zu wirken. Das Ergebnis war ein Teilungsvertrag über die spanische Monarchie, der am 19. Januar 1668 im Wiener Palais Auerspergs unterzeichnet wurde. Beim Tode Karls II. von Spanien sollte der Kaiser Spanien mit den überseeischen Besitzungen, Mailand und Sardinien, Frankreich die Franche Comté, Navarra, Neapel und Sizilien sowie den spanischen Besitz in Afrika und auf den Philippinen erhalten. Leopold I. hatte damit den Anspruch auf das ganze Erbe des Hauses Österreich in Spanien aufgegeben und die französischen Ansprüche grundsätzlich anerkannt – ein beträchtlicher Erfolg der französischen Diplomatie. Das Abkommen blieb geheim – aber es sollte zu einem Druckmittel in den Händen der Franzosen werden. Als man in Wien endlich die Nachteile begriff, stürzte Auersperg, allerdings ohne den Kardinalshut, den ihm Frankreich immer in Aussicht gestellt hatte, und wurde nach Laibach verbannt (1669).

Fürst Lobkowicz stieg zum uneingeschränkten leitenden Minister auf, ein dezidierter Verfechter des Ausgleichs mit Frankreich. Lisolas Proteste scheiterten; die spanischen Rechte in den Niederlanden wurden de facto preisgegeben, denn unter diesen Umständen war an eine kaiserliche Beteiligung an einer antifranzösischen Koalition nicht zu denken. Ausmanövriert war auch Kurfürst Johann Philipp von Mainz, der die angestrebte Rolle des Vermittlers nicht spielen konnte – gerade er bekam das überlegene diplomatische Spiel der Franzosen im Reich zu spüren. Ohne Beteiligung von Kaiser und Reich bildete sich jedoch eine Tripelallianz aus England, den Niederlanden und Schweden, die vermittelte und in hohem Maße auf die Wünsche des siegreichen Frankreich Rücksicht nahm. Ludwig XIV. gab im Frieden von Aachen (1668) zwar die Freigrafschaft Burgund, mit geschleiften Fortifikationen, an Spanien zurück, behielt aber zwölf Festungen in Flandern, die dem französischen König jede künftige Offensive erleichtern mußten. Der Erfolg der französischen Militäraktion gegen die Spanischen Niederlande war unstrittig.

Durch das massive Vorgehen Frankreichs aber waren die Balancevorstellungen des Kurerzkanzlers gescheitert – der Rheinbund war damit sinnlos geworden. Der Fehlschlag seiner Vermittlungspläne hatte Schönborn verdeutlicht, auf welch ungleiche Koalition er sich eingelassen hatte. Die Verlängerungsverhandlungen über den Rheinbund scheiterten, weil die deutschen Reichsstände Frankreich kein Durchmarschrecht gewähren wollten – der Bund lief 1668 aus. Darin erwies sich nicht nur ein starker Prestigeverlust Frankreichs im Reich, das erhebliche Gebietseinbußen hatte hinnehmen müssen. Schönborns Konzept, das Reich mit Hilfe eines Bundes ohne den Kaiser zu organisieren, war gescheitert. Es war der bemerkenswerteste Versuch gewesen, das Programm des Westfälischen Friedens zu realisieren. Die Idee Schönborns, die Macht des habsburgischen Kaisers durch die des französischen Königs auszubalancieren, sah den Reichsverband zwischen zwei im europäischen Mächtesystem verankerten Flügeln. Der beträchtliche Machtanstieg Frankreichs (im Gegensatz zur augenfälligen Stagnation Schwedens) ließ das Konzept mißlingen. Die Folge war die Restauration der kaiserlichen Position im Reich als Gegengewicht gegen die französische Vormacht.

Doch zunächst gruppierte sich die Konstellation im Reich um. Die Wiener Politik agierte vorsichtig. Die Linie des Friedens von Vasvar wurde von Leopold I. konsequent festgehalten, als er den Verzweiflungskampf der Venetianer gegen die Türken um Kreta nur mit begrenzten Kräften unterstützte – ohne damit die Kapitulation der Insel verhindern zu können (1669); für ihre Verteidigung waren zahlreiche deutsche Söldner in den Tod gegangen.

Auch den Werbungen der sich entfaltenden Tripelallianz entzog sich Leopold I., obgleich vor allem der Gesandte Karls II. von England im Haag, Sir William Temple, sich dafür einsetzte. Doch es gelang in der Folge vielmehr den Künsten der französischen Diplomatie, die Tripelallianz zu zersetzen – dabei richtete Ludwig XIV. sein Augenmerk immer mehr auf die Republik der Niederlande, die ihm das verwundbarste Glied der Allianz schien. Das Regime der Handelsoligarchie von Holland, nach dem Tode Wilhelms II. etabliert, stand überdies unter dem Druck des jungen Prätendenten Wilhelm III. von Oranien. Ludwig XIV. konnte vor allem die maritimen Interessengegensätze zwischen den Niederlanden und England ausnützen. Im Juni 1670 schloß er mit Karl II. den Vertrag von Dover, der britische Annexionen niederländischer Kolonialbesitzungen vorsah. Auch Schweden konnte in die französische Partnerschaft zurückgeführt werden (April 1672).

Im Reich wirkte der Eindruck des Devolutionskrieges nach; die Furcht vor Frankreich hatte neue Dimensionen erhalten. Johann Philipp von Schönborn sah sich erneut als die Spitze eines Fürstenbundes, der die fremden Mächte vom Reich fernhalten wollte. Der 1664 gestürzte Mainzer Minister Boyneburg, bald wieder mit seinem Herrn versöhnt, hatte den jungen Gelehrten Gottfried Wilhelm Leibniz in Mainzer Dienste gezogen. Leibniz formulierte als guter deutscher Patriot ein „Bedenken, welcher Gestalt securitas publica interna et externa und status praesens im Reich auf festen Fuß zu stellen". Ein Bund im Reich sollte die deutschen Angelegenheiten regeln. Noch dominierte die Idee, man könnte Frankreich gegen Österreich ausspielen. Der Bund sollte das Programm des Westfälischen Friedens realisieren und ein Direktorium erhalten, das natürlich Kurmainz zukam – die Stimmenzahl für den Generalkonvent des Bundes bemaß Leibniz nach der Zahl der gestellten Truppen. Der Kaiser sollte als König von Böhmen und für die Erblande, nicht aber als Reichsoberhaupt beitreten – das waren die alten Schönbornschen Ideen, die hier trotz der wachsenden Bedrohung im Westen von einer glänzenden Feder formuliert waren. Der Kurerzkanzler sollte die Reichsgeschäfte besorgen, während der Kaiser mehr einen Ehrenprimat und den Kampf gegen die Türken übernahm.

Frankreichs Politik aber verwies nachhaltig auf die fortlaufende Bedeutung des Reichsoberhaupts. Karl IV. (III.) von Lothringen war nach dem Pyrenäenfrieden nicht nur aus spanischer Haft entlassen, sondern auch restituiert worden, wobei er jedoch den Franzosen eine Militärstraße von Verdun über Metz ins Elsaß hatte konzedieren müssen. 1662 versprach er sogar, daß nach seinem Tod Lothringen in französischen Besitz übergehen sollte. Aber sein Neffe und Erbe Karl V. (IV.) war nicht bereit, das Erbe aufzugeben, und auch sein Oheim wandte sich wieder gegen Frankreich. Ludwig XIV. wollte auf die erwirkte Anwartschaft nicht verzichten. 1670 brach Marschall Créqui ins Land. Karl IV. (III.) starb 1675 im Exil – sein

Nachfolger lehnte sich eng an das Haus Österreich an; in dessen Diensten stieg er zu einem der führenden Feldherren seiner Zeit auf. Der Kaiser aber war der offenkundigen Gewaltaktion nicht entgegengetreten, sondern hatte versucht, in Paris zu vermitteln – der formale Einspruch wurde vom selbstsicheren Ludwig XIV. in beleidigender Form zurückgewiesen.

Nach dem Scheitern seiner Bundespläne näherte sich der Kurfürst von Mainz dem Kaiser. Er hatte schon seine Aufnahme in die Tripelallianz betrieben. Im August 1671 kam es zur Marienburger Allianz (nach der Festung des Bischofs von Würzburg), die der Kaiser, die Erzbischöfe von Mainz und Trier sowie der kriegerische Bischof von Münster schlossen. Mehrere evangelische Fürsten traten bei, nur der Kurfürst von Brandenburg verweigerte sich. Die Zielsetzungen des Bündnisses waren defensiv – doch der Mainzer konnte nicht umhin, dem Kaiser das Direktorium zu überlassen, ein wichtiger Schritt, auch wenn die Bedeutung der Allianz gering blieb.

Angesichts der wachsenden Spannungen mit der Republik der Vereinigten Niederlande festigte sich bei Ludwig XIV. der Entschluß, loszuschlagen. Dabei konnte er darauf rechnen, daß er die deutsche Flanke diplomatisch gut abgesichert hatte. Die Niederlande, die ihrerseits mit harter Hand ihr Glacis in Nord- und Westdeutschland sicherten, hatten unter den deutschen Fürsten wenig Freunde. Der französischen Diplomatie gelang es dagegen, am 1. November 1671 den Wiener Hof zu einer Neutralitätserklärung auf der Grundlage des Westfälischen und des Aachener Friedens zu bringen. Lisola mußte im Haag die niederländischen Bündnissondierungen ablehnen. Hinzu kam ein ganzer Kranz von französischen Subsidienverträgen mit deutschen Fürsten. Christoph Bernhard von Galen, der streitbare Bischof von Münster, schloß sogar ein Offensivbündnis mit Frankreich, weil er mit französischer Hilfe seine alten Konflikte mit den Niederlanden bereinigen und territoriale Gewinne erzielen wollte. Auch Kurköln, wo die profranzösischen Brüder Franz Egon und Wilhelm Egon von Fürstenberg-Heiligenberg das Sagen hatten, hatte mit den Generalstaaten noch eine alte Rechnung zu begleichen. Damit aber konnte sich Ludwig XIV. Reichsgebiete als Aufmarschbasis gegen die Niederlande sichern. Auch Kurfürst Ferdinand Maria von Bayern schloß einen Subsidienvertrag mit Frankreich ab – durch die geographische Lage seines Territoriums konnte er etwaige kaiserliche Kraftanstrengungen zugunsten der Niederlande schwer behindern.

Wichtig wurde für Ludwig XIV. die Haltung seines alten Partners Johann Philipp von Schönborn, der unter starkem französischen Druck stand und versprach, sich bei einem französisch-niederländischen Krieg für die Neutralität des Reiches einzusetzen – wobei er nicht darauf verzichtete, seine letzten vergeblichen Vermittlungsversuche zu machen. Johann Philipp erkannte scharfsichtig, daß ein französischer Griff nach Holland auch das Reich aufs höchste gefährden würde – er sah nun endgültig das

Scheitern aller Balanceüberlegungen. Angesichts der aggressiven französischen Politik blieb es nur noch eine utopische Hoffnung, wenn er daran dachte, die Kräfte des erstarkenden Königreichs außerhalb Europas abzulenken. In Schönborns Umkreis entstand damals das „Consilium Aegyptiacum" von Leibniz, das Ludwig XIV. auf die Eroberung und Erschließung Ägyptens verweisen wollte. Als Leibniz deshalb sogar nach Paris eilte, traf er gerade auf die Kriegsvorbereitungen Ludwigs XIV. Auch Kurfürst Friedrich Wilhelm von Brandenburg, vom profranzösischen Kurkölner Minister Wilhelm Egon von Fürstenberg mit einem niederländischen Teilungsprojekt umworben, sah die Gefahr, die seiner Stellung in Kleve und Mark von einer französischen Kontrolle des Niederrheins drohte, wobei die konfessionelle Solidarität mit seinen oranischen Verwandten und den Niederlanden keine geringe Rolle spielte. 1672 kam es sogar zu einem brandenburgisch-niederländischen Bündnisvertrag.

Im Frühjahr 1672 griffen die Verbündeten Frankreich und England, unterstützt durch Kurköln und Münster, die Republik an. Die französische Strategie suchte den niederländischen Festungsgürtel, vor allem das starke Maastricht, zu umgehen und das Herz der Generalstaaten von Nordwesten, also von Reichsboden aus, zu treffen. Die durch die internen Spannungen zwischen den oligarchischen Handelsherren von Holland und der Oranierpartei zerrissenen Niederlande vermochten keinen Widerstand zu leisten; die Generalstaaten boten einen sehr entgegenkommenden Frieden an. Vor dem Zusammenbruch aber erhob sich das Volk gegen diese Politik; der Ratspensionär Johan de Witt wurde gestürzt und am 20. August 1672 zusammen mit seinem Bruder Cornelijs regelrecht gelyncht. Unter Aufhebung des Ewigen Edikts von 1667, das die oranische Statthalterschaft abgeschafft hatte, wurde der junge Wilhelm III. zum Generalkapitän und Generaladmiral der Republik proklamiert (8. Juli 1672). Er sollte fortan zur Seele der europäischen Koalitionspolitik gegen die französischen Expansionsbestrebungen werden. In ihrer verzweifelten Situation durchstachen die Niederländer die Dämme und bremsten so mit der Urgewalt des Wassers den französischen Vormarsch.

Der Kurfürst von Köln und Bischof Christoph Bernhard von Münster hatten sich zum Angriff auf die Nordostecke der Niederlande verbunden. Am 5. Juli 1672 unterwarf sich die Ritterschaft von Overijssel der Landesherrschaft des Bischofs von Münster, aber Ludwig XIV. machte deutlich, daß er solche Eigenmächtigkeiten nicht zu konzedieren gedachte. Im Sommer 1672 mußte der Bischof die Belagerung von Groningen in Friesland ohne Erfolg abbrechen. Der brandenburgischen Diplomatie gelang es indessen, mit der Entsendung des Fürsten Johann Georg von Anhalt nach Wien ein kaiserlich-brandenburgisches Bündnis zustande zu bringen, das am 23. Juni 1672 in Berlin abgeschlossen wurde. Es trug zwar defensiven Charakter, richtete aber seine Spitze gegen die französische Expansionspolitik. Die gemeinsame Armee bestand aus 16000 kaiserlichen und 12000 brandenburgischen Soldaten; die Kampagne selbst war wenig erfolgreich. Im Januar 1673 konnte der französische General Turenne die bedrohten bischöflichen Verbündeten Frankreichs am Rhein entlasten; die Franzosen behaupteten sich am Niederrhein. Daraufhin verließ Kurfürst Friedrich Wilhelm wieder die Allianz mit dem Kaiser und schloß am 16. Juni 1673 in Vossem bei Löwen Friede mit Frankreich, der dem Brandenburger seine westlichen Besitzungen und hohe Subsidien sicherte.

Doch inzwischen hatte die nach wie vor bedrohliche Lage der Niederlande die „öffentliche Meinung" im Reich mobilisiert. Man begann über die drückende Übermacht Frankreichs nachzudenken – Ideen eines Wirtschaftskriegs, eines Handelsboykotts gegen Frankreich kamen auf. Die Abwehrerfolge Wilhelms III. von Oranien beflügelten auch die Stimmung im Reich. Im Juni 1673 trat sogar eine Friedenskonferenz in Köln unter schwedischer Vermittlung zusammen.

Die fortgesetzte Bedrohung der Reichsgrenzen forderte schließlich doch den Kaiser heraus; er kehrte zur alten Allianz mit Spanien zurück und verband sich mit den Niederlanden; eine Reihe deutscher Fürsten schloß sich an. Eine gegenüber 1672 wesentlich verstärkte kaiserliche Armee marschierte unter Montecuccoli an den Rhein und vereinigte sich Anfang November 1673 mit den spanisch-niederländischen Truppen unter Wilhelm III. von Oranien; am 12. November fiel das belagerte Bonn. Am 14. Februar 1674 wurde der kurkölnische Minister und entschiedene Parteigänger Frankreichs, Wilhelm Egon von Fürstenberg, aus der neutralen Kongreßstadt Köln in kaiserlichen Gewahrsam entführt und sogar mit der Todesstrafe bedroht. Damit aber war der Kölner Friedenskongreß gesprengt. Nun brach auch die französisch-englische Koalition auseinander; im Februar 1674 schloß König Karl II. von England den Frieden von Westminster mit den Niederlanden; der Bischof von Münster und der Erzbischof von Köln verließen das französische Bündnis. Unter dem Eindruck des Niederländischen Krieges war selbst der alte Mainzer Kurfürst Johann Philipp von Schönborn auf die kaiserliche Seite zurückgeschwenkt. Am 24. Mai 1674 proklamierte der Reichstag den Reichskrieg gegen Frankreich. Kurfürst Friedrich Wilhelm von Brandenburg löste sich daraufhin als letzter Verbündeter Frankreichs immer mehr vom Frieden von Vossem und schloß am 1. Juli 1674 mit dem Kaiser ab.

Der französische Druck im Westen hatte somit die Konstellation im Reich grundlegend verändert und allen Kombinationen die Grundlage entzogen, die Frankreich als Gegengewicht gegen den Kaiser hatten mobilisieren wollen. Nicht mehr der Wiener Hof, sondern jener von Versailles galt jetzt als die eigentliche Gefahr für die deutsche Freiheit. Kurfürst Friedrich Wilhelm meinte sogar, wenn es so weitergehe, werde Ludwig XIV. die deutschen Fürsten wie manche Große seines Reiches in die Pariser Bastille werfen lassen. Der Zusammenstoß mit dem Reichsverband verschärfte sich auch dadurch, daß Ludwig XIV. nun offensichtlich seine Pläne gegen die

Republik der Niederlande aufgab und sich gegen das Reich wandte. Nach 25 Jahren eines mehr oder weniger eingehaltenen Friedens wütete am Rhein erneut die Kriegsfurie, litt das Volk unter den militärischen Aktionen.

Im Sommer 1674 eroberten die Franzosen die Franche Comté. Bereits im Februar 1674 war Turenne in die Pfalz einmarschiert. Das Land, kaum von den verheerenden Folgen des Dreißigjährigen Krieges erholt, wurde erneut aufs schwerste zerstört. Kurfürst Karl Ludwig machte Ludwig XIV. persönlich dafür verantwortlich, daß alle Früchte seiner Wiederaufbauarbeit dahin waren. Der Krieg begann unglücklich für die kaiserlichen Armeen; am 16. Juni 1674 ging die Schlacht bei Sinsheim gegen Turenne verloren. Auch die Operationen am Niederrhein litten unter den Unstimmigkeiten der Befehlshaber, die sich noch steigerten, als Kurfürst Friedrich Wilhelm von Brandenburg mit seinen Truppen abzog. Am 5. Januar 1675 konnte schließlich der französische General Turenne bei Türkheim einen glanzvollen Sieg gegen die überlegenen kaiserlichen Truppen erfechten und die Kontrolle des Elsaß erringen. Die Stadt Straßburg, die die kaiserlichen Operationen unterstützt hatte, suchte Rückhalt bei den Eidgenossen, denen sie nun sogar beitreten wollte. Kaiserliche und Brandenburger maßen sich gegenseitig die Schuld am Desaster zu.

Bald darauf aber sollte der Einfall der Schweden in die Mark Brandenburg Kurfürst Friedrich Wilhelm die Gelegenheit zu glänzender Rechtfertigung geben. Eigentlich waren nun die Chancen Ludwigs XIV. gestiegen. In Polen war mit dem Kronfeldherrn Johann Sobieski 1674 ein Anhänger Frankreichs zum König gewählt worden. Vor allem aber intervenierte Schweden in den Krieg mit Frankreich. Zunächst hatte es als Vermittler nochmals den alten Plänen gehuldigt, eine dritte, neutrale Partei zu bilden. Aber immer stärker gewann in Stockholm die Ansicht die Oberhand, daß man mit einer Schwächung Frankreichs selbst im Reich an Boden verlieren würde. Als der Überfall Schwedens – zu guter Letzt von den Kommandeuren gegenüber dem zögernden Hof durchgesetzt – wirklich erfolgte und schnell Berlin bedrohte, war der Große Kurfürst zum Handeln gezwungen. Von Dänemark und den Niederlanden diplomatisch unterstützt, eilte er aus dem Winterquartier in Gewaltmärschen zum entschlossenen Gegenstoß. Sein General Derfflinger, evangelischer österreichischer Emigrant, der einst Schneidergeselle gewesen war, nahm im Handstreich Rathenow; der Kurfürst selbst vertrieb die Schweden mit einem glänzenden Sieg bei Fehrbellin am 28. Juni 1675 aus der Mark und begründete damit seinen eigenen militärischen Ruhm. Für die Rheinarmee der Verbündeten war zugleich die Gefahr beseitigt, daß ein großer schwedischer Aufmarsch im Rücken der Front diese zum Einsturz brachte.

„In der Kampagne am Rhein standen im Jahre 1675 sich noch einmal die größten Strategen des Zeitalters gegenüber, Montecuccoli und Turenne. Für beide sollte es der letzte Feldzug ihres Lebens werden."[64] Turenne, auf das rechte Rheinufer vorgedrungen, fiel am 7. Juli 1675 bei Saßbach.

Während aber der Feldzug am Oberrhein bei bescheidenen Erfolgen blieb, brachte Friedrich Wilhelms Sieg bei Fehrbellin eine nordische Koalition einschließlich Dänemarks gegen Schweden zusammen; der Reichstag hatte den Reichskrieg erklärt. Die schwedischen Herzogtümer Bremen und Verden wurden erobert, von dänischen und niederländischen Schiffen unterstützt, operierte Kurfürst Friedrich Wilhelm in Pommern; am 6. Januar 1678 fiel Stettin, im weiteren Verlauf des Jahres Rügen, Stralsund und Greifswald. Unterdessen aber hatten im niederländischen Nimwegen die Friedensverhandlungen begonnen, nachdem sich bei den Generalstaaten deutliche Erschöpfungserscheinungen bemerkbar gemacht hatten. Für den französischen König war es abermals von Vorteil, daß ihm eine vielköpfige Koalition gegenüberstand.

Zwar heiratete Wilhelm III. von Oranien 1677 die protestantische Tochter Maria des katholischen Herzogs Jakob von York, Bruders und präsumtiven Erben König Karls II. von England, aber 1678 hatte sich die internationale Lage der Verbündeten entschieden verschlechtert. Das Handelsunternehmertum in den Niederlanden drängte zum Frieden. Ludwig XIV. nützte dies aus, indem er den Niederlanden die volle territoriale Integrität sowie einen günstigen Handelsvertrag anbot. Den Preis (Vertrag vom 10. August bzw. 17. September 1678) hatte Spanien zu bezahlen, das jetzt die Kette seiner Grenzfestungen von St. Omer und Ypern bis Maubeuge an Frankreich abtreten mußte, wodurch dessen Nordgrenze nahezu unangreifbar wurde.

Damit aber hatte Ludwig XIV. die antifranzösische Koalition gesprengt. Zunächst war man am Wiener Hof entschlossen, den „Reichskrieg" entschieden weiterzuführen – Projekte, etwa eines kaiserlichen Bundes, tauchten auf, mit dem man die Rechte der Reichsstände zurückdrängen und die gemeinsame Gegnerschaft zu Frankreich zu einem neuerlichen Ausbau der kaiserlichen Stellung im Reich benützen wollte. Aber die Krise in Ungarn, die latente Türkengefahr standen neben der Furcht, daß im Kurfürsten von Brandenburg, wie angeblich der österreichische Hofkanzler Hocher sagte, „ein neuer Vandalenkönig an der Ostsee erstehe". Bei allem Kriegswillen des gegen Schweden siegreichen Großen Kurfürsten hatten andere Reichsstände inzwischen mit Frankreich angeknüpft.

So setzte sich die Friedenspartei durch, und am 5. Februar 1679 wurde, gleichfalls in Nimwegen, der kaiserlich-französische Friede geschlossen, den der Reichstag akzeptierte. Ludwig XIV. war es gelungen, die prekäre Situation, in die er durch eine europäische Koalition geraten war, abermals zu überwinden. Der Friede bestätigte den Westfälischen, Ludwig XIV. gab die rechtsrheinische Festung Philippsburg, die ein Pfahl im Fleisch ihres Umlandes war, auf und erhielt dafür das Besatzungsrecht im habsburgischen Freiburg im Breisgau. Der Herzog von Lothringen sollte, mit Sicherheitsgarantien für Frankreich, wieder in seine Lande eingesetzt, die Brüder Fürstenberg mußten voll restituiert werden. Vor allem wurden damit Brandenburg und Dänemark isoliert; Frankreich hatte für die Geschehnisse an der Ostsee die Hände frei.

Sein glänzender, sensationell wirkender Winterfeldzug von 1678/79 gegen die in Preußen unter Feldmarschall Horn eingefallene schwedische Armee half Kurfürst Friedrich Wilhelm wenig, auch wenn er sie, im Schlitten seine Soldaten führend, über das Frische und Kurische Haff, bis vor die Tore Rigas verfolgte. Die Feldzüge des „Großen Kurfürsten" – der Name bürgerte sich nun ein – erregten in ganz Europa Aufsehen. Aber französische Truppen waren nun frei, um in die preußischen Westprovinzen einzudringen. Am 29. Juni 1679 mußte Brandenburg den Frieden von St. Germain unterzeichnen, der die schwedischen Besitzungen in Pommern und Nordwestdeutschland fast vollständig zurückgab.

Damit hatte Ludwig XIV. einen siebenjährigen Krieg abgeschlossen, der ihm nicht die erhofften Triumphe über die Niederlande eingetragen – aber ihn zum, wie auch Leibniz betonte, Schiedsrichter Europas gemacht hatte; gerade das Schicksal des Brandenburgers hatte dies eindeutig demonstriert. Kurfürst Friedrich Wilhelm, der selbst für seine Schaukelpolitik berüchtigt war, zeigte sich von den Niederlanden, Spanien und dem Kaiser enttäuscht. Der Kaiser hatte seinerseits brandenburgische Erbansprüche auf die schlesischen Herzogtümer Liegnitz, Brieg und Wohlau beim Tode des letzten Piasten (1675) ignoriert. Auch wollte er dem Brandenburger keine Zugewinne auf Kosten kleinerer Reichsstände oder die Anwartschaft auf Ostfriesland zugestehen. Unter diesen Umständen war es für den französischen König ein leichtes, den Großen Kurfürsten als Verbündeten zurückzugewinnen.

Brandenburg drängte auf die Allianz, die am 25. Oktober 1679 – ebenfalls in St. Germain – abgeschlossen wurde. Hier mußte sich der Große Kurfürst zum Satelliten der französischen Politik degradieren lassen. Dafür sollte er hohe Subsidiengelder erhalten. Der französische König hatte damit seine Klientel im Reich weiter verstärkt – auch Bayern (1670) und Sachsen (1679) hatten mit dem Hof von Versailles abgeschlossen. Mit Heiraten hatte Ludwig XIV. überdies durch dynastische Bande die Beziehungen ins Reich weiter verstärkt.

Solchermaßen gedeckt, konnte der französische König seine Position im Reichsverband ausbauen. Schon nach 1648 hatten die königlichen Juristen die unklaren Formulierungen des Westfälischen Friedens bewußt zugunsten Frankreichs interpretiert. Sie deuteten die vielfältigen von Frankreich erworbenen, oft verschwommenen Rechte des Hauses Österreich im Sinne der französischen Politik – vor allem die von Österreich bislang behauptete Landvogtei im Elsaß mit ihrer Schutzherrschaft über die zehn elsässischen Reichsstädte, alte reichsrechtliche Positionen, die nun Ludwig XIV. als souveränem Herrn übertragen waren, wenn auch die Reichsunmittelbarkeit der elsässischen Dekapolis an sich eindeutig blieb.

1657 hatte Frankreich in Ensisheim einen obersten Justizhof für alle elsässischen Lande eingerichtet, der künftig das Reichskammergericht in Speyer ersetzen sollte. 1661 wurde auch das neu eingerichtete Parlament von Metz zu einer obersten Appellationsinstanz erklärt – am 10. Januar 1662 mußten die zehn Reichsstädte dem französischen König den Treueid leisten, nachdem sie 1653/54 noch dem Reichstag und später dem Oberrheinischen Kreistag beigewohnt hatten. Noch war es ein Eid, der jeweils die Reichsrechte reservierte. Auf dem neuen Regensburger Reichstag von 1663 wurde den Städten ihre Unabhängigkeit vorbehalten. Aber 1673 setzte im Schatten des Niederländischen Krieges der französische König seine Autorität durch – den Colmarern wurde ihr Festungswerk geschleift. Auch die Reichsritterschaft im Elsaß mußte nun als „Noblesse libre d'Alsace" unter die Oberherrschaft des französischen Königs treten. Nach 1679 setzte sich das Vordringen Frankreichs fort. Der wiedereingesetzte Straßburger Bischof Franz Egon von Fürstenberg unterwarf sich der französischen Krone; auch das Landgebiet der Reichsstadt Straßburg geriet unter die Kontrolle Ludwigs XIV. Nun suchte Frankreich die Waffen des Rechts einzusetzen, die es mit seiner militärischen Macht unterstützen konnte; es sollten alle Rechtstitel mobilisiert und mit ihrer Hilfe „entfremdete" Gebiete wieder mit der Krone Frankreich vereinigt, „réuniert", werden. Dabei spielten – neben den alten österreichischen – die Ansprüche der Bischöfe von Metz, Toul und Verdun eine zentrale Rolle; die reichsrechtlich eine Landeshoheit eigentlich nicht tragenden lehensrechtlichen Titel dieser Prälaten wurden mobilisiert. Zur Durchsetzung dieser Ansprüche gründete man eigene „Réunionskammern" in Metz, Breisach und Besançon, die die Unterwerfung der betroffenen Herrschaften unter die Krone Frankreich betrieben. Dies betraf alle Reichsfürsten, die im Elsaß Besitz hatten, aber darüber hinaus wurden auch das württembergische Mömpelgard, Teile der Kurfürstentümer Pfalz und Trier sowie zahlreiche kleinere Herren erfaßt. König Karl XI. von Schweden sah sich plötzlich in der Verlegenheit, für sein Herzogtum Zweibrücken-Kleeburg französischer Vasall zu werden.

Die Proteste des Reichstags verhallten ebenso wirkungslos wie ein nach Frankfurt einberufener Kongreß. Nun versuchte der kaiserliche Hof Gegenmaßnahmen in Gang zu bringen: im Januar 1681 nahm der Reichstag die Beratung über die Reichskriegsverfassung wieder auf, die angesichts des Druckes an der Westgrenze unabdingbar erschien. Noch 1681 kam es zu einem Reichsschluß, der 40000 Mann als „Normalbestand" eines Reichsaufgebots feststellte – ein sogenanntes „Simplum", das im Kriegsfall verdoppelt werden konnte. Die Mannschaftsstärke wurde auf die einzelnen Reichskreise umgelegt, wobei die Kreisstände entweder selbst die Truppen mobilisierten oder gegen Entgelt von anderen Territorien stellen lassen konnten. Auf Kreis- und Reichsebene sollten jeweils eigene Kassen geschaffen werden. Erneut erwiesen sich die Reichskreise als eine günstige Basis für organisatorische Maßnahmen im Reichsverband. Mit der

„Reichskriegsverfassung“ von 1681 erreichte man eine Weiterentwicklung der Reichsmatrikel von 1521 und der Reichsexekutionsordnung von 1555. Damit schienen sich die Chancen zu bessern, auch zersplitterte Kräfte in einem regionalen Rahmen zu bündeln.

Aber es stellte sich bald eine doppelte Schwäche heraus. Einmal besaßen die Kreise kaum Exekutionsmöglichkeiten, um Säumige zu zwingen. Überdies gehörten größere Reichsstände meist zu mehreren Kreisen, und gerade sie suchten ihre eigenen stehenden Heere aus den Kreisorganisationen herauszuhalten – sie vernachlässigten ihre Kreiskontingente und förderten ihre „Haustruppen“, die zu ihrer alleinigen Verfügung standen. Diese konnten sie im Ernstfall gegen Entschädigung kleineren Ständen überlassen. Allerdings sollte der Wert der Kreistruppen auch nicht unterschätzt werden – sie haben in den Reichskriegen des 17. und 18. Jahrhunderts durchaus ihre Rolle gespielt, wenn auch im Schatten der Heere des Kaisers und der größeren Stände. Vor allem die „Vorderen“ Reichskreise, der Schwäbische, Fränkische und Oberrheinische, pflegten die Kreistruppen, weil sie am stärksten unter dem Druck der Großmacht Frankreich standen.

Die Reichskriegsverfassung schreckte Frankreich aber keineswegs ab. Es hatte in der Konsequenz der Reunionspolitik gelegen, auch auf die Reichsstadt Straßburg Druck auszuüben, die noch dazu über eine starke Festung verfügte. Aber es gab keinen französischen Rechtstitel, der sich hier konstruieren ließ. Straßburg selbst hatte feststellen müssen, wie gering die Möglichkeiten des kaiserlichen Schutzes waren. Vergebens warb die Reichsstadt bei Kaiser und Reichstag um Hilfe gegen den drohenden französischen Zugriff, den die evangelische Kommune fürchtete. Frankreich hatte die Aktion planmäßig vorbereitet, argwöhnte es doch Hilfe Spaniens oder der Schweizer für die Stadt. In der Nacht vom 27. auf den 28. September 1681 wurde Straßburg von französischen Truppen umzingelt; der Rat sah keine andere Chance als zu kapitulieren. Der Kriegsminister Ludwigs XIV., Louvois, war herbeigeeilt, forderte Huldigung und Aufnahme einer französischen Garnison und garantierte dafür die Privilegien der Stadt. Am 30. September kapitulierte Straßburg – Frankreich erkannte zwar das Normaljahr 1624 des Westfälischen Friedens an, aber das Münster ging wieder an die Katholiken. Damit hatte Frankreich seine elsässischen Besitzungen abgerundet – Vauban, der große Festungsbaumeister des Königs, errichtete eine weitere Festungskette, die das Elsaß vor den Deutschen schützen sollte. Gleichzeitig hatte Ludwig XIV. die starke Festung Casale am Po besetzt und bedrohte damit die spanische Stellung in Mailand.

Das publizistische Echo im Reich auf den Griff nach Straßburg war lebhaft, die nationale Empörung schlug hohe Wellen, aber eine echte Chance, den Franzosen die Beute wieder zu entreißen, gab es nicht. In der Wiener Hofburg sah man sogar den Fall von Casale noch dramatischer als den Straßburgs. Aber zugleich stand drohend die nahe Türkengefahr vor Augen, die die französische Politik begünstigte – die kritische Lage in Ungarn, wo der Kuruzzenkrieg tobte, hinderte den Kaiser, an den Westgrenzen zu einem in seinen Folgen kaum kalkulierbaren Gegenstoß anzutreten. Der ohnmächtige Zorn über den Fall Straßburgs aber hatte auch gewichtige Konsequenzen – das Mißtrauen gegenüber der französischen Machtpolitik wuchs ins Unermeßliche. Diese Entwicklung aber kam dem Kaiser zugute, der – auch wenn man sehen mußte, wie sehr ihm die Hände gebunden waren – doch als wichtigster Schutzschild des Reiches betrachtet wurde. Die Annexion Straßburgs bedeutete die Auffüllung eines Machtvakuums im Westen des Reiches durch Frankreich – sie war ein eindeutiger Rechtsbruch gegenüber dem Reichsverband, dessen neu formierte Verfassung Frankreich gerade garantiert hatte. So scharten sich die Reichsstände verstärkt um den Kaiser. Mit dem Jahre 1681 war gleichsam die Nachkriegszeit des Dreißigjährigen Krieges zu Ende gegangen, weil der Westfälische Friede von einem Hauptnutznießer in Frage gestellt worden war.

2. Der Wiederaufstieg der kaiserlichen Macht

a) Defensive im Westen – Offensive im Südosten

Die beginnenden 1680er Jahre sahen zwar eine scheinbar unangefochtene Machtstellung Frankreichs; in den Friedensschlüssen von Nimwegen und St. Germain hatte Ludwig XIV. den Schiedsrichter des entstehenden europäischen Mächtesystems gespielt – aber in diesem mechanistisch denkenden Zeitalter trat nun doch immer stärker die Idee einer Mächtebalance hervor. Das zusammenwachsende Europa war bereit, Gegengewichte gegen den französischen Hegemonialanspruch zu schaffen. Wilhelm III. von Oranien wurde zur Seele der antifranzösischen Koalitionspolitik. Nachdem sich der Große Kurfürst verweigert hatte, schloß der Erbstatthalter im März 1681 einen Assoziationsvertrag mit Karl XI. von Schweden, den die Reunionen als Herzog von Zweibrücken schwer gekränkt hatten. Noch im Herbst traten Kaiser Leopold I. und König Karl II. von Spanien dem Bündnis bei, das freilich zunächst defensiven Charakter hatte.

Diese europäischen Bewegungen spiegelten sich auch im Mikrokosmos des Reiches. Der alte Bundesplaner Graf Georg Friedrich von Waldeck hatte 1679, Ideen des 16. Jahrhunderts wieder aufgreifend, eine Grafenunion in Angriff genommen, die den Übergriffen der armierten Stände mit einer eigenen Armee entgegentreten sollte – über kriegsgeübte Mitglieder verfügte der evangelische Grafenstand, die Verbindungen zum Haus Oranien waren eng. Bald schloß sich Landgraf Karl von Hessen an, rasch weitete sich der Bund auf einige Reichsfürsten aus. Waldeck agierte in Absprache mit Wilhelm III. von Oranien und brachte am 10. Juni 1682 in

Laxenburg ein Bündnis zwischen dem Kaiser und jenen Ständen zustande, die sich aus dem Fränkischen und Oberrheinischen Kreis in der Frankfurter Allianz zusammengeschlossen hatten. Damit war erneut ein Versuch eingeleitet worden, den Reichsverband auf bündischer Grundlage zu mobilisieren. Drei Armeen sollten die bedrohte Rheinlinie schützen.

Die Perspektiven standen gut: 1679 starb Kurfürst Ferdinand Maria von Bayern, der sich gegen das nahe und bedrohlich mächtige Österreich an Frankreich angelehnt hatte, um ein Gegengewicht zu schaffen. Der Regent für seinen minderjährigen Sohn schien zunächst die französische Linie weiterzuverfolgen, schwenkte dann aber auf die Seite des Kaisers über – dies setzte der junge Kurfürst Max Emanuel fort, auch unter dem Eindruck des Falls von Straßburg. Es gelang Kaiser Leopold I., 1681 bei einem Besuch im bayerischen Marienheiligtum Altötting den Kurfürsten völlig auf seine Seite zu ziehen. Eine Heirat Max Emanuels mit Erzherzogin Maria Antonia, dem einzigen Kind des Kaisers aus seiner spanischen Ehe, sollte das Zusammengehen krönen; der bayerische Kurfürst erhoffte sich daraus – angesichts der Kinderlosigkeit König Karls II. – Aussichten auf das spanische Erbe. Am 6. Januar 1683 kam die bayerische Defensivallianz mit dem Kaiser zustande; der Vizekanzler Caspar von Schmid, der Exponent des französischen Kurses, wurde entlassen. Bayern baute ein stehendes Heer auf. Auch der kursächsische Hof näherte sich wieder Wien und arbeitete an der Aufstellung eines kleinen Heeres. Hinzu kamen die Welfen in Hannover und Celle, die ihre wachsende Bedeutung unterstreichen wollten.

Nur Kurbrandenburg entzog sich allen Werbungen. Es bedauerte zwar die Reunionen und die Annexion Straßburgs, setzte aber konsequent auf den Gegensatz zum Kaiser und auf einen Anschluß an Frankreich – Kurfürst Friedrich Wilhelm agierte als entschiedener französischer Parteigänger. Am 11. Januar 1681 wurde ein zehnjähriges Defensivbündnis zwischen Brandenburg und Frankreich abgeschlossen, das erneut kräftige Subsidienzahlungen an den Brandenburger beinhaltete, der grollend die ausgreifende französische Politik als Strafe für den Frieden von Nimwegen darstellte. Immerhin sagte Ludwig XIV. dem Brandenburger am 22. Januar 1682 anläßlich einer neuerlichen Defensivallianz zu, keine weiteren Reunionen mehr durchzuführen. Am 30. April 1683 kam es zu einer französisch-dänisch-brandenburgischen Allianz, die nicht nur ihre Spitze gegen Frankreichs ungetreuen Verbündeten Schweden richtete – Brandenburg sollte auch das lang ersehnte Vorpommern mit Rügen erhalten, Dänemark Bremen und Verden. Dies hätte den Kollaps der schwedischen Position im Reich bedeutet. Diese Allianz stellte den Gegenpol zur Laxenburger dar.

Der Wiener Hof war geneigt, den Kampf gegen Frankreich aufzunehmen – aber er war bald gezwungen, einen Krieg im Osten zu führen. Der Kaiser hatte sich angelegen sein lassen, das Modell der österreichisch-böhmischen Länder, also die Durchsetzung von Absolutismus und Katholizismus, in Ungarn einzuführen. Das führte zu neuerlichen Auseinandersetzungen mit dem Adel, nicht nur mit den Protestanten, sondern auch mit Teilen der Katholiken, die die ständische Freiheit gegen den wachsenden Druck Habsburgs verteidigten. Dies zeigte sich in der sogenannten „Magnatenverschwörung“ gegen Kaiser Leopold I., an der neben dem Palatin Franz Wesselenyi, dem kroatischen Banus Peter Zrinyi, dem Oberstrichter Franz Nádasdy auch der Erzbischof von Gran, Georg Lippay, teilhatte. Für die Verteidigung der ungarischen Freiheiten und den Sturz der „Fremdherrschaft“ suchte man mit dem siebenbürgischen Fürsten und dem französischen König anzuknüpfen. Doch das Unternehmen war dilettantisch geplant und flog auf; auch gab es eine prohabsburgische Partei unter den Adligen. Von einem landfremden Gericht in Österreich wurden Nádasdy, Zrinyi und Frangepan 1672 dem Henker überantwortet. Dies steigerte die Verbitterung in Ungarn nur noch. Vor allem die Protestanten, aber auch die Katholiken eilten der Opposition zu, die sich gegen den Absolutismus habsburgischer Prägung wehrte. Etwa 1670 begann der erbitterte Krieg der ungarischen Aufständischen, der „Kuruzzen“, gegen die kaisertreuen „Labanzen“. Die Kuruzzen wurden durch den Fürsten von Siebenbürgen, Michael Apafi (1661–1690), und den siebenbürgischen Adel unterstützt. Auch Frankreich suchte den Aufständischen zu helfen. Im Mai 1677 war es sogar zu einem Bündnis zwischen Frankreich und der ungarisch-siebenbürgischen Opposition gekommen – dadurch konnte Ludwig XIV. wesentliche Kräfte des Kaisers in seinen eigenen Landen binden.

Mit Emmerich (Imre) Thököly (1657–1705) gewannen die Kuruzzen 1678 einen populären und agilen Führer. Die erstaunliche Konzeptionslosigkeit des Wiener Hofs ließ Waffenstillstandsbemühungen scheitern – in einem neuerlichen Kuruzzenkrieg nach 1681 marschierte Thököly in Oberungarn vor; zunehmend zog er den Sultan in das Kräftespiel hinein, um sich einen Rückhalt gegen die Kaiserlichen zu verschaffen. Der Großwesir Kara Mustafa erkannte die schwierige Situation des Kaisers zwischen Frankreich und den ungarischen Rebellen; diese gedachte er auszunützen – Kuruzzen und Osmanen sollten gemeinsame Sache machen.

Allerdings war auch die kaiserliche Politik nicht untätig gewesen – Leopold I. fand Rückhalt an Papst Innozenz XI., der die prekäre Lage Wiens gegenüber den Osmanen begriff und auf Ludwig XIV. einzuwirken begann. Dieser bot sogar ein Hilfsheer gegen die Türken an. Doch der Wiener Hof hatte Bedenken gegen diesen gefährlichen Partner. Dafür schloß Leopold I. am 1. April 1683 ein Waffenbündnis mit König Johann III. Sobieski von Polen, einem alten Parteigänger Ludwigs XIV., der aber neuerlich selbst langjährige Kriege gegen die Türken geführt hatte – die neue Kombination verbitterte Frankreich aufs äußerste. Auch aus dem Reich kam Hilfe. Bayern und Sachsen, auch Hannover, der Fränkische und der Oberrheinische Kreis boten Hilfstruppen auf. Im Zeichen der Türkengefahr strömten auch zahlreiche junge Fürsten nach Wien. Das Gefühl der Bedrohung ließ eine neue Bereitschaft zum Kampf für Kaiser und Reich entstehen.

Die französische Diplomatie, die nach wie vor den Brandenburger im Schlepptau hatte, suchte freilich die Zwangslage des Kaisers zu nützen, um eine Anerkennung der Reunionen zu erreichen. Friedrich Wilhelm forderte seinerseits den alten brandenburgischen Besitz Jägerndorf oder eine Kompensation, außerdem die Sicherstellung der ungarischen Protestanten – dem alten Taktiker schien sich eine gute Gelegenheit zu bieten, um die eigene Position weiter zu verbessern. Wien ließ die Verhandlungen mit beiden scheitern, obgleich seit dem Sommer 1682 die Türken Thököly im ungarischen Krieg offen unterstützt hatten. Der Siegeszug des Kuruzzenführers machte dem Großwesir Kara Mustafa die Schwäche des Kaisers sehr deutlich. So setzte dieser alles auf einen Angriff gegen Wien – der Fall der Hauptstadt der Ungläubigen versprach unermeßliche Beute und mußte Kara Mustafas eigene Stellung unangreifbar machen. Das Heer wälzte sich von Adrianopel über Belgrad und Esseg gegen die ungarische Grenze, 200000 Mann stark, unterstützt durch den Khan der Tataren und durch Thököly.

Der kaiserliche Oberbefehlshaber Herzog Karl V. (IV.) von Lothringen ging von Raab in hinhaltenden Gefechten auf Wien zurück, um die Hauptstadt zur Verteidigung zu rüsten, mit der Graf Ernst Rüdiger von Starhemberg beauftragt wurde. Der Herzog ließ 11000 Mann Besatzung in der Stadt und nahm auch jetzt keine Schlacht an, so daß die Türken unter Kara Mustafa am 17. Juli 1683 die Belagerung Wiens beginnen konnten. Nur langsam hatte sich die Stadt, an sich eine starke Festung, auf die Umschließung eingestellt. Aber jetzt wurden alle Kräfte mobilisiert; der Bürgermeister Liebenberg und Graf Kollonitz, der Bischof von Wiener Neustadt, ermutigten die Bevölkerung – und diese verteidigte sich während der zweimonatigen Belagerung, ständig das Bild einer völligen Katastrophe vor Augen, in einem dramatischen Abwehrkampf gegen die ausgebildete osmanische Belagerungskunst und Miniertechnik. Die Lage wurde Anfang September außerordentlich kritisch; Hunger und Seuchen wüteten; Vorräte und Munition gingen zu Ende.

Der Kaiser war mit seinem Hof nach Passau ausgewichen, um dann im Schutz des sich sammelnden kaiserlichen Heeres wieder nach Linz vorzurücken. Unterdessen verstärkte sich Herzog Karl von Lothringen durch die Hilfstruppen aus dem Reich, durch die Bayern unter Kurfürst Max Emanuel, die Sachsen unter Kurfürst Johann Georg III. und die Kreistruppen unter dem alten Grafen Georg Friedrich von Waldeck. Dazu stieß mit dem stärksten Kontingent König Johann Sobieski von Polen. Am Morgen des 12. September 1683 begann das Entsatzheer, über das nach einem Tauziehen der König von Polen den Oberbefehl erhalten hatte, den Angriff auf die Türken, die durch die lange Belagerung zermürbt waren. Der

Vorstoß von den Höhen des Leopold- und des Kahlenbergs bei Wien herab war erfolgreich – am Abend flohen die geschlagenen Türken in Richtung ungarische Grenze. An der Spitze des siegreichen Heeres zog König Johann Sobieski in die Stadt ein – und verärgerte damit den Kaiser, der diese Ehre selbst für sich beanspruchen wollte.

Der Erfolg des verbündeten Heeres wurde in ganz Europa gefeiert, vergleichbar mit dem Sieg des Don Juan d'Austria bei Lepanto ein Jahrhundert zuvor. Aber die Endgültigkeit, die die weitere Entwicklung dem Ereignis verlieh, besaß es 1683 noch nicht. Zwar übersandte der Sultan dem Großwesir Kara Mustafa die Seidene Schnur nach Belgrad, also den Befehl zur Erdrosselung, aber die Osmanen kämpften weiter, und der Herzog von Lothringen mußte die Belagerung von Ofen, die den Anstoß zur Befreiung Ungarns geben sollte, wieder abbrechen.

Im Reich wie im europäischen Mächtespiel aber verschob der Sieg des Kaisers die Gewichte. Das erkannte der Hof von Versailles sehr genau, und er verstärkte den Druck auf den nunmehr schwächsten seiner Nachbarn, was im Oktober 1683 zu einer spanischen Kriegserklärung führte. Der Kaiser konnte nach der Türkenbelagerung keine Hilfe bringen. Am 4. Juni 1684 kapitulierte in den Spanischen Niederlanden die Festung Luxemburg, deren Anlagen geschleift wurden. Der Wiener Hof bemühte sich vergebens, den Brandenburger aus der französischen Allianz zu brechen. Aber Friedrich Wilhelm sah sich als Schiedsrichter im Reich, eine Illusion, der schon Johann Philipp von Schönborn ein Menschenalter zuvor erlegen war. Immerhin war seine Position zunächst so stark, daß der Hohenzoller die kaiserliche Politik blockieren konnte. Da niemand gewillt war, den Spaniern zu Hilfe zu kommen, wurde Ludwig XIV. nicht aus Luxemburg vertrieben. Am 15. August 1684 schloß man vielmehr den zwanzigjährigen Regensburger Stillstand zwischen ihm und dem Reich, in dem Ludwig XIV. für diese Zeit der Besitz Straßburgs und der bis 1681 durchgeführten Reunionen konzediert wurde. Dafür gestand Ludwig XIV. die freie Religionsübung der dort ansässigen Protestanten zu. So konnte der besser organisierte französische Staat die Integration dieser Gebiete in Angriff nehmen. Die französische Politik triumphierte noch einmal – Brandenburg, mit seiner bekannt antikaiserlichen Konzeption, war ihr wichtigster Helfer.

Die Duplizität der Ereignisse hatte die österreichische Konzentration auf den Osten verstärkt. Während man die französische Expansionspolitik geschehen lassen mußte, verband sich Leopold I. mit Papst Innozenz XI., Polen und Venedig 1684 in der „Heiligen Liga" zur Fortsetzung des Krieges gegen die Türken. Johann Sobieski stieß gegen die Donaufürstentümer Moldau und Walachei vor, die Venezianer drangen auf der Peloponnes vor. Die größte Bedeutung aber gewann der fortgesetzte Türkenkrieg Kaiser Leopolds I., der Freiwillige aus ganz Europa anzog, darunter schon vor der Belagerung von Wien den jungen Prinzen Eugen von Savoyen,

Großneffen des Kardinals Mazarin, den einst Ludwig XIV. abgewiesen hatte. Vor allem stützte nun das Reich die kaiserliche Expansionspolitik, in der Kurfürst Max Emanuel und Markgraf Ludwig Wilhelm von Baden-Baden, der „Türkenlouis", ihre kriegerische Rolle spielten. 1685 heiratete Max Emanuel von Bayern die Habsburgerin Maria Antonia. Sie mußte auf Österreich und auf das spanische Erbe Verzicht leisten; wohl aber wurde ihr der Anfall der spanischen Niederlande zugesichert, und Leopold I. sagte sogar zu, daß er sich für eine Erhebung Max Emanuels zum Statthalter in Brüssel stark machen wolle. Frankreich, das seine eigenen Pläne dadurch gefährdet sah, opponierte – doch auch Österreich verfolgte das Projekt nur mit halbem Herzen, so daß es nicht zustande kam. Doch in dem ehrgeizigen bayerischen Kurfürsten reiften hochfliegende Pläne, die auch das spanische Erbe betrafen.

1685 schwenkte schließlich auch Kurfürst Friedrich Wilhelm von Brandenburg ins kaiserliche Lager zurück – er sah sich am Abend seines Lebens isoliert. Zunächst näherte er sich den Niederlanden – die Sorgen um den Protestantismus führten ihn wieder mit seinem Neffen Wilhelm III. von Oranien zusammen. In Frankreich nämlich hatte sich der Druck auf die Hugenotten gesteigert, in England folgte 1685 der katholische Jakob II. – und schließlich konnte sich Friedrich Wilhelm der Einsicht nicht verschließen, die einst auch Johann Philipp von Schönborn hatte erfahren müssen, daß er nur ein Werkzeug der französischen Politik war. So wuchs die Entfremdung von Frankreich, und die Koalitionspläne des Oraniers konnten auch den Brandenburger erfassen, der 1686 zudem ein Defensivbündnis mit Schweden schloß. In einer Reichsexekution sicherten brandenburgische und braunschweigische Truppen die Hansestadt Hamburg vor dem dänischen Zugriff.

Allgemeine politische Überlegungen veranlaßten Friedrich Wilhelm, sich aus der französischen Bindung zu lösen. Diese Tendenz verschärfte sich durch die Aufhebung des Edikts von Nantes, das König Heinrich IV. 1598 zur Sicherstellung der französischen Hugenotten erlassen hatte. Der absolutistische Staat Ludwigs XIV. suchte nun die konfessionelle Einheit zu erzwingen, massiver Druck begleitete die Bekehrungsversuche. Außer in Hessen-Kassel, in der Pfalz, in den welfischen Landen, Hamburg und Frankfurt fanden die Hugenotten vor allem in den Territorien Friedrich Wilhelms freundliche Aufnahme. Im Potsdamer Edikt vom 8. November 1685 kritisierte er die Glaubensverfolgung und lud die Hugenotten in sein Land ein – dies war eine deutliche Demonstration gegen Frankreich, die Ludwig XIV. aufs höchste verstimmte.

Nun war die Zeit auch reif für einen erneuten Schwenk des Brandenburgers auf die Seite des Kaisers. Am Berliner Hof gab es eine prokaiserliche Partei mit dem Kurprinzen an der Spitze, während seine Stiefmutter, die Kurfürstin, eher nach Frankreich tendierte. Wien hatte mit Baron Franz Heinrich von Frydag einen geschickten Diplomaten nach Berlin gesandt.

Natürlich standen sich die beiden neuen Partner nach der wechselvollen Vorgeschichte ihrer Beziehungen mit erheblichem Mißtrauen gegenüber. Nachdem Friedrich Wilhelm durch seine schwedische Defensivallianz die alten pommerschen Pläne hintangesetzt hatte, wollte er sich nun die kaiserliche Allianz wenigstens mit einem Teil der in Schlesien beanspruchten Gebiete honorieren lassen. Der Kurfürst gab am Ende nach, als der Kaiser ihm – zur Wahrung seiner Reputation – wenigstens den Kreis Schwiebus (bei Frankfurt/Oder) zusprach. Aber die Wiener Politik hatte die Konzession nur scheinbar gemacht, da Kurprinz Friedrich, vom Vater von den Regierungsgeschäften ferngehalten und mit ihm in einem gespannten Verhältnis, hinter dem Rücken Friedrich Wilhelms einen Revers ausgestellt hatte, in dem er sich ausdrücklich zur Rückgabe verpflichtete – gegen eine Subvention zur Verbesserung seiner Finanzen. Am 22. März 1686 kam das zwanzigjährige Defensivbündnis zwischen dem Kaiser und der aufsteigenden norddeutschen Hegemonialmacht Brandenburg zustande, das unmißverständlich gegen die französische Expansionspolitik gerichtet war.

Es gelang dem Wiener Hof, noch weiter auszugreifen. Die Laxenburger Allianz war nicht verlängert worden, doch angesichts der unvollkommenen Kriegsrüstungen des Reiches und der weiterhin latenten Kriegsgefahr wurde die Bedeutung der Assoziationen recht hoch eingeschätzt. Zunächst plante man im Reich nur eine Allianz des Kaisers mit dem Fränkischen und dem Schwäbischen Kreis. Die Wiener Politik wollte jedoch ein umfassendes Bündnis mit zahlreichen armierten Reichsständen. Dies gelang nicht im gewünschten Umfang, doch der Augsburger Allianz vom 9. Juli 1686 schlossen sich der Kaiser, Spanien-Burgund, Schweden, Bayern, der Fränkische und der Bayerische Kreis sowie die thüringischen Herzogtümer an. Weitere Reichsstände folgten. Der Wert der Augsburger Allianz lag weniger in ihrer militärischen Schlagkraft als in der deutlichen Demonstration gegen Frankreich, das aufs höchste verärgert reagierte und sich sehr bemühte, das Bündnis wieder zu lockern.

Im Reich zeigte sich jedoch ein neues Selbstgefühl. 1688 wurde der Kölner Minister Wilhelm Egon von Fürstenberg, nunmehr Kardinal und Nachfolger seines Bruders in Straßburg, weiterhin getreuer Parteigänger Frankreichs, zum Koadjutor mit Nachfolgerecht des schwerkranken Erzbischofs Maximilian Heinrich von Köln gewählt. Das hätte bedeutet, daß ein Mann Ludwigs XIV. im Kurkolleg saß, der zudem, nachdem er sich in Straßburg dem französischen König unterworfen hatte, als dessen Untertan galt – die Stimmung im Reich stand einer solchen Lösung entschieden entgegen. Zumal das Haus Bayern war enttäuscht, denn es hatte nunmehr seit einem Jahrhundert den Kölner Erzstuhl behauptet, und der unterlegene Gegenkandidat war kein Geringerer als Josef Clemens, der jüngere Bruder Kurfürst Max Emanuels. Da Papst Innozenz XI. die Bestätigung Fürstenbergs verweigerte, mußte nach dem Tod des alten Erzbischofs erneut gewählt werden – es traf sich, daß beide Kandidaten, der Fürstenberger und der Wittelsbacher, als Inhaber anderer Bistümer nach Kirchenrecht einer Zweidrittel-Mehrheit bedurften. Fürstenberg siegte zwar mit 13:9, aber dies genügte nicht, und mit einer schnellen Besitznahme verärgerte Wilhelm Egon den Kaiser, der sich nun bemühte, den Wittelsbacher Josef Clemens einzusetzen. Auch der Heilige Vater dachte in den Dimensionen des europäischen Gleichgewichts, und es lag ihm fern, einen allzu großen französischen Machtzuwachs zu akzeptieren. So bestätigte er den Bayern. Der französische Kandidat Wilhelm Egon von Fürstenberg scheiterte in Lüttich, Münster und Hildesheim ebenfalls, wobei Friedrich Wilhelm von Brandenburg und Wilhelm III. von Oranien jeweils das Ihre taten, um die Wahl zu verhindern. Erneut war der französische Prestigeverlust erheblich.

Doch Ludwig XIV. war nicht der Mann nachzugeben, und so schritt er zur Tat – womit er seine Position im Reich endgültig ruinierte. Der bedeutende Kurfürst Karl Ludwig von der Pfalz hatte zwei Kinder; Kurfürst Karl, der Sohn, der letzte, blasse und kränkliche Vertreter des reformierten Hauses Pfalz-Simmern, starb schon 1685, so daß nach der im Reich üblichen männlichen Erbfolge die Linie Pfalz-Neuburg nachfolgte. Der neue Kurfürst Philipp Wilhelm, der alte Gegenspieler des Brandenburgers am Niederrhein, war aber katholisch, was bei einem so ausgeprägt reformierten Land fast notgedrungen zu Spannungen führen mußte. Noch problematischer war ein anderes. Die einzige Tochter Karl Ludwigs, die Pfalzgräfin Elisabeth Charlotte, die „Pfälzer Liselotte", war 1671 die zweite Frau des Herzogs Philipp von Orléans und damit die Schwägerin Ludwigs XIV. geworden, nach einer Konversion, die manch theatralische Züge trug. Sie hatte sich eine starke Anhänglichkeit an ihre deutsche Heimat bewahrt, und dies drückte sich in einem fast unerschöpflichen Briefwechsel in kernigem Deutsch aus. Nach dem Tode des Kurfürsten Karl trat wieder das Kalkül der französischen Politik hervor – Ludwig XIV. verlangte für Elisabeth Charlotte nicht nur das Privatvermögen des verstorbenen Kurfürsten, sondern den gesamten Allodialbesitz, die nicht lehensrechtlich gebundenen Herrschaften, also einen beträchtlichen Teil des kurpfälzischen Territoriums.

Auch Kurfürst Philipp Wilhelm gehörte zu den früheren französischen Parteigängern, war sogar ein Gegenkandidat gegen Leopold I. gewesen – daß er sich nun eng mit dem Kaiserhaus verbunden hatte, verargte ihm der französische König um so mehr. Philipp Wilhelms Tochter Eleonore war seit 1676 die dritte Frau Leopolds I. Mit diesem Rückhalt lehnte der Kurfürst die französischen Forderungen ab – Ludwig XIV. erhob daraufhin Klage vor Kaiser und Reich, die in dem traditionell schleppenden Verfahren steckenblieb. Nun lag eine französische Gewaltaktion in der Luft – dagegen suchte man sich im Reich zu sichern, wobei erneut der Kaiserhof die Führung übernahm.

Ludwigs XIV. Position in Deutschland war jedoch nicht mehr die alte, als er 1688 zur Okkupation der Pfalz, aber auch der benachbarten rheinischen Gebiete schritt. Allein die Besatzung von Philippsburg wehrte sich bis zum 29. Oktober 1688, während die Pfälzer Landesfestungen ohne größere Kämpfe fielen. Bis nach Württemberg stießen französische Streifscharen vor. Ludwig hatte damit gerechnet, daß Kaiser und Reich, belastet durch den fortdauernden Türkenkrieg, sich einschüchtern ließen. Leopold I. aber riskierte den Zweifrontenkrieg – von Zeitgenossen und Historikern oft dafür getadelt, weil er damit vielleicht den vollen Erfolg gegen die Franzosen versäumt hätte. Der Kaiser handelte jedoch wohl richtig, denn jede andere Entscheidung der Frage, ob Krieg gegen die Türken oder gegen die Franzosen, mußte seine Doppelrolle als Herr der Erblande und als Reichsoberhaupt aufs äußerste herausfordern und ihn in ein unauflösliches Dilemma bringen. Die verheerenden Folgen des Friedens von Vasvar in Ungarn waren noch in lebendiger Erinnerung. Im Februar 1689 erklärte der Reichstag den Reichskrieg gegen Frankreich.

Die österreichische Reichspolitik zeigte nun Erfolg, denn die deutschen Fürsten hielten am österreichischen Bündnis fest. Schon am 22. Oktober 1688 hatten sich, mit Kurbrandenburg und Kursachsen an der Spitze, die wichtigsten armierten Stände Norddeutschlands im „Magdeburger Konzert“ über den Krieg gegen Frankreich vereinbart. Die einsetzenden Gegenaktionen drängten die vorgestoßenen Franzosen auf den Rhein zurück; der Plan Ludwigs XIV., sich ein Faustpfand zu verschaffen, war gescheitert. In ganz Europa aber wurde gerüstet.

Es war offenbar geworden: Frankreich war in die Defensive geraten. Der französische Kriegsminister Louvois erkannte, daß man die gewonnenen Gebiete nicht behaupten konnte. So sollte dafür gesorgt werden, daß sie für den nachdrängenden Gegner unbrauchbar gemacht wurden und ihm nicht als Basis für seine Operationen dienen konnten. Der französische König billigte die barbarischen Zerstörungspläne. So ließ der Brigadier Mélac die stolze Kurfürstenstadt Heidelberg und die umliegenden Dörfer in Flammen aufgehen. Heidelberg blieb teilweise erhalten, weil man das Zerstörungswerk noch nicht konsequent genug durchgeführt hatte. Es folgten Mannheim, Speyer und Worms sowie zahlreiche andere Städte am Oberrhein. Diese planmäßige Vernichtung eines ganzen Landstriches war neu in der Kriegführung. Sie übertraf die Greuel des Dreißigjährigen Krieges. Die methodische Form der Strategie, die das 17. Jahrhundert hervorgebracht hatte, führte auch zu neuen Dimensionen der Vernichtung. Die Empörung war gewaltig – berühmt ist die Verzweiflung der Pfälzer Liselotte, die den Vorwand für die französischen Aktionen geliefert hatte und die nun aus der Ferne die Zerstörung ihrer Heimat mitansehen mußte. Deutlich wurde aber auch, daß sich die strategische Lage Frankreichs entschieden verschlechtert hatte – weniger wegen der nur sehr vorsichtig nachdrängenden deutschen Truppenverbände als aufgrund der Veränderung der europäischen Szene.

1688 stürzte in England der katholische König Jakob II., der am Ende doch gezögert hatte, sich Frankreich auf Gedeih und Verderb anzuschließen, weil er die Gefahren für seine königliche Stellung sah. Am Niederrhein gedeckt durch seine Verabredungen mit Brandenburg, landete Wilhelm III. von Oranien, Jakobs II. evangelischer Schwiegersohn, am 15. November 1688 in England, das ihm sogleich zufiel. Jakob II. mußte fliehen – das Parlament erklärte den Thron für vakant, den nun Wilhelm III., zunächst als Gemahl der Maria II. Stuart, bestieg. Der Vorgang hatte Rückhalt am Parlament und im Volk Englands, so daß man von einer „Glorreichen Revolution" („Glorious Revolution") sprach. Französische Vergeltungsmaßnahmen gegen die Niederlande konnten daran nichts ändern – der neue englische König hatte eine ganz andere Basis für seine antifranzösische Koalitionspolitik gefunden als bisher. Am 12. Mai 1689 kam es in Wien zu einem kaiserlich-niederländischen Bündnis, für das sich der streng katholische Kaiser Leopold I. freilich überwinden mußte, wobei allerdings das ebenso katholische Spanien kräftig mithalf. Jakob II. stieß mit seinem Hilfsgesuch in Wien nur auf eisige Ablehnung. Die Niederlande verpflichteten sich, sowohl für das habsburgische Erbrecht in Spanien wie für die römische Königswahl des jungen Erzherzogs Josef I. einzutreten. Sogleich nach dem Abschluß der Wiener Allianz trat ihr Wilhelm III. auch als König von England bei – eine große europäische Koalition zeichnete sich ab, an der die französische Hegemonialpolitik schließlich scheitern sollte. 1690 kamen auch noch Savoyen und Spanien hinzu, denen Ludwig XIV. den Krieg erklärt hatte.

Eine Reichsarmee unter Karl V. (IV.) von Lothringen wandte sich gegen die französischen Truppen im Reich. Nach längeren Belagerungen fielen die Festungen Mainz (8. September 1689) und Bonn (13. Oktober 1689), wo der Kardinal Fürstenberg noch seinen Anspruch auf Kurköln aufrechterhalten hatte. Doch bereits 1690 machte sich im Verlauf des von Ludwig XIV. heraufbeschworenen Koalitionskrieges die fortbestehende militärische Stärke und wirtschaftliche Kraft Frankreichs bemerkbar – sie erwies sich in den Niederlanden und am Rhein. Auf der anderen Seite konnten die Truppen Wilhelms III. in der Schlacht an der Boyne (1. Juni 1690) Irland unterwerfen; die vereinigte englisch-niederländische Flotte vereitelte in der Schlacht von La Hogue (29. Mai 1692) ein großangelegtes französisches Landemanöver, das der Restitution Jakobs II. in England dienen sollte. Fortan hatte England freie Hand für die Unterstützung der Verbündeten auf dem Kontinent.

Die Reichstruppen am Rhein litten unter lähmenden Rivalitäten innerhalb der Kommandostrukturen, die zu erheblichen Verzögerungen führten. Kursachsen, dessen Kurfürst dem Kaiser mit einem stattlichen Heer zugezogen war, drohte 1690 aus dem Krieg auszuscheiden, weil man seine Soldaten zweimal bei der Verteilung der Winterquartiere übergangen habe. 1690 starb Karl V. (IV.) von Lothringen, 1692 der unermüdliche Fürst

Georg Friedrich von Waldeck – die Organisation des Reichskrieges war infolgedessen wenig effizient. Angesichts der verfahrenen Lage übergab der Kaiser im Frühjahr 1693 das Kommando über seine und des Reiches Truppen an den Markgrafen Ludwig Wilhelm von Baden-Baden, dessen Prestige auf seinem frühen Ruhm in den Türkenkriegen gründete.

Bei allen Begrenzungen der kaiserlichen Möglichkeiten verstärkte doch der sich abzeichnende Sieg gegen die Türken die Autorität des Reichsoberhauptes erheblich – die Wiener Hofburg wollte dies nutzen, um die Thronfolge im Reich zu sichern. Gestützt auf die verbündeten Seemächte England und Holland, konnte Kaiser Leopold I., damals fünfzig Jahre alt, die Wahl des elfjährigen Erzherzogs Josef sichern. Dabei spielte auch die Hoffnung eine Rolle, den gefährlichen französischen Interventionen auf längere Zeit einen Riegel vorzuschieben. Zwar mußte Wien auch damals wieder erhebliche finanzielle Mittel aufwenden, aber schon am 24. Januar 1690 konnte die Wahl abgeschlossen werden. Eine Folge des Krieges war es, daß sie nicht in Frankfurt, sondern in Augsburg stattfand – damals gelang es Leopold I., seit 1665 wieder Landesherr der Vorlande, noch einmal die alte Parteigängerschaft des Hauses Österreich in Schwaben um sich zu versammeln; viele Beziehungen und Kontakte wurden neu geknüpft. Der französische Einfall führte dazu, daß das Reichskammergericht 1689 seinen Sitz in Speyer räumen mußte. Nur mit Mühe konnte es sich 1693 an anderer Stelle, zwar nicht im gewünschten Frankfurt, sondern nur im kleinstädtischen Wetzlar neuerlich etablieren.

Kaiser Leopold I. besaß aus der Ehe mit der Neuburgerin nur zwei Kinder: Josef I. und Karl. Es stand also keine Person aus erzherzoglichem Hause zur Verfügung, mit der der Wiener Hof etwa in der Reichskirche Personalpolitik machen konnte. So mußte er bei anderen reichsfürstlichen Häusern für Ersatz sorgen. Diese rückten dann eng an das Reichsoberhaupt heran und wurden wichtige reichspolitische Partner. Diese Rolle gewann zunächst das Haus Pfalz-Neuburg, das durch seinen niederrheinischen Besitz auch eine international bedeutsame Position innehatte, die sich durch das Aussterben des Hauses Simmern und den Erwerb der Kurpfalz 1685 noch verstärkte – das Haus Neuburg entwickelte sich zum wichtigsten Juniorpartner Österreichs im Reich, was ihm zahlreiche reichskirchliche Positionen eintrug. Philipp Wilhelms Sohn Franz Ludwig wurde etwa Hoch- und Deutschmeister, Bischof von Breslau, Erzbischof von Trier und schließlich Erzbischof von Mainz. Diese Stellung des Hauses Pfalz-Neuburg eignete sich vorzüglich als Gegengewicht gegen das verwandte Haus Bayern. Etwas später erreichte auch das Haus Lothringen eine ähnliche Rolle – bis hin zu der Heiratsverbindung zwischen der Habsburgerin Maria Theresia und Franz Stefan von Lothringen, aus der dann das neue Haus Habsburg-Lothringen entstehen sollte.

Eine ganz andere Bedeutung gewann das Welfenhaus, das sich wiederholt durch Teilungen in seinen reichspolitischen Möglichkeiten selbst geschwächt hatte. Herzog Georg Wilhelm von Celle, ein begabter, aber auch abenteuer- und genußfreudiger Mann, hatte 1658 die bereits geworbene Braut, Sophie, die schöne Schwester des Kurfürsten Karl Ludwig von der Pfalz, dem jüngeren Bruder Ernst August, Administrator von Osnabrück, überlassen und diesem zugleich zugesichert, unverheiratet zu bleiben und ihn reichlich auszustatten. Nach Georg Wilhelms Tod sollte Ernst August das ganze Erbe bekommen. Sophie, die in Memoiren und Briefen ihre Zeit kommentierte, akzeptierte diese Lösung. Ernst August wurde 1661 Bischof von Osnabrück, 1679 erhielt er von seinem Oheim Johann Friedrich Hannover, und der Anfall aller Lande der älteren Linie stand bevor – daß Sophie den Welfen schließlich auch noch den Anspruch auf den Thron Großbritanniens einbringen würde, konnte man damals noch nicht ahnen. Aber Georg Wilhelm bereute seinen Verzicht; deshalb verlobte er sich mit der schönen hugenottischen Hofdame Eleonore d'Olbreuze. Die Verbindung wurde von Ernst August und Sophie gefördert – denn die Nachfahren dieser Ehe waren nicht ebenbürtig und somit nicht sukzessionsfähig.

Aber Eleonore war nicht ohne Ehrgeiz, zumal 1666 eine Tochter Sophie Dorothee geboren wurde; 1676 wurden Verbindung und Tochter legitimiert, was wiederum Ernst August und Sophie aufschreckte. Die Beziehungen wurden gespannt. Dennoch suchte Herzog Ernst August das Problem zu lösen, indem er eine Ehe zwischen seinem Sohn Georg Ludwig und Sophie Dorothee projektierte, womit dem leidigen Anspruch ebenso ein Riegel vorgeschoben wurde, wie sich der Zugriff auf das reiche Privatvermögen Herzog Georg Wilhelms eröffnete. Die Ehe wurde unglücklich; als die Prinzessin mit Hilfe des Grafen Philipp Christoph von Königsmarck fliehen wollte, ließ Ernst August den Grafen beseitigen und die Schwiegertochter in Ahlden auf Dauer in Haft setzen, um eine weitere Eheverbindung zu verhindern.

Ernst August war ein befähigter Politiker und vorzüglicher Regent, dabei aber auch ein Barockfürst, der mit den Geldern recht großzügig umging. Planmäßig steuerte er den Aufstieg seiner Dynastie. 1682 legte er die Einheit seiner Lande durch ein Primogeniturgesetz fest; der zweite Sohn Friedrich August focht dies allerdings mit Hilfe des älteren Welfenhauses in Wolfenbüttel an, das befürchtete, von dem zielstrebigen Hannoveraner Herzog überflügelt zu werden. Als Friedrich August 1690 im Türkenkrieg fiel, nahm der vierte Bruder Maximilian Wilhelm die Ansprüche wieder auf und wurde in einem Hochverratsprozeß 1691 wegen Verschwörung verurteilt – einer seiner Partner sogar hingerichtet.

1689 bot sich die Chance einer weiteren Expansion, als die askanischen Herzöge von Sachsen-Lauenburg ausstarben, Verwandte jenes sächsischen Kurhauses, das einst den Wettinern vorausgegangen war. Zugleich suchte Kurfürst Johann Georg IV. von Sachsen das Land in Besitz zu nehmen, aber auch die Herzöge von Mecklenburg und die askanischen Fürsten von

Anhalt meldeten Ansprüche an. Dazu kam Markgraf Ludwig Wilhelm von Baden, der Türkenlouis, als Mann einer der beiden lauenburgischen Erbtöchter, Sibylla Augusta. Hinzu trat auch noch der König von Schweden. Aus der verworrenen Lage resultierte ein erbitterter Rechtsstreit. In einem bewaffneten Handstreich suchte Herzog Georg Wilhelm von Celle seine Ansprüche durchzusetzen, der noch dazu sein Amt als Niedersächsischer Kreisdirektor in die Waagschale werfen konnte – man sprach in Berlin von den „Reunionen" des Celler Herzogs. Durch die geschickte Taktik der Welfen wurde in der Tat der Erwerb definitiv.

Die kaiserliche Belehnung mit Lauenburg von 1716 stand bereits im Zeichen des Zusammengehens der Welfen mit dem Kaiserhaus. Dazu gehört die Entstehungsgeschichte der neunten Kur. Gerade das alte reichsfürstliche Welfenhaus hatte stets gegen die Ansprüche der Kurfürsten gekämpft. Nun aber änderte das Haus Hannover diese alte welfische Politik, indem es selbst eine Kurwürde anstrebte. Aufschwung erhielt es durch die Tatsache, daß der Anfall der Kurpfalz an das katholische Haus Neuburg die Zahl der evangelischen Kurfürsten auf nur noch zwei von acht reduziert hatte (Kursachsen und Kurbrandenburg). In der reichen Publizistik in diesem Umfeld erhob Leibniz seine gewichtige Stimme für die Hannoversche Kurwürde. Aber diese war nur mit dem Konsens des Kaiserhofs zu erhalten. Herzog Ernst August spielte daher vorsichtig die französische Karte, um den Wert der Hannoverschen Unterstützung für den Kaiser deutlich zu machen. Der lauenburgische Erbfolgestreit und das ungestüme Vorgehen des Celler Bruders verdarben jedoch die Chance, schon bei der Königswahl von 1690 die Kurwürde zu erreichen.

Bei Kaiser Leopold I. überwogen zunächst die konfessionellen und politischen Bedenken – nicht nur ein weiterer protestantischer, sondern überhaupt jeder neue Kurfürst schien nachteilig für die kaiserliche Politik. Es half nichts, daß Ernst August in Wien sogar seine Konversion zum Katholizismus in Aussicht stellen ließ. Auch fürchtete man weitere Wünsche. Andererseits tauchten Kompensationsideen auf: die Aktivierung der außer bei Königswahlen ruhenden böhmischen Kur oder eine zehnte Kur für die österreichischen Lande.

Der doppelte Kriegsdruck von Türken und Franzosen machte den Wiener Hof dann bereitwilliger, als Ernst August die Idee einer bewaffneten Mittelpartei zu propagieren begann. Dies mußte natürlich zu Lasten des Kaisers gehen und vor allem die Türkenhilfe des Reichstags blockieren, da diese Pläne bei Kursachsen, Schweden und Münster ein positives Echo fanden. Als Wien sich anschickte, Ernst August erneut in Verhandlungen einzubeziehen, war der Weg frei für die neunte Kur, nachdem sich der Welfe nun auch intern mit seinem älteren Bruder Georg Wilhelm geeinigt hatte. Am 22. Mai 1692 wurde in Wien ein „Kurtraktat" unterzeichnet, der den Kaiser verpflichtete, für die neunte Kur des Welfenhauses zu arbeiten. Dafür wollte ihn Ernst August mit Truppen und Geld gegen Türken und

Franzosen unterstützen. Ferner wurde eine „Ewige Union" signiert, die zunächst dem Reichskrieg gegen Frankreich galt. Auch sollte das Haus Hannover künftig seine Kurstimme stets dem Hause Österreich geben, bei Eintritt der spanischen Sukzessionsfrage für den Kaiser wirken und den Katholiken in seinem Lande Konzessionen machen. Nachdem am 19. Dezember 1692 die Belehnung mit der neuen Kurwürde vollzogen worden war, schloß sich auch Ernst August der Großen Allianz an.

Damit hatte sich der Kaiser jedoch über das Mitspracherecht von Kurkolleg und Reichstag hinweggesetzt. Im Kurkolleg erhob sich vor allem unter den Katholiken eine konfessionell bestimmte Opposition; man forderte eine zehnte, katholische Kur für Münster, Salzburg oder gar den Kaiser selbst als Landesherrn von Österreich. Auch der Fürstenstand opponierte kräftig, zumal er in dem Welfen einen seiner gewichtigsten Fürsprecher verlor. Das ältere Haus Braunschweig-Wolfenbüttel sah sich zurückgesetzt. Aber der Kaiser hielt an seiner Entscheidung fest, zumal er die Unterstützung Hannovers benötigte. Die sich nun formierende Opposition wurde ironischerweise sehr stark von der alten „Mittelpartei" Ernst Augusts getragen. Am 14. März 1693 bildete sich eine stattliche Fürstenunion gegen die Hannoversche Kurwürde. Selbst der in kaiserlichen Diensten stehende Markgraf Ludwig Wilhelm von Baden-Baden, der „Türkenlouis", schloß sich an, und die württembergische Regentschaft protestierte gegen das projektierte neue Erzamt des „Reichs-Erz-Panner-Herrn", weil es selbst traditionsgemäß die Reichssturmfahne führte. Zeitweilig drohte sogar ein Zusammengehen des Fürstenbundes mit Frankreich. Aber Ernst August vermochte seinen Anspruch allmählich durchzusetzen; sein Sohn und Nachfolger Georg Ludwig (seit 1698) beendete den Widerstand im Kurkolleg. Aber es sollte noch bis zur Zeit Josefs I. dauern, bis die förmliche Aufnahme Kurhannovers erfolgte. Die kaiserliche Politik hatte mit der Förderung Kurhannovers allerdings auch ein Gegengewicht gegen Brandenburg-Preußen geschaffen: freilich schwächer, daher stärker auf den Kaiser angewiesen – eine vorzügliche Leistung kaiserlicher Gleichgewichtspolitik in Norddeutschland. Die weitere Entwicklung des Hauses Hannover sollte jedoch eine ganz andere Richtung nehmen.

Der Krieg gegen Frankreich ging mit begrenzten Mitteln und mit begrenztem Erfolg weiter. Der Türkensieger Ludwig Wilhelm von Baden-Baden konnte am Rhein nur defensive Aktionen durchführen, in denen das immer noch beträchtliche militärische Übergewicht Frankreichs deutlich wurde. Der Krieg schleppte sich hin, mit ruinösen Folgen für Land und Volk. Dabei griffen die Franzosen erneut auf die bereits 1688 gegen die Pfalz angewandte Taktik zurück – sie verwüsteten Württemberg und sein Umland. Als das notdürftig wieder instandgesetzte und von den Kaiserlichen nur sehr hinhaltend verteidigte Heidelberg fiel, wurde am 22. Mai 1693 die Stadt durch die Franzosen nun endgültig nahezu völlig verbrannt. Ludwig XIV. ließ eine Medaille mit seinem Bild und der brennenden Stadt nebst der Aufschrift „Heidelberga deleta" schlagen – auch Mannheim wurde abermals zerstört. Die Grausamkeit der Verwüstungen verdeutlichte jedoch erneut, wie sehr die französische Kriegführung defensiv geworden war. Auch Frankreich hatte seine Kräfte zu stark angespannt – unverkennbare Zeichen der Erschöpfung wurden sichtbar.

Man führte nur noch einen begrenzten Krieg, mit dem Ziel einer möglichst günstigen Friedensregelung. Ludwig Wilhelm von Baden-Baden suchte dem Rechnung zu tragen durch Anlage von Befestigungen am Schwarzwald, vor allem der sogenannten Ettlinger Linien. Die kaiserliche Macht war auf Ungarn konzentriert – Brandenburger und Bayern fochten in den Niederlanden. So gewannen trotz ihrer begrenzten Möglichkeiten der Fränkische und der Schwäbische Kreis für diesen Defensivkrieg ein besonderes Gewicht. Die Konzentration der kaiserlichen Kräfte auf den erfolgreicheren Türkenkrieg ließ die Solidarität der kleinen Reichsstände in den Vordergrund treten.

Der badische Markgraf bemühte sich verstärkt um eine Assoziation des Schwäbischen und Fränkischen, der „Vorderen Reichskreise", die nun eigene Truppen aufstellten, um die Verteidigung zu organisieren. 1694 beschlossen die beiden Kreise ihre Armeen auf Dauer zusammenzuhalten, auch um ihren politischen Einfluß zu steigern. Der ehemalige Straßburger Professor Johann Georg Kulpis (1652–1698), jetzt in württembergischen Diensten, hatte die Organisation geplant und nahm auch praktischen Anteil an ihr. Sie bedeutete die Reaktivierung der Reichsexekutionsordnung von 1555 und der Reichskriegsverfassung von 1681.

Man wollte die Assoziation der Vorderen Reichskreise noch weiter verstärken – dabei sollten nur jene Reichskreise ausgeklammert bleiben, die von „armierten" Reichsständen beherrscht wurden. Es blieben sechs Kreise (die keineswegs alle ohne Hegemonialmacht waren) – sehr stark interessierte sich der neue Mainzer Kurfürst Lothar Franz aus dem Hause Schönborn für diese Politik, die gleichsam die Ideen des Oheims fortentwickelte. Es trafen sich der Schwäbische, Fränkische, Bayerische, Kurrheinische, Oberrheinische und Westfälische Kreis. Am 23. Januar 1697 wurde der Frankfurter Assoziationsrezess geschlossen – die vier übrigen Kreise übernahmen das Konzept eines starken Kreisheeres, wie es Ludwig Wilhelm von Baden-Baden und Kulpis bereits für den Schwäbischen und den Fränkischen Kreis entwickelt hatten. Insgesamt sollten die Kreistruppen eine Stärke von 40000 Mann im Frieden, von 60000 im Krieg haben. Es war der Versuch, über die territoriale Zersplitterung hinweg eine effektive militärische Organisation zu schaffen, ein Konzept reichsständischer Selbsthilfe. Der Plan resultierte aus dem Engagement des Kaisers an der türkischen Front, richtete sich gegen die Tendenz der größeren Territorien, eine selbständige Politik zu treiben und ihre eigenen Interessen zu verfolgen.

Der Kaiserhof war bereits durch frühere Versuche, das Reich bündisch zu organisieren, mißtrauisch gestimmt – auch und gerade wenn man sich auf die Autorität des Reichsoberhauptes berief. Daß Lothar Franz von Schönborn das Amt des Erzkanzlers ausspielte, konnte die neugewonnene kaiserliche Autorität im Reich in Frage stellen. Leopolds Furcht war nicht ohne Grund, denn die Frankfurter Assoziation suchte nämlich eine selbständige Außenpolitik zu treiben, verhandelte mit den Seemächten und entsandte eine eigene Delegation auf den Rijswijker Friedenskongreß. Die Kreisassoziation war freilich nicht in der Lage, eines der Kardinalprobleme des Reiches, die Mobilisierung der Kräfte, zu lösen. Sie wurde gehemmt durch das Eigeninteresse der „armierten" Reichsstände, die noch mehr als der Kaiser von den Unionsplänen tangiert wurden. Hier zeigte sich erneut, wie sehr die Friktionen innerhalb des Reichsverbandes den Spielraum für die französische Diplomatie erhöhten. Aber die Idee der Assoziation hatte doch bis weit ins 18. Jahrhundert hinein Konjunktur in der Reichspolitik, vor allem in den zersplitterten Gebieten des deutschen Südwestens.

Der Verlauf der Kriege in den 1690er Jahren hatte demonstriert, daß Frankreich zwar von seiner Substanz zu leben begann und seine Offensivkraft eingebüßt hatte, aber doch noch der „Großen Allianz" zu trotzen vermochte. Ludwig XIV. hatte auch nur noch ein begrenztes Kriegsziel – die feste Anerkennung seiner Gewinne. Immer wieder versuchte er deshalb – älteren Erfahrungen folgend –, durch Separatverhandlungen ein Glied der Allianz herauszubrechen. Dies gelang schließlich bei Herzog Viktor Amadeus von Savoyen. Nach Geheimverhandlungen konnte der Savoyer, ohnehin in einer prekären Grenzlage, den Abzug der französischen Besatzung aus Casale erreichen (1695) und die an Frankreich gefallene Grenzfestung Pinerolo zurückgewinnen (1696); die geplante Heirat der savoyischen Prinzessin Adelaide mit dem Herzog von Burgund, dem französischen Thronfolger, sollte das Bündnis besiegeln. Vorgesehen wurde, daß Viktor Amadeus beim spanischen Erbfall das Herzogtum Mailand gegen die Abtretung Savoyens an Frankreich erhalten sollte.

Damit war die französische Kriegspolitik wesentlich entlastet und zugleich die spanisch-österreichische Position in Oberitalien bedroht. So fiel nun auch der Wiener Hof, nach wie vor unter dem Druck der Türkenkriege, der Allianz in den Rücken und schloß im Oktober 1696 für den italienischen Kriegsschauplatz einen Neutralitätsvertrag mit Frankreich ab. Beide Seiten sollten ihre Verbände aus Italien abziehen – die Politik des Herzogs von Savoyen hatte sich gelohnt: für ihn und für den König von Frankreich, der nunmehr seinen Druck auf die Niederlande und auf das spanische Katalonien verstärken konnte, wo in der Tat die französischen Waffen Fortschritte machten.

Wilhelm III. von Oranien sah nach der kaiserlichen Neutralitätserklärung in Italien keinen Sinn mehr, den Krieg fortzusetzen. So kam es im Mai 1697 im Schloß Wilhelms zu Rijswijk in der Nähe Den Haags zu Friedensverhandlungen. Ludwig XIV. wurde noch einmal der Erfolg zuteil, das gegnerische Bündnis auseinanderdividiert zu haben – die Einheitlichkeit seines Handelns kam zum Tragen gegenüber den divergierenden Interessen der Großen Allianz. In die gleiche Richtung gingen die Sonderverhandlungen zwischen Frankreich und den Seemächten, die bereits die wachsende Bedeutung Englands ausdrücken. So war es nicht nur geschickte Taktik Ludwigs XIV., sondern auch der Druck veränderter Verhältnisse, wenn Ludwig auf die Wünsche Englands und der Niederlande eingehen mußte. Sie waren durch die Person Wilhelms III. von Oranien so verbunden, daß man sie nicht trennen konnte – dies führte dazu, daß Kaiser und Reich erneut die Zeche zu bezahlen hatten.

Ludwig XIV. gewährte den Niederlanden einen Handelsvertrag und erkannte, nicht ohne Widerstreben, das britische Königtum des Oraniers und damit die Absetzung Jakobs II. von England an – damit hatte er Wilhelm III. und beide Seemächte gewonnen. Auch Spanien erhielt günstige Konditionen; fast die gesamten Reunionen in den Spanischen Niederlanden wurden wieder zurückgegeben, einschließlich der Festung Luxemburg, sowie das gerade erst eroberte Barcelona.

Um so härter suchte Ludwig XIV. seine Gewinne gegen das Reich zu verteidigen. Zwar konzedierte er die Rückgabe aller Gebiete, die die Reunionskammern nach dem Frieden von Nimwegen noch hatten annektieren lassen. Straßburg wurde offeriert, mit der Alternative entweder der Rückgabe und der Schleifung aller von den Franzosen angelegten Festungswerke oder aber der Behauptung von Straßburg durch Frankreich gegen die Abtretung von Freiburg und Breisach. Zugleich befristete Ludwig XIV. sein Angebot und setzte damit den Reichsverband unter erneuten Kriegsdruck. Der isolierte Kaiser hatte mit seiner Gegenforderung auf Wiederherstellung der Situation nach dem Westfälischen Frieden, also auf Rückgabe der elsässischen Gewinne durch Frankreich, kaum eine realistische Chance; ja, Frankreich nahm am Ende, nach Ablauf der gesetzten Termins, das Angebot der Rückgabe Straßburgs wieder zurück. In einer weiteren Offerte, erneut ultimativ befristet, bot Ludwig XIV. nur noch die rechtsrheinischen Besitzungen an, die freilich für den Kaiser als Landesherrn des vorderösterreichischen Breisgaus eine Alternative zu Straßburg darstellten – aber auch dies war wiederum eine erfolgreiche Taktik, zu spalten, diesmal den Kaiser von den Reichsständen.

Angesichts der neuen französischen Position, der sich auch Wilhelm III. von Oranien anschloß, zögerte man in Wien nur einen Moment – daß Kaiser und Reich den Krieg allein fortführten, schien angesichts des Türkenkrieges ein aussichtsloses Unternehmen. Dies aber bedeutete, daß die kaiserlichen Gesandten die Offerte Frankreichs annehmen und dessen Erwerbungen im Elsaß endgültig sanktionieren mußten. Frankreich konnte sogar noch die sogenannte „Rijswijker Klausel“ in das Vertragswerk einfügen, die noch manchen Konflikt in den Reichsverband hineintragen sollte.

Worum ging es? Das katholische Haus Pfalz-Neuburg förderte bewußt die Katholiken; so suchte der neue Kurfürst Johann Wilhelm (1690–1716) Rückhalt an der französischen Diplomatie, wobei ihm der kaiserliche Gesandte Johann Friedrich Baron Seilern, ein gebürtiger Pfälzer, assistierte. Frankreich hatte als Besatzungsmacht die Katholiken favorisiert – mit der Rijswijker Klausel, die den Schutz der römisch-katholischen Religion in der Pfalz, wie sie 1697 bestand, garantierte, wurde dies perpetuiert. Damit verstieß man sogar gegen die im Westfälischen Frieden festgeschriebenen Regelungen, aber auch gegen jene des Waffenstillstands von 1684. Der Kaiser, selbst innerlich noch einem stark gegenreformatorisch ausgerichteten Katholizismus verbunden, stimmte zu – die Protestanten hatten keine andere Wahl, als diesen Akt katholischer Solidarität über die Bündnisgrenzen hinweg zu akzeptieren. Die „Rijswijker Klausel" löste zahlreiche konfessionelle Spannungen aus – bei den evangelischen Reichsständen fachte sie das Mißtrauen gegen den Kaiser von neuem an und bewirkte ihre politische Formierung. Die Klausel führte zu zahlreichen Konflikten, vor allem in der Pfalz, und verschärfte die rechtlichen Auseinandersetzungen. Damit aber wurde das nie ganz zur Ruhe gekommene konfessionelle Spannungsfeld, das der Westfälische Friede mehr neutralisiert als beseitigt hatte, zu neuem Leben erweckt – die Rijswijker Klausel zeigte sich auf Dauer als ein wichtiger Hebel gegen das zurückgewonnene kaiserliche Übergewicht im Reich; die Prioritäten konfessioneller Politik, die Leopold I. und Seilern hier gesetzt hatten, erwiesen sich abermals als verhängnisvoll.

Am 30. Oktober 1697 wurde, auch für das Reich, der Friede von Rijswijk abgeschlossen, wobei eine Reihe protestantischer Reichsstände wegen der Rijswijker Klausel die Unterschrift verweigerte. 1699 präsentierte die französische Regierung dem Regensburger Reichstag eine Liste von nahezu 2000 Ortschaften, auf die die Klausel anzuwenden wäre. Immerhin mußte Frankreich auf die Restitution des Straßburger Bischofs Wilhelm Egon von Fürstenberg in Köln verzichten, wo der Wittelsbacher Josef Clemens von Bayern seine Position behauptete. Auch Lothringen wurde an den Sohn Karls V. (IV.), Herzog Leopold Josef (1690/97–1729), zurückgegeben. Freiburg und Breisach fielen verabredungsgemäß an Österreich zurück, Kehl und Philippsburg an Kaiser und Reich; die Eroberungen Frankreichs im Elsaß nach dem Westfälischen Frieden wurden de jure anerkannt – außer derjenigen Straßburgs.

Der Rijswijker Friede markierte mehr als eine Etappenstation. Die Große Allianz hatte es nicht vermocht, Frankreich wieder zurückzudrängen. Am Ende waren die internen Interessengegensätze zu stark hervorgetreten, so daß Frankreich aus der diplomatischen Isolierung heraus seine Position weitgehend hatte behaupten können. Während Wilhelm III. für Großbritannien und die Niederlande sowie Spanien ihre Ziele voll erreichten, hatten Kaiser und Reich den Preis des Kompromisses zu bezahlen.

Dabei hatte sich nicht nur wieder einmal die Schwäche des Reichsverbandes mit seinen vielen divergierenden Interessen herausgestellt – trotz eines engagierten Abwehrwillens gegen Frankreich und trotz der Versuche, in den Assoziationen die Kräfte zusammenzufassen. Deutlich geworden war die gefestigte Stellung des Kaisers im Reich, aber auch die Priorität seiner erbländischen Interessen, die durch den erfolgreichen Türkenfeldzug reichlich belohnt wurde. Der Kaiser focht am Rhein für das Reich, das Reich im Südosten für den Kaiser – den Gewinn trug am Ende das Haus Österreich mit dem Ausbau der Donaumonarchie davon. Dies stützte zwar auf Dauer die kaiserliche Stellung im Reich, aber es demonstrierte doch die dominierenden Ziele. Überdies erwies sich, daß die Seemächte für die kaiserliche Politik unentbehrliche Stützen waren und daß ohne sie kein Erfolg gegen die stärkste Macht Europas zu erreichen war.

Frankreich ging zwar mit deutlichen Prestigeverlusten aus dem Krieg hervor, aber es hatte sich doch gegen eine europäische Koalition behauptet. Der Friede von Rijswijk stellte zwar noch einmal eine Meisterleistung der französischen Diplomatie dar – doch er war auch für Frankreich ein ausgesprochener Erschöpfungsfriede. Die Große Allianz, mit dem dreifachen Kern England, Niederlande und Kaiser, agierte nur begrenzt erfolgreich. Die Streitfragen waren keineswegs ausgeräumt – es blieb vor allem die für das europäische System so bestimmende Problematik der Spanischen Erbfolge, die fast notwendig zu einem neuerlichen Kräftemessen führen mußte.

b) Der Türkensieg Kaiser Leopolds I. und der Aufstieg der Donaumonarchie

Die zähen Auseinandersetzungen im Westen standen im Schatten eines glanzvollen habsburgischen Siegeszugs im Südosten; der Wiener Hof löste nun endlich die Chancen ein, die sich seit 1526 mit dem Antritt des ungarischen Erbes geboten hatten. Die türkische Niederlage vor Wien hatte weitwirkende Folgen: Mit der Hinrichtung des geschlagenen Großwesirs Kara Mustafa hatte der Sultan den Mann beseitigt, der wahrscheinlich fähig und bereit gewesen wäre, die Folgen der Niederlage auszugleichen. Andererseits hatte der glänzende Erfolg dem Wiener Hof einen machtvollen Auftrieb gegeben; das Gefühl einer Bannung der osmanischen Gefahr war in Deutschland und Europa verbreitet. Auch Frankreich hatte indirekt zu den Verlierern gehört; nicht zufällig hatten französische Ingenieure vor Wien die türkische Belagerungsarmee unterstützt. Leopold I. folgte den Signalen des Sieges von 1683, den er nun mit aller Macht auszunützen trachtete. Gegen die „heidnischen" Türken ließ sich überdies das Reich leichter mobilisieren als gegen die christlichen Franzosen.

Zwar hatten nach dem Sieg bei Wien größere Teile des verbündeten Heeres wieder den Heimweg angetreten, aber polnische und kaiserliche

Truppen verfolgten die Türken und nahmen noch im Herbst 1683 Gran ein, den historischen Sitz des Primas von Ungarn. Die Bildung der Heiligen Liga zwischen Kaiser, Polen, Venedig und dem Papst im März 1684, der später sogar der Zar beitrat, gab der anlaufenden Offensive Rückhalt – der unermüdliche Papst Innozenz XI. war die spirituelle Seele des Bündnisses und hielt über den Kapuziner Marco d'Aviano fortgesetzt Kontakt mit dem Wiener Hof. Dieser italienische Mönch verkörperte besonders eindringlich die merkwürdige Verbindung von kriegerischem Geist und barocker Frömmigkeit, die den großen Türkenkrieg Kaiser Leopolds I. kennzeichnete.

1685 setzte eine Offensive großen Stils ein; die österreichischen Erblande mobilisierten noch einmal alle Kräfte. Durch die veränderte Lage schlossen sich nun auch brandenburgische Truppen dem kaiserlichen Heer an; sie nahmen am 2. September 1686 entscheidenden Anteil an der Erstürmung von Ofen, das von den Türken verbissen verteidigt worden war – am 12. August 1687 siegten Herzog Karl von Lothringen und Kurfürst Max Emanuel von Bayern am Berge Harsány, nahe dem alten Schlachtfeld von Mohács, über das türkische Heer.

Nun trat auch deutlich hervor, was der türkische Rückhalt für die ungarische Opposition bedeutet hatte. Schon 1685 hatte der Sultan Emmerich Thököly vorübergehend festgesetzt. 1686 hatte sich der Fürst von Siebenbürgen, Michael Apafi, der kaiserlichen Oberhoheit unterstellt; Siebenbürgen nahm durch den Blasendorfer Vertrag vom 17. Oktober 1687 kaiserliche Besatzungen in seine Festungen auf, und im Mai 1688 machte sich der siebenbürgische Landtag in Hermannstadt endlich von der Oberhoheit des Sultans los und unterstellte sich kaiserlichem Schutz. Das ermutigte den Wiener Hof zu einem neuerlichen Anlauf, in Ungarn ein straff absolutistisches Regiment einzuführen; nun sollte es nach erbländisch-böhmischem Muster „gleichgeschaltet" werden. Der kaiserliche General Caraffa suchte mit harter Hand, absolutistische und katholisierende Maßnahmen durchzusetzen; Leopold I. berief sich auf das Recht der Eroberung. So ging Caraffa mit Grausamkeit gegen die Anhänger des „Kuruzzenkönigs" Emmerich Thököly vor; viele wurden hingerichtet; eine große Zahl reformierter Prädikanten mußte auf die Galeere – Vorgänge, die wenig geeignet waren, die Herzen der Ungarn für das Haus Österreich zu gewinnen.

Auf dem Reichstag von Preßburg im November/Dezember 1687 mußten die ungarischen Stände auf ihr Widerstandsrecht verzichten, und ihr Wahlrecht wurde auf den Fall eingeschränkt, daß kein männlicher Nachkomme des Hauses Österreich mehr vorhanden war – noch 1687 wurde Erzherzog Josef zum König von Ungarn gekrönt. Allerdings blieben, den Erblanden Österreichs und Böhmens nicht unähnlich, die ständischen Institutionen erhalten, die einen starken Einfluß behaupteten. 1688 ließ Leopold das „Einrichtungswerk des Königsreichs Ungarn" konzipieren, das die Kriegsschäden beseitigen und die wirtschaftlichen, sozialen und politischen Grundlagen des Landes neu regeln sollte; auch dieses Dokument war geprägt vom Geist des Absolutismus und Merkantilismus. Es schränkte die Rechte des Adels ein, sah ein stehendes Heer vor; vor allem erleichterte es die Wiederbesiedlung der verödeten Landstriche durch Privilegien für die Neusiedler. Ganz bewußt begünstigte das „Einrichtungswerk" deutsche Einwanderung, um den traditionellen ungarischen Oppositionsgeist zurückzudrängen. Man wollte dem Land eine neue Grundlage geben, aber man provozierte das Selbstbewußtsein des ungarischen Adels, der sich durch den Zustrom Fremder herausgefordert fühlte.

Die fortschreitenden Erfolge der kaiserlichen Armee verliehen dieser Politik Nachdruck. So eroberte 1688 Kurfürst Max Emanuel von Bayern, der dem erkrankten Karl von Lothringen im Oberbefehl gefolgt war, die Festung Belgrad. Nun suchte Österreich die Serben und Rumänen („Walachen") zur Erhebung gegen die türkische Herrschaft zu motivieren; kaiserliche Truppen unter Johann Norbert Piccolomini stießen bis nach Makedonien und Albanien vor. Aber das Ungeschick der Österreicher, mit diesen stolzen Balkanvölkern umzugehen, zumal sie durch ihre orthodoxe Religion vom katholischen Österreich getrennt waren, ließ den Aufruf zur Befreiung verhallen. Es gab nur eine beträchtliche Auswanderung von Serben nach Ungarn; sie stellten Soldaten für die Militärgrenze und wurden vor allem für Kundschafterdienste wichtig.

Die Osmanen aber waren nicht bereit aufzustecken, zumal sie die großen Schwierigkeiten des Kaisers im Westen des Reiches beobachten konnten. 1690 setzte ihr Gegenstoß ein. Der Sultan bestellte den wieder aufgetauchten Emmerich Thököly zum Fürsten von Siebenbürgen; der Fürst der Walachei unterwarf sich wieder der Pforte. Im Herbst 1690 eroberten die Osmanen Belgrad zurück. Der neue Großwesir Fazil Mustafa Köprülü stellte ein weiteres Heer auf und bereitete eine große Offensive vor. Nur Siebenbürgen konnte Ludwig Wilhelm von Baden-Baden unter Kontrolle halten. Er war es auch, der durch seinen glänzenden Sieg bei Slankamen die Wende brachte. Am 19. August 1691 fiel Mustafa Köprülü, den die Türken nicht gleichwertig zu ersetzen vermochten – 1692 nahmen die Kaiserlichen Großwardein ein; damit aber stellte sich auf beiden Seiten Erschöpfung ein. Der Kaiser ging nun daran, die Verhältnisse in Siebenbürgen zu regeln – 1697 verzichtete der Sohn Michael Apafis auf die siebenbürgische Fürstenwürde zugunsten des Kaisers. Aber 1695 hatte der junge Sultan Mustafa II. erneut die Initiative ergriffen und bedrohte mit einer Offensive die kaiserliche Position in Ungarn und Siebenbürgen.

Der Wiener Hof war durch den fortdauernden Zweifrontenkrieg schwer belastet, Frankreich entsprechend bemüht, die Türken im Krieg zu halten. Dennoch entschloß sich Kaiser Leopold zur Fortsetzung der Feldzüge und noch einmal zur Anspannung aller Kräfte – es kam zu einer Offensivallianz mit Rußland und Venedig (1697). Vor allem trat nun Prinz Eugen von

Savoyen-Carignan (1663–1736) an die Spitze der kaiserlichen Armee. Der unansehnliche Prinz, Großneffe des Kardinals Mazarin, Sohn einer übelbeleumundeten Mutter, war für die geistliche Laufbahn bestimmt gewesen. Als Ludwig XIV. nicht bereit war, dem „kleinen Abbé" eine Militärkarriere zu eröffnen, flüchtete dieser und trat in kaiserliche Militärdienste. Offenbar bewährte sich Eugen in der Schlacht am Kahlenberg; durch die Protektion des verwandten Türkenlouis und des Kurfürsten Max Emanuel von Bayern machte er eine rasche Karriere. Er zeichnete sich durch Tapferkeit und Führungsbegabung, aber auch durch seine Loyalität zum Erzhaus aus, so daß er vom Verteidiger Wiens und nachmaligen Hofkriegsrats-Präsidenten Graf Ernst Rüdiger von Starhemberg 1697 für den Oberbefehl empfohlen wurde – eine Position, die der ehrgeizige Prinz selbst angestrebt hatte. Mit Eugen gewann der Kaiser einen General und Politiker, der wie kein anderer für den Aufstieg der Monarchie zur europäischen Großmacht stand. Gebildet und kunstsinnig, – an Eugen erinnern vor allem seine Schlösser in Wien, das Belvedere und das Palais in der Himmelpfortgasse – strahlte er fürstlichen Glanz aus, ohne je die gebotene Loyalität zum Kaiser zu durchbrechen. Gewiß mit weit mehr Sinn für Macht und Einfluß, auch Durchsetzungsvermögen begabt, als es ein geschöntes Bild wahrhaben will, hat der Prinz doch seine gesamten politischen und militärischen Fähigkeiten uneingeschränkt in den Dienst des Erzhauses gestellt. Mit dem Prestige eines Prinzen aus fürstlichem Hause war ihm eine bedeutende Rolle im kaiserlichen Heer und am Wiener Hof bestimmt. Eugen bewies seine Fähigkeiten sogleich, als er am 11. September 1697 das türkische Heer im Angesicht des Sultans bei Zenta an der Theiß vernichtend schlug. Damit erreichte der Siegeszug der kaiserlichen Waffen seit 1683 einen neuen Höhepunkt. Darüber hinaus gewannen die Venezianer Chios zeitweilig (1694), die Russen Asow dauernd.

Mit der Schlacht bei Zenta, bei der zwei Offensiven aufeinandergeprallt waren, hatte der Krieg gleichsam seinen toten Punkt erreicht; beide Seiten waren endgültig erschöpft. So vermittelten die Seemächte England und Holland einen Waffenstillstand (1698); am 26. Januar 1699 folgte der Friede von Karlowitz. Er brachte Österreich den Besitz von Ungarn (ohne das Banat von Temesvar), Siebenbürgen und Slawonien, Rußland Asow und Venedig die Peloponnes. Thököly wurde entgegen den kaiserlichen Wünschen nicht ausgeliefert, aber er mußte in die Türkei ins Exil gehen, wo er – von den Österreichern stets argwöhnisch beobachtet – 1705 starb. 1703 bereits wurde der Sultan Mustafa II. gestürzt.

Der Friede von Karlowitz, fünfzehn Jahre nach der erfolgreichen Verteidigung Wiens, veränderte die Situation der Monarchie grundlegend. Die Türkengefahr war beseitigt; ein neues Gefühl von Sicherheit und Stabilität setzte ein, nachdem die Gebiete nahe der türkischen Grenze immer wieder von schweren Verheerungen heimgesucht worden waren. Es folgte ein neuer Aufschwung; er war auch von einer lebhaften kulturellen Blüte begleitet. Der österreichische Barock erreichte seinen Höhepunkt. In der Ausgestaltung Wiens, das in seiner Internationalität die Vielfalt der aufsteigenden Monarchie spiegelte, verliehen die Habsburger ihrem Triumph sichtbaren Ausdruck. Der Sieg über die „Ungläubigen" steigerte auch das katholische Selbstgefühl, die „Pietas Austriaca".

1697/99 schienen die österreichischen Türkenkriege eine Ruhepause erreicht zu haben. Längst allerdings war die wirtschaftliche Unterlegenheit der Monarchie gegenüber Frankreich deutlich geworden; die Verwaltung hatte sich gerade im Zeichen der Kriege als ineffektiv erwiesen; die Kosten des glänzenden Hofstaats wurden als drückend empfunden. Die erfolgreiche merkantilistische Wirtschaftspolitik Frankreichs hinterließ in dieser Situation einen besonderen Eindruck. 1684 publizierte Philipp Wilhelm von Hörnigk (1640–1717) ein Büchlein „Österreich über alles, wann es nur will". Hörnigk, ein Mainzer, der zum Österreicher geworden war, plädierte für eine bewußtere Nutzung der vielfältigen Ressourcen der österreichischen Länder, ihrer reichen Bodenschätze an Edelmetallen, Blei, Quecksilber, Zinn, Eisen sowie Salz, Alaun und Schwefel, der Textilproduktion, der blühenden Landwirtschaft. Er erhoffte sich von dem wirtschaftlichen Aufstieg der Monarchie auch ihre finanzielle Stabilisierung. Daß daraus eine verstärkte Führungsrolle Österreichs im Reich resultieren sollte, entsprach genau der Linie der kaiserlichen Politik.

Sein Schwager Johann Joachim Becher (1635–1682) hatte bereits vorher zahlreiche neue Ideen entwickelt. Der Speyerer Pfarrersohn und Konvertit war über Kurmainz, Kurpfalz und Kurbayern nach Wien gekommen, wo er die Rolle des Alchimisten und des „Wirtschaftsplaners" kombinierte. Seine Vorstellungen bezogen das gesamte Instrumentarium des Merkantilismus ein. Ein erster Schritt war die Begründung des Kommerzialkollegs 1666 gewesen, das unter dem Hofkammerpräsidenten Graf Georg Ludwig von Sinzendorf Neuerungen im merkantilistischen Geist durchsetzen konnte. Aber es blieb bei Anläufen, da der Widerstand der bislang Privilegierten und ihr Einfluß viel zu stark war. Die Türkenkriege hatten auch Pläne einer „Orientalischen Handelskompagnie" (1667) wieder zunichte gemacht. Der bedeutendste Theoretiker unter den drei großen österreichischen Merkantilisten war Wilhelm von Schröder (1640–1689), Sohn eines sachsen-gothaischen Kanzlers, auch er ein Konvertit. Die finanzielle Sanierung der Monarchie gelang nicht. Ihre Finanzschwierigkeiten sollten auch in den nachfolgenden Kriegen ein ernsthaftes Problem bleiben, das vornehmlich in der aristokratisch geprägten Struktur der Erblande begründet war.

Gleichwohl setzte der Siegeszug der kaiserlichen Waffen gegen die Türken in den dramatischen Jahren zwischen 1683 und 1699 neue Akzente. Die entstehende Habsburger Monarchie gewann an Stabilität und an Gewicht, auch wenn in den neueroberten Gebieten noch ein beträchtliches Aufbauwerk zu leisten war. Mit dem Ende der türkischen Bedrohung war der Handlungsspielraum der ungarischen Opposition eingeengt, so daß sich der Durchsetzung von Absolutismus und Katholizismus neue Chancen eröffneten. Daß jedoch das Haus Österreich den Erfolg nicht mit Maßen nutzte und die ungarischen Freiheiten zu beseitigen drohte, brachte ihm während des Spanischen Erbfolgekrieges noch die gefährliche Erhebung Franz' II. Rákoczi ein, die die kaiserliche Kriegspolitik erheblich belastete und erst relativ spät beigelegt werden konnte.

Die Südostexpansion der Monarchie veränderte schließlich auch die Balance zwischen Erblanden und Reich; die Grenzen lagen nicht mehr kurz vor der Hauptstadt Wien, sondern ferne bei Munkács, Kronstadt und vor den Toren Belgrads. Nach wie vor sicherte eine eigene Militärgrenze die türkische Front, deren Bewohner für ihre militärischen Funktionen mit besonderen Freiheiten belohnt wurden.

So wuchs das Eigengewicht der „Monarchie" gegenüber dem Reich – Wien lag in ihrem Zentrum, nicht mehr in bedrohter Grenzlage. Die neuen Gebiete gewannen eine Attraktion für bäuerliche Siedler, aber auch für Handwerker, Kaufleute und abgedankte Soldaten, die sich dort niederließen; Adel aus dem Reich bemühte sich um Gütererwerb – alte kaiserliche Parteigänger warfen neue Anker in den Territorien des Hauses Österreich. Der Kaiser gewann gegenüber dem Reichsverband eine verstärkte Handlungsfreiheit; daß sich darüber allerdings seine Möglichkeiten im deutschen Norden weiter einschränkten, steht auf einem anderen Blatt.

Durch den Frieden von Karlowitz war im Südosten eine mittelfristige Beruhigung eingetreten. Die Türken kämpften während des Spanischen Erbfolgekriegs mit Rußland und gerieten dadurch in das Umfeld des Zweiten Nordischen Krieges, nicht des Spanischen Erbfolgekrieges. Die Spannungen zwischen Rußland und den Türken entlasteten also Österreich, vor allem als Karl XII. von Schweden 1711 den Kriegseintritt der Türken provozierte. Österreich konnte so einen Zweifrontenkrieg vermeiden.

Die osmanischen Erfolge – vor allem der Rückgewinn von Asow 1711 – steigerten das türkische Selbstbewußtsein. Nun versuchte man die Revision weiterer Teile des Friedens von Karlowitz. 1715 wurde den Venezianern die Peloponnes wieder entrissen, nach einigem Zögern trat daraufhin Österreich 1716 auf die Seite der Venezianer und verlangte die Wiederherstellung des Friedens von Karlowitz; prompt erfolgte die türkische Kriegserklärung. Aber Prinz Eugen konnte schon im August 1716 gegen den Großwesir bei Peterwardein einen glänzenden Sieg erringen; nun fiel auch Temesvar. Am 16. August 1717 erfocht der Savoyer – nun auf dem Höhepunkt seiner militärischen Laufbahn – den in ganz Europa beachteten Sieg von Belgrad. Am 22. August fiel die Festung selbst, und die Österreicher konnten weitere türkische Bastionen in Serbien nehmen. Die Pforte war nach der Katastrophe friedensreif, allerdings in der Hoffnung, sich die Verluste bald wieder zurückholen zu können. Im Frieden von Passarowitz

(21. Juli 1718) erreichte Österreich seine größte Ausdehnung nach Südosten: Mit dem Banat von Temesvar bekam es den letzten Teil des alten Königreichs Ungarn, dazu das nördliche Serbien mit Belgrad und die Kleine Walachei. Die Monarchie war zur Führungsmacht auf dem Balkan aufgestiegen, sie sollte jedoch diese glänzende Position nicht lange behaupten. Was blieb, war der Gewinn ganz Ungarns und Siebenbürgens, die Sicherheit der Ostgrenzen und damit die freie Hand gegen Westen. Doch bereits der Türkenfriede von Karlowitz hatte 1699 die Voraussetzung dafür geschaffen, daß der Kaiser im Verbund einer europäischen Koalition den Kampf um das spanische Erbe und um die Demontage der französischen Hegemonialstellung aufnehmen konnte.

c) Spanischer Erbfolgekrieg und Zweiter Nordischer Krieg

Das 17. Jahrhundert hatte ein zunehmendes Zusammenwachsen Europas gesehen; dabei blieb jedoch die östliche Hälfte mehr und mehr hinter der westlichen zurück. Als 1696 König Johann Sobieski von Polen starb, der „Befreier Wiens", der allerdings schon 1684 aus der österreichischen Koalition ausgeschieden war und sich wieder Frankreich angenähert hatte, warfen die westeuropäischen Konflikte ihren Schatten über die polnische Königswahl, obgleich diese nicht mehr die gleiche Bedeutung besaß wie bei der Wahl Sobieskis. Die Opposition des polnischen Kleinadels verhinderte die Kür eines polnischen Magnaten, etwa von Johann Sobieskis Sohn Jakob, die für das europäische Mächtesystem neutral gewesen wäre.

Brandenburg favorisierte den Türkensieger, Markgraf Ludwig Wilhelm von Baden-Baden, der aber auf das Mißtrauen des Kaisers und auf die Ablehnung Frankreichs stieß, die beide einen selbständigen und starken polnischen König fürchteten. In Frankreich gab es Spekulationen, den vertriebenen englischen König Jakob II. mit dem polnischen Thron zu entschädigen. Aber am Ende entschied man sich doch für die Kandidatur eines französischen Verwandten des polnischen Königshauses, des Prinzen Franz Ludwig von Conti, eines fähigen Soldaten. Der Kaiser favorisierte dagegen den Pfalzgrafen Karl Philipp von Neuburg, den jüngeren Sohn Philipp Wilhelms, und den Herzog Leopold Josef von Lothringen, also Vertreter der beiden Fürstenhäuser im Reich, die dem Wiener Hof besonders eng verbunden waren. Max Emanuel von Bayern, seit 1694 in zweiter Ehe mit Therese Kunigunde, der Tochter Johann Sobieskis, verheiratet, entzog sich den Wiener Werbungen wegen seiner Hoffnungen auf das spanische Erbe. Insgesamt schien die französische Diplomatie die erfolgreichere zu sein.

Da präsentierte der Wiener Hof mit dem Kurfürsten Friedrich August von Sachsen, der 1694 nach dem plötzlichen Tod seines Bruders Johann Georg IV. in Dresden nachgefolgt war, einen eigenen Kandidaten. Der stattliche und charmante Mann – wegen seiner Körperkräfte bald „der

Starke" genannt – hatte sich als Freund barocker Genußsucht erwiesen und in den Türkenkriegen vergeblich militärischen Ruhm gesucht. Persönlich wohl indifferent, trat Friedrich August am 1. Juni 1697 zur katholischen Kirche über, unter Assistenz des damaligen Bischofs von Raab, Herzog Christian August von Sachsen-Zeitz, der schon früher konvertiert war.

Der Schritt stand bereits im Zeichen der polnischen Thronkandidatur, mit der der ehrgeizige Kurfürst das Haus Wettin nicht hinter den ambitiösen Plänen der anderen führenden Dynastien des Reiches zurückstehen lassen wollte. Zunächst sein eigener Kandidat, dann in vergeblichen Verhandlungen mit Frankreich, konnte Friedrich August den Wiener Hof gewinnen, der hier eine letzte Chance sah, den Prinzen Conti zu verhindern. Mit reichen Mitteln ausgestattet, konnte Friedrich Augusts Emissär Graf Jakob Heinrich Flemming schließlich die Chancen des Kurfürsten wesentlich verbessern, wobei er auch durch den Nuntius unterstützt wurde. Am 27. Juni 1697 kam es zu einer Doppelwahl zwischen Conti und dem Kurfürsten von Sachsen. Friedrich August sicherte sich in einem schnellen Zugriff die Krone; als Conti endlich aus Frankreich eintraf, war es für ihn zu spät. Der Erwerb der Krone Polens durch den Kurfürsten von Sachsen hielt dem Kaiser neben seinen Türkensiegen den Rücken frei für den Kampf um das spanische Erbe.

Die Verbindung von Polen und Sachsen war eine bemerkenswerte Kombination, die auf seiten der Katholiken große Hoffnungen, auf seiten der Protestanten ebenso große Befürchtungen weckte – nach dem Dankesgottesdienst für den Erwerb der polnischen Krone stimmte die Dresdner Kirchengemeinde das Lutherlied „Ein feste Burg ist unser Gott" an. Aber August der Starke war nicht der Mann, einen konfessionellen Konflikt mit seinem Lande vom Zaun zu brechen. Der katholische Religionseifer des Kurfürsten Johann Wilhelm von der Pfalz sollte in Kursachsen keine Parallele finden. Wohl aber steckte der Erfolg des Wettiners weitere Fürsten an, nach Höherem zu streben: Kurfürst Friedrich III. von Brandenburg wurde in seinen preußischen Königsplänen beflügelt, indes sollte es nicht bei dem Hohenzollern bleiben – der Pfälzer Kurfürst Johann Wilhelm jagte sogar der armenischen Königskrone nach. Friedrich August, jetzt August II. von Polen, freilich sollte sich in seinem neuen Reich sehr schnell mit schweren Auseinandersetzungen konfrontiert sehen.

Die polnische Königswahl hatte demonstriert, daß sich Kaiser Leopold nach dem Frieden von Karlowitz 1699 nicht ungestört auf den Westen konzentrieren konnte; es zeichnete sich eine veränderte Situation an der Ostsee ab: die Schwäche Polens, der Rückgang der neuen Großmacht Schweden und der Aufstieg Rußlands. Die polnische Königswahl Augusts des Starken hatte das Reich über einen weiteren seiner Kurfürsten noch enger mit den Auseinandersetzungen im Ostseeraum verflochten, als das ohnehin schon durch die brandenburg-preußischen Ambitionen geschehen war. Die Mächte Frankreich, England und die Niederlande wahrten auch dort ihre Interessen. Die Stellung des Kaisers verband gleichsam den Osten und die Mitte Europas – und auch aus der Konstellation an der Ostsee drohte Krieg.

Schwedens Stellung war noch relativ mächtig; der Gewinn der dänischen Provinzen an seiner Südflanke bedeutete eine Stärkung; die alte expansive Kraft hatte jedoch ihren Schwung verloren, eine ausgeprägte Finanznot und die fortbestehende Rücksicht auf den Adel hemmten die königliche Politik. Indessen bestanden die alten Spannungen mit Dänemark, angeheizt durch die Sonderstellung von Schwedens Schützling Holstein-Gottorf, fort, das sich mit schwedischer Hilfe der Oberhoheit Kopenhagens zu entziehen trachtete. Dagegen ging Christian V. von Dänemark vor – er fand einen Partner in August dem Starken von Sachsen und Polen. Der Wettiner wollte keineswegs ein Schattenkönig sein und steuerte eine Koalition gegen Schweden an; der livländische Adelige Reinhard von Patkul (1660–1707) war der Wortführer der oppositionellen Stände der Ostseeprovinzen gegen den Absolutismus des Königs gewesen. Er betrieb einen Angriffskrieg gegen Schweden. Kurbrandenburg blieb der Koalition fern, aber dafür trat Rußland erstmals massiv als Ostseemacht auf den Plan, gerade in seinem Selbstbewußtsein durch den erfolgreichen Türkenkrieg bestätigt, ein Land, das begonnen hatte, sich die Weiten Sibiriens zu erschließen. Auf der anderen Seite stand der junge Schwedenkönig Karl XII. (1697–1718), ein militärisches Genie, aber auch ein Spieler, der alles riskierte. In ihm fand der ehrgeizige August, der von den Traditionen der Wasakönige träumte, einen unerbittlichen Gegenspieler.

1700 hatte ein dänischer Angriff auf den lästigen Herzog von Holstein-Gottorf den Krieg mit Schweden ausgelöst, der – dank der Unterstützung der Seemächte und der Welfen – schnell von Karl XII. gewonnen wurde. Im Frieden von Travendal am 18. August 1700 mußte Dänemark die Unabhängigkeit des Gottorfers anerkennen. Da sich Karl XII. nun auf die östliche Ostsee warf, blieb der Norden des Reiches zunächst von der Kriegsgefahr verschont; August der Starke hatte das schwedische Livland angegriffen und wurde von Karl schwer geschlagen, der noch im gleichen Jahre, am 30. November 1700, seinen spektakulären Sieg über den Zaren bei Narwa erzielte. Danach stürzte er sich erneut auf August, machte Polen zum Kriegsschauplatz und trieb so dessen König in eine starke Abhängigkeit vom Zaren. Nach diesem Erfolg konnte Peter die Modernisierung Rußlands in Angriff nehmen. 1704 hatte auf Initiative Karls XII. eine Konföderation polnischer Adeliger August abgesetzt und den Woiewoden von Posen, Stanislaus Lesczynski, zum polnischen König von Schwedens Gnaden erhoben. Danach trug Karl den Krieg nach Sachsen. 1706/07 bezog er sein Lager zu Altranstädt bei Leipzig und zwang dort am 24. September 1706 August dem Starken seinen Frieden auf, einschließlich des Verzichtes auf die polnische Krone. Nun aber drohte sich der Große

Nordische Krieg mit dem im Westen tobenden Spanischen Erbfolgekrieg zu verbinden. Die Karten schienen neu gemischt zu werden.

Im Spanischen Erbfolgekrieg hatten sich – nicht unerwartet – erneut die westeuropäischen Konflikte entladen. Heiraten und Erbfolgeprojekte waren in der Frühen Neuzeit wichtige Weichenstellungen der europäischen Geschichte, wobei die Zufälle von Geburt und Tod eine erhebliche Rolle spielten, wie dies das Haus Österreich zu Beginn der 16. Jahrhunderts zu seinen Gunsten hatte erfahren können. Damals hatten sich zunächst Kombinationen mit dem spanischen, dann mit dem Erbe der ungarisch-böhmischen Jagiellonen ergeben. Auch über die dynastische Trennung von deutschen und spanischen Habsburgern seit der Mitte des 16. Jahrhunderts hinweg war an der Einheit des Hauses Österreich festgehalten worden, die bei den anderen europäischen Mächten die Gefahr der „Monarchia universalis" heraufbeschworen hatte. In den erbitterten Kämpfen mit dem wiedererstarkten Frankreich lockerten sich die engen Beziehungen der beiden habsburgischen Häuser, und zugleich wurde die spanische durch eine französische Vormachtstellung ersetzt. Spanien blieb trotz des Bedeutungsverlusts ein gewichtiger Faktor im europäischen Kräftespiel – die konkurrierenden Erbansprüche der Häuser Habsburg und Bourbon kündigten eine wichtige Weichenstellung an, auch hinsichtlich der Kontrolle des überseeischen Kolonialreichs, das immer noch erhebliche Machtmittel für den, der es besaß, bereitstellte. Diese Frage wiederum tangierte die Interessen der Seemächte, Englands und der Niederlande.

Die Problematik des spanischen Erbfalls ließ sich seit 1659 voraussehen, obgleich König Philipp IV. (1621–1665) mit Karl II. noch ein Sohn beschieden war, der – wie die Obduktion bestätigen sollte – eine physisch labile Existenz an der Grenze der Lebensfähigkeit führte, so daß ganz Europa geradezu auf den Erbfall wartete. Es war fast ein Wunder, daß dieses Leben bis ins Jahr 1700 dauerte. Nun standen sich mehrere konkurrierende Erbansprüche gegenüber. Die österreichische Sukzession gründete sich auf die Einheit des Hauses Österreich und auf die erste Ehe Kaiser Leopolds mit der jüngeren Tochter Philipps IV., der Infantin Margaretha Theresia von Spanien. Ihr sollte nach dem Willen des Vaters das volle Sukzessionsrecht zustehen. Darauf hatte die ältere (Stief-)Schwester Maria Theresia verzichtet, als sie im Gefolge des Pyrenäenfriedens Ludwig XIV. heiratete. Dies aber wurde von Frankreich nicht anerkannt, unter anderem weil die Spanier die erhebliche Mitgift nicht ausbezahlt und damit die Bestimmungen eben jenes Friedens von 1659 nicht erfüllt hatten.

In dieser Situation, aber auch angesichts der Wirkungen der Sukzession auf das europäische Mächtesystem, lag der Gedanke einer Teilung nicht fern. In diesem Sinn hatten der Kaiser und Ludwig XIV. bereits 1668 einen Geheimvertrag geschlossen – ein Fehler des Wiener Hofes, weil er hier grundsätzlich französische Sukzessionsrechte anerkannte, die der Konzeption einer Einheit des Hauses Österreich entgegenstanden. Ludwig XIV.

war ursprünglich einem Kompromiß nicht abgeneigt, während sich am Hofe Leopolds I. immer mehr die Meinung durchsetzte, es müsse sich vielleicht doch das Ganze behaupten lassen. Unpopulär waren alle Teilungspläne naturgemäß bei den Spaniern selbst, auch bei Karl II., der dazu tendierte, das gesamte Erbe an die deutsche Linie der Habsburger zu überlassen. Diese Lage konnte jeden, der weiter an eine Teilung dachte, schließlich um das ganze Erbe bringen. Eine Kompromißlinie konnte in der Begünstigung eines dritten Bewerbers liegen, der weder dem Hause Habsburg noch dem Hause Bourbon angehörte. Als Ehemann des einzigen Kindes aus der spanischen Ehe Leopolds I. zählte Max Emanuel von Bayern zu den Prätendenten – er war in Spanien sehr populär. Auch Karl II. hegte Sympathien für diesen Kandidaten – 1691 wurde der bayerische Kurfürst Generalstatthalter der Spanischen Niederlande in Brüssel. Als dann im Oktober 1692 der Kurprinz Josef Ferdinand geboren wurde, rückte dieser in die erste Reihe der Anwärter auf den spanischen Thron – trotz des Erbverzichts seiner Mutter bei der bayerischen Heirat.

Die Vielfalt der Möglichkeiten führte zu einem Tauziehen der unterschiedlichen Interessenvertreter am Madrider Hof, um auf die Entscheidung des schwachen Königs Einfluß zu nehmen. Die Hauptprätendenten, der Kaiser und Frankreich, hatten keine Verständigung gefunden – weil der Wiener Hof an seinem Anspruch auf das ganze Erbe festhielt. Leopolds I. Schwägerin, Maria Anna von Pfalz-Neuburg, Königin von Spanien seit 1689, war eine eifrige Sachwalterin der österreichischen Interessen. Außerdem hoffte der Kaiser auf die Hilfe der Großen Allianz sowie der meisten deutschen Reichsstände. 1689 hatte Wilhelm III. von Oranien eine entsprechende Zusage gemacht, aber nach dem Rijswijker Frieden herrschte bei den Seemächten keine besonders kriegerische Stimmung mehr, zumal jede Verbindung des spanischen Erbes mit einer europäischen Großmacht eine schwere Belastung des sich herausbildenden europäischen Gleichgewichts darstellte.

So suchte Wilhelm III. nun den Ausgleich mit Ludwig XIV. Im Ersten Teilungsvertrag, abgeschlossen am 11. Oktober 1698 im Haag zwischen England, den Generalstaaten und Frankreich, sollte der bayerische Prinz Josef Ferdinand das Haupterbe, nämlich Spanien, die Spanischen Niederlande und die Kolonien erhalten, Frankreich wurde durch den Erwerb von Neapel und Sizilien sowie Grenzkorrekturen in den Pyrenäen gegenüber dem Kaiser bevorzugt, der mit Mailand abgefunden werden sollte. Die Absprache blieb nicht geheim. Karl II., aufs höchste erbittert, proklamierte am 14. November 1698 den bayerischen Kurprinzen, seinen Großneffen, zum Nachfolger – im Fall einer Minderjährigkeit sollte die Königin Maria Anna die Regentschaft führen, die inzwischen zur bayerischen Partei übergewechselt war.

Für die Seemächte war dies eine akzeptable Lösung, nicht aber für den Kaiser und für Frankreich, die heftig an Korrekturen arbeiteten. Da starb am 16. Februar 1699 der bayerische Kurprinz so plötzlich, daß fälschlicherweise von Gift gesprochen wurde – die bayerischen Hoffnungen waren zerronnen. Nun dachte man in Madrid an eine Einsetzung des portugiesischen Hauses Braganza, während Frankreich sogleich die neuerliche Verständigung mit den Seemächten suchte – aber auch für die Partner des Ersten Teilungsvertrages war die Geschäftsgrundlage verändert. Da der bayerische Kurprinz, der gleichsam auch die österreichische Seite vertrat, tot war, mußte man nun die Interessen des Erzhauses verstärkt berücksichtigen. Hinzu kam, daß die siegreiche Beendigung der Türkenkriege die Stellung Österreichs erheblich verbessert hatte. Auf Drängen Wilhelms III. und seines politischen Partners, des Ratspensionärs von Holland, Antonie Heinsius, wurde nun auch Österreich einbezogen, ohne daß sein Konsens erreicht werden konnte.

Den zweiten Teilungsvertrag vom Mai 1700 schlossen deshalb abermals die Seemächte und Frankreich allein ab. Trotzdem sollte Erzherzog Karl, der zweite Sohn Leopolds I., Spanien, die Niederlande und die Kolonien, also das ehemalige Erbe des bayerischen Kurprinzen, erhalten. Dafür wurde nun Mailand Frankreich zugeschlagen, das damit den Lothringer entschädigen und so dessen Herzogtum endgültig erwerben konnte. Kaiser Leopold I. lehnte ab – obwohl sein Sohn das Haupterbe erhalten hätte. Er setzte eine klare Priorität auf Gewinne in Italien, da er in einer französischen Festsetzung in Oberitalien eine ernste Gefährdung der österreichischen Großmachtposition erblickte. Das bedeutete eine deutliche Priorität der österreichischen Großmachtpolitik gegenüber allen dynastischen Zielsetzungen. Vor der Preisgabe Italiens wollte er lieber Spanien und die Kolonien den Bourbonen überlassen – am Ende sollte es nach einem über zehnjährigen Krieg auch so kommen. In Spanien war die Empörung groß – Karl II. ließ in den Hauptstädten protestieren und in Wien erklären, daß er die ungeteilte Sukzession der deutschen Habsburger anstrebe.

Aber gerade der Zweite Teilungsvertrag begünstigte Frankreich. Am Madrider Königshof wurde deutlich, daß in einer Situation, als Europa über Spanien zu verfügen gedachte, der Nachbar Frankreich dessen sichererer Rückhalt sein mußte. Die alte bayerische Partei in Madrid war großenteils zu Frankreich übergegangen, das in seinem Gesandten Marquis d'Harcourt einen exzellenten Vertreter hatte, dem der Österreicher Harrach nicht gewachsen war. Die Tendenzen wurden immer stärker, sich für Frankreich zu entscheiden; auch Papst Innozenz XII. (1691–1700) sprach sich dafür aus, so daß Karl II. von Spanien allmählich schwankend wurde – trotz der optimistischen Prognosen, die Königin Maria Anna dem Gesandten Harrach gab. Leopold I. blieb gegenüber dem sich abzeichnenden Umschwung relativ passiv, so daß Karl II. in Frankreich allmählich den besten Garanten der Einheit des spanischen Reiches zu erblicken begann. Er entschied sich am 2. Oktober 1700 zur Unterzeichnung eines Testamentes zugunsten der französischen Lösung, stieß seine bisherigen Pläne um und berief den zweiten Sohn des französischen Dauphin, Herzog Philipp von Anjou, zum Universalerben. Erst wenn auch dessen jüngerer Bruder, der Herzog von Berry, ohne Erben sterben sollte, sollte die Thronfolge an Erzherzog Karl gelangen. Am 1. November 1700 starb Karl II.; das Testament wurde sogleich publiziert – unter allgemeiner Zustimmung der Spanier. Ohne Widerstand wurde der Herzog von Anjou als Philipp V. (1700–1724, nach kurzer Resignation abermals 1724–1746) in allen Teilen der spanischen Monarchie als Erbe akzeptiert.

Mit seiner Zustimmung zum Testament Karls II. – am 16. November 1700 hatte Ludwig XIV. Philipp von Anjou zum König von Spanien proklamiert – aber hatte der französische König den Zweiten Teilungsvertrag gebrochen. Als Philipp V. im Februar 1701 in Madrid einzog, waren die Kronen Frankreich und Spanien dynastisch miteinander verbunden. Leopold I. und seine Ratgeber, die gerade zwei Kriege beendet hatten, standen vor einer höchst schwierigen Entscheidung – zumal sich der Krieg im Norden abzeichnete und die ungarische Dauerkrise erneut eskalierte. Dies wurde dem Kaiser von seinen Ratgebern zu bedenken gegeben. Aber Leopold I. war durch die Ereignisse in seinem dynastischen Selbstgefühl zu sehr beleidigt, so daß er sich entschloß, den Kampf aufzunehmen. Auch seine Söhne waren dafür, der jüngere, Erzherzog Karl, als spanischer Prätendent, der ältere, Josef, nicht zuletzt, weil er die Ansprüche des Bruders auf Abfindung fürchtete. Vor allem der Umkreis des Römischen Königs Josef, der „Junge Hof", drängte auf den Konflikt. Um Josef hatten sich jene Kräfte gesammelt, die dem erstarrenden System des alternden Leopold eine neue Dynamik entgegenzusetzen gedachten, allen voran der Held des Türkenkrieges, Prinz Eugen von Savoyen.

Den politischen Überlegungen Leopolds gemäß, verband sich mit der grundsätzlichen Entscheidung für den Krieg die Priorität eines Vorstoßes nach Italien. Schon im Frühjahr 1701 sammelte sich die kaiserliche Armee zum Einmarsch in Mailand; der Krieg wurde diplomatisch und publizistisch entschlossen vorbereitet, wobei die drängende Kraft Josefs I. und seines Kreises deutlich spürbar war; nun war es Österreich, das vor der drohenden französischen „Universalmonarchie" warnte. Die neue, engagierte österreichische Politik aber bedurfte des Rückhalts bei den europäischen Mächten.

Die Seemächte waren durch den Bruch des Zweiten Teilungsvertrages desavouiert worden. Sie fürchteten einen beherrschenden Einfluß der französischen Handelspolitik auf die spanischen Kolonien, mit äußerst ungünstigen Folgen für die eigene Wirtschaft. Sie beriefen sich auf das europäische Gleichgewicht, die alte Idee Wilhelms III. von Oranien – während es für Österreich um den Ausbau seiner Stellung ging. Dies bedeutete, wie schon die beiden Teilungsverträge signalisierten, die die Seemächte über den Kopf des Kaisers hinweg abgeschlossen hatten, daß die Interessenlage zwischen dem Kaiser einerseits, den Seemächten England und Holland andererseits deutlich divergierte. Allerdings gab es zwischen einer Koalition der drei Mächte und der Kapitulation vor dem Zugriff Frankreichs keine Alternative – so haben auch Wilhelm III. von England und der Ratspensionär Heinsius abermals den Weg in den Krieg beschritten. Doch die Handelskreise in England und in den Niederlanden mahnten zur Vorsicht; deshalb hatte der erste Koalitionsvorschlag, den der kaiserliche Beauftragte, der böhmische Graf Johann Wenzel Wratislaw, Österreichs bedeutendster Außenpolitiker während des Krieges, im Haag und in London übermittelte, zunächst keinen Erfolg gehabt. Wilhelm III. dachte nun sogar an Abdankung. Aber am 7. September 1701 kam der Traktat zwischen den Seemächten und dem Kaiser doch zustande.

Die Seemächte ließen sich ihre Handelsinteressen garantieren, aber auch alle Eroberungen in Ost- und Westindien. Der Kaiser sollte mit den Spanischen Niederlanden, Mailand, Neapel und Sizilien sowie dem Besitz Spaniens in Mittelitalien „entschädigt" werden – über das Schicksal von Spanien selbst wurde nichts gesagt. Offenbar dachte man jedoch dort an eine Anerkennung Philipps V., weil weiter festgelegt wurde, daß Spanien und Frankreich niemals vereinigt werden dürften. Ludwig XIV., mit dem Abkommen konfrontiert, lehnte ab und provozierte Wilhelm III. von Oranien zusätzlich, als er nach dem Tode des exilierten Königs Jakob II. von England (16. September 1701) dessen Sohn, den „älteren Prätendenten", als Jakob III. anerkannte. Damit war das Tischtuch zerschnitten; Wilhelm III. brach die Verhandlungen mit Frankreich ab und besaß die Unterstützung der öffentlichen Meinung und beider Parteien in England; das Parlament bewilligte sehr großzügig die Mittel für die Kriegführung.

Bereits am 19. März 1702 starb Wilhelm III. ohne Nachkommen – der Architekt der europäischen Koalitionspolitik gegen Ludwig XIV. war tot. Für England aber stellte sich damit die kritische Frage der Sukzession, denn auch die Nachfolgerin, Wilhelms Schwägerin Anna, hatte aus ihrer Ehe mit dem Prinzen Georg von Dänemark keine überlebenden Erben. Gegen die drohende Rückkehr der katholischen Stuarts wurde in der Sukzessionsakte vom 12. Juni 1701 (Act of Settlement) Vorsorge getroffen, zugunsten der Nachfahren Elisabeth Stuarts, der Tochter Jakobs I., Gemahlin des Winterkönigs, von denen aber nur noch die Herzogin-Kurfürstin Sophie von Hannover übriggeblieben war. Sophie erlebte die ersehnte eigene Thronbesteigung in England nicht mehr, aber dafür trat die Nachfolge ihr ältester Sohn, Kurfürst Georg Ludwig von Hannover, als Georg I. an (1714). Zugleich wurde das Welfenhaus bereits jetzt in die Große Allianz aufgenommen.

Mit allerdings wichtigen Ausnahmen (Kurbayern und Kurköln war noch das kleine Braunschweig-Wolfenbüttel gefolgt), folgte nahezu das gesamte Reich dem Kaiser in den Krieg. Friedrich I. von Preußen kam seinen Bündnispflichten nach; allerdings suchte er immer wieder einen Preis aus der komplizierten Partnerschaft mit dem Kaiser zu schlagen, so daß er für den Wiener Hof ein höchst unbequemer Verbündeter wurde. Dies zeigte sich zunächst in der schwierigen Frage der oranischen Erbschaft, zu der nicht nur Besitzungen in den Niederlanden, in Burgund und in der Franche Comté, sondern auch die Fürstentümer Orange und Neuenburg (Neuchâtel) sowie die Reichsgrafschaften Mörs und Lingen gehörten. Auf Grund der oranischen Heirat des Großen Kurfürsten sahen sich die Hohenzollern als Erben; überdies hatte der Kaiser im Krontraktat von 1700 die Unterstützung der preußischen Ansprüche zugesagt – ferner hatte sich Friedrich Hoffnungen auf Zuwendungen im Testament Wilhelms III. gemacht. Dieser aber hatte den nächsten nassauischen Agnaten, Johann Wilhelm Friso von Nassau-Diez, als Universalerben eingesetzt – die Generalstaaten als Testamentsvollstrecker begrüßten dies. Friedrich, der 1702 von Mörs und Lingen Besitz ergriff, war bereits 1701 durch seinen Beitritt zur Großen Allianz an den Kaiser und die Seemächte gebunden; es war ihm daran gelegen, in ihr eine selbständige Rolle zu spielen.

Weiter schlossen sich der Großen Allianz an: Kurfürst Johann Wilhelm von der Pfalz als kaiserlicher Parteigänger, beide Hessen, Johann Hugo von Orsbeck, der Kurfürst von Trier (1676–1711), und der Mainzer Kurfürst Lothar Franz von Schönborn. Der Kaiser wußte auch von einer neuerlichen Assoziationsbewegung zu profitieren, als er ein entsprechendes Projekt des Schwäbischen und Fränkischen Reichskreises unterstützte; der Oberrheinische und der Kurrheinische Kreis folgten in die Nördlinger Assoziation vom 20. März 1702, die der Großen Allianz beitrat und Markgraf Ludwig Wilhelm von Baden das Kommando übertrug. Am 20. September 1702 erklärte auch der Reichstag den Reichskrieg gegen Frankreich.

Herzog Anton Ulrich, der Konvertit aus Wolfenbüttel, opponierte gegen die Kurwürde des jüngeren Welfenhauses Hannover so vehement, daß er sich mit Frankreich verband. Aber am 20. März 1702 fielen seine Vettern Georg Ludwig von Hannover und Georg Wilhelm von Celle in seine Lande ein und überwältigten die angeworbenen Truppen Anton Ulrichs, der außer Landes floh. Sein Bruder überführte den Großteil der Söldner des Wolfenbüttelers in die Dienste des Kaisers.

Kritischer war die Entwicklung in Bayern. Von den europäischen Mächten umworben, die Sukzession seines Hauses in Spanien schon einmal greifbar nahe, mochte der Türkensieger Kurfürst Max Emanuel nicht hinter Brandenburg-Preußen oder Sachsen zurückstehen, die eine Königswürde erworben hatten. Aus dem Spiel um das spanische Erbe gedachte er größtmögliches Kapital für sein Haus zu schlagen. Der ehrgeizige Kurfürst fühlte sich vom Wiener Hof nicht gebührend gewürdigt, spürte zunehmend den großen Druck des überlegenen Nachbarn – auch war die Ehe mit der Kaisertochter Maria Antonia nicht glücklich gewesen. Nach dem Tode seines Erbprinzen suchte Max Emanuel durch ein anhaltendes taktisches

Spiel mit beiden Seiten möglichst viel zu gewinnen. Als Statthalter der Spanischen Niederlande setzte er frühzeitig auf Philipp V., schloß am 9. März 1701 ein provisorisches Defensivbündnis mit Frankreich und traf Kriegsvorbereitungen. Dennoch verhandelte er noch einmal mit Wien – am Ende siegten die weitergehenden französischen Versprechungen: die erbliche Statthalterschaft in Brüssel, ein Königstitel, ja, französische Hilfe bei einer Kaiserwahl. Auf der anderen Seite wirkte das alte wittelsbachische Gefühl, im Wettlauf mit den Habsburgern zu kurz gekommen zu sein. Bereits zuvor hatte der geistliche Bruder Josef Clemens von Köln mit Frankreich abgeschlossen, dem er die festen Plätze des Kurfürstentums und seines Bistums Lüttich öffnete. Zugunsten Frankreichs war so eine kleine Partei im Reich entstanden, die dem Kaiser aber durchaus gefährlich werden konnte.

Die Priorität eines kaiserlichen Zugriffs auf Italien setzte die Ruhe im Reich voraus. Philipp V. hatte bereits in Mailand und Neapel Fuß gefaßt, Savoyen stellte sich auf die Seite Frankreichs, auch Papst Clemens XI. (1700–1721) hegte zunehmend französische Sympathien. Prinz Eugen von Savoyen bewies einmal mehr seine strategische Begabung und überquerte in einem abenteuerlichen Marsch von Südtirol aus die Alpen; mit dem Moment der Überraschung auf seiner Seite schlug er den französischen Marschall Catinat am 9. Juli 1701 entscheidend bei Carpi, was die Wiedergründung der Großen Allianz begünstigte. Dem Nachfolger Catinats, Villeroy, ging es noch schlechter: Am 1. September 1701 unterlag er dem Prinzen von Savoyen am Oglio bei Chiari; in der Festung Cremona geriet der Marschall sogar in Kriegsgefangenschaft. Die Franzosen mußten hinter die Adda zurückgehen. Doch die Wiener Führung konnte mit den Erfolgen ihres Feldherrn nicht Schritt halten: Eugen erhielt nicht die nötige Unterstützung bei seinen kühnen Vorstößen. Die Verbitterung über die zögernde Haltung des Wiener Hofes wuchs. Im Dezember 1702 eilte Eugen nach Wien zurück, um seinen erneuerten Kriegsruhm in die Waagschale zu werfen und eine Neugestaltung der Verhältnisse zu erreichen.

Dabei fand er Unterstützung beim Römischen König Josef I., um dessen „Jungen Hof“ sich unterdessen eine Reihe der begabtesten Politiker und Militärs Österreichs versammelt hatte. Sie kritisierten das immobil gewordene System Leopolds I. und drängten selbst an die Macht: der zynische Böhme Graf Wratislaw, ein exzellenter Diplomat und Analytiker, Graf Gundakar von Starhemberg und als ihr Haupt der Erzieher, dann Obersthofmeister Josefs I. Karl Theodor Fürst von Salm-Anholt. Mit Hilfe des Römischen Königs wurden im Juni 1703 entscheidende Veränderungen durchgesetzt: Eugen selbst trat an die Spitze des Hofkriegsrats, und Graf Gundakar Starhemberg wurde Hofkammerpräsident. Ein neuer Elan zog ein, aber noch waren die Machtkämpfe in Wien nicht entschieden, die sich mit dem Generationenproblem zwischen kaiserlichem Vater und königlichem Sohn verbanden.

Innerhalb der Großen Allianz fand Prinz Eugen einen kongenialen militärischen Partner, der auch das politische Parkett beherrschte: John Churchill, Herzog von Marlborough, der die Tradition König Wilhelms III. fortsetzte. Unterdessen war auch am Rhein der Krieg weitergegangen. Während die Franzosen erst 1707/09 endgültig aus den Spanischen Niederlanden vertrieben wurden, suchte Markgraf Ludwig Wilhelm von Baden-Baden die Kämpfe ins Elsaß zu tragen, nachdem er wie schon in den 1690er Jahren erneut die Verteidigungsanlagen am Oberrhein ausgebaut hatte. Im Sommer 1702 wurde die Belagerung von Landau eröffnet, an der zeitweilig auch König Josef I. teilnahm – am 9. September fiel die Festung.

Die „Diversion" des Kurfürsten Max Emanuel von Bayern zugunsten Frankreichs aber machte alle Pläne zunichte. Am 9. September 1702 überrumpelte er die Festung Ulm und bedrohte den am Oberrhein operierenden Markgrafen von Baden im Rücken, verzögerte aber den Vormarsch, um nochmals mit dem Kaiser zu unterhandeln. Dennoch machte der fähige französische Marschall Villars Anstalten, nach Süddeutschland vorzustoßen – sein Abwehrerfolg im Elsaß bewog Ludwig XIV., im Jahre 1703 aufs Ganze zu gehen und die Armee von Villars durch Süddeutschland gegen die Erblande und gegen Wien marschieren zu lassen, unterstützt von den Truppen des Kurfürsten Max Emanuel.

Die 1702 wieder hervortretende Opposition der ungarischen Kuruzzen hatte seit dem Sommer 1703 mit Franz II. Rákoczi einen bedeutenden Führer; der Aufstand zwang den Kaiser, Truppen nach Ungarn zu werfen. Franz II. Rákoczi (1676–1735), Sohn Georgs II. Rákoczi, Fürsten von Siebenbürgen, Stiefsohn des Emmerich Thököly, war streng katholisch erzogen, doch auf ihn richteten sich die Hoffnungen der ungarischen Opposition. Nach dramatischer Flucht aus dem Gefängnis hatte er sich an die Spitze des Aufstands gestellt, eroberte 1703 Oberungarn (die heutige Slowakei), 1704 das Gebiet jenseits der Donau und wurde 1704 von den siebenbürgischen, 1705 von den ungarischen Ständen zum Fürsten gewählt. Ungarn war plötzlich wieder zum Krisenherd geworden – Ludwig XIV. bestärkte den neuen Kuruzzenführer in der Radikalität seiner antiösterreichischen Opposition. Nun rächte sich die Maßlosigkeit der habsburgischen Politik in Ungarn. Der Aufstand Rákoczis konnte dem Kaiser gefährlich werden, wenn die französische Offensive in Süddeutschland Erfolg hatte.

Danach sah zunächst alles aus. So war die Armee des Markgrafen Ludwig Wilhelm in schlechter Verfassung, als die französischen Verbände auf sie trafen. Am 11. März kapitulierte die Reichsfestung Kehl, aber Villars zögerte und vereinigte sich erst am 10. Mai 1703 bei Tuttlingen mit Max Emanuel, der indessen unter den Druck der Kaiserlichen und der schwäbischen Kreistruppen geraten war. Der Kurfürst und der französische Herzog verstanden sich nicht sonderlich; hinzu kamen die unterschiedlichen Interessen Bayerns und Frankreichs, denn Max Emanuel wollte sich nicht völlig von Frankreich abhängig machen.

Die strategische Konzeption von Villars war kühn. Er gedachte unverzüglich auf Wien vorzustoßen und dort dem Kaiser den Frieden zu diktieren, während Max Emanuel den Plan einer Eroberung Tirols vorzog, um eine Verbindung zu seinem Wunschziel Mailand zu schlagen. Nicht nur, daß dort Marschall Vendôme das Unternehmen nicht unterstützte – in Tirol kam es zu einer antibayerischen Erhebung, und die Tiroler zwangen Max Emanuel zum Rückzug. Unterdessen wurde auch die französische Hauptmasse unter Villars in Süddeutschland durch den Markgrafen Ludwig Wilhelm bedroht, dem kaiserliche Truppen zu Hilfe kamen. Am 20. September 1703 konnten Villars und Max Emanuel jedoch noch einmal bei Höchstädt an der Donau einen großen Sieg erfechten. Aber die fortdauernden Reibereien führten zur Demission von Villars. Unterdessen eroberten die Franzosen Landau zurück, Max Emanuel nahm Regensburg und Passau – seine Reiter stießen weit nach Oberösterreich vor. Die kühne Konzeption des Marschalls Villars war jedoch verspielt, auch wenn die Lage des Hauses Österreich recht ungünstig erschien.

In dieser kritischen Situation entschied man sich in Wien, gestützt auf die Seemächte und auf König Peter von Portugal, Erzherzog Karl nach Spanien zu entsenden, um dort als König Karl (III.) seine Ansprüche durchzusetzen. Das Problem war allerdings, daß Österreich gar nicht in der Lage war, eine nachhaltige Unterstützung zu gewähren. Der Erfolg des Unternehmens war also völlig von der Gunst der Seemächte abhängig – keine gute Basis, um gegen den populären Rivalen Philipp V. anzukämpfen.

Im Herbst 1703 hatte der Herzog von Savoyen das französische Bündnis verlassen und sich der Großen Allianz angeschlossen – ein ungewöhnlicher Schritt, denn angesichts der prekären Lage in Süddeutschland konnten ihm die neuen Verbündeten schwerlich Hilfe bringen. Sie sahen sich vielmehr einer abermaligen französischen Offensive gegenüber, die gemeinsam mit den Bayern die Erblande bedrohte. Unterdessen hatte Prinz Eugen auf eine nachhaltige niederländisch-englische Unterstützung zur Beseitigung der französischen Gefahr in Süddeutschland gedrängt – nach längerem Zögern brach Marlborough an der Spitze einer Armee im Mai 1704 aus den Niederlanden auf. Schon am 2. Juli 1704 errang er am Schellenberg bei Donauwörth einen Sieg. Versuche, mit Bayern einen Separatfrieden zu schließen, scheiterten, und Marschall Tallard rückte nun mit seinen Kräften in Süddeutschland vor; Prinz Eugen folgte ihm mit der kaiserlichen Rheinarmee.

So kam es am 13. August 1704 zur blutigen (zweiten) Schlacht bei Höchstädt, in England nach dem nahen Dorf Blindheim gern Schlacht bei Blenham genannt. Marlborough und Prinz Eugen erfochten hier einen der glänzendsten Siege des Krieges, Tallard wurde gefangen, Max Emanuel und die Reste der französisch-bayerischen Armee flüchteten dem Rhein zu; der Kurfürst zog sich nach Brüssel auf seine spanische Statthalterwürde zurück. Ganz Bayern wurde besetzt und einer österreichischen Administrationsregierung unterstellt. Die Österreicher machten sich an die rücksichtslose Ausbeutung des Landes – jegliche Opposition im Reich gegen den Kaiser war kollabiert. Zugleich war mit dem Zusammenbruch der bayerischen Stellung ein wichtiger Rückhalt für die Opposition in Ungarn gefallen. Darüber hinaus stabilisierte der Sieg bei Höchstädt auch die Koalition mit den Seemächten.

Am 5. Mai 1705 starb Kaiser Leopold I. nach fast einem halben Jahrhundert Regierungszeit. Zäh, wenig entschlußfreudig, vielfach noch dem Denken der Gegenreformation verhaftet, hatte der Kaiser dennoch die Rückschläge des Westfälischen Friedens kompensiert und eine neue, glänzende Position des Hauses Österreich aufgebaut. Von seinem Nachfolger, dem jungen Josef I. (1705–1711), wurde viel erwartet – ein ursprünglich glänzendes Urteil wich lange Zeit herber Kritik, bis jüngst Aretin und Ingrao neuerlich eine positivere Bewertung gefunden haben. Josef I. war sehr „unhabsburgisch"; erzogen vom Konvertiten Karl Theodor Fürst Salm, hegte er eine Abneigung gegen die Jesuiten – sein Temperament war jenem des Vaters geradezu entgegengesetzt. Es fehlten allerdings nicht Züge der Vergnügungssucht: eine wilde Jagdleidenschaft, Neigung zu erotischen Abenteuern, die ihm dann jene Krankheit zuzogen, welche nach zwei überlebenden Töchtern schließlich eine männliche Nachkommenschaft aus der Ehe mit der Welfin Wilhelmine Amalie von Braunschweig verhinderte.

Mit Josef I. kam eine neue Regierungsmannschaft ans Ruder: Salm, Prinz Eugen, Wratislaw, Gundakar Starhemberg und die beiden Hofkanzler Graf Philipp Ludwig Sinzendorf und Johann Friedrich Freiherr von Seilern. Eine neue Dynamik erfaßte die Wiener Regierung, die selten so viele Talente versammelt hatte – Reformkonzeptionen spielten eine Rolle, in Zeiten des Krieges vor allem im Bereich von Finanzen und Armee. Der Kaiser vermochte allerdings erbitterte Richtungskämpfe zwischen den neuen Männern auf Dauer nicht zu verhindern. Die österreichische Regierung schlug nun einen herrischen Ton an, der getragen war vom Herrscherbewußtsein Josefs I. Dem Reichsverband präsentierte sich ein energischer Kaiser; auch gegen den mächtigen Verbündeten Brandenburg-Preußen war Josef wenig zurückhaltend. Die Reibungen wuchsen.

Gegen die geschlagenen Kurfürsten von Bayern und Köln ging Josef I., ein erbitterter Gegner der Franzosen, mit aller Härte vor. Gedrängt vom Pfälzer Kurfürsten Johann Wilhelm, seinem Oheim, verkündete Josef I. am 29. April 1706 aus eigener Machtvollkommenheit, ohne Befragung des Reichstags, die Reichsacht gegen die beiden Wittelsbacher – während Kurköln unter der Verwaltung des Domkapitels verblieb, wurde Bayern als Reichslehen eingezogen. Das Land hatte sich 1705 in einem großen Volksaufstand gegen die österreichischen Rekrutenaushebungen und gegen den Druck der oft protestantischen fremden Truppen erhoben. Die Aufständischen beriefen sich auf Kurfürst Max Emanuel und auf die Legitimität der angestammten Dynastie. Auf Dauer war man jedoch den österreichischen Truppen nicht gewachsen – der Aufstand wurde blutig niedergeschlagen; der ferne Kurfürst hatte sich auch wenig für ihn engagiert. Dem Achtprozeß folgte die „Dismembration" Bayerns; die Oberpfalz und die fünfte Kur, die die Kurpfalz 1623 verloren hatte, kam wieder an Kurfürst Johann Wilhelm; Teile Bayerns wurden an Parteigänger des Kaisers, an Wiener Höflinge, überlassen, die wie ein Kranz das reduzierte Territorium umschlossen – offenbar wollte Josef auch hier nach schwäbischem Muster eine kaiserliche Klientel begründen. Die Reichsstadt Donauwörth wurde wiederhergestellt, auch andere kaiserfreundliche Nachbarn erhielten bayerische Gebiete – gegen den Einzug Bayerns selbst durch den Kaiser erhob sich Protest; es geriet zur Dispositionsmasse für den künftigen Friedensschluß.

Der Krieg begünstigte die herrische Reichspolitik Josefs I. Es fragt sich, wie weit er sie hätte durchhalten können. Als er 1706/7 die Wahl des Paderborner Bischofs Franz Arnold von Wolff-Metternich zur Gracht in Münster durch seinen Einspruch zu verhindern suchte, stieß er auf heftigen Widerstand: des Papstes, aber auch seiner Verbündeten Preußen und Holland. Josef I. hat im Reich seine kaiserliche Autorität stark betont – allerdings sollte der Schwerpunkt seiner Aktionen nicht in Deutschland liegen, sondern in Italien, eine Priorität, die sich bereits unter Leopold I. abgezeichnet hatte. Hier ging Josef I. besonders rücksichtslos vor; seinen italienischen Plänen opferte er auch die Ansprüche des Bruders Karl.

Karl (III.) hatte in Spanien vor allem in Katalonien Fuß gefaßt, indem er die ständische Opposition gegen das kastilianische Zentrum ausnützte. Auch wenn der Erzherzog im Juni 1706 in Madrid einziehen konnte, so blieb dies doch nur ein temporärer Erfolg. Karl war auf die Seemächte angewiesen, denn erst 1708 schickte der kaiserliche Bruder ein Hilfscorps unter Führung des tüchtigen Feldmarschall-Leutnants Guido von Starhemberg, das Karl (III.) im September 1710 noch einmal nach Madrid führte. Die starke Abhängigkeit des habsburgischen Prätendenten von den Seemächten gab diesen natürlich bei allen Friedensprojekten eine freiere Hand.

Die Verbündeten hatten 1705 nicht an die Erfolge des Vorjahres anknüpfen können. Marlborough schob die Mißerfolge in Frankreich der zögernden Strategie seines Mitfeldherrn, des alternden Markgrafen Ludwig Wilhelm von Baden-Baden, in die Schuhe, mit dem ihn eine tiefe Feindschaft verband. Aber auch die weiteren Feldzüge Prinz Eugens in Oberitalien blieben ohne Erfolg – die Verbündeten wurden allerdings seit 1702 durch den Protestantenaufstand in den französischen Cevennen entlastet. Eugen und Marlborough erreichten die entschiedene Unterstützung Josefs I., aber erneut scheiterte eine von Marlborough geplante Invasion Frankreichs an der Reserve der Generalstaaten und am Widerstand Ludwig Wilhelms von

Baden, der von den Marschällen Villars und Marsin auf das rechte Rheinufer zurückgetrieben wurde (Mai 1706), was erneut Tod und Verderben für den Oberrheinischen und den Schwäbischen Reichskreis brachte. Im Oktober 1706 zog sich der Markgraf vom Oberbefehl zurück; er starb bereits am 4. Januar 1707.

Am 23. Mai 1706 gelang Marlborough in den Niederlanden gegen den Marschall Villeroy und Kurfürst Max Emanuel der Sieg bei Ramilliés, der die Franzosen eine Armee und den Großteil der Spanischen Niederlande kostete – Marlborough zog im Triumph in Brüssel ein und ließ die Stadt Karl (III.) von Spanien huldigen. Daraus erwuchs später der Erwerb der Spanischen Niederlande durch Österreich. Französische Versuche, nun zu einem Kompromiß zu gelangen, stießen auf den Siegeswillen der Alliierten, der durch den beherrschenden Einfluß Marlboroughs auf Königin Anna und auf die Whig-Regierung gesichert war und der immer noch die Niederländer beseelte.

Daß Prinz Eugen erneut den Oberbefehl übernahm, wendete wieder die militärische und politische Lage in Italien. Der Prinz eröffnete seinen Siegeszug mit einem glänzenden Täuschungsmanöver und drang unter der glühenden italienischen Sonne gegen das belagerte Turin vor – die Entlastung des bedrängten Herzogs von Savoyen, seines Vetters, war eine politische Notwendigkeit. Mit der Schlacht bei Turin am 7. September 1706 vermehrte Prinz Eugen die Zahl seiner glänzenden Siege. Dieser bedeutete nicht nur die Rückführung des regierenden Herzogs nach Turin, sondern auch die Kontrolle Italiens. Durch den Rückzug der französischen Hauptarmee konnten sich auch die Garnisonen in Oberitalien nicht mehr halten; die Lombardei geriet unter kaiserliche Kontrolle. Angesichts seiner bedrängten Lage gab Ludwig XIV. Oberitalien preis. Am 13. März 1707 wurde in Mailand der Kapitulationsvertrag unterzeichnet, durch den alle französischen Truppen hinter die eigene Grenze zurückgingen.

Der Sieg in Italien ließ nun allerdings die Zielkonflikte zwischen der Politik des Kaisers und jener der Seemächte voll hervortreten. Die Abtretung der spanischen Rechte in Italien an Josef I. durch Karl (III.) war zwar insgeheim erfolgt, aber das ungestüme Vorwärtsdrängen des Kaisers auf der Appeninenhalbinsel belastete die spanischen Ambitionen des Bruders schwer. Hinzu kam ein Streit um die Kriegführung mit den Seemächten. Marlborough plante einen Vorstoß gegen Südfrankreich, um die französische Unterstützung Philipps V. von Spanien zu unterbinden. Die Einnahme des Kriegshafens Toulon sollte die Basis der französischen Kriegsmarine zerstören, was natürlich den Seemächten entgegenkam, womöglich den Briten eine Position im Mittelmeer eingeräumt hätte. Das Projekt scheiterte, obgleich Prinz Eugen selbst das Kommando zu Lande innehatte, vor allem darum, weil der Kaiser nicht alle Kräfte auf Toulon konzentrierte, sondern den Feldmarschall Wirich Graf Daun, den Verteidiger von Turin, mit der Eroberung Neapels beauftragte. Dort hatte es seit

1701 eine starke österreichische Partei und fortgesetzte Revolten gegeben – Frankreich war außerstande, in Neapel der wankenden Herrschaft Philipps V. zu Hilfe zu kommen, die dann wie ein Kartenhaus zusammenbrach.

Aber auch die alten Reichslehensrechte in Italien wurden von Josef I. aktiviert. Über sie hatten sich verschiedene Landeshoheiten gelegt, aber sie waren im Grunde nie aufgegeben worden; an ihrer verstärkten Betonung durch den Kaiserhof hatte sich seit den Tagen Ferdinands II. die wachsende Schwäche der spanischen Habsburger ablesen lassen. 1708 erging, nach dem Muster des Vorgehens gegen die beiden bayerischen Wittelsbacher, gegen den Herzog von Mantua und gegen den Fürsten von Mirandola die Reichsacht, weil sie Frankreich unterstützt hatten – angesichts der gespaltenen Loyalität im Gefolge des spanischen Doppelkönigtums ein überaus hartes Urteil. Mit seiner Aktivierung der Reichsrechte, die er offenkundig auch in Deutschland praktizierte, rückte Josef I. in die unerwartete Nähe der französischen Reunionsverfahren.

Damit aber mußte Josef mit dem Papst zusammenstoßen – Clemens XI. hatte mit Frankreich sympathisiert, so daß eine gereizte Atmosphäre entstand, die in die Reichskirche zurückwirkte. Mit seiner Reichslehenspolitik forderte Josef I. das traditionelle Gefüge des Kirchenstaats heraus – der Papst wußte, wie Aretin gezeigt hat, am besten, wie gefährlich diese Ansprüche waren: Sie hätten den Kirchenstaat gesprengt. Überdies belegte Josef I. päpstliche Territorien und Lehensgebiete mit Winterquartieren und Kontributionsforderungen; daß protestantische Soldaten dort ihre Gottesdienste abhielten, provozierte den Heiligen Vater besonders. So erklärte Clemens XI. die Kontributionen für nichtig und drohte mit dem Kirchenbann. Josef I. aber war nicht der Mann, der sich dadurch schrecken ließ.

Demgegenüber verweigerte der Papst als Lehensherr die Anerkennung Karls (III.) als König von Neapel; der kaiserliche Oberbefehlshaber Daun verwies den Nuntius des Landes und sperrte die päpstlichen Einkünfte. Die päpstlichen Rechtstitel auf die Legation Ferrara wurden bedroht – im Mai 1708 besetzten kaiserliche Truppen das päpstliche Commacchio als altes Reichslehen. Die vom Papst aufgebotene Armee war der kaiserlichen in keiner Weise gewachsen – die preußischen Kontingente ergriffen auf Weisung ihres Königs eine Art „Privatrepressalien“, wegen der Nichtanerkennung der preußischen Königswürde durch den Papst. Im Herbst 1708 kam es zu einem formalen Kriegszustand, der aber gekennzeichnet war durch den steten Rückzug der päpstlichen Truppen. Am 15. Juni 1709 folgte der Friedensvertrag mit dem Kaiser, der die Räumung des Kirchenstaats beinhaltete.

Dieser letzte militärische Konflikt zwischen Papst und Kaiser ging aus wie das Hornberger Schießen – ein unnötiges Kräftemessen, das dem Kaiser Probleme in der Reichskirche bescherte und den Papst keineswegs ernstlich traf. Auch die Seemächte waren über diese Verzettelung der

Kräfte verärgert, zumal der Kaiser den Vorstoß gegen Toulon nicht mit voller Macht unterstützt hatte und auch die Hilfen für Karl (III.) von Spanien zu wünschen übrig ließen. Die etwas abenteuerliche Italienpolitik Josefs I. zeigte aber nicht nur seine Neigung zu harten Aktionen, sondern auch die klare Priorität der erbländischen Großmachtpolitik vor der Solidarität der Dynastie.

Josef I. hatte allerdings auch noch die elementare Gefährdung der Erblande zu bewältigen, die im ungarischen Aufstand des Franz Rákoczi lag. Diese letzte Erhebung, die breiten Widerhall im Lande gefunden hatte, band in hohem Maße österreichische Truppen – so war Frankreich nicht umsonst bemüht, die Opposition Rákoczis weiter zu stützen, so wenig es ihm wirklich helfen konnte. Im Juni 1707 wurde auf dem Konföderationslandtag in Onod – wie bei dem Böhmischen Aufstand war die Konföderation ostmitteleuropäischen Vorbildern nachgebildet worden – Josef I. für abgesetzt erklärt. Man dachte an Kurfürst Max Emanuel als König, während Rákoczi der Fürst eines abermals unabhängigen Siebenbürgen werden sollte. Auf Dauer konnte sich der Fürst jedoch nicht gegen die kaiserliche Militärmacht behaupten. Dieser letzte Kuruzzenkrieg endete damit, daß sich die Gemäßigten unter dem General Graf Alexander Karolyi 1711 zum Kompromißfrieden von Szátmar bereitfanden, der formal alle Teile der ungarischen Freiheiten bestätigte. Rákoczi, der sich nicht beugen wollte, mußte wie sein Stiefvater Emmerich Thököly ins osmanische Exil gehen, wo er 1735 starb. Josef I., dessen flexiblere Haltung den Kompromiß erst ermöglicht hatte, hat die Befriedung Ungarns nicht mehr erlebt. Für das Stephansreich bedeutete diese zwar den Erhalt der ständischen Institutionen, aber durch die Einwirkung der kaiserlichen Bürokratie doch die Einleitung eines langfristig sehr erfolgreichen Katholisierungsprozesses.

Noch gefährlicher als die ungarischen Probleme aber war die drohende Verbindung des Nordischen Krieges mit den westeuropäischen Konflikten. Sie hätte Josef I. in ein unheilvolles Dilemma getrieben und ihn für die westeuropäischen Auseinandersetzungen manövrierunfähig gemacht. Durch die Herrschaft des Kurfürsten von Sachsen in Polen ebenso wie durch die dänischen und schwedischen Besitzungen im Reich und die brandenburg-preußischen Interessen an der Ostsee drohte der Reichsverband in den Nordischen Krieg gerissen zu werden. August von Sachsen-Polen besaß zwar eine gewisse Unterstützung durch sein Bündnis mit dem Zaren, aber für ihn war bedrohlich, daß sich Karl XII. von Schweden ganz auf ihn konzentrierte. Im Frieden von Altranstädt vom 24. September 1706 hatte August der polnischen Krone entsagen und die Auslieferung Reinhard von Patkuls, der vom Wortführer des livländischen Adels zur Seele der antischwedischen Allianzpolitik geworden war, sich aber nacheinander mit dem Sachsenkönig und dem Zaren überworfen hatte, an Karl XII. zugestehen müssen. Inzwischen in den Diensten des Zaren, hatte sich Patkul am Dresdener Hof eine starke Gegnerschaft zugezogen – nach seiner Auslieferung wurde er am 11. Oktober 1707 wegen Verrats und Majestätsverbrechen qualvoll hingerichtet.

August aber lavierte in der Frage der Ratifikation des Friedens – bis er ihn in persönlicher Konfrontation mit dem rabiaten Schwedenkönig ratifizieren mußte, ohne wirklich bereit zu sein, die Bedingungen zu erfüllen. Dafür blieb Karl XII. über ein Jahr mit seinen Truppen in Sachsen, also auf Reichsboden, und saugte das Land erbarmungslos aus. Dies war ein eindeutiger Bruch des Reichsrechts, aber einen weiteren Reichskrieg – diesmal gegen Schweden – vermochte man nicht durchzustehen. Zwar protestierte der Reichstag, in der Praxis behandelte man Karl XII. jedoch weiterhin wie einen einflußreichen Reichsstand.

Karl XII. war auch durch erbländisches Gebiet, durch Schlesien, marschiert, ohne den Kaiser zu fragen. Zwar unterstützte Wien weiterhin August von Sachsen gegen Stanislaus Lesczynski, aber die Aussicht, daß der Schwede sich mit den aufständischen Ungarn verband oder in die Erblande vordrang, war angesichts der Anspannung aller Kräfte in einem westeuropäischen Krieg nicht gerade beglückend. In der Ferne drohte sogar, wie in Zeiten des Dreißigjährigen Krieges, eine französisch-schwedische Koalition. Andererseits bot Zar Peter der Große ein Bündnis an – aber der Wiener Hof war klug genug, jedes Risiko zu vermeiden, daß die beiden Kriege zu einem zusammenwuchsen. Das gleiche Interesse hatten auch die Seemächte. So eilte kein Geringerer als Marlborough nach Altranstädt – er brachte von dort die beruhigende Nachricht mit, daß Karl XII. als guter Protestant nicht vorhatte, die englisch-niederländische Politik zu stören.

Aber der Kaiser mußte doch einen Preis bezahlen und die Religionsbeschwerden der schlesischen Protestanten abstellen; die schwedische Einmischung in die inneren Konfessionsangelegenheiten der Erblande überschritt die Bestimmungen des Westfälischen Friedens. Der kaiserliche Unterhändler Wratislaw drängte auf Nachgeben, weil ein schwedischer Vorstoß gegen die kaiserlichen Erblande ungeahnte Konsequenzen für den Krieg im Westen haben würde. Im Altranstädter Vertrag vom 1. September 1707 gestand Josef I. die Einsetzung der schlesischen Protestanten in ihre Rechte aus dem Westfälischen Frieden und die Errichtung eigener Konsistorien zu. In allen Reichskriegen sollten die schwedischen Territorien von Truppenstellungen befreit sein. Der Kaiser war zweifellos gedemütigt, der Papst erbittert. Vor allem aber war August der Starke desavouiert. Ihn rettete jedoch das Vordringen Zar Peters des Großen bis zur Weichsel, der damals dem Prinzen Eugen vergebens die polnische Königskrone anbot. Die Schlacht bei Poltawa (27. Juli 1709) – Karl XII. war in die Ukraine vorgestoßen – führte zum endgültigen Zusammenbruch der schwedischen Großmachtstellung. Damit war die Gefahr zunächst gebannt, daß beide Kriege sich überlagerten und vermengten.

Nach dem kaiserlichen Triumph in Italien hatte sich im Westen der

Schwerpunkt der Ereignisse in die Niederlande verlegt. Die Reichsarmee operierte unglücklich am Oberrhein, aber als sich Prinz Eugen wieder mit Marlborough vereinigte, erfochten beide einen neuerlichen glänzenden Sieg bei Oudenarde (11. Juli 1708); im Spätherbst kapitulierten Stadt und Festung Lille. Ludwig XIV. sah sich zu Friedensbemühungen im Haag gedrängt (bis zum Mai 1709).

Nun galt es für die Verbündeten, ihre Kriegsziele auf den Tisch zu legen. Die Niederlande wollten einen günstigen Handelsvertrag und eine Barriere, d.h. die Besetzung der belgischen Festungen durch niederländische Truppen, England die Anerkennung der protestantischen Thronfolge und die Ausweisung der Stuarts aus Frankreich, der Kaiser aber forderte die gesamte spanische Monarchie. Das Reich, vertreten durch den Kurfürsten von Mainz und die Nördlinger Assoziation, begehrte ebenfalls eine Barriere, am liebsten auch den Erwerb Straßburgs und des übrigen Elsaß sowie von Metz, Toul und Verdun. Friedrich I. von Preußen, der bereits mit Hilfe der dortigen Landstände das Fürstentum Neuenburg am Schweizer Jura erworben hatte, wollte noch möglichst viel vom oranischen Besitz. Ludwig XIV. kam weit entgegen und bot den Verzicht auf das spanische Reich gegen die Überlassung von Neapel und Sizilien an seinen Enkel Philipp V. – die Verbündeten drängten den Kaiser im Hinblick auf das Elsaß zur Mäßigung, zum Einschwenken auf den Stand des Westfälischen Friedens. Ludwig XIV. hatte zugesichert, Philipp V. zur Auslieferung Spaniens zu bewegen – dagegen forderten die Verbündeten, daß der französische König sich an ihren Aktionen beteiligen sollte, wenn diese Auslieferung nach zwei Monaten noch nicht erfolgt sei. Diese Forderung, nach den Erfahrungen mit dem französischen König nicht ganz unverständlich, war jedoch für diesen unannehmbar – der Gesandte Ludwigs XIV. brach die Verhandlungen ab.

In der Härte der Forderungen hatte sich die Überzeugung der Verbündeten gespiegelt, daß der französische König am Ende seiner Möglichkeiten sei. Eine jahrzehntelange Überanstrengung, Preis der Großmachtpolitik, zeigte sich in der Tat – aber Frankreich war noch stark genug, seine Kräfte zusammenzufassen. Die Verbündeten planten einen kombinierten Angriff aus Savoyen gegen Südfrankreich und vom Oberrhein gegen die Franche Comté, aber der Herzog von Savoyen war über die aggressive Italienpolitik Österreichs verärgert. Die Offensive am Oberrhein scheiterte. Ludwigs XIV. fähigster Feldherr Villars versuchte in den Niederlanden eine Entscheidungsschlacht gegen Prinz Eugen und Marlborough, die bei Malplaquet (11. September 1709) das Schlachtfeld behaupteten. Doch ihre Verluste übertrafen diejenigen der Franzosen bei weitem – diese konnten ihre Armee retten, so daß Malplaquet eher ein militärisches Patt offenbarte. Allerdings standen den Verbündeten die weitaus größeren Reserven zur Verfügung; es war deutlich, daß Frankreich die Anstrengungen des Krieges auf Dauer nicht würde durchhalten können. Malplaquet gewann also dadurch seine große Bedeutung, daß das Ergebnis der Schlacht den Kriegführenden signalisierte, erneut einen Verhandlungsfrieden zu versuchen.

Schon die Gespräche im Haag 1709 hatten die Diskrepanzen zwischen den offensiven Forderungen des Kaisers und den eher defensiven Zielen der Seemächte offengelegt. So versuchte Ludwig XIV. erneut vergebens, die Koalition in Separatverhandlungen zu trennen, wobei er in alter Tradition auch Preußen abzusprengen trachtete. König Friedrich I. war enttäuscht über seine mindere Rolle in der Allianz und über das Stagnieren seiner Hoffnungen auf das oranische Erbe. Die Gesamtverhandlungen, die von März bis Juni 1710 in Gertruydenberg geführt wurden, erhielten eine größere Bedeutung als die Einzelvorstöße des französischen Königs. Ludwig XIV. bestand immer wieder auf einer umfangreichen Entschädigung für seinen Enkel Philipp, falls dieser auf die spanische Monarchie verzichten müßte – dazu aber waren die Habsburger nicht bereit. Ein weiteres Problem war die große Popularität Philipps V. in Spanien, die eine Vertreibung nur als Gewaltaktion denkbar erscheinen ließ. Erneut scheiterten die Verhandlungen an der Forderung, daß Ludwig XIV. den eigenen Enkel mit Gewalt aus Spanien verjagen sollte.

1710 schien sich für Josef I. die Fortsetzung des Krieges zu lohnen – die Waagschale neigte sich immer mehr den Alliierten zu. In Spanien drang Graf Guido Starhemberg erneut bis Madrid vor, Rákoczi stand vor dem Scheitern. Aber der neuerliche Rückzug der habsburgischen Truppen in Spanien folgte bald, und am 17. April 1711 starb der einunddreißigjährige Josef I. an den Pocken. Da der Kaiser keine männlichen Nachkommen besaß, veränderte das Ereignis die europäische Szene schlagartig. Der einzige Erbe des habsburgischen Besitzes war nun Karl (III.) von Spanien; dies aber bedeutete eine entscheidende Veränderung für die Große Allianz. Sie war im Sinne des europäischen Gleichgewichts angetreten, und nun drohte das Reich Karls V. neu zu erstehen.

Der spanische Prätendent, bestärkt durch seine Umgebung, hatte sich mit seiner iberischen Krone identifiziert und wollte das Land behaupten, auch im Sinne jener, die sich für ihn geschlagen hatten. Aber die Absicherung der Erblande, die durch eine längere Abwesenheit des Herrschers leicht in einen Zustand der Instabilität geraten konnten, erforderte doch die Rückkehr Karls – er konnte nicht die Basis habsburgischer Macht preisgeben zugunsten vager Aussichten auf der iberischen Halbinsel. Am 27. September 1711 verließ er Spanien und kehrte über Genua auf immer in seine Erblande zurück, ohne daß ihm die Endgültigkeit dieses Schrittes hinreichend klar war. Seine schöne und energische Frau Elisabeth Christine verteidigte als „Gobernadora general" die Restposition in Barcelona – später sollte der Gemahl ihren hohen politischen Fähigkeiten offensichtlich mißtrauen und sie von allen Staatsgeschäften fernhalten.

Die plötzliche Thronvakanz löste bei allen kaiserlichen Parteigängern im Reich eine schwere Erschütterung aus – die imperiale Politik Josefs I. hatte sie sichtlich beflügelt. Für viele andere Glieder des Reiches ging aber auch eine Zeit deutlicher Anspannung zu Ende. Die in Angriff genommene Visitation und Reorganisation des Reichskammergerichts in Wetzlar stagnierte; es kam sogar zu einem Überfall des Herzogs Wilhelm Ernst von Sachsen-Weimar auf den Grafen von Schwarzburg-Arnstadt, den sich der Kleinfürst angesichts der Thronvakanz leisten zu können glaubte. Die Stellung Josefs I. im Reich hatte den Höhepunkt der wiedererstarkenden kaiserlichen Macht nach 1648 dargestellt – der Krieg hatte entscheidend dazu beigetragen, daß Josef eine solche Rolle spielen und die Opponenten ausschalten konnte. Es waren die Rückendeckung der Seemächte, die Einbindung Brandenburg-Preußens, die Vertreibung Frankreichs aus dem Reich, die Josef I. seine unangefochtene Machtstellung ermöglicht hatten. Um so entscheidender wurde nun die Frage der neuen Kaiserwahl.

Die Konstellation blieb jedoch günstig für das Erzhaus. Der Kurfürst von Mainz, Lothar Franz von Schönborn, hatte zwar erhebliche Spannungen mit Josef I. gehabt, wegen der zu geringen Rolle der Nördlinger Assoziation und der Enttäuschung über die fehlende Barrierepolitik am Oberrhein, gleichwohl konnte das Haus Österreich nach wie vor auf seine Unterstützung zählen. Das gleiche galt für die Kurpfalz und für Kurhannover; Kurbayern und Kurköln waren durch die Reichsacht ausgeschaltet; auch auf Friedrich I. von Preußen konnte sich die Hofburg verlassen. Allein August von Sachsen-Polen dachte zeitweilig an seine eigene Kandidatur oder an die seines Sohnes, darin offenbar von Frankreich ermutigt. Kaiser Karl VI. wurde jedoch ohne Schwierigkeiten gewählt – der Welt war bewußt, daß er der letzte noch lebende Habsburger war.

Die Seemächte hatten die Wahl nicht ohne Hintergedanken unterstützt, denn sie wies einen Ausweg aus der diplomatisch-militärischen Pattsituation. Eine Doppelherrschaft Karls VI. in den Erblanden und im Reich einerseits, in Spanien andererseits war für sie undenkbar. Maximalforderungen und Expansionspolitik Josefs I. hatten in den Kanzleien in London und im Haag bereits Bedenken erregt. Das Vertrauensverhältnis zwischen der Königin Anna und Marlborough hatte gelitten; im Sommer 1710 stürzte der Schatzkanzler Godolphin, Exponent der Kriegspolitik; danach zogen die Tories mit Mehrheit ins Unterhaus und infolge dessen Bolingbroke und Harley auch ins Ministerium ein – auch hier schlug die langdauernde Anspannung des Landes in einen entschiedenen Friedenswillen um. Das Toryministerium trat in Friedensverhandlungen mit Frankreich ein; im Oktober 1711 war man sich über die Präliminarien einig. Frankreich entsprach den britischen Forderungen; in Utrecht sollte der Friedenskongreß stattfinden.

Nicht nur der Wiener Hof, sondern auch die Niederländer sahen sich düpiert. Sie hatten sich 1709 in einem „Barrierevertrag" von England die Sicherung eines Festungsgürtels in Belgien durch niederländische Besatzungen zusagen lassen. Aber die Niederländer waren der schwächere

Partner – im November 1711 stimmten sie der Beschickung des Friedenskongresses auf der Basis der Vereinbarungen zwischen England und Frankreich zu, in der Hoffnung, bei England noch etwas herausholen zu können. Zu Wien waren die Spannungen noch stärker; Königin Anna von England erzwang sogar die Abberufung des kaiserlichen Gesandten Graf Gallas. Daraufhin entsandte die Hofburg im Januar 1712 den Prinzen Eugen nach London, der mit dem Glanze des militärischen Ruhmes die gemeinsame Sache retten sollte. Aber er konnte gerade die Nachricht vom Sturz Marlboroughs entgegennehmen – auch der Kurfürst von Hannover als Thronfolger vermochte das Blatt nicht zu wenden.

Der Tod Josefs I. hatte die unterschiedlichen Überlegungen des Kaisers einerseits und der Seemächte andererseits noch deutlicher hervortreten lassen. In London begriff man aber, daß eine Entschädigung Karls VI. im Bereich des Möglichen lag – und die Erneuerung einer österreichisch-spanischen Union unter Einbeziehung des römisch-deutschen Kaisertums wollte man um keinen Preis. Sie wäre auch eine ständige Herausforderung des europäischen Friedens geworden. Als Ludwig XIV. gegenüber London garantierte, daß Frankreich und Spanien nicht vereinigt werden sollten, schloß man einen zweimonatigen Waffenstillstand ab, von dem bezeichnenderweise Villars vier Tage vor Prinz Eugen erfuhr. Die deutschen Hilfstruppen verweigerten sich jedoch dem britischen Kommando und hielten zum Prinzen Eugen. Dennoch gewann Villars in den Niederlanden ein Übergewicht und konnte langsam vorrücken. Die Große Allianz war zerbrochen; dies stärkte die französische Verhandlungsposition in Utrecht.

Die britische Taktik brachte ein neues Element in die Verhandlungen – die dezidierte Durchsetzung von Handelsinteressen, die sich im Zeichen des Merkantilismus schon abgezeichnet hatte. Immer offenkundiger wurde, daß die Seemächte ihren Rückzug aus dem Konflikt einleiteten und so eine Art Schiedsrichterrolle gegenüber dem Kaiser gewannen. Damit geriet Karl VI. in eine schwierige Lage, seine erbländischen Interessen zu verfechten, neben denen die Reichsinteressen erneut an Bedeutung verloren, denn es war unschwer vorauszusehen, welche Prioritäten dieser Kaiser setzen würde. Die Nördlinger Assoziation konnte hier kein Gegengewicht bilden, obgleich sie 1707 in Heilbronn erneuert worden war und im Kurfürsten Lothar Franz von Mainz einen starken Fürsprecher besaß. Sie trat auf dem Utrechter Friedenskongreß selbständig auf und forderte analog der niederländischen erneut eine „Reichsbarriere" am Oberrhein.

Das Zusammenspiel Ludwigs XIV. und der Londoner Toryregierung bestimmte den Kongreß im Sinne der Gleichgewichtspolitik. Angesichts der Nachfolge Karls VI. in den Erblanden und im Reich fiel es leicht, ihn von der spanischen Erbfolge auszuschließen – während man Philipp V. die Bedingung auferlegte, daß sich Frankreich niemals mit Spanien vereinigen sollte. Im März 1713 mußte Karl VI. Spanien aufgeben; Elisabeth Christine und Graf Guido Starhemberg hatten Katalonien zu räumen. Zäh wurde um eine Entschädigung des Wittelsbachers Max Emanuel gerungen – hier stand für Ludwig XIV. seine künftige Bündnisfähigkeit mit den deutschen Reichsständen im Feuer; vor allem die Spanischen Niederlande wurden als Kompensation diskutiert, die schon 1712 von Philipp V. abgeschrieben worden waren. Max Emanuel, dessen Ehrgeiz auf die Königswürde ausgerichtet war, führte sogar Geheimverhandlungen mit dem Wiener Hof, um einen Tausch Bayerns gegen die Niederlande oder auch gegen Sizilien zu erörtern – was aber Frankreich mißfiel, das die Konsequenz einer solchen Entscheidung für seine Einflußmöglichkeiten in Süddeutschland erkannte. In Utrecht sagte man Max Emanuel noch Sardinien zu.

Am 11. April 1713 wurde der Utrechter Friede abgeschlossen. Frankreich hatte sich behauptet, blieb die stärkste Macht des Kontinents, behielt die Gewinne der früheren Kriege, und Philipp V. bekam Spanien zugesprochen. Aber der Krieg hatte doch Frankreichs hegemoniale Position gebrochen, so daß das europäische Gleichgewicht fortan zu einer bestimmenden Größe auch der deutschen Politik wurde. England hatte gegen vorteilhafte Handelsverträge auf koloniale Gewinne in Amerika verzichtet, jedoch ein Übergewicht zur See errungen, das es im 18. Jahrhundert noch ausbauen sollte. Die Niederlande, die ihre Barriere bekamen, waren im Verlauf des Krieges eindeutig auf den zweiten Platz unter den Seemächten verwiesen worden. Ihre große Zeit ging zu Ende, so wichtig sie als Handelsmacht blieben. Englischem Interesse entsprach es auch, durch die Zuweisung Sardiniens an Bayern und Siziliens an Savoyen mindermächtige Herren zu Beherrschern dieser Inseln zu machen, da sie von der britischen Flotte abhängig sein mußten.

Der preußische König mußte erfahren, daß er nicht viel mehr als eine „Auxiliarmacht" war; so griff er zur Selbsthilfe, zwang 1712 Mörs zur Huldigung und die niederländische Garnison zum Abzug. Gegen Verzicht auf andere Teile der oranischen Erbschaft wurde Preußen mit dem Oberquartier Geldern entschädigt. Erst 1732 wurde das Problem der oranischen Erbschaft durch einen endgültigen Vergleich bereinigt.

Karl VI. stimmte dem Frieden nicht zu; das Reich folgte ihm und beschloß die Fortsetzung des Reichskrieges. Hier zeigte sich eine neue Einschätzung des geschwächten Frankreich. Dieses suchte jedoch den Kaiser ultimativ unter Druck zu setzen durch Forderung auf eine Einschränkung seiner italienischen Position, nicht zuletzt zugunsten Max Emanuels von Bayern. Im Mai 1713 marschierte Prinz Eugen, der vor der Fortsetzung des Krieges gewarnt hatte, am Oberrhein auf, doch die Truppen der armierten Reichsstände trafen nur zögernd ein, zumal aus Nordwestdeutschland, das im Zeichen der Krise des Nordischen Krieges stand. Eine allgemeine Kriegsmüdigkeit breitete sich aus – Prinz Eugen mußte Truppen von Reichsständen anwerben, aber auch in Wien machte sich eine deutliche finanzielle Erschöpfung bemerkbar. Landau und Freiburg fielen trotz tapferer Gegenwehr in französische Hände, Prinz Eugen konnte einen französischen Vorstoß nach Süddeutschland abwehren.

Ein Patt, verbunden mit der allgemeinen Erschöpfung, trat zutage – nun endlich trafen sich in Rastatt die Feldherren Eugen von Savoyen und Villars zu Friedensverhandlungen. Der Friede von Rastatt wurde nach langen Diskussionen am 6. März 1714 unterzeichnet und bestätigte im wesentlichen den Frieden von Utrecht. Korrekturen zugunsten des Hauses Österreich zeigten jedoch, daß es den Feldzug von 1713 nicht umsonst geführt hatte. Dabei kam die klare Priorität für italienische Gewinne, auf die schon Leopold I. und Josef I. gesetzt hatten, voll zum Tragen. Karl VI. behauptete die bereits okkupierten Mailand und Mantua sowie ehemals spanische Häfen in der Toskana, dazu erhielt er die Spanischen Niederlande, die Insel Sardinien, auf die Bayern Verzicht leisten mußte. Frankreich stimmte ausdrücklich zu, daß es sich einem bayerischen Tauschprojekt nicht widersetzen würde. Damit hatte Österreich auf der Apenninenhalbinsel nicht nur Fuß gefaßt, sondern es war dort auch in der Nachfolge Spaniens zur Vormacht geworden – die niederländische Position eröffnete Handelsvorteile und reiche Einkünfte, verstärkte den kaiserlichen Einfluß in Nordwestdeutschland, verstrickte das Reichsoberhaupt allerdings auch in das nordwesteuropäische Konfliktfeld Frankreich-Großbritannien-Niederlande. Es war die Frage, ob die Monarchie eine solche Anspannung durchstehen konnte. Die Option auf Bayern verhieß Hegemonie in Süddeutschland und lag den engeren erbländischen Interessen näher.

Ludwig XIV. erhielt Landau. Max Emanuel von Bayern, der Sardinien hatte preisgeben müssen, wurde durch die Rückgabe der Oberpfalz entschädigt. Kurfürst Johann Wilhelm von der Pfalz, bis zuletzt ein getreuer Verbündeter des Kaisers, mußte auf die Oberpfalz verzichten und hoffte lange vergebens auf eine Entschädigung durch Arrondierung seiner niederrheinischen Gebiete durch österreichischen Besitz in den ehemals Spanischen Niederlanden. In Rastatt aber hatte der Kaiser ohne das Reich abgeschlossen – ein Vorgang, der abermals das Auseinandertreten der Interessen signalisierte. Das bedeutete, daß von den Barriere- und Restitutionswünschen der Vorderen Reichskreise nichts übrig blieb. Der Friede von Baden in der Schweiz mit dem Reich (7. September 1714) wurde erneut von Eugen und Villars ausgehandelt und bestätigte im wesentlichen den Rastatter – er ließ also abermals die Priorität der erbländischen vor den Reichsinteressen klar hervortreten und sollte somit auch dazu beitragen, das kaiserliche Prestige im Reich zu schwächen. Der Reichstag bestätigte im Oktober den Frieden, obgleich die protestantischen Stände erhebliche Bedenken wegen der fortlebenden Rijswijker Klausel trugen. Die Frage der „dismembrierten" Teile Bayerns wurde dem Kaiser überlassen – der aber konnte nach dem der Kurpfalz zugemuteten Opfer nicht umhin, auch diese Lande zurückzugeben.

Damit aber näherten sich der Rastatter und der Badener Friede wieder dem zentralen Anliegen des Westfälischen: dem Festhalten am Status quo im Reich. So erzielte das Haus Österreich fast notwendigerweise seine größten Bodengewinne außerhalb desselben – in Italien und in den Spanischen Niederlanden. Es wuchs auch immer mehr aus dem Reichsverband heraus – nun wurde der alte Dualismus Erblande-Reich überhöht durch die werdende Großmachtstellung des Hauses Österreich, zu der auch der Besitz Gesamtungarns gehörte. Die Preisgabe der Reichsinteressen schwächte die Position Österreichs allerdings ebenso wie die Problematik der Sukzession, da weder Josef I. noch Karl VI. männliche Erben hatten. Für Europa sollte sich also bald nach dem spanischen auch das österreichische Erbfolgeproblem stellen. Dieses begann zunehmend die diplomatischen Möglichkeiten des Erzhauses zu belasten. Im Reich dagegen blieb alles beim alten.

Nur Preußen hatte nennenswerte Geländegewinne erzielt, zumal es von den Veränderungen im Ostseeraum profitierte. Nach Altranstädt und Poltawa hatte immer wieder die Gefahr gedroht, daß der Nordische Krieg auf das Reich übersprang. Während Karl XII. von Schweden im türkischen Exil weilte, brach die schwedische Position um die Ostsee und im Reich zusammen. Der Zar eroberte Schwedens Ostseeprovinzen; russische Truppen drangen im Verein mit Dänen und Sachsen in Mecklenburg und Vorpommern ein; Dänemark bedrohte die schwedischen Herzogtümer Bremen und Verden. Im Gefolge der Kampfhandlungen erschienen 1713 die Russen in Holstein. Als Russen und Sachsen Stettin eroberten, war das für Preußen ein höchstes Alarmzeichen – der neue König Friedrich Wilhelm I. verständigte sich schleunigst mit dem Zaren; gegen die Unterstützung russischer Erwerbungen an der östlichen Ostsee ließ er sich Pommern bis zur Peene zusichern.

Furchterregend begann sich der Schatten Rußlands über den Norden des Reiches zu legen. Vergebens suchte der Kaiser, die Gefahr durch einen Friedenskongreß in Braunschweig zu neutralisieren und zugleich die neue Größe an der Ostsee in ein Balancesystem einzubinden. Er sah, daß neben Rußland auch die protestantischen Mächte im Norden des Reiches an Einfluß gewinnen würden. Aber die Hartnäckigkeit Karls XII. – der 1715 nach abenteuerlichem Ritt aus der Türkei wieder vor Stralsund aufgetaucht und dann nach Schweden gelangt war – war allem Kompromiß- und Gleichgewichtsdenken abhold. Dies belebte die Allianz von Rußland, Dänemark und Sachsen-Polen aufs neue. Mit einem Angriff auf preußische Verbände in Usedom provozierte Karl XII. auch mutwillig die Kriegserklärung Friedrich Wilhelms I., der bald darauf diejenige Hannovers folgte: Rügen und Stralsund wurden schnell erobert.

Karl XII. hoffte auf den Bruch der Koalition, da die Erfolge Zar Peters des Großen seinen Verbündeten lästig wurden. Mecklenburg drohte zum russischen Satelliten zu werden – der Moskauer Alleinherrscher suchte den Herzog in seinem Vorgehen gegen die Landstände zu stützen. Dem trachtete der Kaiser im Zusammenspiel mit den Welfen entgegenzutreten. König-Kurfürst Georg I. von England-Hannover warf die Gewichte seines neuen Reiches in die Waagschale. Das kaiserlich-welfische Zusammenspiel funktionierte unter diesen Vorzeichen – die Welfen wollten die niederdeutschen Konflikte beilegen, während Karl XII. an Projekten bastelte, die Westeuropa in die Auseinandersetzungen verwickeln sollten. Dem aber verweigerten sich die Ansprechpartner, die dem sprunghaften Herrscher mißtrauten. Erleichtert wurde die Situation dadurch, daß sich der Zar 1719 aus Mecklenburg zurückzog, gegen das nun eine Reichsexekution stattfinden konnte. Vor allem aber fand der unberechenbare Schwedenkönig am 11. Dezember 1718 vor der norwegischen Festung Frederikshald unter ungeklärten Umständen den Tod.

Unterdessen hatte sich der neue König von England, Georg I., Kurfürst von Hannover, um den Nordischen Krieg bemüht. Ihm ging es darum, das aufkommende Rußland einzudämmen und zugleich das Beute witternde Preußen zu bremsen. Der englische König verband hannoverisch-norddeutsche und britisch-europäische Interessen. Zugleich spiegelte sich das durch den Spanischen Erbfolgekrieg verstärkte Gewicht Großbritanniens. Georg schloß am 9. November 1719 mit Schweden den Frieden von Stockholm ab, der Hannover den Besitz Bremens und Verdens – und damit die Kontrolle der Mündungen von Weser und Elbe – eintrug. Nun konnte das unter Druck geratene Preußen nicht anders, als ebenfalls abzuschließen. Friedrich Wilhelm I. erhielt Pommern bis zur Peene, also die Odermündung mit Stettin (21. Januar 1720). Dänemark, das den Gottorfer aus Schleswig verdrängen konnte und die Zollhoheit über den Sund zugesprochen bekam, und Polen schieden ebenfalls aus dem Krieg aus. August der Starke wurde als König von Polen wieder eingesetzt. Trotz der entgegengesetzten Bemühungen Friedrich Wilhelms von Preußen war Rußland nun isoliert – und doch stark genug, mit harten militärischen Schlägen den Schweden 1721 im Frieden von Nystad Ingermanland, Estland und Livland zu entreißen.

Damit aber hatte sich die Situation um die Ostsee grundlegend verändert. Rußland war unter Peter dem Großen als neue Großmacht aufgestiegen und hatte Beweise seiner Stärke geliefert. Zugleich war der Niedergang Polens besiegelt, das in zunehmende Abhängigkeit von Rußland geriet – fortan blieb auch der französische Einfluß auf polnische Königswahlen begrenzt. Überdies relativierte sich die Bedeutung der polnischen Königswürde für Sachsen, auch wenn August der Starke sie hatte festhalten können. Dänemark vermochte sich zu behaupten, spielte aber ebenfalls nur die Rolle einer Macht minderen Ranges; es blieb mit dem Herzogtum Holstein Stand des Reiches. Schweden schließlich hatte die Prämien des Dreißigjährigen Krieges weitgehend verspielt. Seine deutsche Position war auf das westliche Vorpommern mit Stralsund, Greifswald und Rügen sowie den Brückenkopf Wismar reduziert – es sollte fortan nur noch einer unter vielen Reichsständen sein, ohne eine besondere Bedeutung zu haben.

Unübersehbar war der Aufstieg des neuen Königreichs Preußen geworden, das mit dem Erwerb der Odermündung einen alten Traum realisierte. Klar war aber auch, wie sehr sein Aufstieg mit jenem Rußlands zusammenhing, das die möglichen Konkurrenten niederhielt. Ein weiterer Gewinner des Krieges war das neue Kurfürstentum Hannover, das Weser- und Elbemündung unter seine Kontrolle bekam – aber Wiener Hoffnungen auf ein Gegengewicht gegen Preußen sollten sich nicht ganz erfüllen. Ohne Zweifel war Brandenburg-Preußen in der stärkeren Position; diese wurde kompensiert durch die 1714 erfolgte englische Thronbesteigung Kurfürst Georg Ludwigs von Hannover. Der Nordische Krieg hatte überdies den wachsenden Einfluß Englands verdeutlicht, das die alte Rolle der Niederlande in der Ostsee weitgehend übernommen hatte. Daraus folgte, daß inskünftig zwar Kurhannover eine unverkennbare Selbständigkeit auch gegenüber der Londoner Politik behaupten konnte, daß aber doch die britischen Interessen überwogen – und vor allem nach ihnen, nicht nur nach den Eigengesetzen des norddeutschen Raums vollzog sich der Umgang Kurhannovers mit Preußen, für das die neue welfische Rivalität sehr schwer zu berechnen war. Dies galt aber auch für den Kaiser, für den die Balance in Norddeutschland und an der Ostsee wichtig blieb, der aber fortan die kaum kalkulierbaren britischen Interessen berücksichtigen mußte.

So sind neben denen des Spanischen Erbfolgekriegs die Resultate des Nordischen Krieges nicht zu gering zu bewerten. Die Verbindung Sachsen-Polen erwies sich als weit schwächer als die neue Kombination Hannover-Großbritannien. Preußen hatte den ersten Schritt in den Kreis des Großmächtekonzerts getan – und der neue König sollte die Voraussetzungen dafür schaffen, daß weitere folgten. So besaß die strikte Trennung von Spanischem Erbfolgekrieg und Nordischem Krieg noch eine andere Seite. Der Kaiser hatte seine Stellung zwar verbessern, nicht aber das Machtvakuum in Norddeutschland auffüllen können. Er hatte zwar ausgegriffen nach Südosten, nach Italien und nach Belgien, doch verstärkt entzog sich ihm der protestantische Norden Deutschlands – und die Anspannung seiner Kräfte hinderte ihn, dem entgegenzuwirken. So hatte das neue Gravitationsfeld um die Ostsee nicht nur den Aufstieg Brandenburg-Preußens begünstigt und abgesichert, sondern auch die Entfremdung Norddeutschlands vom Kaiser gefördert.

Österreichs Aufstieg zur Großmacht stärkte zwar insgesamt seine Stellung im Reichsverband – zugleich aber führte er die Monarchie vermehrt in europäische Konfliktfelder und verlagerte ihren Schwerpunkt immer mehr aus dem Reichsverband heraus. Auf der anderen Seite brachte die Internationalisierung der deutschen Politik seit dem Dreißigjährigen Krieg zusätzliche Mitspieler ins Reich – vor allem Frankreich, während Schweden und Dänemark allmählich durch Rußland und England ersetzt wurden; der Einfluß der Niederlande blieb regional begrenzt. Das aber hieß, daß alle Mächte der entstehenden europäischen Pentarchie in Deutschland aktiv waren, Preußen war auf dem Sprung, sich neben Österreich als fünfte Großmacht zu etablieren. Die Internationalisierung der deutschen Politik, nicht so sehr die einschränkenden Formeln des Westfälischen Friedens, bildete das eigentliche Gegengewicht gegen die Wiedererstarkung der kaiserlichen Macht – und sie begünstigte zugleich den Aufstieg Brandenburg-Preußens. Der Prozeß, daß immer mehr deutsche Fürsten gegenüber den „Großen" im Reich zurückfielen, setzte sich fort; darüber konnten auch barocker Glanz und ferne Königswürden nicht hinwegtäuschen. Vielmehr trieb diese Situation die kleineren Herren immer mehr den stärkeren Patronen zu – im Norden des Reiches zunehmend Preußen, sonst zumeist dem Kaiser. Aber es sollte sich als Belastung erweisen, daß dieser sich als Beschützer der Reichsverfassung und der kleinen Reichsstände eine Klientel schuf, die dem Alten verhaftet war. Damit war der Kaiser an einen Reichsverband gekettet, der nicht reformierbar war, ohne daß er sich aufgab. Die glänzende Stellung der kaiserlichen Macht 1715 war also belastet mit einer schweren Hypothek.

Die zweite Hypothek lag in der ungelösten Frage der österreichischen Erbfolge; die Erfolge der kaiserlichen Politik hatten nicht zuletzt auf der Herrschaftskontinuität in Erblanden und Reich beruht, auf der langen Regierung Leopolds I. und den unproblematischen Königs- bzw. Kaiserwahlen seiner Söhne, Josefs I. und Karls VI. Mit der Frage der spanischen Erbfolge Erzherzog Karls und der notwendigen Teilung der Linien stellte sich das Problem der Regulierung einer wechselseitigen Erbfolge – auf die geplante Übernahme der spanischen Monarchie durch Karl folgte das „Pactum mutuae successionis" von 1703. Es legte jeweils die Primogenitur fest, aber auch die Nachfolge des ältesten Mitglieds der überlebenden Linie beim Aussterben der anderen; beim Aussterben beider Linien sollte die älteste Tochter der jeweils überlebenden Linie das Erbe antreten.

Zugleich aber stellte sich die Frage der Einheit der Monarchie, die nach wie vor eine Personalunion ihrer Einzelteile darstellte, zusammengehalten durch die Person des Herrschers. Die konservative, auf der Vorherrschaft der Aristokratie beruhende Struktur der Monarchie stand energischen Reformmaßnahmen entgegen, die der Prinz Eugen mit seinem berühmten Wort gefordert hatte, aus der „herrlichen Monarchie" müsse ein „Totum" gemacht werden – zunächst galt es aber, sich vor dem Auseinanderfallen mangels eines männlichen Erben zu schützen. Die Thronfolge Karls VI. hatte es 1711 notwendig gemacht, das „Pactum mutuae successionis" zu ergänzen. So setzte Karl VI. in der „Pragmatischen Sanktion" vom 19. April 1713 fest, daß die männlichen Erben seiner eigenen Töchter den Vorrang vor jenen der Töchter Josefs I. hatten. Letztere verzichteten bei der Heirat auf ihre Ansprüche. Erst zwischen 1720 und 1722 wurde die Zustimmung der Landstände aller Länder von den Magnaten Ungarns bis zu den Bauernvertretern der vorderösterreichischen Landschaften eingeholt – als sich bereits das Ausbleiben eines männlichen Erben abzeichnete.

Das dynastisch geprägte Sukzessionsrecht mit seiner Relativierung der agnatischen (männlichen) Erbfolge stellte nicht nur die Verbindung der Kaiserwürde mit den österreichischen Erblanden in Frage, sondern auch deren Einheit – nach der spanischen Erbfolge stand offensichtlich die österreichische vor der Tür. Als die habsburgische Machtstellung ihren Höhepunkt erreicht hatte, zeigte sich bereits ihre Brüchigkeit.

Schluß

Als in den Jahren 1713/15, 1718 und 1721 der Spanische Erbfolgekrieg, der erste Türkenkrieg Kaiser Karls VI. und der Nordische Krieg zu Ende gegangen waren, war es für Deutschland ein großes Glück gewesen, daß diese kriegerischen Auseinandersetzungen sich nicht vermischt hatten. War auch die Kriegslast noch einmal schwer geworden, so blieb das Reich doch von einer auch nur annähernd ähnlichen Entwicklung wie dem Dreißigjährigen Krieg verschont. Das 18. Jahrhundert lenkte zunächst in ruhigere Bahnen – das Reich sah, abgesehen vom Polnischen Thronfolgekrieg 1733/35 und dem zweiten Türkenkrieg Kaiser Karls VI. 1736/39, ein Vierteljahrhundert der Ruhe.

Die Krise des 17. Jahrhunderts war vorüber. Sie ist in den letzten Jahrzehnten Gegenstand einer langen und kontroversen Diskussion gewesen, die noch nicht an ihr Ende gelangt ist; Helmut Koenigsberger hat sogar den Unsinn dieser Debatte dartun wollen. Dennoch beinhaltete das 17. Jahrhundert auch für Deutschland ganz erhebliche Einbrüche: im Klima, in den Ernten, in der Bevölkerungszahl, in der Stabilität des politischen Systems – seine zweite Hälfte gehörte allerdings einer sichtbaren Konsolidierung.

Einen dramatischen Höhepunkt markierte der Dreißigjährige Krieg. Er war entstanden aus einer nicht mehr zu überwindenden Krise des Reichsverbandes, aus den unbewältigten Problemen des konfessionellen Zeitalters, für die die alten Regulierungsmechanismen nicht mehr ausreichten. Allerdings stellte sich schon bald nach 1618 die Überlegenheit der beharrenden Kräfte heraus, so daß die unterliegende evangelische Bewegungspartei Rückhalt an den europäischen Gegnern des Hauses Habsburg suchte. Am Ende stand denn auch dessen Eindämmung und die Internationalisierung der deutschen Politik; der Reichsverband wurde immer mehr in die europäischen Zwistigkeiten verwickelt. Dabei stellten sich für das Reich mit Türken und Franzosen zwei Hauptgegner heraus, während das Ringen an der Ostsee nur die norddeutschen Fürsten, in Italien nur das Haus Österreich betraf.

Dem Dreißigjährigen Krieg folgte ein weitgehend restaurativer Friede, der nach den traumatischen Erfahrungen des Großen Krieges fortan die gewaltsame Auseinandersetzung meiden und durch den rechtlichen Krieg ersetzen wollte. Das Religionsproblem sollte mit kalkulierbareren Normen bewältigt werden; dies gelang, aber es blieb relevant für die Gruppierungen im Reich. Insgesamt wahrte jedoch der Westfälische Friede den betont sozialkonservativen Zug des Reichsverbandes; dies folgte logischerweise aus dem verstärkten Verrechtlichungsprozeß. Das alte Patt zwischen Kaiser und Reichsständen wurde fortgeschrieben, ja der Kaiser nach seiner Machtexpansion im Dreißigjährigen Krieg auf Dauer eingeschränkt und die Reichsverfassung der Garantie und Kontrolle der auswärtigen Mächte Schweden und Frankreich unterworfen.

Das Wiedererstarken des habsburgischen Kaisers wurde dann aber das große Thema der zweiten Hälfte des 17. Jahrhunderts, schon angelegt unter Ferdinand III., als dieser sich auf den Boden des Friedens stellte, fortgeführt von Leopold I., dem eigentlichen Kaiser des Westfälischen Friedens. Dieser neue Höhepunkt kaiserlicher Stellung bedeutete die verstärkte Kontrolle eines Systems, das durch die deutschen Landesstaaten bestimmt war. Daß der in sich stark unterschiedenen Gruppe von Landesfürsten ein einheitlicher kaiserlicher Wille gegenüberstand, war die entscheidende Voraussetzung des habsburgischen Wiederaufstiegs; der Wiener Hof, nicht der Reichstag wurde zur wichtigsten Größe der Reichspolitik. Dabei wurde Habsburgs erbländische Position Grundlage der Expansion nach Südosten, die Österreichs Stellung im Kreis der europäischen Großmächte verstärkte – die Priorität erbländischer Interessen führte zur Offensive im Südosten, der im Westen nur defensive Erfolge gegenüberstanden. Immerhin hatte auch Österreich einen wesentlichen Anteil an der Rückbindung der Hegemonialmacht Frankreich in das europäische Mächtesystem.

Bedeutsam wurde, daß Österreich und der Kaiser die traditionell kaiserfernen Zonen des Nordens nicht mehr unter Kontrolle bringen konnten; seit dem Dreißigjährigen Krieg zeichnete sich die Chance Brandenburg-Preußens ab, zur norddeutschen Hegemonialmacht aufzusteigen, nachdem es am Niederrhein und in Ostpreußen Fuß gefaßt, Kursachsen überflügelt und von der Norddeutschen Tiefebene abgeriegelt hatte und schließlich vom schnellen Niedergang der kurzlebigen Großmacht Schweden profitieren konnte. Bei allem Engagement für Armee und Bürokratie, deren Triumph über den höfischen Stil erst der „Soldatenkönig“ Friedrich Wilhelm I. vollendete, ist nicht zu leugnen, daß das Kräftespiel um die Ostsee den Hohenzollern günstig war. Um 1700 war Brandenburg-Preußen bereits deutlich aus dem Kreis der deutschen Landesfürsten herausgetreten.

So zeigte sich, daß der Dreißigjährige Krieg trotz des restaurativen Friedens an seinem Ende doch Neuentwicklungen vorbereitet hatte. Dies galt auch für die deutschen Landesstaaten, deren offenkundige finanzielle Wachstumskrise durch die Kriegsereignisse dramatisch verschärft wurde – der Krieg förderte jedoch den landesfürstlichen Absolutismus, also autoritäre Herrschaftstechniken, welche stark genug waren, den Zugriff auf die Untertanen und deren Einkünfte zu verstärken, nachdem es eine Zeitlang geschienen hatte, als ob die durch die Kriege begründete Menschenarmut Freiräume eröffnete.

Hier zeigte sich die Widersprüchlichkeit des Westfälischen Friedens:

Nur wenige Landesstaaten konnten sein Programm auffüllen, viele kleinere fielen hinter die Mächtigeren zurück, was wiederum die kaiserliche Restauration begünstigte. Vor allem lag es am sozialkonservativen Charakter des Friedens, daß er ständische Gesellschaft wie Privilegien, Rechte und Pflichten konservierte – dies setzte sich von oben nach unten fort. Auch hier blieben die Bewegungen, die durch die Menschenverluste des Krieges provoziert worden waren, Episode. Kaum waren die Lücken wieder geschlossen, setzte sich der Oligarchisierungsprozeß fort. Auch der landesfürstliche Absolutismus brach sich an den rechtlich so gut abgesicherten Positionen der ständischen Gesellschaft – es sollte noch lange dauern, bis er ihre Fesseln zu sprengen vermochte.

Der Adel hatte seine soziale Position noch einmal konsolidiert, aber dafür die domestizierende Integrationskraft der fürstlichen Höfe, die sich in barockem Glanze präsentierten, erfahren müssen und wohl auch nach der Not des Krieges gern hingenommen. Allerdings schleppten viele Adelige eine schwere Schuldenlast mit sich, waren aber durch die Spielregeln der ständischen Gesellschaft vor dem Zusammenbruch geschützt. Dies galt besonders für die westliche Zone der Grundherrschaft mit ihren versteinerten Formen, mehr als für die östliche der Gutswirtschaft, die dem Adeligen einen größeren Spielraum eröffnete – die säkulare europäische Grenzscheide zwischen Grundherrschaft und Gutswirtschaft zog sich durch das Reich und wurde durch die Entwicklungen des 17. Jahrhunderts noch vertieft. Kleinere Fürsten und Herren konnten in dieser Situation immer weniger die Last ihrer reichsunmittelbaren Stellung tragen.

Dies gehörte zur Ambivalenz des 17. Jahrhunderts. Die Beilegung der religiösen Auseinandersetzungen gab den Kirchen Sicherheit und schuf damit die Grundlage einer neuen Blüte, welche vor allem die Alte Kirche erlebte, die sich – wie zahlreiche Konversionen der Oberschicht belegen – aus ihrer defensiven Stellung herausgearbeitet hatte. Aber auch der deutsche Protestantismus erfuhr durch den aufkommenden Pietismus einen neuen Akzent. Im Westfälischen Frieden gelang es zwar, die konfessionellen Konflikte zu entschärfen – aber die Konfessionsspaltung gab noch reichlich Anlaß zu Auseinandersetzungen, wenn auch die Sicherheitsbedürfnisse der Herren und Untertanen befriedigt wurden. Vor allem blieb konfessionelle Gemeinsamkeit eine wichtige Voraussetzung politischer Gruppierungen – aus dem Widerspruch, daß der Westfälische Friede zwar die Parität der Konfessionen festgesetzt, die katholische Seite jedoch durch den Besitz der Kaiserwürde und damit des Wiener Hofes einen Vorrang behauptet hatte, sollten sich noch viele Probleme ergeben, die das 18. Jahrhundert beschäftigten.

Einige vorsichtige Neuansätze zeigten die wirtschaftlichen Entwicklungen, die jedoch folgenreich sein sollten: die Verbreitung des Landhandwerks, das Verlagswesen, die aufkommenden Manufakturen. Dem aber standen die schweren Rückschläge durch den Krieg gegenüber. Wahrscheinlich noch wichtiger waren die Schwerpunktverschiebungen, die durch die Verlagerung des Handels vom Mittelmeer an den Atlantik hervorgerufen wurden. Aber auch die Wirtschaft wurde bestimmt durch das Fortbestehen der ständischen Gesellschaft. So stark sich der deutsche Landesstaat in seiner absolutistischen Gestalt zu entfalten vermochte – die Spielregeln des Reichsverbandes schränkten seine Möglichkeiten erheblich ein. Kaiser und Fürsten, Adelige und Kleriker, Bürger und Bauern blieben eingebunden in das sozialkonservativ wirkende Rechtssystem, das der Westfälische Friede zementiert hatte.

So trägt das 17. Jahrhundert einen doppelten Januskopf. Zum einen standen gewaltige Ansätze zu Veränderungen vor und im Dreißigjährigen Krieg einer Restauration durch den Frieden gegenüber. Andererseits aber blieb zwar die Gesellschaft stabil, doch hatte das 17. Jahrhundert jene Bewegungen und Kräfte vorbereitet, die dann im 18. Jahrhundert zu starken Veränderungen führen sollten. Das 17. Jahrhundert bedeutete (man kann dies für jedes Jahrhundert sagen) ein Jahrhundert des Übergangs – aber es hat, wie selten ein anderes, Tod und Leid, Nöte und Ängste über die Menschen gebracht; die Mitte Europas mußte die Krise des 17. Jahrhunderts in besonders schmerzhafter Weise erleiden.

Anmerkungen

1. H. H. Lamb: Klima und Kulturgeschichte, S. 233.
2. F. Braudel: Sozialgeschichte des 15.–18. Jahrhunderts, Bd. 1, S. 245.
3. W. Abel: Massenarmut, S. 117.
4. H. Aubin/W. Zorn (Hgg.): Deutsche Wirtschafts- und Sozialgeschichte, Bd. 1, S. 408.
5. Dazu demnächst deren Habilitationsschrift über das Reichskammergerichtspersonal.
6. H. Rabe: Reich, S. 44.
7. F. Lütge: Geschichte der deutschen Agrarverfassung.
8. D. Willoweit: Deutsche Verfassungsgeschichte, S. 81.
9. Ebd., S. 84.
10. Peter Moraw: Franken als königsnahe Landschaft im späten Mittelalter, in: Blätter für deutsche Landesgesch. 112 (1976), S. 123–138.
11. V. Press: Calvinismus, S. 477f.
12. Gerhard Oestreich, Das persönliche Regiment der deutschen Fürsten am Beginn der Neuzeit, in: Ders.: Geist und Gestalt des frühmodernen Staates. Ausgewählte Aufsätze, Berlin 1969, S. 201–234.
13. H. Schilling: Die Konfessionalisierung im Reich.
14. D. Willoweit: Territoriale Staatsbildung, in: K. Jeserich u. a. (Hgg.): Verwaltungsgeschichte, Bd. 1, S. 364.
15. Manfred Rudersdorf: Lutherische Erneuerung oder Zweite Reformation?, in: H. Schilling (Hg.): Reformierte Konfessionalisierung, S. 130–153.
16. Tilman M. Schröder: Das Kirchenregiment der Reichsstadt Esslingen. Grundlagen, Geschichte, Organisation, Sigmaringen 1987.
17. W. Schulze: Bäuerlicher Widerstand, S. 51.
18. Christopher Friedrichs: German Town Revolts and the Seventeenth Century Crisis, in: Renaissance and Modern Studies 26 (1982), S. 27–51.
19. H. Rabe: Reich, S. 441.
20. Freundlicher Hinweis von Frau Christa Reinhardt (früher Tübingen, jetzt Hochheim/Main).
21. Wolfgang Reinhard: Zwang zur Konfessionalisierung? Prolegomena zu einer Theorie des konfessionellen Zeitalters, in: ZHF 10 (1983), S. 257–277.
22. Gerhard Oestreich: Antiker Geist und moderner Staat bei Justus Lipsius (1547–1606). Der Neustoizismus als politische Bewegung, hgg. v. N. Mout, Göttingen 1989.
23. W. Behringer: Hexenverfolgung, S. 423.
24. Ebd., S. 400.
25. Wolfgang Behringer: „Erhob sich das ganze Land zu ihrer Ausrottung…". Hexenprozesse und Hexenverfolgungen in Europa, in: R. van Dülmen (Hg.): Hexenwelten. Magie und Imagination, Frankfurt 1987, S. 150.
26. G. Parker: Dreißigjähriger Krieg, S. 211.
27. Ebd., S. 214.

28. Ebd., S. 15.
29. Ebd., S. 240.
30. Ebd., S. 285.
31. G. Schormann: Dreißigjähriger Krieg, S. 116.
32. Ebd., S. 118.
33. F. Dickmann: Westfälischer Friede, S. 115.
34. M. Heckel: Deutschland im konfessionellen Zeitalter, S. 182.
35. Ebd., S. 193f.
36. Ebd., S. 198.
37. Ebd., S. 202f.
38. Dipper: Deutsche Geschichte, S. 46.
39. Roland Mousnier: Fureurs paysannes. Les paysans dans les Revoltes du XVIIe Siècle (France, Russie, Chine), Paris 1967.
40. O. Brunner: Adeliges Landleben.
41. H. Aubin/W. Zorn (Hgg.): Deutsche Wirtschafts- und Sozialgeschichte, Bd. 1, S. 532.
42. V. Press: Soziale Folgen, S. 254.
43. Georg Schmidt: Die frühneuzeitlichen Hungerrevolten. Soziale Konflikte und Wirtschaftspolitik im Alten Reich. In: ZHF 18 (1991), S. 264f.
44. Hartmut Lehmann: Das Zeitalter des Absolutismus. Gottesgnadentum und Kriegsnot, Stuttgart 1980, S. 111.
45. Herfried Münkler: Staatsraison und politische Klugheitslehre, in: I. Fetscher/ Ders. (Hgg.): Pipers Handbuch der politischen Ideen, Bd. 3, München 1982, S. 62.
46. Friedrich Hermann Schubert: Volkssouveränität und Heiliges Römisches Reich, in: HZ 213 (1971), S. 91–122.
47. Horst Denzer: Spätaristotelismus, Naturrecht und Reichsreform. Politische Ideen in Deutschland 1600–1750, in: I. Fetscher/H. Münkler (Hgg.): Pipers Handbuch der politischen Ideen, Bd. 3, München 1985, S. 271.
48. J. Kunisch: Absolutismus, S. 24.
49. Helga Schnabel-Schüle: Von Fall zu Fall. Bedingungen und Auswirkungen des Systems strafrechtlicher Sanktionen in der frühen Neuzeit, Habilitationsschrift Tübingen 1991 (Mschr.).
50. Kunisch: Absolutismus, S. 91.
51. Peter Baumgart: Zur Entstehung der Monarchie und des preußischen Staatsgedankens, in: M. Schlenke (Hg.): Preußen-Ploetz. Eine historische Bilanz in Daten und Deutungen, Freiburg, Würzburg 1983, S. 128.
52. Ebd., S. 129.
53. Siegfried Isaacsohn: Geschichte des preußischen Beamtentums, Berlin 1874, Neudruck Aalen 1962, Bd. 2, S. 40.
54. Werner Vogel: Die Entwicklung der brandenburgischen Verwaltung bis zum Regierungsantritt Friedrich Wilhelms I. (1713), in: K. Jeserich u. a. (Hgg.): Verwaltungsgeschichte, Bd. 1, S. 858–889.
55. Ebd., S. 882.
56. Otto Hintze: Der Commissarius und seine Bedeutung in der allgemeinen Verwaltungsgeschichte, in: Ders.: Staat und Verfassung. Gesammelte Abhandlungen zur allgemeinen Verfassungsgeschichte, Göttingen ³1970, S. 242–274.
57. Werner Hubig: Sozial- und Verfassungsgeschichte der Reichsstadt Weil der Stadt 1648–1802, Diss. Tübingen voraussichtlich 1992.

58. Gabriele Haug-Moritz: Corpus Evangelicorum und deutscher Dualismus, (demnächst) in: Volker Press (Hg.): Alternativen zur Reichsverfassung.
59. Anton Schindling: Die Anfänge des immerwährenden Reichstags zu Regensburg. Ständevertretung und Staatskunst im barocken Reich, Habilitationsschrift Würzburg 1982 (Mschr.).
60. Gabriele Haug-Moritz: Kaisertum und Parität. Reichspolitik und Konfessionen nach dem Westfälischen Frieden, (demnächst) in: ZHF 19 (1992).
61. Eberhard Weis: Frankreich von 1661 bis 1789, in: Theodor Schieder (Hg.): Handbuch der europäischen Geschichte, Bd.4, Stuttgart 1968, S. 166–307.
62. B. Erdmannsdoerffer: Deutsche Geschichte, Bd.1, S. 307.
63. K. Zernack: Schweden als europäische Großmacht.
64. B. Erdmannsdoerffer: Deutsche Geschichte Bd.1, S. 622.

Bibliographie

Vorbemerkungen

Auch eine umfangreiche Bibliographie kann nur einen kleinen Teil der vorhandenen Literatur erfassen; hier wurde besonderer Wert auf die jüngere Forschung gelegt. Das ändert nichts daran, daß gerade bei einem in den letzten Jahrzehnten von der Forschung relativ vernachlässigten Jahrhundert wie dem 17. noch viele ältere Arbeiten ihren Stellenwert behalten haben, selbst wenn sie in Teilen überholt sind. Gerade aus der reichen landesgeschichtlichen Literatur, der diese Studie vieles verdankt, konnte nur eine Auswahl aufgenommen werden. Dafür wurde besonderer Wert auf weiterführende Literatur zur Geschichte der Nachbarländer gelegt. Bei deutschen Übersetzungen ausländischer Werke wurden in der Regel erstere zitiert. Aufsätze in Sammelwerken wurden nur gelegentlich aufgenommen. Ebenso wurden die Herausgeber größerer und bekannter Sammelwerke nicht genannt. Jedes Werk wurde in der Regel nur einmal aufgeführt, Quer- und Rückverweise wurden vermieden.

I. Quellen

Acta Pacis Westphalicae. Im Auftrag der Vereinigung zur Erforschung der Neueren Geschichte, hrg. v. M. Braubach/K. Repgen, bisher Serie I: Instruktionen, Bd. 1. Münster 1962; Serie II: Korrespondenzen. Abt. A: Die kaiserlichen Korrespondenzen, Bd. 1–3. Münster 1969–85; Abt. B: Die französischen Korrespondenzen, Bd. 1–2. Münster 1979/86; Abt. C: Die schwedischen Korrespondenzen, Bd. 1–2. Münster 1965/71; Serie III: Protokolle, Verhandlungsakten, Diarien, Varia. Abt. A: Protokolle, Bd. 1,1, 4/1, 6. Münster 1970–81; Abt. C: Diarien, Bd. 1,1, 2,1–2, 3,1–2, 4. Münster 1984–88; Abt. D: Varia, Bd. 1. Münster 1964.

Actes et Mémoires des négociations de la Paix de Nimègue, 4 Bde., Nachdruck der Ausgabe Amsterdam 1679/80. Graz 1974.

Actes et Mémoires des négociations de la Paix de Ryswick, 4 Bde., Nachdruck der Ausgabe La Haye, 2. Aufl. 1725. Graz 1974.

Actes, Mémoires et autres pièces autentiques concernant la Paix d'Utrecht, 6 Bde. Utrecht 1714/15.

Akten und Urkunden zur Außenpolitik Christoph Bernhards von Galen (1650–1678), hrg. v. W. Kohl, 3 Bde. Münster 1980–86.

Andreae, Johann Valentin: Christianopolis 1619. Originaltext und Übertragung nach D. S. Georgi 1741, hrg. v. R. van Dülmen. Stuttgart 1972.

Bosl, Karl (Hrg.): Dokumente zur Geschichte von Staat und Gesellschaft in Bayern, 3 Abteilungen. München 1974ff.

Briefe und Akten zur Geschichte des dreißigjährigen Krieges in den Zeiten des vorwaltenden Einflusses der Wittelsbacher, hrg. von der Historischen Kommission bei der königlichen Akademie der Wissenschaften, 12 Bde. (1598–1618). München 1870–1978.

Briefe und Akten zur Geschichte des Dreißigjährigen Krieges, Neue Folge. Die Politik Maximilians I. von Bayern und seiner Verbündeten 1618–1651, hrg. von der Historischen Kommission bei der Bayerischen Akademie der Wissenschaften, bisher 8 Bde. Leipzig/München 1907–82.

Buschmann, Arno (Hrg.): Kaiser und Reich. Klassische Texte zur Verfassungsgeschichte des Heiligen Römischen Reiches Deutscher Nation vom Beginn des 12. Jahrhunderts bis zum Jahre 1806. München 1984.

Chroust, Anton (Hrg.): Aktenstücke zur brandenburgischen Geschichte unter Johann Sigismund. In: Forschungen zur Brandenburgischen und Preußischen Geschichte 9 (1897), 1–21.

Comenius, Johann Amos: Pampaedia, mit deutscher Übersetzung, hrg. v. D. Tschizewskij. Heidelberg 1960.

Conring, Hermann: Opera, hrg. v. J. W. Goebel, 7 Bde., Nachdruck der Ausgabe Braunschweig 1730. Aalen 1970–73.

Corpus iuris germanici publici et privati, das ist der möglichst ächte Text der teutschen Reichsgeseze..., hrg. v. C. F. Gerstlacher, 4 Bde. Frankfurt/Stuttgart 1783–89.

Corpus iuris publici S. R. Imperii academicum, enthaltend des Heil. Röm. Reichs deutscher Nation Grund-Gesetze..., hrg. v. J. J. Schmauss. Leipzig 1722.

Dietrich, Richard (Hrg.): Die Politischen Testamente der Hohenzollern. Köln/Wien 1986.

Documenta Bohemica bellum tricennale illustrantia, hrg. von der Tschechoslowakischen Akademie der Wissenschaften, 7 Bde. Prag/Wien 1971–81.

Duchhardt, Heinz (Hrg.): Politische Testamente und andere Quellen zum Fürstenethos der frühen Neuzeitt. Darmstadt 1987.

Dumont, Jean Baron de Carlscroon: Corps Universel Diplomatique du Droit des Gens..., 8 Bde. Amsterdam/La Haye 1726–31; fortgesetzt u. d. T. Supplément au Corps Universel..., 5 Bde. Amsterdam/La Haye 1739.

Epistulae et Acta nuntiorum apostolicorum apud imperatorem 1592–1628, curis Instituti historici Bohemo-slovenici Romae et Pragae, bisher Bd. 1–10. Brescia/Prag 1932–67.

Europäische Staats-Cantzley, hrg. v. A. Faber (= Ch. L. Leucht), 115 Teile. Ulm/Frankfurt/Leipzig 1697–1760.

Feldzüge des Prinzen Eugen von Savoyen. Nach den Feld-Acten und anderen authentischen Quellen, hrg. von der Abtheilung für Kriegsgeschichte des K. K. Kriegsarchivs, 20 Bde. Wien 1876–92.

Fontes Rerum Austriacarum. Österreichische Geschichtsquellen, hrg. von der Historischen Kommission der Österreichischen Akademie der Wissenschaften, bisher 96 Bde. Wien 1855ff.

Hofmann, Hanns Hubert (Hrg.): Quellen zum Verfassungsorganismus des Heiligen Römischen Reiches Deutscher Nation 1495–1815. Darmstadt 1976.

Kepler, Johannes: Gesammelte Werke, hrg. v. F. Hammer/u. a., bisher Bd. 1–20,1. München 1937–88.

Kern, Artur (Hrg.): Deutsche Hofordnungen des 16. und 17. Jahrhunderts, 2 Bde. Berlin 1905/07.
Khevenhueller, Franz Christoph: Annales Ferdinandei oder Wahrhaffte Beschreibung Kaysers Ferdinandi des Andern, 12 Bde. Leipzig 1721–26.
Die Korrespondenz des Münsterer Fürstbischofs Christoph Bernhard v. Galen mit dem Heiligen Stuhl (1650–1678). Münster 1972.
Laufs, Adolf (Hrg.): Der Jüngste Reichsabschied von 1654. Bern 1975.
Leibniz, Gottfried Wilhelm: Sämtliche Schriften und Briefe, in verschiedenen Reihen. Berlin 1923ff.
Mémoires du Cardinal de Richelieu, hrg. v. H. de Beaucaire, 10 Bde. Paris 1907–31.
Mempel, Dieter (Hrg.): Gewissensfreiheit und Wirtschaftspolitik Hugenotten- und Waldenserprivilegien 1681–1699. Trier 1986.
Monumenta Germaniae Paedagogica, begründet v. K. Kehrbach, 62 Bde. Berlin 1886–1939.
Monumenta Historica Societatis Jesu, bisher 135 Bde. in mehreren Reihen. Madrid/Rom 1894ff.
Moser, Friedrich Carl von (Hrg.): Des hochlöblichen Fränckischen Crayses Abschide und Schlüsse vom Jahr 1600 biß 1748, 2 Bde. Nürnberg 1752.
Moser, Johann Jacob (Hrg.): Teutsches Staats-Archiv, oder Sammlung derer neuest- und wichtigsten Reichs-, Crays- und andere Handlungen, Deductionen, Urtheile..., 13 Bde. Frankfurt/Hanau/Leipzig 1751–57.
Müller, Klaus (Hrg.): Instrumenta Pacis Westphalicae. Die Westfälischen Friedensverträge 1648, 2. Aufl. Bern 1966.
Neue und vollständigere Sammlung der Reichsabschiede, hrg. v. J. G. Schmauss/H. C. Senckenberg, 4 Teile. Frankfurt 1747.
Les papiers de Richelieu. Section politique intérieure, correspondance et papiers d'Etat, hrg. v. P. Grillon, 5 Bde. Paris 1975–82.
Polizei- und Landesordnungen, hrg. v. K. G. Schmelzeisen, 2 Bde. Weimar 1968/69.
Preußen und die katholische Kirche seit 1640, hrg. v. M. Lehmann, 9 Bde. Leipzig 1878–1902.
Pribram, Alfred Francis (Hrg.): Materialien zur Geschichte der Preise und Löhne in Österreich, Bd. 1. Wien 1938.
Protokolle und Relationen des Brandenburgischen Geheimen Rathes aus der Zeit des Kurfürsten Friedrich Wilhelm, hrg. v. O. Meinardus, 7 Bde (Publicationen aus den preußischen Staatsarchiven 41, 54, 55, 56, 80, 89, 91). Leipzig 1889–1919.
Publicationen aus den preußischen Staatsarchiven, 94 Bde. Leipzig 1878–1938.
Pufendorf, Samuel: Die Verfassung des Deutschen Reiches, hrg. v. H. Denzer. Stuttgart 1976.
Puttkammer, Ellinor von (Hrg.): Föderative Elemente im deutschen Staatsrecht seit 1648. Göttingen 1955.
Quellen zur Geschichte des deutschen Bauernstandes in der Neuzeit, hrg. v. G. Franz, 2. Aufl. Darmstadt 1976.
Quellen zur Geschichte des deutschen Handwerks. Selbstzeugnisse seit der Reformationszeit, hrg. v. W. Fischer. Göttingen 1957.
Quellen zur Geschichte Wallensteins, hrg. v. G. Lorenz. Darmstadt 1987.
Repertorium der Kirchenvisitationsakten aus dem 16. und 17. Jahrhundert in Archiven der Bundesrepublik Deutschland, bisher Bd. 1, 2,1–2. Stuttgart 1982/84.
Schauroth, Eberhard Christian Wilhelm von (Hrg.): Vollständige Sammlung aller

Conclusorum, Schreiben und anderer übrigen Verhandlungen des hochpreißlichen Corporis Evangelicorum ... 1663–1752, 3 Bde. Regensburg 1751/52.
Seckendorff, Veit Ludwig von: Teutscher Fürstenstaat, Nachdruck der Ausgabe Jena, 2. Aufl. 1737. Aalen 1972.
Sellert, Wolfgang (Hrg.): Die Ordnungen des Reichshofrates 1550–1766, Bd. 1,1–2. Köln/Wien 1980/90.
Spee, Friedrich von: Cautio Criminalis, deutsch von J. F. Ritter. Weimar 1939.
Teutsche Staatskanzley, hrg. v. J. A. Reuss, 39 Bde. Ulm 1783–1800.
Theatrum Europaeum, Oder Ausführliche ... Beschreibung aller ... Geschichten, so sich ... in der Welt ... zugetragen haben, 21 Bde. Frankfurt 1662–1738.
Turba, Gustav (Hrg.): Die Pragmatische Sanktion. Authentische Texte samt Erläuterungen und Übersetzungen. Wien 1913.
Urkunden und Aktenstücke zur Geschichte des Kurfürsten Friedrich Wilhelm von Brandenburg, 23 Bde. Berlin/Leipzig 1864–1930.
Urkunden und Aktenstücke des Reichsarchivs Wien zur reichsrechtlichen Stellung des Burgundischen Kreises, hrg. v. L. Gross, 3 Bde. Wien 1944/45.
Vollständige Sammlung aller von Anfang des noch für wehrenden Teutschen Reichs-Tags de Anno 1663 biß anhero abgefaßten Reichsschlüsse ..., hrg. v. J. J. Pachner von Eggenstorff, 4 Teile. Regensburg 1740–77.
Zeumer, Karl (Hrg.): Quellensammlung zur Geschichte der deutschen Reichsverfassung in Mittelalter und Neuzeit, 2. Aufl. Tübingen 1913.

II. Darstellungen

1. Allgemeine Geschichte

1.1. Europäische Geschichte

Anderson, Perry: Die Entstehung des absolutistischen Staates. Frankfurt a. M. 1979.
Aretin, Karl Otmar Freiherr von: Das Reich. Friedensgarantie und europäisches Gleichgewicht 1648–1806. Stuttgart 1986.
Aston, Trevor: Crisis in Europe 1560–1660. London 1976.
Barudio, Günter: Gustav Adolf – der Große. Eine politische Biographie. Frankfurt a. M. 1982.
Barudio, Günter: Das Zeitalter des Absolutismus und der Aufklärung 1648–1779 (Fischer Weltgeschichte, Bd. 25). Frankfurt a. M. 1977.
The New Cambridge Modern History, Bde. 4–6. Cambridge 1961–70.
Duchhardt, Heinz: Das Zeitalter des Absolutismus (Oldenbourg Grundriß der Geschichte, Bd. 11). München 1989.
Duchhardt, Heinz: Altes Reich und europäische Staatenwelt 1648–1806 (Enzyklopädie deutscher Geschichte, Bd. 4). München 1990.
Dülmen, Richard van: Entstehung des frühneuzeitlichen Europa 1550–1648 (Fischer Weltgeschichte, Bd. 24). Frankfurt a. M. 1982.
Eickhoff, Ekkehard: Venedig, Wien und die Osmanen. Umbruch in Südosteuropa, 1645–1700. München 1970.

Elliott, John H.: Imperial Spain, 1469–1716. London 1965.
Engel, Josef (Hrg.): Die Entstehung des neuzeitlichen Europa (Handbuch der europäischen Geschichte, hrg. v. Theodor Schieder, Bd. 3). Stuttgart 1971.
Evans, Robert J. W.: Das Werden der Habsburgermonarchie, Wien 1986 (englische Originalausgabe: Oxford 1979).
Hauser, Henri: La préponderance espagnole (1559–1660). 3. Aufl. Paris 1949.
Hauser, Oswald (Hrg.): Preußen, Europa und das Reich. Köln/Wien 1987.
Heiss, Gernot/Klingenstein, Grete (Hrgg.): Das Osmanische Reich und Europa 1683 bis 1789: Konflikt, Entspannung und Austausch. München 1983.
Hoensch, Jörg K.: Geschichte Polens. Stuttgart 1983.
Hroch, Miroslav/Josef Petran: Das 17. Jahrhundert – Krise der Feudalgesellschaft? Hamburg 1981 (Originalausgabe Prag 1976).
Imhof, Arthur E.: Grundzüge der nordischen Geschichte. Darmstadt 1970.
Immich, Max: Geschichte des europäischen Staatensystems von 1660–1789. Berlin 1905.
Jones, James R.: Britain and Europe in the Seventeenth Century. London 1966.
Koenigsberger, Helmut G.: The Habsburgs and Europe 1516–1660. Ithaca/London 1971.
Koenigsberger, Helmut G.: Die Krise des 17. Jahrhunderts. In: ZHF 9 (1982), S. 143–165.
Koenigsberger, Helmut G.: Early modern Europe 1500–1789 (History of Europe). London 1987.
Kunisch, Johannes: Absolutismus. Europäische Geschichte vom Westfälischen Frieden bis zur Krise des Ancien Régime. Göttingen 1986.
Lutz, Heinrich/Mann, Golo/u. a.: Von der Reformation zur Revolution (Propyläen Weltgeschichte Bd.7). Berlin/Frankfurt 1964.
Mandrou, Robert: La France aux XVIIe et XVIIIe siècles (Nouvelle Clio, Bd. 33), 4. Aufl. Paris 1974.
Mandrou, Robert: Louis XIV et son temps 1661–1715 (Peuples et civilisations, Bd. 10.1), 2. Aufl. Paris 1988.
Mandrou, Robert: Staatsräson und Vernunft 1649–1775 (Propyläen Geschichte Europas, Bd. 3). Berlin/Frankfurt 1976.
Mieck, Ilja: Europäische Geschichte der Frühen Neuzeit, 3. Aufl. Stuttgart 1981.
Näf, Werner: Die europäische Staatengemeinschaft der neueren Geschichte. Zürich/Leipzig 1943.
Parker, Geoffrey/Smith, L. M. (Hrgg.): The General Crisis of the Seventeenth Century. London 1978.
Parker, Geoffrey: Europe in crisis 1598–1648. Brighton 1980.
Pennington, Donald H.: Seventeenth Century Europe. A General History of Europe, 2. Aufl. London 1983.
Platzhoff, Walter: Geschichte des europäischen Staatensystems von 1559–1660. München/Berlin 1928, Neudruck München/Wien 1968.
Press, Volker: Reich und Habsburger Monarchie im europäischen Mächtesystem. In: Die Bildung des frühmodernen Staates – Stände und Konfessionen, hrg. v. H. Timmermann. Saarbrücken 1989, S. 331–351.
Rabb, Theodore K.: The Struggle for Stability in Early Modern Europe. New York 1975.
Randelzhofer, Albrecht: Völkerrechtliche Aspekte des Heiligen Römischen Reiches nach 1648. Berlin 1967.

Rauch, Georg von: Moskau und die europäischen Mächte des 17. Jahrhunderts. In: HZ 178 (1954), S. 25–46.
Rhode, Gotthold: Geschichte Polens, 3. Aufl. Darmstadt 1980.
Roberts, Michael: Gustavus Adolphus. A History of Sweden 1611–1632. London 1953/58.
Roberts, Michael: The Swedish Imperial Experience 1660–1718. Cambridge 1979.
Schindling, Anton: Reichstag und europäischer Frieden. Leopold I., Ludwig XIV. und die Reichsverfassung nach dem Frieden von Nimwegen (1679). In: ZHF 8 (1981), S. 159–177.
Straub, Eberhard: Pax et Imperium. Spaniens Kampf um seine Friedensordnung in Europa zwischen 1617 und 1635. Paderborn 1980.
Tietze, Andreas (Hrg.): Habsburgisch-osmanische Beziehungen. Wien 1985.
Treasure, Geoffrey: The Making of Modern Europe 1648–1780. London/New York 1985.
Trevor-Roper, Hugh R.: Religion, Reformation und sozialer Umbruch. Die Krise des 17. Jahrhunderts. Frankfurt 1970.
Vaughan, Dorothy M.: Europe and the Turc. A Pattern of Alliances 1350 bis 1700. Liverpool 1954.
Voss, Jürgen: Geschichte Frankreichs, Bd. 2: Von der frühneuzeitlichen Monarchie zur Ersten Republik 1500–1800. München 1980.
Wagner, Fritz (Hrg.): Europa im Zeitalter des Absolutismus und der Aufklärung (Handbuch der europäischen Geschichte, hrg. v. Theodor Schieder, Bd. 4). Stuttgart 1968.
Williams, Ernest N.: The Ancient Régime in Europe 1648–1789. London 1970.
Zeeden, Ernst Walter: Hegemonialkriege und Glaubenskämpfe 1556–1648 (Propyläen Geschichte Europas, Bd. 2). Berlin/Frankfurt 1977.
Zernack, Klaus: Schweden als europäische Großmacht der frühen Neuzeit. In: HZ 232 (1981), S. 327–357.

1.2. Nachbarn

1.2.1. Niederlande

Algemene Geschiedenis der Nederlanden, hrg. von J. A. van Houtte/J. Presser/u. a. Utrecht 1955.
Blok, Petrus J.: Geschichte der Niederlande. Leyden o. J.
Carter, Alice C.: Neutrality or Commitment: the evolution of Dutch Foreign Policy, 1667–1795. London 1975.
Geyl, Pieter: The Netherlands in the Seventeenth Century, 2 Tle. London 1961.
Hahlweg, Werner: Untersuchungen zur Barrierepolitik Wilhelms III. von Oranien und der Generalsstaaten im 17. und 18. Jahrhundert. In: Westfälische Forschungen 14 (1961), S. 42–81.
Haley, Kenneth H. D.: The Dutch in the Seventeenth Century. London 1972.
Israel, Jonathan I.: The Dutch Republic and the Hispanic World 1606–1661. Oxford 1986.
Lademacher, Horst: Geschichte der Niederlande. Politik, Verfassung, Wirtschaft. Darmstadt 1983.
Mörke, Olaf: Souveränität und Autorität. Zur Rolle des Hofes in der Republik der

Vereinigten Niederlande in der ersten Hälfte des 17. Jahrunderts. In: Rheinische Vierteljahrsblätter 53 (1989), S. 117–139.
Petri, Franz: Die Kultur der Niederlande (Handbuch der Kulturgeschichte). Konstanz 1964.
Press, Volker: Die Niederlande und das Reich in der frühen Neuzeit. In: Etat et religion aux XVe et XVIe siècles, hrg. v. W. P. Blockmans/H. v. Nuffel. Brüssel 1986, S. 321–339.
Price, J. L.: Culture and Society in the Dutch Republic. London 1974.
Rowen, Herbert H.: John de Witt. Statesman of the „True Freedom". Cambridge 1986.
Rowen, Herbert H.: The Low Countries in early modern times. New York 1972.
Schama, Simon: The Embarrassment of Riches. An Interpretation of Dutch Culture in the Golden Age. London 1987 (dt. 1988).
Schilling, Heinz: Die Geschichte der nördlichen Niederlande und die Modernisierungstheorie. In: GG 8 (1982), S. 475–517.
Schöffer, Ivo/Wee, H. van der/Bornewasser, J. A.: De Lage Landen van 1500 tot 1780. Amsterdam 1983.
Sonnino, Paul: Louis XIV and the origins of the Dutch War. Cambridge/u. a. 1988.

1.2.2. Eidgenossenschaft

Bircher, Martin/Sparn, Walter/Weyrauch, Erdmann (Hrgg.): Schweizerisch-deutsche Beziehungen im konfessionellen Zeitalter. Beiträge zur Kulturgeschichte 1580–1650. Wiesbaden 1984.
Bonjour, Edgar: Geschichte der Schweizerischen Neutralität, Bd. 1. Basel 1970.
Gallati, Frieda: Die Eidgenossenschaft und der Kaiserhof zur Zeit Ferdinands II. und Ferdinands III., 1619–1657. Zürich 1952.
Gauss, Julia/Stoecklin, Alfred: Bürgermeister Wettstein. Basel 1953.
Handbuch der Schweizer Geschichte, Bde. 1–2, Zürich 2. Aufl. 1980.
Hauswirth, René: Zur Realität des Reiches in der Eidgenossenschaft im Zeitalter der Glaubenskämpfe. In: Festgabe L. von Muralt. Zürich 1970, S. 152–161.
Mommsen, Karl: Eidgenossen, Kaiser und Reich. Basel 1958.
Peyer, Hans Conrad: Verfassungsgeschichte der alten Schweiz. Zürich 1978.
Stadler, Peter: Vom eidgenössischen Staatsbewußtsein und Staatensystem um 1600. In: Schweizer Zeitschrift für Geschichte 8 (1958), S. 1–20.

1.3. Deutsche Geschichte

Aretin, Karl Otmar Freiherr von (Hrg.): Der Kurfürst von Mainz und die Kreisassoziationen 1648–1746. Wiesbaden 1975.
Biskup, Marian/Zernack, Klaus (Hrgg.): Schichtung und Entwicklung der Gesellschaft in Polen und Deutschland im 16. und 17. Jahrhundert. Wiesbaden 1983.
Bühler, Johannes: Das Barockzeitalter (Deutsche Geschichte Bd. 4). Berlin 1950.
Dipper, Christof: Deutsche Geschichte 1648–1789. Frankfurt a. M. 1991.
Erdmannsdörffer, Bernhard : Deutsche Geschichte vom Westfälischen Frieden bis zum Regierungsantritt Friedrich des Großen 1648–1740. 2 Bde. Berlin 1892/93.
Grundmann, Herbert (Hrg.): Gebhardt. Handbuch der deutschen Geschichte, Bd. 2, 9. Aufl. Stuttgart 1970.
Heckel, Martin: Deutschland im konfessionellen Zeitalter (Deutsche Geschichte, Bd. 5). Göttingen 1983.

Hersche, Peter: Die deutschen Domkapitel im 17. und 18. Jahrhundert, 3 Bde. Bern 1984.

Holborn, Hajo: Deutsche Geschichte in der Neuzeit, Bd. 1: Das Zeitalter der Reformation und des Absolutismus (bis 1790). München 1970 (amerikanische Originalausgabe: New York 1959).

Hubatsch, Walter: Das Zeitalter des Absolutismus, 1600–1789, 3. Aufl. Braunschweig 1970.

Just, Leo (Hrg.): Handbuch der deutschen Geschichte, begründet von Otto Brandt, fortgeführt von Arnold Oskar Meyer, Bd. 2. Wiesbaden o. J.

Klueting, Harm: Das konfessionelle Zeitalter, 1525–1648. Stuttgart 1989.

Laube, Adolf/Vogler, Günter/u. a. (Hrgg.): Deutsche Geschichte, Bd. 3: Die Epoche des Übergangs vom Feudalismus zum Kapitalismus von den siebziger Jahren des 15. Jahrhunderts bis 1789. Berlin 1983.

Lutz, Heinrich: Reformation und Gegenreformation (Oldenbourg Grundriß Geschichte, Bd. 10). 2. Aufl. München 1982.

Lutz, Heinrich: Das Ringen um deutsche Einheit und kirchliche Erneuerung. Von Maximilian I. bis zum Westfälischen Frieden, 1490–1648 (Propyläen Geschichte Deutschlands, Bd. 4). Berlin 1983.

Politics and Society in the Holy Roman Empire 1500–1806 (The Journal of Modern History, Bd. 58, Supplement).

Press, Volker: Die Erblande und das Reich von Albrecht II. bis Karl VI. (1438–1740). In: Deutschland und Österreich, hrgg. v. R. A. Kann/ F. E. Prinz. München/Wien 1980, S. 44–88.

Press, Volker: The Holy Roman Empire in German History. In: Politics and Society in Reformation Europe, hrg. v. E. I. Kouri/T. Scott. London 1987, S. 51–77.

Rabe, Horst: Reich und Glaubensspaltung. Deutschland 1500–1600 (Neue Deutsche Geschichte, Bd. 4). München 1989.

Rassow, Peter: Deutsche Geschichte, vollst. neu bearb. Aufl., hrg. von M. Vogt. Stuttgart 1987.

Ritter, Moriz: Deutsche Geschichte im Zeitalter der Gegenreformation und des Dreißigjährigen Krieges, 3 Bde. Stuttgart 1889/1908.

Sante, Georg Wilhelm (Hrg.): Geschichte der deutschen Länder. „Territorien-Ploetz", Bd. 1: Die Territorien bis zum Ende des alten Reiches. Würzburg 1964.

Schilling, Heinz: Aufbruch und Krise, Deutschland 1517–1648 (Das Reich und die Deutschen, Bd. 4). Berlin 1988.

Schilling, Heinz: Höfe und Allianzen. Deutschland 1648–1763. (Das Reich und die Deutschen, Bd. 5). Berlin 1989.

Schindling, Anton/Ziegler, Walter (Hrgg.): Die Territorien des Reichs im Zeitalter der Reformation und der Konfessionalisierung. Land und Konfession 1500–1650, bisher 3 Bde. Münster 1989/1991.

Schmidt, Georg (Hrg.): Stände und Gesellschaft im Alten Reich. Stuttgart 1989.

Schulze, Winfried: Concordia, Discordia, Tolerantia. Deutsche Politik im konfessionellen Zeitalter. In: ZHF, Beiheft 3 (1987), S. 43–79.

Vierhaus, Rudolf: Deutschland im Zeitalter des Absolutismus (1648–1763) (Deutsche Geschichte, Bd. 6). 2. Aufl. Göttingen 1984.

Vierhaus, Rudolf: Staaten und Stände. Vom Westfälischen Frieden bis zum Hubertusburger Frieden 1648–1763 (Propyläen Geschichte Deutschlands, Bd. 5). Berlin 1984.

Weber, Hermann (Hrg.): Politische Ordnungen und soziale Kräfte im Alten Reich. Wiesbaden 1980.
Wenkebach, Heinz: Bestrebungen zur Erhaltung der Einheit des Heiligen Römischen Reiches in den Reichsschlüssen von 1663 bis 1806. Aalen 1970.
Wunder, Bernd: Die Kreisassoziationen 1672–1748. In: Zeitschrift für die Geschichte des Oberrheins 128 (1980), S. 167–266.
Zeeden, Ernst Walter: Deutsche Kultur der frühen Neuzeit (Handbuch der Kulturgeschichte). Frankfurt a. M. 1968.

1.4. Die Kaiser

Hamann, Brigitte (Hrg.): Die Habsburger. Ein biographisches Lexikon. 3. Aufl. Wien 1988.
Schindling, Anton/Ziegler, Walter (Hrgg.): Die Kaiser der Neuzeit 1519–1918. München 1990.

1.4.1. Rudolf

Evans, Robert J. W.: Rudolf II. Ohnmacht und Einsamkeit. Graz/u. a. 1980 (englische Originalausgabe: Oxford 1973).
Gindely, Anton: Rudolf II. und seine Zeit, 1600–1612, 2 Bde. Prag 1863/65.
Press, Volker: Rudolf II. (1576–1612). In: Kaiser der Neuzeit, hrg. v. Schindling/Ziegler. S. 99–111.
Schwarzenfeld, Gertrude. v.: Rudolf II. Ein deutscher Kaiser am Vorabend des Dreißigjährigen Krieges. 2. Aufl. 1979.
Vocelka, Karl: Rudolf II. und seine Zeit. Wien/Köln/Graz 1985.
Vocelka, Karl: Die politische Propaganda Kaiser Rudolfs II. (1576–1612). Wien 1981.

1.4.2. Matthias

Hammer-Purgstall, Joseph von: Khlesl's des Cardinals, Directors des geheimen Cabinetes Kaisers Matthias, Leben. 4 Bde. Wien 1847/51.
Neck, Rudolf: Matthias, Kaiser. In: Habsburger, hrg. v. Hamann, S. 353–356.
Press, Volker: Matthias (1612–1619). In: Kaiser der Neuzeit, hrg. v. Schindling/Ziegler, S. 112–123.
Ritter, Moriz: Matthias, Österreichischer Erzherzog und Deutscher Kaiser. In: ADB 20 (1884). S. 629–654.

1.4.3. Ferdinand II.

Albrecht, Dieter: Ferdinand II. (1619–1637). In: Kaiser der Neuzeit, hrg. v. Schindling/Ziegler, S.125–141.
Bireley, Robert: Religion and Politics in the Age of the Counterreformation. Emperor Ferdinand II, William Lamormaini SJ., and the Formation of Imperial Policy. Chapel Hill 1981.
Franzl, Johann: Ferdinand II. Kaiser im Zwiespalt der Zeit. Graz 1978.
Hantsch, Hugo: Kaiser Ferdinand II. In: Gestalter der Geschicke Österreichs, hrg. v. H. Hantsch. Innsbruck/Wien/München 1962.
Hurter, Friedrich von: Geschichte Kaiser Ferdinands II. und seiner Eltern, 11 Bde. Schaffhausen 1850–1864.
Sturmberger, Hans: Kaiser Ferdinand II. und das Problem des Absolutismus. Wien 1957.

1.4.4. Ferdinand III.

Heilingsetzer, Georg: Ferdinand III. In: Habsburger, hrg. v. Hamann, S. 112–115.
Koch, Matthias: Geschichte des Deutschen Reiches unter der Regierung Ferdinands III., 2 Bde. Wien 1865/66.
Repgen, Konrad: Ferdinand III. (1637–1657). In: Kaiser der Neuzeit, hrg. v. Schindling/Ziegler, S.142–167.

1.4.5. Leopold I.

Mecenseffy, Grete: Im Dienste dreier Habsburger. Leben und Wirken des Fürsten Johann Weikhard Auersperg (1615–1677). Wien/Leipzig 1938.
Redlich, Oswald: Weltmacht des Barock. Österreich in der Zeit Kaiser Leopolds I. Wien 1961.
Schindling, Anton: Leopold I. (1658–1705). In: Kaiser der Neuzeit, hrg. v. Schindling/Ziegler, S. 169–185.
Schmidt, Hans: Theodor Altet Heinrich, Reichsgraf von Stratmann (ca. 1637 – 1693). Eine Diplomatenkarriere des Barock. In: Weltpolitik, Europagedanke, Regionalismus. Festschrift Heinz Gollwitzer, hrg. v. H. Dollinger/u. a. Münster 1982, S. 71–91.
Spielman, John Philip: Leopold I. Zur Macht nicht geboren. Graz/u. a 1981 (englische Originalausgabe: 1977).
Wentzcke, Paul: Feldherr des Kaisers. Leben und Taten Herzog Karls von Lothringen. o. O. 1943.
Wolf, Adam: Fürst Wenzel Lobkowitz 1609–1677. Wien 1869.

1.4.6. Joseph I.

Aretin, Karl Otmar von: Kaiser Joseph I. zwischen Kaisertradition und österreichischer Großmachtpolitik. In: Ders.: Das Reich. Friedensgarantie und europäisches Gleichgewicht 1648–1806. Stuttgart 1986, S. 255–322.
Hantsch, Hugo: Reichsvizekanzler Friedrich Karl Graf von Schönborn 1674–1746. Augsburg 1929.
Ingrao, Charles W.: Joseph I. Der vergessene Kaiser. Graz 1982.
Press, Volker: Joseph I. (1705–1711) – Kaiserpolitik zwischen Erblanden, Reich und Dynastie. In: Deutschland und Europa in der Neuzeit. Festschrift für Karl Otmar Freiherr von Aretin zum 65. Geburtstag, hrg. v. R. Melville / u. a. Stuttgart 1988, S. 277–297.
Schmidt, Hans: Joseph I. (1705–1711). In: Kaiser der Neuzeit, hrg. v. Schindling/Ziegler, S. 186–199.

1.4.7. Karl VI.

von Arneth, Alfred: Karl VI. In: ADB 15 (1882), S. 206–219.
Benedikt, Heinrich: Das Königreich Neapel unter Kaiser Karl VI. Wien 1927.
Landau, Marcus: Geschichte Kaiser Karls VI. als König von Spanien. Stuttgart 1889.
Matsche, Franz: Die Kunst im Dienst der Staatsidee Kaiser Karls VI., Bd.1,1–2. Berlin/New York 1981.
Mikoletzky, Hanns Leo: Österreich: Das große 18. Jahrhundert. Wien 1967.
Schmidt, Hans: Karl VI. (1711–1740). In: Kaiser der Neuzeit, hrg. v. Schindling/Ziegler, S. 200–214.

Turba, Gustav: Reichsgraf Seilern aus Ladenburg am Neckar 1646–1715. Heidelberg 1923.

1.5. Einzelne Landschaften, Territorien, Fürsten und Städte

Backhaus, Helmut: Reichsterritorium und schwedische Provinz. Vorpommern unter Karls XI. Vormündern (1660–1672). Göttingen 1969.
Bader, Karl Siegfried: Der Schwäbische Kreis in der Verfassung des alten Reiches. In: Ulm und Oberschwaben 37 (1964), S.9–24.
Braubach, Max: Wilhelm von Fürstenberg (1629–1704) und die französische Politik im Zeitalter Ludwigs XIV. Bonn 1972.
Böhme, Ernst: Das Fränkische Reichsgrafenkollegium im 16. und 17. Jahrhundert. Untersuchungen zu den Möglichkeiten und Grenzen der korporativen Politik mindermächtiger Reichsstände. Stuttgart 1989.
Böhme, Ernst: Das Kollegium der Schwäbischen Reichsprälaten im 16. und 17. Jahrhundert. In: Rottenburger Jahrbuch für Kirchengeschichte 6 (1987), S. 267–300.
Bog, Ingomar: Oberdeutschland. Das Heilige Römische Reich des 16. bis 18. Jahrhunderts in Funktion. Idstein 1986.
Das Haus Wittelsbach und die europäischen Dynastien. München 1981.
Demandt, Karl E:, Geschichte des Landes Hessen. 2. Aufl., Kassel 1980.
Deutsche Geschichte Bd. 3: Die Epoche des Übergangs vom Feudalismus zum Kapitalismus von den siebziger Jahren des 15. Jahrhunderts bis 1789. Berlin 1983.
Friedrichs, Christopher R.: Urban Society in an Age of War: Nördlingen 1580–1720. Princeton 1979.
Geschichte der Stadt Augsburg. Stuttgart 1984.
Häusser, Ludwig: Geschichte der rheinischen Pfalz, 2 Bde. Heidelberg 1845/56 (Neudruck Pirmasens 1970/71).
Herold, Hans-Jörg: Markgraf Joachim Ernst von Brandenburg-Ansbach als Reichsfürst. Göttingen 1973.
Hertner, Peter: Stadtwirtschaft zwischen Reich und Frankreich. Wirtschaft und Gesellschaft Straßburgs 1650–1714. Köln 1973.
Hüttl, Ludwig: Max Emanuel. Der blaue Kurfürst 1679–1726. München 1976.
Jaitner, Klaus: Die Konfessionspolitik des Pfalzgrafen Philipp Wilhelm von Neuburg in Jülich-Berg von 1647 bis 1679. Münster 1973.
Jürgensmeier, Friedhelm: Johann Philipp von Schönborn (1605–1673) und die römische Kurie. Ein Beitrag zur Kirchengeschichte des 17. Jahrhunderts. Mainz o.J.
Klose, Olaf (Hrg.): Geschichte Schleswig Holsteins, Bde. 4–5. Neumünster 1960.
Kohl, Wilhelm: Christoph Bernhard von Galen. Politische Geschichte des Fürstbistums Münster 1650–1678. Münster 1964.
Kohl, Wilhelm (Hrg.): Westfälische Geschichte, Bd.1. Düsseldorf 1983.
Kossol, Erika: Die Reichspolitik des Pfalzgrafen Philipp Ludwig von Neuburg (1547–1614). Göttingen 1976.
Kraus, Andreas: Maximilian I. Bayerns Großer Kurfürst. Graz-Wien-Köln 1990.
O'Connor, John T.: Negotiator out of Season. The Career of Wilhelm Egon von Fürstenberg 1629 to 1704. Athens 1978.
Patze, Hans (Hrg.): Geschichte Niedersachsens, Bd. 2,2: Kirche und Kultur von

der Reformation bis zum Beginn des 19. Jahrhunderts. Hildesheim 1983 (mehr nicht erschienen).

Patze, Hans/Schlesinger, Walter (Hrgg.): Geschichte Thüringens, Bde. 3–6. Köln 1967–84.

Petri, Franz/Droege, Georg (Hrgg.): Rheinische Geschichte, Bd. 2: Neuzeit. Düsseldorf 2. Aufl. 1976.

Philippi, Hans: Landgraf Karl von Hessen-Kassel. Ein deutscher Fürst der Barockzeit. Marburg 1976.

Press, Volker: Calvinismus und Territorialstaat. Regierung und Zentralbehörden der Kurpfalz 1559–1619. Stuttgart 1970.

Press, Volker: Zwischen Versailles und Wien. Die Pfälzer Kurfürsten in der Geschichte der Barockzeit. In: ZGO 130 (1982), S. 207–262.

Press, Volker: Hessen im Zeitalter der Landesteilung (1567–1655). In: Das Werden Hessens, hrg. v. W. Heinemeyer. Marburg 1986, S. 267–331.

Press, Volker: Frankreich und Bayern von der Reformation bis zum Wiener Kongreß. In: Deutschland und Frankreich in der Frühen Neuzeit. Festschrift für Hermann Weber. München 1987, S. 21–70.

Press, Volker/Willoweit, Dietmar (Hrgg.): Liechtenstein – Fürstliches Haus und staatliche Ordnung, 2. Aufl. Vaduz/München/Wien 1988.

Reden-Dohna, Armgard von: Reichsstandschaft und Klosterherrschaft. Die schwäbischen Reichsprälaten im Zeitalter des Barock. Wiesbaden 1980.

Reinhardt, Rudolf: Die Beziehungen von Hochstift und Diözese Konstanz zu Habsburg-Österreich in der Neuzeit. Zugleich ein Beitrag zur archivalischen Erforschung des Problems „Kirche und Staat". Wiesbaden 1966.

Roeck, Bernd: Eine Stadt in Krieg und Frieden. Studien zur Geschichte der Reichsstadt Augsburg zwischen Kalenderstreit und Parität, 2 Bde. Göttingen 1989.

Schmidt, Georg: Der Wetterauer Grafenverein. Organisation und Politik einer Reichskorporation zwischen Reformation und Westfälischem Frieden. Marburg 1989.

Schmidt, Hans: Philipp Wilhelm von Pfalz-Neuburg (1615–1690). Als Gestalt der deutschen und europäischen Politik des 17. Jahrhunderts, Bd. 1. Düsseldorf 1973.

Schnath, Georg: Geschichte Hannovers im Zeitalter der neunten Kur und der englischen Sukzession, 1674–1714, 4 Bde. Hildesheim, 1938–1982.

Schröcker, Alfred: Ein Schönborn im Reich. Studien zur Reichspolitik des Fürstbischofs Lothar Franz von Schönborn (1655–1729). Wiesbaden 1978.

Sellin, Volker: Die Finanzpolitik Karl Ludwigs von der Pfalz. Staatswirtschaft im Wiederaufbau nach dem Dreißigjährigen Krieg. Stuttgart 1978.

Specker, Hans-Eugen: Ulm. Stadtgeschichte. Ulm 1977.

Spindler, Max (Hrg.): Handbuch der bayerischen Geschichte, Bd. 2: Das alte Bayern, 2. Aufl. München 1988; Bd. 3/1–2: Franken, Schwaben, Oberpfalz bis zum Ausgang des 18. Jahrhunderts, 2. Aufl. München 1979.

Srbik, Heinrich Ritter von: Wien und Versailles 1692–97. Zur Geschichte von Straßburg, Elsaß und Lothringen. München 1944.

Uhland, Robert (Hrg.): Neunhundert Jahre Haus Württemberg. Leben und Leistung für Land und Volk, 3. Aufl. Stuttgart 1985.

Vann, James Allen: The Swabian Kreis. Institutional Growth in the Holy Roman Empire, 1648–1715. Bruxelles 1975.

Vann, James Allen: Württemberg auf dem Weg zum modernen Staat, 1593–1793. Stuttgart 1986 (englische Originalausgabe: Ithaca/London 1984).
Whaley, Joachim: Religious Toleration and Social Change in Hamburg 1529–1819. Cambridge 1985.
Wunder, Bernd: Frankreich, Württemberg und der Schwäbische Kreis während der Auseinandersetzungen um die Reunionen (1679–97). Stuttgart 1971.

1.5.1. Österreich

Bauer, Rolf: Österreich, Ein Jahrtausend Geschichte im Herzen Europas. Berlin 1970.
Bosl, Karl (Hrg.): Handbuch der Geschichte der böhmischen Länder, Bd. 2. Stuttgart 1974.
Braubach, Max: Prinz Eugen von Savoyen, 5 Bde. München/Wien 1963–1965.
Coreth, Anna: Pietas Austriaca. Österreichische Frömmigkeit im Barock, 2. Aufl. München 1982.
Hantsch, Hugo: Die Geschichte Österreichs, 2 Bde. Graz/Wien/Köln, Bd. 1: 4. Aufl. 1959, Bd. 2: 3. Aufl. 1962.
Holl, Brigitte: Hofkammerpräsident Gundaker Thomas Graf Starhemberg und die österreichische Finanzpolitik der Barockzeit (1703–1715). Wien 1976.
Huber, Alfons: Geschichte Österreichs, 5 Bde. Gotha 1885–1896.
Kunisch, Johannes (Hrg.): Prinz Eugen von Savoyen und seine Zeit. Freiburg/Würzburg 1986.
Maier, Hans/Press, Volker (Hrgg.): Vorderösterreich in der frühen Neuzeit. Sigmaringen 1989.
Mraz, Gottfried: Prinz Eugen. München 1985.
Otruba, Gustav: Prinz Eugen und Marlborough. Weltgeschichte im Spiegel eines Briefwechsels. Wien 1961.
Petry, Ludwig/Menzel, Josef Joachim: Geschichte Schlesiens Bd.2: Die Habsburgerzeit 1526–1740. Darmstadt 1973.
Press, Volker: Bayern, Österreich und das Reich in der frühen Neuzeit. In: Verhandlungen des Historischen Vereins für Oberpfalz und Regensburg 120 (1980), S. 493–519.
Redlich, Oswald: Das Werden einer Großmacht. Österreich 1700–1740. 4. Aufl. Wien 1962.
Sturmberger, Hans: Georg Erasmus Tschernembl. Religion, Libertät und Widerstand. Ein Beitrag zur Geschichte der Gegenreformation und des Landes ob der Enns. Graz/Köln 1953.
Sturmberger, Hans: Adam Graf Herberstorff. Herrschaft und Freiheit im konfessionellen Zeitalter. München/Wien 1976.
Turba, Gustav: Die Pragmatische Sanktion. Wien 1913.
Uhlirz, Karl und Mathilde: Handbuch der Geschichte Österreichs und seiner Nachbarländer Böhmen und Ungarn, Bd. 2. 1. Graz/Leipzig/Wien 1939–44.
Zöllner, Erich: Geschichte Österreichs. Von den Anfängen bis zur Gegenwart. 9. Aufl. Wien/München 1990.

1.5.2. Preußen

Baumgart, Peter: Die preußische Königskrönung von 1701, das Reich und die europäische Politik. In: Preußen, Europa und das Reich, hrg. v. O. Hauser. Köln/Wien 1987, S.65–86.

Büsch, Otto/Neugebauer, Wolfgang (Hrgg.): Moderne Preußische Geschichte (1648–1947). Eine Anthologie, 3 Bde. Berlin 1981.
Carsten, Francis L.: Die Entstehung Preußens. Berlin/Wien 1981.
Carsten, Francis L.: Geschichte der preußischen Junker. Frankfurt/M. 1988.
Craig, Gordon A.: Die preußisch-deutsche Armee 1640–1945. Düsseldorf 1960.
Deppermann, Klaus: Der hallesche Pietismus und der preußische Staat unter Friedrich III. (I.). Göttingen 1961.
Heinrich, Gerd: Geschichte Preußens. Staat und Dynastie. Frankfurt 1981.
Hinrichs, Carl: Friedrich Wilhelm I. Eine Biographie, Bd. 1. Hamburg 1941.
Hinrichs, Carl: Preußen als historisches Problem. Berlin 1964.
Hinrichs, Carl: Preußentum und Pietismus. Der Pietismus in Brandenburg-Preußen als religiös-soziale Reformbewegung. Göttingen 1971.
Hintze, Otto: Die Hohenzollern und ihr Werk. Fünfhundert Jahre vaterländischer Geschichte. Berlin 1915, Neudruck Mörs 1979.
Lackner, Martin: Die Kirchenpolitik des Großen Kurfürsten. Witten 1973.
Mittenzwei, Ingrid/Herzfeld, Erika: Brandenburg-Preußen 1648–1789. Köln 1987.
Oestreich, Gerhard: Friedrich Wilhelm, der Große Kurfürst. Göttingen 1971.
Oestreich, Gerhard: Friedrich Wilhelm I. Preußischer Absolutismus, Merkantilismus, Militarismus. Göttingen 1977.
Opgenoorth, Ernst: Friedrich Wilhelm. Der große Kurfürst von Brandenburg, 2 Bde. Göttingen 1971–1978.
Rosenberg, Hans: Bureaucracy, Aristocracy and Autocracy. The Prussian Experience 1660–1815. 3. Aufl. Cambridge 1968.
Schindling, Anton: Kurbrandenburg im System des Reiches während der zweiten Hälfte des 17. Jahrhunderts. In: Preußen, Europa und das Reich, hrg. v. O. Hanser. Köln/Wien 1987, S. 33–46.
Schlenke, Manfred (Hrg.): Preußen-Ploetz. Eine historische Bilanz in Daten und Deutungen. 2. Aufl. Freiburg/Würzburg 1991.
Schmoller, Gustav: Preußische Verfassungs-, Verwaltungs- und Finanzgeschichte 1640–1888. Berlin 1921.
Thadden Rudolf von: Die brandenburgisch-preußischen Hofprediger im 17. und 18. Jahrhundert. Berlin 1959.
Vetter, Klaus/Vogler, Günter: Preußen. Von den Anfängen bis zur Reichsgründung. Köln 1981

2. Deutschland, das Reich und Europa

2.1. Reichsgrenzen, -zugehörigkeit

Aretin, Karl Otmar Freiherr von: Die Lehensordnungen in Italien im 16. und 17. Jahrhundert und ihre Auswirkungen auf die europäische Politik. In: Politische Ordnungen und soziale Kräfte im Alten Reich, hrg. v. H. Weber. Wiesbaden 1980, S. 53–84.
Demandt, Alexander: Deutschlands Grenzen in der Geschichte. München 1990.
Kirn, Paul: Politische Geschichte der deutschen Grenzen, 4. Aufl. Mannheim 1958.
Mohnhaupt, Heinz: Das Verhältnis des „Corpus Helveticum“ zum Reich und seinen Verfassungsinstitutionen. In: Schweizerisch-deutsche Beziehungen im konfessionellen Zeitalter. Beiträge zur Kulturgeschichte 1580–1650. Wiesbaden 1984. S. 57–76.

Nonn, Ulrich: Heiliges Römisches Reich Deutscher Nation. In: ZHF 9 (1982), S. 129–142.
Rachfahl, Felix: Die Trennung der Niederlande vom Deutschen Reich. In: Westdeutsche Zeitschrift für Geschichte und Kunst 19 (1900), S. 79–119.
Stein, Wolfgang Hans: Protection royale. Eine Untersuchung zu den Protektionsverhältnissen im Elsaß zur Zeit Richelieus 1622–1643. Münster 1978.

2.2. Diplomatie, Völkerrecht

Braubach, Max: Diplomatie und geistiges Leben im 17. und 18. Jahrhundert. Gesammelte Abhandlungen. Bonn 1969.
Grewe, Wilhelm: Epochen der Völkerrechtsgeschichte. Baden-Baden 1984.
Janssen, Wilhelm: Die Anfänge des modernen Völkerrechts und der neuzeitlichen Diplomatie. Stuttgart 1965.
Müller, Klaus: Das kaiserliche Gesandtschaftswesen im Jahrhundert nach dem Westfälischen Frieden (1648–1740). Bonn 1976.
Reibstein, Ernst: Völkerrecht. Eine Geschichte seiner Ideen in Lehre und Praxis, 2 Bde., Freiburg/München 1958–1963.

2.3 Konfliktfelder der Außenpolitik

Black, Jeremy (Hrg.): The Origins of War in Early Modern Europe. Edinburgh 1987.
Clark, George: War and Society in the 17th Century. Cambridge 1958.
Kunisch, Johannes: Staatsverfassung und Mächtepolitik. Zur Genese von Staatenkonflikten im Zeitalter des Absolutismus. Berlin 1979.
Kunisch, Johannes: La guerre – c'est moi! Zum Problem der Staatenkonflikte im Zeitalter des Absolutismus. In: ZHF 14 (1987), S. 407–438.

3. Bevölkerung, Wirtschaft, Gesellschaft

3.1. Allgemeines, Übergreifendes

Abel, Wilhelm: Massenarmut und Hungerskrisen im vorindustriellen Europa. Versuch einer Synopsis. Hamburg 1974.
Aubin, Hermann/ Zorn, Wolfgang (Hrgg.): Handbuch der deutschen Wirtschafts- und Sozialgeschichte, Bd. 1. Stuttgart 1971.
Bauer, Leonhard/Matis, Herbert: Geburt der Neuzeit. Vom Feudalsystem zur Marktgesellschaft. München 1988.
Braudel, Ferdinand: Sozialgeschichte des 15. bis 18. Jahrhunderts, 3 Bde. München 1985/6.
Bruckmüller, Ernst: Sozialgeschichte Österreichs. München 1985.
The Cambridge Economic History of Europe, Bde. 4–5. Cambridge 1987.
Cipolla, Carlo M./Borchardt, Knut (Hrgg.): Europäische Wirtschaftsgeschichte Bd. 2: Sechzehntes und siebzehntes Jahrhundert. New-York/Stuttgart 1979.
Endres, Rudolf: Zur wirtschaftlichen und sozialen Lage in Franken vor dem Dreißigjährigen Krieg. In: Jahrbuch für fränkische Landesforschung 28 (1968), S. 5–52.
Endres, Rudolf: Die Folgen des Dreißigjährigen Krieges in Franken. In: Wirt--

schaftsentwicklung und Umweltbeeinflussung, hrg. v. H. Kellenbenz. Wiesbaden 1982, S. 5–52.

Hippel, Wolfgang von: Bevölkerung und Wirtschaft im Zeitalter des Dreißigjährigen Krieges. Das Beispiel Württemberg. In: ZHF 5 (1978), S. 413–448.

Kamen, Henry: The Iron Century. Social change in Europe 1550–1660. London 1971.

Lamb, Hubert H.: Klima und Kulturgeschichte. Der Einfluß des Wetters auf den Gang der Geschichte. Reinbek 1989.

Lütge, Friedrich: Deutsche Sozial- und Wirtschaftsgeschichte. Ein Überblick. 3. Aufl. Berlin 1966.

Pfister, Christian: Das Klima in der Schweiz von 1525–1866. Bd. 1. Bern 1984.

Pfister, Christian: Thermal and Wettness Indices for Central Europe. In: Journal of Interdisciplinary History 10 (1980), S. 665–696.

Press, Volker: Soziale Folgen des Dreißigjährigen Krieges. In: Ständische Gesellschaft und soziale Mobilität, hrg. v. W. Schulze. München 1988, S. 239–268.

Saalfeld, Dietrich: Die ständische Gliederung der Gesellschaft Deutschlands im Zeitalter des Absolutismus. Ein Quantifizierungsversuch. In: VSWG 67 (1980), S. 457–483.

Wallerstein, Immanuel: Das moderne Weltsystem: Kapitalistische Landwirtschaft und die Entstehung der europäischen Weltwirtschaft im 16. Jahrhundert. Frankfurt a. M. 1986.

3.2. Bevölkerung

Blaschke, Karlheinz: Bevölkerungsgeschichte von Sachsen bis zur Industriellen Revolution. Weimar 1967.

Cipolla, Carlo M./Borchardt, Knut: Bevölkerungsgeschichte Europas. München 1971.

Franz, Günther: Der Dreißigjährige Krieg und das deutsche Volk. Untersuchungen zur Bevölkerungs- und Agrargeschichte, 4. Aufl. Stuttgart 1979.

Hippel, Wolfgang von: Bevölkerung und Wirtschaft im Zeitalter des Dreißigjährigen Krieges. Das Beispiel Württemberg. In: ZHF 5 (1978), S. 413–448.

Imhof, Arthur E. (Hrg.): Historische Demographie als Sozialgeschichte. Gießen und Umgebung vom 17. zum 19. Jahrhundert, 2 Bde. Darmstadt/Marburg 1975.

Imhof, Arthur E.: Die verlorenen Welten. Alltagsbewältigung durch unsere Vorfahren – und weshalb wir uns heute so schwer damit tun. München 1984.

Klein, Kurt: Die Bevölkerung Österreichs vom Beginn des 16. bis zur Mitte des 18. Jahrhunderts mit einem Abriß der Bevölkerungsentwicklung von 1754–1869. In: Beiträge zur Bevölkerungs- und Sozialgeschichte Österreichs, hrg. v. H. Helczmanovszki. Wien 1973, S. 47–165.

Mattmüller, Markus: Bevölkerungsgeschichte der Schweiz. Teil 1: Die frühe Neuzeit, 2 Bde. Basel/Frankfurt 1987.

Norden, Wilhelm: Eine Bevölkerung in der Krise. Historisch-demographische Untersuchung zur Biographie einer norddeutschen Küstenregion (Butjadingen 1600–1850). Hildesheim 1984.

Rödel, Walter G.: Mainz und seine Bevölkerung im 17. und 18. Jahrhundert. Demographische Entwicklung, Lebensverhältnisse und soziale Strukturen in einer geistlichen Residenzstadt. Stuttgart 1985.

Zschunke, Peter: Konfession und Alltag in Oppenheim. Beiträge zur Geschichte von Bevölkerung und Gesellschaft einer gemischtkonfessionellen Kleinstadt in der frühen Neuzeit. Wiesbaden 1984.

3.3. Wirtschaft

3.3.1. Allgemeines, Übergreifendes

Bog, Ingomar: Der Reichsmerkantilismus. Studien zur Wirtschaftspolitik des Heiligen Römischen Reiches im 17. und 18. Jahrhundert. Stuttgart 1959.

Blaich, Fritz: Die Wirtschaftspolitik des Reichstags im Hl. Römischen Reich. Ein Beitrag zur Problemgeschichte wirtschaftlichen Gestaltens. Stuttgart 1970.

Blaich, Fritz: Die Epoche des Merkantilismus. Wiesbaden 1973.

Hassinger, Herbert: Johann Joachim Becher 1635–1682. Ein Beitrag zur Geschichte des Merkantilismus. Wien 1951.

Heckscher, Eli F.: Der Merkantilismus, 2 Bde. Jena 1932.

Houtte, Jan A. van: An Economic History of the Low Countries 800–1800. London 1977.

Hroch, Miroslav: Handel und Politik im Ostseeraum während des Dreißigjährigen Krieges. Zur Rolle des Kaufmannskapitals in der aufkommenden allgemeinen Krise der Feudalgesellschaft in Europa. Prag 1976.

Kaphahn, Fritz: Der Zusammenbruch der deutschen Kreditwirtschaft im XVII. Jahrhundert und der Dreißigjährige Krieg. In: Deutsche Geschichtsblätter 13 (1911), S.139–162.

Kellenbenz, Hermann: Deutsche Wirtschaftsgeschichte. Bd.1: Von den Anfängen bis zum Ende des 18. Jahrhunderts. München 1977.

Kellenbenz, Hermann (Hrg.): Europäische Wirtschafts- und Sozialgeschichte vom ausgehenden Mittelalter bis zur Mitte des 17. Jahrhunderts (Handbuch der europäischen Wirtschafts- und Sozialgeschichte, Bd. 3). Stuttgart 1986.

Klein, Ernst: Geschichte der öffentlichen Finanzen in Deutschland (1500–1870). Wiesbaden 1974.

Kriedte, Peter: Spätfeudalismus und Handelskapital. Grundlinien der europäischen Wirtschaftsgeschichte vom 16. bis zum Ausgang des 18. Jahrhunderts. Göttingen 1980.

Redlich, Fritz: Die deutsche Inflation des frühen 17. Jahrhunderts in der zeitgenössischen Literatur: Die Kipper und Wipper. Köln 1972.

Schremmer, Eckart: Die Wirtschaft Bayerns. Vom hohen Mittelalter bis zum Beginn der Industrialisierung. München 1970.

Srbik, Heinrich Ritter von: Wilhelm von Schröder. Wien 1910.

Vries, Jan de: Economy of Europe in the Age of Crisis 1600–1750. Cambridge 1976.

3.3.2. Landwirtschaft und Agrarverfassung

Abel, Wilhelm: Agrarkrisen und Agrarkonjunktur. Eine Geschichte der Land- und Ernährungswirtschaft Mitteleuropas seit dem hohen Mittelalter. 3. Aufl. Hamburg 1978.

Abel, Wilhelm: Geschichte der deutschen Landwirtschaft vom frühen Mittelalter bis zum 19. Jahrhundert. 3. Aufl. Stuttgart 1978.

Blaschke, Karlheinz: Grundzüge und Probleme einer sächsischen Agrarverfassungsgeschichte. In: ZRG GA 82 (1965) S. 223–287.

Henning, Friedrich Wilhelm: Landwirtschaft und ländliche Gesellschaft in Deutschland, Bd. 1: 800–1750. Paderborn 1979.
Lütge, Friedrich: Geschichte der deutschen Agrarverfassung. Vom frühen Mittelalter bis zum 19. Jahrhundert. 2. Aufl. Stuttgart 1967.
Strobel, Albrecht: Agrarverfassung im Übergang. Studien zur Agrargeschichte des badischen Breisgaus vom Beginn des 16. bis zum Ausgang des 18. Jahrhunderts. Freiburg 1972.
Vries, Jan de: The Role of the Rural Sector in the Expansion of the Dutch Economy: 1500–1700. Yale University, Ph. D. 1970.

3.3.3. Bergbau und Gewerbe

Allmann, Joachim: Der Wald in der frühen Neuzeit. Eine mentalitäts- und sozialgeschichtliche Untersuchung am Beispiel des Pfälzer Raumes 1500–1800. Berlin 1989.
Götschmann, Dirk: Oberpfälzer Eisen – Bergbau und Eisengewerbe im 16. und 17. Jahrhundert. Amberg 1985.
Henschke, Ekkehard: Landesherrschaft und Bergbauwirtschaft. Zur Wirtschafts- und Verwaltungsgeschichte des Oberharzer Bergbaugebietes im 16. und 17. Jahrhundert. Berlin 1974.
Kriedte, Peter/ Medick, Hans/ Schlumbohm, Jürgen (Hrgg.): Industrialisierung vor der Industrialisierung. Gewerbliche Warenproduktion auf dem Land in der Formationsperiode des Kapitalismus. Göttingen 1977.
Proesler, Hans: Das gesamtdeutsche Handwerk im Spiegel der Reichsgesetzgebung von 1530–1806. Berlin 1954.
Mitterauer, Michael (Hrg.): Österreichisches Montanwesen. Produktion, Verteilung, Sozialformen. München/ Wien 1974.

3.3.4. Handel und Geldwesen

Bog, Ingomar (Hrg.): Der Außenhandel Ostmitteleuropas 1450–1650. Die ostmitteleuropäischen Volkswirtschaften in ihren Beziehungen zu Mitteleuropa. Köln/ Wien 1971.
Kellenbenz, Hermann: Unternehmerkräfte im Hamburger Portugal- und Spanienhandel 1590–1625. Hamburg 1954.
Klein, Ernst (Hrg.): Deutsche Bankengeschichte Bd. 1: Von den Anfängen bis zum Ende des Alten Reiches (1806). Frankfurt a. M. 1982.
McCusker, John J.: Money and Exchange in Europe and America, 1600–1775. Williamsburg 1978.
Troeltsch, Walter: Die Calwer Zeughandelskompagnie und ihre Arbeiter. Jena 1897.
Westermann, Ekkehard (Hrg.): Internationaler Ochsenhandel (1350–1750). Akten 7th International Economic History Congress, Edinburgh 1978. Stuttgart 1979.

3.4. Gesellschaft

3.4.1. Allgemeines, Übergreifendes

Ariès, Philippe: Geschichte der Kindheit. 2. Aufl. München/Wien 1975.
Blickle, Peter: Untertanen in der Frühneuzeit. Zur Rekonstruktion der politischen Kulturen und der sozialen Wirklichkeit Deutschlands im 17. Jahrhundert. In: VSWG 70 (1983), S. 483–522.

Blickle, Peter: Deutsche Untertanen. Ein Widerspruch. München 1981.
Elias, Norbert: Über den Prozeß der Zivilisation, 2 Bde. Frankfurt 1976.
Endres, Rudolf: Die deutschen Führungsschichten um 1600. In: Deutsche Führungsschichten in der Neuzeit. Eine Zwischenbilanz. Büdinger Vorträge 1978, hrg. v. H. H. Hofmann/ G. Franz. Boppard 1980, S.79–109.
Medick, Hans/Sabean, David (Hrgg.): Emotionen und materielle Interessen. Sozialanthropologische und historische Beiträge zur Familienforschung. Göttingen 1984.
Mitterauer, Michael/Sieder, Reinhard: Vom Patriarchat zur Partnerschaft. Zum Strukturwandel der Familie. München 1977.
Mitterauer, Michael: Grundtypen alteuropäischer Sozialformen. Haus und Gemeinde in vorindustriellen Gesellschaften (Kultur und Gesellschaft 5). Stuttgart 1979.

3.4.2. Adel

Brunner, Otto: Adeliges Landleben und europäischer Geist. Salzburg 1949.
MacHardy, Karin J.: Der Einfluß von Status, Konfession und Besitz auf das politische Verhalten des niederösterreichischen Ritterstandes 1580–1620. In: Spezialforschung und „Gesamtgeschichte", hrg. v. G. Klingenstein/H. Lutz, München 1982, S.56–83.
Press, Volker: Adel im Reich um 1600. In: Spezialforschung und „Gesamtgeschichte", hrg. v. G. Klingenstein/H. Lutz, München 1982, S.15–47.
Press, Volker: Das Haus Dohna in der europäischen Adelsgesellschaft des 16. und 17. Jahrhunderts. In: Reformatio et Reformationes. Festschrift für Lothar Graf zu Dohna zum 65. Geburtstag, hrg. v. A. Mehl/W. Ch. Schneider. Darmstadt 1989, S. 371–402.
Press, Volker: „Denn der Adel bildet die Grundlage und die Säulen des Staates". Adel im Reich 1650–1750. In: „Der ganzen Welt ein Lob und Spiegel". Das Fürstenhaus Liechtenstein in der frühen Neuzeit, hrg. v. E. Oberhammer. Wien/München 1990, S. 11–32.
Press, Volker: Adel in den österreichisch-böhmischen Erblanden und dem Reich zwischen dem 15. und 17. Jahrhundert. In: Adel im Wandel. Politik – Kultur – Konfession 1500–1700. Katalog der niederösterreichischen Landesausstellung Rosenburg. Wien 1990, S. 19–31.
Reingrabner, Gustav: Adel und Reformation. Beiträge zur Geschichte des protestantischen Adels im Lande unter der Enns während des 16. und 17. Jahrhunderts. Wien 1976.
Rößler, Hellmuth (Hrg.): Deutscher Adel 1555–1740 (Schriften zur Problematik der deutschen Führungsschichten in der Neuzeit 2). Darmstadt 1965.
Rosenberg, Hans: Die Ausprägung der Junkerherrschaft in Brandenburg-Preußen 1410–1680. In: Machteliten und Wirtschaftskonjunkturen. Studien zur neueren deutschen Sozial-und Wirtschaftsgeschichte, hrg. v. H. Rosenberg. Göttingen 1978, S. 24–82; S. 298–308.
Schröcker, Alfred: Besitz und Politik des Hauses Schönborn vom 14. bis zum 18. Jahrhundert. In: Mitteilungen des österreichischen Staatsarchives 26 (1973), S. 212–234.

3.4.3. Bürgertum

Franz, Günther (Hrg.): Beamtentum und Pfarrerstand 1400–1800 (Deutsche Führungsschichten in der Neuzeit 5). Limburg 1972.

Friedrichs, Christopher R.: Urban Society in an Age of War: Nördlingen 1580–1720. Princeton 1979.

Rößler, Hellmut (Hrg.): Deutsches Patriziat 1430–1740. Limburg/ Lahn 1968.

Schilling, Heinz: Wandlungs- und Differenzierungsprozesse innerhalb der bürgerlichen Oberschichten West- und Nordwestdeutschlands im 16. und 17. Jahrhundert. In: Schichtung und Entwicklung der Gesellschaft in Polen und Deutschland im 16. und 17. Jahrhundert, hrg. v. M. Biskup/K. Zernack (VjschrSozialWirtschG Beiheft 74). Wiesbaden 1983, S. 121–173.

Schilling, Heinz/Diederiks, Hermann (Hrgg.): Bürgerliche Eliten in den Niederlanden und in Nordwestdeutschland. Studien zur Sozialgeschichte des europäischen Bürgertums im Mittelalter und in der Neuzeit. Köln/Wien 1985.

Schorn-Schütte, Luise: „Gefährtin" und „Mitregentin". Zur Sozialgeschichte der evangelischen Pfarrfrau in der Frühen Neuzeit. In: Wandel der Geschlechterbeziehungen zu Beginn der Neuzeit, hrg. v. H. Wunder/Ch. Vanja. Frankfurt a. M. 1991, S.109–153.

Schulz, Knut: Handwerksgesellen und Lohnarbeiter. Untersuchungen zur oberrheinischen und oberdeutschen Stadtgeschichte des 14. bis 17. Jahrhunderts. Sigmaringen 1985.

Stoob, Heinz (Hrg.): Altständisches Bürgertum, 2 Bde. Darmstadt 1978.

3.4.4. Bauerntum

Bog, Ingomar: Die bäuerliche Wirtschaft im Zeitalter des Dreißigjährigen Krieges. Die Bewegungsvorgänge in der Kriegswirtschaft nach den Quellen des Klosterverwalteramtes Heilsbronn. Coburg 1952.

Boelcke, Willi A.: Bäuerlicher Wohlstand in Württemberg Ende des 16. Jahrhunderts. In: JbbNationalökonStat 176 (1964), S. 241–280.

Eckardt, Hans Wilhelm: Herrschaftliche Jagd, bäuerliche Not und bürgerliche Kritik. Zur Geschichte der fürstlichen und adligen Jagdprivilegien vornehmlich im südwestdeutschen Raum. Göttingen 1976.

Franz, Günther: Geschichte des deutschen Bauernstandes vom frühen Mittelalter bis zum 19. Jahrhundert (Deutsche Agrargeschichte, hrg. v. G. Franz, Bd.4). 2. Aufl. Stuttgart 1976.

Schlögl, R.: Bauern, Krieg und Staat. Oberbayerische Bauernwirtschaft und frühmoderner Staat im 17. Jahrhundert. Göttingen 1988.

Wunder, Heide: Das Dorf um 1600 – der primäre Lebenszusammenhang der ländlichen Gesellschaft. In: Literatur und Volk im 17. Jahrhundert, hrg. v. W. Brückner/ P. Blickle/ D. Breuer, Teil 1. Wiesbaden 1985, S. 69–87.

Wunder, Heide: Die bäuerliche Gemeinde in Deutschland. Göttingen 1986.

3.4.5. Juden

Battenberg, Friedrich: Das europäische Zeitalter der Juden, 2 Bde. Darmstadt 1990.

Battenberg, Friedrich: Judenordnungen der frühen Neuzeit in Hessen. In: Neunhundert Jahre Geschichte der Juden in Hessen. Beiträge zum politischen, wirtschaftlichen und kulturellen Leben. Wiesbaden 1983. S. 83–122.

Brilling, Bernhard: Die Prager jüdische Gemeinde als Fürsprecherin und Vertreterin des deutschen Judentums im 16. und 17. Jahrhundert. In: Theokratia 3 (1973), S. 185–198.

Cohen, Daniel J.: Die Entwicklung der Landesrabbinate in den deutschen Territorien bis zur Emanzipation. In: Zur Geschichte der Juden im Deutschland des späten Mittelalters und der frühen Neuzeit, hrg. v. A. Haverkamp. Stuttgart 1981, S. 221–242.

Israel, Jonathan J.: European Jewry in the Age of Mercantilism 1550–1750. 2. Aufl., Oxford 1989.

Press, Volker: Kaiser Rudolf II. und der Zusammenschluß der deutschen Judenheit. Die sogenannte Frankfurter Rabbinerverschwörung von 1603 und ihre Folgen. In: Zur Geschichte der Juden im Deutschland des späten Mittelalters und der frühen Neuzeit, hrg. v. A. Haverkamp. Stuttgart 1981. S. 243–293.

Schnee, Heinrich: Die Hoffinanz und der moderne Staat. Geschichte und System der Hoffaktoren an deutschen Fürstenhöfen im Zeitalter des Absolutismus. 6 Bde. Berlin 1953–63.

3.4.6. Randgruppen der Gesellschaft

Danckert, Werner: Unehrliche Leute. Die verfemten Berufe. Bern/München 1963.

Danker, Uwe: Räuberbanden im Alten Reich um 1700, 2 Bde. Frankfurt a. M. 1988.

Mitterauer, Michael: Ledige Mütter. Zur Geschichte illegitimer Geburten in Europa. München 1983.

3.4.7. Hexenverfolgungen

Behringer, Wolfgang: Hexenverfolgung in Bayern. Volksmagie, Glaubenseifer und Staatsräson in der Frühen Neuzeit. München 1987.

Degn, Christian/Lehmann, Hartmut/Unverhau, Dagmar (Hrgg.): Hexenprozesse. Deutsche und skandinavische Beiträge. Neumünster 1983.

Lehmann, Hartmut: Hexenverfolgungen und Hexenprozesse im Alten Reich zwischen Reformation und Aufklärung. In: Jb. d. Instituts für deutsche Geschichte 7 (1978), S. 13–70.

Lorenz, Sönke: Aktenversendung und Hexenprozeß, 2 Bde. Frankfurt/Bern 1982/4.

Midelfort, H. C. Erik: Witch Hunting in Southwestern Germany 1562–1648. The Social and Intellectual Foundations. Stanford 1972.

Schormann, Gerhard: Hexenprozesse in Nordwestdeutschland. Hildesheim 1977.

Schormann, Gerhard: Hexenprozesse in Deutschland. 2. Aufl. Göttingen 1986.

Soldan, Wilhelm G./Heppe, Heinrich: Geschichte der Hexenprozesse, hrg. von Max Bauer, 2 Bde. München 1912.

3.4.8. Alltag

Borscheid, Peter: Geschichte des Alters, 16. bis 18. Jahrhundert. Münster 1987.

Burke, Peter: Helden, Schurken und Narren. Europäische Volkskultur in der frühen Neuzeit. Stuttgart 1981.

Delumeau, Jean: Angst im Abendland. Die Geschichte kollektiver Ängste im Europa des 14. bis 18. Jahrhunderts. Reinbek 1985.

van Dülmen, Richard: Kultur und Alltag in der frühen Neuzeit Bd. 1: Das Haus und seine Menschen. München 1990.

van Dülmen, Richard/Schindler, Norbert (Hrgg.): Volkskultur. Zur Wiederent-

deckung des vergessenen Alltags (16. bis 20. Jahrhundert), 2. Aufl. Frankfurt/ Main 1987.
Kramer, Karl S.: Volksleben in Holstein (1550–1800). Eine Volkskunde aufgrund archivalischer Quellen. 2. Aufl. Kiel 1990.
Kuczynski, Jürgen: Geschichte des Alltags des deutschen Volkes, Bd. 1, 5. Aufl. Köln 1983, Bd. 2, Köln 1981.
Muchembled, Robert: Kultur des Volkes – Kultur der Eliten. Die Geschichte einer erfolgreichen Verdrängung. Stuttgart 1982.
Schär, Markus: Seelennöte der Untertanen (Selbstmord, Melancholie und Religion im Alten Zürich 1500–1800). Zürich 1985.
Schieder, Wolfgang (Hrg.): Volksreligiosität in der modernen Sozialgeschichte. Göttingen 1986.

3.4.9. Unruhen

Blickle, Peter: Unruhen in der ständischen Gesellschaft 1300–1800. München 1988.
van Dülmen, Richard: Bäuerlicher Protest und patriotische Bewegung. Der Volksaufstand in Bayern von 1705/06. In: ZBLG 45 (1982), S. 331–361.
Friederichs, Christopher: German Town Revolts and the Seventeenth Century Crisis. In: Renaissance and Modern Studies 26 (1982), S. 27–51.
Gabel, Helmut: „Äußerliche Verfolgung und innerliche Rebellion". Zur Ermordung des Abtes von Kornelimünster am 18. Juli 1699. In: Zeitschr. d. Aachener Geschichtsver. 93 (1986), S. 87–126.
Grüll, Georg: Bauer, Herr und Landesfürst. Sozialrevolutionäre Bestrebungen der oberösterreichischen Bauern von 1650–1848. Graz/Köln 1963.
Haasis, Hellmut G.: Spuren der Besiegten, Bd. 1–2. Reinbek 1984.
Hildebrandt, Reinhard: Rat contra Bürgerschaft. Die Verfassungskonflikte in den Reichsstädten des 17. und 18. Jahrhunderts. In: Zs. f. Stadtgeschichte, Stadtsoziologie und Denkmalpflege 1 (1974), S. 221–241.
Meyn, Matthias: Die Reichsstadt Frankfurt vor dem Bürgeraufstand von 1612–1614. Struktur und Krise. Frankfurt/Main 1980.
Press, Volker: Von den Bauernrevolten des 16. zur konstitutionellen Verfassung des 19. Jahrhunderts. Die Untertanenkonflikte in Hohenzollern-Hechingen und ihre Lösungen. In: Politische Ordnungen und soziale Kräfte im Alten Reich, hrg. von H. Weber. Wiesbaden 1980, S. 85–112.
Probst, Christian: Lieber bayrisch sterben. Der bayerische Volksaufstand der Jahre 1705 und 1706. München 1978.
Schilling, Heinz: Bürgerkämpfe in Aachen zu Beginn des 17. Jahrhunderts. Konflikte im Rahmen der alteuropäischen Stadtgesellschaft oder im Umkreis der frühbürgerlichen Revolution? In: ZHF 1 (1974), S. 175–231.
Schmidt, Georg: Agrarkonflikte und Territorialisierung. In: Jahrbuch für Regionalgeschichte 16 (1989), S. 39–56.
Schulze, Winfried: Bäuerlicher Widerstand und feudale Herrschaft in der frühen Neuzeit. Stuttgart 1980.
Schulze, Winfried: Oberdeutsche Untertanenrevolten zwischen 1580 und 1620. Reichssteuern und bäuerlicher Widerstand. In: Bauer, Reich und Reformation, hrg. v. Peter Blickle. Festschrift für Günther Franz. Stuttgart 1982, S. 120–147.
Schulze, Winfried: Europäische und deutsche Bauernrevolten der frühen Neuzeit:

Probleme der vergleichenden Betrachtung. In: Europäische Bauernrevolten der frühen Neuzeit, hrg. v. W. Schulze. Frankfurt/Main 1982, S. 10–60.
Schulze, Winfried (Hrg.): Aufstände, Revolten, Prozesse. Beiträge zu bäuerlichen Widerstandsbewegungen im frühneuzeitlichen Europa. Stuttgart 1983.
Stieve, Felix: Der oberösterreichische Bauernaufstand des Jahres 1626. 2 Bde. München 1901.
Troßbach, Werner: Bauernbewegungen im Wetterau-Vogelsberg-Gebiet 1648–1806. Fallstudien zum bäuerlichen Widerstand im Alten Reich. Darmstadt 1985.
Troßbach, Werner: Soziale Bewegungen und politische Erfahrung: bäuerlicher Protest in hessischen Territorien. Weingarten 1987.

4. Recht und Verfassung

4.1. Allgemeines

Blickle, Peter: Landschaften im Alten Reich. Die staatliche Funktion des gemeinen Mannes in Oberdeutschland. München 1973.
Blickle, Peter: Kommunalismus, Parlamentarismus, Republikanismus. In: HZ 242 (1986), S. 529–556.
Böckenförde, Ernst-Wolfgang: Die deutsche verfassungsgeschichtliche Forschung im 19. Jahrhundert. Zeitgebundene Fragestellungen und Leitbilder. Berlin 1961.
Boldt, Hans: Deutsche Verfassungsgeschichte, Bd. 1: Von den Anfängen bis zum Ende des älteren deutschen Reiches 1806. München 1984.
Carsten, Francis L.: Princes and Parliaments in Germany. From the Fifteenth to the Eigteenth Century. Oxford 1959.
Conrad, Hermann: Deutsche Rechtsgeschichte, Bd. 2: Neuzeit bis 1806, Karlsruhe 1966.
Feine, Hans Erich: Die Besetzung der Reichsbistümer vom Westfälischen Frieden bis zur Säkularisation 1648–1803. Stuttgart 1905 (Neudruck Amsterdam 1964).
Haan, Heiner: Kaiser Ferdinand II. und das Problem des Reichsabsolutismus. In: HZ 207 (1968), S. 297–345.
Hartung, Fritz: Deutsche Verfassungsgeschichte vom 15. Jahrhundert bis zur Gegenwart, 9. Aufl. Stuttgart 1969.
Heckel, Martin: Staat und Kirche. Nach den Lehren der evangelischen Juristen Deutschlands in der ersten Hälfte des 17. Jahrhunderts. München 1968.
Hintze, Otto: Typologie der ständischen Verfassung des Abendlandes. In: ders., Gesammelte Abhandlungen Bd. 1, hrg. von Gerhard Oestreich. Göttingen 1962, S. 120–139.
Jeserich, Kurt. G. A./u. a. (Hrgg.): Deutsche Verwaltungsgeschichte, Bd. 1. Stuttgart 1983.
Koenigsberger, Helmut G. (Hrg.): Republiken und Republikanismus im Europa der Frühen Neuzeit. München 1988.
Kroeschell, Karl, Deutsche Rechtsgeschichte, Bd. 2, 7. Auflage; Bd. 3, Opladen 1989.
Kunisch, Johannes/Neuhaus, Helmut (Hrgg.): Der dynastische Fürstenstaat. Zur Bedeutung von Sukzessionsordnungen für die Entstehung des frühmodernen Staates. Berlin 1982.
Maczak, Antoni (Hrg.): Klientelsysteme im Europa der frühen Neuzeit. München 1988.
Mitteis, Heinrich/Lieberich, Heinz: Deutsche Rechtsgeschichte, 18. Aufl. München 1988.

Moraw, Peter/Press, Volker: Probleme der Sozial- und Verfassungsgeschichte des Heiligen Römischen Reiches im späten Mittelalter und in der frühen Neuzeit (13.–18. Jahrhundert). In: ZHF 2 (1975), S. 95–108.
Oestreich, Gerhard: Geist und Gestalt des frühmodernen Staats. Berlin 1969.
Oestreich, Gerhard: Verfassungsgeschichte vom Ende des Mittelalters bis zum Ende des Alten Reiches (Gebhardt, Handbuch der deutschen Geschichte, Bd. 11). 9. Aufl. München 1974.
Press, Volker: Das römisch-deutsche Reich – ein politisches System in verfassungs- und sozialgeschichtlicher Fragestellung. In: Spezialforschung und „Gesamtgeschichte", hrgg. v. G. Klingenstein/H. Lutz. München 1982, S. 221–242.
Press, Volker: Formen des Ständewesens in den deutschen Territorialstaaten des 16. und 17. Jahrhunderts. In: Ständetum und Staatsbildung in Brandenburg-Preußen, hrg. v. P. Baumgart. Berlin/New York 1983, S. 280–318.
Press, Volker: Kommunalismus oder Territorialismus? Bemerkungen zur Ausbildung des frühmodernen Staates in Mitteleuropa. In: Die Bildung des frühmodernen Staates – Stände und Konfessionen, hrg. v. H. Timmermann. Saarbrücken-Scheidt 1989, S. 109–135.
Raeff, Marc: The Well-Ordered Police-State. Social and Institutional Change through Law in the Germanies and Russia 1600–1800. New Haven 1983.
Rausch, Heinz (Hrg.): Die geschichtlichen Grundlagen der modernen Volksvertretung, 2 Bde. Darmstadt 1974/80.
Reinhard, Wolfgang: Staatsmacht als Kreditproblem. Zur Struktur und Funktion des frühneuzeitlichen Ämterhandels. In: VSWG 61 (1974), S. 290–319.
Schnur, Roman (Hrg.): Die Rolle der Juristen bei der Entstehung des modernen Staates. Berlin 1986.
Schulze, Winfried (Hrg.): Ständische Gesellschaft und soziale Mobilität. München 1988.
Sellert, Wolfgang: Über die Zuständigkeitsabgrenzung von Reichshofrat und Reichskammergericht. Aalen 1965.
Vierhaus, Rudolf (Hrg.): Herrschaftsverträge, Wahlkapitulationen, Fundamentalgesetze. Göttingen 1977.
Willoweit, Dietmar: Deutsche Verfassungsgeschichte. Vom Frankenreich bis zur Teilung Deutschlands. München 1990.

4.2. Das Reich

Becker, Winfried: Der Kurfürstenrat. Grundzüge seiner Entwicklung in der Reichsverfassung und seine Stellung auf dem Westfälischen Friedenskongreß. Münster 1973.
Belstler, Ulrich: Die Stellung des Corpus Evangelicorum in der Reichsverfassung. Bamberg 1968.
Bierther, Karin: Der Regensburger Reichstag von 1640/41. Kallmünz 1971.
Dotzauer, Winfried: Die deutschen Reichskreise in der Verfassung des Alten Reiches und ihr Eigenleben (1500–1806). Darmstadt 1989.
Duchhardt, Heinz: Protestantisches Kaisertum und Altes Reich. Wiesbaden 1977.
Feine, Hans E.: Zur Verfassungsentwicklung des Heiligen Römischen Reichs seit dem Westfälischen Frieden. In: Ders., Territorium und Gericht, hrg. v. F. Merzbacher. Aalen 1978, S. 237–305.
Gross, Lothar: Die Geschichte der deutschen Reichshofkanzlei 1559–1806. Wien 1935.

Gschliesser, Oswald von: Der Reichshofrat. Bedeutung und Verfassung, Schicksal und Besetzung einer obersten Reichsbehörde von 1559 bis 1806. Wien 1942 (ND Nendeln 1970).
Haan, Heiner: Der Regensburger Kurfürstentag von 1636/37. München 1967.
Heckel, Martin: Parität. In: ZRG KA 49 (1963), S. 261–420.
Jahns, Sigrid: Der Aufstieg in die juristische Funktionselite des Alten Reiches. In: Ständische Gesellschaft und soziale Mobilität, hrg. v. W. Schulze. München 1988, S. 353–387.
Kietzell, Roswitha von: Der Frankfurter Deputationstag von 1642–1645. In: Nassauische Annalen 83 (1972), S. 99–119.
Kleinheyer, Gerd: Die kaiserlichen Wahlkapitulationen. Geschichte, Wesen und Funktion. Karlsruhe 1968.
Kretzschmar, Johannes: Der Heilbronner Bund 1632–1635, 3 Bde. Lübeck 1922.
Magen, Ferdinand: Die Reichskreise in der Epoche des Dreißigjährigen Krieges. In: ZHF 9 (1982), S. 409–460.
Mohnhaupt, Heinz: Die verfassungsgeschichtliche Einordnung der Reichskreise in die Reichsorganisation. In: Der Kurfürst von Mainz und die Kreisassoziationen, hrg. v. K. O. Frhr. v. Aretin. Wiesbaden 1975, S. 1–29.
Neuer-Landfried, Franziska: Die Katholische Liga. Gründung, Neugründung und Organisation eines Sonderbundes 1606–1620. Kallmünz 1968.
Press, Volker: Das Reichskammergericht in der deutschen Geschichte. Wetzlar 1987.
Press, Volker: Die kaiserliche Stellung im Reich zwischen 1648 und 1740 – Versuch einer Neubewertung. In: Stände und Gesellschaft im Alten Reich, hrg. v. G. Schmidt. Stuttgart 1989, S. 51–80.
Roeck, Bernd: Reichssystem und Reichsherkommen. Stuttgart 1984.
Schlaich, Klaus: Majoritas – protestatio – itio in partes – corpus Evangelicorum. In: ZRG KA 107 (1977), S. 264–299; 108 (1978), S. 139–179.
Schnur, Roman: Der Rheinbund von 1658 in der deutschen Verfassungsgeschichte. Bonn 1955.
Schubert, Friedrich H.: Die deutschen Reichstage in der Staatslehre der frühen Neuzeit. Göttingen 1966.
Schulze, Winfried: Majority Decision in the Imperial Diets of the Sixteenth and Seventeenth Centuries. In: Journal of Modern History 58, Supplement 1986, S. 46–63.
Sicken, Bernhard: Der Fränkische Reichskreis. Würzburg 1970.
Smend, Rudolf: Das Reichskammergericht. Geschichte und Verfassung. Weimar 1911 (ND Aalen 1965).
Storm, Peter-Christoph: Der Schwäbische Kreis als Feldherr. Berlin 1974.
Wunder, Bernd: Die Kreisassoziationen 1672–1748. In: ZGO 128 (1980), 167– 266.

4.3. Absolutismus und Hof

Ehalt, Hubert Christoph: Ausdrucksformen absolutistischer Herrschaft. Der Wiener Hof im 17. und 18. Jahrhundert. München 1980.
Elias, Norbert: Die höfische Gesellschaft, 5. Aufl. Darmstadt/Neuwied 1981.
Europäische Hofkultur im 16. und 17. Jahrhundert, 3 Bde. Hamburg 1981.
Hinrichs, Ernst (Hrg.): Absolutismus. Frankfurt 1986.

Hof, Staat und Gesellschaft in der Literatur des 17. Jahrhunderts, hrg. v. E. Blühm/ u. a. Amsterdam 1982.
Hubatsch, Walther (Hrg.): Absolutismus. Darmstadt 1973.
Kruedener, Jürgen Freiherr von: Die Rolle des Hofes im Absolutismus. Stuttgart 1973.
Press, Volker: La corte principesca in Germania nel XVI e XVII secolo. In: „Familia" del principe e famiglia aristocratica, hrg. v. C. Mozarelli, Bd. 1. Roma 1988, S. 159–179.
Press, Volker: Der deutsche Fürstenhof des 17. und 18. Jahrhunderts. In: Thomaskantor Bach, Bach-Tage Berlin 1990, Programmbuch 1990, S. 95–101.
Stollberg-Rilinger, Barbara: Der Staat als Maschine. Zur politischen Metaphorik des absoluten Fürstenstaates. Berlin 1986.

4.4. *Österreich und die Erblande*

Fellner, Thomas/Kretschmayr, Heinrich: Die österreichische Zentralverwaltung, 1. Abt. Wien o. J.
Quarthal, Franz: Landstände und landständisches Steuerwesen in Schwäbisch-Österreich. Stuttgart 1980.
Schulze, Winfried: Landesdefension und Staatsbildung. Studien zum Kriegswesen des innerösterreichischen Territorialstaates (1564–1619). Wien 1973.
Walter, Friedrich: Österreichische Verfassungs- und Verwaltungsgeschichte von 1500 bis 1955. Wien/u. a. 1972.

4.5. *Brandenburg/Preußen*

Baumgart, Peter (Hrg.): Ständetum und Staatsbildung in Brandenburg-Preußen. Berlin 1983.
Fürbringer, Christoph: Necessitas und Libertas. Staatsbildung und Landstände im 17. Jahrhundert in Brandenburg. Frankfurt a. M. 1985.
Hintze, Otto: Regierung und Verwaltung. Gesammelte Abhandlungen zur Staats-, Rechts- und Sozialgeschichte Preußens, 2. Aufl. Göttingen 1967.
Vetter, Klaus: Die Stände im absolutistischen Preußen. In: ZfG 24 (1976), S. 1290–1306.
Willoweit, Dietmar: Über den preußischen Beitrag zur deutschen Staatsentwicklung. In: Saeculum 33 (1982), S. 347–358.

4.6. *Sonstige Territorien*

Asch, Ronald: Verwaltung und Beamtentum. Die gräflich fürstenbergischen Territorien vom Ausgang des Mittelalters bis zum schwedischen Krieg 1490–1632. Stuttgart 1986.
Dülfer, Kurt: Fürst und Verwaltung. Grundzüge der hessischen Verwaltungsgeschichte im 16.–19. Jahrhundert. In: Hess. Jb. f. LG 3 (1953), S. 150–223.
Hauptmeyer, Carl-Hans: Souveränität, Partizipation und absolutistischer Kleinstaat. Die Grafschaft Schaumburg (-Lippe) als Beispiel. Hildesheim 1980.
Heuvel, Christine van den: Beamtenschaft und Territorialstaat. Behördenentwicklung und Sozialstruktur der Beamtenschaft im Hochstift Osnabrück 1550–1800. Osnabrück 1984.
Jäger, Berthold: Das geistliche Fürstentum Fulda in der frühen Neuzeit: Landesherrschaft, Landstände und fürstliche Verwaltung. Marburg 1986.

Maurer, Hans-Martin: Die Ausbildung der Territorialgewalt oberschwäbischer Klöster vom 14. bis zum 17. Jahrhundert. In: Bll. f. dt. LG 109 (1973), S. 151–195.
Schmidt, Heinrich: Politische Geschichte Ostfrieslands. Leer 1975.
Walz, Rainer: Stände und frühmoderner Staat. Die Landstände von Jülich-Berg im 16. und 17. Jahrhundert. Neustadt/Aisch 1982.

4.7. *Städte, insbesondere die Reichsstädte*

Brunner, Otto: Souveränitätsprobleme und Sozialstruktur in den deutschen Reichsstädten der Frühen Neuzeit. In: Ders., Neue Wege der Verfassungs- und Sozialgeschichte. 3. Aufl. Göttingen 1980, 294–321.
Buchstab, Günter: Reichsstädte, Städtekurie und Westfälischer Friedenskongreß. Münster 1976.
Gerteis, Klaus: Die deutschen Städte in der Frühen Neuzeit. Darmstadt 1986.
Leiser, Wolfgang: Territorien süddeutscher Reichsstädte. Ein Strukturvergleich. In: Ztschr. f. Bayer. LG 38 (1975), S. 967–981.
Maschke, Erich/Sydow, Jürgen (Hrgg.): Verwaltung und Gesellschaft in der südwestdeutschen Stadt des 17. und 18. Jahrhunderts. Stuttgart 1969.
Press, Volker (Hrg.): Städtewesen und Merkantilismus in Mitteleuropa. Köln/Wien 1983.
Press, Volker: Die Reichsstadt in der altständischen Gesellschaft. In: ZHF, Beiheft 3 (1987), S. 9–42.
Rausch, Wilhelm (Hrg.): Die Städte Mitteleuropas im 17. und 18. Jahrhundert. Linz 1981.
Schmoller, Gustav: Deutsches Städtewesen in älterer Zeit. Bonn 1922 (ND Aalen 1964).
Walker, Mack: German Home Towns. Community, State and General Estate. 1648–1871. Ithaca/N. Y. 1971.
Warmbrunn, Paul: Zwei Konfessionen in einer Stadt. Das Zusammenleben von Katholiken und Protestanten in den paritätischen Reichsstädten Augsburg, Biberach, Ravensburg und Dinkelsbühl von 1548 bis 1648. Wiesbaden 1983.

4.8. *Die Reichsritterschaft*

Duchhardt, Heinz: Reichsritterschaft und Reichskammergericht. In: ZHF 5 (1978), S. 315–337.
Hellstern, Dieter: Der Ritterkanton Neckar-Schwarzwald 1560–1805. Tübingen 1971.
Mauchenheim gen. Bechtolsheim, Hartmann von: Des Heiligen Römischen Reichs unmittelbar freie Ritterschaft zu Franken Ort Steigerwald im 17. und 18. Jahrhundert. Würzburg 1972.
Press, Volker: Die Reichsritterschaft im Reich der frühen Neuzeit. In: Nassauische Annalen 87 (1976), S. 101–122.
Schulz, Thomas: Der Kanton Kocher der Schwäbischen Reichsritterschaft 1542–1805. Esslingen 1986.
Stetten, Wolfgang von: Die Rechtsstellung der unmittelbaren freien Reichsritterschaft, ihre Mediatisierung und ihre Stellung in den neuen Landen, dargestellt am fränkischen Kanton Odenwald. o. O. 1973.

4.9. *Recht und Gesetzgebung; politische Ideen*

Brückner, Jutta : Staatswissenschaften, Kameralismus und Naturrecht. Ein Beitrag zur Geschichte der politischen Wissenschaften im Deutschland des späten 17. und frühen 18. Jahrhunderts. München 1977.

Grawert, Rolf: Historische Entwicklungslinien des neuzeitlichen Gesetzesrechts. In: Der Staat 11 (1972), S. 1–25.

Gross, Hans: Empire and Sovereignity. A History of the Public Law Literature in the Holy Roman Empire 1599–1804. Chicago/London 1973.

Hammerstein, Notker: Ius und Historie. Göttingen 1972.

Hammerstein, Notker: Leibniz und das Heilige Römische Reich deutscher Nation. In: Nassauische Annalen 85 (1974), S. 87–102.

Hammerstein, Notker: Samuel Pufendorf. In: Staatsdenker im 17. und 18. Jahrhundert, hrg. v. M. Stolleis. Frankfurt 1977, S. 174–197.

Knemeyer, Franz Ludwig: Polizeibegriffe in den Gesetzen des 15. bis 18. Jahrhunderts. In: Archiv des öffentlichen Rechts 92 (1967), S. 153–180.

Kraemer, Horst: Der deutsche Kleinstaat des 17. Jahrhunderts im Spiegel von Seckendorffs „Teutschem Fürstenstaat". Darmstadt 1974.

Kunisch, Johannes: Staatsbildung als Gesetzgebungsproblem. Zum Verfassungscharakter frühneuzeitlicher Sukzessionsordnungen. In: Gesetzgebung als Faktor der Staatsentwicklung (Der Staat Beiheft 7). Berlin 1984, S. 63–88.

Maier, Hans: Die ältere deutsche Staats- und Verwaltungslehre, 2. Aufl. München 1980.

Malettke, Klaus: Altes Reich und Reichsverfassung in französischen Traktaten des 17. Jahrhunderts. In: Deutschland und Frankreich in der frühen Neuzeit, hrg. v. H. Duchhardt/E. Schmitt. München 1987, S. 221–258.

Mohnhaupt, Heinz: „Europa" und „Ius publicum" im 17. und 18. Jahrhundert. In: Aspekte der europäischen Rechtsgeschichte. Festgabe für Helmut Coing. Frankfurt a. M. 1982, S. 207–232.

Münkler, Herfried: Im Namen des Staates. Die Begründung der Staatsraison in der Frühen Neuzeit. Frankfurt 1987.

Schulze, Reiner: Polizey und Gesetzgebungslehre im 17. und 18. Jahrhundert. Berlin 1982.

Stolleis, Michael: Geschichte des öffentlichen Rechts in Deutschland, Bd. 1: Reichspublizistik und Policeywissenschaft 1600–1800. München 1988.

Stolleis, Michael (Hrg.): Staatsdenker im 17. und 18. Jahrhundert. Frankfurt 1977.

Willoweit, Dietmar: Rechtsgrundlagen der Territorialgewalt. Landesobrigkeit, Herrschaftsrechte und Territorium in der Rechtswissenschaft der Neuzeit. Köln 1975.

5. Europäische Kriege und Konflikte

5.1. *Heer- und Kriegswesen*

Barker, Thomas M.: Army, Aristocracy, Monarchy: essays on war, society and government in Austria 1618–1780. New York 1982.

Corvisier, André: Armées et sociétés en Europe de 1494 à 1789. Paris 1976.

Duchhardt, Heinz: Gleichgewicht der Kräfte, Convenance, Europäisches Konzert. Friedenskongresse und Friedensschlüsse vom Zeitalter Ludwigs XIV. bis zum Wiener Kongress. Darmstadt 1976.

Hahlweg, Walter: Die Heeresreform der Oranier und die Antike. Berlin 1941.
Kroener, Bernhard R.: Soldat und Soldateska? In: Militärgeschichte. Probleme, Thesen, Wege, hrg. von M. Messerschmidt/u. a.. Stuttgart 1982, S. 100–123.
Parker, Geoffrey: The military revolution. Military innovation and the rise of the West 1500–1800. Cambridge 1988 (dt. Ausgabe Frankfurt/Main 1990).
Redlich, Fritz: The German Military Enterpriser and his Work Force. 2 Bde. (VSWG Beihefte 47, 48). Wiesbaden 1964.
Repgen, Konrad: Kriegslegitimationen in Alteuropa. Entwurf einer historischen Typologie. In: HZ 241 (1985), S. 27–49.
Stollberg-Rilinger, Barbara/Kunisch, Johannes (Hrgg.): Staatsverfassung und Heeresverfassung in der europäischen Geschichte der frühen Neuzeit. Berlin 1986.

5.2. Vorgeschichte des Dreißigjährigen Krieges

Altmann, Hugo: Die Reichspolitik Maximilians I. von Bayern 1613–1618. München/Wien 1978.
Carter, Charles H.: The Secret Diplomacy of the Habsburgs, 1598–1625. New York 1964.
Chlumecky, Peter Ritter von: Carl von Zierotin und seine Zeit, 2 Bde. Brünn 1862/1879.
Gerteis, Klaus: Monarchie und Ständestaat. Der böhmische Aufstand von 1618. Quellen und wissenschaftliche Diskussion. Trier 1983.
Gotthard, Axel: Konfession und Staatsraison. Die Außenpolitik Württembergs unter Herzog Johann Friedrich. Diss. Tübingen 1990.
Rainer, Johann: Der Prozeß gegen Kardinal Klesl. In: Römische Historische Mitteilungen 5 (1961/62), S. 35–163.

5.3. Dreißigjähriger Krieg und Westfälischer Friede

Albrecht, Dieter: Die auswärtige Politik Maximilians von Bayern 1618–1635. Göttingen 1962.
Barudio, Günther: Gustav Adolf – der Große. Frankfurt/Main 1982.
Barudio, Günther: Der Teutsche Krieg 1618–1648. Frankfurt 1985.
Beck, Kurt: Der hessische Bruderzwist zwischen Hessen-Kassel und Hessen-Darmstadt in den Verhandlungen zum Westfälischen Frieden von 1644–1648. Frankfurt 1978.
Becker, Winfried: Der Kurfürstenrat: Grundzüge seiner Entwicklung in der Reichsverfassung und seine Stellung auf dem Westfälischen Friedenskongress. Münster 1973.
Benecke, Gerhard: Germany in the Thirty Years' War. New York 1979.
Bettenhäuser, Erwin: Die Landgrafschaft Hessen-Kassel auf dem Westfälischen Friedenskongress 1644–1648. Wiesbaden 1983.
Bierther, Katrin: Der Regensburger Reichstag von 1640/1641. Kallmünz 1971.
Bireley, Robert: Maximilian von Bayern, Adam Contzen S. J. und die Gegenreformation in Deutschland 1624–1635. Göttingen 1975.
Bosbach, Franz: Die Kosten des Westfälischen Friedenskongresses. Eine strukturgeschichtliche Untersuchung. Münster 1984.

Dickmann, Fritz: Der Westfälische Frieden. 5. Aufl. Münster 1985.
Diwald, Hellmuth: Wallenstein. München/Esslingen 1969.
Ernstberger, Anton: Hans de Witte, Finanzmann Wallensteins. Wiesbaden 1954.
Foerster, Joachim F.: Kurfürst Ferdinand von Köln. Die Politik seiner Stifter in den Jahren 1634–1650. Münster 1976.
Gindely, Anton: Geschichte des dreißigjährigen Krieges, Abt. 1: Der böhmische Aufstand und seine Bestrafung 1618–1621. Abt. 2: Der niedersächsische, dänische und schwedische Krieg bis zum Tode Gustav Adolfs 1622–1632. Abt. 3: Der schwedische Krieg seit Gustav Adolfs Tode und der schwedisch-französische Krieg bis zum Westfälischen Frieden 1632–1648. Leipzig 1882–84.
Goetze, Sigmund: Die Politik des schwedischen Reichskanzlers Axel Oxenstierna gegenüber Kaiser und Reich. Kiel 1971.
Haan, Heiner: Der Regensburger Kurfürstentag von 1636/37. Münster 1976.
Koser, Reinhold: Der Kanzleienstreit. Halle 1874.
Kretzschmar, Johannes: Der Heilbronner Bund 1632–1635. 3 Bde. Lübeck 1922.
Mann, Golo: Wallenstein. Frankfurt/Main 1971.
Parker, Geoffrey: Der Dreißigjährige Krieg. Frankfurt a. M. 1987 (englische Originalausgabe: London 1984, zu zitieren nach der 2. Aufl. 1987).
Pekář, Josef: Wallenstein 1630–1634. Geschichte der Wallensteinischen Verschwörung. 2 Bde. Berlin 1937.
Polišensky, Josef: Der Krieg und die Gesellschaft in Europa 1618–1648. Prag, Köln, Wien, Graz 1971.
Repgen, Konrad (Hrg.): Krieg und Politik 1618–1648. Europäische Probleme und Perspektiven. München 1988.
Repgen, Konrad: Die römische Kurie und der Westfälische Friede. Idee und Wirklichkeit des Papsttums im 16. und 17. Jahrhundert, Bd. 1.1 und 1.2: Papst, Kaiser und Reich 1521–1644. Tübingen 1962/65.
Repgen, Konrad: Der päpstliche Protest gegen den Westfälischen Frieden und die Friedenspolitik Urban VIII.. In: Hist. Jahrbuch 75 (1955), S. 94–122.
Ritter, Moritz: Das Kontributionssystem Wallensteins. In: HZ 90 (1903), S. 193–249.
Rudolf, Hans Ulrich (Hrg.): Der Dreißigjährige Krieg. Perspektiven und Strukturen. Darmstadt 1977.
Ruppert, Karsten: Die kaiserliche Politik auf dem Westfälischen Friedenskongreß (1643–1648). Münster 1979.
Schormann, Gerhard: Der dreißigjährige Krieg. 2. Aufl. Göttingen 1986.
Schubert, Friedrich Hermann: Ludwig Camerarius (1573–1651). Eine Biographie. Kallmünz 1955.
Stein, Wolfgang Hans: Protection Royale. Eine Untersuchung zu den Protektionsverhältnissen im Elsaß zur Zeit Richelieus 1622–1643. Münster 1978.
Steinberg, Siegfried Henning: The „Thirty Years War“ and the Conflict for European Hegemony 1600–1660. London 1966 (dt. 1967).
Straub, Eberhard: Pax et Imperium. Spaniens Kampf um seine Friedensordnung in Europa zwischen 1617 und 1635. Paderborn 1980.
Suvanto, Pekka: Die deutsche Politik Oxenstiernas und Wallensteins. Helsinki 1979.
Wandruszka, Adam: Reichspatriotismus und Reichspolitik zur Zeit des Prager Friedens von 1635. Graz/Köln 1955.

Weber, Hermann: Frankreich, Kurtrier, der Rhein und das Reich 1623–1635. Bonn 1969.
Weigel, Helmut: Franken, Kurpfalz und der böhmische Aufstand. Bd. 1: Die Politik der Kurpfalz und der evangelischen Stände Frankens. Erlangen 1932.
Wolff, Fritz: Corpus Evangelicorum und Corpus Catholicorum auf dem Westfälischen Friedenskongreß. Die Einfügung der konfessionellen Ständeverbindungen in die Reichsverfassung. Münster 1966.

5.4. *Konflikte im Ostseeraum*

Böhme, K.-R.: Die schwedische Besetzung des Weichseldeltas 1626–1636. Würzburg 1963.
Conrads, Norbert: Die Durchführung der Altranstädter Konvention in Schlesien 1707–1709. Köln 1971.
Hassinger, Erich: Brandenburg-Preußen, Schweden und Rußland 1700–1713. München 1953.
Mediger, Walther: Mecklenburg, Rußland und England-Hannover 1706–1721. Ein Beitrag zur Geschichte des Nordischen Krieges. 2 Bde. Hildesheim 1967.
Mediger, Walther: Moskaus Weg nach Europa. Braunschweig 1952.
Opitz, Eckardt: Österreich und Brandenburg im Schwedisch-Polnischen Krieg 1655–1660. Boppard 1969.
Wittram, Reinhard: Peter I. Czar und Kaiser, 2 Bde. Göttingen 1964.
Zernack, Klaus: Das Zeitalter der Nordischen Kriege von 1558–1809 als frühneuzeitliche Geschichtsepoche. In: ZHF 1 (1974), S.55–79.

5.5. *Konflikte mit Frankreich*

Boutant, Charles: L'Europe au grand tournant des années 1680. La succession palatine. Paris 1985.
Decker, Klaus Peter: Frankreich und die Reichsstände 1672–1675. Die Ansätze zur Bildung einer „Dritten Partei" in den Anfangsjahren des Holländischen Krieges. Bonn 1981.
Duchhardt, Heinz: Krieg und Frieden im Zeitalter Ludwigs XIV. Düsseldorf 1987.
Hatton, Ragnhild: William III and Louis XIV. Essays 1680–1720. Liverpool 1968.
Raumer, Kurt von: Die Zerstörung der Pfalz von 1689 im Zusammenhang der französischen Rheinpolitik. München/Berlin 1930.
Schulte, Aloys: Markgraf Ludwig Wilhelm von Baden und der Reichskrieg gegen Frankreich 1693–97, 2 Bde. 2. Aufl. Karlsruhe 1901.
Srbik, Heinrich von: Wien und Versailles 1693–97. München 1944.
Wunder, Bernd: Frankreich, Württemberg und der Schwäbische Kreis während der Auseinandersetzungen über die Reunionen (1679–1697). Ein Beitrag zur Deutschlandpolitik Ludwigs XIV. Stuttgart 1971.

5.6. Auseinandersetzungen mit den Osmanen

Barker, Thomas M.: Doppeladler und Halbmond. Entscheidungsjahr 1683. Graz/Wien/Köln 1987.
Eickhoff, Ekkehard: Venedig, Wien und die Osmanen. Umbruch in Südosteuropa 1645–1700. München 1970.
Neck, Rudolf: Österreich und die Osmanen. In: MÖStA 10 (1957), S. 437–468.
Tietze, Andreas (Hrg.): Habsburgisch-osmanische Beziehungen. Wien 1985.
Wagner, Georg : Das Türkenjahr 1664, eine europäische Bewährung. Raimund Montecuccoli, die Schlacht von St. Gotthard-Mogersdorf und der Friede von Eisenburg (Vasvár). Eisenstadt 1964.
Zöllner, Erich/Gutkas, Karl: Österreich und die Osmanen. Prinz Eugen und seine Zeit. Wien 1988.

5.7. Spanischer Erbfolgekrieg

Bayern, Adalbert Prinz von: Das Ende der Habsburger in Spanien, 2 Bde. München 1929.
Churchill, Winston S.: Marlborough, His Life and Times, 4 Bde. New York 1933–35.
Gerkie, R./Montgomery, J. A.: The Dutch Barrier 1705–1719. 1961.
Hintz, Otto: König Karl XII. von Schweden. 3 Bde. Berlin 1958.
Noorden, Carl von: Europäische Geschichte im 18. Jahrhundert. 1. Abt.: Der Spanische Erbfolgekrieg bis 1710, 3 Bde. Düsseldorf 1870/1882.
Reese, Werner: Das Ringen um Frieden und Sicherheit in den Entscheidungsjahren des spanischen Erbfolgekrieges 1708–09. München 1933

6.1. Bildungswesen, Universitäten

Baumgart, Peter/Hammerstein, Notker (Hrgg.): Beiträge zu Problemen deutscher Universitätsgründungen der frühen Neuzeit. Nendeln/ Liechtenstein 1978.
Conrads, Norbert: Ritterakademien der frühen Neuzeit. Bildung als Standesprivileg im 16. und 17. Jahrhundert. Göttingen 1982.
Engelbrecht, Helmut: Geschichte des österreichischen Bildungswesens. Erziehung und Bildung auf dem Boden Österreichs, Bd. 2: Das 16. und 17. Jahrhundert. Wien 1983.
Engelsing, Rudolf: Der Bürger als Leser. Lesergeschichte in Deutschland 1500–1800. Stuttgart 1974.
Hartmann, Fritz/Vierhaus, Rudolf (Hrgg.): Der Akademiegedanke im 17. und 18. Jahrhundert. Bremen/Wolfenbüttel 1977.
Hengst, Karl: Jesuiten an Universitäten und Jesuitenuniversitäten. Paderborn 1981.
Heubaum, Alfred: Geschichte des deutschen Bildungswesens seit der Mitte des siebzehnten Jahrhunderts, Bd. 1. Berlin 1905.
Kanthak, Gerhard: Der Akademiegedanke zwischen utopischem Entwurf und barocker Projektmacherei. Berlin 1987.
Kaiser, Marianne: Mitternacht-Zeidler-Weise. Das protestantische Schultheater nach 1648 im Kampf gegen höfische Kultur und absolutistisches Regiment. Göttingen 1972.

Kuhn, Thomas: Die Struktur wissenschaftlicher Revolutionen. 6. Aufl. Frankfurt 1983.
Menk, Gerhard: Die Hohe Schule Herborn in ihrer Frühzeit (1548–1660). Wiesbaden 1981.
Moraw, Peter: Aspekte und Dimensionen älterer deutscher Universitätsgeschichte. In: Academia Gissensis, hrgg. von P. Moraw/V. Press. Marburg 1982, S. 1–43.
Paulsen, Friedrich: Geschichte des Gelehrten Unterrichts auf den deutschen Schulen und Universitäten vom Ausgang des Mittelalters bis zur Gegenwart, Bd. 1. 3. Aufl. Leipzig 1919. Neudruck Berlin 1960.
Rößler, Hellmuth/Franz, Günther (Hrgg.): Universität und Gelehrtenstand 1400–1800. Limburg a. d. Lahn.
Schindling, Anton: Humanistische Hochschule und freie Reichsstadt. Gymnasium und Akademie in Straßburg 1538–1621. Wiesbaden 1977.
Thorndike, Lynn: History of magic and Experimental Science, 7 Bde. New York 1941/58

6.2. Buchdruck, Publizistik, Nachrichtenwesen

Bogel, Else/Blühm, Elger: Die deutschen Zeitungen des 17. Jahrhunderts. Ein Bestandsverzeichnis mit historischen und bibliographischen Angaben. 3 Bde. Bremen/München [u. a.] 1971–85.
Kastner, Ruth: Geistlicher Rauffhandel. Form und Funktion der illustrierten Flugblätter zum Reformationsjubiläum 1617. Frankfurt a. M./Bern 1982.
Schilling, Michael: Bildpublizistik der frühen Neuzeit. Aufgaben und Leistungen des illustrierten Flugblatts in Deutschland bis um 1700. Tübingen 1990.

6.3. Kunst und Literatur

Bahr, Ehrhard (Hrg.): Geschichte der deutschen Literatur. Bd. 1: Vom Mittelalter bis zum Barock. Tübingen 1987.
Barner, Wilfried: Barockrhetorik. Tübingen 1970.
Braunfels, Wolfgang: Die Kunst im Heiligen Römischen Reich Deutscher Nation. 6 Bde. München 1979–1989.
Brenner, Peter J.: Der Reisebericht in der deutschen Literatur. Tübingen 1990.
Breuer, Dieter (Hrg.): Frömmigkeit in der frühen Neuzeit. Studien zur religiösen Literatur des 17. Jahrhunderts in Deutschland. Amsterdam 1984.
Deutsche Literatur. Eine Sozialgeschichte, hrg. v. Horst Albert Glaser. Bd. 3: Zwischen Gegenreformation und Frühaufklärung: Späthumanismus, Barock 1572–1740, hrg. v. Harald Steinhagen. Reinbek 1985.
Emblemata. Handbuch zur Sinnbildkunst des 16. und 17. Jahrhunderts, hrg. v. A. Henkel/A. Schöne. Stuttgart 1967.
Gaede, Friedrich: Humanismus, Barock, Aufklärung. Bern/München 1971.
Garber, Klaus (Hrg.): Zwischen Renaissance und Aufklärung. Beiträge der interdisziplinären Arbeitsgruppe Frühe Neuzeit der Universität Osnabrück. Amsterdam 1988.
Grimm, Gunter E.: Literatur und Gelehrtentum in Deutschland. Untersuchungen zum Wandel ihres Verhältnisses vom Humanismus bis zur Frühaufklärung. Tübingen 1983.
Haas, Robert: Die Musik des Barock. (Handbuch der Musikwissenschaft 3) Potsdam 1928.

Hager, Werner: Barock – Architektur. Baden-Baden 1968.
Hager, Werner: Barock: Skulptur und Malerei. Baden-Baden 1969.
Hankamer, Paul: Deutsche Gegenreformation und deutsches Barock. Die deutsche Literatur im Zeitraum des 17. Jahrhunderts. 3. Aufl. Stuttgart 1964.
Hauser, Arnold: Sozialgeschichte der Kunst und Literatur. 2 Bde. München 1972.
Hocke, Gustav René: Manierismus in der Literatur. Hamburg 1959.
Hubala, Erich: Die Kunst des 17. Jahrhunderts. (Propyläen-Kunstgeschichte Bd. 9). Berlin 1970.
Kühlmann, Wilhelm: Gelehrtenrepublik und Fürstenstaat. Tübingen 1982.
Lempicki, Sigmund von: Geschichte der deutschen Literaturwissenschaft bis zum Ende des 18. Jahrhunderts, 2. Aufl. Göttingen 1968.
Newald, Richard: Die deutsche Literatur. Vom Späthumanismus zur Empfindsamkeit 1570–1750. 4. Aufl. München 1963.
Reichelt, Klaus: Barockdrama und Absolutismus. Studien zum deutschen Drama zwischen 1650 und 1700. Frankfurt 1981.
Rötzer, Hans Gerd: Der Roman des Barock 1600–1700. Kommentar zu einer Epoche. München 1972.
Schneider, Norbert: Stilleben. Realität und Symbolik der Dinge. Die Stillebenmalerei der frühen Neuzeit. Köln 1989.
Schöffler, Herbert: Deutsches Geistesleben zwischen Reformation und Aufklärung. Von Martin Opitz zu Christian Wolff. 3. Aufl. Frankfurt 1974.
Schöne, Albrecht (Hrg.): Stadt, Schule, Universität, Buchwesen und die deutsche Literatur im 17. Jahrhundert. München 1976.
Schöne, Albrecht: Emblematik und Drama im Zeitalter des Barock. München 1964.
Simplicius Simplicissimus. Grimmelshausen und seine Zeit (Ausstellungskatalog). Münster 1976.
Sinemus, Volker: Poetik und Rhetorik im frühmodernen deutschen Staat. Sozialgeschichtliche Bedingungen des Normenwandels im 17. Jahrhundert. Göttingen 1978.
Szarota, Elida Maria: Lohensteins Arminius als Zeitroman. Sichtweisen des Spätbarock. Bern/München 1970.
Szarota, Elida Maria: Geschichte, Politik und Gesellschaft im Drama des 17. Jahrhunderts. Bern/München 1976.
Szyrocki, Marian: Andreas Gryphius. Tübingen 1964.
Tintelnot, Hans: Barocktheater und barocke Kunst. Berlin 1939.
Tintelnot, Hans: Die barocke Freskomalerei in Deutschland. München 1951.
Valentin, Jean-Marie: Le théatre des Jésuites dans les pays de langue allemande (1554–1680), 3 Bde. Bern 1978.

6.4. Wissenschaft, Geistesgeschichte

Alewyn, Richard (Hrg.): Deutsche Barockforschung. Dokumentation einer Epoche. Köln/Berlin 1965.
Ballauf, Theodor/Schaller, Klaus: Pädagogik. Eine Geschichte der Bildung und Erziehung, 2. Bd.: Vom 16. bis zum 19. Jahrhundert. Freiburg, München 1970.
Behne, Michael: „Arcana – haec sunt ratio status“. Ragion di Stato und Staatsraison, Probleme und Perspektiven (1589–1651). In: ZHF 14 (1987), S. 129–195.
Bircher, Martin/van Ingen, Ferdinand (Hrgg.): Sprachgesellschaften, Sozietäten, Dichtergruppen. Hamburg 1978.

Böhme, Gernot/van den Daele, Wolfgang/Krohn, Wolfgang: Experimentelle Philosophie. Ursprünge autonomer Wissenschaftsentwicklung. Frankfurt 1977.
Dittrich, Erhard: Die deutschen und österreichischen Kameralisten. Darmstadt 1974.
Faber, Karl-Georg: Zum Verhältnis von Absolutismus und Wissenschaft. In: Akademie der Wissenschaften und der Literatur Mainz. Abhandlungen der Geistes- und sozialwissenschaftlichen Klasse, Jg. 1983, Nr. 5.
Fetscher, Iring/Münkler, Herfried (Hrgg.): Pipers Handbuch der politischen Ideen, Bd. 3: Neuzeit. München/Zürich 1985.
Hammerstein, Notker: Jus und Historie. Ein Beitrag zur Geschichte des historischen Denkens an deutschen Universitäten des späten 17. und im 18. Jahrhundert. Göttingen 1972.
Humanismus und Naturrecht in Berlin – Brandenburg – Preußen. Berlin 1979.
Maier, Hans: Die ältere deutsche Staats- und Verwaltungslehre (Polizeiwissenschaft). Ein Beitrag zur Geschichte der politischen Wissenschaft in Deutschland. Neuwied 1966. 2. Aufl. München 1980.
Meinecke, Friedrich: Die Idee der Staatsraison in der neueren Geschichte. 4. Aufl. München 1976.
Mittelstrass, Jürgen: Neuzeit und Aufklärung. Berlin/New York 1970.
Peuckert, Will-Erich: Pansophie, 3 Bde. Berlin 1956–1973.
Peuckert, Will-Erich: Astrologie. Geschichte der Geheimwissenschaften, Bd. 1. Stuttgart 1960.
Raumer, Kurt von: Ewiger Friede. Friedensrufe und Friedenspläne seit der Renaissance. Freiburg i. Br./München 1953.
Schmidt-Biggemann, Wilhelm: Topica Universalis. Eine Modellgeschichte humanistischer und barocker Wissenschaft. Hamburg 1983.
Stolleis, Michael: Geschichte des öffentlichen Rechts in Deutschland, Bd. 1: Reichspublizistik und Policeywissenschaft 1600–1800. München 1988.
Winter, Eduard: Frühaufklärung. Der Kampf gegen den Konfessionalismus in Mittel- und Osteuropa und die deutsch-slawische Begegnung. Berlin 1966.
Wollgast, Siegfried: Philosophie in Deutschland zwischen Reformation und Aufklärung 1550–1650. Berlin 1988.

6.5. Kulturgeschichte

Alewyn, Richard/Sälzle, Karl: Das große Welttheater. Die Epoche der höfischen Feste in Dokument und Deutung. Reinbek 1959.
Brunner, Otto: Adeliges Landleben und europäischer Geist. Leben und Werk Wolf Helmhards von Hohberg 1612–1688. Salzburg 1949.
Conermann, Klaus (Hrg.): Fruchtbringende Gesellschaft. Der Fruchtbringenden Gesellschaft geöffneter Erzschrein, 3 Bde. Weinheim 1985.
Dülmen, Richard van: Theater des Schreckens. Gerichtspraxis und Strafrituale in der frühen Neuzeit. 2. Aufl. München 1988.
Elias, Norbert: Über den Prozeß der Zivilisation, 2 Bde. 6. Aufl. Frankfurt 1978/79.
Flemming, Willi: Deutsche Kultur im Zeitalter des Barocks. 2. Aufl. Frankfurt 1960.
Gössmann, Wilhelm: Deutsche Kulturgeschichte im Grundriß. 5. Aufl. München 1978.
Johann Maurits von Nassau-Siegen 1604–1679. The Hague 1979.
Klibansky, Raymond/Panofsky, Erwin/Saxl, Fritz: Saturn und Melancholie. Stu-

dien zur Geschichte der Naturphilosophie und Medizin, der Religion und der Kunst, übersetzt von Christa Buschendorf. Frankfurt am Main 1990.
Langer, Herbert: Kulturgeschichte des Dreißigjährigen Krieges. Leipzig 1978.
Prag um 1600. Kunst und Kultur am Hofe Rudolfs II. Katalog der Ausstellung, 2 Bde. Freren 1988.
Stubenvoll, Willi: Die deutschen Hugenottenstädte. Frankfurt a. M. 1990.
Zeeden, Ernst Walter: Deutsche Kultur der frühen Neuzeit. Frankfurt 1968.

7. Religion und Kirche

7.1. Gesamtdarstellungen; Toleranz

Andresen, Carl (Hrg.): Handbuch der Dogmen- und Theologiegeschichte. Bd. 1, 2. Göttingen 1980/82.
Ehalt, Hubert Ch. (Hrg.): Volksfrömmigkeit. Von der Antike bis zum 18. Jahrhundert. Wien/Köln 1989.
Greschat, Martin (Hrg.): Gestalten der Kirchengeschichte, Bd. 7: Orthodoxie und Pietismus. Stuttgart, Berlin/Köln 1982.
Greyerz, Kaspar von (Hrg.): Religion and Society in Early Modern Europe 1500–1800. London 1984.
Handbuch der Kirchengeschichte, hrg. von H. Jedin, Bde. 4–5. Freiburg/Basel/Wien 1967/1970.
Kamen, Henry: Intoleranz und Toleranz zwischen Reformation und Aufklärung. München 1967.
Kawerau, Peter: Die ökumenische Idee seit der Reformation. Stuttgart/Berlin/Köln/Mainz 1968.
Kottje, Raymund/Moeller, Bernd (Hrgg.): Oekumenische Kirchengeschichte, Bd. 3 (Neuzeit), 3. Aufl. Mainz/München 1983.
Lutz, Heinrich (Hrg.): Zur Geschichte der Toleranz und Religionsfreiheit. Darmstadt 1977.
Reinhard, Wolfgang: Gegenreformation als Modernisierung? Prolegomena zu einer Theorie des konfessionellen Zeitalters. In: ARG 68 (1977), S. 226–251.
Reinhard, Wolfgang: Zwang zur Konfessionalisierung? Prolegomena zu einer Theorie des konfessionellen Zeitalters. In: ZHF 10 (1983), S. 257–277.
Schilling, Heinz: Die Konfessionalisierung im Reich. Religiöser und gesellschaftlicher Wandel in Deutschland zwischen 1555 und 1620. In: HZ 246 (1988), S. 1–45.
Seibrich, Wolfgang: Gegenreformation als Restauration. Die restaurativen Bemühungen der alten Orden im Deutschen Reich von 1580 bis 1648. Münster 1991.
Wallmann, Johannes: Kirchengeschichte Deutschlands II: Von der Reformation bis zur Gegenwart. Frankfurt u. a. 1973.
Warmbrunn, Paul: Zwei Konfessionen in einer Stadt. Das Zusammenleben von Katholiken und Protestanten in den paritätischen Reichsstädten Augsburg, Biberach, Ravensburg und Dinkelsbühl 1548–1648. Wiesbaden 1983.

7.2. Kirchen der Reformierten

Leube, Hans: Kalvinismus und Luthertum im Zeitalter der Orthodoxie. Leipzig 1928.

Schilling, Heinz (Hrg.): Die reformierte Konfessionalisierung in Deutschland. Das Problem der „Zweiten Reformation". Gütersloh 1986.
Schröder, Tilman M.: Das Kirchenregiment der Reichsstadt Esslingen. Grundlagen, Geschichte, Organisation. Esslingen 1987.
Schüssler, Hermann: Georg Calixt. Theologie und Kirchenpolitik. Wiesbaden 1961.
Sommer, Wolfgang: Gottesfurcht und Fürstenherrschaft. Studien zum Obrigkeitsverständnis Johann Arndts und lutherischer Hofprediger zur Zeit der altprotestantischen Orthodoxie. Göttingen 1988.
Trunz, Erich: Johann Matthäus Meyfart. Theologe und Schriftsteller in der Zeit des Dreißigjährigen Krieges. München 1987.

7.3. Pietismus

Beyreuther, Erich: August Hermann Francke. 1663–1727. Marburg 1987.
Hinrichs, Carl: Preußentum und Pietismus. Der Pietismus in Brandenburg-Preußen als religiös-soziale Reformbewegung. Göttingen 1971.
Pietismus und Neuzeit 6. Schwerpunkt: Landesherr und Landeskirchentum im 17. Jahrhundert. Göttingen 1981.
Pietismus und Neuzeit 13. Schwerpunkt: Forschungsberichte über den Pietismus in deutschen Territorien. Göttingen 1988.
Ritschl, Albrecht: Geschichte des Pietismus, 3 Bde., Bonn 1880–1886. (Nachdruck Berlin/u. a. 1966).
Sames, Arno: Anton Wilhelm Böhme (1673–1722). Studien zum ökumenischen Denken und Handeln eines halleschen Pietisten. Göttingen 1990.
Schmidt, Martin: Pietismus. Stuttgart 1972.
Schmidt, Martin: Der Pietismus als theologische Erscheinung. Göttingen 1984.
Wallmann, Johannes: Philipp Jakob Spener und die Anfänge des Pietismus. Tübingen 1970.

7.5. Täufer

Clasen, Claus-Peter: Die Wiedertäufer im Herzogtum Württemberg und in benachbarten Herrschaften. Stuttgart 1965.
Goertz, Hans-Jürgen: Die Täufer. Geschichte und Deutung. 2. Aufl. München 1988.
Güß, Ernst Friedrich Peter: Die Kurpfälzische Regierung und das Täufertum bis zum Dreißigjährigen Krieg. Stuttgart 1960.
Hershberger, Guy F.: Das Täufertum. Erbe und Verpflichtung. Stuttgart 1963.
Westin, Gunnar: Der Weg der freien christlichen Gemeinden durch die Jahrhunderte. Geschichte des Freikirchentums. 2. Aufl. Kassel 1958.

7.6. Katholische Kirche

Bierbaum, Max/Faller, Adolf: Niels Stensen. Anatom, Geologe und Bischof 1638–1686. 2. Aufl. Münster 1979.
Bücking, Jürgen: Frühabsolutismus und Kirchenreform in Tirol (1565–1665). Ein Beitrag zum Ringen zwischen „Staat" und „Kirche" in der frühen Neuzeit. Wiesbaden 1972.

Duhr, Bernhard: Geschichte der Jesuiten in den Ländern deutscher Zunge, 4 Bde. Freiburg i. Br. 1907/28

Eder, Karl: Die Kirche im Zeitalter des konfessionellen Absolutismus 1555–1648. Freiburg/Br. 1949.

Gatz, Erwin (Hrg.): Die Bischöfe des Heiligen Römischen Reiches 1648 bis 1803. Berlin 1990.

Heyer, Friedrich: Die katholische Kirche vom Westfälischen Frieden bis zum ersten Vatikanischen Konzil (Die Kirche in ihrer Geschichte 4,1). Göttingen 1963.

Jedin, Hubert (Hrg.): Handbuch der Kirchengeschichte, Bd.5: Die Kirche im Zeitalter des Absolutismus und der Aufklärung. Freiburg/Basel/Wien 1970.

Maier, Konstantin: Das Domkapitel von Konstanz und seine Wahlkapitulationen. Stuttgart 1990.

Ortner, Franz: Reformation, katholische Reform und Gegenreformation im Erzstift Salzburg. Salzburg 1981.

Pastor, Ludwig von: Geschichte der Päpste seit dem Ausgang des Mittelalters, 16. Bde. Freiburg i. Br. 1886/1933.

Schmidt, Peter: Das Collegium Germanicum in Rom und die Germaniker. Tübingen 1984.

Seppelt, Franz Xaver/Schwaiger, Georg: Geschichte der Päpste von den Anfängen bis zur Mitte des 20. Jahrhunderts, Bde. 4–5. München 1957/59.

Register

Abkürzungen

Bf = Bischof; Bt = Bistum; Ebf = Erzbischof; Ebt = Erzbistum; Ehg = Erzherzog; Ehgt = Erzherzogtum; Frhr = Freiherr; Ft = Fürstentum; Gf = Graf; Gft = Grafschaft; Ghgt = Großherzogtum; Hg = Herzog; Hgt = Herzogtum; Kf = Kurfürst; Kg = König; Kgr = Königreich; Lgf = Landgraf; Lgft = Landgrafschaft; Mgf = Markgraf; Mgft = Markgrafschaft, Markgraftum; Pfgf = Pfalzgraf; Prz = Prinz; Rst = Reichsstadt; Univ = Universität

Karten

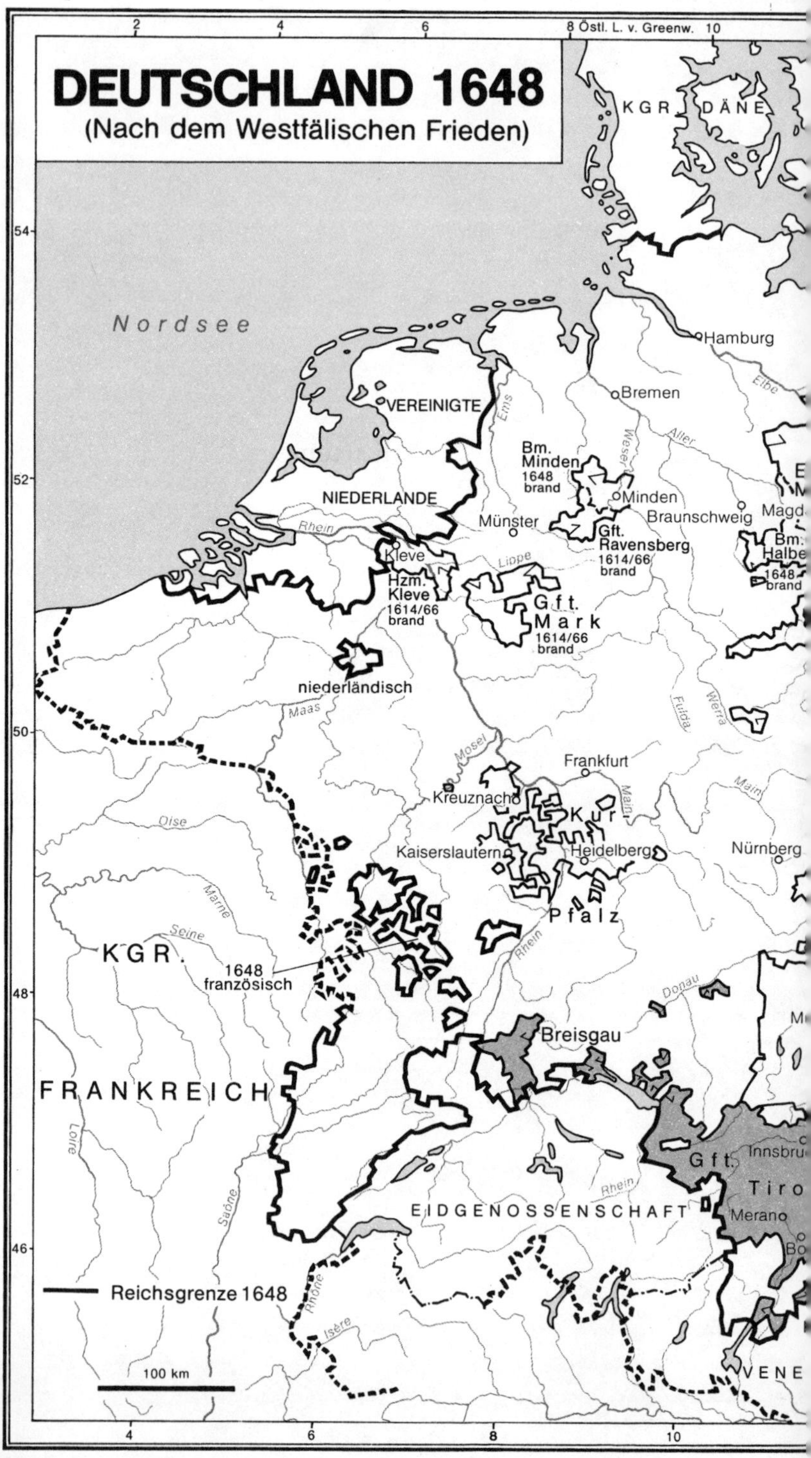

DEUTSCHLAND 1648
(Nach dem Westfälischen Frieden)
8 Östl. L. v. Greenw.
Nordsee
KGR. DÄNE
Hamburg
Bremen
Elbe
Aller
Weser
Ems
VEREINIGTE
NIEDERLANDE
Bm. Minden 1648 brand
Minden
Braunschweig
Magd
Münster
Gft. Ravensberg 1614/66 brand
Rhein
Kleve
Hzm. Kleve 1614/66 brand
Lippe
Gft. Mark 1614/66 brand
niederländisch
Maas
Fulda
Werra
Mosel
Frankfurt
Main
Kreuznach
Kur
Kaiserslautern
Heidelberg
Nürnberg
Pfalz
Oise
Marne
Seine
KGR.
1648 französisch
Donau
Breisgau
FRANKREICH
Loire
Saône
Gft. Tirol
Innsbru
Merano
EIDGENOSSENSCHAFT
Reichsgrenze 1648
Rhône
Isère
100 km
VENE

Ostsee
Tilsit
Hzm.
Königsberg
Insterburg
Preußen
1618 brand.
Lauenburg
1648 brand
1657/58 brand
Bm. (Fsm.) Kammin
Osterrode
bis 1657/60 polnisches Lehen
Kfsm.
Brandenburg
Berlin
Potsdam
Frankfurt
Schwiebus
Spree
Oder
Kottbus
KGR.
POLEN
Glogau
Sagan
1675
Wartenberg
Hzm.
österr.
Breslau
1675 österr.
URSACHSEN
Neisse
Aussig
Schlesien
Kaaden
Raudnitz
Königsgrätz
Beuthen
Ratibor
Karlsbad
Prag
Elbe
Troppau
Eger
Kgr. Böhmen
Jablunka
Mies
Pilsen
Mgft.
Mähren
Moldau
Iglau
Brünn
Eibenschitz
March
Ungarn
Habsburgisch
Budweis
Znaim
Krumau
Horn
Isar
Ehzm.
Krems
Linz
Melk
Wien
St. Pölten
Altötting
KGR.
UNGARN
Österreich
Gmunden
Donau
Hzm. Steier-mark
Salzach
Graz
Judenburg
Lienz
Gurk
Hzm. Kärnten
Mur
Klagenfurt
Marburg
OSMANISCHES
REICH
Kroatien
Hzm.
Krain
Gradisca
Donau
Adriatisches Meer
14
16
18
20
22
54
52
50
48
46

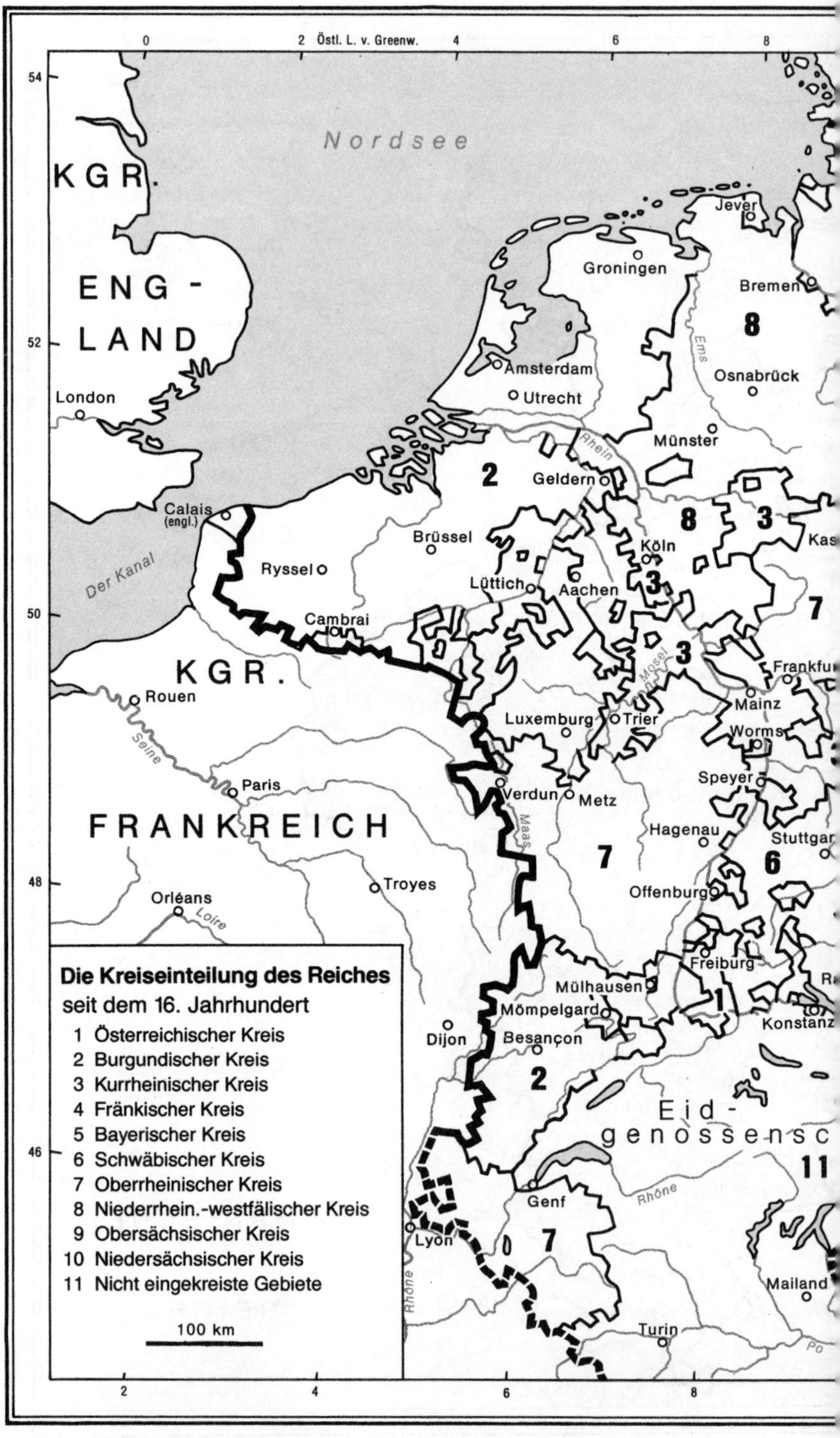

Östl. L. v. Greenw.
Nordsee
KGR.
ENG-
LAND
London
Calais
(engl.)
Der Kanal
KGR.
Rouen
Seine
Paris
FRANKREICH
Orléans
Loire
Troyes
Dijon
Ryssel
Cambrai
Brüssel
Amsterdam
Utrecht
Groningen
Jever
Bremen
Ems
Osnabrück
Münster
Rhein
Geldern
Köln
Lüttich
Aachen
Mosel
Frankfu
Mainz
Worms
Speyer
Luxemburg
Trier
Verdun
Metz
Maas
Hagenau
Stuttgar
Offenburg
Freiburg
Mülhausen
Mömpelgard
Besançon
Konstanz
Eid-
genossensc
Genf
Rhône
Lyon
Turin
Mailand
Po
Kas
Die Kreiseinteilung des Reiches
seit dem 16. Jahrhundert
1 Österreichischer Kreis
2 Burgundischer Kreis
3 Kurrheinischer Kreis
4 Fränkischer Kreis
5 Bayerischer Kreis
6 Schwäbischer Kreis
7 Oberrheinischer Kreis
8 Niederrhein.-westfälischer Kreis
9 Obersächsischer Kreis
10 Niedersächsischer Kreis
11 Nicht eingekreiste Gebiete
100 km

Ostsee
Danzig
KGR.
POLEN
Thorn
Weichsel
Posen
Warthe
Lübeck
amburg
Lüneburg
Elbe
10
Stettin
9
Oder
10
nschweig
Magdeburg
enbüttel
gerode
Berlin
Spree
Frankfurt
Jüterbog
Kottbus
Nord-
hausen
Mühlhausen
Halle
Leipzig
Dresden
Erfurt
9
Schmalkalden
Hzm.
11
Schlesien
Oder
Koburg
Bayreuth
Bamberg
Prag
Elbe
Kgr. Böhmen
11
4
Nürnberg
Ansbach
Mgft. Mähren
Brünn
Eichstätt
Regensburg
Donau
5
Passau
Freising
Inn
München
6
Salzburg
5
Innsbruck
1
Wien
Preßburg
Österreichisch-Ungarn
Donau
Ofen
Graz
1
Drau
Trient
VENEDIG
Triest
Save
1
Osma-
nisch-
Ungarn
UBLIK
Verona
Venedig
ntua
Adria
10
12
14
16
18
54
52
50
48
46

Kultur und Geschichte der frühen Neuzeit

Ernst Schulin
Die Französische Revolution
3. Auflage. 1990. 285 Seiten. Gebunden

Urs Bitterli
Die Entdeckung Amerikas
Von Kolumbus bis Alexander von Humboldt
1991. 544 Seiten. Leinen

Urs Bitterli
Die »Wilden« und die »Zivilisierten«
Grundzüge einer Geistes- und Kulturgeschichte der europäisch-überseeischen Begegnung
2., durchgesehene und erweiterte Auflage. 1991. 498 Seiten, 29 Abbildungen. Broschiert

Urs Bitterli
Alte Welt – neue Welt
Formen des europäisch-überseeischen Kulturkontakts vom 15. bis 18. Jahrhundert
1986. 242 Seiten. Broschiert

Hans-Christoph Schröder
Die Amerikanische Revolution
Eine Einführung
1982. 246 Seiten. Broschiert

Verlag C. H. Beck München

DAS ELSASS, DAS ICH MEINE

Huguette Dreikaus

Das Elsaß, das ich meine

Kleine Philosophie aus der Provinz

Mit einem Vorwort von Ursula Cantieni

Aus dem Franco-Elsässischen von Irène Kuhn und Ralf Stamm

EDITION DNA

Originaltitel »Le monde d'Huguette«
Editions La Nuée Bleue, Strasbourg

Umschlaggestaltung: Massin
Druck: Imprimerie Saint-Paul, Bar-le-Duc
ISBN 2-7165-0460-1

Inhalt

Brief an meine Schwester jenseits des Rheins

Liebe Huguette,

viele Briefe hast Du schon bekommen, Briefe von Menschen, die Dein Buch lesen und spontan zur Feder greifen, wenn Deine Beobachtungen und kleinen Geschichten die Türen – manchmal auch Hintertüren – zur eigenen Vergangenheit aufstoßen, ganz direkt, schmunzelnd, mit sanfter Gewalt, oder immer wieder mit Deinen zwingenden, bittersüßen Pointen... *salé-sucré*... Und genau deshalb nimm auch noch diesen Brief von Deiner »Schwester jenseits des Rheins«, die gleich aus zwei verschiedenen Regionen über den Rhein winkt: von der Schweiz her, den Graubündner Bergen – Tage meiner Kindheit –, vom Süden Deutschlands herüber, alemannisch allemal, alleweil...! und seit dem *Bicentenaire de la Révolution Française*, der Gedenkfeier zur französischen Revolution, liebevoll auch mit dem Elsaß verbunden.

Dieses Buch, ma chère Huguette, hast Du nicht nur für »Euch« geschrieben, auch wir Alemannen und »Alefrauen« reagieren sofort: ja, ja, genau. Am Montag war große Wäsche, am Freitag gab's Fisch und abends Birchermüesli, Sonntagskleider waren leider nur für den Sonntag..., die immer wieder heraufbeschworenen Kriegsgeschichten – zeitweise glaubte ich, ohne Krieg wisse man nicht, was das Leben ist –, nie würde ich von solchen Tiefen und Höhen berichten können. Und natürlich waren die Frauen im Osten die schöneren, rassigeren, sinnlicheren, anschmiegsameren – das fand auch mein zweiter Vater, ihn hatte es nach Polen verschlagen –, dort waren die gar allerlieblichsten, meine Mutter nahm es gelassen zur Kenntnis. Und Kriegsgeschichten gibt's auch am Schweizer Stammtisch. Ich traute meinen Ohren nicht, während der Ferien in der Schweiz wurde ich, der mittlerweile »schwäbische Teenager«, aufgeklärt: »Bei Basel ist eine Bombe runter...« und ich mußte an meine Deutschlehrerin in Stuttgart denken, die immer wieder weinend das Klassenzimmer verließ, weil die Erinnerung, der Schrecken des Erlebten sie einholte. Es schien, als wollten manche Eidgenossen partout auch partizipieren, sie haben es ja auch gemacht, auf ihre Art...

Huguette, *»mer sinn halt di gliich Generation«*. Ähnliche Geschichten haben uns geprägt, die Landesgrenzen verschwimmen, wir haben gemeinsame Sprachwurzeln: herzhaft, deftig, direkt.

Apropos, das mit dem Französischen: auch bei den Deutschschweizern zeigt die französisch durchmischte Sprache einen Grad der Vornehmheit an, aber nicht, weil man in Paris »gedient« hat, wie Deine »Dante Kath«, vielmehr vermute ich, weil man Haushaltshilfen aus dem Jura beschäftigte und sich natürlich in der französischen Literatur auskannte; obendrein diente den Erwachsenen das Französische als Geheimsprache – Kinder sollten nicht alles hören: *attention les enfants!* Ich habe relativ schnell Französisch gelernt...

Gottseidank!... der Schritt über den Rhein wurde also rechtzeitig vorbereitet, denn 1989 holte mich die Straßburger Revolutionstruppe »Le Mercure« auf ihre Theaterbretter und los ging's mit *L'Alsace Sans Culottes... o jöh dü!* ja eben, les jupes... auch ich trug Petticoat und Metallgürtel, den engen Rock mit Dior-Falte, aber das ist alles kalter Kaffee gegen die Kostüme von 1789!

Huguette, *wenn ich dir saa...* meine erste Kostümanprobe für die Anna-Maria in *L'Alsace Sans Culottes* war wie ein Heimkommen. Vom ersten Moment an war das Kleid meins, *mon gilet*, meine Röcke, *mes jupes*, mit ihnen haben wir eine andere Zeit, ein anderes Leben entdeckt, wie haben wir sie geliebt, in ihnen gelebt... eh bien... und am Ende der Tournée in Straßburg ging ich noch einmal ins Münster; damals wußte ich noch nicht, daß es für solche Fälle den Saint Antoine gibt, ich stellte eine Kerze auf und bat, ich möge immer wieder nach Straßburg zurückkommen dürfen: es hat Gehör gefunden, ich muß nicht mehr vor der »Zehnerglock« die Stadt verlassen.

Für Dich war das Kirchengeläut exakter Fahrplan für den Tag, speziell für den Sonntag, nicht immer bequem, höre ich raus... Ich kam erst in späteren Jahren in die Nähe der Glocken – auch der katholischen... Du, protestantischer Geist in katholischem Körper, ich, dem Ritual für mehrere Sinne zugeneigt, also mit elf Jahren zum Katholischen gewechselt – aber, oh je, die Kniee! Später wohnten dann meine Eltern in Chur unter der Kathedrale. Wenn die Glocken feierlich zur Messe läuteten, machte meine Mutter, sofern sie nicht schon unterwegs war, sofort das Radio aus, öffnete Fenster und Türen, und sog den Klang in sich ein – ich gebe zu, ich mache es heute genauso, etwas in mir sucht die Nähe des Münsters, der Kathedrale, sucht ihren Glockenklang.

Das Münster von Konstanz hat ein besonders schönes Geläut, die zweittiefste Glocke heißt »Ursula«, sie macht den Anfang beim vollen Geläut und ist die älteste, und wenn es sehr kalt ist, muß sie schweigen. An Weihnachten und Silvester 1996 schwiegen auch die Glocken des Straßburger Münsters – unheimlich war es –, wohl auch der Kälte wegen. Es heißt dann bei uns: der Onkel Hans grüßt gar nicht! Hans war Geläut-Komponist vom Bistum Freiburg, musikalischer Berater für das Geläut in Konstanz und auch in Straßburg, welch ein Zufall, nein, Zusammenhang; die neueren Glocken, hüben wie drüben, wurden alle in Heidelberg gegossen – welch ein Zusammenklang – und Hans war der Onkel meiner besten Freundin.

Ich will nicht weiter abschweifen. Die Inhaltsangabe Deines Buches hat ihren eigenen Reiz. Begriff um Begriff, Thema um Thema, das einen glatt umschmeißen könnte: *La mort, La religion, Les protestants.* Der Tod, die Religion, die Protestanten. Spätestens beim Kapitel »Die Röcke« nach den »Tanten« ahne ich den doppelten Boden, das Augenzwinkern, und wenn ich weiterlese »Der Coopé-Laden... Schwof... Die Herrschaft des Bidets... Das Schöne... Die Kunst, Reste zu verwerten« muß ich schon mal laut lachen ob der Phantasie, die da aufkommen kann. So knapp, wie Du Deine Überschriften setzt, im Deutschen sind sie noch knapper, so sparsam skizzierst Du »Dein Elsaß«. Hier spüre ich Deine Bühnennatur. Du schreibst nur das Konzentrat, Du läßt Raum zwischen den Zeilen, Raum für den Ton, für Assoziationen – diejenigen, die Dich kennen, können Dich innerlich mithören. Keine lästige Interpretation oder Ausschmückung... »*Du saas wie's isch point final.*«

Deine... es sind nicht Geschichten, nicht Anekdoten, nicht Betrachtungen, aber von allem ist etwas drin in Deinem Geschriebenen. Mit sicherem Gespür greifst Du Dir eine ganz alltägliche Begebenheit und findest ihren Nerv – *wo der Has im Pfeffer leit* – schonungslos präparierst Du ihn heraus, den Nerv, und sie gerät Dir ohne Mühe zur Parabel, Du erschaffst ein Szenario, ein Bild, das hängen bleibt. Wird es mir in Zukunft doch schwer fallen, beim Anblick des Fliegen-Klebestreifens nicht auch an mögliche Gründe zum Selbstmord erinnert zu werden. Und die üppigen Geranien vor den elsässischen Fenstern schicken nun auch immer einen Gedanken an die Maginot-Linie... *salé-sucré...*

»Die Lage der Frauen«, ein philosophischer Prospekt entrollt sich mit der Überschrift, um so gnadenloser der Fall, die Ernüchterung: 68 = *libération de la Gebärmuedder...* bald dämmerte es der 68er Generation, daß es für uns Frauen fortan keine Rückzugsmöglichkeit mehr gab. Allzeit bereit, und auf allen Plattformen »durften« wir unseren Mann stehen, ein Fortschritt einerseits, Bedrohung für den Mann andererseits und nicht zuletzt – welch Schauspiel! Huguette, Du hast dieses Thema mit viel Herzblut behandelt. Deine Schwester jenseits, diesseits des Rheins ist mit Dir d'accord: *»wenn d'Fraue net wäre...«*

Wenn d'Fraue net wäre, was wär' dann der Coopé-Laden! Dieses Kapitel des Buches ist das Basislager für Deine Bühnenversion, in der Du dann so richtig ans Eingemachte gehst, die Frauen stehen leibhaftig vor einem, die Kundin kauft eben mal 100 Gramm Wurst, packt dabei ihre Beine voller Krampfadern aus, jedes »und mit dem«

der Verkäuferin ist Auftakt zu einer neuen Leidensgeschichte, Höhepunkt schließlich das Aufplatzenmachen einer Eiterbeule, die schon aussieht wie Erdbeeren mit Sahne, mit Hilfe des Rings von einem Zwanzig-Francs-Stück... Aber die Verkäuferin, Beichtvater und Psychotherapeut wider willen, sinnt auf Rache: Am Mittwoch nachmittag, wenn der hiesige Coopé geschlossen hat, fährt sie in den Coopé nach Bitche, die Kollegin dort kann sich auf etwas gefaßt machen...

In der Vorstellung, die ich in der »Choucrouterie« gesehen habe, schütteten sich manche Frauen aus vor Lachen – es war klar, Du hast ins Schwarze getroffen – sollte die eine oder andere auch mal beim Coopé gearbeitet haben?

Der Keller – und: der Speicher... der Estrich... die Bühne... Unten der Keller, die Gerüche der Gegenwart, die Nahrung, der Wein – der Bauch... – und oben unterm Dach Abgelegtes, Vergangenes, Requisitenkammer des Irrealen. Auch ich bin in einem Haus aufgewachsen mit großem Keller und mehreren »Bühnen«. Was Du schreibst, Huguette, hat in mir viele Erinnerungen geweckt. Der Estrich, so sagt man in der Schweiz zum Speicher, war mein liebster Spielort, »meine Bühne«, ein mythischer Bereich, weit vom Alltag tauchte ich in andere Welten ein, alles war geheimnisumwittert, ständig hatte ich das Gefühl, ein Eindringling zu sein, gleichzeitig vermischte sich lustvolle Neugierde mit der panischen Angst, überrascht und entdeckt zu werden. Es war Erlösung und Schmerz zugleich, wenn von unten die Stimme der Großmutter ertönte: »Urseli, wo bisch? Essen!«

Mir gefällt der innere Zusammenhang der Kapitel, er spricht seine eigene Sprache. Nach »Das Fernsehen«, »Das

Geld«, »Die Politik«, »Der Krieg« und schließlich »Die Deutschen«, zurück zu dem Element, das vieles fortspült, fortspülen muß, und neue Klarheit bringen kann: dem Wasser. Da muß ich natürlich an den Rhein denken, der uns trennt und verbindet...

Huguette, schick Dein Buch rüber, *ça fait du bien!* Es wird den Leuten hier gefallen.

E Schmitzle – et à bientôt!

Ursula Cantieni

P.S. ... aber, Huguette: daß Du Dich nur noch in Schwarz kleiden willst, überleg's Dir nochmal: es gibt Farben, die weitaus mehr schmeicheln – und Du könntest dann den Antifalten-Besuch bei Deinem Schönheitsdoktor noch ein wenig aufschieben. Saint Antoine findet das auch...

Der Weg zum perfekten Elsässer

In meinem Geschichtsbuch gab es ein Kapitel, das mich zutiefst erschütterte. Es handelt sich um die Episode des Dreißigjährigen Krieges. Die Elsässer, die wahren, die echten, die reinen, waren am Ende des Konflikts alle umgekommen. In jedem Dorf gab es höchstens noch ein, zwei Exemplare, nicht unbedingt ein Männlein und ein Weiblein, und damit nicht unbedingt geeignet zur Erhaltung der Spezies. Alle anderen waren zugrunde gegangen am bewaffneten Haß der Söldnertruppen des Kaisers und des Kardinals Richelieu, aber auch infolge des Übermaßes an Jauche, die unter der Regie des schwedischen Generals Ochsenstierna gleich fässerweise in die zarten Mägen meiner armen Landsleute gekippt wurde – jeder hat vom berüchtigten »Schwedentrunk« gehört.

Meine Ahnen sind also keine echten, keine gebürtigen Elsässer. Sie sind es erst geworden, wie all jene Leute diverser Herkunft, die herbeigerufen wurden – das heißt, die ins Exil mußten –, um ein neues, kräftiges Elsässervolk aufzubauen, ein Volk, das bereit war, sich in anderen, neuen Kriegen massakrieren zu lassen. Schweizer, Deutsche, Ungarn, Österreicher sind hierhergekommen, um Kinder zu zeugen und diesen Landstrich wieder zu besiedeln, wo Milch und Honig fließen. Der Franzosenkönig hatte sogar Leute aus der Picardie abgesandt, die einzigen französischsprechenden Siedler – bis heute nennt man sie *Päkser**.

Die Elsässer sterben aus? So mögen sie leben, die Elsässer! »*S' gebt kein Elsasser meh!*«, so lautet der Unkenruf, der immer wieder mal laut wird. Und meist folgt darauf ein anderes Klagelied; »*S' gebt niemes meh, wie Elsässisch red!*« (Es gibt niemand mehr, der Elsässisch spricht). Dabei wird immer noch Elsässisch gesprochen, *grad zelaid*, jetzt erst recht, ätsch.

Wenn Sie der Meinung sind, daß es keine oder nicht mehr genügend Elsässer gibt, dann produzieren Sie welche oder werden Sie's selbst... Das ist ganz leicht. Dazu braucht es ein wenig »alemanische Wehmut« – man muß über alte Lieder weinen können, etwa *Gefangen in maurischer Wüste* oder *Heimatlos*. Außerdem einen Hauch von französischer Lässigkeit: »*Net ufreje, s' Laawe esch e Tango!*« (Nicht aufregen, das Leben ist ein Tango). Vor allem aber muß man die Arbeit lieben – »schaffe, schaffe, Häusle baue«, ganz wie die Schwaben. Der Elsässer liebt die Arbeit. Er ist ein rechter *workoholic*, vor allem auf dem Land: dort bestellt er morgens seine Felder, geht nachmittags in die Fabrik und baut am Wochenende sein Häuschen.

»*S' gebt emol kein Elsasser meh, wenn's numme noch Fülenzer gebt!*« – Wenn es eines Tages nur noch Faulenzer gibt, dann gibt es auch keine Elsässer mehr!

* *A.d.Ü.: Bewohner des nördlichen, sogenannten »krummen Elsaß«, des einzigen Landstrichs, wo ein fränkischer Dialekt gesprochen wird.*

Meine Geburt

»Heißes Wasser! Schnell!« Einmal Watte, lautes Geschrei. Schon war ich da, in dem Bett, worin mich meine Eltern gezeugt hatten, zehn Monate nach ihrer Hochzeit. Uff! Die Welt war gerettet!

In eine dicke Fettschicht gehüllt kam ich zur Welt, und das war ein gutes Omen für die Zukunft, ein Glückszeichen. Ein Kind, das ohne diese Schwarte zur Welt käme, wäre allem Unheil ausgesetzt, so der Volksglaube: Krieg, Hungersnot, Fernsehpannen, ständig mißglückter Mayonnaise, unter Umständen sogar Schuppen. Diese Fettschicht deutete auf ein ungewöhnliches Schicksal hin, auf Erfolg à la Julius Cäsar, auf eine Begabung à la Beethoven, auf Grausamkeit à la Landru* und auf einen Körper à la Iwan Rebroff.

»Es ist ein Mädchen – *e Maidel!*« Mein Leben hätte mit diesem simplen Freudenschrei beginnen können, die Hebamme jedoch wählte den Ton, in dem der Richter verkündet: »Lebenslänglich.« Allerdings bleibt man ja auch sein Leben lang *e Maidel*, es sei denn, man konsumiert Hormone in großen Mengen oder man läßt eine Reihe von Organverpflanzungen über sich ergehen. Oder der Körper bleibt wie beim Hermaphroditen irgendwo zwischen den beiden Geschlechtern hängen: »*Das gebt e Zwick!*« Doch

* *A.d.Ü.: Französischer Massenmörder. Wurde wegen Mordes an zehn Frauen 1910 zu Tode verurteilt und hingerichtet.*

doch, das gab's früher. Der Beweis dafür ist, daß man sich in ihrer Gegenwart bekreuzigte.

Aber ich war tatsächlich ein Mädchen, ein echtes, und an meine ersten Lebensaugenblicke kann ich mich nicht erinnern. Es bräuchte so etwas wie eine geistige Rückführung unter Hypnose, um die Ereignisse zu rekonstruieren, die auf die Auflösung meiner Fettschicht mittels Äther folgten. Ich weiß nur eins: daß meine Mutter bestimmt geweint hat. Meine Mutter hat immer viel geweint, das mag mit ihrem Vornamen zusammenhängen: Sie heißt Madeleine, und man weiß ja, daß die Elsässer »wie eine Madeleine« und nicht wie ein Schloßhund heulen. Mein Vater hingegen war sicher stolz. Das entsprach wiederum seiner Veranlagung: er war stolz, ein Bein behalten zu haben, das er ums Haar wegen der russischen Granatsplitter verloren hätte, stolz, ein Mädchen gezeugt zu haben, er, der aus einer Familie mit dreizehn Söhnen stammte.

Meine Großmutter hat vermutlich gebetet. Das taten Großmütter damals immer. Ihre Finger hantierten entweder mit Wollknäulen oder mit Rosenkränzen, egal. Selbst wenn sie strickten, waren sie noch in der Lage, Unmengen von *Gegrüßet seist du Maria* und *Vater unser* herunterzuleiern, und zwar immer auf Deutsch, als ob der liebe Gott ähnlich wie zu dressierende Pferde und Tiger besser Deutsch verstünde.

Mammema und Großmutter beteten für mein Seelenheil und gegen die grausamen Statistiken, unter denen sie selbst im Laufe ihrer Schwangerschaften so sehr gelitten hatten: »Wenn du zwei Kinder haben willst, mußt du sechse in die Welt setzen!« Das sagten alle Frauen im Coopé-Laden. Wenn es im Coopé-Laden gesagt wurde, dann stimmte es auch. Zu gut erinnerten sie sich daran, daß vor der Erfindung von Impfstoffen und Brutmaschinen die Kindersterblichkeit unerbittlich gewesen war. »*Gott het's gewellt!*« (Gott hat's so gewollt!). Demzufolge betete man – trotz aufkommender Impfstoffe und Brutmaschinen – bei der Geburt von Kindern endlose Rosenkränze: für ihr Lebensglück und für ihren Seelenfrieden zugleich. Wenn ihre Seele nicht sofort entschwand, dann war das eben eine Gutschrift für später.

Bei meiner Geburt wurde also bereits für meinen Tod gebetet. Kein Zweifel, ich bin in eine Familie von unglaublichen Optimisten hineingeboren. Von hartnäckigen Optimisten, die jeden Morgen aufstanden mit dem Gedanken, sie könnten im Laufe des Tages sterben. Nach dem Frühstück mit den in Milchkaffee getunkten *Flaade* (Butter- und Marmeladebroten) waren wir darauf gefaßt, einer verirrten Kugel zum Opfer zu fallen, von einem Traktor überfahren, von einem Sonnenstich niedergestreckt oder von einem Schäferhund zerfleischt zu werden. War das schlecht? Ich glaube nicht. Bei uns war ein jeder Tag dem bösen Geschick abgetrotzt. »*Was welle mer meh? Mer laawe noch un danke Gott drum!*« Ja, was wollen wir mehr?

Schon als ganz kleines Mädchen dankte ich dem Himmel in meinen Gebeten. Ich dankte ihm dafür, daß ich atmete, daß ich sah, daß ich mich bewegte, daß ich Pipi machte. Jede Handlung im Leben war ein Wunder. Und es tut gut, jeden Tag Wunder zu erleben. Ich habe mich immer wie eine Traube in einer Kelter gefühlt, die das ungeheuerliche Glück hat, noch immer nicht zermalmt worden zu sein. »*Wann de Gott ehrsch, bassiert der nix!*« (Wenn du Gott ehrst, kann dir nichts passieren!).

Das ist noch immer mein Wahlspruch. Den Himmel nicht verärgern, um seine Rache nicht herbeizuziehen, die einen früher oder später doch trifft. »Gottes Mühlen mahlen langsam aber sicher«. Ich lebe bis heute in Einklang mit den Geboten meiner Kindheit, die so unauslöschlich sind wie die Spuren einer Verbrennung dritten Grades. Nur den Tod verstehe ich nicht, oder vielmehr die Lebensweisheit, die mir meine Ahnen vermacht haben: »Wie man lebt, so stirbt man,« meinten sie. Was soviel bedeutet wie: »Wer sündigt, stirbt einen schlimmen Tod!« Am Vorabend ihres Todes – sie starb mit fünfzig Jahren – quälte sich meine Mutter noch immer mit diesem Gedanken. »*Met was haw'i dess verdient?*« (Womit habe ich das verdient?). Du hast nichts Böses getan, Mama. Nichts. Oder nur, was alle andern auch getan haben: ein Braten ist dir mißlungen, du hast geflucht, du hast die Pommes Frites versalzen... Ja doch, diese ganzen schändlichen Dinge hast du getan. Aber stirbt man deshalb? Weil man die Pommes Frites versalzen hat? Ich habe sie von meinem Speiseplan gestrichen. Eine Chance mehr, lange zu leben!

Plädoyer für die Nasen

Ich verbringe mein Leben damit, daß ich Nasen studiere. Für mich ist die Nase das wesentliche Organ. Welche Vielfalt herrscht doch bei diesem Anhängsel, das die Natur uns beschert hat und das als erstes verschwindet, sobald wir sterben. Die Nase ist ein Zeichen des Lebens. Unter der Erde verwandelt sich dieses herrliche Organ ganz schnell in ein gähnendes Loch, ähnlich wie die Augen und das Geschlecht. Wenn Sie auf jemanden stoßen, der keine Augen, kein Geschlecht und keine Nase mehr hat, können Sie ganz sicher sein, daß er tot ist.

Es gelingt mir nicht, meinen Katalog zur Vielfalt der Nasen abzuschließen. Ich entdecke immer neue, interessante, außergewöhnliche. Cyrano de Bergerac zählt sie auf, und dazu reicht ihm ein Theatermonolog. Mir würde ein ganzes Buch nicht ausreichen. Die elsässische Sprache bestärkt mich in meiner Theorie, denn sie verfügt über unzählige Namen, um dieses fleischige Hügelchen zu bezeichnen, das heutzutage leider auf eine einzige Funktion reduziert wurde: Brillen zu stützen. *Schlumme, Kumpf, Zwicker, Bicker, Erdbeer, Grumbeer, Stupsnas, Dotschnas, Rotzer...* Nein, an Wörtern fehlt es nicht. Sie sind ebenso treffend wie poetisch.

Warum sollten wir eigentlich diese ganzen elsässischen Nasen in der Versenkung verschwinden lassen, die uns auf den Gemälden von Stoskopf oder Robert Beltz bis heute so sehr beglücken? Heutzutage sind die Nasen Standardnasen geworden, sie sind zurechtgehobelt, glattgeschliffen, geradegetrimmt. Sie sind alle gleich, man hat sie nach dem Modell der Barbie-Puppen vereinheitlicht. »Wäre Kleopatras Nase kürzer gewesen, so sähe die Welt heute anders aus«. Die Nase ist der Sitz der Persönlichkeit, der Spiegel des Charakters. Oft habe ich das Bedürfnis, sie anzufassen. Als ich klein war, tat ich es auch häufig.

Kleine Führung durch die Nasenlöcher des Elsaß. Unseres Nachbarn Nase hatte etwas Monströses. Stellen Sie sich eine Feige vor, eine frische Feige. Fügen Sie Krater und geschwollene Adern hinzu, dann ist das Bild einigermaßen stimmig. Es brauchte jahrelang heimlich getrunkene Schnäpse, literweise üblen Rachenputzer jeden Tag dazu, um ein solches Kunstwerk zustandezubringen. Diese Nase war majestätisch, sie war ein Unikat, sie war biblisch. Jawohl, biblisch. Meine Mutter behauptete in der Tat, daß die Strafe der Alkoholiker darin bestehe, daß sie die Stigmata ihres Lasters offen mit sich herumtragen müssen. Ich hingegen fragte mich oft, warum Gott nur die Alkoholiker auf diese Weise bestraft. Warum trägt ein Mann, der seine Frau verprügelt und seine Kinder vergewaltigt, keine äußeren Zeichen seines Lasters? Warum verwandelt sich seine Nase nicht seinen Sünden entsprechend? Trüge der Verkehrsrowdie eine sargförmige Nase und der Vergewaltiger eine schwanzförmige, wäre das wenigstens eine Warnung. Die Nase als Sühnealtar für unsere Laster! Man könnte es einfach nicht übersehen, es wäre sonnenklar – einfach sichtbar wie die Nase im Gesicht.

»An der Nase des Mannes erkennt man seinen Johannes.« Dieses volkstümliche Sprichwort behauptet, den Zusammenhang zwischen Nasen- und Gliedlänge klarzustellen. Um seine Stichhaltigkeit zu überprüfen, bräuchte es jahrelange Forschungsarbeit. Aber um ganz ehrlich zu sein: der Zusammenhang zwischen Nase und Unterhose interessiert mich nicht besonders. Viel interessanter ist der Charakter einer Person, der sich in der Nase ausdrückt. An den Nasen der alten Frauen meines Dorfes war in der Tat nichts besonders Erotisch-Sexuelles. Sie hatten fast alle eine schüchterne kleine Nase, die kaum aus ihrem Gesicht hervorzulugen wagte, als hätte jahrelange Unterwerfung darauf hingearbeitet, daß ihre *Stupsnäsele* so diskret wie sie selbst werden. Die Männer hatten entweder eine große oder eine dicke Nase, aber immer eine dominante, arrogante Nase mit weit aufgerissenen Nasenlöchern, aus denen Haare herauswuchsen. Ich hatte immer Angst, daß sie in meiner Gegenwart den Rotz hochziehen: Ich fürchtete, mit eingesaugt zu werden.

Die Hakennasen, die an Adlerschnäbel erinnerten, waren stets Ausdruck von Autorität. Solche Papstprofile, solche Königsprofile fielen oft in den ersten Reihen bei öffentlichen Veranstaltungen auf. Der Bürgermeister meines Dorfes, der Grass Louis, hatte dieses aristokratische Nasenkaliber. Er beeindruckte mich sehr. Er sah so stattlich aus, daß ich ihn immer, wenn er auf seinem Pferd saß, für einen König hielt. 1952 war er nach England gereist, um der Krönung von Königin Elisabeth beizuwohnen. Sie können's mir glauben: Wenn er einen Frack getragen hätte, einen »Leck-mich-am-Arsch-Frack«, dann hätte er sich glatt unter die Würdenträger mischen können, er wäre nicht aufgefallen. Ja doch: mit seiner Adlernase hatte er ein königliches Aussehen. Genau wie der Erzbischof von Straßburg, nur daß der ein Papstprofil hat. Die notwendige Würde für das Amt eines Bischofs wurde durch die Nase gewährleistet. Stellen Sie sich nur einmal einen Bischof vor, der die Nase eines Fußballers oder eines Rugbymanns hätte. Nicht auszudenken! Nein, die Nase und das Amt passen zusammen. Eigentlich müßte man Probeaufnahmen machen, um zu entscheiden, welche Nase welches Amt bekleiden soll. Sicher wäre die Welt dann in Ordnung.

Wenn ich Präsidentin eines elsässischen Vereins wäre, würde ich alle *Grumbeeredotschefescht* (Kartoffelküchle- oder Reiberdatschifeste), *Salamifescht* (Salamifeste), *Holzfescht* (Holzfeste) streichen. Stattdessen würde ich ein gewaltiges *Nasefescht* veranstalten. Ich würde all diejenigen auftreten lassen, denen die Natur ein großartiges äußeres Zeichen von Persönlichkeit verliehen hat. Mit ihrer ureigenen Nase.

Leider sind die Nasen im Aussterben begriffen. »Jegliches Organ, das die Funktion nicht mehr erfüllt, wofür es geschaffen wurde, muß zwangsläufig verschwinden.« Die Biologen nennen sowas Evolution. Wenn das stimmt, werden die Optiker nur noch Kontaktlinsen verkaufen, denn niemand wird mehr eine Nase haben, um eine Brille darauf zu setzen. Ein Loch mitten im Gesicht werden wir haben. Schrecklich! Aber vorerst hüte ich meine Nase und schnuppere soviel ich kann, bevor sie abfällt.

Ich reiße meine Nasenlöcher auf, so weit es geht, auch wenn die meisten Leute schon gar nicht mehr atmen. Meine Welt ist voller Gerüche. Jedes Düftchen bläht mir die Nüstern. Alles, was vorbeizieht, atme ich ein, so tief es geht. Um die Dinge wirklich zu besitzen, muß ich sie beschnüffeln. Die Psychologen sagen, das Kind mache zwei Phasen seiner Entwicklung durch: die orale und die anale. Ich habe dazu noch eine dritte Phase erlebt: die nasale. Als ich klein war, beschnupperte ich alles: Grashalme, Äpfel, Brot, meinen Hund, die Kleider meiner Mutter. Auch heute noch muß ich all die Gerüche in mich eindringen lassen, sie müssen sich einprägen, sich in Freude verwandeln. Düfte verursachen bei mir sehr starke Gefühlsregungen, Augenblicke des heftigen Glücks oder des brutalen Schmerzes. Ich bebe vor Freude, wenn ich gemähtes Gras rieche, oder *Grumbeerekrüt* (Kartoffelkraut), das auf dem Feld verbrannt wird, oder Regen auf der heißen Teerstraße. Ich muß weinen, wenn ich den süßlich faden Geruch von Blut einatme, denn ich rieche instinktiv den Tod. Ich wittere faulige Düfte, und ich weiß, es geht alles dahin.

Als meine Mutter uns verlassen hat, ist ihr Duft nur sechs Monate in ihren Kleidern zurückgeblieben. Die Biologen, jene, die das Ende der Nasen voraussagen, äußern sich folgendermaßen: Ein halbes Jahr nach dem Tod bleibt keine Spur eines Eigengeruchs mehr übrig. Ich aber weiß, ich aber rieche, daß meine Mutter zu einem betörenden Buchsgeruch auf einem Friedhof geworden ist.

Der Tod

Ins Gras beißen, abkratzen, verscheiden, *de Geburtsschien schlucke* – im Elsaß stirb es sich metaphorisch. Ähnlich wie in Deutschland wird hier das schicksalhafte Wort niemals ausgesprochen: »*M'r soll de Daifel net an d' Wand mole!*«

Der Tod hatte seine Rituale, seine Bräuche, seinen eigenen Rhythmus. Man nahm sich Zeit zum Leben. Man nahm sich Zeit zum Sterben. Man war vorbereitet: man empfing den Abschiedsbesuch der Familienmitglieder und der Freunde. Man sagte sich auf Wiedersehen und man glaubte fest daran, daß man sich bald wiedersehen würde. Mit wehender Soutane eilte der Pfarrer die Straße entlang, sein Hut zeigte frappierende Ähnlichkeit mit einer bayrischen Kirchturmhaube. Er war flankiert von zwei hastig eingekleideten Meßdienern, die den Weihrauch und das Kreuz trugen. Die Gerätschaften für die letzte Ölung trug der Priester höchstpersönlich. Die Leute unterbrachen ihre Arbeit, die Unterhaltungen stockten, alles erstarrte zu einem großen Fragezeichen: Wer liegt im Sterben? Im Todeskampf wurde dem Sterbenden das Salböl auf alle Körperteile gerieben, durch die die Sünde möglicherweise in ihn eingedrungen war: den Mund, die Augen, die Hände, manchmal auch die Füße. *Ego te absolvo.*

Heute hat der Tod nicht mehr die gleiche Bedeutung. Man schickt den Kranken nicht mehr aus dem Krankenhaus nach Hause, damit er im Kreise seiner Familie sterben kann. Man schickt ihn umgekehrt von zu Hause ins Krankenhaus, damit er die letzte Infusion erhält oder Elektroschocks, auf daß er wiederbelebt werde, und zum Schluß sieht er so ähnlich aus, wie das Centre Pompidou in Paris, überall Schläuche und Röhren.

Unser zu Ende gehendes Jahrhundert mag den Tod nicht, an ihm scheitert nämlich unsere hochmächtige Zivilisation. Wir sind in der Lage, in dreißig Tagen um die Erde zu reisen, nach achtzig Schönheitsoperationen der Puppe Barbie zu gleichen, auf dem Mond herumzustapfen, Faxe in alle Welt zu schicken, aber Thanatos zu beseitigen, den Tod umzubringen ist uns noch immer nicht gelungen.

Die moderne Medizin beherrscht Herztransplantationen, legt Bypässe in mikrochirurgischer Kleinarbeit oder setzt eine kaputte Wirbelsäule wieder zusammen. Aber in den Betten der Universitätskrankenhäuser stirbt man noch immer an infektiösen Krankheiten aus uralten Zeiten, an Viren aus dem Mittelalter, an Bakterien, deren IQ gleich Null ist.

Die Folge ist, daß die Leute alleine sterben, wie die Indianer, die sich von ihrem Stamm entfernen, um nicht zu stören, um niemanden zu belasten. Zu den Feierlichkeiten, werden uns unsere Toten dann frei Haus geliefert, Mehrwertsteuer inclusive, Trinkgeld extra. Nicht die Nachbarn tragen die Kiste, auch nicht die Freunde, die ehemaligen Schulkameraden. Das erledigen Anonyme in Uniform, die im Pauschalarrangement inbegriffen sind. Und die Blumen? Für zweitausend Francs im Jahr sind Sie auch diese Sorge los. Das Grab wird mit Blumen der Saison geschmückt. Als ob noch lebende Sterbliche allmählich Aufenthaltsverbot auf dem Friedhof hätten – mit Ausnahme der Angestellten des Bestattungsinstituts und der Totenblumenlieferanten.

Der Friedhof meiner Kindheit hingegen war ein Ort des Lebens. Dort traf man Tag für Tag Menschen an. Mit einem Rosenkranz, einer kleinen Jäthacke, einer Gießkanne, einem Eimer, einem Schwamm oder auch nur Blumen ausgerüstet, ging man seinen Toten einen Besuch abstatten. »*De Doot g'heert zum Laawe*«, sagte meine Großmutter. Die schwarze Trauerkleidung der Frauen, das Trauerband auf dem Anzugrevers der Männer bezeugten es. Der Tod hatte etwas stark Verbindendes, um nicht zu sagen Geselliges. Im Kerzenlicht versammelte man sich um die fein säuberlich hergerichtete Leiche mit den geschlossenen Augen, den gefalteten Händen, dem um die Finger geschlungenen Rosenkranz. Ich erinnere mich an diese schönen, gelben, wächsernen Gesichter, die einen zur Andacht und Sammlung zwangen.

Vor drei Jahren habe ich wieder einmal einen solchen Toten gesehen: in Rußland, in Moskau, in einer orthodoxen Kirche. Die Leute betraten das mit unzähligen Ikonen geschmückte Kirchenschiff mit Kerzen in der Hand und zogen an einer toten kleinen Alten vorbei, die auf gestärkten Leintüchern in ihrem offenen Sarg lag. Die Ruhe, die sie ausstrahlte, werde ich nie vergessen. In Rußland stirbt man mit Würde. So wie man gelebt hat.

Unsere Kinder wissen nicht mehr, was ein ruhiger, natürlicher Tod ist. In den Nachrichten, im Film und in den Fernsehserien werden nur brutale Todesformen gezeigt. Mein 1978 geborener Sohn Yann hat meine Mutter nicht mehr gekannt. Er war gerade mal fünf, als er mich fragte:

»Wo ist eigentlich Mamie Madeleine?«

»Sie ist tot.«

»Und wer hat sie totgeschossen?«

Er glaubte, sie sei einem Cowboy oder einem Außerirdischen zum Opfer gefallen und fragte sich, warum Zorro oder Superman sie nicht gerettet hatten.

»De Doot g'heert zum Laawe. Noch em Dood geht s' Laawe widdersch« – Der Tot gehört zum Leben. Nach dem Tot geht das Leben weiter. Ja, das Leben geht weiter, das Leben derer, die zum *Lichteims*, dem elsässischen Leichenschmaus eingeladen sind. Es war Tradition, die Verwandten und die Freunde des Verstorbenen um einen festlichen Tisch zu versammeln. Es gab Fleischsuppe und Kaffee und Kuchen, oder *Bäckeoffe* und Kaffee und Kuchen. Aber Vorsicht! Nur zwei Fleischsorten im *Bäckeoffe*. Es war immerhin eine Trauerfeier. Der Weißwein, *a guets Krejel* – ein gutes Krüglein – förderte die Herzensergiessungen: *»E so e gueter Mensch, un jetz isch er furt... So schnell... Gescht hawi no met em geredd...«* (Ein so guter Mensch... Und jetzt ist er fortgegangen... So schnell... Dabei habe ich gestern noch mit ihm gesprochen...). Jeder wollte der letzte sein, der noch ein Wort des Toten vernommen hatte, und das hatte tunlichst weise zu sein, ein philosophischer Spruch, ein geistiges Testament. Ausgiebig wurde er zitiert, manchmal mußte die ganze Trauergesellschaft lachen – aber das Lachen wurde schnell unterdrückt: *»S' esch trotzdem Leid«* – Es ist doch Trauer!

Vielerorts hat sich der Kaffeee-und-Kuchen-Brauch erhalten, nicht aber der *Lichteims*. Man beerdigt nicht mehr am Vormittag. »Man kann doch nicht einen ganzen Tag frei nehmen, wo käme man denn da hin, schließlich muß man auch an den Urlaub denken, *net wohr?* Gut, einverstanden, ich bleib zum Hefezopf, aber danach muß ich die Kleinen beim Kindermädchen abholen.«

Kinder nimmt man nicht mehr mit zu Beerdigungen. »Jo nein, die brauchen doch nicht zu wissen, daß es das gibt!« Für die junge Generation ist der Tod etwas Virtuelles, wie das Sega-Spiel »Sega! Mich wirst du nicht heimsuchen!« Sie fürchten den Tod nicht mehr. Den Gefahren aller Art stehen damit Tür und Tor offen, vor allem wenn diese ahnungslosen jungen Leute am Steuer ihres Peugeot 205 GT Turbo samt Sonnenblende oder in den Schalensitzen ihres auf Formel 1 frisierten Ford Fiesta sitzen. Bei diesem Spielchen verlieren sie dann, wenn sie eine Sekunde zu spät reagieren, nicht nur 10 000 Punkte wie beim Flipperautomaten.

»Beschissen!« hat mein deutscher Großvater gesagt, bevor er starb. Das war *sein* letztes Wort. Heutzutage sagen die Sterbenden gar nichts mehr. Sie würden schon gern etwas sagen, aber wie soll man auch nur ein Wort zustande bringen, mit einer Kanüle im Hals für die Tracheotomie, einer Wäscheklammer an der Zunge, einer Magensonde, die aus dem rechten Nasenloch hervorkommt und ins linke wieder eintaucht. Das letzte Wort ist lediglich noch ein schrilles Bipp, das letzte Bild ein kontinuierlicher grüner Strich auf dem Bildschirm. Das Elektro-Enzephalogramm ist flach. *Exitus.* Sagen Sie der Familie Bescheid. Rufen Sie das Bestattungsinstitut an, sie haben ein Monopol. *De profundis clamavit ad te domine, requiescant in pace…* Ohne die vielen Schläuche.

Gemälde und Gesangbuchbildchen

Über meinem Bett weinte Jesus in sämtlichen denkbaren Blautönen über das verlorene Jerusalem. In unserer *Stubb* führte ein in rosa Musselin gewandeter Engel zwei Kinder durch die reißenden Wasser eines Wildbachs. Im Alkoven meiner Großmutter vergoß eine hohlwangige *Mater dolorosa* bittere Tränen. Auf dem Nachttisch meiner Eltern wurde das Herzjesu von gelben Flammen verzehrt. In unseren elsässischen Häusern gab es fromme Bilder zu Hauf. Bunte Drucke, schwarzweiße Hinterglasmalereien, sie gehörten zu unserem Alltag. Jeden Tag wurde einem jeden dieser Bilder ein Gebet entgegengeschickt. Die heilige Agathe sollte das Haus vor Feuersbrunst schützen. Unser Schutzengel sollte uns vor ich weiß nicht was schützen. Der heilige Blasius sollte uns vor Halsschmerzen bewahren. Bitt für uns.

Wo die Bilder herkamen, wußte kein Mensch. Sie hingen einfach da, unverrückbar, als wären sie schon immer zugegen gewesen, ein Blick aus der Ewigkeit auf unser hektisches Leben. Sie waren auch nicht datierbar. Die Christusdarstellungen waren so, wie man sich eben Christusse vorstellte: mager, mit langem Haar, bärtig, von unsagbarer Traurigkeit. Welche Schule? Man brauchte doch nicht zu wissen, wer sie gemalt hatte, Hauptsache, sie waren da, diese Bilder, denn mit ihnen hatte man alle mögliche Hilfe in greifbarer Nähe. »Heiliger Paulus, bitt für uns! Heilige Odilie, bitt für uns!« Jedes von ihnen war eine Art Zauberpforte zum Glück und verschaffte uns Zugang zu haufenweise Wohltaten und Ablässen.

Ich sprach jeden Abend meine Gebete. Dazu kniete ich mit nackten Beinen auf dem Boden. Es war immer ein magischer Augenblick. Meine Ängste wichen, denn ich begab mich in eine absolut sichere Obhut. Ich hatte Angst vor der Nacht. Die Nächte auf dem Dorf waren schreckenerregend. Stockdunkel. Rabenschwarz. Weit und breit kein einziges Licht. Die braven Dorfbewohner sparten Strom, und eine Straßenbeleuchtung gab es nicht. Auch das Fernsehen streute noch keine bläulichen Flimmerkreise ins Dunkel. In meinem Zimmer hatte ich das Gefühl, ich sei lebendig begraben. Beten verscheuchte die bösen Geister, die Gespenster und die Ängste.

Jetzt werden Sie mich wohl verstehen! Bei der großen Wette um die Existenz Gottes setze ich immer auf »ja«, genau wie meine Ahnen. Falls die Religion das Opium des Volkes ist, dann bin ich ein unheilbarer Junkie.

Ich habe Zeiten der religiösen Schwärmerei erlebt. Alle kleinen Mädchen kennen diese Phasen, in denen sie sich mit einer Heiligen identifizieren und nach Wundern und Augenblicken der Ekstase lechzen. Ich sehnte mich nach himmlischen Zeichen. Ich träumte davon, die Hand auflegen zu können und damit der Menschheit zum Fortschritt zu verhelfen. Stattdessen habe ich die Hand wohl häufiger zum Dreinschlagen gebraucht. So richtig mit der Faust. Ach Gott, nichts ist einfach, niemals!

Zum Glück hatte ich meine Ikonen, meine *Heljele* (Heiligenbildchen): Erinnerungen an Taufen mit erbaulichen Sprüchen und Lehrsätzen fürs Leben, bunte Lithographien, die einst zur Kommunion geschenkt wurden, Hochzeitsbilder mit Mistelkränzen und Kreuzen. Zu jedem Ereignis gehörte ein Bild. Und jedes Bild hatte einen festen Platz im Haus. Eingerahmtes, erstarrtes, abgeschlossenes Leben wie das meiner Tante Cécile, die mit zwanzig Jahren gestorben war.

Als Cécile sechzehn war, war meine Mutter fünf und hatte ein Lungenleiden. In der Wallfahrtskirche von Marienthal hat Cécile Gott angefleht, er möge ihre kleine Schwester verschonen und dafür ihr eigenes Leben nehmen. Wenig später starb sie. Sie hatte sich geopfert. Sie ist ein eingerahmtes Bild in meinem Flur geworden.

In meiner Familie waren wir immer schon vom Opfergeist geprägt. Ich auch. Aber bei mir versuche ich, diese Krankheit zu behandeln. Schrecklich, diese Leute, die sich unentwegt für andere opfern: Man steht in ihrer Schuld, und wehe, man zeigt seine Dankbarkeit nicht pausenlos. »Ich habe alles für dich getan…« Das kann man auch anders verstehen: »Ich bin für dich erstickt…«, oder: »Ich habe dich erstickt…« Also opfere ich mich zurückhaltend, sparsam, in homöopathischen Dosen, um es meiner Umwelt zu ermöglichen, sparsam, in homöopathischen Dosen undankbar zu sein. Sie könnte sowieso nicht anders als undankbar sein.

»Herr! Verzeihe ihnen! Denn sie wissen nicht, was sie tun.« Verzeih vor allem auch jenen, die unfähig sind, die Heiligenbildchen vernünftig einzusetzen. Meiner Volksschullehrerin zum Beispiel. Sie belohnte uns mit einer kleinen Medaille der Mutter Gottes oder mit einem Bildchen, wenn wir uns dreißig Fleißpunkte verdient hatten. Auf diese Weise blieb den schlechten Schülern die Gnade eines Heiligenbildchens verwehrt, wo doch gerade sie sie am nötigsten hatten. Wie konnten sie hoffen, jemals aus ihrem Schlamassel herauszukommen? Zum Glück gab es für sie noch die Kommunionbildchen und die in der Maiandacht verteilten Marienbildchen.

Diese *Heljele* sind verloren gegangen. Sie wurden nicht eingerahmt. Vermutlich haben sie sich zwischen die Seiten von Büchern verirrt oder sind durch den Spalt einer Schublade gerutscht. Die gerahmten Bilder hingegen sind noch immer da. Ich besitze sogar eine russische Ikone, die mein Urgroßvater vom Krimkrieg mitgebracht hat. Die Geschichte dieser Ikone kenne ich nicht. Umso besser, denn Kunstwerke müssen ihren Teil Geheimnis bewahren.

Die *Daafle* – Tafeln, sprich gerahmte Bilder – waren angeblich auch bevorzugte Verstecke für wichtige und heimliche Papiere, Testamente, Sündenbekenntnisse, posthume Denunzierungen oder Rechtfertigungen. Bilderrahmen waren die Panzerschränke der armen Leute, wobei das im Bild Dargestellte selbst manchmal eine verschlüsselte, unterschwellige Botschaft enthielt. Ich habe diesbezüglich keine Forschungen betrieben. Solche Dinge wollen zufällig entdeckt werden, etwa wenn eine *Daafel* beim Herunterfallen zerbricht und ihr Geheimnis preisgibt.

Machen Sie es wie ich. Sammeln Sie und warten Sie! Sammeln Sie vor allem Heiligenbildchen. Manche waren sonderbar, und ich mußte darüber lachen, wie etwa das Bildchen, das den Pater Libermann darstellte und mit einem winzigen Stückchen Stoff versehen war, einen halben auf einen halben Millimeter groß, und sogar eine Erklärung dazu enthielt: »Ein Stückchen Stoff, das ein Stückchen Stoff berührt hat, das mit dem Stoff eines Kleidungsstückes von Pater Libermann in Berührung war.«

Wer's glaubt wird selig!

Ich besitze auch ein Stückchen Holz, das ein Stück Stoff berührt hat, das wiederum das Holz des Kreuzes Christi berührt hat. Meine Großmutter hatte es mir bei einer Wallfahrt gekauft. Für diesen Holzsplitter und einen Rosenkranz aus Bonbons hat sie ihren Geldbeutel geleert.

Der Bonbonrosenkranz ist etwas ganz Unglaubliches. Wenn man ihn aufgegessen hat, steht man kurz vor dem Ausbruch einer tötlichen Zuckerkrankheit. Die Frömmigkeit des Betreffenden steht im direkten Verhältnis zum Zuckerspiegel im Blut. Eine Blutprobe könnte Auskunft geben, ob man es verdient, daß der liebe Gott der Bitte nachkommt oder nicht. Ähnlich geht es mir mit dem heiligen Nikolaus: Auch zu ihm bete ich gerne, wenn er aus Schokolade ist. Am 6. Dezember. Das ist was Handfestes.

Was ich am meisten bedaure, das ist die Tatsache, daß die Heiligen mittlerweile so verschlossen sind: Mir fehlen ihre Wunder, die Worte, mit denen sie sich einst direkt an die Menschen wandten, wie bei der Jungfrau von Orléans zum Beispiel. Sie reden nicht mehr mit uns, die Heiligen. Vermutlich wegen der drahtlosen Telephone, der Computer, der Satelliten und der Video-Spiele, die den Äther mit Beschlag belegen. Die Heiligen haben einfach nicht genügend Bytes.

Hexengeschichten

Das Elsaß liegt auf einer geologischen Verwerfung. Na und? Übernatürliche Begebenheiten sind hier zahlreicher als anderswo und die Leute sind abergläubischer. Es gibt die üblichen Glaubenssätze: um schwarze Katzen einen Bogen machen, niemals zu dreizehnt am Tisch sitzen, sich nicht über Kreuz die Hand geben, den Brotlaib nicht auf den gewölbten Teil legen, auf eine Steuerprüfung alle vier Jahre gefaßt sein. Bei uns Elsässern allerdings ist diese Esoterik der ständigen Angst besonders tief verwurzelt. Letztlich rührt sie von der Religion her. *Gott stroft.*

Das große Prinzip meiner religiösen Bildung lautete: »*M'r ditt net un m'r lacht net üs*« (Man zeigt nicht mit dem Finger auf die Leute und man lacht sie nicht aus). Auslachen, das war *die* Todsünde in unseren Dörfern, die Sünde, für die es kein Pardon gab. Meine Mutter erzählte mir die Geschichte eines Mädchens, das sich über einen Beinamputierten lustig gemacht hatte. Das mußte sie schwer büßen. Ihr Sohn kam mit einem einzigen Bein zur Welt. Die mündliche Überlieferung ist voll von solchen Horrorgeschichten. Da gibt es Männer, denen ein Fell wächst und die Schweinsaugen bekommen, nachdem sie ihre Frau »Drecksau« geschimpft haben. Vorzeitig alt gewordene Kinder, die einer gramgebeugten, wie ein Abschiedsbrief zerknitterten Neunzigjährigen gleichen, weil sie ihr »ätsch... ätsch...« nachgerufen haben. Mittlerweile hat diese Krankheit einen

Namen. »Progeria« heißt sie: mit fünfzehn stirbt man als Hundertjähriger.

Aber die tiefste, irrationalste Angst der Dorfbewohner galt dem Teufel. In den alten Chroniken wimmelt es von Geschichten, in denen der Teufel auftaucht. Der Fürst der Unterwelt hatte zum Beispiel die Angewohnheit, in der Walpurgisnacht zum Hexensabbat auf den Batsberg bei Bouxwiller zu kommen. Auch in der Bannmeile meines Dorfes war er mehrfach in Erscheinung getreten. Beim abendlichen Zusammensitzen in der Stube erinnerte man sich an derlei Ereignisse und jedesmal wurden neue Einzelheiten hinzugefügt. Die Kinder waren in Furcht und Schrecken versetzt, sie weinten und wollten nicht mehr ins Bett gehen. Dabei gab es gar keinen Grund, Angst zu haben, denn »*s'Kitz, de Sajebaum, s'Wiehwasser un de Antoniüs vertriewe ne schun, dene Antichrist!*« (Das Kreuz, die Palmzweige, das Weihwasser und der Heilige Antonius werden ihn schon vertreiben, diesen Antichrist!).

Immer wieder gab es Gerüchte über schwarze Messen. Jeder verdächtigte seinen Nachbarn, das »geistliche Schild« zu besitzen mit den Zauberformeln für Verwandlungen und sonstige böse Flüche.

Bie s'Jerrye (bei den Jerryes) hatten eines Abends die Pferde ganz schrecklich zu wiehern angefangen. Sie schlugen aus und bäumten sich auf. Beunruhigt begab sich die Familie in den Stall, und siehe da: eine schwarze Katze sprang von einem Pferderücken auf den andern und bearbeitete jedes Tier mit ihren Krallen. Dem ältesten Sohn gelang es, die Katze einzufangen, auf der Stelle hackte er ihr die Pfotenspitzen ab. Am nächsten Morgen fand man die Nachbarin der Jerryes: nicht nur tot war sie, Füße und Hände waren ihr abgehackt worden. Wieder einmal hatte es eine Frau getroffen.

Immer nur die Frauen wurden der Hexerei verdächtigt. Logisch: Warum sollten diejenigen, die das Leben geben, nicht auch auf genauso mysteriöse Art den Tod geben können? Die besondere Alchemie des Gebärens und die Unfähigkeit der Männer, es den Frauen in diesem Punkt gleichzutun, haben überall, bei allen Völkern Großinquisitoren auf den Plan gerufen, Männer wie den Bischof Cauchon*, der am liebsten alle Frauen ins Feuer geschickt hätte.

Evas Töchter haben in der Tat besondere Gaben. Sie sind nicht nur mit den Händen geschickt, sie wissen auch, die besänftigenden, lindernden Worte zu finden, wo immer es darauf ankommt. Mit ihrer Intuition ahnen sie die Zukunft voraus. Bei uns auf dem Land waren sie für Zeichen und Stimmungen aller Art empfänglich, was sicher mit ihrem zurückgezogenen Leben zu tun hatte. Ich werde nie vergessen, wie meine Großmutter eines Tages verkündete: »*Stille! De Peterhanse Sepp hett mit em Glas uff de Tisch geklopft*«. Das war die Botschaft derer, die wünschen, daß man ihnen ihr Glas füllt. Meine Mutter erwiderte: »*Er isch im Spital!*« Noch am gleichen Abend erfuhren wir, daß er genau in dem Augenblick gestorben war, als meine Großmutter ihn mit dem Glas auf den Tisch hatte pochen hören.

* *A.d.Ü.: Pierre Cauchon (1371-1442), Bischof von Beauvais und Lisieux, Gerichtsvorsitzender beim Prozeß der heiligen Johanna, Jungfrau von Orléans.*

Die Leute vom Land waren schlichten Gemütes und leicht beeinflußbar, und das machte sie für alle Wunder zugänglich.

Wie es Carl Dreyer meisterhaft in seinem Film *Ordet (Das Wort)* beschreibt, waren wir empfänglich für Menschen, aber auch für Dinge. In meiner Familie gab es zum Beispiel einen Schrank, der bei uns »*de Doodekaschte*« (der Totenschrank) hieß. Man hätte meinen können, dieses Möbelstück spüre, wie sich der Tod einem von uns näherte. Sein Holz knarrte, als ob seine Fasern sich vor Schmerz krümmten.

Das PVC später knarrte nicht, das Resopal auch nicht. Unsere heutigen Möbel leben ihre zehn oder fünfzehn Möbeljahre und landen dann beim Abholdienst der Caritas. Ein Designer-Büffet aus PVC wird nie lang genug dastehen, um mit der Familie zu leiden. Es bietet Gläsern, Tellern, Liebesromanen und diversen Readers-Digest-Jahrgängen Schutz, das ist alles. Ein modernes Büffet bringt seine Leistung nach Tarifvertrag. Vielleicht ist es Gewerkschaftsmitglied? PVC ist rational, es ist nach einer chemischen Formel hergestellt. Und seine Hersteller werden Ihnen haargenau sagen, was PVC enthält. Da gibt es keinen Platz für den geringsten Hauch von Geist. Holz hingegen war, ähnlich wie Wasser, von allerlei Geistern belebt, hieß es, und daraus ergab sich, daß man die guten Geister hütete und die bösen verjagte, solange man Holz und Wasser verwendete. Holz wurde geweiht. Ob im Dachstuhl oder sonstwo auf der Baustelle, das Holz wurde mit Weihwasser und einem Gebet versehen, um die Kobolde zu erschrecken, die ansonsten bis an den häuslichen Herd vorgedrungen wären und jede Gemütlichkeit verhindert hätten.

Eigentlich wurde alles geweiht. Man nahm kein einziges Nahrungsmittel zu sich, ohne zuvor ein Gebet gesprochen zu haben. Über dem Brot wurde das Kreuzzeichen gemacht, bevor man es anschnitt. Sauerkraut, Spätzle, *Dotsche* (Kartoffelküchle), *Ochsegüggle* (Spiegeleier) wurden gesegnet und bis zum allerletzten Bissen aufgegessen. Diese Gewohnheit habe ich beibehalten. Ich esse immer auf, was sich auf meinem Teller befindet und ich lasse niemals Brot verkommen, denn ich will nicht den Zorn meiner Ahnen wecken. »*Schunsch kumme se z'Nachts un ziwle der an der Zeh!*« (Sonst kommen sie nachts und zupfen dich an den Zehen!). Die Geschichte des fußkitzelnden Gespensts ist weit verbreitet. Man glaubte an die nächtliche Wiederkehr der wutentbrannten Seelen und daran, daß sie sich für ihre Rache die Zehen auserkoren.

Ja doch, in meiner Kindheit glaubte man an die Rückkehr der Toten. Mein Großvater Antoine hatte zu meiner Großmutter Madeleine gesagt: »Mélène, wenn ich tot bin, laß ich dich nicht alleine. Eines Nachts komme ich und hol' dich ab aus diesem Jammertal. *In hac lacrimarum vallae.*« Und prompt eines Nachts sah sie ihn am Fenster auftauchen. Sie schlug nach ihm mit ihrem Gehstock – und zertrümmerte einen Geranientopf. Sie war felsenfest überzeugt, daß sie seinen Geist gesehen hatte und schrie: »Bis daß der Tod euch scheidet, aber mehr nicht!« Danach sollte gefälligst »jeder für sich« schauen, wo er blieb. Die Toten bei den Toten, die Lebenden bei den Lebenden.

Abergläubische Vorstellungen in Bezug auf den Tod waren zahlreich. Zum Beispiel durfte man niemals ein frisches Grab am Sonntag offen lassen, sonst starb in der Woche drauf noch jemand. Niemals durfte man einem

Säugling den Vornamen eines Toten geben, sonst wäre es sogleich um ihn geschehen. Niemals Petersilie im Garten verpflanzen, das würde ein Massensterben zur Folge haben. Und wenn 1939 Millionen von Leuten angefangen hätten, Petersilie umzupflanzen? Und wenn der Ursprung des Zweiten Weltkrieges darin läge? In der Petersilie... Wenn unsachverständige Gärtner, nur weil sie jahrhunderte- und aberjahrhundertealte Glaubenssätze mit Füßen getreten haben, an allem schuld wären?

Die Religion

In jedem Raum des Hauses erinnerten fromme Bilder daran, daß wir Gott, der Muttergottes und allen Heiligen ergeben waren. Über meinem Bett hing ein kleiner sepiabrauner Samuel, kniend und mit gefalteten Händen. Auch ich betete, kniend und mit gefalteten Händen.

»Ich bin noch klein
Min Herzele esch rein...
S' derf niemes drin wohne
Ass s'Liebgottele allein.«

Das war der offizielle Teil meines Gebets. Danach folgte mein ganz persönliches Gebet, mein intimes Ansinnen, meine heftige Bitte: »*Mach de Lerley starwe! Awer glich!*« (Laß den Lerley sterben! Aber bitte gleich!).

Ich haßte Monsieur Lerley und ich forderte von Gott, er möge ihn sofort und für alle Zeiten vom Erdboden verschwinden lassen. Um ihn zu bestrafen. Monsieur Lerley war in meinen Augen ein grauenvolles Ungeheuer. Er war Bauunternehmer und jeden Tag maß er mich mit seinem Zweimetermaß. Ich war achtzig Zentimeter groß. Mit den hundertzwanzig verbleibenden Zentimetern, vier kompakt übereinander geknickten Schichten Holz, klopfte er mir auf die Nase. Der Schmerz, den man einem Kind zufügt, verdient die Strafe Gottes. Gott läßt den Kleinen gegenüber Gerechtigkeit walten. Ich glaubte damals genauso fest daran wie heute. Wenn uns eine Ungerechtigkeit widerfuhr, sagte meine Mutter: »*Wart numme!* (Warte nur!) Gottes Mühlen mahlen langsam, aber sicher.« Diese Weisheit haben die Mohammedaner übersetzt: »Wenn du einen Feind hast, tu' gar nichts. Setze dich an den Rand des Wadi, und irgendwann kommt seine Leiche vorbeigeschwommen.« Was mich und mein Leben betrifft, so setze ich mich häufig an den Wadi und lausche, wie die Mühlen Gottes mahlen. Wenn es gerade keinen Wadi gibt, dann setze ich mich an die Böschung eines elsässischen Rieds. Und schon wird das Sprichwort wahr. Die Leichen treiben vorbei. Wenn die menschliche Gerechtigkeit zu nachlässig ist, dann tritt die Gerechtigkeit Gottes ein. Niemand kann ihr entkommen. Das Auge ist allgegenwärtig, es sieht alles – und der Arm schlägt zu.

Sie werden sich auch so erkennen, aber nennen wir sie einfach einmal Maria, Josef und Gabriel. Maria war von Josef schwanger und letzterer wollte die Vaterschaft partout nicht anerkennen. Maria hat gegen Josef prozessiert. Gabriel, der als Entlastungszeuge vernommen wurde, hat auf die Bibel geschworen, daß auch er Marias Liebhaber gewesen sei, na ja, er und die andern halt. Er schwor, daß es mindestens zehn Männer gäbe, die für die Vaterschaft in Frage kämen und deshalb verfolgt werden könnten. Aufgrund von Gabriels Aussage wurde Josef freigesprochen. Bei der Urteilsverkündung hat sich Maria zu Gabriel gewendet und gerufen »*Gott soll di strofe. Nie bekummsch dü Kinder!*« (Gott soll dich strafen! Nie wirst du Kinder bekommen!) Und Gabriel bekam keine Kinder, nie. Obwohl seine Frau sechsmal schwanger war. Sechs Fehlgeburten. Kein Gabrielsches Kind erblickte je das Licht der Welt.

Solche Begebenheiten waren durchaus üblich. In meiner Umgebung wurde viel verflucht. Da man sich keinen Anwalt leisten konnte, sprach man Drohungen aus und kündigte Gottes Strafe an. Aber Gott kennt seine Pappenheimer. Er erhört nicht blind alle Bitten seiner Schäfchen, nur weil sie sich vom Schicksal schlecht behandelt glauben. 1969 wurde meine Tante Franzel von Gott höchstpersönlich abgeschmettert. Damals war ich mit meinem ältesten Sohn schwanger und war noch nicht verheiratet. Herrjeh! Ich erwartete ein Kind und lebte also in Sünde. Meine Tante berief sich auf die gute alte Familientradition und bat um göttliche Gerechtigkeit: »*Gott, mach des Kind verschwinde! Loss dee Schand net uff unseri Famili kumme!*« (Gott, laß dieses Kind verschwinden. Lasse nicht zu, daß Schande über unsere Familie kommt.)

Aber Gott bringt keine Kinder um, die in Liebe gezeugt wurden, auch wenn dies außerhalb der Ehe geschah. Mein Sohn ist neunundzwanzig Jahre alt und kerngesund. Gott hört nicht auf die bösen Leute. Gott mag auch die Lügner nicht. Ich lüge nicht, und ich kenne die Strafe, die mir meine Eltern vorausgesagt haben: »Wenn du deinen Mann betrügst, wird eines deiner Kinder krank.« Bedeutet das, daß kinderlose Frauen ihre Männer ungestraft betrügen können? Von wegen. Gott wacht. Er schaut in die Bettnischen und verteilt seine Strafen, mal ist es Krebs, mal ist es Aids, seine neueste Waffe.

Noch viel weniger mag dieser Rachegott die Spötter: Wenn du jemanden verspottest, wirst du ihm ähnlich werden. Spottest du über einen Einarmigen, dann wirst du einen Arm verlieren. Okay. Das Blöde ist: Ich habe oft über Claudia Schiffer gespottet – erfolglos. Ich bin ihr noch immer nicht ähnlich. Hingegen sehe ich nach wie vor Iwan Rebroff ähnlich, dabei habe ich ihn nie verspottet.

Trotzdem: Man fühlt sich stark, wenn man das Gefühl hat, ein Höheres Wesen unterstützt einen bei dem täglichen Kampf um die Gerechtigkeit. Wie, wenn jeder von uns eine besondere Macht hätte? Wie, wenn wir ein drittes Auge hätten? Ich will es gerne beichten: es funktioniert. Ich habe es ausprobiert. Aber es funktioniert nur mit Menschen, nicht mit Dingen. Wie oft habe ich gesagt: »Garten, grabe dich um!« Nichts. »Wäsche, bügle dich!« Nichts. Nicht die Bohne. Hingegen kann ich sicher sein, wenn ich einer bösen Frau nachrufe: »Krepiere, du Aas!«, dann lese ich zwei Tage später die Todesanzeige in den *Dernières Nouvelles d'Alsace*, der elsässischen Tageszeitung. Womit bewiesen wäre, daß wir mehr Macht über menschliche Moleküle als über Erd- oder Textilmoleküle besitzen.

Und dann gibt es nicht nur den lieben Gott. Es gibt auch den heiligen Antonius. Er ist der Lieblingsheilige aller Elsässer, vor allem aller Elsässerinnen. »Heiliger Antonius, ich habe hundert Francs verloren. Ich trete dir zwanzig davon ab, wenn du sie mir wiederfindest.« Und der heilige Antonius legt sich krumm für uns. Für einen kleinen Geldschein, für eine Kerze, die wir ihm stiften, tut er alles Menschen-, bzw. Heiligenmögliche, um verlustig gegangene Schlüssel, Lippenstifte oder Ehemänner wieder aufzutreiben. Das war der Grund, weshalb sein gipsernes Standbild auf allen Louis-Philippe-Kommoden des Elsaß thronte. Im privaten Himmel meiner Mutter gab es zuerst den heiligen Antonius, und dann erst kam der liebe Gott. Sie sagte immer: »*De Antoine esch e Mensch, der versteht mi!*« (Der heilige Antonius ist ein Mensch: der versteht mich!)

Der gute Heilige war das Hansaplast unseres Alltagslebens, der Vertragskundendienst aller Gegenstände, der Wertkauf unserer Wasch- und sonstigen Maschinen. – »Mit fünf Mark sind Sie dabei!« – auch wenn es ein Versicherungsgeschäft war und keine Lotterie.

Einmal jedoch ist er seinen Verpflichtungen nicht nachgekommen, trotz einer Opfergabe von zwanzig Francs. Es war komischerweise in Padua, seiner Hochburg. Mein Sohn Yann flehte den heiligen Antonius an, er möge ihm sein elektronisches Spiel, sein *Game gear* reparieren. Nix! Der heilige Antonius kennt sich offenbar in elektronischen Ersatzteilen nicht so gut aus. Also mußte ich ein neues *Game gear* kaufen. Beim Basar der Caritas. Für vierhundert Francs. Die Caritas hat es mehr mit dem Marketing als mit den Wundern.

Heiliger Antonius, mein Enkel trägt deinen Namen. Weißt du warum? Damit du mir hilfst, meine flöten gegangene Figur wiederzufinden. Bitte, lieber Antonius, mach, daß es funktioniert. Sonst muß ich mich an einen irdischen Spezialisten wenden. Aber der gute Doktor würde mir fünfundvierzigtausend Francs abknöpfen, bevor er mir das Fett absaugt und die Falten glatt bügelt. Und dem wäre auch egal, wie mein Enkel heißt...

Die Protestanten

Von den Protestanten habe ich erstmals 1954 gehört. Es war eine Familiengeschichte. Mein Onkel Joseph hatte sein Bündel geschnürt und war losgezogen mit seinem Fahrrad und seinem Hund, um eine Protestantin zu heiraten. Meine Großmutter hatte sich bekreuzigt. Sie hatte die Mutter Gottes angefleht, sie möge doch eingreifen. »*Muetter Gottes! mach ebs!*«

Onkel Joseph ist gestürzt. Die Hundeleine hatte sich in den Speichen seines Fahrrads verheddert. Ich weiß nicht, ob die heilige Jungfrau den Hund beauftragt hatte, den armen Joseph zu Fall zu bringen. Jedenfalls sah er darin kein entscheidendes Hindernis für seine Heirat.

Bei dieser Gelegenheit wurde zu Hause viel über die Protestanten gesprochen. *Herdinische*, so nannte sie meine Mutter, die der Meinung war, man könne sie an ihren spitzen Knien erkennen. Die Legende besagte, die Katholiken hätten runde Knie, da die Kniescheiben vom vielen Niederknien plattgedrückt waren. Also beobachtete ich die Knie der Leute, denen ich begegnete, um ihre Religion zu erkennen. Aber es ist mir nie gelungen, einen protestantischen Meniskus zu diagnostizieren.

Den Unterschied zwischen Katholiken und Protestanten habe ich später herausgefunden, als ich an der Uni in Straßburg Germanistik studierte. In den Vorlesungen zur Literaturgeschichte habe ich die protestantische Strenge entdeckt, die etwas nüchterne Lebensethik. Ich habe meine Religion nicht aufgegeben, aber im Protestantismus habe ich eine andere Art entdeckt, das Leben anzupacken.

Ich habe eine protestantische Lebensphilosophie in einem katholischen Körper, denn *»a güeter Proteschtant isch selte fett«* (ein guter Protestant ist selten fett), wie meine Mutter zu sagen pflegte. Auf seiner Gebotstafel steht, daß er sofort auf die Gaumenfreuden verzichten muß, wenn seine Geschmackspapillen sich zu weiten beginnen. Diesen Lehrsatz zu übernehmen und umzusetzen ist mir nie gelungen, es sei denn, es gab Kutteln.

Den Protestanten haben wir vieles zu verdanken. Und wenn es nur die katholischen Barockkirchen in Bayern und im Rheintal wären. Luther hatte in seinen kargen Tempeln viele Leute zusammengetrommelt. Die Katholiken mußten sich anstrengen, wollten sie ihre bei den Reformierten verlorenen Schäflein wieder einsammeln. Also haben sie ihre Kultstätten ganz neu ausgeschmückt: Marmor, Gold, Stuck, Trompe-l'œil-Malerei. Schon war die Barockarchitektur geboren. Irgendwie erhebend. Vor allem in Verbindung mit der protestantischen Musik von Johann Sebastian Bach.

Die Protestanten beteten auf Deutsch, in der Volkssprache. Die Katholiken hingegen beteten lateinisch. Aber nur während der Messen. Nach Hause zurückgekehrt, beteten sie ihren Rosenkranz durchaus auch auf Deutsch. »Gegrüßet seist du Maria, voll der Gnade.« Indem das Zweite Vaticanische Konzil die lateinischen Messen abschaffte, hat es das katholische Ritual dem protestantischen angeglichen und den Ökumenismus mit Hilfe der Sprache wiederhergestellt.

Verblüffend finde ich die kleine Anzahl der Protestanten: Sie sind kaum eine Million auf ganz Frankreich verteilt. Daß jemand sagen kann, »ich kenne einen Protestanten«, ist fast so selten wie einen ehrlichen Politiker zu kennen. Kein Wunder, daß es häufig die gleichen sind.

Unsere Juden

Wo sind *unseri Judde?* Unsere Juden: ein wunderbarer Ausdruck für diejenigen, die seit Menschengedenken in unseren Dörfern wohnten, die zu unserem Leben, unserem Alltag, unseren Lebensgemeinschaften gehörten. Als Kind wohnte ich in einem ehemaligen jüdischen Dorfteil, in der Nähe einer Synagoge, die zur Scheune geworden war. Eine Scheune mit Kirchenfenstern: ein surrealistisches Bild! Wir spielten im Heu und das Licht war blau von der Sonne, die durch ein altes Glasfenster schien.

Wo sind die beiden Herzel-Schwestern mit ihrem hauchdünnen Haarknoten? Wo ist Kauffmann mit seinen weißen Gamaschen? Lehmann und sein mit Stoff beladenes Fahrrad? Goschel, der so stolz war auf sein rituelles Bad? Keiner ist mehr da heute. Sie waren alt. Sie sind gestorben, niemand ist an ihre Stelle getreten. Als ob die Juden gründlicher und endgültiger sterben würden als die anderen, als ob ihr Verschwinden radikaler wäre.

Ich erinnere mich an ihre Lieder und an den Geschmack ihres *Matzet-Brots*. Ihr Matzen gehörte auch zu unseren Mahlzeiten. Wir hatten immer welches zu Hause. Meine Urgroßeltern hatten fließend Hebräisch gesprochen. Für sie, die bescheidene Bauern und Schneider waren, war es beinahe selbstverständlich, daß man die Sprache des Nachbarn beherrschte, um sich mit ihm zu unterhalten, aber auch um ihn zu verstehen. Mehrere Sprachen sprechen war ein Muß in unserer Familie, es war eine Geste der Toleranz und der Integration, und zuweilen mochte es eine heilbringende Sache sein. Mein Vater hatte seine Haut retten können, weil er als deutscher Deserteur französisch sprach. Wären sie noch am Leben, so würden meine Urgroßeltern, die das Elsaß, dieses Stückchen Erde und Seele, so sehr liebten, heute alles tun, um die Sprache ihres nächsten Nachbarn zu sprechen. Sie würden Türkisch, Arabisch oder Portugiesisch lernen. Und wenn sie Eskimos als Nachbarn hätten, könnte sie niemand daran hindern, sie würden schnurstracks Eskimo lernen, nur um ihren allabendlichen *Ratsch* im nachbarlichen Iglo zu absolvieren. Leider gibt es im Elsaß noch kein Packeis.

Die Juden waren also unsere Nachbarn, und mein elsässischer Wortschatz ist gespickt mit hebräischen Wörtern: *Schlumme* (Nase), *maschugge* (verrückt), *macholle* (pleite), *Kaloimes* (Gauner, Spitzbube), *Dotsches* (Hintern).

Dabei waren die Blicke immer besonders scharf auf sie gerichtet, trotz der Nachbarschaft und mancherlei sprachlicher Übereinstimmung. Wenn von ihnen die Rede war, schwang immer etwas Eigenartiges mit. Man sagte *de Stoffjudd, de Veehjudd, de Hieserjudd, de Hopfejudd* (der Stoffjude, der Viehjude, der Immobilienjude, der Hopfenjude). Niemals war die Rede vom Fliesenprotestanten, vom Maurerprotestanten oder von Fabrikarbeiterprotestanten. Niemals wurde Religion in Verbindung gebracht mit einem Beruf, nur bei den Juden. Als ob für sie die Arbeit so etwas wie Erlösung von allen Sünden gewesen wäre, als ob gerade bei ihnen Religion und Beruf untrennbar gewesen wären – und nicht irgendwelche Berufe, sondern der Handel, und auch der auf ein paar wenige Erwerbszweige eingegrenzt.

Wer hatte diese Bereiche festgelegt? Trotz einer gewissen Fortentwicklung gab es keine grundsätzliche Änderung. In meiner Kindheit handelten die Juden mit Stoff oder mit Bekleidung, sie hatten Metzgereien oder Eisenwarenhandlungen... Später wurden sie Juristen oder Immobilienmakler, Ärzte oder Zahnärzte.

Ihre Namen standen jedenfalls in direktem Bezug zu ihrer Tätigkeit: Fellmann, Ledermann, Goldmann, Goldschmidt. Allerdings fehlen die Zahnmanns, Arztmanns oder Rechtmanns.

Als man begann, die Juden standesamtlich einzubürgern, waren manche Namen allerdings von vornherein völlig meschugge. Diese Namen waren den Köpfen der Rathausschreiber entsprungen, und deren Phantasie beschränkte sich auf Blumennamen: Blum, Strauß, Rosenstiehl, Rosenbaum... Meine Mutter pflegte zu sagen: »*Sie han Name wie dee Triebhieser*« (Sie tragen Namen wie aus Treibhäusern).

Ja, wo sind sie heute, die Juden unserer Dörfer? Schmüüle, Schloime, Florel und Noisele? Sie sind weg, haben andere Himmelsstriche aufgesucht. Ihre Synagogen sind Scheunen geworden, oder Museen, oder Theatersäle.

»*Sie sin oïf em Wej! Unseri Judde sin furt!*« Es gibt sie nicht mehr in unseren Dörfern. Sie sind auf dem Weg, wie immer, die ewigen Juden. Teils, weil sie es so gewollt haben, weil sie wie Moses auf der Suche nach einer freundlicheren Welt sind. Teils weil sie nicht anders konnten, weil sie den üblen Nachreden, den Steinwürfen, den Attentaten entgehen mußten. Um ihre Religion in Ruhe ausüben zu können, die doch mit der unseren so nahe verwandt ist – einmal abgesehen von den Grundregeln der Ernährung, der Hygiene, der koscheren Zubereitung und der strengen Theologie des Geschirrspülens.

Mußten sie zu Millionen und Abermillionen sterben, nur weil sie beim Teller- und Besteckwaschen andere Riten befolgten als die Christen? Oder weil sie am Samstag kein Feuer machen? Ich fürchte, von der Shoah werde ich nie etwas verstehen. Dabei gibt es in unserem Landstrich noch immer unbewußte, latente Abwehr gegen dieses Volk. Machen Sie selbst den Test. Erklären Sie in der Runde Ihrer Freunde, in Rußland werde davon geredet, daß demnächst die Juden und die Friseure ausgerottet werden. Man wird Sie unweigerlich fragen: »Aber warum denn die Friseure?«

Die Lage der Frauen

Eva ist, so heißt es, aus einer Rippe Adams entstanden. Dem Manne verdankt sie angeblich das Leben. Wie bitte? Eva soll einer männlichen Rippe entsprossen sein? Ich sage nein. Das war bestimmt ein Übersetzungsfehler. In Adams Körper nimmt Eva einen viel wichtigeren Platz ein. Die Milz? Die rechte Hirnhälfte? Ja doch, meine Forschungen führen mich eher in diese Richtung.

»*Wenn d'Fraue net wäre, wäre d'Männer schon lang em Dreck verreckt.*« Das ist eine der Definitionen der Frau, mit denen ich aufgewachsen bin. Die Frau, das ist die Sauberkeit im Dreck, die Ordnung im Chaos, aber auch der Kehrbesen, der Staubwedel, der Lappen zum Fensterputzen. Lange Zeit haben die Frauen diesem Bild hundertprozentig entsprochen. Ihre Vormittage waren dem Putzen gewidmet: *d'Hüshaltung mache*. Es war ein ausdauernder Kampf, ein Titanenkrieg gegen die in der Luft hängenden Partikel, die unsere Dörfer und Städte zu bedecken drohen, wie weiland die Lava Pompeji bedeckte. Dieser Krieg dauert bis heute an, auch wenn die Waffen moderner sind, auch wenn der Staubsauger die Besensammlung ersetzt hat: *d'r Rissbase* (Reisigbesen) für die Straße, *d'r Kokosbaase* für Küche und Hauseingang, *d'r Siedebaase* (Haarbesen) für die gute Stube.

»*Am Samschdi word d'Stroß gfait!*« (Am Samstag wird die Straße gekehrt!) Mit Lockenwicklern auf dem Kopf – für die Sonntagslockenfrisur muß gesorgt werden, dieses

Ritual ist in unseren ländlichen Gegenden nach wie vor lebendig – wird eine jede vor ihrer Tür tätig. »*Dreckig oder net dreckig, es word gfait!*«

Das Ritsch-Ritsch des Besens auf der geteerten Fläche wurde von philosophischen Lautmalereien über die Härte des Lebens und die Unvermeidbarkeit des Unglücks begleitet. »*Ja, ja! Oh je! Jo... Jo... S'isch ebs!*« Katharsis des Rinnsteins und der Seele.

Die Frauen trugen alles Leid der Welt auf ihren Schultern. »*E Frau esch gemacht fer ze liede!*« (Eine Frau ist zum Leiden geschaffen). Sie sagten so etwas nicht ohne Stolz, schließlich waren sie es, die Schicksalsschläge zu erdulden fähig waren, jedenfalls besser als die Männer. »*Was e Frau net alles üshalt!*« (Was eine Frau nicht alles aushalten muß!)

Wie der Sündenbock der alten Kulturen luden die Frauen alles Übel dieser Erde auf sich und warteten darauf, dereinst anderswo, im Jenseits belohnt zu werden. »Selig jene, die leiden, denn ihrer ist das Himmelreich!« Wobei man sich nur mühsam vorstellen konnte, daß die Glückseligkeit auch für weibliche Kandidaten bestimmt sein könnte.

Die Religion ist das Opium der Frauen, das Morphium für die Töchter Evas, die immer und jedem ergeben sind, die sich stets unterwerfen. Man hat ihnen zu allen Zeiten beigebracht, bescheiden zu sein. Männern niemals ins Gesicht zu sehen, wie das die Frauen mit dem schlechten Lebenswandel tun. Und ja nicht zu vergessen, daß es dem Mann zusteht, das Fleisch zu essen. Sie hat den Gemahl zu ehren, der sie ernährt. »*Was daadsch denn mache, wann er di furtschickt?*« (Was würdest du denn tun, wenn er dich wegschicken würde?) Der Ehemann verfügte allein über das Geld des Familienhaushalts. Der Ehemann war für seine Frau so etwas wie ein Vorgesetzter, denn die gleiche Lebensweisheit galt für die Arbeiter und die Frauen: »Des' Brot ich ess, des' Lied ich sing.« Der Mann war Respektsperson, und damit der König des Hol-mir, Bring-mir, Mach-mir.

Meine eigene Mutter blickte auf meinen Vater mit Ehrfurcht und Scheu. Was dazu führte, daß sie unumstößliche Regeln befolgte, einen ganzen Katechismus des praktischen Lebens: Blumen mußten vor fünf Uhr nachmittags gegossen sein, Hof- und Garagentor mußten rechtzeitig geöffnet werden, das Essen mußte pünktlich auf dem Tisch stehen.

Ich habe mir damals geschworen, niemals vor einem Mann zu zittern, nicht einmal zusammenzuzucken vor seinem Geschrei. Den Menschen, der einem Angst macht, kann man doch nicht lieben, es sei denn, man ist hysterisch oder masochistisch! Ich bin weder das eine noch das andere (zumindest nicht in der Ehe). Mein Masochismus beschränkt sich auf Zahnarzttermine, Blicke in den Spiegel und auf die Lektüre der Zeitungen.

Und wie steht es mit der Emanzipation der Frau bei alledem? Welche Emanzipation, welche Frau überhaupt? 1968, das war die Emanzipation der Gebärmutter, nichts weiter, die Freiheit zu wählen, wie und wann man ein Kind in die Welt setzt, ohne unzählige unerwünschte Schwangerschaften erdulden zu müssen.

Meine Urgroßmutter hat im Alter zwischen sechsundzwanzig und achtundvierzig Jahren siebzehn Kinder bekommen. Siebzehn! »Gedeihet und vermehret euch!« Unsere Ahninnen haben so manche Tragödie durchlitten. Nach einer gewissen Anzahl von Kindern waren sie nicht mehr in der Lage, Liebe und Zuneigung zu geben. Erschöpfung und Verzweiflung waren zu groß. Erschöpfung durch die wiederholten Schwangerschaften, Verzweiflung darüber, daß von drei Kindern mindestens eines starb. Sie wagten es gar nicht mehr, ihre Kinder zu lieben. Sie lebten mit der Angst, vorschnell Zuneigung zu entwickeln und dann weinen zu müssen. Meine Großmutter sagte immer: »*M'r muess zwei Johr warte fer a Kind richtig gern ze han*«, und sie meinte damit: Lieber zwei Jahre warten, bevor man damit anfängt, ein Kind zu mögen.

1968 also: Emanzipation der Gebärmutter. Mit dem Ergebnis, daß die Frauen von ihren vielköpfigen Familien und dem damit verbundenen Problem des Kinderhütens befreit sind und dafür arbeiten gehen. Befreit? Sagen wir lieber: gestreßt durch die Zwänge des Büros, das Einkaufen, den Haushalt, das Wäschewaschen und das Haarefärben, schließlich muß man ja immer perfekt aussehen. »*Jo jo! Ja ja! Oh je!*« Dafür warten jetzt die sexuellen Belästigungen am Arbeitsplatz. »Aha! Ihr behauptet, ihr seid emanzipiert? Dann beweist das doch mal!« Doch doch, das gibt's. Ich hab's mit eigenen Augen gesehen während meiner Sommerjobs in den Fabriken unserer Gegend. Ich habe gesehen, wie sich junge Mädchen zwischen zwei Lagerregalen von irgendwelchen Bubichefs unter den Rock greifen ließen, nur weil diese befugt waren, eine Prämie aufzubessern oder auch nicht... Ich könnte sogar Namen nennen. »*Jo... si han's eso gewellt!*« (Tja, sie haben es nicht anders gewollt!), behaupteten diese fickerigen Dorfhähne.

Und die Witwe mit ihren drei, vier oder fünf Kindern, die sie ernähren mußte, obwohl sie keinerlei Einkommen hatte? Hatte die es nicht anders gewollt? Hatte sie aus freien Stücken wiedergeheiratet? Grauenvoll!

Junge Witwen, das war die ideale Beute für ein ganzes Schreckenskabinett von alten, häßlichen Junggesellen, krumm und bucklig, mit gequetschter Nase und Visagen, die selbst einen leeren Magen zum Kotzen brachten. Ja doch! Sie heirateten wieder. Sie hatten keine andere Wahl. Sie brauchten den Unterhalt, sie brauchten eine Krankenversicherung: alles, was der Verstorbene mit ins Grab genommen hatte. Und deswegen setzten ihnen die Dorfquasimodos die Haube auf. Die anderen, die gut Gebauten, die Hübschen, die waren schon verheiratet. Arme Frauen! Ein Tag zählt vierundzwanzig Stunden, davon acht, die man im Bett verbringt.

»*E Frau muess es durischmache*« (Da muß eine Frau durch). Amen.

»*E Frau denkt zerscht an d'Kinder.*« (Eine Frau denkt zuerst an ihre Kinder.) Eine elsässische Mutter ist eine Wolfsmutter, ebenso besitzergreifend wie eine *jiddische Mamme*, so zweihundertprozentig Mutter wie sie. »*Wenn d'net horichsch, machsch d'Mama sterwe... Wenn i frej unter de Bode kumm, esch's dini Schuld...*« (Wenn du nicht gehorchst, wirst du die Mama umbringen... Wenn ich früh unter die Erde komme, bist du daran schuld...). Die Mutter war allgegenwärtig in unseren Familien: sie war die Hüterin der Moral, sie war der Stachel für den Erfolg. »*Ich will, ass ebs anständischs üs der word!*« (Ich will, daß aus dir etwas Anständiges wird!) Man war ihr Rechenschaft schuldig, sie forderte sie ein. »*Ich schlaa d'r d'Knoche durisch*« (Ich prügle dich windelweich!). Beim Verdacht des geringsten Fehltritts ging er hoch, der rechte Zeigefinger des Gerichts, drohend wie der Münsterturm: »*Wart numme!*« – was soviel heißt wie »Wehe!«.

Matronen – die elsässischen Frauen sind Matronen geblieben. Übergriffig vielleicht. Allmächtig bis in die Seelentiefe ihrer Brut. Kastrierend manchmal vielleicht auch, aber immer um die Zukunft ihrer Kinder besorgt, »*ass e's besser han*« – damit sie es einmal besser haben.

Seien wir diesen Frauen dankbar. Das Elsaß hat ihnen alles zu verdanken, nicht zuletzt seine besten Köche.

Die Tanten

»Sag mir, wo die Tanten sind, wo sind sie geblie-hieben?« Die Tanten standen einst im Zentrum des Familienlebens. Ihr durchaus vorhandenes Prestige hatte mit Macht zu tun, und diese mit ihrem ganz eigenen Status. Sie waren Beraterinnen, Regentinnen, stellvertretende Mütter, wenn letztere erschöpft, frühzeitig gealtert oder im Wochenbett gestorben waren. Die Tanten, von denen ich spreche, waren unverheiratet. Die Kriege, die unsere für die Fortpflanzung vorgesehenen jungen Männer in großen Mengen verschlangen, hatten diese Tanten um Haus und Hof und Liebe betrogen, sie waren allein, kinderlos.

Ja ich hab es scho erfahre
Bie mim Büür wo i dien
Daß die Burscht vun achtzehn Johre
Bis uff drissig alli fort mien...
Ei was Deifels soll mer mache?
Solle mer hülle oder lache?
Mer sin jetzt halt ewel draan,
Kenns vun uns bikummt a Mann...

Ja, ich hab es schon erfahren
Beim Bauern, bei dem ich dien'
Daß die Buben von achtzehn
Bis dreißig Jahren alle fort müssen...

Zum Teufel, was sollen wir machen?
Sollen wir weinen oder lachen?
Wir sind halt jetzt übel dran,
Keine von uns bekommt 'nen Mann...

Das Schicksal der Tanten war vielfältig. In den reichen Bauernfamilien blieben sie zu Hause bei den Eltern und arbeiteten für Kost, Logis und *de Kutte* (die Kleidung). Für ihre Brüder, die Erben des Hofs, gehörten sie wie ein Möbel mit zur Erbschaft, mit dem einen Unterschied, daß ihr ureigenes Recht eine eigene *Stubb* zu bewohnen, das *Bliewes* (die Bleibe), unangefochten blieb. Des weiteren erhielten sie eine Rente in Milch, Eiern und in *Stecker* (»Stücker« sind Parzellen), deren Niesbrauch sie hatten. Das war der Fall bei den vermögenden Tanten: »*Des sin d'riche Tantle.*«

Ihre zwangsweise auferlegte Jungfernschaft hinderte sie daran, die Schenkel zu bewegen. Dafür bewegten sie umso fleißiger die Finger und nähten, stickten, häkelten. Ihre Tugendhaftigkeit verlieh ihnen eine besondere Aura. Man fragte sie um Rat, man fürchtete sie. In ihren Orakeln, in denen sie sich halb als Kassandra, halb als bucklige böse Fee gaben, verlautbarten sie Eindeutiges über das Schicksal ihrer Neffen und Nichten. »*Üss dem liederliche Hund word emol nix.*« (Aus diesem liederlichen Hund wird nie was werden.) Man hatte Angst vor ihnen. Ich hatte Angst vor ihnen.

Ich fürchtete, daß ihnen ihr sittenstrenges Leben eine Macht erteilte, die der Macht Gottes ähnlich war. In meinen Augen waren die Tanten Hexen... oder gute Feen, je nachdem. Jedenfalls wirklichkeitsferne, beinahe schon aus dem Jenseits gesandte Wesen.

Trotz der Angst habe ich an meine zahllosen Tanten auch angenehme Erinnerungen: Hélène, Madeleine, Rose, Joséphine, Françoise, Catherine, alle waren sie (oder waren es zumindest gewesen) Dorfschönheiten, gute Köchinnen, kerngesunde, rotwangige Mädchen, die in ihren Taftkleidern für die Festtage oder in ihren elsässischen Trachten mit der Haube am Sonntag in der Messe äußerst adrett aussahen. Wochentags trugen sie für ihre Beschäftigungen in Haus und *Bürerei* eine Kittelschürze. Die *Bürerei* war ein kleiner Hof mit zwei Kühen, und man lebte mit ein paar Hühnern und Kaninchen, dem bißchen Milch, Kartoffeln und dem Gemüse aus dem Garten. Als ich sie kannte, waren sie schon ziemlich alt. Eigentlich waren sie meine Großtanten, die Schwestern meines Großvaters. Sie waren nach Hause zurückgekehrt, nachdem sie Jahre als Dienstmädchen in Straßburg oder Paris verbracht hatten. »*Sie han gedient*«. Einen Großteil ihres Lebens hatten sie im Haushalt reicher Leute, Großbürger, Professoren, Ärzte verbracht: *d'Herrschaft*. Von ihren ehemaligen Arbeitgebern sprachen sie respektvoll, ja ehrfürchtig. Sie waren *bie Professers Litt* (bei Professoren-Leuten) gewesen, so betonten sie stolz, nachdem sie ihre Nase ins Familienleben der besseren Gesellschaft gesteckt hatten. Zurückgebracht hatten sie die guten Manieren und eine Menge französischer Worte, die sie gekonnt mit dem Elsässischen vermischten. Das wirkte elegant.

»*Unseri Rose sod sich* soigner. *Sie dued sich zü arig* négliger. *Ich daad ehre e* thérapie *rote. Schunsch bekommt se* complications.« (Unsere Rose sollte sich pflegen. Sie paßt nicht genug auf sich auf. Ich würde ihr zu einer ärztlichen Behandlung raten. Sonst gibt es noch Komplikationen.)

Als Kinder hörten wir ihnen zu, wie sie ihre Geschichten aus diesem so fernen Straßburg und diesem noch ferneren Paris erzählten, wo die Straßen geteert waren, wo die Frauen »Madame« und die Männer »Monsieur« hießen. Da ich mit acht Jahren *Heidi* gelesen hatte, konnte ich mir auch die Hilflosigkeit meiner Tanten vorstellen, die weit weg von zu Hause bei Fremden hatten leben müssen. Aber von Heimweh sprachen sie nie. Manchmal berichteten sie, wie gern sie einst zur Gare de l'Est gegangen waren, um ein bißchen von der Luft zu schnappen, die die Reisenden bei der Ankunft des Straßburg-Paris-Zuges mitbrachten. Aber »Dienen« war nun mal ihr Leben. »*Muesch's mitmache... S'muess jeder sin Kritz draawe.*« (Du mußt es eben mitmachen... Jeder muß sein Kreuz tragen.)

Die Tante meiner Nachbarin, die das ganze Dorf »*Dante Kath*« nannte, war unter den Tanten eine Berühmtheit. Sie war die Gouvernante der Kinder Nikolaus' II. gewesen, des Zaren aller Reußen. Sogar Anastasia hatte sie gekannt... Nach 1917 hatte sie Rußland verlassen, mit wundem Herzen. Diese demütige Dienerin der Monarchie hatte mit Klassenkampf wahrlich nichts im Sinne. Trotz des Laufs der Geschichte und der Jahre verehrte sie jene Familie, die »ihre Herrschaft« geblieben war. Ihr großer Schatz war ein handschriftlicher Brief des Zaren. Bei ihr, in ihrem *Bliewes* prangte ein Klavier. Sie sprach fließend Russisch. Im übrigen sprach sie jeden Tag ein wenig Russisch. Ich hörte ihr zu. Alle hörten ihr zu. Die Tanten gehörten allen und alle nannten sie *Dande*... Sie waren Universaltanten.

Die *Schweschter-Dande*, die Nonnen unter den Tanten, waren noch mehr Gemeinschaftstanten als die anderen. In den meisten Familien gab es welche von diesen unverlobten Töchtern, die sich mit Gott verlobt hatten. Das Kloster war ein diskreter Ort gewesen, um überzählige Töchter, oder die durch den eigenen Vater gefährdeten Töchter unter- bzw. in Sicherheit zu bringen. Manche kamen hin und wieder in ihr Dorf zurück, meist um ihre Eltern zu begraben. Damals lebten die Novizinnen völlig zurückgezogen von der Welt. Unsere kleine Dorfwelt drängte sich neugierig bei den Begräbnissen, um ihre unglaublichen Flügelhauben zu betrachten und zu versuchen, ihr Gesicht unter dem Schleier zu erspähen. Die eine oder andere war zu den Karmeliterinnen gegangen, was mir so vorkam, als hätte sich eine Art Falltür auf immer und ewig über der Novizin geschlossen. Ich hatte die Vision, sie seien lebendig begraben. Später erfuhr ich, daß sie in aller Seelenruhe Fahnen stickten.

Ich traure ihnen nach, den Tanten. Ich habe zwar Nichten, aber ich bin keine richtige Tante. Die heiligen Bande gibt es nicht mehr. Mit der Zeit sind sie ausgefranst. Warum? Die Eltern haben nicht mehr so viele Brüder und Schwestern... Die einzige Schwester wird demzufolge zur Patin. Und diese Patin trifft man jedes Jahr zu Weihnachten und zu Ostern, zum Geschenkeabholen. Sie wird zur Konfirmation, zur Kommunion und zur Hochzeit eingeladen. Wiederum der Geschenke wegen. Danach wird sie vergessen.

Als ich neulich mal ein paar Jugendliche nach ihren Tanten gefragt habe – offenbar hatte ich genuschelt –, lautete die Antwort: »Tunten? Das sind doch Homosexuelle...«

Die Röcke

Es gibt eine Filmszene, die ich mein Leben lang nicht mehr vergessen werde. Es handelt sich um die erste Einstellung von *Die Blechtrommel.* Man sieht eine Frau an einem Regentag im Kartoffelfeld sitzen, und sie gewährt einem Flüchtling Schutz unter ihren zahlreichen Röcken.

Wie alle alten Frauen haben meine Großmütter immer weite, lange Röcke getragen. Die christliche Moral verlangte, daß man seine Beine den Blicken entzog. Mit zunehmendem Alter verhalf die Moral vor allem dazu, die Unstimmigkeiten des Körpers gnädig zu verhängen: Krampfadern, Krampfadergeschwüre, Fettpolster, ein von Kindheit an rachitisch gekrümmtes Gestell. Bei den älteren Frauen waren ausgeprägte O-Beine, was auch für Oma-Beine stehen könnte, keine Seltenheit. Stets waren sie das Zeichen der früher so verbreiteten Mangelernährung zum Zeitpunkt der Knochenbildung.

Die Röcke unserer Alten dienten also der Verhüllung von mancherlei Miseren, sie boten aber auch Unterschlupf. Nicht immer allerdings. Manchmal wurde der Zugang auch verweigert. Das galt an jenen Tagen, an denen sie keine Unterhose trugen. So merkwürdig uns das heutzutage erscheinen mag: auf die Unterhose verzichteten sie aus Schamgefühl. Um auf den Feldern die Röcke zum Pinkeln nicht hochheben zu müssen. Um ihren Hintern, ihre Schenkel, ihre Beine nicht zeigen zu müssen. Ohne Unterhose brauchten sie nur die Beine breit zu machen.

Als Kind beobachtete ich die alten Frauen, wenn sie vor der Bäckerei oder dem Coopé-Laden standen und plauderten. Wenn die *Ratsch* zu lange dauerte, sah man hie und da schaumige gelbe Bächlein auf der ungeteerten Straße. Und so wehte immer – je nach dem Hygienegrad der Familie vielleicht auch nur zeitweise – ein leiser Ammoniakgeruch um die Großmütter. Am Hofe von Ludwig XIV. war es einfacher mit besagter Hygiene: Die Röcke lagen auf Krinolinen oder auf Metallgittern, die verhinderten, daß der Stoff naß wurde und stank.

Für unsere Ahnfrauen waren die Röcke sozusagen mobile Pinkulatorien. Mit ihrer Hilfe konnte man natürlichen Bedürfnissen nachgeben, ohne die ungesunde Neugier der Mitmenschen zu wecken. Es waren aber auch – jedenfalls bis zu einem gewissen Alter – hinreißende Verstecke für ihre intimen Reize. Mein Großvater pflegte zu sagen: »*E Schüpp isch a Wunderdutt!*« (Ein Rock ist eine regelrechte Wundertüte.)

All dies weckte meine Neugier, und da mein Motto lautete: »*Gigge isch!*« (Sehen will ich!), nutzte ich jede Möglichkeit, um unter die Röcke zu schauen... Vorwiegend bei Familienessen oder Volksfesten. Und ich habe einiges zu Gesicht bekommen. Ich habe den Hintern meiner Großmutter mütterlicherseits gesehen. Ich habe ihren perfekt kreisrunden Anus gesehen. Ich habe erfahren, daß meine Großmutter nicht nur aus einem Kopf und zwei Händen bestand, sondern ein vollständiger Mensch mit allem drum und dran war... Darauf war ich stolz. Es war mir gelungen, die Beine des Heinzelmännchens zu sehen. Das Märchen war Wirklichkeit geworden. Ich hatte sie trotz all ihrer Scham überlistet. Jetzt wußte ich, daß sie eine ganze Frau war. Bevor ich zum erstenmal unter ihre Röcke geschaut hatte, glaubte ich, daß der untere Teil der Frauen verschwindet, wenn sie erwachsen werden, genau wie die Füße der Zwerge im Märchen, die ebenfalls unter langen Gewändern verborgen waren. Jetzt war ich beruhigt. Ich erwachte nicht mehr nachts mit dem Bedürfnis nachzuprüfen, ob ich noch ganz war.

Auch meine Mutter trug Röcke. Rock und Pullover wochentags. Rock und Bluse am Sonntag. Röcketragen sparte Wäsche. Das Oberteil wurde häufiger gewaschen. Ein Kleid, das aus einem Stück bestand, hätte im Waschkessel mehr Platz beansprucht. Die Generation meiner Mutter zeigte bereits Waden und nackte Füße. Die Zeiten hatten sich also geändert. Man trug sogar eng anliegende Röcke, um elegant zu sein, und dazu Stöckelschuhe, um die Rundung der Waden zur Geltung zu bringen. Die weiten Röcke waren für Motorradfahrten bestimmt, auf daß man sich hinter den Ehemann oder Verlobten schwingen konnte. Auch auf Bällen wurden weite Röcke geschwenkt. Beim Walzer ließen sich jedoch lediglich brave Unterröcke erspähen, die nackten Schenkel sollten den Blicken der alten Schürzenjäger und der allzu neugierigen Kinder entzogen bleiben.

Aber die Röcke spielten auch noch eine andere, eine ernsthaftere Rolle, vor allem die schwarzen Röcke. Im mottenkugelgespickten Kleiderschrank der Frauen unter dreißig hingen die schwarzen Röcke zuweilen, mit Sicherheit aber in dem der Frauen über vierzig. Trauerkleidung. Wenn man über vierzig war, kam man aus dem Trauern nicht mehr heraus: drei Jahre für die Eltern, ein Jahr für die Onkel und Tanten. Von diesem Zeitpunkt an trugen die Frauen nur noch Schwarz oder Violett, die Farbe der »Halbtrauer«. Wie die Krähen versammelten sie sich nach der Messe vor der Kirche oder vor der Bäckerei und sprachen über die Zeit, die so schnell vorübergeht, über das viel zu kurze Leben. »*Was esch mer schun uff dere Welt? Hitt doo. Morje nemi.*« (Was ist man schon auf dieser Welt? Heute hier, morgen fort!)

Diese Philosophie des unaufhörlichen Trauerns ist die Erklärung dafür, daß ich nur Schwarz trage. Ich mag mich von dieser Farbe und von den langen Röcken nicht mehr trennen. Auf diese Weise bin ich meinen Großmüttern und ihren metaphysischen Ängsten, ihrer Furcht vor dem Tod, ganz nah. Die Farbe Schwarz, das ist meine Art, über das Leben zu weinen. Das hat man mir beigebracht. Wir leben in einem großen Jammertal. »*In hac lacrimarum vallae. S'isch eso!*«

Die Schönheit

Im Tierreich ist das Männchen am schönsten. Es ist majestätisch wie der Hirsch, bunt wie der Fasan, auffällig aufgetakelt wie der Pfau. Die Vorzüge der Schönheit sind für das menschliche Männchen offenbar nicht notwendig. Beim *homo sapiens* fällt das Schönsein dem Weibchen zu. Obwohl der Kanon der Schönheit so schnell wechselt wie die Frauen im Leben gewisser Hollywoodstars.

In vergangenen Zeiten wurde die heiratsfähige Frau wie eine Kuh oder eine Sklavin auf den Markt geführt: vielversprechend breites, »geburtenstarkes« Becken, kräftige Arme, reges Auge... War sie zartgebaut, verschwand die Frau in der Versenkung, bzw. im Atelier irgendeines Malers, um dort Modell für eine Miniatur herzugeben. In solchen Fällen sagten unsere Altvorderen: »*Jo! die Siedebubb bricht jo zamme, wenn se ebbs schaffe soll!*« Dementsprechend diente sie, falls sie aus besserer Familie stammte, einem vermögenden Ehemann tatsächlich als Seiden- und Salonpuppe und saß dekorativ zwischen einer Ming-Vase und einer Kristallschale von Daum oder Lalique. Um auf dem Land verheiratet zu werden, mußte sie dem entsprechenden Ehemann besser zu Gesicht stehen, wofür Feldarbeit und Kartoffel- und Speck-Diät normalerweise sorgten. Anspruch auf die Starrolle hatten in meiner Kindheit jene Mädchen, die einem den Ausruf entlockten: »*Jeh! isch des a strammi Keche*« (Oh, ist das ein strammes Mädchen!). Pausbäckchen, Kugelpo, hart im Nehmen, wenn's ums Arbeiten ging. Aber es gab auch den Typus *süüferi Maid*, adrettes Mädchen, immer blitzsauber, mit immer gut sitzender Dauerwelle und irgendwie interessant.

An jenen Abenden, an denen die Triebe übermächtig wurden, machte man keine großen Umstände. Da nahm man ein »*Ross Gottes*«, ein nicht besonders scheues Mädchen, das selbst ganz gern einmal »ins Heu« ging oder hinter *d'Hecke*.

Sobald sie verheiratet waren, hatten unsere elsässischen Ahnfrauen nichts mehr zu lachen. In manchen Haushalten wurden sie von ihren Männern schlechter behandelt als die Kühe und die Pferde, nach dem Motto: »*E Frau findsch wieder eini, e Kueh muesch kaufe!*« Schwindsüchtige Frauen husteten also ihre Lunge nicht in ein seidenes Taschentuch wie *La Traviata*. Sie husteten sie in die Ställe oder auf die Felder: »*Wenn de lejsch, hueschtsch net wenijer.*« (Du hustet nicht weniger, wenn du im Bett liegst.)

Nein, die Frauen mußten andere Vorzüge haben als die Schönheit der Formen. Ihre Reize lagen anderswo. Jede von ihnen beherrschte ihre ureigene Verführungskunst: eine kleine Besonderheit, eine originelle Haarsträhne, ein anmutiger Gang, ein schelmischer Blick, ein niedliches Grübchen. Sie wurden nicht danach beurteilt, ob sie es schafften, den Mädchen in den Frauenzeitschriften ähnlich zu sein. Wir hatten ohnehin keine anderen Zeitschriften zur Verfügung als das Missionsblättchen oder die *Neue Post*, und letztere rühmte allenfalls gewisse Salben gegen Krampfadern, Ginseng gegen männliche Impotenz, eine Augencreme gegen die Falten, und ein Abführmittel, mit dem man in drei Tagen fünf Kilo abnimmt.

Heute ist die Schönheit zur Diktatur geworden. Die Zeitschriften setzen rigoros die Norm: strikt einzuhaltende Maße, insbesondere Busen- und Hüftumfang, Schulterbreite, Augenabstand, Neigungswinkel des Schädels im Verhältnis zum ersten Wirbel, Verhältnis der Größe zum Gewicht. Man hat allmählich das Gefühl, man lebt in einem ständigen Schönheitswettbewerb für durch Inzucht debil gewordene Tiere, oder in einer Anstalt des »Lebensborn« für die Reinkultur der arischen Rasse. Die Tyrannei der neuen Schönheitskanons herrscht mittlerweile sogar auf dem Land. Auch dort sind immer mehr Claudia-Schiffer- oder Kate-Moss-Klons anzutreffen, was nicht zuletzt durch das Überhandnehmen von Miss-Wahlen und sonstigen »Castings« windiger Filmproduktionsgesellschaften und Model-Agenturen zu erklären ist. Die Mädels werden zur leichten Beute für all die Haie mit unsauberen Absichten und dem sicheren Blick dafür, wer heutzutage ein bißchen Geld am nötigsten hat. Ein solches Mädchen kenne ich. Sehr gut aussehend. Ein Hersteller von weiblicher Unterwäsche hat ihr fünfhundert Francs bezahlt, dafür daß sie ihren Körper für den gesamten Katalog, von vorne bis hinten, zur Verfügung stellt. Fünfhundert Francs, inklusive Mehrwertsteuer und sonstigen Unkosten. Nicht einmal ein kleines Sortiment Büstenhalter hat sie geschenkt gekriegt. Ihr Kommentar lautete: »Wenn man arbeitslos ist, dann bedeutet ein Fünfhundertfrancsschein ein Vermögen.«

Mit den neuen, unerbittlichen Gesetzen der Schönheit sind im Elsaß die *Weight Watchers* zum zweitwichtigsten Treffpunkt der Frauen nach den »Tupperware-Partys« geworden, und soweit sind die *Gunkelstubbe*, wo man sich anno dazumal mit Handarbeiten beschäftigte, längst mehr als ersetzt worden. Heutzutage versammeln sich die Frauen im Zeichen der Waage und verunglimpfen schlichtweg die Herrlichkeiten der heimischen Küche: *Dotsche, Mehlknepfle, Sürkrüt un Ripple*. Sie bevorzugen aus dem Wasser gezogenes Gemüse, poschierten Fisch oder sonstige cellulitisfeindliche Müslis. Ich warne davor! Einem konkaven Hintern und einem kaum vorhandenen Busen nachzulaufen, zerstört die Grundlagen unserer Eßkultur und unserer Jugend. Die Mädchen sind fahnenflüchtig, sie meiden die Kantinen und den Familientisch. Ein Kaffee und vier Zigaretten ersetzen die Gemüsesuppe und den *Quetschekueche*. Die Fähigkeit sich zu übergeben wird zur Lebenskunst erklärt, im Namen der Mode und jener androgynen Modeschöpfer, die nichts anderes im Sinn haben, als den Frauen ihre Formen zu rauben und sie in Zwitter zu verwandeln. In Zwitter oder in Insekten der vierten Art, was auf dem Land Kommentare hervorruft wie etwa: »*Mensch! esch die derr! Die het bschtimmt Krebs... Am beschte besch gsund. S' nutzt d'r nix, wenn'd scheen besch un under'em Bodde lejsch!*« (Mensch, ist die dürr! Die hat doch bestimmt Krebs... Besser, man ist gesund. Es ist sinnlos, schön zu sein, wenn man unter der Erde liegt!).

Tja... im Elsaß *han mer halt gsunder Menscheverschtand!*

Der Coopé-Laden

Der Coopé-Laden war eine Institution. Er gehörte zur elsässischen Dorflandschaft wie das Amen zur Kirche. Jedes Dorf hatte seinen Coopé-Laden, seine Coopé-Laden-Inhaberin und seine Coopé-Laden-Verkäuferin. Beide waren sie ein Kompromiß zwischen Mutter einer vielköpfigen Familie und strenger, kratzbürstiger Volksschullehrerin. Sie wußten ihre Waren anzupreisen und gleichzeitig ihre Rolle als Beraterin und Dorfpsychologin zu spielen.

»*Un mit dem? Seif? Ja! Un was macht em Gilbert sin Maawegschwaar?*« (Und was darf's noch sein? Seife? Ja. Und was macht Gilberts Magengeschwür?)

Die Seife wurde in Zeitungspapier eingepackt – gute Kernseife aus Marseille –, unterdessen nahm Gilberts Magengeschwür gewaltige und blutige Dimensionen an. Gilberts Frau sah das baldige Aufplatzen des heimtückischen Abszesses voraus. Aber es half nichts. Wenn Madame Coopé-Laden sagte: »*S' macht vier Francs fuffzisch*«, war jegliche Diskussion abgeschlossen. Abszess hin, Abszess her, seine Geschichte würde nächstes Mal weitererzählt werden müssen.

Im Coopé-Laden hatte kein Freud und kein Lacan seine Couch installiert, aber die Wirkung war die gleiche. Im Duft von frisch gebranntem Kaffee, von sauren, marinierten oder in Remouladensauce schwimmenden Heringen wurden die Lebensgeschichten auseinandergedröselt und auf den Punkt gebracht. Die Opfer ehelicher Gewalt ließen ihren Haß gegen den brutalen Ehemann heraus, nicht ohne den einsichtsvollen Nachsatz, »*S'isch halt e Mann... einer isch e Franke wert un der ander hundert Centimes!*« Geschlagen wurden sie nicht oft. Aber wenn es mal passierte, dann waren sie Stars im Coopé und hatten freie Redezeit. Trotz allem momentanen Mitgefühl erklärten die Tratschweiber, *d'Ratsche*, kaum hatte die Arme ihnen den Rücken gekehrt: »*Sie word's verdient hann!*« (Sie wird's schon verdient haben!). Niemand ist frauenfeindlicher als eine Frau.

Die Frauen – *d'Wiewer* – kamen adrett herausgeputzt in den Coopé, angetan mit einer frischen Kleiderschürze, am Arm die Einkaufstasche aus Lederflecken, in der Hand dazu das Einkaufsnetz, beides parat, um Ölflasche, Kaffee, Ersatzkaffee, Erbsen, Bohnen und Linsen, die man damals lose kaufte, aufzunehmen.

»*Un mit dem?*« – Und was kommt noch dazu?

Dazu kamen endlose Stücke in achtundzwanzig Szenen, die die *Wiewer* untereinander aufführten, über das Wetter, das teure Leben, den Durchfall der Kaninchen, die Zeit, die so schnell vorübergeht, und zum Schluß noch einmal über das Wetter. Die Wettervorhersage des Coopé kümmerte sich nicht um Windmesser, Regenmesser, Barometer, Thermometer... Hier stützte sich diese Wissenschaft auf Nostradamus und den menschlichen Körper. »*Min Kranau macht Weh, no gibt's ander Wetter.*« (Mein Hühnerauge tut weh, das Wetter schlägt um.) Manchmal war da gerade niemand mit wetterfühligem Hühnerauge. Dann taten es eben Rückenschmerzen, Muskelkater, eine alte Operationsnarbe oder Haare, die sich der Luftfeuchtigkeit entsprechend kräuselten. Füße, Rücken, Haare vermixt mit den Voraussagen des hundertjährigen Kalenders erlaubten eine Wetterprognose für den nächsten Tag, die so zuverlässig war, wie sie es heute ist, das heißt genauso unzuverlässig. Jede besorgniserregende Voraussage wurde mit der Sentenz abgeschlossen: *»D' Hauptsach isch, mer sin gsund!«* Überhaupt gab es solche Sätze, die man immer wieder hörte, wie etwa den von Heinrich Heine:

»Und wie so teuer der Kaffee,
Und wie so rar das Geld!«

Dieser Grundpessimismus wurde im Zaum gehalten durch die Freude darüber, daß man sich gesund fühlte. Darauf folgten die Ratschläge zur Erhaltung der Gesundheit: *»Ich trink jede Daa miner Tee.«* In den meisten Fällen handelte es sich dabei um Kamillentee, jenes Wunder- und Allheilmittel gegen Nervosität, Durchfall und Verstopfung. Der Coopé-Laden war also auch Drogerie, Kräuterladen und Apotheke. Bluthochdruck wurde mit Knoblauch behandelt, Wespenstiche mit Petersilie und Leberzyrrhose mit algerischem Rotwein. Jeder fand das ganz normal.

»Un mit dem?«

»Un mit dem wott i no a Finettel.« (Ein Unterhemd möcht' ich noch).

Also war der Coopé auch sowas wie ein Vorläufer des Supermarkts: Unterhemden, Socken, Schulhefte, Bleistifte, Pantoffel… Man war stolz, wenn man solche Dinge zusätzlich kaufte. Das war fast schon ein Zeichen von Wohlstand.

»Dee het schun widder e Finettel kauft.« (Die hat ja schon wieder ein Unterhemd gekauft!)

»Ja se word ze füül sin gewann fer d'dreckige ze wäsche.« (Wahrscheinlich ist sie zu faul, um die schmutzigen zu waschen.)

Wirklich: Niemand ist frauenfeindlicher als Frauen.

Für die Wirtschaft meiner Eltern war der Coopé-Laden eine beachtliche Konkurrenz. Auch dort wurde Flaschenbier verkauft, nur billiger. Meine Mutter spähte nach den Einkaufstaschen, die vor unserem Haus vorbeigetragen wurden. An der Ausbuchtung versuchte sie zu erkennen, ob deren Besitzerin im Coopé Bier und Limonade kaufen ging. Sobald sie jemanden verdächtigte, schickte sie mich nach. Ich durfte ein *Carambar*, eine Karamellstange für fünf Centimes, kaufen und mußte dafür Spionage betreiben: Was wurde in die zweifelhaften Ledertaschen alles hineingestopft? Unzählige Karamellstangen habe ich damals gegessen! Die Zweifel meiner Mutter an der Redlichkeit der Leute haben mir schlechte Zähne und eine besonders scharfe Beobachtungsgabe beschert.

»D' Litt sin verdrajt!«, pflegte meine Mutter zu sagen (die Leute sind falsche Fuffziger). Und sie hatte recht. Ich habe sie gesehen. Direkt hinter der steinernen Kreuzigungsgruppe stellten sie ihre Taschen ab, die voll waren mit im Coopé eingekauften Getränken, und kamen ganz harmlos zu uns, um zu telephonieren. Zum Selbstkostenpreis. Irgendwann war meine Mutter dann auch ruiniert. Fast hätte ich den Coopé-Laden dafür gehaßt, wäre er nicht meine Volkshochschule gewesen. Dort habe ich gelernt, die kleinen Mißhelligkeiten des Alltags, meine Sorgen, meine Gedanken über das Leben, die Hunde und die *Schwoowe* – die Deutschen – zum Ausdruck zu bringen.

Der Coopé-Laden hat mir auch zu Taschengeld verholfen. Lieber Papa, liebe Mama, verzeiht mir diese Freveltat. Dort verkaufte ich nämlich leere Flaschen, die ich bei uns in der Kneipe geklaut hatte, um die zwanzig Centimes Pfand einzustecken. Ja doch, auch ich habe meine Eltern verraten. Zu groß war meine Vorliebe für *Carambar*-Stangen und die rosaroten Kaugummis, bei denen man gewonnen hatte, wenn sie grün waren.

»D'Litt sin verdrajt... D' Kinder au!« (Die Leute sind verlogen, die Kinder übrigens auch!) Cäsar sagte: *»Tu quoque fili!«* Wenn Julius mich gekannt hätte, hätte er gesagt: *»Tu quoque filia!«*

Die Speicher

Was sagen Sie dafür? *Biehn? Kascht? Spicher?* Egal, Sie meinen jedenfalls den Speicher oder Dachboden. Was ist aus den guten alten Speichern geworden? Aus unseren elsässischen Speichern? Es gibt sie nicht mehr. Unsere emsigen Heimwerker haben sie ausgebaut, wie man sagt, den dazugewonnenen Wohnraum mit Holz verkleidet. Und nun beherbergt er ein Bad nebst Whirlpool, ein Mansardenappartement für den dreißigjährigen Nesthocker oder eine kissenbestückte und raffiniert ausgeleuchtete Pseudodiskothek für alkoholisch erotisierte Zusammenkünfte.

Eine Verordnung wäre fällig, mit der die Speicher unter Denkmalschutz gestellt werden. Sie sollten unantastbar sein. Der Speicher, das ist das andere Leben, die Welt hinter den Kulissen, der Raum des sanften Pendelns zwischen Es, Ich und Überich.

Bei uns zuhause war es ein Mehrfachspeicher. Es gab einen lichterfüllten Speicher und drei weitere, die kleiner waren. Noch heute suche ich sie im Traum alle auf. Sie waren meine ganz eigene vierte Dimension. Ich stieß dort auf ein bizarres Sammelsurium von Gegenständen. Intensive Gefühlsregungen und Stimmungen überkamen mich, so oft ich dort weilte.

Merkwürdigerweise standen die schönsten Dinge des Hauses oben auf der *Kascht*. Weil meine Eltern dem Resopal und dem Plastikmahagonifurnier hemmungslos zugetan waren, fanden sich die von Generationen meiner Vorfahren wachspolierten Massivholzmöbel hier oben hinverbannt.

Unsere *Biehn* quoll über von Schätzen, die sich seit grauer Vorzeit angesammelt hatten. Am kuriosesten waren die Halsketten aus durchbohrten und wie Perlen aufgefädelten alten Münzen. Mindestens zehn davon lagen dort beieinander. Es hatte eine Zeit gegeben, da war das bares Geld. Für mich ist Geld gar nichts. Das habe ich auf unserem *Spicher* gelernt. Geld wird nutzlos, wenn man es nicht im richtigen Augenblick ausgibt. Es wird zu Spielzeug. Meine Schwester und ich spielten dort oben Kaufladen, wir hantierten mit den Milliarden aus den Katastrophenjahren, in denen ein Brot dreißig Milliarden gekostet hatte, und diese Wahnsinnssummen ließen uns ganz kalt. Unser Dachboden, wo in Inflationsgeldscheinen und durchlöcherten Münzen das Vermögen der Rothschilds herumlag, hat mich ein gutes Stück Distanz zu den materiellen Gütern gelehrt.

Dort oben zwischen Himmel und Erde wuchsen meiner Phantasie Flügel. Ich schlüpfte in alle Lebensrollen, die mir attraktiv schienen. Mehrmals habe ich geheiratet, die Auserwählten gehörten zur deutschen Schlagersängerelite: Freddy Quinn, Rocco Granata, Rex Gildo, Roy Black... Für mich zogen meine Idole bereitwillig den Frack des Bräutigams an. In den Kindheitsspeichern verweigert sich niemand, jeder macht mit beim großen Traumspiel.

Ein gutes Beispiel ist General de Gaulle oder vielmehr sein großnasiges Pastis-Nippeskännchen-Abbild. Er bat mich, ein Ministeramt anzunehmen. Um unseren Bund zu besiegeln, habe ich ihm zeremoniös aus einer Flasche

Nussewasser (Walnußlikör), die auf dem Dachfensterbrett stand, in ein Bierglas Marke Bavaria eingeschenkt. Am Ende unserer Beratungen war ich ausgesprochen blau. Ich habe demnach wirkliche Politik betrieben, denn Politik und Alkohol, das geht Hand in Hand. Bei uns sagten die Leute: »*Wann mer bedenkt, was dee süffe mien! Doo e Ehrewyn, dert e Ehrewyn.*« (Wenn man bedenkt, was die saufen müssen! Hier ein Umtrunk, dort ein Umtrunk.)

Mein erstes Vollrauscherlebnis habe ich unter den Dachziegeln des elterlichen Hauses und als Ministerin des Generals de Gaulle gehabt. Gleichzeitig erlebte ich, was Schwerelosigkeit heißt. Dabei bemerkte ich, daß die Erde sich drehte. Wäre ich in diesem Moment Galileo Galilei gewesen und der Großinquisitor hätte mir gerade gedroht, mich in Stücke säbeln zu lassen, ich hätte gesagt: »Und sie dreht sich doch! Ich schwöre es!« Ihre schönste Drehung zeigt die Erde vom *Spicher* aus.

Die Dachböden ermöglichten all den für das seelische Gleichgewicht unabdingbaren Nervenkitzel, den wir heute im Kino oder bei der Zeitungslektüre (da vor allem bei den Börsenkursen oder in der Kenntnisnahme von Oberweiten gewisser Stars) suchen. Der Unterschied: Auf einem Speicher bist du dein eigener Drehbuchautor. Deine Angst erlebst du wirklich. Sie schnürt dir den Magen zusammen.

Zum ersten Schritt hinein in diese chaotische Urwelt gehörte bei mir die panische Angst, eine Maus könnte auftauchen. Diesen ersten Schritt zu wagen war jedesmal eine gewaltige Selbstüberwindung. Die aber letztlich nicht weit geführt hat, denn heute habe ich noch genauso viel Angst vor Mäusen wie mit vier. Immerhin: damals war die Neugier stärker. Immer wollte ich mit eigenen Augen sehen. *»Gigge isch.«*

Auch hatte ich den Unterhaltungen der Erwachsenen entnommen, daß die Seelen der Toten festgeklemmt zwischen Hinieden und Jenseits auf den Speichern westen. Sie wollte ich finden, wollte Kontakt zu ihnen knüpfen, erfahren, wie es »nachher« ist.

Sterbend vor Angst lauerte ich stundenlang auf verdächtige Geräusche. Dabei aß ich Äpfel oder Nüsse, die auf einer alten Decke ausgelegt worden waren. Wer Schiß hat, hat auch Hunger.

Man hätte leicht überleben können auf so einem Speicher. Verborgen, fernab der Welt. Es liefen diesbezüglich auch Geschichten um. Heroische oder jammervolle Geschichten. In der heroischen Version ging es um Menschen in Lebensgefahr, die man über den eigenen Köpfen versteckte: einen englischen Flieger, einen Widerstandskämpfer, einen Soldaten auf der Flucht, einen Trunkenbold, der sich absolut nicht mehr heimgetrauen wollte. Der Speicher, das war der Ort der blinden Passagiere und der Heimlichkeit. Der Elsässer war handwerklich begabt, er wußte, wie man doppelte Wände einzieht oder eine Räucherkammer unauffällig zweckentfremdet.

Die doppelten Wände dienten zuweilen barbarischen Zwecken. Man verbarg dahinter mißgebildete oder zurückgebliebene Kinder, um der Familie die Nachrede des Dorfes zu ersparen. Meine Großmutter erzählte die Geschichte des *Mietsemer*, des Jungen aus Mietesheim. Seine ganze Kindheit verbrachte er eingemauert; als man ihn fand, waren seine Fingernägel zehn Zentimeter lang und sein Haarschopf rettungslos verfilzt. Wenn jemand ungepflegte Fingernägel hatte, hieß es in meinem Dorf: *»Der hett Näjel wie de Mietsemer!«*

In der *Kascht* habe ich auch manchmal geträumt, ich wäre so ein vergessenes Kind. Ich legte mir meine Geschichte zurecht, dort oben zwischen den Balken und mit den gurrenden Tauben einen halben Meter über meinem Kopf.

Ich befand mich in einer Zeitmaschine. In jedem Augenblick konnte ich es wieder Ostern werden lassen. Ich brauchte nur die Hand nach den *Oschterhiesle*, den abgestellten Häuschen für den Osterhasen, auszustrecken. Dicht daneben stand die Schachtel mit dem Christbaumschmuck. Da ich vor nichts zurückschreckte, setzte ich eine Karnevalsmaske auf und dekorierte die *Oschterhiesle* mit Engelshaar. Binnen zehn Minuten hatte ich das gesamte Kirchenjahr neugestaltet. Ich kreuzigte Jesus am Tag seiner Geburt, ich ließ ihn an seinem Todestag zur Welt kommen. Ich hatte unumschränkte Macht – denn der Speicher verleiht unumschränkte Macht. Sie können die Epochen hemmungslos durcheinanderbringen oder das Angedenken der Vergangenheit nach Belieben entweihen. Indem Sie beispielswesie in ein Kristallglas Ihrer Urgroßmutter pinkeln. Der Speicher ist eine Stätte der Freiheit. Bezeugen kann es ein Kind, das im Juli 1956 zehn Minuten lang Minister des Generals de Gaulle gewesen ist. Das war auf meinem Speicher, unmittelbar bevor ich das *Nussewasser* auf den Boden kübelte.

Der Keller

Die Keller meiner Kindheit waren zahlreich: *Wynkeller, Ruewekeller, Keller* (Weinkeller, Rübenkeller, allgemeiner Keller). Gemeinsam hatten sie alle den feucht-modrigen Geruch, der sich jeweils mit den Düften der diversen Vorräte mischte: Mal roch es mehr säuerlich, mal nach Geräuchertem, oder aber ein Salpetergeruch herrschte vor.

Alle Keller waren vom Hof aus zugänglich, was mit der Notwendigkeit zu tun hatte, die Fässer einmal im Jahr zu leeren und zu säubern... Ein paar Stufen aus Stampflehm, die nach starken Regenfällen neu in Form zu bringen waren, oder ein paar Sandsteinfliesen führten hinunter. Für die Mütter war dieser *Kellerschalt* (die Kelleraußentreppe) ständiger Anlaß zur Besorgnis, die Gefahr für spielende Kinder war offenkundig... Häufig wurde denn auch das gähnende Loch mit Wellblech abgedeckt, auf daß den arglosen Winzlingen und den volltrunkenen Ehegatten nichts passiere.

In der Traumbilderwelt ist der Keller dem »Es«, den unedlen Trieben, dem Tier im Menschen zugeordnet. Man braucht nur hin und wieder in der Zeitung die Seite »Vermischtes« zu lesen: Werden nicht die meisten Leichen mißbrauchter Kinder in Kellern aufgefunden? Und nicht nur in Belgien. Das elsässische flache Land war von solcherart Perversitäten keineswegs verschont. Die Keller mit ihren dunklen Ecken waren der Ort, an dem man seinen niederen Instinkten frönte. Hier sah sich die Magd mit mehr oder weniger Gewalt zu speziellen Diensten genötigt. Wir Kinder wußten, wann und wo. Nur weniges bleibt Kindern verborgen, sie sehen und hören viel mehr als man denkt. Wir waren selbst in Gefahr. Eines Tages sollte ich von einem Bauernhof Dahlien holen. Es machte Mama Freude, ein paar bunte Sträuße auf die Tische unserer Wirtschaft zu stellen. Der Sohn des Hauses war allein zugegen. Als er den *Kellerschalt* herabkam, stand sein Hosenlatz weit offen: Spätestens da habe ich gelernt, was Exhibitionismus ist. Ich rannte los, so schnell mich die Beine trugen, und nahm eine Ohrfeige in Kauf, mit welcher die vergessenen Dahlien abgegolten wurden. Über den Rest habe ich kein Wort verloren. Kinder haben zu viel Schamgefühl, um eben diesen Rest zu gestehen. Sie sind es, die sich schämen bei solchen Vorfällen, nicht die Täter.

Der Keller war ein Ort von Scham und Schande. Dort wurde ich zur Strafe eingesperrt. Im Dunkeln. Mit meiner Angst im Bauch. Der unbezähmbaren Angst vor Mäusen und Ratten... Die Nagetiere sind Symbole des nagenden schlechten Gewissens und als solche ein Vorgeschmack des Grabes. Manchmal legte ich mich minutenlang auf den gestampften Boden, um zu spüren, wie sich das anfühlt, »Totsein«. Es ist wie der Keller mit seinen Regenwürmern, seiner Asseln, seinen Maulwürfen, nur ohne Luft zum Atmen.

Der Keller meines Elternhauses hätte auch eine Pharaonengrabkammer sein können. Er beherbergte drei Bierfässer, zwanzig Kästen Flaschenbier, zehn Kästen Limonade, zehn Kästen »Sic«, sechs Zentner Kartoffeln, siebzig große Einmachgläser Tomatensoße, fünfzig Gläser Bohnen, in ihrer eigenen Erde konservierte Gelberüben, und in einem mit *Muckedroht* (Fliegengitter) versehenen

Schränkchen mehrere Speckseiten. Insgesamt eine äußerst zweckmäßige, übersichtliche Vorratshaltung.

Während der Dachboden das Chaos war, der Ort der Träume und der Phantasie, präsentierte sich der Keller nüchtern und durchdacht. Ich bewahre die Erinnerung an Abteile, deren Lage zum Licht oder deren Feuchtigkeitsgrad genau überlegt und berechnet worden war. Der Keller war der Bauch des Hauses, hier lagerten die Vorräte für den Winter, wurden im Sommer Nahrungsmittel und Getränke kühl gehalten. Das täglich in dicken Stangen von der Straßburger Eisfabrik oder von der nächsten Brauerei angelieferte Eis verlängerte das Leben der verderblichen Vorräte, bis sie zuletzt in Essig gekocht wurden, damit üble Gerüche überdeckt würden.

»Es isch unseri Reserv!« (Der Keller ist unser Vorratslager!), sagte meine Mutter immer wieder. Bei den Großeltern war die Kelleraufteilung anders. Sie waren Bauern. Herzstück war bei ihnen das *Sürkrüttfaß* (das Sauerkrautfaß), worin der in Streifen geschnittene, festgestampfte Kohl – für diese Arbeit war der *Sausepp*, mit vollem Namen Joseph Heinrich, zuständig – in einer Salzlauge lag, bei deren Dosierung viel Fachkunde erforderlich war, sollte nicht das gesamte Ernteergebnis gefährdet werden. Ein schwerer alter Schleifstein diente als Abdeckung. Wenn man ihn anhob, entströmten Nitratdüfte. *»S' Land schmeckt noch Sürkrütt!«*

In den Coopé-Laden ging man mit dem Geldbeutel in der Hand, um Öl, Essig, Senf, Kaffee, Ersatzkaffee, Rosinen zu holen. Im Keller hatte man das Gefühl, ohne Geldbeutel einkaufen zu können. Als machte das Leben ausnahmsweise Geschenke...

Gar nicht verwunderlich, daß nach wie vor jeder Hausbau mit dem Keller beginnt. Auch heutige Keller sind eine ausgetüftelte Angelegenheit. Waschraum, Heizungsraum, Vorratskeller. Heute werden sogar *Kellerkiche* (Kellerküchen) eingebaut, deren Hauptnutzen darin besteht, daß die Einbauküche im Erdgeschoß nicht so oft schmutzig gemacht wird. In den neuen Einfamilienhäusern wird der Keller allmählich zu einer Art Zweitwohnung mit dem Zweck, die Erstwohnung zu schonen. In den modernen elsässischen Kellern baut man eine Dusche ein, um die Dusche oben nicht schmutzig zu machen, oder auch ein kleines Wohnzimmer im Waschraum, um die Schondeckchen und die Sofakissen der immer noch neuwertigen Couchgarnitur im Wohnzimmer nicht abzunutzen. Der Keller als Mittel zur Werterhaltung des adretten Häuschens. Im Keller hält sich alles länger, sogar die Wohnung oben drüber. Die *scheene Zimmer* danken es, die zur Besichtigung freigegeben werden, wenn Besuch kommt.

Das Kellergeschoß ist auch Hort und Höhle der Jugend: Kellerbar mit Baumrindendekor, psychedelische Spotlampen, Kühlschrank, echte, vom Sperrmüll gerettete Wirtshaustheke, improvisierte Disko, Spielhölle am Samstagabend, und es fehlt auch nicht das Extraklo, in das man die Alkoholgemische bzw. amerikanischen oder kreolischen Cocktails kotzen kann. Achtung, achtung, bitte ins Keller-Klo reihern, um die WC's oben zu schonen!

Leben auf zwei Ebenen heißt die Devise. Biologische Bedürfnisse und fleischliche Vergnügungen im Untergeschoß. Erholungsschlaf eine Treppe höher. Oben das »Ich«, unten das »Es«. Die niedrigen Geschäfte erledigt man besser im Keller.

Die Wirtschaften

»Zur Sonne, Zum Stern, Zur Post, Zum Ochsen...« Ich glaube, damit habe ich die Wirtshausschilder in unserer Gegend schon durch. In unseren Dörfern gab es bei fünfhundert oder höchstens tausend Einwohnern drei oder gar vier *Beitze*. Sie waren durchweg siamesischen Charakters, zum Gastbetrieb gehörte stets eine Zwillingsform des »Wirtschaftens« dazu: Gemischtwarenladen-Restaurant, Metzgerei-Gasthof, Bäckerei-Wirtshaus, Sattlerei-Kneipe, *Bürerei*-Lokal (Bauernhof mit Wirtshaus). Tagsüber stand die Großmutter hinter der Theke. Sie verkaufte gekühltes Flaschenbier an die Bauern, die unterwegs zum Feld, und an die Arbeiter, die auf dem Weg zu ihrer Schicht waren. Sie schenkte den Opas, die immer von neuem in den Krieg zogen und zusätzlich noch die Welt verbesserten, ihre *Scheppele* ein. Sie lieh dem Trunkenbold ihr Ohr, wenn er sich mit dem Zigarettenstummel im Mundwinkel am Tresen festhielt und ihr sein Unglück vorgreinte.

»*Schenk mer noch emol ien!*« (Schenk mir nochmal ein!) Als könnte man sein Leben in einem algerischen Roten oder einem Ammerschwihrer Weißen ertränken.

Ich wurde in eine Wirtschaft hineingeboren, und sehr früh wurde die Muttermilch durch Nikotinschwaden und je nach vorgerückter Stunde harmlose oder zotige Volksgesänge abgelöst. Unsere Dorfkneipe war bereits ein Mehrzweckssaal, bevor das Wort überhaupt aufkam. Hier probte die Blaskapelle, hier reagierten sich pickelige Pubertätsknaben am Tischfußball ab, hier gingen Versammlungsredner auf Stimmen- und geile Tänzer auf Mädchenfang.

Meine Mutter war die Seele dieses Gastbetriebs. Im tadellos sauberen *Rockschurz* (Schürzenkleid) samt passenden Söckchen bediente sie den Zapfhahn und linderte die mannigfachen Kümmernisse. Sie war Psychotante, Briefkastenonkel und Beichtvater in einer Person. Sie hatte immer die richtigen Worte parat. Wie niemand sonst verstand sie es, anderer Leute Probleme auf die eigenen Schultern zu nehmen, ein Riese Atlas der Trivialpsychotherapie. Gestorben ist sie mit gebrochenem Genick. »Dein Wille geschehe!« Und Gott wird es dir hundertfach vergelten. Würde Gott mir die Summe der Alkoholschulden, die in den Rechnungsbüchern meiner Mutter aufgelaufen waren, hundertfach vergelten, dann könnte ich von meinen Zinsen leben. Bei mir zu Hause standen viele mit dem Saufen in der Kreide. Oft hatten die Leute nicht einmal genug Geld, um ihre Probleme zeitweilig wegzusaufen. Taten sie es doch und ließen anschreiben, dann vergaßen sie um so gründlicher, vor allem das Bezahlen. Was kümmert mich mein Konto bei der Sparkasse, solange ich meinen Rausch sicher habe. Die philosophische Grundlage des Sich-Vollaufen-Lassens war individuell sehr verschieden. Nach langer, geduldiger Beobachtung möchte ich die Saufköpfe trotzdem in zwei Hauptkategorien einteilen: die Langsamen und die Schnellen.

Die Schnellen kamen hereingeschneit, kippten an der Thekenecke ein Glas, und weg waren sie wieder – sie hatten irgendeine Beschäftigung nur mal kurz *zum Ienkehre* unterbrochen. Bei ihnen gelangte das Glas nicht einmal bis auf die Theke. Von der Hand meiner Mutter ging es in die ihre über und kam sauber geleert auf dem gleichen Weg zurück. Und ab ins Spülwasser. Ich sehe noch die Adamsäpfel, wie sie gierig auf und nieder zuckten, als hätten sie eine besondere Art von Parkinson erwischt. Die Dialoge blieben wortkarg.

»*Un e Wetter! Geht's?*« (Sauwetter! Wie geht's?)

»*S' geht.*«

»*Salut bisamme.*« (Tschüß beisammen!)

Wer sich hingegen Zeit nahm, das waren die *Babbebas*, die Opas. Sie brachten es leicht auf sechs Stunden pro Tag *im Wirtshüss*. Es war ihre Agora, ihr Forum, ihre Bühne, der Ort, an dem sie noch eine Rolle spielen durften. Und was für Rollen! Sie waren Persönlichkeiten. Schade, daß ich kein Zeichentalent habe, und erst recht kein Maltalent. Edgar Degas' *Absinthtrinker* käme heraus, das Pariser Café leicht umgemodelt zur elsässischen *Beitz*. Jeder frönte seiner höchsteigenen Obsession. Sepp bekam glänzende Augen, wenn er von den russischen *Magda* (Mädchen) erzählte. »*Oh jöh dü!*«. Victor wurde nicht müde zu berichten, was er alles im Leben »geschafft« hatte. Die Begeisterung öffnete nicht nur die Schleusen der Beredsamkeit, bald schon roch es unter dem Tisch nach Ammoniak. Nandel erzählte alles über *d'Frindschaft*, die Freundes- und Familiengeschichte, und diese war mindestens so lang wie die Abrahams.

Mein Liebling blieb Émile, *de Daub*, der Taube. Er kam mit seinem Hörrohr. Lange vor den anderen war er da, und jedesmal schimpfte er: »Keiner da! Nie ist jemand da. Kein Hund (gemeint war: kein Schwein!), die Wirtschaft geht eben nicht. Warum komme ich eigentlich hierher in eine so stinklangweilige Wirtschaft? Ich gehe.« Er verließ die Gaststube, dann kam er zurück. »Na schön. Dann warte ich eben in Gesellschaft von der da«, sagte er und meinte mich. »Was macht sie denn da schon wieder? Guckt sich im Spiegel an und glaubt, sie sei schön. Von wegen. Bist nicht schön. Das Gegenteil bist du. *An mim Arsch bisch scheen!*«

Danke, Émile, danke dafür, daß du meine Illusionen kurz gehalten hast. Dir verdanke ich, daß ich der Wahrheit ins Gesicht sehe und mich nicht scheue, sie laut auszusprechen. »*Redd lütter!*« (Red lauter!)

In unserem *Wirtshüss* waren wir ganz nah dran an der unbefugten Ausübung der ärztlichen Kunst: Wir waren Konkurrenz für die Psychiatrie und machten den Apothekern die Kunden abspenstig. Durchfall wurde mit Pernod oder Ricard kuriert, Bronchitis mit warmem Bier, Grippe mit Grog, *verstüchti Maawe* (verstauchte Mägen) mit Fernet-Branca und alle übrigen Gebrechen mit Schnaps. Schnaps ist das bei weitem wirksamste Dopingmittel, das ich kenne. Prost zur großen Verwandlung, der Schnaps entrückt dich in eine andere Dimension. Der verklärte Blick ist garantiert.

Auf unserer Suche nach dem Gral halten wir Ausschau nach dem idealen Politiker, dem Messias der Arbeitslosen, der Super-Mutter-Theresa der Elenden, dem Mittelstürmer mit dem unfehlbaren Torinstinkt... Suchen wir sie nicht unter den Absolventen unserer Elitehochschulen, den rheumagekrümmten, lustfeindlichen Nonnen bzw. Mönchen oder unter den Dribbelkünstlern aus den Favelas von Rio! Die wahren Helden, die Verkannten, die Generäle im Mannschaftsrang, sie sitzen in den Wirtsstuben. Sie kennen das Geheimnis des zugleich rechtschaffenen und hochwirksamen Volkstribunen, sie wissen, wie man das Geld gerecht verteilen muß, sie treffen im Sportstudio am Samstagabend dreimal wenn's sein muß durch die Löcher in der Torwand.

»*Wann ich dran wär, ich daad's ne zeige!*« Ich habe sie erlebt, die Stammtisch-Konjunkturexperten, die Radikalpolitologen. »*Es sott emol widder e Hitler gann...*« (Es sollte mal wieder ein Hitler kommen...). Auch Terroristen waren sie, besonders als virtuelle Fußballtrainer: »*Üspeitsche sott mer se, dee Flasche!*« (Auspeitschen sollte man sie, diese Flaschen!) In der Politik wie beim Fußball war Diktatur für sie die einzige Lösung. Stellen Sie sich vor, solche Ideen ergießen sich von der Wirtshaustheke aus direkt in die Wahlurne... Stellen Sie sich vor, das wäre bereits Realität...

Man darf nicht geringschätzen, was am Stammtisch geredet wird. Man muß ein Ohr haben für die Meinung der kleinen Leute. Die Mächtigen sollten nicht so oft auf irgendwelchen steif-langweiligen Champagnerempfängen herumstehen, sondern sich stattdessen lieber mal in eine verräucherte Wirtsstube hineinsetzen. In meiner Jugend haben sie es noch getan. Die politischen Versammlungen fanden bei *Grumbeeresalat un Wirschtle* (Kartoffelsalat und Würstchen) statt oder bei einem sauren Hering. Das war jedenfalls meine Hochschule für politische Wissenschaften.

Das war auch die Arena, in der ich gelernt habe, ein Kampfgetümmel zu überleben. Ich habe gelernt, in Saalschlachten mitzukämpfen, die aus politischen, sportlichen oder rein privaten Gründen ausbrachen. »*Dini Alt geht der näwes nüss!*« (Deine Alte betrügt dich!) Hoppla, schon ging's los. Gläser flogen, Stühle wurden zu Schilden, Tische zu Absprungbrettern. Mein Vater hat mir beigebracht, wie man ein guter Rausschmeißer wird, wie man Flaschenscherben ausweicht, wie man Messerhelden mit im Kreis geschwungenen Bänken auf Distanz hält. Den Krieg habe ich nicht erlebt, Schlachtgewühl sehr wohl.

Heutzutage toben sich die Magenbitter-Schwarzeneggers und die Gespritzten-Rambos in den Fitneß-Sälen aus. Die *Wirtschafte* sind friedlich geworden. Zu friedlich vielleicht. Die Leute sind vom Fernsehen schläfrig geworden, sie dämmern unter Konsumnarkose dahin.

»*Lange mer e Seidel!*« (Geben Sie mir ein Bier rüber!)

»Was für ein Bier? Dunkles? Helles? Hefeweißbier? Weißbier ohne Hefe? Mit Kirschgeschmack? Mit Aphrodisiakumzusätzen? Mit Whisky? Mit Rum?«

Olala! Es reicht! Wie soll man sich in einer Wirtschaft wohlfühlen, wenn man Chemie studiert haben muß, um ein *Seidel* zu bestellen?

Schwof

»Das Saby Jazz Orchester lädt zum Tanz.« Derlei Schriftzüge auf grünen Plakaten prangten an Bäumen oder den Aushängetafeln der Rathäuser und kündigten *das* Ereignis des Monats an. Tanzveranstaltungen waren selten. Sie unterlagen religiösen Einschränkungen und von der Gemeinde erlassenen Bestimmungen. Es war nicht leicht, Genehmigungen zu erhalten. Der Samstagabendtanz entsprach einem Fest, und Feste sind naturgemäß außergewöhnlich, d.h. es müssen zeitliche Abstände eingehalten werden, damit sie nicht ins Banale absinken.

In den fünfziger Jahren kam man zum Wochenendschwof mit dem Fahrrad. Und das bedeutete weite oder ausgestellte Röcke mit engem Bund für die Mädchen, deren Taille auf knapp fünfzig Zentimeter zusammengeschnürt wurde, Flanellhosen mit Fahrradklammern für die Jungen. Ehe man den heftige Samstagabend- oder Sonntagnachmittagsgefühle verheißenden Saal betrat, brachte man seine Schönheit in Ordnung. Ein bißchen Puder auf die Nase, ein rasches Zurechtrücken der Frisur. Die Mädchen trugen eine frische Dauerwelle zur Schau, ein goldenes Kämmchen, ein mit falschen Brillianten bestückter Haarreif oder eine Glitzerspange taten ein Übriges. Die Jungen hatten echte Latin-Lover-Frisuren, glänzend von Brillantine der Marke *Roja bleu* für die Dunkelhaarigen, *Fowil jaune* für die Blonden. Jeder mußte einen Franc fünfzig entrichten. Dafür bekam er einen Stempel auf den Handrücken gedrückt, und auf ging's zum Schwof. Das Orchester (man achte bitte auf die elsässische Aussprache: »Orschester«!) zog ein absolut unwandelbares Programm durch, das stets mit dem Marsch *Tanzende Finger* begann, auf daß sich das Publikum eintanze. Schließlich kann man nicht Hals über Kopf in die Erotik einsteigen. Sodann ließen die jungen Dorfgockel ihr mit Limo versetztes Bier stehen, um die Mädchen aufzufordern, die ihren Pfefferminztrunk oder das Glas Sinalco fixierten und der Reihe nach züchtig erröteten.

Wie kam es zu der Wahl der entsprechenden Dame? Durch welche sonderbare Alchemie wurde der Knabe eher zur einen als zur andern hingezogen? In der Tierwelt ist der Geruch das Entscheidende. Die Männchen wittern die Hautausdünstung ein, um das für sie bestimmte Weibchen zu erkennen. Aber die Mädchen im Saal rochen alle gleich. Was Parfum anbelangte, war *Soir de Paris* im blauen Fläschchen damals einsamer Spitzenreiter. Heute muß der Nasenmensch dem Flohmarkthändler dreihundert Francs hinblättern, um den Duft der Nachkriegsdorfschönheiten nachzuvollziehen. Mmmh! Berauschend. Eins, zwei, drei, vier...

»Darf ich bitten?« Die Walzertänzer konnte man an den Fingern einer Hand abzählen. Die Buben hatten damals nicht alle eine geduldige Mutter mit unempfindlichen Zehen, die ihnen die Grundbegriffe dieser Wiener Erfindung der Familie Strauß beibrachte. Und da es an Männern mangelte, walzten die Mädchen fröhlich lachend als Paare durch den Saal. Mädchenpaare gab es viele damals auf der

Tanzfläche. Niemand nahm daran den geringsten Anstoß. Aber was wäre geschehen, wenn zwei Jungen zusammen getanzt hätten? O Gott! Shocking! Die Noten der *Waldeslust* oder des *Schneewalzers* wären vor Schreck im Saxophon stecken geblieben.

Die *Waldeslust* und der *Schneewalzer* verliehen den Tanzvergnügungen von damals das Gütesiegel »echt elsässisch«. Wie Hymnen stiegen ihre Klänge von den »Tanzpritschen« hoch.

Alles sang mit, nur die Tänzer nicht, die zu angestrengt damit beschäftigt waren, den Takt zu zählen oder auf ihre Füße zu achten. Die Zuschauer verfolgten ihren Auftritt mit kritischem Auge und warteten nur darauf, daß einer hinfiel. So wie sie in der Arena auf den Fall des Gladiators gewartet hatten, damals in Rom. Als Zuschauer konnte man auch die Schenkel der Mädchen sehen, oder noch besser: manchmal ihr Höschen. Ihr Sonntagshöschen, das mit den Spitzen. In den Tanzsälen saß man mit höchst angeregten Sinnen.

»Spiel noch einmal für mich Habanero!« Bei den Nachmittagsveranstaltungen waren alle Läden geschlossen, die Schummerbeleuchtung eingeschaltet, die Tangokugel warf ihre Spiegelblitze aufs Parkett. Die Körper gingen auf Tuchfühlung, die Hände machten sich an den Halswirbeln zu schaffen oder zählten die Rippen. Die Beine paßten sich einander ein, die Stirnen schwitzten. Die Lippen suchten sich. Wusch! Die Musik tat mehr für die Annäherung der Paare als der cleverste Inhaber eines Eheanbahnungsinstituts hätte bewirken können. In solchen Augenblicken war der Tanzsaal ein regelrechter Toaster.

Es dauerte nicht lang, dann verließ das von den schmachtenden Klängen eines Slows aufgeheizte Paar – fast im Laufschritt – den Saal, um seine Glut zu kühlen, entweder in einem *Schlupf* – eine jener fünfzig Zentimeter breiten Abwassergassen zwischen zwei Häusern – oder in einem freundlichen Garten, der sich nicht davor fürchtete, einer anderen Fortpflanzung als derjenigen der Erbsen zuzusehen.

»Spiel noch einmal für mich Habanero! La Paloma ohe!« Nach diesen eher deutschen Klängen haben Oma und Opa vor vierzig Jahren miteinander getanzt. Inzwischen haben sie vierzig Ehejahre auf dem Buckel, drei Kinder und sieben Enkelkinder, und beim *Gartefescht* der Feuerwehr tanzen sie noch immer nach der gleichen Musik. Anstelle von Inbrunst verbindet sie jetzt Zärtlichkeit. Obwohl...

»Alter schützt vor Torheit nicht...«

»Kumm, Mamme, mer trette einer.« (Komm, Mutter, wir tanzen 'ne Runde)

»De Kerper verlangt's!« (Der Körper verlangt's!)

Tanzen hat viel zu tun mit Verführungs- und Paarungsritualen. Die Hübschen schlugen ein Rad mit ihren Röcken wie der Pfau mit seinen Federn. Sie stießen bedeutungsvolle Gurrlaute aus im Angesicht der in enge Sonntagsanzüge eingeschnürten Männlein. Das Spitzentüchlein in der Sakkotasche war wie ein Wink der Liebe. *»Tu veux ou tu veux pas?«* (Willst du oder willst du nicht?) – der französische Schlager sagte es erfreulich direkt. *»Junge, komm bald wieder, bald wieder nach Haus.«* Ist doch alles ganz normal, oder? *En avant la musique*, auf Los geht's los.

Die Dorfbälle haben in den siebziger Jahren aufgehört. Die Orchester waren viel zu teuer geworden, wegen Gewerkschaftstarif und Gema und dem ganzen Heckmeck. Die Kosten für einen Tanzabend mit einem Vier-Mann-Orchester erreichten schwindelnde Höhen, allmählich waren sie so hoch wie die Gagen von Mireille Mathieu am Anfang ihrer Laufbahn. Das war die Zeit, als die Wirtschaften anfingen, *Flammekueche* anzubieten. Das war rentabler und außerdem konnte man den Laden um Mitternacht dicht machen, wenn das letzte Banana-Split hinuntergewürgt und der erste *Flammekueche* wieder herausgekübelt war. Aus war's mit der Humpapa-Musik, die erst im Morgengrauen verstummt und den Gestank von kalten Zigaretten und warmem Bier im Saal zurückläßt. »*Dee drei letschte*« – »die drei letzten« sind ausgeklungen. Heute bilden sich die Paare an den Strandbüffets des Club Mediterranée, vor den Photokopiergeräten in den Büros, in den Lagerräumen der Großeinkaufszentren oder per Kontaktanzeigen im Internet bzw. im Minitel.

»3615, Besorg es mir!« lautet der Code. Brauchst nicht einmal mehr Rumba zu lernen in der Tanzstunde. Auch brauchst du nicht mehr in eine Eintrittskarte zum Samstagabendtanz zu investieren, oder in einen kühlen Weißwein, der im eisbestückten Weinkühler serviert wird. »Gehn wir zu dir oder zu mir? Im Auto? Okay. Wer bezahlt den Parkschein?«

Zum Kennenlernen ist keine Zeit mehr, auch nicht um den Hof zu machen oder gar zu fensterln, abends, mit einer Leiter bewaffnet, keine Zeit mehr, Geschenke zu machen. Fast-food auch in der Liebe. Na und? Danach?

Danach erzählt man bei einer Tasse Tee und einem Müsliriegel – man muß ja schlank bleiben – einer Freundin von der verbrachten Nacht.

»Wie heißt er eigentlich?«

»Keine Ahnung. Sein Kennwort lautet Pionier, genau wie mein CD-Player.«

Die Organspende ist mittlerweile anonym, sogar die des Sexualorgans. *»Spiel noch einmal für mich Habanero! Wann's beliebt!«*

Die Sonntage

Die Sonntage habe ich schon immer gehaßt, vor allem, wenn sie mit dem Samstagabendbad anfingen, der rituellen Reinigung zu Ehren des Herrn. Gott schätzte es nicht, wenn die Leute mit schwarzen Dreckkügelchen zwischen den Zehen und bräunlichem Grind hinter den Ohren seine Kirche aufsuchten. Zur Sonntagsmesse hatte man gefälligst nach *Rexona-* oder *Cadum-Seif* zu riechen.

Wenn ein Bad vorbereitet wurde, mußte man erst einmal einen ganzen Tag lang in sämtlichen Wasserkesseln und sonstigen Kochtöpfen des Hauses Wasser heiß machen. Meine Schwester und ich wurden eine nach der andern nackt in die Zinkblechwanne gestellt, die am Montag fürs Wäschewaschen diente. Meine Mutter schrubbte uns. Ich hatte Seife in den Ohren, in der Nase, in den Augen... Die Gesichtshygiene zwang mich zum Atemstillstand. Es herrschte die Barbarei des Waschlappens. Nach der Schrubbaktion entspannte ich mich, indem ich im Wasser furzte. Im Wasser furzen, das ist der Whirlpool der armen Leute.

Die Stimmung am Sonntagmorgen war eine ganz besondere. Zunächst einmal war das Licht anders als an den anderen Tagen, da wir ja später aufstanden. Dann gab es auch andere Klänge: die der Glocken. Der sonntägliche Himmel war mit Geläut erfüllt. Das Angelusläuten in aller Herrgottsfrühe, dann der erste Ruf zur *Frejmess*, der Frühmesse, volles Geläute um sieben Uhr, wenn sie begann, dann Läuten zur Wandlung in eben dieser Frühmesse. Um neun ertönte der erste Ruf zum Hochamt. Neun Uhr dreißig: zweiter Ruf. Zehn Uhr: feierliches Geläute zum Hochamt. An Ausschlafen war nicht zu denken. Der arme Arbeiter, der von der Nachtschicht zurückkam, liebte vermutlich keinen Tag so sehr wie den Karfreitag, wenn die Glocken in Rom weilten und sich im Teller der Hering aalte.

Meine Schwester und ich gingen ins Hochamt, wie es sich gehörte. Wir trugen Sonntagskniestrümpfe, Sonntagslackschuhe, den Sonntagsunterrock (aus Perlon), das Sonntagsunterhemdchen, das Sonntagskleid und den Sonntagsmantel. Alles war für den Sonntag vorgesehen, auf keinen Fall durften wir diese Kleider an einem anderen Tag tragen. Das wäre undenkbar gewesen. Umso besser: wir hatten sechs Tage Zeit, uns richtig schön schmutzig zu machen.

Am Sonntag waren wir also schön. Alle Leute waren am Sonntag schön. Die Männer rasierten sich und trugen ihren Anzug. Ohne ihre »Schaffhose« – den üblichen blauen Anton –, ohne Stiefel, dicken Pullover und Filzhut erkannte man sie kaum wieder. Sie verharrten in der Kirche bis zur Wandlung. Die Kommunion fand für sie in der Kneipe statt, mit einem *Amerseidel* (einem mit Magenbitter versetzten Bier) oder einem Gläschen »Suze«. Nachmittags spielten sie Karten und der Spieleinsatz waren Zwei-Centimes-Stücke. Die Frauen gingen in die Vesper. Der Vespergottesdienst, das war überhaupt Sache der Frauen und der Kinder – heute ist der Pfarrer vermutlich ganz allein –, und die schickten nach Fleischsuppe und Schwarzwälder Kirschtorte duftende Psalmen gen Himmel.

Bei uns gab's am Sonntag niemals Schweinefleisch: »*Jo ke Sau!*«, nur kein Schwein am Sonntag, viel zu gewöhnlich! Am Sonntag wurde ein Hahn geopfert, ein echter Hahn, der Weckerersatz, der *Hiener-Stier* (Hühner-Stier). Wenn zu viele Hähne den Hühnerhof bevölkern, legen die Hennen nicht mehr. Ist doch wahr, auch für's Geflügel muß es ja noch was anderes im Leben geben als Sex. Da gab es zum Beispiel noch die Eier. Eine Henne lieferte ihre Eier, ein Hahn sein Fleisch, so war es. Hühner habe ich nie sterben sehen, nur Hähne mußten auf dem Hackklotz ihr Leben lassen. Sogar wenn sie schon tot waren, rannten sie noch, kopflos, genau wie die männlichen Gockel, die selbst nach ihrem Tod ihren Frauen noch einen Hahnenkamm, beziehungsweise Hörner aufsetzen. Die Legende besagt, daß diese elsässischen Gockel-Männer, kaum sind sie unter der Erde, keine Mühe scheuen und sich sofort, über komplizierte unterirdische Gänge, zum nächsten Frauen-Gebein aufmachen...

Das Kaninchen mußte dran glauben, wenn es *Hasepfeffer*, Kaninchenragout, gab. Das arme Tier wurde an den Hinterläufen aufgehängt, zack bekam es eins übergebraten, bevor man ihm das Fell über die Ohren zog. Vor seinem Tod schrie das Kaninchen, ein schriller, verzweifelter Schrei war zu hören, der einen ums Haar zum Vegetarier gemacht hätte. Der Samstag war der Mordtag. Da wurden Geflügel und Kaninchen für die sonntäglichen Freßgelage geschlachtet. Für mich war klar, man starb um gegessen zu werden. Und wenn jemand unter der Woche starb, wurde er am Sonntag von seiner Familie aufgegessen. Und umgekehrt.

Die Nachmittage am Tag des Herrn waren stinklangweilig, vor allem im Winter. Da gab es nichts zu tun und noch keine quasselnden Showmaster auf sieben Kanälen. Dann ging man zur *Mammema* und trank Limonade, aß

Löffelbiskuits und nippte ein Schlückchen Malaga, eine alkoholische Tinktur gegen die Langeweile. Ich stürzte mich auf die Löffelbiskuits, weil die Öde der Sonntage bei mir Bulimie erzeugte.

Heute nehme ich am Sonntag keine andere Mahlzeit als das Frühstück zu mir. Ich hasse sie noch genauso wie früher, diese Tage, die im Zeitlupentempo vorübergehen und wo die Leute so tun, als wären sie glücklich, wo die Arbeiter sich als Bürger verkleiden und die Bürger als sportliche Gecken, in ihre buntschillernden Jogginganzügelchen gequetscht.

»*E scheener Sundi!*« Aha! Und was ist das, ein schöner Sonntag? Für unzählige Elsässer bedeutet das, in Rudeln zu *Feschter* (Festen) zu gehen, bei denen es eigentlich nur darum geht, Rekordmengen von *Flammekueche*, Bier und Weißwein *spécial Fescht* abzusetzen, nur gibt das keiner zu. Aber Vorsicht! Ein Sonntagsfest hat immer etwas mit Kultur zu tun. *Flammekueche*-Fest? Okay, aber das geht einher mit einer Ausstellung über die Geschichte des *Flammekueche*, einem Wettbewerb um den besten *Flammekueche*, der Wahl von *Miss Flammekueche*. Das reicht noch nicht? Aber bitte sehr, wir können noch mit Kunsthandwerk dienen – die Handwerker als lebendiges Ökomuseum! – oder mit allerlei Heimatmalern. »*Wuuh! Esch des scheen!*« Ein Bohnenfest? Ausstellung zur Geschichte der Bohne, Kindertheater mit Inszenierung des Märchens von der Riesenbohne, selbst der berühmte Bohnenkrieg im achtzehnten Jahrhundert wird nachgestellt auf der Freilichtbühne, so richtig mit Pferden, historischen Kostümen und Feuerwerk. Ein ganz schlichtes Fest ist das; viel einfacher zu erfinden als die Aspirintablette zur

Bekämpfung der Migräne und der Magenschmerzen am Montagmorgen.

»*Jo! halte doch, s'muen alli laawe!*« – Ach hört doch auf, es wollen alle leben!

Und das stimmt ja auch. Wenn es eine Frage von Leben und Tod ist, dann muß es sie weiter geben, diese Feste. Die Seidenmaler müssen von ihrer Seidenmalerei leben können, die Salzteigknetkünstler müssen vom Salzteigkneten leben können und die Autoschlosser müssen davon leben können, daß sie die Beulen aus jenen Autos wegbügeln, die am Sonntagabend von einem Rieslingschlauch nach Hause gesteuert werden.

Was mich betrifft, so kann ich ganz gut Brotkügelchen kneten. Ich kann sie zu unglaublichen, psychedelischen Gebilden formen, zu Außerirdischen, zu Äpfeln oder zu *Spazel*, sprich Pimmeln. Und wenn wir ein Brotkügelchenfest veranstalten würden? Wäre das nicht eine Idee, ein *Brotbellelefescht?* Lassen Sie sich begeistern und werden Sie Mitglied im Verein der *Brotbellele*-Künstler. Ja klar doch: um ein Fest zu organisieren, muß man einen Verein gründen und bei der *Crédit-Mutuel*-Bank ein Vereins-Konto eröffnen. Wir werden den »Verein der Freunde der *Brotbellele*« gründen. Dann kann das Fest stattfinden und der *Crédit Mutuel* wird es an diesem schönen Sonntag glatt schaffen, hundert Meter Plastikdecke mit seinem Werbelogo aufzurollen. Die Sonntage im Elsaß lassen sich heute auf einen ganz einfachen Nenner bringen: Zweihundert Kilometer Plastiktischdecke des *Crédit Mutuel* auf den dörflichen Biertischen. *Scheen!*

Die Uhren

»*Wart, ich saa der glich well Zitt ass isch!*« (Warte mal, ich sag dir gleich, wo 's lang geht!)

Es war immer Zeit für irgendetwas, etwas Rituelles, was mit dem Fortgang der Verdauung zu tun hatte, mit der Natur oder mit den Tieren auf dem Hof. Das Dorfleben wurde von der Kirchenuhr geregelt. Das war eine Uhr im öffentlichen Dienst, die allen kostenlos die Zeit angab, und zwar in alle Himmelsrichtungen, nach allen Seiten des Dorfs samt der Gemarkung. Auch für die Blinden tat sie ihre Dienste und läutete die wichtigen Momente des Tages ein: die Messen und die Mahlzeiten.

Zu Hause aßen wir mittags um zwölf und abends um sechs. Keine Ausnahme wurde geduldet, außer für meinen Vater, der entweder um zwei Uhr nachmittags oder um zehn Uhr abends von der Fabrik heimkehrte. Selbst während der Arbeit unterlagen die Tafelfreuden einer strengen Ordnung: das *Ninerbrot* gab es Schlag neun, keine Minute früher und keine später. »Und wer nicht kommt zur rechten Zeit, der muß nehmen was übrig bleibt.«

Anarchie durfte nicht sein, was die Zeit betraf. »*Zitt isch Zitt*«, lautete das schlichte Motto. Und jeder Tag hatte seine spezielle Bestimmung. Montag war Waschtag, Dienstag Markttag, Samstag Haarwaschtag, Sonntag Besuchstag. Sogar die Abfolge der Gerichte je nach Wochentag war unveränderlich. Sauerkraut am Montag, denn das gart ganz alleine, und die Hände können in den

Waschtrögen bleiben. Bratkartoffeln und Koteletts am Dienstag. Mittwoch war ein halber *Faschtdaa* (Fasttag), da gab es Nudeln mit Tomatensauce und Eiern. Donnerstag Braten mit Sauce und *Gemies* (Gemüse). Freitag *Eierkueche mit Salat* oder *Griespflütte mit Schnitz* (Omelett mit Salat oder Griesnocken mit eingemachtem Obst). Samstag Hackfleisch und Kartoffelpüree oder *Fleischkiechle*. Falls man den Tag vergessen hatte, brauchte man mittags nur auf den Teller zu schauen. Da waren alle Zweifel behoben. Der Kalender war am Menü abzulesen.

Diese Art von Kontinuität hielt die Ängste in Grenzen. Wer sich die existenzielle Frage stellte: »Was wird mir der morgige Tag bescheren?«, der hatte immer eine Antwort parat. Wurde die Frage an einem Dienstag gestellt, so war ganz klar, daß der folgende Tag einem Nudeln mit Tomatensauce und Eiern bescheren würde. Man konnte sich in einer umfassenden metaphysischen Bequemlichkeit niederlassen. Was konnte schon Schlimmes passieren, solange es am Mittwoch Nudeln gab?

Nur der Krieg hätte diese Ordnung durcheinanderbringen können. Oder ein Hühnerstreik. Hätten die sich geweigert, Eier zu legen für den Nudelteig, dann, o ja, dann hätte man die schrecklichen Qualen eines Dustin Hoffman als Rainman erlebt: »Es ist Mittwoch, und ich krieg meine Nudeln nicht. Ganz sicher nicht. Ich krieg meine Nudeln nicht.«

Regelrechte Panik kam auf, wenn die Ereignisse Anwandlungen zeigten, aus dem vorgesehenen Zeitschema auszubrechen. Vor allem beim Wetter. Wenn es außerhalb der festgelegten Zeiten Frost gab, entstanden wilde Ängste und Weltuntergangsstimmung. Schnee im Sommer und

Hitze im Winter, so hieß es in der Bibel, kündigten die Apokalypse an. »*Es soll kalt sin im Winter un warm sin im Summer.*« Die Abfolge der Jahreszeiten hatte sich nach der bestehenden Ordnung zu richten. »*Ordnung muess sin.*« Denn Ordnung ist das halbe Leben.

Um nichts auf der Welt hätte man in meiner Familie außerhalb der Adventszeit *Bredle* oder in einem anderen Monat als im Februar Krapfen gegessen. »*Fasenachts-Kiechle gibt's an de Fasenacht.*« Diese Gebäcksorten waren gewissermaßen Bestandteil des Kirchenkalenders, und die Zeitregeln, die ihren Konsum festlegten, waren heilig. Höchstens Bäcker und Konditoreiinhaber konnten es wagen, diese Ordnung zu durchbrechen, ihnen sah man das kommerzielle Interesse nach. Ihres Umsatzes wegen beginnt die elsässische Weihnacht im Oktober und Fastnachtskrapfen prangen drei Monate vor und drei Monate nach Fastnacht in den Schaufenstern. »*Awer üsser de Zitt schmecke se nit s'selwe!*« (Aber außerhalb der Zeit schmekken sie anders.)

Alles ist aus den Fugen geraten. Das Nicht-Einhalten der Daten macht besorgt. Die Kalender sind außer Rand und Band. Sogar die Uhren ticken nicht mehr. Wenn der Puls der Zeit nicht mehr hörbar ist, dann wird auch die Zeit abstrakt und ungreifbar. Zum Beweis: Man kann nach New York fliegen und früher ankommen, als man das Haus verlassen hat. Das Flugzeug spottet der Zeit. Einstein geht soweit zu behaupten, wenn ein Mensch zwanzig Jahre in einem gegen den Uhrzeigersinn fliegenden Jet verbringen würde, dann würde er so jung wie beim Abflug bleiben. Die Zeit hat keine Macht mehr. Vielleicht ist das der Grund, weshalb unsere Regierungschefs, als wahre Diven des Boeing-Zeitalters, ihre Karriere mit sechzig beginnen, in einem Alter, in dem der normale Sterbliche auf seinem stufenlos verstellbaren Fernsehsessel die Positionen durchprobiert, um das Kâma Sutra des Mittagsschlafs einzuüben.

Dabei hat Präsident Chirac doch tatsächlich eine Standuhr, die tickt. Und das ist fast beunruhigend in dieser unserer Welt, die die Zeit überlistet. Offenbar legt er so großen Wert auf seine tickende Uhr, daß sie immer zur Dekoration gehört, wenn er im Fernsehen auftritt. Ein Symbol der Zeit, die vorübergeht, und der Zeit, die knapp bemessen ist…

Auch die Standuhren unserer elsässischen Häuser schlugen den Takt der Zeit, um uns zu sagen: »Vergiß nicht, deine Zeit ist knapp bemessen.« Diese Uhren waren der Herzschlag des Hauses, oft sogar das Mittelstück unserer Alkoven. Feierlich und unbeirrbar. Niemals eine Gefühlsregung. Tick, tack. Eine Sekunde ist eine Sekunde. Die Relativitätstheorie verachteten sie. Alle Viertelstunde schlugen sie. Wieder eine Viertelstunde, die uns dem Sensenmann näherbringt. Dem, der auf der astronomischen Uhr des Straßburger Münsters dargestellt ist.

Unsere Standuhren begleiteten uns in den quälenden schlaflosen Nächten. Zynisch. Bei den Kindern weckten sie die Lust, den Mechanismus auseinanderzunehmen, oder wenigsten den Kasten zu öffnen, um nachzusehen, was drin ist. Denn die Standuhren waren ein beliebtes Versteck für Weihnachts- und Geburtstagsgeschenke, für Briefe oder für eine momentan verbotene Fahne.

Die Fahne wartete geduldig, bis ihre Stunde schlug, die Stunde, die ihr Besitzer ausgewählt hatte, um seine nationale oder ideologische Zugehörigkeit öffentlich zu bekennen. Bis dahin lagen die politischen Ideen im Geheimfach versteckt. Irgendwann würde sie kommen, die »fünfundzwanzigste Stunde*«.

»*Jetzt schlaat's drizehn!*« (Jetzt schlägt's dreizehn!) Wenn das geschieht, dann betritt man das andere Leben. Warte auf den dreizehnten Schlag und folge mir!

* *A.d.Ü.: Politischer Roman von Constantin Georghiu, 1949 ins Französische übersetzt.*

Die Herrschaft der Bidets

»*Un jetz mache mer s' Badzimmer un es kummt e Bidet nien.*« (Und jetzt installieren wir ein Badezimmer, und da kommt ein Bidet rein.)

Das Elsaß mit seinen grünenden Landschaften, seinen Weinbergen, seiner besonderen Architektur und seinen durch ländlich gesunden Menschenverstand ausgezeichneten Bewohnern mußte den Boom mitmachen: das nutzlose Ding aus der Galaxie des Absurden wurde auch hierzulande importiert. Wobei zuzugeben ist, daß es mittlerweile von einigen wenigen, ebenso abstrusen Errungenschaften überrundet wurde: von der Luftaufnahme des Eigenheims – Kostenpunkt: dreitausend Francs –, die deshalb so unentbehrlich ist, weil man seine dreihundertvierzig Quadratmeter Grund von oben betrachten kann, von der vollautomatischen Telephonliste, die einem die Nummern sämtlicher Freunde mit A liefert, wenn man den Curser auf A stellt, und vom ach so unverzichtbaren *Handy*.

Aber besichtigen Sie doch mal die älteren Häuser. Anfang der Sechziger Jahre, als Miele, Moulinex und Neckermann endlich wußten, was die Frauen wünschen, und fließend Wasser sogar auf dem Land keine Seltenheit mehr war, wurden die Häuser allmählich alle mit einem Badezimmer samt Badewanne und Klo ausgestattet. Nach sechs Monaten Baustelle im Haus und vor dem Haus und nach ebenso lang anhaltender Ehegefährdung durch die zugehörigen italienischen Gastarbeiter waren unsere Dörfer schnurstracks vom Mittelalter in die Neuzeit übergewechselt. Die Zeit des Wasserschleppens war zu Ende. Ebenso die Zeit des Blasen- und Dickdarmentleerens in die Plumpsklos der Schweineställe und die Nachteimer. Endlich gab es zu diesem Zweck eigens geschaffene Plätze im Haus, endlich brauchte man nicht mehr durch den Garten wandern, um diese ebenso lästigen wie notwendigen Pflichten zu erledigen. Der Fortschritt kam in Gestalt von Jacob-Delafon-Badewannen und Villeroy-und-Boch-Klomuscheln. Und das Bidet war die Krönung. »*Mer hann jetz e Bidet!*« lautete die Parole.

Es gibt dafür nicht einmal eine elsässische Bezeichnung, so abstrus und nutzlos ist das Objekt. Das Bidet ist ein Nichts. Es hat keinen wissenschaftlichen lateinischen Namen und keine Etymologie. Also kommt es von nirgendwoher. In den französischen Wörterbüchern wird es als »sanitäre Ausstattung zur Intimhygiene der Frau« ausgegeben, in den deutschen fälschlicherweise als »Sitzbadebecken«. Im Grunde ist es eine Art Miniaturvariante der Vorrichtung, die den Juden für ihre rituellen Waschungen diente. Ursprünglich soll das Bidet zur Einrichtung der Freudenhäuser gehört haben, auf daß zwischen zwei Kunden die nötigen hygienischen Vorkehrungen getroffen werden konnten. Eine Zumutung also für eine anständige Frau*.

Das Bidet jedoch thront in den Einfamilienhäuschen unserer Region, als wär's ein Stückchen Absteige und Verruchtheit, ein Beweis mehr für den elsässischen Widerspruch. In

* *A.d.Ü.: Die weibliche Hälfte des Übersetzerpaares sammelt seit vielen Jahren mit Begeisterung transportable Uraltbidets. Wichtigste Fundorte waren bislang elsässische Floh- und Trödelmärkte (ja doch, wirklich!). Vermutlich stammen die durchaus edlen Sammlerobjekte mit Nuß-*

seiner Eigenschaft als Hans im Schokeloch, der alles hat was er will, nur: was er will, das hat er nicht und was er hat, das will er nicht, kann sich jeder Elsässer im Hotel wie zu Hause fühlen und zu Hause eingerichtet sein wie im Hotel.

Dieses Badezimmerzubehör aus Porzellan ist das Stück Surrealismus, das wir alle brauchen in dieser brutalen, grausamen Welt. Um es herum entstehen Berge von Kreativität, es setzt Tonnen von Erfindergeist frei. Seine Nutzung variiert je nach Eigenheim sowie Jahres- und Tageszeit. Es ist zu nichts nutze aber stets nützlich.

»*D' Kinder kenne sich so scheen d'Hand wasche!*« Waschbecken für die Kinder, Fußbadewanne für die Erwachsenen, dauernder Feuchtigkeitsspender und Ersatzblumentopf für den Philodendron während der Ferien, Einweichwanne für besonders schmutzige Wäsche, Schwimmbecken für Fritierfische vor deren Liquidierung auf dem Gartengrill.

Wie wär's, wenn im Elsaß eine Befreiungsfront für Bidets zustandekäme? Doch, doch, das könnte kommen. Keramik weckt anarchische Instinkte. Die Befreiungsfront für Gartenzwerge hatten wir schon hierzulande, warum nicht für Bidets? Unser elsässischer Starkünstler Raymond Waydelich könnte sie in einem Riesensilo stapeln, auf daß zukünftige Archäologen einmal vor einem Rätsel von ähnlichem Ausmaß wie dem der Sphinx stehen. »Was ist denn das? Warum konnten die Elsässer nicht darauf verzichten?«

Auch die kommenden Generationen sollen sich ruhig mit einer so wichtigen Frage auseinandersetzen dürfen.

baum-, Mahagony- oder Kirschholzverkleidung allesamt aus ehemaligen Bordellen, deren Einrichtungsgegenstände nach dem Säuberungsgesetz von Marthe Richard (1946: Schließung sämtlicher französischer Freudenhäuser) verscherbelt und in alle Winde verstreut wurden.

Das Schöne

Es gibt zwei Arten zu sagen, daß etwas schön ist. Man kann sagen: »Das ist schön.« Punkt. Oder aber: »Das ist schön!« Ausrufezeichen.

Wenn man sagt: »Das ist schön, Punkt«, dann ist das die Feststellung eines Sachverhalts. Der Gegenstand, den man sieht, entspricht ästhetischen Kriterien: Symmetrie, Harmonie, Verhältnis der Linien zu einander. Das Straßburger Münster ist schön. Das kann niemand leugnen. Seine schlanke Gestalt, seine filigrane Fassade verleihen ihm eine Eleganz, die Bewunderung heischt. Es wurde gebaut, um schön zu sein. Es wird erzählt, daß Mathematiker an den Plänen mitgewirkt haben, daß Mittelpunkt des architektonischen Werks jene Zahl π (= 3,1416) sein sollte, die durch so viele Mathematikaufgaben unserer Schulzeit geisterte. Die Schönheit des Straßburger Münsters entspricht arithmetischen Regeln, genauso wie eine Misswahl sich nach den Zahlen 93 - 65 - 93 zu richten hat. Ach, siehe da! Die vollkommene weibliche Schönheit enthält die gleichen Zahlen wie die Telephonnummer meines Vaters. Leider hat diese merkwürdige Fügung sich in keiner Weise auf meine äußeren Formen ausgewirkt. Meine Harmonie liegt anderswo verborgen.

Eine andere Art von Schönheit als die, die auf Zahlen beruht, erschüttert mich weit mehr, nämlich jene, bei der man sagt: »Das ist schön!« mit Ausrufezeichen. Das Ausrufezeichen, das ist ein Schrei des Herzens. Schönheit, das ist Emotion, ist das Gegenteil von Vernunft, ist eine Empfindung, die aus wundersamen Gefilden kommt...

Als ich klein war, war ich fasziniert von den Kommunionbildchen, jenen mit geprägten goldenen Abendmahlkelchen und ausgestanzten Spitzenbordüren oder mit weißen Tauben. Ich betrachtete sie während der Messe, ich streichelte sie. Diese Bildchen fand ich hinreißend. Ich machte Jagd auf alles, was nach Erstkommunikant aussah, nur um meine Sammlung zu erweitern. Ich war völlig erschüttert beim Anblick jener Bildchen, die pastellfarbene Christusse darstellten. Ich wollte sie alle haben und ich tauschte sie ein gegen Photos von Filmschauspielern oder Fußballern. Bitte sehr: eine Romy Schneider gegen einen traurigen Jesus, der über Jerusalem weint, einen Nationalstürmer gegen einen Christus mit Strahlenkranz und flammenrotem Herzen.

Und meine Mutter liebte den Kitsch. Sie hatte sofort Tränen in den Augen, wenn sie bunte Kristallgläser, Puppen in Tracht oder gehäkelte Deckchen mit hochaufragenden, zuckerwassergestärkten Schwänen sah.

Sehn Sie sich nur die Vitrinenschränke in elsässischen Wohnzimmern an, Sie werden dort immer Gegenstände aus Glas, Spitze und Porzellan entdecken. Tierchen aus Muranoglas auf kleinem Spiegeluntersatz, aus Muscheln geformte, schlanke Frauen, Bonbonnieren aus gehäkeltem Baumwollgarn, Flaschenöffner in Form eines Seemanns, der eine Gitarre im Arm hält, und Ähnliches mehr. Dieses Sammelsurium thront im schicksten Möbelstück des Wohnzimmers, ersatzweise in dem des Eßzimmers. Solche Dinge gehören zum künstlerischen Existenzminimum der kleinen Leute.

Souvenirläden und Kirchenbazars leben davon. Der Vitrinenkitsch finanziert Geschäftsleuten, die sich hochstaplerisch Kunsthändler nennen, die Villa im Süden: Sogar im Elsaß scheuen sie nicht davor zurück, kleine Büsten von Pharaonen, Papyrusrollen oder kleine dorische Tempel aus Carara-Marmor zu verkaufen.

Aber was soll's? Im Grunde ist die Qualität der Gegenstände schnuppe, wenn die Leute Freude daran haben... das wage ich zu behaupten. Gegen meine eigene Überzeugung und äußerst widerwillig mag ich solche Dinge, nur weil man damit Leuten um mich herum Freude machen kann. »*Wuuh! Esch des scheeeen!*« Sowas höre ich einfach gern. Also bin ich eine gute Kundin bei Kirchenbazars, auf dem *Chrischtkindelsmärik* und in allen echten Tempeln des falschen Geschmacks. An solchen Plätzen zu flanieren bedeutet für mich Eintauchen in eine völlig exotische Welt, in eine Welt der aufziehbaren Weihnachtsmänner, die dank einer Batterie auch noch leuchten, der Flaschen mit buntem Sand aus Jerusalem, der auf Seide gemalten Frauen mit Mormonenhüten, der Hexenmarionetten, die so hexenhaft sind, daß echte Hexen bei ihrem Anblick vor Schreck umfallen. Solche Gegenstände kaufe ich, um zu hören: »*Wuuh, esch des scheeeen!*« Aber ganz innen, in der Tiefe meines Herzens erinnere ich mich an das, was ich im Katechismus gelernt habe: Der Heiland ist gekommen, um die Welt zu retten, die Händler hat er aus dem Tempel verjagt... Ich bitte dich, lieber Jesus, führe mich nächstes Jahr nicht wieder in Versuchung, halte mich fern von diesem Übel.

Um den kleinen Fahrrädern aus Silberdraht, den Figuren aus Brotteig, den kürbisförmigen Kerzen den Garaus zu machen, um den Geschmack meiner Mitmenschen zu verbessern, war ich oft bereit, dem heiligen Antonius echte Kerzen zu stiften. Aber innerlich weiß ich, daß »das Schöne« eine ganz persönliche Sache bleiben muß. Die Vielfalt muß respektiert werden. Bleiben wir also lieber wie wir sind mit all unseren verschiedenen Auffassungen des Schönen – und das Elsaß wird vielfältig und glücklich sein. Der Sonntagsmaler, der seine mit Topfgeranien geschmückten Fachwerkhäuser malt, oder Raymond Waydelich mit seinen blaubemalten Eierschalen, Germaine und ihre auf Dachziegeln gemalte Störche, und auch Tomi Ungerer mit seinen Lampen in Frauengestalt, deren Stromanschluß natürlich durch den Hintern führt (oder auch anderswo durch, falls erwünscht!): Sie alle haben ihre Daseinsberechtigung. Der Pluralismus macht unsere Region singulär. Wir haben sowohl einen Mathias Grünewald als auch Gartenzwerge. Egal. Hauptsache, ich höre immer wieder: »*Wuuh! Esch des scheeeen!*« Mit Ausrufezeichen, bitte sehr, dem gleichen Ausrufezeichen wie dasjenige, das Ludwig XIV. ans Ende seines Satzes gesetzt hatte, als er ins Elsaß kam und rief: »*Wuuh! Esch des a scheeeener Garte!*«.

P.S.: Zu verkaufen, da doppelt vorhanden:

- ein weißes Musketier-Barometer, das bei Regen in Lila übergeht;
- ein Ölgemälde, das ein Reh im Unterholz darstellt;
- ein ausgestopfter Wildschweinkopf.

Da sich die Künstler vor nichts fürchten, sind diese Werke alle signiert.

Die Kunst, Reste zu verwerten

In der Technokratensprache hat es inzwischen seinen geheiligten Platz, das Wort *Recycling*. Aber nur weil das Wort neu ist, ist die Sache noch lange nicht neu. Die Kunst, Reste zu verwerten, war stets eine volkstümliche Kunst. In allen Bereichen des Lebens galt die Devise: »*Widder an de Mann bringe*«.

Madame Lisbeth, eine Freundin meiner Tante, war diesbezüglich eine regelrechte Kläranlage für untröstliche Witwer. Das heißt, für *einen* untröstlichen Witwer. Er überhäufte sie mit Geschenken, zunächst mit überaus prächtigen: mit Ringen, Halsketten, Armbändern; später mit etwas bescheideneren: einem nicht mehr ganz neuen Nerzmantel, abgetragenen Designer-Mänteln. Schließlich schenkte er ihr Molton-Unterwäsche. Die Sachen seiner Dahingeschiedenen wurden *recycled*. Um eine neue Frau ins Bett zu kriegen, verwendete er die Geschenke, die er der ersten gemacht hatte, noch einmal... Das geht offenbar: Man kann zweimal vögeln und nur einmal bezahlen, wenn man die richtigen Putz- und Pflegemittel einsetzt. Was diesem alten Lüstling bei Madame Lisbeth gefallen hatte, das war also nicht ihre Augenfarbe oder ihre Kunst, Obstkuchen zu backen. Es war ihr Wuchs, es waren ihre Körper- und ihre Schuhgröße. Ich hatte ihm den Spitznamen »der Liebhaber mit dem Maßband« verpaßt. *Recycling* in der Liebe, das gibt es, ich hab's miterlebt.

»M'r soll nix verschwende!«

Das war die Grundregel. Gott bestraft diejenigen, die seine Gaben vergeuden. Um Gott und den Regeln der Sparsamkeit zu gehorchen, verlieh man also den Dingen, die in ihrer ersten Gestalt nicht mehr gefielen, eine neue Identität. Aus Brot wurde Paniermehl oder Zimtschnitten. Das Fleisch wurde zu Bouletten oder zur Füllung für die *Fleischschnecken*, die elsässischen Maultaschen, verarbeitet. Aus Gemüse wurde Suppe. Alles eignete sich zur Metamorphose, zur Verquickung der Materialien in ein neues Produkt. Wir Elsässer waren Könige im Reich der Kreativität. Armut macht erfinderisch.

Mit kleinen Stoffresten nähte uns meine Großmutter prachtvolle Kleider. Ihr Vetter, der in einem großen Stoffladen Verkäufer war, belieferte sie mit Organdi, Samt und dem jüngst auf dem Markt aufgetauchten Trevira. Ihr Talent bewirkte den Rest. Wenn das Stück Stoff zu knapp war, wurde mit Tricks und Raffinesse gearbeitet: ein Stückchen Spitze, ein weißes Kräglein, eine Bordüre wurden angesezt. Unsere Kleider wuchsen mit uns mit, in der Taille wurde ein Stück eingesetzt, der Saum wurde ausgelassen. Alles fand eine Neuverwendung: die eingemotteten Hochzeitskleider, die alten, stellenweise zerschlissenen Mäntel. Unsere Vorfahrinnen hatten Feenhände, Hände, die jenen Frauen erwachsen, deren Portemonnaie nicht viel Inhalt hat.

»*Wann de nix hesch... mach's!*« (Wenn du nichts hast, dann machs halt!)

Ist das nicht eine schöne Lebensphilosophie? »Ihr müßt euch zu helfen wissen!« So lautet Paragraph 22 des Kasernengesetzes. Bei uns hatte das Schaf mindestens fünf Leben.

Es schenkte uns die Wolle und wir strickten daraus einen Pullover oder eine Jacke. Wenn der Pullover oder die Jacke nicht mehr gefielen oder wenn sie um die Taille zu eng wurden, dann zog man sie eben auf und fing von vorne an. Wenn die Wolle der einen Farbe nicht mehr reichte, dann nahm man eben ein anderes Knäuel und strickte Streifen. Während meiner ganzen Kindheit habe ich gestreifte Pullover getragen. In die falsche Richtung gestreift, zu allem Übel. Für mich war nicht das Zebra der Irrtum der Natur, sondern umgekehrt, das Pferd, das keine Streifen hatte. Unser ganzes Leben war gestreift. Hell und dunkel. Einmal lief alles bestens, das andere Mal ging alles schief: *Rien ne va plus!* Das Rad dreht sich weiter. *»S'isch s'Laawe«* (So geht das Leben!). Das Glück läßt sich nicht festnageln. Dabei hätte ich es so oft schon am liebsten wie einen Schmetterling in der Sammlung mit einer Stecknagel festgepinnt. Sowas nennt man auch: den Wunsch nach Ewigkeit – Reste weiterverwerten.

Sind wir nicht selbst auch Reste? So etwas wie eine Fleischboulette, die aus Millionen von verschiedenen Genen verschiedener Herkunft besteht, angefangen bei Adam und Eva. In uns leben die Kreislaufprobleme von Kasimir IV., die Zahnprobleme von Kunigunde V., die Gewichtsprobleme von Joseph D., die Naschsucht von Adele B. weiter. Jeder von uns muß mit den Resten zurechtkommen, die er mit mehr oder weniger Glück mit sich herumschleppt. Und was tut man damit?

Ich fühle mich für diese Erbschaft verantwortlich. Für die guten und für die schlechten Anteile. Ich pflege sie sogar, die besonderen Merkmale, die mir meine Ahnen hinterlassen haben. Sie könnten ja Rechenschaft von mir verlangen: »Was hast du mit den Talentresten angefangen, die ich dir vermacht habe?« Ich kann ihnen antworten, daß ich durchaus etwas daraus gemacht habe. *»Ich hab ebs gmacht mit«*. Vor allem mit den Gewichtsproblemen von Joseph D., aber auch mit der Schauspielerbegabung meiner Vorfahren, der Jalink, die Gaukler waren am österreichischen Hof. Sehen Sie: Reste können auch Gutes haben.

»Nichts geht verloren, nichts entsteht aus dem Nichts. Alles ist stets im Wandel begriffen.« Aus Glocken werden in Kriegszeiten Kanonen, und aus Kanonen werden wieder Glocken, wenn die kriegerischen Auseinandersetzungen zu Ende sind. Aus Milch wird *Bibbeleskaas*, Münsterkäse, *Flammekueche*. Rollstuhlreife *Mammemas* werden zu Altersheimbewohnerinnen. Auch dies eine Form des *Recyclings*: *»Im Altersheim kann se noch diene!«* Wozu? Sie schafft Arbeitsplätze für Sozialarbeiter. Sie steht Modell für medienwirksame Photos: Der brave Bürgermeister oder der nette Abgeordnete kommt zum fünfundachzigsten Geburtstag, überreicht Blümchen und kriegt Küßchen. Jeanne Calment, älteste Französin der Nation, 116 Jahre alt, ist das außergewöhnlichste Beispiel für *Recycling*: ein uralter Gegenstand, der in eine »Technodance«-Sängerin verwandelt wird. Ein ungeheuerlicher Neuanstrich, Herbol-Lacke machen's möglich.

Wenn ich einmal alt bin, möchte ich als Eingangstür zu Mc Donalds *recycled* werden. Um sicher zu sein, daß ich meine Enkel und Urenkel wenigstens einmal die Woche zu sehen kriege.

Das Schwein

Den Tieren gegenüber ist die Natur ungerecht. Das Pferd zum Beispiel genießt eine Vorzugsstellung. Es ist schön und sportlich. Es wird geliebt. Die Kinder streicheln es, die Erwachsenen reiten es. Es wird sogar von Psychiatern verschrieben, um den geistigen Zustand von Leuten zu verbessern, denen die Gesellschaft ein Trauma verpaßt hat. Tierfreunde errichten Altersheime für das Pferd, mit vielen Hektar Wiese, damit es besser herumspringen kann als die tatterigen alten Menschen. Im Film bekommt es ungeheuer gute Rollen und darf Zorros, Jean Marais' oder Juliette Binoches Allerwertesten tragen.

Von den Hunden rede ich erst gar nicht: Sie sind Kindererersatz, werden frisiert, manikürt, toilettiert, parfümiert, mit dem Fläschchen großgezogen, sie dürfen im Bett ihres Herrchens schlafen, sie werden per Zeitungsannonce verheiratet – die Horoskope müssen stimmen –, sie werden gebabysittet, wenn Papa und Mama ausgehen. Sie sind viel häufiger bei Schönheitswettbewerben anzutreffen, mit bommelförmig gestutztem Schwanz und geschminkten Augen, als beim Bewachen des trauten Heims gegen irgendwelche unliebsamen Eindringlinge, die da das alte Elsässer-Geschirr mit den idyllischen Szenen von Henri Loux oder die *Vier Jahreszeiten* des ach so begabten Samstagnachmittagsmalers Jules Oberstein abzutransportieren gedächten.

Und was ist mit dem Schwein? Gar nichts! Wer verteidigt das Schwein? Kein Schwein. Nicht einmal Brigitte

Bardot, die bei dieser Spezies wohl nur die besonders großen oder besonders alten zweibeinigen Exemplare verteidigt. Das Schwein ist zu nichts anderem nutze, als dazu, aufgefressen zu werden. Schon bei der Geburt wird es nach dem Gewicht taxiert, das es als erwachsenes Schwein erreichen wird, und im Kopf seiner Besitzer wird es frühzeitig in Kotteletts, Schinken, Filets, *Waedele* (Schweinshaxe) und Blutwurst verhackstückt.

Wer hat jemals einem Schwein tief in die Augen geblickt? Liebevoll? Dabei gäbe es den elsässischen Superlativ ohne es nicht: *säumäßig guet, säumäßig groß, säumäßig scheen, säumäßig bleed...* Das Schwein ist demzufolge das einzige Tier, das sämtliche Eigenschaften, die guten und die schlechten, im Exzess besitzt. Und trotzdem feiert man es nicht, richtet ihm kein Fest aus mit Umzug, Musik, *Flammekueche*, Banderolen und Tombola. Nicht wirklich...

Beim dem Fest, das ihm trotz allem gewidmet ist, dem Schlachtfest, verlangt man von ihm, posthum dazu beizutragen in Form von Speck, Leberwurst und Rippchen, was ungefähr so ähnlich ist, wie wenn man Sie zum *Lichteims*, dem elsässischen Leichenschmaus einladen und Sie darum bitten würde, den Toten abzugeben.

Der Tod des Schweins war einst ein echtes Schauspiel. Der Metzger war dabei der Hauptdarsteller im blau-weiß karierten Kostüm. Seine Waffen beim Opfern des Tieres waren vielfältig: Er verfügte über alle Messergrößen und -formen. Zum Sterben wurde das Schwein an eine große Leiter gekreuzigt, es wurde zweigeteilt und mit der perfekten Symmetrie der Barbarei ausgebreitet, wobei der ganzen Prozedur ein diskreter, würdevoller kleiner Schrei vorausging. Beladen mit sämtlichen Fehlern der Menschheit, starb es als eine Art *agnus dei*, nur daß es von der Bibel nicht als solches anerkannt wurde: Es stand für den Sauhund, die Drecksau oder auch den Sauschädel und starb als solches. Indem er das Schwein schlachtete, wurde der »Sauhund« gereinigt, derjenige, der seine Frau schlägt, seinen Kindern Gewalt antut und seine Magd vergewaltigt. Das Schweineopfer reinigte auch die »Drecksau«, die ihren Mann betrügt, ihren Haushalt verkommen läßt und der Nachbars-»Drecksau« übel nachredet...

Das Schwein hat sich an sein Schicksal gewöhnt und resigniert. Es hat ein für allemal gelernt, daß es auf der Welt ist um zu leiden, genau wie eine Prinzessin von Monaco. Ich habe nur Grausamkeiten erlebt in Bezug auf das Schwein. Es fing schon an bei den *Heitzle* oder *Hützle*, den Ferkeln, die *verheilt*, sprich kastriert wurden, wenn sie männlichen Geschlechts waren. Bei uns kam der große Fortpflanzungsverhinderer, der die noch nicht mannbaren Ferkel in Panik versetzte, aus dem Ort La Walck. Seine Frau war Hebamme. Ich stellte mir vor, daß er mit den kleinen Buben, die in der Klinik zur Welt kamen, wo seine Frau wirkte, genau das gleiche tat. Haben Sie jemals einer Kastration beigewohnt? Es ist genau wie eine Sexualverstümmelung bei einer Frau. Nur noch brutaler. Mit dem Skalpell, zack zack, schneidet man den kleinen *Heitzles* einfach die Kügelchen ab. Eine Knopfnaht. Zwei-drei Tage später fallen die Fäden von selbst ab. Die Männlichkeit auch.

Angeblich ist man friedlicher, wenn man erst einmal vom Fortpflanzungstrieb befreit ist, ähnlich wie die hundertjährigen Greise in ihren Rollstühlen. Die haben auch keine schweinischen Gedanken mehr.

Für mich war der »Saustall« also stets ein Ort des Jammers. Ich ging übrigens oft hin. Bei meinen Großeltern befand sich das Klo in der Tat im »Saustall«, und da ich schon immer eine schwache Blase hatte, war ich oft zu Besuch bei den Schweinen. Zwischen dem Schweinemist und dem Blick aus der Vogelperspektive durch das Loch des Plumpsklos auf die menschlichen Exkremente ist mir eine sehr besondere Lebensphilosophie erwachsen. »*S'geht alles d'Schißgaß nab!*« (Es geht alles den Bach runter und endet in Fäulnis und Scheiße!) Jeder findet seine Philosophie wo er kann!

Wenn ich die Ferkel betrachtete, diese niedlichen rosaroten Häufchen, die vom Schicksal dazu bestimmt waren, im Pökelfaß oder in der Räucherkammer zu enden oder in Form von Würsten und Schinken an der Küchendecke zu hängen, fragte ich mich, wie man ein solches Leben überhaupt ertragen konnte. Wenn eine Sau warf, fraß sie ihre Kleinen manchmal auf. War das der ganz normale Wahnsinn einer Mutter oder der Wunsch, ihre Brut vor der Grausamkeit der Menschen zu verschonen? Was, wenn die Schweine eine Seele hatten? Und wenn sie wußten, was Angst ist? Ich habe mir sagen lassen, daß die Schweine in den LKWs, die vor den Schlachthöfen parken, röcheln. Angeblich. Aber kein Schwein hat sich je darum gekümmert, kein Hahn hat je danach gekräht. Die Todesangst bewirkt Adrenalinschübe, die das Fleisch zarter machen. Je mehr das Schwein in Panik gerät, desto besser schmeckt das Schnitzel. Eine Tragödie!

In Anbetracht des Todes bleibt dem Schwein nur noch eine einzige Gefährtin: die Kartoffel. Gebraten, als Fritten oder als Salat begleitet sie das Schwein auf seinem Totenbett. Geschmückt mit einem Zitronenschnitz und etwas Petersilie bieten sie alsdann gemeinsam irgendeinem Magen tausendfünfhundert Kalorien. Organspende geschieht bis heute anonym.

Bei einem elsässischen Schwein schmeckt alles gut. Die Sau bietet dem Eber ihren Hintern, um Feste, Freßgelage und Grill-Partys mit Proviant zu beliefern. »Hoch das Bein, die Liebe winkt! Der Feuerwehrverein braucht Würstchen!«

Die Knackwurst findet ihren Ursprung im Schweinestall, wenn ein Eber, dem zufällig die Kastration erspart blieb, sich dem Scheingefecht der Fortpflanzung hingibt. In jeder Knackwurst ist ein wenig Sex. Und umgekehrt: »*S' isch e grossi Säuerei!*«

Der Reigen der ausgestorbenen Insekten

»Was da kreucht und fleucht«

Unsere Sommer waren schwarz von Insekten. Die Fliegen versammelten sich sich auf dem Brot, auf den Kühen und auf den Gesichtern der Leute, so wie heute die Touristen auf dem Straßburger Münsterplatz, dem Sankt-Odilien-Felsen und den Karussells im Europa-Park in Rust. Die Sommerfliegen waren die Herrentiere, sie herrschten über die Fauna, die Flora und die Resopaltische. Sie sorgten dafür, daß die Kuhschwänze wedelten, die Kinder sich zuckend verrenkten und die rheumalahmen Großmütter herumfuchtelten. Die Großväter, allesamt Veteranen irgendeines Krieges, der gegen die Deutschen oder gegen die Franzosen gegangen war – mehr Auswahl gab's nicht –, griffen zur *Muckedatsch* und gingen noch einmal an die Front. Oder sie versuchten es mit der Gardine und sahen aus wie antike Netzkämpfer. Wie schon La Fontaine in seiner Fabel sagte: Ein winziges Tier kann einen Mann in den Wahnsinn treiben. In den kriegerischen Wahnsinn. Unsere Küchen glichen Minenfeldern: heimtückisch stehengelassene Marmelade, in der die Fliegen kleben blieben, Zuckerwasser, worin sie ersoffen, umgestülpte Gläser, worunter sie erstickten. Raffiniertestes Mittel aber blieb das Fliegenpapier, denn nichts geht über einen langsamen aber sicheren Tod. Traumverloren brummt sie dahin, zack, klebt sie fest. Jämmerlich hingen sie von unseren Zimmerdecken, die zum Völkermord erdachten spiralig gerollten

Streifen mitsamt den schon steifen oder noch vibrierenden schwarzen Opfern. Den lieben langen Tag hörte man das verzweifelte »bzzzz«, bohrte sich das hilflose S.O.S. der Todgeweihten in unser Hirn.

Ich habe nie begriffen, woran sie eigentlich starben auf diesen klebrigen gelben Schillerlocken, die uns fast bis in die Teller hingen. Starben sie den Hungertod? Vor Angst? Nichts fördert in der Tat das Sterben nachdrücklicher als die Angst vor dem Sterben. Es gibt sogar Leute, die sich so sehr vor dem Sterben fürchten, daß sie sich umbringen, um ihrer Angst zu entkommen. Ist die Empfindsamkeit einer Fliege so ausgeprägt, daß sie zu solchen Gedanken fähig wäre? Schade, zu gegebener Zeit hätte ich die forschungsrelevanten Autopsien durchführen müssen.

»*Mammema*, warum mögen wir die Fliegen nicht?« Ich habe Millionen von Fragen gestellt, hunderttausendmal »warum« gefragt. Meine weise Großmutter beschied mich kategorisch: »*D' Mucke sin e Drecksbratik. Sie schisse uff alles. De Daifel soll se hole!*« (Die Fliegen sind eine Drecksbande! Auf alles müssen sie scheißen. Der Teufel soll sie holen!)

Meine Großmutter hatte recht. Der Fliegendreck lag überall. Winzige dunkle Pünktchen, wie lauter Pickel auf einem frühpubertären Knabenantlitz. Der Fliegendreck ließ richtige Muster auf den Fensterscheiben entstehen. Jeden Tag mußte man ihn von den Wachstuchtischdecken wegkratzen. Dabei war *Muckeschisser* auch ein Kosewort für die Kinder. Ein Kosewort, wohlgemerkt! Kann es sein, daß man klammheimlich die Fliegenexkremente liebte, oder sollte das heißen, daß Kinder im Leben genauso angenehm sind wie besagte Exkremente? Die Debatte darüber überlasse ich den freudianischen Kinderanalytikerinnen, bzw. den Illustriertentanten und Leserbriefschreibern.

Muckeschisser! Noch eine Erinnerung steigt da auf. Woran bloß? Moment, gleich hab' ich's wieder. Jawohl. Einer meiner Verlobten – ich war sieben – hatte mit zwei Fingern auf meine Brustwärzchen gedeutet und gesagt: »*Dü hesch zwei Muckeschisser!*« (Du hast ja gleich zwei Fliegenschißdinger da!) Was Fläche und Farbe anging, stimmte die Aussage damals. Inzwischen aber habe ich mich deutlich verändert.

»*Schisse d'Mucke nemi?*« (Scheißen die Fliegen nicht mehr?) Eine der Grundfragen unserer Gesellschaft. Eine weitreichende Diskussion, die manche nur noch in den Entwicklungsländern für angebracht halten. Tatsächlich sind in den betreffenden Weltteilen die Leute schwarz vor Fliegen. Als hielten die Fliegen es mit der Armut und zögen ihr nach. Wenn's bei uns keine mehr gibt, heißt das, daß wir reich sind? Was ist der Zusammenhang zwischen Fliegenscheiße und beschissenem Elend? Muß man die Fliegen aus der Welt schaffen, um die Armut auszurotten? Meine Gedanken dazu werden in meinem nächsten Buch stehen: *Reich werden durch DDT.*

Der Fliegendreck war in mehr als einer Hinsicht interessant. Mich interessierte er, weil aus ihm neues Leben entstand: er verwandelte sich in winzige weiße Würmer. Eierlegen und Defäkieren habe ich sowieso immer durcheinandergebracht. Solange für beides dieselbe Öffnung gebraucht wird, darf ich auf Vergebung zählen. Es wimmelte von Maden, denn die Fliegen kamen nieder, wo immer sie konnten: auf dem Fleisch, auf den Säuglingen, auf einem nicht weggeräumten Wurstzipfel. Unsere Großmütter praktizierten bei dem fortpflanzungsfreudigen Fliegengetier fröhlichen Herzens die Abtreibung. Sie tauchten das Fleisch in Essig, *Süürbroode* (Sauerbraten) gab es sommers allüberall. Die Babys wurden hinter dem Tüllschleier von Mamas altem Brautkleid in Sicherheit gebracht. Die »Wurscht« wurde dem Hund vorgeworfen, dazu hieß es: »*E Wurm isch au Fleisch!*«

Ein anderes geflügeltes Wort lautete: »*D'schlimmscht Muck isch e Schnook*« (die schlimmste Fliege ist die Schnake). Während die Fliege dumm genug ist, am erstbesten Papier kleben zu bleiben, ist die Stechmücke gewitzt und tückisch. Als durchscheinendes, magersüchtiges Wesen ist sie für das bloße Auge kaum zu erkennen, ähnlich wie Kate Moss auf dem Laufsteg. Nur mit einem Feldstecher bekommt man sie richtig zu sehen. Was sie anzog, war wahrscheinlich der Fußgeruch, jedenfalls waren unsere Schlafzimmer ihr Lieblingsaufenthalt. Ihre Taktik: erst angreifen, wenn das Opfer am Einschlafen ist. Bzzzz. Bzzzz. Verdammt, wo ist sie? Wenn sie wenigsten leuchten würde wie die Glühwürmchen. Batsch, tot wäre sie. Wer glänzt, lebt kürzer, das weiß man. Nix. Bzzzz, bzzzz. Das feine Sirren geht weiter. Licht an. Keine Mücke, nirgendwo. So ein Guerillakrieg konnte die halbe Nacht andauern. Beim Erwachen hatte man ein geschwollenes Gesicht und überall rote Flecken. Der gnadenlose Kampf gegen die Schnaken erklärt auch, warum es auf elsässischen Balkonen und Fensterbänken so unheimlich viele Geranientöpfe gibt. Die Stechmücke fürchtet Geranien wie der Steuerzahler das Finanzamt oder die Perlonbluse den 90-Grad-Waschgang. Der Geraniengeruch verursacht der nächtlich einschwebenden *Sirrene* Brechreiz und bildet einen Schutzwall. Die Geranientöpfe sind eine Art Maginot-Linie, nur daß sie zur Feindesabwehr tatsächlich taugen.

Die Geranie ist ihrer Pflicht so wirksam nachgekommen, daß ich keine Schnaken mehr sehe. Fliegen sehe ich auch keine mehr. Es heißt, diese Insekten vermehrten sich in unseren Gefilden inzwischen nicht mehr*. Vielleicht haben auch sie zu enge Jeans getragen und sind deswegen unfruchtbar geworden.

Es gibt keine Insekten mehr. Keine Maikäfer, nach denen jedes Jahr die Eier aus dem Hühnerhof schmeckten, und zwar scheußlich. Keine *Kansisvejele* (Glühwürmchen) mehr im Juni. Sogar die ganz kleinen Mücken machen sich davon. Das Fehlen der kleinen Sommermücken ist eine der Hauptursachen dafür, daß sich das Zölibat heutzutage so rasant ausbreitet. Haben nicht zahllose Liebesgeplänkel mit dem immer gleichen Satz angefangen: »*Hesch e Mickel im Au! Ich mach der's rüss.*« (Dir ist was ins Auge geflogen, warte, ich mach's dir raus.) Das war die Chance für den Jüngling, erstmals eine feuchte Zone des Mädchens zu berühren.

Das Land des »Hans im Schnokeloch« wird binnen kurzem zum Land des »Hans im Loch« geworden sein. *Bliet numme no s'Loch, denn d'Schnooke sin furt.* Nur das Loch bleibt, die Schnaken sind fortgezogen.

* *A.d.Ü. Den Übersetzern ist diese Entwicklung leider nicht bekannt. Während der Arbeit an diesem Text mußten sie unentwegt brutale Fliegen- und Schnakenattacken abwehren. Neidisch und sehnsuchtsvoll fragten sie sich gegenseitig:* »Kennsch dü des Land, wo d'Scheranium bleje?« *(Kennst du das Land, wo die Geranien blühn?).*

Die volkstümliche Lyrik

»*Huguette kumm, due s'wisse Reckele aan...*« (Huguette, komm, zieh dein weißes Kleidchen an.) Mit acht Jahren besaß ich ein weißes Kleid. Es war wunderschön. Es kam aus Amerika. Eine Freundin meiner Tante, die dort reich geworden war, hatte es mir geschenkt. Es war mein Festtagskleid. Ich trug es, wenn ich ein kleines *Gzetel*, ein Gelegenheitsgedicht, vortragen mußte. »*Noch e bissel Schmeckeda*« (Noch ein kleines Duftwässerchen hinters Ohr). Mein Kleinmädchenparfum roch nach Maiglöckchen. Vor meinen künstlerischen Auftritten wurde ich damit besprüht. Meine Bühne war ein Stuhl, der vor den Leuten, die es zu beglückwünschen galt, aufgestellt war. Meine Mutter dichtete das *Gzetel*, manchmal bestand es aus nur ein paar Versen. Gedichte gehörten zum Jahreslauf. Alles wurde in Reime gesetzt: Geburtstage, Kümmernisse, Haussegen, Hochzeiten.

Mer sin alli bisamme hitt
Fer e wunderscheeni Hochzitt.
Sie han ja gsait, de Charles und d'Suzanne.
Einer het im andere e Ringel gan.
D'Kinderle im Staat han ere de Schleier getrait...
D' ganz Famili het an dem Paarel e Fraid.
Mer winsche alli viel Glick un e hüffe Kinder
Denn d'Lieb strahlt wie d'Sonne sogar im Winter.

Wir sind alle beisammen heut'
Für eine wunderschöne Hochzeit.
Der Charles und die Suzanne, die haben ja gesagt.
Der eine hat dem andern ein Ringlein angetragt.
Die Kinder haben die Schleppe getragen wie im Märchen,
Die ganze Familie hat seine Freud' an dem Pärchen.
Wir wünschen ihm alle viel Glück und einen Haufen Kinder,
Denn die Liebe strahlt wie die Sonne, sogar im Winter.

Es war die Poesie des Herzens für den Sofortgebrauch: sie sollte einfach nur Freude bereiten. Die Frauen zogen gerührt ihre Taschentücher. Die Männer suchten in ihren Taschen nach Zwanzig-Centimes-Stücken für die Rezitatorin. Das Blatt Papier, auf dem das *Gzetel* aufgeschrieben war, wurde dem Adressaten ausgehändigt. Zur Erinnerung.

Diese Gedichte wurden sorgfältig in einer Holzschatulle aufgehoben, zusammen mit anderen wichtigen Papieren. Dort vergilbten sie gemeinsam mit Arbeitszeugnissen, Erbscheinen und anderen notariellen Urkunden. Wenn man nach irgendeiner Unterlage suchte, stieß man auf die Gedichtlein, und die Erinnerung an ein bestimmtes Ereignis, an eine besondere Gefühlsregung wurde wach. Das Papier befühlend fand man zu seiner Vergangenheit zurück, auch nicht viel anders als Marcel Proust, wenn er seine Madeleine am Gaumen spürte.

Überall in unseren Dörfern und Städten wurden Verse geschmiedet. Die Büffets unserer Großmütter oder ihre *Tröj* – die Truhen – bergen oft ganze Hefte voller Gelegenheitsgedichte, alles Hymnen an das Leben, an die Liebe, an den Tod. Das ist die Schubladenlyrik, jene, die nie in Büchern gedruckt wird. Das ist die Literatur der Rang- und Namenlosen, derjenigen, die das Gefühl, von dem sie gepackt wurden, einfach mit Feder und Tinte zum Ausdruck gebracht haben. Manchmal war es Wut. Auch gereimte Pamphlete gab es. Anonyme Poesie, die ein »Rabe«, ein anonymer Briefeschreiber, unter den Türspalt geschoben hatte.

Gestern als es stockdunkel war,
Weil kein Mond am Himmel stand...
Gestern also in der finstren Nacht
Hielt ich am Bett der Mutter Wacht;
Und schaut' hinaus im Nachtgewand...
Da schlich ein Schatten wie Blitz über die Straß.
Ohne Lärm, mit Schritten, als ging er auf Glas.
Er schlich in Webers Hof. Ich dacht: »Was will er da tun?«
Und sieh' da. Er kam zurück, in jedem Arm ein Huhn.
Ich hab dich erkannt. Sepp, du bist der Hühnerdieb.
Bring deine Beute zurück, bitte sei so lieb.
Bring sie sofort zurück, Hühner und Ei,
Sonst steht bei dir heut' schon der Wagen der Polizei.

Das Wort war wirksam und ließ an Klarheit nichts zu wünschen übrig. Die gereimte Kabale konnte sich sogar sehen lassen. Die *Gzetle* machten die Runde. Am Stammtisch wurde darüber gelacht. Manchmal entstanden auch Scherzlieder:

Un em Hansmichel sini Küh het gmacht
Küh het gmacht... Mööh
(Dem Hansmichel seine Kuh hat g'macht
Kuh hat g'macht... Muuh!)

Oder auch Spottlieder:

De Hasepfeffer der schmeckt guet!
De Nochber d' Katz nim finde duet...
Sie esch gescht ghockt no uff'm Dach,
Het mit ehrem Männele
So e nettes Gängele
Un e Polonaise gemacht

Der Hasenpfeffer, der schmeckt gut!
Der Nachbar seine Katz nicht mehr finden tut...
Gestern noch ist sie auf dem Dach herumstrawanzt;
Mit ihrem Kater hat sie einen Marsch und eine Polonaise getanzt.

Manchmal bewegte man sich am Rande der Gotteslästerung, so zum Beispiel, wenn man das *Magnificat von Dauendorf*, meinem Dorf, sang:

Magnificat anima mea dominum...
Wenn der alte Berg nicht unser ist,
Sein wir keine Mönche nicht.
Den Herrn sollen wir loben.
Die Gaben kommen von oben
In alle Ewigkeit.

Et exultavit spiritus meus...
Wenn's Taubenfeld nicht unser ist,
Sein wir keine Mönche mehr.
Den Herrn sollen wir loben
Die Gaben kommen von oben
In alle Ewigkeit.

Quia respexit humilitatem ancillæ suæ...
Wenn das Neuburger Kloster nicht unser ist,
Sein wir keine Mönche nicht.
Den Herrn sollen wir loben.
Die Gaben kommen von oben
In alle Ewigkeit.

Dabei unterzeichnete der Pfarrer von Uhlwiller eine Bestätigung vor Gericht: »Hiermit bestätige ich, Pfarrer von Uhlwiller, daß das Lied *Dauendorfer Magnificat* nichts enthält, was wider die guten Sitten oder gegen die Religion gerichtet wäre. Pfarrer Steinbauer.«

Die Leut von meinem *Ländel* haben sich den Sinn für Poesie erhalten. Zu Tausenden schreiben sie ihre Gemütsbewegungen in Schulheften auf, sie tun es mit Fleiß und Aufrichtigkeit. Auf Elsässisch. *»D'Werter vergehn. S' Gschriewene bliet.«* (Die Wörter vergehen, das Geschriebene bleibt.)

Solange die Elsässer zur Feder greifen werden, um in ihrer Sprache *Gzetle* oder ganze Heldenepen niederzuschreiben, werden sie teilhaben an der Unsterblichkeit der Dichter.

Das Fernsehen

Weiß man eigentlich, wie wichtig die Fenster sind? Der Fiskus früher wußte es, schließlich wurde man für die Gemeindesteuern nach der Zahl der Fenster veranlagt. Grund genug für die kleinen Leute, das traditionelle Schlafzimmer durch den fensterlosen Alkoven zu ersetzen. Grund genug auch für den Bau von Haus Kammerzell in Straßburg, in dessen fünfundsiebzig Fenstern sich fünfundsiebzigmal der Wohlstand der Besitzer spiegeln sollte. Im elsässischen Oberland nannte man das Fenster »*Heiter Iene*« (Licht hinein), aber es ist noch viel mehr als das.

Die gesellschaftliche Rolle des Fensters war unbestreitbar. Die Küchenfenster zum Beispiel lagen einander oft auf fünfzig Zentimeter Abstand gegenüber, dazwischen klaffte der *Schlupf*, die Enggasse für die Abwässer. Das lief schon beinahe auf eine Gemeinschaftsküche hinaus.

»Könnten Sie mir vielleicht zwei Eier rüberreichen?«

»Gerne, aber mir selbst ist das Öl ausgegangen.«

»Hören Sie, ich muß schnell was einkaufen gehen. Könnten Sie auf meine Bohnensuppe aufpassen? Wenn Sie überkocht, stellen Sie sie doch bitte zur Seite, mit einem Deckel drauf. Die Tür steht ja offen.«

Kam es zum nachbarlichen Zerwürfnis, dann blieben die Fenster geschlossen, auf die Gefahr hin, daß beide Familien in ihrem Küchendunst erstickten. Aufmachen? Nix! »*Wiedie esch wiedi!*« (Wütend ist wütend.)

Die Großmütter sagten: »*Ich sitz ans Fenschter...*« Die *Heiter iene* waren für sie Miniaturtheater. Sie schoben die Gardinen beiseite, und schon hatten sie Ausblick auf das Theater des Lebens. Das ganze Repertoire bekamen sie mit, Tragödien, Liebesgeschichten und Tragikomödien. Sie waren dicht dran am Geschehen, und beim Abendessen gaben sie dann ihren Senf zu den Szenen und den Akten, die sich vor ihren Guckfenstern abgespielt hatten.

Heute spielt das Guckfenster noch immer eine große Rolle. Aber es geht nicht mehr auf das wirkliche Leben hinaus. Mit seinen dreiundsechzig Zentimeter Durchmesser, System Pal-Secam, selbstverständlich in Farbe, eröffnet es uns den Blick auf Pappmachélandschaften, Glyzerintränen und Ansagerinnen, mit soviel Müsli, Vitamin und sonstiger Schönheitschemie im Leib, daß jeder Metzger vor Neid erblassen müßte.

Der Fernseher hat in den Sechziger Jahren in unseren Heimen Einzug gehalten, zusammen mit der Küchenmaschine, dem Kühlschrank und der elektrischen Kaffeemühle. Oft unterlag er gemeinschaftlicher Nutzung. Nicht jeder hatte einen. Also ging man bei der Tante, der Cousine, der Schwägerin oder in der Kneipe an der Ecke fernsehen. Des öfteren vereinte der Fernsehapparat die ganze Familie, gemeinsam sah man deutsche Unterhaltungssendungen, Übertragungen aus dem Heimattheater und selbstverständlich die Spiele der französischen Nationalmannschaft und der Bundesliga.

»*Ich bin fer d'Franzoose! D'Schwoowe brüche net immer gewinne!*« (Ich bin für die Franzosen. Die Deutschen müssen nicht immer gewinnen.)

»*D'Schwoowe spiele awer besser!*«

Ich zog das deutsche Fernsehen vor. Es war ernsthafter, farbenreicher, die Sendungen regelmäßiger. Auch heute noch habe ich, wenn ich die deutschen Sender anschaue, das Gefühl, daß die Fünfziger Jahre niemals zu Ende gehen. Seit vierzig Jahren kommt uns die Tagesschau mit derselben Erkennungsmelodie und dem selben Sprecher, der längst im Dienst gestorben und auf der Stelle durch einen Klon ersetzt worden ist, damit auch ja nicht all die fernsehenden Autisten verwirrt würden, die hätten aufschreien können: »Halt! Das ist doch nicht mein Tagesschausprecher, nein, das ist er nicht... Das wäre ja noch schöner!«

Bei soviel treulich geregelter Kommunikation wird der Fernseher für mich zur Oase des Friedens. Zwischen Tagesschau und *Derrick* steht die Zeit auf wundersame Weise still. Seit mehr als dreißig Jahren ist der allmählich graumelierte Derrick im Zweireiher und in Maßschuhen aber ohne Waffe dem Bösewicht auf den Fersen. Und wenn er doch mal einen Revolver zieht, dann sieht es aus, als zöge er ein Zigarettenetui aus Massivgold, so vorsichtig und mit Fingerspitzengefühl tut er das. Mein Gott, falls ich jemals zur Mörderin werde, mach, daß es sich abspielt wie in einer *Derrick*-Folge. Bei diesem fünfundsiebzigjährigen Kommissar, der das Haltbarkeitsdatum längst überschritten hat, wird man zwischen Ledergarnituren, auf Tennisplätzen oder in Porsches ermordet. Kein Blut, keine Gewaltszenen. Alles clean. Das Opfer wird in den ersten fünf Minuten umgebracht, der Mörder in den letzten fünf verhaftet. Dazwischen kommt die Spannung daher, daß es drei Verdächtige gibt. In jeder Folge hat man also eine Eins-zu-drei-Chance, auf den

Schuldigen zu tippen. Und dann kann man sich selbst gratulieren, während über den Bildschirm die hyperrealistischen Spots aus dem Maggi-Kochstudio oder für das Shamtoo Shampoo flimmern.

Das wirklich Trennende zwischen Frankreich und Deutschland liegt in der Fernsehwerbung. Wenn die Deutschen dir Suppe verkaufen wollen, dann lassen sie dich direkt auf einen dampfenden Teller Gulaschsuppe glotzen. Da wird nichts in eine Handlung verpackt, wo ein Pärchen, ermüdet von zweieinhalb Stunden Kamasutra (zusammengeschnitten auf fünfzehn Sekunden, denn Werbezeit ist sauteuer), splitternackt aus dem Bett in Richtung Küche hüpft, wo zwei Suppenbeutel warten. Genau da liegt der Unterschied zwischen plump und angedeutet, zwischen ausgesprochen und unausgesprochen, einer Werbung, die glaubt, alles sagen zu müssen und einer, die eben das nicht will. Die Deutschen platzen mit ihrer Botschaft heraus. Die Poesie geht zum Teufel. Das sieht man genau in den Zeitschriften der deutschen Regenbogenpresse, in der *Neuen Revue* und anderen Schlüsselloch-Postillen. Wenn A B mit C betrügt, dann wird das gesagt und gezeigt, Genitalien inklusive. Es fehlt nur noch das Interaktive. Das ist die Müll-Presse oder das Gossen-Fernsehen. Aber letztlich ist dieses Mülleimer-Fernsehen doch nichts anderes als ein Riesensupermarkt, wo jeder findet, was er gerne sehen möchte. Nur weil es Schafe gibt, die sich gerne verschlingen lassen, gibt es auch die entsprechenden Wölfe.

Ich sehe nicht mehr viel fern, außer ich will mich im Schlamm suhlen. »*De Kerper verlangt's*« (Der Körper verlangt's). Ich habe die Nase voll von den Talkshows, wo irgendwelche Individuen irgendwelchen Quatsch von sich geben, damit ein öliger Moderator achtzigtausend Mäuse im Monat verdient oder mehr, je nach dem, mit wem er ins Bett steigt. Kreativität liegt woanders. Auch ich orientiere mich anderswohin.

Das Geld

Glüüwes, Kohle, Pinke-Pinke, Zaschter, Lowi, Kitt, Bananes: Kröten, Kies, Moos oder Mäuse – massenhaft Wörter, um dieselbe Sache zu bezeichnen.

Das Geld ist sehr spät in mein Leben eingetreten, und das gilt sicher für alle Kinder. Anfangs kümmert man sich nicht darum. Geld ist eine Erwachsenensache. Das ist deren Problem. Solange man klein ist, macht man sich keinen Begriff davon. Man benutzt es einfach. Man stellt sich nicht die Frage, woher es kommt. Das Wichtigste für mich waren die Zwanzig-Centimes-Stücke. Sie waren magisch. Sie waren das Urmaß der Freude. Für zwanzig Centimes bekam man vier *Carambars*, volle vier Karamellstangen, oder auch vier Kaugummis, oder zwanzig Bonbons. Mit fünf Zwanzig-Centimes-Stücken konnte man *Kitschele* (Karussell) fahren beim *Messti* (Jahrmarkt). Zwanzig Centimes gingen auch ins *Opferkerwel* (Opferkörbchen) am Sonntag, für den Pfarrer bzw. für Gott. Ich habe mir stets die Frage gestellt, ob Gott sich wohl mit meinen zwanzig Centimes Karamellen oder Kaugummis kauft. Das war mein einziges theologisches Problem: Hatte Gott schlechte Zähne?

Abgesehen von den Zwanzig-Centimes-Stücken existierte das Geld für mich nicht. Sogar mein Lohn rechnete sich in Zwanzig-Centimes-Stücken. Ein Körbchen Hopfen gezupft: zwanzig Centimes. Taschengeld für geleistete Dienste: zwanzig Centimes. Diese Münzen waren in der Tat Belohnung für eine Leistung. »Ohne Fleiß, kein Preis.«

Sehr früh schon ist mir klar geworden, daß Geld durch Anstrengung sublimiert werden mußte, um eine gewisse moralische Sauberkeit zu gewinnen. Bei uns zu Hause hatte Mammon zu dienen, nicht zu herrschen. Geld war nicht des Geldes wegen geschätzt. Man benutzte es zu zwei Zwecken: einmal, um den Staat zu bezahlen (Brief- und Gebührenmarken, Steuern aller Art, Renten- und ähnliche Kassen), des weiteren um den täglichen Bedarf zu decken. Manchmal, aber selten, für Kleidung oder irgendwelchen Hausschmuck, oder für festliche Anlässe.

Die einzige diesbezüglich gültige Regel konnte man in wenige Worte zusammenfassen: »Am Anfang des Reichtums steht die Arbeit.« Als Halbwüchsige, in jenem Alter also, wo man Taschengeld fordert, hatten mein Vater und seine Brüder jeweils ein Kaninchenpaar bekommen. Ihr Bargeldbestand stand in unmittelbarer Relation zur Fortpflanzungsrate der Tiere und zum momentanen Verbreitungsgrad der Myxomatose (ein Wort, das ich stets mit Mononukleose verwechselt habe, eine Krankheit, an der zahlreiche Rammler einer anderen Sorte leiden).

Das Geld, so wie wir es heute kennen, ist in den Sechziger Jahren in Erscheinung getreten, zu dem Zeitpunkt, als der Arbeitsmarkt boomte und die Fabriken in Massen Leute einstellten. In den *Dittle* (Einkaufstüten) waren jetzt viel mehr Gegenstände versammelt, wenn man die Geschäfte und Boutiquen verließ. Es war berauschend. In den Zeitschriften prangten chromglänzende Autos und immer neue Haushaltsgeräte, es war die Blütezeit von Moulinex und Miele. Und dann gab es vor allem den Versandkatalog von La Redoute. Und was für ein Katalog war das! Der klassische Satz lautete: »*Mer han widder ebs bstellt!*« (Wir haben wieder was bestellt!) Was unweigerlich überboten wurde mit folgendem Satz: »*Was dee kenne bstelle, kenne mier au bstelle!*« (Was die bestellen können, können wir schon lange bestellen!)

Von diesem Zeitpunkt an hat sich alles gewandelt. Die Lust am Besitz machte sich breit, sie wurde immer quälender und immer schwieriger zu befriedigen. Das Geld hat unsere Dörfer verändert. Wir sind »modern« geworden, wir haben uns an den Standard der Kataloge angepaßt. Wir sind auch französischer geworden: Die Integration fand mit Hilfe von La Redoute statt von Neckermann statt.

Politisch gesehen hat die Konsumgesellschaft die Demokratisierung mit sich gebracht. Urlaub für alle, Tennis für alle, Restaurants für alle. Nur Golf leistet Widerstand. Nun gut, man soll nicht alles auf einmal haben wollen. Schließlich müssen ein paar ungestörte Oasen erhalten bleiben, wo sich die Reichen dieser Erde treffen können. Mit Chanel, Cartier oder Kenzo versetzter Schweiß verträgt sich nicht gut mit nach Kölnisch Wasser riechendem Schweiß. Zum Glück gibt es also noch Golf, sonst könnte man ja gar nichts mehr auseinanderhalten. Sogar die Ferraris finden heutzutage bescheidene Erwerber, die zwanzig Jahre lang jeden Monat ihre Fünftausend-Francs-Rate lieber für einen Luxuswagen als für ein schlüsselfertiges Einfamilienhäuschen abliefern.

Rein äußerlich erkennt man den Unterschied nicht mehr zwischen einem echten Reichen und einem falschen Reichen, zwischen einer falschen Rolex und einer echten, einer falschen Vuitton-Tasche und einer echten. Kein

Wunder, daß die Wohlhabenden wütend werden. Wozu sich noch abrackern und die Achterbahn der Börsenkurse durchstehen, wenn jeder dahergelaufene Bauerntölpel die gleiche Schau abzieht mit dem gleichen edlen Schnickschnack?

Ganz zu schweigen vom Lotto. Damit wird endgültig alles durcheinandergemischt: In einer einzigen Nacht kann ein nach Wagenschmiere und Sauerbraten riechender stinknormaler Sterblicher mit Schwielen an den Händen ein Vermögen anhäufen, das mit dem von Jimmy Goldsmith oder Gianni Versace konkurieren kann; damit kann er dann locker fünftausend Francs am Tag ausgeben, bis er irgendeinem Psychopathen aus dem Schickeria-Milieu vor den Revolverlauf gerät.

»Mama, wenn ich groß bin, will ich reich werden.«

»Nur zu, mein Sohn, spiel tüchtig Lotto und kaufe regelmäßig Rubbellose!«

Und die Arbeit? Was ist aus der Arbeit geworden bei diesem Wettrennen ums Geld? Sie hat allen Glanz und alle Gloria verloren. »*Wann de schaffsch, kummsch zue nix!*« (Wenn du arbeitest, bringst du's zu nichts!)

Also wandern Samstags die einfachen Leute, vom frischrasierten Jüngling mit Ring im Ohr bis hin zur dauergewellten Oma, in Scharen zu den *Slotmachines*. Das wiederum ist die Demokratisierung der Spielcasinos, die auch kapiert haben, daß es überhaupt keinen Grund gibt, nur bei Smoking- und Glitzerkleiderträgern abzuzocken. Ausnehmen kann man alle. Zweihundert Mal fünf Francs, das macht am Ende auch tausend Francs. Also kann man ruhig seinen Lohn, sein Häuschen oder seinen Bausparvertrag aufs Spiel setzen. Eine einzige Einschränkung: man muß achtzehn Jahre alt sein. Ein Cerberus wacht – lieber kein Risiko eingehen, die Geldmaschinen könnten ja beschlagnahmt werden wegen erwiesener Pädophilie.

Daran ist nichts auszusetzen. Wenigstens im Casino muß man sein achtzehntes Jahr vollendet haben, um blöd sein zu dürfen. Anderswo nimmt man es nicht so genau mit den Jahren. Anderswo wird einem eine Gitarre angedreht, als würde das Genie von Carlos Montoya mitgeliefert, eine Hammond-Orgel, als stecke in jedem potentiellen Käufer ein Jean-Michel Jarre. Die Verkaufs-»Berater« und sonstigen Einseifspezialisten haben es gelernt, Utopien an den Mann zu bringen, notfalls unter Anwendung von ein bißchen Hypnose. Sie wollen einen Basketball kaufen? Natürlich werden Sie wie Michael Jordan spielen. Einen Tennisschläger? In Ihnen steckt eine echte Steffi Graf. Einen Füllfederhalter und Papier? Der nächste Literaturpreis ist Ihnen garantiert. Seitdem man solche Sprüche hört, die fünf Kilometer gegen den Wind nach Marketing stinken, hat das Elsaß unzählige verkannte Genies, massenweise frustrierte Tennis-, Fußball- und sonstige Adepten. Die Frage, die sich stellt, ist folgende: Ich besitze den Ball, warum verdiene ich nicht sechshunderttausend Francs am Tag wie Michael Jordan? Tja... um soviel wie Jordan zu verdienen, muß man Jordan sein und nicht sein Ball.

Lassen wir das Träumen. Mein Vater würde die Frage anders beantworten. Er würde sagen: »Um sechshunderttausend Francs am Tag zu verdienen, muß man zehntausend Kaninchen am Tag verkaufen. Das ist die sicherere Rechnung. Immer mit Verstand!« Ja doch, versuchen wir, den gesunden Menschenverstand, der einst bei uns auf dem Land gang und gebe war, zu bewahren.

Ich habe die Tugenden der Arbeit nicht vergessen. Egal welcher Arbeit. Wenn es sein müßte, wenn mir Widriges zustieße, würde ich mich ohne zu zögern auch als Putzfrau, als Straßenarbeiterin oder als Petit-Points-Stickerin verdingen. Natürlich würde ich auch versuchen, so gut wie Agatha Christie zu schreiben, oder Schlagertexte zu dichten, die so gut wären wie *My way*, um meinen Erben dreißig Millionen Tantiemen im Jahr sicherzustellen, die dann reiche Müßiggänger würden, die ihren Spleen in barocken Luxushotels ausleben würden, sich mit den zukünftigen Prinzessinnen und Prinzen von Monaco in Fortpflanzung üben würden und jedes Jahr einen Ferrari um einen Baum wickeln würden, damit das verdammte Geld auch unter die Leute kommt.

Hilfe! Aufhören! Das war alles nur Spaß. Ich wollte nämlich eine Nachkommenschaft von Begründern und Erbauern schaffen, nicht von Schmarotzern. Zu diesem Zweck hatte ich meine Eileiter sorgfältig mit Pestiziden behandelt. Ich hasse die Parasiten, ich hasse die Großmeister der Bestechung und der Korruption, ich hasse all diejenigen, die Macht gegen Geld eintauschen. Macht ist gut, vor allem wenn sie sich Charisma nennt.

Die Politik

»Die Guten sitzen zur Rechten Gottes, die Schlechten links.« So begann an jedem Wahlsonntag die Predigt unseres Pfarrers. Er rief den Leuten ins Gedächtnis, nach welcher Seite sie ihre Stimme abzugeben hatten, wollten sie gute Christen bleiben. Für unseren humanistisch gebildeten Pfarrer war die Linke nun einmal *senestra* und das heißt eine durch und durch sinistre Angelegenheit, der Herd allen Übels. Bei den römischen Auspizien waren die von links kommenden Vögel ein schlechtes Zeichen, sie kündigten Katastrophen und Unglück an. Wie dem auch sei, gut wählen hieß Rechts wählen. Zur Zeit meiner Kindheit bekamen die bürgerlichen Konservativen im Elsaß massive Mehrheiten, nur die kommunistischen Gewerkschaftler der Eisenbahn in Bischheim und ein paar weitere militante Gewerkschaftler in den Kaliminen scherten aus. Sie empfingen ihre Weisungen von den Führungskadern, die anderen erhielten sie von ihrem Pfarrer, sonntags morgens *vun de Kanzel* herab.

D' Rote waren in unseren Dörfern pure Randerscheinungen. In meinem Dorf gab es einen einzigen. Ein einziger Stimmzettel mit dem Kreuzchen bei den Kommunisten. Man hat nie herausgekriegt, wer es war. In der Öffentlichkeit hielt er sich zurück. Er wählte heimlich, beinahe verschämt. Bei jeder Wahl erwachte der Argwohn aufs Neue. »*Wer kannt des sin?*« (Wer könnte das nur sein?) Man hätte die Statistik heranziehen oder die Abgleichung zwischen Nichtwählern und Verstorbenen versuchen können. Es kam zu keinem Ergebnis. Der dörfliche Kommunismus blieb, was er war: pervers, uneingestehbar, absolut indiskutabel.

Der Atheismus an der marxistischen Ideologie machte den elsässischen Bauern Angst, etwa so wie einem Pepone: nicht umsonst holte er sich bei Don Camillo heimlich den Segen. Man konnte nicht kommunistisch sein *und* katholisch, atheistisch *und* gläubig. Dazu hätte man schizophren sein müssen. Wußte man doch nicht einmal genau, ob man nun Franzose war oder Deutscher. *Eine* Schizophrenie, das reichte. Sonst wären wir in dem politisch-religiösen Gezerre irgendwann wirklich in Stücke gegangen. Ich selbst habe mich immer, wenn es ans Wählen ging, hin- und hergerissen gefühlt zwischen der Familientradition und dem Verlangen nach einer gerechteren Gesellschaft. Zwischen Rechts und Links. Den Ausschlag gaben schließlich die schlimmen Machenschaften einer vom Mammon korrumpierten Politik. Inzwischen stimmt das Elsaß ganz anders. Fünfundzwanzig Prozent Haß, Verachtung, Gewalt und Groll. Ich für meinen Teil glaube, daß die Raubtiere existieren. »Ich werde sieben Engel schicken mit sieben Trompeten.« Es gibt Raubtiere jeglicher Spezialisierung, manche suchen sich ihre Beute eben unter den Dummen im Lande. Der Engel steht bereit, wie für Loth beim Auszug aus Sodom, wie für Moses beim Auszug aus Ägypten. Verfluchte christliche Erziehung! Nie werden wir sie los. Niemals. Trotz partiellen Übertritts zum Materialismus, obwohl die Sonntagsmesse nicht mehr besucht wird, bleibt alles tief eingeprägt: Gewißheit des Racheengels, Religion als Grundlage der Politik. Wie in Deutschland, wo alles ganz simpel ist: bist du katholisch, wählst du CDU, bist du evangelisch, wählst du SPD. Zahlst du Kirchensteuer, ist soweit alles in Ordnung, zahlst du sie nicht, wirst du exkommuniziert: keine finanzielle Beitragsleistung, keine Taufe oder kirchliche Trauung. In Deutschland ist Atheismus dasselbe wie Bestraftwerden.

Auf Strafe läuft alles immer wieder hinaus. Sogar in den Vereinigten Staaten muß der Präsident den Eid auf die Bibel leisten. Tut er es nicht, ist sein Lebenswandel nicht bibelkonform, dann wird er abgesetzt oder ermordet. Die Kennedys hat der Racheengel geschlagen, sie waren zu frivol, zu sehr dem Alkohol ergeben.

Es ist nicht leicht, Elsässerin und Christin zugleich zu sein. »So viele Seelen wohnen, ach, in meiner Brust.« Für die Frauen der Generation meiner Mutter war das Wählen einfach. Sie machten ihr Kreuzchen da, wo ihr Ehemann es machte. Die eheliche Treue reichte bis in die Wahlkabine hinein. Einmal habe ich eine verschrumpelte Alte sagen hören: »Seit mein Mann tot ist, gehe ich nicht mehr zum Wählen. Er hat mir immer meinen Umschlag vorbereitet. Er hat mir nie gesagt, für wen ich auf diese Weise stimmte. Jetzt gehe ich nicht mehr hin, ich möchte nicht Verrat üben an meinem Mann.« Wieder einmal die elsässische Auffassung von Rechtschaffenheit. Nicht in Bezug auf den Kandidaten, o nein! In Bezug auf den Ehemann, der über die Entscheidungsgewalt verfügte.

Demnach waren es die Männer, die zu den politischen Versammlungen gingen. Diese fanden in der Wirtschaft statt, *mit Frejbier un Wirschtle*. Das Bier ging in die Wahlkampfkostenrechnung ein. Würstchen und saure Heringe desgleichen. Wahlversammlungen hatten Kirmescharakter.

Die Männer kamen in Scharen und das Bier floß in Strömen... Die Parlamentskandidaten setzten nicht zuletzt auf die Dankbarkeit der Bäuche, die auf dem Heimweg vor Behagen rülpsten. Parlamentswahlen erregten leidenschaftliches Interesse. Der Abgeordnete stand seinen Wählern nahe. Er ließ sich etwas einfallen, damit die Baugenehmigungen beschleunigt erfolgten. Er schaffte es, daß den jungen Burschen der Militärdienst erspart blieb, wenn die Eltern sie für auf dem Hof unabkömmlich hielten. Der Abgeordnete war ein Macher im handfesten Sinne. Seine Aura ist heute nicht mehr die gleiche. Heute ist er der Mann im tadellosen Anzug samt modischer Krawatte, der ein- bis zweimal pro Woche den Airbus besteigt, um in Paris zu Dingen, die er gar nicht kapiert, ja oder nein zu sagen. Er ist nur noch eine Stimme pro oder contra, wobei ihm seine Partei ohnehin das Abstimmungsverhalten vorschreibt. Man wundert sich dann nicht mehr, daß manche im Plenum lieber schlafen als zuhören. Auch eine Art, gewisse Dinge zu übersehen.

Die Politiker kämpfen nur noch scheinbar für das Volk. Sie kämpfen für sich selbst. Um ihren Posten, ihre Diäten abzusichern, denn Arbeitslosigkeit und Wirtschaftskrise werden auch für sie zum Risiko. Deshalb sind sie Weltmeister in der Arbeitsplatzsicherung. Sie versuchen, ihre Mäntelchen nach dem Wind zu hängen, es geht darum, an Bord des Regierungsdampfers zu bleiben. Das ist normal. Sie sind Berufspolitiker. Das ist ungesund. Sie sind in der gleichen Situation wie die Profisportler: Sie haben panische Angst, plötzlich weg vom Fenster zu sein. Es braucht nur eine Legislaturperiode, dann haben sie die Lust am Lehrersein, Anwaltsein oder Geschäftsmannsein schon verloren. Die Politik macht sie in Nullkommanix zu schwer Vermittelbaren in der normalen Arbeitswelt. Sie würden nicht mehr Fuß fassen. Das wissen sie, und deswegen klammern sie sich fest.

»Er macht Politik, wil er nix anders mache kann!«

Das Schicksal eines abgehalfterten Politikers ist beklemmend. Er hat nicht mal das Glück eines alternden Tennisprofis wie Yannick Noah oder eines gelenkgeschädigten Fußballstars mit kaputten Knien wie Pelé. Keine im Niedergang befindliche Partei holt ihn als Guru, kein Parlament kann ihn brauchen als Berater für Live-Übertragungen. Er wird verabschiedet. Und tschüss! Nicht einmal die Rolle verschmähter Prinzessinnen von Wales oder Windsor bleibt ihm: Niemand holt ihn, um ihn zusammen mit kranken Kindern, bettnässenden Greisen oder rheumageplagten Altwasserballspielern abzulichten. Erst recht kommt niemand auf die Idee, ihn zu verfolgen und zu photographieren, wenn er unter einer Seine-Brücke mit seinem Mercedes bei Tempo 200 gegen den Beton knallt.

»Na ja. Dee brücht mer als net bedüüre. Dee stamme net üs arme Kreise!« (Na ja, bedauern braucht man die nicht. Die stammen nicht gerade aus armen Kreisen.) So sieht es das Volk. Arme Leute an der Macht sind eine seltene Erscheinung. Selbst bei uns auf dem Land in den Gemeinderäten gab es sie nicht. Der Elsässer möchte von einer Aristokratie regiert werden, und sei sie noch so bescheiden. Also waren unsere Herren Gemeinderäte mindestens Vereinsvorsitzender, Feuerwehrhauptmann, *Müssikchef* (Dirigent der Blaskapelle), Mitglied des Kirchenrats, Sparkassenangestellter oder *Großbüür* (Großbauer). Kurz, es waren gestandene Leute, die gezeigt hatten, daß sie Menschen führen, Geld verwalten und Reden halten konn-

ten. Ein Vereinsvorsitzender weiß, wie man Ansprachen hält. »Sehr verehrte Damen und Herren, ich danke Ihnen für Ihr zahlreiches Erscheinen zu unserem Fest. Wir fühlen uns zutiefst geehrt. Wir hoffen, daß Sie sich an unserer Tombola rege beteiligen und unserem Büffet zusprechen werden. Einen schönen Abend also und nochmals: dankeschön!« Das reicht, schon traut man ihm politische Reden zu, die sich ohnehin zu achtzig Prozent genauso anhören wie die Vereinsreden. Geht es doch oft um die selben Einweihungszeremonien. Drum sahen viele in den Vereinen das Sprungbrett zu einer Gemeinderatskarriere, wenn nicht zu Höherem, wofür allerdings wirklich solide Reden die Voraussetzung schienen. Bernard Tapie folgte auch keinem anderen Rezept, um das Stadion seines Fußballclubs *Olympique Marseille* hinter sich zu lassen und in die Nationalversammlung aufzusteigen. Unsere elsässischen Dörfer quollen über von potentiellen Aufsteigern à la Tapie. Dem Phänomen ist noch eine schöne Zukunft beschieden. Ewige Verführungskraft des Wortes, charismatische Suada, selbst wenn ein Ghostwriter oder ein Stab der Partei sie geschrieben hat. Wenn man Politik machen will, muß man also reden können und den kleinen Leuten imponieren, die sich bei der Stimmabgabe stets mindestens eine Schicht höher orientieren. Sie müssen zu ihren Vertretern aufschauen können. Die Mandatsträger müssen Professoren, Rechtsanwälte, Unternehmenschefs sein. Der Elsässer will stolz sein, wenn man ihm die Hand schüttelt, er will sagen können: *»Er het mer d'Hand gann. Un Achtung! Er isch von Professers Litt doo!«* (Er hat mir die Hand gegeben. Und ich sage euch, er stammt aus einer Professorenfamilie!)

Niemand hat also weniger Sinn für Demokratie als die kleinen Leute. »*Was der macht, kennt e gewehnlicher Arweiter net mache*« (Was der fertigbringt, könnte ein gewöhnlicher Arbeiter nicht.) Was also? Der Arbeiter geht zwar in seiner Fabrik zur Gewerkschaft, aber nach Paris schickt man den »besseren Herrn«, den, der »die guten Kleider« trägt. Auch heute noch ist das so.

Nichts ändert sich unter der Sonne. Nichts. Es wird immer eine elsässische Aristokratie geben. Erinnert euch doch an die Rumänen. Kaum waren sie ihren Ceauscescu los, nach wem verlangten sie? Nach ihrem im Exil lebenden König! Der nächste Potentat sollte den alten ablösen.«*E Keni esch trotzdem e Keni!*« (Ein König bleibt doch ein König!) Die elsässischen Wähler sind allzeit auf der Suche nach der großen, einigenden Führungsfigur, möglichst soll es sein »*einer wie de De Gaulle, oder e ganz kleiner Krej, ass es Ordnung gabt*« (einer wie de Gaulle, oder es sollte ein ganz kleiner Krieg kommen, damit danach wieder Ordnung herrscht...). Es gibt Augenblicke, da macht mir das Wort »Ordnung« Angst.

Der Krieg

Wie soll die Anrede des Briefes lauten? »Liebe ehemalige Kriegsteilnehmer«? »Sehr verehrter Herr Minister für die ehemaligen Frontkämpfer«? »Sehr geehrter Herr Schatzmeister der Ausgleichskasse für die Kriegsversehrten«? Der Anfang eines Briefes, mit dem man eine Sonderrente beantragt, ist schwer. Doch, Sie haben richtig gelesen: Ich, die vier Jahre nach dem Krieg geboren wurde, ich beantrage eine Rente für den von 1939 bis 1945 und eine weitere für den von 1914 bis 1918. Ich habe sie gleich mehrfach mitgemacht. Ich bin vom Hunger gezeichnet, von den Kugeln und Granatsplittern übel zugerichtet, vom Gas erstickt. Ich bin im Krieg gewesen, und zwar mit den Ohren. Zehn Jahre lang habe ich Tag für Tag mitangehört, wie die *Babbebas*, die Opas, noch einmal in ihren Krieg zogen, vor einem *Viertele Wyn*, das bei weitem nicht das einzige blieb, je nach Dauer der Schlachten und Taubheitsgrad der Tischnachbarn.

Der Krej, der Krieg: er war und blieb das Ereignis ihres Lebens. Ihre persönliche Zeitrechnung hieß *vor em Krej un noch em Krej* (vor dem Krieg und nach dem Krieg), genauso wie die markanten Daten der Menschheitsgeschichte vor oder nach Christus einzuordnen sind.

Es war schon merkwürdig, wie sie über diese in Uniform und auf den Schlachtfeldern verbrachten Jahre redeten. Die Zeit hatte die Einzelerlebnisse zerschnippelt und die Fetzen auf vier große Schubladen verteilt: Gemetzel, Reisen, Fressen, Sex. Je nach Tageslaune und je nach geöffneter Schublade waren die Erzählungen dieser Altfrontkämpfer ganz verschieden gefärbt. Am einen Tag hörte es sich so an, als hätten sie ihre finsteren Jahre hindurch ausschließlich den Weibern nachgestellt, am nächsten als hätten sie sich ununterbrochen mit Pommes Frites vollgestopft, und an wieder einem anderen Tag, als hätten sie immer nur Leichen aufeinander geschichtet.

Die slawischen Schönheiten hatten es den Männern angetan. »*Dess sin Fraue! O jöh dü!*« (Das sind Frauen! Ojeh, da bist du ganz weg!) Der Hintern der dortigen Frauen kam ihnen um so schöner vor, als der ihrer eigenen Frauen in der Ferne weilte. Noch mit achtzig Jahren träumten sie davon. Sie träumten von den spezifischen vierzig Quadratzentimetern nicht eroberten russischen Territoriums, und der braune Saft des *Schickdüwack* (Kautabak) lief ihnen aus dem Mundwinkel, wenn sie auf dieses Thema kamen. Fleisch. Vom Fleisch sprachen sie ununterbrochen, von dem der Frauen, von dem der zerfetzten Körper, von dem des hastig gemeuchelten und an Ort und Stelle verzehrten Kaninchens. Der Krieg hatte alle erfaßt, sogar die Kaninchen.

Ich habe auch Tränen ihre Falten entlanglaufen sehen, wenn sie von denen sprachen, die am Montag mitgelacht und am Dienstag steif in ihrer Uniform dagelegen hatten, bevor sie begraben wurden in ferner, fremder Erde.

»*De Krej esch a grooßi Säuerei... Awer ohne de Krej, war i nie uff Rüssland kumme...*« (Der Krieg ist eine große Schweinerei... Aber ohne den Krieg wäre ich nie nach Rußland gekommen...). Der Krieg fördert das Reisen, auch wenn es oft die letzte Reise ist, zu der man da aufbricht. Die Kriegserlebnisse meines Vaters, das war fünf Minuten lang die Geschichte seiner Verwundung, danach das verblüffende und endlose Abenteuer seines Rückweges ins Elsaß. Er trug Zivilkleidung und Baskenmütze und nannte sich »Petit René«. Er verleugnete seine Zugehörigkeit zur Wehrmacht. Ein Deutscher in Rußland, das war Hackfleisch auf Abruf. »Hunde, wollt ihr ewig leben?« Also wurde mein Vater zum kleinen René und irrte so lange im Grenzgebiet zwischen Rußland und Polen umher, bis er an einem Bahnhof einen Zug mit dem richtigen Bestimmungsort sah. Es war ein Kühltransportzug. Aber sechs Monate bei minus vierzig Grad in einem Schützenloch hatten ihn abgehärtet. Seine Erinnerung lautet: »*Mer han nie kalt ghett un sen nie krank gewann*« (Wir haben nie gefroren und wir sind nie krank gewesen). Die deutsche Chemie vollbrachte Wunder. »*Oh jöh dü!*« – und ob!

Immer noch hören wir die Kriegsanekdoten unseres Vaters gern. Er weiß die Dinge zu relativieren. »*D'Russe sin au Sauhund gewann...*« (Auch die Russen waren aller Gemeinheiten fähig), und seine derzeitige Lebensgefährtin setzt noch eins drauf: »Und die Amerikaner haben uns bei der Befreiung beklaut, wo sie konnten...« Niemand war also ganz schwarz oder ganz weiß. Der Krieg verwandelt die Menschen. »Krieg schreibt sich mit einem G wie Grube«, hat Borchert geschrieben.

Wenn die Frauen ihrerseits auf die finsteren Jahre zu sprechen kamen, dann warteten sie mit Kellergeschichten auf. In den Keller hinuntergehen wurde Synonym für das Wort Krieg. »Im Keller« zeigte sich, ob man solidarisch war oder nicht. Das Zusammensein auf engstem Raum ließ enge Bande entstehen, Freundschaften wurden geschlossen, alter Streit wurde vergessen. Darum sagen diese ehemaligen *Kellermüüse* (Kellermäuse) heute, wenn nichts läuft, wie es laufen soll: »*Es sott amool wedder Krej gann!*« (Es sollte ruhig mal wieder Krieg geben!) Möge Gott sie keinesfalls erhören! Meine Mutter pflegte zu sagen: »Das Schlimmste am Krieg ist, daß man sich daran gewöhnt. Man empfindet den Tod nicht mehr als Tragödie. Er gehört zum Alltag. »*S' esch ewe Krej!*« (Es ist eben Krieg!) Ich begreife nicht, daß man sich an den gewaltsam verursachten Tod gewöhnen kann, ohne sich aufzulehnen. Dabei habe ich die Bilder aus dem Libanon, aus Jugoslawien, aus Afrika durchaus gesehen... Leute gehen drauf, und nebendran gehen andere einkaufen oder spielen Boules. Da wird gelebt, da wird gestorben, was soll's? In einem deutschen Fernsehfilm habe ich sogar diesen Satz gehört: »Du magst einen Freund, einen Bruder verlieren. Ziemlich egal. Du wirst immer denken: zum Glück bin's nicht ich.«

Ich verabscheue den Krieg. Er macht den Kindern Angst.

»Bet, Kindlein bet!
Sonst kommt der Schwed,
Sonst kommt der Ochsenstern,
Der das Kindlein beten lernt...«

Dabei habe ich mit sechs Jahren dafür gebetet, daß es Krieg geben möge. Inbrünstig sogar. Warum? Um kein Sauerkraut mehr essen zu müssen. Ich saß vor dem Teller mit dem vergorenen Weißkohl und den Rippchen und ich bekam eins hinter die Ohren. »Huguette, im Krieg wären wir froh gewesen, wir hätten Sauerkraut gehabt!« Daraus hatte ich geschlossen, daß es im Krieg kein Sauerkraut gibt und daß es eines echten Krieges bedurfte, um mir dieses Gericht zu ersparen, eines Krieges, der nur Milch, Zucker und Gries für meinen *Griesbabb* (Griesbrei) übrig lassen würde. All diesen verrückten Kriegstreibern müßte man ständig *Griesbabb* verfüttern, damit sie keinen vernünftigen Grund mehr hätten, einen zu führen.

Der Krieg verbannt das Sauerkraut von den Speisekarten, aber wozu ist er sonst noch nutze? Bestimmten Mädchen aus meinem Dorf war er zu was nutze. Sie ließen sich amerikanische, deutsche und manchmal französische Babys machen. Frisches Blut. Auch eine Art, gegen die Inzucht anzukämpfen, außerdem hatten sie hinfort beim Kellergang Erinnerungen an gewisse Schauer, die sich von Angst- und Kälteschauern deutlich unterschieden. Nicht nur Blut hat der Krieg fließen lassen, wie es scheint. Ach ja: die unerlaubte Liebelei zwischen einem deutschen Soldaten und einer jungen Lothringerin hat die Geburt meines Mannes ermöglicht. Sonst hätte ich ihn nämlich nicht kennengelernt und wäre dem Altjungfernstande nicht entronnen.

Der Militärdienst

Bemerkenswert in den elsässischen Häusern ist die typische Bildergalerie, worauf man Vater und Großvater in der Soldatenuniform erblickt. Auf den Henri II-Büffets unserer Dörfer stehen die Photos von Uhlanen, Kavalleristen, Artilleristen. Manchmal weist ein über das Rahmeneck drapierter Trauerflor darauf hin, daß das Tragen des Waffenrocks, sei er deutsch oder französisch, ungut ausgehen kann.

Jedes Haus hat seinen im Sperrfeuer oder während einer grassierenden Seuche, immer aber »im Felde« umgekommenen Märtyrer. Man pflegt zu sagen: *»Er isch g'falle«*. Das Wort Tod scheut man: es könnte ihn herbeibeschwören, ihn, den Tod, oder den Krieg. Was auf das gleiche hinausläuft.

Dabei begann das Soldatenleben stets sehr fröhlich mit den sogenannten *Messti Burscht*, regelrechten Orgien der zum Wehrdienst Einberufenen. Auf dem Kopf einen mit Federn und Bändern geschmückten Filzhut, um die Taille eine Schürze, welche symbolisch auf die demnächst in den zeitweiligen Ruhestand versetzten Sexualorgane hinweisen sollte, so machten sie acht Tage lang mit immer heisereren »Hoi! Hoi!« die Dörfer unsicher.

In sämtlichen Häusern schenkte man ihnen reichlich Schnaps ein: Sie sollten vergessen dürfen, wohin man sie zum Militärdienst verschickte. Als ich ein Kind war, lauteten die wichtigsten Reiseziele Indochina und Algerien.

Unsere gefiederten Burschen lagen jede Nacht sturzbetrunken in einer anderen Scheune, meist in ihrem eigenen Erbrochenen. Die Sauereien des Krieges begannen lange vor dem ersten scharfen Schuß.

Zwecks Schicksalsbeschwörung verkauften sie *Labkueche* (Lebkuchen), herz- oder schweinförmig gebackenes Anisbrot. Was »Schwein haben« bedeutet, weiß jeder. Die Wehrpflichtigen waren jedenfalls die Hauptattraktion beim *Messti*, bei dem sie zum Klang der *Dorfmüssik* bereits im Marschtritt vorbeizogen. Oft hatten sie einen Schafsbock dabei, den »Messti-Hammel«, als wollten sie allen deutlich machen, daß auch sie für eine bestimmte Abart der Metzgerei bestimmt waren.

Der Militärdienst gehörte zu den wichtigsten sozialen Gegebenheiten. Um ihn herum plante man sein Leben. Vor allem für die Heirat galt das. »*Wann er vun de Soldate heimkummt, word ghiroot!*« (Wenn er von den Soldaten heimkommt, wird geheiratet!)

In der Zeit, in der der Wehrdienst noch sieben Jahre dauerte, heiratete man mit etwa dreißig Jahren. Die Eltern waren dann gerade sechzig. Sie starben mit fünfundsechzig. Also konnte man problemlos mit ihnen unter einem Dach wohnen, sie dann zum gegebenen Zeitpunkt heftig beweinen, um unmittelbar danach ihren Platz einzunehmen. Als der Militärdienst auf drei Jahre begrenzt wurde, heiratete man mit vierundzwanzig. Die Eltern waren fünfzig, und da die Sache mit dem Beweinen sich noch eine Weile hinauszögerte, mußte man wohl oder übel selber bauen. Es begann die Zeit der aufgestockten Elternhäuser und der umgebauten Scheunen. Sodann erging eine Verordnung: Junge Familienväter wurden vom Wehrdienst befreit. Also zeugte man Kinder mit zwanzig. Die eigenen Eltern waren gerade mal fünfundvierzig. Da sie bereits im Stockwerk über den Großeltern oder hinten im Hof wohnten, kam nun die Zeit der wirklichen Neubauten: zuerst im Garten der Großeltern, dann auf neu ausgewiesenen Kleinparzellen.

Also waren es die Militärdienstreformen, die unsere heutige Gesellschaft geprägt haben. Früher bedeutete eine Generation die Zeitspanne von dreißig Jahren, jetzt nur noch zwanzig. Dank einer Lebenserwartung von achtzig Jahren kann jeder oder jede damit rechnen, daß er oder sie Urgroßvater bzw. Urgroßmutter wird, bevor sich die Haare weiß färben. Für die Jugend bedeutet das eventuell zusätzliche finanzielle Unterstützung. Die Urgroßeltern sind die neuen Rothschilds, sie liefern den Walkman, den Motorroller, den Sportsitz fürs Auto oder die pastellfarbene Babyausstattung. Die Großeltern sind die Fugger, die den Scheck für das neue Auto, den Whirlpool oder die Gartenmöbel ausstellen. Desgleichen für das Eigenheim: vierzig Quadratmeter Wohnfläche auf zweihundert Quadratmeter Grund, eingequetscht in die neue Siedlung. Im Verhältnis zu den Neubauarealen der elsässischen Dörfer ist Architektur das gleiche wie weibliche Schönheit im Verhältnis zu einem Kuheuter als Busentransplantat.

Frankreich ist das Vaterland der Freiheit. Unglücklicherweise gestattet diese Freiheit auch, daß man irgendwas in die Landschaft stellt. Allerdings muß man zur Strafe kräftig zahlen. Pro Monat achttausend Francs, Eigentümerstatus nach zwanzig Jahren.

»*De Babbe wurd nemi Soldat*« (Der Papa wird nicht mehr Soldat)! Man leistet keinen Militärdienst mehr. Die

Folgen sind schwerwiegend. Einst heiratete man nach dem Militärdienst. Heute heiratet man nicht mehr. »Wehrdiensttauglich ist gleich mädchentauglich. Nicht wehrdiensttauglich ist gleich untauglich für das andere Geschlecht.« Schade. Nicht um den Wehrdienst, aber um die Ortsveränderung, mit der er verbunden war. Tausend Kilometer von der Heimat entfernt hatte selbst der stumpfsinnigste Elsässer Bursche den Reiz des Exotischen und tat gegebenenfalls seine Wirkung auf ein Mädchen. Es war sogar möglich, daß er eine heim ins Dorf mitbrachte. Mit der Abschaffung des Wehrdienstes hindert man künftige Generationen daran, sich als was Besseres auszugeben. Das Positivste an dem Dienst war wirklich, daß die Jungen allerlei Geschichten auftischten, sich Rollen, Talente und sonstige Trümpfe zulegen konnten. Zu Hause bekamen sie nur zur Antwort: *»Jo! Was dü verzapfsch!«* (Ach, was du immer verzapfst!). Anderswo hörte man mit offenem Mund zu. Meine Großmutter sagte immer: *»Doissig Kilometer widdersch word e Stall e Villa un e Bluemehafe e Anlaa...«* (Tausend Kilometer von zu Hause wird aus einem Stall eine Villa und aus einem Blumentopf eine Parkanlage!).

Die Deutschen

»Legen Sie sich auf dieses Sofa und sagen Sie spontan, was Ihnen einfällt, wenn ich sage: Deutsch.«

»Okay, Sigmund!«

Die ersten beiden Deutschen, denen ich begegnet bin, waren ehemalige KG, Kriegsgefangene, die Jahre nach dem Krieg noch immer im Dorf lebten. Der eine war – mittlerweile gegen Bezahlung – inzwischen mit einer Nachbarin verheiratet. Der andere war im Dienst der Familie geblieben, zu der der Zufall ihn verschlagen hatte. Er hieß Karl, und an ihn werde ich mich Zeit meines Lebens erinnern. Er hatte dunkle, pomadisierte Haare, und wenn er den Mund aufmachte, sah man oben lauter Goldkronen. Zu der eleganten Erscheinung kam ein tadelloses Benehmen hinzu. Keiner im Dorf konnte ihm da das Wasser reichen. *»S'isch e Schwob!«* – Er ist eben ein Deutscher! – hieß es allgemein.

Aus normaler Perspektive gesehen ist der jenseits des Rheins beheimatete *Schwob* für den Elsässer eine Art Cousin. Vorsicht! Auf keinen Fall darf man ihn mit dem *Preiß* verwechseln, den die Elsässer oder auch die Bayern nur zu gern mit *Saupreiß* titulieren. Mit seiner Pickelhaube, seinem Stechschritt und seinem Kasernenhofton stellt der Preuße die dunkle, die verabscheuenswerte Seite des Deutschen dar, ist er der Mister Hyde des rheinischen Dr. Jekyll.

»Haben Deutsche eine weiße und eine schwarze Seele?« Etwas von dieser Frage klingt stets an, wenn der

Elsässer über seinen Nachbarn spricht und nicht weiß, wo zwischen dem Vampir von Düsseldorf und Beethoven, zwischen Dr. Josef Mengele und Rainer Maria Rilke er ihn einordnen soll.

»*Sie kenne ebs, dee Schwoowe!*« – Sie können was, diese Deutschen!, so heißt es anerkennend, aber eigentlich ist gemeint: sie sind zu allerhand fähig, die Deutschen, wenn nicht zu allem... Ja, wozu sind sie eigentlich fähig?

Dazu, die Läufe und Arpeggien der allergöttlichsten Musik aufs Notenblatt zu bannen, der Musik, bei der man fast einen Seelenkasperl bekommt, aber auch dazu, mit blutunterlaufenem »Heili, Heilo, Heila«-Gebrüll die ganze Welt zum Erzittern zu bringen. Fähig dazu, mit Röntgenstrahlen die Dimensionen der menschlichen Moleküle zu durchdringen und dieses Molekül dank der Entdeckungen ihrer im Dutzend billigeren Nobelpreisträger zu kurieren, fähig aber auch, die Leute in den Lagern in hauchdünne Scheiben zu zerschneiden, um die Wissenschaft Großdeutschlands voranzubringen. Fähig dazu, mit Alltagswörtern filigrane Poesie zu erzeugen, die Gipfel der Philosophie zu erklimmen, fähig aber auch, in derselben Sprache, zu primitiv-obszönem Haßgebell.

Der Deutsche hat das Es und er hat das Überich. Was ihm fehlt, ist das Ich, das Gefühl, einem einzigen und ungeteilten Volk zuzugehören. Die Bayern hassen die Preußen, die Wessis mögen keine Ossis, ganz Deutschland macht sich über die Sachsen lustig. Immer stand die Suche nach einer deutschen Identität dahinter, wenn es während der aufeinanderfolgenden Kriege zu grauenvollen Ausschreitungen und Untaten kam, stets waren die Kriege im Namen einer utopischen deutschen Einheit begonnen worden.

Fünfzig Jahre nach dem Waffenstillstand von 1945 hat die Geschichte diese zwischen Transzendenz und Bestialität hin- und hergeworfene deutsche Seele um einiges harmloser werden lassen. Die jungen Leute sind standardisiert wie alle anderen auch. In ihren Träumen geht es um angloamerikanische Musik, um Hamburger, um Weltbürgertum und um Weltfrieden.

Nun ja, nicht bei allen jungen Deutschen. Es gibt auch Skinheads und Neonazis. Kretins und Arschlöcher gibt es überall. Die Blödheit geht in sämtliche Statistiken mit ein, nach dem Urteil aller fähigen Statistiker ist sie unausweichlich. Das einzige, was sich an der Blödheit ändert, sind die Ausdrucksmittel. Von Modeschauen zu rechtsextremen Kundgebungen, von Wettbewerben um die größte Heidelbeertorte zu Auftritten von Bodybuildern variiert diese Blödheit beträchtlich und bleibt doch immer die gleiche.

Den Deutschen verzeiht man ihre Blödheit weniger als den anderen. Sie schleppen eine schwere Vergangenheit hinter sich her. Über ihrem Erscheinungsbild scheint ein Fluch zu schweben. Die Königin des Tennis, Steffi Graf, hat einen Gauner wie er im Buche steht an ihrer Seite, ihren steuerhinterziehenden Vater. Der Nobelpreisträger Willy Brandt wurde im Zusammenhang mit der dunklen Affäre um einen DDR-Spion durch den Dreck gezogen. Die deutschen Fußballhelden gehen ihres Glorienscheins verlustig, weil mit Bier abgefüllte Radaubrüder sich in den Stadien aufführen wie gehirnamputierte Frösche: sie schlagen genauso mit allen Vieren in alle Richtungen. Teutoniens Götter kommen über das Stadium der Dämmerung nicht mehr hinaus. Die Gegenwartsliteratur weint immer weiter über den Sündenfall der Nazizeit. Faßbinder schreit heraus, wie es ist, unter dem doppelten Fluch des Deutschseins und der Homosexualität zu leben. Günter Grass in seiner *Blechtrommel* predigt die mentale Regression, um das Schuldbewußtsein wirksam auszuschließen. Unser zweisprachiger Kultursender Arte strahlt jeden zweiten Abend einen Dokumentarfilm über das Dritte Reich aus, auf Dolby-Stereo-Bildschirmen schlagen sich vor zwei bis drei Millionen Intellektuellen die Deutschen an die Brust und geißeln sich. Dank Arte geht der Krieg von 1939-45 munter von neuem los, längst ist erwiesen, daß der 8. Mai 1945 ein Waffenstillstandsdatum ist und nicht das Kriegsende meint.

Kein Wunder, daß die alten Feindbilder und bösen Vorurteile bei den Jugendlichen weiterbestehen, daß die Neunjährigen, wenn sie ihre Playmobil-Armeen aufeinander loslassen, immer dieselbe Armee zur Vernichtung bestimmen: die deutsche.

Die Elsässer jedoch haben es geschafft, besagte Schuldgefühle abzuschütteln, dank dem hilfreichen Credo: »Ich war dabei, getan aber habe ich nichts, und vor allem wurde ich nicht gefragt, sondern zum Mitmachen gezwungen.« Das haben ihnen alle abgenommen, den Elsässern ist von der Geschichte stets die Absolution erteilt worden, außer in einem Fernsehfilm über Oradour, da gab es einen Skandal, kurzzeitig. Das Schicksal war uns immer wohlgesonnen. Wir sind immer auf der Siegerseite gewesen. Am 8. Mai und am 11. November, wenn die Rolläden unserer Geschäfte runtergelassen bleiben, fahren wir rasch über die Grenze, um Knäckebrot und Hagebuttenmarmelade zu holen, so als hätten die Kriegsverlierer für die Sieger gefälligst die Alltagskonsumwaren bereitzuhalten.

Im Hinblick auf den Zweiten Weltkrieg empfinde ich Ekel und Abscheu davor, daß ein Volk ein anderes Volk gehaßt hat, daß der Wille vorhanden war, Menschen aus religiösen oder ethnischen Gründen auszurotten – und dieser Ekel und diese Abscheu stellen sich genauso ein, wenn sich Ähnliches in Kambodscha, in Ruanda, in Bosnien wiederholt. Was die eigentlichen Kriegshandlungen angeht, hege ich ganz andersartige Ressentiments gegen die Russen, die meinen Großeltern einen Sohn und meinem Schwiegervater ein Auge genommen und meinen damals achtzehnjährigen Vater mit Granatsplittern gespickt haben. Es gibt die weltanschaulichen Grollgefühle gegen den Haß und es gibt die Grollgefühle, die mit Rechnungsführung zu tun haben, die hinter der Frage stehen: »Was hast du mit dem Arm meines Bruders gemacht? Was hast du mit dem Auge von Karl Dreikaus gemacht? Was hast du mit meinem Onkel gemacht?« Viele Elsässer sind wie ich in dieser buchhalterischen Weise nachtragend und verlangen inzwischen von den Russen, daß sie das Schicksal der Gefallenen und Vermißten aktenmäßig offenlegen.

1939-45? Das ist geschichtliche Vergangenheit. Ich werde aus meiner Fernsehantenne den Zinken für Arte entfernen. Auch wenn ich mich gleichzeitig um den Sender Canal + mit den schönen Pornofilmen bringe. 1939-45, das ist eine Seite im Buch der Geschichte, und was Bücher betrifft, so wende ich mich lieber wieder denen von Hermann Hesse, Stefan Zweig, Heinrich Heine, Ernst Wiechert, Wolfgang Borchert und Patrick Süsskind zu.

Trotz allem stehe ich zur deutschen Sprache und deutschen Kultur, haben sie mir doch, Ernst Wiechert sei Dank, eine Lebensphilosophie geschenkt: »John Ehrenreich, du mußt ein Weltbeweger sein.«

Das Wasser

Ein merkwürdiger Geselle, der *Wasserschmecker*. Man holte ihn, um Wasser zu finden, wenn man endlich einen Brunnen graben wollte, wenn man genug davon hatte, seine tägliche Wassermenge in Blechkübeln kilometerweit auf Leiterwagen herzuschleppen.

Der *Wasserschmecker* übte einen angesehenen Beruf aus. Er hatte sogar Telephon, und wenn er kam, bewaffnet mit einer Art Fahrradlenker aus Haselnußholz, strahlte er beeindruckende Würde aus. Kam die Wünschelrute in die Nähe von Grundwasser, zuckte sie rhythmisch wie ein Backfisch beim Auftritt der Eunuchen einer Boy's Band.

War die *Wasseroder* entdeckt, dann machte sich der Brunnenmacher oder *Bräuner* an die Arbeit, um den Schacht- oder Beckenbrunnen anzulegen. Glückspilze hatten hinfort das Wasser direkt am Haus, womit ihnen auch der Weg zum Fluß erspart blieb, sollte ihnen eines Tages der Gedanke kommen, sich zu ersäufen. Die anderen gingen zum Dorfbrunnen, der zur Wasserversorgung, aber auch als Waschstelle und Viehtränke diente. Er war der Mittelpunkt allen Dorfklatschs. Zur *Ratsch* gehörte, daß Wetter, Politik und Sport ausgiebig kommentiert wurden. *»Jo! Mach Sache!«* oder *»Allez! Allez!«*. Die Frequenz dieser Ausrufe hing natürlich vom Sensationsgrad der Neuigkeiten ab.

»De Dorne Charles hett e Herzschlaa ghett!«

»Jo! Mach Sache!...Allez! Allez!«

(»Charles Dorner hatte einen Herzinfarkt!«

»Was? Das gibt's doch nicht... Na so was, o je o je...«)

Ich habe sie immer noch im Ohr, die ewig gleichen Repliken. Die Leute gewannen damit ein paar Sekunden Zeit, um das leidvolle Ereignis überhaupt aufnehmen zu können. Eine winzige Zeitspanne lang konnte man eine schwer zu glaubende Wahrheit noch von sich weisen, bevor der fatale Nachsatz jedes Ausweichen beendete: *»Wann ich's eich saa!«* (Ich sage es euch, es ist Tatsache!)

Sofort hatte der Dorner Charles seinen Infarkt wirklich erlitten und die Barri Rose tatsächlich durch Kaiserschnitt entbunden. Unbedeindruckt von solchen Gesprächen soffen daneben die Kühe ihr Wasser aus einem Sandsteinbecken, worin das Moos als schwammig-grüner Rotz gedieh. Gleichmütig glotzten sie vor sich hin. Blöde Kühe.

Der Montag war Waschtag, dann herrschte am Brunnen ständiges Kommen und Gehen. Unverrückbar war dieser Wochentag dem Säubern der Wäsche gewidmet. Morgens wurde sie auf dem Küchenherd in oftmals ausgebesserten Waschkesseln gekocht und dabei mit großen Holzzangen umgerührt. Am späten Vormittag kam die Weißwäsche zwecks Desinfektion in die Bleichlauge. Nachmittags spülte man sie im Dorfbrunnen aus. Es bildeten sich enorme Warteschlangen, und die *Waschwiewer* machten sich mit ihrem chaotischen Gedränge alle Ehre. Der Urtyp des *Waschwiebs* ist eine Elsässerin: Catherine Hubscher, genannt Madame Sans-Gêne. Ursprünglich Wäscherin eines Regiments, hatte sie 1783 den aus Rouffach gebürtigen François-Joseph Lefebvre geehelicht, der später zum *Maréchal d'Empire* und *Pair de France* aufstieg. Zum *Waschwieb* gehören wesensmäßig die lockeren Sitten und das lose Mundwerk, und man könnte meinen, daß es im Reinigen der Wäsche die eigene Katharsis vollzieht. Wuchtig klatschte sie die Wäsche auf die Kante des »Waschsteins«. Wenn man sie so inbrünstig zuschlagen sah, wußte man, daß sie dem Leben gegenüber noch eine Rechnung offen hatte. Sie ließ sich Zeit, halb weil sie gründlicher Arbeit zugetan war, halb weil sie die wartenden Frauen ärgern wollte.

Die Schmähreden ließen nicht auf sich warten. »*Mit dene Fetze wie hesch, brüchsch kein so Wahses mache!*« (Mit den Fetzen da brauchst du keinen solchen Aufwand zu treiben!). Tatsächlich wurden in der Wäsche und durch die Wäsche die Klassenunterschiede offenbar. Bestimmte Waschfrauen walkten mit Sorgfalt Laken und Kopfkissenbezüge aus feinstem Linnen mit Spitzen und Lochstickereien, während andere sich mit Bettwäsche abmühten aus reichlich abgenutztem, oft geflicktem Leinwandstoff, der grober war als das gröbste »Kelsch«.

»Egal welcher Stoff, die Flecken sind die gleichen.« Genau das waren die Flecken nicht, und neugierige Augen suchten verräterische Verfärbungen zu erspähen. Blasse rostfarbene Kringel auf den Laken einer Neuvermählten ließen die Annahme zu, daß sie ihre Jungfernschaft in der Hochzeitsnacht eingebüßt hatte. Vielleicht hatte sie auch einfach Kaninchenblut genommen, um auf den Leintüchern die Jungfräulichkeit vorzutäuschen... Reichte man doch – aber das war purer Zufall – beim Hochzeitsmahl stets *Hasepfeffer* (Kaninchenragout).

An den Waschtagen bekam ich erotische Träume. Man hatte eine grandiose Aussicht auf die Schenkel der Frauen, wenn diese sich über den Waschstein bückten. Man entdeckte Unmengen wulstigen, sehr weißen, oft von knotig hervortretenden Krampfadern durchzogenen Fleisches. Die Krampfader wirkt auf Männer anziehend. Gruppenweise kamen sie, um ihr Vieh zu tränken, getreu dem Motto: »*Durscht oder nit Durscht, süffe kann mer immer!*« Also labten sich am Dorfbrunnen nicht nur Rinderkehlen, die Augen gewisser Männer taten es desgleichen.

»Wasser ist zum Waschen da! Valeri und Valera!«

Wasser ist farblos, geruchlos, geschmacklos, aber nicht geheimnislos. Es kommt und geht, seit Urzeiten gleich. Immer das gleiche Wasser wurde und wird getrunken und gepinkelt. Es hat die Ägypter, die Moses auf den Fersen waren, verschlungen, hat Noah zum einzigen Überlebenden eines gottlosen Volkes gemacht, ist durch die Blasen der Revolutionäre geflossen (wobei die Laternen, an denen man die Aristokraten aufknüpfte, mit eben diesen Blasen bestückt waren). Es ist immer das gleiche Wasser, H_2O. Heute stellt es achtzig Prozent unserer Körpermasse dar, aber es wechselt jeden Tag. Wir pinkeln Mineralwasser aus Wattwiller, wir trinken welches aus Ribeauvillé. Nie haben wir dieselben Moleküle in uns... Sokrates pflegte zu sagen: »*Gnôthi seauton.*« Erkenne dich selbst. Wie soll man das anstellen, bei soviel Fluktuation unserer Persönlichkeit? Der einzige Trost: Wir sind nicht dazu bestimmt, das zu bleiben, was wir sind. Unser Wasseranteil läßt uns eine Chance auf Erlösung: Statt aus den Wassern von den Wassern gerettet.

Das Wasser ist göttlich. Es fällt vom Himmel, fließt aber auch in den Scheißhäusern. Es steht für die Dualität des Menschen zwischen Himmel und Erde, zwischen Wolken und Waschstraßen. Das Wasser ist in uns, ewig aufgewühlt wie der Ozean. Es wirft uns herum, läßt uns von weiten Horizonten träumen. Ich habe das Meer in mir. Der Beweis: Wenn ich weine, rinnt über meine Wangen Salzwasser.

Sauer, süß und salzig

Der Mensch ist zugleich Engel und Bestie. Verdammte Doppelnatur. Wir irren umher zwischen widerwärtigstem Materialismus und tierischer Triebhaftigkeit einerseits und der Sehnsucht nach Gott andererseits. Zwischen Himmel und Erde. Zwischen süß und sauer. Oder auch salzig und süß.

Die Bibel sagt: »Ihr seid das Salz der Erde«. Die Erde kann salzig sein, bitterscharf, herb wie das Leben. Und trotzdem: ohne Salz, kein Leben. Wenn wir weniger als zwei Gramm Natriumchlorid pro Tag zu uns nehmen, überleben wir's nicht. Dann geht es mit uns schneller zu Ende als beim virulentesten Krebs. Unfaßbar! Also steht der Salzstreuer auf allen Tischen. Garantie des Überlebens, Garantie der Erhaltung. Salzen zur Konservierung, damit befaßte sich früher die Gastronomie. Der elsässische Speiseplan kennt zahlreiche Gerichte, die aus der Salzlauge kommen: Sauerkraut, saure Rüben, saure Bohnen, gesalzener Schweinehals, gesalzene Rippchen, gesalzene Schweinshaxe...

»*Wodsch ebs bhalte, muesch's iensalze.*« (Willst du was aufbewahren, mußt du es in Salz legen.)

Das Salz war Vorfahre der Tiefkühltruhe. Aber es wäre undenkbar gewesen, nur Gesalzenes zu essen. Meine Mutter sagte immer, man müsse Himmel und Erde vermischen, sogar im Teller. Himmel und Erde, süß und salzig zugleich, diese Eigenschaft findet man überall in der angelsächsischen Küche. Bei uns im Elsaß wurde diese Tradition mindestens zweimal die Woche in Ehren gehalten: *Eierkueche mit Confitüre, Griespflütte un Schnitz, Dotsche un Apfelmues.*

Zucker war eine Art Himmelsgabe, fast so etwas wie ein äußeres Zeichen von Reichtum. Zucker war in der Tat ein Luxusprodukt und kam von weit her, bevor Napoleon uns mit seiner Kontinentalsperre die Zuckerrübe bescherte. Zucker war ein Traum, Zucker beflügelte die Phantasie, Zucker war der Himmel. Für uns Kinder war er die höchste Belohnung: der Goncourt-Preis* für unsere Schulaufsätze, der Oscar für unsere Rolle als Mustersprößling. Ein Nirwana. *E Gützel…* – ein Bonbon. Oft war es nur Kandiszucker, oder es war der sogenannte *Bruschtzucker*, der Fäden zog, die immer nach noch mehr schmeckten.

»*Es het gschmeckt wie wann eim e Engel in's Müll brunzt!*« (Es hat geschmeckt, wie wenn einem ein Engel in den Mund pinkelt.) Unsere *Guetzle*- und Zuckerwürfel-Dealer waren unsere Großmütter:

»*Saisch awer de Mama nix.*« (Der Mama sagst du aber nichts davon.)

Die Zahnärzte sind ihnen bis heute dankbar. Für unsere Großmütter bedeutete »*ebs Siesses gan*« (etwas Süßes geben) Liebe und Zärtlichkeit. Zärtlich und süß hatte die gleiche Bedeutung. Zärtlichkeiten und Süßigkeiten. Zuneigung und Schokolade. Die Eintrittspforte zum Himmel. »*Saa mer ebs Siesses.*« Wie soll man das übersetzen? Sag mir was Süßes, was Zuckersüßes? Die Psychologen wer-

* *A.d.Ü.: Der bedeutendste französische Literaturpreis.*

den es bestätigen. Für liebesbedürftige Kinder sind Schokolade, Eis, Bonbons, Zuckerwatte ein notwendiger Ersatz. Für mich sind es die Schwimmenden Inseln, der Eierschaum in Vanillesauce. Vanillesauce, das ist meine Mutter. In der Vanillesauce finde ich sie wieder, ihren Duft, ihre zarte Haut. Die Schwimmende Insel, das ist meine Form von Kannibalismus. Zucker verbindet uns, meine Mutter Madeleine und mich. *»Dü besch min Zuckerle!«* Ist ja auch ganz normal, daß ich das Zuckerstückchen meiner Mutter war. Schließlich hatte sie dem Storch ein Zuckerstückchen gegeben, als sie mich bestellte. Ja, so war das im Elsaß: Das Weib schenkte einem Kind das Leben, das von einer fernen, süßen Welt kam, und dieses kleine Wesen wurde Teil der irdischen Realität durch das Salz der Taufe. Der Verwandschaft wurde in Erinnerung gerufen, daß die Vorhölle süß ist, und man verteilte Zuckermandeln und *Schüümbohne* (Schaumbohnen). *Süür un Siess*. Sauer und süß. Bestie und Engel. Erde und Himmel. Zwischen Himmel und Erde bin ich ein wenig Bestie und ein wenig Engel geblieben.

Huguettes Fragebogen

Zu Beginn des Jahrhunderts pflegten die jungen Mädchen den Menschen, denen sie begegneten, eine Liste von Fragen vorzulegen. Eines Tages traf eines dieser jungen Mädchen auf Marcel Proust und bat ihn, die üblichen Fragen zu beantworten. Da Marcel Proust berühmt war, trug der Fragebogen fortan seinen Namen. Bei uns zu Hause, in Dauendorf, ist Marcel Proust überhaupt nicht berühmt. Also gibt es keinen Grund dafür, daß dieser Fragebogen nach ihm benannt bleibt.

Mein Name

Ich gebe den meines Mannes an: Dreikaus. Um die Unversehrtheit meines Mädchennamens zu sichern für den Fall einer totalen Pleite.

Mein Alter

Himmelhochjauchzende Wechseljahre trotz unverschämt teurer Ersatzhormonen. (Sponsor gesucht!)

Meine Maße

BH-Größe 115, F-cup. Der Rest meines Körpers ist völlig harmonisch. Im Verhältnis zu BH-Größe 105, F-cup, meine ich.

Besondere Merkmale

An innerer Schönheit suche ich meinesgleichen: Von innen bin ich eine wahre Augenweide!

Mein bemerkenswertester Charakterzug
Ich habe immer recht.

Was die anderen an mir ärgert
Daß ich immer recht habe.

Die Eigenschaft, die ich bei einem Mann bevorzuge
Die Treue: treu und brav muß er am Herd stehn. Am besten barfuß bis zum Hals, wegen der Fettspritzer.

Die Eigenschaft, die ich bei einer Frau bevorzuge
Daß sie meinem Mann nicht zu nahe tritt. *Schunsch staibt's!* (Wehe, sonst staubt's!) Ich kann nämlich einen Schädel von Hand öffnen.

Was ich bei meinen Freunden am meisten schätze
Daß sie weder mittags um zwölf noch abends nach zehn anrufen.

Mein größter Fehler
Ich habe keinerlei Geduld. Ich will alles und sofort. *Nunc et hodie*, das hat auch schon Cäsar gesagt. Ich bin ein wahrer Kaiserverschnitt.

Meine Lieblingsbeschäftigung
Arbeiten. Lebenslänglich in der Zelle mit Stift und Papier. Welches Verbrechen muß man begehen, um diese Strafe zu verdienen?

Mein Traum vom Glück
Auf vierzig Jahrhunderte meiner eigenen Geschichte

und der meiner Nachkommenschaft zurückblicken und denen eine reinhauen, die meine Prinzipien nicht respektiert haben.

Mein größtes Unglück

Eine völlig normierte Welt. Aufgepaßt: Bald ist es soweit.

Was ich gerne sein möchte

Ich wäre gerne vielseitig. In meiner Ausdrucksfähigkeit. Auch Kunstfurzerin wäre ich gerne.

Das Land, in dem ich leben möchte

Hier, im Schatten meines Kirchturms. Nach ein paar unerheblichen Verbesserungen mittels Dynamit und Schönheitschirurgie.

Meine Lieblingsfarbe

Schwarz. Das macht schlank. In Schwarz sehe ich aus, als hätte ich 200 Gramm abgenommen. Außerdem paßt es zu allem. Insbesondere zu Schwarz. Aus diesem Grund koordiniere ich immer einen schwarzen Rock mit einem schwarzen T-Shirt. Dazu kann man dann problemlos noch schwarze Strumpfhosen, eine schwarze Jacke, eine schwarze Tasche tragen...

Meine Lieblingsblume

Die Narzisse. Wegen eines Gedichts, das ich einst in der Schule gelernt habe:

Beside the lake, beneath the trees
Wuthering and dancing in the breeze...

So konnte ich jetzt wenigstens mit meinen Kenntnissen in der englischen Literatur prahlen. Des weiteren mag ich die Heidenröslein, eine Neigung, die ich mit Goethe teile:
Sah ein Knab ein Röslein stehn,
Röslein auf der Heide...

Mein Lieblingsvogel

Der Kuckuck. Weil er »Kuckuck« ruft.

Meine Lieblingshelden in den Romanen und den Filmen

Schimanski – ich mag Männer mit Haaren auf der Brust – und Miss Marple. Letztere meines Alters wegen. Und natürlich habe ich immer davon geträumt, eine Heldin der Brontë-Schwestern zu sein... oder der Graf von Monte Christo, der Rache wegen. Die wird nämlich wie gewisse Getränke heiß geliebt und kalt genossen.

Meine Helden in der Geschichte

Gandhi und Ian Palacz. Im übrigen bewundere ich auch Mister Weight Watchers, der alle Frauen der Welt schlank macht, nur mich nicht. Zu dumm.

Meine Lieblingsmusik

Ich liebe ethnische Musik, egal welche: Country, Reggae, Rap, Rai, indianische Gesänge und die Fischerkapelle aus dem Elsaß.

Meine Lieblingsmaler

Der elsässische Essig- und Ölmaler Jean de Jong, vor allem in seiner blauen Periode – wegen ihrer intensiven Brechreize. Dazu die naive slawische Malerei und die russischen Ikonen samt Wodka *on the rocks*.

Was ich über alles verabscheue

Mit Leuten schlafen, die ich nicht kenne. Das macht mich ganz starr.

Die Leute, die ich hasse

Arschlöcher. Ich habe Photos von solchen. Georges Brassens hatte eine Liste erstellt (*Les Cons*). Hinzufügen müßte man allerdings noch die Arschlöcher, die stolz darauf sind, Arschlöcher zu sein. Dabei handelt es sich um eine neue Spezies, die sich besonders schnell fortpflanzt auf den Rücksitzen der hochfrisierten Ford Fiesta GT Turbo.

Die Gabe der Natur, die ich mir wünschte

Ich wäre gerne die Feder einer sehr begabten Muse, allerdings einer armlosen Muse. Eine Muse im Stil der Nike von Samothrake, die gerne einmal nicht in der Gestalt einer Rolls-Royce-Kühlerfigur auftreten würde.

Der Tod, den ich mir wünsche

Ich würde gerne so sterben, wie die Schauspielerin Line Renaud von der Bühne abgeht: herzzerreißenden Abschied feiern, und trotzdem vierzig Jahre später immer noch da sein und der Welt auf den Keks gehen. Mein Haus würde ich auf Leibrente verkaufen, wie Jeanne Calment, die 116 Jahre alt wurde.

Die Fehler, die ich gerne verzeihe

Die Fehler auf der Steuererklärung. Wenn sie unabsichtlich begangen wurden und unentdeckt bleiben.

Die unverzeihlichen Fehler

Geschmacksverirrungen und die Fehler im Umgang mit den andern. Nie den Mund auftun ist unvorstellbar.

Meine Lieblingsschimpfwörter

Verdeggel, Kritzfize, Dunderwetter un Rummel Nundedie! So fauchte meine Großmutter, jedesmal, wenn ich einen neuen Einfall hatte und mich unterstand, ihn in die Wirklichkeit umsetzen zu wollen.

Mein Kosename

Mein Mann nennt mich liebevoll »Maulwurf«. Und er fügt immer hinzu: »Ein Maulwurf ist schwarz, kurzsichtig und steckt immer die Nase in den Dreck.« Meine Mutter nannte mich *Heck*, wie die Hecke. Nicht des brennenden Dornbuschs wegen, sondern weil ich immer am Straßenrand stand und versuchte, den Jungen hinter der Hecke beim Pinkeln zuzusehen.

Meine Wahlspruch

»*Nix saawe. S'mache!*« – Nicht lange rumreden: es tun!

Aus Huguettes Photoalbum

Huguette (rechts) mit ihrer kleinen Schwester.
Der Modeschöpfer heißt in beiden Fällen:
Großmutter.

Wenn der Photograph sich näherte, brach allgemeiner Ernst aus. Hinter ihrer kleinen Schwester stehend, schaut Huguette in die Kamera und vergißt für einen Moment die unvermeidlichen *Babbebas*, die bestimmt vom Krieg reden.

Mit Papa und Mama im Hafen von Sète.
Man kommt wegen der großen Mittelmeerdampfer,
vor allem aber posiert man an der Hand des Vaters
und mit verschmitztem Lächeln für den Photographen.

Brigitte Bardot? Nein. Wer ist dann dieses Starlet,
das da in Österreich Ferien macht?
Huguette als Pin-up-Girl. (Photo ganz ohne Retuschen)

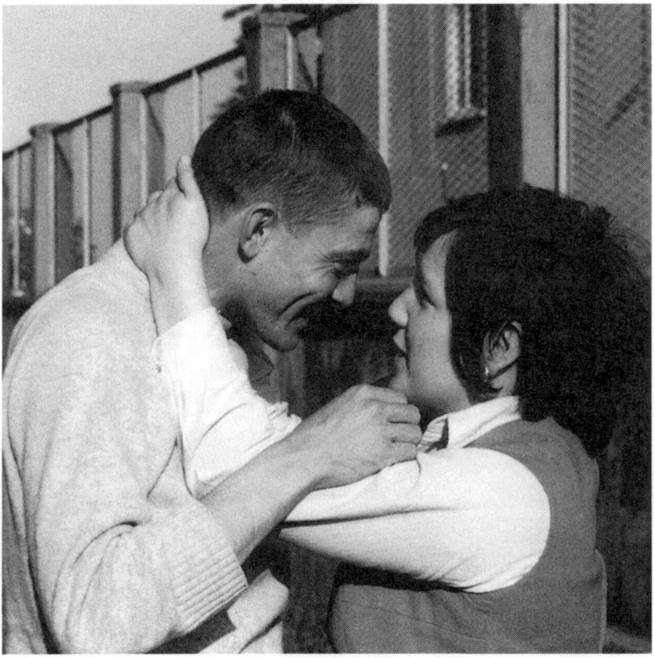

Eines Tages begegnet man einem gutaussehenden Soldaten.
Und daraus wird die große Liebe,
die immer noch andauert.

Die Sechziger Jahre. Babyboom!

Auf der Bühne der Choucrouterie.

Die nächsten zwei Generationen.
Tochter und Enkelin Dreikaus.
Ähnlichkeiten rein zufällig.

Irgendwo in Arizona. Huguette (das kleine Gebilde auf dem Photo) sucht den Schatten hinter ihrem Sohn Yann (dem Zweimeter-Riesen).

Druck: Saint-Paul France S.A. – 55000 Bar le Duc
September 1998 – N° 8-98-1555